中华人民共和国地方志丛书

潍城区志

（1991—2013）

潍坊市潍城区地方史志编纂委员会 编

山东大学出版社

图书在版编目（CIP）数据

潍城区志．1991—2013 / 潍坊市潍城区地方史志编纂委员会编．— 济南：山东大学出版社，2018.12
ISBN 978-7-5607-6284-5

Ⅰ．①潍… Ⅱ．①潍… Ⅲ．①潍城区—地方志—1991—2013 Ⅳ．①K295.24

中国版本图书馆 CIP 数据核字（2019）第 006388 号

责任编辑：张　瑞　马银川　李艳玲
封面设计：孟令娟
美术编辑：张　荔

出版发行：山东大学出版社
社　址　山东省济南市山大南路 20 号
邮　编　250100
电　话　市场部（0531）88363008
经　销：新华书店
印　刷：山东水文印务有限公司
规　格：889 毫米 ×1194 毫米　1/16
52.75 印张　1311 千字
版　次：2018 年 12 月第 1 版
印　次：2018 年 12 月第 1 次印刷
定　价：668.00 元

潍城名片

- 全国义务教育发展基本均衡区
- 全国慢性病综合防控示范区
- 全国养老服务示范区
- 全国社区服务示范区
- 全国社区建设示范区
- 省级文明区
- 山东省双拥模范区
- 山东省社会治安综合治理先进区
- 山东省核雕之乡

潍城区地方史志编纂委员会

名誉主任　刘泮英

主　　任　杨晓辉

副 主 任　江　波　武法栋　高凌云　赵天宝　马文远
　　　　　曹　春　韩德信　石金波

委　　员　董晓红　王爱明　赵炳平　季建华　何春波
　　　　　马佐昌　扈文江　李文平　董勤明　孙晓东
　　　　　孟庆涛　李学军　赵宝凯　刘友智　李贵武
　　　　　侯佃光　于同胜　谭宝胜　曲福刚

《潍城区志（1991—2013）》编审人员

主　　审　曹　春

副 主 审　石金波

主　　编　曲福刚

编　　辑　曲福刚　于　菲　张明升　高云禄　王丰邦
　　　　　孙　波　李学富　李虎强　姜明官

前　言

郡邑之有志，犹国之有史。志书是全面、客观、系统地记述一地自然、政治、经济、文化和社会的历史与现状的资料性文献，为一方“百科全书”，是反映地情、传承文明、发掘智慧的重要载体。

潍城历史悠久，人杰地灵，被誉为“东莱首邑”“北海名区”。自明朝至民国，境内有志书5部，即明万历二年（1574年）、清康熙十一年（1672年）、清乾隆二十五年（1760年）分别修成的3部《潍县志》，清光绪三十三年（1907年）修成的《潍县乡土志》，民国三十年（1941年）刊印的《潍县志稿》。中华人民共和国成立后，1960年6月开始编修《潍坊市志》（记述时间断限为1949—1959年），1962年1月完成初稿并油印，未正式出版。1982年9月开始编修《潍城区志》（记述时间断限为1840—1990年），1993年3月由齐鲁书社正式出版。2015年7月，《潍城区志》（记述时间断限为1991—2013年）编修工作正式启动，这是潍城历史上第八次修志。历时三载成书，叙世事更替，述百业变迁，卷帙浩繁，内容丰富，除概述、大事记、人物、附录外，设建置区划、自然环境、人口、城乡建设、交通　邮政　通信、农业、工业、商贸服务业、外经贸　招商、财税　金融、经济管理、中共地方组织、地方权力机关、地方行政机关、政协地方组织、群众团体、法治　武装、民政、人力资源和社会保障、教育　科技、文化　旅游、卫生　体育、社会生活，共23编，100余万字。

此志记述时间纵跨23年（个别内容适当上溯下延），适值改革开放深入发展的关键时期。其间，历届潍城区委、区政府团结带领全区广大干部群众，秉承以人为本、科学发展理念，锐意进取，开拓创新，统筹推进经济建设、政治建设、文化建设、社会建设、生态文明建设和党的建设，全区发生翻天覆地的变化，呈现出经济繁荣、政治安定、文化昌盛、社会和谐、生态优化、人民安居乐业的良好局面。区志全面系统、客观真实地记述这一时期的发展历程，裨益当代，启迪后世，具有重大的现实意义和深远的历史意义。

看似寻常最奇崛，成如容易却艰辛。区志编修是一项艰苦且具创造性的劳动，是一项浩繁巨大的社会系统工程。潍城区委、区政府高度重视修志工作，各承编部门密切配合，社会各界热烈响应，全体修志人员广征博采、取精用宏、考辨是非、求真存实，以高度负责的态度、精益求精的作风，力求详而不芜、赡而有体，数易其稿，厥成卷帙。成书之际，谨向关心、支持区志编修的领导、专家、供稿人员和社会各界人士深表敬意与感谢！

修志为用，鉴往知来。《潍城区志》付梓刊行，诚望发挥其“存史、资政、教化”作用，为社会各界读志用志提供便利，为全区经济社会发展提供参考。修志问道，以启未来。让我们凝聚共识，携手新时代，共同谱写潍城历史新篇章！

编　者

2018年9月

▲城区新貌

慕思
中国国井 深得人心

▲城区夜景

▲大于河风貌

▲白浪绿洲湿地公园

▲十笏园

▲鲁台会展中心（左下方建筑）与潍坊奥林匹克体育公园体育场（右上方建筑）鸟瞰

▲潍坊奥林匹克体育公园体育场

▲潍坊奥林匹克体育公园体育场夜景

▲鲁台会展中心

▲十笏园文化街区文昌阁

▲十笏园文化街区内的“中国画都”雕塑

▲十笏园文化街区

▼十笏园文化街区南大门

▼白浪河亚星桥夜景

▲白浪河彩虹桥夜景

▼流经城区的白浪河

▲▼白浪河畔夜景

▲自怡园

▲人民公园

▲归真园

▲安顺广场五环雕塑

▲安顺广场夜景

▲安顺广场

▲浮烟宝塔

▲浮烟山门

▲浮烟山森林公园

▲潍坊广告创意产业园孵化器——西街 68

▲潍坊广告创意产业园孵化器——西街 99

▲佳乐家物流园

▲潍坊豪德贸易广场

▲潍坊万家福超市北宫店

▲潍坊佳乐家超市福寿店

▲卧龙西街

▲东风西街

▲潍坊火车站

▲途经潍城的动车

▲横贯潍城的胶济铁路

▲万印楼

▲潍坊十笏园博物馆

▲潍县战役党性教育基地——荷花湾战斗遗址

▲郑板桥纪念馆

▲ 2018 年 8 月 1 日，《潍城区志（1991—2013）》志稿评审会议召开

前排左起：李长山　吕福堂　王笃银　石金波　王　芬　魏永阳　刘爱军　李　刚　李天程　徐　莹　曹　春　李德辉　郭能勇

中排左起：于　菲　刘冠伟　程森枝　刘其鹏　孙　涛　焦　凌　王海燕　吕俊峰　孙　波　姜明官　张明升　槐晓燕

后排左起：李学富　李　鹏　王军亭　于希群　刘洪昌　王丰邦　曲福刚　李虎强

潍城区城区图

鲁SG（2011）115号

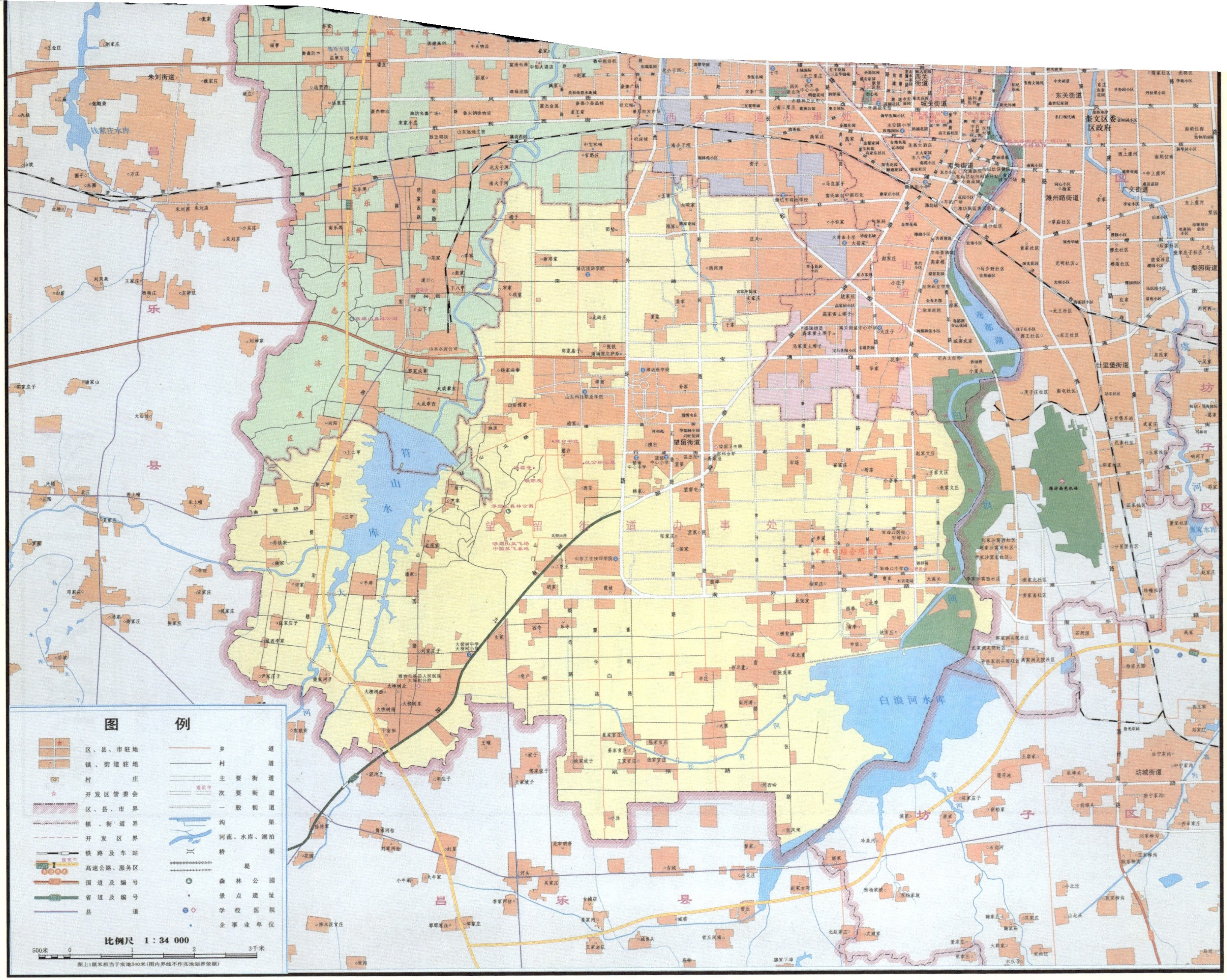

白浪河水库

符山水库

望留街道办事处

坊子区

昌乐县

奎文区

奎文区委
区政府

东关街道

潍州路街道

坊城街道

图例

区、县、市驻地	乡道
镇、街道驻地	村道
村庄	主要街道
开发区管委会	次要街道
区、县、市界	一般街道
镇、街道界	沟渠
开发区界	河流、水库、湖泊
铁路及车站	桥梁
高速公路、服务区	堤
国道及编号	森林公园
省道及编号	景点遗址
县道	学校医院
	企事业单位

比例尺 1 : 34 000

500米 0 1 2 3千米

图上1厘米相当于实地340米（图内界线不作实地划界依据）

鲁SG（2014）158号

山东省地图院编制　山东省地图出版社出版　2014年12月

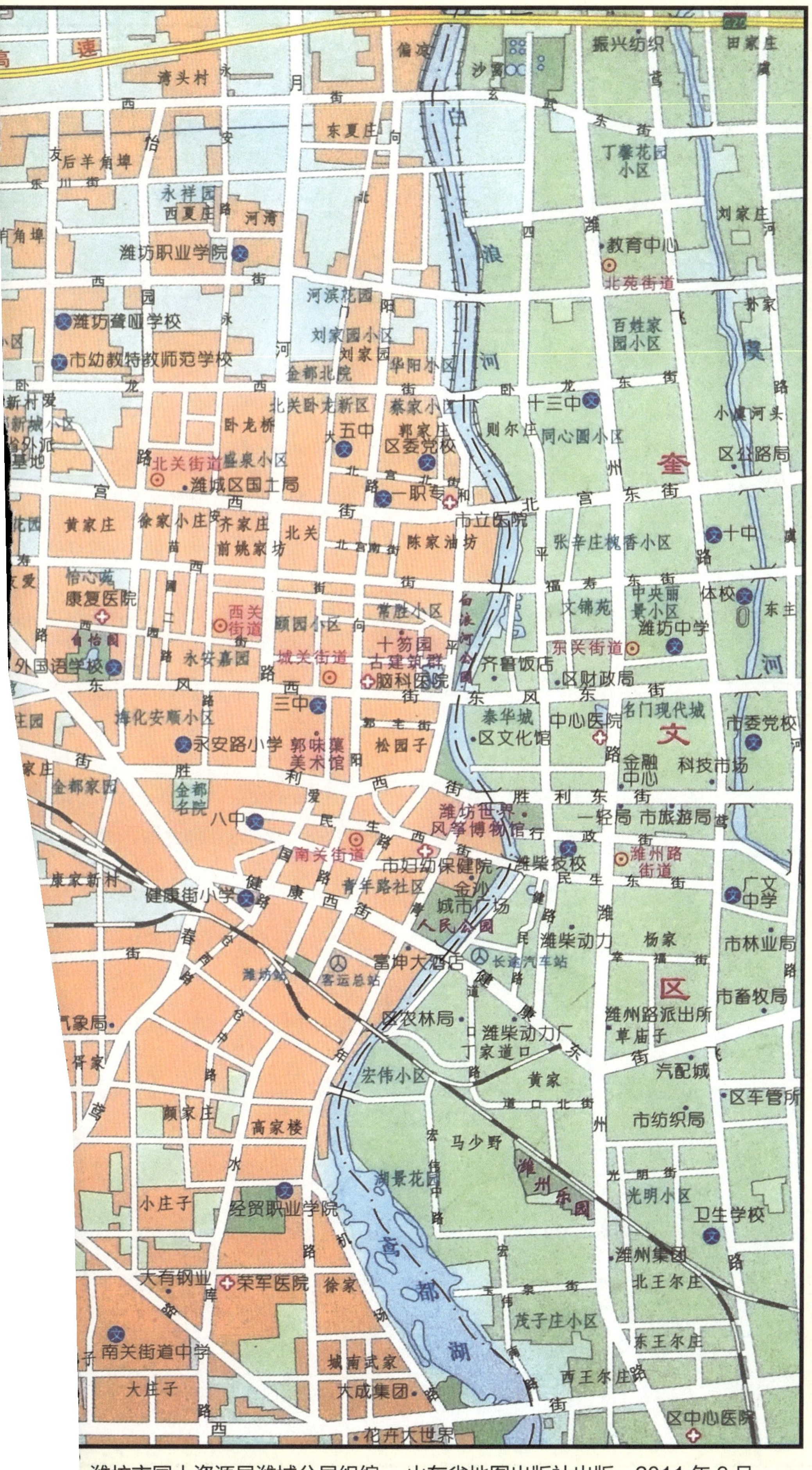

潍坊市国土资源局潍城分局组编　山东省地图出版社出版　2011年6月

潍城区地图

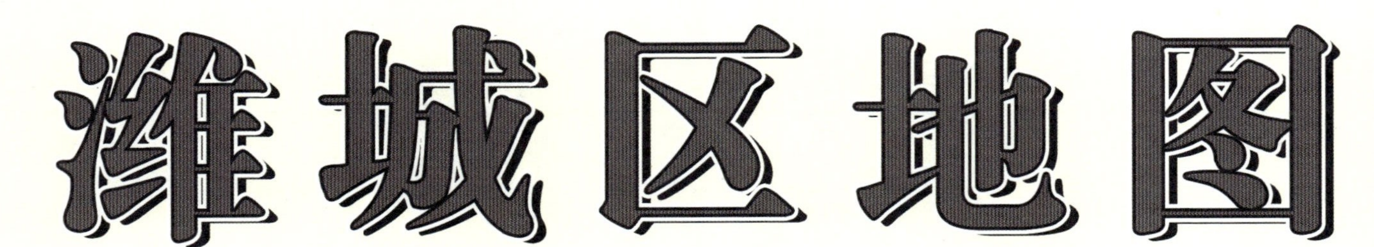

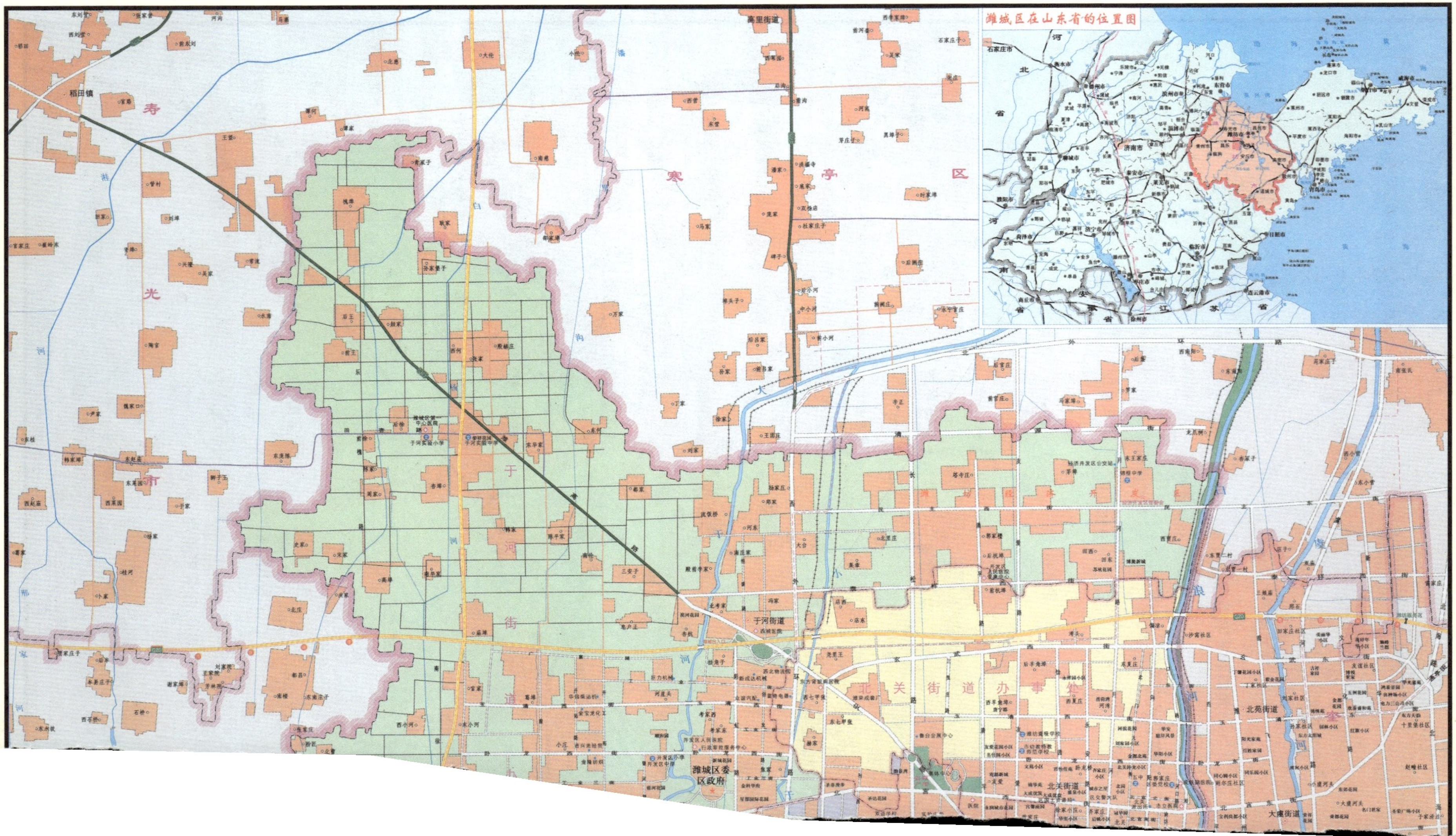
潍城区在山东省的位置图
寒亭区
北关街道办事处
于河街道
北苑街道
大虞街道
北关街道
潍城区委
区政府
稻田镇
寿光市
于河街道
济南市
青岛市
河北省
江苏省
安徽省
河南省
外环路

凡　例

一、本志以马克思列宁主义、毛泽东思想、邓小平理论、“三个代表”重要思想、科学发展观、习近平新时代中国特色社会主义思想为指导，坚持辩证唯物主义、历史唯物主义的立场、观点和方法，遵循实事求是的原则，全面、客观、系统地记述潍城区发展的历史与现状，力求资料性、科学性、思想性统一，达到“存史、资政、教化”之目的。

二、本志系1993年版《潍城区志》的续志，记述内容接前志下限。本志上限1991年，下限2013年。为再现事物发展的连续性和资料的完整性，个别内容适当上溯下延，如机构设置、气候、照片等。凡上溯下延的内容，在行文中明确或备注说明。

三、本志记述地域范围与历史地域范围相符。因区际区划调整，所以分别采用区划调整前后的不同地域范围：1991—1993年，为区划调整前的行政区域范围（含白浪河以东区域）；1994—2002年，为区划调整后的行政区域范围（不含划归新设奎文区的白浪河以东区域）;2003—2013年，为直辖区域（不含划归潍坊经济开发区管理的18个行政村区域），涉及行政区域范围（含划归潍坊经济开发区管理的18个行政村区域）的，在行文中明确或备注说明。本志数据统计口径顺应区划调整而变化，即所采用数据分别是区划调整前后不同地域范围的统计数据。个别涉及区划调整前后的比较数据，采用区划调整后地域范围的统计口径进行比较。2003—2013年，有关采用行政区域范围统计口径的个别数据，在行文中明确或备注说明。

四、本志采用述、记、志、传、图、表、录等体裁，以志为主，图表随文编排，部分图片集中前置。首设概述、大事记，中设专志23编，后设人物、附录。全志力求史料翔实、文字简练、结构合理、内容全面。

五、本志中的专志按类立编，以类系事，横排纵述。编下设章、节，节下根据内容设目、子目。

六、本志文体采用规范的现代语体文、记述体，述而不论。

七、本志地名称谓以政府公布的名称为准。组织机构、社会团体、企事业单位等特定名称使用全称或规范简称。在局部重复区名时，简称区、全区。

八、本志纪年采用公元纪年。个别内容需用历史纪年的，括注公元纪年。

九、本志因无法避免而使用的“现”“今”时间概念，是指本志下限时间。

十、本志涉及数据的表格中，缺失数据采用空格，无数据采用“—”。

十一、人物收录按照“生不立传”原则，设人物传略和前志人物补遗两部分。人物传略记载本志断限内的去世人物。前志人物补遗记载1993年版《潍城区志》遗漏的有关人物，无确凿资料者不予补遗。本志人物收录潍城籍和客籍有突出贡献与重大影响的人物。人物排序以卒年为序，卒年相同的以卒月为序。

十二、本志所用数据以潍城区统计局公布的为准。区统计局未作统计的，采用主管部门提供的数据。

数字用法执行国家规定标准，计量单位原则上采用现行国家法定计量单位。

十三、本志资料（含图片）主要由各承编单位提供。无承编单位的，取材于文献、档案、报刊、书籍、口述史料和社会调查等。资料来源广泛，一般不注明出处。

目　录

概　述

大事记

第一编　建置区划

第二编　自然环境

第三编　人　口

第四编　城乡建设

第五编　交通　邮政　通信

第六编 农 业

第七编 工 业

第八编　商贸服务业

第九编　外经贸　招商

第十编　财税　金融

第十一编 经济管理

第十二编 中共地方组织

第十三编　地方权力机关

第十四编　地方行政机关

第十五编 政协地方组织

第十六编 群众团体

第十七编　法治　武装

第十八编　民　政

第十九编 人力资源和社会保障

第二十编 教育 科技

第二十一编 文化 旅游

第二十二编　卫生　体育

第二十三编　社会生活

人　物

附　录

概　述

潍城是东夷文化的发祥地，明清以迄民国为潍县县城，被誉为“东莱首邑”“北海名区”。
潍城境域地扼鲁东、鲁西以及山东半岛南北交通要冲，区位优越，交通便利，素称“半岛走廊”。
潍城是世界风筝都、中国画都——潍坊中心城区之一，环境优美，物阜民丰，文化繁荣，经济发达。
潍城人民在新时期改革开放中勇立潮头，砥砺奋进，创新发展，开辟锦绣气象，铸就硕果辉煌。

一

潍城区地处山东半岛西部，位于潍坊市中部。地理坐标为北纬 36°35′01″ ～ 36°49′33″、东经 118°55′54″ ～ 119°06′30″。东跨白浪河与奎文区接界，东南与坊子区毗连，西南、西与昌乐县相邻，西北与寿光市接壤，北、东北与寒亭区毗邻。境域地理位置优越，交通便捷，四通八达，胶济铁路、青银高速公路横贯东西，国道、省道及市区公路纵横交错。北距潍坊港 50 公里，南距潍坊机场 5 公里，东距青岛流亭国际机场 100 公里，西距济南遥墙国际机场 150 公里，距青岛海港、烟台海港、日照海港均为 200 公里左右。

潍城区行政区域面积 289.56 平方公里，直辖区域面积 269.54 平方公里。东西最大横距 14.23 公里，南北最大纵距 26.44 公里，边界线总长 121.17 公里。2013 年，辖于河街道、望留街道（与潍坊鸢都湖—浮烟山综合开发区街区合一）、北关街道、西关街道、南关街道、城关街道 6 个街道，山东潍城经济开发区 1 个省级开发区，军埠口综合项目区、乐埠山生态经济发展区 2 个区属管理区，有 169 个行政村（不含划归潍坊经济开发区管理的 18 个行政村）、83 个社区。

据 2010 年全国第六次人口普查，全区常住人口中有汉、满、回、蒙、藏、苗、壮等 36 个民族，其中汉族 414021 人，占总人口的 99.74%；少数民族 1097 人，占总人口的 0.26%。2013 年，潍城区行政区域户籍总人口 365658 人（含划归潍坊经济开发区管理的 18 个村），直辖区域户籍总人口 353725 人，其中城区户籍人口 16.6 万人。行政区域户籍人口密度为 1263 人 / 平方公里，直辖区域户籍人口密度为 1313 人 / 平方公里。直辖区域常住总人口 422849 人。

潍城区地处泰沂山脉尾闾北侧，地势南高北低，呈较平缓倾斜状。西南部地貌为丘陵岗埠，其他大部区域地貌为洪积冲积平原。海拔高度 13.5 ～ 192 米，最高点位于乐埠山生态经济发展区境内的五党山，海拔 192 米，最低点位于于河街道槐埠村，海拔 13.5 米，相对高差 178.5 米。境内有浮烟山、五党山、明宗山、黑山、七窝落山、四泉山、孝迹山、火山、行山等 10 余座，其海拔高度均在百米以上，分布在大于河两岸，呈西南东北走向。流经潍城境域的河流有白浪河、小于河、大于河、白杨河、长清河 5 条河流，境内总长度 81.37 公里。境内气候属暖温带季风型半湿润大陆性气候，四季分明，雨热同季，光照充足。春季南北风向交替频繁，风多、雨少、干燥，早春冷暖多变且常有倒春寒，晚春气温回暖迅速且日较差大；夏季盛行偏南风，酷热多雨，降水集中，高温潮湿，常有雷雨、大风、冰雹；秋季空气湿度小，秋高气爽，晚秋多干旱;冬季寒冷干燥，盛行偏北风，少雨雪。

潍城区土地肥沃。2013 年，行政区域土地总面积 28956 公顷，其中耕地面积 15810 公顷。直辖区域土地总面积 26954.27 公顷，其中耕地 11106.75 公顷、园地 993.95 公顷、林地 1392.12 公顷、草地 22.84 公顷、城镇村及工矿用地 8752.65 公顷、交通运输用地 1643.28 公顷、水域及水利设施用地 1536.23 公顷、其他土地 1506.45 公顷。矿产资源主要种类有蓝宝石、膨润土、石英砂、建筑用砂、石灰石、矿泉水、煤等。境内多年平均地表水资源量为2334.6万立方米，多年平均地下水资源量为3405.3万立方米。全区水资源总量为5183.4万立方米，人均占有水资源量为298立方米。

二

潍城历史悠久。远在新石器时代就有人类在此居住，《尚书·禹贡》有“潍淄其道”之记载。夏为三寿国，商属莱国，西周、春秋、战国为齐国领地，秦属胶东郡（一说齐郡）。汉、三国魏、西晋置平寿县。东晋十六国时期，境域先后为后赵、前燕、前秦、后燕、南燕占据。南北朝时期，南朝宋置平寿县，北朝齐（北齐）废平寿县并入下密县。隋开皇三年（583年），置下密县。隋开皇十六年（596年），设立潍州，州治下密。唐武德二年（619年）后，境域属平寿县、北海县。宋、金、元置北海县，隶属潍州。明洪武元年（1368年），撤北海县并入潍州。明洪武十年（1377年），降州为县，始称潍县，隶属莱州府。1948年4月潍县解放，以潍城、坊子、望留等地组建潍坊特别市，1949年6月改称潍坊市，隶属山东省。1951年1月，复置潍坊市（县级），隶属昌潍专区。1962年1月—1983年8月，先后隶属昌潍专区、昌潍地区、潍坊地区。1983年10月，潍坊市组建为地专级省辖市后，设立潍城区。1994年6月，在潍城区白浪河以东区域设立奎文区（县级），白浪河以西仍为潍城区（县级），隶属潍坊市。

潍城名人辈出。在漫长的历史长河中，诞生于潍境大地的名人不胜枚举，如五代南唐博学多才、才高气逸的韩熙载；金末率众抗金、转战南北几十载的李全、李璮父子；清代曾任来安知县，提倡种桑养蚕、兴修水利，回潍后在浮烟山讲学的儒学大师韩梦周；清代与江苏学者潘祖荫并誉为“南潘北陈”的金石学家、收藏家陈介祺；清末潍城西南关新巷子两名状元曹鸿勋、王寿彭；现当代书画名家郭味蕖、于希宁等。官居潍县颇有政绩者灿若星辰，如汉代“建安七子”中任北海相的孔融；明末将潍县土城筑为石城、抗击清兵而殉难的知县邢国玺；明末誓死坚守潍城、力退清兵，擅长诗书画印的知县周亮工；清代关心民瘼、重视教化，以诗、书、画“三绝”著称的知县郑板桥（“扬州八怪”之一）。潍县解放后，中共潍坊特别市委书记曾山、徐冰，潍坊特别市市长姚仲明、郭石等，都深受潍城人民爱戴。

潍城文化源远流长。境内有原始社会徐家遗址、陈家遗址等大汶口文化遗址，姚官庄遗址、平寿遗址、东毕家遗址等龙山文化遗址。全国重点文物保护单位十笏园古色古韵，美轮美奂，被誉为“鲁东明珠”；省级重点文物保护单位万印楼、城隍庙、郭味蕖故居“疏园”历久弥新，光彩夺目。潍城借古扬今，推陈出新，深入挖掘地方历史文化资源，打造民俗文化、名人文化品牌。十笏园文化街区以十笏园为依托，汇集十笏园、关帝庙（关侯庙）、孔融祠（孔相祠）、文昌阁、郑板桥纪念馆、全国书画名家展示馆、郭怡孮美术馆、于希宁艺术馆、潍坊市民间工艺品陈列馆、中国收藏家协会潍坊展览交流中心及潍坊非遗文化中心等众多大型公益、文化建筑，融地方历史文化、民俗文化、非遗文化、商务旅游文化、美食养生文化、休闲生活文化于一体，构建为一座兼容并蓄的文化产业综合体。浮烟山历史文化遗存、城隍庙“金银仓”老街、状元胡同、松园子古民居等传统文化片区正在展开保护性开发；陈介祺故居陈列馆、郭味蕖美术馆分别集中展示了源远流长的金石文化、书画文化风貌。潍城的风筝、仿古铜、嵌银器、布玩具、刺绣、核雕等传统工艺品驰誉中外。潍县萝卜扬名天下，朝天锅、鸡鸭和乐等特色饮食知名海内。文化创意、会展文化、旅游文化、体育休闲文化等现代文化产业生机勃发，如雨后春笋般蓬勃发展。

潍城旅游景区景点功能多样。国家AAAA级旅游景区白浪绿洲湿地公园、国家AAA级旅游景区浮烟山休闲旅游度假区可观光游览，国家AAA

级旅游景区V1购物广场、国家AA级旅游景区中华茶博城可购物休闲。潍坊市回归自然园、潍坊花卉大世界是省级农业旅游示范点，潍坊工艺美术研究所、瑞福油脂股份有限公司是省级工业旅游示范点，望留街道是省级旅游强镇。后来居上的“农家乐”充满生机活力，境内有五星级农家乐大洋生态村、青山庄园，四星级农家乐乡村庄园，三星级农家乐陶然园、品茗山庄、农家庄园、山村庄园。

潍城商贸服务业繁荣昌盛。潍城在历史上曾是山东半岛著名的商埠，清代就有“南苏州，北潍县”之盛誉。中华人民共和国成立后，特别是改革开放后，潍城商贸服务业进一步提升。20世纪90年代后，传统服务业与现代服务业并驱发展。以小商品城批发交易市场、中百大厦、V1购物广场、金沙城市广场等大型商业网点为代表的中百商圈，是潍坊市区最繁华的商业中心。火车站新商圈聚集了大量的人流、物流、信息流和资金流。鲁东物流中心是“中国物流示范基地”，聚集专业物流企业79家，建成面积达到560余万平方米。潍坊广告创意产业园是“国家广告产业园区”，聚集创意企业210家。鲁台会展中心获得“中国十佳品牌会展中心”称号，承办了第十届中国艺术节等40多个大型展览和文化交流活动。

三

潍城区在改革开放中开拓进取，迅速崛起。中共十一届三中全会后，特别是20世纪90年代后，全区加快发展步伐，立足实际，锐意创新，经济建设成效显著。“八五”（1991—1995年）期间，全区国民生产总值年均递增19.8%（按可比价格，下同），1995年达到17.1亿元。经济结构明显改善，重大比例关系趋向协调，三次产业比例调整为17 ∶ 47.4 ∶ 35.6。农村经济全面发展，农业产业化格局初步形成。至1995年，全区农业增加值达到2.9亿元，年均增长4.7%；非农产业在农村社会总产值中的比重达到85%，粮食、经济作物种植比例调整到6 ∶ 4，畜牧业产值占农业总产值的比重达到50%以上，农业商品率达到65%。工业持续快速增长，初步形成规模经济的优势。巨力集团农用三轮车、耶莉娅集团高档西服等一批较大骨干项目成功创建，机械、服装、食品、塑料、五金等优势行业加快发展，形成了农用三轮、轴承、高档西服等一批拳头产品。1995年，工业总产值达到55亿元，年均递增43.2%；镇以上独立核算工业企业利税总额达到9307万元，年均递增26.3%。第三产业发展迅速，商品流通日趋活跃。1995年，全区实现社会消费品零售额9.7亿元，年均递增24.2%；第三产业增加值完成6.1亿元，年均递增22.7%。改革全面深化，经济和社会发展活力显著增强。企业改革以转换经营机制为重点，相继推行以综合承包为主的多种形式承包经营责任制，开展股份制改造和现代企业制度试点及推广工作，积极发展企业集团，增强企业的市场竞争力。对外开放全面展开，经济发展外向度明显提高。1995年，全区完成出口交货值2.89亿元，年均递增50.5%，“八五”期间实际利用外资2805万美元。

“九五”（1996—2000年）期间，国民经济持续快速发展，经济结构不断改善。2000年，全区国内生产总值27.1亿元，年均增长11.2%，实现比1980年翻三番的总体目标。地方财政收入达到1.34亿元，年均增长13.6%。三次产业比例调整为13.6 ∶ 49.4 ∶ 37。农业和农村经济发展较快。以城市农业开发为突破口，农业内部产业结构进一步优化，花卉、蔬菜、果品、特种养殖等产业快速发展，农业产业化水平踏上了新台阶。工业技术持续进步，机械、服装等支柱行业形成规模优势，相继培植了一批技术含量高、带动能力强、有一定市场竞争力的骨干企业和名牌产品。第三产业得到长足发展。全区各类市场发展到55处，其中小商品城、天坛市场、樱桃园商城、果品批发市场、西园市场等5处市场年交易额过亿元，辐射能力不断增强。房地产、旅游、文化、社区服务等新兴产业有了较快发展，已成为新的经济增长点。个体私营经济健康发展，对地方财政收入的贡献率达到22.5%。全面深化改革，进一步扩大对外开放。农村家庭承包经营责任制和统分结合的双层经营体制不断完善，顺利完成第二轮土地延包工作。以产权制度改革为核心、多形式并举的企业改革不断深入，大多数中型以上企业初步建立现代企业制度。山东巨力股份有限公司发行股票并上市。以招商引资为重点的开放型经济进一步发展。“九五”期间累计出口创汇2.1亿美元，新建成“三资”企业51家，累计利用外资5786万美元。全区固定资产投资结构逐步优化，城乡基础设施建设进一步加强。全社会固定资产投资五年累计完成24.79亿元。重点项目建设取得较大进展，先后组织实施山东巨力股份有限公司扩大农用车生产能力、御华包装材料有限公司扩大彩色包装材料生产能力、华盛食品有限公司扩大花生酱生产能力等一批技术改造项目以及符山水库除险加固工程、潍坊七中扩建、文化广场建设等基础设施建设项目。

“十五”（2001—2005年）期间，经济综合实力明显增强。2005年，全区地区生产总值52.28亿元，年均增长15.6%。社会固定资产投资五年累计完成114.29亿元。三次产业比例调整为7.3 ∶ 52 ∶ 40.7。农业和农村经济全面发展。落实粮食直补和税费改革政策，发放粮食补贴资金347万元，减免农业税689万元，农民负担明显减轻。农业龙头企业发展到201家，其中7家进入全市百强行列。工业经济发展迅速。规模以上工业企业由2000年的53家发展到203家，2005年，完成工业增加值22.1亿元，实现销售收入100.6亿元、利税5.33亿元，年均分别增长36.2%、32%和31.6%。工业投入力度持续加大，五年共实施重点技改项目145项，完成投资70亿元。城区企业退城进园步伐加快，8家企业被批准享受市政府退城进园优惠政策，其中4家进园建设新厂，3家完成退城工作。2005年，第三产业增加值完成17.62亿元，年均增长11.9%；社会消费品零售额28.7亿元，年均增长15.1%。财政收入稳步增长，2005年，全区实现地方财政收入2.16亿元，年均增长10.4%。招商引资成果丰硕，开放水平显著提高。坚持把招商引资作为经济建设的“要务之要务，重点之重点，中心之中心”，大力实施全民招商战略，突出抓好利用外资，全方位扩大对外开放。“十五”期间，实际到位区外资金143.8亿元，其中市外资金106.6亿元，年均分别增长23.2%和32.3%；实际到位境外资金1.68亿美元，年均增长43.9%；完成进出口总额2.87亿美元，其中外贸出口2.16亿美元，年均增长30.6%；累计签订对外承包劳务合同额3500万美元，完成营业额1400万美元，外派劳务800人次。把山东潍城经济开发区作为对外开放的窗口，进一步明确管理范围，特区特管、特事特办，依靠政策推动、产业拉动、项目带动。2003年后，潍城经济开发区投入资金2亿多元，修建12条主次干道，水、电、通信等基础设施基本配套；进区项目158个，总投资109亿元，实际到位资金66亿元，132个项目开工建设，56个项目投产运营。城市建设和管理水平日益提高，城市面貌发生较大变化。牢固树立城市建设就是经济工作的理念，以大投入、大改造、大整治推动大发展。“十五”期间，全区组织实施城建重点项目56个，完成征迁面积近80万平方米。综合治理东风西街、北宫西街、安顺路等12条城区主干道。农村公路通车里程达到381.4公里，全区91%的村庄通上了柏油路。旧城改造步伐加快。完成松园子街、二职专、三中等区域的征迁建设，启动十笏园古建筑群保护开发工程和西市场开发改造项目，开发商品房和经济适用住房205万平方米。13个近郊村完成规划评审论证，3个村开工建设。绿化、美化成效显著。“十五”期间新增绿化面积285万平方米。豪德生态园、鲁能银杏园等一批精品绿化工程相继建成，已成为新的城市亮点。园林、环卫、城管体制进一步理顺，综合执法力度不断加大，初步建立起城市长效管理机制，城市管理水平迈上新台阶。各项改革不断深化,发展环境进一步优化。“十五”期间，全区基本完成以产权制度改革为重点的企业改革。非公有制经济迅速发展，成为经济增长的重要拉动力量。至2005年,全区非公有(民营）经济户数达到2.24万户，从业人员13.3万人，注册资金22.4亿元，纳税额2.73亿元，年均分别增长14.5%、35%、57.1%、50.8%。农村改造稳步推进，基本完成新一轮土地延包工作，土地流转更加有序。农村税费改革达到预期目标，人均减负76.8元。

“十一五”（2006—2010年）期间，抓住省委、省政府打造山东半岛蓝色经济区、胶东半岛高端产业聚集区和加快黄河三角洲开发的重大机遇，加快经济发展。2010年，全区地区生产总值150.25亿元，年均增长14.1%。地方财政收入9.8亿元，年均增长20.6%。消费与投资协调增长，社会消费品零售额99.8亿元，年均增长21.8%。全社会固定资产投资122.7亿元，年均增长19.3%。五年累计完成全社会固定资产投资401.89亿元，实施投资过亿元的项目162个，完成一批重大产业和基础设施项目。转方式、调结构迈出新步伐。产业结构进一步优化，一、二、三次产业的比重调整为4.8 ：47.8 ：47.4，第三产业增加值的比重比2005年提高6.7个百分点。先进制造业实现新突破。装备制造、纺织服装、食品调料、高新技术四大主导产业上档升级，规模以上工业企业发展到189家。自主创新能力不断增强，新认定省工程技术研究中心4家，市工程技术研究中心9家。节能减排取得新进展，万元GDP能耗累计降低25%，年均降低5%，化学需氧量年均削减4%，二氧化硫年均削减2%。现代服务业发展加快。楼宇总部经济规模进一步扩大,圣凯商务大厦、国安商厦、中金国际等商务楼宇相继建成，鑫泰小额贷款股份有限公司成立开业，银河证券公司落户潍城；鲁东物流中心成为中国物流实验基地，佳乐家物流园建成投入使用；V1购物广场、地下名店街等商贸设施项目竣工。都市农业呈现新亮点。军埠口回归自然园现实版开心农场、大洋马术俱乐部开业运营；占地100公顷的潍县萝卜原产地保护区建成;全区农业龙头企业发展到270家，各类农民专业合作经济组织发展到45家。完成投资4442万元的符山水库除险加固工程竣工并通过验收。城市建设成绩显著。福寿西街、宝通西街、玄武西街、健康西街、清平路、月河路、卧龙西街等道路的扩建、改建、亮化、绿化工程顺利完成;奥林匹克体育公园建成投入使用。组织实施城中村改造18个，改造面积390万平方米；改造旧小区45个，改造面积342.6万平方米；改造背街小巷129条，改造面积40万平方米。高质量完成白浪河治理改造工程，城市环境治理成效明显。城市生活垃圾无害化处理率达到100%。城市化水平达到65.7%，全区森林覆盖率达到22.06%。改革开放取得新成效。全区林权制度改革顺利开展，完成林改面积842公顷。中仁文化集团公司与商业银行成功培育了国内首个市场化运作、风险可控的艺术品质押融资新模式。积极推进文化管理体制改革，组建区文化市场综合行政执法局。开放水平进一步提高，五年累计利用外资1.03亿美元，2010年外贸出口达到2.3亿美元，年均增长15.3%。

2011—2013年，全区经济持续快速健康发展。2011年，地区生产总值167.7亿元，固定资产投资142.1亿元，公共财政预算收入11.33亿元，社会消费品零售总额完成93.08亿元。潍城区成为全省服务业综合改革试点区，佳世客、大润发、颐高数码等知名品牌先后入驻潍城，推动了品牌购物经济繁荣发展。鲁东物流中心成为全省服务业先进园区。骨干企业支撑作用增强，24家企业营业收入过亿元，11家企业实缴税金过千万元。2012年，地区生产总值187.5亿元，固定资产投资160.4亿元，公共财政预算收入12.8亿元，社会消费品零售额105.9亿元。鲁东物流中心被中国物流与采购联合会评定为“中国物流示范基地”，潍坊创意产业园被国家工商总局认定为“国家广告产业园区”，成为全国首批9个国家级广告产业园区之一。2013年，地区生产总值208.7亿元，固定资产投资178.2亿元，公共财政预算收入16.5亿元。产业结构进一步优化，三次产业比例调整为4.4 ：42.5 ：53.1。现代服务业繁荣活跃。全区社会消费品零售额151.2亿元，完成服务业增加值110.9亿元，服务业实现税收18亿元，占全部税收比重的64%，潍城区于2012年、2013年连续两年被省政府评为服务业发展绩效考核先进单位。广丰特艺城开业运营，广告创意产业园聚集创意企业210家，鲁台会展中心承办第十届中国艺术节等42个大型展览和文化交流活动，被中国会展经济研究会授予“2013年度中国十佳品牌会展中心”。华美达广场酒店、香港四季百货等国际品牌落户潍城。茶文化街、文化创意街、IT产业街、浮烟山特色餐饮街日益繁荣。城市工业后劲增强。以培育壮大乐埠山创新科技产业园、潍城经济开发区低碳产业园、潍城滨海特色产业园三大园区为重点，大力发展城市工业，规模以上工业企业实现增加值、主营业务收入、利税、利润分别增长10.6%、12.2%、20.8%和27.7%。都市农业特色明显。三六九高科技农业示范基地、圣裕果蔬等优质高效项目初具规模，农业加快向休闲体验、旅游观光等功能拓展。全区拥有市级以上重点龙头企业16家，各类农民专业合作经济组织发展到185家。城乡建设有序推进。坚持以城带乡、城乡融合、一体发展，统筹基础设施建设、重点片区开发、强化城市管理和生态环境整治。潍高路延伸工程潍城段基本完成施工，卧龙西街等9条道路开工建设，向阳路、永安路改造工程竣工。城市集中供热面积达567.8万平方米，普及率达到65%以上；城市燃气普及率达到95%以上。城市精细化管理机制逐步完善，在市区打造胜利西街等6条城市管理示范路段，建立市政道路、市容环境等网格化管理体系，公共设施完好率达到98%以上，城乡环卫一体化实现初级全覆盖。启动智慧城区试点，与中国移动通讯潍坊分公司开展战略合作，建成4G基站28处。“三八六”环保行动深入实施。大于河整治工程一期基本完成，展开二期施工；加大道路绿化改造和居住区绿化提升力度，建成区绿化覆盖率达到40.67%、绿地率达到39.61%；完成21.5公里城区西部排污管道铺设工程并与城市主管网对接。实施益康宝太阳能锅炉、盛瑞铸造新型节能电机等五大节能工程，万元GDP能耗降低3.6%，规模以上工业企业万元增加值能耗降低4.5%。改革开放逐步深入。综合配套改革试点进展顺利，农村体制、要素市场等改革专题取得阶段性成果。农村土地承包经营权确权登记颁证工作稳妥推进，全区45个村居基本完成集体资产股份制改革工作。完成第五轮行政审批事项清理。实际利用外资2214万美元，完成对外承包劳务营业额1600万美元。

四

1991—2013年，潍城区各项社会事业蓬勃发展，人民生活水平逐步提高。“八五”期间，全区共取得科技成果68项，其中24项填补了国内空白或达到国内先进水平。科技进步对经济增长的贡献率提高到40%左右。职业技术教育和成人教育基本形成了集教学、生产、服务于一体的办学体制。适龄儿童入学率、巩固率、毕业率均达99%以上。校舍改造累计投入资金2500万元，办学条件进一步改善。全区城乡居民收入大幅度增加，人民生活开始向小康水平迈进。1995年，农民人均纯收入2360元，比1990年增加1543元；城镇居民人均可支配收入4358元，比1990年增加2877元。人民生活质量显著提高，生活环境明显改善。

“九五”期间，科技产业有长足发展，民营科技机构发展到72家。科技队伍不断发展壮大，各类专业技术人员已达1.4万人。先后配套实施科研攻关、火炬、星火、丰收、成果推广等各类科技计划项目64项。取得科技成果65项，其中8项填补了国内空白或达到国内先进水平。专利申请165件，实施率50%。高新技术产品产值占工业产值的12%。科技进步对经济增长的贡献率达到51%。教育事业有较大发展。高标准实施九年义务教育，成为全国首批“双基”达标县（区）。学龄儿童入学率、普及率、巩固率均达100%；城区基本普及高中教育，初中毕业生升学率达到85%以上。全面推进素质教育，教育教学质量有较大提高，高考升学率连年创历史新高。对学校布局进行大规模调整，教育资源配置进一步优化，办学条件明显改善。全区第五次人口普查工作取得阶段性成果，顺利通过省、市质量检查验收。认真实施可持续发展战略，人民生活水平显著提高。认真落实环境目标责任制，环境污染和生态破坏得到较好控制。严格执行耕地占用审批和复垦制度，土地保护和集约利用得到加强，土地资源和资产规划管理逐步纳入法制轨道。计划生育目标责任制进一步落实完善，人口自然增长率控制在计划指标以内。2000年，城镇居民人均可支配收入和农民人均纯收入分别达到6307元和3742元，分别比1995年增加1949元和1382元，年均分别增长7.7%和9.7%。广泛组织开展科技、文化、卫生“三下乡”和争创十星级文明村、文明户、文明示范单位等系列创建活动。认真实施行政执法责任制，依法行政得到改善。“两化”（民主化、法制化）管理在农村进一步深化，并逐步向城区机关、企事业单位延伸。全面落实社会治安综合治理责任制，不断完善“110”快速反应机制，依法严厉打击各种刑事犯罪和经济犯罪活动，社会治安秩序进一步好转，潍城区连续5年获得“全省社会治安综合治理模范区”称号。

“十五”期间，全区组织实施各类科技计划142项，其中市级以上科技计划61项。申请专利405件，取得各类科技成果48项，科技成果转化率达到65%。建设民营科技机构73家，新发展省级高新技术企业10家，高新技术产业产值占全区规模以上工业企业产值的比重达到18.5%。教育教学质量稳步提高，高考成绩屡创历史新高。校舍改造步伐加快，五年累计投入校改资金7212万元，改造面积6.5万平方米，分别是“九五”期间的1.7倍和1.4倍。高等教育、职业教育基地框架基本形成，6所学校规划定点，山东纺织职业学院新校启用。中国风筝放飞基地建设进展顺利，为潍坊国际风筝会创造了良好的放飞条件。市立医院、市立二院、口腔医院顺利完成改制和重组，发展活力逐步增强。积极推进疾病预防控制体系建设，公共卫生服务水平进一步提高。落实城市居民最低生活保障制度，初步实现应保尽保。社区管理体制不断创新，潍城区获得“全国社区建设示范城区”称号。劳动和社会保障事业健康发展，就业形势稳定，下岗职工基本生活得到保障，城镇登记失业率控制在3.5%以内。广播电视事业得到较快发展，农村有线电视网络规模达到1.2万户。“十五”期间，坚持开发与保护并重、当前与长远兼顾，实现统筹规划，合理布局，有序发展。切实加强环境保护，认真落实环境目标责任制，环境污染得到较好控制，城市生态环境进一步改善。城市绿化覆盖率达到35.24%，比“九五”末提高2.97个百分点。严格依法用地，加强土地保护和集约利用。计划生育合法生育率保持在99.6%以上，人口自然增长率控制在7‰，潍城区获评为“全国计划生育宣传教育先进集体”“全国计划生育协会工作先进单位”。2005年，城镇居民人均可支配收入10200元，农民人均纯收入5485元，分别比2000年增加3893元和1743元。高度重视社会主义精神文明建设，不断加强思想政治教育，积极开展“爱我潍城，做文明市民”等一系列精神文明创建活动，居民文明意识不断增强。积极组织实施“四五”普法和“三五”依法治区规划。认真贯彻执行《中华人民共和国行政许可法》和《全面推进依法行政实施纲要》，对41个部门和单位的553项行政审批事项进行清理。废止行政审批事项148项，占总数的27%。扎实推进“平安潍城”

建设，潍城区获得“全国社会治安综合治理先进区”称号。

“十一五”期间，科技实力逐步增强，全区共鉴定科技成果45项，其中获省科技进步三等奖1项，获市科技进步二等奖6项，申请专利1183项，授权专利689项。学前教育稳步发展，九年义务教育得到高标准实施，高中阶段教育基本普及，职业教育、成人教育得到快速发展。卫生体系逐步健全，城市社区卫生服务覆盖率达到100%，新农合参合率达到100%。文化产业快速发展，重点实施十笏园文化街区、创意产业街、文化商城等重点文化产业项目，初步形成了2平方公里的中央文化区。体育事业再上新台阶，全民健身计划全面实施，群众体育活动蓬勃发展，圆满完成了十一届全运会部分赛事承办任务，农村社区体育设施覆盖率达到100%。人口自然增长率控制在7‰以内。人民生活水平稳步提升，低收入者收入明显增加，中等收入群体持续扩大，2010年，全区城镇居民人均可支配收入19792元，农民人均纯收入9299.7元，年均分别增长14.2%和11.1%。社会就业更加充分，五年新增就业2.1万人，转移农村劳动力1.9万人，城镇登记失业率控制在3.5%以内。

2011—2013年，社会事业全面进步，民本民生持续改善。2011年，潍州双语学校投入使用，加速普惠性幼儿园建设，完成22处普惠性幼儿园新建、改扩建工程。组织实施各类科技计划项目30项，取得重要科技成果12项。申请专利340件，授权专利270件。全区街道综合文化站全部达到市定标准。全面实施国家基本药物制度，实行基本药物零差率销售。统筹做好人口计生工作，全区人口自然增长率为4.25‰。拓宽就业渠道，城镇新增就业4300人，城镇登记失业率控制在2.58%以内。全区有各类养老托老机构68处，农村五保户集中供养率达到91%。城镇居民人均可支配收入22682元，增长14.6%。农村居民人均纯收入10979.49元，增长18.1%。2012年，以“名校带新校”模式组建潍坊外国语教育集团，面向全国招考50名中小学教师，引进7名优秀教师，教育资源配置得到进一步优化。实施国家基本药物制度的医疗机构范围延伸扩大到省、市统一规划建设的77处村卫生室，深化医疗联合体建设，创新社区家庭医生签约式服务，成功创建为全国社区中医药工作先进单位。加强创业就业服务指导，成功创建潍坊创业联盟网和省级大学生创业示范园区，实现城镇新增就业9718人，农村劳动力转移就业6034人，城镇登记失业率控制在2.32%。构建居家养老、社区养老、机构养老“三元支撑”的养老服务体系，建成区、街、社区三级老年会所59处，农村五保户集中供养率达到92%。2013年，城乡医疗卫生服务体系日渐完善，新建医学院附属医院西院区，打造城乡公共卫生服务品牌，家庭医生签约式服务覆盖189个村（社区）、15.8万人，南关街道社区卫生服务中心成为全市唯一一个全国示范社区卫生服务中心，6家社区卫生服务机构成为全省星级示范社区卫生服务机构。“文化惠民”工程深入实施，完成1.8万户农村数字电视整体转换。投资2000万元实施符山水库自来水厂供水扩建工程，完成全区205个村（社区）规模化集中供水工程建设，解决了19.6万人的饮水安全问题。试点推行新农合大病保险政策，重大疾病病种扩大到50种。城乡低保标准分别提高到每人每年5520元和2700元，对全区90岁以上老年人和80岁以上低保老年人发放高龄补贴，城乡居民养老保险实现全覆盖。

五

二十三年不懈拼搏，二十三年沧桑巨变。二十三年奋斗历程风雨无阻，二十三年发展建设硕果累累，二十三年实践经验弥足珍贵。这是潍城改革开放进程中的里程碑，镌刻着潍城人民铿锵有力的闪亮足迹，凝聚着潍城人民勇于探索的强大力量，展示着潍城人民昂扬向上的精神风貌。

承前启后，继往开来。中国特色社会主义进入新时代，新时代承载新使命，新时代踏上新征程。勤劳智慧的潍城人民将以习近平新时代中国特色社会主义思想为指导，全面贯彻落实党的十九大精神，不忘初心，继续前进，树立新风貌，焕发新气象，实现新作为，坚定不移地把改革开放向纵深推进，在新时代改革开放大潮中奋楫争先。

跨入新时代，风好正扬帆。新的开始孕育新的希望，新的征程谱写新的篇章。锐意进取的潍城人民将以更加饱满的热情、更加务实的作风、更加开阔的视野、更加广博的胸襟、更加开放的姿态，全面推进社会主义经济建设、政治建设、文化建设、社会建设、生态文明建设和党的建设，在决胜全面建成小康社会、全面建设社会主义现代化新征程上迈出新的步伐，为实现中华民族伟大复兴的“中国梦”做出新的更大的贡献！

大事记

1991 年

1 月 18 日 潍坊市潍城区第十二届人大常委会第六次会议作出关于确认潍城区与吉林省吉林市龙潭区结为友好区的决定。

2 月 27—28 日 中共潍坊市潍城区委员会八届三次全委（扩大）会议在区招待所召开。会议主要传达贯彻市委七届五次全委（扩大）会议精神，讨论潍城区国民经济和社会发展第八个五年计划。

4 月 6 日 潍坊市潍城区第十二届人大常委会第八次会议作出关于确认潍城区与广东省珠海市平沙区结为友好区的决定。

4 月 7—10 日 政协潍坊市潍城区第八届委员会第二次会议在十笏园宾馆召开。会议听取区委书记的讲话，听取并审议区政协常委会的工作报告等有关报告，协商讨论区政府的工作报告及其他报告，通过大会决议。会议增选区政协副主席 1 名、常务委员 3 名。

4 月 12—15 日 潍坊市潍城区第十二届人民代表大会第二次会议在十笏园宾馆召开。会议听取、审议和通过区政府的工作报告、区人大常委会的工作报告、区法院的工作报告、区检察院的工作报告及其他报告，并作出相应决议。会议补选区人大常委会委员 2 名。

5 月 15 日 潍坊—高青公路（潍高路）改建通车。

5 月 在大柳树镇和符山镇进行高炮人工增雨作业。

6 月 30 日 全区庆祝建党七十周年大会在潍坊影院召开。会议听取区委《弘扬革命传统，加强党的建设》工作报告。区委对全区评选出的 44 个先进基层党组织、88 名优秀共产党员、7 名优秀党务工作者和 15 名农村党员“七一杯”学技术、比贡献竞赛活动先进个人进行表彰。

7 月 18 日 14 时 40 分至 15 时 50 分，河西乡（今北关街道）锁厂至北关铸造厂一带遭到龙卷风袭击，西羊角埠、卧龙桥、后姚家坊、友爱 4 个村和造纸机械厂、压敏胶厂等单位受灾较严重。50 户农民受灾，刮坏房屋 200 间，8 个企业累计 12 个车间房倒塌，倒墙 1000 米，刮倒电杆 32 根，折树 900 株，刮失、刮坏变压器各 1 个，玉米倒伏 213 公顷，潍坊市市政公司一个 2 吨多重的铁罐被刮离原处 15 米，轻伤 7 人，重伤 3 人，直接经济损失 100 万元。

8 月 14 日 投资 30 万元建设的机场南路大崖头村东白浪河漫水桥工程竣工通车。

9 月 30 日 改建东环路、新建北环路（友谊段）、新建浮烟山放飞场路竣工。

10 月 8—10 日 国家教委、中央宣传部、解放军总政治部、团中央在潍城召开全国小学和初中学生国防教育现场研讨会。潍坊五中在会上作《在奋进中探索初中国防教育之路》典型发言。

12 月 13 日 潍坊市潍城区第十二届人大常委会第十二次会议作出关于确认潍城区与广西壮族自治区南宁市江南区结为友好区的决定。

1992 年

1 月 1 日 潍城区体委举办全国武术散打邀请赛。

1 月 10 日 山东省人大常委会主任李振到潍城区河西乡南小于河村、城关街道城隍庙居委会调研《中华人民共和国村（居）民委员会组织法》实施情况。

1 月 13 日 潍城区与临沂市结为友好市区。

1 月 21 日 潍城区全民事业单位开始实行干部聘任制。

2 月 21 日 山东省委副书记高昌礼一行到潍城区曹家巷小区等 10 个社会治安综合治理基层单位检查指导工作。

2 月 23 日 潍城区商委举办的中央工艺美术学院函授大学潍坊分院正式开学，书画大师尹瘦石应邀参加开学典礼。

2月27日 区委决定在全区商业流通企业实施经营范围、价格、用工、分配“四放开”改革，在大华商场、东方商场、微型汽车销售公司、南关粮油供应公司4个单位先行试点。

3月2日 全省首家粮食部门开办的自选商场在潍城区粮食局院校粮油食品供应公司开业。

3月8日 潍城区县乡公路建设重点项目——潍昌路改建工程开工。设计标准为二级油路，6月1日竣工通车。

3月20日 由区公路局承建的通往浮烟山的放飞路建成通车。

3月30—31日 中共潍城区委八届五次全委（扩大）会议在十笏园宾馆召开。会议部署全区深化改革、扩大开放、加速经济发展工作，通过《关于促进乡镇（街道）企业发展有关规定》，确定1992年全区工农业总产值超“八五”时期后三年并且再翻番的奋斗目标。

3月31日 因昌乐县河头乡第一福利造纸厂废水水库坝决口，致使潍城区大柳树镇的十亩田村、柳南村、柳西村等5个村被淹，经济损失约8万元。

3月 潍州剧场动工兴建，总投资400万元，占地面积3737平方米，建筑面积1.2万平方米。

4月14日 中国风筝放飞基地（潍坊国际风筝会放飞场）在潍城区境内浮烟山建成。20日，第九届潍坊国际风筝会正式启用新建成的中国风筝放飞基地。

4月20日 郭味蕖故居陈列馆开馆。

4月25—28日 政协潍城区第八届委员会第三次会议在十笏园宾馆召开。会议听取区委书记的讲话，听取并审议区政协常委会的工作报告等有关报告，协商讨论区政府的工作报告及其他报告，通过大会决议。会议增选区政协副主席1名、常务委员1名。

4月26—30日 潍城区第十二届人民代表大会第三次会议在十笏园宾馆召开。会议听取、审议和通过区政府的工作报告、区人大常委会的工作报告、区法院的工作报告、区检察院的工作报告及其他报告，并作出相应决议。会议补选区人大常委会副主任2名、委员1名，补选副区长1名。

4月 济南、临沂、巨野、乳山、荆门、定陶、安阳、新泰、博兴9市县到潍城区学习社会治安综合治理工作经验。

4月 内蒙古自治区海拉尔市赠予潍坊市符山旅游开发区蒙古马30匹。11月，发现发病马匹6匹，且迅速死亡4匹。市、区畜牧兽医部门对尚在饲养的蒙古马检疫后，确诊为马鼻疽病。市政府办公室以潍政办复字〔1993〕第13号文批示，责令全部扑杀。1993年2月10日，市畜禽疫病防治站、区畜牧兽医站联合组成扑杀小组，将其全部药杀，深埋处理。同时，对受污染的场所及用具进行消毒，对病马粪便、垫草全部泥封发酵。3月，由山东省畜牧兽医总站、省牧校、市畜禽疫病防治站、区畜牧兽医站有关负责人和专家组成联合监测小组，对疫区周围700余匹马、骡、驴进行鼻疽疫情监测检疫，未发现阳性牲畜。此后依规定解除疫情。

5月13日 山东省委常委、政法委书记陈建国到潍城区检查指导政法工作。

6月30日 由潍城区技术监督局与潍坊市市政工程公司联合筹建的山东省第一家公用计量站正式成立。

7月2日 经山东省人民省政府批准，撤销于河乡，设立于河镇；撤销河西乡，设立北关镇；撤销大虞乡，设立大虞镇；撤销梨园乡，设立梨园镇。区政府于7月14日以潍城政发〔1992〕86号文件宣布。四乡撤乡设镇后，其行政区域和人民政府驻地不变。

8月17日 在全国小学生“近现代国情教育”知识智力大赛中，潍城区代表队代表山东省参赛，获得小学组全国第二名。

8月23日 山东省委常委、省政法委书记陈建国到潍城区检查指导社会治安综合治理工作。

10月10日 山东省“四区一县”（淄博市张店区、济南市市中区、泰安市泰山区、潍坊市潍城区、济南市长清县）纪检工作研讨会第四届年会在潍城召开。

10 月 15—21 日 第七届全国部分城区基础教育改革研讨会在潍城召开。

10 月 27 日 潍城区推行农村社会养老保险工作制度。

11 月 30 日 中共中央政治局委员、山东省委书记姜春云，省委副书记、省长赵志浩到潍城区考察第三产业建设项目。

12 月 5 日 全国农村社会养老保险先进县表彰大会在江苏省召开，潍城区在表彰大会上被授予先进区。

12 月 11 日 在全省双拥模范区命名表彰大会上，潍城区被省委、省政府、省军区授予“双拥模范区”称号。

12 月 23 日 潍城区分别与新疆维吾尔自治区喀什市、岳普湖县结为友好市县区。

12 月 25 日 在民政部开展的殡葬事业管理评比工作中，潍城区殡葬管理所被评为先进集体。

12 月 28 日 潍坊轴承厂推行股份制试点。

12 月 31 日 建筑面积 1.1 万平方米、投资 2500 万元的潍坊百货大厦开业。建筑面积 9460 平方米、投资 2400 万元的潍坊鸢都购物中心开业。

是年 潍城区遭遇百年一遇的严重干旱。3—6 月，全区平均降水量仅 27.5 毫米。6 月，全区平均降水量仅 11.9 毫米。至 6 月底，全区旱灾面积达 1.8 万公顷，有 24 个村人、畜饮水困难。

1993 年

1 月 1 日 《潍城区公费医疗管理试行办法》施行。该办法规定：在职人员门诊医疗费自负 10%，住院医疗费自负 5%；全年自负医疗费超过 120 元者，其超过部分仍由公费医疗报销。

1 月 10 日 北海大厦和白浪河花园大厦举行奠基仪式。山东省副省长马世忠、省政协副主席郑伟民出席奠基仪式。

2 月 2 日 在中国红十字会五届四次理事扩大会议上，潍城区红十字会被授予 1992 年中国红十字会“全国先进集体”称号。

2 月 2—5 日 政协潍城区第九届委员会第一次会议在十笏园宾馆召开。会议听取区委书记的讲话，听取并审议区政协常委会的工作报告等有关报告，协商讨论区政府的工作报告及其他报告，通过大会决议。会议选举政协潍城区第九届委员会主席、6 名副主席、35 名常务委员。

2 月 5 日 孙承志任中共潍城区委书记。

2 月 8—13 日 潍城区第十三届人民代表大会第一次会议在十笏园宾馆召开。会议听取、审议和通过区政府的工作报告、区人大常委会的工作报告、区法院的工作报告、区检察院的工作报告及其他报告，并作出相应决议。会议选举区人大常委会主任、6 名副主任、16 名委员，选举区长、5 名副区长，选举区法院院长、区检察院检察长，选举 88 名潍坊市第十二届人民代表大会代表。

2 月 9 日 潍城区大虞镇管辖的十里堡、赵疃、于家涝洼、北胡住、南胡住西、南胡住东、南胡住南 7 个行政村整建制划归潍坊高新技术产业开发区管理。

2 月 24 日 山东省政协副主席丁方明考察北海书画社经营情况和社会效益。

3 月 1 日 潍城人民广播电台直播板块节目正式开播。

3 月 16 日 山东省人民政府对外经济工作协调小组会议确认潍城区的潍坊外商投资开发区为省级开发区。

3 月 21—31 日 潍城区在山东省首届香港经贸洽谈会上，签订利用外资合作项目合同 5 个，签订协议 23 个。

3 月 潍城区第一部社会主义新方志——《潍城区志》出版。《潍城区志》的编纂始于 1982 年 9 月，至 1992 年 9 月定稿，1993 年 3 月由齐鲁书社出版发行。《潍城区志》记述时间断限上起 1840 年，下迄 1990 年，个别内容适当上溯。全志总计

115万字。《潍城区志》于1994年9月被山东省地方志优秀成果评审委员会评为“全省地方志优秀成果一等奖”。

4月15日 国家计划生育委员会授予潍城区“全国城市基层计划生育先进集体”称号。

6月28日 在全省民政工作先进县（市、区）评选活动中，潍城区获评为“全省民政工作先进区”。

10月8—26日 区委一行4人参加潍坊市赴美招商团，在美国开展招商引资活动。共与外商洽谈项目60多个，签订协议、合同20个，总投资5.7亿美元，其中外资额4.5亿美元。

10月10日 山东省最大的粪便无害化处理场在潍城区望留镇正式建成使用。

11月15日 全区党政机构改革动员大会在十笏园宾馆召开。会议部署了全区党政机构改革的工作任务和措施。

11月20日 全省职工市场监督座谈会在潍城召开。省总工会、省工商局、省物价局、省技术监督局及青岛市、潍坊市、滕州市、潍坊市潍城区、淄博市张店区等市区的工会、物价部门负责人参加座谈会。

1994年

1月8日 潍城区建区10周年庆祝大会在十笏园宾馆举行。

2月17日 区委、区政府召开全区农村工作会议。会议命名表彰3个发展乡镇企业先进单位、3个明星村、10个经济强村、5个明星企业、10个先进企业、2个发展外向型经济先进村、3个出口创汇先进企业和5个农业产业化生产带头村。

3月12—14日 政协潍城区第九届委员会第二次会议在十笏园宾馆召开。会议听取区委书记的讲话，听取并审议区政协常委会的工作报告等有关报告，协商讨论区政府的工作报告及其他报告，通过大会决议。

3月17—20日 潍城区第十三届人民代表大会第二次会议在十笏园宾馆召开。会议听取、审议和通过区政府的工作报告、区人大常委会的工作报告、区法院的工作报告、区检察院的工作报告及其他报告，并作出相应决议。

4月20日 潍坊外商投资开发区首批进区的潍坊国际工贸城、潍坊日光国际服装城、潍美筱云国际工业发展园区三大外商独资项目举行开工奠基仪式。山东省委常委、副省长宋法棠，省人大常委会副主任王树芳，新加坡驻华大使郑东发，潍坊市委书记齐乃贵，市人大常委会主任孙嘉炼，市长王大海参加奠基仪式。

4月 第十一届潍坊国际风筝会期间，潍城区对外经贸洽谈活动成绩显著，共签订利用外资合同、协议20个，总投资6128万美元，合同、协议外资额3338万美元，出口成交2100万美元。

6月21日 山东省人民政府根据5月23日国务院国函〔1994〕45号文，以鲁政字〔1994〕109号文通知潍坊市，同意设立潍坊市奎文区（县级）。将潍城区白浪河以东的大虞、梨园、廿里堡3个镇，东园、东关、院校3个街道，军埠口镇的10个行政村划归新设立的奎文区。区划调整后，潍城区辖于河、杏埠、符山、望留、大柳树、军埠口6个镇，城关、南关、西关、北关4个街道，有235个行政村、44个居民委员会、2个家属委员会。

7月8日 区委书记孙承志调任中共潍坊市高新技术产业开发区工作委员会书记。

7月11日 杨卫东任中共潍城区委书记。

8月15—16日 潍坊市委书记齐乃贵、市长王大海分别到潍城区检查指导工作。

8月31日 潍城区选调行政、事业人员313名到新设立的奎文区工作全部结束。

9月6—10日 晋冀鲁豫苏部分城市区人大工作研讨会第四次会议在潍城召开。19个城市区的人大常委会主任、副主任及有关工作人员共80人出席会议。山东省人大常委会副主任王树芳应邀参加会议。会议围绕“在新形势下如何加强法律监督”和“如何进一步提高人大常委会的审议质量”两个议题进行研讨交流。

9月21日 潍城区与加拿大安省韦化市缔结友好市区。

1995年

3月16—19日 中共潍城区第九次代表大会在十笏园宾馆召开。会议听取第八届区委《团结务实，开拓前进，为全面振兴潍城而努力奋斗》的工作报告，听取中共潍城区纪律检查委员会的工作报告。会议选举产生中共潍城区第九届委员会，选举产生中共潍城区纪律检查委员会。

3月22—24日 政协潍城区第九届委员会第三次会议在十笏园宾馆召开。会议听取区委书记的讲话，听取并审议区政协常委会的工作报告等有关报告，协商讨论区政府的工作报告及其他报告，通过大会决议。会议增选区政协副主席2名、常务委员2名。

3月27—30日 潍城区第十三届人民代表大会第三次会议在十笏园宾馆召开。会议听取、审议和通过区政府的工作报告、区人大常委会的工作报告、区法院的工作报告、区检察院的工作报告及其他报告，并作出相应决议。会议补选区政府区长。

3月28日 山东省委副书记、副省长陈建国，省人大常委会副主任王树芳到潍城区考察区属工业。

4月19日 第十二届潍坊国际风筝会游览大山会暨全省个体私营经济产品展销会在潍城区南苑商城开幕。

5月 中国国际贸易促进委员会潍城支会成立。

5月15日—6月4日 区委及镇、街道、有关部门负责人一行26人赴江苏、上海、广东、海南、福建考察，学习对外开放和发展乡镇企业经验。

7月10日 山东省花卉产业现场会在潍城区召开，与会人员参观考察符山林木良种繁育场、军埠口镇朱家文庄等花卉生产基地。

9月15日 全省社区服务工作示范城区工作座谈会在潍城召开。

9月22日 全市社会治安综合治理基层基础工作现场会议在潍城召开。

10月14日 区委、区政府印发《关于在全区农村全面推行民主化、法制化管理的意见》，要求在具体工作中着重抓好四个方面：一是建立完善村民代表议事制度；二是健全完善财务公开制度；三是健全完善村规民约；四是深入开展家庭细胞工程建设，完善村民档案管理。

1996年

1月26日 潍城区第十三届人大常委会第二十次会议作出关于确认潍城区与河南省郑州市中原区结为友好区的决定。

1月 山东省委、省政府授予潍城区“社会治安综合治理先进单位”。

3月11—14日 政协潍城区第九届委员会第四次会议在十笏园宾馆召开。会议听取区委书记的讲话，听取并审议区政协常委会的工作报告等有关报告，协商讨论区政府的工作报告及其他报告，通过大会决议。会议选举区政协主席，增选区政协副主席1名、常务委员3名。

3月12—15日 潍城区第十三届人民代表大会第四次会议在十笏园宾馆召开。会议听取、审议和通过区政府的工作报告、区人大常委会的工作报告、区法院的工作报告、区检察院的工作报告及其他报告，并作出相应决议。会议补选区人大常委会副主任3名、委员3名，补选副区长1名，补选区法院院长。

3月23日 山东省委政法委在潍城区召开社会治安综合治理工作座谈会。潍坊、淄博、青岛、烟台、临沂、东营6地市部分综合治理先进县市区的政法委书记参加会议。

4月12日 山东巨力股份有限公司生产的巨力牌农用三轮车开进北京中南海。中共中央总书记、国家主席、中央军委主席江泽民在中南海参观巨力牌农用三轮车。20日，中共中央政治局常委、国务院总理李鹏，中共中央政治局常委、国务院副总理朱镕基，中共中央政治局委员、国务院副总理李岚清，中共中央政治局委员、中央书记处书记、国务院副总理吴邦国，中共中央政治局候补委员、中央书记处书记温家宝等党和国家领导人在中南海参观巨力牌农用三轮车。

4月15日 山东省副省长张瑞凤率领省民政厅、省财政厅、省劳动厅、省粮食厅、省总工会、省统计局等有关部门负责人到潍城区调研城市居民最低生活保障工作开展情况。

4月17日 荷兰王国北荷省省长范莫德率领荷兰王国政府经贸代表团到潍城区参观考察区属工业。

5月17日 在潍坊市基层双拥工作经验交流暨命名表彰大会上，潍城区被授予“双拥模范区”称号。

6月28日 缅甸工业部部长觉丹、驻华大使关赛到潍城区考察区属工业。

7月14日 由潍坊有线电视台摄制的、以反映潍城区“老战士合唱团”为题材的电视专题片《钢铁的精神，战士的歌》在中央电视台《军营文化广场》栏目播出。

7月31日 山东省委常委、政法委书记张惠来到潍城区考察民主化、法制化“两化”管理等工作。

9月12日 山东省政协副主席翟永淳率领省政协社会法制委员会“关于加强城市基层组织建设基层政权建设问题”专题调查组一行7人到潍城区调研。

9月26日 新建西二环路工程竣工通车，全长13.4公里，投资1200万元。

12月24日 中共潍城区委九届三次全委（扩大）会议在十笏园宾馆召开。会议讨论通过《潍城区“九五”期间社会主义精神文明建设规划（草案）》。

12月28日 在全省政法工作会议上，省委、省政府授予潍城区“山东省社会治安综合治理先进单位”称号。

1997年

3月4—6日 政协潍城区第九届委员会第五次会议在十笏园宾馆召开。会议听取区委书记的讲话，听取并审议区政协常委会的工作报告等有关报告，协商讨论区政府的工作报告及其他报告，会议选举区政协秘书长，通过大会决议。

3月8—11日 潍城区第十三届人民代表大会第五次会议在十笏园宾馆召开。会议听取、审议和通过区政府的工作报告、区人大常委会的工作报告、区法院的工作报告、区检察院的工作报告及其他报告，并作出相应决议。会议补选区人大常委会委员1名。

3月10—11日 山东省委常委、政法委书记张惠来到潍城区考察实施民主化、法制化“两化”管理工作。

3月23日 山东省委书记赵志浩到潍城区调研社会治安综合治理和民主化、法制化“两化”管理工作，对潍城区“两化”管理工作给予充分肯定并提出指导意见。潍坊市委副书记、市长王大海陪同调研。

3月25—26日 全省农村基层民主法制建设座谈会在潍城区十笏园宾馆召开。省委常委、政法委书记张惠来出席会议并讲话。

4月19日 国家档案局副局长沈正乐到潍城区检查指导档案工作。

6月1日 山东省委书记吴官正在潍坊市委书记齐乃贵、市长王大海的陪同下，到山东巨力股份有限公司考察，对其生产经营取得的成绩给予肯定和表扬。

6月29日 潍城区第一个村级党委——中共潍坊市潍城区北关街道东北关村委员会成立。

7月12日 中央电视台到潍城区专题采访民主化、法制化“两化”管理工作。

7月29日 山东省委副书记、省长李春亭在新华社《国内动态清样》（第1923期）刊登的题为《潍坊市潍城区推行民主化、法制化管理 建立农村基层管理新机制》的文章上作重要批示："此经验拟应大力推广。"8月4日，副省长张瑞凤在该文章上批示："潍城基层建设与民主管理的经验请民政厅派人总结，推广全省。"

8月3日 山东省委副书记李文全到潍城区考察并指导安全文明创建和民主化、法制化"两化"管理工作。

8月6日 中央电视台《社会经纬》栏目介绍潍城区民主化、法制化"两化"管理工作情况。

8月28日 全市家庭美德建设现场会在潍城区召开。

9月1日 全市第一个由工会主办的职业介绍所——潍坊市潍城区总工会职业介绍所成立，为下岗职工再就业提供免费服务。

10月4日 全国政协副主席钱伟长到潍城区政协和区实验小学考察工作。山东省政协副主席孔令仁，潍坊市委副书记、市长王大海陪同。

10月4—5日 经济日报社经济研究中心、机械部农机装备司、潍坊市委宣传部、潍城区委、区政府、山东巨力股份有限公司联合主办的巨力集团"低成本扩张，高速度发展"战略研讨会在富华大酒店召开。全国政协副主席钱伟长、山东省副省长韩寓群出席开幕式并讲话。

10月13日 潍坊市委书记齐乃贵到潍城区考察个体私营经济发展情况。

11月3日 在全国总工会保障工作会议上，潍城区总工会获评为"全国工会基层保障工作单项先进单位"。

11月5日 在全国第五次人民群众见义勇为与犯罪分子作斗争先进分子表彰大会上，潍城区北关街道刘家园村村民刘振义被中央宣传部、中央政法委、中华见义勇为基金会授予"全国社会治安见义勇为先进分子"称号。

11月14日 全市纪检监察系统宣传教育工作现场会在潍城区召开。

11月16日 潍坊服装城举行开业庆典。山东省委副书记、副省长宋法棠，潍坊市委副书记、市长王大海参加开业庆典。

12月12日 潍坊市委书记曹学成一行到潍城区考察调研山东巨力股份有限公司和鲜切花生产基地。

1998年

1月5日 潍城区第十三届人大常委会第三十三次会议召开。会议决定接受韩俊生辞去区人民政府区长职务，决定王秀河为代理区长。

1月10日 潍城区被山东省委、省政府授予"全省社会治安综合治理模范区"称号。

1月10—13日 政协潍城区第十届委员会第一次会议在十笏园宾馆召开。会议听取区委书记的讲话，听取并审议区政协常委会的工作报告等有关报告，协商讨论区政府的工作报告及其他报告，通过大会决议。会议选举政协潍城区第十届委员会主席、6名副主席、秘书长、23名常务委员。

1月16—21日 潍城区第十四届人民代表大会第一次会议在十笏园宾馆召开。会议听取、审议和通过区政府的工作报告、区人大常委会的工作报告、区法院的工作报告、区检察院的工作报告及其他报告，并作出相应决议。会议选举区人大常委会主任、7名副主任、11名委员，选举区长、6名副区长，选举区法院院长、区检察院检察长，选举38名潍坊市第十三届人民代表大会代表。

2月9—11日 中共潍城区第十次代表大会在十笏园宾馆召开。会议听取第九届区委《全面贯彻落实党的十五大精神，把全区社会主义现代化建设事业推向新世纪》的工作报告。会议选举产生中共潍城区第十届委员会，选举产生中共潍城区纪律检查委员会。

3月3日 山东巨力股份有限公司A种股票2500万股获准在深圳证券交易所上网定价发行。

证券代码为0880，归属工业类股票。

3月11日 北关街道办事处被省专利管理局命名为山东专利街办，成为全省首家获此称号的街办。

3月26日 区委在十笏园宾馆召开全区实施“为民工程”、开展区直机关干部下基层和机关思想作风整顿动员大会。

4月6日 区委、区政府印发《关于切实加强农民负担管理工作的决定》。该决定包括明确农民合理负担的标准和使用范围、加强监督管理、加强对农民负担管理工作的领导三部分，共21项内容。

4月20日 区委、区政府、区政协联合举办的《纪念潍县解放五十周年》专辑首发式在十笏园宾馆举行。参加潍县战役和参与新潍坊建设的姚仲明等18位老领导出席首发式。中央军委副主席、国防部部长迟浩田为《纪念潍县解放五十周年》一书题词："潍县战役垂青史，振兴中华创辉煌。"

4月21日 山东省人大常委会主任赵志浩到潍城区考察农村民主化、法制化管理工作。

4月28日 潍城区被民政部命名为“首批全国社区服务示范城区”。

5月5日 潍城区人民法院被最高人民法院授予“全国法院集中清理委托执行案件先进单位”称号。

5月6日 《中国房地产报》第301期第七版对潍城区城市建设成就作整版专题报道。同时，对获得全国城市物业管理优秀住宅小区的城隍庙小区进行专题介绍。

5月8日 潍坊市首家家政服务站——城隍庙居委会家政服务站举行揭牌仪式。

6月7日 区委组织部、区广播电视局等有关单位联合摄制的党员科技电教片《美洲斑潜蝇防治技术》在中央电视台第七套节目播出。

6月8日 山东省委常委、宣传部部长王修智一行到城关街道城隍庙小区检查指导精神文明建设工作。

6月17日 新华社、人民日报社、光明日报社、人民公安报社、香港大公报社、大众日报社、山东电视台等13个新闻单位的20余名记者组成的“民心工程”采访团到潍城区采访。

6月18日 中央电视台与区广播电视局共同摄制的《村支书的故事》在中央电视台第一套节目播出。

6月19日 在全省“扫黄打非”专项治理工作电话会议上，潍城区获评为1997年冬季“扫黄打非”先进集体，受到通报表彰。

6月30日 中共潍城区委发出《关于开展向张洪泉同志学习活动的决定》。7月27日《大众日报》、7月28日《潍坊日报》分别以《鞠躬尽瘁为群众》和《他用奉献写人生》为题，报道了张洪泉的先进事迹。10月15日，中共潍坊市委、潍坊市人民政府又发出《关于在全市开展向张洪泉同志学习活动的决定》。

7月1日 《东方之子》系列丛书编委会与区委宣传部、区文化局、十笏园宾馆联合举办的“东方艺术画廊”在十笏园宾馆开业。

7月3日 潍坊市委书记曹学成一行到潍城区考察潍坊五彩花卉公司、潍坊服装城等17个单位。

7月4日 山东省人大常委会副主任张瑞凤率领省社会治安综合治理检查组一行到潍城区检查指导民主化、法制化“两化”管理和小区“创安”工作。

7月15日 《山东政法》第16期以《潍城区继续深化完善“两化”管理》为题，介绍了潍城区深化完善民主化、法制化管理的做法。

7月15日 潍坊食品厂举行整体出售挂牌仪式。美国CPC公司买断该企业的全部产权，成立太平洋（潍坊）食品有限公司。

7月23日 山东巨力股份有限公司、四川峨眉柴油机集团公司、潍坊动力机厂三方投资4700万元组建的山东峨眉柴油机有限公司在潍城区成立。由跨省三方强强联合组建大型企业集团，在潍城区工业发展史上属首例。

8月4日 山东省委常委、政法委书记、公安厅厅长高新亭到潍城公安分局调研“110”社会联动工作，并慰问“110”出警点执勤民警。

8月5日 全市下岗女工再就业工作现场经验交流会在潍城区召开。

8月12日 潍城区总工会被省总工会授予“全省工会工作先进单位”称号。

8月13日 城关街道办事处被省体委命名为“全省城市体育先进社区”，成为山东省第一批城市体育先进社区（共21个）之一。

8月21—22日 21日晚至22日17时，潍城区普降大到暴雨，最大降雨量103毫米，平均降雨量65毫米。部分镇、街道遭受水灾，受灾严重的军埠口镇降雨量92.2毫米，白浪河水库水位涨至56.93米，白浪河库区被淹土地385公顷，姚官庄等3个村的27户村民房屋进水，全区有1527户、6000多人的生活受到影响，直接经济损失320万元。

9月6日 潍坊造锁集团公司改制为股份合作制企业创立大会召开。

9月9—10日 全市人大调研工作座谈会在潍城区十笏园宾馆召开。

9月19—22日 山东电视台《道德与法制》栏目、《金剑之光》栏目和大型系列片《法治中国》剧组等一行6人到潍城区采访民主化、法制化“两化”管理工作开展情况。

9月25—27日 潍城区第四届中小学生艺术节在长城礼堂举行。本届艺术节有209个节目参加音乐专场管乐、民乐、舞蹈、合唱等演出，有177件美术作品参加素描、彩画、国画、实用美术、工艺制作5个项目展评。

10月5日 区委决定，在全区开通“148”法律服务热线电话，为群众提供法律服务。11月3日，全区“148”法律服务专线开通仪式在区司法局楼前举行。

10月11日 司法部部长高昌礼到潍城区考察民主化、法制化“两化”管理工作。

11月5日 潍坊市人大常委会主任孙嘉炼到潍城区考察个体私营经济发展情况。

11月20日 全市流动人口管理工作现场会在潍城区召开，与会人员参观考察潍坊火车站派出所、高家楼村、南苑商贸城、南关大街居委会、北关派出所、耶莉娅服装集团等暂住人口管理站现场。

11月24日 全国妇联副主席、书记处书记沈淑济一行到潍城区城关街道北大路居委会、曹家巷居委会考察下岗女工安置工作，给予高度评价。

11月28日 中国美术家协会东方展览中心在潍城区正式挂牌成立。这是中国美术家协会批准成立的国内首家高层书画展览交流场所。

11月28日 潍坊市委书记曹学成到潍城区考察城市农业发展情况，对潍城区发展城市农业给予肯定。

12月21日 潍城区纪念改革开放和党的十一届三中全会二十周年大型图片展览在潍州剧场举办。图片展览以“歌颂改革开放，展示辉煌成就，激励奋发精神，再创世纪伟业”为主题，参展图片近800幅，有4000余人参观展览。

1999年

3月4—6日 政协潍城区第十届委员会第二次会议在十笏园宾馆召开。会议听取区委书记的讲话，听取并审议区政协常委会的工作报告等有关报告，协商讨论区政府的工作报告及其他报告，通过大会决议。会议增选区政协副主席1名、常务委员1名。

3月9—12日 潍城区第十四届人民代表大会第二次会议在十笏园宾馆召开。会议听取、审议和通过区政府的工作报告、区人大常委会的工作报告、区法院的工作报告、区检察院的工作报告及其他报告，并作出相应决议。

3月15日 山东省委副书记、常务副省长宋法棠到潍城区视察山东巨力股份有限公司和山东芳源花卉有限公司，对潍城区大力培育产业龙头带动经济发展的做法给予充分肯定。

3月24日 潍城区被省委宣传部评为“全省基层党校工作先进区”。

3月 潍城区在全省率先成立第一支流窜犯罪侦察大队。

4月16日 区委、区政府印发《关于进一步加快乡镇企业发展的意见》。

4月28日 区委办公室、区政府办公室印发区委组织部、区经贸委、区贸易局、区总工会联合制定的《关于在区属企业中民主直选企业经营管理者工作的意见》。

4月28日 潍城区首届农民书画展在区政协一楼会议室开幕。画展期间共展出作品78幅。

5月4日 区委、区政府决定，在全区政法系统实施司法公开，加强司法监督。要求依法享有司法权的部门将其职能、职权、司法程序、当事人的权利义务、办案时限、办案纪律、收费标准和处理结果等，按规定全部向社会公开。

5月12—13日 团省委、省教委、省少工委在东营召开的全省少先队“深化雏鹰行动，推进素质教育”现场经验交流会上，潍城区作为全省6个典型单位之一发言。

5月16日 以马里劳动者联合会总书记西亚卡·迪亚基德为团长的工会代表团到潍城区访问。

6月25日 司法部部长高昌礼到潍城区考察民主化、法制化“两化”管理、司法公开、立体防范工作，给予充分肯定。

6月26日 潍坊市委书记曹学成到潍城区走访慰问老红军杨兴云。

8月25日 《人民日报》第十二版刊发《警务公开公正，人民群众满意》，对潍城公安分局推行警务公开工作情况进行报道。

8月28日 自1998年5月4日施工建造的浮烟宝塔竣工，总造价410万元。该塔位于浮烟山北首顶峰，基座占地12亩，基础区域地质钻探深度为16米，基础建筑深度为9米，主体高49米，7层八棱角仿古建筑，附设厢房9间（299平方米）、四角亭、六角亭、放生池、浮桥等配套设施。

9月1日 全省城市社会治安综合治理经验交流会召开。潍城区作为3个现场之一，为该会提供现场并作典型发言。130余名与会人员在省委常委、政法委书记高新亭率领下，参观考察潍城区于河多功能堵截点、北宫“110”出警室、大十字口治安服务室、火车站广场、城关街道城隍庙居委会和北关街道张辛庄居委会。

9月28日 浮烟山森林公园开园仪式举行，3万多名游客参加开园仪式和游园活动。

11月7日 全区清理整顿农村合作基金会工作会议召开。

11月28日 由山东省人民政府授权、潍城区金石艺术研究所设计制作的大型仿古铜工艺品“齐鲁风情迎荷瓶”竣工仪式在区委、区政府机关大院举行。“齐鲁风情迎荷瓶”以中国古代凤尾瓶为基本造型，以澳门特别行政区区花（莲花）和齐鲁大地自然风光、人文景观为主题，采用传统的仿古铜工艺制作，是山东省人民政府赠送澳门特别行政区的礼品。

12月1日 潍城区各界妇女“庆澳门回归，迎新世纪到来”书画展开幕式在区政协一楼会议室举行，展出作品92幅。

2000年

1月19—21日 政协潍城区第十届委员会第三次会议在十笏园宾馆召开。会议听取区委书记的讲话，听取并审议区政协常委会的工作报告等有关报告，协商讨论区政府的工作报告及其他报告，通过大会决议。

1月23—26日 潍城区第十四届人民代表大会第三次会议在十笏园宾馆召开。会议听取、审议和通过区政府的工作报告、区人大常委会的工作报告、区法院的工作报告、区检察院的工作报告及其他报告，并作出相应决议。会议补选区人大常委会副主任1名。

2月4日 潍坊市委书记曹学成在除夕之夜到潍城区慰问坚守岗位的政法干警。

2月27日 区委、区政府制定《关于鼓励招商引资加快经济发展的暂行办法（试行）》。

3月12日 区委决定，自3月中旬开始，集中用3个月时间，在区级领导班子、领导干部中深入开展以“讲学习，讲政治，讲正气”为主要内容的党性党风教育活动。

3月29日 在公安部、省公安厅召开的表彰大会上，潍城公安分局获评为“全省优秀公安局”，叶建平获评为“全国特级优秀人民警察”。

4月15日 潍城区实施经济国际化战略、加快农村现代化建设、发展个体私营经济工作会议召开。

4月 潍城区成立全市首家社区服务求助中心。该中心实施企业化管理，立足潍城，面向全市，发挥信息调度作用，为市民提供家电维修、家庭保洁、托老及保姆介绍等多项便捷服务。

5月14日 全国人大常委会执法检查组一行25人在全国人大常委会委员毛达如的率领下，到山东耶莉娅服装集团总公司检查《中华人民共和国乡镇企业法》贯彻实施情况。

6月9日 国家档案局局长、中央档案馆馆长毛福民，副局长冯鹤旺到潍城区人大常委会机关检查指导档案工作。

6月25日 山东省委常委、政法委书记、省公安厅厅长高新亭到潍城公安分局南关派出所检查指导工作。

7月7日 潍城区全民招商动员大会在潍州剧场召开。会议动员全区广大干部群众进一步解放思想、更新观念，开展全民招商工作。

8月23日 潍坊市委书记曹学成一行到潍城区考察天坛陶瓷、灯饰精品市场、新纪元建材市场、天坛市场二期工程、花卉大世界等项目的规划和开发建设情况。

9月29日—10月1日 由区委、区政府主办，区经贸委承办的“山东省潍坊市潍城区招商洽谈会”在北京新世纪饭店举行。这是在第六届世界大城市首脑会议暨国际对华投资项目洽谈会期间，唯一一次由地方政府组织举办的专场项目洽谈会，30多家国际知名企业和投资商应邀参加洽谈会，签订合作协议26份，协议额5933万美元。

10月26日 区委印发《潍城区选拔任用科级干部实行公示制暂行办法》。

11月21—22日 全国政协常委、山东省政协副主席潘广田一行14人到潍城区考察《妇女权益保障法》《妇女发展纲要》和《儿童少年事业发展规划》实施情况。

11月 潍城区被山东省科协命名为“全省科普示范城区”。潍城区成为全市第一个获此称号的城区。

12月22日 潍城区城镇职工基本医疗保险制度改革工作会议在十笏园宾馆召开。会议确定，自2001年1月1日始，潍城区城镇职工基本医疗保险制度正式启动。

12月25日 中共潍城区委十届五次全委（扩大）会议召开。会议主要学习贯彻党的十五届五中全会、省委七届五次全会和市委八届十二次全会精神，讨论修订《潍坊市潍城区国民经济和社会发展第十个五年计划纲要（草案）》。

是年 全区完成地税收入10033万元，自1994年区划调整后首次突破亿元。

2001年

1月4日 区委召开全区“三个代表”重要思想学习教育活动动员大会，部署“三个代表”重要思想学习教育活动。

2月26日 在潍坊市信访工作会议上，潍城区被潍坊市委、市政府评为“全市信访工作先进单位”。

3月5—7日 政协潍城区第十届委员会第四

次会议在十笏园宾馆召开。会议听取区委书记的讲话，听取并审议区政协常委会的工作报告等有关报告，协商讨论区政府的工作报告及其他报告，通过大会决议。会议选举区政协主席，补选区政协副主席2名、常务委员4名。

3月6—9日 潍城区第十四届人民代表大会第四次会议在十笏园宾馆召开。会议听取、审议和通过区政府的工作报告、区人大常委会的工作报告、区法院的工作报告、区检察院的工作报告及其他报告，并作出相应决议。会议补选区人大常委会副主任2名、委员4名，补选副区长2名，补选区法院院长。

3月26日 区委、区政府印发《关于深化国有、集体企业改革的意见》（以下简称《意见》）。《意见》指出，企业改革的范围是所有区属企业、镇（街）企业和村（居）办企业，企业改制按照“因企制宜，一企一策或一企多策”的原则合理选择改制形式。

3月 潍城区乡镇区划调整，6个镇合并为4个镇。杏埠镇成建制划归于河镇；大柳树镇一分为三：柳东等17个行政村划归符山镇，崔家官庄等13个行政村划归军埠口镇，二甲王村划归望留镇。

5月26日 区委、区政府召开区属医疗机构改革动员大会，部署区属医疗机构改革工作，同时下发《关于深化区属医疗机构改革的意见》《关于印发潍城区区属医疗机构改革实施方案的通知》《关于区属医疗机构改革期间冻结人员、财产、物品的紧急通知》和《关于在区属医疗机构改革工作中严肃纪律的通知》。

6月22—24日 庆祝中国共产党建党80周年潍城区第一届美术展在潍州剧场举办。美术展共展出书画、摄影、风筝、仿古铜、剪纸、雕塑、嵌银、民间布玩具8类艺术精品280余件。

7月18日 潍坊天坛市场扩建工程奠基仪式举行。

8月7日 潍坊市委书记曹学成率领市外经贸局、市招商局、市城建局等市直有关部门负责人考察潍城区经营城市和招商引资工作。

8月27日 中国农学会新产学会主办，潍城区人民政府、潍坊大正实业有限公司协办的全国高效毛皮动物产业发展研讨会在十笏园宾馆召开。

10月5日 潍坊市委书记曹学成一行到潍城区检查指导城市农业工作。

10月13日 中共陕西省委书记李建国一行到潍城区参观考察潍坊大正实业有限公司。

10月25—27日 全国农业产业化现场会议在潍坊召开，潍城区的北方万亩苗木繁育基地和潍坊大正实业有限公司被列为全国农业产业化现场会议的现场。

10月27日 山东省副省长陈延明到潍城区参观考察潍坊花卉大世界和浮烟山森林公园。

10月31日 陕西省副省长王寿森在山东省副省长陈延明的陪同下，到潍城区参观考察潍坊大正实业有限公司、北方万亩苗木繁育基地。

11月1日 以吉林省委书记王云坤、省长洪虎为团长的吉林省党政代表团一行48人，在山东省委副书记王修智的陪同下，到潍城区参观考察潍坊大正实业有限公司、北方万亩苗木繁育基地。

11月28日 江西省副省长孙用和率领江西省各市、地分管农业的负责人及省直有关部门负责人一行20人，到潍城区参观考察潍坊大正实业有限公司。

11月29日 以陕西省委副书记、省纪委书记董雷为团长，省委常委、政法委书记赵正永为副团长的陕西省党政代表团一行18人，在山东省委常委、政法委书记高新亭的陪同下，到潍城区参观考察潍坊大正实业有限公司、北方万亩苗木繁育基地。

11月29—30日 潍城区首届高新技术及专利产品展示会在潍州剧场举办。

2002年

1月11日 潍坊市委书记曹学成带领全市招

商引资总结表彰大会的与会人员，到潍城区考察招商引资企业——潍坊御华彩印包装有限公司。

1 月 18 日 潍坊花卉大世界二期工程举行开业仪式。

2 月 13 日 山东省副省长陈延明到潍城区考察鸢都湖工程和潍坊花卉大世界。

2 月 21 日 潍坊市委书记曹学成到潍城区督查全市领导干部会议落实情况，实地检查工农业生产。

2 月 22 日 天津市政府考察团一行在山东省副省长陈延明的陪同下，到潍城区考察北方万亩苗木繁育基地和潍坊大正实业有限公司。

2 月 27 日 潍城区首届“迎春杯”全民健身长跑比赛在潍州剧场门前广场举行，全区机关和事业单位近 500 名选手参加比赛。

3 月 11—13 日 政协潍城区第十届委员会第五次会议在十笏园宾馆召开。会议听取区委书记的讲话，听取并审议区政协常委会的工作报告等有关报告，协商讨论区政府的工作报告及其他报告，通过选举事项，通过大会决议。

3 月 12—15 日 潍城区第十四届人民代表大会第五次会议在十笏园宾馆召开。会议听取、审议和通过区政府的工作报告、区人大常委会的工作报告、区法院的工作报告、区检察院的工作报告及其他报告，并作出相应决议。会议补选区人大常委会副主任 1 名。

4 月 21 日 中华慈善总会副会长张汉兴、省计生协会副会长王成林一行到潍城区调研托老、养老事业。

4 月 29 日 中共中央政治局委员、山东省委书记吴官正到山东巨力股份有限公司控股的中美合资企业——山东力美数码科技材料有限公司、潍坊大正实业有限公司和即将开业的百盛购物中心考察。

4 月 29 日 山东省委副书记、省长张高丽，省委副书记姜大明，省委常委朱正昌，副省长陈延明与出席全省农业产业化工作会议的人员，到潍城区考察潍坊大正实业有限公司。

5 月 3 日 山东省公安厅厅长曲植凡到潍城区调研社会治安防范工作。

5 月 30 日 参加全国检察机关纠正超期羁押工作经验交流现场会的最高人民检察院副检察长赵登举及与会人员一行 30 余人，到潍城区就潍城检察机关预防超期羁押工作进行调研。

6 月 10—13 日 全国人大常委会农业和农村委员会副主任委员李春亭一行 12 人，到潍城区就农业、农民、农村问题进行专题调研。山东省副省长陈延明、潍坊市委书记曹学成陪同调研。

6 月 11 日 潍坊市政协主席迟昭厚到潍城区实地考察政协委员领办的企业。

6 月 12 日 济南军区司令员陈炳德到潍城区考察浮烟山森林公园。

6 月 16 日 贵州省委副书记黄尧一行 10 人在山东省委常委、省直机关党工委书记朱正昌陪同下，到潍坊大正实业有限公司考察。

6 月 20 日 山东省委副书记王修智在潍坊市委书记曹学成的陪同下，参观考察潍坊外国语学校。

6 月 20 日 潍坊市委书记曹学成一行到潍坊七中和潍坊茶叶市场进行调研。

6 月 22 日 潍城区第一个街道商会——潍城区商会南关街道分会正式成立。

6 月 25 日 山东省委副书记、省纪委书记赵春兰一行 6 人在潍坊市委书记曹学成的陪同下，考察潍坊大正实业有限公司。

7 月 2 日 由潍城区各镇、街道及有关部门负责人一行 50 人组成的潍城区党政考察团，赴胶南市就经济发展、招商引资和园区建设进行专题考察。

7 月 9 日 全国工商联副主席瞿怀明一行到山东巨力股份有限公司、潍坊花卉大世界、潍坊大正实业有限公司调研。

7 月 9 日 由人民日报社、法制日报社、中央电视台、新华社、中国新闻社组成的全国“地方人大工作巡礼”采访团一行 11 人，到潍城区专题采访实施“双活动日”制度情况。

7月30日 潍坊市第一家农业机械协会在潍城区成立。

8月21—23日 深圳台商协会龙华分会山东考察访问团一行到潍城区考察山东耶莉娅服装集团总公司、韩国工业园、潍坊外商投资开发区西区、山东巨力股份有限公司、花卉大世界、南关千亩民营工业园等招商园区及重点企业。

9月16日 潍城区首届花卉、酒水、茶叶展销会在潍坊花卉大世界和鸢都茶城举办。

9月20日 以全国人大常委会委员、内务司法委员会副主任委员顾金池为组长的全国人大视察组，到潍城区检查指导工作。

10月14日 出席市政协九届二十三次常务会议暨全市政协工作经验交流会的市、县两级政协负责人，到潍城区考察潍坊大正实业有限公司、巾帼农业科技示范园。

10月16日 山东省妇联主席赵玉兰一行3人到潍城区就城市妇联工作进行调研。

2003年

1月1日 潍坊市首家五星级国际休闲购物中心——北海国际购物中心正式开业。

1月7日 公安部党委委员、纪委书记、督察长祝春林到潍城区考察公安工作。

1月15—17日 中共潍城区第十一次代表大会在十笏园宾馆召开。会议听取并审议第十届区委《全面贯彻“三个代表”重要思想，努力开创潍城社会主义现代化建设新局面》的工作报告；审查中共潍城区纪律检查委员会的工作报告（书面）。会议选举产生中共潍城区第十一届委员会，选举产生中共潍城区纪律检查委员会。

1月19—21日 政协潍城区第十一届委员会第一次会议在十笏园宾馆召开。会议听取区委书记的讲话，听取并审议区政协常委会的工作报告等有关报告，协商讨论区政府的工作报告及其他报告，通过大会决议。会议选举政协潍城区第十一届委员会主席、6名副主席、秘书长、21名常务委员。

1月20—24日 潍城区第十五届人民代表大会第一次会议在十笏园宾馆召开。会议听取、审议和通过区政府的工作报告、区人大常委会的工作报告、区法院的工作报告、区检察院的工作报告及其他报告，并作出相应决议。会议选举区人大常委会主任、7名副主任、13名委员，选举区长、6名副区长，选举区法院院长、区检察院检察长，选举36名潍坊市第十四届人民代表大会代表。

3月14日 山东省委常委、省直机关党工委书记闫启俊在潍坊市委书记张传林的陪同下，到山东巨力股份有限公司检查指导工作。

3月21日 教育部副部长王湛、山东省副省长王军民到潍城区考察教育教学工作，对潍城区的城乡共同体、特色艺术教育给予高度评价。

4月19日 韩国大铁株式会社追加1000万美元投资兴建的潍坊汽车配件有限公司二期工程落户潍城区符山镇。

4月24日 区委、区政府成立潍城区传染性非典型肺炎防治工作领导小组。

4月26日 区委、区政府印发《关于进一步加强传染性非典型肺炎防治工作的紧急通知》，并附《潍城区传染性非典型肺炎防治工作应急方案》。

5月19日 区委、区政府成立潍城区防治非典型肺炎指挥部。

5月19日 潍城区27个村遭受不同程度的冰雹灾害。农田受灾面积667公顷，小麦、果树及蔬菜大棚受灾严重，全部经济损失约400万元。

6月5日 区委、区政府印发《关于潍坊外商投资开发区行使区级管理权限的试行意见》。

6月10日 潍坊市委书记张传林到潍城区调研招商引资和经济工作。

6月26日 潍坊市委副书记、市长张新起到潍城区调研浮烟山项目开发工作。

7月6日 潍坊市委副书记、市长张新起一行到潍城区就潍坊外商投资开发区建设、潍坊大学城规划区域、物流园区建设和十笏园古建筑群修复等进行调研和调度。

7月15日 海南省副省长江泽林率领党政考察团到潍城区参观考察。

7月15—17日 潍城区各镇、街道、潍坊外商投资开发区及有关部门共19个团组组成86人的大型招商团，赴浙江省温州市及其周边地区开展经贸洽谈暨专项招商活动。此次活动组织了51个招商项目，接触联络客商180余人，衔接洽谈项目36个，签订协议意向28项，协议意向总投资22.8亿元。

7月21日 山东省政协副主席、省委统战部部长齐乃贵到潍城区调研工作。

8月14日 区委、区政府印发《关于扶持骨干民营企业加快发展的若干规定》。

9月12日 山东省政协副主席、省委统战部部长齐乃贵到潍城区就推进社区统战工作进行调研。

9月15日 潍坊市委书记张传林到潍城区军埠口镇工业园、潍坊大学城、潍坊外商投资开发区考察调研。

9月18日 山东省委办公厅就业再就业政策督察组一行到潍城区督查就业再就业工作和优惠政策落实情况。

9月19日 潍城区卫生防疫站通过ISO9001质量管理体系认证，成为山东省首家通过国际质量体系认证的防疫站。

9月29日 区委、区政府、区人武部对在全省民兵高炮分队实弹战术演习中获得优异成绩（潍城区列全省20个参演单位第一名）的优胜单位和先进个人通报表彰。

10月7日 潍坊市委副书记、市长张新起一行到潍坊外商投资开发区、工人文化宫、花鸟鱼虫市场、白浪河水库等地，就城市规划建设进行调研。

10月11日 潍坊市委书记张传林，市委副书记、市长张新起到人民公园、火车站广场、济青高速公路十三号口和十笏园等地，考察建设项目开展情况。

10月11—19日 潍城区52名招商工作人员赴深圳及其周边地区开展招商活动，联络客商近400人，推介洽谈项目260多个，实地考察当地企业82家，签订合同、协议41个。

10月26日 潍坊山水水泥有限公司成立。同日，该公司日产2500吨熟料生产线竣工投产。

11月5日 潍坊南门农贸市场开业。该市场占地1.3公顷，投资1000余万元，设5个交易大厅、150多间营业房、近600个摊位。

11月5日 潍坊市委书记张传林，市委副书记、市长张新起率领全市加快发展现场会议的与会人员到潍城区参观考察，部署进一步推进经济超常规、跨越式发展工作。

11月12日 潍城区困难职工帮扶救助会成立。救助资金主要由政府财政拨款、工会特别会费、工会经费和社会各界捐助四部分组成。资金由区总工会统一管理，区总工会设困难职工帮扶中心，负责接受捐助资金、帮扶对象审核、救助金审批等。

11月21日 潍坊市委副书记、市长张新起到潍城区就城市重点建设项目进行调研。

2004年

1月3—5日 政协潍城区第十一届委员会第二次会议在十笏园宾馆召开。会议听取区委书记的讲话，听取并审议区政协常委会的工作报告等有关报告，协商讨论区政府的工作报告及其他报告，通过大会决议。会议增选区政协副主席1名，补选常务委员1名。

1月4—7日 潍城区第十五届人民代表大会第二次会议在十笏园宾馆召开。会议听取、审议和通过区政府的工作报告、区人大常委会的工作报告、区法院的工作报告、区检察院的工作报告及其他报告，并作出相应决议。会议补选区人大常委会委员3名。

1月4日 山东省委副书记、省长韩寓群走访慰问西关街道南三里村的复退军人姚家经老人。

3月2日 潍坊市委书记张传林到潍城区考察调研城隍庙片区旧城改造、月河路危楼改造、潍坊国际风筝放飞场观礼台改造、潍高路（潍城段）综合整治工程项目和潍坊外商投资开发区新开工项目。

3月5日 山东省副省长陈延明陪同江苏省农业产业化经营工作考察团一行，参观考察潍坊大正实业有限公司养殖场。

3月6日 区委、区政府印发《关于开展全民卫生日活动的决定》，确定每月第一周的星期六为全民卫生日。

3月 在全国第三次西部地区教育顾问工作会议上，潍坊七中被授予“中国西部教育顾问单位”。

4月13日 潍城区赴上海招商活动取得丰硕成果，联络接洽中外客商180余人次，洽谈项目47个。签订合同、协议项目27个，总投资58.1亿元，其中：合同项目10个，合同利用市外资金3.9亿元；协议项目17个，协议利用市外资金54.2亿元。

5月9日 全国妇联副主席、书记处书记沈淑济在山东省妇联主席赵玉兰的陪同下，到潍城区考察潍坊大正实业有限公司。

5月20日 区委办公室、区政府办公室转发《潍城区社会治安综合治理委员会关于建设“平安潍城”的实施方案》（以下简称《实施方案》）。《实施方案》对如何搞好基层组织建设、“严打”整治、矛盾纠纷排查调处、治安防控体系建设、治安管理和安全生产工作、道德法制教育、政法队伍建设和责任机制建设作了具体说明和分工。

7月15日 山东省外派劳务机械电子专业基地落户潍城。该基地为全省三大专业基地之一，按照市场化运作方式规范经营，履行外派劳务的培训、选送、储备、服务等工作，为劳务输出工作打造良好的平台。

7月16日 全市首家汽车改装企业——潍坊宝利汽车改装厂扩建项目在潍城区建成投产。

7月 潍城区与枣庄市峄城区结为友好区。

8月13日 全区未成年人思想道德建设暨精神文明建设工作会议召开。会议主要是贯彻落实全国和省、市加强、改进未成年人思想道德建设工作会议精神，部署全区未成年人思想道德建设暨精神文明建设工作。

9月1—3日 在潍坊市第十届鲁台经贸洽谈会期间，潍城区招商引资取得显著成效。联络邀请参会客商80余人次，洽谈项目50余个。签订合同、协议项目34个，资金额30.7亿元。

10月9日 中共潍城区委十一届五次全委会议召开。会议传达学习党的十六届四中全会和省八届八次、市九届六次全委会精神，结合实际研究贯彻落实意见，切实加强党的执政能力建设，全面推进超常规、跨越式发展。会议审议通过《中共潍城区委关于深入学习贯彻党的十六届四中全会和省、市全委会精神加强党的执政能力建设的决定》。

10月 潍城区开展捐赠衣被支援新疆活动。收集各类衣被11.5万件，其中棉衣23925件、棉被198床、毛衣毛裤30069件、绒衣绒裤4218件、毛毯毛巾被600条、单衣56193件。

10月 全区公开考选后备人才，共录用党政干部后备人才17名，企业经营管理者后备人才23名。

11月9—12日 潍城区赴杭州及周边地区招商活动取得显著成效。其间，参加潍坊市委、市政府举办的2004山东潍坊（杭州）经贸合作恳谈会，举办潍城区（杭州）经贸合作洽谈会并举行招商项目签约仪式，推介各类招商项目37个，接触杭州及周边客户近80名，洽谈项目22个，其中有6个项目参加签约仪式。

11月20日 潍坊豪德光彩贸易广场奠基仪式举行。中央统战部副部长、全国工商联党组书记胡德平，全国工商联副主席谢伯阳，山东省政协副主席齐乃贵，潍坊市委书记张传林参加奠基仪式。该项目是全国光彩事业重点项目及潍坊2004年重点项目，广场占地100余公顷，位于潍城区西外环以西、东风西街南北两侧、潍坊外商投资开发区内。

12月8日 潍坊火车站及广场奠基仪式举行。潍坊市委书记张传林、市长张新起和济南铁路局、青岛铁路分局领导及潍城区有关领导参加奠基仪式。

12月28日 潍城区关心下一代工作委员会成立。

2005年

1月11日 区委、区政府出台《关于进一步加强科技创新工作的决定》(以下简称《决定》)。《决定》明确提出，深入实施“科技兴区”战略，促进全区国民经济超常规、跨越式发展。

1月23日 区委印发《关于在全区开展以实践“三个代表”重要思想为主要内容的保持共产党员先进性教育活动的实施意见》。

1月25—27日 政协潍城区第十一届委员会第三次会议在潍州剧场召开。会议听取区委书记的讲话，听取并审议区政协常委会的工作报告等有关报告，协商讨论区政府的工作报告及其他报告，通过大会决议。

1月26—28日 潍城区第十五届人民代表大会第三次会议在潍州剧场召开。会议听取、审议和通过区政府的工作报告、区人大常委会的工作报告、区法院的工作报告、区检察院的工作报告及其他报告，并作出相应决议。

2月25日 区委、区政府印发《关于潍城区人民政府机构改革的实施意见》。

3月10日 潍城区赴杭州专业招商成效显著。潍城区在杭州专门举行房地产开发暨市场建设项目推介会，邀请企业58家，到会客商90余人。签订合同项目3个，合同利用资金6.5亿元；签订协议意向项目21个，协议意向投资额23亿元。

3月17日 潍坊市委副书记、市长张新起带领市直有关部门负责人到潍城区考察城市重点建设项目和绿化工程。

3月18日 北关街道北关社区被中央文明办、民政部、新闻出版总署、国家电影电视总公司命名为“全国百家学习型社区”。

3月30日 潍城区第一部地方党组织年鉴——《中共潍城年鉴》(2004卷)出版。

5月2日 中共潍城区委十一届六次全委会议召开。会议学习贯彻胡锦涛总书记《在山东潍坊寿光市保持共产党员先进性教育活动党员干部会议上的讲话》《在山东考察工作结束时的讲话》精神和省、市全委会议精神。会议通过区委《关于学习贯彻胡锦涛总书记“两个重要讲话”的决定》。

6月1日 2004年9月开始动工改造的人民公园免费开放。开园当日，游人达3.5万人。

6月4—11日 潍城区赴香港、深圳及周边地区招商活动成效显著。其间，联络接洽中外客商130余人，洽谈项目37个，签订合同、协议项目11个，合同协议额36.5亿元。

6月5日 知鱼堂藏画暨郭味蕖家族作品专场拍卖会在北京落槌。此次拍卖会由北京华展拍卖公司举办。共拍卖作品111件，成交79件，成交金额1571.7万元。其中，郭味蕖的《红梅报春图》(146厘米×308.5厘米)以130万元成交。此次专场拍卖会拍卖的作品分两部分：一部分是郭味蕖的家藏作品；另一部分是郭味蕖及家人的作品。这场拍卖会是为筹集“郭味蕖美术教育基金”和“郭味蕖纪念馆”扩建资金而组织的一次特殊拍卖。

6月14日 于河镇境内遭受暴风雨袭击。12时30分至13时，降雨10毫米，瞬时风力达9级，被揭瓦房屋16间，152个暖式大棚受灾，棚膜刮无，6个大棚刮碎，5个鸭棚刮倒，333公顷小麦倒伏，养殖户倒墙70米，无人员伤亡。

6月16日—8月26日 潍城区圆满完成“和平使命—2005”中俄联合军事演习拥军支前任务。在此次中俄联合军事演习中，潍城区奉命执行拥军支前任务。区委办公室、区民政局、区教育局被山东省委、省政府和潍坊市委、市政府授予“‘和平使命—2005’中俄联合军事演习拥军支前先进单位”称号。

6 月 30 日 潍城区从中央预算内专项资金投资计划争取到一个社区服务信息系统项目。该项目全省仅济南市和潍城区获得，项目总投资 1400 万元。其中，国债资金 800 万元、区财政配套 600 万元。

7 月 1 日 潍城区人民法院被最高人民法院授予“法院思想宣传工作先进单位”称号。

7 月 13 日 区委、区政府印发《关于加快服务体系建设促进民营经济发展的意见》。

7 月 14 日 全市民营经济工作现场会议在潍城区召开，与会人员参观了潍城区民营经济服务体系建设现场。

7 月 14 日 潍城区区直机关开始推行“三三工作制”。“三三工作制”是指机关干部 1/3 的时间在单位处理公务，1/3 的时间下基层调研，1/3 的时间走出去争取项目、协调资金、招揽人才。

7 月 25 日 区委、区政府印发《关于镇（街道）、开发区经济工作综合考核的暂行办法》（以下简称《暂行办法》）。《暂行办法》包括考核范围、考核方式和内容、点评考核记分办法、指标考核记分办法、附则五个方面。

8 月 30 日 山东省委老干部局、省老年大学协会为潍城区老年大学授牌“老年大学省级示范校（首批）”。

9 月 22 日 潍城区成为首批省级养老社会化示范活动试点单位。全省共有 22 个试点单位，其中潍坊市有 2 家（潍城区、寿光市）。

10 月 7 日 潍城区人民武装部接山东省军区指令，作为山东省唯一的县（区）级武装部，接受中央军委四总部联合工作组对从严治军和落实新编制改革情况检查验收，均达到标准要求，受到中央军委和四总部的好评。

10 月 9 日 区委出台信访工作三项规程，即《潍城区处理群众来信工作规程（试行）》《潍城区处理群众来访工作规程（试行）》《潍城区信访督查督办工作规程（试行）》。

10 月 27 日 山东省人民政府通过并公示潍坊外商投资开发区为省级开发区。此次省政府通过并公示的开发区中，潍坊市有省级 11 个、省级以下 5 个。山东省发改委将通过并公示的开发区上报国家发改委，根据《清理整顿开发区的审核原则和标准》进行审批。

11 月 3 日 城关街道曹家巷社区被中国社会工作协会社会服务工作委员会命名为“全国社区服务示范社区”。

11 月 19 日 潍坊豪德光彩贸易广场一期工程开业，二期工程同时奠基。潍坊豪德光彩贸易广场是潍坊市规模最大、商品种类最多、服务功能最全的大型综合性批发零售市场。该项目总投资 30 亿元，总体规划建筑面积约 300 万平方米。主营五金建材、机电设备、水暖阀门、小商品、电工电料、装饰材料、陶瓷洁具、灯饰、数码电子、通讯器材、汽摩配件、生产资料、家具木材等产品。

11 月 22—28 日 潍城区 9 家农机生产企业生产的 54 台农业机械参加在马来西亚吉隆坡绿野国际会展中心举办的“2005 东盟—中国农业展”。参展的 9 家企业为：山东盛田农业装备有限公司、潍坊中特农业装备有限公司、山东华山拖拉机制造有限公司、潍坊泰鸿拖拉机有限公司、潍坊泰山拖拉机厂、潍坊鑫升机械制造有限公司、潍坊海林机械有限公司、潍坊宏源发动机有限公司和鲁中拖拉机有限公司。

11 月 28 日 潍城区被山东省残联命名为“首批社区残疾人工作示范区”。

12 月 17 日 潍坊瑞福油脂调料有限公司在全国企业文化建设工作年会上被授予“2005 年文化建设工作贡献奖”。

12 月 25 日 潍城区被山东省科协、山东省财政厅授予“山东省科普村村通工作先进单位”称号。

2006年

1月3日 潍坊市委书记张传林到潍城区检查指导禽流感防控工作，先后到美城食品有限公司第五种鸡场和军埠口镇现场检查指导。

1月5日 潍坊市委副书记、市长张新起到潍城经济开发区调研并现场办公。

1月26日 国土资源部党组成员、国家土地副总督察甘藏春一行18人到潍城区考察国土资源所规范化建设，对潍城国土资源分局创建规范化国土资源所的做法给予充分肯定。

2月9日 出席潍坊市人大第十四届第四次会议的代表和潍坊市政协第十届第四次会议的政协委员，参观考察潍城经济开发区豪德光彩贸易广场。

2月20日 潍坊市委副书记、市长张新起一行到潍城区考察体育中心规划建设情况。

2月27日—3月24日 潍坊市委、潍坊市政府在长江三角洲地区举行招商活动。此次招商活动中，潍城区派出招商小分队20余批次，接洽客商35人，洽谈项目21个，总投资额23.9亿元。由韩国斗山株式会社与山东富通电器公司合作、总投资1000万美元的工程机械展销项目参加潍坊市“长江三角洲招商活动大项目签约仪式”。

2月28日—3月2日 政协潍城区第十一届委员会第四次会议在潍州剧场召开。会议听取区委书记的讲话，听取并审议区政协常委会的工作报告等有关报告，协商讨论区政府的工作报告及其他报告，通过大会决议。会议补选区政协主席、2名副主席、5名常务委员。

3月1—3日 潍城区第十五届人民代表大会第四次会议在潍州剧场召开。会议听取、审议和通过区政府的工作报告、区人大常委会的工作报告、区法院的工作报告、区检察院的工作报告及其他报告，并作出相应决议。会议补选区人大常委会副主任1名、委员3名。

3月7日 潍坊市政协主席池昭厚到潍城区考察郭味蕖故居陈列馆和军埠口镇工业园项目。

3月8日 潍坊市委书记张传林到潍城区考察服务业项目，重点考察福寿西街佳乐家超市、豪德信息平台、自怡园等项目。

3月20日 潍坊市委副书记、市长张新起到浮烟山国际风筝会放飞场、潍城经济开发区考察调研。

4月18—30日 在第二十三届潍坊国际风筝会前后及期间，潍城区联络国内外客商150余人，洽谈项目46个，总投资额56.7亿元。其中，过千万元的项目26个，过亿元的项目10个。22日，在潍城区大项目签约仪式上，有21个项目签约，总投资37.6亿元。在潍坊市招商引资重点签约仪式上，潍城区有4个项目签订合同。

5月15日 山东省人大常委会副主任王道玉到潍城区检查指导全民健身工作。

5月 潍坊八中被山东省关心下一代工作委员会、省委政法委、省教育厅、团省委等5部门联合命名为“山东省关心下一代教育基地”。

6月2日 区委、区政府印发《关于加快社会主义新农村建设的实施意见》（以下简称《意见》)。《意见》分为三部分：建设社会主义新农村的指导思想、工作目标和基本原则，建设社会主义新农村的工作重点和任务措施，以及推进社会主义新农村建设的保障措施。

6月 山东省全民普法工作领导小组授予潍城区“全省‘四五’普法先进区”。

7月5—7日 潍城区参加在北京王府饭店举行的“2006山东潍坊（北京）投资合作恳谈会”等系列招商活动。此次活动，潍城区采取小分队招商、敲门招商、驻点招商等方式，瞄准京津地区制造业、高新技术产业、现代物流业等方面的产业优势，重点围绕京津地区的知名企业、财团、跨国公司驻京机构开展招商活动。活动期间，潍城区签约招商项目13个（合同项目8个、协议项目5个），总投资额13.5亿元。其中，有1个项目

（总投资2.6亿元）参加潍坊市重点项目签约仪式。

7月28日 潍城区审计局被审计署、中国时代出版社授予“2005年度审计工作先进单位”。

7月 潍城区被山东省人民政府命名为“全省和谐社区建设示范区”。

8月28日 全国“健康课堂·热线”项目办检查组一行2人到潍城区检查课堂开办、热线接听、档案整理和活动开展情况，对潍城区开展的“健康课堂·热线”项目活动给予充分肯定。

9月1—8日 在第十二届鲁台经贸洽谈会期间，全区接洽客商80余人，洽谈项目35个，总投资额35.7亿元人民币。其中，合同项目17个、总投资额14.7亿元；协议项目18个，总投资额为21亿元。潍城区大项目签约仪式于9月2日在潍州剧场举行，现场签约合同项目16个，合同额9.8亿元。

9月5日 山东省委常委、省军区政委张炳德在市委书记张传林、潍坊军分区政委曲新佩等陪同下考察潍城区城市建设、开发区建设和豪德光彩贸易广场。

9月18—20日 由潍坊市人民政府、长沙市人民政府主办，潍坊市贸易局、长沙市商务局承办的“2006潍坊—长沙商贸服务业合作招商会”在长沙举行，潍城区各镇、街道、开发区和商贸办、招商局等部门组成考察团参加该招商活动。其间，潍城区签订合同项目5个，合同额16.2亿元。

10月19日 建设部部长王光焘在潍坊市委书记张传林的陪同下到潍城区考察工作。

11月2日 潍坊市委副书记、代市长许立全到潍城区考察城市建设。

11月4日 中共潍城区委、潍城区人民政府印发《潍城区实施〈中华人民共和国公务员法〉工作方案》。该方案分为指导思想和目标、实施范围、实施方法和步骤、参照公务员法管理、组织领导五部分。

11月 西关街道被中国社区工作协会评为“全国社区服务示范街道”，北关街道北关社区被评为“全国社区服务示范社区”，城关街道曹家巷社区开展的“关爱夕阳行动”被评为“全国首批和谐社会建设自主创新奖”。

2007年

1月26—29日 中共潍城区第十二次代表大会在潍州剧场召开。会议听取第十一届区委《全面贯彻落实科学发展观，为建设富足文明和谐的现代化强区而努力奋斗》的工作报告。会议选举产生中共潍城区第十二届委员会，选举产生中共潍城区纪律检查委员会。

1月29日—2月1日 政协潍城区第十一届委员会第五次会议在潍州剧场召开。会议听取区委书记的讲话，听取并审议区政协常委会的工作报告等有关报告，协商讨论区政府的工作报告及其他报告，通过人事事项，通过大会决议。

1月30日—2月3日 潍城区第十五届人民代表大会第五次会议在潍州剧场召开。会议听取、审议和通过区政府的工作报告、区人大常委会的工作报告、区法院的工作报告、区检察院的工作报告及其他报告，并作出相应决议。会议补选区人大常委会副主任2名，补选区长和区检察院检察长。

3月12日 潍坊市委副书记、市长许立全率领市级领导班子成员到辖区内浮烟山参加义务植树活动。

3月14日 山东省政府和省统计局服务业发展与统计工作督查组一行到潍城区检查指导服务业发展与统计工作。

3月22日 潍坊市委副书记、市长许立全到潍城区检查城市建设重点项目进展情况。

3月 潍城区开始对辖区旧居住区进行改造提升。本着“积极推进，先急后缓，打造亮点”的改造原则，全区从3月初启动旧居住区改造工程，计划3年基本完成，第4年进行全面验收和综合评价。

4 月 21 日 潍城区举办中国物流发展现状研究讲座。全国著名物流研究专家王法兴为全区各级党政干部及规模以上企业、商贸物流企业主要负责人授课。

5 月 5 日 潍城区委、区政府印发《关于深入开展和谐创建的意见》，决定在全区范围内广泛开展和谐社区、和谐村庄、和谐单位三大和谐创建活动，全力推进和谐潍城建设。

5 月 26—30 日 潍城区参加潍坊市在杭州等长三角地区组织的招商活动。其间，潍城区接洽客商 21 名，洽谈项目 8 个，签订合同项目 2 个，合同资金额 3.6 亿元。

6 月 12 日 国家信访局副局长王石奇一行到潍城区调研曹家巷社区的监控设施，察看信访工作档案，对潍城区基层矛盾纠纷排查调处工作给予充分肯定。

6 月 15 日 潍坊市委书记张新起带领市建设、规划、市政管理、城管执法、财政、国土等部门负责人，到潍城区调研城市重点项目建设情况。先后到双合街小区、西园街、黄家村、北宫南街等重点项目建设现场调研旧居住区及背街小巷改造、城中村改造以及摊点群规范设置情况，对潍城区认真贯彻市委、市政府决策部署，强化措施，加强组织领导，切实推进城市重点项目建设和管理的做法给予充分肯定。

7 月 3 日 潍坊市委书记张新起带领全市经济工作点评会议的与会人员，到潍城区就城市项目建设、旧小区改造、旧村改造、文化教育事业和开发区建设进行调研。张新起一行先后调研东方威尼斯、华实小区、黄家庄旧村改造项目、北关社区服务中心、潍坊医学院新校区建设项目，并听取浮烟山综合开发区发展情况和潍坊医学院新校区建设进展情况的汇报。

7 月 12 日 出席全国交通事故处理工作现场会的各省、市交警系统负责人，到潍城区参观考察潍城交警大队交通事故先期处置工作。

8 月 20—23 日 潍城区参加潍坊市在北京举行的“环渤海区域经济合作与发展——潍坊（北京）重点投资项目签约仪式”等系列招商活动。其间，潍城区接洽客商 37 人，洽谈项目 17 个，签约 9 个，总投资 18.24 亿元。

8 月 24 日 全市政法系统和谐创建工作座谈会在潍城区人民法院召开。

9 月 2 日 潍城区召开全区镇、街道行政区划调整工作会议，部署全区镇、街道、开发区区划调整工作。全区镇、街道行政区划调整如下：城关街道、西关街道、南关街道、北关街道在原有区划的基础上作少许调整；撤销军埠口镇、符山镇、于河镇、望留镇，设立于河街道、望留街道，设立军埠口工业园区、乐埠山生态管理区，成立军埠口工业园区管委会、乐埠山生态管理区管委会。

9 月 4 日 潍坊市委书记张新起一行到潍城区专题调研中心城市服务业发展工作。

9 月 13 日 潍坊市委书记张新起一行到潍城区就影响改革发展的有关问题进行调研。

9 月 19 日 山东省残联党组书记、理事长仉兴玉到潍城区考察调研残疾人康复工作

9 月 20 日 潍城区举行重点项目签约仪式，有合同项目 20 个、协议项目 16 个，其中合同项目总投资 15.4 亿元。

9 月 21 日 潍坊市委书记张新起率领市五大班子成员参观第十三届鲁台经贸洽谈会、2007 海峡两岸制造业博览会潍城区展厅。

9 月 25 日 潍坊市委书记张新起一行到潍城区走访区福利院残疾儿童和于河敬老院孤寡老人，考察华都老年公寓施工现场。

9 月 28 日 潍坊市钢材批发交易市场暨潍坊钢联商务大楼奠基仪式在潍城境内的鲁东物流中心举行。

10 月 10 日 潍坊市委副书记、市长许立全带领市直有关部门负责人到潍城区检查旧村改造和城市建设重点项目。

10 月 26 日 国家发改委副主任欧新黔一行到山东耶莉娅服装集团总公司调研服装企业经济

运行情况。

11月21日 潍坊市政协主席赵兴涛一行带领部分政协委员及市文化、旅游等部门负责人，到潍城区就贯彻中共十七大精神、加快文化产业的繁荣与发展进行专题调研。

12月8—11日 政协潍城区第十二届委员会第一次会议在潍州剧场召开。会议听取区委书记的讲话，听取并审议区政协常委会的工作报告等有关报告，协商讨论区政府的工作报告及其他报告，通过大会决议。会议选举政协潍城区第十二届委员会主席、6名副主席、秘书长、23名常委。

12月10—14日 潍城区第十六届人民代表大会第一次会议在潍州剧场召开。会议听取、审议和通过区政府的工作报告、区人大常委会的工作报告、区法院的工作报告、区检察院的工作报告及其他报告，并作出相应决议。会议选举区人大常委会主任、第一副主任、6名副主任、17名委员，选举区长、6名副区长，选举区法院院长、区检察院检察长，选举38名潍坊市第十五届人民代表大会代表。

2008年

1月16日 潍坊市数字化档案建设及推广应用工作座谈会在潍城区召开。

1月25日 潍城区“首届潍坊萝卜展销会暨2008年货物资交易会”开幕。

2月20日 潍城区社区党建网格化管理被潍坊市委、市政府评为“2007年度工作创新奖”。

2月27日 潍坊市委副书记、市长许立全主持召开座谈会，专题听取鲁东物流中心物流专业规划情况的汇报。

3月6日 王秀河不再担任中共潍城区委书记，张润国任中共潍城区委书记。

3月12日 山东省委常委、常务副省长王仁元一行11人在潍坊市委书记张新起的陪同下，到潍城区调研服务业发展和固定资产投资情况，先后到鲁东物流中心、金沙城市广场、白浪河综合整治开发工程现场进行调研。

3月16日 潍坊市委书记张新起到潍城区检查指导城区绿化工作。

3月16日 潍坊市发展和改革委员会在乐埠山生态林场举行“生态绿化林基地”揭牌仪式。

3月18—19日 潍城区第十六届人民代表大会第二次会议在潍州剧场召开。会议补选区人大常委会主任和区长。

3月19日 潍坊市委书记张新起到潍城区调研文化产业发展工作，先后到潍坊创意产业园、郭味蕖美术馆、中仁文化产业集团调研在建、拟建的重点文化产业项目，对潍城区加快基础设施建设、推动文化产业发展的做法给予肯定。

4月1日 山东省委常委、常务副省长王仁元带领全省服务业现场会与会人员到潍城区考察鲁东物流中心、白浪河综合整治工程、金沙城市广场等建设项目。

4月6日 山东科技职业学院和宝通街天然气改线除险工程全线开工。

4月17日 全省养老服务社会化示范活动试点单位负责人座谈会在潍城区召开。

4月19日 全国人大常委会副委员长司马义·铁力瓦尔地到潍城区调研金沙城市广场项目和鲁东物流中心发展情况。山东省人大常委会副主任温孚江陪同调研。

4月20日 潍城区外商对接洽谈会在帝豪大酒店举行。韩国、美国、匈牙利、马来西亚等国家和地区的70多名政要和企业家代表、全国友协、省市外办主要负责人、潍城区有关领导、部分企业代表出席洽谈会。

4月21日 中华全国集邮联合会会长杨贤足到豪德光彩贸易广场调研现代物流业发展情况。

4月22日 在第二十五届潍坊国际风筝会期间，潍城区招商引资活动共洽谈项目58个，其中签订合同项目22个，总投资48.9亿元，合同利用区外资金41.4亿元。

4月25日　全市县（市、区）工商联第二次联系会议在潍城区召开。

4月29日　潍坊大元实业有限公司和潍坊六和微粉有限公司获评为“国家高新技术企业”，成为潍城区最早的两家国家高新技术企业。

5月7日　由国家乒乓球羽毛球运动管理中心主办、中国乒乓球协会少年委员会“幼苗杯”执行委员会承办、潍城区实验小学协办的“幼苗杯”执委会工作会议在潍城区召开。

5月11日　山东省2008年中小学“体萃杯”电脑机器人竞赛在潍坊外国语学校举行，全省17地市区的75支代表队近200名中小学生参加竞赛。

5月13日　全国工商联党组书记、第一副主席全哲洙到潍城区考察豪德小商品城和山东耶莉娅服装服饰有限公司。

5月17日　潍坊济钢钢联钢材加工配送有限公司在潍城区举行落成典礼，总投资1.37亿元，占地17.9公顷，是全省最大的钢材加工基地。

5月21日　为支援“5·12”汶川地震灾区，潍城区政协、区慈善总会联合在北海书画院举办“众志成城，抗震救灾”公益笔会暨捐赠仪式，收到书画作品251幅，全部交给区慈善总会。

5月22日　教育部基础教育课程发展中心与省教研室一行到潍城区青年路小学和北关街道中心小学调研指导工作。

5月24日　潍城区举办“奉献爱心、支援灾区、重建家园”赈灾义演，为“5·12”汶川地震灾区募集款项30余万元。

5月24日　潍城区首支援建救灾突击队38名队员赴“5·12”汶川地震灾区。

6月4日　全国聋儿康复工作检查组到潍城区就专项彩票公益金贫困聋儿康复项目和“听力重建，启聪行动”人工耳蜗项目执行情况进行检查指导。

6月10日　潍城区全面推进事业单位改革暨街道机构改革工作会议召开。会议宣布《关于推进事业单位改革的实施意见》《潍城区街道机构改革实施方案》。

6月16日　潍城区依法关停乐埠山区域开山采石点、粉碎机、石灰窑专题会议召开。关停拆除范围包括大于河以西、昌乐县界以东、309国道以南、五大路以北区域。

6月17日　潍城人民法院荣立“集体一等功”表彰大会召开。会上，省高级人民法院宣布《山东省高级人民法院关于为潍坊市潍城区人民法院记集体一等功的决定》，市委政法委宣布《关于在全市政法系统开展向潍城区人民法院学习活动的决定》。

6月30日　潍坊市委书记张新起，市委副书记、市长许立全一行到潍城区调研中心城区重点工程建设，先后实地调研健康街、福寿街、友爱路、宝通街等道路改建扩建情况。

7月3日　山东省副省长王随莲到潍城经济开发区豪德社区卫生站检查指导工作。

7月6日　由中国妇女儿童事业发展中心、文化部民族民间文艺发展中心主办的中华青少儿文艺英才推选——潍坊赛区初赛在潍坊五中举行，潍坊市500多名中小学生参加比赛。

7月10日　卫生部一行8人到潍城区督导社区卫生服务站工作，实地察看豪德社区卫生服务站的健康信息管理室、专家诊室、病房等设施。

7月11日　全市组织政工系统“讲党性、重品行、作表率，树组工干部新形象”学习实践活动座谈会在潍城区召开。

7月12日　“崔字牌香油杯”2008年潍坊市武术锦标赛在市体育馆开幕。全市各县市区、市属各开发区体育部门以及各单项武术协会、武术馆校、俱乐部等共32支代表队近500人参赛。

7月15日　郭味蕖美术馆举行落成开馆揭牌庆典仪式。该馆建筑面积3600多平方米，以收藏、展示、研究、推广郭味蕖艺术作品和学术成果为主。

7月26日　潍城区中医院在望留卫生院正式挂牌成立。该院医疗用房面积为1100平方米，开放床位20张，设有中医科、中医妇科、口腔科等

15个专科门诊。

7月30日 潍坊市中小企业创业辅导基地落户山东天成物流有限公司。该基地主要对中小企业进行创业培训、贷款、项目咨询、市场开发等。至此，潍城区已培育天成物流、豪德贸易广场两家市级中小企业创业辅导基地。

8月4—5日 潍城区第十一届中小学艺术节在潍州剧场开幕。本届艺术节以“创建和谐校园，支持北京奥运”为主题。

8月6日 潍坊市迎奥运暨纪念改革开放30周年职工摄影展在郭味蕖美术馆开展。此次摄影展收到全市各级工会组织、社会各界摄影爱好者作品1386件，参展260余件。

8月10日 全区参照公务员法管理事业单位登记工作完成。

8月12日 潍城籍奥运会射击选手谭宗亮在第二十九届奥运会男子50米气手枪慢射比赛中获得银牌。

8月13日 大众报业集团党委书记、董事长、总编傅绍万一行到潍城区调研生态城市和文化建设工作。

8月18日 2008山东省潍坊市“精武魂”杯武道跆拳道友谊赛在潍城区拉开帷幕。全省有10支代表队近200名选手参加比赛。

9月7日 山东省委书记姜异康到潍城区考察潍坊奥体中心建设工作。

9月17日 全市文化产业重点项目建设现场经验交流会在潍城区召开。潍城区委、区政府在会上介绍了加快文化产业重点项目建设的经验和做法。

9月26日 台湾海峡两岸经济文化发展促进会考察团一行11人，到潍城区参观考察房地产开发和现代服务业发展工作。

9月27日 第十四届鲁台经贸洽谈会、潍坊市潍城区投资说明会暨重点项目签约仪式在潍州剧场举行。在本届鲁台会中，全区联络客商127人，洽谈项目54个。其中，签订合同项目26个，合同投资额46.8亿元。

9月27日 首届潍坊电脑节暨IT产品交易会在威尼斯数码广场开幕。该交易会由潍坊市人民政府主办，市台办、潍城区人民政府、市台湾同胞投资企业协会、威尼斯数码广场承办。

10月16日 潍坊市首家公共物流信息平台在潍城区正式运营。该平台落户潍坊创意产业园，由台湾汉鑫国际咨询有限公司、山东中联信息股份有限公司合资建成，项目总投资1000万美元。

10月18日 潍坊市第四人民医院大柳树分院举行挂牌仪式。该院是集医疗、教学、科研、急救、预防保健、康复于一体的二级综合医院，是潍坊市120联动单位，拥有总价值2000万元的大中型诊疗设备56台套，常年坐诊专家、学者40多位。

10月19日 五道庙博物馆举行开工仪式。该工程是潍城区重点文化工程，是五道庙步行商业街项目的重要组成部分。

10月23日 全区民兵高炮实弹射击战术演习总结表彰暨征兵工作会议召开。在全省民兵高炮实弹射击战术演习中，潍城区全体参演人员取得4次全优，击落击中2具航模拖靶，在全省25个参演单位中位列第一名。

11月1日 潍坊市委书记张新起到潍城区考察五道庙步行商业街、潍坊奥体中心建设情况。

11月6日 白浪河综合整治重点建设工程悬挑瀑布观景台主体结构开始吊装。该观景台位于鸢都湖宝通桥北侧，整体设计采用钢结构无支撑悬挂，主体建筑物东西长16.35米，南北长36.35米，瀑布水面悬挑跨度超过10米，是全省第一座悬挑瀑布观景平台。

11月10日 全国小组合作学习经验交流研讨会暨山东省潍坊五中现场观摩活动在潍坊五中举行，全国13个省、市的近200名教育工作者出席研讨会。

11月12日 潍坊市委副书记、市长许立全一行到乐埠山生态林场、鲁发名城、西街68创意产业园调研。

11 月 15 日 潍城区举行五道庙步行商业街奠基及项目启动仪式。该项目由浙江皇冠控股集团投资兴建，总投资 15 亿元，建筑面积 40 万平方米，是集商业、文化、餐饮、娱乐、旅游于一体的综合性休闲步行街。

11 月 15—21 日 潍城区第二届潍坊萝卜展销会举行。

11 月 18 日 最高人民法院党组成员、中纪委驻最高人民法院纪检组组长张建南一行 5 人到潍城区人民法院考察立案和解大厅、多元化纠纷解决联动指挥中心、审判法庭、荣誉室及廉政文化建设、纪检监察等工作。

11 月 22 日 潍城区政协中小企业发展促进会与北京大学民营经济研究院 EMBA 潍坊教学服务中心联合成立潍城区中小企业高端人才培训基地，并举办“宏观经济形势分析”讲座。

11 月 25 日 全市农家书屋挂牌仪式在潍城区望留街道福缘山社区服务中心举行。

11 月 25 日 潍城区“鲁鑫”“老崔皇”“力美”“潍星”4 件商标通过山东省著名商标认定。至此，全区中国驰名商标、山东省著名商标总量达到 14 件。

12 月 6 日 山东省副省长郭兆信到潍城区调研鲁东物流中心建设工作。

12 月 6 日 2008 中国潍坊国际电脑节开幕式暨颐高数码城开业典礼在金沙城市广场举行。

12 月 16—20 日 在全省教学资源建设业务骨干培训班暨全省课件资源表彰会上，潍城区党员干部现代远程教育工作“一体化”网站潍城分站获“全省优秀分站”称号。

12 月 24 日 蒙古国国会议员巴特巴雅尔带领考察团到潍城区考察毛纺企业发展情况。

12 月 25 日 潍坊市政府开发社区公益性岗位安置就业困难群体暨充分就业和谐社区授牌仪式在潍城区举行。

12 月 26 日 市委副书记、市长许立全到潍城区调研城市建设和商贸流通业发展工作。

12 月 30 日 金沙城市广场——佳世客（潍坊店）开业庆典暨金沙国际酒店开工仪式举行，标志着全市重点项目——金沙城市广场一期项目全面营业、二期工程进入加快建设阶段。市委书记张新起出席仪式。

12 月 30 日 潍坊市纪念改革开放三十周年大型书画展开幕式在郭味蕖美术馆举行。该展览由市委宣传部、市文联、市文化局、潍坊日报社、市广电局、市商业银行等共同举办，展览书画作品 300 余件。

12 月 30 日 潍坊市首次在潍州剧场举办新年民族音乐会。此次民族音乐会由市委宣传部、市文学艺术界联合会、潍坊学院、潍城区委、区政府联合举办。

2009 年

1 月 3 日 于河街道前王村外一废弃窑屋因非法加工烟花爆竹引起爆炸，造成 13 人死亡、2 人受伤。

1 月 4 日 在全市第五届党员干部现代远程教育课件观摩评比中，潍城区制作的课件《正点卖的豆芽》获市第一名（一等奖），《有困难找老马》获第八名（三等奖）。

1 月 5 日 山东省军区副政委鲁建华到潍城区检查区人武部建设工作，并考察白浪河上游湿地。

1 月 9 日 潍城区“倡导文明，奉献爱心”文明单位送温暖活动在区聋儿语训学校举行。此次活动为 34 名聋儿捐款 47650 元，并捐赠部分学习用品。

1 月 14—16 日 政协潍城区第十二届委员会第二次会议在潍州剧场召开。会议听取区委书记的讲话，听取并审议区政协常委会的工作报告等有关报告，协商讨论区政府的工作报告及其他报告，通过大会决议。会议补选区政协副主席 2 名。

1 月 15—18 日 潍城区第十六届人民代表大

会第三次会议在潍州剧场召开。会议听取、审议和通过区政府的工作报告、区人大常委会的工作报告、区法院的工作报告、区检察院的工作报告及其他报告，并作出相应决议。会议补选区人大常委会副主任1名、委员2名。

1月16日 全国党建研究会农村支委会全体会议暨改革开放30周年与农村党建理论研讨会与会人员一行31人，在全国党建研究会副会长蔡长永的带领下到潍城区考察指导工作。

1月17日 在全市组织部长工作会议上，潍城区“构建区街一体大党建工作格局”工作成果获得“组织工作创新奖”。

1月17日 潍坊市委副书记、市长许立全到望留街道烟花爆竹定点销售店检查安全管理和销售工作。

1月18日 潍坊豪德光彩贸易广场开发有限公司向区慈善总会捐赠爱心款100万元，用于救助弱势群体。

2月20日 山东省脂润滑系统工程技术研究中心落户潍城经济开发区。

3月3日 潍坊市委书记张新起一行到潍城区调研城市建设管理工作，先后调研宝通街打通工程、大胥家城中村改造工程、济青高速公路13号口改造提升工程。

3月6日 潍城区召开党政联席会议，传达学习全市深入学习实践科学发展观活动动员会议精神，专题研究部署全区深入开展学习实践科学发展观活动工作。

3月7日 山东省委常委、宣传部部长李群到十笏园文化广场、创意产业园、金沙娱乐广场调研。

3月24日 中央财经领导小组办公室主任、国家发改委副主任朱之鑫一行8人到潍城区调研项目建设工作，先后到潍坊豪德小商品城、潍坊兴霖置业新天地购物城等项目现场调研建设和开发情况。

4月9日 潍坊市委书记张新起到潍城区调研城市建设工作。

4月10日 潍坊市第二届“水墨行青年书画家作品联展”在郭味蕖美术馆开幕，社会各界书画爱好者200多人出席开幕式。

4月16日 潍城区举办陈寿荣诗书画印陈列馆开馆七周年暨陈寿荣诗书画印精品展。

4月18日 潍坊市委副书记、市长许立全一行到潍城区检查调度城市建设重点项目，实地察看安顺广场三角地、长松路绿化、潍坊奥体中心等重点建设项目。

4月19日 当代中国顶级画家精品展在郭味蕖美术馆举办。

4月21日 第二十六届潍坊国际风筝会暨第五届世界风筝锦标赛万人放飞表演在浮烟山潍坊国际风筝会放飞场举行。

4月24日 潍坊市区住房保障货币补贴许可证发放仪式在潍城区举行，12名保障家庭代表领取“潍坊市区经济适用住房货币补贴许可证”和“潍坊市区廉租房租赁补贴许可证”。

4月24日 青岛大学公共管理硕士研究生潍城培训基地在区委党校揭牌，并举行2008级公共管理硕士（MPA）研究生潍城班开学典礼。

4月27日 国家新闻出版总署副署长阎晓宏到潍城区考察金星书业大厦。

4月28日 山东省政协副主席栗甲带队到潍城区聋儿语训学校考察工作，先后察看学校基础设施、听力门诊、语训部、聋儿训练、听力语训设备及检测仪器的使用情况。

4月28日 潍坊市政协在潍城区亚星桥西首北侧举行潍县战役胜利广场落成典礼。

4月28日 潍城区在金茂国际大酒店举行“2009潍坊·潍城投资推介会暨世界500强大润发进驻V1购物广场”签约仪式。

5月20日 潍坊市委书记张新起一行到豪德小商品城物流园、佳乐家物流园调研项目建设、企业规划布局工作，并对企业发展中遇到的困难和问题现场调度。

5月28日 “国际少儿美术暨当代中国少儿美术教学汇报展”在郭味蕖美术馆举行，20多个国家300余名少年儿童的作品参展。

6月10日 潍坊市委副书记、市长许立全到潍城区检查交通工作，先后到潍胶路白浪河大桥、宝通街潍城段、济青高速13号口等重点项目施工现场检查。

6月18日 山东省文化厅党组书记、厅长亢清泉一行到潍城区调研文化工作，先后到郭味蕖美术馆、十笏园文化街等地察看调研。

6月19日 全国规模最大的风筝批发商城启动运营。该商城位于火车站广场，占地2万平方米，规划商铺423间，已有100余家风筝企业入驻经营。

7月6日 山东省委常委、宣传部部长李群到潍城区调研文化产业发展工作。

7月8日 受国家档案局委托，省档案局国家二级档案馆测评组对潍城区档案馆晋升国家二级综合档案馆进行测评。经测评，潍城区档案馆晋升为国家二级综合档案馆，成为潍坊市首个国家二级综合档案馆。

7月16日 全省检察机关加强民事行政检察监督及息访息诉工作座谈会在潍城召开。

7月22日 香港华侨华人总商会会长古宣辉一行到潍城区参观考察白浪河上游湿地、奥林匹克体育公园等。

7月29日 卫生部督导考察团一行到潍城区对基本医疗卫生制度实验性研究工作进行第五次督导考察，先后到南关街道社区、西关街道胜利西社区、城关街道曹家巷社区卫生服务中心进行督导考察。

7月29日 由中国美术馆、共青团潍坊市委、中共潍城区委宣传部联合主办，郭味蕖美术馆协办的“2009民间艺术之旅”北京—潍坊“少儿美术夏令营”活动在郭味蕖美术馆举行开营仪式。

8月14日 山东省军区副政委鲁建华到区人民武装部、北关街道检查指导基层武装建设工作。

8月15日 潍坊首座公园式漫坡湖景园林——茂华紫苑公馆中央园林景区正式开园。该园林占地13公顷，总建筑面积38万平方米，由20栋高层及1栋综合体建筑组成。

8月21日 鲁东物流中心首届汽车房产家居展示交易会暨山东省首届“豪德杯”精英汽车模特大赛开幕，有40余家房地产商和装饰建材商参加此次展示交易会，40家汽车经销商展出各种品牌汽车150余辆。

8月28日 潍城区召开社区矫正试点工作会议。会议主要落实国家和省、市社区矫正试点工作精神，启动全区社区矫正试点工作。

8月30日 第二届潍坊电脑节暨IT产品交易会在金沙颐高数码城开幕。

9月1日 齐鲁台湾城——鲁台经贸中心项目在潍城区安顺片区举行奠基仪式。齐鲁台湾城总用地面积176.5公顷，设计了以“鲁台会馆”“台鲁阁”等为代表的5个功能区，周边配套规划了数个台湾产业园，是打造吸引台企研发中心、总部和高科技企业入驻的生活创业园。鲁台经贸中心是齐鲁台湾城的重要组成部分，包括会展中心、五星级酒店及体现台湾风情的商业配套设施。一期总占地66.7公顷，总建筑面积28万平方米，估算总投资20亿元。山东省副省长才利民、省政协副主席齐乃贵出席仪式并为项目奠基。

9月1日 参加第十五届鲁台经贸洽谈会的台商代表团一行57人，到潍城区参观考察投资环境和有关项目招商合作情况。

9月3日 海峡两岸高端人才与科技成果交流洽谈会暨第五届“百名博士潍坊行”活动潍城分会场座谈会召开，全国10余名专家参加座谈。

9月4日 潍坊市委副书记、市长许立全一行到潍城区检查城建工作。

9月11日 潍城区深入学习实践科学发展观活动第一批总结暨第二批动员大会在潍州剧场举行。

9月15日 潍城区关心下一代工作委员会在全国关心下一代宣传工作会议上被授予“全国关

心下一代宣传工作先进单位”。

9月19日 由潍坊市委宣传部，市政管理局，潍城区委、区政府联合主办的首次反映潍坊市城市夜景亮化辉煌成就的摄影大展“亮丽的潍坊”在郭味渠美术馆开展。

9月20日 潍坊市委书记张新起陪同全省为蓝色经济建设提供人才智力支持课题研讨会的与会人员，到潍城区考察城市亮化工程。

9月29日 十笏园文化街项目奠基暨开工仪式举行。该项目占地9.98公顷，总建筑面积246194平方米。

10月13日 国家园林城市考察组一行到潍城区考察创建国家园林城市工作。

10月13日 潍城区重点工业项目——潍坊盛瑞铸造有限公司举行三期投产暨四期工程开工仪式。三期项目总投资1.5亿元，年产铸件3万吨，年销售收入3.5亿元；四期工程预计投资8000万元。

10月14日 人力资源和社会保障部部长尹蔚民带领国务院就业工作部际联席会议督查组一行5人，到潍城区督查调研就业工作。山东省副省长郭兆信陪同督查调研。

10月15日 中共潍城区委十二届六次全体会议召开。会议主要学习贯彻党的十七届四中全会和省委九届八次全会、市委十届八次全会精神，审议通过《中共潍城区委关于认真贯彻落实〈中共中央关于加强和改进新形势下党的建设若干重大问题的决定〉和省市委〈意见〉的实施意见》。

11月2日 山东省副省长郭兆信带领全省城镇化工作会议与会人员到潍城区考察城市建设工作。

11月14日 潍城区举办“2009潍州萝卜·茶文化节”，300多位茶叶、萝卜商户参加节会。

11月15日 豪德杯首届国际奇石盆景民间艺术博览会暨中国名家书画邀请展在潍坊豪德小商品城开展。本届展会为期10天，有国内外参展商50多家，参展摊位200多个，邀请国内外书画名人30多人。

11月20日 潍城区在山东工业技师学院举行共建机电数控研究培训中心签约与启动仪式，山东工业技师学院与区中小企业局签订合作共建协议。

12月7日 潍城区全面推进党建网格化体系建设的有关做法在《人民日报情况汇编》第1758期以内参形式刊发。

12月10日 区干部远程教育中心与中央电视台联合拍摄的专题片《解闷又赚钱的火鸡》在CCTV-2播出，历时28分钟。

12月22日 潍坊市老年书画研究会、潍城区老年书画研究会华都颐年园书画创作基地正式揭牌成立。

12月26日 纪念毛泽东诞辰116周年——“一品景芝”之约·张永昌山水画长卷《军都览胜图》特展暨《军都览胜图》全国巡展启动仪式在郭味蕖美术馆开幕。

2010年

1月5日 佳世客潍坊店获得商务部绿色市场认证（CCIC）证书，这是潍坊市首家、山东省第三家通过该项认证的零售市场。

1月8日 由中共潍坊市委宣传部、市文化局、市文联、市美协和曲直油画艺术会馆联合主办的“盛世·激情·艺术”中国著名油画家作品联展在郭味蕖美术馆开展。

1月10日 潍坊市委副书记、市长许立全到潍城区调研重点项目规划建设情况，实地察看火车站南广场改造项目、潍胶路大桥建设项目和白浪河湿地体育公园项目。

1月10—13日 政协潍城区第十二届委员会第三次会议在潍州剧场召开。会议听取区委书记的讲话，听取并审议区政协常委会的工作报告等有关报告，协商讨论区政府的工作报告及其他报告，通过大会决议。会议增选区政协常务委员3名。

1月12—14日 潍城区第十六届人民代表大

会第四次会议在潍州剧场召开。会议听取、审议和通过区政府的工作报告、区人大常委会的工作报告、区法院的工作报告、区检察院的工作报告及其他报告，并作出相应决议。会议补选区人大常委会副主任1名、委员2名。

1月15日 “二十年，我们一起走过”潍城有线电视台建台20周年庆祝大会在丽景大酒店举行。此次庆祝活动包括“文化潍州——潍坊著名书画家祝贺潍城有线电视台成立20周年书画作品展”和“二十年，我们一起走过”大型文艺演出。

2月2日 潍城区企业家联合会成立大会召开。全区93家企业自愿加入联合会。潍城区企业家联合会是以各级党委政府命名表彰的民营企业家（优秀厂长、经理）为主体，吸收部分骨干企业和社会服务机构的主要负责人自愿组成的联合性、非盈利性社会团体。

2月16日 国家发改委农经司司长高俊才到潍城区考察符山水库除险加固工程。

3月11日 山东省卫生厅党组书记、厅长包文辉到潍城调研基本药物制度试点工作。

3月17日 潍坊市委书记张新起，市委副书记、市长许立全到潍城区调研城建重点工程进展情况，先后对潍胶路潍城段工程、军埠口卫星城起步区、火车站二期工程、十笏园文化街区等城建重点工程进行调研。

3月17日 市区重点招商引资项目——中经世界城举行奠基仪式。该项目总投资10亿元，建筑面积36万平方米，是集购物、休闲娱乐、居住、酒店、办公于一体的复合型地产项目。

3月22日 潍坊市委副书记、市长许立全到潍城区调研水库除险加固工程建设工作。

3月31日 潍坊市委副书记、市长许立全到潍城区专题检查城市建设重点项目，实地察看新青年路改造工程、白浪河湿地体育公园、宝通街绿化工程、鲁台经贸中心等工程进展情况。

3月 潍坊豪杰金属材料贸易广场获评为“山东省规范化文明诚信市场”。

4月11日 环渤海企业家文化交流促进会将军部长书画潍坊创作基地授牌仪式在潍城区丽景大酒店举行。

4月11日 潍城区人文自然遗产保护与开发促进会成立大会召开。

4月13—14日 日中韩经济贸易促进协会山东省投资环境考察代表团一行12人，到潍城区考察洽谈农业项目。

4月17日 第二十七届潍坊国际风筝会首场大型综艺晚会——“崔字牌香油之夜”在潍州剧场举行。

4月19日 全国政协委员、中国光彩事业促进会副会长、全国工商联常委、香港豪德集团董事局主席王再兴一行到潍城区参观考察市政建设情况。

4月25日 潍城区顺利通过省文物办组织开展的第三次全国文物普查实地调查验收活动。

4月26日 全区基层党组织和党员创先争优、强堡垒做先锋活动部署暨组织宣传工作会议召开。

5月8日 潍城区加快转方式调结构动员会议召开。会议主要贯彻落实全市转方式调结构动员会议精神，安排部署全区转方式调结构任务措施，奋力推进经济社会转型发展、科学发展、跨越发展。

5月9日 潍城经济开发区正式聘请尼克·班尼斯特为经济发展和招商引资顾问。尼克·班尼斯特任英国GMS集团主席，是著名的国际投资银行家。英国GMS集团在潍城经济开发区投资3亿元成立了潍坊传盛商用设备有限公司，产品主要销往欧、美等国家。

5月15—16日 全国现代学校文化建设与学校创新发展论坛暨山东省第二届科研创新校长、基础教育名师评选表彰会在潍坊三中举行。中国教育学会会长顾明远、省教育学会有关负责人以及省内外教育局、学校的代表共计1000余人出席会议。

5月31日 重庆市农机工作考察团一行10人，到潍城区考察星级文明农机维修网点建设情况。

6月2日 国家二类城市语言文字工作复评团对潍城区贯彻实施《国家通用语言文字法》工作和城区语言文字应用情况进行考查评估。

6月2日 潍坊市委副书记、市长许立全到潍城区检查白浪河污染治理工作进展情况。

6月7—8日 全国政协副主席、致公党中央主席、科技部部长万钢一行到潍城出席有关活动。

6月11日 中央创先争优活动领导小组成员、全国非公有制经济组织创先争优活动指导小组组长、中央统战部副部长、全国工商联党组书记、第一副主席全哲洙一行5人,在山东省政协副主席、省委统战部部长张传林的陪同下，到潍城区考察潍坊豪德贸易广场非公经济组织创先争优和党建工作，并考察白浪绿洲湿地公园。

6月23日 以“和谐风、都市韵、邻里情”为主题的潍城区首届社区文化节暨北关街道社区文化节启动仪式在潍坊奥体公园举行。

6月29日 山东省副省长王随莲到潍城区调研深化医疗卫生体制改革和重点卫生工作。

7月5日 潍坊市第六次人口普查综合试点动员会议在潍城区召开。会议确定，潍坊市第六次人口普查综合试点在潍城区西关街道月河路社区开展。

7月16日 潍城区首家小额贷款公司“鑫泰小额贷款股份有限公司”举行开业仪式。

7月18日 总投资近20亿元的中华茶博城举行开工奠基仪式。

8月1日 潍坊市首家网络版农家乐旅游项目军埠口综合项目区回归自然园——秀水田园开心农场正式启动。该项目占地200公顷，首期开发40公顷，包括观光采摘区、有机蔬菜种植区等九大功能区。

8月5日 国家平安畅通县区评价检查组一行3人,到潍城区对创建平安畅通工作进行评价检查。

8月6日 全国党建研究会社区党建研究室专业委员会《社区党建》杂志主编陶植一行到潍城区就社区党建网格化管理工作进行调研。

8月13日 潍坊市委副书记、市长许立全到潍城区考察文明城市迎测准备情况。

8月19日 潍坊市委书记张新起到潍城区考察文明城市迎测准备情况。

8月21日 鲁东物流中心第二届汽车房产家居展示交易会在豪德小商品城开幕。

8月21日 潍城区召开全区深化经济体制综合配套改革试点工作会议。

8月27日 山东潍坊文化（工艺品）商城举行奠基仪式。该项目总建筑面积8万平方米，总投资2.6亿元。

8月30日 第三届潍坊电脑节暨IT产品交易会在金沙颐高数码城开幕。

8月31日 潍坊市委书记张新起到潍城区调研重点项目建设情况，主要对佳乐家物流园项目建设、规划布局和发展战略等进行调研。

9月1日 国家中药管理局副局长于文明一行7人在山东省副省长王随莲的陪同下，到潍城区调研中医药和公立医院改革工作。

9月2日 第十六届鲁台经贸洽谈会齐鲁台湾城创意论坛在潍城区举行。

9月2日 参加第十六届鲁台经贸洽谈会的台湾全球运筹发展协会理事长游文相率台商代表团一行10人，到潍城区参观考察。

9月16日 潍坊市委副书记、市长许立全检查调度潍高路潍城段绿化改造工程。

9月28日 代表老潍县仿古铜传统工艺的“汉金铸就坊”开业。

10月11日 山东省委副书记、省长姜大明率领参加全省转方式调结构现场观摩会的人员到潍城区检查指导工作。焉荣竹、高晓兵、郭兆信、李兆前、齐乃贵、张建国等省领导参加活动。

10月15日 潍坊市委老干部局、市老年书画研究会、潍城区老年书画研究会、潍坊华都颐年园举办的庆祝第23个老人节暨首届敬老月书画展在华都颐年园开幕。

10月23日 中国残疾人福利基金会副理事

长吕力率考察组一行，到潍城区考察洽谈潍坊特奥运动综合训练基地项目。

10 月 27 日 潍城区举行潍州双语学校项目开工奠基仪式。

10 月 29 日 全省侨务工作现场会的与会人员到潍城区考察侨务工作。

11 月 3 日 中央统战部调研组一行到潍城区调研非公有制经济人士回报社会感恩行动开展情况。

11 月 4 日 全国人大常委会委员、中国残联副主席、中国残疾人福利基金会理事长汤小泉一行到潍城区考察工作。

11 月 6 日 第二届潍州萝卜·茶文化节在潍坊市茶叶批发交易市场开幕。

11 月 19 日 潍城区清平路特色商业街开工奠基仪式举行。

12 月 8 日 全市“放心肉”工程建设示范店——益康宝放心肉品超市永安店揭牌。

12 月 14 日 国家煤矿安监局副局长黄玉治带领国务院安委会安全生产综合督查组一行，到潍城区督查安全生产工作。

12 月 22 日 潍城区现代服务业重点项目——潍坊和平广场·商务港开工奠基仪式举行。市委书记张新起出席开工奠基仪式。

12 月 22 日 卫生部副部长尹力一行 5 人在山东省副省长王随莲的陪同下，到潍城区调研街道社区卫生服务工作。

2011 年

1 月 7 日 潍坊市委书记张新起到潍城区专题调研现代服务业发展工作。

1 月 8 日 潍城区现代服务业项目——金沙大酒店建成开业。澳门特别行政区行政长官崔世安发贺电祝贺酒店开业，全国政协委员、澳门特别行政区立法委员陈明金出席开业仪式。

1 月 13 日 潍坊市政协主席赵兴涛到潍城区专题调研现代服务业发展工作。

1 月 20—22 日 政协潍城区第十二届委员会第四次会议在潍州剧场召开。会议听取区委书记的讲话，听取并审议区政协常委会的工作报告等有关报告，协商讨论区政府的工作报告及其他报告，通过大会决议。会议补选区政协主席、1 名副主席。

1 月 21—23 日 潍城区第十六届人民代表大会第五次会议在潍州剧场召开。会议听取、审议和通过区政府的工作报告、区人大常委会的工作报告、区法院的工作报告、区检察院的工作报告及其他报告，并作出相应决议。会议补选区人大常委会第一副主任、2 名副主任，补选 2 名副区长。

2 月 5 日 国家发改委农经司司长高俊才到潍城区考察调研工作。

2 月 28 日 司法部法律援助工作司司长孙剑英到潍城区调研法律援助工作。

3 月 4 日 国内首台高温高压高效率汽轮机组在潍坊雷诺特动力设备有限公司正式下线。

3 月 25 日 潍坊市委副书记、市长许立全一行到潍城区调研商务工作。

3 月 31 日 潍城区委、区政府印发《关于全面深化文明城市创建活动的实施意见》(以下简称《实施意见》)。《实施意见》对文明城市创建活动提出总体要求，明确了工作重点和具体方法步骤。

4 月 15 日 2011 中国（潍坊）首届茶文化产业品牌发展经济峰会在潍城召开。

4 月 16 日 第二十八届潍坊国际风筝会潍城区投资说明会暨重点项目签约仪式举行。在签约仪式上，16 个重点项目集中签约，总投资 105 亿元，项目涵盖高端服务业、低碳产业、现代农业、高新产业等领域。

4 月 16 日 潍坊广告创意产业园获得“山东省政府重点扶持广告产业园区”称号。

4 月 18 日 人社部医保司司长姚宏带领国务院医改办督导调研组一行，到潍城区南关街道南关社区卫生服务中心、城关街道曹家巷社区卫生服务站就医改工作进行调研，对潍城区医改工作给予肯定。

4月28日 国家工商行政管理总局广告监督管理司司长孙鸿志一行到潍城区调研文化创意产业发展情况。

5月1日 “庆五一·迎七一”全民健身志愿服务神州行山东潍坊潍城分会场启动仪式在潍坊奥体公园举行。此次活动是中央精神文明建设办公室和国家体育总局为庆祝中国共产党成立90周年、贯彻落实《全民健身计划》、广泛开展全民健身志愿服务活动、推动全民健身运动蓬勃发展而举办的一项大型活动，活动从5月1日开始持续至7月1日。

5月9日 全市创建全国文明城市现场推进会议在潍城召开。

5月10日 苏丹农业访华团一行到潍城区考察潍坊泰山拖拉机厂。

5月14日 由中央文明办和中国文联主办，中国曲艺家协会、中共山东省委宣传部、山东省文明办、山东省文联、中共潍坊市委和潍坊市人民政府联合承办的全国“道德模范故事汇”基层巡演潍坊专场在潍城区潍州剧场举行。此次潍坊专场巡演由王池良、刘朝、杨鲁平、温玉娟、田连元、刘兰芳6位国家一级演员演绎了从第二届全国道德模范中选取的6个道德模范的先进事迹。

5月25日 解放军总政治部原副主任刘永志、济南军区副司令员刘沈阳一行到潍城区考察工作。

6月2日 潍坊市政协主席赵兴涛率领市政协视察组一行，到潍城区考察文明城市创建工作，先后到西市场社区、潍坊三中、曹家巷社区、北关派出所、后姚社区察看基础设施建设、公共环境管理及沿线交通秩序和市容环境。

6月10日 潍坊市人大常委会视察组一行到潍城区考察旅游业发展情况，先后到大洋马术俱乐部、浮烟山潍坊国际风筝会放飞场察看，并就进一步促进潍城旅游业发展提出意见。

6月10日 山东省林权制度改革验收组一行到潍城区检查指导森林林权制度改革工作。

6月20日 潍城区政协、潍坊市书画家联谊会、潍城区文化广电新闻出版局主办的“墨海传承”庆祝建党90周年、北海书画院建院30周年五体书法作品在郭味蕖美术馆开展。

6月24日 由潍城区委宣传部主办，区文化广电新闻出版局、潍城国土分局承办的“今日潍州”潍城区庆祝建党90周年大型书画摄影展在郭味蕖美术馆开展。

6月27日 潍城区庆祝中国共产党成立90周年大会在潍州剧场举行。会议主要表彰全区各条战线上涌现出的“先进基层党组织”“优秀共产党员”“优秀党务工作者”和“十佳村居党组织书记”，动员全区各级党组织和广大党员干部奋力推进全区经济社会更好、更快发展。

6月27日 潍城区与吉林省四平市铁东区结为友好城区，签约仪式在泛海大酒店举行。

6月28日 中国银河证券股份有限公司潍城福寿西街证券营业部开业。

6月28日 2011年山东省中小企业网络营销培训班暨成长型企业信息化服务工程潍城高级论坛在丽景大酒店举办。

6月29日 由中共潍城区委宣传部主办、区文化广电新闻出版局和潍州楹联艺术研究会承办的潍城区庆祝中国共产党成立90周年“盛泉杯”楹联作品展览开幕式在潍州剧场举行。

6月30日 潍坊市实行工程建设项目“廉政告知书”制度现场会议在潍城召开。

7月3日 潍坊市委副书记、市长许立全到潍城区检查防汛工作。

7月8日 “圣基杯”潍城区第二届社区文化节启动暨图书进社区捐赠仪式在奥体中心举行。在启动仪式上，潍坊神龙图书发行有限公司等8家单位向城隍庙社区、西市场等社区捐赠2万余册图书，用于“农民工书屋”建设。

7月16日 国家发改委农经司司长高俊才到潍城区调研基层农技推广服务体系建设情况。

7月19日 山东省工商局局长李华理带领全省工商系统读书会的与会人员，到潍城区检查指导工作。

7月20日 全省满意消费惠万家活动现场会议与会代表到潍城区检查指导工作。

8月3日 全省规范化诊所建设工作培训会议与会代表到潍城区参观考察。

8月7日 潍坊市委副书记、市长许立全一行到潍城区地下商场、危房片区等重点区域检查部署防汛、防台风（第9号强台风“梅花”）准备工作，实地察看地下名店街、月河路危楼片区。

8月12日 民政部社会福利中心主任、中国社会福利协会副会长兼秘书长冯晓丽到潍城区调研社会养老服务信息化建设工作。

8月19日 潍坊市V1购物广场首届汽车文化节开幕。

8月30日 著名画家吴东魁希望小学捐赠仪式暨吴东魁书画邀请展在郭味蕖美术馆举行，解放军总后勤部原副部长谭悦新，省委原常委、省政府原常务副省长林廷生出席活动。此次活动由中共潍坊市委宣传部、吴东魁艺术馆主办，潍坊市美术家协会、郭味蕖美术馆承办，中共潍城区委、潍城区人民政府协办。

9月1日 潍坊市委书记张新起一行到郭味蕖美术馆参观著名画家吴东魁书画邀请展。参观书画展后，张新起与吴东魁进行座谈交流。

9月1日 山东东瑞集团股份有限公司向乐埠山生态经济发展区新二甲小学捐资助学仪式举行。东瑞集团出资50多万元为新二甲小学教室、办公室全部安装空调，并购置微机36台、课桌板凳160套、教师办公桌13套，改善了该校的教育教学条件。

9月8日 全国政协副主席、民进中央常务副主席罗富和到潍城区调研教育工作。省政协副主席、民进山东省委主委栗甲，市政协主席赵兴涛陪同调研。

9月26日 南方医科大学附属医院潍坊医院挂牌仪式在潍坊市市立医院举行。

9月28日 潍城区纪念辛亥革命100周年、迎国庆北海书画院建院30周年书画作品展在郭味蕖美术馆开幕。

9月29日 山东省民政厅厅长张国琛一行到潍城区检查指导民政工作。

9月29日 2011潍坊市金秋房产、家居、婚庆博览会在潍城区V1购物广场开幕。

10月10日 山东省发改委下发《关于开展省级服务业综合改革试点的通知》，确定潍城区为省级服务业综合改革试点之一。

10月10日 潍坊市政协纪念辛亥革命100周年书画摄影展在郭味蕖美术馆开展。市政协主席赵兴涛出席活动并致辞。

10月10日 潍城区精神卫生中心揭牌仪式在潍城区人民医院举行。

10月20日 潍坊市委书记张新起一行到潍城区调研文化产业发展情况，实地查看十笏园文化街区项目建设进度。

10月20日 潍城区人力资源和社会保障局、教育局、总工会、团区委、妇联共同举办的创业培训进校园活动正式启动。

10月24日 潍坊市委副书记、市长许立全到潍城区调研经济社会发展情况，先后到西南关社区、月河路危楼征迁现场、十笏园文化街区、茂华紫苑公馆、鲁台会展中心、华都颐年园实地调研。

10月29日 百年精华·纪念辛亥革命100周年中国书画名家馆馆藏精品展在郭味蕖美术馆开展。在精品画展上，吴昌硕、齐白石、徐悲鸿、张大千、李苦禅、李可染、郭味蕖等23位书画名家的近50件精品力作一同展出。

11月2日 旅美著名画家李冰奇画展在郭味蕖美术馆开展，展出美术作品58幅。

11月14日 卫生部妇社司司长秦怀金到潍城区调研街道社区卫生服务工作。

11月16日 山东省台办主任张雪燕到潍城

区调研齐鲁台湾城项目建设工作。

11月17日 潍城区福安小学暨潍坊外国语学校圣基分校举行开工奠基仪式。

11月21日 潍坊市委副书记、市长许立全一行到潍城区调研保障性住房建设工作，对三友翡翠城、康城壹品等保障性住房建设现场进行实地调研。

11月24日 全市建立财政教育投入分析评价机制工作会议在潍城召开。

11月28日 张润国不再担任中共潍城区委书记，张韶华任中共潍城区委书记，赵伟宏跨市交流任滨州市滨城区委书记。

11月29日 山东省人大常委会副主任刘玉功到潍城区考察指导县乡人大换届选举工作。

12月26—28日 中共潍城区第十三次代表大会在潍州剧场召开。会议听取第十二届区委《坚持高点定位，奋力跨越赶超，为建设富强民主文明和谐现代化新潍城而努力奋斗》的工作报告。会议选举产生中共潍城区第十三届委员会，选举产生中共潍城区纪律检查委员会。

2012年

1月5日 潍城区北关小学教学楼奠基仪式举行。教学楼可容纳30个班2000名学生。

1月9—11日 政协潍城区第十三届委员会第一次会议在潍州剧场召开。会议听取区委书记的讲话，听取并审议区政协常委会的工作报告等有关报告，协商讨论区政府的工作报告及其他报告，通过大会决议。会议选举政协潍城区第十三届委员会主席、6名副主席、秘书长、27名常委。

1月10—13日 潍城区第十七届人民代表大会第一次会议在潍州剧场召开。会议听取、审议和通过区政府的工作报告、区人大常委会的工作报告、区法院的工作报告、区检察院的工作报告及其他报告，并作出相应决议。会议选举区人大常委会主任、第一副主任、4名副主任、18名委员，选举区长、6名副区长，选举区法院院长、区检察院检察长，选举39名潍坊市第十六届人民代表大会代表。

2月22日 中国楹联学会副会长、山东省楹联艺术家协会主席高宝庆到潍城区调研楹联文化开展工作。

2月22日 潍坊市高耗能特种设备节能技术高级研讨会在潍城区召开。

3月1日 潍坊市委书记许立全一行到潍城区安顺片区检查调度重点项目建设工作，实地察看奥体公园二期、鲁台会展中心等重点项目的施工进展情况。

3月5日 潍坊市委副书记、市长刘曙光一行到潍城区检查调度城建重点工程建设，实地察看火车站南广场、十笏园片区等重点工程建设现场。

3月13日 潍坊市委副书记、市长刘曙光一行到潍城区调研，先后实地考察中百佳乐家物流园、国建高创低碳产业园、大于河综合整治、12343潍坊家政服务网络中心、中华茶博城等企业和项目建设现场，对潍城区发挥优势、突出特色，加快推进产业转型、城市转型、社会管理转型的思路和开展工作提升年的做法给予充分肯定。

3月30日 全市城市路网规划工作交流会议在潍城区召开。

4月16日 潍城区举行雷诺特动力设备有限公司高效节能汽轮机项目奠基仪式。

4月16日 潍城区大洋自动泊车设备有限公司立体车库生产基地项目开工奠基。

4月21日 由山东省工商局、潍坊市人民政府主办，潍坊市工商局、潍城区人民政府承办的潍坊国家广告产业园区投资推介会在潍城举行。推介会充分借助第二十九届潍坊国际风筝会，积极对外宣传潍坊国家广告产业园区的投资环境和优惠政策。

4月22日 潍坊市委副书记、市长刘曙光一行到浮烟山潍坊国际风筝会放飞场出席第二十九届潍坊国际风筝会、第八届世界风筝锦标赛，并对浮烟山整体规划进行现场调研。

4月24日 山东省政协副主席张传林率调研组一行到潍城区考察宗教工作，潍坊市政协主席崔建平陪同调研。

4月26日 “文化之春走山东”采访报道团到潍城区采访报道文化工作开展情况。报道团一行先后到北关街道盛泉社区、西关街道黄家社区、十笏园文化街区、郭味蕖美术馆现场采风，了解潍城区公共文化服务体系建设情况。

4月28日 潍城区举行“全省星级(省级示范)社区卫生服务机构”挂牌仪式，庆祝西关街道社区服务中心和北关街道河口社区卫生服务站获得“全省星级省级示范社区卫生服务机构”称号。

4月 潍坊广告创意产业园被国家工商总局认定为“国家广告产业园区”，成为全国首批9个国家级广告产业园区之一。

5月9日 由省创新管理研究院与西关街道黄家社区联合举办的第八届山东科学管理与发展研讨会——社区文化建设座谈会暨《中国社区文化建设研究》首发式在潍城举行。

5月11日 潍坊市委书记许立全带领市发改委、财政局、规划局、国土局、商务局、统计局等部门主要负责人，到潍城区调研12343家政服务网络中心民生服务大厅发展情况。

5月24日 美国俄勒冈州尤金市商贸访华团一行到潍城区考察城市建设与投资环境。

5月26日 《潍坊晚报》首届小记者周年庆典暨小记者实践基地挂牌仪式在军埠口综合项目区回归自然园举行。

6月3日 万锦置业捐建潍坊八中实训楼暨五道庙商业街二期工程开工仪式在潍坊八中举行。

6月7日 中华慈善总会副会长、全国政协原秘书长张道诚到潍城区考察社会化养老服务体系建设工作。

6月15日 潍坊雷诺特动力设备有限公司与中国工程院院士高金吉签订山东雷诺特院士工作站合作协议书。

6月15—17日 国家工商总局机关党委常务副书记高秀英、广告司司长孙鸿志到潍城区检查潍坊创意产业园建设情况。

6月18日 中科院山东综合技术转化中心主任徐岩和中科院光电研究院青岛市光电工程技术研究院院长田维坚到潍城区调研科技创新工作。

6月20日 潍城区举办“唱响潍城”大型文艺活动暨文明之夏、社区文化节启动仪式。

6月23日 由潍城区体育局、潍坊市四通捶研究会主办，潍坊三中承办的“体彩杯”潍坊市首届“四通捶武术锦标赛”暨潍城区第二届全民健身运动会启动仪式举行。

6月26日 环保部专家组一行到潍城区开展国家环保模范城市复核验收工作。

7月5—6日 山东省委常委、统战部部长颜世元到潍城区调研学习贯彻省第十次党代会精神和统战工作、对台工作、第十八届鲁台经贸洽谈会筹备工作情况。

7月5日 山东省副省长夏耕在潍坊市委副书记、市长刘曙光的陪同下，到潍城区调研社会养老服务体系建设工作，先后实地察看12343家政服务网络中心民生万事通服务大厅、城关街道颐园社区老年福利服务中心、华都颐年园老年服务中心。

7月14日 全省广告管理工作暨广告产业园区建设现场会议与会人员到潍城区考察潍坊创意产业园、潍坊文化产权交易所、十笏园文化街区、鲁台会展中心。

7月24日 山东省省长助理、省政府党组成员、省公安厅党委书记徐珠宝到潍城区调研指导公安工作。

8月20日 潍坊市委副书记、市长刘曙光专题检查调度第十八届鲁台经贸洽谈会筹备工作，到潍城区实地检查潍坊奥林匹克体育中心和鲁台会展中心筹备现场。

8月21日 财政部关税司司长王伟带领调研组一行，到潍城区调研出口企业工作，在潍坊美城食品有限公司调研企业对日本、欧盟等国家和地区的出口工作情况。

8月22日 山东省副省长夏耕在潍坊市委副书记、市长刘曙光的陪同下，检查指导第十八届鲁台经贸洽谈会筹备工作，到潍城区实地检查潍坊奥林匹克体育中心和鲁台会展中心筹备情况及安保工作。

8月24日 潍城区诉调衔接调处矛盾纠纷网络平台在潍城区法院举行揭牌仪式。

8月29—30日 全国城市文明程度指数测评组一行到潍城区进行实地测评。

8月30日 潍坊市委书记许立全一行到潍城区检查验收第十八届鲁台经贸洽谈会重要活动场所。

9月1日 潍坊市暨潍城区“全国安全用药月”启动仪式举行。

9月3日 亚洲影视联合会考察组一行到潍城区参观考察潍坊创意产业园。

9月7日 在第28个教师节前，潍坊市委书记许立全一行到潍城区走访慰问教职员工并召开座谈会，代表市委、市政府向教育工作者表示节日的问候和祝愿。

9月9日 中组部办公厅党委书记、副主任张明平到潍城区考察文化产业发展情况。

9月15日 世纪泰华福乐多超市潍州泰华城店举行开业庆典。

9月17日 国家工商总局副局长甘霖到潍城区检查国家广告产业园区建设情况，先后到西街68、广告创意中心、山东省广告交易中心等项目现场进行检查。

9月22日 潍坊胜利石化机械有限公司开工奠基仪式在乐埠山高新产业园举行。该公司总投资1.4亿元，总建筑面积27830平方米。企业开发的油田专用柱塞往复泵及配套智能控制系统是国家扶持发展的“蓝色经济”项目，广泛应用于内陆和海上石油勘探开发，具有科技含量高、节能环保等特点。

9月23日 “喜迎十八大”潍坊市首届合唱艺术节潍城专场演出在人民广场举行。

10月18日 中信银行股份有限公司潍城支行举行开业仪式。

10月18日 山东省科技厅和省财政厅自主创新专项考察组一行到潍城区考察潍坊制药有限公司。该公司“专利到期药物技术再创新”项目成为山东省自主创新专项项目，获得无偿科技资金支持1000万元。

10月21日 潍州楹联艺术研究会“喜迎党的十八大楹联绘画作品展”开幕式在潍州剧场举行。

10月21日 山东省水利厅验收委员会一行到潍城区验收大于河胶济铁路桥济青高速路南段治理工程情况，并召开潍城区大于河治理工程投入使用验收会议。

10月22日 “唱响潍城”暨文明之夏、社区文化汇报演出在潍州剧场举行。

10月26日 潍坊市委副书记、市长刘曙光一行到潍城区检查城建交通重点项目建设情况，先后实地检查大于河综合整治、白浪河水源地保护征迁、自怡园改造提升、潍胶路改造等项目现场。

10月26日 2012潍坊市首届茶文化节暨中华茶博城开业庆典仪式在中华茶博城举行。

10月27日 潍坊万锦国际广场开业庆典仪式举行。

10月31日 全省流动人口计划生育工作会议在潍城召开。

11月1日 山东省副省长孙绍骋在潍坊市委书记许立全的陪同下，到鲁台会展中心调研。孙绍骋一行实地调研会展中心硬件设施、软件建设和其对促进鲁台经贸交流合作的重要平台作用，并对城市规划建设、新型城镇化建设等工作提出要求。

11月1日 全省重点青少年群体工作调研督导工作组一行到潍城区调研督导重点青少年群体服务管理和预防犯罪试点工作。

11月2日 潍坊市委书记许立全，市委副书记、市长刘曙光到潍城区安顺片区现场办公，实地调研安顺片区和齐鲁台湾城的规划建设情况，并召开座谈会，听取安顺片区的概念性规划及齐鲁台湾城的规划、建设和招商情况汇报，现场解决工作推进中的问题。

11月2日 全市文化事业建设费征收管理工作会议在潍城召开。

11月2日 潍城区总工会职工维权服务中心揭牌暨潍城区义工行动启动仪式在西关街道西园社区举行。

11月22日 潍城区通过全国社区中医药工作先进单位检查评估组的检查评估。

11月23日 潍坊学院教学实践基地暨潍坊学院环境工程技术研发中心揭牌仪式在潍城区潍坊爱普环保有限公司举行。

12月3日 中共潍城区委十三届二次全体会议召开。会议学习贯彻党的十八大、十八届一中全会和省委十届二次全会、市委十一届二次全会精神，审议通过《中共潍城区委关于深入学习宣传贯彻党的十八大精神的决议（草案）》。

12月11日 纪念郭兰村诞辰110周年画展在郭味蕖美术馆开展。郭兰村（1902—1978）是潍坊市工艺美术界的一代宗师，对潍坊的国画、嵌银、风筝、刺绣、木板年画等艺术传承与发展做出了贡献。

12月17日 海内外女企业家“2012（潍坊）投资峰会”的与会人员到齐鲁台湾城参观考察项目建设情况。

12月20日 山东绿特空调扩建项目竣工仪式举行。国家重点城镇建设山东工作指导委员会、国家供销总社、中国制冷协会有关负责人参加竣工仪式。

12月22日 中国楹联教育基地和中国楹联文化社区命名大会在潍城区召开，向获得“中国楹联教育基地”与“中国楹联文化社区”称号的潍坊三中和北关街道后姚社区授牌。

12月23日 全市民办教育工作会议暨潍坊市民办教育协会中小学专业委员会成立大会在潍城召开。

12月25日 复旦大学出生缺陷研究中心潍坊分中心成立仪式在潍坊妇幼保健院举行。中国科学院院士、复旦大学出生缺陷研究中心主任贺林参加仪式。

是年 鲁东物流中心被中国物流与采购联合会评为“中国物流示范基地”。

2013年

1月4日 潍坊市委书记许立全一行到潍城区检查社会救助工作。

1月16日 潍坊军分区司令员万伟锋到潍城区调研工作。

1月16日 潍州书法家协会成立暨第一次会员代表大会举行。

1月17日 潍坊外国语学校被中国对外友好合作服务中心授予“对外友好交流示范校”。

1月19日 于希宁诞辰100周年纪念活动开幕式暨于希宁艺术馆落成典礼举行。中国艺术研究院、中国美协负责人，潍坊市委书记许立全，市委副书记、市长刘曙光出席活动。

2月17日 潍坊市委书记许立全到潍城区调研经济社会发展情况。

2月26日 潍坊市委副书记、市长刘曙光一行到潍城区调研重点工程和重点项目投资、建设情况，现场研究解决项目建设中的问题。

3月15日 潍坊市委书记杜昌文一行到潍城区调研中华茶博城、十笏园文化街区、12343家政服务网络中心、国家广告产业园区、佳乐家物流园、乐埠山高新产业园等项目。

3月23日 潍城区第三届全民健身运动会启动仪式暨潍坊快乐“万锦国际杯”男子篮球邀请赛举行。

3月27日 全省文化产业工作现场会与会人员到潍城区考察国家广告产业园区——西街99。

3月28日 王兆辉任中共潍城区委书记。

3月29日 潍城区十七届人大常委会召开第九次会议，会议任命刘泮英为潍城区人民政府代理区长。

3月 省人口和计划生育领导小组授予潍城区“全省计划生育优质服务先进单位”称号。

3月31日—4月2日 政协潍城区第十三届委员会第二次会议在潍州剧场召开。会议听取区委书记的讲话，听取并审议区政协常委会的工作报告等有关报告，协商讨论区政府的工作报告及其他报告，通过大会决议。

4月1—3日 潍城区第十七届人民代表大会第二次会议在潍州剧场召开。会议听取、审议和通过区政府的工作报告、区人大常委会的工作报告、区法院的工作报告、区检察院的工作报告及其他报告，并作出相应决议。会议补选区人大常委会主任，补选区政府区长。

4月1日 潍城区首届“功勋企业家”颁奖典礼在鲁台会议中心报告厅举行，4位企业家获得功勋企业家殊荣，12位企业家获得优秀企业家称号。

4月8日 山东省卫生厅督导组一行到潍城区督导H7N9禽流感防控工作。

4月12日 潍坊市双拥模范城创建工作督导组一行到潍城区督导检查省双拥模范城创建工作，先后到友爱南社区服务中心、健康街小学、前进街社区服务中心督查相关工作。

4月16日 区委召开常委扩大会议，传达学习全市招商与转调创工作座谈会议精神。会议指出，各级各部门要切实把思想统一到市委、市政府决策部署上，按照“市区一体”的发展理念，围绕区委、区政府确定的“一城四基地”（建设现代化新城区，打造现代物流基地、城市商贸基地、文化产业基地、城市工业基地）发展定位，坚持全区抓项目、重点抓投入、突出抓招商、关键抓作风，努力在新起点上增创科学发展新优势，实现更高层次的新发展。

4月16日 中组部组织二局调研组一行到潍城区调研社会组织党建工作。

4月19日 陈介祺研究会揭牌仪式在陈介祺故居陈列馆举行。

4月20日 第三十届潍坊国际风筝会开幕式文艺演出“同一片天空”在浮烟山潍坊国际风筝会放飞场举行。

4月20日 第三十届潍坊国际风筝会、第九届世界风筝锦标赛暨全国运动风筝邀请赛和万人风筝放飞表演在浮烟山潍坊国际风筝会放飞场举行，100多个国家和地区的放飞团队参赛。

4月20日 全国木制道具高峰论坛暨昌盛货架新品推荐会在潍城召开。

4月20—21日 第三届华夏养老院院长会议在潍坊华都颐年园召开。

4月21—25日 第三届中国画节暨中国（潍坊）第六届文化艺术展示交易会在鲁台会展中心举行，约42万人次到现场参观，总交易额达9.3亿元。

4月24日 山东省委副书记、代省长郭树清率领全省经济观摩会议与会人员，到十笏园文化街区和鲁台会展中心考察。

4月28日 潍城区创业促进会和YBC潍城创业办公室成立大会举行。

4月28日 由中央文明办主办，中国志愿服务基金会承办，山东、天津、河北、辽宁四省市共同协办的环渤海生态保护志愿服务活动启动仪式在白浪绿洲湿地公园举行。

5月4日 工信部消费品工业司司长王黎明到潍城区考察纺织企业。

5月7日 潍城区实验小学上城国际分校（潍城区西关中心小学）开工。

5月8日 山东省财政厅、人社厅调研组一行到潍城区考察创业孵化基地建设情况。

5月8日 潍坊市基层党建工作会议在潍城区召开。

5月8日 潍坊职业学院实验基地在潍城区落户。

5月9日 齐鲁股权托管交易中心考察组一行到潍城区考察企业资本市场融资事宜。

5月10日 潍城区召开“全域全员包村（居）联户”活动总结表彰暨第二轮动员部署会议。

5月21日 山东省民政厅厅长孙建功到潍城区调研民政事业发展情况，先后到12343民生服务大厅、南关街道西南关社区、华都颐年园老年服务中心实地考察。

5月24日 全市民营经济和中小企业发展情况调研座谈会在潍城区召开。

5月27日 民政部副部长戴均良在山东省民政厅厅长孙建功的陪同下，到潍城区就加强基层民政能力建设、推进民政立法创制工作进行调研。

5月27日 潍坊市现代农业、种苗产业发展工作组一行到潍城区考核相关工作，先后到望留三六九家庭农场、望留种鸡养殖场、于河春润苗木、泛海园林培育基地、安联开心农场等地进行实地考察考核。

5月28日 潍城区召开全区农村土地承包经营权确权登记颁证工作会议。

5月28日 山东省自主创新专项考察组一行到潍城区考察自主创新项目情况。

5月29日 潍城区举行首届“瑞福杯”职工乒乓球比赛。

6月9日 潍坊市委副书记、市长刘曙光一行到潍城区检查指导安全生产和防汛工作，实地检查白浪河水库防汛仓库、溢洪闸等防汛设施，了解防汛物资储备、应急电源供应、指挥系统运转情况，要求做早、做细、做实各项防汛工作，建立以应急能力建设为龙头的防灾减灾体系，提高对各类灾害事故的应急处置能力。

6月14日 潍城区召开创建全国、全省文明城市动员大会。会议要求各级各部门要以一流的标准做好创城工作，迅速掀起全国、全省文明城市创建的新高潮，牢固树立全区“一盘棋”思想，各司其职，各负其责，找准位置，合力攻坚，努力为创建全国、全省文明城市做出新的更大的贡献。

6月15日 潍坊市考核组一行到潍城区对和谐城乡建设行动进行检查考核，先后到12343民生服务大厅、福安家园、区城管执法分局数字化管理大厅、渤景湾、大于河综合整治现场进行实地检查。

6月23日 全省第四期港澳台海外代表人士国情研修班考察团一行到潍城区参观考察，先后到乐埠山创新科技产业园、十笏园文化街区、国家广告产业园区、鲁台会展中心等项目现场进行考察。

7月1日 中共潍城区委和潍坊报业集团合作出版的《潍坊日报·今日潍城》正式创刊。

7月4日 全市妇女优化发展环境暨巾帼建功行动大会在潍城区召开。

7月4日 “潍城滨海先进制造业产业园”建设指挥部办公室正式入驻滨海，并召开第一次全体成员会议。

7月10日 潍城区召开企业主辅业务分离和经济普查工作会议。

7月17日 国务院安委会第三综合督查组一行到潍城区检查安全生产工作。

7月17日 潍城区第四届社区文化节、文明之夏启动仪式在奥体公园举行。

7月20日 潍城区召开创建全国文明城市城区综合整治工作会议。

7月23日 潍坊军分区司令员万伟锋到潍城区调研民兵应急应战和国防动员工作。

7月23日 潍坊市政府督查组一行到潍城区督查农村土地承包经营权确权登记颁证工作，先后到于河街道、望留街道、乐埠山生态经济发展区、军埠口综合项目区进行现场督查。

7月26日 全省国税系统纳税服务工作会议在潍城区召开。

8月8日 潍坊市委副书记、市长刘曙光到潍城区调研，先后考察国家广告产业园区、北关街道后姚社区、区行政审批中心、大于河综合整治工程、乐埠山创新科技产业园、华都健康产业园。

8月14—15日 北京康联医药有限责任公司董事长邹晓峰在市委副书记、市长刘曙光的陪同下，到潍城区考察工作。

8月19—20日 新加坡宜居城市研发中心咨询委员会首任主席、雅思柏设计事务所董事刘太格在潍坊市委副书记、市长刘曙光的陪同下，到潍城区考察齐鲁台湾城片区、军埠口片区、十笏园文化街区规划建设改造和功能定位，并就潍坊国际社区选址等事宜进行考察。

8月21日 潍坊市委副书记、市长刘曙光一行到潍城区考察文明城市创建工作，先后到潍坊公路客运总站、火车站周边等迎测站点进行实地考察，并就创城迎测工作提出要求。

8月22—25日 全国文明城市测评组一行先后到潍城区北宫西街向阳路口、东风西街月河路口、南门农贸市场、中恒大酒店、健欣药店、高家东社区、奥体中心等站点进行实地考察。23日晚，测评队员分别到南关街道火车站社区、人民商城社区、西南关社区开展入户问卷调查。

8月29日 山东省“卫生强基工程”——潍坊市人民医院帮扶潍坊市立医院启动暨揭牌仪式在潍坊市立医院举行。

9月5日 台湾“三三会”会长、台经院董事长江丙坤率考察团一行，到潍城区考察齐鲁台湾城片区。市政协主席崔建平陪同考察。

9月13日 区委召开常委扩大会议，传达全市“三八六”环保行动大会和市环境保护委员会暨“三八六”环保行动协调推进工作第一次会议精神，并安排部署招商引资工作。

9月23日 山东省十五市驻地区人大工作座谈会第三十次会议在潍城召开。

9月23日 全省推进广告拉动战略暨广告产业园区建设现场会与会人员到潍城区参观考察。

9月25日 国家工商总局广告司司长张国华在山东省工商局局长牛启忠的陪同下，到潍城区考察国家广告产业园区建设情况。

9月27日 潍城区举办中国梦、家乡情、文明城“奥文杯”书画展。

10月18日 山东省副省长邓向阳到潍城区督导检查“六五”普法依法治理工作开展情况。

10月19日 潍城区召开纪念清代著名金石学家陈介祺诞辰200周年座谈会。

10月20日 潍城区召开基层党组织建设暨联系服务群众工作会议。会议指出，各级各部门要把加强基层党组织建设和联系服务群众作为巩固党的执政基础、推动经济社会健康和谐发展、提升工作科学化水平的重要手段来抓，全面提升基层党建工作新水平。

10月20日 山东省经信委调研组一行到乐埠山创新科技产业园就园区建设规划和企业落户情况进行调研。

10月23日 区委常委（扩大）会议召开。会议传达学习习近平在参加河北省委常委班子专题民主生活会上的讲话精神，并调度文化创意、城市开发、现代物流、商贸经济、都市农业、会展经济、城市工业、金融总部八大领域招商引资工作。

10月24日 潍坊市“中国梦”百姓宣讲团潍城区报告会在潍城分会场举行。

10月25日 山东省委常委、宣传部部长孙守刚到潍城区看望慰问第十届中国艺术节潍城区执委会一线工作人员，听取十艺节潍城区承办工作情况汇报。

11月7日 潍城区举行学习贯彻习近平系列重要讲话精神宣讲报告会。省委宣讲团成员、省委党校哲学教研部教授吕本修作题为《迈向实现中国梦的伟大征程》辅导报告。

11月12日 美国规划协会团队一行到鲁台会展中心就片区规划、项目建设情况进行考察。

11月13日 中国泊车产业园项目落户乐埠山创新科技产业园。

11月14日 潍坊市委副书记、市长刘曙光一行到潍城区北关街道东夏庄考察潍县萝卜原产地保护开发工作。

11月25日 台湾考察团一行到鲁台会展中心就片区规划、项目建设及展品情况进行考察。

12月4日 潍坊军分区政委郝树东到潍城区调研经济社会发展情况和民兵预备役建设工作。

12月13日 辽宁省副省长邴志刚一行到潍城区考察服务业发展工作。

12月17日 区委召开常委（扩大）会议，传达学习习近平在山东的重要讲话精神和市委十一届四次全体会议精神。

是年 南关街道社区卫生服务中心获评为“全国示范社区卫生服务中心”，另有6家社区卫生服务机构获评为“全省星级示范社区卫生服务机构”，1家社区卫生服务机构获评为“全省中医药特色社区卫生服务机构”，3家社区卫生服务机构获评为“全市社区卫生服务示范机构”，5家社区卫生服务机构获评为“全市中医药特色社区卫生服务机构”。

是年 鲁台会展中心获得“中国十佳品牌会展中心”称号。2013年度，在鲁台会展中心成功举办第十届中国艺术节等42个大型展览与文化交流活动，累计使用面积800余万平方米，意向成交额近30亿元，现场成交额10余亿元。通过在鲁台会展中心举办高水准的会展项目，带动了潍坊市、山东省乃至整个华北地区会展经济的发展，得到了行业专家的首肯，鲁台会展中心被中国会展经济研究会授予“2013年度中国十佳品牌会展中心”称号。

第一编

建置区划

第一章　建　置

第一节　地理位置

潍城区位于山东半岛西部，居于潍坊市境域中部，地处北纬 36°35′01″ ～ 36°49′33″、东经 118°55′54″ ～ 119°06′30″。东跨白浪河与奎文区接界，东南与坊子区毗连，西南、西与昌乐县相邻，西北与寿光市接壤，北、东北与寒亭区毗邻。

1991 年，潍城区行政区域面积 368.2 平方公里。1994 年，白浪河以东区域划归新设立的奎文区，潍城区行政区域面积缩减至 289.56 平方公里，东西最大横距 14.23 公里，南北最大纵距 26.44 公里，边界线总长 121.17 公里。2003 年，潍城区的 18 个行政村划归潍坊经济开发区管理，潍城区直辖区域面积调整为 269.54 平方公里。至 2013 年，潍城区行政区域面积、直辖区域面积分别为 289.56 平方公里和 269.54 平方公里。

1991—1994 年，潍城区是中共潍坊市委、市人民政府所在地。

第二节　建置沿革

夏为三寿国，商属莱国，西周、春秋、战国为齐国领地，秦属胶东郡（一说属齐郡）。西汉置平寿县，隶属青州刺史部北海郡。东汉置平寿县，隶属青州刺史部北海国。三国魏、西晋置平寿县，隶属青州北海国。东晋十六国，境域为后赵、前燕、前秦、后燕、南燕相继占据。南朝宋、北朝魏置平寿县，隶属青州北海郡。北朝齐废平寿县并入下密县，隶属青州高阳郡。隋开皇三年（583 年），罢郡存州，置下密县，隶属青州；隋开皇十六年（596 年），设立潍州，州治下密；隋大业三年（607 年），废潍州设北海郡，改下密县为北海县，隶属北海郡。唐武德二年（619 年），复设潍州，境域分属平寿县、北海县，隶属潍州；唐武德六年（623 年），境内为北海县，隶属潍州；唐武德八年（625 年），废潍州，境内为北海县，隶属河南道青州。宋、金、元置北海县，先后隶属京东东路潍州、山东东路潍州、益都路潍州。明洪武元年（1368 年），撤北海县并入潍州，隶属青州府。明洪武九年（1376 年），潍州改属莱州府。明洪武十年（1377 年），降州为县，始称潍县，隶属莱州府。明洪武二十二年（1389 年）潍县直属莱州府平度州。清初循明旧制，清雍正十二年（1734 年）降平度为散州，潍县直属莱州府。

1914 年裁府，潍县隶属胶东道，1925 年改属莱胶道。1927 年裁道，潍县直属山东省。1937 年后，隶属山东省第八行政督察区。

1948 年 4 月潍县解放，以潍城、坊子、望留等地组建潍坊特别市，隶属山东省。同年 8 月，复置潍县（即新潍县），隶属昌潍专区，境域大部归属潍县，其余归属潍坊特别市。1949 年 6 月，潍坊特别市改称潍坊市，仍隶属山东省，境域分属潍县、潍坊市。1950 年撤销潍坊市，境域归属潍县。1951 年 1 月，复置潍坊市（县级），隶属昌潍专区，境域分属潍县、潍坊市。1958 年 11 月，撤销潍县并入潍坊市，境域归属潍坊市。1962 年 1 月潍县析出，市、县分置，嗣后至 1983 年，境域分属潍县、潍坊市，先后隶属昌潍专区、昌潍地区、潍坊地区。1983 年 8 月，撤销潍坊地区和潍县，潍县行政区域并入潍坊市，潍坊市组建为地专级省辖市。同年 10 月，将原潍坊市（县级）和原潍县辖区划分为潍城区、坊子区、寒亭区 3 个县级行政区。1994 年 6 月，在白浪河以东设立奎文区（县级），白浪河以西仍为潍城区（县级），隶属潍坊市。

第二章　区　划

第一节　区划调整

1991 年，潍城区辖廿里堡、望留、符山、大柳树 4 个镇，河西、于河、杏埠、军埠口、大虞、梨园 6 个乡，城关、南关、东关、西关、北宫、东园、院校 7 个街道，有 306 个行政村、101 个居民委员会。1992 年 7 月，大虞乡、梨园乡、于河乡撤乡设镇；撤销河西乡，设立北关镇。1993 年 2 月，大虞镇 7 个行政村划归潍坊高新技术产业开发区管理。3 月，成立潍坊外商投资开发区。9 月，军埠口乡、杏埠乡撤乡设镇。1994 年，撤销北关镇和北宫街道，设立北关街道。同年，白浪河以东的大虞、梨园、廿里堡 3 个镇，东园、东关、院校 3 个街道，军埠口镇 10 个行政村划归新设立的奎文区。区划调整后，潍城区辖于河、杏埠、符山、望留、大柳树、军埠口 6 个镇，城关、南关、西关、北关 4 个街道，有 235 个行政村、44 个居民委员会、2 个家属委员会。1997 年 3 月，北关街道与潍坊外商投资开发区实行街区合一体制。2001 年 3 月，撤销杏埠镇，其行政区域并入于河镇；撤销大柳树镇，其中 17 个行政村划归符山镇、13 个行政村划归军埠口镇、1 个行政村划归望留镇。2003 年 1 月，北关街道 3 个行政村和于河镇 15 个行政村划归潍坊经济开发区管理。3 月，北关街道与潍坊外商投资开发区分离，不再实行街区合一体制。5 月，成立潍坊鸢都湖—浮烟山综合开发区。2005 年 12 月，潍坊外商投资开发区更名为山东潍城经济开发区。2007 年 9 月，撤销军埠口镇、符山镇、于河镇、望留镇，设立于河街道、望留街道，成立军埠口工业园区、乐埠山生态管理区。于河街道与山东潍城经济开发区实行街区合一体制，望留街道与潍坊鸢都湖—浮烟山综合开发区实行街区合一体制。同年，军埠口工业园区改称军埠口综合项目区，乐埠山生态管理区改称乐埠山生态经济发展区。2008 年 6 月，于河街道与山东潍城经济开发区分离，不再实行街区合一体制。至 2013 年，潍城区辖于河街道、望留街道（与潍坊鸢都湖—浮烟山综合开发区街区合一）、北关街道、西关街道、南关街道、城关街道 6 个街道，山东潍城经济开发区 1 个省级开发区，军埠口综合项目区、乐埠山生态经济发展区 2 个区属管理区，有 169 个行政村（不包括划归潍坊经济开发区管理的 18 个行政村）、83 个社区。

第二节　边界勘定

1997 年 3 月，潍城区与奎文区、坊子区、昌乐县、寿光市、寒亭区联合勘界工作开始启动，并签订协议书。1998 年 6 月，潍城区周边的 5 条界线全部勘定。2001年12月11日，山东省人民政府批准协议书生效。经勘察测定，潍城区边界线总长121167米。5条界线埋设界桩17颗，其中三交点界桩5颗。

潍城奎文线：界线编号07020705，边界线长17950米。边界线自北向南，从潍城区、奎文区、寒亭区三县级边界线交汇点起，到潍城区、奎文区、坊子区三县级边界线交汇点止，埋设界桩6颗（其中两端三交点界桩2颗）。边界线涉及9个街道、45个村。

潍城坊子线：界线编号07020704，边界线长4551米。边界线自东北向西南，从潍城区、奎文区、坊子区三县级边界线交汇点起，到潍城区、坊子区、昌乐县三县级边界线交汇点止，埋设三交点界桩2颗（东北、西南两端各1颗）。边界线涉及2个街道、7个村。

潍城昌乐线：界线编号07020725，边界线长54130米。边界线自北向南，再折向东，从潍城区、寿光市、昌乐县三县级边界线交汇点起，到潍城区、昌乐县、坊子区三县级边界线交汇点止，埋设界桩8颗（其中两端三交点界桩2颗）。边界线涉及5个镇（街道）、62个村。

潍城寿光线：界线编号07020783，边界线长15036米。边界线自北向南，从潍城区、寒亭区、寿光市三县级边界线交汇点起，到潍城区、昌乐县、寿光市三县级边界线交汇点止，埋设界桩3颗（其中两端三交点界桩2颗）。边界线涉及2个镇（街道）、19个村。

潍城寒亭线：界线编号07020703，边界线长29500米。边界线自西北向东南，再折向东，至白浪河折向南，从潍城区、寒亭区、寿光市三交点起，到潍城区、寒亭区、奎文区三县级边界线交汇点止，埋设界桩5颗（其中两端三交点界桩2颗）。边界线涉及4个街道、33个村。

第三章 街道 开发区 管理区

第一节 街 道

于河街道

于河街道位于潍城区西北部，因流经境内的大于河而得名。境域南部为低矮丘陵，其他大部为平原，地势南高北低，呈较平缓倾斜状。2013年，于河街道行政区域东南、南与望留街道相接，西南、西与昌乐县搭界，西北与寿光市接壤，北、东北与寒亭区毗邻；直辖区域东、北与潍坊经济开发区管理区域相接，南与山东潍城经济开发区管理区域毗连，西南与昌乐县接界，西、西北与寿光市接壤。辖区面积43平方公里。街道办事处驻地冯家村。

1991年，称“于河乡”，辖47个行政村。1992年7月，撤乡设镇，称“于河镇”。1994年，于河镇7个行政村划归北关街道，1个行政村划归西关街道。2001年3月，杏埠镇全部行政区域划归于河镇，于河镇共辖74个行政村。2003年1月，于河镇15个村划归潍坊经济开发区管理，于河镇直辖59个行政村。2003年3月，于河镇10个行政村划归潍坊外商投资开发区（今称“山东潍城经济开发区”）管理，于河镇直辖49个行政村。2003年10月，于河镇14个行政村划归潍坊外商投资开发区管理，于河镇直辖35个行政村。2007年9月，撤销于河镇，设立于河街道。于河街道行政区域内有74个行政村，于河街道与山东潍城经济开发区实行街区合一体制，共管辖59个行政村，另15个行政村由乐埠山生态经济发展区管理。2008年6月，于河街道与山东潍城经济开发区分离，不再实行街区合一体制，于河街道直辖35个行政村。至2013年，于河街道直辖冯家、流饭桥、河东、郑家、杨家庄、南庄、殿前李、都家、北考、杏杭、三安子、皂户王、庙埠、高埠、南毕、韩家、杏埠、前徐、后徐、陈家、周家、史家、宋家、后王、槐埠、孙家、颜家、前王、西何、殷赫庄、陈平、东毕、南伦、东何、张家35个行政村，总人口3.04万人。

青银高速公路东西横贯境域，都家村是被国务院授予"全国老艺人"称号的核雕艺人都兰桂的故里；流饭桥村是地方名吃"杠子头"火烧的起源地。

2013年，于河街道实现公共财政预算收入2078.4万元。500万元以上固定资产投资3.32亿元。规模以上工业企业5家，实现销售收入32644万元，利税874万元，利润400万元。粮食总产量22762吨，农村经济总收入19.88亿元，农村居民人均纯收入13494元。

望留街道

望留街道位于潍城区南部，因境内望留村得名。地势略微西高东低、南高北低。西南部为丘陵，有浮烟山、明宗山等山埠，其他地域地势较平缓。2013年，望留街道行政区域东隔白浪河与奎文区相接，东南跨白浪河与坊子区相连，南、西南与昌乐县接界，西北与于河街道行政区域接壤，北、东北分别与西关街道、南关街道毗邻；直辖区域东、东南与军埠口综合项目区管理区域接壤，西南与昌乐县接界，西、西北与乐埠山生态经济发展区管理区域毗连，东北与西关街道、南关街道毗邻。辖区面积72平方公里。街道办事处驻地为望留村。

1991年，称望留镇，辖32个行政村。2001年3月，原大柳树镇1个行政村划归望留镇。2003年，望留镇3个行政村划归新成立的潍坊鸢都湖—浮烟山综合开发区管理，望留镇直辖30个行政村。2006年1月，4个行政村划归潍坊鸢都湖—浮烟山综合开发区管理，望留镇直辖26个行政村。2007年9月，撤销望留镇，设立望留街道。望留街道与潍坊鸢都湖—浮烟山综合开发区实行街区合一体制，一个机构、两个牌子。望留街道行政区域内有96个行政村，望留街道（潍坊鸢都湖—浮烟山综合开发区）直辖60个行政村，另32个行政村由军埠口综合项目区管理、4个行政村由乐埠山生态经济发展区管理。至2013年，望留街道（潍坊鸢都湖—浮烟山综合开发区）直辖望留、韩家、张家庄、柴家、狼埠、孟家、望留屯、高家洼、市场、崔家庄、荀家、官家庄、于家、姜家、河湾、陈家、项家、庄头、王家庄、团结、张铁、北岭、夏家、郑家庙子、二甲王、胡家、西安、麓台、山后傅家、油坊、老邓家、潘家、刘家庄子、玄家、东寺、西寺、霞坡、槐行、埠前、嵇家、杨家成章、尹家、庙子、十亩田、柳南、柳北、柳西、柳东、楼子、新邓家、宋家、大项家、平寿、柴家河子、尹家庄子、李家庄、庞家庄子、许家、鞠家59个行政村和孙家1个社区，总人口4.87万人。

境内AAA级浮烟山休闲旅游度假区环境优美，融自然风光和人文景观于一体，是潍坊近郊一处旅游胜地。中国风筝放飞基地——潍坊国际风筝会放飞场位于境内浮烟山麓。

2013年，望留街道（与潍坊鸢都湖—浮烟山综合开发区街区合一）实现公共财政预算收入5084.1万元。500万元以上固定资产投资16.51亿元。规模以上工业企业8家，实现销售收入24701万元，利税1196万元，利润539万元。粮食总产量29516吨，农村经济总收入47.72亿元，农村居民人均纯收入11717元。

北关街道

北关街道位于潍城区东北部，因地处北关得名。地势较平缓。2013年，北关街道行政区域东隔白浪河与奎文区相望，东南与城关街道相邻，南与西关街道毗连，西、北与于河街道行政区域接壤；直辖区域东隔白浪河与奎文区相望，东南与城关街道毗邻，南与西关街道毗连，西与山东潍城经济开发区管理区域接壤，北与潍坊经济开发区管理区域相接。辖区面积19.83平方公里。街道办事处驻地为北园社区。

1991年，称“河西乡”，辖40个行政村。1992年7月，撤销河西乡，设立北关镇。1994年，撤销北关镇，设立北关街道。1997年3月，北关街道和潍坊外商投资开发区合并，实行街区合一体制。2003年1月，北关街道3个行政村划归潍坊经济开发区管理。2003年3月，北关街道与潍坊外商投资开发区分离，不再实行街区合一体制，北关街道辖13个行政村、13个社区。2006年，北关街道新设清平社区。2007年9月，镇、街道区划调整，北关街道管辖35个社区。同年10月，北关街道所辖社区调整为30个。2010年5月，新设安顺社区,北关街道共辖31个社区。至2013年，北关街道直辖北园、张辛庄、油坊、北宫、河滨、河口、清平、友爱南、东北关、北关、偏凉、东夏庄、西夏庄、河湾、后羊、湾头、后姚家坊、前姚家坊、卧龙桥、齐家庄、刘家园、郭家庄、蔡家庄、东七甲张、西七甲张、赫家、尧里王、徐家小庄、友爱、西羊、安顺31个社区，总人口6.04万人。

潍县萝卜原产地位于辖区内，东夏庄周围100公顷土地是潍县萝卜原产地保护区。

2013年，北关街道实现公共财政预算收入6651.5万元。500万元以上固定资产投资29.4亿元。规模以上工业企业7家，实现销售收入206361万元，利税25762万元，利润18097万元。粮食总产量2405吨，农村经济总收入67.04亿元，农村居民人均纯收入14023元。

西关街道

西关街道位于潍城区中部，因地处西关得名。地势较平坦。2013年，西关街道东与城关街道相接，东南与南关街道相邻，南与望留街道毗连，西、西北与于河街道行政区域接壤，北与北关街道毗邻。辖区面积16.67平方公里。街道办事处驻地为月河社区。

1991年，西关街道辖13个居民委员会。1994年，调整西关街道行政区域，辖11个行政村、12个居民委员会。1996年10月，辖10个行政村、13个居委会。2007年9月，镇、街道区划调整，西关街道共辖21个社区。同年，街道所辖社区调整为18个。2012年3月，新设福寿街社区。至2013年年底，西关街道辖月河、西园、胜利西、前进街、西关大街、苗圃、高家东、福寿街、南小于河、营子、大胥家、北三里、南三里、马良冢子、高家、黄家、小许家、于家、北小于河19个社区，总人口5.81万人。

2013年，西关街道实现公共财政预算收入6694.3万元。500万元以上固定资产投资29.9亿元。规模以上工业企业4家,实现销售收入13774万元，利税829万元,利润238万元。粮食总产量1164吨，农村经济总收入13.21亿元，农村居民人均纯收入15400元。

南关街道

南关街道位于潍城区东部，因地处南关得名。地势略微西高东低、南高北低。2013年，南关街道东、东南濒白浪河与奎文区相接，南、西南与望留街道行政区域接壤，西、西北与西关街道毗邻，北与城关街道毗连。辖区面积16.49平方公里。街道办事处驻地为西市场社区。

1991年,南关街道辖11个居民委员会。1994年，原北关镇12个村划归南关街道。2007年9月，镇、街道区划调整，南关街道共辖2个行政村、23个社区。同年,街道所辖社区调整为19个。2009年，所辖社区调整为20个。2011年，2个行政村改为社区，街道共辖22个社区。至2013年，南关街道辖西市场、东市场、西南关、火车站、南关大街、仓南街、五道庙、人民商城、武家、高家楼、徐家、颜家、花家、华家、姚家、小崖头、大庄子、小庄子、马家黄土埠子、高家黄土埠子、康家、南关22个社区，总人口4.59万人。

潍坊火车站位于境内，胶济铁路横贯东西。

辖区内“状元胡同”闻名遐迩，清末状元曹鸿勋和王寿彭诞生于此。

2013 年，南关街道实现公共财政预算收入 7103.7 万元。500 万元以上固定资产投资 31.97 亿元。规模以上工业企业 3 家，实现销售收入 58639 万元，利税 1617 万元，利润 975 万元。粮食总产量 1848 吨，农村经济总收入 15.88 亿元，农村居民人均纯收入 15925 元。

城关街道

城关街道位于潍城区东部，因地处古潍县城得名。地势中高周低，状似龟背，有“龟城”之称。2013 年，城关街道东隔白浪河与奎文区相望，南与南关街道为邻，西与西关街道相接，北与北关街道接壤。辖区面积 1.75 平方公里。街道办事处驻地为城隍庙社区。

1991 年，辖 12 个居民委员会。1994 年，新增 5 个居民委员会，共辖 17 个居民委员会。1999 年，撤销 1 个居民委员会，共辖 16 个居民委员会。2007 年，撤销 6 个社区，共辖 10 个社区。至 2013 年，城关街道辖城隍庙、潍州、岳王庙、增福堂、芙蓉街、颐园、翠竹园、长胜、曹家巷、十笏园 10 个社区，总人口 3.73 万人。

城关街道历史悠久，文化璀璨，人文资源积淀厚重，历史上潍州、潍县治所设于辖区内。境内有国家级重点文物保护单位十笏园，有省级重点文物保护单位万印楼（清代著名金石学家陈介祺故居）、郭味蕖故居“疏园”和城隍庙，形成了以十笏园为龙头的潍州文化核心区。境内商务聚集，形成了以中百商圈为主体的潍坊商务聚集区。

2013 年，城关街道实现公共财政预算收入 1988.1 万元，500 万元以上固定资产投资 9.86 亿元，城镇居民人均可支配收入 28386 元。

第二节　开发区

山东潍城经济开发区

山东潍城经济开发区为省级开发区，位于潍城区西部，地势较平缓。2013 年，管理区域东与北关街道、西关街道接壤，南与乐埠山生态经济发展区管理区域相接，西与昌乐县接界，北与于河街道直辖区域毗连。辖区面积 31 平方公里。管委会驻地为考家东村。

山东潍城经济开发区原名潍坊外商投资开发区，于 1993 年 3 月设立。同年 10 月，省政府批准潍坊外商投资开发区内 3.8 平方公里的高新技术项目区列为潍坊高新技术产业开发区的辐射区，享受省级高新技术产业开发区的优惠政策。1997 年 3 月，潍坊外商投资开发区与北关街道实行街区合一体制。2003 年 3 月，潍坊外商投资开发区与北关街道分离，不再实行街区合一体制，管理 18 个行政村。潍坊外商投资开发区管理区域分为新区和东区：新区区域为潍昌路以北、济青高速公路以南、西二环路以西、三胡路以东；东区区域为北宫西街以北、玄武街以南、友爱路以西、西二环路以东。同年 10 月，于河镇的 14 个行政村划归潍坊外商投资开发区管理，共管理 32 个行政村。2005 年 12 月，国家发改委公告潍坊外商投资开发区更名为山东潍城经济开发区（以下简称“开发区”）。2006 年，国土部公告开发区四至范围为：东至西外环路，南至胜利西街，西至于河四村（考西村、考东村、赵家村、南王家村），北至工业一街。2007 年 9 月，开发区管理区域内的 7 个行政村划归北关街道，1 个行政村划归西关街道。同月，开发区与于河街道实行街区合一体制，共管辖 59 个行政村。2008 年 6 月，开发区与于河街道分离，不再实行街区合一体制，开发区管理 24 个行政村，管理区域在于河街道行政区划境内。至 2013 年，开发区管理考家东、考家西、潘里、崔家、臧家、河崖头、固冢、焦家、挂角子、赵家、南王家、小庄、文家、官家、葛埠、宋家庄子、东小河、西小河、牟家、粉匠、北曹、南曹、远里东、远里西 24 个行政村，总人口 2.31 万人。

2013 年，开发区实现公共财政预算收入 22150.4 万元。500 万元以上固定资产投资 41.69

亿元。规模以上工业企业 22 家，实现销售收入 289902 万元，利税 23640 万元，利润 19477 万元。粮食总产量 13072 吨，农村经济总收入 17.95 亿元，农村居民人均纯收入 14123.8 元。

第三节　管理区

乐埠山生态经济发展区

乐埠山生态经济发展区为区属管理区，位于潍城区西南部，因境内乐埠山得名。域内多丘陵，有行山、乐埠山等山埠，地势略微南高北低。2013 年，管理区域东北与西关街道相邻，东、南与望留街道直辖区域接壤，西与昌乐县接界，北与山东潍城经济开发区管理区域毗连。辖区面积 33 平方公里。管委会驻地为道口村。

2007 年 9 月，设立乐埠山生态管理区，管理 19 个行政村，其中 15 个行政村在于河街道行政区划境内、4 个行政村在望留街道行政区划境内。同年，乐埠山生态管理区改称乐埠山生态经济发展区（以下简称“发展区”）。至 2013 年，发展区管理道口、官路、北大于河、南大于河、乔铁、三甲、南乐埠、北乐埠、范家、李家、栾家、下八甲、山下于、郭家成章、大成章西、大成章东、新二甲、上二甲、向阳 19 个行政村，总人口 2.09 万人。

2013 年，发展区实现公共财政预算收入 2941.3 万元。500 万元以上固定资产投资 6.7 亿元。规模以上工业企业 8 家，实现销售收入 69621 万元，利税 9019 万元，利润 7212 万元。粮食总产量 10519 吨，农村经济总收入 18.29 亿元，农村居民人均纯收入 12297 元。

军埠口综合项目区

军埠口综合项目区为区属管理区，位于潍城区东南部，因境内军埠口村得名。地势从西南至东北由高到低略微倾斜。2013 年，管理区域东濒白浪河与奎文区接界，东南跨白浪河水库与坊子区相连，南与昌乐县接壤，西与望留街道直辖区域毗连，北与南关街道毗邻。辖区面积 35.8 平方公里。管委会驻地为大崖头村。

1991 年，称“军埠口乡”，辖 34 个行政村。1993 年 9 月，撤乡设镇，称军埠口镇。1994 年区划调整，10 个行政村划归新组建的奎文区，军埠口镇辖 24 个行政村。2001 年，原大柳树镇 13 个行政村划归军埠口镇，共辖 37 个行政村。2005 年，划出 5 个行政村，辖 32 个行政村。2007 年 9 月，撤销军埠口镇，设立军埠口工业园区，管理 32 个行政村，管理区域在望留街道行政区划境内。同年，军埠口工业园区改称军埠口综合项目区（以下简称“项目区”）。至 2013 年，项目区管理大崖头、赵家文庄、朱家文庄、王家文庄、小李家、军埠口、步家、申家、曹家、南季、北季、西季、姚官庄、杨家庄、北张友、东北董、西北董、辛庄、艄翁庙、张风潮、河西岭、前张友、南河湾、大寨、张家官庄、崔家官庄、姜家官庄、姚家坡子、王家官庄、陈家官庄、皂户、小洼 32 个行政村，总人口 2.9 万人。

辖区内白浪绿洲湿地公园和白浪河水库凸显了滨水绿色生态特点。

2013 年，项目区实现公共财政预算收入 2685.7 万元。500 万元以上固定资产投资 9.79 亿元。规模以上工业企业 9 家，实现销售收入 78541 万元，利税 9067 万元，利润 6080 万元。粮食总产量 15097 吨，农村经济总收入 18.71 亿元，农村居民人均纯收入 11801 元。

第二编

自然环境

潍城区地处泰沂山脉尾闾北侧，由南而北渐低，呈较平缓倾斜状，西南部多丘陵岗埠，其他大部区域为洪积冲积平原。境内属暖温带季风型半湿润大陆性气候，华北平原植被类型。流经境域的河流有5条，多为南北流向。2013年，潍城区直辖区域土地总面积26954.27公顷，其中耕地11106.75公顷。土壤类型有棕壤、褐土、潮土、砂姜黑土4个土类。矿产资源有蓝宝石、膨润土、石英砂、建筑用砂、石灰石等。

第一章　地　质

第一节　地　层

潍城区境内大部地区被第四系覆盖，南部各时代地层均有发育。境内地层发育差别较大，中生代、新生代以前的地层零星分布。

中生代

白垩纪（距今约1.4亿年），凝灰岩中间部夹有长班岩正长班岩在河西小营（西小营）于河河谷中有凝灰岩出露，与第三纪地层成不整合接触。

侏罗纪中，为河湖相及沼泽相含煤岩系。岩性为砂页岩，黏土岩夹煤层，下部为砾岩，上部为炭质页岩。含三层煤，厚1～5米。

新生代

第三纪（距今约100万年），境内第三纪冲积层覆盖于一切地层之上，以全新统、上更新统冲积层为主，冲积层沿各河系分布，岩性为河床相及河漫滩相的中粗砂、细砂夹卵砾石等。南部分布冲积、坡积及残坡积层。主要岩性为亚砂土、亚黏土、砂砾石亚黏土。第三纪厚度一般为15～200米，南部浅薄，北部深厚。

上第三纪（距今约1200万年），有牛山组和馆陶组。西南部望留—白浪河水库出露牛山组地层，主要岩性以中厚层的杏仁状、气孔状和橄榄玄武岩为主，厚度大于50米，其中含膨润土矿层。

下第三纪（距今约2500万年），有五图组和孔店组，符山一带有五图组小范围出露，岩性以细砂岩、粉砂岩为主，夹有砂质黏土、黄绿色页岩及黄白色长石砂岩，底部为紫褐色砾岩，厚度大于400米。

第二节　构　造

潍城区境内地质构造处于中朝准地台山东隆起区次级构造单元鲁东古隆起区和鲁西隆起区衔接部，即沂沭断裂带北端的次级构造单元昌潍凹陷之内。西侧是沂沭断裂带的郚部—葛沟断裂，东部为昌邑—大店断裂，潍城区则处于中、新生代凹陷盆地中。沂沭断裂带控制了区域内构造的生成、发展、岩浆活动及其矿产的赋存。沉积盖层主要为中、新生代陆相沉积建造。

第二章　地　貌

第一节　地貌类型

潍城区地处泰沂山脉尾闾北侧，地势南高北低，呈较平缓倾斜状。海拔高度 13.5 ～ 192 米，最高点位于乐埠山生态经济发展区境内的五党山，海拔 192 米，最低点位于于河街道槐埠村，海拔 13.5 米，相对高差 178.5 米。全区地貌分两大类型：一是地质构造地貌。指西南部的丘陵岗埠，系泰沂山脉的延伸地带，有浮烟山（符山）、五党山、明宗山、黑山、七窝落山、四泉山、孝迹山、火山、行山等 10 余座，其海拔高度均在百米以上，分布在大于河两岸，呈西南东北走向。此类地貌面积 77.66 平方公里，占全区总面积的 28.81%。二是洪积冲积平原。自胶济铁路南侧以北海拔 40 米以下的大部区域，系地势较缓平的洪积冲积平原，属流水地貌。其上零星分布着 50 多个大小不等的缓岗（土埠子），海拔高度 25 ～ 60 米。此类地貌面积 191.88 平方公里，占全区总面积的 71.19%。

潍城区地貌具体分为丘陵、埠陵地、倾斜高平地、倾斜平地、缓岗、沿河高地、河漫滩 7 种类型。

丘陵

丘陵主要指望留街道、乐埠山生态经济发展区内的符山、明宗山、五党山、黑山等丘陵，海拔 80 ～ 192 米，面积 18.03 平方公里，约占全区总面积的 6.7%，细分为裸岩地和岭坡地。

裸岩地分布在大于河两侧诸丘陵岗埠 120 米以上部位，少量裸岩地虽然有土覆盖，但土层、植被稀少。裸岩地覆盖度小于 50%，面积 0.89 平方公里，约占全区总面积的 0.3%，发育着褐土性土。

岭坡地分布于丘陵中上部 80 ～ 120 米等高线之间，面积 17.14 平方公里，约占全区总面积的 6.4%，多发育褐土性土、棕壤性土、淋溶褐土，土层较薄，自然植被以杂草为主，林地少量。岭坡地覆盖度大于 60%，多建有梯田。

埠陵地

埠陵地位于丘陵缓平坡麓上，因长期风化冲刷，造成较多支脉状沟壑，主要分布在乐埠山生态经济发展区大部、望留街道西南部、潍城经济开发区远里东村与远里西村、军埠口综合项目区牛头埠一带，面积为 59.14 平方公里，约占全区总面积的 21.94%。主要土壤类型为淋溶褐土。

倾斜高平地

倾斜高平地在埠陵以下，海拔 35 ～ 65 米，分布在军埠口综合项目区、望留街道北部、乐埠山生态经济发展区东部、潍城经济开发区潘里村一带，面积 86.45 平方公里，约占全区总面积的 32.07%。主要土壤类型为淋溶褐土，另有褐土及潮褐土。

倾斜平地

倾斜平地上接倾斜高平地，北接潍北冲积平原，地势缓平开阔，海拔 13 ～ 35 米，处于洪积冲积扇地带，土层深厚肥沃，多发育潮褐土，主要分布在军埠口综合项目区、望留街道北部、于河街道、乐埠山生态经济发展区东部、潍城经济开发区，面积 101.16 平方公里，约占全区总面积的 37.53%，是潍城区境内面积最大的地貌类型。

缓岗

缓岗俗称“黄土埠子”。在望留街道、于河街道、军埠口综合项目区等倾斜平地和倾斜高平地上，分布着大小高低各异的黄土缓岗，一般海拔30～40米，面积0.2平方公里，约占全区总面积的0.07%，发育着砂壤表均砂质土埠褐土。最高土埠位于军埠口综合项目区内，海拔59.2米。

沿河高地

沿河高地位于城区以北的白浪河西侧，面积1.89平方公里，约占全区总面积的0.7%，是由白浪河洪积冲积物发育而成的河谷阶地，土层深厚，耕层质地较好，发育着褐土化潮土。

河漫滩

河漫滩位于白浪河水库以北至市区的河漫滩地。由河流泛滥冲积而成，面积2.67平方公里，约占全区总面积的0.99%，发育着砂壤表石灰性河潮土。

第二节　山　丘

潍城区境内的山丘系泰沂山脉尾闾，分两股从昌乐县入境，分布在大于河两岸，呈西南－东北走向，全长9公里，大部为土石山，小部为青石山。

一股山丘在望留街道境内、大于河以东，主要有浮烟山、明宗山等。

浮烟山

浮烟山位于望留街道油坊村南。《魏书·地形志》称为“浮山”,《隋书》称作“阜山”,《太平寰宇记》《九域志》称作“浮烟山”,金、元称“浮山”,明代始称“程符山”,后演称“符山”，现多称“浮烟山”。海拔159米，面积11.4平方公里。

明宗山

明宗山位于望留街道玄家村西北。因山上有后唐明宗庙而得名。海拔156米,面积4平方公里。明宗山与北面的浮烟山并肩矗立。

另一股山丘主要在大于河以西，南起望留街道尹家村，北至乐埠山生态经济发展区南乐埠村，长12公里。有四泉山、五党山、黑山、七窝落山、平顶山、大山、黄山、孝迹山、行山、火山、凤台山等，主要有以下5座山：

五党山

五党山位于向阳村西北,界昌乐县。因被行山、花山、陀山、棘子山、黑山所挡,故名“五党山”(“党”与“挡”谐音)。海拔192米，面积0.8平方公里。

四泉山

四泉山位于尹家村西，界昌乐县，因山腰四角有泉得名。海拔128米，面积0.24平方公里，系土石青山。

黑山

黑山位于向阳村后。因山石色青黑,故名“黑山”。海拔179米，面积0.25平方公里。

七窝落山

七窝落山位于黑山以北。因山顶上有7个窝落得名。海拔129米，面积0.1平方公里。

凤台山

凤台山位于南乐埠村东，因山上有凤台庙得名。海拔80.8米,面积2.5平方公里,山前多青石。

第三章　水　文

第一节　地表水

流经潍城区域的河流主要有白浪河、小于河、大于河、白杨河和长清河 5 条河流，境内总长度为 81.37 公里。由南至北流向的河流有 4 条，从西到东流向的河流有 1 条。由南至北流向的 4 条河流自东而西依次是白浪河、小于河、大于河和白杨河。其中，白浪河、大于河纵贯全境，均由昌乐县入境，出境进寒亭区；小于河、白杨河分别发源于境内中部和西部，均出境进寒亭区。从西到东流向的 1 条河流是长清河，发源于境内南部，入境内白浪河水库。各河水源补给主要来自于降水，属季风雨性河流。因降水年际年内变化较大，所以各河流量大小无常。1991—2013 年，全区年平均地表水资源量为 2334.6 万立方米。

白浪河

白浪河是流经区境的一条主要河流，发源于昌乐县打鼓山，由军埠口综合项目区张风潮村南入区境，流经潍城区、坊子区、奎文区和寒亭区，在寒亭区境流入渤海莱州湾。河水自南向北流过潍坊市中心城区，为潍城区和奎文区的界河。流域面积为 1237 平方公里，最大流量为 747 立方米 / 秒。干流全长 127 公里，区境内长 24.3 公里，其中城区段长 21.7 公里。1960 年，在潍坊市中心城区以南 9 公里处拦河建成白浪河水库。2000 年，在潍坊市城区南部拦河兴建鸢都湖。2007 年，在潍坊市城区以南，依托白浪河始建人工湿地公园——潍坊白浪绿洲湿地公园，2010 年成为国家 AAAA 级旅游景区。

白浪河

大于河

大于河是白浪河的一级支流，发源于昌乐县方山东麓，由望留街道十亩田村西入区境，流经潍城区和寒亭区，在寒亭区境内汇入白浪河。流域面积为 253 平方公里，最大流量为 460 立方米 / 秒。干流全长 45 公里，区境内长 22.23 公里。属季节性山洪河道，汛期暴涨陡落，平时细流，旱时干涸。

大于河

流域地势自西南向东北倾斜，由低山丘陵区逐渐过渡到平原区，河道平均比降为 1.25‰。上游河谷窄深，坡度较陡，蜿蜒曲折；下游河槽变宽，坡降变缓，河床泥沙淤积较严重。1972 年，拦河建成符山水库。2012 年，大于河整治工程实施。

至2013年，大于河整治工程一期基本完成，二期开始施工，大于河生态景观长廊初步形成。

小于河

小于河属白浪河水系，发源于潍城区望留街道霞坡村西南，在寒亭区境内汇入大于河。流域面积为56平方公里，干流全长30公里，潍城区境内长18.5公里。

白杨河

白杨河发源于潍城经济开发区远里东村西南，流经寒亭区，在寿光市境内汇入潍河。流域面积为90.9平方公里，干流全长21公里，区境内长11.4公里。

长清河

长清河是白浪河的一条支流，发源于望留街道姜家官庄村东，在军埠口综合项目区南河湾村东流入白浪河水库。干流全长4.94公里。

第二节　地下水

水文地质

潍城区水文地质条件受区域地质构造、地层岩性、地形地貌、水文气象等因素的制约和影响，其北部属鲁西北平原水文地质区中的潍浓河倾斜平原水文地质亚区和羊口、辛安庄海积平原水文地质亚区的范围，其南部属鲁中南中低山丘陵水文地质区中的昌乐、坊子断陷丘陵谷地水文地质亚区的范畴。区内水文地质分为以下3种类型：

松散岩类孔隙水　此类型水是本区主要的地下水。自南部山前至平原中部为淡水分布区。再向北至滨海平原，下部有咸水体向淡水区楔入，将淡水分为浅层淡水（咸水体以上部分）与深层淡水。咸水体的顶、底界剖面是喇叭形向北展布。浅层淡水包括咸水地段的浅层淡水和无咸水分布的淡水区，在区内分布广泛。根据松散岩类的成因类型、岩性结构、分布地位和埋藏条件，水文地质特征可分为两方面：一是南部丘陵地区残坡积、冲洪积层孔隙潜水，主要分布在潍城一线，含水量岩性为粉细砂夹砾石、粗砂及黏土夹姜石，厚度5.6～12米，水力特征属潜水性质，年变幅2～3米，单井涌水量小于500立方米/日，矿化度小于1克/升，水化学类型为重碳酸型水，河流冲积层较厚地段的单井涌水量有所增大；二是白浪河冲积、洪积平原冲洪积层孔隙潜水、微承压水，分布在潍城区东南至寒亭区蔡家栏子村，为白浪河冲积、洪积扇，第四纪厚度自南向北逐渐增厚。北部在一定深度内有淡水层，上部有咸水层，南部为全淡区，含水层岩性为粉砂、中粗砂夹砾石，厚度6～30米，含水层顶板埋深7～40米。自南向北地下水由潜水变为微压水或承压水。水量大小与砂层厚薄有关，冲积扇轴部井涌水量3000立方米/日，远离河流及山前的地带水量变小，单井涌水量1000立方米/日。地下水年变幅1.32～3.2米，南部矿化度小于1克/升，水化学类型为重碳酸氯化物型水。北部矿化度1～2克/升，水化学类型为氯化物重碳酸型水。

碳酸盐岩层夹碎屑岩岩溶裂隙水　乐埠山生态经济发展区向阳村西侧一带有所分布，赋存于震旦纪土门组和中、下寒武纪地层的岩溶裂隙中，岩性为灰岩夹页岩，单井涌水量500～1000立方米/日，水质良好，矿化度小于1克/升。

基岩裂隙水　主要赋存于南部丘陵地区的太古界泰山群变质岩裂隙中及白垩纪青山组和上第三纪火山岩孔洞裂隙中。其岩性主要有片麻岩、安山岩、安山玄武岩等，表层岩石风化破碎，风化带厚度25～45米，有的裂隙和孔洞被泥质和其他物质充填，富水性较弱，单井涌水量小于100立方米/日，水质良好，矿化度小于1克/升，多为重碳酸钙型水。

地下水分布

潍城区地下水系浅层地下水，层间水多以承压潜水和基岩裂隙水形式存在。水质良好，饮灌皆宜。砂层主要分布在大于河、白浪河等沿河平原地区，水位较浅，一般为5～7米，水源较丰富，适宜井灌。南部的丘陵地区，属弱水层，地下水贫乏，有少量裂隙水。由于连年地下水采用量大于补给量，出现地下水降漏斗，地下水位大幅下降，致使较多水井降低或失去灌溉效益，潮褐土的潮化作用逐渐减弱甚至消失。1991—2013 年，全区年平均地下水资源量为 3405.3 万立方米。

第四章　气　候

第一节　气候特征

潍城区属暖温带季风型半湿润大陆性气候。四季分明，雨热同季，光照充足。春季南北风向交替频繁，风多、雨少、干燥，早春冷暖多变且常有倒春寒，晚春气温回暖迅速且日较差大；夏季盛行偏南风，酷热多雨，降水集中，高温潮湿，常有雷雨、大风、冰雹；秋季空气湿度减小，秋高气爽，晚秋多干旱；冬季寒冷干燥，盛行偏北风，少雨雪。

第二节　日　照

1991—2015 年，全区年平均日照时数 2401.7 小时，各月平均日照时数以 5 月最多，为 259.7 小时，以 12 月最少，为 166.5 小时。全区年日照百分率平均为 54.1%。

1991—2015 年潍城区累年各月平均日照时数与日照百分率表

表 2-1

时间	1 月	2 月	3 月	4 月	5 月	6 月	7 月	8 月	9 月	10 月	11 月	12 月	全年
日照（小时）	169.5	169.8	216.3	236.5	259.7	224.1	192.3	197.6	201.2	201.2	167.0	166.5	2401.7
日照（%）	55.3	56.4	58.8	60.5	59.7	51.3	43.2	47.1	54.0	57.7	54.5	55.6	54.1

第三节　气　温

因受典型季风气候影响，潍城区气温分布四季分明。春季升温迅速，秋季降温幅度大，但秋季气温高于春季气温。

1991—2015 年，全区累年年平均气温 12.9℃，年较差为 29℃。1 月为全年最冷月，月平均气温 -2.5℃；7 月为全年最热月，月平均气温 26.5℃。极端最低气温多出现在 1 月，极端值为 -17℃，出现在 1998 年 1 月 19 日；极端最高气温达到 41.4℃，出现在 2009 年 6 月 25 日。

1991—2015 年潍城区累年年平均气温与各月平均气温表

表 2-2　　单位：℃

月份	1	2	3	4	5	6	7	8	9	10	11	12	年平均
月平均	-2.5	0.5	6.2	13.3	19.3	23.9	26.5	25.4	20.8	14.6	6.5	-0.2	12.9

1991—2015 年潍城区各年年平均气温表

表 2-3　　单位：℃

年份	年平均	年份	年平均	年份	年平均	年份	年平均	年份	年平均
1991	12.1	1996	11.8	2001	12.7	2006	13.5	2011	13.0
1992	11.9	1997	12.7	2002	13.1	2007	13.6	2012	12.9
1993	11.7	1998	13.1	2003	12.3	2008	13.0	2013	13.2
1994	13.0	1999	12.9	2004	13.1	2009	13.4	2014	14.3
1995	12.0	2000	12.8	2005	12.5	2010	13.0	2015	14.1

第四节　降　水

1991—2015 年，潍城区年平均降水量为 577 毫米。降水量年际变化较大，旱涝不均现象时有发生。2011 年，年降水量最多达 874.5 毫米，2006 年，年降水量最少为 312 毫米。降水量的季节分布具有季风气候的特征：夏季降水最多，平均为 350.3 毫米，占全年降水量的 60.7%；冬季降水最少，平均为 26.6 毫米，占全年降水量的 4.6%。春秋为过渡季节，秋季降水量一般多于春季。

降雪初日一般在 12 月上旬，最早出现在 11 月上旬；降雪终日一般在次年的 3 月上旬，最晚出现在 4 月中旬。1991—2015 年，冬季降雪偏少，温度偏高，积雪深度不大，一般为 5 厘米左右。最大积雪深度为 12 厘米，出现在 1992 年、2005 年；最小积雪深度为 0 厘米，出现在 1999 年、2015 年。

1991—2015 年潍城区各年年降水量表

表 2-4　　单位：毫米

年份	降水量	年份	降水量	年份	降水量	年份	降水量	年份	降水量
1991	497.8	1996	612.2	2001	703.8	2006	312.0	2011	874.5
1992	515.7	1997	531.9	2002	330.1	2007	676.1	2012	492.9
1993	704.8	1998	586.0	2003	747.6	2008	680.6	2013	492.6
1994	631.9	1999	526.5	2004	733.0	2009	487.8	2014	453.9
1995	695.6	2000	420.7	2005	620.0	2010	576.1	2015	522.0

1991—2015 年潍城区各月平均降水量表

表 2-5　　单位：毫米

月份	1	2	3	4	5	6	7	8	9	10	11	12	年平均
月平均	5.3	11.4	13.0	28.0	43.8	74.8	132.0	143.5	59.8	28.6	27.0	9.9	577.0

1991—2015年潍城区气温、降水、日照与历年平均值对照表

表2-6

年份	气温（℃）		降水量（毫米）		日照（小时）	
	数值	与历年平均值对照	数值	与历年平均值对照	数值	与历年平均值对照
1991	12.1	-0.6	497.8	-67.2	2349.5	-107.7
1992	11.9	-0.8	515.7	-49.3	2496.8	39.6
1993	11.7	-1.0	704.8	139.8	2423.9	-33.3
1994	13.0	0.3	631.9	66.9	2334.7	-122.5
1995	12.0	-0.7	695.6	130.6	2515.1	57.9
1996	11.8	-0.9	612.2	47.2	2256.8	-200.4
1997	12.7	0.0	531.9	-33.1	2628.3	171.1
1998	13.1	0.4	586.0	21.0	2286.9	-170.3
1999	12.9	0.2	526.5	-38.5	2426.0	-31.2
2000	12.8	0.1	420.7	-144.3	2303.1	-154.1
2001	12.7	0.0	703.8	138.8	2270.9	-186.3
2002	13.1	0.4	330.1	-234.9	2497.8	40.6
2003	12.3	-0.4	747.6	182.6	2235.2	-222.0
2004	13.1	0.4	733.0	168.0	2456.5	-0.7
2005	12.5	-0.2	620.0	55.0	2816.4	359.2
2006	13.5	0.8	312.0	-253.0	2535.5	78.3
2007	13.6	0.9	676.1	111.1	2179.3	-277.9
2008	13.0	0.3	680.6	115.6	2140.5	-316.7
2009	13.4	0.7	487.8	-77.2	2405.5	-51.7
2010	13.0	0.3	576.1	11.1	2349.9	-107.3
2011	13.0	0.3	874.5	309.5	2360.4	-96.8
2012	12.9	0.2	492.9	-72.1	2465.7	8.5
2013	13.2	0.5	492.6	-72.4	2528.9	71.7
2014	14.3	1.6	453.9	-111.1	2347.7	-109.5
2015	14.1	1.4	522.0	-43.0	2431.7	-25.5

说明：历年平均值以1981—2010年资料平均为基准。历年平均气温为12.7℃，历年平均降水量为565毫米，历年平均日照为2457.2小时。

第五节　地温　冻土　结冰

地温

受季风气候影响，地温的变化有典型的四季特征。1991—2015 年，全区地面平均地温 15.0℃。1 月平均地温最低，平均地温 -2.3℃；7 月平均地温最高，平均地温 29.9℃，年较差为 32.2℃。

5 厘米地温年平均 14.4℃，最低值在 1 月，平均为 -1.5℃；最高值在 7 月，平均为 28.6℃。适宜春播的 5 厘米地温稳定通过 12℃的日期最早为 3 月 18 日，最晚为 4 月 20 日。

1991—2015 年潍城区各年 5 厘米地温稳定通过 12℃初日表

表 2-7

年份	通过 12℃		年份	通过 12℃		年份	通过 12℃	
	月	日		月	日		月	日
1991	4	20	2000	3	30	2009	3	18
1992	3	29	2001	3	21	2010	4	7
1993	4	13	2002	3	28	2011	4	9
1994	4	14	2003	3	31	2012	4	7
1995	4	13	2004	3	28	2013	4	13
1996	4	6	2005	4	4	2014	3	18
1997	4	4	2006	4	2	2015	3	28
1998	4	5	2007	3	26			
1999	4	4	2008	4	4			

冻土

1991—2015 年，区境内最大冻土深度一般在 1 月上旬，最大冻土深度为 37 厘米，出现在 2003 年 1 月 2 日。

1991—2015 年潍城区历年最大冻土时间及深度表

表 2-8　　单位：厘米

年份	月	日	冻土深度	年份	月	日	冻土深度
1991	1	6	24	2004	1	2	23
1992	2	5	30	2005	1	7	19
1993	1	2	16	2006	1	11	20
1994	2	3	21	2007	1	15	17
1995	2	7	30	2008	2	10	16
1996	1	6	22	2009	1	3	18
1997	1	27	19	2010	1	4	23
1998	1	3	24	2011	1	21	27
1999	2	6	33	2012	2	5	13
2000	1	3	20	2013	1	2	27
2001	1	3	20	2014	1	2	20
2002	12	3	23	2015	2	11	9
2003	1	2	37				

结冰

地面结冰期初日一般在10月下旬，终冰期终日一般在次年的4月下旬。

1991—2015年潍城区各年地面结冰期初日与终冰期终日表

表2-9

年度	结冰		终冰		年度	结冰		终冰	
	月	日	月	日		月	日	月	日
1991—1992	10	20	4	16	2004—2005	10	23	4	24
1992—1993	10	25	4	14	2005—2006	10	27	4	15
1993—1994	10	30	4	9	2006—2007	11	8	4	16
1994—1995	10	22	4	26	2007—2008	11	6	4	8
1995—1996	10	31	4	21	2008—2009	10	30	4	1
1996—1997	11	2	4	19	2009—2010	11	10	4	16
1997—1998	10	25	4	25	2010—2011	11	2	4	15
1998—1999	11	1	4	6	2011—2012	10	28	4	11
1999—2000	10	17	4	23	2012—2013	11	14	4	5
2000—2001	10	30	4	22	2013—2014	11	1	4	21
2001—2002	10	30	4	22	2014—2015	11	11	4	6
2002—2003	11	2	4	25	2015—2016	11	3	4	8
2003—2004	10	23	4	9					

第六节　湿度　蒸发

湿度

区境内相对湿度的季节分布反映了季风气候特点，夏季受东南季风控制，相对湿度大，最大平均值81%，出现在8月。而春季相对湿度小，最小平均值57%，出现在3月。全区年平均相对湿度为67%。

1991—2015年潍城区累年各月平均相对湿度表

表2-10　　单位：%

月份	1	2	3	4	5	6	7	8	9	10	11	12	年平均
相对湿度	64	62	57	59	64	67	78	81	75	69	68	65	67

蒸发

1991—2015年，年平均蒸发量为1414.8毫米。蒸发量的季节分布特点是夏季大、冬季小。蒸发量最大值出现在6月，平均值为191.8毫米；最小值出现在1月，平均值为47.1毫米。

1991—2015 年潍城区累年各月平均蒸发量及蒸发与降水差值表

表 2-11　　单位：毫米

月份	1	2	3	4	5	6	7	8	9	10	11	12	全年平均
蒸发量	47.1	71.9	138.0	153.0	178.3	191.8	159.9	129.7	120.2	101.8	72.7	50.3	1414.8
降水量	5.3	11.4	13.0	28.0	43.8	74.8	132.0	143.5	59.8	28.6	27.0	9.9	577.0
差值	41.8	60.5	125.0	125.0	134.5	117.0	27.9	−13.8	60.4	73.2	45.7	40.4	837.8

第七节　霜　期

1991—2015 年，全区各地初霜（秋霜）平均日期在 10 月下旬，终霜（春霜）平均日期在次年的 4 月下旬。霜冻对农业生产危害极大，终霜对全区农业的危害大于初霜。

1991—2015 年潍城区各年度初霜日和终霜日表

表 2-12

年度	初霜		终霜		年度	初霜		终霜	
	月	日	月	日		月	日	月	日
1991—1992	10	20	4	16	2004—2005	10	19	4	24
1992—1993	10	24	4	11	2005—2006	10	14	4	21
1993—1994	10	18	4	9	2006—2007	10	15	4	2
1994—1995	10	22	4	26	2007—2008	10	27	4	8
1995—1996	10	25	4	21	2008—2009	10	20	3	31
1996—1997	10	16	4	18	2009—2010	10	26	4	27
1997—1998	10	12	4	25	2010—2011	11	2	4	15
1998—1999	11	1	3	24	2011—2012	10	28	4	11
1999—2000	10	17	3	22	2012—2013	10	26	3	27
2000—2001	10	27	4	22	2013—2014	10	31	4	21
2001—2002	10	27	4	22	2014—2015	11	12	3	10
2002—2003	11	2	4	25	2015—2016	10	28	3	11
2003—2004	10	23	4	9					

第八节　气压　风

气压

1991—2015 年，全区年平均气压为 101.8 千帕，气压的月际变化是夏季最低、冬季最高。最低值出现在 7 月，平均为 100.2 千帕；最高值出现在 1 月，平均为 106.6 千帕。春、秋为过渡季节，春季气压逐渐下降，秋季气压迅速上升，一年气压变化形势呈基本对称的“V”字形。

1991—2015 年潍城区累年各月平均气压分布表

表 2-13 单位：千帕

月份	1	2	3	4	5	6	7	8	9	10	11	12	年平均
气压值	106.6	102.3	101.9	101.7	100.8	100.3	100.2	100.5	101.2	101.8	102.2	102.5	101.8

风

风向　因受季风环流的影响，风向随季节变化明显。冬季受蒙古冷高压的影响，盛行偏北风，以 WNW（西北西）、NW（西北）、NNW（北北西）风向为主；夏季受大陆热低压的控制，盛行偏南风，以 SE（东南）、SSE（南南东）、S（南）、SSW（南南西）风向为主。

风速　1991—2015 年，全区年平均风速 2.9 米 / 秒。年风速分布：春季风速大，其次是冬季；夏季风速最小。4 月风速最大，平均风速为 3.8 米 / 秒，8 至 9 月最小，平均风速 2.3 米 / 秒。

1991—2015 年潍城区累年各月平均风速表

表 2-14 单位：米 / 秒

月份	1	2	3	4	5	6	7	8	9	10	11	12	年平均值
风速	2.8	3.0	3.5	3.8	3.3	3.2	2.8	2.3	2.3	2.5	2.8	2.8	2.9

第五章　物　候

第一节　植物物候

垂柳

垂柳芽开放期平均为 3 月 16 日；展叶始期平均为 3 月 25 日，盛期平均为 4 月 6 日；开花始期平均为 4 月 9 日，盛期平均为 4 月 16 日；飞絮平均期为 5 月 7 日；叶变色始期平均为 10 月 16 日，全变期平均为 10 月 31 日；落叶始期平均为 10 月 25 日，末期平均为 11 月 24 日。

毛白杨

毛白杨芽开放期平均为 3 月 15 日；展叶始期平均为 4 月 8 日，盛期平均为 4 月 28 日；开花始期平均为 3 月 22 日，盛期平均为 3 月 30 日；叶变色始期平均为 10 月 9 日，全变期平均为 10 月 26 日；落叶始期平均为 10 月 18 日，末期平均为 11 月 19 日。

刺槐

刺槐芽开放期平均为 4 月 10 日；展叶始期平均为 4 月 15 日，盛期平均为 4 月 25 日；开花始期平均为 5 月 10 日，盛期平均为 5 月 13 日；种子成熟期平均为 7 月 30 日；叶变色始期平均为 10 月 15 日，全变期平均为 11 月 11 日；落叶始期平均为 10 月 21 日，末期平均为 11 月 25 日。

泡桐

泡桐芽开放期平均为 4 月 15 日；展叶始期平均为 4 月 25 日，盛期平均为 5 月 7 日；开花始期平均为 4 月 29 日，盛期平均为 5 月 2 日；种子成熟期平均为9月10日；叶变色始期平均为10月11日，全变期平均为10月26日；落叶始期平均为10月22日，末期平均为11月23日。

旱柳

旱柳芽开放期平均为3月21日；展叶始期平均为3月31日，盛期平均为4月9日；开花始期平均为4月14日，盛期平均为4月24日；飞絮期平均为5月13日；叶变色始期平均为10月23日，全变期平均为11月7日；落叶始期平均为10月28日，末期平均为11月28日。

车前

车前芽萌动期平均为3月30日；展叶始期平均为3月25日，盛期平均为4月7日；开花始期平均为4月26日，盛期平均为5月7日；种子成熟始期平均为6月5日，全熟期平均为6月13日；种子脱落期平均为6月17日；黄枯始期平均为10月10日，末期平均为11月16日。

蒲公英

蒲公英芽萌动期平均为3月24日；展叶始期平均为3月28日，盛期平均为4月8日；开花始期平均为4月24日，盛期平均为5月1日；种子成熟始期平均为5月28日，全熟期平均为5月31日；种子脱落期平均为6月5日；黄枯始期平均为10月26日，末期平均为11月18日。

藜

藜芽萌动期平均为4月14日；展叶始期平均为4月21日，盛期平均为5月2日；开花始期平均为7月20日，盛期平均为7月26日；种子成熟始期平均为8月14日，全熟期平均为8月28日；种子脱落期平均为9月12日；黄枯始期平均为9月17日，末期平均为10月19日。

苍耳

苍耳芽萌动期平均为5月1日；展叶始期平均为5月7日，盛期平均为5月13日；开花始期平均为7月30日，盛期平均为8月11日；种子成熟始期平均为9月17日，全熟期平均为9月26日；种子脱落期平均为10月6日；黄枯始期平均为10月23日，末期平均为11月17日。

冬小麦

冬小麦播种平均在9月26日，出苗平均在10月25日，分蘖平均在10月21日，休眠平均在12月11日。返青平均在次年3月3日，拔节平均在4月13日，孕穗平均在4月24日，抽穗平均在5月2日，开花平均在5月9日，乳熟平均在5月25日，黄熟平均在6月6日，成熟平均在6月10日。

冬小麦

夏玉米

夏玉米播种平均在5月25日，出苗平均在6月3日，三叶平均在6月7日，七叶平均在6月25日，拔节平均在7月12日，孕穗平均在7月23日，开花平均在8月2日，吐丝平均在8月4日，乳熟平均在8月21日，成熟平均在9月12日。

夏玉米

第二节 动物物候

家燕

家燕始见日期平均为4月15日，绝见日期平均为10月23日。

豆雁

豆雁又名“大雁”,始见日期平均为3月16日，绝见日期平均为11月25日。

蚱蝉

蚱蝉又名“知了，始鸣日期平均为6月23日，绝鸣日期平均为9月14日。

蟋蟀

蟋蟀始鸣日期平均为8月6日，绝鸣日期平均为10月16日。

青蛙

青蛙始鸣日期平均为5月20日，绝鸣日期平均为10月20日。

第三节 非生物物候

日月

其晕兆风雨。谚语有：“日晕三更雨，月晕午时风”“日落云里走，雨在半夜后”“日落北风死，不死刮三日”。

霞

谚语有:“朝霞不出门(雨),晚霞行千里(晴)”。

虹

谚语有：“东虹雾，西虹雨”。

云

出现时间与方位、走向、状态及颜色均为天气征兆。谚语有：“早看东南，晚看西北”“八月十五云遮月，正月十五雪打灯”“云彩接太阳，必定下一场”“云向东，车马通，云向西，雨沥沥”“西北红黄云，雹子吓死人”“坷垃云，晒死人”“云彩向南雨连连，云彩向西披蓑衣，云彩向北一阵黑，云彩向东一阵风”。

霜冻

农谚有：“严霜出毒日”“冻冻响，萝卜长（初霜冻时，秋菜仍然生长）”。

雾

地上雾是天上云，雾的出现多预示天气变化。农谚有：“十雾九晴（雾后多为晴天）”“大雾不过三（雨），过三十八天（晴）”“久阴雾露重，久晴大雾雨”“春雾雨，夏雾热，秋雾冷风，冬雾雪”。

露

农谚有：“露水重，天气晴”。

雷

农谚有：“雷雨三下晌（下午），不下也来打逛荡”“雷公先唱歌，有雨也不多”“闷雷拉磨声，雹子必定生”“先雷后刮风，有雨也不凶”。

风

农谚有：“六月北风当时雨”“刮下春风下秋雨”。

节气

农谚有：“早上下雨一天晴，晚上下雨下到明”“不怕初一下，就怕初二阴”“清明难得晴，谷雨难得雨”“重阳无雨看十三，十三无雨一冬干”。

器具

农谚有：“瓮穿裙，雨淋淋”。

第六章　自然灾害

第一节　旱　灾

旱灾是境内的主要灾害。1991—2013 年，不同程度的旱灾发生频率较高。

1992 年，潍城区遭遇百年一遇的严重干旱，1—7 月，全区降水量仅为 108.7 毫米。其中，3—6 月，全区降水量仅为 27.5 毫米；6 月，全区降水量仅为 11.9 毫米，全区旱灾面积达 1.8 万公顷，有 24 个村存在人、畜饮水困难问题。至 7 月底，全区所有河流及 6 座中、小型水库基本干涸，地下水位下降 5 ～ 8 米。1994 年 1—5 月，全区平均降水仅 70 毫米，比常年少 35%；6 月，滴雨未降。旱情导致农作物减产。1997 年，夏旱，6 月降水量为零，7 月降水量 11.5 毫米，军埠口、符山、望留、大柳树 4 个镇的玉米绝产面积达 20%，农作物因干旱减产约 40%。1999 年 1 月 1 日—4 月 8 日，全区降水量不足 10 毫米，农田受旱，严重影响了冬小麦的正常生长；6 月下旬至 8 月上旬，全区降水量不足 60 毫米，较常年偏少约 180 毫米，持续高温少雨给农作物及人民生活带来较大影响，造成玉米减产、大豆萎蔫、林果树落叶，并导致部分人、畜饮水困难。2000 年 1—8 月，出现冬春旱和夏旱。2002 年，全年降水量仅为 330.1 毫米，全区农作物旱情严重。2006 年，全年降水量仅为 312 毫米，秋季降水量仅为 20.9 毫米，造成全区秋冬连旱。2010 年 9 月中旬至 2011 年 2 月 25 日，全区降水量偏少，造成秋冬连旱，冬小麦正常生长受到严重影响。

第二节　涝　灾

潍城区涝灾主要出现在夏季，多因暴雨降水集中造成。

1997 年 8 月 19—20 日，受 11 号台风影响，潍城区遭到特大暴雨袭击，并伴有大风，致使全区秋作物普遍受灾，供电、通讯、邮电线路受损，部分道路冲毁，交通受阻。1998 年 8 月 21—22 日，潍城区普降大到暴雨，最大降雨量达 103 毫米，平均降雨量为 65 毫米。部分镇、街道遭受水灾，受灾严重的军埠口镇降雨量为 92.2 毫米，白浪河水库水位涨至 56.93 米，白浪河库区被淹土地 385 公顷，姚官庄等 3 个村的 27 户村民房屋进水，全区有 1527 户、6000 多人生活受到影响，直接经济损失 320 万元。2005 年 7 月 3 日，遭受暴雨袭击，部分农作物受灾，部分路面受损。2011 年 8 月 11 日，降大暴雨，城区部分涵洞和道路积水严重，交通受阻。2012 年 8 月 2—3 日，受第 10 号台风“达维”影响，全区普降大到暴雨并伴有大风，受灾人口 48795 人，紧急转移 5 人，农作物受灾面积 2860 公顷，造成直接经济损失 1220 万元。

第三节　雹　灾

潍城区降冰雹时段一般在 4—9 月，最多的月份是 6 月。1991 年以后，随着人工影响天气工作的开展，大范围的、较重的雹灾逐渐减少。

1991 年夏季，符山镇、望留镇、河西乡发生雹灾，灾情较轻。1992年4月21日，局部降雹成灾，灾情较轻。1993年6月13日所降冰雹最大密度每平方米约5000粒，冰雹直径0.5～3.5厘米，造成局部区域小麦受损减产。1996年5月19日，降雹并伴有大风，潍坊市人工降雨办公室及时组织人工消雹作业，降雹成灾面积较小。1999年5月9日，部分乡镇遭冰雹、大风袭击，冰雹最大直径为5～10毫米，持续时间2分钟，局部成灾，灾情较轻。2003年5月19日，全区27个村遭受冰雹袭击，受灾面积667余公顷，小麦、果树、蔬菜大棚受灾严重，造成经济损失400多万元。2005年6月14日，境内局部降雹，少量地块农作物被冰雹砸烂而导致绝产。

第四节　风　灾

境内大风灾害多发生在4—7月。

1991年7月18日下午，河西乡锁厂至北关铸造厂一带遭受龙卷风袭击，西羊角埠、卧龙桥、后姚家坊、友爱4个村和造纸机械厂、压敏胶厂等单位受灾较严重。50户农民受灾，刮坏房屋200间，8个企业累计12个车间倒塌，倒墙1000米，刮倒电线杆32根，折树900株，刮失、刮坏变压器各1个，玉米倒伏213公顷，潍坊市市政公司一个2吨多重的铁罐被刮离原处15米，7人轻伤，3人重伤，直接经济损失100万元。1993年6月13日，最大风力8～10级，阵风11级，夹杂直径0.5～3.5厘米的冰雹，局部区域小麦倒伏严重，有的房屋倒塌，部分树木折断。1996年5月19日，大风并降雹，最大风力7～9级，阵风10级，虽造成灾害，但成灾面积较小。1999年5月9日，部分乡镇遭大风、冰雹袭击，冰雹最大直径5～10毫米，持续时间2分钟，同时伴有8级以上阵风。2000年4月9日，受蒙古槽南下影响，全区遭受大风袭击，平均风速7～8级，阵风11级，多数冬暖式蔬菜大棚、大拱棚、小拱棚被毁坏，大风刮倒刮坏部分房屋、树木、电线杆，给全区工农业生产带来严重损失。2005年6月14日12时30分至13时，于河镇境内遭受暴风雨袭击，降雨10毫米，瞬时风力达9级，333公顷小麦倒伏，正值盛果期的果树大量落果，被揭瓦房屋16间，152个暖式大棚受灾，棚膜刮无，6个大棚刮碎，5个鸭棚刮倒，养殖户倒墙70米，无人员伤亡。2012年8月2—3日，受第10号台风“达维”侵袭，大风伴有大到暴雨，受灾人口48795人，紧急转移5人，农作物受灾面积2860公顷，造成直接经济损失1220万元。

第五节　霜　冻

霜冻的危害较严重，境内发生过秋霜冻害和春霜冻害。

秋霜冻害：1993年11月中旬，境内出现寒流阴雨天气，气温降至-12℃，前期的秋播小麦因雨水多而生长过快，耐低温能力较差，幼苗骤遇冷冻受害，尤其是半冬性小麦品种死苗严重。小麦受冻害面积4874公顷，占播种面积的41.8%。受冻害小麦死苗率10%以下的有2294公顷，10%～30%的有1856公顷，30%～50%的有438公顷，50%以上的达232公顷，绝产或基本绝产的有54公顷。于河、杏埠、军埠口、望留4个镇受冻害较重，绝产和受冻害严重的地块都种植了半冬性品种小麦。当年新引进“2980”小麦品种，受冻害面积3353公顷，约占受冻害小麦面积的69%；新引进的“2934”小麦品种，受冻害面积1000公顷，约占受冻害小麦面积的21%；原种植的鲁麦七号品种，受冻害面积521公顷，仅占受冻害面积的10%左右。

春霜冻害：2002年4月24日夜至25日晨，受高空冷槽影响引发地面剧烈辐射降温，境内最低气温于25日晨达到-0.7℃，地面最低气温-2.3℃，致使全区遭受严重的霜冻灾害。由于前期气温持续偏高，导致林果、大田作物等生长发育提前，耐低温能力较差，在突然遭受冷空气袭击后，全区大面积遭受霜冻灾害。霜冻发生时，正值小麦开花受粉阶段，致使小麦花粉受冻不能授粉，造成小麦大面积减产。2013 年 4 月 19 日傍晚至 20 日上午，受高空槽和低层切变线共同影响，境内出现小到中雨夹雪天气，20 日晨最低气温降至 0℃，致使全区遭受霜冻灾害，受灾人口 270 人，农作物受灾面积 119 公顷，直接经济损失 85 万元。

第六节　雪　灾

1991—2013 年，潍城区冬季降雪偏少，全区普降暴雪仅在 2010 年 2 月 28 日—3 月 1 日发生，造成雪灾，种植、养殖大棚被大雪压塌，交通、通讯受到一定影响，受灾人口 1120 人，农作物受灾面积 90 公顷，直接经济损失约 3500 万元。

第七节　植物病虫害

境内主要农作物病虫害：小麦有锈病、赤霉病、白粉病、黑穗病、蚜虫、麦蜘蛛、黏虫、麦叶蜂等；玉米有玉米丝黑穗病、大斑病、小斑病、纹枯病、茎腐病、顶腐病、粗缩病、玉米螟、黏虫、玉米蓟马、灰飞虱等；大豆有大豆食心虫、豆荚螟、豆天蛾、大豆蚜等；红薯（地瓜）有黑斑病、软腐病等；花生有根结线虫病、叶斑病、青枯病、蛴螬、蝼蛄等。1991 年后，不断提高农作物病虫害综合防治技术，通过选用优良、高效、抗病品种，对作物进行合理轮作，加强田间管理，增施有机肥、磷钾肥，开展化学物理生物综合防治措施。90 年代中期，冬暖式大棚开始在境内推广使用，随之出现黄瓜霜霉病、细菌性角斑病、枯萎病及番茄灰霉病、叶霉病、绵疫病、病毒病等蔬菜病害。2013 年，开展“三八六”农业面源污染治理，利用天敌昆虫、昆虫致病菌、农用抗生素及其他生防制剂等控制蔬菜病虫害，直接取代部分化学农药，减少了化学农药用量。

林木虫害主要有大袋蛾、杨扇舟蛾、杨小舟蛾、柳毒蛾、国槐尺蠖、天牛类、果树食心虫、舟形毛虫、刺蛾类、美国白蛾、悬铃木方翅网蝽等；病害主要有杨树溃疡病、杨树烂皮病、根癌病、枝干腐烂病、果实轮纹病、早期落叶病、褐斑病等。1991 年，大袋蛾虫害爆发，境内法桐树叶基本被吃光，泡桐、刺槐及其他树叶也遭到严重啃食。1993 年，省、市森林保护机构开始发放毒签，防治桑天牛。2008 年，在潍坊市区发现大量美国白蛾，市、区两级园林部门人员立即展开拉网式排查和防治。2010 年，全区美国白蛾爆发成灾，境内几乎所有树木都遭受其危害，特别是杨树、泡桐、白蜡、樱花、法桐等受害严重，全区掀起美国白蛾防治歼灭战，在全面人工防治的基础上，实行飞机施药防治。2010 年 9 月，潍坊市林业局在潍城区境内济青高速公路进行飞机施药防治美国白蛾试点，防治效果显著。2011 年 6 月、2013 年 9 月两次进行飞机施药防治作业，不仅防治了美国白蛾，而且防治了其他杨树食叶害虫。

第七章　土壤　植被

第一节　土　壤

潍城区境域地处泰沂山脉尾闾北侧，地形地势由南而北渐低，西南部地貌为丘陵岗埠，其他大部区域地貌为洪积冲积平原。境内土壤类型分布随地形、地貌的变化而变化，自高至低大致分布着褐土性土→棕壤性土→淋溶褐土→褐土→潮褐土→褐土化潮土→潮土→湿潮土→砂姜黑土。在丘陵岗埠海拔120米以上的部位，分布着土层较薄的褐土性土。在丘陵岗埠海拔120～80米处，分布着褐土性土、棕壤性土及少量淋溶褐土。在丘陵坡麓地和海拔35米以上的倾斜高平地，分布着淋溶褐土、褐土和少量潮褐土。境域内海拔35～13米的倾斜平地，上接倾斜高平地、北接潍北冲积平原，处于洪积冲积扇地带，为洪积冲积平原，多分布潮褐土。在倾斜高平地、倾斜平地上的风积黄土缓岗，则分布着土埠褐土。在沿河高地与河漫滩，分布着面积较小的褐土化潮土和河潮土。在区域北部边缘地带为洪积冲积扇与潍北冲积平原交接洼地，海拔13米左右，分布着湿潮土和砂姜黑土。全区有棕壤、褐土、潮土、砂姜黑土4个土类、9个亚类、12个土属、22个土种。

棕壤土类

棕壤土俗称“红砂土”“马牙砂土”，有1个亚类、1个土属、1个土种。面积132.1公顷，约占土壤面积的0.51%。分布在望留街道大柳树东侧的片麻花岗岩缓埠岭上。该土因所处部位海拔高度较高，植被稀疏，土壤侵蚀较明显，土层比较薄，表土的容重、结构及孔隙度尚可，但因培肥不力，致使土壤耕层养分不丰，农作物产量不高。该土较高处宜植林果，较低处可植地瓜、花生、谷子、高粱等，但需补钾。

褐土土类

褐土土类是境内主要土壤类型，面积23702.6公顷，约占土壤面积的92.08%，分布广泛，遍及全区。因其形成经历了强烈的钙化、黏化、潴育化、生物积累和旱耕熟化等成土过程，所以其剖面比较清楚地呈现耕层、淀积黏化层和钙积层三个基本层段。因母质为钙岩风化物及富钙的黄土状洪积冲积和风积物，降雨少而淋溶不充分，所以剖面自表至底均有强弱不等的石灰反应。土壤呈中性至微碱性，pH值为7.0～7.5。因母质、发育阶段和附加成土的过程不同而衍生出褐土性土、淋溶褐土、褐土、潮褐土4个亚类。

褐土性土亚类　俗称“粗砂土”“石碴土”，有2个土属、4个土种。面积655.8公顷，约占土壤面积的2.54%。分布在乐埠山生态经济发展区、望留街道多数丘陵海拔80米以上的中上部，主要位于浮烟山、明宗山、五党山、黑山等中上部，大部分已被垦种利用。该亚类土壤的主要特点是所处部位海拔较高，土层薄，养分不丰，侵蚀严重，缺水易旱，属低产土壤，宜发展林果生产，杨、槐、桐、紫穗槐、荆是其主栽树种。

淋溶褐土亚类　俗称“黄土”“黄砂土”，有1个土属、3个土种。面积6795.3公顷，约占土壤面积的26.4%。垂直分布在褐土性土以下，成土母质为洪积冲积物。主要分布在乐埠山生态经济发展区、望留街道、军埠口综合项目区的埠岭下部及其他较高地段。该亚类土壤是境内主要耕作土壤类型之一。该亚类土壤土体结构、耕层质地、孔隙度、容重、代换量等主要理化性状均宜于农业生产。

褐土亚类　俗称“黄土”“黄砂土”“土埠土”，有2个土属、2个土种。面积1978.9公顷，约占土壤面积的7.69%。垂直位置在淋溶褐土以下，比潮褐土略高。全区50多个风积缓岗均属土埠褐土。该亚类土壤的优点是土体深厚，耕性和通气性好。不利因素是土质偏砂，蓄保能力弱，易失肥水；所处部位海拔较高，无灌溉，干旱威胁大，对农业生产不利。缓岗土埠上半部宜种植林果，下部宜种植粮食和油料作物。

潮褐土亚类　俗称“二性土”“黑黏土”，有1个土属、5个土种。该亚类土壤面积14272.6公顷，约占土壤面积的55.45%。该亚类土壤面积最大，分布最广，几乎遍及全区。垂直分布较淋溶褐土亚类和褐土亚类低，比潮土土类高，潜水埋藏较浅。该亚类土壤土体深厚且上松下实，蓄保能力强，耕层养分含量较高，耕层砂黏适中，容易耕作，土壤结构、孔隙度和容重等理化性状良好，是境内主要高产土壤类型。

潮土土类

潮土直接发育产生于流水沉积物上并受到潜水的深刻作用和影响，经历生物积累、潜育和旱耕熟化成土过程而形成的土壤。有3个亚类、4个土属、6个土种，面积1029公顷，约占土壤面积的4%。境内白浪河西侧和于河街道西北部的浅平洼地是该类土壤的主要分布区。

褐土化潮土　俗称“二合土”“黄砂土”，有1个土属、3个土种，面积535.5公顷，约占土壤面积的2.08%，分布于北关街道、于河街道东部边缘白浪河西侧的南北带状地域及于河街道西北角和西部边缘。该亚类土壤地处潮土的较高部位，土体深厚而无不良层次，耕层质地大部良好、小部稍差，是较适宜农业生产的土壤类型。

潮土亚类　俗称“沙土”“黄砂土”，有1个土属、1个土种，面积267.4公顷，约占土壤面积的1.04%。分布于城区南部白浪河漫滩地，该亚类土壤由河流沉积物形成，耕层物理性黏粒含量低而质地偏砂，易耕作。自70厘米以下便为砂土或粗砂，不利于肥水保蓄。表层土性熟，供肥快，后劲不足，不属高产土壤类型。

湿潮土亚类　俗称“二合土”“黑黏土”，有2个土属、2个土种，面积226.1公顷，约占土壤面积的0.88%。该亚类土壤由富钙的静水沉积物发育而成，成土特点有明显的沼泽化、钙化和旱耕熟化过程。分布于于河街道西北部和西部边界的洼地。耕层质地黏重，耕性不良，湿黏、干硬，适耕期短，耕后多泥土块。由于地势低洼，因此易致涝。该亚类土壤农业生产效益低。

砂姜黑土土类

砂姜黑土俗称“二性土”，有1个亚类、1个土属、1个土种，面积877公顷，约占土壤面积的3.41%。分别在于河街道北部边区和东北部。由沼泽化和黏化过程形成的黏重紧实的黑土层部位浅，对农作物根系生长伸扎产生严重障碍，削弱了农作物根系的吸收功能。表土质地偏黏，耕性较差，对土壤的肥力性状和农作物的生长产生不良影响。该类土壤虽经长期垦殖利用，但农业生产效益一直不高。

潍城区土壤类型情况表

表 2-15

<table>
<tr><th rowspan="2">土类</th><th rowspan="2">亚类</th><th rowspan="2">土属</th><th colspan="5">土种</th></tr>
<tr><th>连续命名</th><th>俗名</th><th>面积（公顷）</th><th colspan="2">占土壤面积（%）</th></tr>
<tr><td>棕壤</td><td>棕壤性土</td><td>酸性岩类棕壤性土</td><td>少砾石壤质表中层酥石棚轻度沟蚀酸性岩类棕壤性土</td><td>红砂土、马牙砂土</td><td>132.1</td><td colspan="2">0.51</td></tr>
<tr><td rowspan="14">褐土</td><td rowspan="4">褐土性土</td><td rowspan="2">基性岩类褐土性土</td><td>少砾石壤质表薄层酥石棚中度片蚀基性岩类褐土性土</td><td>石碴土、粗砂土</td><td rowspan="4">655.8</td><td rowspan="4">2.54</td><td rowspan="14">92.08</td></tr>
<tr><td>少砾石壤质表中层酥石棚基性岩类褐土性土</td><td>石碴土、粗砂土</td></tr>
<tr><td rowspan="2">钙质岩褐土性土</td><td>少砾石壤质表薄层硬石底轻度片蚀钙质岩褐土性土</td><td>石碴土、粗砂土</td></tr>
<tr><td>少砾石壤质表中层酥石棚轻度沟蚀钙质岩褐土性土</td><td>石碴土、粗砂土</td></tr>
<tr><td rowspan="3">淋溶褐土</td><td rowspan="3">洪积冲积淋溶褐土</td><td>轻壤表均壤质洪积冲积淋溶褐土</td><td>黄土</td><td rowspan="3">6795.3</td><td rowspan="3">26.40</td></tr>
<tr><td>砂壤表厚壤腰洪积冲积淋溶褐土</td><td>黄土</td></tr>
<tr><td>少砾石轻壤表中层洪积冲积淋溶褐土</td><td>黄砂土</td></tr>
<tr><td rowspan="2">褐土</td><td>洪积冲积褐土</td><td>轻壤表均壤质洪积冲积褐土</td><td>黄土</td><td rowspan="2">1978.9</td><td rowspan="2">7.69</td></tr>
<tr><td>土埠褐土</td><td>砂壤表均砂质土埠褐土</td><td>黄砂土、土埠土</td></tr>
<tr><td rowspan="5">潮褐土</td><td rowspan="5">洪积冲积潮褐土</td><td>轻壤表均壤质洪积冲积潮褐土</td><td>二性土</td><td rowspan="5">14272.6</td><td rowspan="5">55.45</td></tr>
<tr><td>中壤表均壤质洪积冲积潮褐土</td><td>二性土</td></tr>
<tr><td>轻壤表厚砂姜腰洪积冲积潮褐土</td><td>二性土</td></tr>
<tr><td>中壤表厚黏心洪积冲积潮褐土</td><td>黑黏土</td></tr>
<tr><td>中壤表厚砂姜腰洪积冲积潮褐土</td><td>二性土</td></tr>
<tr><td rowspan="6">潮土</td><td rowspan="3">褐土化潮土</td><td rowspan="3">褐土化潮土</td><td>砂壤表厚壤腰褐土化潮土</td><td>黄砂土</td><td rowspan="3">535.5</td><td rowspan="3">2.08</td><td rowspan="6">4.00</td></tr>
<tr><td>轻壤表均壤质褐土化潮土</td><td>二合土</td></tr>
<tr><td>中壤表均壤质褐土化潮土</td><td>二合土</td></tr>
<tr><td>潮土黄砂土</td><td>石灰性河潮土</td><td>砂壤表均砂质石灰性河潮土</td><td>砂土</td><td>267.4</td><td>1.04</td></tr>
<tr><td rowspan="2">湿潮土</td><td>冲积黑潮土</td><td>中壤表厚黏心冲积黑潮土</td><td>二合土</td><td rowspan="2">226.1</td><td rowspan="2">0.88</td></tr>
<tr><td>湖积黑潮土</td><td>重壤表均黏质湖积黑潮土</td><td>黑黏土</td></tr>
<tr><td>砂姜黑土</td><td>砂姜黑土</td><td>黄土覆盖<30cm砂姜黑土</td><td>中壤表厚砂姜腰黄土覆盖<30cm砂姜黑土</td><td>二性土</td><td>877</td><td colspan="2">3.41</td></tr>
</table>

第二节　植　被

境内植被属华北平原植被类型，有栽培植被和自然植被。以栽培植被为主，主要栽培农作物，其次为林果。自然植被较少，仅在山坡、河道、路沟、村边有少量温带落叶阔叶疏林灌丛植被、草甸植被、沼泽植被等。

栽培植被

栽培农作物　以小麦、玉米、蔬菜为主，另有零星种植的地瓜、谷子、大豆、高粱、棉花、花生等。

栽培林果　栽培林木树种以温带落叶阔叶林常见树种为主，珍稀种质资源和常绿树种较少，特色树种少。栽培的阔叶树种有杨、柳、刺槐、国槐、银杏、榆、楸、香椿、臭椿、合欢、苦楝等。自1991年后，特别是进入21世纪后，城区绿化苗木不断引种，栽培品种愈加丰富，庭院栽植、观赏园林绿化栽植的树种逐渐增加，主要有雪松、龙柏、桧柏、洒金柏、侧柏、丁香、杜仲、栾树、樱花、紫薇、垂柳、金丝垂柳、垂槐、合欢、女贞、黄杨、水杉、绿叶小檗、红叶小檗等。但乡土树种中的榆、刺槐、毛白杨、旱柳、臭椿、苦楝、楸、桑、构、泡桐、朴、皂角、杜仲等逐年减少，农田林网中原种植的榆、刺槐、毛白杨等乡土树种因生长速度慢，多被更新为速生黑杨，新栽植农村四旁树也多被速生黑杨代替。栽培果树树种有苹果、梨、桃、葡萄、杏、李、樱桃、核桃、柿子、枣等。

自然植被

温带落叶阔叶疏林灌丛植被　林木为旱生落叶阔叶林，少数荒岭、沟、坡尚有黄荆、酸枣、构树、柘等灌丛。草本植物为温带草丛，常见的有野古草、白羊草、结缕草、鹅观草、虎尾草、黄花蒿、野艾、毛紫云英、打碗花、田旋花、紫花地丁、麦蒿、马唐等。

草甸植被　旱生的较多，水生的较少。一般草本植物有狗尾草、牛筋草、画眉草、蒲公英、地锦、小白酒草、蒺藜、马齿苋、苦菜、萹蓄等。在坡、沟生长有刺蓬、野麻、野菊、苋菜、白茅、狗牙根等。在林下有白胡枝子、掐不齐、益母草等。低洼处有马齿苋、牛筋草、苍耳、藜、酸模蓼、地肤、马蔺等。

沼泽植被　仅洼地、沟塘、河道、水库边有少量分布。随着白浪河、大于河等人工湿地的建成而有所增加，主要有芦苇、香蒲、臭蒲、小蓼、茎三棱、莎草、稗草、野穇、漂浮草、浮萍、野菱、慈姑、藻类、眼子菜等。

第八章　自然资源

第一节　土地资源

1991年，潍城区行政区域土地总面积36820公顷，其中耕地面积19300公顷。1994年区划调整后，行政区域土地总面积调整为28956公顷，其中耕地面积15810公顷。2003年，境内18个行政村划归潍坊经济开发区管理，直辖区域土地总面积26954.27公顷，其中耕地面积11920公顷。2013年，直辖区域土地总面积26954.27公顷。其中，耕地面积11106.75公顷，占土地总面积的41.2%；园地面积993.95公顷，占土地总面积的3.69%；林地面积1392.12公顷，占土地总面积的5.17%；草地面积22.84公顷，占土地总面积的0.08%；城镇村及工矿用地面积8752.65公顷，占土地总面积的32.47%；交通运输用地面积1643.28公顷，占土地总面积的6.1%；水域及水利设施用地面积1536.23公顷，占土地总面积的5.7%；其他土地面积 1506.45 公顷，占土地总面积的 5.59%。

第二节　矿产资源

潍城区矿产资源主要种类有蓝宝石、膨润土、石英砂、建筑用砂、石灰石、矿泉水、煤等。

蓝宝石

蓝宝石主要分布在乐埠山生态经济发展区三甲、新二甲村及望留街道鞠家、许家等村，面积约 0.2 平方公里，储量约 80 万克拉。2013 年前多为附近村民无序开采，2013 年全部停止开采。

膨润土

膨润土主要分布在望留街道的西安、韩家、霞坡、东寺村一带，面积约 3 平方公里，储量为 10 ～ 15 万立方米。1996 年有开采企业 2 家，2013 年全部关停。

石英砂

石英砂主要分布在望留街道的狼埠村一带，面积约 4 平方公里，砂层厚约 2 米，储量约 800 万立方米。2013 年前多为附近村民无序开采，2013 年全部停止开采。

建筑用砂

建筑用砂主要分布在军埠口综合项目区赵家文庄、大崖头等沿白浪河诸村，面积约 0.12 平方公里，砂层厚约 1.5 米，储量约 18 万立方米。1996 年有开采企业 2 家，2013 年全部关停。

石灰石

石灰石主要分布在乐埠山生态经济发展区向阳村、南乐埠村一带，储量约 1 亿立方米，为潍坊山水水泥有限公司原料基地之一，其中长山石灰石矿区、荣山石灰石矿区因采矿权注销，于 2008 年关停闭矿。刘坤东山石灰石矿区、五党山水泥用石灰岩矿区因采矿权注销，分别于 2012 年、2013 年关停闭矿。

矿泉水

矿泉水主要分布在望留街道浮烟山一带，属玄武岩裂隙存储，月储量约 150 立方米。1996 年有开采企业 1 家，2013 年关停。

煤

煤主要分布在于河街道的杏埠村一带，尚未开采。

第三节　水资源

潍城区境内多年平均地表水资源量为 2334.6 万立方米，多年平均地下水资源量为 3405.3 万立方米。全区水资源总量为 5183.4 万立方米（地表水资源量与地下水资源之和，扣除两者转化的重复计算量 556.5 万立方米），人均占有水资源量为 298 立方米，亩均占有水资源量为 235.6 万立方米，低于全国平均水平。

潍城区水资源的可利用量受降水分布情况和地质条件的影响，地下水区域和时空分布不均：山前平原和河谷平原以松散地层孔隙水为主，补给条件和蓄水条件较好，是地下水资源的主要开采区；丘陵基岩区以风化裂隙水和构造裂隙水为主，补给条件和蓄水条件较差，年内动态变化幅度一般在 1 米左右。全区蓄水工程多年平均利用量为 2334.6 万立方米。

全区水资源的特点是：水资源量少，人均占有量仅为 298 立方米；区域分布不均；年内季节变化大，一般夏、秋季较丰，冬、春季较枯。

第四节　生物资源

潍城区境内西南部丘陵适宜多种植物、动物生长。野生植物、动物资源逐渐减少，经济价值高的野生植物、动物已分别向人工栽培和饲养方向转化。

植物资源

栽培植物　农作物：小麦、玉米、高粱、谷子、地瓜、大豆、赤豆、绿豆、花生、芝麻、油菜、棉花等。

蔬菜：番茄、黄瓜、葱、韭菜、蒜、辣（甜）

椒、大白菜、小白菜、青萝卜、红萝卜、胡萝卜、芹菜、芫荽、菠菜、冬瓜、南瓜、丝瓜、葫芦、西葫芦、莴苣、豆角、扁豆、芸豆、茄子、茼蒿、菜花、马铃薯、卷心菜、圆葱、山药、芋头、生菜、芦笋、大姜等。

瓜果：苹果、桃、梨、杏、李、葡萄、柿子、核桃、大樱桃、石榴、山楂、枣、西瓜、甜瓜、面瓜、脆瓜等。

花卉：牡丹、芍药、玫瑰、月季、蔷薇、连翘、迎春、海棠、木槿、丁香、暴马丁香、紫藤、紫薇、刺玫、棣棠、碧桃、梅花、腊梅、榆叶梅、美人梅、樱花、紫叶李、郁李、荼蘼子、木绣球、锦带、凌霄、华北珍珠梅、一串红、三色堇、半枝莲、大花马齿苋、矮牵牛、美人蕉、大丽花、菊花、翠菊、天人菊、黑心菊、松果菊、白晶菊、大滨菊、大花金鸡菊、矢车菊、百日菊、大花波斯菊、孔雀草、萱草、大花萱草、金娃娃萱草、千屈菜等。

林木：据2013年种质资源调查，潍城区林木树种资源有35科、61属、158种，主要有毛白杨系列（普通毛白杨、三倍体毛白杨、窄冠毛白杨等）、黑杨类（I-107杨、2025杨、72杨、46杨、土耳其杨等）、刺槐类（石林、箭杆、细皮等优良无性系及四倍体刺槐等）以及柳、榆、泡桐、苦楝、臭椿、楸、栾、杜仲、侧柏、合欢、银杏、苹果、梨、桃、杏、李、葡萄、香椿、山楂等树种。其中，优良乡土树种有毛白杨、刺槐、泡桐、苦楝。在果树良种中，引进了富士系列、新红星系列、乔纳金等苹果树种，早红宝石、早红株等油桃树种，春蕾、大石早生等毛桃树种，意大利早红、红灯、大紫等樱桃树种，昌乐香李、美国布朗李系列等李子树种，敞口、大金星等山楂树种，巨峰、红地球、8611、早紫、巨星等葡萄树种，凯特杏、意大利1号杏、金太阳杏等杏树种，金丝小枣、冬枣、梨枣、圆铃大枣等枣树种，泰山红石榴等石榴树种。绿化树种主要有雪松、龙柏、桧柏、洒金柏、侧柏、丁香、杜仲、栾树、樱花、紫薇、法桐、垂柳、金丝垂柳、垂槐、国槐、合欢、女贞、黄杨、水杉、绿叶小檗、红叶小檗等。灌木主要有紫穗槐、黄荆、白蜡条、枸杞、酸枣等。

野生植物　食用类：苦荬菜、小蓟、藜、苋菜、荠菜、地肤、萹蓄、蓼、苣荬、茵陈蒿、蓬子菜等。

饲料类：狗尾草、画眉草、马唐、牛筋草、白茅、米布袋、苦菜、大蓟、蒺藜、马绊、芦苇、稗草、莎草等。

工业原料类：茅根、旋花根、苍耳、胡枝子、葎草、马蔺、黄花蒿等。

观赏类：野菊花、野枸杞、牵牛花等。

水生植物　蒲、苇、荸荠、浮萍、莲藕、菱角、藻类等。

药材植物　根类：丹参、藕节、香附、半夏、姜、薤白、茅根、牛膝、百合、生地、桔梗、板蓝根、白芷、芦根、赤芍、白薇、柴胡、石菖蒲、苍术、仙鹤草、元胡、葱白、麦门冬、当归、白术等。

果实类：莲米、山楂、大枣、杏仁、苏子、全篓、桃仁、牛子、木瓜、枣仁、皂角、花椒、胡桃、白里、槐角、黑豆、白蒺藜、冬瓜子、小茴香、郁李子、赤小豆、车前子、蓖麻子、丝瓜络、苍耳、莱菔子、白扁豆、桑葚、白芥子、浮小麦、地肤子、柏子仁、葶苈子、南瓜子、冬葵子、葫芦杷、枸杞子、草决明、五味子等。

全草类：薄荷、蒲公英、地丁、益母草、萹蓄、瞿麦、青蒿、茵陈、大蓟、小蓟、谷精草、木贼草、佩兰、伸筋草、鱼腥草、透骨草、白头翁等。

花叶类：金银花、月季花、扁豆花、荷叶、艾叶、霜桑叶、甘菊花、槐米、苏叶、红花等。

藤皮类：桑皮、地骨皮、合欢皮、五加皮、桑枝、桑寄生、忍冬藤、椿白皮、茎柳、杜仲等。

菌类：蘑菇、槐蛾等。

动物资源

饲养动物　家畜：牛、马、羊、驴、骡、狗、猪、猫、兔、貂等。

家禽：鸡、鸭、鹅、鸽、鹌鹑等。

野生动物　兽类：刺猬、蝙蝠、仓鼠、野兔、黄鼬、蜥蜴、壁虎、蛇、青蛙、蟾蜍等。

鸟类：麻雀、喜鹊、灰喜鹊、杜鹃、探春、鹰、小百灵、斑鸠、黄雀、鱼翠、白鹭、啄木鸟、戴胜、猫头鹰、山大头、燕子、雁、麻古油、唧唧梗、青脚、野鸡、野鸭等。

螳　螂

虫类：蚂蚁、蜜蜂、熊蜂、螳螂、蟋蟀、蚯蚓、蜘蛛、蝗虫、蝈蝈、地老虎、棉铃虫、蚜虫、瓢虫、菜青虫、豆虫、苍蝇、蚊子、蝶类、蛾类、蜻蜓、蝉、家蚕等。

水生动物　人工养殖的有草鱼、鲤鱼、鲢鱼、鳙鱼、鲂鱼、甲鱼、毛蟹等。自然生长的有鲤鱼、鲶鱼、黑鱼、麦穗鱼、鲢鱼、鲋鱼、鲫鱼、沙里爬、马口鱼、黄鳝、泥鳅、甲鱼、毛蟹、草虾、大蛤蜊、小蛤蜊、蚌、水螺、蛇、蛙类等。

药材动物　甲鱼、水蛭、九香虫、土元、夜明砂、虻虫、斑蝥、全虫、蝉蜕、蛇蜕、地龙、桑螵蛸、僵蚕、蝼蛄等。

第三编

人　口

1991 年，潍城区户籍总人口 551660 人，男女性别比为 105.22 ∶ 100，人口自然增长率 6.13‰。1994 年，因区划调整，潍城区户籍总人口由 1993 年的 575175 人减至 327766 人，男女性别比为 105.49 ∶ 100，人口自然增长率 4.91‰。截至 2013 年，行政区域户籍总人口 365658 人，直辖区域户籍总人口 353725 人，男女性别比为 100.26 ∶ 100，人口自然增长率 4.3‰。1991—2013 年，潍城区人口状况大致呈现以下特点：人口生产基本趋向稳定，老年人口比重逐步增加，人口平均寿命逐渐提高，人口文化素质稳步提升，家庭规模日渐向小型化发展，男女性别比总体渐至持平，生育管理逐步制度化、规范化。

第一章　人口规模

第一节　人口数量

1991 年，潍城区户籍总人口 551660 人，其中非农业人口 296040 人。1993 年，户籍总人口 575175 人，其中非农业人口 314047 人。1994 年区划调整后，全区户籍总人口减至 327766 人，其中非农业人口 142425 人。2003 年，潍城区的 18 个行政村划归潍坊经济开发区管理，户籍总人口 368228 人（含划归潍坊经济开发区管理的 18 个村），其中非农业人口 224936 人。从 2010 年开始，不再划分农业人口与非农业人口。是年，行政区域户籍总人口 364826 人（含划归潍坊经济开发区管理的 18 个村）。截至 2013 年年底，行政区域户籍总人口 365658 人（含划归潍坊经济开发区管理的 18 个村），直辖区域户籍总人口 353725 人，直辖区域常住总人口 422849 人。

1991—2013 年潍城区人口数量统计表

表 3-1

年份	总户数（户）	总人口数（人）	年份	总户数（户）	总人口数（人）
1991	158858	551660	1999	106534	359757
1992	165093	562001	2000	106390	365435
1993	167909	575175	2001	106814	362686
1994	94937	327766	2002	108387	368104
1995	95419	337966	2003	108396	368228
1996	97744	345031	2004	111090	370222
1997	98445	351518	2005	112812	370981
1998	100250	357487	2006	113495	369558

续表 3-1

年份	总户数（户）	总人口数（人）	年份	总户数（户）	总人口数（人）
2007	115048	367545	2011	116533	366251
2008	119084	365793	2012	116565	364513
2009	115748	365755	2013	116702	365658
2010	115996	364826			

说明：表中人口数据为潍城区行政区域户籍人口数据，含划归潍坊经济开发区管理的 18 个村。

第二节　人口分布

1991 年，城区户籍人口 30.08 万人，乡村户籍人口 25.09 万人，分别占全区户籍总人口的 54.52% 和 45.48%。人口密度为 1498 人 / 平方公里。1994 年区划调整后，城区户籍人口 14.45 万人，乡村户籍人口 18.33 万人，分别占全区户籍总人口的 44.08% 和 55.92%。人口密度为 890 人 / 平方公里。截至 2013 年年底，城区户籍人口 16.6 万人，行政区域乡村户籍人口 19.97 万人，直辖区域乡村户籍人口 18.77 万人；行政区域城区、乡村户籍人口分别占 45.39% 和 54.61%；直辖区域城区、乡村户籍人口分别占 46.93% 和 53.07%。是年，潍城区行政区域人口密度为 1263 人 / 平方公里，直辖区域人口密度为 1313 人 / 平方公里。

2013 年，在潍城区行政区域内，于河街道行政区域户籍人口最多，总计 83846 人，占全区户籍总人口的 22.93%。城关街道人口最少，总计 37303 人，占全区户籍总人口的 10.2%。

2013 年潍城区各街道人口分布情况表

表 3-2

街　道	总户数（户）	总人口数（人）	人口密度（人 / 平方公里）
于河街道	25213	83846	786
望留街道	21435	77735	659
北关街道	21327	62819	2101
西关街道	20126	58077	3484
南关街道	15038	45878	2783
城关街道	13563	37303	21316

说明：表中人口数据为各街道行政区域户籍人口数据。于河街道含划归潍坊经济开发区管理的 15 个村、潍城经济开发区管理的 24 个村、乐埠山生态经济发展区管理的 15 个村；北关街道含划归潍坊经济开发区管理的 3 个村；望留街道含划归军埠口综合项目区管理的 32 个村、乐埠山生态经济发展区管理的 4 个村。

第二章　人口变动

第一节　自然变动

1991 年，潍城区出生人口 5397 人，死亡人口 2773 人，人口自然增长率 6.13‰。1994 年区划调整后，全区出生人口 2928 人，死亡人口 1722 人，人口自然增长率 4.91‰。至 2013 年，全区出生人口 3761 人，死亡人口 1657 人，人口自然增长率 4.1‰。

1991—2013 年潍城区人口自然变动表

表 3-3

年份	出生（人）	死亡（人）	自然增长率（‰）
1991	5397	2773	6.13
1992	4921	2635	5.23
1993	5230	2517	4.77
1994	2928	1722	4.91
1995	3515	1783	6.99
1996	4031	1692	6.85
1997	3990	1653	6.47
1998	3895	2295	4.52
1999	3856	1904	5.42
2000	4090	2252	6.31
2001	3860	1427	6.24
2002	3705	1768	6.25
2003	3243	1872	4.05
2004	3923	1610	7.43
2005	3613	1635	7.07
2006	3607	1972	6.80
2007	3684	1789	8.20
2008	3873	2175	5.00
2009	3350	1867	4.20
2010	3287	3007	4.30
2011	3544	1869	4.25
2012	3485	4671	4.00
2013	3761	1657	4.10

第二节　机械变动

1991年，迁入人口12344人，迁出人口6423人，人口机械增长率10.86‰。因1994年区划调整，1995年潍城区迁入、迁出人口最多，迁入人口62124人，迁出人口54252人，人口机械增长率23.65‰。2013年，迁入人口2040人，迁出人口1269人，机械增长率2.11‰。

1991—2013年潍城区人口机械变动表

表3-4

年份	迁入（人）	迁出（人）	机械增长率（‰）
1991	12344	6423	10.86
1992	32172	24744	13.34
1993	37187	27641	16.79
1994	14070	18061	-8.84
1995	62124	54252	23.65
1996	8787	2632	18.02
1997	8741	2862	16.88
1998	8140	3078	14.28
1999	5566	3538	5.65
2000	7092	4332	7.61
2001	5185	5405	-0.60
2001	6748	5918	2.27
2003	5182	4837	0.94
2004	5633	3725	5.17
2005	6828	5507	3.56
2006	4621	4091	1.43
2007	3968	4069	-0.27
2008	3305	4451	-3.13
2009	2620	2797	-0.48
2010	3100	2560	1.48
2011	2762	1491	3.48
2012	2538	1753	2.15
2013	2040	1269	2.11

第三章 人口构成

第一节 性别构成

1991 年，潍城区户籍总人口 551660 人，其中男性 282841 人，女性 268819 人，男女性别比为 105.22（女 = 100）。1993 年，全区户籍总人口 575175 人，其中男性 294472 人，女性 280703 人，男女性别比为 104.91。1994 年区划调整后，全区户籍总人口 327766 人，其中男性 168259 人，女性 159507 人，男女性别比为 105.49。2013 年，户籍总人口 365658 人（含划归潍坊经济开发区管理的 18 个村），男性 183069 人，女性 182589 人，男女性别比为 100.26。

1991—2013 年潍城区人口性别构成表

表 3-5

年份	男（人）	女（人）	性别比（女=100）
1991	282841	268819	105.22
1992	287813	274188	104.97
1993	294472	280703	104.91
1994	168259	159507	105.49
1995	172861	165105	104.70
1996	176337	168694	104.53
1997	179484	172034	104.33
1998	182002	175485	103.71
1999	182968	176789	103.50
2000	185323	180112	102.89
2001	182177	180509	100.92
2002	186672	181432	102.89
2003	186237	181991	102.33
2004	186901	183321	101.95
2005	186300	184681	100.88
2006	185754	183804	101.06

续表 3-5

年份	男（人）	女（人）	性别比（女=100）
2007	184666	182879	100.98
2008	183796	181997	100.99
2009	183740	182015	100.95
2010	183011	181815	100.66
2011	183542	182709	100.46
2012	182583	181930	100.36
2013	183069	182589	100.26

说明：表中人口数据为潍城区行政区域户籍人口数据，含划归潍坊经济开发区管理的 18 个村。

第二节　年龄构成

1990 年全国第四次人口普查统计，潍城区常住总人口 559239 人。其中，0 ～ 14 岁的为 115205 人，占总人口的 20.6%；15 ～ 64 岁的为 414658 人，占总人口的 74.15%；65 岁及以上的为 29376 人，占总人口的 5.25%。

2000 年全国第五次人口普查统计，潍城区常住总人口 383189 人。其中，0 ～ 14 岁的为 67849 人，占总人口的 17.71%；15 ～ 64 岁的为 286584 人，占总人口的 74.79%；65 岁及以上的为 28756 人，占总人口的 7.5%。2010 年全国第六次人口普查统计，潍城区常住总人口 415118 人。其中，0 ～ 14 岁的为 58717 人，占总人口的 14.14%；15 ～ 64 岁的为 322385 人，占总人口的 77.66%；65 岁及以上的为 34016 人，占总人口的 8.19%。全国第五次与第六次人口普查相比，潍城区出生人口呈下降趋势，老年人口比重增加，人口类型逐渐演变为老年型，进入老龄化社会。

潍城区全国第五次、第六次人口普查年龄组比重变化表

表 3-6

年龄组（岁）	第五次人口普查		第六次人口普查	
	人数（人）	占总人数比（%）	人数（人）	占总人数比（%）
合计	383189	100.00	415118	100.00
0 ～ 4	20939	5.46	20715	4.99
5 ～ 9	19564	5.11	18560	4.47
10 ～ 14	24346	6.35	19442	4.68
15 ～ 19	34383	8.97	27200	6.55
20 ～ 24	29404	7.67	48250	11.62
25 ～ 29	40440	10.55	35029	8.44
30 ～ 34	39864	10.40	32826	7.91
35 ～ 39	39288	10.25	38069	9.17
40 ～ 44	27397	7.15	36295	8.74

续表 3-6

年龄组（岁）	第五次人口普查		第六次人口普查	
	人数（人）	占总人数比（%）	人数（人）	占总人数比（%）
45 ～ 49	29561	7.71	35370	8.52
50 ～ 54	19909	5.20	25062	6.04
55 ～ 59	13902	3.63	26634	6.42
60 ～ 64	12436	3.25	17650	4.25
65 ～ 69	11256	2.94	11459	2.76
70 ～ 74	8624	2.25	9072	2.19
75 ～ 79	5056	1.32	7135	1.72
80 ～ 84	2584	0.67	4205	1.01
85 ～ 89	933	0.24	1614	0.39
90 ～ 94	257	0.07	433	0.10
95 ～ 99	43	0.01	97	0.02
100 ～ 104	3	—	1	—

说明：表中人口为常住人口。

第三节　家庭构成

随着国家计划生育政策的贯彻实施和居住条件的改善，潍城区家庭结构变化较明显。2000 年全国第五次人口普查显示，全区常住人口家庭户 112887 户。其中，一代户 26342 户，二代户 69501 户，三代户 16612 户，四代户 432 户；一人户 8798 户，二人户 20637 户，三人户 47558 户，四人户 22488 户，五人户 9978 户，六人户 2635 户，七人户 545 户，八人户 170 户，九人户 51 户，十人及以上户 27 户。二代户最多，占全区家庭户数的 61.57%；三人户最多，占全区家庭户数的 42.13%。2010 年全国第六次人口普查显示，全区常住人口家庭户 125215 户。其中，二代户最多，有 64036 户，占全区家庭户数的 51.14%；三人户最多，有 46880 户，占全区家庭户数的 37.44%。全国第六次人口普查同全国第五次人口普查相比，潍城区家庭规模向小型化发展，一代户由 26342 户发展到 40498 户。

潍城区全国第六次人口普查不同规模家庭户类别表

表 3-7　　单位：户

家庭构成	家庭户合计	一代户	二代户	三代户	四代户
总计	125215	40498	64036	20130	551
一人户	12644	12644	—	—	—
二人户	31283	26339	4944	—	—
三人户	46880	922	45299	659	—
四人户	19214	360	12484	6364	6

续表 3-7

家庭构成	家庭户合计	一代户	二代户	三代户	四代户
五人户	11326	136	1106	10000	84
六人户	3106	44	138	2622	302
七人户	523	22	41	333	127
八人户	170	14	14	120	22
九人户	44	1	7	26	10
十人及以上户	25	16	3	6	—

说明：表中为常住人口家庭户。

第四节　民族构成

1990 年全国第四次人口普查，潍城区常住人口中有 12 个民族。其中，汉族 558271 人，占总人口的 99.83%；少数民族有 11 个 968 人，占总人口的 0.17%。少数民族中，蒙古族 28 人、回族 544 人、苗族 2 人、壮族 21 人、布依族 3 人、朝鲜族 78 人、满族 279 人、侗族 1 人、畲族 4 人、高山族 4 人、仫佬族 4 人。

2000 年全国第五次人口普查，潍城区常住人口中有 24 个民族。其中，汉族 382294 人，占总人口的 99.77%；少数民族有 23 个 895 人，占总人口的 0.23%。少数民族中，蒙古族 148 人、回族 318 人、藏族 22 人、维吾尔族 13 人、苗族 21 人、彝族 14 人、壮族 13 人、布依族 6 人、朝鲜族 34 人、满族 205 人、侗族 3 人、瑶族 1 人、白族 7 人、土家族 31 人、哈尼族 2 人、傈僳族 36 人、畲族 7 人、达尔族 7 人、仫佬族 3 人、怒族 1 人、俄罗斯族 1 人、赫哲族 1 人、珞巴族 1 人。

2010 年全国第六次人口普查，潍城区常住人口中有 36 个民族。其中，汉族 414021 人，占总人口的 99.74%；少数民族有 35 个 1097 人，占总人口的 0.26%。少数民族中，蒙古族 87 人、回族 352 人、藏族 41 人、维吾尔族 38 人、苗族 49 人、彝族 48 人、壮族 27 人、布依族 13 人、朝鲜族 44 人、满族 247 人、侗族 14 人、瑶族 7 人、白族 12 人、土家族 41 人、哈尼族 2 人、哈萨克族 1 人、傣族 1 人、黎族 1 人、傈僳族 27 人、佤族 1 人、畲族 6 人、水族 1 人、纳西族 1 人、景颇族 1 人、达斡尔族 10 人、仫佬族 2 人、羌族 2 人、布朗族 1 人、撒拉族 5 人、仡佬族 4 人、锡伯族 1 人、怒族 1 人、俄罗斯族 7 人、鄂温克族 1 人、赫哲族 1 人。少数民族人口有男性 549 人、女性 548 人，性别基本持平。与 2000 全国第五次人口普查相比，汉族人口增加 31727 人；少数民族增加 12 个，人口增加 202 人。

第五节　文化构成

1990 年全国第四次人口普查结果显示，全区常住人口中，大学专科以上文化程度的有 25413 人，男性 17938 人，女性 7475 人。其中，大学专科 17391 人，男性 11898 人，女性 5493 人；大学本科 8022 人，男性 6040 人，女性 1982 人。中专文化程度的有 25529 人，男性 14461 人，女性 11068 人。高中文化程度的 61722 人，男性 34775 人，女性 26947 人。初中文化程度的有 174183 人，男性 97036 人，女性 77147 人。小学文化程度的有 168395 人，男性 86146 人，女性 82249 人。

1994 年潍城区区划调整后，分别于 2000 年、2010 年开展人口普查。2000 年全国第五次人口普查结果显示，全区常住人口中，大学专科以上文化程度的有 24118 人，其中大学专科 18240 人、大学本科 5812 人、研究生 66 人。高中文化程度

（含中专）的 74625 人，初中文化程度的 135879 人，小学文化程度的 98111 人。

2010 年全国第六次人口普查结果显示，全区常住人口中，大学专科以上文化程度的有 61280 人，其中大学专科 40869 人、大学本科 19347 人、研究生 1064 人。高中文化程度（含中专）的有 82225 人，初中文化程度的有 152540 人，小学文化程度的有 81550 人。

2010 年全国第六次人口普查同 2000 年全国第五次人口普查相比，每 10 万人具有大学受教育程度的由 6294 人上升为 14762 人，具有高中受教育程度的由 19474 人上升为 19808 人，具有初中受教育程度的由 35459 人上升为 36746 人，具有小学受教育程度的由 25602 人下降为 19645 人。

2010 年全国第六次人口普查结果显示，全区文盲人口（15 岁及以上不识字的人）为 1 万人，同 2000 年第五次全国人口普查相比，文盲人口减少 1.23 万人，文盲率（指 15 岁及以上不识字人口在全区常住人口中所占比重）由 5.83% 下降为 2.4%。

全国第五次、第六次人口普查潍城区 6 岁及以上人口文化程度情况表

表 3-8　　单位：人

受教育分类	第五次人口普查			第六次人口普查		
	人数	男	女	人数	男	女
未上过学	24923	4586	20337	12473	2422	10051
小学	98111	47592	50519	81550	37817	43733
初中	135879	73007	62872	152540	80024	72516
高中	74625	39183	35442	82225	43469	38756
大学专科	18240	11012	7228	40869	21012	19857
大学本科	5812	4048	1764	19347	10212	9135
研究生	66	54	12	1064	511	553
合计	357656	179482	178174	390068	195467	194601

说明：表中人口数据为常住人口。

第六节　行业与职业构成

1990 年全国第四次人口普查数据显示，潍城区常住人口中，在业人口 339686 人。按行业门类分，在业人口最多的是工业，有 132192 人，占在业人口的 38.92%；其次是农、林、牧、渔、水利业，有 112728 人，占在业人口的 33.19%；其他各行业 94766 人，占在业人口的 27.89%。按职业分，生产、运输设备操作人员及有关人员比重最大，有 120291 人，占在业人口的 35.41%；其次是农、林、牧、渔、水利业生产人员，有 111507 人，占在业人口的 32.83%。

2000 年全国第五次人口普查 10% 常住人口抽样数据结果，共抽查在业人口 20818 人。按行业门类分，在业人口最多的是农、林、牧、渔业，有 6597 人，占在业人口的 31.69%；其次是制造业，有 5808 人，占在业人口的 27.9%；再次是批发和零售贸易、餐饮业，有 3393 人，占在业人口的 16.3%。按职业分，农、林、牧、渔、水利业生产人员比重最大，有 6594 人，占在业人口的 31.67%；其次是生产、运输设备操作人员及有关人员，有 6056 人，占在业人口的 29.09%；再次是商业、服务业人员，有 4027 人，占在业人口的 19.34%。

全国第五次人口普查潍城区人口行业分布状况表

表 3-9

行业类别	在业人数性别构成		在业人数合计（人）	各行业人数占在业人数百分比（%）
	男（人）	女（人）		
总计	11650	9168	20818	100
农、林、牧、渔业	3105	3492	6597	31.69
采矿业	64	20	84	0.40
制造业	3323	2485	5808	27.90
电力、燃气及水的生产和供应业	90	35	125	0.60
建筑业	696	90	786	3.78
地质勘探业、水利管理业	60	11	71	0.34
交通运输、仓储和邮政业	901	182	1083	5.20
批发和零售贸易、餐饮业	1782	1611	3393	16.30
金融、保险业	137	116	253	1.22
房地产业	64	24	88	0.42
社会服务业	418	312	730	3.51
卫生、体育和社会福利业	110	194	304	1.46
教育、文化艺术及广播电影电视业	292	378	670	3.22
科学研究和综合技术服务业	45	22	67	0.32
国家机关、政党机关和社会团体	545	180	725	3.48
其他行业	18	16	34	0.16

说明：表中数据为 10% 常住人口抽样数据。

全国第五次人口普查潍城区人口职业分布状况表

表 3-10

职业类型	在业人数性别构成		在业人数合计（人）	各职业人数占在业人数百分比（%）
	男（人）	女（人）		
总计	11650	9168	20818	100
国家机关、党群组织、企业、事业单位负责人	891	198	1089	5.23
专业技术人员	783	1137	1920	9.22
办事人员和有关人员	791	324	1115	5.36
商业、服务业人员	2015	2012	4027	19.34
农、林、牧、渔、水利业生产人员	3083	3511	6594	31.67
生产、运输设备操作人员及有关人员	4077	1979	6056	29.09
不便分类的其他从业人员	10	7	17	0.08

说明：表中数据为 10% 常住人口抽样数据。

2010 年全国第六次人口普查 10% 常住人口抽样数据结果，共抽查在业人口 21735 人。按行业门类分，在业人口最多的是制造业，有 5236 人，占在业人口的 24.09%；其次是批发和零售业，有 4890 人，占在业人口的 22.5%；再次是农、林、牧、渔业，有 3940 人，占在业人口的 18.13%。按职业分，商业、服务人员比重最大，有 7428 人，占在业人口的 34.18%；其次是生产、运输设备操作人员及有关人员，有 6228 人，占在业人口的 28.65%；再次是农、林、牧、渔、水利业生产人员，有 3936 人，占在业人口的 18.11%。

全国第六次人口普查潍城区人口行业分布状况表

表 3-11

行业类别	在业人数性别构成		在业人数合计（人）	各行业人数占在业人数百分比（%）
	男（人）	女（人）		
总计	12258	9477	21735	100
农、林、牧、渔业	1950	1990	3940	18.13
采矿业	38	10	48	0.22
制造业	3132	2104	5236	24.09
电力、燃气及水的生产和供应业	123	28	151	0.69
建筑业	1108	212	1320	6.07
交通运输、仓储和邮政业	1162	245	1407	6.47
信息传输、计算机服务和软件业	91	71	162	0.75
批发和零售业	2113	2777	4890	22.50
住宿和餐饮业	413	422	835	3.84
金融业	204	168	372	1.71
房地产业	190	113	303	1.39
租赁和商务服务业	171	54	225	1.04
科学研究、技术服务和地质勘查业	72	21	93	0.43
水利、环境和公共设施管理业	152	98	250	1.15
居民服务和其他服务业	352	287	639	2.94
教育	349	415	764	3.52
卫生、社会保障和社会福利业	135	216	351	1.61
文化、体育和娱乐业	75	79	154	0.71
公共管理和社会组织	425	167	592	2.72
国际组织	3	—	3	0.01

说明：表中数据为 10% 常住人口抽样数据。

全国第六次人口普查潍城区人口职业分布状况表

表 3-12

职业类型	在业人数性别构成		在业人数合计（人）	各职业人数占在业人数百分比（%）
	男（人）	女（人）		
总计	12258	9477	21735	100
国家机关、党群组织、企业、事业单位负责人	473	128	601	2.77
专业技术人员	1078	1345	2423	11.15
办事人员和有关人员	817	246	1063	4.89
商业、服务业人员	3496	3932	7428	34.18
农、林、牧、渔、水利业生产人员	1948	1988	3936	18.11
生产、运输设备操作人员及有关人员	4394	1834	6228	28.65
不便分类的其他从业人员	52	4	56	0.26

说明：表中数据为 10% 常住人口抽样数据。

第四章　计划生育

第一节　计生政策

生育政策

1991 年，潍城区执行国家提倡一对夫妇生育一个孩子的政策，并实行一孩生育证政策，生育二胎者，必须符合 1988 年 7 月颁布的《山东省计划生育条例》（以下简称《条例》）。符合《条例》规定条件的公民，经区级计划生育部门批准后再生育第二胎，任何情况都不准生育第三胎。1996 年，全区执行新修改的《山东省计划生育条例》，实行按计划生育人口，持有生育证的夫妻双方可生育。申请生育，女方系再育的须年满 30 周岁，女方系初育的须年满 25 周岁。2002 年 9 月起，全区执行新颁布的《山东省人口与计划生育条例》，鼓励公民晚婚晚育、少生优生，提倡一对夫妻生育一个子女，符合《条例》规定条件的公民，经批准可以生育第二个子女。2013 年 6 月，全区执行新修改的《山东省人口与计划生育条例》，取消“申请生育第二个子女的夫妻，女方为初育的须年满二十五周岁，女方为再育的须年满三十周岁”的限制。

晚婚晚育政策

1991 年，全区执行 1988 年 7 月颁布的《山东省计划生育条例》，提倡晚婚晚育，男年满 25 周岁、女年满 23 周岁以上初婚的为晚婚，晚婚并按计划生育第一个孩子的为晚育。1996 年 10 月，全区执行新修改的《山东省计划生育条例》，男年满 25 周岁、女年满 23 周岁初婚的为晚婚。女年满 23 周岁怀孕并按计划生育第一个子女的为晚育。2002 年 9 月，潍城区执行新颁布的《山东省人口与计划生育条例》，鼓励公民晚婚晚育，夫妻可以自行选择生育第一个子女的时间。

奖励政策

1991 年，潍城区执行 1988 年 7 月颁布的《山东省计划生育条例》，男女双方按晚婚要求结婚的，除国家规定的婚假外，增加婚假两周；晚育的除国家规定的产假外，增加产假两个月，增加的假期视为出勤。实行晚婚晚育的农业人口可免去一年的集体义务劳动工。生育一个孩子的，经夫妻双方申请、所在单位核实、乡镇人民政府或街道办事处批准，发给独生子女证，凭证享受每月不少于 5 元的独生子女保健费，由双方所在单位分担；夫妻均为农业人口的，从集体提留或乡镇、村企业留利中每年发放不少于 60 元的独生子女保健费，或采取其他奖励形式。独生子女保健费从领取独生子女证之月起到独生子女满 14 周岁止。领取独生子女证后又生育二胎的，收回其独生子女证，停止享受以上待遇，并追回已发放的全部奖励。对符合条件允许生育第二个孩子，而自愿只生育一个孩子的夫妻，由所在单位给予表彰，并给予物质奖励。1996 年 10 月，潍城区执行新修改的《山东省计划生育条例》，独生子女父母凭独生子女父母光荣证享受每月不少于 10 元的奖励费，奖励费由双方所在单位负担。独生子女父母为机关、事业单位职工的，退休时加发本人标准工资 5% 的退休金（退休金为 100% 的不加发）。2002 年 9 月起，潍城区执行新颁布的《山东省人口与计划生育条例》，增加如下奖励政策：对男女双方晚婚晚育的，给予男方护理假 7 天，增加的婚假和产假护理假视为出勤，工资照发，福利待遇不变。对农村自愿终生只要一个女孩的夫妻给予重奖。对独生子女死亡后未再生育并且未收养子女的夫妻，原独生子女父母奖励不变，享受最低生活保障，给予高出最低生活保障线 1/3 的照顾。

第二节　宣传教育

潍城区人口和计划生育局设计划生育宣传教育科，乡镇、街道计划生育办公室设宣传教育室，乡镇、街道设立人口学校、生育文化展室、婚育文化广场（长廊），村居设立人口学校、婚育文化大院、婚育文化宣传一条街，作为计划生育宣传教育的主体阵地。

开展人口和计划生育经常性宣传教育。利用各级人口学校，聘请教师讲解人口和计划生育法律法规、人口基础知识；总结并宣传人口和计划生育典型人物的先进事迹，用身边的人说身边事；利用电子屏幕、宣传车、文艺演出、宣传标语、过街横幅、广播喇叭等形式宣传国家人口和计划生育政策；利用生育文化展厅、婚育文化大院和婚育文化宣传一条街宣传计划生育方面的政策、条例和知识。从 20 世纪 90 年代中期开始，区广播电台、电视台等媒体相继开设人口和计划生育专栏。进入 21 世纪以后，网络逐渐成为人口和计划生育宣传教育的重要途径。

开展人口和计划生育集中宣传教育活动。每年的“5·29”协会纪念日、“7·11”世界人口日都组织大规模的纪念宣传活动。从 20 世纪 90 年代中期开始，每年都组织巡回演讲演出活动。1999 年，根据国家人口计生委开展“婚育新风进万家”活动的总体要求，在全区农村开展“宣传教育进村、婚育新风进家”活动，在城区开展“建设新型生育文化、建设文明幸福家庭”活动（简称“双进”“双建”）。2003 年，在全区开展“关爱女孩行动”，潍城区在全市“关爱女孩行动”知识竞赛活动中取得第 1 名。2010 年，组织以纪念中共中央关于控制人口增长的《公开信》发表 30 周年为主题的文艺演出，编演了一批计划生育文艺节目。以宣传人口和计划生育为内容的戏曲联唱《计划生育好》、小品《傻子相亲》参加全市文艺会演。

第三节　计生服务

潍城区计生服务坚持为育龄群众服务的宗旨，为育龄群众开展各项服务，相继开展了优生优育咨询、出生缺陷干预、生殖保健、不孕不育症诊治、常见妇科病防治、孕期服务、术后产后随访、病残儿鉴定、节育手术并发症初筛诊治、妇外科手术等服务项目。

1991—1997年，潍城区动员有婚育现象的已婚育龄妇女口服叶酸（斯利安），预防和减少新生儿神经管畸形的发生。1993年，全面推行妇幼保健、优生指导和监护等制度，形成“选择配偶、婚前检查、遗传咨询、孕期保健、产前诊断、婴幼儿保健、早期智力开发”等环节的程序管理。1994年，开展“优生、优育、优教”三优服务，将工作任务分解落实到有关部门，实行“程序管理”，开展社会服务，把社会服务和家庭服务、科学指导和群众工作紧密结合，同步进行。1995年，开展不孕症治疗工作。1997年，开展优生四项检测，即风疹病毒检测、巨细胞病毒检测、支原体检测、衣原体检测，同时进行B超优生筛查、病残儿家庭监护、病残儿筛查。

2000年，对有婚育行为的育龄妇女全面推行PCR检测和增补福施福孕妇全营养素。全区已婚育龄妇女80%以上使用《生殖保健服务手册》，实施生殖保健全程管理服务。在进行病残儿鉴定的基础上，将全区已批二胎计划的病残儿家庭纳入区计划生育服务站统一管理、统一监护范围，定期普查，确保人口素质的提高。

2001年后，实施出生缺陷干预工程和生殖保健优质服务工程，重点完善服务设施，提高服务质量，开发利用新技术和优生服务项目，加大出生缺陷干预力度，提高出生人口素质。在全面推行婚前检查、孕前保健、B超优生筛查的基础上，对有婚育行为的育龄妇女，全面推行PCR监测和增补福施福孕妇全营养素，并在有条件的镇（街道）计生服务站设置出生缺陷监测点，全面启动出生缺陷监测服务，开展优生调查和出生缺陷调查，潍城区出生缺陷发生率在全国属于较低地区之一。同时，开展妇女保健、儿童保健临床化学检验、妇科检查。2013年，潍城区获“山东省计划生育优质服务先进区”。

第四节　计生成果

人口和计划生育工作的开展，逐步改变了人们旧的传统婚育观念，“晚婚、晚育、少生、优生”成为自觉行动，创造了良好的人口环境。1991年，潍城区人口自然增长率6.13‰。1994年区划调整后，全区人口自然增长率4.91‰。截至2013年，全区人口自然增长率4.1‰，节育率87.4%，计划生育率97.8%，晚婚率85.9%，晚育率88.1%，妇女总和生育率控制在1.5左右。

1991—2013年潍城区计划生育情况表

表3-13

年份	出生率（‰）	计划生育率（%）	已婚育龄妇女（人）	女性初婚（人）	晚婚率（%）	晚育率（%）	已落实节育措施（人）	节育率（%）
1991	9.2	89.8	65264	2300	72.0	77.1	59571	91.3
1992	8.2	97.1	66164	2348	85.5	89.0	60171	90.9
1993	7.5	98.6	67064	2675	93.1	97.0	60771	90.6
1994	8.6	98.6	67964	2799	96.2	97.8	61371	90.3
1995	10.3	99.2	69084	2758	97.1	98.2	62464	90.4
1996	9.7	99.3	70345	2796	97.9	98.5	63275	89.9
1997	10.9	99.8	69781	2878	99.9	99.9	62932	90.0

续表 3-13

年份	出生率（‰）	计划生育率（%）	已婚育龄妇女（人）	女性初婚（人）	晚婚率（%）	晚育率（%）	已落实节育措施（人）	节育率（%）
1998	11.3	99.4	71752	3200	99.9	99.9	64126	89.4
1999	10.7	99.9	72934	3216	99.8	100.0	65081	89.2
2000	11.2	99.9	74775	2953	99.6	99.9	66918	89.5
2001	9.7	99.9	75052	2213	99.5	99.9	67412	89.8
2002	9.6	99.9	75711	2450	99.5	99.9	66924	88.4
2003	7.4	99.9	72738	2937	94.8	99.8	65357	89.9
2004	10.4	99.9	74087	2649	83.6	99.2	65914	89.0
2005	10.3	99.6	73392	2188	79.8	96.9	65354	89.0
2006	9.8	98.7	74261	2866	81.4	93.4	65308	87.9
2007	11.1	98.6	73356	2314	75.5	90.2	65026	88.6
2008	9.3	98.3	73641	1907	76.9	89.2	65997	89.6
2009	8.2	98.4	73550	2158	72.5	85.2	65984	89.7
2010	8.9	98.1	74772	2130	71.1	85.4	66591	89.0
2011	8.8	98.9	73835	2374	78.7	86.5	65073	88.1
2012	9.7	98.4	73293	2066	81.8	87.3	65208	89.0
2013	8.3	97.8	71676	1991	85.9	88.1	62615	87.4

第四编

城乡建设

潍城区是潍坊市中心区之一，潍城城区建设与潍坊城市建设完美融合，城乡建设协调有序推进，以城带乡、城乡融合，一体发展。20世纪90年代后，坚持科学规划管理，注重速度、质量、效能高度统一，城乡面貌发生了较大变化。特别是进入21世纪，城市基础设施建设渐至完善，城市精细化管理水平日渐提高，城乡绿化覆盖率稳步提升，城乡生态环境质量持续改善，为全区人民营造了良好的居住生活环境。

第一章　城区建设

第一节　城市规划

1991年，潍城区城乡建设委员会规划科 负责城区建设规划定点放线、建筑工程规划许可证办理、建设项目审查等业务，有工作人员5名。1994年区划调整后，规划科自区建委析出，与潍城区国土矿产局合并为潍城区规划国土矿产局。2001年1月，更名为潍坊市规划与国土资源局潍城分局。2005年1月,成立潍坊市规划局潍城分局，为全额预算管理正科级事业单位。2013年，潍坊市规划局潍城分局内设办公室、规划用地科、建设工程科、村镇规划科、监督检查科和开发区规划办公室，定编10名。

规划编制

辖区城市规划是潍坊市城市规划的组成部分。1993—1995年，潍坊市编制城市总体规划。2005—2006年，编制新的潍坊市城市总体规划，共分为33个片区，其中济青高速公路以南、白浪河以西、潍胶路以北、腾飞路以东的利昌、大于河、卧龙、怡园、十笏园、火车站、仓南、符山8个片区位于潍城区境内，控制面积122.71平方公里。2007年至2009年10月，根据新的潍坊市城市总体规划，潍城区编制完成辖区内8个片区的控制性详细规划，实现中心城区控制性详细规划全覆盖。

利昌片区：控制范围北到济青高速，南到胶济铁路，西到西外环，东到长松路，面积约8.84平方公里。

大于河片区：控制范围北到济青高速，南到胶济铁路，西到大于河西侧，东到西外环，面积约10.15平方公里。

卧龙片区：控制范围北到济青高速，南到北宫西街、卧龙西街，西到长松路，东到月河路、白浪河，面积约为11.35平方公里。

怡园片区：控制范围北到北宫西街，南到胶济铁路，西到长松路，东到月河路，面积6.82平方公里。

十笏园片区：控制范围北到卧龙西街，南到东风西街，西到月河路，东到白浪河，面积2.72平方公里。

火车站片区：控制范围北到东风西街，南到胶济铁路，西到月河路，东到白浪河，面积2.92平方公里。

仓南片区：控制范围北到胶济铁路，西到长松路，南到高家街，东到白浪河，面积8.07平方公里。

符山片区：控制范围北到胶济铁路、高家街，南到潍胶路北侧，西到大于河，东到长松路、白浪河，面积71.84平方公里。

规划管理

区规划委员会和专家评审委员会对重点区域和重大项目的规划方案进行评审论证。建立公开公示机制，对建设项目进行批前公示和批后公布。采取“统一受理，集体研究，民主决策”的方式，对项目规划方案、建筑设计方案、建设用地、建筑工程、放线验线、竣工规划验收等实行规范化管理，一次性审查，一次性反馈，一次性办结。

2005年1月潍坊市规划局潍城分局成立后，当年完成建设项目选址定点16个，评审论证建设项目规划方案9个，修改规划方案10个；核发建设用地规划许可证16个，审批建设用地面积97.96万平方米；核发建设工程规划许可证53个，审批建筑面积12.55万平方米；核发建设工程竣工规划验收合格证4个，组织建设单位院墙及建筑物放线325个点。2006年，审批建设项目用地规划方案38个，审批建设工程规划方案52个，核发建设用地规划许可证29个，审批建设用地面积96.65万平方米；核发建设工程规划许可证44个，审批建筑面积15.93万平方米。2007年，核发建设用地规划许可证30个，审批建设用地面积125万平方米；核发建设工程规划许可证146个，审批建筑面积157万平方米。2008年，核发建设用地规划许可证56个，审批建设用地面积153万平方米；核发建设工程规划许可证97个，审批建筑面积185万平方米；核发建设工程竣工规划验收合格证47个。2009年，核发建设用地规划许可证15个，审批建设用地面积116万平方米；核发建设工程规划许可证140个；审批建筑面积132万平方米；核发建设工程竣工规划验收合格证93个。2010年，核发建设用地规划许可证59个，审批建设用地面积160万平方米；核发建设工程规划许可证198个，审批建筑面积180万平方米；核发建设工程竣工规划验收合格证70个。2011年，核发建设用地规划许可证28个，审批建设用地面积116万平方米；核发建设工程规划许可证138个，审批建筑面积130万平方米；核发建设工程竣工规划验收合格证29个。2012年，核发建设用地规划许可证18个，审批建设用地面积73.7万平方米；核发建设工程规划许可证76个，审批建筑面积82.4万平方米；办理建设工程验线书25个；办理建设工程竣工规划验收合格证36个。2013年，核发建设用地规划许可证18个，审批建设用地面积56.5万平方米；下达规划设计条件25个，用地面积85.4万平方米；核发建设工程规划许可证69个，审批建筑面积70.3万平方米；办理建设工程验线书48个；办理建设工程竣工规划验收合格证49个。

第二节　干道建设

潍城区城区是潍坊市中心城区的组成部分，境内城区干道系潍坊市市管道路。1991年，城区主次干道17条。1994年区划调整，白浪河以东城区道路划归奎文区，潍城区城区主次干道14条。2003年，城区主次干道16条。截至2013年年底，城区主次干道28条。城区东西向主次干道13条：东风西街、胜利西街、北宫西街、福寿西街、民生西街、健康西街、东新街、仓南街、人民街、玉清西街、宝通西街、玄武西街、卧龙西街。城区南北向主次干道15条：青年路、和平路、向阳路、爱国路、月河路、永安路、安顺路、春鸢路、清平路、长松路、怡园路、友爱路、三里庄路、西外环路、机场路。

潍城区城区干道建设工程是潍坊市中心城区干道建设工程的有机组成部分，其中东西向城区干道建设工程多为跨境工程。为再现横跨潍城区与奎文区边界线（白浪河）的东西向城区干道建设工程的完整性，以下对其进行越境记述。

福寿街改造与新建工程

东西向干道。1992年、1993年完成北海路至鸢飞路段拓宽改造。1994年3月，实施鸢飞路至向阳路段拓宽改造工程，同年8月竣工。路段长2123米、宽40米，铺设沥青砼路面5.5万平方米，投资额750万元。1997年5月，福寿西街（向阳路至友爱路段）工程竣工通车，路段长2300米、宽40米。1998年，福寿西街（友爱路至长松路段）拓宽改造工程竣工通车，路段长1500米、宽40米，铺装沥青砼路面4.58万平方米、排水管道3432米、涵洞60米，安装路灯91盏，投资额480万元。2008年4月，福寿街改造工程开工，同年9月竣工通车。东起北海路，西至长松路，全长8500米，道路横断面形式为一块板，根据原道路实际情况分两段设计：北海路至澧河路段规划宽度48米，其中29米宽主路，主路两侧向外分别为3.5米宽绿化带、3米宽自行车道、3米宽人行道；澧河路至长松路段规划宽度40米，其中21米宽主路，主路两侧向外分别为3.5米宽绿化带、3米宽自行车道、3米宽人行道。改建道路22.9万平方米、绿化带9.6万平方米、人行道9.6万平方米、自行车道5.1万平方米，安装路灯372盏，投资额12856万元。2008年6月，福寿西街（长松路至西环路段）新建工程开工，2009年4月竣工，路段长约2000米、宽40米，沥青路面。福寿街（北海路至长松路段）工程于2010年1月被中国市政工程协会评为“全国市政金杯示范工程”。

东风街改造扩建与提升工程

东西向干道。1994年3月，东风街改造扩建工程开工，分段实施。至1996年10月，东风街改造扩建工程全面竣工。东起北海路，西至西环路，全长10.8公里，道路横断面形式为一块板，双向十车道，工程投资额1.74亿元。2003年11月，东风街（北海路至长松路段）改造提升工程开工，2004年4月竣工。路段长8700米，道路绿线宽度为63米，中间设隔离护栏，两侧向外分别为3米宽绿化带、3.7米宽花岗岩人行道、8.3米宽绿化带。完成改建道路8.18万平方米，道路罩面14.2万平方米，铺装人行道10万平方米，敷设电力管道10.58公里，敷设通信管道8.8公里，安装路灯428盏，绿化面积10万平方米。2004年2月，东风街（长松路至西环路段）开工建设，同年10月完成主路工程。路段长2100米，绿线宽度80米，铺装道路面积8万平方米。

东风街

仓南街拓宽改建工程

东西向干道。1995年12月，仓南街拓宽改造工程（春鸾路至市药品公司仓库段）竣工通车。路段长1160米、宽40米，各类地下管线、排水管道同步敷设，投资额440万元。

青年路改造工程

南北向干道。1996年12月，青年路（仓南街至宝通西街段）拓宽改造工程竣工通车。路段长2546米、宽23米，铺装沥青混凝土路面5.9万平方米，投资额1900万元。1999年11月，青年路（东新街至仓南街段）拓宽改造工程开工建设，2000年7月竣工通车。路段长408米、宽50米，铺装沥青砼路面1.25万平方米、排水管道600米，投资额150万元。2004年12月，青年路（胶济铁路至民生西街段）改造工程开工，2005年4月主路通车。路段长1200米、宽40米，改造主路面积3.7万平方米、人行道面积1.2万平方米、路灯66盏，改造实施电力土建等，投资额1097万元。

民生街扩建工程

东西向干道。1998年，民生街（青年路至鸢飞路段）扩建工程建成通车。路段长1800米、宽30米，铺装沥青混凝土路面2.64万平方米、排水管道 700 米，安装路灯 71 盏。

和平路改造与新建工程

南北向干道。1999 年 5 月，和平路（胜利西街至福寿西街段）改造工程开工，同年 11 月竣工通车。路段长 1200 米、宽 40 米，投资额 540 万元。2005 年 1 月，和平路（胜利西街至北宫西街段）改造工程开工，同年 4 月竣工通车。路段长 1700 米、宽 40 米，道路横断面形式为一块板。改造车行道 4.4 万平方米、人行道 2.4 万平方米，投资额 869 万元。2006 年 2 月，和平路（胜利西街至健康西街段）改造工程开工，同年 4 月竣工。路段长 1486 米，铺装沥青混凝土路面 3.53 万平方米，敷设雨水管道 220 米，改造雨水管道 130 米，安装路牙石 2600 米，安装路灯 64 盏，投资额 1707 万元。2013 年，新建和平路（潍胶路至宝通街路段），主路面达到通车条件。

北宫街改造工程

东西向干道。2000 年 6 月，北宫西街（长松路至白浪河桥段）拓宽改造工程开工，同年 9 月竣工。路段长 4589 米、宽 60 米，铺装沥青混凝土路面 17.34 万平方米、排水管道 1.38 万米，安装路灯 116 盏，投资额 1800 万元。2004 年 5 月，北宫街（北海绿地广场至长松路段）改造工程开工，同年 8 月主路竣工通车。同年 9 月，建成道路两侧宽 11 米绿化带。路段长 9200 米，道路罩面 31 万平方米，铺装人行道 6 万平方米，更换牙石、树框石等 4 万米，安装路灯 426 盏，安装道路隔离护栏 8700 米，完成绿化面积 22 万平方米，种植乔木 2100 株、灌木 18.20 万株。各大路口、沿线重新安装交通标识及指示标识。工程投资额 8000 万元。2008 年 6 月，北宫西街（长松路至西环路段）改造工程开工，2009 年 4 月竣工，路段为沥青路面，长约 2000 米。

向阳路北段拓宽改造工程

南北向干道。2000 年 10 月，向阳路（北宫西街至玄武西街段）拓宽改造工程开工，2001 年 9 月竣工。路段长 2700 米、宽 22 米，投资额 811 万元。

胜利西街拓宽改造工程

东西向干道。2000 年 11 月，胜利西街（长松路至和平路段）拓宽改造工程开工，2001 年 9 月竣工。路段长 4203 米、宽 40 米，铺装沥青混凝土路面 12.51 万平方米、排水管道 1.15 万米，投资额 4340 万元。

月河路拓宽与新建工程

南北向干道。2002 年 3 月，月河路拓宽改造工程开工，同年 10 月竣工。路段长 1746 米、宽 40 米，其中南段（胜利西街至福寿西街段）为拓宽改造，北段（福寿西街至北宫西街段）为新建。铺装沥青混凝土路面 5.56 万平方米、排水管道 2500 米，投资额 695 万元。

安顺路改造工程

南北向干道。2003 年 4 月，安顺路（北宫西街至青银高速公路 13 号口段）改造工程开工，同年 8 月竣工。路段长 4200 米，两侧建设 6 米宽分车带和宽度不等的墙基绿化带，铺装道路 14 万平方米，安装排水管道 14.8 公里，铺装人行道 4.1 万平方米，安装路灯 177 盏，完成中间绿化隔离带及两侧绿化带绿化面积 16 万平方米，外侧建设大小不等的公共绿地。2004 年 10 月，安顺路（北宫西街至青银高速公路 13 号口段）扩宽改造工程开工。路段长 4200 米。其中，改造路段南段规划宽度为 152 米，道路横断面形式为四块板，中间为 8 米宽绿化分车带，分车带两侧依次为 16 米宽主车道，7 米宽绿化分车带，5 米宽自行车、人行

安顺路

混合道，44 米宽绿化带；改造路段北段规划宽度为 115 米，道路横断面形式为三块板，中间为 30 米宽主车道，主车道两侧依次为 7 米宽绿化分车带，5 米宽自行车、人行混合道，30.5 米宽绿化带。扩宽改造工程包括道路、路灯、绿化、排水管线等。铺装道路 14 万平方米，安装排水管道 14.8 公里，铺装人行道 4.1 万平方米，安装路灯 177 盏，投资额 4872 万元。2005 年年底开始大规模绿化，2006 年 4 月竣工。完成中间绿化隔离带及两侧绿化带绿化面积 16 万平方米，栽植银杏、雪松、柿子树等直径 30 厘米以上的大树 200 多株，常绿树 3000 多株。2009 年 5 月，安顺路（北宫西街至健康西街段）改造工程开工，同年 9 月竣工。路段长 3335 米、宽 40 米，道路为沥青路面，其中车行道面积 72946 平方米、人行道面积 14204 平方米，安装路灯 77 盏，排水、照明、电力管道、绿化等改造工程同时实施。该工程投资额 4966 万元。

人民街改造工程

东西向干道。2003 年 5 月，人民街（和平路至青年路段）改造工程开工，同年 10 月竣工。路段长 410 米，道路红线宽 12 米，铺装沥青混凝土路面 5400 平方米、人行道 5100 平方米，投资额 134 万元。

宝通街扩建改造工程

东西向干道。2004 年 10 月，宝通街扩建改造工程开工，2006 年 4 月竣工。道路全长 19400 米、宽 120 米，道路横断面形式为三块板，中间为 30 米宽主车道，主车道两侧依次为 8 米宽绿化分车带、7 米宽缓行道、5 米宽绿化分车带、3 米宽人行道和 22 米宽绿化带，投资额 2.9 亿元。

健康街改造工程

东西向干道。2004 年 11 月，健康街（青银高速公路 15 号口至青年路段）改造工程开工，2005 年 5 月主路竣工通车。路段长 13500 米、宽 100 米，三块板结构，铺装道路面积 57.5 万平方米、人行道面积 6.9 万平方米，绿化面积 71 万平方米，安装路灯 680 盏，改造实施排水、电力土建等，投资额 2.8 亿元。

机场路改造工程

南北向干道。2005 年 5 月，机场路（宝通街至飞机场段）改造工程开工，同年 8 月主路通车。路段长 3900 米、宽 50 米，改造主路面积 7.4 万平方米、人行道面积 2 万平方米，绿化 10 万平方米，改造实施亮化、排水、电力土建等，投资额 3793 万元。

道路缺陷专项整治工程

2007 年 4 月，北宫街、胜利街、东风街、安顺路、健康街、向阳路等 10 条道路缺陷整治工程开工，同年 10 月竣工。完成沥青路面灌缝 6.5 万米，挖补路面 7850 平方米，沥青罩面 1.62 万平方米，投资额 355 万元。

道路人行道硬化工程

2007 年 4 月，胜利街（北海路至安顺路段）、永安路（胜利西街至福寿西街段）、向阳路（卧龙西街至玄武西街段）等 6 条道路人行道硬化工程开工，2008 年 6 月竣工。翻修改造路面 9120 平方米，沥青罩面 3.48 万平方米，铺装人行道 13 万平方米，投资额 2209.5 万元。

长松路改造工程

南北向干道。2008 年 6 月，长松路（安顺路至铁路桥段）改造工程开工，2009 年 4 月竣工，路段长约 2500 米，沥青路面。2009 年 4 月，长松路（玄武西街至安顺路段）改造工程开工，同年 8 月竣工。路段长 1632 米、宽 60 米，主车道宽 23 米，沥青路面。两侧分隔带宽 3 米、人行道

长松路

宽3米、绿化带宽12.5米。改造主路面积38966平方米、人行道面积9335平方米、路灯69盏，排水、照明、电力管道、绿化工程同时实施。该工程投资额2086万元。

玄武街改造工程

东西向干道。2009年4月，玄武街（北海路至安顺路段）改造工程开工，2010年2月竣工。路段长10028米，沥青路面。道路规划红线宽度为60米，绿化控制线宽度为100米，路中央有5米宽绿化隔离带，中间向两侧依次为12米宽机动车道、3米宽绿化分隔带、6米宽非机动车道、1.5米宽人行道、25米宽墙基绿化带。改造主路面积40.82万平方米、人行道面积3.71万平方米，绿化面积32.5万平方米，安装路灯492盏，排水、照明、电力管道、绿化等工程同时实施，投资额27665万元。2011年1月，玄武街（北海路至安顺路段）改造工程被中国市政工程协会评为“全国市政金杯示范工程”。

玄武街

怡园路改造工程

南北向干道。2011年3月，怡园路（西园街至北宫西街段）改造工程开工，同年6月竣工。路段长894米，宽40米，沥青路面，排水、照明、电力管道、绿化等工程同时实施，投资额2268万元。2013年，实施怡园路（北宫西街至玄武西街段）改造工程，同年竣工通车。

友爱路改造工程

南北向干道。2011年3月，友爱路（北宫西街至东风西街段）改造工程开工，同年6月竣工。路段长1200米、宽30米，沥青路面，排水、照明、电力管道、绿化等工程同时实施，投资额1569万元。2013年，完成友爱路（北宫西街至玄武西街段）改造工程。

永安路改造工程

南北向干道。2011年3月，永安路（北宫西街至玄武西街段）改造工程开工，同年6月竣工。该路段长2588米，宽30米，沥青路面，排水、照明、电力管道、绿化等工程同时实施，投资额2837万元。

玉清街改造工程

东西向干道。2011年3月，玉清街（向阳路至四平路段）改造工程开工，同年9月竣工。路段长950米，宽70米，沥青路面，排水、照明、电力管道、绿化等工程同时实施，投资额2015万元。

卧龙西街新建工程

东西向干道。2013年，新建卧龙西街（清平路至白浪河桥段）竣工通车，沥青路面，路段长约3300米，宽约40米。同年，新建卧龙西街（西外环至长松路段），主路面达到通车条件，路段长约1990米，宽约40米。

第三节　背街小巷改造

潍城区城区背街小巷主要集中在东至白浪河、西至长松路、南至仓南街、北至卧龙西街范围内。1995年，对芙蓉街、城隍庙街、预备仓街进行翻建。1998年，对北门大街（北宫西街至卧龙西街）进行改建。2005—2013年，对中心城区部分背街小巷（含部分未封闭旧小区内支路）进行改建、翻建。

2005—2013 年潍城区城区背街小巷改建、翻建情况表

表 4-1

道路名称	起止点	改建、翻建年份	道路长度（米）	车行道面积（平方米）	人行道面积（平方米）
丰产路	健康西街 — 人民街	2005	320	3520	4480
人民街	向阳路 — 爱国路	2005	300	3300	2640
北宫南街	向阳路 — 商场三街	2005	140	1260	840
西园街	永安路 — 友爱路	2005	1120	8360	8600
北马道西段	向阳路 — 北门大街	2006	220	880	660
棋盘街	郭宅街 — 东风街	2007	120	720	2200
郭宅街	和平路 — 向阳路	2007	530	3710	3180
胡家牌坊街	和平路 — 曹家巷	2007	246	1476	1230
北门大街	东风西街 — 卧龙西街	2007	1875	13160	11250
东大街	和平路 — 月河路	2007	1227	7362	8589
布政司街	向阳路 — 芙蓉街	2007	158	790	632
区直幼儿园路	布政司街 — 芙蓉街	2007	160	800	640
芙蓉街	胜利西街 — 东风西街	2007	580	4060	3480
水巷子	向阳路 — 芙蓉街	2007	160	800	960
东大街西段支路	东大街 — 月河路	2007	240	1440	1449
西南关前街	爱国路 — 八中	2007	240	1440	1680
青年支路	青年路 — 和平路	2007	372	1488	1360
陈家油防街	向阳路 — 商场四街	2007	345	2070	1992
油坊中路	福寿街 — 东北关村	2007	510	3570	2070
北宫北街	河口路 — 向阳路	2007	750	4875	4500
北宫南街	向阳路 — 北园路	2007	223	2007	1338
河口路	北宫西街 — 和平路	2007	320	2240	1980
西园街	月河路 — 永安路	2007	320	2240	1800
苗圃一路	东风西街 — 西园街	2007	295	2065	1475
苗圃二路	东风西街 — 福寿西街	2007	680	4570	2700
苗圃三路	东风西街 — 福寿西街	2007	680	4950	5560
高家庄西路	铁路 — 胜利西街	2007	380	2280	1520
高家庄东路	铁路 — 胜利西街	2007	375	2250	1500
太平街	芙蓉街 — 月河路	2007	420	2940	2520
北宫东小区 1 路	北宫南街 — 北宫西街	2009	193	965	772

续表 4-1

道路名称	起止点	改建、翻建年份	道路长度（米）	车行道面积（平方米）	人行道面积（平方米）
北宫东小区 2 路	北宫南街 — 北宫西街	2009	210	1980	1260
北宫东小区 3 路	陈家油坊街 — 北宫西街	2009	355	2130	1420
北宫东小区 4 路	陈家油坊街 — 北宫南街	2009	135	540	675
北宫东小区 5 路	陈家油坊街 — 北宫南街	2009	135	567	540
预备仓街	东风西街 — 中百街	2008	454	2724	2270
城隍庙街	向阳路 — 北门大街	2008	224	1120	1344
建设街	爱国路 — 安顺路	2008	420	2940	3780
仓西路	春鸢路 — 铁路桥	2008	460	2760	2300
仓中路	仓南街 — 大洋食品厂	2008	373	2611	2238
西市场三街	和平路 — 胜利西街	2008	332	2324	1260
海化路	向阳路 — 北门大街	2008	252	1512	1260
苗圃四路	东风西街 — 西园街	2008	305	2135	2400
苗圃支路	苗圃三路 — 苗圃四路	2008	240	1200	960
二毛小巷	铁路 — 胜利西街	2008	500	2500	
第一食品厂街	动力机厂 — 胜利西街	2008	360	2520	2880
新胜街	铁路桥 — 新胜北街	2008	96	624	624
新胜北街	安顺路 — 新胜街	2008	222	1443	888
环卫处西路	居民楼 — 东风西街	2008	80	400	320
丁家老过道	和平路 — 向阳路	2008	300	1800	1500
仓西中路	春鸢路 — 仓西路	2008	200	1200	1500
北宫西小区 1 路	北宫南街 — 长城门窗宿舍	2009	165	660	660
北宫西小区 2 路	北宫西街 — 北宫南街	2009	200	1000	1200
北宫西小区 3 路	北宫南街 — 长城门窗宿舍	2009	165	660	660
北宫西小区 4 路	北宫南街 — 长城门窗宿舍	2009	157	785	628
北宫西小区 5 路	福寿西街 — 北宫南街	2009	178	1246	890
月河西小区 1 路	月河支路 — 福寿西街	2009	165	1485	660
月河西小区 2 路	月河支路 — 福寿西街	2009	164	820	328
月河西小区 3 路	月河支路 — 福寿西街	2009	165	825	330
月河北小区 1 路	福寿西街 — 居民楼	2009	152	760	608
月河北小区 2 路	福寿西街 — 居民楼	2009	155	620	620
月河北小区 3 路	福寿西街 — 居民楼	2009	152	760	608

续表 4-1

道路名称	起止点	改建、翻建年份	道路长度（米）	车行道面积（平方米）	人行道面积（平方米）
月河支路	月河路 — 姚家坊方沟	2009	174	1566	870
丰产路	人民街 — 南苑一街	2010	280	1960	1960
五道堂北巷	爱国路 — 月河沟	2010	190	950	
五道堂南巷	爱国路 — 康家庄	2010	240	1200	960
北马道	曹家巷 — 向阳路	2010	360	2160	3579
柳树行子街	南苑一街 — 爱国路	2010	100	600	500
建设东街	向阳路 — 爱国路	2013	350	4900	1800

说明：表中背街小巷含部分未封闭的旧小区内支路。

第四节　城中村改造

潍城区列入城中村改造的共有 48 个村，涉及人口 4.96 万人，总用地面积 2789 公顷，其中居民安置用地面积 411 公顷、生活保障用地面积 368 公顷、政府可储备净用地面积 2010 公顷。截至 2013 年年底，有 23 个村进入改造实施阶段，9 个村完成居民回迁安置。

2003 年前，潍城区城中村改造步伐缓慢。2004 年，为全面提升城区建设形象、完善城区配套功能，加快城中村改造步伐，成立潍城区城中村改造领导小组，重点负责全区 33 个城中村的改造工作。2005 年，全区 35 个城中村列入改造范围。2006 年，以齐家庄村、南关村、徐家小庄等城中村为改造重点，全力推进城中村改造，后姚家坊等 6 个村开工建设。2007 年，城中村增加至 40 个，其中 16 个村开工建设，6 个村基本完成改造。2008 年，全区城中村增加至 45 个，其中 12 个村开工建设，开工面积 106 万平方米。2009 年，全区城中村增加至 46 个，其中 16 个村开工建设，开工面积 64 万平方米。2010 年，全区有 20 个城中村开工建设。2011 年，全区城中村增加至 48 个，其中有 20 个村开工建设，开工面积 106.3 万平方米。2012 年，后姚家坊等 6 个村完成改造，北三里、于家、高家楼等 21 个村开工建设，开工面积 360 余万平方米。2013 年，小许家等 22 个城中村改造稳步推进，开工面积 400 万平方米。

第五节　老旧小区改造

2005 年，潍城区针对辖区内部分老旧小区配套设施老旧、功能不完善的现状，启动老旧小区改造提升工作，分五批次进行。是年，改造提升第一批老旧小区，主要对长胜小区路面及绿化进行改造，总投资 555.4 万元。2007 年，改造提升第二批老旧小区，对芙蓉小区、西南关小区、北宫东小区、苗圃东小区、城隍庙南小区、城隍庙北小区、输油小区、双合小区、中和街小区、东市场小区的楼顶防水、楼道间窗、楼体涂料粉刷、落水管、垃圾道封堵、下水道疏通、绿化工程、市政工程、路灯监控等进行改造，总投资 7261 万元。2008 年，改造提升第三批老旧小区，对曹家巷小区、西南关小区、永安小区、向阳小区、福寿园小区、前进街小区、颐园小区、桐荫小区的楼顶防水、楼道间窗、楼体涂料粉刷、落水管、垃圾道封堵、下水道疏通、市政工程、路灯、绿化监控等进行改造，总投资 3826.8 万元。2009 年，改造提升第四批老旧小区，对翠竹园小区、北宫东小区、北宫西小区、月河西小区等进行改造，对新胜北街、西市场三街、城隍庙街、西园街、北宫东小区背街小巷、苗圃东小区背街小巷等进行改造，总投资1487.1万元。2010年，改造提升第五批老旧小区，主要对颐园小区的楼顶防水、楼道间窗、楼体涂料粉刷、落水管、垃圾道封堵、下水道疏通、市政工程、路灯、绿化监控等进行改造，总投资1130万元。

第六节　供水　排水

供水

潍城区城区供水由潍坊市直接管理。2004年6月，潍坊市自来水总公司启动“一户一表”改造工程。至2013年，城区“一户一表”用水普及率达100%，人均日生活用水量约60升。自来水出厂水水质合格率达100%，管网水水质合格率达100%，水质综合合格率达100%。

排水

1991年后，潍坊市对潍城区城区新建和改造的有关道路同步进行排水设施配套建设，市、区主管部门对城区排水存在问题及时进行维修、改造。潍城区城区产生的污水均通过济青高速化肥沟、白浪河西侧排污箱涵、大于河排污管道、西外环污水主管道等排污管网接入城西污水处理厂收集处理。2010年6月，大于河以东区域废水全部实现集中处理。2013年，完成城区西部21.5公里雨污排水管道铺设并与城市排水主管网联网对接，将城区西部生产、生活污水接入城西污水处理厂收集处理，大于河以西区域废水全部实现集中处理。

第七节　供热　供气　供电

供热

1988年，城区东风大街段首批实行集中供热，供热范围较小。20世纪90年代初，城区供热仍多由单位自建小型供热锅炉取暖，污染严重，能耗大，效果差。1997年，《潍坊市大气污染防治方案》实施后，逐渐淘汰10吨以下民用取暖锅炉，推广集中连片供热。至2002年，城区集中供热率达10.45%。此后，城区集中供热率逐年提高。2009年，位于潍城经济开发区开拓路以西、工业一街以北的潍坊市热力有限公司西部热源厂动工建设，占地2.5公顷，2013年12月建成投产。2009—2013年，潍坊市热力有限公司在潍城区共投资约5000万元，建设热源厂配套高温热水管约26公里，支管网约30公里。2013年，潍城区城区集中供热面积达567.8万平方米，普及率达65%。

供气

20世纪90年代，城区瓶装液化气和人工煤气（属管道燃气）并存。进入21世纪，使用人工煤气的普及率逐步提高，至2010年达85%以上。2010—2015年，潍坊港华燃气有限公司自东向西依次对全区原人工煤气用户进行天然气（属管道燃气）置换，全区11万户居民用户和163户工商业客户均用上了安全、环保、高效的天然气。2012年11月，潍坊港华燃气公司在潍城区西环路南侧设立西环路天然气门站1座，气源由中石化、中石油双气源供应。2013年，潍城区城市燃气普及率达95%。

供电

1991年1月—1995年10月，潍城区城区供电由潍坊电业局用电营业处管辖。1995年10月，潍坊电业局在潍城区境内设潍城供电局，下设配电科、电费管理科、用电监察科、用电营业科，辖北关供电站、杏埠供电站、于河供电站、军埠口供电站、望留供电站、大柳树供电站。2002年，潍城供电局并入国网山东省电力公司潍坊供电公司，该公司在潍坊城区设城区供电部。

20世纪90年代，特别是1998年后，结合城市建设和社会用电需求，潍坊市加快发展市区电网（简称“城网”）。到2001年10月，历时3年，城网建设与改造工程全部竣工。潍坊城网的网架结构明显改善，220千伏、110千伏及35千伏系统容载比分别达到 1.8、1.9 和 1.8，均符合《城市电力网规划设计导则》要求。110 千伏变电站全部实现一主一备双电源供电，并安装备用电源自投装置。电网调度自动化系统、配网自动化系统和 GIS 等新技术、新设备、新工艺，在城网建设与改造中得到广泛应用。城区配电线路全部实现"手拉手"联络供电，60% 的线路实现配网自动化。实施城区居民"一户一表"工程。对一批"卡脖子"中低压线路、老旧设备进行改造更换，有效地解决了居民用电高峰期"有电用不上"的困难局面。城区变电站实现无人值班和光缆通信联网。2008 年 7 月，潍坊电网奥运电铁配套项目——220 千伏杏埠输变电工程的 1 号变压器，220 千伏、110 千伏、10 千伏系统，以及连接胶济客运专线牵引站的 2 回出线，一次性送电成功。2009 年，杏埠变电站被国家电网公司认定为"优质工程"。至 2013 年，潍城区有 220 千伏变电站 2 座、110 千伏变电站 9 座、35 千伏变电站 1 座。直供区智能配网覆盖率 80% 以上，电网结构得到明显改善，各电压等级层次分明，线路分段合理，智能操作方式简单可靠，设备完好率、开关正确动作率、继电保护及自动装置正确动作率、10 千伏断路器无油化率、高耗能配变更换率和配网线路绝缘化率均达到 100%。

第八节　标志性建筑

潍坊奥林匹克体育公园体育场

南临北宫西街，西靠安顺路，东接清平路，北连卧龙街。2008 年 4 月开工建设，2009 年 6 月投入使用。占地 28.7 公顷，建筑面积 7.9 万平方米，绿化面积 8.9 万平方米，总造价 6.6 亿元。设有主看台 1 个、辅看台 1 个、侧看台 2 个，观众坐席 4.5 万个（含 25 个包厢），有 8 个出入口，并配有热身训练场和 821 个停车位。体育场结构体系为 5 层钢筋混凝土框架结构，顶部为半敞开式拱形结构，东、西上层为钢结构，罩篷为铝镁锰直立锁边金属罩板，罩篷高度为 70 米，跨度为 310 米。体育场配设国际一流的足球场草坪、中国田径协会认定的优质塑胶跑道、双面高清晰全彩色 LED 显示屏及高端灯光照明设备。

潍坊市奥林匹克体育公园体育场是"十一五"期间潍坊市投资兴建的重点城建项目。具备承办国内外重大体育赛事的条件，是第十一届全国运动会女足比赛主场地、8 个分会场之一。获得 2010 年度国家优质工程银质奖，为 2013 年度中国十佳品牌会展中心。

潍坊奥林匹克体育公园体育场

鲁台会展中心

该中心位于长松路与玉清西街交汇处东南侧，是齐鲁台湾城的重要组成部分。2010 年 6 月 28 日展览中心和会议中心同时开工建设，2010 年 12 月主体结构封顶，2012 年 9 月正式启用。总建筑面积 11.9 万平方米，总投资 11.6 亿元。包括展览中心和会议中心两部分，会议中心通过连廊与展览中心相连通。展览中心总面积约 10.1 万平方米，总高度约 35 米，主体建筑为 3 层，局部有夹层，共 4 层，内部设有展厅、登录厅、办公、餐饮、洽谈、商业、连廊和配套机房等功能厅；会议中心主体建筑为 2 层，局部设有夹层，共 3 层，内部包括 100 人会议室、400 人会议室、830 人报告厅各 1 个，1000 人宴会厅及商业区和配套机房。外设东侧、北侧和南侧 3 个入口广场及室外展场、休闲广场等功能分区。

十笏园文化街区仿古建筑群

该建筑群位于东风西街与向阳路交汇处东北侧，因环抱全国重点文物保护单位"十笏园"而得名。2009 年 9 月开工建设，2015 年 4 月 17 日正式开园。十笏园文化街区仿古建筑群是山东半岛面积最大的仿古建筑群之一，占地10余公顷，总建筑面积24.6万平方米，整体风格为仿明清古建筑，与十笏园明清建筑风格一脉相承。

十笏园文化街区仿古建筑群以十笏园为依托，融合了潍城区独特的传统历史文化资源、人文气息与地方特色，汇集了十笏园、关帝庙（关侯庙）、孔融祠（孔相祠）、文昌阁、郑板桥纪念馆、全国书画名家展示馆、郭怡孮美术馆、于希宁艺术馆、潍坊市民间工艺品陈列馆、中国收藏家协会潍坊展览交流中心及潍坊非遗文化中心等众多大型公益文化建筑，集中展现了老潍县历史文化风貌。地标性雕塑“中国画都”伫立于十笏园文化街区仿古建筑群西门北侧。

十笏园文化街区

潍州剧场

潍州剧场位于东风西街东首街南。1992年3月动工兴建，1995年9月竣工。总投资4000万元，占地0.37公顷，建筑面积1.2万平方米，长73米，宽53米，高22米。剧场前大厅为宝石蓝玻璃幕墙，东西两侧墙体装贴无釉面砖和具有民族风情的花岗石浮雕。建筑主体为2层，建筑中心是观众厅和舞台，观众厅设1160个坐席。附楼为地上3层、地下1层，内设房间69处，有会议室、接待室、休息室、展室、录像厅、影视厅、音像站、健美中心、中老年舞厅、餐厅、歌舞厅、台球室、豪华放映厅等经营性服务场所，具有剧场、会场、影院等功能，可承办文化、教育、商务活动和中小型体育比赛等。

潍坊火车站站房与广场

潍坊火车站站房 位于城区南部，始建于1902年。2005年，鉴于1972年所建的火车站站房容量较小、设施陈旧、办公及候车条件差等原因，对潍坊火车站及其广场进行大规模改造，历时近2年时间，建成蝴蝶风筝形状的新站房。新站房建筑面积2.2万平方米，可容纳乘客3500人，在设计中充分体现了以人为本、先进、合理、适用的原则，可为旅客提供安全、舒适、快捷、有序的乘降转条件。

潍坊火车站广场 新广场于2007年5月开工建设，同年11月竣工并投入使用。该广场南依潍坊火车站站房，东临和平路，西傍向阳路，北接中亚商贸城，占地2.69公顷，设有主题雕塑景区、水景带、绿化带等。

潍坊火车站站房与广场

第九节　绿　化

1993年5月，潍城区园林管理所成立，为副科级全额拨款事业单位，编制9人。内设办公室、财务科、绿化科、工程科4个科室，隶属潍城区建设局。2004年3月，潍城区园林绿化管理所与潍坊市园林局潍城绿化管理处合并，成立潍城区园林管理局，为正科级全额拨款事业单位，编制60人，内设办公室、财务科、绿化科、综合科、养护一科、养护二科、自怡园管理办公室7个科室，隶属潍城区建设局。2010年2月，潍城区园林管理局更名为潍城区园林管理处，为正科级全额拨款事业单位，编制60人，内设办公室、财务科、绿化管理科、规划建设科、督查一科、督查二科、自怡园管理办公室7个科室，隶属潍坊市城市管理行政执法局潍城区分局。

1991年，建成区园林绿化覆盖面积14公顷，园林绿地面积22公顷。1994年区划调整后，建成区园林绿化覆盖面积8公顷，园林绿地面积10公顷。至2013年，建成区园林绿化覆盖面积1776.49公顷，园林绿地面积1333.39公顷。建成区绿化覆盖率40.67%，绿地率39.61%，人均公园绿地面积17.74平方米。

公园、广场绿地

境内城区公园、广场绿地主要有潍坊人民公园、自怡园、安顺广场等。

潍坊人民公园　位于白浪河西岸、青年路中段，南北分别与健康西街和民生西街相接，西临青年路，是潍坊市的地标性场所。始建于1951年，原为以观赏动植物为主、封闭式管理的公园。为适应城市发展的需求，进一步提升人民群众的文化生活品质，市委、市政府于2004年9月开始对人民公园进行改造，2005年6月1日试开园。改造后的人民公园占地20.6公顷，设3个出入口（南出入口、北出入口、西出入口），2条景观带（园中溪流景观带、沿河景观带），2个园中园（中式园、西式园）。园内共13个景区，主要有叠翠、天趣园、明心岛、自在洲、枫林、流沙、慕容台、云城、归真园、谊园等，是一处寓休闲、娱乐、健身、观赏等多种功能于一体的开放式公园。

人民公园一角

园内种植乔、灌木约27万株，草坪6.72万平方米，草花30.5万株；有水系1.4万平方米，点景石1.2万吨，道路广场2.1万平方米，仿古建筑2500平方米，园林建筑约8000平方米。2006年，获中国风景园林学会“优质园林工程金奖”。2007年，获“中国人居环境范例奖”。

自怡园　位于东风西街与安顺路交叉口东北角，南到东风西街，北至西园街，东临潍坊外国语学校，西靠怡教园。原名“南松园”，旧址在潍城区西郊的小于河村，始建于清嘉庆年间，光绪末割裂为田。

新建于现址的自怡园，于1991年11月动工，1994年建成开园。1999年、2002年进行两次续建改造，公园占地面积7.9公顷。园内有湖、亭、廊、台、楼阁、水榭等一系列建筑，设有“青筠别馆”“绛雪居”“向阳景院”“湖山真意”等景点。自怡园的总体设计是将厅、堂、亭、廊、榭、阁等园林建筑与山石、湖水、树木、花草融为一体。园内栽植法桐、垂柳、白皮松、雪松、银杏、樱花、丁香、迎春、冬青球等各类乔、灌木60余种5000余株，是一处具有传统古典式山水园林风格的公园，是潍坊市区西部建成较早、面积较大的绿地公园。

安顺广场　位于潍坊市区西北部、奥体中心西侧，由安顺路、长松路、北宫街3条主干道围合而成，占地12.8公顷。2009年3月开工建设，同年10月建成，共调运土石方50万立方米，种植乔、灌木12万株，地被9.5万平方米。作为奥体中心重要的配套景观，安顺广场的设计理念紧扣奥林匹克更高、更快、更强的精神和绿色生态文化主题，规划设计了五环雕塑、树阵景观、城市山林和水系叠瀑4个景区。五环雕塑由5根三角形立柱组合而成，每根柱子的颜色各异，分别与奥运五环的颜色——红、黄、蓝、绿、黑相对应，最高立柱60米，最低立柱42米，立柱30米处悬挂由226个不锈钢环组成的风筝造型雕塑。树阵景观主要通过植物的行距、高低和色彩变化，体

现奥林匹克更快、更高、更强的精神。城市山林主要通过地表形态塑造和植物空间围合，构成基本的山水骨架，以乡土树种复层种植的方式，体现生态绿化理念。水系叠瀑则采用自然土层池底、内部自循环和水生动植物相结合的处理方式，形成完整的生物自净化链条。

安顺广场绿地

道路绿化

20 世纪 90 年代初，城区道路两侧以法桐、国槐为主，墙基绿化面积少，绿化模式单一。进入 21 世纪，随着市、区两级不断加大绿化建设的投入力度，城区绿化总量逐年增加，总体绿量和绿化建设档次、水平大幅提升。道路绿化与城市基础设施建设同步进行，注重乔、灌、花、草有机结合。2006 年，开始对月河路（北宫西街至济青高速公路）、清平路（东风西街至北宫西街）、北宫西街（长松路至西外环路）、安顺路（北宫西街至健康西街）等道路进行绿化建设。自 2008 年冬季始，对安顺路（北宫西街至济青高速公路 13 号口）进行两次绿化提升，新增乔、灌木 12 万株。2009 年，对和平路、向阳路、月河路加强绿化，开展种花增色工程，栽植花乔木、花灌木、宿根花卉及时令花卉 400 万株。道路绿化初步形成了以东起青年路、西至西二环、南起宝通西街、北至玄武西街等 9 条绿色长廊串联起的绿色网络，仅 309 国道、长松路、胜利西街、宝通西街、福寿西街、北宫西街、怡园路、清平路、友爱路 9 条道路绿色走廊即栽植乔、灌木 680 万株。城区道路绿化网络突出了高、大、密、厚的特点，展现了上、中、下立体的绿化层次，实现了“三季有花，四季出彩”。2013 年，城区道路绿化进一步提升，“路在树中”的绿化效果更加凸显。

长松路绿色走廊

街头绿地

境内城区街头绿地主要有文化广场绿地、颐园绿地、东风影院绿地、巨力公园绿地等。

文化广场绿地　位于东风西街与和平路交叉口以西 150 米处的南侧（潍州剧场西邻），始建于 1999 年，2000 年建成开放，占地 0.37 公顷，绿化面积 890 平方米，硬化面积 2810 平方米。

颐园绿地　位于东风西街与向阳路交叉口西 200 米北侧，占地 0.32 公顷，栽植雪松、国槐、紫叶李、樱花、黄杨球、金银木、红叶小檗、金叶女贞、小龙柏等乔、灌木。

颐　园

东风影院绿地　位于东风西街与永安路交叉口东南角，总面积 1952 平方米，栽植柿子树、国槐、雪松、百日红、木槿、红叶小檗、金叶女贞、小龙柏等乔、灌木。

巨力公园绿地　位于东风西街与长松路交叉口东北角。1996 年 6 月建成，2009 年对公园进行了改造提升。占地面积 1.5 公顷，硬化面积 1600 平方米。栽植柿子树、国槐、雪松、百日红、木槿、剑麻、丰花月季、金叶女贞球、小叶女贞球等乔、灌木 1012 株，铺栽草坪 1.1 万平方米。

巨力公园

单位庭院绿化

1991—2013 年，潍城区每年开展“花园式单位”“花园式小区”创建活动，加快了城市园林绿化发展，推动了群众及社会各界参与城市园林建设和绿化美化活动不断深入，进一步巩固了城区园林绿化美化成果。园林部门开展“花园式单位（小区）”评选活动，同时加强技术指导，跟踪服务，督促相关单位、庭院和居民小区充分利用空间见缝插绿、拆墙建绿，开展立体绿化。截至 2013 年，潍城区有省级花园式单位 7 个、市级花园式单位 35 个、市级花园式小区 18 个，进一步改善了城区居住生态环境。

第十节　亮　化

按照潍坊市城市管理体制的职能划分，潍城区中心城区主次干道、背街小巷、未封闭的旧小区内的路灯均由潍坊市路灯管理处建设和维护管理。

2004 年前，潍城区中心城区路灯设施陈旧、路灯残缺、照明效果差。2004 年后，潍城区中心城区主次干道共安装、更换灯盏 2529 盏（路灯 2413 盏、景观灯 116 盏），总功率 590.61 千瓦，总杆数 2100 根，箱变数 14 个，线路总长度 117.06 公里。2005—2008 年，为改变背街小巷“灯下黑”问题，按照市区财政各 50% 的投资政策，潍城区为 43 条背街小巷（含部分旧小区）安装路灯 951 盏。其中，2005 年安装 103 盏，2007 年安装 621 盏（输油小区 49 盏），2008 年安装 227 盏。在市路灯管理处的指导下，除输油小区 49 盏接入小区配电室外，其余 902 盏均从附近主干道路灯线路接入，改善了路灯的照明效果。2007 年，火车站广场亮化改造，共安装路灯 79 盏，总功率 21.54 千瓦，照明线路总长度 0.6 公里。其中，高杆广场照明灯 4 盏，功率 14.4 千瓦；单火庭院灯 24 盏，功率 1.56 千瓦；双火庭院灯 41 盏，功率 5.33 千瓦；太阳能庭院灯 10 盏，功率 0.25 千瓦。按照管理职能划分，火车站广场路灯由潍城执法分局管理维护。2013 年 5 月初，市路灯管理处专业技术人员对月河路、人民街等 43 条街巷的路灯（共 673 盏）现状进行详细摸底，制定了维修方案。2013 年 7 月底，通过潍城区政府采购中心完成招投标，合同造价 194.86 万元。2013 年 12 月，维修工程完成并通过了竣工验收。2014 年 12 月，保质期满具备移交条件，移交给市路灯管理处管理。

第十一节　环境卫生管理

1991—1993 年，潍城区环境卫生管理工作由潍坊市环境卫生管理处负责。1994 年区划调整后，潍城区环境卫生管理工作由潍坊市环境卫生管理处潍城管理所负责。2004 年 3 月，潍坊市调整中心城区环卫管理体制，将环卫道路清扫保洁、公厕管理和粪便抽吸等具体管理权限下放到潍城区，负责中心城区 16 条道路、208.45 万平方米的清扫保洁管理及 39 座公共厕所的粪便清除、污水抽吸管理工作。同年 7 月，成立潍坊市潍城区环境卫生管理局，隶属于潍坊市城市管理行政执法局潍城区分局。2005年6月，潍坊市进一步改革中心城区环卫管理体制，将潍城区范围内的建筑渣土管理、生活垃圾收集和运输作业管理、第一次下放未明确的部分新增道路保洁和未明确的部分新建公厕管理作业、生活垃圾转运站管理、沿街果皮筒管理等职能交由潍城区环境卫生管理局负责，下放道路6条51.99万平方米、公共厕所13座、生活垃圾转运站17座、果皮筒260个。至此，全区主要街道、公共厕所、生活垃圾转运站、果皮筒、生活垃圾清运（收集、运输、收费）、建筑垃圾审批工作均实行环卫专业管理。2010年10月，潍城区环境卫生管理局更名为潍城区环境卫生管理处，隶属关系不变。

城区道路清扫保洁

1991—2005年，城区道路保洁以人工清扫方式为主，清扫范围由道路主路面逐步延伸至道路两侧人行道。2005年2月，潍坊市中心城区城市道路清扫保洁工作首次公开向社会招标。城区道路保洁开始实行市场化运作模式，实行全日制道路保洁，环卫处负责监督管理，以达到“五无五净”（无白色垃圾、无杂物堆积、无积泥扬尘、无渣土砂石、无积水污渍和路面干净、绿化隔离带树穴干净、路牙石干净、下水道口干净、果皮箱等环卫设施干净）为标准。2006—2011年，实行“一级道路保洁合同化、背街小巷保洁属地化”管理模式，道路保洁管理有序。自2011年1月起，街道保洁严格按照潍坊市城市管理行政执法局《关于进一步提升中心城区道路保洁管理水平的意见》，按Ⅰ级道路保洁标准实施作业，推行主次干道“机吸＋洒水＋高压冲洗＋人工捡拾”的作业模式，环境卫生的保洁质量得到明显提升，街道卫生达到了“五无五净”的标准要求，机吸率、洒水率达到作业要求，完成率100%。2013年，继续推行主次干道“机吸＋洒水＋高压冲洗＋人工捡拾”的作业模式，中心城区重点区域实行延时动态保洁。按照属地管理原则，背街小巷保洁管理由各街道负责。

城区生活垃圾转运

1991—1992年，城区生活垃圾清运采取街道两旁定点设置垃圾箱、晚间吊装收集清运模式进行，配备5吨垃圾运输车及叉车。1992年，开始在城区设置垃圾中转站，建设了第一批箱式吊装式双坑双箱生活垃圾转运站，结束了生活垃圾敞开式收集箱的使用。城区生活垃圾清运分为上门服务和自行清运至垃圾中转站两种，环卫处负责集中清运至潍坊市生活垃圾处理场，进行无害化处理。1997—2000年，潍城区新建ZDZ-9（ZML-9）自装地下顶升式双坑双箱（含单坑双箱2座）生活垃圾转运站8座。2004年，改造JTZ120TSJ型卧式压缩机单机双箱生活垃圾转运站3座，新建和改建JTZ120TLJ立式压缩机单机双箱生活垃圾转运站4座。2005年后，清运生活垃圾量以每年15%左右的比例增加，生活垃圾服务范围逐步扩大。2009年，投资200余万元，购置3部大型生活垃圾压缩车，增强了垃圾清运机械力量。2010年，启动数字化环卫管理模式，开始对生活垃圾转运、清运工作实行全方位监管，垃圾清运车辆和环卫督查车辆全部安装了GPS数字化监管系统。2011—2013年，对老旧转运站逐步进行改造，实行大压缩车直接运转（以车代站）方式。通过融资租赁，建设LYX15斜置式联体压缩机单坑生活垃圾转运站4座。年清运生活垃圾约11万吨，生活垃圾无害化处理率达到100%。2013年，潍城区城区有生活垃圾转运站15座。

2013 年潍城区城区生活垃圾转运站表

表 4-2

转运站名称	位置	建成年份	占地面积（平方米）
月河站	月河路与福寿西街交叉口西南角	1992	241（含公厕）
刘家园站	北园路与卧龙街交叉口南 100 米路西	2002	267（含公厕）
颐园小区站	东风西街以北颐园小区	2002	132（含公厕）
七中站	福寿西街与长松路交叉口东 100 米	2002	277（含公厕）
苗圃站	怡园路与西园街交叉口北 50 米	2002	
北宫站	向阳路与北宫街交叉口东南北宫菜市场	2004	364
安顺路站	东风西街与安顺路交叉口南 50 米路东	2004	271.3
向阳路站	向阳路北段潍城区环卫处对面	2004	284.28（含公厕）
浮路站	春鸢路与胶济铁路交叉口西北角	2004	211
东风西站	东风西街与安顺路交叉口西 500 米路北	2004	
巨力站	东风西街西关派出所西邻	2011	622.5（含公厕）
华侨幼师站	友爱路与卧龙街交叉口东南角	2011	164（含公厕）
福利院站	潍城区福利院门北侧	2011	95（含公厕）
南三里站	胜利西街与长松路交叉口东 100 米	2011	127.72（含公厕）
城隍庙站	东风西街城隍庙小区		

城区公厕管理

1991—1995 年，城区有公厕 16 座。2000—2010 年，建设公厕 17 座。2011—2013 年，按照一类公厕标准新建公厕 8 座，改建、改造公厕 2 座。

1991—2007 年，城区公厕管理实行收费如厕模式。2008 年 7 月 1 日起，公厕全部对外免费开放。2008—2013 年，对公厕实行“四定一包”（定人、定任务、定水平、定奖惩和包卫生）责任制，管理公厕 43 座。

第十二节　城管执法

1991 年，市容秩序管理以突击管理为主，执法车辆对象主要为机动三轮车。1994 年后，以市容秩序日常管理为主、联合执法为辅，开展协同公安、交警、工商、防疫等多部门联合执法，执法车辆对象以机动三轮车为主。2002 年 8 月，按照中共潍坊市委、潍坊市人民政府印发的《潍坊市城市管理相对集中行政处罚权试点工作实施方案》，在市区范围内开展城市管理相对集中行政处罚权试点工作，潍坊市统一组织招考城管执法人员，组建城管行政执法机构。2003 年 2 月，潍坊市人民政府第 76 号令《潍坊市实施城市管理相对集中处罚权规定》发布，同年 4 月 1 日起施行。成立城管公安中队，配备公安人员协助保障执法工作。同年 11 月，全面开展“创建卫生城市城”“两街一路”（东风西街、胜利西街、和平路）综合整治工作，拆除破损广告牌 175 处，拆除房屋 1704.95 平方米，拆除或改造院墙 724.4 米，拆除广告牌匾 12 处、54 平方米，拆除违章建设、乱搭乱建 300 余处、6100 余平方米。

2004 年，以建立城市管理长效机制为抓手，以“城市面貌一年大变样”为目标，以治理市容市貌“脏、乱、差”为工作重点，组织集中行动80多次，累计清理各类违章摊点1.3万个，规范取缔店外经营5000多处，清理各类占道牌匾、灯箱3000多块，取缔露天烧烤点、大排档150多处，拆除违章搭建200余处、1.2万多平方米，查扣非法机动客运三轮车800多辆次，关停、清除城区限制范围内煤炭经销点70多处，将占道长达12年之久的向阳路夜市迁入人民街夜市，取缔爱国路市场。潍城区在全市率先设立城市管理专线投诉电话，面向社会公开。

2005年，以城市环境综合整治为重点，创新管理模式，全面开展城市管理综合执法工作。完善“两级政府（市、区县），三级管理（市、区县、街道镇），四级网络（市、区县、街道镇、村居）”的城市管理格局，将执法权延伸至街道（开发区）。执法分局向每个街道办事处派3名执法人员，与各街道（开发区）联合成立城市管理专职工作机构，组建城管执法中队，同时挂街道（开发区）城市管理办公室牌子、市城市管理行政执法局潍城区分局街道执法中队牌子，由区执法分局和街道（开发区）共同管理，各街道办事处、开发区管委会分管副主任兼任城市管理办公室主任，定编不少于10人，标志着潍城区城管体制延伸工作正式运行，分级管理，职责明确。是年，对福寿西街、东风西街、向阳路、月河路两侧违法开设的430多家门店依法强制封堵；拆除乱搭乱建3.9万多平方米；对春鸢路“脏、乱、差”问题集中整治，清理占道经营、堆放物料200多处；清除乱搭乱建房屋、棚厦160余处；拆除中百大厦北侧违法建筑170间、2200多平方米，清运垃圾750立方米；对城区胜利西街、安顺路、月河路、福寿西街、向阳路北段两侧人行道进行整平人行道17万多平方米，清运垃圾、渣土7万多立方米；清理摊点群120处；处理各类投诉883件。

2006年，实行划区分片管理、建立市容市貌长效管理机制，城管执法权限向街道进一步延伸。将建成区划分为2个责任区，将每个责任区按重点区段的分布和工作量分成3个片区，相应设置城北、城南2个市容中队，每中队划分为3个分队，每分队负责1个片区，由分队长带队实行全天不间断巡查管理。对胜利西街、福寿西街、安顺路等5条街道8万多平方米的人行道整平清理，清理沿街门店私设的上车坡道800多处、2600多米；协助城区4个街道拆除违章建筑、残墙断壁900余处；清理烧烤摊点80余处，扣押烧烤炉具、工具2600多件；组织开展对摩托车占道维修点的集中治理，清理42个占道摩托车维修点。2007年，深入开展城市管理综合执法工作，完善划区分片网格化长效管理机制，加强队伍建设。推行千分制考核，制定管理标准，设定各中队、分队市容市貌管理考核基本分为1000分，由执法督察科进行考核，成绩予以通报。对城乡结合部老宝通街、青年路南段、春鸢路、长松路、仓西街、玄武街东段、向阳路北段、309国道两侧环境秩序“脏、乱、差”问题进行整治，共拆除违章搭建45处、990平方米，拆除残墙断壁620米，清理乱堆乱放1600多处，清运垃圾渣土380多立方米，填埋修车地沟47条，促使城乡结合部环境面貌发生了根本性变化；先后6次组织人工机械强制拆除城区内向阳路、月河路、胜利西街、福寿西街、安顺路、友爱路北段、89医院对面、火车站周边等违章搭建566处1.1万余平方米；对20条主要街道两侧门店统一下达《门头字号广告牌匾规范管理通知书》4200余份，拆除广告牌匾560余块，清理墙体门窗乱贴乱画1.5万余处；协调设立摊点群6处、烧烤园3处；清理长松路营子段非法狗市经营摊点120余处；全力推进城市管理示范街建设。加强队伍建设，解决了4个中队的办公场所，为执法车辆安装GPS监控；受理各类投诉1335件。

2008年，突出重点，强化专项整治，全力配合国家卫生城市创建工作。联合公安、工商、交警、卫生等部门，开展专项整顿，取缔宝通街非法食品市场、福寿桥头早市，取缔卧龙街、胜利西街、青年路占道市场，封堵月河路非法门店，治理人民街市容秩序；开展取缔露天烧烤、占道维修摊点、煤点、废品收购点等专项整治行动。共出动执法车100余台次、执法力量1600多人次，取缔整顿露天烧烤、占道摊点7000余处，收缴非法经营工具等4000余件，取缔城区内煤点、废品收购点40余处；彻底清理城乡结合部存在的违章搭建、残墙断壁、废旧电杆、积存垃圾，共清运垃圾500余立方米，清理上车坡道、填埋修车地沟110处；对城区内20余处旧建筑物进行粉刷包装；协调施工单位对21处建筑工地围墙以张贴公益广告、涂写标语等形式进行美化；设立“三拆一绿”专门工作机构，完成20处围墙、51座水塔、4处锅炉烟囱拆除任务和22处绿化任务。对于违法案件实行查处分离，由中队负责查处，移交处理中心集中统一处理，共处理各类投诉1003件。与区法院协调，组建了城管法庭（法院城管联络室），作为行政审判庭的内设机构，专职负责城管执法行政处罚案件的强制执行工作。

2009年，完善机制，强化措施，全面提升城市精细化管理。在中心城区重点部位，如中百大厦、人民商城、金沙城市广场等商贸聚集区及人民公园、火车站等窗口形象地段，开展徒步执法，实现了中心城区精细化管理；拆除违章建设3700平方米；完成拆旧改丑29处、1.9万平方米；广告牌匾翻新整治2374处、2.9万平方米；楼体粉刷包装84处、9.6万平方米；整治美化施工围挡78处。2010年，管理前置，查防结合，全面加强市容秩序管控。加大对城区主次干道、重点区域、城乡结合部市容秩序的管控力度，开展了一系列专项整治活动：采取徒步执法与车辆巡查相结合，分散管理与集中整治相结合，对流动摊点、乱搭乱建、乱涂乱画、乱停乱靠、乱堆乱放、乱设广告牌匾、乱扔乱倒垃圾等违法违规行为进行全面整改和规范；对青年路南段、胜利街西段、月河路、玄武街等路段的占道市场和露天烧烤进行集中整治；对辖区内学校周边的环境秩序开展专项治理；强化“零缺陷”城市管理示范区建设，在全面加强市容秩序管理的基础上，突出重点、以点带面；组织开展拆旧改丑、一机四线整治包装、广告牌匾整治等一系列城市环境综合整治行动，按照统一标准对玄武西街两侧2109平方米广告牌匾整治改造；拆除清理东风西街北小于河村段违法广告牌匾50余处、320余平方米。同年5月，成立潍城区数字化城市管理指挥中心，并将处置终端延伸至城区4个街道及人民商城管委会、园林绿化管理处、环境卫生管理处、市政管理局、市容执法监察大队等单位，形成全面覆盖、管理规范、运转高效的城市管理信息处理系统，实现对城市管理问题的受理、分派、处置、督办、反馈、考评的全程监控。区数字化平台于同年10月与市平台对接运行。

2011年，全面加强市容秩序管控，深入开展专项执法。对流动摊点、广告牌匾、上车坡道、废旧线杆、积存垃圾等集中整治清理：共清理占道摊点2000余处；没收占道广告牌匾800余块，清理LED显示屏600余块、上车坡道89处、积存垃圾200余立方米，拔除线杆27根；拆除违法建筑物8处1746平方米；查处私拉乱倒垃圾案件21起、撒漏污染道路案件8起、噪声扰民案件58起。数字化城管运转富有成效，受理各类投诉37324件，月平均3100余件。是年，按照市政府《关于理顺火车站广场管理体制问题专题会议纪要》的要求，原以市人防办为主的火车站广场范围（青年路以西、爱国路以东、健康街以南、铁路线以北）的管理职能移交潍城区，负责广场及周边市容秩序管理及广场环卫保洁、园林绿化、市政设施的管理与维护。

2012年，推进示范街区建设，将东风西街、胜利西街、和平路、向阳路围合路段及健康西街、青年路、火车站广场片区“六街一区”确定为城市管理示范街区，设立了示范街管理中队和火车站管理中队。组织开展了示范街创建专题宣传活动，印制示范街创建管理标准，在潍州剧场、金沙广场设置2处城管岗亭，以岗亭为节点辐射延伸，全面推行徒步执法巡查管控模式；对示范街区范围内的400多个门店的户外广告、门店牌匾、沿街橱窗（画廊）逐一规范，拆除破旧牌匾59处、更新低档次牌匾36处；对示范街区存在缺陷的市政设施进行修补、完善，在沿街人行道施划停车泊位550个，设立非机动车停车挡杆1500米；完善火车站广场设施，重新铺设自来水管道1200米，更新广场休闲座椅58组、232块，修复破损路面76处、240平方米。

2013年，推进城市管理人性化、常态化、精细化、社区化发展。开展市容环境综合整治月和夏季集中综合整治活动，加强对店外经营、流动摊点、露天烧烤、乱堆乱放、乱贴乱画、乱扯乱挂等影响城市容貌的问题整治清理，先后治理广告牌匾216块，清理占道经营790处，清理乱贴乱画5处，整理规范马路市场5处，清理露天烧烤30余处，确保市容秩序管理水平不断提升。

第十三节　卫生城市创建

按照全国和省、市爱卫会部署，自1991年开始，潍城区广泛深入开展创建省级卫生城市活动，区委、区政府把“创城”工作列入议事日程，专门组建由区委、区政府领导任组长、副组长的领导小组，城建、卫生、工商、公安、公路、防疫、广电等部门以及各街道的主要负责人任成员，下设办公室，采取定期专门研究及现场办公的方式，集中解决“创城”工作中存在的突出问题。通过开展创建省级卫生城市活动，潍城区各项指标达到验收标准，1995年潍坊市被命名为“省级卫生城市”。

2003年，潍城区召开创建国家卫生城市动员大会，制定创建活动实施方案，成立创城工作领导小组，由区委、区政府领导任组长、副组长，组建潍城区创城办公室，从区卫生局、防疫站、执法局、交通局、广播局等部门抽调精干人员到创城办公室集中办公，负责创城工作的组织、协调和迎查工作。2007年，全区开展创建国家卫生城市迎查活动。同年12月，全国爱卫办技术评估专家组对潍城区创建国家卫生城市工作进行技术评估，顺利通过验收。2008年4月，潍坊市被全国爱卫会命名为“国家卫生城市”。2012年，全省、全国爱卫办对潍坊市进行首次复审。为做好迎接国家卫生城市复审工作，潍城区制定迎接国家卫生城市复审工作方案，按照“统一领导、分条作战，部门负责、属地管理”的原则，深入宣传，广泛动员，突出重点，集中整治，全区卫生城市各项指标得到进一步提高，市容环境更加优美，顺利通过了国家卫生城市复审。

第十四节　文明城市创建

1991—1994年，潍城区坚持精神文明重在建设的方针，在全省率先开展文明小区创建活动，涌现出曹家巷小区、城隍庙小区、南苑小区等先进小区。1995年，以创建文明小区为龙头，带动文明共建和创建全国卫生城市活动的开展，组织开展军民共建、警民共建、工农共建、街居共建等多种形式的文明共建活动。1997年，潍坊市创建文明小区工作现场会在潍城区召开，区精神文明建设委员会代表潍城区作典型发言，与会人员参观考察城隍庙小区、曹家巷小区、长胜小区3个现场。城隍庙小区被省文明委确定为“省级文明小区示范点”。1998年，开展“国税杯——知我潍城，爱我潍城，建设潍城”知识竞赛，举办“遵守十不行为规范，告别不文明行为”万人签名活动。潍城区获评为“第四届全省精神文明建设工作先进区”。1999年，大力实施“文明示范工程”，开展创“三优”和“讲文明，树新风”活动；在城区深入推行市民文明公约，在公共场所、主要交通路口、居民小区树立以文明公约为内容的公益广告牌120余块。2000年，组织开展潍城区迎国庆“国税杯”文明公民知识电视大赛。广泛开展文明执法竞赛活动和行风评议活动，评选出十佳单位和十佳个人。

2001年，以创建文明城市为重点，广泛开展争创文明社区、文明小区活动，城区面貌大为改观；农村继续广泛深入开展争创“十星级文明村”“十星级文明户”暨档案规范化管理活动。2002年，潍城区精神文明建设委员会印发《关于落实潍坊市创建省级文明城市工作任务的实施意见》，成立潍城区创建省级文明城市工作领导小组，形成一级抓一级、层层抓落实的创建格局。组织开展“绿色社区”创评活动，评选出区级绿色社区15个、市级4个、省级2个。组织“诚信进万家，争当文明市民”万人签名活动。2003年，以“十星级文明村”“十星级文明户”争创活动、文明社区建设和为民服务联动为切入点，积极抓好农村、社区、行业精神文明建设工作。2004年，召开全区创建文明社区现场会，将“爱我潍城，做文明市民”活动与创建文明社区工作紧密结合，以曹家巷、西市场等4个社区为典型，推出“三台一榜”“三个十佳”评选、“建设绿色社区”等社区文明建设新形式、新方法。2005年，全面贯彻落实市委、市政府创建文明城市的决策部署，在潍城区电台、电视台开设“创建文明城市，建设靓丽潍城”专题栏目，分发各类创城宣传材料10万余份，制作大型宣传公益广告牌7块、永久性标语口号100多幅、宣传栏80多个。协调各有关单位对全区285处影响环境和形象的场所进行限期整改，取缔店外经营156处，清理违法广告牌87处，强制封堵街道两侧擅自开设的门店63处，拆除违章棚厦410多处，开展环境卫生、文明交通秩序集中整治活动。2006年，以建设文明和谐社区为总抓手，加强社区网络和队伍建设，广泛发动居民参与社区管理和服务，不断拓展社区服务领域。结合“爱我潍坊，做文明市民”活动，潍城区文明办与潍城交警大队联合开展以“提高市民文明素质，查纠交通违法行为”为主题的文明交通活动。2007年，积极做好文明山东测评的各项准备工作，继续深入开展以“提高市民文明素质，查纠交通违法行为”为主题的文明交通活动。2008年，以争创省级文明城市和全省创建文明城市工作先进区为重点，全力提升城区文明水平，为文明城市创建测评提供的43个实地考察站点全部达到测评标准。

2009年，建立健全创建文明城市相关机构和制度，多次召开全区各单位部门主要负责人调度会议，落实责任，明确分工，成立由4名副县级领导带队的4个督查组，对城区4个街道进行包靠督查。潍城区电台、电视台开辟“创文明城市，做文明市民”专栏，下发《创建文明城市，让我们继续努力——致全区人民的倡议书》20万份。所有上报站点按照测评体系要求做好准备，顺利通过国家、省公共文明指数和未成年人思想道德建设测评。2010年，以迎接全国文明城市公共文明指数测评为重点，着力健全完善领导包靠、部门协调、责任考核、问题反馈和解决等工作机制，创新推出机关单位和社区结对共创文明城市等措施。组建8000人的志愿者服务队伍、600余人的社会监督员队伍。充实20余人，壮大执法管理队伍。2011年，紧紧围绕“四个整治四个提升”，集中开展全民文明月、文明城市迎测、创建省级文明区等活动，着力深化文明城市创建，不断提升城市品位，加快城市发展。以市民学校、社区讲坛为载体，邀请高校教授深入全区学校、医院及各企事业单位，举办礼仪知识讲座20余次，培训人员达1000余人次。潍城区被省委、省政府评为“省级文明区”“全省未成年人思想道德建设工作先进区”。2012年，坚持以迎测成功为目标，突出抓好氛围营造、问题整改、管理提升等关键环节，强化落实组织领导、督导检查、属地管理、责任包靠和志愿服务等有效措施，城区环境面貌进一步改善，城市文明水平进一步提升，通过了国家测评组的测评。2013年，以创建全国文明城市为全区文明和谐创建工作总抓手，大力开展“六项集中整治行动”，有效地推动了社会环境综合治理、“净化美化家园，共创生态文明”、文明交通行动、文明旅游行动、文明餐桌行动等主题活动，优化了城市综合环境。潍城区委办公室、区政府办公室联合印发《潍城区文明城市创建问责办法》，明确责任分工，健全文明城市创建工作组织领导、集中整治、常态管理、投入保障、舆论推动、督查考评、责任追究等方面的长效机制，形成整体推进、全面提高的工作格局，为新一轮文明城市创建工作提供了坚强的制度保障。

第十五节　园林城市创建

1998年，潍坊市提出建设园林城市的目标。2003年，市、区两级政府将城市园林绿化工作作为提升城市形象、改善城市环境、提高城市综合实力、促进城市可持续发展的重要战略举措，按照“园在城中,城在绿中”的总体思路,结合“鸢、古、绿、河、山”的城市特色定位，坚持以大投入促进大绿化，高起点规划、高标准建设、高效能管理。城区园林绿化建设坚持精品路线，片、线、点整体推进。2005年,潍坊市创建成为“省级园林城市”。

2006年，根据潍坊市政府《关于开展创建国家园林城市活动的决定》，开展浮烟山风景旅游区、城南白浪河西岸片林等绿化建设工作；对月河路（北宫西街至济青高速公路）、清平路（东风西街至北宫西街）、行政路（309国道至区政府大楼）、北宫西街（长松路至西外环路）、安顺路（北宫西街至健康西街）等道路进行绿化建设；对福寿西街与月河路交叉口东北角、西南角、东南角，东风西街与月河路交叉口西南角、胜利西街与月河路交叉口东北角、宝通西街与春鸢路交叉口东北角等绿地进行绿化建设；抓好辖区内部分沿街单位立体绿化、单位庭院和居民小区绿化达标建设。2009年，根据潍坊市政府办公室《关于印发〈潍坊市创建国家园林城市工作责任分工〉的通知》的精神，潍城区负责浮烟山、自怡园、和平路、向阳路、月河路及辖区单位庭院和居民小区的种花增色工程，栽植花乔木、花灌木、宿根花卉及时令花卉400万株；对辖区内绿地加强养护管理工作，对单位庭院和居民小区进行绿化达标建设，并建立完善单位和小区绿化档案，对辖区街道绿化进行普查。

经过园林城市的创建，城区绿化网络形成，潍城区涌现出“三片九廊一点”等绿化精品，为潍坊市创建国家园林城市做出了贡献。“三片”，即安顺广场、奥体中心、白浪河西岸。安顺广场，总面积10.7万平方米，栽植以雪松为主的乔灌木，突出高、大、密、厚，成为城市森林广场；奥体中心，将高大乔木与地面精致绿化相结合，实现了冬绿夏荫、绿色常披；白浪河西岸，在已栽植315万株乔灌木的基础上，增种爬藤、常青植被，形成20公里绿色生态水岸。“九廊”，即309国道、长松路、胜利西街、宝通西街、福寿西街、北宫西街、怡园路、清平路、友爱路9条道路绿色走廊，栽植乔、灌木680万株，串联人民公园、自怡园、巨力公园、安顺广场，连接乐埠山生态林场、浮烟山森林公园。“一点”，即济青高速公路13号口的10万平方米的高标准生态绿化区域，栽植银杏、油松等大型园林景观树，搭配龙柏、木槿、紫薇、时令花卉等,达到“三季有花,四季出彩”,突出“盆景”式三角形绿化带、生态森林式绿化带等亮点。2009年，潍坊市以分布均衡、结构合理、功能完善、景观优美、人居生态环境清新舒适、安全宜人等优势，成功创建为“国家园林城市”。2011年，建成区绿化覆盖率、绿地率分别由2003年的33.5%、29%提高到40.3%、39.2%，人均公园绿地面积由2003年的7.52平方米增加到17.35平方米。同年，在住房城乡建设部组织的中国人居环境奖居民问卷调查中，潍城区的城市绿化满意率达92.6%。至2013年，城区园林绿化进一步提升，建成区绿化覆盖率、绿地率分别达到40.67%、39.61%，人均公园绿地面积达到17.74平方米，形成“城在林中，路在树中，楼在绿中，人在景中”的绿化效果。

第二章　乡村建设

第一节　镇（街）村（社区）规划

1991年始，潍城区按照关于建立“卫星小城镇”和新村建设的精神，坚持“全面规划，正确引导，依靠群众，自力更生，因地制宜，逐步建设”的方针，对全区10个乡镇驻地和306个行政村进行全面规划。1994年，重新修订完善编制新一轮小城镇建设规划（1994年6月区划调整后为6个镇）。

2006年，为推进社会主义新农村建设，根据上级新一轮村镇规划编制要求，制定《村镇规划编制工作具体实施方案》。编制完成军埠口镇、于河镇、符山镇、望留镇的总体规划。全面启动村庄规划编制工作，每个镇确定2～3个村编制新农村建设规划。2007年，推进新农村建设规划编制，曹家村等5个村的规划方案编制完成。2008年，在北盛、春鸢、望留等12个新型农村社区中，有7个社区规划方案获批复。2009年，以春鸢社区为试点，推动现代化新型社区规划建设工作。2011年，于河片区总体规划在原于河镇总体规划的基础上完成修编，军埠口综合项目区、乐埠山生态经济发展区总体规划修编基本完成。编制完成潍城区农村住房建设与危房改造规划。农村旧村改造和农民集中居住社区规划由点及面逐步展开。2012年，焦家、葛埠、小庄、固家4个村改造规划编制完成，依法办理了相关规划审批手续。2013年，编制完成潍城区现代化新型农村社区规划布局，确定槐埠、大崖头等12个社区为重点建设社区。

第二节　镇（街）村（社区）建设

1991年，在全区开展村镇建设“十、百、千”活动，制定了建设1个达标镇、10个达标村、50个达标户的具体实施方案。1992年，廿里堡镇和9个村（西王村、二十里堡村、樱北村、李家村、北关村、北三里村、庄头村、北王村、友爱村）分别被省政府授予“新型乡镇”和“明星村庄”。

1994年，在于河镇、望留镇进行“小城镇”建设试点，庄头村、三甲村、军埠口村等7个村列为“小康村”建设试点村。是年，村镇各类建设项目完成投资8600万元，建设农房面积11.4万平方米。于河镇被市委定为“重点小城镇”，廿里堡镇获评为市级“新型小城镇”，望留镇庄头村新建的居民楼获评为省级“小康屋优秀样板房”。1996年，全区6个镇的小城镇建设中有5个镇形成规模，有28个村完成新村建设任务，有5360户迁入新居，全区村镇道路硬化率达到40%。1997—2002年，稳步推进新农村建设。至2002年年底，全区村道达240.4公里，其中砂土路223.5里、柏油路16.5公里，75%的村通柏油路。2003年，全面实施“村村通油路”工程。2006年，大力推进社会主义新农村建设，全区169个行政村全部实现村村通油路，80%的村使用自来水，有线电视实现村村通，农村生产生活环境明显改善。2007年，全区95%的村使用自来水，农村居民人均住房面积达33平方米。2008年，根据区委、区政府《关于加快推进近郊村社区服务体系建设的意见》的要求，全区规划15个近郊村社区，按照多村一社区的模式，每个社区辐射范围一般在3000户、1万人左右，在169个行政村设置农村社区服务中心15个，其中军埠口综合项目区3个，潍城经济开发区2个，乐埠山生态经济发展区2个，望留街道5个，于河街道3个。2009年，崔家旧村改造、臧家旧村改造起步区等4个农村社区开工建设，总面积达40万平方米。2010年，潍城区被民政部命名为“全国农村社区建设实验全覆盖示范单位”，被省民政厅命名为“山东省农村社区建设先进单位”。2013年，槐埠、大崖头等12个新型农村社区建设开工面积达120余万平方米。全区完成1.8万户农村数字电视整体转换，配备提升街道、开发区、管理区综合文化站设施，配备提升28个村文化大院和34家农家书屋设施。完成全区205个村（社区）规模化集中供水工程建设，解决了19.6万人的饮水安全问题。贵和苑等7个新型农村社区加快建设。全区农村居民人均住房面积达37.6平方米。

第三节　城乡环卫一体化

2009年8月，潍城区开始城乡环卫一体化建设。潍城经济开发区所辖潘里、远东、远西、小宋家、文家、臧家、南王、赵家、固家、南曹、北曹、东小河、西小河、牟家、粉匠、官家、崔家、考东、考西、挂角子、河崖头、葛埠、焦家、小庄24个村居及其辖区内企业的生活垃圾实行“三统一”，即统一收集、统一清运、统一处理，建立作业、管理、监督三位一体管理模式，实行户集中、村收集、区清运、市处理的工作程序。设施一次性投入，市区财政按照8 ：2比例分担，共投入200多万元为潍城经济开发区内24个村配备封闭式垃圾房56座、240升垃圾桶560个、大型压缩垃圾车3台。

2010年11月，为加快城乡环卫一体化进程、促进城乡环境质量整体提升，城乡环卫一体化工作实行属地管理，潍坊市区的城乡结合部及乡村全部实施城乡环卫一体化管理，逐步实现村内生活垃圾“日日清”和无害化集中处理。2011年6月，潍坊市人民政府将城乡环卫一体化工作定为统筹城乡、区域一体化发展的关键环节和提升城乡环境质量、改善城乡居民生活品质的重要举措，首次把城乡环卫一体化工作纳入各县（市、区）年度工作目标责任考核。根据潍坊市城乡环卫一体化的工作要求，确定潍城辖区玄武街以北、新宝通街以南、长松路以西区域共计161个村（于河街道35个村，望留街道60个村，军埠口综合项目区32个村，乐埠山生态经济发展区19个村，西关街道3个村，北关街道7个村，南关街道5个村）、36921户、13.16万人纳入城乡环卫一体化管理，在村内固定位置设置垃圾斗，各村配备保洁员，负责村内街巷保洁、将村民生活垃圾集中收集到垃圾斗中，区环卫处派垃圾压缩车统一清运至生活垃圾处理场。2011年10月，由潍坊市城市管理行政执法局与中联重科融资租赁（北京）有限公司签署融资租赁合同，市、区财政投入825.5万元购置一体化垃圾压缩车13辆、3.5方垃圾斗250个，实现生活垃圾日产日清、无害化集中处理，村内卫生达到城乡环卫一体化工作标准要求。2012年5月，按照属地管理原则，全面改善城乡环境卫生水平，建立健全村收、镇运、县（市）处理农村垃圾收集运输处理体系，全面推行城乡环卫一体化管理。

2013年4月，潍城区制定《加快推进城乡环卫一体化工作实施方案》《潍城区2013年城乡环卫一体化考核管理办法》和《关于推进全区城乡环卫一体化工作专业化管理的实施意见》，按照每万人1辆垃圾运输车、每500人1个垃圾斗、每15户或60人1个垃圾桶的标准，配备垃圾运输车辆、垃圾斗、垃圾桶及各类垃圾收集车辆，并对重点路段、重点部位及村（社区）环境卫生进行集中清理整治，逐村开展整治达标活动，以点带面，全域铺开。同时，实行月检查、季调度、半年考核、年终考核，对各村环境卫生进行验收达标考核。

第三章　建筑业

第一节　建筑队伍

1991—1994 年，潍城区建筑业企业有 16 家，完成年产值 5200 万元。2000 年，建筑业资质等级四级以上企业 28 家，其中国有企业 3 家、集体企业 6 家、股份制企业 19 家，建筑施工面积 36.1 万平方米，完成建筑业总产值 2.8 亿元，工程质量合格率 100%，工程优良率 24%。2004 年，全区建筑业企业达到 32 家，其中资质等级三级以上施工总承包企业 21 家、专业承包企业 11 家，建筑施工面积 56.3 万平方米，完成建筑业总产值 4.6 亿元，工程质量合格率 100%，创优质工程 11 个、省级施工安全文明工地 8 个、市级施工安全文明工地 25 个。2008 年，建筑企业以市场为导向，以效益为中心，促质量，提信誉，积极开拓市场。至年末，从业人数 2.3 万多人，建筑业年总产值达 6.3 亿元，施工面积 85 万平方米，实现利税 976 万元，创"质量诚信，用户满意"示范工程 5 个、施工现场综合管理样板工程 9 个。2013 年，全区资质等级三级以上建筑业企业 19 家，其中施工总承包企业 12 家、专业承包企业 7 家。按登记注册类型划分，有内资企业 18 家、外商投资企业（中外合资经营企业）1 家；按国民经济行业划分，有房屋建筑业 10 家，土木工程建筑业 3 家、建筑安装业 1 家，建筑装饰及其他建筑业 5 家。建筑施工面积 251.7 万平方米，建筑业总产值达 15.46 亿元。从业人员 11316 人，其中工程技术人员 1144 人。

建筑企业选介

山东普兰集团有限公司　成立于 1992 年，国家施工总承包二级企业，注册资金 5080 万元。集团公司下设建筑公司、亿城置业、海惠经贸、信和劳务与奥博教育投资公司，主要从事建筑施工、房地产开发、劳务等经营项目。公司于 2004 年通过 ISO9001 国际质量认证体系，获得潍坊市"先进施工企业""工程质量先进单位""安全生产先进企业"等称号。被省、市、区工商局授予"守合同重信用"企业，被省台属联谊会授予"突出贡献台属企业"，获得"诚信民营企业""纳税信用 A 级企业""劳动保障诚信单位"等称号，被区委、区政府授予"重点保护企业""潍城区先进企业""先进民营企业"和"尊师重教先进单位"。

潍坊高达建安工程有限公司　建筑工程施工总承包二级资质，消防设施工程专业承包三级资质，注册资本 2000 万元，固定资产 4000 万元，拥有机械设备 232 台。公司具有年完成 9000 万元建筑安装工程的综合施工能力。

潍坊东晟建筑安装有限公司　原为潍坊鲁通建筑安装有限公司，组建于 2003 年 10 月，是房屋建筑施工总承包二级企业，乙级取费等级。注册资本 2000 万元，生产经营用固定资产 400 万多元，生产流动资金 2600 万余元。企业下设多个项目部及科室，具有承建各种大中型建筑物和构筑物工程的能力。

山东中普建设工程有限公司　成立于 1996 年 1 月 17 日，注册资本 1000 万元，固定资产 127 万元，流动资金 97 万余元。公司是资质房屋建筑工程总承包三级、建筑装饰装修二级、钢结构工程专业承包三级企业。

潍坊宏泰建筑安装有限公司 成立于2005年，企业资质为施工总承包三级，是集建筑施工、水电暖安装于一体的现代化企业，注册资本2016万元，固定资产500万元，流动资产1000万元，能独立承担各类工业与民用建筑、构筑物施工。

第二节 建设工程招标投标

1995年前，潍城区建筑市场多沿用计划经济体制管理方式。1996年，潍坊市“有形建筑市场”建成开业。潍城区依托潍坊市有形建筑市场，实现建筑工程承发包从无形到有形、从无序到有序、从隐蔽到公开的转变。1997年，建设工程报建后，根据投资性质、建设规模，确定招标方式，按照《山东省建设工程招标投标管理条例》《潍坊市建设工程招标投标暂行办法》的规定，进入潍坊市交易大厅进行招标发包，在评委的抽取、唱标、评标、定标整个过程中，都有公证处人员现场监督公证，中标结果在潍坊市建设信息网上进行公示，严格遵循公开、公正、公平竞争的原则，维护建筑市场秩序。截至2013年，全区建设工程应招标工程招标投标率、进场交易率、施工合同备案率均达到100%。

第三节 建筑节能管理

20世纪90年代末，潍城区开始大力推广新型墙体材料，即以墙体建筑材料节能费（后改为新型墙体材料专项基金）为杠杆，推行新建建筑优先采用新型环保节能材料。自2002年7月1日起，潍城区境内所有新建、扩建、改建的各类建设工程，鼓励使用新型墙体材料，逐步禁止使用实心黏土砖，2006年年底全面实现“禁实”目标。

根据全市统一部署，自2007年始，潍城区新建公共建筑和居住建筑分别严格执行建筑节能50%和65%的强制性标准，节能建筑全面推开，建筑节能纳入基本建设程序进行管理，在施工图审查、招投标、质量监督、施工许可、竣工验收备案等各个环节严格把关，新型墙体材料使用率达100%。自2010年7月1日起，推行太阳能光热建筑一体化技术，新建、改建、扩建的住宅建筑、集中供热水的公共建筑按规定应用太阳能光热系统，与建筑同步设计、同步施工、同步投入使用。2013年，绿色节能建筑发展迅速，奥文国际城、荣军花园、怡园雅居等项目获得绿色建筑评价标识。

第四章 房地产

第一节 住房制度改革

1993年7月，潍坊市房改正式运作，潍城区房改工作于8月正式开始。成立区房改领导小组，在区建委设房改办公室，印发《潍城区城镇住房制度改革实施意见》，对全区106个参改单位的21063户进行调查摸底，对有关房改的各项数据逐级汇总、审核和验收。1994年7月，出台房改政策。将出售公有住房的价格分为市场价、微利价和标准价3种价格，分别是1064元、764元、433元。当年出售的公有住房主要实行标准价，作为逐步过渡到微利价的售房价格。旧房价，按当年新房价的折扣计算确定。职工以标准价购买公有住房面积的控制标准为：一般职工 50 平方米，科级干部 60 平方米，县级干部 70 平方米，地市级干部 90 平方米。超过上述标准 50% 以上部分实行市场价。同月，正式对单位直管公房和政府直管公房全面推开房改工作。按 1994 年标准价，对 95 个单位的自管公房实施房改，计 112 批次、3700 多户。1994 年 7 月—1996 年 6 月，先后按 1994 年标准价、1994 年成本价、1996 年成本价共出售直管公房 5700 多户。1996 年 7 月始，按 1994 年成本价接轨，接轨率达 90% 以上。按 1996 年成本价房改 75 个单位，共 1500 户，大面积房改在潍城区基本完成。1996 年 8 月，推行住房公积金制度，有 198 个单位开始实行。同年 10 月，有 106 个单位的提租全部到位，月新增租金 15.1 万元，区房管局直管公房月新增租金 7.5 万元。2000 年 6 月，2000 年度房改政策出台。当年房改政策规定：单位出售现有存量住房和以后自建住房，均实行市场价，取消房改成本价、现有住房折扣和一次付款折扣，并优先出售给未参加房改购房的职工和住房面积未达到购房当年度规定的职工。是年，公有住房制度改革基本结束，职工住房逐步进入市场化。

第二节 房地产开发

20 世纪 90 年代，旧城改造、街道拓宽及第二产业退城进园等，为房地产开发开拓了空间。全区房地产开发呈现出融资资金广、工程规模大、项目档次高、房地产销售旺的发展态势。2003 年，全区共有房地产开发项目 90 个，建筑面积 66.26 万平方米。其中，新开工工程 39 个，建筑面积 19.6 万平方米，完成总产值 2.3 亿元。共办理各类房产登记 4733 件，建筑面积 171.7 万平方米，交易额达 1 亿元。制定了月河楼、城隍庙、十笏园等片区危旧房改造和开发建设实施意见。2004 年，全区房地产开发投资 12 亿元，建筑面积 15 万平方米。全区大型房地产开发项目主要有碧水豪庭·丽景苑、北海大厦、星光·国际、国安商厦、华都·浮烟山庄、和平商城、丰桔园大厦、帝豪大厦、丰华针纺城家居超市、盛和步行街、豪德广场、中天大厦、万基大厦、圣基商务大厦、金源大厦、金艺大厦、清平花园、怡心园、河滨花园、花福苑、鸢都湖花园、新纪元建材市场、广丰家居大厦等 60 余个。此后至 2007 年，房地产市场持续保持高温状态，受整体市场环境的影响以及全区基础设施建设水平的不断提高、城市环境的进一步改善、市区西部开发等积极因素影响，全区房价增长幅度处于较高水平。2007 年，全区房地产竣工面积约 50 万平方米，在建面积近 100 万平方米。全区大型房地产开发项目主要有白浪河花园大厦、华锦苑、西城名都、安顺家园等 60 余个。这些大型房地产工程项目的实施，提升了城市品位，改善了商居条件。2008 年、2009 年，全区房地产业平稳较快发展。2009 年，商品房建设投资额 21.88 亿元，商品房施工面积 203.1 万平方米，商品房竣工面积 62.1 万平方米，商品房销售面积 111.45 万平方米。鲁发名城、茂华紫苑公馆、十笏园文化广场、白浪金沙等一大批房地产市场项目顺利实施。2010 年后，房地产开发持续发展。截至 2013 年，全区有房地产企业 51 家，商品房建设投资额 48.85 亿元，商品房施工面积 511 万平方米，商品房竣工面积 11.13 万平方米，商品房销售面积 55.5 万平方米，其中销售住宅 47.4 万平方米、4577 套。

第三节 房产管理

住房保障

作为中心城区，潍城区严格落实《潍坊市人民政府关于加强住房保障工作的意见》《潍坊市廉租住房租赁补贴实施办法》《潍坊市公共租赁住房管理办法》《潍坊市廉租住房管理办法》《潍坊市区廉租住房实物分配实施细则》《潍坊市区经济适用住房货币补贴实施办法》《潍坊市经济适用住房管理办法》《潍坊市区经济适用住房分配办法》等，逐步健全并完善了覆盖全区低保户、低收入者、中低收入者、外来务工、新就业人员等的住房保障体系。2006年，潍城区印发《潍城区城镇廉租住房和经济适用住房工作实施计划》，住房保障工作开始全面铺开。对低保和低收入住户实施公租房租赁补贴，其中低保住户补贴标准为9元/月、低收入住户补贴标准为5.4元/月，每月按60平方米计算。2011年、2012年，政府共购买公租房源70套，分布于万锦国际小区、龙熙园小区、华泰小区；购买经济适用住房380套，分布于鲁发名城小区、圣基铭座小区、三友翡翠城小区、上城国际小区、锦绣名郡小区、渤景湾小区。经济适用住房货币补贴自2012年开始，由原来的申请人购买60～90平方米房源、政府补贴6万元，调整为购买60～100平方米房源、政府补贴8万元。在住房保障的申请和分配工作中，实行严格申请、审核和公示制度，确保公开、公平、公正。同时，严格管理支付中央和省、市下达的住房保障专项资金，进行专账核算，严格按照资金用途和规定拨付资金。

自2011年始，潍城区按照相关规定，结合城市危房和城中村改造，全面实施棚户区改造。其中，2011年对祥甲花园、唐宁郡、康城壹品3个小区进行改造，涉及居民1020户；2012年对月河楼片区、北关片区、东市场片区、城隍庙片区4个片区进行改造，涉及居民2399户；2013年对康家片区、前姚片区、武家片区、和平广场、西夏庄片区、小许家片区、北三里片区7个片区进行改造，涉及居民2402户。

产籍档案管理

1988—1999年，潍城区进行房屋确权发证，发放山东省潍坊市城镇私房、公房所有权证。2000年，实施城乡房产一体化管理，启用和换发全国统一房屋权属证书。2005年11月，房屋产权产籍管理等业务纳入交易大厅统一管理。2011年，房产交易市场迅猛发展，业务量随之增加，完成商品房网上备案2489套，发放商品房预售许可证94份，批准预售面积555214.15平方米。2013年，各业务系统数据、图形信息等实现相互关联、动态传递和信息共享，全年商品房网上备案2611套，发放商品房预售许可证79份，批准预售面积531934.72平方米。

房产交易市场管理

1991年，区房管局制定《潍城区房屋租赁办法》，为城区房屋租赁实施全面管理奠定了基础。1991—1996年，办理公私商品房交易手续1326起，交易面积11.2万平方米，交易额4800万元，代缴契税71万元。2002年后，随着房地产业的快速发展，房产交易量呈逐年上升趋势。2003年，《潍坊市村镇房屋权属登记管理办法实施细则》出台，由单一的国有土地上的房产交易变为国有土地、集体土地上的房产，并允许上市交易。全年共办理各类公私房转让初审手续1103起，交易总面积11万余平方米，交易总额近1亿元。办理抵押业务253起，抵押金额达1.6亿元。2004年，进一步完善政务公开制度，设置交易中心收费公示栏、政务公开栏，将交易工作程序和收费标准予以公开，增强工作透明度。全年共办理各类公私房转让初审手续1560起，交易总面积13万余平方米，交易总额1.1亿元，办理各类抵押业务376起，抵押金额达1.8亿元，抵押面积达到16万平方米。从2008年起，加大房地产监察力度，有效地维护了房地产交易市场秩序。2010年“国十条”新政实施后，潍城区楼市量、价平稳。是年，共办理初始登记118件，建筑面积43.08万平方米；办理各类房产转移登记4545件，交易总面积48.66万平方米；完成各类抵押业务3986件，抵押面积59.42万平方米。房地产市场总体仍呈稳步上行发展态势。2013年，共完成商品房网上备案2146套；发放商品房预售许可证68份，批准预售面积47.58万平方米；完成初始登记94件、41.82万平方米；转移登记3791件、37.12万平方米；变更登记 994 件、11.32 万平方米；房产证注销登记 105 件，抵押注销登记 1513 件；抵押权登记 4187 件、85.64 万平方米。

房屋征收管理

1987 年 5 月，潍城区房屋拆迁安置办公室成立，为副局级事业单位，隶属区建委。2008 年 6 月，机构规格由副科级调整为正科级。2011 年 7 月，更名为潍城区房屋征收与补偿办公室，隶属区住房和城乡建设局。

1991 年，实施郭宅街、太平街、芙蓉街等片区的征迁改造，搬迁住户 752 户，拆除建筑面积 4.21 万平方米。1992 年，展开芙蓉街第六组团（芙六组团）、长胜街小区、百货大楼百货站、南园小区、西关商场、白浪河花园大厦 6 个商业开发项目的征迁工作，累计完成征迁户数 2116 户，拆除建筑面积 11.1 万平方米；回迁郭宅街、芙蓉街第四组团（芙四组团）609 户，回迁面积 3.5 万平方米。1993 年，征迁工作较往年相比面广量大，涉及的片区多、户数多，共征迁十笏园小区、翠竹园小区、五道庙小区、东北关村槐香组团（槐香组团）、白浪河花园大厦、芙蓉街第五组团（芙五组团）、北关前姚等 7 个片区，完成征迁 3434 户，征迁建筑面积 19.78 万平方米；完成长胜街小区、芙蓉街第六组团（芙六组团）、百货大楼百货站、白浪河花园大厦、西关街办片、南园小区等 6 个片区 2064 户的征迁工作，安置面积 11.6 万平方米。1994 年，共完成五道庙小区、长胜街槐香组团、芙蓉街第五组团（含花园大厦）、青阳园小区（北海组团、翠竹园组团、十笏园组团）、北关前姚片等 5 个片区的安置，安置居民 3520 户，安置面积 20.86 万平方米。开展东风大街拓宽工程，潍城区承担了全线征迁工程量的 52%，共动迁区属 65 个单位及 17 户个体经营户，拆除面积 4.65 万平方米。1995 年，对北马道片、服装厂扩建、前姚村二期村镇改造工程三个项目展开征迁，累计完成征迁 230 户，拆除建筑面积 1.5 万平方米；拆除违章建筑 165 处，拆除面积 0.3 万平方米。1996 年，展开青年路南段拓宽改造工程、松园子街小区两个项目征迁工作，完成征迁企事业单位 10 家，农业户及城市居民 1014 户，拆除面积 6.87 万平方米；拆除违章建筑 121 处；完成北马道区片回迁 124 户。1997 年，实施白浪河公园广场、安乐街 14 号楼的动迁工作，完成征迁企事业单位 29 家，征迁居民 797 户，拆除建筑面积 5.2 万平方米；启动福寿西街拓宽改造工程征迁工作，完成征迁 218 户，拆除建筑面积 1 万余平方米。1998 年，完成松园子街小区、安乐街 14 号楼、白浪河公园广场 1500 余户的回迁工作。1999 年，主要实施卧龙小区回迁、月河路一期打通改造工程，对胜利西街拓宽改造工程摸底测算、部分困难户遗留问题进行处理。2000 年，实施长松路口环境整治工程，征迁单位及居民 14 个（户），拆除建筑面积 0.4 万平方米；展开胜利西街拓宽改造工程，共计完成征迁单位及居民 96 个（户），拆除建筑面积 4.1 万平方米；实施五道庙小区南区、于家庄子片、西关街办改造区片、北关村市场改造片、东市场改造片等片区的摸底测算和征迁工作；完成月河路打通改造工程中 60 户居民在卧龙小区的安置工作，安置面积 0.42 万平方米。2001 年，主要实施胜利西街拓宽改造工程及东市场区片、五道庙小区东北区片、五道庙小区西南区片 4 个区片的征迁工作，共征迁单位及居民 296 个（户），拆除建筑面积 5.34 万平方米；按时完成西园小区 112 户的安置工作，安置面积 0.79 万平方米。2002 年，完成春鸢路、安顺路、月河路、春鸢路与安顺路交叉口（三角地带）4 个市政道路征迁工作，征迁单位及居民 55 户，征迁建筑面积 0.8 万平方米；实施北关区片、南门农贸市场两个商业开发区片征迁，完成征迁居民 211 户，征迁建筑面积 2.04 万平方米；完成东市场区片 25 户居民的回迁安置，安置建筑面积 0.2 万平方米。2003 年，主要集中展开高速公路 13 号口、白浪河沿岸违章建筑整治及长松路与安顺路交叉口、宝通街、西二环、西关商场、南门市场、潍坊三中区片、二职专区片、黄家庄区片、东风街、胜利街的征迁工作，拆除面积12.4万平方米，涉及单位和住户近600个（户）。2004年，启动宝通街、西外环、东风西街市区段、安顺路、安顺广场二期、潍高路、北宫街、东风西街西段、玄武街等9个市政建设项目，完成征迁面积21.5万平方米，征迁单位及户数1269个（户）；实施潍坊市建市以来征迁规模最大的火车站广场及周边街区改造工程，项目涉及征迁单位和住户近1800个（户），征迁面积24.6万平方米，当年完成征迁单位和住户950个（户），面积15.8万平方米，该工程征迁历时4年全部完成。2005年，实施月河路（北宫街至玄武街）、青年路（东新街至民生街）、机场路3个市政道路的征迁工作，完成征迁户数73户，面积0.71万平方米；展开实验小学解困工程、西市场片区征迁工作，共涉及征迁786户，面积5.92万平方米。2006年，共承担清平路、天坛市场、胶济铁路春鸢路口、胶济铁路青年路口、潍九路与西环路口、和平路6项市政建设项目的征迁任务，共完成征迁面积10.09万平方米，征迁827户；展开十笏园宾馆区片的征迁工作，涉及征迁31户，面积0.15万平方米。2007年，对一轻机区片、五道庙步行街项目两个商业开发项目展开征迁，共涉及征迁83户，面积1.1万平方米；展开济青客运专线、白浪河上游湿地、市体育中心一期、宝通街（宝塔路至昌乐界）4个市重点市政公益项目的征迁，共涉及征迁1813户，面积18万平方米。2008年，对十笏园文化广场、白浪银帆商务港2个商业开发项目和福寿西街、健康西街、玉清西街、潍胶路、友爱路、三里庄路、怡园路、清平路、利昌片区、长松路、胶济铁路沿线综合整治，以及北宫西街、309国道等进行征迁改造，累计完成征迁3710户，征迁面积45万平方米。2009年，对市体育中心二期、市体育中心东出口、安顺绿地广场、白浪河下游景观、和平路“红楼”、新建安顺路、玄武街、长松路、清平路、新青年路及平寿湖区片等市政公益项目及房地产开发项目进行征迁改造，累计完成征迁1077户，征迁面积38.86万平方米。2010年，实施玉清西街、卧龙西街、怡园路、友爱路、永安路、鲁台会展中心、玄武西街追加项目、潍高路两侧提升改造等新建市政重点项目，潍坊文化（工艺品）商城、市公路局开发项目及奥文三角地块、巨力东厂宿舍、东市场、松园子等旧城区征迁改造项目，新青年路、潍胶路、健康西街等遗留市政重点项目，累计完成征迁3630户，征迁面积37.85万平方米。2011年，实施市公路局开发项目和月河危楼旧城改造房屋征收项目，完成征迁1182户，拆除建筑面积6.1万平方米；西市场片区、十笏园宾馆片区完成回迁540户。2012年，组织力量对城隍庙棚户区、东风街与月河路西南角地块、北宫农机公司宿舍楼片区3个旧城改造项目进行征收及大于河综合整治、水库路征迁，共计完成征迁790户，面积6.61万平方米；完成巨力东厂宿舍片区安置82户。2013年，实施宏伟路、利昌北路、三里庄路、月河路、卧龙西街、高家街、胥山街、玉清西街等8条市政道路的征迁工作，共涉及单位及居民570个（户），建筑面积11.6万平方米。

物业管理

2000年前，潍城区的住宅小区，特别是老城区、公管房屋密集的旧小区，物业管理较零乱，不配套，甚至没有此项业务。2000年后，随着城市住宅建设和城中村改造步伐加快，新建住宅小区逐年增多，新建开发的楼盘基本配备专门的物业管理。自2000年开始，根据住建部《城市新建住宅小区管理办法》和国务院《物业管理条例》的规定，区政府先后印发《潍城区住宅小区物业管理暂行办法》《关于进一步加强全区社区物业管理工作的实施方案》，转发《潍坊市城市住宅小区物业管理服务收费试行办法》。2007年，潍城区从清平花园管理入手，探索新建住宅小区专业化管理的路子。结合旧居住小区整治改造，对长胜小区、城隍庙北区、中和街小区、双合街小区和城隍庙南区，按照国家提倡开发建设单位与物业管理企业分离的原则，要求开发建设单位另行选聘物业公司进行物业管理。全区物业管理企业达到14家。其中，二级资质1家、三级资质7家、暂定资质6家。清平花园、怡心园、花福苑等8处小区招聘物业公司，实施相对规范的物业管理。

2009年，根据5月1日起实施的《山东省物业管理条例》，潍城区制定《潍城区关于加强物业管理工作的意见》，明确物业管理工作由房管部门监督，街道办事处组织，社区居委会落实，实行条块结合、以块为主、属地管理的物业管理体制。对全区26个新建住宅小区，按照新条例的规定，组织前期物业管理，成立业主委员会，选聘有资质的物业公司，开展高起点、规范化的物业管理工作。华实小区、后姚小区、丽景苑等一批新建住宅小区物业管理工作逐步规范化。对21个改造后的旧居住区，本着先行试点、逐步推开的原则，充分发挥街道办事处和社区居民委员会的职能，指导成立业主委员会，加强物业管理工作。城关街道长胜小区、城隍庙小区和西关街道中和街小区物业管理工作达到较高水平。对全区20多个住宅小区的物业服务企业，从服务内容、服务标准、收费项目、专项维修资金管理与使用等方面进行严格检查，对登记备案的33家物业管理企业资质年检、服务管理等方面进行考核，规范物业服务行为，提高了物业企业的管理水平。全区有21家物业公司取得三级物业管理资、2家达到二级物业管理资质。

2010年，全区75个住宅小区中，实行物业管理的住宅小区有38个。在实行物业管理的小区中，按照市场化管理模式进行管理的住宅小区有20个，由村居直接管理的住宅小区有4个，由开发商直接管理的住宅小区有9个，由村居和物业服务企业联合管理的住宅小区有5个。全区共有物业服务企业52家，其中由房地产开发商创办的物业服务企业有8家，以村居为主成立的物业服务企业有2家，以企业和个人为主体创办的物业服务企业有42家。区政府制定《关于进一步推进潍城区住宅小区物业管理市场化的实施意见》，确定城隍庙小区、海化小区和三友华锦苑3个试点小区，探索推进物业管理市场化实施效果。2012年，全区实行物业管理的住宅小区达到52个，非住宅物业管理项目（写字楼、商场、旅游景点等）有17个，管理面积达950万平方米。全区有16个住宅小区获评为潍坊市物业管理优秀项目，13个住宅小区成立业主委员会。全区共有68家物业服务企业，其中一级资质1家、二级资质9家、三级资质35家、暂定资质23家，从业人员3800余人。

2013年，全区按照市场化管理模式，办理物业服务企业招投标的住宅小区有47个，由村居直接管理的小区有4个，由开发商直接管理的小区有9个，由村居和物业服务企业联合管理的小区有10个。全区有21个小区获评为潍坊市物业管理优秀项目，16个小区成立业主委员会。全区共有90家物业服务企业，其中一级资质3家、二级资质11家、三级资质61家、暂定资质15家。

第四节　住房公积金

1996年8月，潍城区开始推行住房公积金制度，职工个人和所在单位分别按工资额的5%缴存。1999年，国务院《住房公积金管理条例》《住房公积金财务管理办法》《住房公积金会计核算办法》相继出台，潍城区公积金事业步入全面规范发展阶段。2004年6月始，潍城区开展住房公积金贷款业务，贷款最长年限10年，最大额度10万元。2009年7月，贷款最长年限和最大额度分别调整为15年、15万元。是年，潍城区住房公积金业务和管理工作转入快速发展阶段，规章制度进一步完善，使管理工作有章可循，各项业务顺利开展，提升了职工购买住房资金的保障能力。2012—2013年，推进住房公积金制度向“非公”领域延伸，增加惠及人群，提高了住房公积金制度覆盖率。

1996—2013 年潍城区住房公积金归集使用情况表

表 4-3　　单位：万元

年份＼内容	归集	提取	公积金贷款
1996	227	1	—
1997	646	13	—
1998	702	152	—
1999	688	228	—
2000	788	222	—
2001	912	356	—
2002	1193	737	—
2003	1112	658	—
2004	1134	897	550
2005	1124	572	453
2006	1480	1178	629
2007	1708	1510	629
2008	1984	1113	568
2009	2435	1313	1747
2010	3118	1904	2889
2011	3242	1712	428
2012	4223	2235	1255
2013	5034	2818	971

第五章　环境保护

第一节　机　构

1986 年，潍城区环境保护局成立。1993 年 11 月，更名为潍城区环境保护分局，下设环境监理站、环境监测站 2 个事业单位，两站于 1995 年 11 月升格为副科级。1997 年 1 月，潍城区环境保护分局正式划归潍坊市环境保护局，更名为潍坊市环境保护局潍城分局，系潍坊市环境保护局派出机构。环境监理站、环境监测站分别更名为潍坊市环境保护局潍城分局环境监理站和潍坊市环境保护局潍城分局环境监测站。人、财、物管理权限归市环保局，党员关系归潍城区，实行双重领导。2003年12月，潍坊市环境保护局潍城分局环境监理站更名为潍坊市环境监察支队潍城大队。至2013年，机构无变化。

第二节　环境治理

废气治理

1991—1997年，根据“管、限、迁”三步并进的工作要求，对市区几个较大的大气污染源进行限期治理，全区累计改造锅炉、窑炉120台。从1997年起，将南环路—长松路—玄武街—白浪河范围建成区全部纳入烟尘控制区，覆盖率达100%。

1997年《潍坊市大气污染防治方案》实施以后，工作重点转入取缔小型锅炉、茶水炉，逐渐淘汰10吨以下民用取暖锅炉，推广油、电及其他清洁燃料，大力推广集中连片供热；取缔小型锅炉、茶水炉50余台，城区空气中总悬浮微粒和二氧化硫日平均值分别控制在150微克/立方米和120微克/立方米。1999年，开展限期停止生产和销售车用含铅汽油专项整治，含铅汽油停止生产，退出市场。同年，车况差、排气污染重的面包出租车逐步停止运营。2000—2005年，潍坊橡胶厂、潍坊轴承厂、潍坊化肥厂、潍坊造锁集团公司、山东沃华医药科技股份有限公司相继关闭或征迁；取缔小型锅炉（小澡堂、小馒头房等）、茶水炉或煤改气100多台，城区空气质量明显改观。2002年，城区空气中总悬浮微粒和二氧化硫日平均值分别控制在120微克/立方米、90微克/立方米。2003年，市政府划定禁止高污染燃料区域（简称禁燃区），南环路—长松路—玄武街—白浪河围合区域全部纳入禁燃区。

2005年，大力开展市区大气污染防治综合整治，坚持“管、停、禁、改、转、迁”多措并举，淘汰工业炉窑35台，基本消除了城区内大型工业废气污染源；取缔民用燃煤设施338台，发展供热面积60万平方米。积极推动退城进园，市区内橡胶厂、拔丝厂、轴承厂、制锁、酿造厂、第二毛纺厂等一大批工业企业退出城区，进入潍城经济开发区等地的工业园区，实现异地改造和治污，减少了全区污染物排放总量。公交车辆实行大规模更新，大批车况好、排气优、承载力大的车辆投入运营，公交分流乘客能力加强，减轻了汽车尾气污染。同年，部分汽车采用双燃料。因全区汽车数量较多，市区面积相对较小，汽车密度较高，尾气污染比重仍然呈逐年提高趋势。

2008年，关停乐埠山区域采石坑点、石灰窑等78个，消除扬尘污染，恢复生态环境。至2010年，烟尘控制区覆盖率达100%，城区空气中二氧化硫、二氧化氮和可吸入颗粒物日平均值分别控制在0.059毫克/立方米、0.043毫克/立方米、0.099毫克/立方米。2011年，潍坊东方钢管有限公司、潍柴重机股份有限公司成套厂实行煤改气。2013年，实施“三八六”环保行动，制定《潍城区整治空气异味污染实施方案》，治理空气异味点源45处，山东潍坊制药厂有限公司征迁，潍坊中和食品有限公司、潍坊潍菱水泥制品厂、山东耶莉娅服装集团总公司实行煤改气，区内大型烟尘、废气污染源全部清除，全区环境空气质量得到进一步提升。

噪声污染治理

创建噪声达标区是噪声污染防治的主要措施。1991年，潍城区建成区区域环境噪声达标区覆盖率达42%。至2002年，建成区区域环境噪声达标区覆盖率达85%。自2006年起，在潍坊市区实施烟花爆竹“禁改限”，从农历腊月二十三至正月十五的时段可以燃放，燃放期间噪声值明显超标。随着城市基础设施建设的不断加强、城市绿化美化覆盖率的逐步提升，城区噪声污染有所缓解。到2013年，建成区区域环境噪声达标区覆盖率100%。

废水治理

自1991年起，潍城区将水污染治理列入工作重点，分别对服装、食品、机械等行业废水采取相应的治理措施，建成污水处理设施10套，日处理废水0.3万吨。2002年，潍坊中和食品有限公司投资119万元治理废水，全区47家重点工业废水处理率、排放达标率均达100%。此后至2008年，工业废水处理率、处理排放达标率保持100%。2009年5月，白浪河西侧箱涵污水引入城西污水处理厂。2010年6月，化肥沟污水引入城西污水处理厂，大于河以东区域废水全部实现集中处理。2010—2013年，对潍坊隆泰食品有限公司、潍坊中天瑞元环保科技有限公司、潍坊东方钢管有限公司、潍柴重机股份有限公司成套厂、山东巨力集团有限公司、潍坊美城食品有限公司、潍坊倍利食品有限公司、潍坊益康宝食品有限公司、潍坊六合微粉有限公司、嘉和生物技术酿造有限公司等企业实施相应的废水处理设施升级改造工程、污水处理扩建工程、中水回用工程。2013年，实施“三八六”环保行动，完成21.5公里城区西部排污管道铺设工程，并与城市排水主管网实现对接，城区大于河以西区域废水接入城西污水处理厂。全区有废水治理设施16套，废水治理设施处理能力达0.7万吨/日，工业废水处理率、排放达标率保持100%。

第三节　环境监察

监察执法

1991年后，坚持综合监察与专项监察相结合，将违法建设项目、“三同时”落实、违法排污等全部纳入监察范围。1998—2002年，对重点污染源和污染防治设施进行定期检查、不定期抽查，加大现场检查监督力度，增加监察频次，督促企业自觉加强环保设施管理。“十五”期间（2000—2005年），查处环保违法案件近100起，下达限期整改通知书40份，取缔土小企业16家。“十一五”（2006—2010年）期间，下达限期整改通知书183份，取缔、关停土小企业67家，立案查处环境违法行为52起。2011—2013年，下达限期整改通知书79份，取缔、关停土小企业38家，立案查处环境违法行为44起。

建设项目检查

1991年后，潍城区按照《山东省建设项目环境保护管理办法》，认真执行环境影响报告书（表）审批制度和防治污染设施与主体工程同时设计、同时施工、同时投产的“三同时”制度。凡改建、扩建和进行技术改造的工程，都必须对与建设项目有关的原污染源同时治理，其污染物的排放必须达到国家或省规定的标准。1998年11月，国务院《建设项目环境保护管理条例》实施，潍城区进一步加强建设项目环境保护工作，环保部门按程序依法查看项目场所并填写污染源环境监察记录，发现环境违法行为及时、有效地处理，新批建设项目现场不符合要求的坚决不予签字；对新建项目在建设过程中未验先产的企业依法查处；对验收项目不符合“三同时”要求的、现场与环评不符合的不予验收，确保了全区建设项目审批和验收质量。在2000年以前，每年检查建设项目10项左右。2001年后，呈增多趋势，2011年建设项目检查最多，为680项。此后呈减少趋势，2012年建设项目检查112项，2013年建设项目检查101项。

2000—2013年潍城区建设项目检查情况表

表4-4

年份	项目数（项）	年份	项目数（项）
2000	8	2003	45
2001	40	2004	58
2002	13	2005	56

续表 4-4

年份	项目数（项）	年份	项目数（项）
2006	93	2010	242
2007	132	2011	680
2008	120	2012	112
2009	165	2013	101

第四节　环境监测

大气环境监测

潍城区环境空气主要污染是煤烟型污染，且季节变化明显，采暖期高于非采暖期，冬、春季节高于夏、秋季节。大气环境主要污染物为二氧化硫，其次为总悬浮颗粒物。通过多年治理，大气环境呈逐年好转态势。2003 年，为详细掌握潍城区大气环境质量，设置大气自动监测点——北关街道刘家园检测点，此后又先后设置 2 个大气自动监测点，分别是潍坊商校监测点、潍城经济开发区中学监测点。利用 3 个大气自动监测点对空气质量进行监测，基本全面地反映了潍城区的空气质量状况。

2008—2013 年潍城区监测点空气质量情况表

表 4-5　　单位：毫克 / 立方米

年份	北关街道刘家园监测点			潍坊商校监测点			潍城经济开发区中学监测点		
	可吸入颗粒物	二氧化硫	二氧化氮	可吸入颗粒物	二氧化硫	二氧化氮	可吸入颗粒物	二氧化硫	二氧化氮
2008	0.134	0.073	0.062	0.136	0.069	0.066	0.131	0.060	0.063
2009	0.132	0.066	0.063	0.121	0.054	0.062	0.124	0.052	0.061
2010	0.122	0.053	0.058	0.116	0.049	0.059	0.112	0.055	0.056
2011	0.131	0.060	0.056	0.121	0.050	0.056	0.128	0.058	0.052
2012	0.118	0.034	0.068	0.108	0.028	0.029	0.106	0.039	0.047
2013			0.066						

声环境监测

交通噪声、工业及建筑施工噪声和社会生活噪声是境内环境噪声主要来源，以交通噪声为主要污染源。20 世纪 90 年代，实施声环境监测，对道路交通噪声、区域环境噪声、功能区噪声进行监测。截至 2013 年，境内有交通噪声点位 23 个，其中主干路点位 11 个、次干路点位 12 个；区域环境噪声点位 31 个，其中区域 1 类功能区点位 3 个、2 类功能区点位 19 个、3 类功能区点位 6 个、4a 类功能区点位 3 个；功能区噪声点位 5 个，其中 1 类功能区点位 1 个、2 类功能区点位 2 个、3 类功能区点位 1 个、4a 类功能区点位 1 个。

2006—2013 年潍城区交通噪声与区域环境噪声监测情况表

表 4-6　　单位：分贝

年份	交通噪声	区域环境噪声
2006	57.6	50.0
2007	62.2	45.6
2008	52.2	50.6
2009	57.5	48.0
2010	59.8	49.6
2011	61.1	50.1
2012	65.6	50.1
2013	65.6	51.1

2006—2013 年潍城区交通噪声与区域环境噪声点位监测情况表

表 4-7　　　　　　　　　　　　　　　　　　　　　　　　　　单位：分贝

年份	月份	海化宾馆点位		模拟商场点位		烟草公司点位		环保分局点位		青少年宫点位	
		昼间	夜间	昼间	夜间	昼间	夜间	昼间	夜间	昼间	夜间
2006	5	52.5	41.9	56.7	45.3	56.8	46.1	63.4	50.3	64.6	50.6
	8	51.3	40.9	54.1	39.3	54.2	39.2	62.6	51.1	61.4	38.2
	11	43.8	33.5	47.7	37.2	47.4	32.8	50.2	37.0	48.0	35.2
2007	2	45.1	32.9	51.1	38.2	53.3	41.4	56.6	42.6	57.1	46.6
	5	41.2	37.1	52.5	38.4	55.0	36.5	61.3	45.8	56.9	40.1
	8	51.9	34.3	52.9	39.5	53.7	41.1	58.9	38.2	56.7	46.0
	11	52.9	38.6	54.4	42.5	56.3	40.8	61.2	46.2	60.7	46.4
2008	2	53.6	36.2	54.9	39.6	54.6	37.9	58.6	35.6	60.4	44.0
	5	54.3	35.3	56.0	43.6	58.6	38.9	58.8	44.5	59.1	38.5
	8	55.4	38.8	57.5	39.3	60.6	45.4	61.0	44.2	63.7	43.4
	11	49.9	39.4	50.1	37.2	52.5	38.5	55.3	37.5	59.1	42.7
2009	2	50.3	38.6	51.4	39.4	55.5	34.3	58.2	38.1	58.1	38.9
	5	51.6	40.6	53.5	40.0	56.0	34.0	53.8	42.7	61.0	45.4
	8	50.5	37.7	54.3	39.8	55.9	39.9	56.3	41.7	56.7	39.4
	11	53.3	41.1	55.8	41.7	56.2	40.5	56.7	36.4	57.5	43.7
2010	2	52.8	36.1	55.5	40.1	57.9	41.5	58.7	40.5	62.0	36.6
	5	51.8	34.3	52.1	47.0	53.1	43.3	52.9	43.4	59.2	44.0
	8	47.0	32.3	51.0	37.9	53.7	43.1	54.9	36.3	57.6	41.2
	11	53.3	38.7	55.7	39.7	55.5	38.0	54.4	38.1	54.4	42.1
2011	2	54.4	38.2	57.9	41.2	58.3	38.9	61.6	37.2	61.2	40.4
	5	52.4	35.1	53.4	44.4	55.5	40.6	53.7	35.5	57.7	47.7
	8	47.7	35.4	52.2	37.7	54.0	35.1	54.4	38.8	57.1	38.3
	11	52.0	42.2	57.4	41.2	58.0	43.2	53.9	43.4	57.3	45.0
2012	2	54.0	39.3	55.6	40.2	57.1	40.3	58.8	38.1	58.7	36.3
	5	54.5	39.7	56.1	40.8	56.4	41.6	57.9	41.2	57.9	38.4
	8	54.3	42.6	55.7	41.1	57.7	42.7	57.3	43.3	56.7	38.9
	11	53.6	41.2	55.3	42.1	55.8	45.4	57.6	41.5	55.5	39.3
2013	2	54.6	41.3	55.1	41.8	56.1	44.0	57.1	42.5	55.2	41.3
	5	54.7	41.0	55.6	40.4	55.7	41.5	56.9	41.0	55.8	41.1
	8	53.9	42.7	55.8	43.0	55.4	44.4	55.0	42.5	53.0	40.5
	11	54.3	39.9	58.1	40.8	56.5	42.9	58.0	40.8	55.9	42.5

水环境监测

潍城区废水主要来源于生活废水，占全区废水总量的90%以上，工业废水通过处理后全部达标排放。城区内废水通过城市下水道管网沿西环路、友爱路两条主管道进入城西污水处理厂。潍城区地表水主要流经白浪河、大于河2条河流，有白浪河水库、符山水库饮用水源地，水源地水质稳定达标。自2009年以后，潍城区境内的降水未出现过酸雨现象。

2009—2013年潍城区降水监测情况表

表4-8

年份	样品数（个）	pH值	酸雨数
2009	41	6.12～6.67	0
2010	38	6.25～6.53	0
2011	36	6.19～6.70	0
2012	33	6.43～6.89	0
2013	35	6.22～6.83	0

第五编

交通　邮政　通信

潍城区交通发达，运输便利，胶济铁路、济青高速公路横贯东西，国道、省道及市区公路纵横交错，形成了四通八达的陆上交通网络。邮政、通信发展迅速，逐渐满足广大用户需求。20 世纪 90 年代，潍城区交通运输、邮政通信处于较快发展时期，特别是进入 21 世纪，道路建设、公路运输、交通管理齐头并进，邮政、通信适应全区经济社会发展的需要。2005 年，邮政营业网点服务范围已遍及城乡。至 2013 年，全区公路通车里程总计 279.1 公里，村道硬化（水泥、沥青）里程 210 公里，通信网络覆盖全境。

第一章 交 通

第一节 干线公路

1991 年，潍城区辖区内有干线公路 4 条，境内段全长 75.4 公里。其中，烟汕路、荣兰路 2 条国道分别为 16.2 公里、23.4 公里，潍九路、潍高路 2 条省道分别为 16.3 公里、19.5 公里。境内国、省道共有大、中、小桥 12 座。其中，国道大桥 1 座、中桥 3 座、小桥 3 座，省道中桥 2 座、小桥 3 座。境内国、省道共有涵洞 80 道。其中，国道涵洞 50 道，省道涵洞 30 道。

1993 年，济青高速公路建成通车，辖区内干线公路增至 5 条，境内段全长 96.9 公里。其中，济青高速公路、烟汕路、荣兰路 3 条国道分别为 16 公里、17.1 公里、27.8 公里，潍九路、潍高路 2 条省道分别为 16.5 公里、19.5 公里。1994 年区划调整，潍城区原辖区内的烟汕线划至奎文区，潍城区辖区内干线公路减至 4 条，境内段全长 68.7 公里。其中，济青高速公路、荣兰路 2 条国道分别为 13.2 公里、19.5 公里，潍九路、潍高路 2 条省道分别为 16.5 公里、19.5 公里。2012 年，潍胶路建成通车，境内干线公路增至 5 条。截至 2013 年，潍城区辖区内有干线公路 5 条，境内全长 73 公里。其中，青银高速公路（2010 年由济青高速公路改称）、荣兰路 2 条国道分别为 16.5 公里、22 公里，潍九路、潍高路、潍胶路 3 条省道分别为 15.1 公里、10.7 公里和 8.7 公里。潍城区辖区内国、省道及高速公路共有大、中、小桥 47 座。其中，国道大桥 5 座（含高速公路大桥 3 座）、中桥 7 座（含高速公路中桥 6 座）、小桥 27 座（含高速公路小桥 23 座），省道大桥 1 座、中桥 1 座、小桥 6 座。辖区内国、省道共有涵洞 55 道。其中，国道涵洞 22 道（含高速公路涵洞 17 道），省道涵洞 33 道。

国道

青岛—银川高速公路 路线编号 G20，简称青银高速公路或青银高速。1993 年 12 月，竣工通车，路线西起济南市、东至青岛市，称济南—青岛高速公路，简称“济青高速公路”或“济青高速”，潍城段全长 16 公里。1994 年区划调整后，潍城段长度减至 13.2 公里。2005 年，济青高速公路在潍城区东界部分交汇处划归潍城段，长度增至 16.1 公里。2010 年，济青高速公路更名为青银高速公路，路线东起山东省青岛市、西至宁夏回族自治区银川市。2012 年，潍城段长度重新修正为 16.5 公里。截至 2013 年，潍城段全长 16.5 公里，路面宽 21.5 米，双向四车道，道路等级为高速路，13 号出入口位于境内安顺路与西外环路交汇处。

荣成—兰州公路　路线编号 G309，简称“荣兰路”。路线东起山东省荣成市，西至甘肃省兰州市。1991 年，辖区内路段长 23.4 公里。1992 年线路调整，辖区内路段长 27.8 公里。1994 年区划调整后，辖区内路段长 19.5 公里。1998—1999 年，按照一级公路标准拓宽改造，路面宽 23 米。2009 年，根据省交通厅公路养护改建计划，潍城辖区内白浪河大桥—西二环路路段改线，路线由原来沿长松路改为沿宝通街向西，至西二环路沿西二环向北，再至北宫街向西。改线后辖区内路段全长 22 公里，一级公路，路面宽 23 ～ 32 米，沥青混凝土路面。

荣兰路

省道

潍坊—九山公路　路线编号 S223，简称“潍九路”。路线东北起潍坊市区，西南至临朐县九山镇。1988 年，原潍（坊）临（朐）路和原临（朐）九（山）路两条道路合二为一，定名为潍坊—九山公路，改建为二级公路，升为省道，路面宽 10 ～ 15 米，境内路线起点为潍坊汽车总站，途经辖区内健康街、春鸢路、望留村、西二环路路口、大柳树村村西向西南至昌乐界，境内全长 16.3 公里。1992—1997 年，境内全长 16.5 公里。1998 年，根据省交通厅公路养护改建计划，潍城辖区段进行路线调整，路线起点改为潍高路与西二环路交叉口，路线走向沿西二环路向南，至韩家村转盘向西经二甲王村里、玄家村村西、大柳树村村东向西南至昌乐界。改线后路线全长 18.6 公里，路面宽 15 ～ 16 米。2007 年，对潍高路与西二环路交叉口至韩家村转盘段加宽改建，路面宽 32 米，一级公路。2009 年，潍九路起点沿西二环路向北延伸到寒亭界，潍九路在境内路线总长度修正为 15.11 公里（不含与 G309 线重合的北宫街—宝通街段）。2012 年，改建西二环路韩家村转盘至昌乐界路段，由二级公路提升至一级公路，路面宽度为 23 米。

潍坊—高青公路　路线编号 S323，简称“潍高路”。路线东起潍坊市区，西至淄博市高青县。1991—2002 年，辖区内路段长 19.5 公里（含潍坊汽车总站—胜利街路口 2.7 公里市政路段），为一级至二级公路，路面宽度为 17 ～ 28.5 米，境内路线起点为潍坊汽车总站，自健康街向西，沿安顺路向西北穿越胜利街、东风街、北宫街、长松路、青银高速，经于河镇至寿光界。2003 年，潍高路在境内全长修正为 19.1 公里。2009 年，根据省交通厅公路养护改建计划，对潍城辖区段进行路线调整，路线起点改为西二环路与寒亭界交汇处，自寒亭界沿西二环向南，至安顺路口向西，经于河街道至寿光界。路线全长 10.7 公里（不含与潍九路重合段的寒亭界—安顺路 3.5 公里），一级公路，沥青路面，路面宽 28.5 ～ 30 米。

潍坊—胶州公路　路线编号 S805，简称“潍胶路”。路线西起潍坊，东至胶州。辖区内路段于 2012 年建成，全长 8.7 公里，路面宽 24 米，沥青路面。境内起点为潍九路二甲王村南，向东经胡家村、军埠口村，穿过水库路至白浪河大桥东端奎文区界。

潍胶路

1991—2013年潍城区国道、省道情况表

表5-1

年份	数量（条）	里程（公里）	沥青路面（公里）		水泥混凝土路面（公里）		高速公路（公里）
			一级路	二级路	一级路	二级路	
1991	4	75.4	20.3	53.1	1.2	0.8	—
1992	4	80.9	20.3	58.6	1.2	0.8	—
1993	5	96.9	25.2	52.9	2.0	0.8	16.0
1994	4	68.7	13.3	40.8	0.4	1.0	13.2
1995	4	68.7	13.3	40.8	0.4	1.0	13.2
1996	4	68.7	13.3	40.8	0.4	1.0	13.2
1997	4	68.7	13.3	40.8	0.4	1.0	13.2
1998	4	70.8	16.1	40.1	1.2	0.2	13.2
1999	4	79.0	41.7	22.7	1.4	—	13.2
2000	4	79.0	41.7	22.7	1.4	—	13.2
2001	4	79.0	41.7	22.7	1.4	—	13.2
2002	4	69.8	38.9	15.9	1.8	—	13.2
2003	4	73.3	38.9	19.4	1.8	—	13.2
2004	4	73.3	38.9	19.4	1.8	—	13.2
2005	4	76.2	39.7	19.4	1.0	—	16.1
2006	4	76.2	39.7	19.4	1.0	—	16.1
2007	4	76.2	40.1	19.4	0.6	—	16.1
2008	4	76.3	55.9	3.7	0.6	—	16.1
2009	4	63.9	44.1	3.7	—	—	16.1
2010	4	63.9	44.1	3.7	—	—	16.1
2011	4	63.9	47.8	—	—	—	16.1
2012	5	73.0	56.5	—	—	—	16.5
2013	5	73.0	56.5	—	—	—	16.5

说明：1991—1992年，国道、省道4条：烟汕路、荣兰路、潍九路、潍高路。1993年，国道、省道5条：烟汕路、荣兰路、潍九路、潍高路、青银高速公路。1994—2011年，国道、省道4条：荣兰路、潍九路、潍高路、青银高速公路。2012—2013年，国道、省道5条：荣兰路、潍九路、潍高路、潍胶路、青银高速公路。

2013 年潍城区国道、省道大、中桥情况表

表 5-2

桥梁名称	所在路线名称	桥梁位置	桥梁结构类型		桥长（米）	桥宽（米）	设计荷载等级	修建年份	改建或重建年份	跨径分类类型
			孔跨径（孔 / 米）	类型						
白浪河大桥	荣兰路	323K+802	6/20	刚架拱 + 空心板	126.04	47.00	公路 - Ⅰ级	1986	1999 年、2003 年先后加宽改造	大桥
南小于河公铁立交桥	荣兰路	335K+981	1/25+1/30+2/25	空心板梁	115.00	46.60	公路 - Ⅰ级	1998	2007 年重建	
挂角村互通立交桥	青银高速公路	160K+269	4/25	工形梁	105.80	30.00	公路 - Ⅰ级	1993	—	
大于河大桥	青银高速公路	161K+264	6/25	工形梁	155.80	26.00	公路 - Ⅰ级	1993	—	
白浪河大桥	青银高速公路	153K+505	7/25	工形梁	180.80	26.00	公路 - Ⅰ级	1993	—	
白浪河大桥	潍胶路	8K+417	24/20	箱型梁	489.76	30.00	公路 - Ⅰ级	2012	—	
崔家桥	荣兰路	339K+595	5/16	石拱	104.80	24.00	公路 - Ⅰ级	1978	1999 年加宽改造	中桥
庙埠分离式立交桥	青银高速公路	165K+115	3/16	空心板梁	51.74	26.00	公路 - Ⅰ级	1993	—	
小于河中桥	青银高速公路	159K+425	3/16	空心板梁	51.74	26.00	公路 - Ⅰ级	1993	—	
冯南路分离式立交桥	青银高速公路	159K+742	3/16	空心板梁	51.74	26.00	公路 - Ⅰ级	1993	—	
挂角村跨 A-A 匝道桥	青银高速公路	160K+553	3/20	工形梁	64.90	30.90	公路 - Ⅰ级	1993	—	
于河中桥	青银高速公路	152K+057	5/16	空心板梁	83.74	26.00	公路 - Ⅰ级	1993	—	
跃进路分离式立交桥	青银高速公路	152K+244	3/16	空心板梁	51.74	26.00	公路 - Ⅰ级	1993	—	
大于河桥	潍高路	25K+704	1/7.2+3/11	石拱 + 空心板梁	61.75	30.00	公路 - Ⅰ级	1954	1990 年加宽改造	

2013 年潍城区国道、省道涵洞情况表

表 5-3

所在路线名称	涵洞数量（道）	涵洞长度（米）
青银高速	17	673.2
荣兰线	5	152.0
潍九路	12	371.4
潍高路	6	347.5
潍胶路	15	420.0

说明：截至 2013 年，辖区内国道、省道共有涵洞 55 道，其中国道涵洞 22 道（含高速公路涵洞 17 道）、省道涵洞 33 道。

第二节 县乡公路

1991 年，潍城区境内县乡公路里程 83.3 公里，其中县道 42 公里、乡道 41.3 公里。县道桥梁 4 座，乡道桥梁 7 座；县道涵洞 46 道，乡道涵洞 28 道。1993 年，全区县乡公路里程 177.2 公里，其中县道 43.4 公里、乡道 133.8 公里。1994 年区划调整后，潍城区境内县乡公路里程 177.4 公里，其中县道 42 公里、乡道 135.4 公里。至 2013 年，全区县乡公路里程 206 公里，其中县道 68.5 公里、乡道 137.5 公里。县道桥梁 10 座，乡道桥梁 12 座；县道涵洞 39 道，乡道涵洞 44 道。

2013 年潍城区县道、乡道情况表

表 5-4

序号	路线名称	起点	终点	总里程（公里）	按技术等级分（公里）				路基宽度（米）	路面宽度（米）	修建年份	改建年份
					一	二	三	四				
				206	8.1	71.1	49.2	77.6				
一	县道			68.5	8.1	50.7	6.3	3.4				
1	潍坊—昌乐	长松路	昌乐界	9.5	—	9.5	—	—	12	10	1972	2010
2	大于河—昌乐	潍昌路	昌乐界	8.4	—	8.4	—	—	12 ~ 17	10 ~ 17	不详	2010
3	大柳树—新二甲	大柳树村	新二甲村	5.9	—	5.9	—	—	9	7	1995	2008
4	杏埠—边线王	杏埠村	寿光界	4.2	—	2.6	—	1.6	6 ~ 12	5 ~ 12	1990	2012
5	玄家—马宋	玄家村	昌乐界	2.3	—	—	2.3	—	10	8	不详	—
6	206 与潍高路连接线	奎文界	潍高路	5.8	5.8	—	—	—	24	22	不详	—
7	杏埠—乐埠	杏埠村	乐埠村	9.0	—	9.0	—	—	17	15	2002	—
8	潍城—望留	健康街	潍胶路	11.0	—	9.0	2.0	—	22 ~ 26	20 ~ 26	1995	—
9	潍坊—姚官庄	仓南街	姚官庄村	10.1	—	6.3	2.0	1.8	6 ~ 14	5 ~ 14	1975	—
10	玄武街—西苑立交桥	玄武街	北宫西街	2.3	2.3	—	—	—	26	24	1993	—

续表 5-4

序号	路线名称	起点	终点	总里程（公里）	按技术等级分（公里）				路基宽度（米）	路面宽度（米）	修建年份	改建年份
					一	二	三	四				
二	乡道			137.5	—	20.4	42.9	74.2				
1	殷赫庄—大于河	殷赫庄	大于河	8.0	—	—	2.4	5.6	10 ~ 38	8 ~ 38	1993	2006
2	斗八路—北环路	济青高速	北环路	0.6	—	0.6	—	—	12	10	1995	—
3	大柳树—十亩田	大柳树村	十亩田	1.6	—	1.6	—	—	12	10	不详	—
4	臧家—宋家小庄	臧家	宋家小庄	5.2	—	—	5.2	—	38	6	2006	—
5	庄头—军营	庄头	军营	2.0	—	—	2	—	8	6	2003	—
6	武家—成章	西二环	昌乐界	4.5	—	4.5	—	—	14 ~ 60	12 ~ 60	1994	2003
7	赵家文庄—浮烟山	赵家文庄	浮烟山	7.1	—	—	7.1	—	8	6	不详	2008
8	浮烟山环山路	西二环	浮烟山	6.1	—	3.6	2.5	—	11 ~ 17	9 ~ 17	不详	2007
9	大于河—浮烟山	大于河村	浮烟山	5.8	—	—	5.8	—	9	7	1995	1995
10	南小于河—辛庄	南小于河村	辛庄村	10.5	—	—	10.5	—	9 ~ 18	7 ~ 18	不详	2014
11	官家庄—河西岭	官家庄村	河西岭村	9.8	—	—	—	9.8	5 ~ 7	4 ~ 7	1984	—
12	望留屯—张家官庄	望留屯	张家官庄	6.0	—	—	—	6.0	8	7	1983	—
13	白浪河水库—大柳树	白浪河水库	大柳树村	10.1	—	—	—	10.1	5 ~ 8	4 ~ 8	1977	2011
14	大胥家—崔家庄	大胥家	崔家庄	4.2	—	—	—	4.2	7	6	1976	—
15	军埠口—杨家庄	军埠口	杨家庄	3.4	—	—	2.8	0.6	6 ~ 10	5 ~ 10	1995	2010
16	挂角子—南王家	挂角子	南王家	4.3	—	3.7	0.6	—	8 ~ 25	7 ~ 25	1992	2003
17	东庄家—七甲张	济青高速	七甲张	1.5	—	—	—	1.5	7	6	1981	—
18	三安子—胡家	三安子	胡家	4.7	—	—	—	4.7	10 ~ 20	8 ~ 20	1978	2003
19	小里家—北考家	西二环	北考家	1.9	—	—	1.9	—	10	8	不详	2010
20	塔寺庄—友爱新村	塔寺庄	友爱新村	2.7	—	0.6	2.1	—	8 ~ 11	7 ~ 11	1980	—
21	流饭桥—北考家	流饭桥	北考家	2.4	—	—	—	2.4	9	8	1976	2010
22	霞坡—小洼	霞坡村	小洼村	4.7	—	—	—	4.7	5 ~ 7	4 ~ 7	不详	—
23	殷赫庄—韩家	殷赫庄	韩家	4.7	—	—	—	4.7	7 ~ 9	6 ~ 9	1976	—
24	东毕—杏埠	东毕	杏埠	1.5	—	—	—	1.5	10 ~ 22	8 ~ 22	1995	—
25	官路庄—西安	官路庄	西安村	6.8	—	—	—	6.8	7	6	不详	—
26	长松路—宋家小庄	长松路	宋家小庄	4.9	—	—	—	4.9	22	20	1979	2009
27	西七村—官家	西七村	官家村	5.8	—	5.8	—	—	25	20	1976	2003
28	杨家成章—刘家庄子	杨家成章	刘家庄子	6.7	—	—	—	6.7	12	10	2004	—

2013年潍城区县道乡道桥梁情况表

表5-5

跨径分类类型	县道乡道	桥梁名称	所在路线名称	桥梁全长（米）	桥梁宽度（米）	桥跨组合（孔/米）	上部结构形式	下部结构形式	修建年份	改建年份
大桥	县道	白浪河大桥	206与潍高路连接线	172.6	22.0	5/30	肋拱	重力式墩	1979	2009
	乡道	豪德大桥	臧家—宋家小庄	100.0	46.0	5/20	空心板梁	多柱墩	2006	—
	乡道	大于河大桥	长松路—宋家小庄	100.0	20.0	5/20	空心板梁	多柱墩	2009	—
中桥	县道	大于河桥	潍坊—昌乐	60.2	10.0	3/15	板拱	多柱墩	1968	—
	县道	小于河桥	潍坊—昌乐	47.6	10.0	3/15	板梁	多柱墩	2003	—
	县道	乐埠铁路交叉	杏埠—乐埠	71.0	15.0	1/25+2/20	T形梁	多柱墩	2007	—
	乡道	金光桥	南小于河—辛庄	57.0	7.0	5/9	板拱	重力式墩	1996	—
	乡道	于河桥	西七村—官家	43.0	20.0	3/13	板拱	多柱墩	2004	—
小桥	县道	干渠桥	206与潍高路连接线	16.5	22.0	1/10.5	空心板梁	双柱式墩	不详	—
	县道	东夏桥	206与潍高路连接线	16.5	22.0	1/10.5	空心板梁	多柱墩	不详	—
	县道	常青桥	潍坊—姚官庄	14.0	12.0	1/7	板拱	多柱墩	1986	—
	县道	霞坡桥	潍城—望留	15.5	24.3	1/5.5	板拱	多柱墩	1995	—
	县道	三甲桥	大柳树—新二甲	18.0	11.2	6/1.5	板拱	重力式墩	1996	—
	县道	平寿桥	大柳树—新二甲	27.0	9.0	2/10	板拱	重力式墩	1996	—
	乡道	高家桥	南小于河—辛庄	9.4	7.0	1/2+1/4+1/2	板拱	重力式墩	1976	2008
	乡道	张友桥	官家庄—河西岭	14.7	10.0	1/6	板拱	重力式墩	1978	—
	乡道	杨家庄桥	军埠口—杨家庄	14.0	5.0	1/6.6	板拱	重力式墩	1985	—
	乡道	张家官庄桥	望留屯—张家官庄	13.0	7.0	4/2	板拱	重力式墩	1989	—
	乡道	成章桥	武家—成章	13.0	11.0	3/4	板拱	重力式墩	1994	—
	乡道	双龙桥	浮烟山环山路	21.0	6.0	1/5+2/3	板拱	重力式墩	1996	—
	乡道	向阳桥	南小于河—辛庄	15.0	9.0	3/5	板拱	重力式墩	1996	—
	乡道	长顺桥	赵家文庄—浮烟山	15.1	7.0	1/7	板拱	重力式墩	1998	—

第三节　村庄道路

1991年，全区村道256条312.2公里，其中砂土路里程303.3公里、油路里程8.9公里。1994年区划调整后，境内村道212条226.3公里，其中油路里程5.2公里。2002年年底，全区村道240.4公里，其中油路里程16.5公里。2003年始，全面实施“村村通油路”工程，大规模修建村道。至2007年，全区实现村村通油（水泥）路。截至2013年，全区村道共264条，硬化（水泥、沥青）道路里程210公里，其中水泥路占80%。

第四节　公路运输

货物运输

1991年，潍城区有普通载货汽车3411辆，载重量达12668吨位；其他货运车辆569辆，达2113吨位。全年货物运输量469.4万吨，货物周转量30050万吨公里。至1993年，全区普通载货汽车增至3764辆，达12979吨位；其他货运车辆941辆，达3420吨位。全年货物运输量540万吨，货物周转量34191万吨公里。1994年区划调整后，潍城区普通载货汽车减至2091辆，7243吨位；其他货运车辆549辆，1995吨位。全年货物运输量410.3万吨，货物周转量7655万吨公里。

1994—1997年，“东风牌”和“解放牌”柴油大货车、130或131单车、农用三轮车、拖拉机运输基本占领运输市场，呈现出各行业以及个体联户兴办货运的态势。1997年，全区有普通载货汽车1230辆，4043吨位；运输用拖拉机468辆，873吨位。货物运输量283万吨，货物周转量17108万吨公里。1998—2001年，车辆增长速度加快，车辆类型更加多样化，货物专运化日趋明显。生活资料由各类物流公司、快运办事处组织运输，生产资料由供应商或厂家运货上门，煤、石油、盐等物资由货运车专运。2001年，全区有普通载货汽车1679辆，4478吨位；专用载货汽车128辆，比1997年增加122辆；运输用拖拉机435辆，643吨位。货物运输量169万吨，货物周转量9680万吨公里。2002年后，运力结构日趋合理，运输能力进一步增强，大型车、专用车比重逐步增加。至2010年，全区有货车6620辆，30366吨位；运输农用三轮车2056辆，1623吨位；运输用拖拉机480辆，1147吨位。货物运输量585万吨，货物周转量186116万吨公里。2013年，根据潍坊市委、市政府《关于实施三八六环保行动加快生态潍坊建设意见》的要求，区交通运输局参与完成2005年以前注册登记的大重型营运黄标车淘汰工作，推行集约化经营，提高道路运输业抗风险能力，货物专用运输（集装箱、冷藏保鲜、罐式）、大型货物运输（一类）成为货运运输的主流。是年，全区有货车5766辆，载重量达29611吨位。货物运输量733万吨，货物周转量246633万吨公里。

1991—2013年潍城区货物运输量与周转量表

表5-6

年份	货物运输量（万吨）	货物周转量（万吨公里）	年份	货物运输量（万吨）	货物周转量（万吨公里）
1991	469.4	30050	1996	513.1	30890
1992	554.1	32919	1997	283.0	17108
1993	540.0	34191	1998	131.0	8014
1994	410.3	7655	1999	161.0	8687
1995	413.4	24809	2000	171.0	9831

续表 5-6

年份	货物运输量（万吨）	货物周转量（万吨公里）	年份	货物运输量（万吨）	货物周转量（万吨公里）
2001	169.0	9680	2008	983.0	59965
2002	163.0	11880	2009	537.0	174437
2003	175.0	12705	2010	585.0	186116
2004	187.0	14606	2011	680.0	201489
2005	208.0	12575	2012	649.0	214461
2006	259.0	13878	2013	733.0	246633
2007	667.0	38138			

旅客运输

1991 年,潍城区有客车（不含公交车）208 辆，旅客运输量 165.1 万人次，旅客周转量 14586 万人公里。其中，个体（含联户）旅客运输量 146.9 万人次，旅客周转量 13834 万人公里。1993 年，全区客车（不含公交车）增至 381 辆，旅客运输量 378.5 万人次，旅客周转量 30721 万人公里，其中个体（含联户）旅客运输量 322.1 万人次，旅客周转量 25069 万人公里。1994 年区划调整后，潍城区客车（不含公交车）减至 263 辆，客位数由 1993 年的 5339 个减至 3282 个。旅客运输量 217 万人次，旅客周转量 1387 万人公里。其中，个体（含联户）旅客运输量 190.8 万人次，旅客周转量 1296 万人公里。

1991—1996 年，道路旅客运输发展迅速，载客汽车达 589 辆，但潍城区没有成规模的区属客运企业。面对客运发展的被动局面，一些客运经营业户开始扩大经营规模并推行公司化经营。1996 年 12 月，潍坊市潍城交运汽车运输有限公司成立，2006 年更名为潍坊市潍城交运汽车运输有限公司客运汽车分公司，2010 年更名为潍坊市潍城交运汽车运输有限公司，公司形成以潍坊为中心，连接济南、青岛、烟台、威海、日照、临沂、枣庄、济宁、菏泽、聊城、泰安、德州、滨州、东营、淄博、莱芜等省内各市及潍坊各县（市、区）的客运网络。2013 年，潍坊鑫昊旅游客运有限公司（成立于 2012 年）运政管理权限由潍坊市道路运输管理处下放至潍城区运输管理所。是年，全区有客车（不含公交车、出租车，不含位于境内的潍坊联运有限责任公司公路客运总站客车）100 辆，客位数 2794 个。旅客运输量 1364 万人次，旅客周转量 65726 万人公里。

1991—2013 年潍城区旅客运输量与周转量表

表 5-7

年份	旅客运输量（万人）	旅客周转量（万人公里）	年份	旅客运输量（万人）	旅客周转量（万人公里）
1991	165.1	14586	1997	740.0	18960
1992	260.9	23106	1998	559.0	9743
1993	378.5	30721	1999	740.0	10230
1994	217.0	1387	2000	544.0	6289
1995	239.5	1920	2001	510.0	7454
1996	420.0	3895	2002	541.0	9806

续表 5-7

年份	旅客运输量（万人）	旅客周转量（万人公里）	年份	旅客运输量（万人）	旅客周转量（万人公里）
2003	574.0	8965	2009	1070.0	44160
2004	669.0	9681	2010	1136.0	47450
2005	641.0	9258	2011	1152.0	49839
2006	679.4	12511	2012	1184.0	51938
2007	746.0	20603	2013	1364.0	65726
2008	1030.0	37199			

潍坊公路客运总站　潍坊公路客运总站全称为潍坊联运有限责任公司公路客运总站，位于潍城区境内，是经交通部、山东省交通厅核定的一级汽车客运站。

潍坊公路客运总站原名潍坊联运公司客联站，始建于1987年1月。1992年12月，潍坊联运公司客联站办公区从道口路停车场搬迁至春鸢路停车场。1993年1月，占地2.67公顷的潍坊联运公司客联站大胥家停车场启用。1994年4月，潍坊联运公司客联站办公区搬迁至东新街齐得力大酒店。1995年1月，潍坊联运公司客联站更名为潍坊联运总公司旅客联运总站，位于东新街的潍坊联运总公司旅客联运总站站务楼启用。2000年1月，潍坊联运总公司旅客联运总站更名为潍坊联运有限责任公司客运总站。8月，潍坊火车站广场发车区内的16平方米大型电子显示屏正式启用。2002年11月，潍坊联运有限责任公司客运总站通过ISO9001国际质量体系认证。2007年7月，该站行李寄存业务正式启动，为旅客提供了方便。8月，该站被中国道路运输协会授予“全国道路运输百强诚信客运站”。11月，被山东省道路运输协会、山东省企业经营管理学会、山东省价格协会、山东省统计学会授予“2006—2007年度山东省百强诚信道路旅客运输站场”。2008年7月，公司投资50万元购置的两台EI-10080大型安检机分别安装在和平路、建设街两个发车区。2010年8月，投资2亿元建成的新站启用，新站位于和平路南端，与潍坊火车站隔路相望，主楼建有19层（地下2层），总建筑面积61000平方米，其中售票、候车大厅2500平方米，停发车场地7000余平方米，设置停发车泊位60个，设计日发车2000班次、发送旅客4万人次以上。同月，潍坊联运有限责任公司客运总站更名为潍坊联运有限责任公司公路客运总站。2012年1月，开通网上售票服务系统。该站共有参营客运车辆1000余部，省际运行线路发往北京、上海、天津、郑州、西安、福州、厦门及东北三省等地近30条，省内运行线路发往济南、青岛、烟台、威海、淄博、滨州、聊城、泰安、菏泽等地40余条，潍坊各县、市、区线路每日6：00—18：30全天流水发车，形成了纵横交错、四通八达的公路客运网络。

潍坊公路客运总站

出租客运　境内客运出租车由潍坊市运输管理处出租办公室直接管理。1994年前，潍城区从事出租客运的车辆有轿车、面包车、双排农用车、三轮摩托车、二轮摩托车等，车容车貌、标志标识等均未统一。1994年区划调整后，出租客运发展较快，但经营不规范。1996—1997年，潍城区先后成立区交通服务总公司客运出租汽车公司、潍城交运汽车运输有限公司客运汽车出租分公司、潍坊市第三汽车运输总公司客运出租汽车分公司3家出租公司，出租车挂靠公司经营。1997年，全区有客运出租汽车584辆。同年，出租公司、交通稽查队和公安部门联合对车容车貌、乱停乱靠、强拉载客、“画地为牢”等不法经营行为进行定期、不定期治理，初步建立起较为有序的出租运输秩序。2002年，潍坊市运输管理处对全区587辆出租汽车实行统一车身颜色、统一标志标识、统一安装计程计价器“三统一”管理。2003年，潍坊市政府出台《城区客运出租三轮车清退工作实施方案》，至2004年12月，境内客运出租三轮车全部清退出城区客运出租市场。至2013年，辖区内客运出租车市场管理规范有序，全区登记在册的客运出租汽车597辆，其中区交通服务总公司客运出租汽车公司302辆、潍城交运汽车运输有限公司客运汽车出租分公司227辆、潍坊市第三汽车运输总公司客运出租汽车分公司68辆。全区客运出租汽车全部安装北斗兼容车载终端，全部实行“油改气”，进一步提升了绿色交通水平。

2002年，全区出租汽车实行“三统一”管理

公共交通　潍城辖区的公共交通由潍坊市交通运输局直接管辖。1991年至2002年10月，境内公共交通汽车实行售票员售票制。2002年10月1日，公交IC卡自动收费系统正式启用，初步实现了公交服务规范化、管理科技化。2008年4月26日，首批20辆压缩天然气（CNG）公交车在城区主干线路环16路投入运行，成为潍城区首条绿色公交线路。2013年，40辆空调车全部投入环16路运行，首条冬暖夏凉的K16路空调线路开通。是年，途经辖区的公交线路50余条，境内公交环境趋向完善，公交整体服务能力良好。

公共自行车　2013年，按照潍坊市区公共自行车项目实施方案要求，由潍城区市政管理局、潍坊市公共自行车管理中心、各街道、经济开发区等相关职能部门组成联合现场定点小组，对潍城区境内的公共自行车规划站点进行实地确认，启动公共自行车系统建设，全区全年建设公共自行车站点164个、桩位5311个。

公共自行车站点

第五节　交通管理

公路养护

1991年，潍城区公路局养护路政科负责辖区内公路养护工作。全区公路养护里程158.7公里，其中国道39.6公里、省道35.8公里、县道42公里、乡道41.3公里。有养路工房14处，其中国道5处、省道4处、县道4处、乡道1处，建筑面积共2453.8平方米。1994年区划调整，将烟汕路、潍徐路、潍石路、东南环城路、英廿路路段、梨园公路站、廿里堡公路站、南郊公路站、潍徐路立交桥扬水站（泵房）、英廿路立交桥扬水站的人、财、物移交奎文区交通公路局。是年，全区公路养护里程246.1公里，其中国道32.7公里、省道36公里、县道42公里、乡道135.4公里。有养路工房10处，其中国道2处、省道4处、县道4处，建筑面积共1564.8平方米。2002年，辖区内县乡公路移交区交通局养护管理。是年，全区公路养护里程达265.2公里，其中区公路局养护国道、省道共56.6公里，区交通局养护县道、乡道共208.6公里。有养路工房10处，其中国道1处、省道5处、县道4处，建筑面积共2073.3平方米。2003—2012年，以创建舒安畅美的交通环境为目标，坚持管养并重，加强境内国、省道日常管养和精细

化管养，强化经常性和预防性维护，干线公路养护质量和水平进一步提升。区政府相继制定《潍城区农村公路养护管理办法》《潍城区农村公路养护实施方案》《潍城区农村公路养护管理考核办法》和《潍城区农村公路水毁保通应急预案》，建立健全农村公路管养机构、管养运行机制、管养队伍，坚持“五个到位”（管养责任落实到位、机构人员配备到位、制度制订执行到位、资金筹措管理到位和监督检查考核到位）与“四个提高”（提高管养能力、提高路况水平、提高服务质量和提高群众满意度），全力打造畅通、安全、舒适、和谐的农村公路通行环境。2013 年，将农村公路养护管理任务进行分配，村道村养、乡道乡管、县道养护分配到各交管所，道路养护职责体系更加完善。截至 2013 年年底，全区有养路工房 6 处，其中国道 1 处、省道 1 处、县道 4 处。全区公路养护里程达 279.1 公里，其中养护国道 38.5 公里、省道 34.6 公里，养护县道 68.5 公里、乡道 137.5 公里，公路养护率达 100%。

路政管理

1991 年，潍城区公路局养护路政科负责辖区内路政管理工作，设专职路政管理员 3 名，专职路政巡查员 4 名，并配备照相机、录音机等设备。1994 年 2 月，设立城西（设在于河公路站）、浮烟山（设在望留公路站）2 个路政管理所，实行分片管理，责任到所。1997 年，配备路政管理专用微机。1998 年，配齐专职路政员，配备路政专用车辆及移动电话、录音机、照相机、BP 机等。2002 年，境内县乡公路路政管理职责移交区交通局。2006 年，区公路局对 7 名专职路政员实行分段责任制，配备巡查车 2 辆，录像机、照相机、数码相机、录音机和微机各 1 台用于路政执法工作。2008 年后，潍城区加强辖区内国、省道路域环境综合整治，依法维护路产路权，保障了交通安全畅通。2013 年，完善干线公路事案举报、奖励和查处措施，区公路局共处理各类路政事案 58 件，查处率和结案率均达 100%；服务沿路企业发展，办理路政许可事项 39 件；加大常态化巡查治理力度，形成了全路域全天候长效机制，公路巡查 5.3 万余公里，占道经营、乱设非公路标志、上路集市贸易等现象得到有效控制。

2002 年始，区交通局接管县乡公路路政管理工作。2003 年 4 月，交通局设立路政科，配备路政员 4 名，路政管理车 1 辆。路政科成立后，加大县乡公路巡查力度，推行“路政服务直通车”，为沿路群众及涉路企业提供超前服务、上门服务和贴身服务，实施辖区在养道路全覆盖巡查制度；规范执法行为，严格按照执法程序办案。2003—2013 年，共制止在农村公路上违章建设建筑物 10 余处，制止在公路上打场晒粮 500 余处，清理堆积物 800 余处，清除非公路标牌 300 多块，查处路损案件 1200 余件，路政案件查处率达到 98%。

运政管理

自 1988 年始，根据《山东省公路运输统一单证管理使用办法》《山东省营业性运输审验暂行规定》《潍坊市公路运输非营运证管理暂行办法》《潍坊市公路运输非营运证管理实施细则》的规定，潍城区交通局运政管理部门对营运车辆办理审验手续、征收交通规费，对营业性运输车辆实行持证管理和年度审验制度，对未经批准购买的车辆不予办理手续。1992 年始，进一步加强运政管理工作，辖区内营运证、非营运证、车购费证、运管费凭证合并为道路运输证。2004 年 7 月，取消辖区内普通货运车辆“先审批，后购车”的审批制度。2011 年 3 月，区交通运输局按照修订的《山东省道路运输条例》有关规定，提高了货运经营准入条件，道路运输经营业户申请从事营业性运输必须有 5 辆以上经检测合格的车辆，才能申请办理道路运输经营许可证。同年 12 月，按照《山东省道路普通货物运输和道路货物专用运输经营许可办法》第十三条规定，对于载重 2 吨以下轻卡符合三类行为、属于非经营性道路货物运输的货运车辆，无需取得道路货物运输经营许可。2012 年，对于不符合《山东省道路普通货物运输和道路货物专用运输经营许可办法》规定的非汽车运输经营者不予行政许可、不再纳入经营性道路运输管理，对其车辆不予配发道路运输证、不再纳入营运车辆管理，潍城区的拖拉机、三轮车等农用车辆退出经营性运输市场。2013 年，潍坊市运输管理处将涉及城区内道路客运、道路货运、机动车维修的部分行政许可权限下放至县（市、区）管理，下放权限包括县（市、区）道路运输货运（公司化经营）和道路货物专用运输经营许可、县市出租企业经营许可、新增出租汽车道路运输证的办理、更新出租车道路运输证的办理以及城区内新增一类与二类维修企业（含危险货物运输车辆维修）经营许可和城区内道路客运经营许可。

交通稽查

1991 年，隶属潍城区交通局的区公路交通检查站负责全区交通稽查工作。1993 年，区公路交通检查站更名为区交通稽查队。1996 年，潍坊市交通稽查支队成立，潍城区交通稽查工作由潍坊市交通稽查支队负责。1999 年 9 月，恢复成立区交通稽查队，负责检查公路养路费、公路运输管理费、客货运基金、道路运输证、从业资格证以及客运超员等违法违规行为。2000 年，区交通稽查队改称区交通稽查大队，为副科级规格。2005 年，车辆二级维护执行情况不再作为路检路查项目，但仍实行强制维护制度。1993—2008 年，共检查各种机动车 60 余万辆次，纠正各类违章 8 万余件次。2009 年，取消对公路养路费、公路运输管理费、公路客货运附加费等费用的检查。2011 年，区交通稽查大队更名为区交通运输监察大队。2009—2013 年，共检查各种机动车 3.5 万余辆次，纠正各类违章 3000 余件次，查处超限超载运输车辆 2500 余辆，维护了辖区内道路交通秩序。

规费征收

养路费　1992 年，根据《山东省公路养路费征收管理规定》，按照“以路养路”原则，潍城区公路局每年向有车辆的有关单位及个人征收养路费。凡领有牌证（包括临时牌证、试车牌证）的各种客货汽车、特种车、专用车、牵引车、简易汽车（含农用运输车）、挂车、拖带的平板车、轮式拖拉机、摩托车（包括二轮、侧三轮），以及领有牌证、从事公路运输的畜力车，除按费率计征以外的车辆均按核定载重吨位计征。1994 年 7 月 20 日，养路费征收工作上交市公路局。自 2009 年 1 月 1 日起，全国统一取消公路养路费、公路运输管理费、公路客货运附加费、航道养护费、水路运输管理费、水运客货运附加费。

交通税费　1991—2000 年，潍城区交通局负责潍城区营业车辆的管理费、客货运基金、养路费、车辆购置附加费、营业税、城建税、教育费附加等税费的征收。2001 年 1 月，国家税费体制改革，车辆购置附加费由车辆购置附加税代替。2003 年 12 月，区交通局将车辆购置附加税征收移交潍城区国家税务局。2004 年，区交通局不再代收车辆营业税、城建税、教育费附加。同年，取消拖拉机、农用三轮车运输管理费。2007 年 5 月，区交通局按照交通部《关于进一步规范公路养路费征收管理工作的通知》和山东省交通厅《关于进一步规范和加强公路养路费等公路规费征收管理工作的通知》的规定，对各项交通规费及滞纳金按日征收。2009 年 1 月，交通税费的征收由区交通局移交潍城区国家税务局和市地税局潍城分局。

汽车维修行业管理

1991 年，潍城区交通局汽车维修行业管理所负责全区维修行业的开业、停业、审批、年审、汽车维修专用发票发放（代税务局发放）。是年，全区有汽车大修厂 15 家、汽车维护厂 80 家、专项修理厂 85 家、摩托车维修业户 53 家、配件销售业户 97 家。1994 年区划调整后，全区有汽车大修厂 6 家、汽车维护厂 31 家、专项修理厂 40 家、摩托车维修业户 27 家、配件销售业户 57 家。1997 年年底，停止汽车维修专用发票的发放。1998 年始，增加营运车辆（包括客车、出租车、货车、危险品运输车）的二级维护上线检测、签章。2003 年，摩托车维修和配件销售业户因达不到开业条件或一个审验周期（一年）不进行年审自动注销而退出市场。是年，全区有汽车大修厂2家、汽车维护厂23家、专项修理厂50家。2010年5月，实施运政信息网、车技业务网和检测站（内部局域网）三网连接，进一步规范了对运输车辆的检测，提高了运输车辆的上线检测率。同年8月，区交通局派出业务人员入驻潍坊宝利机动车综合性能检测中心办公，为业户上线检测运输车辆提供高效、便捷服务。至2013年，全区有汽车大修厂3家、汽车维护厂19家、专项修理厂52家。

第六节　铁　路

青岛西车务段潍坊站

青岛西车务段潍坊站位于城区南部，是办理客货运输的一等中间站。

1985年至2007年5月，称青岛铁路分局潍坊车务段潍坊站。2007年5月，撤销潍坊车务段，成立青岛西车务段，青岛铁路分局潍坊车务段潍坊站更名为济南铁路局青岛西车务段潍坊站（以下简称“潍坊站”）。

潍坊站站房建于1972年，容量较小，办公及候车条件差。2005年，对潍坊站及其广场进行大规模改造，历时近2年，建成新站房，设计造型为蝴蝶风筝，成为世界风筝都——潍坊的标志性建筑。新建站房建筑面积2.2万平方米，可容纳乘客3500人。2007年，胶济客运专线开通运营。2008年，正式开行动车组。2011年始，潍坊站陆续推出网络订票、电话订票、手机订票等业务。2013年10月，潍坊站候车大厅扩能改造，安装了自动检票闸机。是年，潍坊站日均发送旅客2.5万余人次，高峰时突破5万人。

青岛西车务段潍坊西站

青岛西车务段潍坊西站位于城区以西，东接潍坊站，西接昌乐站，是办理货物运输的二等中间站。

原名“大于河站”，站址在潍城区北大于河村北侧。20世纪80年代胶济线改造，车站迁址东移，更名为潍坊车务段潍坊西站，后又改称青岛西车务段潍坊西站。车站货场担负着潍坊市及周边地区货物的铁路运输任务，主要办理整车、集装箱货物的到达和发送业务，有5条货物线：货1、货2、货3、货4、盐1股；有5条专用线：潍坊西铁路联营货场专用线、青岛铁路经营集团有限公司潍坊分公司专用线、潍坊金牛燃料有限公司专用线、潍坊市联运有限责任公司集装箱集散站专用线、潍坊钢铁金属材料有限公司专用线。

第二章 邮政 通信

第一节 邮 政

1991年至1998年9月，全区邮政业务由潍坊市邮电局管理。1998年10月，潍坊市邮政局、电信局分别成立，邮政、电信分营，此后潍城区境内邮政业务由市邮政局管理。20世纪90年代，特别是市邮政局成立后，加快推进城区邮政营业网点建设，更新改造相关设备，各网点标识、信筒信箱和邮政车辆、报刊亭等服务设施统一标准，服务人员统一工作服装，邮政包装用品外观设计、规格、价格统一规范，城区规范化服务窗口达到100%。至2005年，境内的邮政营业网点服务范围遍及城乡。城区网点主要设在交通干道、商业街道、居民聚居区附近，乡村网点主要设在有关街道办事处所在地、行政村及厂矿企业等。截至2012年12月31日，潍城区境内有营业网点12个，其中自有网点5个、租赁网点7个。全区营业网点平均服务面积24.17平方公里，平均服务人口4.03万人，年业务量85.87万件，网点平均余额29397.89万元，办理储蓄业务38.87万笔，年业务收入1073.93万元。2013年，境内营业网点仍为12个，自有、租赁网点仍分别为5个、7个，全区营业网点平均服务面积和人口、年业务量等发展态势良好。

第二节 通 信

1991年至1998年9月，全区通信业务由潍坊市邮电局管理。1991年，境内开通程控电话。1994年初，全区乡镇全部接入C4本地通信网，实现乡镇电话自动化。1995年，境内电话号码由6位升至7位，接入C3本地通信网，形成城乡、长途市话一体化电话通信网，开办国内国际长途直拨电话业务，开办160、168声讯业务及数据交换、可视电话等业务。1995年，省数字数据（DDN）网潍城汇接点开通，并逐步覆盖潍城区全境。1997年，全区实现村村通电话。1998年10月，潍坊市邮政局、电信局分别成立，邮政、电信开始分营。此后至1999年7月，潍城区境内通信业务由市电信局管理。1999年7月，潍坊市移动通信与固定通信分营，山东移动通信公司潍坊分公司正式成立，潍坊市电信局更名为潍坊电信公司，推行现代企业制度，实施企业化运作。2002年11月，潍坊电信公司改称潍坊市通信公司。2003年6月，中国电信集团公司山东省潍坊市电信分公司（以下简称“潍坊电信”）成立。同年10月，潍坊市通信公司重组为潍坊网通公司。2004年，潍坊电信在潍城设区级分公司。2007年，山东移动通信公司潍坊分公司更名为中国移动通信集团山东有限公司潍坊分公司（以下简称“潍坊移动”）。2008年10月，潍坊联通公司（该公司成立于1996年7月）、潍坊网通公司融合重组为联通公司，2009年3月更名为中国联合网络通信有限公司潍坊市分公司（以下简称“潍坊联通”）。此后至2013年，潍城区境内通信业务主要由潍坊电信、潍坊移动、潍坊联通经营，潍坊电信通信网络、潍坊移动通信网络、潍坊联通通信网络覆盖潍城区全境。2013年，启动智慧城区试点，与中国移动通讯潍坊分公司进行战略合作，建成4G基站28处。

第六编

农 业

20世纪90年代，全区深化改革土地经营制度，围绕实施农业产业化战略，调整优化农业产业结构，发展高产优质高效农业。21世纪初，特别是2008年后，全区新型农业产业快速发展，农业产业逐渐转型升级，休闲农业、旅游农业、观光农业等都市农业形成新亮点。至2013年，实现农业产业化经营与休闲旅游观光农业有机结合，各类农民专业合作经济组织发展到185家，市级以上重点农业龙头企业发展到16家，“三品一标”（无公害农产品、绿色食品、有机农产品和农产品地理标志）农产品34个，粮食总产量9.6万吨，农业总产值15.6亿元，其中种植业、林业、牧业、渔业、农业服务业产值比例分别为32.7%、1.8%、61%、0.1%和4.4%。

第一章　农村经济体制改革

第一节　土地经营制度改革

潍城区于1982年全面推行家庭联产承包责任制。1984年，在全区农村普遍调整地块，延长土地承包期至15年，统一实行土地使用证。1986年，对土地承包实行合同制，明确发包方和承包方的责、权、利。1999年3月，区委、区政府印发《关于进一步做好延长土地承包期工作的通知》，开始开展二轮土地延包工作，坚持土地承包期延长30年的原则，对以前存在的“两田制”（口粮田、经济田）进行整顿，“机动地”比例严格控制在总耕地面积的5%以内，签订土地承包合同，合理发放土地经营权证。1999年10月后，全区土地承包贯彻《山东省农村集体经济承包合同管理条例》的规定，土地承包合同期限30年不变。在承包期间由承包方提出，经发包方同意，承包方可以将承包的土地使用权依法转包、转让、互换，也可以经承包方同意后由发包方反租倒包。承包方可以将承包的土地使用权入股参加农业股份制或者农业股份合作制经营，但不得擅自改变土地的用途。2004年10月后，全区土地承包经营依据《山东省实施〈中华人民共和国农村土地承包法〉办法》的规定执行，耕地的承包期为30年，草地的承包期为30～50年，林地的承包期为30～70年（特殊林木的林地承包期，按照国家有关规定执行）。农村土地承包合同的变更、解除和无效合同的认定，按照1999年施行的《山东省农村集体经济承包合同管理条例》的规定执行。2012年，根据潍坊市委办公室、市政府办公室《关于积极稳妥开展农村土地承包经营权登记工作的意见》，制定《潍城区关于积极稳妥开展农村土地承包经营权登记工作的意见》和《潍城区农村土地承包经营权登记试点工作方案》，开始开展农村土地承包经营权登记试点工作，选取军埠口综合项目区张家官庄村和望留街道邓家村，作为全区重点试点单位。2013年，根据《潍坊市农村土地承包经营权确权登记办证工作实施方案》，制定《潍城区农村土地承包经营权登记颁证工作实施方案》，全区农村土地承包经营权确权登记颁证工作全面推开，当年完成48个村土地承包经营权确权登记颁证工作。

第二节　农业产业结构调整

1991—1993年，潍城区持续深化农村改革，农业产业结构进一步优化。全区除棉花、烤烟因面积减少导致产量下降外，粮食产量稳定增长。以蔬菜、瓜果、花卉等为重点的高效作物面积不断扩大，种植业产值大幅度提高，农民收入持续增加。1994年6月区划调整后，随着区划面积的减少，境内种植业、林业、牧业、渔业等产值随之变化。1995年，潍城区农业总产值达25357万元。其中，种植业产值14467万元，占57.1%；林业产值288万元，占1.1%；牧业产值10544万元，占41.6%；渔业产值58万元，占0.2%。自1994年区划调整至1997年，全区围绕实施农业产业化战略，调整优化农业内部产业结构，发展高产优质高效特色农业，初步形成花卉、蔬菜、畜牧、果品等优势产业。1998年后，按照“区域化布局，规模化发展”的思路，加快农业产业结构调整步伐，加大农业结构调整力度。至2002年，各镇、街道加强农业特色项目建设，花卉、苗木、蔬菜、特种养殖等主导产业发展较快，成为农村经济新的增长点。2003年后，积极推进农业产业化、标准化、国际化进程，种植业、林业、牧业、渔业、农业服务业等产业结构持续调整优化。至2013年，全区农业总产值比重占地区生产总值的4.4%。农业总产值中的种植业、林业、牧业、渔业、农业服务业产值比例分别为32.7%、1.8%、61%、0.1%和4.4%。在种植业中，粮食作物总产量96384吨，油料作物总产量146吨。林业生产稳步发展，造林面积861公顷，林业育苗面积80公顷，木材产量2395万立方米。畜牧业保持稳定发展趋势，生猪出栏12.3万头，家禽存养量152万只，肉类总产量14784.9吨，奶类总产量5774.5吨，禽蛋总产量5703.2吨。渔业经济平稳发展，水产品总产量300吨。农业机械化水平进一步提高，全区农业机械总动力19.43万千瓦。是年，都市农业特色明显，大洋生态村、安联开心农场、景润花卉、华晨农业科技、三六九高科技农业示范基地、圣裕果蔬等优质高效都市农业项目发展较快，农业加速向休闲体验、旅游观光等功能拓展，促进了农业产业结构调整。全区休闲、旅游、观光农业发展到9处，星级农家乐7家（五星级1家、四星级1家、三星级5家），初步形成军埠口休闲体验型、浮烟山旅游度假型、于河特色观光型等市场需求旺盛、基础条件好、增长潜力大、带动作用强的现代都市农业区。

第三节　农业产业化

自1993年始，潍城区按照潍坊市实施的农业产业化战略，根据辖区内农业主导产业发展实际情况，确定了以发展农业龙头企业带动为主、其他新型农业经营主体为辅的产业化发展思路，大力发展高产优质高效农业。是年，军埠口菊花生产基地建成，该基地主要分布在朱家文庄、王家文庄、赵家文庄、军埠口、艄翁庙村，栽培菊花、报春、仙客来等草本花卉及火棘、铁茉莉、冬红果、海棠、迎春等木本花卉。1994—1997年，高产优质高效特色农业发展成效初显，花卉、蔬菜、畜牧、果品等优势产业初步形成。至1997年，潍坊符山林木良种繁育场成为全市花卉产业的“龙头”，其主导产品鲜切花进入日本市场，大田菜和保护地栽培蔬菜开发力度加大，酵素菌技术进一步推广应用，蔬菜总产量达7993万公斤。畜牧业发展速度较快，产值占农业总产值的40%。1998—2002年，按照“区域化布局，规模化发展”的思路，花卉、苗木、蔬菜、特种养殖等主导产业发展较快，农业龙头企业发展到30余家，辐射带动作用进一步增强。2000年，建设占地30余公顷的潍坊花卉大世界，由36套种养大棚、45套门头交易房、6000平方米的交易大厅和1000平方米的综合办公大楼组成，主要经营中高档盆花、绢花、鲜切花、根雕、奇石、工艺品、园林用具、观赏鱼、渔具等，汇集了全国各地名优花卉品种200多个，年交易额3000万元以上，被中国科学院植物研究所定为潍坊花卉繁育试验基地，成为带动全区花卉产业发展的重要载体之一。同年，成立卉芳花卉交易批发市场，带动军埠口镇、南关街道发展花卉产业，促进了农民增收。2003—2007年，深入实施以农业产业化、标准化、国际化和龙头带动、市场带动、科技带动为主要内容的"三化、三带动"战略，涉农企业发展到241家，其中7家进入潍坊市百强行列。2006年，新型农业经营主体发展迅速。由区畜牧局牵头注册成立区生猪产销协会、区奶牛协会、区饲料行业协会和区家禽养殖协会，促进了全区畜牧养殖业的发展。2007年6月，潍坊市猪业协会在望留镇市场村成立。同年8月，潍城区第一家农民专业合作社——美日鲜果蔬禽蛋专业合作社成立。2009年，围绕蔬菜、苗木、花卉、粮食、特种动物、生猪、肉鸡、生资、农机等农业主导产业或特色产业，发展体现社区主导产业特点的合作社。2010—2011年，开展示范合作社创建活动，培育红旗水貂养殖等4家市级示范合作社。围绕潍州萝卜、花卉种植等农业主导产业，创办3家合作社联合社。2012年，潍城区乳壮良种奶牛养殖专业合作社成为全区第一家省级示范社。是年，各类农民专业合作经济组织发展到102家。2013年，全区各类农民专业合作经济组织发展到185家。

21世纪初，特别是2008年后，全区新型农业产业快速发展，都市农业形成新亮点，休闲农业、旅游农业、观光农业得到较快发展。截至2013年，休闲体验、旅游观光农业等功能进一步拓展，农业产业转型升级，三六九高科技农业示范基地、圣裕果蔬等优质高效项目初具规模；初步建成以军埠口秀水田园回归自然园、怡星蔬菜、华晨草莓为龙头的200余公顷的花卉、蔬菜、水果观赏、种植、采摘特色休闲体验农业区，实现农业产业化经营与休闲观光农业的有机结合；初步建成以"两山一湖"（浮烟山、乐埠山、符山水库）为中心，以大洋生态村、青山庄园、陶然园等为代表的130余公顷的浮烟山生态旅游度假农业服务区，实现农业与文化旅游产业的有机结合，满足了民众多元化需求，延伸了农业产业链；初步建成以泛海园林苗木基地、于河北方苗木基地、安联开心农场、神元生物（铁皮石斛）为龙头的250余公顷的于河街道特色观光农业带，形成科研示范、生产经营、推广服务、休闲观光一体化农业发展新模式；打造了以北关街道东夏庄周围100公顷潍县萝卜原产地保护区为基础的具有鲜明地方特色的萝卜种植园区和潍县萝卜文化品牌。全区有市级以上重点农业龙头企业16家，其中省级6家、市级10家。全区有家庭农场69家，有"三品一标"（无公害农产品、绿色食品、有机农产品和农产品地理标志）农产品34个，"崔字牌"芝麻产品、益康宝肉食、隆泰食品及早餐、美城肉鸡、香野面粉、白浪河面粉、洪源面粉等农业企业产品品牌影响力不断扩大。瑞福油脂股份有限公司的"崔字牌及图"商标、潍坊益康宝食品有限公司的"YIKANGBAO及图"商标获得山东省著名商标、中国驰名商标，潍坊美城食品有限公司的"潍一及图"商标、潍坊隆泰食品有限公司的"LONG-TIE及图"商标获得山东省著名商标，"崔字牌"小磨香油获得"中华老字号"称号。全区逐步形成以潍坊美城食品有限公司为龙头的肉鸡生产加工链，以瑞福油脂股份有限公司为龙头的芝麻系列产品加工链，以潍坊益康宝食品有限公司为龙头的生猪生产、屠宰、加工链，以潍坊香野面粉有限公司为龙头的面粉生产加工链，充分带动了农民参与农业产业化经营。

第二章　种植业

第一节　粮食作物

境内适宜种植粮食作物，主要粮食作物为小麦、玉米，另有极少量豆类、薯类、高粱、谷子等。1994年区划调整后，随着境域土地面积缩减，境内粮食作物种植面积相应减少。

小麦

小麦是全区主要粮食作物，播种面积居全区粮食作物之首。20世纪90年代，小麦、玉米多间作套种；2000年后，间作套种面积逐渐减少；2012年后，小麦不再与玉米间作套种。20世纪90年代，小麦品种以鲁麦7号、鲁麦23号为主；21世纪初，开始推广济南17号、济麦19号、济麦20号、邯6172等品种。2009—2013年，实施小麦良种补贴，主要推广种植济麦22号、邯6172等品种。

玉米

玉米是全区第二大粮食作物，种植面积略小于小麦播种面积。20世纪90年代，玉米多与小麦间作套种；2000年后，间作套种面积逐渐减少；2012年后，玉米不再与小麦间作套种。大多为夏播玉米，少量为春播玉米。20世纪90年代，以掖单2号、沈单7号、掖单13号、鲁单50号、农大108等品种为主；进入21世纪，主要推广种植品种郑单958。

大豆

境内大豆种植历史悠久，20世纪90年代，种植面积较大，1994年达到855公顷。21世纪初，种植面积急剧萎缩，2012年不再种植。按栽培季节划分，有春大豆与夏大豆；按播种方式划分，有纯作与间作套种，以间作套种为主，多与玉米、薯类间作套种。

甘薯

甘薯俗称“地瓜”，种植历史悠久。20世纪90年代，年种植面积约400公顷，1996年超过667公顷。进入21世纪，种植面积急剧萎缩，2013年仅有零星种植。

甘薯种植

1994—2013 年潍城区粮食生产情况表

表 6-1

单位：公顷（面积）、吨（总产）、公斤 / 亩（单产）

年份	粮食作物合计			夏粮			秋粮																	
				小麦			秋粮合计			玉米			谷子			高粱			豆类			薯类		
	面积	总产	单产	面积	总产	单产	面积	总产	单产	面积	总产	单产	面积	总产	单产	面积	总产	单产	面积	总产	单产	面积	总产	单产
1994	20795	132511	424.8	9733	61105	418.5	11062	71406	430.4	9448	63528	449.5	104	363	232.7	106	401	252.2	855	2935	228.8	525	4083	518.5
1995	20185	130323	430.4	9519	60889	426.5	10666	69434	434.0	9452	62658	441.9	71	261	245.1	123	486	263.4	499	1949	260.4	517	4070	524.8
1996	20338	132770	435.2	9527	61236	428.5	10811	71534	441.1	9391	63061	447.7	61	221	241.5	128	511	266.1	519	2146	275.7	698	5553	530.4
1997	16992	96445	378.4	8487	54873	431.9	8522	41572	325.2	7670	37579	326.6	23	73	211.6	61	169	184.7	267	740	184.8	460	2871	416.1
1998	17234	111230	430.3	8183	53372	434.8	9051	57858	426.1	7969	52115	436.0	35	112	213.3	89	290	217.2	410	1373	223.3	546	3964	484.0
1999	16589	103788	415.7	7719	50425	435.5	8870	53363	398.5	7842	48070	420.7	25	64	170.7	83	269	216.1	457	1533	219.3	462	3424	494.1
2000	15728	90454	379.0	7651	48244	420.0	8077	42210	348.0	7209	38172	353.0	12	31	170.0	61	221	184.0	373	878	157.0	421	2905	460.0
2001	13974	82156	393.3	6052	35996	396.5	7922	46160	388.5	7278	42914	393.0	17	60	235.3	32	77	160.4	137	271	131.9	456	2837	414.7
2002	12943	60643	312.3	5942	28293	317.4	7001	32350	308.1	6500	30059	308.0	16	49	204.2	24	65	180.5	116	193	110.9	345	1984	383.4
2003	11538	64083	370.3	5357	29307	364.7	6181	34776	375.1	5514	31353	379.1	45	162	240.0	47	180	255.3	148	481	216.7	426	2599	406.7
2004	11572	67411	388.3	5371	31072	385.7	6201	36339	390.7	5639	33388	394.7	28	98	233.3	40	150	250.0	149	505	225.9	344	2197	425.8
2005	15346	91466	397.3	7490	44378	395.0	7856	47088	399.6	7422	45143	405.5	29	99	227.6	7	18	171.4	223	625	186.9	175	1203	458.3
2006	15603	90078	384.9	7652	45871	399.7	7951	44207	370.7	7639	42894	374.3	12	40	222.2	—	—	—	151	332	146.6	148	940	423.4
2007	15529	93404	401.0	7649	46135	402.1	7880	47269	399.9	7677	46220	401.4	1	1	66.7	—	—	—	76	142	124.5	126	906	479.3
2008	15677	96713	411.3	7645	46925	409.2	8032	49789	413.3	7930	49249	414.0	14	51	242.9	—	—	—	40	142	236.7	48	347	481.9
2009	15858	98964	416.0	7743	48712	419.0	8115	50252	413.0	8033	49846	414.0	—	—	—	—	—	—	39	124	212.0	43	282	435.0
2010	15894	101318	425.0	8004	49799	414.0	7890	51519	435.0	7857	51311	435.0	—	—	—	—	—	—	3	17	330.0	29	189	435.0
2011	15273	100114	437.0	7549	47217	417.0	7549	51519	435.0	7544	52509	464.0	6	16	180.0	—	—	—	7	19	200.0	27	181	453.0
2012	15222	97326	426.3	7629	48150	420.7	7592	49175	431.8	7566	49031	432.0	—	—	—	—	—	—	—	—	—	19	122	436.0
2013	14797	96384	434.3	7427	48394	434.4	7370	47991	434.0	7347	47854	434.0	5	13.4	179.0	—	—	—	—	—	—	18	137	495.0

第二节　经济作物

境内适宜种植经济作物，主要种类为蔬菜，花生、棉花、油菜等仅有零星种植。1994年区划调整后，随着境域土地面积缩减，境内经济作物种植面积相应减少。

蔬菜

境内蔬菜种植历史悠久。20世纪90年代初，境内以种植露天蔬菜为主，主要种植大白菜、青萝卜、菠菜、芹菜、芫荽、番茄、黄瓜、大葱等。随着寿光冬暖式蔬菜大棚的兴起，与寿光交界处的一些村开始兴建冬暖式蔬菜大棚，逐渐辐射杏埠镇、大柳树镇全境。20世纪90年代末，全区冬暖式蔬菜大棚发展到2000多个，主要栽培番茄，另有少量黄瓜、甜瓜等。进入21世纪，冬暖式蔬菜大棚数量逐渐增多。2005年后，保护地蔬菜占主导地位，年种植蔬菜面积667公顷左右。至2013年，全区蔬菜大棚达到3000多个，主要分布在于河街道、望留街道、北关街道、军埠口综合项目区。除主栽番茄外，还栽培甜瓜、甜椒、草莓、黄瓜、青萝卜、茄子、西葫芦、铁皮石斛、花卉、果树等。全区小拱棚、地膜覆盖面积较小，仅用于大姜、马铃薯、芋头等零星种植的蔬菜。

花生

境内花生种植历史悠久。20世纪90年代，种植面积较大，1994年、1995年种植面积均超过775公顷。进入21世纪，种植面积逐渐减少，2013年仅有零星种植。辖区内种植花生全部为春花生。

1994—2013年潍城区蔬菜、油料作物生产情况表

表6-2　　　　单位：公顷（面积）、吨（总产）、公斤/亩（单产）

年份	蔬菜			油料作物			其中：花生		
	面积	总产	单产	面积	总产	单产	面积	总产	单产
1994	790	53928	4550.9				1000	3584	238.9
1995	1625	69522	2852.2	780	2813	240.4	775	2799	240.8
1996				658	2214	224.3	511	1881	245.4
1997	1899	79929	2806.0	450	1329	196.9	443	1311	197.3
1998	2425	76058	2090.9	470	1380	195.7	463	1362	196.1
1999	2478	84045	2261.1	492	1583	3217	485	1566	215.3
2000	2325	73279	2101.2	380	762	133.7	373	745	133.2
2001	2079	72260	2317.1	314	870	184.7	307	846	183.7
2002	1802	79793	2952.0	549	1433	174.0	228	693	202.6
2003	1713	73515	2861.1	249	850	227.6	229	802	233.5
2004	1362	73955	3619.9	171	626	244.1	138	544	262.8
2005	984	53432	3620.1	110	332	201.2	76	257	225.4
2006	939	45254	3212.9	104	289	185.3	77	237	205.2
2007	691	33601	3241.8	84	220	174.6	50	156	208.0
2008	571	29627	3459.1	55	185	224.2	47	166	235.5
2009	568	30111	3534.2	57	221	259.0	45	194	288.0

续表 6-2

年份	蔬菜			油料作物			其中：花生		
	面积	总产	单产	面积	总产	单产	面积	总产	单产
2010	593	28873	3248.9	56	219	262.0	48	199	280.0
2011	923	38573	2788.0	43	154	243.0			
2012	720	41140	3807.8	35	133.7	255.7	29	119.3	275.5
2013	763	44226	3863.0	38	146	259.0	31	130	280.0

第三节　潍县萝卜

潍县萝卜又称“青萝卜”或“高脚青”，在潍城区境内有 300 多年的栽培历史，是潍坊著名土特产、山东省著名萝卜优良品种、全国农产品原产地保护品种、国家级农产品地理标志产品。潍县萝卜有大缨、小缨和二大缨 3 个品系，特征基本相似：叶均属花叶型，每叶有裂叶 8 ～ 10 对，叶色深绿；肉质根呈圆柱形，裸露在地上部分占全长 3/4，皮色青绿；肉质根覆盖在地下部分占全长 1/4，色泽为白色。大缨萝卜长势较强，肉质呈白绿色，质松味淡，辣味轻，宜做熟食和腌渍。小缨萝卜长势较弱，皮薄质脆，微甜，有辣味，宜生食。二大缨萝卜特征介于大缨和小缨之间，肉质紧密、翠绿、清脆、多汁，微甜且稍具辣味，生食如水果，故又称“水果萝卜”。

潍县萝卜含钙、镁、锌、铁等多种微量元素及多种维生素，维生素 C 的含量为 29.87 毫克 /100 克鲜重，还原糖含量为 3.1%，营养丰富，炒、拌、炖、腌均可。生食有行气化痰、消食通便、降脂降压等功效，在国内外享有盛誉。

潍县萝卜原产地在潍坊城区北部白浪河中游西岸的潍城区北关街道一带，土壤为潮褐土，适宜萝卜生长。北关街道东夏庄周围 100 公顷土地是潍县萝卜原产地保护区。20 世纪 90 年代，潍县萝卜多以露天种植为主。进入 21 世纪，随着潍县萝卜秋延迟栽培技术的推广，东夏庄周围大中拱棚种植萝卜面积不断扩大，至 2013 年达 62.33 公顷，超过全区潍县萝卜总种植面积的 1/2。据 2013 年调查统计，全区潍县萝卜种植面积 120.33 公顷，其中保护地栽培 62.33 公顷。全区潍县萝卜总产量 6330 吨，年收入 3488 万元，成为境内主产地北关街道东夏庄、西夏庄、湾头、河湾、偏凉子等村的重要经济收入来源之一。截至 2013 年年底，全区拥有潍县萝卜协会 1 个、专业经营公司 2 家、农民专业合作社 7 家、专门经销店 67 家，注册商标 5 个，潍县萝卜恒温储藏库 29 个，储藏吨位达 2400 吨。

北关潍县萝卜拱棚种植

第四节　农业技术推广

农作物良种化

20 世纪 90 年代初，结合种植业结构调整，开始引进推广瓜菜、果树新品种，主要有伊丽莎白甜瓜、甜椒、花椰菜、草莓、富士苹果、黄金梨、太阳杏等系列品种。在玉米生产方面，推广叶片上冲型品种和密植高产开发技术，主要推广掖单 2 号、掖单 4 号、掖单 12 号、掖单 13 等品种。在小麦生产方面，主要推广矮秆抗倒的鲁麦 7 号、鲁麦23号、烟辐188等大穗型品种。20世纪90年代末，主要引进推广抗性好、增产潜力大的农大108、鲁单50等玉米品种，推广济南17号、济麦19号、济麦20号等优质小麦品种。进入21世纪，引进推广高产稳产的郑单958以及抗性好的鲁单系列、登海系列等玉米新品种，推广高产稳产的济麦22号、良星系列、山农系列及邯6172等小麦新品种。至2013年，全区玉米种植品种主要为郑单958，小麦种植品种主要为济麦22号。

农作物栽培技术

20世纪90年代，利用冬暖式大棚种植番茄、黄瓜、甜瓜等瓜菜，推广化学除草、人工授粉、乙烯利催熟、“2，4-D”防落果、坐瓜灵保花保果、烟雾防治病虫、二氧化碳施肥、反光膜、遮阳网等配套栽培技术。在全区大面积推广小麦精播、半精播高产栽培技术，每年推广面积超过6667公顷，每公顷节约用种22.5公斤，每公顷增产5%。推广玉米密植高产开发技术，每公顷株数达6万株，每公顷增产10%。2000年后，冬暖式蔬菜大棚不断升级、改良，出现连栋温室、大跨度大棚、大跨度保温大拱棚等新型温室，辐射面不断扩大。

大跨度保温大拱棚

潍县萝卜秋延迟栽培技术逐渐推广，种植大棚主要为大、中拱棚，多分布在北关街道。小麦生产主要推广氮肥后移延衰高产栽培技术、“一喷三防”（在小麦生长期使用杀虫剂、杀菌剂、植物生长调节剂、叶面肥、微肥等混配剂喷雾，用以防病虫害、防干热风、防倒伏）、化学除草、秸秆还田等技术。玉米生产主要推广“一增四改”（合理增加种植密度和改种耐密型品种、改套种为直播、改粗放用肥为配方施肥、改人工种植为机械化作业）高产栽培技术、化学除草、秸秆还田等技术，保障了全区粮食生产的稳定发展。2009—2013年，全区实施良种补贴项目，小麦、玉米生产推广良种良法配套技术，以良种补贴带动各项生产技术推广，促进了全区粮食生产和农民增收，进一步推动了农业农村发展。

第五节　耕作制度

熟制

境内农作物大多为一年两熟制，主要是冬小麦—夏玉米。少量春地为一年一熟制，主要为春玉米，还有零星种植的春地瓜、春谷子、春花生等。由于蔬菜生产品种不同，有一年一熟制和一年多熟制。

间作套种

主要存在于20世纪90年代，以小麦畦垄、行间套种夏玉米为主，少量大豆间作玉米、薯类。进入21世纪，粮食作物间作套种面积逐渐减少，至2012年不再间作套种。蔬菜种植尚有零星的间作套种。

第六节　农产品质量认证

1996年，潍城区蔬菜生产服务中心的“巨丰”牌潍县萝卜获得绿色食品认证。2003年，瑞福油脂有限公司的“崔字牌”小磨香油、芝麻酱和“瑞福牌”小磨香油等3个产品获得绿色食品认证。2006年，“崔字牌”黑芝麻香油获得绿色食品认证。2009年，洪源面粉厂的“鲁潍”牌面粉、挂面2个产品获得绿色食品认证，潍坊市科华机电设备厂的“金银条”牌黄豆芽、黄豆苗、绿豆芽、绿豆苗4个产品获得绿色食品认证。2010年，潍坊市百年钟记果品有限公司的“百年钟记”牌西瓜、红富士苹果、玫瑰香葡萄、冬枣4个产品获得绿色食品认证。2012年，潍坊市浩祥食品有限公司的“鲁鲜”牌菠菜、芹菜、茼蒿、香菜、香葱、油菜、油麦菜7个产品获得绿色食品认证。2013年，潍坊市潍城区秀水田园果蔬种植农民专业合作社的小麦、玉米、谷子、山药、白菜、紫薯、潍县青萝卜、大豆、黑土豆、花生10个粮食、经济作物产品获得有机食品认证。

第三章　林果业

第一节　林木资源

据2013年种质资源调查，潍城区林木树种资源有35科、61属、158种。

境内用材林主要有毛白杨系列、黑杨类、刺槐类、柳、榆、泡桐、椿、楸等，毛白杨系列有普通毛白杨、三倍体毛白杨、窄冠毛白杨等，黑杨类有I-107杨、2025杨、72杨、46杨、土耳其杨等，刺槐类有石林、箭杆、细皮等优良无性系及四倍体刺槐等。防护林主要有雪松、黑松、刺槐、杨树、柳树、龙柏、桧柏、洒金柏、侧柏等。经济林以果树为主，其次为灌木。果树主要有苹果树、桃树、枣树、杏树、李子树、山楂树、葡萄树、石榴树等。灌木主要有紫穗槐、黄荆、白蜡条、枸杞、酸枣等。

第二节　林权制度改革

2009年年底，潍城区制定《关于全面推进和深化集体林权制度改革的意见》和《潍城区集体林权制度改革工作方案》，明确集体林权制度改革的指导思想、原则、主要内容、范围、目标和工作步骤。集体林权制度改革的主要内容包括明晰产权、勘界发证、放活经营权、落实处置权、保障收益权。明晰产权：在坚持集体林地所有权不变的前提下，依法将林地承包经营权和林木所有权，通过家庭承包方式落实到本集体经济组织的农户，确立农民作为林地承包经营权人的主体地位。勘界发证：明确承包关系后，依法进行实地勘界、登记、核发全国统一式样的林权证，做到林权登记内容齐全规范，数据准确无误，图、表、册一致，人、地、证相符。放活经营权：实行商品林、公益林分类经营管理。对商品林，农民可依法自主决定经营方向和经营模式，生产的木材自主销售；对公益林，在不破坏生态功能的前提下，可依法合理地利用林地资源，开发林下种养业，利用森林景观发展森林旅游业等。落实处置权：在不改变林地用途的前提下，林地承包经营权人可依法对拥有的林地承包经营权和林木所有权进行转包、出租、转让、入股、抵押或作为出资、合作条件，对其承包的林地、林木可依法开发利用。保障收益权：农户承包经营林地的收益，归农户所有。

2010年3月，潍城区召开深化集体林权制度改革工作动员大会，正式启动集体林权制度改革工作。在集体林权制度改革过程中，采取分类指导、分片施策、分步实施的办法，科学指导和推进林改工作。成立深化集体林权制度改革工作领导机构，区、街道、村层层签订集体林权制度改革责任书。同年4月，区、街道、村分别开展林改动员会和业务培训会。至2011年11月，集体林权制度改革主体工作全面完成。此次集体林权制度改革涉及107个行政村，勘界宗地651宗，确权面积842公顷，签订承包合同71份，发放林权证260本，勘界率和发证率均达100%。

第三节　植树造林

1991—1993年，全区累计植树320余万株，1400公顷的宜林网全部林网化，宜林荒滩、荒地造林231公顷，村庄“四旁”植树100余万株。1994年区划调整后至2001年，潍城区持续加大植树造林工作力度，通过成片造林、封山育林、林网植树等措施，每年植树80多万株，共栽植树木近600万株，全区绿化面积达4000余公顷，林木覆盖率达22%，成为山东省造林先进单位。2002年，全区完善农田林网面积1333公顷，植树10.5万株，成片造林292公顷，“四旁”植树42万株。2003年，全区共完成造林面积213公顷，完善农田林网3733公顷，“四旁”植树30万株，在济青高速公路两侧植树9.3万株。2004年，完善农田林网1000公顷，植树35万株。在潍高路、潍九路、309国道和济青高速公路两侧植树58万株。2005年，全区成片造林152公顷，其中营造丰产林6.7公顷。完善农田林网1300余公顷，“四旁”植树30万株。在潍高路、潍九路、309国道和济青高速公路两侧和大外环林带补植树木2万余株。按照生态区建设要求，开展浮烟山生态绿化工程，栽植树木3万余株，其中银杏2万株。完成白浪河水库防护林工程，栽植树木20万株。2006年，营造宝通街、西二环路道路防护林93公顷，在胶济铁路两侧植树2万株，在白浪河西岸植树3.5万株，在浮烟山成片造林33公顷，栽植树木20万株。2007年，加强绿化示范镇、示范村建设，栽植各类树木34万株，绿化草坪3.2万平方米，建成1个国家级绿化示范户、2个省级绿色小康村、2个省级绿色示范村、1个省级绿色示范户、25个市级绿化示范村。对浮烟山进行片林建设，栽植树木10.2万株，造林160公顷。对新行政中心进行片林建设，重点栽植紫叶李、大叶女贞、法桐、樱花、雪松等苗木，共计6.5万株，造林23公顷。对干线道路两侧进行林网完善，栽植树木6.2万株。2008年，对全市首批重点林场建设项目——乐埠山生态林场实施工程造林，植树面积933公顷，栽植苗木280万株，初步形成以黑松、雪松、黄栌、侧柏、香花槐、火炬树等为主的水保片林，以桃、柿子、板栗、梨、杏等林果树为主的经济片林，以樱花、百日红、五角枫等为主的观赏林。对浮烟山实施封山育林，在原有的疏林地插栽常绿树种，对裸露山体进行成片造林，共栽植树木3万株，造林67公顷。采用大苗木、多层次、多品种的方式，在白浪河湿地造林200公顷，植树80万株。在东风西街、彩虹路等7条道路两侧栽植苗木20万株，在胶济铁路客运专线两侧植树12万株，在济青高速公路、潍九路、水库路两侧补植苗木1.2万株。对街道、出村道路、生产路进行绿化，共植树23万株。2009年，继续对乐埠山生态林场、浮烟山植树造林，共栽植苗木262万株。在309国道、福寿西街等19条干线道路两侧栽植苗木400万株。2010—2011年，在乐埠山生态林场、浮烟山和于河苗木基地进行片林建设，栽植苗木300万株。在宝通西街、玉清西街等城区延伸道路及潍高路进行绿色景观生态长廊建设，共栽植苗木320万株。2010—2013年，进一步完善农田林网，推进绿化示范街道、村建设，对街道、出村路、生产路适宜地带进行绿化，完成“四旁”植树410万株。2012年，对乐埠山生态林场、明宗山、潍九路沿线及新修的城区延伸道路进行绿化，共栽植苗木220万株。2013年，持续对乐埠山生态林场、明宗山、潍九路沿线进行绿化，对裸露山体全部绿化，对疏林地插栽补绿，共完成造林860公顷，植树130多万株。推进大于河水系绿化工程，按照“以树为主，花草为辅，园景结合，以美取胜”的绿化方针，栽植杨、柳、银杏等苗木130多万株。对潍胶路、拥军路等6条道路进行绿化，栽植苗木200余万株，其中潍胶路栽植樱花1.2万株、速生杨1.7万株、黑松8000多株。

第四节 果品生产

潍城区境内以栽植苹果、桃、葡萄、杏等果树为主，以望留街道、于河街道居多。1991—1993 年，全区果品年产量在 1.2 万吨以下。1994 年区划调整后，全区当年果品产量达到 1.43 万吨。1994—1999 年，果品年产量一直保持在 2 万吨以内。2000 年，果品年产量突破 2 万吨。2007 年，果品产量较高，为 26261 吨。2004—2010 年，果品产量处于平稳状态，年产量稳定在 2.5 万吨左右。2011—2013 年，由于农村产业结构调整，果园面积减少，果品产量有所下降，年产量稳定在 2.1 万吨以上。

1991—2013 年潍城区果品生产情况表

表 6-3 单位：吨

年份	果品产量	苹果	梨	葡萄	桃	杏	其他
1991	10020	7020	0	0	1000	0	2000
1992	11800	8800	0	0	1000	0	2000
1993	12000	9000	0	0	1000	0	2000
1994	14300	12300	0	0	1000	0	1000
1995	16700	12700	0	0	3000	0	1000
1996	17800	13800	0	0	3500	0	500
1997	17200	13200	0	1000	3000	0	0
1998	18900	13900	0	2000	3000	0	0
1999	19200	13200	0	3000	3000	0	0
2000	21000	12800	0	5000	3200	0	0
2001	20300	12000	0	6010	2000	0	0
2002	22010	14000	0	8010	0	0	0
2003	23000	15000	0	8000	0	0	0
2004	24460	15330	216	8100	0	0	814
2005	24400	14655	147	6694	0	0	2904
2006	25632	16781	502	6941	0	0	1408
2007	26261	17236	1102	4215	3095	513	100
2008	26100	17180	913	3101	4315	323	268
2009	26122	17198	915	3103	4315	323	268
2010	26100	17195	912	3100	4312	321	260
2011	21493	15477	133	2110	3240	292	241
2012	21520	15497	135	2120	3238	290	240
2013	21525	15502	138	2159	3192	292	242

第五节 苗圃 林场

苗圃

1991年，潍城区境内树苗育苗面积37公顷。1993年，育苗面积达到71公顷。1994年区划调整后，潍城区的树苗育苗面积为35.5公顷。自2000年于河镇创建北方苗木基地后，全区苗木产业进入快速发展阶段，于河镇、望留镇、军埠口镇、南关街道的苗木产业得到较快发展。2000年建设的潍坊花卉大世界，占地30余公顷，有36个种养大棚和6000平方米的大型温室花卉交易市场，汇集了全国各地名优花卉品种200多个，被中国科学院植物研究所定为潍坊花卉繁育试验基地。南关街道花卉产业兴盛，建有100多个花卉大棚。2003年后，随着城镇绿化美化进程的加快，以雪松、樱花、百日红、紫叶李、法桐等为主的绿化苗木快速发展，青欣园林公司、福庆苗木公司、锦绣花卉专业合作社是潍城区发展较早、规模较大的苗木民营企业。至2013年，全区苗木育苗面积达到80公顷，苗木年产量128.7万株。

林场

2007年，按照潍坊市委、市政府关于生态林场建设的规划要求，以增加森林资源、扩大绿量、改善生态环境为目标，坚持新建为主、扩建为辅，山、水、林、田、路综合开发，组团绿化，采取规模化造林、林场化管理、集约化经营的模式，巩固和发展绿化成果。乐埠山生态林场于2007年开始规划建设，至2009年秋基本建成。林场北到南乐埠、南到南徐路、东至拥军路、西至昌乐界，林场经营面积1533公顷，其中有林地面积1400公顷。2008年开始对乐埠山生态林场实施工程造林，至2013年形成了以黑松、雪松、黄栌、侧柏、香花槐、火炬树等为主的水保片林，以桃、柿子、板栗、梨、杏等为主的经济片林，以樱花、百日红、五角枫等为主的观赏林。

乐埠山生态林场

第六节 古树名木

2013年，潍城区境内树龄100年以上古树名木有36株，其中国家一级古树名木（树龄500年以上）1株，国家二级古树名木（树龄300～499年）10株，国家三级古树名木（树龄100～299年）25株。树龄100年以上古树名木中，有国槐25株、龙爪槐1株、金银木1株、侧柏5株、柿子树2株、银杏1株、流苏树1株。境内树龄100年以下古树名木有12株，其中白皮松11株、小叶朴1株。

2013年潍城区树龄100年以上古树名木一览表

表6-4

序号	树名	科属	树龄（年）	规格			生长状况（强、中、弱）	生长地点
				树高（米）	胸径（厘米）	冠幅（米）		
1	国槐	豆科	500	10.0	110	3.5	强	望留街道山后傅家村
2	国槐	豆科	400	15.0	120	9.5	强	城关街道颐园小区
3	国槐	豆科	300	17.0	90	14.5	强	城关街道东风西街东段（和平路以西）
4	国槐	豆科	300	13.2	120	16.5	强	城关街道南宫街（百货大楼北）

续表 6-4

序号	树名	科属	树龄（年）	规格			生长状况（强、中、弱）	生长地点
				树高（米）	胸径（厘米）	冠幅（米）		
5	国槐	豆科	300	8.5	100	5.5	中	北关街道东夏庄社区
6	国槐	豆科	300	7.0	70	6.5	弱	望留街道二甲王村
7	国槐	豆科	300	7.5	70	5.8	中	望留街道二甲王村
8	国槐	豆科	300	8.5	100	5.5	强	乐埠山生态经济发展区北大于河村
9	国槐	豆科	300	7.5	90	6.0	弱	军埠口综合项目区姜家官庄村
10	国槐	豆科	300	14.0	60	6.5	强	军埠口综合项目区张友村南
11	国槐	豆科	300	10.0	80	7.0	强	乐埠山生态经济发展区向阳村
12	国槐	豆科	200	10.0	90	11.0	强	北关街道槐香小区
13	国槐	豆科	200	7.5	70	5.8	强	南关街道武家社区
14	国槐	豆科	200	10.5	90	12.3	强	白浪河湿地
15	国槐	豆科	200	8.5	80	9.0	强	望留街道胡家村
16	国槐	豆科	200	5.8	90	9.8	强	乐埠山生态经济发展区大成章村
17	国槐	豆科	200	6.5	80	7.5	强	望留街道韩家村
18	国槐	豆科	200	6.0	70	7.3	强	军埠口综合项目区赵家文庄
19	国槐	豆科	100	10.0	70	9.0	强	白浪河湿地
20	国槐	豆科	100	8.0	50	9.0	中	南关街道高家楼社区
21	国槐	豆科	100	6.5	70	7.5	强	乐埠山生态经济发展区南大于河村
22	国槐	豆科	100	8.0	50	6.5	强	军埠口综合项目区艄翁庙村
23	国槐	豆科	100	5.0	40	5.0	中	北关街道刘家园小区
24	国槐	豆科	100	8.0	50	6.3	强	军埠口综合项目区艄翁庙村
25	国槐	豆科	100	9.5	50	6.3	强	望留街道霞坡村
26	金银木	忍冬科	200	8.0	20	7.0	强	潍坊三中
27	柿子树	柿树科	100	10.5	30	9.8	强	十笏园
28	柿子树	柿树科	100	10.0	30	9.8	强	十笏园
29	银杏	银杏科	200	30.0	50	10.0	强	十笏园
30	龙爪槐	豆科	200	3.0	50	7.3	强	南关街道徐家社区
31	流苏	木犀科	200	6.0	40	8.5	强	南关街道徐家社区
32	侧柏（5株）	柏科	200	3.0	30	4.0	强	望留街道麓台村公孙弘墓地

第七节　林政管理

1991—1996 年，加强依法治林，贯彻执行《中华人民共和国森林法》及其他林业法规，严格执行森林采伐限额和木材凭证运输制度，共查处乱砍滥伐事件 4 起，有效地保护了境内森林资源。1997 年 2 月，成立潍城区林业局，同时设立下属事业单位林业稽查队，负责全区林木采伐审批和林业案件的查处工作，林政资源管理工作逐步规范化。1997—2013 年，全区共查处林业行政案件近 40 起，移交公安机关案件近 10 起，有力地打击了破坏森林资源的违法犯罪分子。

严格执行林木采伐许可和采伐限额管理制度，强化林木采伐许可证发放管理，对提交的采伐申请，认真审核，严格把关，对采伐小班实施现场核查。规范审批流程，加强审批监管。2005年8月，启用山东省林木采伐管理软件系统。2013年前，每年采伐树木600立方米。

加强木材流通领域的管理，严格执行木材运输和木材经营加工许可制度，强化监管，严格签证。对运输木材和经营加工木材，把住进货渠道，加强源头管理，坚决制止非法收购、运输木材，切实保护好森林资源。2013年6月，由潍坊市林业局承接木材运输审批，正式启用山东省木材运输管理软件系统。

第四章　畜牧业

第一节　畜禽饲养

1991—2013年，随着人们生活水平的逐步提高和国内外市场的逐步放开，肉、蛋、奶等畜禽产品消费量与日俱增，潍城区畜牧畜禽养殖业得到较快发展，畜牧业养殖结构不断优化，养殖业户的科学养殖技术和管理能力不断提升，规模化、标准化、集约化养殖逐步取代了一家一户分散饲养，畜禽产品质量不断提高，畜牧养殖业成为全区农村经济发展的主要支柱产业之一。至2013年，境内畜牧产业龙头企业及规模养殖场有潍坊美城食品有限公司、潍坊大正实业有限公司、潍坊中基集团有限公司种鸡场、潍坊益康宝食品有限公司、潍坊周秀芬火鸡食品有限公司、潍坊绿贝尔牧业有限公司、中粮肉食养殖（山东）有限公司潍城前王商品鸡养殖场、潍坊嘉旺生态农业发展有限公司、潍坊中牧利德（集团）药业有限公司、潍坊三江医药化工有限公司等。是年，全区生猪出栏12.27万头、肉羊出栏1.2万只、家禽出栏392万只，生猪存栏5.85万头、牛存栏3277头（含奶牛存栏1205头）、羊存栏8811只、家禽存栏151.91万只（含蛋鸡存栏55万只），肉蛋奶总产量为2.63万吨。全区畜牧业总产值达8.3亿元，占全区农业总产值的61%；畜牧业增加值5.38亿元，占农业增加值的61.8%。

家畜

马　驴　骡　20世纪90年代初期，马、驴、骡主要以役用为主，用于短途运输和田间耕作。马品种主要为渤海马，驴品种主要为德州黑驴。1991年，全区马存栏821匹、驴存栏1119头、骡存栏3010匹。随着农业机械化程度的提高和交通运输业的发展，全区马、驴、骡的饲养数量逐年减少，农户零星饲养的马、驴、骡极少数供役用，其主要功能逐渐转向食用。2011年，全区马存栏7匹、驴存栏11头、骡存栏10匹。

牛　20世纪90年代至21世纪初期，牛作为全区农户田间耕作主要役畜，在农业生产中发挥了应有的作用，饲养品种主要为鲁西黄牛。1991年，全区牛存栏7520头。随着农业机械化作业程度的逐年提高，黄牛役用功能逐渐减弱。畜牧部门积极推进黄牛品种改良工作，以黄牛为母本，通过人工授精技术进行杂交改良，向役肉兼用或肉用型转变。2013年，全区牛存栏3277头。

在黄牛役用逐步改良为役肉兼用的过程中，带动了肉牛养殖业的发展，农户除饲养改良的黄牛品种外，西门塔尔、利木赞等肉牛专用型品种也在全区引进饲养。1994—1999年，潍城区肉牛养殖数量出现历史上的最高峰。位于潍城区军埠口镇杨家庄村的华鸢养殖场占地3.3公顷，存栏规模达500头；西关街道南小于河村村办养殖场建有牛舍150间，年出栏肉牛达1000头；望留镇柴家村一村民投资20万元建成菁源养牛场，养殖规模150头左右。进入21世纪后，潍城区肉牛养殖业逐渐进入低谷期，2013年，全区存栏肉牛200头左右。

全区奶牛饲养品种主要是荷斯坦奶牛，奶牛养殖业在1991—2013年呈现谷峰式发展。1991年，全区奶牛存栏699头；2008年，全区奶牛饲养户218户，奶牛存栏3512头；2013年，奶牛存栏1205头。挤奶方式从手工挤奶到小机械挤奶，进而发展到机械化挤奶厅，挤奶环境、卫生消毒、挤奶技术都有大幅度提高和改善。20世纪90年代至21世纪初期，境内潍坊牧工商奶牛场、于河镇东兴奶牛养殖小区、南关街道颜家村一村民创办的奶牛场、小崖头村一村民创办的奶牛场、西关街道南小于河村奶牛养殖小区、于河镇河崖头村一村民创办的奶牛场、军埠口姚家坡子村华峰奶牛场、符山镇杨家成章村一村民养殖大户带动了全区奶牛养殖业的发展。冠康牌牛奶、贵友牌牛奶、鲜奶王牛奶、法斯特牌牛奶在潍坊市区内有较高的知名度和市场优势。

生猪 生猪是全区畜牧养殖业的传统产业之一，20世纪90年代中期以前，以饲养地方品种（如昌潍白猪、五莲黑猪、里岔黑猪等）为主，辖区内潍坊畜牧研究所种猪场研发培育的昌潍白猪I系（核心母猪群500头），是潍坊市及周边地区农户饲养的主要生猪品种，该品种在全省进行推广。自20世纪90年代末期开始，杜洛克、长白、大白、约克夏、皮特兰等国外瘦肉型品种不断引进。进入21世纪，辖区内潍坊军分区良种猪场、潍坊市种猪场、山东传华畜牧发展有限公司种猪场、潍坊绿贝尔牧业有限公司种猪场等生猪良种企业通过引进优质种猪，实行杂交改良技术，扩繁二元、三元杂交母猪，进一步改良了全区生猪品种，杂交改良品种取代了地方品种。2003年，瘦肉型商品育肥猪饲养率达95%以上，全区生猪养殖良种良法饲养技术得到广泛普及，生猪养殖效益不断提高。2013年，全区生猪年出栏达12.27万头，生猪养殖产业实现规模化、标准化良性发展。

羊 20世纪90年代初期，境内羊养殖以农户放养绵羊、圈养山羊为主，绵羊以食肉为主，山羊以挤奶为主。1991年，全区羊存栏13855只。1995年始，引进肉用品种小尾寒羊、波尔山羊、杜泊羊，推广圈养规模化育肥技术，规模化、标准化饲养程度不断提升。1999年，潍坊市第二印染厂下岗职工投资50万元合办信奉养殖场，养殖500只小尾寒羊。2009年，望留街道玄家村一村民建成宏亮肉羊场、北关街道后羊村一村民建成华牧肉羊场，养殖规模300只。2011年，潍城经济开发区潘里村一村民改扩建一处标准化养羊场，存栏规模500只，获评为“省级畜禽标准化示范场”。2013年，全区羊存栏量8811只。

兔 20世纪90年代初期，全区养殖兔以农户零星饲养为主，品种以中国白兔和青紫蓝兔为主，兔肉市场长期低迷，肉兔养殖业发展缓慢。20世纪90年代中期，肉兔市场回升。1997年、2000年分别在于河镇小李家村、西关街道南小于河村建立肉兔养殖小区，养殖布列塔尼亚肉兔，提高了周围乡镇农户养殖肉兔的积极性。2000年，全区兔存栏达8万多只，成为潍城区历史上养殖肉兔数量最多的年份。进入21世纪后，全区肉兔饲养量逐年减少，2004年肉兔饲养存栏量减少至7020只，2005年跌至150只。2006年后，肉兔饲养略有回升，但存栏量未超过2000只。

家禽

鸡 境内农户养鸡主要是为满足家庭禽蛋食用需要，剩余则到集市销售填补家用，多为散养，品种为当地品种。20世纪90年代初期，由于市场需求和经济发展推动，专用型蛋鸡、专用型肉鸡（白羽肉鸡）开始在全区规模化饲养。

蛋鸡：20世纪90年代初期，境内蛋鸡养殖大户开始引进饲养星杂288、星杂579、海赛克斯、海兰、罗曼等优质蛋鸡品种，饲养数量、规模和饲养水平不断提升。南关街道大庄子村一村民创办的蛋鸡场养殖规模达到2万只。大柳树镇玄家村两村民饲养商品蛋鸡，并购置孵化器进行蛋鸡孵化，年存养规模4万余只。进入21世纪，蛋鸡饲养规模和标准化水平逐步提升。2009—2012年，望留街道振东蛋鸡场、东寺村一村民创办的蛋鸡场分别投资50万元对鸡场实施标准化改造，标准化饲养水平大幅提升。2013年，全区存栏5000只以上的蛋鸡养殖场户近50家，存栏父母代种鸡10万套的种鸡场1个，全区存养蛋鸡55万只，年产鸡蛋近7000吨。

肉鸡：1993年始，在潍坊美成肉鸡有限公司、潍坊肉鸡集团公司、潍坊大正实业公司种鸡场和杏埠粮所种鸡场4个大型肉种鸡场的带动下，全区白羽肉鸡（品种为爱拔益加AA、艾维茵）饲养业迅速发展，其中于河镇、杏埠镇、军埠口镇的肉鸡塑料大棚发展到1100多个。1994年，潍城区林场投资建设肉鸡养殖场，年出栏肉鸡10万只。符山镇一村民创办的肉鸡养殖场和于河镇前杭埠村一村民创办的肉鸡养殖场年饲养肉鸡均达20万只，军埠口镇大寨村肉鸡养殖小区建有肉鸡大棚100个，年出栏肉鸡100万只。1995年，全区肉鸡出栏量达626.84万只。此后，肉鸡养殖规模不断扩大，肉鸡养殖标准化进一步提升。至2013年，境内有潍坊美城食品有限公司、中粮潍城前王商品鸡养殖场、潍坊中基集团有限公司种鸡场、潍坊嘉旺生态农业发展有限公司等养殖肉鸡。潍坊美城食品有限公司12处自属肉鸡养殖场全部通过无公害产品认定，带动了规模化养殖、标准化生产，其鸡肉产品获得“潍坊市优质农产品”称号。

鸭　20世纪90年代，境内以饲养地方品种麻鸭为主，农户饲养鸭多为产蛋腌制食用。2000年，开始引进饲养专用型肉鸭，品种为樱桃谷鸭，大棚式规模化饲养，当年全区肉鸭规模养殖大户有54个，年饲养肉鸭达110万只。2002年12月，潍坊天合饲料有限公司投资200万元，在于河镇建设1处父母代种鸭场，年销售鸭苗120万只。随着市场消费需求不断扩大，肉鸭规模化饲养数量逐年增长。至2013年，全区肉食鸭市场处于较平稳发展态势。

鹅　全区养鹅多为农户零星散养，养殖品种以山东当地品种乌龙鹅为主，养鹅主要为产蛋食用。1991年，全区鹅存栏2.34万只。1995年，全区鹅存栏2.03万只。1996年后，全区不再统计鹅饲养数量。

1991—2013年潍城区主要畜禽养殖量表

表 6-5

年份	大牲畜年末存栏（头）	其中				生猪存栏量（头）	羊存栏量（只）	家禽（万只）		兔子存栏（只）	生猪出栏量（万头）
		牛（头）	马（匹）	驴（头）	骡（匹）			存栏	出栏		
1991	12470	7520	821	1119	3010	55172	13855	108.96		11752	7.40
1992	12571	8055	770	1092	2654	55039	12890	111.74		34300	7.51
1993	13195	8530	798	1305	2562	53310	13400	142.57		26400	2.15
1994	10921	7668	495	1174	1584	35493	9019	122.35		10400	5.29
1995	12648	10062	460	571	1555	43921	10495	153.83		16012	6.03
1996	10624	8618	330	470	1206	33966	10377	144.29	584.68	30082	6.36
1997	10160	8453	510	420	1150	48818	3728	167.14	337.47	34060	6.22
1998	8461	6536	287	492	1146	60575	5557	202.90	502.76	26166	7.59
1999	9001	7068	331	390	1212	48710	10553	149.31	666.33	31560	8.93
2000	9176	7612	388	411	765	41710	11446	178.00	486.00	80920	8.87
2001	9245	7665	390	418	772	42000	11550	180.00	487.00	55000	8.90
2002	6342	4640	157	354	1191	46972	11593	179.00	602.00	52788	9.18
2003	6205	5144	110	220	731	33432	8249	117.00	403.00	13842	8.80
2004	6008	5516	88	168	236	37909	12395	115.00	470.00	7020	10.72
2005	5103	4845	93	68	97	40966	12041	120.00	495.00	150	10.88
2006	4736	4532	121	34	49	39672	11214	134.00	451.00	1597	9.80
2007	3755	3481	113	62	99	38211	8746	120.00	263.00	1550	7.03
2008	4570	4531	20	8	11	49014	11514	201.00	377.00	1500	10.34
2009	3993	3993	—	—	—	57318	7190	231.00	471.00	—	9.42
2010	3817	3817	—	—	—	61345	7681	180.00	400.00	—	7.91
2011	4428	4400	7	11	10	65557	7299	172.00	484.00	—	10.50
2012	3683	3683	—	—	—	65600	8662	154.30	422.60	—	11.38
2013	3277	3277	—	—	—	58500	8811	151.91	392.00	—	12.27

1991—2013年潍城区主要畜禽产品产量表

表6-6　　单位：吨

年份	肉类总产量		禽蛋产量		奶产量	
	合计	猪肉	合计	鸡蛋	合计	牛奶
1991	7267	5551	4483	4243	4484	2197
1992	7740	5629	5172	4859	4700	2115
1993	8373	5329	6568	6173	4664	2460
1994	11428	3969	2313	2030	2864	1254
1995	16189	4526	2577	2339	2912	1413
1996	15865	4772	4120	3638	2919	1788
1997	16791	4261	1973	1973	2140	2140
1998	15063	5327	9946	9706	1602	916
1999	17380	7018	7280	6782	2129	1410
2000	14180	6882	8371	7746	2538	2150
2001	14474	7123	8426	7798	2561	2250
2002	15579	6685	8452	8196	4377	4118
2003	13104	6603	6838	6545	5872	5422
2004	13380	8037	5448	5297	6737	6640
2005	15996	6458	5726	4029	8046	7978
2006	14616	7350	5196	5066	7531	7401
2007	10376	5742	5683	5183	7799	7686
2008	12982	7231	5690	5590	7947	7947
2009	13788	6937	7067	6388	7195	7191
2010	11699	5933	7516	7489	6587	6504
2011	14612	7780	6303	6281	6058	6058
2012	14563	8566	5919	5918	6475	6475
2013	14784	9274	5703	5702	5774	5774

第二节　特种动物养殖

狐狸　水貂

1994年区划调整后，境内养殖的狐狸品种主要是蓝狐、银黑狐，水貂品种主要是美洲黑貂。1994年3月，潍坊大正实业有限公司成立，年存栏种狐3万只、种貂6万只，年产狐貂皮50余万张。2000年12月，该公司从芬兰引进蓝狐原种1210只，从美国引进水貂良种1000只，进行纯繁、改良和推广，成为全国最大的狐貂养殖基地。2003年，该公司被国家标准化生产委员会认定为“全国狐貂标准化养殖示范基地”。2004年，该公司蓝狐杂交一代达到10万余只。2005年，全区狐貂养殖专业村发展到20多个，狐貂规模养殖户发展到150多家，年产狐貂皮达70万张。此后，全区狐貂养殖逐年减少。至2013年，全区有狐貂养殖户近200户，年产狐貂皮20余万张。

火鸡

2001年，西关街道北三里村一村民从养殖3只火鸡开始，逐渐发展壮大并建成火鸡养殖基地，于2003年创办潍坊周秀芬火鸡食品有限公司，注册了“秀芬牌”商标。2004年，该公司从美国、加拿大、法国引进祖代种火鸡100套，通过扩繁、杂交改良，培育出适合国内河滩、荒坡、丘陵等空闲地散养的“秀芬牌”优质百草火鸡品种。该公司所生产的八珍火鸡系列食品，在2005年被指定为潍坊国际风筝会专用产品。2008年，该公司火鸡养殖基地存栏火鸡良种4000套，火鸡养殖辐射带动全国13个省，在全国发展分基地42家，带动潍城区及全国4908家农户开展火鸡养殖。中央电视台《致富经》《科技苑》《聚焦三农》栏目连续对其进行专题报道，山东卫视、潍坊电视台等媒体相继推介其经验和做法。该公司被中国科协、财政部授予“全国科普惠农兴村先进单位”称号，被山东省妇联、山东省科技厅评为“省级巾帼星火创业培训基地”，成为集孵化、防疫、养殖、加工、销售于一体的产业化龙头企业，与美国、加拿大及东南亚等国家和地区建立了合作关系，开拓了国际市场。

鹿

境内饲养鹿的主要品种是梅花鹿，以采集鹿茸作药用为主。1997年，北关街道东夏庄一村民从东北引进了88只梅花鹿养殖。同年，符山镇北大于河村一村民从东北双羊鹿场引进了22只梅花鹿养殖。1998年，望留镇埠前村一村民投资30万元建设鹿场，当年存栏72只。境内其他农户有零星饲养。

鸽

境内多为零星小规模饲养肉鸽，品种为美国落地王鸽。1994年，于河镇流饭桥村珍禽场内饲养肉鸽300只。1999年，在杏埠镇政府驻地以南建立潍城区种鸽场，饲养肉种鸽4万只。2005年，符山镇道口村一村民饲养肉鸽3000只。截至2013年，境内肉鸽无大规模化饲养，多以零星散养为主。

乌骨鸡

1991年，于河镇流饭桥村从北京购进泰和乌骨鸡213只，由村民分散饲养。1992年5月，该村村委投资7万元，建设一处以养殖乌骨鸡为主的珍禽场。1994年，该村村委筹资50万元扩建鸡场，带动周边20个村养殖乌骨鸡。是年，全区饲养乌骨鸡达30万只。1998年，流饭桥村珍禽场不再养殖乌骨鸡。此后，境内乌骨鸡养殖量大幅减少。

第三节 畜牧标准化生产

20世纪90年代初期，境内畜禽饲养主要以一家一户分散饲养为主，饲养规模小，畜禽品种低劣，饲养管理不规范、不科学，畜禽产品销售局限在当地。自20世纪90年代中期始，特别是进入21世纪后，畜牧标准化生产逐步深入推进。2001年8月，潍城区按照潍坊市人民政府《关于畜禽生产标准化的实施意见》，全面推行畜禽养殖标准化生产。至2005年，全区共建设各类畜禽标准化饲养舍309栋。2007—2013年，潍城区争取到国家政策扶持资金，对全区16个畜禽规模化养殖场进行标准化改造，年饲养优质畜禽81.63万头（只）。2010年，潍坊美城食品有限公司第五种鸡场被认定为“农业部畜禽标准化示范场”，2010—2011年，潍坊美城食品有限公司商品鸡第六生产基地、潍坊嘉旺生态农业发展有限公司黑猪养殖基地和芦花鸡养殖基地，先后被认定为“潍坊市畜产品质量安全生产示范园区”。2010年后，中粮潍城前王商品鸡养殖场、潍城区潘里光成养羊场和潍坊绿贝尔牧业有限公司先后获得“山东省畜禽养殖标准化示范场”称号，潍城区开发区绿源肉羊繁育场获得“潍坊市畜禽标准化示范场”称号。2012年，全面开展标准化养殖基地建设，杏埠汉德标准化肉鸭养殖基地建成并投入使用，潍城区福源蛋鸡养殖场、潍坊陆通养殖基地蛋鸡育成舍、某部生产基地标准化自动化蛋鸡养殖场舍建成并投入使用。4个改建、扩建生猪标准化养殖基地扩建完成并投入使用。标准化肉羊养殖基地通过省级标准化示范场验收，潍城区四叶草畜禽养殖基地建成并投入使用。2013年，全区新建、改造和扩建标准化养殖场6个，新建畜禽粪污处理设施示范点6个。潍坊美城食品有限公司12处自属肉鸡养殖场全部通过无公害产品认证，其鸡肉产品获评为“潍坊市优质农产品”。潍坊绿贝尔牧业有限公司被认定为“潍坊市标准化种苗生产基地”和“潍坊市重点农业龙头企业”。潍坊益康宝食品有限公司被认定为“山东省重点农业龙头企业”。是年，全区畜禽标准化规模养殖场达800余处，占全区畜禽总饲养户数的90%以上。

第四节　畜牧科技推广

畜禽良种推广

自20世纪90年代中期始，全区先后推广普及A A肉鸡、海兰褐蛋鸡、罗曼蛋鸡、樱桃谷鸭、长白生猪、约克夏生猪、杜洛克生猪、荷斯坦奶牛，犁木赞肉牛、西门塔尔肉牛、美洲水貂、芬兰银狐、波尔山羊等优良畜禽品种。2012年，潍城区与省农科院畜牧研究所、省畜牧兽医职业学院、潍坊嘉旺生态农业发展有限公司联合开展品种研发，开发培育了适合当地饲养和市场前景好的生猪新品种“鲁潍黑猪”，并完成注册。至2013年，全区蛋鸡、肉鸡、肉鸭、生猪、奶牛良种覆盖率达到100%，肉牛、肉羊良种比例分别达到45%和90%。畜禽良种的推广与普及，提升了全区畜禽生产水平。

新技术推广

在20世纪90年代中期，特别是进入21世纪后，随着规模化、标准化、集约化养殖方式的发展，规模化养殖场户的先进设施设备投入逐年加大，科学化、标准化生产水平逐步提高。2003年，开展“粮—经—饲”三元种植模式试验示范工作，全区种植紫花苜蓿、墨西哥玉米、黑麦草、串叶松香草等牧草面积达30公顷。2008年，全区开始推广发酵床养殖畜禽技术，在生猪养殖的保育期、育成期广泛使用。通过发酵床技术的生物降解技术，解决了生猪粪尿污染，基本实现零排放、零污染。2010年，全区畜禽发酵床面积达18万平方米，饲养生猪1.4万头，节省饲料130多吨，节水14万吨，节省劳动力100多人。2012年，与苏柯汉生物工程有限公司联合推广生物技术养殖，在20家养殖示范户实验示范微生态生物制品取代化学产品，实现了高效、低能、零污染养殖，带动全区规模养殖场（户）进入生态环保良好发展的轨道。截至2013年，乳头饮水器、湿帘降温、热风炉送暖、自动喷雾消毒机、自动饮水机、自动上料机、自动清粪机、自动挤奶机、TMR机、污水无害化处理池、沼气池等先进设备设施在畜牧养殖领域广泛推广使用，推广使用率平均达70%。多项畜牧兽医实用技术被推广使用。生猪二、三元杂交技术的应用，提高了全区瘦肉型良种猪的饲养率，全区生猪二、三元杂交改良率达100%。奶牛冻精细管人工授精技术普及率100%。畜禽疫病程序化免疫和重大疫病综合防控技术的广泛应用，降低了畜禽发病率和死亡率，未发生口蹄疫等重大动物疫情。全区玉米秸秆青贮技术被奶牛、肉羊养殖场户广泛使用，每年玉米秸秆青贮量有1.5万吨左右。

第五节　动物疫病防治

疫病

1991—2013年，境内畜禽所患传染病主要有破伤风、猪瘟、猪丹毒、猪肺疫、仔猪副伤寒、猪喘病、猪流行性感冒、仔猪白痢、猪传染性胃肠炎、猪痢疾病、猪水泡病、猪繁殖与呼吸综合征、牛流行性感冒、牛结核病、禽霍乱、禽副伤寒、鸡白痢、鸡痘、马立克氏病、鸡传染性法氏囊炎症、传染性喉气管炎、传染性支气管炎、禽产蛋下降综合征、兔出血性败血病、兔螺旋体病、犬瘟热、细小病毒、水貂病毒性肠炎，以及牛、羊前胃病和乳腺炎，猪消化不良和便秘，狐貂自咬症等。此外，畜禽寄生虫病有鸡球虫病、兔球虫病、猪肺丝虫病、猪囊尾蚴病等。

防疫检疫

1991年，在南下河市场检疫中，检出猪囊尾蚴病（俗称“米猪肉”）猪2头，全部进行无害化处理。

1992年4月5日，内蒙古自治区海拉尔市赠予潍城区浮烟山旅游开发区30匹蒙古马。同年11月初，发现6匹蒙古马发病，其中4匹迅速死亡。11月中旬，经市、区两级畜牧兽医技术人员对尚存养的24匹进行马鼻疽点眼变态反应，阳性马20匹，确诊为马鼻疽病。疫情发生后，潍坊市政府责令潍城区政府、潍坊市畜牧局扑杀疫点全部马匹，控制疫情。1993年2月10日，市、区两级专业人员和山东牧校专家联合对赠予的全部马匹进行药杀并深埋处理，同时对饲养场所进行严格消毒，对粪便及垫草实行泥封发酵无害化处理。同年3月，对疫点周围的望留镇、符山镇、大柳树镇700余匹马属动物进行鼻疽疫病检测，未发现呈阳性马匹，按规定解除疫情。同年，大柳树镇、符山镇、杏埠镇、于河镇发生牛流行性感冒。经兽医技术人员积极防治，全部治愈，牛流行性感冒得到控制。

1997年，《生猪屠宰管理条例》颁布实施后，潍城区实行生猪定点屠宰、集中检疫制度。全区设军埠口镇、望留镇、符山镇、于河镇、益康宝食品有限公司5个定点屠宰场，辖区兽医站派驻检疫员驻场检疫。1998年，《中华人民共和国动物防疫法》颁布实施，对重大动物疫病（猪瘟、牲畜口蹄疫、鸡新城疫等）实行强制免疫，潍城区防疫密度达100%，无疫情发生。1999年，对全区奶牛开展了布鲁氏杆菌病、牛结核病普查，采用布鲁氏杆菌平板凝集试验、结核菌素点眼和皮下注射等试验方法进行检测，共检测奶牛262头。经检测，布鲁氏杆菌病无阳性反应；颜家村奶牛场检出6头奶牛牛结核病呈阳性，按照规定进行无害化处理。2000年，省、市兽医专家对潍城区马鼻疽防治情况进行评估，评估验收结果显示潍城区达到马鼻疽病消灭标准。

2002年，全区开始进行国家胶东半岛无疫区项目建设，由国家和省、市、区配套投资180余万元，建成区级化验室1处、乡镇级化验室5处（望留镇、军埠口镇、符山镇、于河镇、北关街道），基本能够达到规定动物疫病及免疫效果等血清学检测目的。2004年末至2005年，全国发生H5N1高致病性禽流感疫情，潍城区按照上级统一部署要求，成立潍城区重大动物疫病防控指挥部，制订《潍城区重大动物疫病防控预案》，严密部署，科学防控，强化免疫，加强检疫监督，有效地防止了疫情的发生。

2009年，设立潍城区畜牧兽医管理局监察所（加挂区动物卫生监督所牌子），负责全区动物卫生监督和畜牧兽医执法，省畜牧局批准潍城区设官方兽医15名，聘村级防疫员65名。全区建立了区、街、村三级动物防疫网络。2010年，加强免疫用疫苗冷链建设，在潍坊美城食品有限公司建设疫苗储存冷库和恒温库各30平方米。2012年1月5日，在望留街道进行动物狂犬病疫情应急处置演练，提高了对突发动物疫病、人畜共患疫病的应急处置能力。同年8月，对全区易感动物开展炭疽病的流行病学调查工作，共普查羊10269只、生猪62971头、牛3415头，未发现炭疽可疑病例及可疑死亡情况。

2013年，全国各地发生多起人感染H7N9禽流感病例。为有效预防发生高致病性禽流感疫情，潍城区加强家禽养殖业的疫病防控和免疫工作，进一步规范完善了《高致病性禽流感防控应急预案》，并于9月10日举办重大动物疫病免疫技术培训班，对家禽饲养员、村级动物防疫员40余人进行了疫病防控知识培训。是年，对全区登记备案的195名村级动物防疫员开展3期专业技术培训，提高了防疫员的业务水平和防疫工作能力；对3起病死畜禽事件紧急处置，全部进行无害化处理。同年，潍城区设立7处动物检疫申报点（望留、于河、乐埠山、军埠口、城区和两家屠宰加工企业），配备电子出证设备和人员，对动物出栏实行检疫申报制度。

2008—2013年潍城区重大动物疫病疫苗用量表

表6-7

年份	种类	疫苗数量（万毫升）
2008	禽流感	295.80
	猪蓝耳	32.00
	猪瘟	12.22
	猪口蹄疫	19.25
	牛羊口蹄疫	4.92
	A型口蹄疫	0.70
2009	禽流感	210.00
	猪蓝耳	24.57
	猪瘟	5.50
	猪口蹄疫	24.57
	牛羊口蹄疫	5.43
	A型口蹄疫	0.70
2010	禽流感	252.30
	猪蓝耳	20.70
	猪瘟	17.22
	猪口蹄疫	15.20
	牛羊口蹄疫	7.70
	A型口蹄疫	0.70
2011	禽流感	378.00
	猪蓝耳	22.34
	猪瘟	15.80
	猪口蹄疫	49.60
	牛羊口蹄疫	3.76
	A型口蹄疫	1.12
2012	禽流感	338.68
	猪蓝耳	30.00
	猪瘟	15.00
	猪口蹄疫	30.00
	牛羊口蹄疫	4.48
	A型口蹄疫	1.12

续表 6-7

年份	种类	疫苗数量（万毫升）
2013	禽流感	411.6
	猪蓝耳	30.00
	猪瘟	15.00
	猪口蹄疫	30.00
	牛羊口蹄疫	4.48
	A 型口蹄疫	1.12

第五章 水 利

第一节 水利设施建设

水库除险加固工程

小型水库 境内有小（2）型水库 4 座：潘里水库、柴家河水库、平寿水库、刘家庄子水库，分别分布在白杨河及大于河。其特点是工程量小，结构简单。2008—2009 年，投资 172.2 万元，先后完成 4 座小（2）型水库除险加固工程，主要实施坝被培土加厚和溢洪道拓宽加深。全区小型病险水库除险加固率达 100%。

潍城区小（2）型水库情况表

表 6-8

项目＼库名	所在地	水源河流	建成时间	集水面积（平方公里）	总库容（万立方米）	灌溉面积（公顷）
潘里水库	潍城经济开发区	白杨河	1965 年	4	21.0	120
柴家河水库	望留街道	大于河	1965 年	6	19.1	100
平寿水库	望留街道	大于河	1974 年	18	55.0	153
刘家庄子水库	望留街道	大于河	1977 年	9	19.6	133

中型水库 符山水库是境内一座中型水库，位于白浪河支流大于河上游，在潍坊市区西南浮烟山下。始建于 1959 年，1972 年建成并投入使用。控制流域面积 100 平方公里，是一座以防洪为主，集供水、灌溉、水产养殖等综合利用的中型水库。水库总库容 2816.3 万立方米，兴利库容 1407 万立方米，死库容 165 万立方米。兴利水位 56.5 米，死水位 49.2 米，汛期限制水位 54.7 米。符山水库枢纽工程包括大坝、溢洪道和放水洞三部分，大坝总长 2150 米，其中主坝长 400 米、副坝长 1750 米，坝顶高程为 59.65 米，坝顶宽度 7 米；溢洪闸三孔，闸底板高程为 52 米，闸顶高程为 57 米，闸门为

6米×5米平板钢闸门，最大泄洪量522立方米/秒；东放水洞设置在大坝1+810处，西放水洞设置在大坝0+550处。

1991年后，符山水库历经二次除险加固。1999年11月，符山水库除险加固工程开工，2000年7月竣工。工程总投资1860万元，新建溢洪闸、坝顶路面，拆除防浪墙，铺设坝顶路缘石，安装照明设施，翻修坝上游干砌石护坡，整修下游坡、排水沟、上下坝防汛路，开挖原溢洪道末端新开尾水渠同老河道相接的土石方。2009年11月，符山水库除险加固工程开工，2010年11月竣工。工程总投资4442万元，实施坝基防渗，拆除并重建正常溢洪道溢洪闸闸墩以上排架、机架桥、启闭机房，更换闸门、部分泄槽底板，加固鼻坎段及边墙，护砌出水渠渠底及坡面，在原位置拆除并重建东、西放水洞，坝上游使用浆砌石护坡，用混凝土护砌非常溢洪道坝段的坝顶、边坡及坝体与路面连接段顶部，坝顶铺设沥青路面，加设防浪墙。通过实施除险加固工程，水库达到五十年一遇的防洪标准、千年一遇的校核洪水标准。水库总库容达到2816.3万立方米，兴利库容1407万立方米，死库容165万立方米。兴利水位56.5米，死水位49.2米，汛期限制水位54.7米。水库枢纽工程包括大坝、溢洪道和放水洞三部分，大坝总长2150米，其中主坝长400米、副坝长1750米，坝顶高程为59.65米，坝顶宽度7米；溢洪闸三孔，闸底板高程为52米，闸顶高程为57米，闸门为6米×5米平板钢闸门，最大泄量522立方米/秒；东放水洞设置在大坝1+810处，西放水洞设置在大坝0+550处。

大型水库　白浪河水库大部水域在潍城区境内，位于白浪河中游，在潍坊市区以南。始建于1959年，1961年主体工程竣工。控制流域面积353平方公里，总库容14780万立方米，兴利库容4070万立方米，是一座以防洪、供水为主的大（2）型水库。水库枢纽工程包括大坝、溢洪道和放水洞三部分。主要建筑物大坝、溢洪闸、放水洞为二级，溢洪道、管理设施为三级。

1991—1993年，实施水库保安全工程，但治标未治本。水库大坝、溢洪道、放水洞均存在安全隐患。为根除水库隐患，自2006年4月始，实施白浪河水库除险加固工程，2010年8月完成工程建设。白浪河水库除险加固共分大坝防渗工程、大坝加固工程、溢洪道工程、东放水洞工程、西放水洞工程及其他附属工程6个单位工程。

灌溉工程

水库灌区　境内有白浪河水库西灌区和符山水库东、西灌区。

白浪河水库西灌区在境内干渠全长1.5万米，支渠3.2万米，控制灌溉面积2000公顷。由于多数年份水库蓄水不足，灌区无水，导致灌区配套设施闲置、老化。1999年3月，区政府组织潍城区水利局和各镇、街道有关人员对灌区勘测、设计，制定白浪河水库西灌区修复规划方案。同年10月中旬，进入修复实施阶段，历经一个半月施工，工程全部竣工，干渠清淤1.5万米，支渠清淤3.2万米，修复建筑物28座，完成土石方19万立方米，投资210万元，控制灌溉面积2000公顷，受益镇、街道有军埠口镇、望留镇、于河镇和西关街道、南关街道、北关街道。

符山水库东灌区干渠总长2800米，支渠4500米；西灌区干渠长5350米，支渠3200米，总控制灌溉面积1333公顷。符山水库多年蓄水少，渠道淤积严重。1999年，对符山水库东、西两灌区进行清淤和修复，2000年4月底竣工，东灌区清淤6000米，西灌区清淤2200米，石砌防渗渠道2100米，修复建筑物9座，完成土石方1.7万立方米，投资84万元，扩大改善灌溉面积867公顷。

扬水站灌区　1991年后，潍城区加大水利建设资金投入，按照不同的水资源，相继建立12处不同规模的扬水站，总投资902万元，总配套功率356.5千瓦，控制灌溉面积2333公顷。

在12处扬水站中，规模较大的有张风潮扬水站和浮烟山扬水站2处。张风潮扬水站于1992

年2月正式施工，1992年5月1日竣工，总投资230万元，设机组2台，功率110千瓦，安装160千伏安变压器1台，铺设直径600毫米预应力管道3200米、直径500毫米预应力管道1100米，铺设水泥管道3500米、塑料管道1.5万米，建设蓄水大池12座，提水能力达每小时936立方米，一次性蓄水可达20万立方米，可灌溉军埠口、望留、大柳树镇的35个村1333公顷农田。浮烟山扬水站于1995年11月开工，1996年4月竣工，在符山水库坝后打深50米的机井3眼，在水库东放水洞东侧建扬水站机房，扬水站设DAI-100×8多级离心泵机组2台，增设160千伏安变压器1台、配电室2间、管理房2间，从机井至扬水站铺设直径75毫米塑料管道700米、直径159毫米钢管650米，在浮烟山上建蓄水池2个。完成土石方1.5万个，投资140万元。1999年6月，投资30万元，完成对扬水站的扩建工程。

井灌区　全区大部分农田用机井灌溉。1991年后，由于干旱，水库、塘坝、河流无水或水量较少，地下水位大幅度下降，全区大力发展机井灌溉。1991年全区有配套机电井5659眼，至1993年全区配套机电井发展到5903眼。1994年区划调整，配套机电井数量减少至4890眼。到2000年，全区配套机电井发展到9235眼，其中井深100米以上的129眼。机井灌溉面积13033公顷，其中旱涝保收面积10600公顷。至2013年，全区有配套机电井4732眼，机井灌溉面积11760公顷，其中旱涝保收面积11050公顷。

第二节　河道治理

白浪河治理

白浪河是潍城区与奎文区的界河，纵贯潍坊市区，潍城区境内长24.3公里，设计防洪量800立方米/秒。20世纪80年代末，先后两次对河道进行疏挖治理、平整滩地和加高培厚堤防。1994年11月，根据潍坊市委、市政府对白浪河治理的指示精神，对白浪河市区段实施大规模清淤工程，主要由驻潍坊部队、全区机关干部和各乡镇出劳动力，动用推土机、拖拉机等各种机械，对南到铁路大桥、北至先锋桥5.8公里河段进行整治。出工人员5000人，动用机械130台。1999年，对大崖头险工段进行护砌，同年6月开工，7月竣工。护砌石墙长150米、高2.5米，底宽1.5米、顶宽0.5米，完成土石方1.6万立方米，投工0.8万个，投资13万元。2000年，在宝通街以北，胶济铁路以南建鸢都湖，改善了生态环境，梳理了河道，发展成为新的旅游景点。2007—2010年，在潍坊市城区以南，从上游的白浪河水库向北至宝通街白浪河大桥的河段建成人工湿地公园——潍坊白浪绿洲湿地公园，长6.7公里，平均宽1.5公里，面积超过10平方公里，分为休闲度假区、湿地科普区、人文公园区三大景区，景观建设具有大气、简约、生态、自然的特点，以潍坊深厚的历史文化为主线，综合利用生态资源、景观资源、人文资源，建成集旅游休闲、商业服务、历史文化等于一体的景观之河、文化之河、商业之河，被誉为北方的“烟水江南”，2009年成为国家AAA级旅游景区，2010年升为国家AAAA级旅游景区。从宝通街白浪河大桥北侧鸢都湖向北至北关街道东夏庄村的河段，建成河滨公园。

大于河治理

大于河是潍城区境内的一条主要河流，属于白浪河一级支流。潍城境内长22.23公里，流域面积123.5平方公里，设计排洪流量460立方米/秒。为充分拦蓄河内径流，1997年在大于河建拦河坝3处，其中符山镇宋家村1处、于河镇河崖头村1处、流饭桥村1处，工程于1997年5月开工，同年6月底竣工。2012年9月，大于河综合整治一期工程（胶济铁路桥至青银高速公路段）开工建设，2013年基本完成，2014年工程通过竣工验收。治理长度5789米，共设置各种景观石1.83万吨，种植乔木10.5万株、灌木188.58万株、地被101.52万平方米，铺设景观道路1.4万米，安装各类灯具 1209 套，修建拦水坝 10 处，铺设排水主管道 1.2 万米。通过大于河综合整治，城区西部生态环境得到优化提升，生态景观长廊初步形成。

2013 年，大于河综合整治一期工程完成后景况

小于河治理

1993 年 11 月，对胶济铁路桥以南小于河段进行治理，包括河底清淤整平、修建复式河床、两岸种植柳树等。治理长度 820 米，完成土方 2.4 万立方米，投工 1.2 万个，总投资 15 万元。1999 年 11 月，对胶济铁路桥以北小于河段进行治理，修建复式河床，整修主河道底宽为 10 ～ 20 米，上口宽为 30 ～ 60 米，治理长度 8200 米，完成土石方 12 万立方米，投工 6 万个，同时为焦家村、西七村新建生产桥 2 座，全部工程投资 65 万元。

第三节　农村饮水工程

1991—2004 年，潍城区以农村饮水解困为重点，由小型分散供水向单村供水转变。2005 年，根据省政府统一部署，全区开始实施村村通自来水工程。至 2007 年，有 95% 的村用上自来水。2009 年始，潍城区开始实施农村集中供水工程，以建立规模化集中供水工程体系、专业化公司化运营体系、便民利民公共利民体系、多层次全方位监管体系“四个体系”为中心，扩大供水覆盖范围，提高水质合格率，实现供水覆盖率达到 100% 的目标；采取城乡供水一体化、农村供水城市化的集中供水形式，逐步解决农村饮水安全问题。至 2013 年年底，全区 205 个村（社区）全部完成规模化集中供水工程建设，解决农村 19.6 万人的饮水安全问题，集中供水通水率达 100%。全区集中供水工程由潍坊市政自来水公司供水管网、白浪河水库水厂供水管网、符山水库水厂管网三大供水管网组成，形成“一区三网”的供水格局。潍坊市政自来水公司供水管网主要解决南关街道、西关街道、北关街道、于河街道和潍城经济开发区 94 个村（社区）的农村供水问题；白浪河水库水厂供水管网主要解决军埠口综合项目区 32 个村（社区）的农村供水问题；符山水库水厂管网主要解决望留街道和乐埠山生态经济发展区 79 个村（社区）的农村供水问题。

第四节　抗旱防汛

抗旱

潍城区境内干旱少雨的年份较多，旱灾发生频繁。1992 年，潍城区遭遇百年一遇的严重干旱，1—7 月，全区降水量仅 108.7 毫米。全区旱灾面积达 1.8 万公顷，有 24 个村的人、畜饮水困难。潍城区委、区政府动员全区各级各部门和广大干部群众参加抗旱，本着有车出车、有人出人、有物出物的原则帮助农民抗旱“双保”（保春播出苗、保夏粮丰收），从区直部门筹集抗旱资金 170 万元，有效地解决了农村抗旱急需资金。1994 年 1—5 月，全区平均降水仅 70 毫米，比常年少 35%。同年 6 月，滴雨未降，全区组织劳力、机具紧急抗旱，缓解了旱情。1997 年，发生夏旱，有 667 公顷秋作物受灾。全区投资 570 万元，实施 4 项工程：兴建 3 处拦水坝、新打机井 180 眼、建设杏埠镇科技园水利配套设施、改建符山水库护坡，改善了全区农田水浇条件，提高了抗旱能力。

1998—2002 年，每年都发生不同程度的旱灾，多发生在春、秋两季，夏旱也有发生。2006 年，全年降水量仅 312 毫米，秋季降水量仅 20.9 毫米，造成全区秋冬连旱。2010 年 9 月中旬至 2011 年

2月25日，全区降水量偏少，造成秋冬连旱，冬小麦正常生长受到严重影响。根据全区旱情发生频率较高的情况，潍城区加大水利建设资金投入，加强水利建设，对白浪河水库西灌区和符山水库东、西灌区和扬水站罐区等实施改造，优化和改善农田灌溉状况。积极推广水利科技，实施节水型灌溉，改漫灌为喷灌、滴灌，2001年后喷、滴灌技术被广泛应用，进一步提高了农田灌溉的质量和效果。针对在干旱发生时，水库、塘坝、河流多无水的情况，全区大力发展机井灌溉，至2013年全区有配套机电井4732眼，机井灌溉面积达11760公顷，其中旱涝保收面积11050公顷。

防汛

1991—2013年，境内干旱年份居多，但在主汛期（7月1日—9月30日）也发生涝灾，如1997年8月、1998年8月、2005年7月、2011年8月、2012年8月遭受暴雨或大暴雨袭击，造成不同程度的涝灾。为做好防汛减灾工作，潍城区认真贯彻执行《中华人民共和国水法》《防汛条例》和“安全第一，常备不懈，预防为主，全力抢险”的防汛工作方针，成立防汛指挥部，落实以行政首长负责制为核心的防汛责任制，制定防汛应急预案，加强防汛抢险队伍培训演练，修筑抗洪工程，实施水库除险加固工程，治理疏浚河道，疏通排水管道。在汛期，开展防汛大检查，按照全区的防汛重点和防汛地段签订抗洪抢险责任书，落实抢险队伍和抢险物料。全区防汛工作措施得力，未发生防汛责任事故。

第五节 水土保持

水土流失状况

至2013年，境内多年平均侵蚀总量为5.04万吨，年侵蚀模数为190吨/平方公里，按1.4吨/立方米计算，年侵蚀深0.17毫米。微度侵蚀占总面积的97.5%，主要分布在平原地，年平均侵蚀模数为190吨/平方公里，侵蚀方式为层状面蚀或细沟状面蚀。轻度侵蚀占总面积的1.65%，主要分布在平原地，年平均侵蚀模数为300吨/平方公里，侵蚀方式为层状面蚀或细沟状面蚀。重度侵蚀占总面积的0.62%，主要分布在平原地，年平均侵蚀模数为4000吨/平方公里，侵蚀方式为层状面蚀或细沟状面蚀。强度侵蚀占总面积的0.11%，主要分布在西南部丘陵地，年平均侵蚀模数为6500吨/平方公里，侵蚀方式为层状面蚀。极强度侵蚀占总面积的0.07%，主要分布在西南部丘陵地，年平均侵蚀模数为11000吨/平方公里，侵蚀方式多为细沟状侵蚀。剧烈强度侵蚀占总面积的0.07%，主要分布在西南部丘陵地，年平均侵蚀模数为16000吨/平方公里，侵蚀方式多为细沟状侵蚀。

水土保持生态治理

潍城区遵循“预防为主，全面规划，综合防治，因地制宜，加强管理，注重效益”的水土保持工作方针，坚持不懈地开展植树造林和治理水土流失等生态环境建设，以小流域为单位，生物工程、农业耕作措施紧密结合，1994年区划调整后至2006年，共治理改善水土流失面积13.45平方公里。2007年，在符山镇（今乐埠山生态经济发展区）境内，实施浮烟山小流域治理项目，治理水土流失面积1.91平方公里。2008年，在望留街道境内，实施油坊沟小流域治理项目，治理水土流失面积1.1平方公里。2009年，在乐埠山生态经济发展区境内，实施黑山小流域治理项目，治理水土流失面积2.47平方公里。2010年，在乐埠山生态经济发展区境内，实施行山小流域治理项目，治理水土流失面积2.18平方公里。2012年，在乐埠山生态经济发展区境内，实施2011年的乐埠山综合治理项目，治理水土流失面积2平方公里。2013年，全区治理水土流失面积12平方公里。通过多年治理水土流失，全区生态环境得到进一步改善。

第六节 水产养殖

潍城区水产养殖为淡水养殖，养殖于水库、

池塘。20世纪90年代，境内淡水水产养殖方式由放养逐步改为网箱养殖，开始发展特种水产养殖，在继续养殖鲤鱼、鲢鱼、草鱼、鲫鱼等品种的同时，增加了甲鱼、河蟹、淡水白鲳、尼罗罗非鱼、大银鱼、革胡子鲶、乌鳢等名特优品种，养殖品种渐趋多样化，淡水养殖技术逐渐提升，水产品产量逐年增多。1991年，潍城区开始推广淡水白鲳、尼罗罗非鱼、大银鱼、革胡子鲶、乌鳢等7个淡水养殖新品种，境内水产养殖面积327公顷，水产品总产量133吨。1994年区划调整后，全区水产养殖面积减至137公顷，水产品总产量增加至159吨。1997年,在白浪河水库进行网箱养殖试验，分别放置鲤鱼、罗非鱼、花白鲢网箱7个，经过一年的养殖试验，鲤鱼、罗非鱼网箱平均每箱产量2000～2500公斤，花白鲢网箱平均每箱产量约150公斤。1998年，符山镇、军埠口镇分别在符山水库、白浪河水库开展大面积的网箱养殖生产，共投放网箱262个，其中鱼种网箱16个，养殖花白鲢、鲤鱼、罗非鱼鱼种64.6万尾；1999年，两镇新投网箱共400个，投放鱼种10万尾；2000年，两镇新投网箱共700个，投放鱼种20万尾。至2000年年底，全区水产养殖面积270公顷，水产品总产量达199吨。2001年后，潍城区水产养殖业持续健康发展，养殖技术跟进提升，产品质量不断加强。2005年始，休闲渔业等新水产业态在潍城区兴起，大洋会所、茂盛休闲垂钓园、泽成垂钓园、金水泉垂钓园等7处休闲垂钓场所先后建成，收到了良好的经济效益和社会效益。2012年12月，潍坊茂盛水产专业养殖合作社在军埠口综合项目区东北董村成立，壮大了养殖队伍，促进了渔业发展。2013年，符山水库管理局和军埠口河西岭养殖场申报8个淡水鱼品种认证，全部取得无公害养殖认证书，并获得市级奖励资金，填补了潍城区无公害水产品的空白。同年，潍城区获取海洋经济创新发展示范区域项目，并获得奖励资金200万元；符山水库成为市级无公害水产品有机园区，并获得市级奖励资金；潍坊茂盛水产专业养殖合作社被省海洋与渔业厅授予“省级健康养殖示范场”。是年，全区水产养殖面积216公顷，水产品总产量达300吨，其中淡水捕捞产量122吨、淡水养殖产量178吨；各类养殖品种中，草鱼50吨、鲢鱼132吨、鲶鱼15吨、鲤鱼80吨、鲫鱼13吨、河蟹5吨、其他鱼5吨。

第七节　水政管理

1991年始，实行取水许可制度，开展取水许可制度登记、发证工作，执行计划用水、计量用水，按表计量、按方收费。对符合条件的打井队进行打井资质发证工作，加强水资源收费管理。1993年后，每年利用3月22日“世界水日”、3月22—28日“中国水周”开展水利法规及相关法律法规的宣传工作，持续加强水政管理工作，依法查处各种涉水案件。2004年，全区换发取水许可证368份，并进行年审工作。2006年，换发工业用水取水许可证11份，并对全部工业用水取水许可证180份进行审验，对农村农业用水取水许可证进行抽验。2007年，建立健全节水管理体系，制定各行业用水定额，对各用水单位取水量采取上报审批制度，建立定额用水累计加价制度。2008年，对自来水供水覆盖范围内的58个事业单位自备井进行封闭，为15家符合条件的取水单位办理取水许可证。开展执法大检查，对在大于河、小于河河道内倾倒垃圾、侵占河道、堵塞桥梁及在库区内的违章建筑进行查处。2009年，对山水水泥有限公司、海化华龙硝铵有限公司等12家企业安装远程计量设施。2010年，开展水资源专项治理活动，加大了水资源规划管理力度。2011年始，在全区范围内开展自备井专项整治行动，并于2012年关闭自备井70眼。2011—2013年，严格执行“三条红线”（实行最严格的水资源管理制度，建立用水总量控制、用水效率控制和水功能区限制纳污“三项制度”，相应地划定用水总量、用水效率和水功能区限制纳污“三条红线”）管理制度，加大水资源管理力度，将辖区内用水企业全部按规定纳入管理，足额征收水资源费。2013年，建构水政执法网络体系，在符山水库管理局成立潍城区水政监察中队，负责水库大坝及周围巡查和监督检查；在街道、开发区、管理区成立8个水政监察站，具体承担执法巡查任务。1991—2013年，共查处纠正涉水违法案件130余起。

第六章　农业机械

第一节　农用机械

动力机械

1991年，全区农机总动力160633千瓦，用于农业生产的各类拖拉机2926台42956千瓦、柴油机521台5502千瓦、电动机9052台55781千瓦、汽油机9台169千瓦。受市场需求影响，1991—1993年，拖拉机数量呈增长趋势；1995年始，拖拉机数量呈减少趋势。2000年，全区拥有田园管理机9台，至2008年发展到142台。2006年起，58.8千瓦及以上功率的大型拖拉机越来越受到农民青睐，大型拖拉机拥有量逐渐增加。2013年，全区农业机械总动力达194295千瓦，有拖拉机580台19932千瓦，柴油发动机动力达117283千瓦、电动机动力达77012千瓦。

耕种机械

1991年，全区拥有机引犁749台、旋耕机159台、机引耙298台、播种机992台、中耕机4台、化肥深施机7台、玉米套种耧3121台，全区机耕作业面积15360公顷，其中深耕13400公顷。1991—2000年，在玉米播种方面重点推广玉米套种耧，1998年玉米套种耧达到2217台，全区拥有量达到高峰。1991—2006年，在小麦播种方面主要推广精少量播种机，1998年全区拥有量最多达726台。2007年，开始推广小麦免耕播种机。2009年，开始推广深松机。2013年，全区拥有耕整机372台、机引犁794台、旋耕机960台、深松机156台、机引耙378台、播种机976台。

排灌及植保机械

1991年，全区排灌机械主要有农用水泵8916台、喷灌机械547套，植保机械有机动喷雾机65台、手动喷雾机11409台，机械植保120公顷。1995年，全区有手动喷雾机6794台；1996年始，手动喷雾机发展呈现下降趋势。2001年，开始引进推广节水灌溉机械。1991—2009年，电动机、水泵等排灌机械发展呈增长趋势，2009年，全区排灌用电动机17215台、水泵12187台，2010年始呈下降趋势。2013年，全区拥有农用排灌机械约2.8万台套，其中农用水泵12772台。

收获机械

1991年，全区拥有联合收获机15台、机动收割机3台、割晒机556台、秸秆粉碎还田机76台、脱粒机2418台；机收11080公顷，其中小麦机收约10873公顷；机械脱粒7.24万吨。1991—1995年，小麦机械化收获主要以割晒机作业为主。1996—1998年，小麦联合收割机快速发展，1996年全区新增小麦联合收割机53台，比1995年翻一番；1998年，全区小麦联合收割机达294台，小麦联合收割机机收率达到98%。

2001 年，全区新增玉米联合收获机 2 台，玉米联合收获机开始应用于玉米收获作业。2005 年起，在农机购置补贴政策的带动下，玉米联合收获机发展迅速，至 2011 年玉米联合收获机达到 174 台，玉米联合收获机机收率达到 95%。2013 年，全区拥有联合收获机 558 台，小麦机收率、玉米机收率均达 100%。

农产品初加工及运输机械

1991 年，全区农产品加工机械主要有碾米机 125 台、磨面机 437 台、轧花机 17 台、轧油机 21 台，运输机械主要有农用汽车 599 辆、农用运输车 8 辆、农用机动三轮车 340 辆、拖拉机 2926 台。1991—1999 年，拖拉机是农村主要运输机械。自 2000 年始，农用运输车迅速发展，逐步代替拖拉机，成为农村主要运输机械。2002—2004 年，拖拉机变型运输机（农用车）迅速发展，全区拖拉机变型运输机达 1790 台。随着市场经济的发展，从 2003 年起，果蔬加工机械发展较快。2013 年，全区有农产品初加工动力机械 1400 台左右、农产品初加工作业机械 100 台左右、农用运输车 4020 台、拖拉机 580 台。

1991—2013 年潍城区农业机械情况表

表 6-9　　单位：台

年份	农机总动力（千瓦）	农机总值（万元）	农用拖拉机	耕整机	机引犁	旋耕机	深松机	机引耙	播种机	联合收获机	脱粒机	农用运输车
1991	160633	8013	2926	—	749	159	—	298	992	15	2418	8
1992	169208	8580	3057	—	587	92	—	199	996	24	2466	—
1993	173617	9129	3252	—	571	137	—	189	968	34	2330	9
1994	117020	6042	2617	—	464	170	—	98	800	26	1885	8
1995	110695	6674	2293	—	527	200	—	103	730	44	1668	13
1996	115222	6325	1778	—	546	238	—	165	738	103	1584	33
1997	130746	6597	1675	—	612	281	—	146	724	146	1378	59
1998	135628	6545	1680	—	609	353	—	156	726	294	1680	60
1999	143003	6665	1578	—	518	264	—	336	656	334	1237	86
2000	141164	7835	1594	9	439	328	—	270	615	323	771	4049
2001	148072	9446	1453	30	548	311	—	311	642	319	787	4037
2002	152275	9915	1504	25	567	271	—	318	667	331	752	4235
2003	154858	11198	1508	25	548	263	—	297	677	310	593	3822
2004	198727	12052	2567	64	491	264	—	317	629	389	787	3822
2005	171115	11769	1138	72	540	348	—	293	696	359	1055	5908
2006	160055	13088	1085	78	452	312	—	229	517	310	542	5197
2007	181058	13873	1143	131	508	409	—	299	524	361	212	5218
2008	181328	15732	968	150	349	228	—	213	564	375	227	3441
2009	185354	16288	896	35	240	278	3	94	392	361	97	3358

续表 6-9

年份	农机总动力（千瓦）	农机总值（万元）	农用拖拉机	耕整机	机引犁	旋耕机	深松机	机引耙	播种机	联合收获机	脱粒机	农用运输车
2010	186360	16288	658	337	862	930	120	370	522	347	97	3358
2011	191040	26687	669	369	782	900	150	370	553	426	—	3623
2012	191287	17288	542	370	790	970	155	380	566	376	—	4408
2013	194295	17488	580	372	794	960	156	378	976	558	—	4020

第二节 农机管理与服务

农机管理与服务组织

1991年，农业机械管理局为区级农机管理机构，有工作人员20人。区级以下农机化管理服务单位321个，区级以下农机化生产服务单位55个，区以下农机修理网点102个。1992年，对区农机管理体制进行改革，成立区农业机械总公司，与区农业机械管理局合署办公。兴办农机加油站、农机特约修理厂、农机工程开发服务站、农机综合经销处、生活服务处5个农机经济实体，实现“管理、服务、经营”三位一体。1993年11月，撤销区农业机械管理局。1996年，按照“农机服务市场化，服务组织实体化，服务实体企业化，企业群体产业化”的要求，全区农机服务组织注重区为龙头、镇为骨干、村为基础、户为主体四个层次建设，全区涌现出一批先进农机服务站、农机服务村和农机服务标兵户。1997年3月，区农业机械总公司更名为区农业机械服务中心。2002年5月，区农业机械服务中心加挂区农业机械管理局牌子，内设办公室、计财科、农业机械安全监理科、农业机械修配管理科、农业机械技术推广科、农业机械技术培训科6个职能科室，负责全区农业机械化、设施农业工程工作。同年7月，联合全区从事农业机械生产、销售、使用、维修等的单位和个人，在全市率先成立潍城区农业机械协会，发展团体会员147家、个人会员714人，农机行业联合协作得到加强。此后至2005年，农机大户快速发展，全区固定资产20万元以上的农机大户达40个，固定资产60万元以上的农机大户8个，固定资产150万元以上的农机大户6个。2009—2013年，发展农机专业合作社，加强农机社会化服务体系建设，坚持“因地制宜，多元创办，政策扶持，市场运作”的指导思想，制订发展计划，落实扶持政策，推动农机合作社向多样化创建、规范化运营、产业化经营方向发展，并建成1个全国农机合作社示范社。

农机安全监理

1991年，发放拖拉机牌照260副，检查拖拉机3000台次，举办驾驶员短期培训班和讲座20期，受训3000人次。1994年，按照《山东省农业机械管理条例》《山东省农业机械安全监督管理办法》的规定，加强全区农业机械安全监督管理工作。1996年，开展“九二”式拖拉机牌证换发，共换发730台拖拉机牌证。2002年，拖拉机变型运输机（农用车）纳入农机管理部门统一管理。2004年，《中华人民共和国道路交通安全法》实施后，农机管理部门不再负责拖拉机变型运输机牌证管理。2005年，根据省公安厅和省农机办《关于农用运输车和上道路行驶的拖拉机牌证及驾驶证管理移交工作有关问题的通知》，将拖拉机变型运输机档案全部移交公安交通部门管理。2005年起，开始启用全国统一的农业机械号牌、行驶证、驾驶证、等级证书和检验标志。2009年，国务院颁布《农业机械安全监督管理条例》，区农业机械主管部门按照所履行的职责，加强农业机械安全监督管理工作。全区深入开展“平安农机”创建活动和“打非治违抓责任”“安全生产月”活动，营造了良好的农机安全氛围。2010—2013 年，深化“平安农机”建设,构建完善了“政府负责,农机主抓,部门支持,社会参与”的农机安全管理格局，区、街、村三级层层签订责任书，责任分解落实到位，形成了农机安全监管长效机制。

农机维修管理

1991 年，成立区农业机械修配管理站，审验农机维修点 110 处。1991—1996 年，推行农机包修制，方便了农民维修农业机械。1993—2005 年，对农村机械维修点、农机零配件供应点进行审定，对农村机械维修行业工人技术等级进行考核，核发农村机械维修点技术合格证和农机维修工技术等级证书，对农村机械维修点、农机零配件供应点和农机修理工进行年度审验。2004 年,《国务院对确需保留的行政审批项目设定行政许可的决定》将核发“农业机械维修技术合格证书”列为行政许可设定项目。2006 年，区农业机械服务中心按照农业部、国家工商行政管理总局发布的《农业机械维修管理规定》，发放和管理全区农业机械维修技术合格证，进一步加强了农业机械维修管理工作。2009—2013 年，加强农机维修市场监督检查，开展农机职业技能鉴定工作，为 392 人进行农机职业技能鉴定；开展星级文明农机维修网点创建工作，倡导农机维修业文明经营，提升了农机维修经营的规范化、专业化、品牌化水平，共创建星级文明农机维修网点 44 个。

农机跨区作业

1996 年，农机跨区作业开始试点，利用小麦成熟的时间差、地域差，组织 20 台机械到淄博、青州、龙口、蓬莱等地作业 1267 公顷，提高了机械利用率，增加了农机户收入。1997 年，组织 165 台小麦联合收割机参加三夏“西进东征”农机跨区作业活动，西到淄博、临清、河南、河北，东到平度、龙口、烟台。1999 年，贯彻实施《潍坊市农业机械跨区作业管理办法》，搞好作业信息、作业手续等便民服务，全区 190 余户农民的小麦联合收割机赴河南、鲁西、胶东等地跨区作业，平均每台机械收入 1.5 万元。2001 年，组织 310 台大型小麦联合收割机先后到河南、河北、安徽、山东等地作业 22667 公顷，组织 40 台链轨车等机械开展三秋跨区作业，打开了三秋机械跨区作业的新局面。1996—2002 年，全区跨区作业主要由区、街道农机部门统一组织，2003 年以后则以农机跨区作业中介组织和农机大户牵头为主，农机部门主要负责跨区作业市场管理、组织协调等事宜。2005 年后，农机跨区作业向玉米联合收获扩展。2013 年，全区农机跨区作业覆盖小麦联合收获、玉米秸秆还田、玉米联合收获、机械深耕等领域，参与跨区作业机械达 300 多台次。

农机用油管理

1991 年,坚持“统筹兼顾,合理分配,保证重点”的原则，区、乡两级严格按农机部门正式文件下达农用柴油分配指标,实行“机田油”挂钩,以油管机、促机务农，共分配农用柴油 1651 吨，直接用于种植业机械作业的柴油指标达 86.4%。1992 年，坚持农机用油逐级分配，做到上级分配数量、本级分配原则、向下分配方案“三公开”，全区共分配供应农用柴油 886 吨，直接用于农业生产 762 吨。1993 年，加强农机用油分配管理的制度化、规范化、公开化，健全农用柴油分配管理“六档一账”（基本情况档案、拖拉机档案、柴油机档案、油料分配档案、水利电力档案、供油证发放回收档案和油料分配总账），做到证卡使用齐全、标准兑现落实、价格执行合理、报表及时准确，共分配农用柴油 1197 吨，85% 以上直接分配到村。1994 年上半年，全区共分配农用柴油 428 吨。1994 年下半年，农用平价柴油并轨。1995 年开始，国家改革农用柴油分配管理办法，正常农业生产用油改为市场调节，同时设立农业生产救灾柴油专项补贴资金，由农机部门负责救灾柴油指标及补贴资金的申请和分配。

第三节　农机技术推广

1991 年，全区主要推广精少量播种、秸秆粉碎还田、旧柴油机改造、金属清洗剂、化肥机械深施等农机化新技术，全年推广精少量播种12047公顷，其中小麦精少量播种11667公顷；化肥机械深施133公顷；秸秆粉碎还田3000公顷；机修反坡梯田73公顷；机械化青贮秸秆0.08万吨；旧柴油机改造750台；金属清洗剂5吨。1993年，小麦的耕、种、耙、播、收各环节作业全部实现机械化。1994—1998年，推广机械化旱作农业开发技术，主要采取机械深耕、化肥深施、配方施肥、秸秆还田、选用耐旱品种等技术措施。1997年，普及应用小麦联合收获技术，全区小麦生产基本实现全过程机械化。1999—2000年，实施“山东省重点地区农作物秸秆机械化还田示范建设”项目，推广应用机械化秸秆还田技术，推进了农业可持续发展，区农机中心被国家环保局、农业部、科技部、共青团中央授予“秸秆禁烧和综合利用先进集体”称号。2001年，重点推广应用玉米生产、农作物秸秆综合利用和设施农业等方面农机新技术，玉米联合收获技术开始应用于玉米收获作业。玉米生产机械化进程加快，设施农业耕作机械化逐步推进。2006年始，推行玉米机收、秸秆还田、小麦免耕播种“一条龙”作业，全面推广保护性耕作机械化技术。至2013年，全区保护性耕作、精少量播种、机械深施化肥、农田机械节水灌溉、机械化秸秆还田等农机化技术大幅度提升，促进了农业增效、农民增收。

第四节　农机培训

1990年，区农业机械技术培训学校成立。1991年，学校通过潍坊市教育委员会检查验收，纳入成人教育管理渠道，为全面培养高质量的农机和农业技术人才创造了有利条件。是年，全区培训农机人员2362人次，其中新训拖拉机驾驶员311人。1997年，响应农业部“送教下乡，培训机手千万人”号召，利用科技赶大集、举办专题培训班等形式，向农民传授农机化科技知识，培训2866人次。2000—2002年，实施“绿色证书工程”，全区965名农民通过培训获得农机技术资格证书。2004年，按照农业部《拖拉机驾驶培训管理办法》，区农业机械技术培训学校对软件和硬件进行完善。2005年9月，经省农机办审查和评估，区农业机械技术培训学校获得中华人民共和国拖拉机驾驶培训许可证。2011年12月，区农业机械技术培训学校的拖拉机驾驶培训许可证有效期截止，不再从事拖拉机驾驶培训业务。2012—2013年，深入开展“农业机械化教育培训大行动”，与农机生产企业联合，采取新机具现场演示、技能竞赛等形式，重点培训拖拉机、联合收割机驾驶员以及维护修理员和管理技术员，共培训各类农机人才1810余人次。

第七章　农业综合开发

第一节　机　构

1988年10月，成立潍城区黄淮海平原农业开发领导小组，领导小组下设办公室，办公室设在区农业委员会，为副科级事业单位，编制3名。1997年，更名为潍城区农业综合开发办公室。1999年，区农业综合开发办公室列政府序列，归属区农业委员会，为全额预算管理正科级事业单位，编制5名。2001年,区农业综合开发办公室直属区政府，同时接受区农村工作领导小组及其办公室的指导与协调，编制5名，内设综合科。2010年，区农业综合开发办公室由直属区政府调整为隶属区财政局，机构规格不变。2012—2013年，区农业综合开发办公室编制员额8名，内设综合科，有干部职工7名。

第二节　调研与规划

1990年11月，组织9名专业技术人员到符山镇、望留镇、军埠口镇、梨园乡共调研26个行政村，编报第二期（1991—1993年）潍城区黄淮海平原农业开发规划及年度项目安排计划，形成规划报告书。1993年7月,组织9名专业技术人员到杏埠镇、于河镇共调研18个行政村，编报第三期（1994—1996年）潍城区黄淮海平原农业开发总体规划和项目可行性研究报告。1996年10月，组织8名专业技术人员到杏埠镇、于河镇、符山镇、北关街道共调研24个行政村,编报第四期（1997—2000年）潍城区农业综合开发总体规划和项目可行性研究报告。2000年9月始，历时2个月，组织专业技术人员对部分行政村进行调研，制订《潍城区农业综合开发“十五”规划（2001—2005）》，所规划农业综合开发项目区主要分布于潍城区中南部，以王潍路、潍蒋路、水库路、斗八路、机场南路和西二环路两侧为主线，规划区土地总面积7400公顷。2005年11月始，历时2个月，组织9名专业技术人员对潍城区符山镇、望留镇、于河镇共52个行政村走访调研、实地勘察、规划论证，制订《潍城区农业综合开发“十一五”规划（2006—2010）》，所规划农业综合开发项目区主要分布于潍城区南部、西南部、西部，规划区土地总面积5687公顷。2010年8月始，历时2个月，组织有关方面专家对潍城区乐埠山生态经济发展区、军埠口综合项目区、望留街道、于河街道共65个行政村走访调研、实地勘察、规划论证，制订《潍城区农业综合开发“十二五”规划（2011—2015）》，所规划农业综合开发项目区主要分布于潍城区南部、西部和西北部，以潍高路两侧、宝通街至潍胶路区域为主，规划区土地总面积5347公顷。2011—2013年，项目区安排在潍胶路以北、宝通街以南区域。

第三节　项目开发

自1988年始，潍城区被国家列为黄淮海平原农业开发县（区）,以改造中低产田为重点,以增粮、增养殖、增加农民收入为中心，高起点、高标准、高质量、高效益地完成潍城区第一期（1988—1990年）、第二期（1991—1993年）和第三期（1994—1996年）黄淮海平原农业开发项目建设任务。前三期累计完成中低产田改造5533公顷，新打机井716眼，埋设地下输水管道86公里，扩大浇地1400公顷，改善灌溉面积4133公顷，新修、整修道路198条、296公里，林网植树65.6万株，小麦科技开发4267公顷，开发建设优质苗木、花卉、蔬菜、药材等6处良种繁育基地293公顷，建蔬菜大棚133公顷，开发甜油桃基地533公顷。新建、扩建珍禽场、乌骨鸡场、养牛场、狐貂繁育场、特种水产养殖等5个养殖项目。

1997年始，国家将黄淮海平原农业开发改为国家农业综合开发。1997—2000年，实施第四期潍城区农业综合开发，完成土地治理项目4个：1997年完成杏埠、于河、符山3镇中低产田改造项目667公顷，1998年完成望留、符山2镇老项目区中低产田改造1000公顷,1999年完成于河镇、北关街道中低产田改造667公顷,2000年完成杏埠、于河2镇中低产田改造1000公顷。完成多种经营项目3个：1997年完成符山林场鲜切花项目、潍坊大正畜禽养殖扩建项目，1998年完成符山林场花卉基地扩建项目。

潍城区农业综合开发“十五”规划期间（2001—2005年），完成土地治理项目5个：2001年完成杏埠镇、于河镇、西关街道中低产田改造680公顷，2002年完成军埠口镇、望留镇、于河镇、南关街道高效示范基地建设667公顷，2003年完成军埠口、望留、于河3镇城郊农业示范基地建设800公顷，2004年完成符山镇中低产田改造667公顷，2005年完成军埠口镇中低产田改造667公顷。

潍城区农业综合开发“十一五”规划期间（2006—2010年），完成土地治理项目5个：2006年完成符山镇中低产田改造667公顷，2007年完成望留街道中低产田改造667公顷，2008年完成乐埠山生态经济发展区中低产田改造800公顷，2009年完成军埠口综合项目区中低产田改造1000公顷，2010年完成望留街道中低产田改造533公顷。完成产业化经营项目2个：2010年完成扶持农民专业合作社项目、扶持农业龙头企业项目。

2011—2013年，是实施潍城区农业综合开发“十二五”规划的前三年。共完成土地治理项目5个：2011年完成军埠口综合项目区中低产田改造533公顷，2012年完成乐埠山生态经济发展区中低产田改造667公顷（含潍县萝卜富硒高钾示范推广67公顷）、自然灾害损毁工程土地治理修复项目，2013年完成于河街道中低产田改造600公顷（含优质专用小麦科技示范推广67公顷）、省级专项资金土地治理项目。完成产业化经营项目7个：2011年完成潍坊益康宝生猪屠宰扩建项目、潍城区6.7公顷肉鸭标准化基地新建项目，2013年完成潍城区年产5万吨食品加工扩建项目、1万吨小磨香油加工扩建项目、7500吨禽肉出口深加工扩建项目、850万吨鲜鸡蛋标准化养殖基地新建项目、40万公斤大棚西红柿标准化生产示范基地新建项目。

潍城区部分年份农业综合开发土地治理项目情况表

表6-10

年份	面积（公顷）	总投资（万元）	财政资金（万元）	自筹资金（万元）	新增粮食（万公斤）	新增产值（万元）	新增纯收入（万元）	同非项目区比人均增收（元）
1997	667	179	120（回收33）	59	126	107	59	260
2000	1000	360	241（回收60）	119	195	293	161	300
2002	667	333	272（回收26）	61	150	225	124	320
2005	667	397	294	103	170	272	151	330
2007	667	475	300	95	190	304	167	360
2008	800	750	600	150	220	396	218	380
2011	533	777	728	49	224	232	150	380
2012	600	909	852	57	162	261	170	380
2013	533	934	873	61	152	274	178	380

说明：2012年农业综合开发土地治理项目相关数据未包括潍县萝卜富硒高钾示范推广项目，2013年农业综合开发土地治理项目相关数据未包括优质专用小麦科技示范推广项目。

第七编

工 业

20世纪90年代后，潍城区积极转变工业经济增长方式，产品结构不断优化，工业经济效益和经济运行质量逐年提高，企业经营开始转向以市场为导向。1993年起，开始进行以建立现代企业制度为核心的工业企业改革。1994年区划调整后，全区提出“工业立区”的指导思想，培植骨干企业，发展行业优势，推行“三改一加强”（改革、改组、改造，加强企业管理）。1998年后，在区属工业企业大规模开展以转换企业经营机制、建立现代企业制度为目标的企业改革。2001年，开始进行以产权改革为核心的企业改革，在保证国有、集体资产不流失的前提下，进一步理顺企业产权关系，提高资产质量，建立健全企业法人治理结构，形成资本构成个人化、股权结构集中化、持股形式多样化格局。2004—2005年，实施“三个一批”（壮大一批支柱产业、发展一批大型企业集团、培育一批知名品牌）战略，全区工业经济整体实力和竞争力进一步提高。2005年始，实施中心城区工业企业“退城进园”。2009年后，全面提升以企业为主体的科技创新体系建设，机械装备、纺织服装、食品调料、新型建材等主导产业加快上档升级。2012年，以高新、节能、环保为方向，推进园区建设、骨干培养和高新改造，在境内规划建设潍城经济开发区低碳产业园、乐埠山创新科技产业园。至2013年，全区有规模以上工业企业83家，规模以下工业企业4151家。全区实现全部工业总产值367.7亿元（当年价），其中规模以上工业企业完成工业总产值298.4亿元（当年价）、主营业务收入273.1亿元、利税22.93亿元、利润12.08亿元。

第一章　工业企业改革

第一节　企业改制

20世纪80年代至90年代初，潍城区工业企业实行承包经营责任制，先后推行厂长（经理）负责制改革和以按劳分配为主的工资制度改革（完善工效挂钩，实行与标准工资脱钩、与工作岗位和劳动贡献挂钩的“一脱两挂”）。1992年，开始由社会主义计划经济时期转入社会主义市场经济时期，企业经营管理发生了新的变化，由遵循计划生产销售的基本经营模式转向以市场为导向、根据市场需求状况组织安排生产的经营机制。1993年后，全区进行以建立现代企业制度为核心的工业企业改革，工业经济管理体制发生根本性转变，由政府主导企业开展生产经营活动变为市场经济条件下的自主经营、自负盈亏、自我约束、自我发展的法人实体和市场竞争主体，工业企业在改革改制进程中不断调整、优化、完善、提升。

1993年，潍坊蓄电池厂、潍坊氧气厂2家企业进行股份制改革试点，分别改组成立潍坊中兴蓄电池股份有限公司和潍坊富安化工股份有限公司（1993年12月《公司法》出台，2家改制企业随后依法进行规范，并恢复改制前的企业名称）。同年，经潍坊市经济体制改革委员会批准，潍坊巨力机械总厂以定向募集的方式，成立潍坊巨力机械股份有限公司，生产农用三轮运输车。潍坊第二轻工机械厂改制成立潍坊新星机械股份有限公司。潍坊塑料二厂、塑料三厂合并，成立潍坊塑料总厂（后又改组成立潍坊三星塑胶有限公司）。1994年，经潍坊市经济体制改革委员会批准，以潍坊巨力机械总厂、潍坊巨力机械股份有限公司等4家企业为核心层组建潍坊巨力集团股份有限公司。潍坊塑料总厂兼并潍坊塑料四厂。潍坊五金制镜厂、潍坊造锁总厂合并，成立潍坊造锁集团公司。1995年，经山东省体制改革委员会批准，以潍坊巨力集团股份有限公司为核心，以潍坊巨力机械总厂、潍坊汽车配件厂、潍坊微粉厂3家企业为紧密层，组建山东巨力集团，将核心企业更名为山东巨力（集团）股份有限公司。次年，山东巨力（集团）股份有限公司依法规范为山东巨力股份有限公司，潍坊衬衫厂、潍坊服装总厂、潍坊外贸服装厂、潍坊童装厂共同出资联合组建山东拳王实业集团有限公司。潍坊第一食品厂、工具厂由潍坊动力机厂兼并。潍坊轴承厂收购破产后的潍坊第二食品厂。

1995年9月，潍城区委、区政府制定《关于区直工业企业经营目标责任制奖惩暂行办法》，分为指导思想和考核原则、考核范围和内容、考核办法和奖惩依据、附则四部分。总的考核原则是：统一标准，严格要求，以经营业绩为依据，实行组合工资制；强化考核审计，先考核后奖惩，逐步配套完善考核机制；坚持物质奖励与精神奖励相结合。考核对象是区直工业企业的经营者——企业法人代表。其中，厂长（经理）和书记单设的、董事长和总经理单设的企业，只考核厂长（经理）或董事长。按照规模、效益、速度以及对国家贡献的大小，对经营者实行基本工资、浮动工资、经营规模工资、效益工资、国有和集体资产增值工资、上缴国家税金奖励、上缴管理费奖励、自营出口创汇或实际利用外资奖励共八部分组成的组合工资制。企业经营者的收入与企业经营业绩直接挂钩，平常每月只发基本工资，组合工资年底统算。1997年8月，潍城区委、区政府制定《关于对区属企业进行年度审计的意见》，对区委管理的企业法人代表，在进行离任审计的同时，对企业进行年度审计，以加强对区属企业及企业集团领导班子，特别是对企业厂长、经理（企业法人）任职期间的责任审计监督。

1998年3月，潍城区深化企业改革领导小组成立，领导小组下设工业企业改革、商业企业改革和乡镇企业改革3个小组，负责搞好企业改革的组织、指导、调度，并负责抓好监督检查。区委、区政府印发《关于深化企业改革的意见》，全区进行大规模企业改制。同月，经中国证监会批准，山东巨力股份有限公司发行新股（A）种股票2500万股，同年4月在深圳证券交易所上市交易，证券代码为0880，简称“山东巨力”，上网发行价格11.87元/股，市盈率为14.3，募集资金共计3亿元，成为潍城区当时唯一一家上市公司。公司上市后，农用三轮车生产业务迅速做大，成为全国农用车行业的龙头企业。母公司潍坊巨力机械总厂也发展成为涉足农用车、彩喷介质、彩喷墨水、新型管材等行业的综合性控股公司。至1999年10月，全区371家企业中有302家完成改制。

2000年，区属工业企业普遍在企业内部实施三项制度改革，即干部人事制度改革、劳动用工制度改革和工资分配制度改革，企业普遍压缩职能科室50%以上，精减管理人员40%以上。区直工业企业初步建立了优胜劣汰的用人机制和工效挂钩的分配方式，打破了分配制度上的“铁饭碗”和“大锅饭”，初步形成了干部能上能下、职工能进能出、收入能增能减的新机制。

2001年3月，潍城区委、区政府印发《关于深化国有集体企业改革的意见》，要求企业改制按照“因企制宜，一企一策或一企多策”的原则，合理选择以下10种改制形式：公司制或股份合作制改造；出售、租赁结合；整体出售；存量资产抵债，承租经营；联合兼并；嫁接改造；分离重组，分块搞活；租赁经营；债权转股权；破产重组。是年，潍坊蓄电池厂、潍坊拔丝厂、潍坊刺绣厂、潍坊服装一厂、潍坊扬帆机械有限公司、山东拳王实业集团有限公司、潍坊造锁集团公司7家企业按照《公司法》规定，采取由内部职工为自然人（或合伙人）募集股本组建新公司或对原成立公司实施个人入股、变更公司出资人的办法，进行公司制改造或公司规范改组。各企业改制后组建的新公司，按照资债相等的原则接受原企业资产和相应债务，并在享受改制企业优惠政策的条件下承接全部职工，实现了企业债务、职工两不悬空。山东巨力股份有限公司参股成立黑龙江东超巨力纳米产业有限公司（后变更为北京东超巨力纳米产业有限公司）。山东峨眉柴油机有限公司因经营不佳而解散。潍坊动力机厂、潍坊汽车配件厂分别承接四川峨眉柴油机集团公司、山东巨力股份有限公司转让的股权，组建潍坊潍动柴油机有限公司。潍坊食品厂因资不抵债依法实施破产清算。同年年底，巨力股份股本总数达到27610.05万股，其中：潍坊巨力机械总厂持有12514.95万股，占45.33%;潍城区国资局持有1881.6万股，占6.81%;社会流通股有13213.5万股，占47.86%。2002年年底，北京盛邦投资有限公司持有山东巨力股份有限公司股份8000万股，潍坊巨力机械总厂持有4514.95万股，潍坊市潍城区国有资产管理局持有1881.6万股，社会流通股有13213.5万股。同年，潍坊食品厂正式破产，由中和食品有限公司重组，生产红小豆馅，产品全部出口日本；潍坊拔丝厂破产，组建潍坊金鹰金属制品有限公司；潍坊皮鞋厂、潍坊布鞋厂、潍坊木器厂、潍坊服装总公司、潍坊五金厂、潍坊氧气厂因资不抵债而破产。2003年9月，潍坊装潢彩印厂由潍城区人民法院依法裁定破产，潍坊科力化工有限公司对破产后的潍坊装潢彩印厂进行重组。2001—2003年，区直工业企业普遍依照1999年12月修订的《公司法》建立起现代企业制度，实现了“两个51%”，即企业领导班子持股占总股本的51%、法人代表持股占领导班子的51%。通过公司制改革，区直工业企业基本实现了产权制度变革，企业经营管理模式普遍由工厂制变成公司制，企业性质大多由国有、集体性质变为民营性质。至2003年末，区直13家工业企业中已有11家完成改制，组建了具有独立法人资格的有限责任公司。这些改制企业彻底打破了机制束缚，发展空间和活力进一步增强，如潍坊梦佳服饰绣品有限公司、潍坊金帆服装有限公司、山东拳王实业集团有限公司等改制后都取得了较快发展。

2004年，潍坊潍动柴油机有限公司实施破产，破产后重组成立潍坊雷诺特动力设备有限公司。潍坊轴承厂破产，改制组建潍坊华孚轴承有限公司。2005年12月，潍坊五金厂破产程序终结，潍坊环美数码科技有限公司重组潍坊五金厂，接受五金厂的土地、建筑及相应资产，接受并安置五金厂职工。山东巨力股份有限公司于2005年5月、2006年4月分别被证监会确定为*ST（对存在终止上市风险的公司股票交易实行退市风险警示处理）公司、被深交所暂停上市。2005年，潍坊柴油机厂提出重组山东巨力股份有限公司的基本思路后，确定了“净壳出让，以地抵债，有效资产二次重组”的重组方案。2006年1月，山东凯奥神力机械有限公司（同年改称山东巨力机械有限公司）与山东巨力股份有限公司签订租赁协议，带资进入公司并启动农用车生产，成为“有效资产二次重组”单位，通过竞拍获得巨力股份的有效资产。2006年11月17日，国家证监会正式批复同意山东巨力股份有限公司重组方案，由潍坊柴油机厂和重庆潍柴发动机厂注入净资产，使山东巨力股份有限公司的净资产上升为29192万元。潍坊柴油机厂成为山东巨力第一大股东。“ST巨力”于2007年4月30日成功复牌。

2007年，为适应经济发展市场化、国际化和市区一体化的需要，部分市属企业实施属地化管理，潍坊山水水泥有限公司、潍坊博翱经贸有限公司、潍坊市机械设计研究院有限公司、潍坊安顺经贸有限公司、潍坊恒远油泵油嘴有限公司、山东潍坊制药厂有限公司、山东潍坊精鹰医疗器械有限责任公司、潍坊新成达机械有限公司、潍坊世源金属制品有限公司9家市属工业企业划归潍城区管理。2009年6月，山东巨力股份有限公司更名为潍柴重机股份有限公司，公司证券由“山东巨力”变更为“潍柴重机”。在推进一系列工业企业改革改制后，潍城区工业企业在市场经济体制下逐步壮大，至2013年全区有规模以上工业企业83家、规模以下工业企业4151家。

第二节　技术革新

1991年，潍坊蓄电池厂购置设备17台（套），新上国内先进的整流设备和铅极板化成生产线，采用不焊接化成新工艺，配备防酸雾净化除尘装置及环境保护和检测设施，有效地避免了酸雾及硫酸的腐蚀，提高了产品质量和生产效率，改善了职工工作环境，减少了污染。潍坊衬衫厂总投资538万元，引进具有20世纪90年代先进水平的服装专用生产设备207台（套），其中引进美国生产的计算机辅助设计系统（CAD）1套，企业生产能力和技术水平有了明显提高。潍坊刺绣厂引进日本平岗飞梭绣花机，生产的机制工艺花边逐渐取代百带丽成为企业主导产品。潍坊轴承厂开始进行技术改造，投资26万元从杭州购进具有20世纪80年代先进水平的1条热处理淬火流水线，提高了热处理效率。该厂于1992年新建锻造分厂1处，新上锻打流水线4条。1993年，该厂为济南小鸭洗衣机厂配套生产的180204轴承一等品率达88%，其中振动值小于Z1＋Z2组的占77.55%。1991—1993年，潍坊轴承厂投入资金1000万元，先后购进微机控制全自动专用机床250台（套），实施5个项目技术改造，轴承一等品率由40%上升到73%，小型号轴承的振动值达到Z1组水平，中型号轴承的振动值平均降低5分贝以上，达到先进标准。

1992年，潍坊第二轻工机械厂在上海交通大学著名制冷专家的帮助下，生产出蒸汽双效溴化锂吸收式制冷机。该产品的溴化锂溶液是氟利昂的替代品，采用醪液制冷新工艺，倒串联流程，利用逆气与醪液热能于一体，双效循环，属国内首创，填补国内空白。产品通过国家技术鉴定，被国家科委命名为“国家级新产品”，国家专利局授予实用新型专利证书，山东省科委列为重点科技推广项目。同年，潍坊海天新型装饰材料有限公司在1990年引进挪威先进技术和设备开发生产石英地板砖的基础上，引进第二条大型地板砖生产线。1993年，潍坊第二轻工机械厂的溴化锂制冷机产品获首届中国科学技术博览会金奖、国家级新产品奖、国家级科研成果奖、轻工总会科技进步奖和山东省科技进步一等奖。1994年，山东巨力股份有限公司实施“甩图板工程”，投资300余万元建成同行业一流的CAD中心，实现计算机辅助设计和三维动画设计。1994—1998年，公司先后投资3亿多元用于技改项目的新建、扩建和改造，运用高新技术嫁接改造农用车传统产业。

1994—1997年，潍坊轴承厂先后投资5000万元，购进具有20世纪90年代先进水平的生产设备987台（套）。1996年，新添置2条履带式和3条震底式淬回火自动线，实现了生产设备更新换代。1995年、1996年，企业新接收大中专毕业生103名，聘用中级以上专业技术人员181名，科研力量进一步增强。

1995年，潍坊海天新型装饰材料有限公司开发生产普丽玛地板砖。1996年，公司开发并向国家申报普通标线带、防滑反光标线带、普丽玛地板砖3项专利，各项指标均达到或超过英国BS3261B国际标准，填补国内空白。同年，山东耶莉娅集团总公司服装技术中心被省政府确认为“省级服装技术开发中心”。潍坊刺绣厂充分发挥传统刺绣工艺，投资330万元引进电脑多头绣花机，其中3台是日本田岛牌，该设备针法细腻，线条清晰，刺绣的幅度小，转速高，精密精确，能绣出50毫米的字。刺绣的范围拓展到毛巾、服装、床品等纺织产品上的图案、商标、标志等，提高了产品档次和技术含量，成为企业新的经济增长点。

1997年，潍坊海天新型装饰材料有限公司投资820余万元，进行普丽玛地板砖生产设备的改造、配套和调试，形成140万平方米普丽玛地板砖年生产能力。潍坊刺绣厂引进多针绗缝机，利用该设备在较厚的毛皮棉花上进行绗缝，开发生产了褥垫、被子等绗缝产品，品种达100多个，进一步丰富了产品品种。潍坊造锁集团公司电脑门锁项目列入“国家星火计划”，“五星牌”商标被批准为山东省著名商标。山东巨力股份有限公司通过增加科研设施投入，提升了技术创新水平，建立了全省同行业中最早的省级技术开发中心。山东拳王实业集团有限公司总投资1550万元，引进具有世界领先水平的日本产CAM自动裁剪系统1套，与1991年引进的美国产CAD计算机辅助设计系统配套，形成设计、裁剪一条龙生产，同时引进日本生产的缝纫设备305台（套），增加生产流水线11条，其中1条为具有国际先进水平的西裤生产流水线，公司服装年生产能力达到300万件，生产规模和创汇能力大幅提高。1998年，山东巨力股份有限公司实施大规模技术改造，新上和改造三轮装配线、后桥装配线、车架生产线、货厢生产线，与清华大学、天津大学等高等院校建立长期的技术支持和联合开发协议。通过对传统农用车产业的持续改造创新，山东巨力股份有限公司形成了“生产一代，储备一代，研制一代，开发一代”的科研开发格局，产品结构调整周期缩短，升级换代速度加快。农用三轮车从2个品种发展到三大系列1000多个规格、品种，农用四轮车发展到100余个规格、品种，拖拉机发展到100余个规格、品种。同年，潍坊海天新型装饰材料有限公司实施石英地板砖背面覆胶和表面耐污染技术处理，产品质量进一步提高，形成了系列地板砖、壁板和道路反光标线带的生产格局。

1999年，潍坊造锁集团总公司控股与中国科学院北京佳联特技术有限公司合资成立潍坊思壮电子有限公司，引进中科院技术，进行电脑门锁、重卡汽车锁的开发生产。2000年，潍坊蓄电池厂与山东大学联合建立山东大学潍坊蓄电池厂实验基地，推动了科研技术成果的引进，随后联合研制开发了12V.7Ah、12V.38Ah、12V.60Ah和12V.100Ah电源用蓄电池，2V.3000Ah、2V.1000Ah、2V.500Ah和2V.200Ah通信用蓄电池，NM-500型内燃机车用和12V.100Ah电动自行车用蓄电池等四大系列10多个品种的阀控密封式免维护蓄电池。潍坊刺绣厂引进单针绗缝机，主要进行较厚较大被子、肌布团等的绗缝制作。山东耶莉娅集团创建了全省服装行业唯一的省级服装技术开发中心，是山东省拥有国际先进的CAD、CAM设计开发系统和自动化裁剪、信息处理、检测、试产及展示厅在内的综合科研开发基地。2001年，山东巨力股份有限公司投资1.5亿元，实施“220技改”工程，在西厂区14.67公顷土地上新建车架生产线、自卸货厢生产线和塑管生产车间，提高自主制作生产能力。2002年，潍坊五星制锁有限公司投资50万元，新上冷式压铸机、电脑开齿机等设备，采用CAD计算机辅助设计和财务电算化管理，新开发的1808、1530型车锁获得国家专利。2003年，潍坊梦佳服饰绣品有限公司在原有4台日本平岗飞梭绣花机的基础上，投资800万元，引进3台瑞士苏拉飞梭绣花机，该设备生产效率比平岗机高数倍，能彩绣，产品颜色多种多样，并能进行立体绣，产品层次感强烈，提高了绣品质量和档次。同年，引进电脑绣花机5台，电脑绣花机数量达到20台。2003年，全区完成技改投入9.2亿元；实施重点技改项目21个，完成技改投入6亿元；开工建设项目19个，投产达产项目17个。2005年，潍坊众谊汽配有限公司创建成为市级企业技术中心。

2005—2009年，潍城区安排投资过1000万元的重点技改项目55个，山东拳王集团有限公司、潍坊大山塑料有限公司、潍坊豪杰金属材料有限公司等的53个项目开工建设，山东力美彩喷墨水有限公司UV固化墨水项目、潍坊众谊汽车配件有限公司特种驾驶室改造项目、潍坊大元实业有限公司DB型道钉锚固剂项目等48个项目竣工投产，累计完成投资 25.6 亿元。2010—2012 年，潍城区累计实施工业技改项目 219 余个，完成工业技改投入 69.8 亿元，一批技术新、后劲足、效益好的项目相继竣工投产并发挥效益，为工业发展培植了增长点。有 45 个项目列入“省技术创新项目计划”，60 个项目列入“市级技术创新项目计划”；建成潍坊雷诺特动力设备有限公司、潍坊莱德机械有限公司等 11 家市级企业技术中心，山东耶莉娅集团、潍坊大元实业有限公司等 4 家市级工业设计中心，潍坊绿特空调有限公司等 9 家一企一技术中心，潍坊华孚机械科技有限公司、潍坊朝日光伏科技有限公司等 7 家一企一技术创新企业。潍坊雷诺特动力设备有限公司高效汽轮机、潍坊大洋泊车有限公司的智能泊车系统、潍坊富通电气有限公司 8AT 自动变速箱关键零部件等一批重大创新项目相继投产。潍坊大洋泊车有限公司的智能泊车系统在国内同行业居于领先地位。潍坊莱德机械有限公司、潍坊亿佰通机械有限公司等企业的沟槽管件产品国内市场占有率达 35%。潍坊东方钢管有限公司成为国内最大的涂覆钢管、高速公路护栏生产企业。战略性新兴产业发展速度超过了传统行业，占整个工业经济的比重持续增加。2013 年，全区实施工业技改项目 41 个，完成投资 20.2 亿元。全年申报 6 个省级技术创新项目，其中 3 个项目完成成果鉴定。技术创新主体培育成效显著，全区获得市级以上有关部门认定的企业研发机构达到 28 个。潍坊泰北实业有限公司创建成为市级企业技术中心，全区市级企业技术中心达到 12 家。山东雷奇科技有限公司创建为市级工业设计中心，全区市级工业设计中心达到 5 家。新增大元实业有限公司等 4 家中小企业一企一技术中心，全区一企一技术中心达到 13 家。

第三节　节能减排

1991—2005 年，潍城区持续加强用能管理，节约能源，降低能源消耗，减少损失和污染物排放，有效、合理地利用能源。2006 年，潍城区建立建设节能型社会联席会议制度，成立区节能减排工作领导小组。2008 年，潍城区节能监察中心成立，为正科级事业单位，主要负责对全区用能单位执行有关节能法律、法规、规章情况进行监督检查，对重点用能单位的用能情况进行监督检查。2009 年，潍城区节能监察中心加挂潍城区节能执法监察大队牌子。

“十一五”期间（2006—2010 年），全区加强工业节能技术改造，推进节能减排工作。对 242 个新建固定资产投资项目进行用能评估审查，有 190 个项目符合条件。关停乐埠山生态经济发展区的非煤矿山企业 78 家和潍坊塑料一厂，淘汰潍坊巨力机械有限公司喷漆生产线 3 条、镀锌生产线 1 条，淘汰潍坊华孚轴承有限公司锻打生产线 1 条，淘汰潍坊五星制锁有限公司、潍坊雷诺特动力设备有限公司、潍坊金星大力钢丸有限公司和潍坊鑫广通钢丸有限公司等企业的落后生产设备 56 台（套），总计减少能耗 71786 吨标准煤。2009 年，潍坊多元电器有限公司低压节能配电装置生产线项目开工建设。同年，潍坊富友建材有限公司、潍坊荣祺建材有限公司和潍坊大于环保建材有限公司 3 家企业被认定为“市级资源综合利用企业”，3 家企业年消化粉煤灰 8.4 万吨，消除建筑垃圾 4 万吨。2010 年，潍城区建立节能降耗预警机制，并制定预警调控方案。同年，全区工业万元 GDP 能耗完成 0.86 吨标准煤，比 2005 年降低 25%；万元 GDP 电耗完成 1500 千瓦时，比 2005 年降低 34.09%；万元 GDP 取水量完成 34.60 立方米，比 2005 年降低 30%。规模以上工业万元增加值能耗完成 1.08 吨标准煤，比 2005 年降低 31.86%；规模以上工业万元增加值取水量完成 15.1 立方米，比 2005 年降低 40%。

2011 年，满液式地源冷热水机组新技术、热源及换热站运行优化控制系统、网络化高效智能节电系统等 8 项节能技术研发列入区年度科技计划。全区共发放节能技术研发资金 1370 万元。其中，雷奇节能科技股份有限公司300万元、潍坊大元实业有限公司300万元、山东绿特空调有限公司300万元、潍坊万泉机械科技有限公司200万元、潍坊多元电器设备有限公司150万元、国建高创科技有限公司100万元、潍坊爱普环保有限公司10万元、潍坊华孚机械科技有限公司10万元。是年，潍坊润通生物能源有限公司节能示范项目——潍坊市生活垃圾填埋气体回收利用发电工程获市政府节能专项资金100万元，该项目总投资1966.6万元，建设4台500千瓦燃气内燃机发电机组，利用垃圾填埋中产生的可燃气体发电，解决了垃圾填埋引发的气体自燃等问题，加强了区域环境保护，改善了境内环境质量。2012年，落实新上项目用能评估制度，严格控制高耗能项目，开展创建清洁生产企业活动，加强企业资源的综合利用，开展循环经济试点，利用合同能源管理方式引入第三方投资。全区共创建清洁生产企业9家，资源综合利用企业达到8家，合同能源管理企业达到4家。8家资源综合利用企业共消化利用建筑垃圾4.3万吨。全区万元GDP能耗、规模以上工业万元增加值能耗比2011年均降低4%。2013年，潍城区落实短流程铸造推进工程、电机系统节能工程、太阳能集热系统在工业企业推广应用工程、LED照明产品在工业企业推广应用工程和合同能源管理推进工程五大重点节能工程，深入挖掘适合实施五大重点节能工程的企业，进一步推动企业实施节能工程改造。全年新增资源综合利用企业2家，全区资源综合利用企业达到10家。新建清洁生产企业2家，全区清洁生产企业达到11家。全区万元GDP能耗、规模以上工业万元增加值能耗分别比2012年降低3.6%和4.47%。

第二章　工业结构与效益

第一节　所有制结构

1991年，全区有乡镇以上独立核算工业企业128家，其中全民所有制工业企业7家、集体所有制工业企业121家。非公有制经济企业1728家，其中城镇合作经营企业48家、农村合作经营企业264家、城市个体企业300家、农村个体企业1116家。

1992—1993年，随着社会主义市场经济体制的建立，企业所有制结构发生了变化。全区坚持以公有制为主体、多种所有制经济并存发展，企业所有制结构由以国有、集体形式为主，逐步转向多种所有制形式并存发展，国有、集体企业开始改革改制，建立面向市场的经营管理机制，民营、个体、私营企业迅猛发展，经济规模不断壮大。1994年区划调整，8家区属工业企业划归新建置的奎文区。潍城区有工业企业4310家，其中区属企业25家、乡镇企业4240家、街道企业44家、其他企业1家。全区有农村联营工业企业218家、农村个体工业企业3636家。1995—2004年，全区工业企业管理体制发生明显变化，特别是2001年在全区范围内进行的深化国有集体企业改革和乡镇企业改革，使企业产权发生根本改变，企业经营管理模式普遍由工厂制变成公司制，企业性质大多由国有、集体性质变为民营性质。2004

年，全区有规模以上工业企业150家，其中集体企业6家、股份合作制企业4家、股份制企业95家、外商及港澳台投资企业19家、其他类型企业26家；规模以下非国有工业企业和个体工业企业3006家，其中集体私有工业企业603家、个体工业企业2403家。2008年,全区有工业企业1082家、从业人员43737人，分别比2004年末增长42.0%和2.1%。在工业企业中，国有企业及国有独资公司5家，占0.5%；集体企业16家，占1.5%；私营企业660家，占61.0%；港澳台商投资企业8家，占0.7%；外商投资企业33家，占3.0%；其他企业360家，占33.3%。2010年，全区有工业企业1085家，其中规模以上工业企业189家。在规模以上工业企业中，有国有企业4家、集体企业2家、外商及港澳台投资企业27家，其他所有制企业156家。至2013年，全区有工业企业1100家，其中规模以上工业企业83家。在规模以上工业企业中，国有及国有控股企业5家、集体企业1家、外商及港澳台商投资企业12家，其他所有制企业65家。

第二节　产业结构

1991—1997年，潍城区工业产业构成包括机械、服装、塑料、五金四大支柱行业及其他行业。1998—2000年，工业经济持续发展，总体实力不断壮大，发展后劲明显增强，初步形成了以机械、服装两大行业为龙头，以五金、建材、轻工等行业为辅助的产业结构体系。此后，工业产业结构随着市场经济的发展进一步调整。至2008年，在全区1082家工业企业中，有采矿业3个，制造业1071个，电力、燃气及水的生产和供应业8个，分别占0.3%、99.0%和0.7%。在工业企业从业人员43737人中，采矿业占0.4%，制造业占97.0%，电力、水、燃气的生产和供应业占2.6%。在工业行业大类中，通用设备制造业、专用设备制造业、金属制品业从业人员数位居前三位，分别占19.1%、12.9%和5.6%。2009年，全区工业企业发展到1083家，较2006年增加200家；从业人员10.4万人，较2006年增加1.2万人。主营业务收入过亿元的企业30家，过10亿元的企业3家。全区形成了装备制造、纺织服装、食品调料、新型建材四大主导产业，四大主导产业产值占全区工业总产值的比重达到90%以上。2010年，机械装备业进一步发展壮大。全区规模以上工业企业中有80家是机械加工企业，全区30强工业企业中有13家机械加工企业，全部机械装备业从业人员达2万人。2013年，机械装备、纺织服装、食品调料、新型建材四大产业集群的主导地位进一步巩固，四大主导产业产值占工业总产值的比重稳定在90%左右。高新技术产业发展迅速，以潍坊大元实业有限公司、潍坊六合微粉有限公司、雷诺特动力设备有限公司为代表的高新技术企业实现高新技术产值达26.7亿元。

第三节　产品构成

1991—1997年，潍城区工业以提高经济效益和经济运行质量为目标，以开展学邯钢和“管理效益年”活动为主线，坚持改革、改组、改进、管理四位一体，同步推进，企业转机换制，产品结构不断优化。主要产品有农用三轮车、农用四轮车、工业轴承、车斗、钢丝、铁挂锁、柴油机、手扶拖拉机、造纸机械、车圈、农地膜、异型材抽纱刺绣、地板砖、花键轴、服装、糕点、冷饮制品、衬衫、蓄电池、氧气等。其间，山东巨力机械有限公司（后改制为山东巨力股份有限公司）的成功组建，带动了全区工业产品结构的调整，产品从以五金类为主迅速调整为以农用三轮车及其配套产品为主，以农机配套为主的工业轴承、车用锁具、柴油机等产品产量大幅度增加。同时，以山东耶莉娅服装集团总公司、山东拳王实业集团有限公司等企业为龙头的服装企业迅速发展壮大，服装类产品在工业产品中的比重持续增加。

1998—2000 年，山东巨力股份有限公司、山东耶莉娅服装集团总公司、山东拳王实业集团有限公司、潍坊梦佳服饰绣品有限公司、潍坊扬帆机械有限公司等一批知名度较高、开发创新和市场开拓能力较强的企业和企业集团引领着全区工业产品的主导方向，全区主要产品有农用三轮车、西服、衬衫，小型柴油机、锁具、刺绣产品、农地膜等 50 余种。

2001—2004 年，潍城区以现代工业技术嫁接改造传统工业，积极发展壮大新兴工业，大力实施“三个一批”发展战略，壮大了一批支柱产品，发展了一批骨干企业，培育了一批知名品牌。主要工业产品中出现传统产品逐步衰退、新技术产品蓬勃发展的局面，原有的农用三轮车、锁具、轴承等产品产量日益萎缩，大马力拖拉机、高档服装、食品调味品、新型建材产品等产品产量迅速增加。其间，以潍坊杏埠面粉厂等企业为龙头的小麦深加工企业迅速发展，面粉产量迅速增加。

2005—2006 年，伴随着潍城经济开发区和潍坊节能环保产业园建设，新上了一批先进制造业项目，工业产品结构进一步改善，服装产量持续提高，大中型拖拉机、鲜冷藏肉、精制食用植物油等产品产量大幅度增加。2007 年，潍坊山水水泥有限公司、潍坊恒远油泵油嘴有限公司、潍坊新成达机械有限公司、潍坊东方钢管有限公司等在潍城区境内市属管理的企业下放到潍城区管理，区内工业产品构成进一步改变，小型单缸柴油机、刺绣产品、锁具、轴承等传统工业产品的产量日益萎缩。至 2009 年末，潍城区的工业产品有内燃机、合成氨、低速货车、节电设备、新型建材、柴油机、汽车配件、服装、气体压缩机、石油钻采设备等近 1000 个品种，其中 400 多个品种的产品销往世界多个国家和地区，100 多种产品拥有自主产权和专利。碳化硅微粉列入科技部“火炬计划”和科技型中小企业创新基金项目，制氮设备广泛应用于国防、航空、冶金等高新技术领域。

2010—2013 年，潍城区装备制造、纺织服装、食品调料、新型建材四大主导产业进一步发展壮大，节能环保、精密铸造等一批新兴产业快速发展。至 2013 年，主要工业产品有内燃机、农用车、汽车配件、造纸机械、玻璃机械、服装、饮食调味品、塑钢异型材以及水泥等 580 多种产品。以潍坊莱德机械有限公司、山东亿佰通机械有限公司等企业为代表的沟槽管件产业在同行业中竞争优势明显，国内市场占有率较高。

第四节　产品产量

1991 年，潍城区列入重点掌握的 30 种主要工业产品中，有 15 种产品比 1990 年有不同程度的增产，其中生产纯棉布 1001.9 万米，同比（比上年。下同）增长 60.7%；机制纸及纸板 2.18 万吨，同比增长 7.4%；轴承 320 万套，同比增长 41.7%；农用三轮车 15230 辆，柴油机 21040 台。

1994 年区划调整后，全区重点调度的主要工业产品中，生产轴承 517 万套、锁 1424 万把、农用三轮车 141938 辆、服装 341 万件。1997 年，重点调度的主要产品中，生产农用三轮车 36.4 万辆、轴承 1900 万套、锁 1630 万把、服装 323.8 万件、内燃机 14.4 万千瓦。2000 年，重点调度的主要工业产品中，生产农用三轮车 44.7 万辆、轴承 1830 万套、锁 571 万把、服装 491.5 万件、内燃机 26.2 万千瓦、花生制品 6325 吨、塑料制品 5303 吨、香油 400 吨。2004 年，重点调度的主要产品中，生产塑料制品 2610 吨、服装 835 万件、拖拉机 51483 台、锁 486.3 万把、内燃机 3.5 万千瓦、农用三轮车 17.7 万辆、香油 1900 吨、花生制品 8585 吨。2010 年，重点调度的主要产品中，生产塑料制品 8696 吨、服装 1159.3 万件、小型拖拉机 1.79 万台、内燃机 405.91 万千瓦、香油 4300 吨、花生制品 1.27 万吨、斯太尔油箱 17.69 万只、面粉 2.56 万吨、禽肉制品 4.33 万吨、合成氨 5.91 万吨、水泥 257.74 万吨、三轮汽车 2.46

万辆、铸铁件5.28万吨。2013年，重点调度的主要产品中，生产面粉4.16万吨、禽肉制品8.16万吨、服装967万件、合成氨5.59万吨、水泥201.25万吨、内燃机7.62万千瓦、小型拖拉机1.09万台、塑料制品6407吨、精制食用植物油4000吨。

1991—1997年潍城区主要工业产品产量表

表7-1

项目＼年份	1991	1992	1993	1994	1995	1996	1997
纯棉布（万米）	1001.9	1236	1530	—	—	—	—
机制纸及纸板（万吨）	2.18	3.73	4.3	0.25	0.2	—	—
塑料制品（吨）	9951	13152	12790	10327	8796	9391	6695
造纸机械（吨）	1389	1395	1267	1145	1379	1981	1536
水泥（万吨）	2.01	2.4	3	3	1.51	—	—
蓄电池（万伏安时）	4.1	5.2	5.9	4.4	4.1	3.8	3.2
轴承（万套）	320	480	500	517	1018	1600	1900
电表（万只）	8	9.4	9.7	—	—	—	—
自行车辐条（万支）	29100	24000	13460	—	—	—	—
锁（万把）	2400.7	2143	1927	1424	1688.3	1781	1630
钢丝钳（万把）	306.5	361.54	376.6	—	—	—	—
镀锌铁丝（万吨）	1.68	1.97	0.94	0.3	0.23	0.15	0.32
钢丝（万吨）	0.48	0.40	0.35	0.6	0.57	0.54	0.53
皮革（折牛皮）（万张）	16.7	20.98	21.35	—	—	—	—
缝纫机梭芯套（万只）	276	282	313.3	—	—	—	—
刨刃（万片）	168.7	0.5	8.5	—	—	—	—
膨润土（吨）	—	—	—	—	21000	32130	63300
花生制品（吨）	—	—	—	—	9100	465	11800
打气筒（万支）	167.5	171.97	138	—	—	—	—
家具（万件）	10.27	7.37	7.26	7	—	—	—
抽纱刺绣（万元）	760	864	880	1184	1102	1091	1090
毛巾（万条）	1191.2	1684	2324	—	—	—	—
床单（万床）	10.8	22	27	—	—	—	—
糕点（吨）	5913	4543	2926	6805	2791	1902	1302
服装（万件）	294	278.07	340	341	344.2	352	323.8
皮鞋（万双）	12.5	12.04	3.69	—	—	—	—
压鞁（万张）	156	148	89	—	—	—	—

续表 7-1

项目＼年份	1991	1992	1993	1994	1995	1996	1997
紧固件（万件）	3602.5	3181	326.7	—	—	—	—
锅炉（台、吨）	237	392	387	—	500	175	78
内燃机（台、万千瓦）	21040	26350	18461	10	24.5	31.2	14.4
农用三轮车（辆）	15230	50698	76290	141938	206436	253000	364000
香油（吨）	—	—	—	—	124	350	383
钢砂（吨）	—	—	—	—	218	970	1110
钢圈（万个）	—	—	—	—	—	30.5	24.8

说明：表中内燃机的统计单位，1991—1993 年为台，1994—1997 年为万千瓦。锅炉的统计单位，1991—1996 年为台，1997 年为吨。

1998—2005 年潍城区主要工业产品产量表

表 7-2

项目＼年份	1998	1999	2000	2001	2002	2003	2004	2005
塑料制品（吨）	5238	3848	5303	4253	2519	3026	2610	2650
服装（万件）	309.2	391.9	491.5	481	574	589.2	835	1262
糕点（吨）	519	226	122	—	—	—	—	—
锁（万把）	1350.7	921	571	542	601.7	564.6	486.3	390
铁丝（吨）	1586	1511	973	—	—	—	—	—
钢丝（吨）	3779	2924	1468	2713	3894	4650	1230	2000
内燃机（万千瓦）	13.8	29.9	26.2	25.4	14.1	6.38	3.5	7.32
轴承（万套）	1773	2070	1830	1940	1283	658.1	407.9	368
农用三轮车（万辆）	34.5	38.4	44.7	47.4	46.9	37.3	17.7	—
蓄电池（万伏安时）	2.5	2.7	3.3	2.2	2.6	2.2	1.3	1.3
抽纱刺绣（万元）	1745	2867	3577	4688	5223	3548	2900	2137
造纸机械（台）	97	72	71	90	101	307	284	297
香油（吨）	840	400	400	850	1500	1950	1900	2500
热水锅炉（台）	71	—	—	—	—	—	—	—
膨润土（吨）	59269	4500	11770	17667	17375	51000	46000	43000
花生制品（吨）	1728	4300	6325	6743	7000	8100	8585	16000
钢圈（万个）	0.3	1.5	0.8	—	—	—	—	—
拖拉机（台）	—	—	—	—	—	56375	51483	64000
斯太尔油箱（万只）	—	—	—	0.66	1.47	1.8	2.6	4.7
钢管（万吨）	—	—	—	1.6	1.8	2.4	3.0	3.8

2006—2013 年潍城区主要工业产品产量表

表 7-3

项目 \ 年份	2006	2007	2008	2009	2010	2011	2012	2013
塑料制品（吨）	2800	10600	6700	7700	8696	6407	5985	6407
服装（万件）	1540	3248	1753.6	1185	1159.3	962	1154.6	967
锁（万把）	360.8	310	232.4	—	—	—	—	—
内燃机（万千瓦）	3.73	144.9	208.45	371.87	405.91	422	369.5	7.62
轴承（万套）	478.1	532.7	265.01	—	—	—	—	—
蓄电池（万伏安时）	0.91	0.86	0.79	—	—	—	—	—
抽纱刺绣（万元）	2163	1647	1170	—	—	—	—	—
造纸机械（台）	280	123	20	—	—	—	—	—
香油（吨）	3200	2900	3200	3500	4300	4120	—	—
精制食用植物油（吨）	—	—	—	—	—	—	5100	4000
膨润土（万吨）	6.1	7.1	17.2	—	—	—	—	—
花生制品（万吨）	1.61	1.76	1.9	1.72	1.27	—	—	—
小型拖拉机（万台）	8.5	4.4	2.28	2.07	1.79	1.45	1.33	1.09
中型拖拉机（台）	—	—	—	—	—	1960	3379	4562
大型拖拉机（台）	—	—	—	—	—	374	251	198
斯太尔油箱（万只）	7	11.3	10.3	11.3	17.69	—	—	—
钢管（万吨）	8.4	5.8	2.56	6.7	13.94	—	—	—
钢材（万吨）	—	—	—	—	—	16.29	15.19	18.72
面粉（万吨）	13.68	16.9	16.34	2.96	2.56	3.2	3.5	4.16
禽肉制品（万吨）	14.6	1.9	1.79	3.8	4.33	5	6.5	8.16
合成氨（万吨）	16.46	10.1	6.79	7.46	5.91	—	5.4	5.59
化肥（折纯）（万吨）	6.15	—	—	—	—	—	—	—
尿素（万吨）	5.95	—	—	—	—	—	—	—
浓硝酸（万吨）	—	—	—	—	—	7.3	3.9	6.48
水泥（万吨）	196.51	208.2	211.42	217.14	257.74	255.7	213	201.25
水泥电杆（万吨）	2.54	2.97	2.54	2.83	2.9	3.1	3.2	3.3
三轮汽车（万辆）	—	—	—	2.48	2.46	—	—	—
工业锅炉（蒸发量吨）	—	—	—	469	423	456	875	746
铸铁件（万吨）	—	—	—	1.21	5.28	1.2	1.1	0.77

第五节　经济效益

1991年，全区乡镇以上独立核算工业企业产品销售收入7.85亿元，完成利税0.55亿元、利润0.27亿元。1994年区划调整后，全区工业经济快速发展，经济效益明显增长，乡镇以上独立核算企业全年实现产品销售收入12.4亿元，实现利税0.75亿元、利润0.38亿元。乡镇以上工业企业实现增加值32579万元，经济效益指数为105.6%。1995—1997年，全区工业经济持续发展，运行质量进一步改善。1997年，全区实现工业总产值60.83亿元，其中区属企业工业产值21.88亿元，镇街企业工业产值38.58亿元，其他工业产值0.37亿元。乡镇及以上独立核算工业实现产品销售收入21.8亿元。1998年后，全区工业经济平稳发展，2000年全区53家销售收入500万元以上的工业企业实现增加值4.91亿元，实现产品销售收入26.1亿元，实现利税1.45亿元、利润0.69亿元。2001—2004年，全区工业经济保持较快增长，2004年全区规模以上工业实现总产值72.9亿元、增加值15.3亿元；产品销售收入64.7亿元，利税3.3亿元，利润1.96亿元，经济效益指数145.7%。2005—2008年，工业经济效益稳步提高，2008年全区规模以上工业企业实现总产值270.42亿元，增加值62.4亿元；主营业务收入185.1亿元，利税11.86亿元，利润7.44亿元。2010年，全区规模以上工业实现增加值53.17亿元，主营业务收入148.9亿元，利税13.39亿元、利润8.49亿元。2013年，全区完成工业总产值367.7亿元，规模以上工业完成增加值55.4亿元、主营业务收入273.1亿元、利税22.93亿元、利润12.08亿元。

1991—2013年潍城区工业经济效益表

表7-4　　　　单位：亿元

年份	全部工业总产值（当年价）	销售（主营业务）收入	利税	利润
1991	17.00	7.85	0.55	0.27
1992	25.00	10.51	0.71	0.35
1993	95.20	69.80	0.96	0.41
1994	40.80	12.40	0.75	0.38
1995	55.00	17.90	0.93	0.58
1996	51.20	21.00	1.45	0.75
1997	60.83	21.80	1.52	0.80
1998	57.20	20.50	1.01	0.47
1999	56.70	22.60	1.16	0.61
2000	63.28	26.10	1.45	0.69
2001	71.00	29.30	1.66	0.79
2002	81.40	34.40	1.96	0.93
2003	92.80	46.10	2.10	1.21
2004	115.10	64.70	3.30	1.96
2005	145.10	100.60	5.30	3.42

续表 7-4

年份	全部工业总产值（当年价）	销售（主营业务）收入	利税	利润
2006	185.50	145.00	7.50	4.70
2007	297.50	188.80	11.90	7.56
2008	309.80	185.10	11.86	7.44
2009	244.70	123.70	11.00	6.79
2010	302.50	148.90	13.39	8.49
2011	321.90	135.60	13.40	8.60
2012	319.60	291.80	18.70	11.70
2013	367.70	273.10	22.93	12.08

说明：销售收入、利税、利润指标的统计范围，1991—1997 年为乡镇以上独立核算企业，1998—2013 年为规模以上工业企业。

第三章　工业行业

第一节　机　械

机械工业是潍城区传统优势产业，也是重点支柱产业。1991年，全区有区属机械工业企业8家、在职职工 3389 人。其中，骨干企业有潍坊巨力机械总厂、潍坊轴承厂、潍坊汽车零件厂、潍坊蓄电池厂、潍坊电表厂。主要产品有农用三轮车、R180（N）型柴油机、轴承、蓄电池、标准件等 10 多种。全年完成工业总产值 13513 万元，实现销售收入 6827 万元，实现利润 348 万元。是年，巨力机械总厂兼并有 2.8 公顷厂区、260 多名职工的潍坊木器总厂西厂区，生产规模扩大，年产农用三轮车 2 万辆。潍坊轴承厂投资 26 万元，从杭州购进热处理淬火流水线一条，研制了全自动铆钉机，开发了 WB-2RS 全封阻液轴承、768905 摩托车专用轴承、588908 离合器专用轴承等 3 种新产品。全年生产轴承 320 万套，实现销售收入 1633 万元、利税 245 万元。潍坊汽车零件厂在继续生产汽车配件和拖内配件的同时，开始生产 R180 柴油机，全年生产柴油机 21040 台。潍坊蓄电池厂在全国蓄电池制造企业“质量、信誉、用户”评比中获“质量信誉最佳企业”；在铁道部定点生产企业中，蓄电池产销量由第四位跃居第三位，全年产销各类蓄电池 4.1 万伏安时。

1992 年，潍坊汽车零件厂更名为潍坊动力机厂，重点生产 R180（N）型柴油机。潍坊巨力机械总厂农用三轮车的产销量增至 5 万辆，销售收入达到 1.9 亿元，实现利税 760 万元。潍坊轴承厂兼并潍坊标准件厂，新上锻造流水线 4 条，投资 200 万元实施的密封型轴承改造技术项目通过上级验收，轴承年生产能力达到 700 万套，同年被山东省机械系统晋升为中型二级企业。

1993 年，潍坊蓄电池厂进行股份制改革，组建潍坊中兴蓄电池股份有限公司（1993年12月《公司法》出台，随后依法恢复改制前的企业名称），年产蓄电池5.9万伏安时，实现工业总产值、销售收入、利税分别为1801万元、1737万元和226万元。同年，潍坊巨力机械股份有限公司成立。1994年，经潍坊市经济体制改革委员会批准，以潍坊巨力机械总厂、潍坊巨力机械股份有限公司等4家企业为核心层，组建潍坊巨力集团股份有限公司。潍坊动力机厂加大技改投入，试制生产R190、R195、R1100型柴油机及3GH发电机组、水泵机组，其中R系列195缩缸、190扩缸和1100机型的试制成功填补了省内空白。潍坊蓄电池厂自行设计制造并安装镉镍碱性蓄电池生产装置，生产3台（套）碱性蓄电池，研制GM-500型通讯用固定密封式免维护蓄电池。同年，因区划调整，机械行业中的潍坊电表厂划归奎文区。

1995年，经山东省体制改革委员会批准，以潍坊巨力集团股份有限公司为核心，以潍坊巨力机械总厂、潍坊汽车配件厂、潍坊微粉厂3家企业为紧密层，组建山东巨力集团，将核心企业更名为山东巨力（集团）股份有限公司，开始生产巨力牌农用四轮车。潍坊蓄电池厂生产的碱性电池样品通过铁道科学院检测中心的鉴定，填补了省内空白。轴承厂先后购进微机控制全自动专用机床250台(套),自行研制成功电动推杆式退火炉，淘汰了烧煤反射退火炉，实现了设备的更新换代，产品质量和产量得到大幅度提高，轴承产量突破1000万套。同年，经国家外经贸部批准，获得直接进出口经营权。

1996年，山东巨力（集团）股份有限公司依法规范为山东巨力股份有限公司。同年，“巨力”牌农用车驶进北京并摆放在中南海，江泽民、李鹏、朱镕基、李岚清、吴邦国、温家宝等党和国家领导人亲临现场察看，给予高度评价。1995年9月—1996年5月，山东巨力股份有限公司先后有偿购并潍坊商业设备厂、潍坊钢管总厂铸锅分厂，扩充生产场地8公顷，增加厂房1万余平方米，接纳所购并企业大部分职工。利用商业设备厂和潍坊钢管总厂铸锅分厂的场地和技术人员，建立农用四轮车总装线、涂装线、驾驶室焊接线和大型冲压车间，年产3万辆农用四轮车和2万辆汽油摩托车。到1996年年底，公司先后接纳潍坊木器总厂、潍坊工具厂、潍坊布鞋厂、潍坊织袜厂、潍坊商业设备厂、潍坊汽车运输公司三队等企业1100多名职工，企业规模和整体实力迅速壮大。国家统计局公布的1996年度中国农机市场调查数据显示，山东巨力股份有限公司及其主导产品“巨力牌”农用三轮车获信誉最佳、知名度最高、市场最畅销和最具市场潜力4项全国第一。该公司还获得“省级示范管理企业”称号。同年，潍坊轴承厂接收破产后的潍坊第二食品厂，新添置2条履带式和3条震底式气氛保护淬火自动线，研发6012、6005等多个类型的新产品，产品精度由普通级提高到Z1组水平，年产轴承1600万套，出口192万套，完成工业总产值12326万元，实现销售收入9232万元、利税621万元。潍坊动力机厂接收潍坊工具厂和破产后的潍坊第一食品厂，并与潍坊力志工具有限公司组建潍坊动力机总厂，职工总数达到1100余人，并开发生产手扶拖拉机，年底通过样机鉴定，年生产能力达2万台；同时研制开发185（N）型柴油机，年生产能力达5万台，当年生产5000台。全年共生产各种类型柴油机60080台，工业总产值、销售收入、利润分别为6645万元、6697.4万元、57.2万元。潍坊蓄电池厂生产蓄电池3.6万伏安时，完成工业总产值1120万元，实现销售收入1215万元。

1997年，机械工业企业继续保持良好的发展势头。全行业在职职工达到6226人，资产总额达69358万元。全年完成工业总产值17.47亿元，实现销售收入16.1亿元、利税11327万元。山东巨力股份有限公司生产农用车36.4万辆，实现销售收入14.33亿元，利税1亿多元。潍坊轴承厂轴承产量达1900万套，完成工业总产值14015万元，实现销售收入10770万元，职工总数达

2200多人。潍坊动力机厂和山东巨力股份有限公司共同出资，组建潍坊巨力动力机械有限公司。1997下半年至1998年，受东南亚金融危机和企业经营机制、管理模式的影响，机械工业效益普遍降低。为打破企业发展的困难局面，着力进行改革调整、开拓市场、技术合作和扩大融资工作。1998年4月，经中国证监会批准，山东巨力股份有限公司通过股票上市交易，融资近3亿元。同年，潍坊轴承厂改制为股份合作制企业。潍坊动力机厂与山东巨力股份有限公司、四川峨眉柴油机集团公司三方联合，共同组建山东峨眉柴油机有限公司。1999年，山东峨眉柴油机有限公司依托巨力农用车产品配套，借助山东巨力股份有限公司拉动，柴油机产量达到50098台，手扶拖拉机达到4300台，实现工业总产值7176万元、销售收入7526万元。

2000年，机械工业总体状况良好，工业总产值、销售收入、利税分别达到233771万元、183795万元和13840万元。山东巨力股份有限公司进行产业结构调整，产品向多元化发展，由其控股94%成立潍坊巨力新材料有限公司（后更名为山东巨力管业有限公司），参股30%成立青岛国大生物制药股份有限公司。同年，潍坊巨力机械总厂控股68%成立山东力美数码科技材料有限公司，控股75%成立山东力美彩喷墨水有限公司。2001年，山东巨力股份有限公司配股方案得到国家证监会批准；同年3月，获配股份上市交易，募集资金1.5亿元。同年，由其参股40%成立黑龙江东超巨力纳米产业有限公司（后变更为北京东超巨力纳米产业有限公司）。山东巨力股份有限公司依托品牌、科技、人才和资源优势，同时运作农机、环保管材和彩喷介质三大产业。但由于该企业多元化发展战略跨度大，管理相对薄弱，经验和实力不足，造成资金紧张、经济运行质量和效益欠佳。山东峨眉柴油机有限公司因经营不佳而被解散，潍坊动力机厂、潍坊汽车配件厂分别承接四川峨眉柴油机集团公司、山东巨力股份有限公司转让的股权，组建潍坊潍动柴油机有限公司。

2002—2005年，区属机械工业经济运行明显下滑。2002年，山东巨力股份有限公司引入新的战略合作伙伴。北京盛邦投资有限公司通过收购潍坊巨力机械总厂转让的股权，实施战略转型，逐步分离彩喷耗材和环保管材等产业，集中优势发展农用车主业。潍坊轴承厂轴承生产量、工业总产值、销售收入大幅降低。潍坊动力机总厂生产经营困难，将所接收的潍坊工具厂职工连同土地等相关资产分离，转由山东潍坊拖拉机集团公司控股的潍坊世源金属制品有限公司接收。2003年，山东巨力股份有限公司生产经营走向低迷，各项主要经济指标大幅度降低。全年生产农用车36.9万辆，实现销售收入12.1亿元，利税471万元。潍坊轴承厂轴承产量锐减到658万套，工业总产值、销售收入分别下降至5372.7万元和3784.8万元。潍坊蓄电池厂蓄电池产量由1996年的3.6万伏安时降为2.03万伏安时，工业总产值、销售收入分别由1996年的1130万元、1215万元下降为599万元、557万元。潍坊动力机总厂柴油机生产由1996年的6万多台下降到10445台。2004—2005年，区属机械工业企业整体规模和经济实力呈现萎缩局面，全区机械工业最大企业——山东巨力股份有限公司一直在低迷状态中运营，于2004年11月全面停产。公司停产后的逆向拉动作用明显，全区机械工业陷入低谷。同年，潍坊潍动柴油机有限公司实施破产，破产后重组成立潍坊雷诺特动力设备有限公司。潍坊轴承厂改制组建潍坊华孚轴承有限公司，进行商住开发。2009年6月，山东巨力股份有限公司更名为潍柴重机股份有限公司，公司证券由“山东巨力”变更为“潍柴重机”。2006—2009年，在区属机械工业企业由盛转衰的同时，一批新兴的民营机械工业企业迅速壮大，经济效益稳步提高，逐渐取代区属机械工业企业，占据全区机械工业的主导地位。民营机械工业的龙头企业主要有潍柴重机股份有限公司、潍坊巨力机械有限公司、潍坊鲁中拖拉机有限公司、潍坊众谊汽车配件有限公司、潍坊宝利汽车有限公司等，主导产品有船用发动机、农用拖拉机、三轮车和汽车用油箱。随着民营机械工业的发展壮大，同时派生出众多机械装备配套协作加工企业和潍坊机床城、豪德钢材市场等专业市场。至2013年年底，全区83家规模以上工业企业中，有37家是机械行业企业，机械行业从业人员2万余人。以农机产品为主的机械装备业在潍城区形成特色产业集群，构成完整的机械装备业产业链。

企业选介

山东潍坊鲁中拖拉机有限公司 成立于1996年，主要产品为“鲁中”牌系列180-280小型单缸皮带传动拖拉机。原厂址位于北关街道卧龙桥村，2002年在潍城经济开发区建设新厂，新上中、大马力项目，产品扩展至25、30、35、40、55、60、65、70、80、90系列中马力和1004、1104、1204、1304、1404、1504、1604、1804系列大马力轮式拖拉机。新厂区建成后，公司占地面积14.5公顷，固定资产4.2亿元，注册资本5000万元，年生产拖拉机达到10万台。鲁中系列拖拉机产品全线搭载潍柴、东方红、玉柴、莱动、常柴、全柴等国内名优“国三”排放发动机，具有综合性能好、整机动力强、扭力储备大、油耗低等优点。公司

山东潍坊鲁中拖拉机有限公司

所有产品均通过部级鉴定，50多个机型均为国家补贴目录产品。拥有各类专利30多项，是中国专利山东明星企业、山东省消费者满意单位。公司通过ISO9001:2008质量管理体系认证，在拖拉机行业内第一批获得3C认证证书，通过产品的国家通行证OECD认证。2013年，创建成为山东省高新技术企业，公司产品销往全国各地，远销美国、俄罗斯、南非、埃及等30多个国家和地区。

潍坊众谊汽车配件有限公司 其前身是城关街道所属企业潍坊市黄河汽配厂，位于潍城区北关街道永安路北首。2000年9月改制为有限责任公司，更名为潍坊众谊汽车配件有限公司。1990年初，取得济南汽车制造厂主要配件“斯太尔380L燃油箱”的试制任务。此后，企业先后成功研制出380L燃油箱、发动机罩、奔驰前围栅板等近100种新产品。其中，20余种产品替代进口产品，13种产品获得国家专利。2002年，公司实施退城进园，在潍城经济开发区投资建设新厂，占地10.4公顷，建筑面积4.5万平方米。新厂区建成后，先后购置安装1030吨双动油压机1台、800吨双动油压机1台、650吨双动油压机3台、630吨单动油压机2台、315吨宽台面油压机2台、400吨压力机1台、250吨压力机2台、5～100吨冲床机10台、汽车专用型材轧机2台、100千瓦高频接触焊机1台、75～150千瓦焊机10多台、铝合金不锈钢燃油箱焊接专机5台、金属卷板开平开带线1条、数控等离子切割机1台、数控激光切割机1台、三坐标测量仪1台。其专利产品斯太尔380L燃油箱获“1994中国专利技术博览会金奖”“国家级新产品奖”“山东省星火二等奖”“省特级信誉企业AAA”等。2002年公司通过ISO9001：2000质量管理体系认证，2006年燃油箱系列产品通过3C认证，2007年公司通过ISO/TS16949：2002质量管理体系认证。2013年，企业实现销售收入19795万元，实现利润1911万元。

潍坊新成达机械有限公司 其前身为潍坊动力机厂，1980年转产轻工机械，改称潍坊第一轻工机械厂，2001年改制为有限责任公司。原厂址位于潍城区胜利西街，2002年实施退城进园，在潍城经济开发区建设新厂区，公司占地面积10公顷，建筑面积4万平方米，有员工400人，其中各类中、高级专业技术人员80余人。公司下设玻

璃机械分公司、农业机械配套分公司、玻璃机械配套分公司、板焊生产车间及潍坊新丰塑胶有限公司。该企业通过自主创新，开发生产玻璃机械、塑料机械等成套设备及农业装配机械加工配套设备。在玻璃机械方面，2003年引进先进的玻璃料道和供料机设计制造技术，开发生产玻璃瓶罐及玻璃器皿成套设备，形成一条龙生产、配套和服务体系。生产的QD8型行列式制瓶机为国内首创，填补了国内空白，获“国家级新产品奖”；有30余种产品获国家、省部级“科技进步奖”和“新产品奖”。2007年，该公司由潍坊市经信委管理划归潍城区经信局管理。2013年实现销售收入4982万元、利税180万元。

山东富通电气有限公司　其前身是1987年成立的潍城电器设备厂，2004年改制组建为有限责任公司。公司位于309国道以南、腾飞路以东，厂区占地面积7.9公顷，注册资本1000万元，有员工300余人。企业设有产品研发中心、低压铸造研发中心，有各类先进设备135台，专业从事126kV GIS、252kV GIS的研发和制造，生产能力和生产水平属于国内领先。2012年，与盛瑞传动股份有限公司合作，研发生产8AT自动变速箱壳体，成为盛瑞8AT自动变速箱壳体的独家供货商。2013年，公司与中国电力龙头企业——中国西电集团公司达成战略合作，研制开发特高压配套铝合金铸件项目。是年，企业实现主营业务收入7433万元、利税490万元、利润107万元。

潍柴重机股份有限公司　2006年，潍柴控股集团有限公司（原潍坊柴油机厂）以其所属的中速柴油机和发电设备制造等经营性资产注入山东巨力股份有限公司，实现重组，并以其持有的30.59%的股份成为公司第一大股东。2009年6月，山东巨力股份有限公司更名为潍柴重机股份有限公司。公司主营业务主要包括6160系列、170系列、CW200系列中速船用柴油机及机组的生产和销售，615/618系列高速船用柴油机及机组的生产和销售，226B系列船用柴油机及机组的生产和销售，15～1250千瓦柴油发电机组的生产和销售，其他柴油机配件业务等。中速柴油机功率覆盖164～1800千瓦，2008年通过引进MAN公司全套技术研发的大马力船用柴油机，使功率范围延伸至7355千瓦，其中6160A型中速柴油机获得“国际质量银质奖”，发电机组先后通过国家通信专用发电机组认证、国家内燃机发电机组质量监督检验中心的高原认证和德国莱茵中心的CE认证。2012年5月，公司地址由潍城区境内长松路69号变更为潍坊滨海经济技术开发区富海大街17号，其经营效益不再纳入潍城区统计范畴。

第二节　冶炼铸造

1991年，潍城区境内的冶炼铸造工业企业主要有潍城区铸造厂、南关铸造厂、杏埠铸造厂等，全部为乡镇企业。主要产品有农机铸件、内燃机铸件、钢砂等，企业规模普遍不大，技术含量不高，工人工作环境差，劳动强度大。1994年区划调整后，潍城区有冶炼铸造企业5家：潍坊市南关铸造厂、潍坊爱武铜铝铸件厂、潍城区于西铸造厂、潍坊市开拓实业公司、南关铜铝铸造厂。到1997年，黑色金属冶炼和压延加工业实现总产值1084万元、钢砂产量1110吨。2000年，潍城区有规模以上冶炼铸造企业26家，其中钢砂钢丸生产企业10家。此后，潍城区严格控制铸造行业准入，停止新上煤窑炉铸造生产线，取缔一批生产条件恶劣、污染严重的钢砂钢丸生产企业。2002年8月，潍坊市亿佰通机械配套有限公司组建成立，生产阀门和沟槽管件。2003年7月，潍坊盛瑞铸造有限公司组建成立，生产飞轮、飞轮壳、排气管、油底壳、齿轮室、水泵体、皮带轮、托架等柴油机配件，主要为潍柴动力股份有限公司等企业进行配套生产。2004年，潍城区有规模以上冶炼铸造企业11家：潍坊通源压铸有限公司、潍坊市潍城区新明机械厂、潍城区前进机械厂、潍坊富通电器有限公司、潍坊方圆机械厂、潍坊锦模铸造有限公司、潍坊大利钢丸制造有限公司、潍坊腾飞钢丸有限公司、潍坊亿佰通机械配套有限公司、潍坊莱德机械有限公司、潍坊盛瑞铸造有限公司，产品有拖拉机配件、车桥、铸铝件、沟槽管件、钢砂、钢丸等。2007年，潍城区有规模以上冶炼铸造业企业20家，当年完成工业产值1.4亿元。2010年，有规模以上冶炼铸造业16家、从业人员800人，完成工业产值2.2亿元。截至2013年年底，潍城区有规模以上冶炼铸造企业9家：山东省潍坊生建机械厂、潍坊莱德机械有限公司、山东金通管业有限公司、潍坊明宗铸造有限公司、潍坊前进车轿有限公司、潍坊通源压铸有限公司、潍坊恒泰铜铝铸造有限公司、潍坊盛瑞铸造有限公司、山东富通电气有限公司，主要产品有柴油机配件、拖拉机配件、车桥、铜铝铸件、沟槽管件等，实现主营业务收入15.82亿元。

企业选介

潍坊市亿佰通机械配套有限公司　2002年8月，潍坊市亿佰通机械配套有限公司组建成立，注册资本1518万元，占地4.87公顷，位于潍城区机场南路1919号，有员工400余人，年产值2亿多元。公司设有铸造一、铸造二、机加工、喷塑、模具5个车间。公司拥有自主知识产权、多项国家专利，设有阀门、沟槽管件研究所。企业通过ISO9001国际质量体系认证，并通过FM、UL、ULC和CE认证，“亿佰通”品牌获得山东省著名商标。2013年，企业销售额达到1.27亿元，其中外贸出口额6200万元，公司产品主要出口美国、法国、加拿大、澳大利亚、中东和南非等30多个国家和地区。

潍坊盛瑞铸造有限公司　2003年7月，潍坊盛瑞铸造有限公司组建成立，位于潍城区南关街道马家村，是盛瑞传动股份有限公司旗下的一家全资子公司，占地7.3公顷，总建筑面积3.7万多平方米。公司以铸造为主，主要以生产高牌号合金铸铁及各种牌号球铁为主，年产合格铸铁件3.6万吨。主要产品有飞轮、飞轮壳、排气管、油底壳、齿轮室、水泵体、皮带轮、托架等，主要为潍柴动力股份有限公司等知名企业进行产品配套生产。

山东莱德机械有限公司　成立于2003年3月，位于潍坊市潍城区西外环北路3998号，占地2公顷，总资产1.5亿元，有员工600余人。公司有2个铸造生产基地、1个管道生产基地，是中国沟槽管件行业中的制造商与经营商，产品广泛应用于建筑物的消防自动喷淋系统、给排水系统和地铁、空港、隧道、海港等管路系统以及污水处理管路系统。“LEDE”牌沟槽管件于2010年获山东省著名商标、2012年获山东省名牌产品。2013年，企业实现销售收入1.33亿元、利税234.8万元、利润190.6万元。

潍坊一立精密铸造有限公司　成立于2009年2月，注册资本1000万元，总资产1500万元，有职工68人，位于工业三街以北、殷大路以西。该公司专业生产船舶、汽车、机车、发电机组等涡轮增压器的涡轮、叶轮、转子、叶片、喷嘴环等高标准精密铸件，年生产涡轮叶轮30万套。企业技术支撑来自中国科学院热物理研究所，同时也是中科院的战略合作伙伴，公司自2011年开始与中国科学院热物理研究所合作研发并生产轻型涡喷发动机核心部件，共计5个机型（60KG、80KG、160KG、750KG和1000KG）50多个品种。

第三节　化　工

1991年，潍城区区属化学工业企业有潍坊氧气厂1家，主要产品为工业用、医用氧气，从业人员161人。1997年，潍城区有化学工业企业10家：潍坊氧气厂、潍坊市潍城标化厂、潍坊市无机化工厂、潍城区化工厂、潍坊富通技术发展有限公司、潍城区昌盛磷肥厂、潍坊地力磷肥厂、潍坊第七中学五七化工厂、潍坊华鸢化工公司、潍坊市福利日用化工厂。主要产品有氧气、活性炭、添加剂、衣康酸、苯、二甲苯、磷肥、轮带油等，工业总产值（不变价）3247万元。

2000年，潍城区有规模以上化学工业企业7家：潍坊氧气厂、潍坊利信化工有限公司、潍坊红旗化工有限公司、潍坊金伯利高级润滑油有限公司、潍坊天源油墨厂、潍坊地力磷肥厂、潍坊第七中学五七化工厂。主要产品有氧气、润滑油、稀料、油墨、磷肥、轮带油等。2002年，潍坊同力化工有限公司成立，主要产品为金属防锈漆、氨基油漆、丙烯酸漆等油漆。2003年，潍坊庆联氧化锌有限公司成立，采用煅烧工艺生产氧化锌；潍坊东方盛化工有限公司成立，生产氯化锌。至2004年，潍城区规模以上化学工业企业有潍坊弘德碳化硅微粉有限公司、潍坊庆联氧化锌有限公司、潍坊同力化工有限公司3家，实现工业总产值（不变价）2.1亿元，有从业人员398人。2007年，市属企业山东海化华龙硝铵有限公司划归潍城区管理，该企业主要生产液氨、浓硝酸、硝酸钠、亚硝酸钠等产品。至2013年，潍城区规模以上化学工业企业有山东海化华龙硝铵有限公司、潍坊东方盛化工有限公司、潍坊庆联氧化锌有限公司3家，主要产品有液氨、浓硝酸、硝酸钠、亚硝酸钠、氧化锌、氯化锌、碳化硅微粉等，实现工业总产值（当年价）9.21亿元，有从业人员1367人。

企业选介

山东海化华龙硝铵有限公司　始建于1976年，1997年加入山东海化集团，2009年与山东海化集团一并加入中国海油总公司。企业原为市属企业，2007年划归潍城区管理。位于潍城区乐埠山生态经济发展区北乐埠村。企业有资产2.3亿元，在岗员工298人，占地13.3公顷，有生产装置3套：硝酸装置、合成氨装置和硝酸钠、亚硝酸钠装置。主要产品为硝酸钠、亚硝酸钠、浓硝酸、稀硝酸、液氨和粗甲醇。2013年，企业完成主营业务收入3.09亿元。

潍坊庆联氧化锌有限公司　成立于2003年，位于潍城经济开发区玉清西街彩虹路以东，公司占地2公顷，总资产3000万元，有职工120人，其中中、高级技术人员20余人，年生产能力8000吨，其产品氧化锌广泛应用于橡胶、油漆等行业。公司通过ISO9001国际质量管理体系认证。2013年，实现销售收入7414万元。

第四节　建　材

1991年，潍城区区属建材工业企业有潍坊第二水泥厂1家，其他小型预制厂、建筑五金厂、石料厂、小石灰窑、石子厂、石棉瓦厂等散布在各街道、乡镇，技术水平低，空气污染严重。

1994—1997年，潍城区建材工业发展较快，在部分区属企业投产建材项目的同时，一批村办、镇办建材企业相继诞生。是年，潍城区有建材工业企业9家：潍坊市潍城区水泥厂（1997年12月，潍坊第二水泥厂更名为潍坊市潍城区水泥厂）、潍坊双菱锁具石材有限公司、潍城区红果预制厂、潍城区红果华鸢福利实业公司、潍城区鑫利达预制构件厂、潍城区友爱大理石厂、潍坊市钢窗附件厂、潍坊市装璜门窗厂、中国长城门窗集团公司潍坊彩板门窗一厂等，但这些企业技术水平较低，竞争力较弱。1998—2000年，建材工业企业在调整中发展，一批竞争力弱的企业相继退出市场。2000年，全区有建材工业企业6家：潍坊威亚墙纸有限公司、潍城区城建开发塑钢门窗厂、潍城区鲁潍华光彩窗附件厂、潍坊长城门窗厂、潍坊市广通建材实业公司、潍城区向阳石料厂。

自2005年始，潍城区加大环境整治力度，推进矿业秩序整顿和资源整合工作，对区域内的石灰窑、采石场、石料加工厂等进行综合整治。到2013年年底，境内23家露天开采的石灰石矿山、27家石料加工厂和26个石灰窑先后依法关停。2005—2009年，随着房地产市场的繁荣发展，相继成立一批预拌混凝土企业：2005年8月潍坊建设砼有限公司成立，2006年9月潍坊天昊混凝土有限公司成立，2009年9月潍坊天一混凝土有限公司成立。

2007年，市属企业潍坊山水水泥有限公司、潍坊潍菱水泥制品厂划归潍城区管理。2010年，民营企业潍坊玉峰铝业有限公司成立，投产高档铝合金门窗生产项目。2013年，全区有规模以上建材工业企业10家：潍坊山水水泥有限公司、潍坊潍菱水泥制品厂、潍坊东昌混凝土有限公司、山东鑫达鲁鑫防水材料有限公司、山东玉峰铝业有限公司、山东大元实业股份有限公司、潍坊天一混凝土有限公司、潍坊天昊混凝土有限公司、潍坊建设砼有限公司、潍坊锦亿和钢结构有限公司。主要产品有水泥、电线杆、防水卷材、铝合金门窗、混凝土外加剂、钢构件、预拌混凝土等。全区规模以上建材工业企业实现主营业务收入10.7亿元、利税2.4亿元、利润1.67亿元。

企业选介

潍坊山水水泥有限公司 位于潍城区乐埠山生态经济发展区，前身为1956年建立的潍坊水泥厂。原为市属企业，2007年划归潍城区管理。该企业于2002年归属山东山水集团，成立潍坊山水水泥有限公司。先后于2003年、2004年新建2500吨/日回转窑熟料生产线和年产150万吨水泥粉磨站，新建4500千瓦低温水泥窑余热发电站一座。主导产品有普通硅酸盐水泥52.5、42.5R、42.5，A型矿渣硅酸盐水泥32.5R、32.5，复合硅酸盐水泥42.5、32.5，生产能力达到年产水泥300万吨，2005年进入潍坊市“百强民营企业”行列。至2007年，企业有员工1100人，固定资产3.5亿元，占地115公顷，实现销售收入37764万元、利税9167万元，上缴税金3830万元，是2007年度市工业百强企业，2007年度潍坊市纳税50强企业。2013年实现销售收入6.1亿元、利税1.7亿元、利润1.3亿元。

山东玉峰铝业股份有限公司 成立于2010年，占地4.5公顷，注册资本5500万元，有职工125人。位于腾飞路以西、卧龙街以北，是集铝型材、门窗、幕墙、门窗配件、中空玻璃、钢化玻璃、Low-E玻璃、夹胶玻璃研发、生产、销售于一体的大型民营企业。公司拥有一流的铝型材、门窗研发及工程技术创新研发团队，设置新产品研发中心、模具制造中心和检验检测中心，引进具有国际一流水平的先进生产设备、技术和管理模式，具有模具生产、熔铸、挤压、氧化、电泳、粉末喷涂、喷砂、木纹转印、隔热断桥、氟碳喷漆、彩色电泳等全套生产能力，产品畅销全国20多个省、自治区、直辖市及东南亚、澳洲、欧美等多个国家和地区。公司通过ISO9001国际质量体系、GB/T28001职业健康安全管理体系、ISO14001环境管理体系认证并取得采标证书，先后获得“中国十大诚信单位”“省级高新技术企业”“省级守合同重信誉企业”“潍坊市优秀企业文化品牌”等称号。公司注册的“玉峰”商标获得“中国驰名商标”。

山东大元实业股份有限公司 1997年12月，潍坊市大元实业有限公司成立，其前身为潍坊市潍城区水泥厂。2008年9月，更名为山东大元实业股份有限公司。位于潍城区乐埠山生态经济发展区。公司是集建筑环保新材料系列产品研发、生产、经营为一体的高新技术企业，专注于工业固体废弃物再利用、轨道交通一体化的创新与研究。公司与清华大学、国家建材研究院建立了长期、稳定的合作关系，研发“大元”牌UHPC超高性能材料、轨道交通制品、彩色透水混凝土、特种混凝土、道钉锚固剂、预拌砂浆等40多个新产品，广泛应用于铁路、桥梁、高层建筑、公路、港口、码头等大型工程。该公司拥有省级工程技术研究中心、市级企业重点实验室等，“大元”牌产品获山东名牌，“大元”牌商标获山东省著名商标。

第五节 纺织服装

1991年，潍城区有区属纺织服装工业企业7家：潍坊服装一厂、潍坊服装二厂、潍坊服装三厂、潍坊衬衫厂、潍坊服装鞋帽工业公司、潍坊织袜厂、潍坊帆布厂。在职职工有2049人，主要产品有衬衫、西裤、夹克、裙装、睡衣、棉衣、休闲服装、帆布等10大系列100多个品种。同年，潍坊制鞋厂并入潍坊服装三厂，潍坊服装三厂与潍坊服装一厂合并成立潍坊服装总厂。

1992—1994年，纺织服装工业在改组调整中发展。1993年，区属纺织服装工业企业完成工业总产值5763万元，实现销售收入6525万元、利税469万元。1994年区划调整，潍坊服装二厂、潍坊织袜厂、潍坊帆布厂划归奎文区。同年，潍坊衬衫厂加挂潍坊外贸服装厂牌子。原潍坊服装一厂从潍坊服装总厂析出，成为独立法人，潍坊服装总厂仍保留。潍坊市服装鞋帽工业公司与台湾一私营企业合资成立潍坊伊斯特制衣有限公司。是年，全区纺织服装工业总产值、销售收入、利税分别减至4115万元、5459万元和159万元。

1995年，潍坊衬衫厂取得自营进出口权，托管潍坊服装总厂。是年，区属纺织服装工业企业完成工业总产值5710万元，实现销售收入、利税分别为6791万元、347万元。1996年，潍坊衬衫厂、潍坊服装总厂、潍坊外贸服装厂、潍坊童装厂共同出资，联合组建山东拳王实业集团有限公司，潍坊服装总厂关停。1997年，山东拳王实业集团有限公司代管潍坊市服装鞋帽工业公司。是年，全区纺织及服装制造业实现工业总产值7176万元、销售收入7364万元、利税468万元，其中区属纺织服装工业企业工业总产值、销售收入和利税分别为4847万元、5129万元和294万元。

1998年，潍坊服装一厂取得自营进出口权，为扩大生产，与山东外贸进出口公司齐力分公司合资成立潍坊金帆服装有限公司。同年，由山东拳王实业集团有限公司代管的潍坊市服装鞋帽工业公司依法破产。2001年，区属纺织服装工业企业在全区深化国有集体企业改革中，全部进行规范改制，由集体企业改制为民营企业。潍坊金帆服装有限公司、山东拳王实业集团有限公司分别变更出资人，组建成为由个人出资的有限责任公司，企业名称未变。随着中国加入世界贸易组织（WTO），2002年全区服装生产、出口形势良好，服装生产量、出口量都有明显增长，山东拳王实业集团有限公司生产服装271.5万件，比上年增长26%，工业总产值 、销售收入、利税、出口交货值分别达到5423万元、5240.7万元、305万元和5344.2万元，分别比上年提高18.6%、11.6%、28%和24%。潍坊金帆服装有限公司生产服装153.7万件，比上年增长39%，工业总产值、销售收入、出口交货值分别达到2881万元、2845万元和2845万元，分别比上年提高19.7%、19.4 %和19.4%。2003年，全年服装生产企业完成出口交货值9092万元；总产值、利税分别达到9479万元、200万元，分别是1994年的2.3倍和1.25倍。

2004—2006年，潍城区纺织服装工业保持平稳发展态势。到2006年，全区规模以上纺织服装工业企业有16家：山东耶莉娅服装集团总公司、山东拳王实业集团有限公司、潍坊金帆服装有限公司、潍坊市诚信服饰有限公司、潍坊圣亚纺织有限公司、潍坊中亚纺织有限公司、潍坊港龙服装有限公司、希望制衣（潍坊）有限公司、潍坊正奇纺织服饰有限公司、潍坊博飞服饰有限公司、潍坊亚盛纺织有限公司、潍坊正同纺织有限公司、潍坊恒昌纺织有限公司、潍坊纤汇纺织服装有限公司、潍坊富晨纺织有限公司、潍坊市潍城区华丽服装厂，产品有棉布、运动服、机织毛衣、西服、衬衫、夹克、裙装、睡衣、棉衣、休闲服装等17大系列300多个品种，出口服装占90%以上。

2007—2009年，企业发展出现差距，山东拳王实业集团、潍坊金帆服装有限公司等企业生产经营下滑，产量萎缩，而镇街所属纺织服装企业发展较快。2010—2013年，潍城区纺织服装工业企业通过转方式调结构，不断淘汰低端落后产品，部分技术、工艺落后的企业相继停产、破产，一批有技术实力、产品销路好的企业不断发展壮大。山东耶莉娅服装集团总公司、艾士堡服饰（潍坊）有限公司、潍坊恒昌纺织服装有限公司等企业保持稳步增长势头。2013年，全区规模以上纺织服装企业有8家，实现主营业务收入20.57亿元，主要产品有西服、衬衫、机织毛衣、运动服装、棉服等。

企业选介

山东耶莉娅服装集团总公司　1981年，东北关村村办企业潍坊童装厂成立，以加工童装和衬衣为主。1984年，改组成立潍坊呢绒服装厂，注册“潍燕”商标。1995年，在潍坊呢绒服装厂的基础上成立山东耶莉娅服装集团总公司，注册“耶莉娅”商标。公司成立后，坚持科技兴企方针，不断加大研发和设备投入，生产、营销的重点为高端标志服装。1996年，该公司服装技术中心被省政府确认为“省级服装技术开发中心”，成为山东省同行业中唯一一家科技创新样板企业，耶莉娅西服获得山东名牌。同年，公司跻身中国服装行业“双百强企业”。1997年，“耶莉娅”商标被定为山东省著名商标。1999年，公司成为“中国专利山东明星企业”，获ISO9001质量管理体系认证。2000年，企业投资2200万元建设中心科研大楼9000平方米，引进国际先进的服装CAD（计算机辅助设计）、CAM（计算机辅助制造）设计开发系统和自动化立体裁剪系统、信息处理系统、试验测试设备及开发系统专用设备等。同年9月，“耶莉娅”商标被国家工商总局认定为中国驰名商标。在2000年全国西服检测中，耶莉娅牌西服获优等品。

2001年，公司聘请曾在圣罗兰、皮尔卡丹、瓦伦蒂诺等多个世界名牌厂家担任首席技术执行官的意大利服装专家特拉纳，对公司生产工艺流程进行大规模改造，企业产品研发设计能力大幅增强。是年，公司实现销售收入4.91亿元、利税7594万元、出口额1038万美元。2002年，公司获ISO14001环境管理体系和职业安全健康管理体系认证，并获美国RAB（注册机构认可委员会）质量认证。2002年，其核心企业山东耶莉娅服饰有限公司总资产达到1.25亿元，山东耶莉娅服装集团总公司注册资产达到2.1亿元，获得“富民兴鲁”先进单位。2013年，山东耶莉娅服装集团总公司成功收购法国著名户外品牌CIMALP（喜玛尔图）在中国地区的永久使用权，夺得2013年中国服装行业国际并购第一单，正式涉足户外服饰的生产和销售，主要有速干衣、冲锋衣、滑雪服、青年冠军方程式系列赛纪念款服饰、防护服系列等众多时尚户外产品。

第六节　刺　绣

1991年，潍城区有刺绣行业企业1家，即潍坊刺绣厂。潍坊刺绣厂于1990年即确定了走依靠科技进步、实现机械化大生产的潍绣发展道路，并投资126万美元引进具有20世纪90年代世界先进水平的日本平岗飞梭绣花机4台，提高了生产效率。1991年，潍坊刺绣厂有固定资产337万元，在职职工240人。主导产品是抽纱百带丽，分为彩绣和素绣两种，产品出口美国、日本及西欧等国家和地区。开发生产的产品还有床罩、枕套、台布、沙发套、洗衣机套、窗帘等100多个品种。同年年底，机制工艺花边逐渐取代百带丽成为企业的主导产品。

1992年，潍坊刺绣厂与香港良友发展有限公司合资兴办潍坊良友刺绣有限公司，投资总额261万元。1994年，潍坊刺绣厂实行改制，成立潍坊刺绣股份有限公司，潍坊刺绣厂厂名保留。同年，产品抽纱百带丽因加工成本不断增高，市场价格持续走低，企业停止该产品的生产。1995年，为适应市场需求，企业大力调整产品结构，开始进行床上系列用品的生产与开发。经过两年努力，床上用品生产基本走上正轨，品种有被套、褥套、窗帘、枕套等，产品全部出口到日本。为更好地发挥企业硬件设施的优势，技术人员又创造性地开发了工艺花边被套，该产品畅销日本市场。1996年，为充分发挥传统刺绣工艺，投资330万元引进电脑多头绣花机，在毛巾、服装、床品等纺织产品上刺绣图案、商标、标志等，提高了产品档次和技术含量。1997年，企业引进多针绗缝机，生产褥垫、被子等绗缝产品，通过包边、缝制，制成成品，品种达100多个。1998年，潍坊刺绣厂在望留镇政府驻地征地0.55公顷，建成绗缝分厂。1999年，该企业收购破产后的潍坊木器总厂西仓库，并实施改造，新建厂房和办公场所，进一步拓展发展空间。2000年，引进单针绗缝机，主要进行较厚较大被子、肌布团等的绗缝制作。

2001年，潍坊刺绣厂改制组建成为潍坊梦佳服饰绣品有限公司，注册资本105万元，股东39人，原刺绣厂大部分资产和全部职工由梦佳公司接收。潍坊刺绣厂厂名仍保留。2003年，投资800万元引进3台瑞士苏拉飞梭绣花机，进行彩绣和立体绣，进一步提高了绣品的质量和档次。同年，引进电脑绣花机5台，电脑绣花机数量达到20台。2005年，潍坊梦佳服饰绣品有限公司完成工业总产值2137万元，实现销售收入2102万元、利税68万元。同年年底，潍坊梦佳服饰绣品有限公司占地面积2.3公顷，建筑面积1万平方米，有2个分厂，拥有固定资产3000万元，职工725人，其中各类专业技术人员150人，机器绣花完全取代传统手工刺绣，其主导产品为床上系列用品、绗缝产品、机制花边、刺绣台布、刺绣工艺品及各种高档绣品，产品远销日本、韩国、美国、加拿大、西欧、中东等20多个国家和地区。2006—2008年，由于机制产品缺乏特色，产品竞争力减弱，企业效益下滑。2009年，公司实施增资扩股，潍坊阳诚服饰进出口有限公司对该公司实施控股，并进行整体租赁经营，企业转为服装加工企业。此后，境内刺绣不再进行大规模机械化生产，而主要是散布于民间，以手工刺绣为主。

第七节　塑料制品

1990年，潍坊塑料二厂和潍坊塑料三厂合并组建潍坊塑料总厂。1991年，潍城区塑料工业有区属企业3家，即潍坊塑料总厂、潍坊塑料一厂、潍坊塑料四厂，属集体性质企业。全行业有职工1318人，固定资产6163万元。是年，塑料制品业完成产量9951吨，主要产品有农地膜、异型材、石英塑料地板砖等。1992年3月，潍坊塑料四厂并入潍坊塑料总厂。1994年区划调整后，潍城区有区属塑料制品企业5家：潍坊塑料一厂、潍坊塑料总厂、潍坊光华塑料厂、潍坊华鸢塑料制品公司、潍城区钟声塑料包装厂。共有从业人员1530人，年销售收入6708万元、利税278万元。1997年，潍城区区属塑料制品企业发展到8家：潍坊塑料总厂、潍坊塑料一厂、潍坊光华塑料厂、潍城区钟声塑料制品有限公司、潍坊市富华工程塑料厂、潍坊华鸢塑料制品公司、潍坊市新兴实业总公司、潍坊普利塑胶装饰材料有限公司。主要产品有农地膜、石英塑料地板砖等、塑料袋、日用塑料制品等，实现利税143.8万元、利润32.3万元。1998年，民营企业潍坊思达智容器有限公司成立，生产销售塑料容器、包装袋。区属企业潍坊塑料一厂、潍坊塑料总厂经营不佳，产、销量下滑。2000年，潍城区塑料制品业实现利税81.4万元。2001年，民营企业潍坊华星塑料制品有限公司成立，生产塑料编织袋。2003年9月，潍坊塑料总厂改制成立潍坊锦泰塑胶有限公司，同年企业停产。潍坊海天新型装饰材料有限公司（1989年塑料一厂与香港天元企业有限公司合资兴办）于2004年经营到期，进入清算程序，公司解散。2004年，民营企业潍坊大正塑胶有限公司（1996年成立）由北京化工大学提供设备和技术指导，成功研制出冷热水用交联聚乙烯和耐热聚乙烯PE-RT管材，可大面积用于地板采暖。是年，潍城区规模以上塑料制品企业有5家，实现工业总产值2.38亿元、利税1068万元、利润548万元。2007年，潍坊塑料一厂破产。是年，潍城区规模以上塑料制品企业有7家，完成工业总产值3.65亿元、利税1876万元、利润1501万元。主要产品有塑料瓶、塑料袋、塑料编织袋、塑料薄膜、PVC排水管材管件。

2011年，潍城区有规模以上塑料制品企业3家：山东德泰塑业有限公司、潍坊山水包装制品有限公司、潍坊思达智容器有限公司。完成工业总产值1.03亿元，实现利税1200万元。2013

年年底，潍城区有规模以上塑料制品企业4家：山东大正新材料科技有限公司（潍坊大正塑胶有限公司于2012年变更为此名）、山东德泰塑业有限公司、潍坊展新新材料有限公司、潍坊思达智容器有限公司。主要产品有PVC排水管材管件、CPE复合材料、塑料瓶、塑料袋、汽车内饰件等，完成主营业务收入1.43亿元。

企业选介

潍坊塑料一厂　潍坊塑料一厂位于潍城区安顺路20号，始建于1949年，是区属集体企业。1989年前，主要生产PVC全塑凉鞋、中空容器、压延薄膜等产品。1989年，塑料一厂与香港天元企业有限公司合资兴办潍坊海天新型装饰材料有限公司，引进挪威先进设备和技术，生产“海天”牌石英塑料地板砖、标线带等产品，不再生产中空容器、塑料凉鞋等产品，生产经营主要以合资企业潍坊海天新型装饰材料有限公司（以下称海天公司）为主。1991年，海天公司发展成为中型企业。1992年，海天公司合资双方第二次投资380万美元，引进第二条大型地板砖生产线，所产船用地板卷材和抗静电地板填补了国内空白，年产石英地板砖3654.6吨，成为全国最大的石英地板砖生产厂家，晋升为国家大二型企业，拥有职工290人。1993年，海天公司生产塑料制品5681吨，完成工业总产值3000万元，实现销售收入2469万元、利税609万元，被国家统计局列为“全国500家塑料工业企业”之一。1994年后，因生产石英地板砖的厂家增多，市场竞争加剧，企业发展势头逐步减弱。1995年，开发生产普丽玛地板砖。1996年，向国家申报普通标线带、防滑反光标线带、普丽玛地板砖3项专利，各项指标均达到或超过英国BS3261B国际标准，填补了国内空白。1997年，投资820余万元进行普丽玛地板砖生产设备的改造、配套和调试，普丽玛地板砖年生产能力达140万平方米。1998年，进行石英地板砖背面覆胶和表面耐污染技术处理，产品质量进一步提高。1999—2003年，在市场竞争日益激烈的情况下，由于海天公司产品结构比较单一，市场销售萎缩，经济效益滑坡，海天公司仅维持低水平、小规模生产经营。2002年6月，由29名自然人入股成立潍坊海天地面材料有限公司，租赁潍坊海天新型装饰材料有限公司的设备和潍坊塑料一厂厂房、场地，承接原企业职工，开展生产经营。2003年，潍坊海天地面材料有限公司有职工210人，98人待岗，主要生产地板砖，年产塑料制品1573吨，完成工业总产值828万元，实现销售收入673万元。2004年，潍坊海天地面材料有限公司依托网上销售，寻找国外客户，小批量接订单，小规模组织生产，公司在相对困难的情况下维持运营。同年，潍坊海天新型装饰材料有限公司经营到期，进入清算程序，公司解散。2007年，潍坊塑料一厂因资不抵债破产，潍坊海天地面材料有限公司的生产经营活动同时终止。

潍坊塑料总厂　潍坊塑料总厂是1990年由原潍坊塑料二厂和潍坊塑料三厂合并组建而成的，位于潍城区西园街。1992年3月，潍坊塑料四厂并入潍坊塑料总厂，同时成立具有独立法人资格的潍坊塑料总厂供销公司，主要经营塑料原料、塑料制成品。是年年底，职工达到1100人，固定资产9000余万元，形成吹塑、注塑、塑钢异型材、塑料编织制品等四大系列产品。1994年，塑料编织制品滞销，企业转产透明PVC颗粒及PVC螺旋工具制品。1997年，因塑料总厂生产经营困难，原塑料四厂从中析出，依法实施破产，资产及职工由塑料总厂接收。1999年，潍坊塑料总厂、塑料总厂供销公司及塑料总厂职工持股会三方共同出资组建潍坊三星塑胶有限公司，该公司承接塑料总厂主要产品及大部分职工，与塑料总厂分账经营，塑料总厂部分产品及小实体由塑料总厂的职工承包经营。2001年，潍坊三星塑胶有限公司支柱产品吹塑农地膜因市场和经营管理等多方面原因，销量锐减，经营亏本，公司陷入半停产状态。2002年3月，区委、区政府对潍坊三星塑胶有限公司的领导班子进行调整，将农地膜实行承包经营，注塑制品、管材制品租赁经营，原塑料总厂由职工承包的小实体拍卖转让，仅保留对塑钢异型材制品的经营管理。2003年，由个人出资入股，潍坊塑料总厂改制组建潍坊锦泰塑胶制品有限公司，承接潍坊塑料总厂和潍坊三星塑胶有限公司全部资产、人员及相关债务。同年9月，潍坊锦泰塑胶制品有限公司享受潍坊市中心城区工业企业“退城进园”优惠政策，在山东潍城经济开发区新征土地7.3公顷，建设新厂区，致力于汽车配件等新产品的开发生产，成为全区第一家实施“退城进园”的工业企业。2004年，潍坊锦泰塑胶制品有限公司利用潍坊市政府“退城进园”优惠政策，及时实施老厂区土地开发，组建潍坊天邦房地产开发有限公司，正式转行房地产业。

潍坊大正塑胶有限公司　1996年，民营企业潍坊大正塑胶有限公司组建成立，该公司专业生产硬聚氯乙烯（PVC-U）实壁管和实壁双内螺旋管、中空管和中空双内螺旋管、电工套管及其他管件。2002年，企业完成“排水用螺旋式硬聚氯乙烯管材”项目的研发和成果鉴定。2004年，公司由北京化工大学提供设备和技术指导，成功开发出冷热水用交联聚乙烯和耐热聚乙烯PE-RT管材，可大面积用于地板采暖。2008年，“冷热水用交联聚乙烯”（PEX）项目通过山东省建设厅成果鉴定。2012年，研发旋流降噪导流管件等一系列新产品，满足了工程建设新要求。投资2.2亿元进行新产品开发和技术改造，在潍城区乐埠山高新产业园征地6.67公顷建设新项目，为公司增添了发展后劲。同年，公司更名为山东大正新材料科技有限公司。2013年，实现主营业务收入5423万元、利税164万元。

第八节　食　品

1991年，区属食品工业企业有潍坊食品厂、潍坊第一食品厂、潍坊第二食品厂、潍坊面粉厂、潍坊粮食加工厂、潍坊第二面粉厂6家，属国有性质企业。主要生产红小豆制品、冷饮、糕点、面包、方便面、菠萝豆、饼干、面粉等。是年，食品工业完成工业总产值2930万元，实现销售收入2808万元、利税260万元。

1992—1995年，随着社会主义市场经济体制的逐步建立，一些个体、私营企业迅速崛起，杏埠面粉厂（2009年注册为潍坊市香野面粉有限公司）、潍坊隆泰食品有限公司、潍坊香油厂等企业快速发展。区属食品工业企业由于体制机制僵化，在竞争中受到较大冲击，出现市场份额减小、产品销售不畅、生产经营困难局面。1994年，潍坊食品厂红小豆生产车间和饼干生产车间对外租赁，与济南清真食品厂闽南饼干分厂联营组建潍坊闽南饼干厂。1996年，区属食品工业企业渐趋衰落，潍坊第一食品厂、潍坊第二食品厂先后破产，并分别由潍坊动力机厂、潍坊轴承厂接收。潍坊食品厂依靠对外租赁，收取租赁费维持企业运行。2000年，潍坊食品厂改制成立潍坊亿天食品有限公司，但生产经营困难局面未出现好转。2001年，潍坊食品厂依法破产，潍坊亿天食品有限公司解散。潍坊食品厂破产后，由原租赁方整体买断，组建潍坊华荣食品有限公司。同年，潍坊益康宝食品有限公司成立，主营生猪定点屠宰、分割、肉制品及鲜活农产品加工、销售等。2003年，潍城区规模以上食品制造业企业完成工业总产值1.86亿元。潍坊华荣食品有限公司与日本赛波特食品有限会社共同出资兴办潍坊中和食品有限公司。主要生产加糖红小豆馅等红小豆系列产品，年产能力5000吨，产品全部出口日本。同年，潍坊中和食品有限公司依法收购原潍坊食品厂的破产财产，并接收原潍坊食品厂部分职工，进一步扩大生产，拓展市场，工业总产值、销售收入、利税、利润分别达到2578万元、2563万元、286万元和285万元。2005年，该企业红小豆系列产品产量达到3778吨，此后至2013年一直处于稳步发展状态。

2004—2006年，潍城区食品工业发展迅速。至2006年，全区规模以上农副食品加工业和食品制造业企业发展到16家，农副食品加工业完成工业总产值10.7亿元，食品制造业完成工业总产值8.4亿元。2007—2010年，潍城区食品工业平稳发展。潍坊瑞福油脂调料有限公司于2009年在潍城经济开发区建立新厂，自主研发小磨香油生产线，在保留传统石磨加工工艺的基础上实现了大规模机械化生产，生产效率大幅提高；潍坊美城食品有限公司以家禽养殖、加工、出口为主营业务，面食、宠物食品、果蔬等产品的生产规模不断扩大，竞争实力不断增强。至2010年，全区有规模以上农副食品加工业企业7家、食品制造业企业9家，农副食品加工业实现主营业务收入6.67亿元，食品制造业实现主营业务收入4.53亿元。2011年，潍坊益康宝食品有限公司建成1.6万平方米的屠宰加工车间，拥有4条生猪屠宰线和3条分割流水线，年设计屠宰生猪200万头，分割产品2万吨；2012年，该公司建成1.36万平方米的肉制品加工车间，年加工肉制品1万吨以上，开发生产酱猪蹄、酱卤制品、火腿、香肠、丸子系列共60多个品种。2013年，全区共有规模以上食品工业企业9家：潍坊美成食品有限公司、潍坊白浪河食品有限公司、潍坊中和食品有限公司、潍坊洪源面粉厂、潍坊隆泰食品有限公司、山东富氏味业有限公司、潍坊益康宝食品有限公司、瑞福油脂股份有限公司、潍坊昌润肉食品有限公司。食品工业产品主要有小麦粉、鲜冷藏肉、精制食用植物油、酱油、面点产品、红小豆馅等。是年，全区规模以上食品工业完成主营业务收入20.13亿元。

企业选介

瑞福油脂股份有限公司　其前身是建立于1984年的崔家村村办集体企业——崔家香油厂。1988年，崔家香油厂实施招标承包经营。1991年，企业将铁锅炒芝麻改为机动螺旋烘炒芝麻，同时将手工墩油改为机制墩油，改进石磨传动方式，生产效率大幅提高。1994年，潍坊香油厂（由崔家香油厂更名）新上2台先进净化过滤机和3座静电离子沉淀贮油器，改建旧厂房，新建1个国际标准化生产车间，新上1台进口自动罐装机。1998年，企业进行改制，成立潍坊瑞福油脂调料有限公司，“崔字牌”小磨香油成为中国小磨香油知名品牌。1999年，崔字牌小磨香油获得“中华老字号”，并获“中国国际农业博览会名牌产品”。2003年，公司建立绿色食品原料基地，通过“绿色食品”认证。2007年，“崔字牌及图”商标获得中国驰名商标。2009年，在潍城经济开发区建立新厂，自主研发小磨香油生产线，在保留石磨工艺核心生产技术的基础上，运用现代化技术进行改造，提高了产品品质和产量。是年，新、老两个厂区共产油1.5万吨，公司销售额达2亿元，成为小磨香油集约化生产基地，经中国食品工业协会调查，产品市场占有率为全国第一。2010年，公司改制为瑞福油脂股份有限公司。2013年，小磨香油大型工业化生产集成技术开发及应用项目、富含维生素E芝麻油工艺研究及应用项目被认定为“国家级科技成果”。

瑞福油脂股份有限公司制油车间

潍坊隆泰食品有限公司　公司组建于1995年，位于潍城区望留街道刘家庄村，其前身是大柳树村修建的一个冷库，建成后一直效益不佳，后划归粮管部门管理。2000年，公司改制为中日合资，在继续原食品加工业务的基础上，调整市场方向，主攻出口业务。2011年，购置早餐车50辆、配送车3部，作为第一批进小区餐车，并在城区设立5个固定点，成为潍坊市放心早餐工程。在经营模式上，该企业实行“七统一”，即统一采购原料，统一标准化生产、统一配送、统一价格、统一服装、统一时间、统一管理，实施专业化、标准化生产。

至2013年，公司占地4公顷、总资产2000万元、从业人员120人，拥有大型冷库1座、食品转运车80辆、生产车5台，全部按照中华人民共和国出口检验检疫机构和日本农林水产省关于偶蹄动物类及肉制品热加工标准建造，并通过日本农林水产省注册，年产量2万多吨。隆泰食品成为潍坊第一家集加工生产、配送、自主销售于一体的“市政府放心早餐工程定点企业”，其早餐配送成为企业除出口之外的重要赢利点。

北京荷美尔商业管理有限公司潍坊分公司　该公司位于潍城区水库路4201号，前身是联合利华（中国）有限公司潍坊分公司，最早建立于1997年10月，占地5.3公顷。2013年11月，美国荷美尔食品有限公司成功收购联合利华集团旗下“四季宝”品牌，联合利华（中国）有限公司潍坊分公司更名为北京荷美尔商业管理有限公司潍坊分公司，为100%控股的外商独资企业，注册资本500万美元。该公司是美国荷美尔食品有限公司下设的农产品深加工企业，有员工170余人。主要生产各种口味的花生酱及烘炒花生，拥有国际上先进的花生酱加工线2条，包装线5条。花生酱年产量逾1.4万吨，其中45%出口、55%供国内市场，出口客户主要分布在东南亚市场，包括马来西亚、新加坡、菲律宾等。2013年，公司销售总额达1.86亿元，其中国内销售额为1.03亿元。

潍坊美城食品有限公司　潍坊美城食品有限公司成立于1990年8月，投资方分别是潍坊中基集团有限公司、日本丸红株式会社、日本加卜吉株式会社、美国ADM公司。公司总部位于潍坊市潍城区宝通街278号，总投资950万美元，注册资本507.88万美元，固定资产1.5亿元，占地58.3公顷。公司以家禽养殖、加工、出口为主营业务，面食、宠物食品、果蔬等产品的生产规模不断扩大，竞争实力不断增强。2008年，公司实现销售额4.95亿元，出口创汇2092万美元。该企业产品主要销往日本、韩国、美国、瑞士、欧盟及东南亚等国家和地区。2013年，公司父母代种鸡存养能力26万套，年产雏鸡2500万只；日宰杀毛鸡10万只，年加工肉鸡产品7万多吨；日宰杀毛鸭6万只，年加工肉鸭产品6万多吨；年出口海外禽肉熟食产品1万多吨，国内禽肉熟食产量近2万吨。其他面食加工产品3000多吨，果蔬深加工产品2000多吨，宠物食品2500吨。

第九节　酿　造

1991年，潍城区区属酿造工业企业有潍坊酿造厂和潍坊酿造二厂2家，从业人员414人，主要产品有食醋、酱油、酱菜。1994年区划调整后，潍城区酿造工业企业仅有潍坊酿造厂1家，从业人员316人，主要产品有食醋、酱油。2002年1月，潍坊嘉和生物技术酿造有限公司成立，位于潍城区于河镇（今于河街道），拥有酱油、食醋、面酱、调味品等加工生产线，主要生产酱油、食醋、面酱、豆瓣酱等。2003年，山东富氏味业有限公司成立，位于潍城区仓南街，拥有专业设备70余台（套），生产富氏“好太太”系列酱油、食醋、酱制品、腌制品等。2013年，潍城区酿造工业企业有山东富氏味业有限公司、潍坊嘉和生物技术酿造有限公司，未列入规模以上工业企业统计。

第十节　五　金

1991年，潍城区区属五金工业企业有潍坊造锁集团公司、潍坊拔丝厂、潍坊五金厂、潍坊制钳厂、潍坊气管厂、潍坊工具厂6家。主要产品有民用打气筒、木钻、钳类工具、木工刨刃、轻工刀具、民用镜子、钢丝、铁丝、活页、铁挂锁、家具锁等。全年完成工业总产值13190万元，实现销售收入10884万元。1994年区划调整，潍坊制钳厂、潍坊气管厂划归奎文区。区属五金工业经济总量减少，工业总产值、销售收入、利税三项主要经济指标由1993年的12637万元、13060万元和698万元减为9959万元、9225万元和524

万元。1996年，潍坊工具厂由潍坊动力机厂接管。潍坊造锁集团公司于1998年进行股份合作制改革，1999年该公司控股与中科院北京佳联特技术有限公司合资成立潍坊思壮电子有限公司，主要生产电脑门锁、重卡汽车锁。2001年，潍坊造锁集团公司改制组建潍坊五星制锁有限公司，原公司名称仍保留。潍坊拔丝厂改制成立潍坊金鹰金属制品有限公司，保留原厂名。2002年，潍坊拔丝厂、潍坊五金厂依法破产。2003年，潍坊造锁集团公司依法破产，五金工业区属企业仅剩潍坊五星制锁有限公司1家企业，有职工960人、账面总资产2579万元，全年完成工业总产值1250万元，实现销售收入1196万元、利税40万元。公司主要产品为IC卡电脑门锁、汽车锁、家具锁、执手门锁等系列锁具。由于企业设备陈旧，产品更新换代慢，2006年后产、销量逐年下降，效益持续下滑，至2013年企业已处于半停产状态。2006—2013年，潍城区规模以上工业企业中无五金工业企业，五金业主要集中在小微型企业。

企业选介

潍坊造锁集团公司 1990年10月，潍坊造锁总厂与潍坊双菱锁厂合并成立潍坊造锁集团公司，位于潍城区胜利街西段。1991年，潍坊造锁集团公司投资改造设备，新上家具锁生产项目，当年生产家具锁1900万把、铁挂锁501万把、镜子200万面，完成工业总产值3579万元，实现销售收入3260万元、利润120万元。同年8月，该公司与香港宝文石材机械及板材贸易公司合资组建潍坊双菱锁具（石材）有限公司，投资总额460万元，注册资本350万元，主要生产大理石、花岗岩板材及家具五金件。1993年，潍坊造锁集团公司开发生产车用防盗锁、钢丝锁等防盗系列锁具，通过省级技术鉴定，填补了省内空白，达到国内先进水平，并于同年成立潍坊市造锁研究所。1994年，潍坊造锁集团公司适应市场需求，开发机动农用车锁，通过省级技术鉴定，达到国内先进水平，获得国家专利。随后相继开发生产农用车把、挡风板、玻璃升降器、油箱锁、农用车厢等产品，作为农用车的配套产品。随着农用车需求档次的升级，企业依托自身科研力量，开发生产轻卡车锁，成为江北最早生产轻卡车锁的企业，该产品销售市场由山东巨力机械总厂、北汽福田诸城车辆厂扩大到南京金蛙集团有限公司、山东时风集团、山东双力集团、山东五征集团等10多家大型农机车辆生产企业。1995年，潍坊造锁集团公司生产和效益指标同步增长，工业总产值、销售收入、利税分别达到6120万元、5136万元和524万元，成为中国五金制品协会会员。同年，公司与科研院校、华光电脑公司联合开发磁卡电脑门锁，生产出IC卡电脑门锁，属于填补国内空白产品，通过省级技术鉴定，列入同年山东省重点技术改造项目，并获国家实用新型、外观设计2项专利，取得技改项目专项贷款1345万元。1996年，潍坊造锁集团获评为“潍坊市工商银行一级（AA）信用企业”、潍坊市“八五”科技先进单位。1997年，潍坊造锁集团公司电脑门锁项目列入国家“星火计划”，“五星”牌商标被批准为山东省著名商标。同年，因个体企业迅速发展，民用锁（家具锁、铁挂锁、自行车锁）市场竞争加剧，假冒“五星”牌锁具产品增多，导致该公司生产经营受到冲击，经济效益下滑。

1998年，潍坊造锁集团公司进行股份合作制改革，改制为股份合作制企业。同年，开发生产机动车方向盘锁，获得国家专利。1999年，该公司控股与中科院北京佳联特技术有限公司合资成立潍坊思壮电子有限公司，主要开发生产电脑门锁、重卡汽车锁。2000年始，公司生产经营走向低谷，于2001年8月改制组建潍坊五星制锁有限公司，潍坊造锁集团公司名称仍保留，同年，开发了“华光”牌插芯门锁、1049型汽车锁。2003年年底，潍坊造锁集团公司依法破产。

潍坊五星制锁有限公司 2001年8月，潍坊造锁集团公司通过内部自然人控股形式，改制组建潍坊五星制锁有限公司。2002年，该公司投资

50万元，新上冷式压铸机、电脑开齿机等设备，采用CAD计算机辅助设计和财务电算化管理，建立国际互联网网站，申请并通过ISO9000国际质量体系认证，新开发的1808、1530型车锁获得国家专利，公司当选为山东省第三届五金制品协会副理事长单位，成为“全国优秀锁具生产企业”。2003年，公司有职工960人、账面总资产2579万元。全年完成工业总产值1250万元，实现销售收入1196万元、利税40万元。

2005年，公司被批准实施“退城进园”，由潍城区胜利西街迁至潍城经济开发区卧龙西街。同年，企业完成工业总产值935万元，实现销售收入962万元、利税31万元。到2005年年底，公司有职工898人、总资产2540万元，资产负债率为73%。公司总占地3.56公顷，总建筑面积3.8万平方米，分为3个厂区。主要产品为IC卡电脑门锁、汽车锁、家具锁、执手门锁等系列锁具，年生产能力950万把。由于企业设备陈旧，产品更新换代慢，2006年后产销量逐年下降，效益持续下滑，至2013年企业处于半停产状态。

第十一节 印 刷

1991年，潍城区区属印刷工业企业有潍坊市装璜彩印厂1家，街道和乡镇印刷企业有潍坊向阳复印厂、潍坊东兴印刷厂、潍城杏埠印刷厂3家。1994年区划调整后，潍城区印刷工业企业有12家：潍坊市装璜彩印厂、潍坊市北海印刷厂、潍坊市向阳复印厂、潍坊五中包装印刷厂、潍坊南宫印刷厂、潍城区文化街小学印刷厂、潍城区胜利西学校印刷厂、潍城区直机关印刷厂、潍城区红旗印刷厂、潍城印刷用品厂、潍城区胜利福利包装印刷厂、潍城区福利芙蓉塑料印刷厂。从业人员有937人。1997年，潍城区印刷企业有19家：潍城区文化街小学印刷厂、潍坊市装璜彩印厂、潍坊市向阳包装印刷厂、潍城区福利芙蓉塑料印刷厂、潍城区胜利福利包装印刷厂、潍城区华美印务中心、潍城区福利红旗印刷厂、潍坊市华艺网印服务有限公司、潍坊市光华纸业有限公司、潍城区杏埠印刷厂、潍坊市向阳复印厂、潍城区前进印刷厂、潍城区于河二中印刷厂、潍城区南宫印刷厂、潍城区胜利印刷物资公司、潍城区于河镇中心小学印刷厂、潍坊市北海印刷厂、潍城区向阳福利塑料印刷厂、潍城区直机关印刷所。完成工业总产值（当年价）1211万元，从业人员有171人。

1998—2000年，潍城区印刷业平稳发展。2000年，全区有规模以上印刷工业企业12家：潍坊市北海印刷厂、潍坊市装璜彩印厂、潍城区华隆印刷包装厂、潍城区福利塑料印刷厂、潍坊市向阳包装印刷厂、潍坊市向阳印刷厂、潍城区福利红旗印刷厂、潍城区北门学校颐具印刷厂、潍坊第十六中学印刷厂、潍城区久盛包装印刷厂、潍坊市第七中学印刷厂、潍坊八中育才印刷厂。从业人员有246人。2001—2004年，印刷业在调整和优化中发展，小型印刷企业相继被淘汰，潍坊市装璜彩印厂于2003年9月破产。2004年，全区规模以上印刷工业企业有潍坊御华包装材料有限公司、潍坊佳美印刷包装有限公司2家，印刷业和记录媒介复制业有从业人员405人。2005—2010年，印刷业在市场竞争中继续调整优化。2010年，潍城区规模以上印刷工业企业有潍坊佳美印刷包装有限公司、潍坊大圣包装制品有限公司2家，印刷业和记录媒介复制业规模以上企业实现主营业务收入5891万元，从业人员100人。截至2013年，潍城区已无规模以上印刷工业企业，全部为小微型印刷企业。

第十二节 木 器

1991年，潍城区区属木器制造企业有潍坊木器厂1家，乡镇木器制造企业有大柳树木材加工厂1家。潍坊木器厂从业人员407人，主要生产家具。1994年区划调整后，全区木器行业企业有潍坊木器厂、潍城区木器厂、潍城区钢木家具厂、潍城区大柳树镇建筑公司木器厂、潍坊五中木制品厂5家，主要从事家具生产和木材加工。是年，木器行业完成家具产量7万件，其中潍坊木器厂完成3万件。木材加工和家具制造业从业人员314人。1999年，潍坊木器厂因资不抵债而破产。此后至2013年，全区无规模以上木器企业，所有木器企业都是小微型企业。

第十三节 纸制品

1991年，潍城区区属纸制品工业企业有潍坊纸箱总厂1家，从业人员1099人，主要产品为纸箱。1994年区划调整后，潍坊纸箱总厂划归奎文区管理，潍城区纸制品工业企业仅有镇街所属企业和村办企业。至1997年，潍城区纸制品工业企业有潍坊光华纸业有限公司、潍城区钟声塑料包装厂2家，均为街道所属企业，产品有印刷纸、包装纸等。2000年，潍城区纸制品工业企业有潍坊市福利纸箱厂、潍坊市华鲁纸品包装厂、潍坊市福利纸品厂3家，产品有纸箱、纸芯、卫生纸等。2004年，潍城区规模以上纸制品工业企业有潍坊市福利纸品厂、潍坊御华包装材料有限公司、潍坊市圣达包装有限公司、潍坊民盛包装制品有限公司4家，主要产品有纸箱、卫生纸、各类包装盒等。2005—2010年，潍城区纸制品业进入调整期。2010年，全区有规模以上纸制品工业企业4家：潍坊御华包装材料有限公司、潍坊民盛包装制品有限公司、潍坊佳美印刷包装有限公司、潍坊大圣包装制品有限公司。实现主营业务收入7439万元，从业人员200人。至2013年，全区规模以上纸制品工业企业仅有1家。

企业选介

潍坊御华包装材料有限公司 成立于1996年，位于潍城区北宫西街299号，年生产能力4000万件，业务主要涵盖中高档礼品类、食品类、药品类包装盒制作，各种快递信封、彩箱、样本、说明书、标签以及各类宣传品、特殊包装材料的设计、印刷及印后加工等。公司从美国、德国、瑞士等国家购入多色联机上光印刷机、糊盒机、模切机等印前、印中、印后设备，有相应配套生产检测设备30余台（套）。

潍坊佳美印刷包装有限公司 位于潍城区友爱路北首，占地3.6公顷。公司具有先进的四色印刷生产设备、全自动五层联合纸板生产线，相应配套生产检测设备30余台（套），可为食品、蔬菜、服装、轻工、酒店等行业专业设计、印刷、制作各种形式的纸箱、彩盒、手提袋、宣传册等。公司通过ISO9001-2008质量管理体系认证，并严格按ISO9001-2008标准组织生产，年生产能力3000万平方米。

第十四节 新能源产业

20世纪90年代，山东富特空调设备有限公司生产中央空调系列产品、可再生能源领域热泵系列产品，潍坊六合微粉有限公司主要生产应用于计算机芯片、太阳能发电、特种工程陶瓷、高级耐火材料等的高纯度、超细微粉。2002年，山东绿特空调有限公司成立，主要生产热泵、中央空调、制冷设备、锅炉压力容器设备。2004年，潍坊动力机厂改制为潍坊雷诺特动力设备有限公司，主要生产汽轮机。2010年，潍坊润通生物能源有限公司成立，利用生活垃圾填埋气发电。至2013年年底，潍城区从事新能源产业的企业有5家：潍坊雷诺特动力设备有限公司、山东绿特空调系统有限公司、山东富特空调有限公司、潍坊六合微粉有限公司、潍坊润通生物能源有限公司。主要产品有高效汽轮机、地源热泵空调、空气源热泵空调、碳化硅微粉等。

企业选介

山东富特空调设备有限公司 1990年，山东富特空调设备有限公司成立，公司位于卧龙街以北、殷大路以西，是一家研究开发、生产制造、经营销售、安装调试中央空调系列产品的专业公司。1998年，改制为股份制企业，占地面积20多公顷，有员工160多人。公司主要从事可再生能源领域热泵产品的研发、生产、销售、安装等业务。公司研发的超低温空气能三位一体机、空气能热泵热水机、超低温高效风源热泵机组、多能源智能热平衡型地源热泵机组、高效耐腐蚀型工业余热机组具有智能化程度高、可应用范围广、性能稳定、节约能源等特点。2013年，公司实现销售收入7520万元、利税1425万元。

潍坊六合微粉有限公司　成立于1996年，原位于潍城区福寿西街与安顺路交汇处，2004年在潍城经济开发区建设新厂，厂区占地4公顷，建筑面积2万平方米，注册资金5500万元，有职工140人。2006年，山东省科技厅依托潍坊六合微粉有限公司成立山东省碳化硅工程技术研究中心。公司产品主要应用于太阳能光伏发电、计算机芯片、特种工程陶瓷、高级耐火材料等新材料领域。2013年，公司实现销售收入1.8亿元、利税309万元。

山东绿特空调系统有限公司　2002年成立，位于潍城区机场南路3999号，占地1.94公顷，注册资金2000万元，有职工160多人。公司主要生产热泵、中央空调、制冷设备、锅炉压力容器设备，公司高度重视引进、消化、吸收及自主创新工作，与哈尔滨工业大学、山东大学、青岛海洋大学等高校建立产学研合作关系，先后申请2项发明专利、10项实用新型专利，被认定为“山东省高新技术企业”，是潍坊市地源热泵工程技术研究中心、潍坊市冷暖节能技术工程实验室、潍坊市市级企业技术中心的依托单位。公司商标被认定为山东省著名商标，公司产品是山东名牌，公司在全国设有26个区域销售公司，产品销往全国20多个省、自治区、直辖市，并远销美国、英国、德国、意大利、乌克兰、东南亚等国家和地区。2013年，公司实现销售收入1.2亿元、利税1695万元。

潍坊润通生物能源有限公司　2010年成立。该公司收集潍坊市生活垃圾卫生填埋场的填埋气，对填埋气实施脱水、脱氮、脱硫处理后，进入内燃发电机组，进行发电并输送上网，达到消除异味、节能减排的目的。公司安装4台500千瓦发电机，装机容量为2000千瓦。除满足填埋场区和生活办公区照明、抽气和预处理系统用电100千瓦外，其余电力全部上网出售。该项目于2010年6月得到山东省环境保护厅的批复，7月得到山东电力集团公司接入批复和潍坊市发展和改革委员会的立项批准，12月得到山东省发展和改革委员会的核准，项目投资总额1967万元。项目实施后，改善了周边的大气环境质量，使垃圾达到无害化处理的要求，填补了潍坊市生活垃圾无害化处理的空白。

潍坊雷诺特动力设备有限公司　公司前身是潍坊动力机厂，2004年6月改制为潍坊雷诺特动力设备有限公司。公司位于潍城区西关街道，占地3.84公顷，注册资本3500万元，有员工120人。公司开发出单机容量50兆瓦以下、工作蒸汽压力10兆帕斯卡以下、温度从饱和温度到550℃内不受参数限制的高温高压、次高温高压及中温中压工况的背压式、凝汽式、抽凝式、抽背式等六大系列、多种规格型号的高效节能汽轮机，产品广泛应用于石油、化工、造纸、船用、食品、印染、热电联产、垃圾焚烧和生物质等发电和拖动领域。公司生产的汽轮机采用独有的模块式设计方案，技术先进，内效率提高了12%～25%。2013年，公司建立工程技术研究中心等研发平台，通过省级高新技术企业认定、挪威船级社DNV质量管理体系认证、欧盟CE产品认证，是山东省节能环保示范企业，产品入选“2013年国家重点新产品计划”。

第四章　工业园区

第一节　潍城经济开发区低碳产业园

山东潍城经济开发区低碳产业园规划建设于2012年，位于潍城经济开发区309国道以北、济青高速公路以南、彩虹路以西、杏乐路以东区域，规划占地12.9平方公里，主要发展以低碳产业、低碳建筑、低碳环境为主导的低碳经济，引进、培育战略性新兴产业，打造以低碳科技为主导、节能环保企业为基础的低碳产业集群。至2013年年底，产业园总投资65亿元，落户凯尔通电器、富特空调等26个项目，其中有涡轮发动机等高新技术项目4个，雷诺特汽轮机、中海监测等低碳项目15个。

第二节　乐埠山创新科技产业园

2012年5月，规划建设乐埠山创新科技产业园。产业园北临胶济铁路、南到宝通西街，东至大于河、西至昌乐界，规划面积12平方公里，按照“五区一孵化器”(“五区”即装备制造区、机电加工区、新材料加工区、高新技术加工区、商务办公区，“一孵化器”即潍坊城区中小企业创业孵化器)格局进行规划建设。至2013年年底，园区供水、道路、电力、燃气、通讯等基础设施配套建设投资累计达3亿元，建成双乐路等“四纵五横”9条道路，大洋泊车、银河泊车项目建成投产，大正科技等11个项目开工建设，信科电气等8个项目签约入驻。

潍坊大洋自动泊车设备有限公司

第三节　潍城滨海特色产业园

2013年，根据潍坊市委、市政府的统一部署，潍城区在潍坊滨海经济技术开发区建立特色产业园，位于海港街以南、规划二街以北、海港支路以东、铁路西路以西区域，总占地200公顷。规划布局2个产业功能区：南部为装备制造业园区，北部为新材料园区。产业定位为重点引进动力机械、农业装备、新能源汽车、电子电器、五金工具、不锈钢制品、游艇制造、新材料、太阳能光伏发电等产业。至2013年年底，产业园开工一期工程占地66.7公顷，完成道路、管网等基础设施配套建设，总投资21.3亿元的绿特空调等9个高新工业项目落户开工，其中5个项目开始钢结构施工。

第五章 乡镇企业 民营工业

第一节 机 构

1991年，潍城区乡镇企业管理局内设办公室、生产计划科、财务审计科、技术外经科、技术服务公司。2001年，区乡镇企业管理局更名为区中小企业办公室（保留区乡镇企业管理局名称），与同年成立的区民营经济发展局合署办公，一个机构、两块牌子，为正科级全额拨款事业单位，隶属潍城区经济贸易局。主要负责全区乡镇（街道）企业和民营经济的规划、指导、协调、服务工作。2003年6月，潍城区中小企业办公室更名为潍城区中小企业局，承担原潍城区民营经济发展局（中小企业办公室）的职能，为正科级全额拨款事业单位，直属区政府。潍城区中小企业局同时挂潍城区民营经济发展局、潍城区乡镇企业局牌子。2010年，潍城区中小企业局更名为潍城区中小企业办公室，隶属区经信局。

第二节 乡镇企业

1991年，潍城区委、区政府印发《关于促进乡镇（街道）企业发展的几项规定》，鼓励乡镇（街道）企业利用各种渠道引进项目，鼓励发展乡镇（街道）直属企业、村办企业，鼓励区直机关干部、职工自愿报名到远郊乡镇或工副业空白村领办企业。是年，全区乡镇（街道）工业企业达到2275个，其中乡镇（街道）办企业101个、村（居）办企业494个、村（居）以下企业1680个，完成工业总产值（当年价）10.13亿元。

1993年4月，潍城区委、区政府对1992年全区发展乡镇企业先进单位进行命名表彰，表彰大虞镇、北关镇2个“乡镇企业明星镇”，梨园镇樱桃园北村和李家村、廿里堡镇宏伟村3个“乡镇企业明星村”，潍坊金宝集团公司、潍坊市防潮纸厂2个“明星乡镇企业”，大虞镇则尔庄村和大虞村、廿里堡镇南屯村和西王村、北关镇东北关村和于家村6个“发展乡镇企业先进单位”，潍坊合线厂、潍坊市毛巾厂2个“乡镇企业出口创汇先进单位”。为促进全区乡镇企业扩规模、上水平、增效益、多创汇，推动全区乡镇企业持续、稳定、协调发展，潍城区委、区政府于1994年2月制定《关于发展乡镇企业奖励办法的暂行规定》（以下简称《规定》），奖励范围是镇、村及镇、村集体企业。《规定》分总则、经济效益奖励标准、外经外贸奖励标准、技术进步奖励标准、职级标准和附则6章，共20条内容。

1994年区划调整后，潍城区有镇（街道）工业企业4284家，其中镇（街道）办企业79家、村（居）办及以下企业4205家，完成工业总产值（当年价）28.11亿元。1996年1月，潍城区委、区政府下发《关于区级乡镇企业家评选管理暂行办法》（以下简称《暂行办法》），《暂行办法》包括评选条件、评选办法、待遇及管理四部分。到1996年年底，全区有镇（街道）工业企业3160家，其中镇（街道）办企业64家、村（居）办及以下企业3096家，完成工业总产值（当年价）31.69亿元，实现利润925万元、利税1940万元。

1997年末，全区有镇（街道）工业企业3096家，其中镇（街道）办企业60家、村（居）办企业207家、村（居）以下工业2829家，完成工业总产值（当年价）38.58亿元，从业人员数4138人。其中村(居)办工业企业完成工业总产值(当年价)10.73亿元，从业人员8581人。

1998年3月，潍城区深化企业改革领导小组成立，镇（街道）企业改革工作全面展开。在全区镇（街道）企业改革中，主要采取九种形式：(1)组建规范的股份有限公司或有限责任公司。对规模大、效益好的企业，通过增资扩股吸引外来投资，使企业形成法人和自然人混合持股、多元化的投资主体结构，并通过收购、控股、兼并、联合等，组建企业集团。(2)组建新的股份合作制企业。对具有一定规模、产品基本定型的多数企业，把镇（街）、村（居）集体产权全部作价转让给企业员工，并推行董事会成员控大股，鼓励和吸引多数职工投资入股。(3)实行出租经营。对一些生产设备工艺简单的小型工业企业和商业、服务业企业，实行设备、流动资产作价转让，把土地、厂房、资产等出租经营，出租后的债权、债务分别由出租者和承租者负责清偿。(4)实行拍卖。对微利、亏损的小型企业，面向社会公开拍卖，企业性质按购买对象确定。(5)依法破产。对长期亏损、资不抵债、扭亏无望的企业，积极争取银行的支持，依法办理破产手续。(6)托管经营。对一些包袱沉重而又有发展潜力的企业，在不改变或暂不改变隶属关系的前提下，将全部或部分存量资产委托给优势企业经营管理。(7)剥离经营。对因资不抵债租不出、卖不掉、托管不成的企业，把其中最具发展潜力的良性资产从母体中剥离出来，组建新的具有法人资格的企业。(8)零价出售。对资不抵债的企业，经双方同意，作一次性零价出售，或把企业实物资产进行一次性拍卖。(9)收购再返租。对企业资产不能抵顶银行贷款的，经银企双方协商，采取银行收购再返租、将部分或全部贷款转作股权投入企业以及先剥离经营再返租原企业的三种改制形式。至1999年，全区镇（街）、村（居）办集体企业有273家完成改制，占80%。同年，成立潍城区乡镇企业工作领导小组，协调解决乡镇企业改革发展中的重点和难点问题。区委、区政府制定《关于进一步加快乡镇企业发展的意见》，提出了三项新政策：一是依法建立乡镇企业发展基金；二是继续对乡镇企业实行税收支持；三是落实激励政策。是年，镇（街道）工业企业发展到3309家，完成工业总产值（当年价）34.13亿元，涌现出潍坊明宗拖拉机公司、潍坊三强集团公司、潍坊宏源发动机厂、潍坊除尘设备厂等一批优势企业。其中，潍坊明宗拖拉机公司纳税过100万元。2000年，全区有镇（街道）工业企业3435个，完成工业总产值（当年价）38.77亿元。其中，集体工业企业57个，完成工业总产值（当年价）4.88亿元；私有工业企业225个，完成工业总产值（当年价）6.91亿元；个体工业企业3153个，完成工业总产值（当年价）26.98亿元。2001年，潍城区镇（街道）、村（居）办企业改制全面完成，“乡镇企业”不再单独统计。

第三节　民营工业

1991年，全区个体工业企业1416家，从业人员10585人，完成工业产值（当年价）9690万元。1994年区划调整后，全区农村个体工业企业有3636家，从业人员14614人，完成工业总产值(当年价)8.9亿元。1994年5月，潍城区委、区政府印发《关于促进个体私营经济发展的决定》，明确进一步解放思想、放宽政策、引导扶持、搞好服务、优化环境，大力推动、切实保障个体私营经济健康发展。2000年后，成立潍城区个体私营经济发展委员会和全区个体私营业户合法权益保障委员会，并对26家个体私营大户实行挂牌保护，全区个体私营经济发展环境更加优化。2000年10月，区委、区政府召开民营经济工作会议，会议确定全区民营经济发展要坚持“龙头带动，载体聚集，扩量提质，全面发展”的思路，组织好以“增强、做大、争优”

为主要内容的二次创业，促进民营经济上规模、上水平。同年12月，潍城区委、区政府发出《关于鼓励和保护民营经济发展若干问题的政策规定》，进一步明确发挥政策激励作用，营造民营经济发展的良好环境。是年，全区私有和个体工业企业发展到3378家，年销售收入500万元以上的非国有集体企业达到17家。

2001年，为加快民营经济健康发展，成立潍城区民营经济发展局，主管民营经济管理工作，负责对全区民营经济进行规划、监督、指导、协调和服务。同年5月，区委、区政府印发《关于促进民营经济发展的若干规定》，区纪委、区监察局印发《关于对民营经济重点单位实行挂牌保护的决定》，全区民营工业得到进一步发展。2003年，区委、区政府出台有关扶持骨干民营企业加快发展的政策规定，落实区级领导包靠责任制，重点扶持规模以上民营企业；实行机关干部轮岗制度，领办创办帮办民营企业。是年，全区民营工业经济呈现良好发展态势，全区民营工业企业共3689家，完成工业总产值（当年价）39.1亿元。2004—2005年，民营工业经济迅速发展，成为经济增长的重要拉动力量，其主体地位更加突出。2005年，全区仅规模以下民营工业企业（规模以下非国有工业企业及全部个体工业企业）数量有3260家，完成工业总产值（当年价）35.6亿元。其中，集体私有工业企业650家，完成工业总产值（当年价）17.9亿元；个体工业企业2610家，完成工业总产值（当年价）17.7亿元。民营工业对地方财政的贡献率进一步提高。

2010年2月，潍城区企业家联合会成立，其宗旨主要是加强各理事成员之间的沟通、交流、合作和帮扶，切实保障理事成员及企业的合法权益，积极向党委、政府和职能部门反映企业的呼声，积极为理事单位提供人才培训、信息交流和咨询服务。2011—2012年，潍城区按照省、市发展民营经济的总体部署，加快企业转型，优化发展环境，促进了全区民营经济平稳较快发展。2012年，全区规模以下民营工业企业（规模以下非国有工业企业及全部个体工业企业）户数达到3170万户，实现工业总产值61.7亿元。其中，集体私有工业企业790家，完成工业总产值33.8亿元；个体工业企业2380家，完成工业总产值27.9亿元。全区有规模以上民营工业企业60家，实现营业收入67.2亿元、利润4.1亿元、上交税金3.7亿元，同比分别增长4.7%、10.7%和13.9%。2013年，全区民营工业企业加快产业转型升级，提升信息化水平，民营工业经济发展布局进一步优化，统筹培育乐埠山创新科技产业园、潍城经济开发区低碳产业园、潍城滨海特色产业园三大园区，重点发展节能低碳、新型材料、动力机械、农业装备等产业。

第八编

商贸服务业

20世纪90年代后，潍城区深入挖掘传统商业底蕴，优化布局，调整结构，拓展内涵，持续打造新型商业业态。进入21世纪后，基本构建起现代商贸服务业与传统商贸服务业并存发展的新格局，商务经济、总部经济等新型业态不断涌现，现代物流配送、连锁经营、仓储式商场、大型综合超市、购物广场等商贸流通服务业发展迅速，批零贸易业、住宿餐饮业、休闲娱乐业等遍布城区。人民商城、盛和步行街、中百大厦、潍坊百货大楼、万家福超市、佳乐家超市福寿店、樱桃园商城等大型商场坐落在潍城城区，形成潍坊市区最大最繁华的商业区。潍城区全面推进现代服务业高端发展，成为全省服务业综合改革试点区。鲁东物流中心建成面积560余万平方米，聚集专业物流企业79家，于2012年成功创建为“中国物流示范基地”。2013年，全区实现社会消费品零售总额151.2亿元。

第一章　商　业

第一节　商业企业改革

20世纪90年代初，潍城区商业企业改革不断深化。1991年，向阳饭店并入潍坊交通旅馆，商业综合公司、商业招待所并入潍坊商业批发公司，潍坊百货商场、潍坊交通旅馆合并组建潍坊鸢都商业集团，潍坊鸢都商业集团、潍坊五交电商场合并，潍坊商业批发公司并入潍坊市百货公司，潍坊宴宾楼并入潍坊茶叶公司，潍坊旅社并入潍坊市蔬菜公司，春阳饭店并入潍城区饮食服务公司，潍坊牛奶厂划归潍城区粮食总公司，潍坊商业网点建设装饰中心并入潍坊商业网点建设总公司，十笏园商场关停。1992年，在全区商品流通企业推行经营范围、商品价格、工资分配和劳动用工“四放开”改革，确定东方商场、大华商场、南关粮油供应公司、微型汽车销售公司为“四放开”试点单位。同年，潍坊市酿造厂、潍坊市第二酿造厂合并，成立潍坊市酿造公司；成立潍坊市城区商业总公司，该公司是集“管理、服务、经营”三位一体的经济实体，与区商业局一个机构、两块牌子。1993年，在潍坊大华商场、潍坊东方商业总公司、潍坊第二面粉厂、潍坊汽车站饭店、潍城区乳品公司进行股份制改革试点。1994年1月，潍坊市粮食加工厂并入潍坊面粉厂。6月，组建潍坊市城区供销企业总公司。1995年4月，潍坊市酿造公司并入潍坊市蔬菜公司。1996年，潍坊摄影器材公司、潍坊茶叶公司关停。同年12月，组建潍坊联兴茶叶集团公司。

1998年始，成立潍城区深化企业改革领导小组，内设商业企业改革领导小组，负责商业企业改革的组织、指导和调度。此后，大型商业企业向规模化、集约化方向发展，逐步形成集团化规模经营、专业化特色经营格局；商业企业内部管理得到加强，小商业企业经营进一步放开。1999年5月，各商业企业相继制定企务公开、民主管理制度的实施意见，成立配套的领导机构、监督机构，完善民主管理制度。9月，鸢都商业集团托管潍坊照相扩印公司。2001年1月，鸢都商业集团兼并潍坊照相扩印公司。2003年1月，潍坊白天鹅大酒店实施破产。7月，国有潍坊市区商业经贸公司改制为民营潍坊泰昌经贸有限公司；8月，国有潍坊联兴茶叶集团公司改制为民营潍坊中茶商贸有限公司。2004年4月，潍坊市区商业网点建设总公司、潍坊商业装饰公司关停。5月，国有潍坊市蔬菜公司改制为民营潍坊荣天商贸有限公司。2007年9月，潍城区石油公司关停。10月，根据潍坊市委、市政府《关于进一步完善市属企业属地管理的实施意见》，潍坊新华联商厦有限责任公司、潍坊圣弘经贸有限责任公司、潍坊金正源有限责任公司、潍坊中泰机电设备公司、潍坊方泰经贸有限公司、潍坊大洋食品有限公司、潍坊市红锐模板租赁有限公司、潍坊市换新天钢材有限公司、潍坊市新力成模板租赁公司9家市属商业企业划归潍城区管理。2007年后，加快商业聚集区建设，加快传统商业中心设施改造、业态聚集，全区适应市场经济发展的商业企业逐步繁荣。至2013年，全区限额（批发业年主营业务收入2000万元，零售业年主营业务收入500万元，住宿、餐饮业年主营业务收入200万元）以上批发零售、住宿餐饮商业企业有154家，从业人员9455人，年主营业务收入148亿元、利税9.7亿元、利润6.4亿元。是年，全区社会消费品零售总额151.2亿元。

第二节　商贸市场

1991—1997年，商贸市场建设以工商行政管理部门与社会合建模式为主。1991年年初，全区共有集市41个。是年，工商行政管理部门与部分企业和乡（镇）村联办潍坊金宝竹器市场、潍坊建材市场和军埠口南家大集、南小于河大集，改址新建廿里堡大集，对10个老市场进行维修、改建、扩建。筹备组织风筝会期间的浏览大山会、九九重阳节大山会暨秋季物资交流大会，交易额4400余万元。1992年，新建潍坊服装批发市场、潍坊塑料批发市场、民主街工业园市场等9个集贸市场。1993年，新建潍坊金宝旧货市场、潍坊木材批发市场、潍坊副食水产批发市场等8个市场。1994年，开办夜市网点3处，安排摊位1000个。同年区划调整，白浪河以东各类市场29个划归奎文工商分局管理。

1997年后，市场建设实行社会兴办，工商行政管理部门由办管结合转向专门管理。2001年，潍城区工商分局与以前所投资建设的全部市场脱钩。截至2013年，全区主要商品交易市场有30多个（不含大型商场超市和乡村集市），以人民商城（潍坊小商品城）、豪德贸易广场、新纪元建材市场等骨干市场为主的市场体系不断完善，经营规模不断扩大，辐射能力明显增强。境内有潍坊中百大厦、潍坊佳乐家超市福寿店、潍坊百货大楼、潍坊万家福超市北宫店、潍坊世纪泰华福乐多超市潍州泰华城店、潍坊大润发超市、潍坊温州商贸城等大型商场超市7个，乡村大型集市24个，乡村山会8个。

商品交易市场选介

人民商城　即潍坊小商品城，坐落于市区中心，西靠和平路、东接青年路，始建于1993年7月。建筑面积15万平方米，营业面积12万平方米，拥有营业房2000多间、摊位2200多个、库房600多间。商城经营种类繁多，以服装、针织品、鞋帽、布匹、窗帘等为主，还有各种家电、化妆品、箱包、皮带、

人民商城（潍坊小商品城）

床上用品、首饰、领带、毛线、钟表、工艺绢花、陶瓷和通信器材等，共计16大类1万多个品种，有各类市场专业经营区，经营方式以批发为主，兼顾

零售。积极发展现代营销方式，采取网上交易、看样订货、品牌代理、展厅展销等形式经营。市场功能日趋完善，形成集商贸、饮食、仓储、客货运、通信、治安消防、卫生保洁等功能于一体的综合性商贸市场体系。2013年，市场经营业户有2万多户，日流动人口8万人次，年成交额20余亿元。

潍坊豪德贸易广场 坐落于潍城经济开发区境内，位于西环路以西、东风西街南北两侧，是全国光彩事业重点项目，也是山东省、潍坊市重点建设项目，规划总用地88公顷。一期工程占地36公顷，建筑面积35万平方米；建设45座营业楼，2004年10月开工建设，2005年11月建成营业。主要经营五金机电、土产杂品、油漆涂料、陶瓷制品、建筑装饰材料等商品，经营商户近3000家，就业人数2万余人，创造就业岗位5万多个，成为鲁东物流中心的龙头市场。二期工程规划占地52公顷，建筑面积约60万平方米，2007年开工建设，建成面积21.5万平方米，2013年有商铺近4800套，主要经营母婴儿童用品、酒店用品、灯具、家电等。

潍坊豪德贸易广场

新纪元建材市场 位于北宫西街与向阳路交汇处西北角，2000年建成。市场占地3.2公顷，建筑面积3万平方米，水电、通信、消防设备配套齐全，办公、营业、仓储、物流、停车场等服务设施布局合理，是潍坊市区中心的中高端大众消费市场。2013年，市场经营业户有300余户，经销全国各地优质、经典品牌产品1万余种。

潍坊亿家安蔬果批发市场 2013年4月1日开业。市场位于潍城区东风西街西段南侧。市场分两期建设，一期已投入使用，投资7000万元，占地9公顷，建筑面积2万平方米，经营铺位400多个，从业人员400多人，果品种类齐全，有国内外高档果品，也有当地时令果品。

潍坊花卉大世界 位于城区南部宝通西街与青年路交汇处西南处，占地面积30.67公顷，始建于2000年。至2013年，拥有6000平方米大型温室花卉交易大厅、1000平方米综合办公楼、36套高标准花卉种养大棚、45套门头交易房和1万平方米的停车场，汇集全国各地名优花卉品种200多个，被中国科学院植物研究所定为潍坊花卉繁育试验基地。

潍坊茶叶市场 潍坊茶叶市场是胶东半岛最大的茶叶集散地，位于青年路西侧（健康西街至宝通西街段）。2013年，有中华茶博城、潍坊市茶叶批发交易市场、潍坊茶城、北方茶都、中金茶都5个茶叶市场。其中，中华茶博城占地13.3公顷，建筑面积42万平方米，拥有商家1100户，集品牌展示、产品交易、商务办公、星级酒店、时尚公寓、产业服务、仓储物流、茶叶检测中心和商业配套等功能于一体，建有一站式茶文化博览交易中心；潍坊市茶叶批发交易市场占地2公顷，经营业户有

中华茶博城

300余家，经营品种涵盖国内茶叶产区各种品牌茶叶、茶具等；北方茶都商业街建筑面积6万多平方米，分为4条内街、2条外街，可同时容纳400多家商户经营，集茶叶批发、零售、茶艺、茶具、茶叶包装等业态于一体，成为茶文化展示中心、体验中心、学习中心、观光旅游及茶叶交易中心。

大型商场超市

潍坊中百大厦 隶属全国零售百强企业——山东潍坊百货集团股份有限公司，创建于1994年。位于潍坊市潍城区胜利西街233号，占地1.53公顷，建筑面积6万平方米。中百大厦是以现代百货为主题的百货连锁企业，经过近20年的创新发展，成为山东省著名的百货连锁企业之一。至2013年，先后获“中国零售百强企业”“全国诚信单位”“全国青年文明号”“全国巾帼文明示范岗”“全国百城万店无假货活动示范店”“全国商业顾客满意企业”“全国重合同守信用企业”“全国商业名牌企业”等称号。

潍坊佳乐家超市福寿店 隶属山东潍坊百货集团股份有限公司，位于潍坊市潍城区月河路与福寿西街交叉路口以东80米处路北，2005年12月31日开业运营。2013年，超市营业面积1万平方米，经营商品3万余种，以经营“菜篮子”食品和居民家庭日用品（包括生鲜食品、粮油食品、洗涤化妆、日用百货、服装鞋帽、家电、文化用品等）为主。超市休闲区设有餐饮、美妆百货、花卉香茗、便民医药等服务点，为市民提供多样化、全方位服务，是一处多功能、一体化的购物休闲场所。

潍坊百货大楼 隶属潍坊百货大楼股份有限公司，创建于1955年。坐落于潍坊市潍城区胜利西街与和平路交叉口西北角，位处白浪河西畔商业中心繁华地段，交通便利。百货大楼占地面积1.54公顷，建筑面积5万余平方米，营业面积3.2万平方米。至2013年，经营品种有4万多种，形成以高档商品为龙头、中档商品为主体、低档商品为补充的经营特色，先后获“全国商业服务业先进单位”“山东省商业服务业十佳单位”“潍坊市明星服务企业”等称号。

潍坊百货大楼

潍坊万家福超市北宫店 1999年10月开业运营，由潍坊百货大楼股份有限公司投资成立的潍坊万家福百货大楼超级市场有限公司管理经营。位于潍坊市潍城区北宫西街239号，占地0.93公顷，建筑面积1.8万平方米，营业面积1.4万平方米，经营商品2万余种。超市实行统一采购、统一配送、统一结算、统一管理，被誉为居民的“菜篮子”。至2013年，超市先后获“山东省商业服务名牌”“山东省百城万店无假货活动示范店”等称号。

潍坊世纪泰华福乐多超市潍州泰华城店 隶属潍坊世纪泰华福乐多超市有限公司，2012年9月开业。位于东风西街与长松路交汇处西北角，占地面积1.6公顷，建筑面积12484.3平方米。至2013年，超市经营商品涵盖生鲜、酒饮、休闲食品、粮油、调味、洗化、家居、服装、鞋帽、针纺10大类、2万余个品种；拥有近600个停车位的停车场，各类配套功能完善，是潍坊城区西部最大的生活服务中心之一。

潍坊大润发超市 2011年1月开业，由潍坊康成大润发商业有限公司负责经营。位于潍坊市潍城区和平路与胜利西街交汇处东北的V1购物广场，营业面积8425平方米。超市批发兼零售预包装食品、散装食品、乳制品、餐饮美食、日用百货、服装鞋帽、针纺织品、化妆品、洗涤用品、照相器材、灯具、玩具、文体用品、皮革制品、家用电器等。

潍坊温州商贸城 2004年开业，位于向阳路与胜利西街交汇处东北，营业面积2.6万平方米，内设6部自动扶梯。以经营服饰、鞋帽、床上用品、箱包饰品、儿童用品为主，是集休闲、餐饮、娱乐、文化展示于一体的大型商贸城。

2013 年潍城区主要商品交易市场表

表 8-1

序号	市场名称	地 址
1	西园农贸市场	西园街 17 号
2	潍坊康乐物资交易市场	胜利西街与长松路交汇处以西
3	新纪元建筑装饰材料市场	北宫西街 233 号
4	温州商贸城	胜利西街 569 号
5	地下名店街	胜利西街地下
6	V1 购物广场	胜利西街与和平路交汇处东北
7	潍坊南门农贸市场	丰产路 14 号
8	潍坊新樱桃园商城	向阳路 18 号
9	潍坊豪德贸易广场	西环路以西、东风西街南北两侧
10	豪杰五金机电城	西环路以西、东风西街南侧
11	名店财富城	工业四街 108 号
12	状元城	西环路以西、东风西街南侧
13	山东鑫盛德化工专业市场	309 国道与创业路交汇处东南
14	山东雅龙家电厨卫贸易广场	彩虹路与东风西街交汇处西北
15	潍坊豪德小商品城	彩虹路与东风西街交汇处西南
16	潍坊豪杰金属材料贸易广场	东风西街与创新路交汇处西南
17	人民商城（潍坊小商品城）	青年路 62 号
18	豪信广场	彩虹路 2888 号
19	潍坊机床城	胶济铁路与西环路交汇处西南
20	潍坊亿家安蔬果批发市场	东风西街与利昌路交汇处西南角
21	阳光商城	工业四街与创业路交汇处西北
22	潍坊市茶叶批发交易市场	青年路 596 号
23	潍坊南方物流园	宝通街中段
24	潍坊市木材市场	水库路中段
25	潍坊茶城	仓东路 3 号
26	潍坊万锦皮革城	健康西街 1599 号
27	金沙商品城	青年路 428 号
28	金沙数码广场	青年路 428 号
29	威尼斯数码广场	青年路 92 号
30	丰华商城	民生西街 86 号
31	潍坊广丰家居商场	青年路 108 号
32	中华茶博城	青年路西侧（健康西街至宝通西街段）
33	北方茶都	青年路西侧（健康西街至宝通西街段）
34	中金茶都	青年路西侧（健康西街至宝通西街段）

2013 年潍城区乡村大型集市表

表 8-2

序号	集市名称	建集年份	集市地点	集市日期（农历）
1	大崖头大集		军埠口综合项目区大崖头村	四、九
2	望留大集		望留街道望留村	二、八
3	殷赫庄大集		于河街道殷赫庄村	五、十
4	南小于河大集		西关街道南小于河村	一、六
5	流饭桥大集	1492	于河街道流饭桥村	四、九
6	张家官庄大集	1936	军埠口综合项目区张家官庄村	二、七
7	大于河大集	1963	乐埠山生态经济发展区大于河村	三、八
8	杏埠大集	1977	于河街道杏埠村	一、六
9	潘里大集	1981	潍城经济开发区潘里村	二、四、七、九
10	水库大集	1982	军埠口综合项目区姚官庄村	二、七
11	道口大集	1984	乐埠山生态经济发展区道口村	一、六
12	北乐埠大集	1984	乐埠山生态经济发展区北乐埠村	四、九
13	前张友大集	1984	军埠口综合项目区前张友村	五、十
14	新二甲大集	1985	乐埠山生态经济发展区新二甲村	四、九
15	大柳树大集	1989	望留街道大柳树村	一、六
16	庄头大集	1989	望留街道庄头村	二、七
17	于河大集	1991	于河街道办事处驻地	二、七
18	杏埠镇农贸市场	1992	原杏埠镇政府驻地（杏乐路与田杏路交汇处）	三、八
19	赵家文庄大集	1992	军埠口综合项目区赵家文庄村	一、六
20	马家大集	1993	南关街道马家黄土埠子村	四、九
21	南乐埠大集	1993	乐埠山生态经济发展区南乐埠村	三、八
22	军埠口大集	1995	军埠口综合项目区军埠口村	三、八
23	三甲农贸市场	1995	乐埠山生态经济发展区三甲村	三、八
24	河崖头大集		潍城经济开发区河崖头村	五、十

2013 年潍城区乡村山会表

表 8-3

山会名称	山会地点	山会日期（农历）
潘里山会	潍城经济开发区潘里村	二月十二、九月十二
杏埠镇山会	原杏埠镇政府驻地（杏乐路与田杏路交汇处）	三月初八、十月初八
殷庄（殷赫庄）山会	于河街道殷赫庄村	三月初五、十月初五
杏埠村山会	于河街道杏埠村	三月二十一、十月二十一
流饭桥山会	于河街道流饭桥村	三月十五、十月初五
南乐埠山会	乐埠山生态经济发展区南乐埠村	四月初六
望留山会	望留街道望留村	三月二十三、十月二十三
大柳树山会	望留街道大柳树村	六月十九、十月二十六

第二章 供 销

第一节 供销体制改革

1987年，撤销区供销社合作社联合社，设立区商业委员会供销行业办公室，对外称区供销社。1992年9月，以区供销社为依托成立潍坊市城区供销企业总公司，集“经营、管理、服务”三位一体，是独立自主、自负盈亏、统一纳税的法人企业；区供销社与潍坊市城区供销企业总公司一套班子、两块牌子。1993年，根据《关于企业租赁经营有关问题的规定》，区供销社在所辖企业中全面推行以“双全抵押”（全员承包、全额抵押）为主要内容的租赁承包经营责任制。1994年6月，实行股份制改造，潍坊市城区供销企业总公司改制为潍坊市城区供销企业股份有限公司（保留区供销社牌子），对下属企业全面推行经营范围、商品价格、工资分配和劳动用工“四放开”改革。在经营方面打破批发、零售界限，放开进货渠道和经营范围，由企业统一进货改为班（组）自主进货。经营方式由单纯商品零售向代购、代存、代运、生产加工方向发展；商品价格实行国家和企业定价相结合，部分商品价格由班（组）自主决定；工资分配由固定工资改为工效工资，逐步拉开分配档次，实行多劳多得，按劳分配；劳动用工实行全员劳动合同制和企业中层以上干部聘任制，班（组）实行优化组合，竞争上岗，打破干部、职工、固定工、合同工界限，选贤任能。1994年区划调整，潍坊市城区供销企业股份有限公司分为潍城区供销合作社联合社、奎文区供销合作社联合社。潍坊市城区供销企业股份有限公司所属独立核算企业按企业所在地以白浪河为界成建制分别划归潍城区、奎文区，白浪河以东的农资公司、供销大厦、廿里堡供销社、开发区供销有限公司、海祥实业、海龙食品有限公司6个独立核算企业划归奎文区，白浪河以西的土产杂品总公司、再生资源总公司、大华商场、糖酒公司、工业品公司、海天宝石开发公司和于河、杏埠、符山、望留、大柳树5个供销社划归潍城区。潍城区供销合作社联合社辖11个法人企业。

1995年，根据中共中央、国务院《关于深化供销合作社改革的决定》和山东省委、省政府《关于继续深化供销社改革的通知》，全区供销系统以把供销合作社办成农民的合作经济组织为目标，对理顺组织体制、强化服务功能、完善经营机制、加强监督管理和给予保护扶持5个环节进行改革。成立潍城区农副产品开发中心、潍坊恒达实业有限公司，土产公司分设为潍城区土产杂品总公司、潍坊摩托车公司、潍坊自行车销售公司、潍城区土产大楼、潍城区胜利西商场和潍城区电子器材公司，组建潍城区农业生产资料公司，城区供销企业总公司石油公司与符山供销社分设后更名为潍城区供销石油公司。同年，潍坊大华商场更名为潍坊大华商厦，并以潍坊大华商厦为核心层，以潍坊市供销社贸易公司、潍坊天厨宾馆设备用品公司、潍城区供销社招待所为紧密层，组建成立潍坊大华商业集团公司。1996年6月，成立潍城区军埠口供销社。2001年3月，因胜利西街拓宽，胜利西商场被全部拆除，39名职工分流安置到土产公司24人、土产大楼15人。2002年5月，潍城区机构编制委员会批复，区供销社机关由企业改为正科级全额拨款事业单位，直属区政府领导，定编8名。6月，电子器材公司、糖酒公司（包括农副产品经营中心、恒达实业公司）、海天宝石开发公司、供销石油公司的下岗职工托管期满后，全部终止了劳动关系，公司名存实亡。10月，潍坊大华商业集团公司更名为潍坊大华商业公司。2004年9月，杏埠供销合作社并入于河供销合作社。2008年12月，土产杂品总公司、摩托车公司、自行车销售公司的经营设施被全部拆除；2009年三个公司实施改制，职工全部终止劳动关系，公司关闭。2011年6月，大华商厦被全部拆除。7月，潍坊大华商业公司实施改制，职工全部终止劳动关系，公司关闭。2013年，区供销社辖9个基层单位，包括于河、望留、军埠口、符山、大柳树5个基层供销合作社和区再生资源总公司、区土产大楼、区农业生产资料公司、潍坊佳翔自行车公司4个城区公司。

2008年年初，区供销社与工商部门联合制定《大力发展农资连锁经营 规范农资市场经营秩序的工作意见》，积极建设农资连锁网点。同年，发展农资连锁店20个，成立潍城区利园西红柿专业合作社。2009年，根据国务院《关于加快供销合作社改革发展的若干意见》，潍城区制定《关于大力推进农资连锁经营 规范经营秩序工作的意见》，坚持为农服务宗旨，坚持社会主义市场经济改革方向，坚持合作制基本原则，大力推进经营创新、组织创新、服务创新，加快构建运转高效、功能完备、城乡并举、工贸并重的农村现代经营服务新体系。此后至2013年，依托区农资连锁经营公司在全区农村发展农资连锁店65个；依托新农日用品经营有限公司，通过拆旧建新、改造、整合，建设500平方米以上的日用品超市6个；充分发挥基层供销合作社植根农村、贴近农民的优势，强化为农服务功能，走农民专业合作发展道路，成立各类农民专业合作社18个。

利园西红柿专业合作社生产的“奎园牌”西红柿

第二节　商品经营

1991年，区供销社负责全区化肥、农药、农膜、农药器械、五金、家电、日用百货、食用油等农业生产资料和生活资料的供应，由区生产资料公司批发，各乡镇供销社和农资门市部零售。1995年，农资产品流通实行计划经济与市场经济双轨制，经营的化肥主要有复合肥、尿素、硝酸铵、硫酸钾等10多个品种，经营的农药有杀虫剂、杀菌剂等几十个品种。1995年后，随着买方市场逐步形成以及个体私营工商户大量涌现，生活资料经营方式更加灵活，管理上多以承包经营制为主。1996年，国家对农业生产资料专营政策进行调整，农资流通以供销社为主渠道，农业技术推广站、种子站、林果站为辅助渠道。1997年后，农资流通中不再有计划内和计划外化肥，化肥经营转为市场调节。2008年年初，区供销社与工商部门联合制定《大力发展农资连锁经营 规范农资市场经营秩序的工作意见》，积极建设农资连锁网点，当年发展农资连锁店20个。2009年，制定《关于大力推进农资连锁经营 规范经营秩序工作的意见》，坚持合作制基本原则，进一步完善农资经营服务体系建设，在全区发展农资连锁店52个，连锁店实行统一标识，商品实行统一配送、统一价格，规范了全区农资市场经营秩序。同年12月，建筑面积900平方米的望留日用品超市开业。截至2013年，全区农资连锁店发展到65个，拥有500平方米以上的日用品超市6个。

第三章　粮　油

第一节　机　构

1991 年，潍城区粮食局列政府序列，直属潍城区人民政府，担负着潍城区的粮食行政管理工作。1992 年 4 月，成立潍城区粮食总公司，为“管理、服务、经营”三位一体的经济实体，属中（一）型全民企业，实行总经理负责制，与粮食局合署办公，一个机构、两块牌子。1994 年区划调整，潍城区粮食总公司（潍城区粮食局）成建制归属潍坊市粮食局。潍城区、奎文区的粮食行政管理工作仍由潍城区粮食总公司负责。1996 年 11 月，潍城区粮食总公司更名为潍坊市城区粮食供应总公司，内设办公室、组织人事科、业务科、财务科、技术科、审计科、基建科、保卫科、贸易部 9 个科室，下辖 22 个粮食企业。1998 年 7 月，潍坊市城区粮食供应总公司更名为潍坊市城区粮食总公司。2001 年 11 月，潍坊市城区粮食总公司改制为潍坊市粮食局城区分局，为市粮食局派出机构，正科级规格，全额预算管理事业单位，编制 15 名，主要负责潍城区、奎文区的粮食行政管理工作。2011 年 6 月，潍坊市粮食局城区分局加挂潍坊市城区粮食监察大队牌子，负责潍城区、奎文区粮食流通市场监管工作。是年，潍坊市粮食局城区分局内设办公室、业务科、监督检查科、财务审计科。至 2013 年，机构无变化。

第二节　粮油征购

1991 年始，国务院将合同定购改为国家定购，潍城区把完成国家粮食定购任务列入区政府目标责任制，向农民发放定购任务通知单，适当调整定购任务。1992 年 11 月，潍城区取消居民凭购粮证到粮店计划购粮制度，并放开粮油价格。1993 年，将奖励化肥、柴油改为差价补贴。1998 年，针对 1997 年出现的农民余粮出售困难问题，国家制定保护农民售粮的粮食收购政策，潍城区按保护价敞开收购农民余粮。同年，执行国务院颁布的《粮食收购条例》，境内粮食收购工作步入法制化轨道。2004 年，按照国务院颁布的《粮食流通管理条例》要求，全面放开境内粮食收购市场，取消粮油定购任务，粮油收购全面实现市场化运作。

第三节　粮油销售

1990 年，城镇居民限购当月定量口粮，对结余粮食指标控制供给（不准购跨月粮，对居民粮簿上的结余粮严格控制购买）。1992 年，行业用粮全部改为议价供应。1992 年 11 月，取消城镇居民凭证凭票定量供应粮油制度，全国、全省的粮票、油票停止流通使用，放开粮油销售价格。1993 年下半年，由于粮食供应矛盾突出，价格上涨，购销倒挂，地方财政补贴不断增加。根据上级《关于压缩平价粮油销售的通知》精神，对全区城镇粮油供应和行业用粮进行整顿，压缩平价粮油。1994 年，粮价大幅上涨，出现不同程度的抢购粮食现象。为及时平抑粮价，全区所有粮食经营企业实行挂牌营业，明码标价，定量限价销售，对城镇居民供应再次使用粮簿，定量供应，当月兑现，有效稳定了粮食市场。1997年，粮食销售完全放开，按市场化顺价销售，粮油供应工作自行终止。此后至2013年，粮油销售全部由市场调节。

第四章　物　资

第一节　机　构

1992年9月，在潍城区物资局的基础上成立潍城区物资总公司，一套班子、两块牌子，是“经营、管理、服务”三位一体的独立核算、自负盈亏的法人企业，内设办公室、政工科、计划业务科、财务科。下辖潍城区机电设备公司、区金属材料公司、区化工轻工公司、区建筑材料公司、区基建物资配套承包供应公司、区物资贸易服务公司、区生产资料服务公司、区物资发展公司、区物资开发公司、区汽车摩托车销售公司、区汽车销售公司、潍坊市华东物资公司、潍坊市微型汽车销售公司共13个公司。1994年区划调整，白浪河以东的潍城区物资局和潍城区物资总公司以及下属12个公司归属奎文区，白浪河以西的潍坊市微型汽车销售公司归属潍城区。1994年6月，成立潍城区物资总公司，与潍坊市微型汽车销售公司一套班子、两块牌子，为一级法人企业。同年7月，潍城区物资总公司（潍坊市微型汽车销售公司）设办公室、财务科、综合业务科、汽车销售一科、汽车销售二科、钢材科。2003年12月，潍城区物资总公司资产依法拍卖，停止经营活动。

第二节　物资经销

20世纪90年代初，潍城区物资供应以计划分配为主，市场调节为辅。境内各类物资基本实行专业化经营，经营种类包括燃料、金属材料、木材、汽车、机电产品、化工产品等。全区生产、生活用煤，由潍坊市燃料公司按生产、生活用量实行计划供应；金属材料经营实行专控，按区内基本建设项目规模和生产、生活用量由潍坊市金属材料总公司供应，年销售量保持在11.2万～11.5万吨；计划内的木材主要包括农业机械用材、农业用材、建筑用材，木材购进主要来自辽宁、吉林、黑龙江、内蒙古，品种多为落叶松、柏松、红松和杂木（杨木、桦木、干椴木、柞木）；机电产品、汽车经营实行统一订货、统一定价、产品专控的专业经营模式；硫酸、浓硝酸、烧碱、纯碱、合成橡胶、轮胎等化工轻工产品实行计划供应。1993年后，国家对一般物资市场放开，不再实行计划分配，境内各类一般物资经销业户逐渐增多，一般物资经销全部实行市场化经营，完全通过市场进行调节。

第五章　专　卖

第一节　烟　草

1991年1月—1998年7月，潍城区境内卷烟销售由中国烟草总公司山东省公司潍坊市区公司负责。1998年8月，设立山东潍坊市潍城区烟草专卖局和山东烟草购销（集团）有限公司潍坊市分公司潍城区购销公司，境内卷烟销售由山东烟草购销（集团）有限公司潍坊市分公司潍城区购销公司负责。2005年，山东烟草购销（集团）有限公司潍坊市分公司潍城区购销公司更名为山东潍坊烟草有限公司潍城营销部。至2013年，机构无变化。

卷烟销售

1991年，境内卷烟零售实行烟草专卖许可证制度，卷烟销售资源由国家统一调拨分配。境内以经销青州卷烟厂产品为主，产品牌号有青州、丰收等；还销售青岛产的大前门、金鹿、红金、双马，济南产的大鸡、将军、琥珀，省外产的牡丹、金桥、茶花、红塔山、白红梅及国外产品“555”、希尔顿等牌号卷烟产品。1995年始，先后成立和平路、北宫街、月河路、人民街等卷烟批发部。2000年，卷烟零售实行IC卡户籍化管理。2001年，推行卷烟零售“一价制”。2002年，推行“城乡一体、全面访送分离”经营新模式。2003年，发展卷烟加盟连锁店，推行电子结算，当年加盟连锁店发展到35家。2006年，推行按客户订单组织货源试点工作。2010—2013年，经销的卷烟主要有省内的泰山（八喜）、泰山（东方）、泰山（望岳）、哈德门，省外的中华、苏烟、黄鹤楼、玉溪等牌号。2013年，实现卷烟销售收入56156万元，人均销量11.66条。是年，山东潍坊烟草有限公司潍城营销部被山东省烟草专卖局（公司）授予全省卷烟零售户致富工程先进单位。

专卖执法

1991年，潍坊市烟草专卖局市区办事处设专卖办公室，负责对市区卷烟市场专卖执法检查，打击不法烟贩。2000年，由区政府及有关执法部门联合设立打击非法“三烟”（渠道外进货卷烟、非法生产卷烟、走私卷烟）综合治理办公室，负责治理整顿全区烟草市场。2007年，按照“竞争上岗、双向选择、优中择优”的原则，对全体专卖执法人员优化重组，选拔28名综合素质高、业务能力强的人员组建新的专卖执法队伍。是年，潍城区烟草专卖局先后破获“6·12”“9·02”两起网络案件。2008年，潍城区烟草专卖局被山东省公安厅、山东省烟草专卖局联合授予“全省卷烟打假工作先进集体”。2013年，查获违法卷烟104.73万支，营造了规范有序的卷烟销售市场环境。

第二节　食　盐

1991—2000年，境内食盐经营归潍坊市供销系统负责。1992年，境内盐政执法工作由潍坊市区盐政管理办公室负责。1997年，境内食盐专营行政管理及盐政执法工作一并由潍坊市区盐政管理办公室承担。1999 年 11 月,境内盐业行业管理、盐政执法和食盐专营管理工作由潍坊市盐务局直接负责。2001 年 4 月，境内盐业管理、盐政执法及食盐专营工作由潍坊盐业公司城区分公司负责。2003 年 9 月，潍坊盐业公司城区分公司加挂潍坊市盐务局城区分局牌子，为潍坊市盐务局的派出机构。2008 年,撤销潍坊盐业公司(潍坊市盐务局)城区分公司（潍坊市盐务局城区分局），成立潍坊盐业公司(潍坊市盐务局)第一分公司(第一分局)、第二分公司（第二分局），境内食盐经营管理业务由潍坊盐业公司（潍坊市盐务局）第二分公司（第二分局）负责。2013 年 2 月，潍坊盐业公司第一分公司（潍坊市盐务局第一分局）与潍坊盐业公司第二分公司（潍坊市盐务局第二分局）合并成立潍坊盐业公司直属分公司（潍坊市盐务局直属分局），境内食盐经营管理业务由潍坊盐业公司直属分公司（潍坊市盐务局直属分局）负责。

碘盐普及工作

1996 年始，实施以食盐加碘为主的综合防治措施。1997 年，在全区全面普及供应碘盐，城乡居民食用碘盐覆盖率逐年上升。2009 年，全区碘盐覆盖率达 97.98%，碘盐合格率为 96.82%，合格碘盐食用率为 94.84%，全区碘盐“三率”全部达标。2011 年，开展全区居民碘营养状况调查，对辖区 30 户居民入户进行碘盐摄入量及含碘量监测，对孕妇、哺乳期妇女及成人各 50 名采集尿样进行含碘量检测，对 100 名 8 ～ 10 岁儿童进行甲状腺触诊及尿样含碘量检测，检测结果显示：居民每日碘盐平均摄入量为 8.48g，孕妇及哺乳期妇女尿碘中位数分别为 146.86μg/L、99.26μg/L，8 ～ 10 岁儿童尿碘中位数为 202.85μg/L。至 2013 年，全区碘盐普及工作持续达到国家规定标准。

第三节　石　油

1991 年，全区成品油实行计划供应，指标由潍坊石油分公司按照“保证重点、控制消费、合理分配”的原则按季度下达，各用油乡镇（单位）凭下达的计划供应指标到潍坊石油站提货。同年，投资 72 万元在东环路（北海路）北首路东建储油量 160 吨的东环路加油站。1992 年下半年，成品油逐步由计划供应转为市场调节。同年 8 月，投资 40 万元在潍德路南首路西南建储油量 120 吨的潍德路加油站。随着经济体制改革的不断深入和石油市场的不断发展，经营成品油的企业逐渐增加。至 2013 年,境内依法销售成品油企业有 51 家，其中中国石油天然气股份有限公司山东潍坊销售分公司有 8 家、中国石油化工股份有限公司有 14 家。是年,全区销售汽油 40357 吨、柴油 101649 吨、润滑油 135 吨，年末汽油、柴油、润滑油库存量分别为 990 吨、1000 吨、11 吨。

第六章　服务业

第一节　住宿餐饮业

1991年，全区有住宿餐饮业户1456家，从业人员4171人。较大型宾馆酒店有鸢飞大酒店（三星级）、潍坊宾馆、渤海宾馆、东郊宾馆、樱桃园宾馆、东园旅社、潍城宾馆、十笏园宾馆、潍坊饭店、白天鹅大酒店等。1993年，建筑面积1.69万平方米的泛海大酒店（三星级）开业。1994年区划调整，白浪河以东区域的鸢飞大酒店、潍坊宾馆、渤海宾馆、东郊宾馆、樱桃园宾馆、东园旅社划归奎文区。是年，全区有住宿餐饮业户1648家，从业人员4109人。20世纪90年代后期，富坤大酒店、邮电大厦（酒店）、潍坊旅社、西城宾馆、擂鼓山酒家、模拟宾馆和丰桔园大厦（酒店）等先后开业。进入21世纪，住宿餐饮服务业持续发展。至2005年，全区住宿餐饮业社会消费品零售总额6165万元。潍坊泛海大酒店有限公司、潍坊富坤大酒店有限公司、潍城区明宗大酒店、潍坊市帝豪大酒店有限公司、潍坊天盟经贸有限公司、潍坊聚福堂饮食有限公司6家限额（年主营业务收入200万元）以上住宿餐饮业企业从业人员1043人，全年主营业务销售收入9698.6万元。2009年1月，建筑面积3.8万平方米的丽景酒店开业。2010年10月，建筑面积3万余平方米的潍坊圣基大酒店开业。11月，建筑面积2.3万平方米的中恒国际大酒店开业。2011年1月，建筑面积2万余平方米的潍坊金沙大酒店（2013年10月更名为潍坊华美达广场酒店）开业。2013年，全区住宿餐饮业社会消费品零售总额6.53亿元；限额以上住宿餐饮业企业有泛海实业股份有限公司潍坊泛海大酒店分公司、潍坊丽景酒店有限公司、潍坊圣基大酒店管理有限公司、山东中恒国际酒店集团有限公司、潍坊金沙大酒店有限公司等36家，从业人员2046人，全年主营业务销售收入25170万元、利税637万元。

第二节　物流业

潍城区境域区位优越、交通便利，具有发展物流服务业的良好条件和优势。20世纪90年代，潍城区加强对现代物流业的培育扶持，高质高效推进重点物流项目建设，全区现代物流业呈现持续快速发展的良好态势。截至2013年，境内有专业物流园区20多个，园区企业3000余家，鲁东物流中心、长松路两侧、仓南街两侧区域是境内物流园主要聚集区。

鲁东物流中心

位于潍城经济开发区，是市委、市政府规划建设的大型物流基地，是“山东半岛城市群”大物流系统下的综合型物流网络网点，是山东省“十二五”期间重点培育的26个现代物流园区之一。

2004年，鲁东物流中心开始规划建设，范围西至昌乐界、东至西外环路、南至潍昌路、北至卧龙西街，总控制性规划面积21平方公里。产业规划布局包括以五金化工、装饰材料和农资批发为代表的现代批发产业区，以第三方物流为代表的服务型物流产业区，以钢材、农副产品流通加工为代表的生产型物流产业区，以及发展备用地和铁路用地共五部分。鲁东物流中心按照“高标准、高起点、高效能”原则，围绕做大做强现代批发、生产型物流、服务型物流三大支柱产业，依托产业优势、市场优势、区位优势，不断配套完善路网框架和公用设施配套，大力推广电子商务、数字媒体、物联网等先进管理手段，走“高附加值、高时效、高科技含量、高人力资本和低资源消耗、环境保护低污染”的高端物流发展路子，探索出一条“铁路公路交通场站—物流市场—物流园区—物流科技信息中心”具有创新性的物流园区建设道路。

历经近10年发展，截至2013年，鲁东物流中心建成面积达到560余万平方米，水、电、通信、燃气、道路等基础设施完备，入驻豪德贸易广场、豪杰金属材料贸易广场等15家专业市场，佳乐家物流园、鲁东钢铁物流中心、力威体育用品物流园、美通物流园、豪德小商品城物流园、九瑞医药物流园等已运营，豪杰建设物资物流中心已开工建设。鲁东物流中心聚集专业物流企业79家，从业人员约2.5万人。形成总部物流、精品钢铁、百货配送三大品牌，建成市场展贸区、钢材物流区、仓储配送区等功能区。其中，市场展贸区入住商户近5000家，年营业收入近70亿元；钢材物流区年加工销售钢材近600万吨；仓储配送区年商品配送能力达80亿元。鲁东物流中心分别于2010年、2012年被中国物流与采购联合会确定为中国物流实验基地、中国物流示范基地。

鲁东钢铁物流中心

长松路两侧物流园

长松路位于潍城区中部，南北向道路。改革开放后，长松路两侧区域逐渐成为城区货物集散中心地段。至2013年，有天成物流园、万方物流园、南方物流园、鲲鹏物流园、庄头物流园、龙运物流园、明达物流园、金源物流园8个大中型物流园。

仓南街两侧物流园

仓南街位于潍坊火车站以西，东西向道路。20世纪90年代后，仓南街两侧区域物流园逐渐发展。至2013年，有人民商城物流园、博凯物流园、鸢都物流园、隆顺物流园、锦华物流园5个大中型物流园。

在上述聚集区域外，还有西北物流园、潍坊交运物流中心人民商城物流园等。

第三节　社区服务业

1992年9月，为适应改革开放和经济发展的需要，进一步加强城市社区服务工作，成立潍城区城市社区服务工作协调委员会。1992年、1995年、1998年和2002年，区政府4次出台《潍城区社区服务三年发展规划》，确定相应的社区服务工作目标，制订相应的工作计划，全区社区服务工作逐渐步入规范化管理轨道。1995年6月，潍坊市在潍城区召开社区服务现场会。9月，全省社区示范城区交流会在潍城召开，潍城区创立的“四个到位”（思想认识到位、组织领导到位、有效投入到位、基础设施到位）、“两个面向”（面向传统民政工作对象和老年人等最需要帮助的人、面向社区全体居民）、“四化”（网络化、制度化、社会化、实体化）并举得到充分肯定，确定潍城区为全省社区服务示范区。1996年9月，潍城区在南京举办的全国社区服务示范现场经验交流会上作典型发言。1998年，潍城区被民政部评为“全国首批社区服务示范区”。随着市场经济的发展，以社区服务为宗旨的新兴产业陆续兴起。此后至2002年，以民政局举办的社会服务中心和城关街道举办的社区服务救助中心为依托的全区社区服务体系基本形成，硬件设施、运行机制、服务队伍、服务项目等逐步完善。2002 年，两个中心共设置 8 台电脑、10 部求救热线电话，配备 2 部摄像机、1 辆轿车；采取敞开式办公，一站式服务，工作人员持证上岗、挂牌服务，自觉接受群众和社会监督；采取“政府搭台、民政牵头、社会参与”的方式，联络各社会团体、各服务机构、社会志愿者和社会热心人士共同参与，组建 99 支网络服务队伍，有服务人员 527 人、社会志愿支援者 460 名；开展各类服务活动，有托老、托幼、卫生服务、家电维修、管道疏通、家政保洁、房屋维修、搬家服务、婚庆服务、假日旅游等众多服务项目。2008 年，区委、区政府制定《关于加快推进近郊村社区服务体系建设的意见》，按照多村一社区的模式，每个社区辐射范围一般在 3000 户 1 万人左右，规划设置农村社区服务中心 15 个。2009 年，设置在潍城区境内的潍坊市潍易 12343 社区家政服务中心成立，该项目属于商务部、财政部首批全国民生服务试点项目，成为社区民生服务知名品牌。潍城区充分发挥潍易 12343 社区家政服务中心的带动作用，在 2013 年建设社区家政服务中心 35 家（已设置配送中心的有 25 家，已挂牌的有 10 家）。2013 年年底，潍易 12343 社区家政服务中心由于受到服务项目产业附加值低、企业长期不盈利等相关因素的制约，遭遇发展瓶颈，翌年 7 月与潍坊华鑫包装印刷有限公司签订合作协议，由潍坊华鑫包装印刷有限公司注资，共同经营管理潍易 12343 社区家政服务中心。

第四节　其他服务业

20 世纪 90 年代，全区理发、洗浴、照相、洗衣、修理等诸多传统服务业逐步适应新形势，服务方式陆续推陈出新，服务设备不断完善，服务领域和服务项目逐渐拓展。婚纱摄影、婚庆礼仪、皮肤护理、家电维修、电脑培训、打字复印、职业中介、会计服务等现代服务业日渐增多。1999 年，区审计事务所开始成为独立的社会中介机构。2000 年前后，美容美发、足疗保健、家政服务、房产中介等服务业兴起。2005 年，潍坊天和典当有限责任公司开业，现代典当业开始出现。至 2013 年，理发、洗浴、照相、洗衣、修理等诸多传统服务业稳步发展，其中理发业户有 100 余家、洗浴业户有 40 余家、照相业户有 30 余家；婚庆服务（婚纱摄影、婚庆礼仪、婚礼策划等）、婚姻介绍、美容美发、足疗保健、皮肤护理、家政服务、职业中介、房产中介、茶馆会所、会计服务、法律服务、审计服务、汽车装潢、打字复印、典当、快递、电子商务等现代服务业迅速发展，其中婚庆服务业户有 30 余家、美容美发业户有 80 余家、足疗保健业户有 40 余家、家政服务业户有 10 余家、房产中介业户有 90 余家。

第七章　地方名吃

潍城区境域是古潍县中心地域，饮食文化古今盛名，地方名食名菜有 30 余种，知名度较高的有 10 余种。

第一节　名　食

鸡鸭和乐

该食品名称由历史上的“河漏”演变而来。“河漏”原为农家日常食品，是用荞麦面在密凿细孔的河漏床上压出的面条。老潍县人对此做了改进，用小麦面代替荞麦面，并配以鸡鸭肉、“憨肉”（将半肥半瘦的猪肉与葱姜一起剁细，加上三成淀粉和适量的花椒水、鸡蛋、盐、酱油、木耳，搅匀后，做成一个大而扁的团子，上锅蒸熟，食用时切成片）和小调料的卤子，取名“鸡鸭和乐”，已有 200 多年的历史。其制作方法为：把面粉、淀粉按一定比例调和，用和乐床子压入锅内，熟后捞出，盛入碗中，舀上鸡鸭卤，再配入鸡鸭肉、“憨肉”、甜蒜、咸香椿、咸韭菜、辣椒油等。特点是柔韧、滑顺、筋道，肉香汤醇。1997 年，鸡鸭和乐被中国烹饪协会、山东省贸易厅分别评定为“中华名小吃”“山东名小吃”。

朝天锅

该食品起源于清乾隆年间民间集市。一说是城内店家为起早进城赶集的人用大铁锅煮菜热饭，一说是时任潍县县令郑板桥命人为赶集的人用大铁锅煮菜热饭。因大铁锅无盖，露天支放，故称“朝天锅”。后来，经营朝天锅的业户为避免顾客遭受日晒雨淋，便把朝天锅从露天集市移至店内。正宗的朝天锅主料有三种：一是煮熟的猪下货（包括猪头、猪心、猪肝、猪肺、猪肚、猪肠、猪舌、猪耳），二是熟肉丸子，三是熟鸡蛋。锅内放入煮猪下货的老汤和佐料（盐、葱、姜、八角、桂皮），锅台上摆放小料（葱末、香菜末、酱油、味精、大葱白段、粗长条疙瘩咸菜）。锅台周围放置小凳子，顾客围锅而坐，由掌勺师傅舀上热汤，用薄面饼卷入一种主料，小料随意自用。因其经济实惠，肉汤随喝随舀，深受群众欢迎。20 世纪 80 年代，城区有的招待所、宾馆、酒店设朝天锅，朝天锅开始登上大雅之堂。1997 年，潍坊朝天锅分别被中国烹饪协会、山东省贸易厅评定为“中华名小吃”“山东名小吃”。

肉火烧

该食品起源于清代。潍坊的肉火烧铺很多，城隍庙的肉火烧最有名。其做法是：把猪肉剁成馅，用花椒水酱好，加入剁碎的海米、木耳、鸡蛋糕和葱花，搅拌成混合馅，把馅包进面皮里，捏压成饼状（直径约 10 厘米、厚度约 2 厘米），先放在传统泥制火炉上面的鏊子上翻烙，待表面干爽半熟时，再放进泥制火炉（20 世纪 90 年代后期多用电烤型炉具）中多次翻烤。当皮呈鼓状、色泽黄润且馅熟透，即可出炉食之，趁热吃，味道佳。1997 年，潍坊市人民政府财贸办公室、潍坊市第三产业办公室评定潍坊肉火烧为“潍坊名吃”。

潍县杠子头火烧

杠子头火烧是一种硬面食品，传说起源于潍县（今潍城区）流饭桥村。因用作“打”火烧的面很硬（潍城人称“做”火烧为“打”火烧），需用木杠反复压制代替用手揉面，故名“杠子头”。其制作工艺独特，和面用水少，用木杠子反复压制后，做成每个重约200克且边沿厚、中间薄的圆饼，边沿处约2厘米，中间处约0.3厘米。其上下两个面大小不一致，底面直径约12厘米，上面直径约10厘米。上烤炉时，再在中间挑起一个凸顶，用慢火烤成。因水分少、面硬，宜久存不变质，适合旅途食用。又因中间隆起部分极薄，钻一小孔，可用麻绳穿成串，即使无袋亦便于携带。其特点是面硬、烤烙熟透而无糊斑，吃起来脆口，越嚼越香。可凉吃可热食，凉吃配以五香花生米，味道更佳；热食可用菜、肉烩出，柔韧而不松散。

潍城烧饼

这种面食用特别的烧饼炉烤制，烤成后分面层和底层两层。面层布满芝麻，鼓起，脆而香；底层平而脆。烧饼搁放片刻便变软，“烧饼卷油条”即是变软后的吃法。潍城烧饼品种很多，如酥烧饼、小片烧饼、羊肉烧饼、花椒肉烧饼、脂烙酥烧饼等，风味各异。

潍坊粽子

潍坊粽子已有2000年的历史，民间习俗有“端午节吃粽子”，传说是为纪念战国时期楚国政治家、文学家屈原而制作的一种食品。潍坊粽子一年四季都有销售。其主料为糯米、白糖、大枣等。制作方法是：先用水将糯米浸泡2～3小时，再用绿色粽叶将已浸泡的糯米加白糖和枣包成三角形状（每个约100克），放在大锅里慢火焖煮6～8小时即可。

潍城元宵

潍城元宵有2000年的历史。潍城元宵外表洁白，光滑，圆润，馅心味美可口。其主要原料为糯米粉、白糖、芝麻、青丝或红丝（青丝、红丝为糖制品）等，其制作方法是：按比例将主料调匀，放在模具里压实，取出后切成块馅，然后将块馅放在簸箩内晃动或旋转的滚桶内滚动，边晃动（滚动）边加水和糯米粉，当直径达到3厘米的圆球状即可。食用时，可油炸、可水煮，还可制成“拔丝元宵”“蜜汁元宵”等美食。

第二节　名　菜

韩老三扒鸡

该扒鸡以全净膛小公鸡为主料，佐以砂仁、丁香、肉蔻、胡椒、茴香等20多种中药材配制而成。采用传统工艺与现代科学技术相结合的制作流程，经过高温杀菌，酥嫩鲜美，清香脱骨，松软熟烂而不腻，高蛋白，低脂肪，营养丰富。真空包装，食用方便，可冷吃热食，以独特的色、香、味、形深受美食家和广大消费者的青睐。1997年，被潍坊市人民政府财贸办公室、潍坊市第三产业办公室评定为“潍坊名吃”。

望留全驴宴

该全驴宴始于清同治年间，起源于望留，故称“望留全驴宴”。以驴肉为主料，用配料、老汤原汁煮，经过挑选分割和精细制作，其肉质松软熟烂而不腻，美味可口，食用方便。其真空包装的全驴系列产品享有较高声誉。1997年，潍坊市人民政府财贸办公室、潍坊市第三产业办公室授予望留全驴宴系列产品为“潍坊名吃”。2008年，望留全驴宴制作技艺成为市级非物质文化遗产。

望留全驴宴

红扒肘子

红扒肘子因其质地嫩烂、色泽红润、浓郁醇香、肥而不腻、营养丰富而备受人们青睐，是筵席佳肴。1997年，被山东省贸易厅评为“山东名小吃”。制作方法是：将炒锅置旺火上，放花生油，七成热时放入猪肘肉，炸成柿红色捞出。用刀把肘子解成象眼块，抹上糖色，皮朝下放在碗里，加入酱油、盐水、葱段、姜片、半勺清汤，上笼蒸烂，取出后，去掉葱段、姜片，放在锅垫上。将锅放火上，添入汤，下入料酒、味精、盐水，将锅垫放入，开始扒制。肉烂汁浓时，放入盘内，余汁浇在肘子上即成。

拌辣皮

该菜主要材料有黄瓜、胡萝卜、西红柿、香菜、蕨根粉（粉皮）、鸡蛋糕、瘦肉、大蒜、花生油。以盐、酱油、香醋、鸡精、香油、糖、玉米淀粉、料酒等为调料。拌辣皮融酸辣甜香于一体，清脆爽口，可谓凉菜之佳品。

芥末鸡

芥末鸡做工精细，方法独特。即把当年生雄性散养鸡宰杀、脱毛、去内脏，洗净后，加入八角、白芷、生姜、生葱、酱油等 30 多种调料，腌制 12 小时。然后将腌制好的生鸡置于锅中，加入水、酱油、配料纱布袋，用木炭火蒸煮（不盖锅盖）45 分钟。将煮好的熟鸡分成长条，加入开水烫透的白菜切条和精制醋泡制的芥末、葱丝、香菜等，添加适量香油、鸡精、酱油等，拌匀即成。用此方法做成的芥末鸡，呈酱红色，味清而嫩，香而不腻，清辣爽口，营养丰富。

四喜丸子

四喜丸子是当地婚事、喜庆之日宴请宾客的一道特色菜肴，已有数百年的历史，象征吉祥、如意。该菜肴是以肥三瘦七的猪肉和蛋糕、竹笋、海参、木耳、鸡蛋、海米等为原料荤素搭配，切成小丁后制成的四个等量的丸子，每个丸子约 350 克。采用先炸后煮的烹调方法制成，成品特点为色黄个大，入口即散，鲜香不腻。

黄焖甲鱼

清光绪十四年（1888 年），潍城人陈子久任京师巡城御史时，有厨师跟随他回籍传入此菜做法，成为潍城传统名菜。制作方法是：将甲鱼脖上、脖底、盖边（与腹部衔接处）、尾巴各割一刀，放入盛凉水的盆内，将血放出，捞出并剁去其头。在锅内放入清水，水开后将甲鱼放入，略烫，捞出并放入凉水内，用刷子将全身刷净，除去甲鱼皮并洗净，放在大碗内，加葱、姜丝、蒜片、八角和少许鸡汤。将其蒸熟，取出冷透，除去骨骼、内脏。在炒锅内放入适量花椒油，油热后放入小料略炒，放入甲鱼，加少许米酒，炒匀后盛在大碗内。再将适量花椒油放入炒锅内，加酱油、鸡汤，放入配料，加调料，开锅后除去浮沫，用粉团稍勾芡，将配料捞出且盛入另一大碗内。最后将甲鱼放入炒锅，炒匀后放在盛配料的大碗内，黄焖甲鱼即成。用此法做成的黄焖甲鱼，无腥味，肥而不腻，味道香鲜，营养丰富。

哑巴辣椒

炒萝卜辣椒是潍县当地菜，以著名的潍县萝卜为主料。20 世纪 40 年代末，城里一个陈师傅（此人为语言障碍者，不能说话）将炒萝卜辣椒的做法进行改进，后逐渐形成独特的风格，得到百姓的广泛认可，称此菜为“哑巴辣椒”。哑巴辣椒的大致做法是：青萝卜切细丝，用开水焯透，捞出，晾凉；辣疙瘩咸菜切细丝，泡出盐分。用炒锅放植物油、葱、姜、蒜、八角、干红辣椒丝熟锅；再放入甜面酱、精盐，加适量水（或高汤）。将青萝卜丝和辣疙瘩丝入锅，混合搅拌。此菜出锅后，淋香油，撒一层香菜段、炒猪肉丝等。哑巴辣椒口感清脆、清香微辣。

第九编

外经贸　招商

1991 年后，潍城区对外贸易持续发展，对外经济技术合作逐步扩展，招商引资成效显著。2010 年后，机电产品和高新技术产品出口额逐渐提升，大铁汽车、嘉宏机械、六合微粉、圣邦工程、西迪威阀门等出口市场不断拓展。耶莉娅服饰、希望制衣、万友森林服装、艾士堡服饰及美城食品、隆泰食品、中和食品出口额稳步增长。2013 年，全区外贸进出口总额 41177 万美元，其中出口总额 28485 万美元、进口总额 12692 万美元；全区合同外资额 8807 万美元，实际利用外资 2214 万美元。

第一章 对外贸易

第一节 机 构

1987 年 5 月，潍城区对外经济贸易委员会成立，定编 8 名。1988 年，设置大外经贸委，由区外经贸委、经委、计委、商委、农委、财政局、农行联合办公。1993 年，区外经贸委单列，下设利用外资管理科、综合业务科、办公室，工作人员有 12 人。1994 年 12 月，成立区外商投资服务中心，为副科级事业单位，经费渠道自收自支，隶属区外经贸委。1995 年 5 月，成立中国国际贸易促进委员会潍城支会，为副科级事业单位，经费渠道由财政差额补贴；将区政府办公室外事侨务工作职能移交区外经贸委，在区外经贸委设立外事侨务科。1997 年 3 月，成立区国际商会，与中国国际贸易促进委员会潍城支会合署办公。2001 年 12 月，区对外经济贸易委员会更名为区对外经济贸易合作局。2010 年 2 月，撤销区对外经济贸易合作局，其职责（外事侨务职责除外）划入区商务局。

第二节 外贸进出口

1991 年，全区有外贸企业 51 个，出口产品有 15 大类、75 个品种，外贸出口商品收购总值 10283 万元。1992 年，出口产品品种增加到 81 种，全年外贸出口商品收购总值 14069 万元，其中工业品出口值占 99%。1994 年区划调整后，全区有外贸企业 26 家，外贸出口商品收购总值 15326.6 万元，出口产品 11 大类、50 个品种，机电、服装、刺绣工艺品、花生制品成为全区出口创汇四大主导产品。潍城区与北京、上海、天津、哈尔滨、大连、深圳等十多个口岸建立联系，全区通过外省市口岸完成出口收购值 5831.1 万元，初步形成多口岸、多渠道对外贸易格局。1995 年，全区完成外贸出口商品收购总值 2.89 亿元，开发皮带轮、毛巾、柴油机、大姜系列制品等出口主导产品，农产品出口比重上升到 15%。是年，潍城区外贸公司成为全省第三家有自营进出口权的区级外贸公司，动力机厂、轴承厂等 6 家生产型企业取得自营进出口权。1996 年，出口产品涉及 13 个行业、120 多个品种，工业制成品占出口总量的 90%。动力机械、轴承、服装、刺绣工艺品、食品、五金工具、毛皮、花卉、农副产品等远销美国、韩国、日本及中东、东南亚和欧洲等 40 多个国家和地区。1998 年，外贸出口商品收购总值 1.2 亿元，全区出口创汇 1602 万美元，其中自营出口创汇 1170

万美元。加工贸易发展迅速，出口创汇 390 万美元。1999 年，全区出口创汇完成 2908 万美元，其中三资企业出口创汇 650 万美元。全区生产出口产品的企业有 40 余家，生产出口产品 6 大类、54 个品种。2000 年，全区出口创汇 4655 万美元，其中自营出口创汇 1153 万美元，三资企业出口创汇 908 万美元。2003 年，全区自营进出口企业发展到 16 家，出口创汇三资企业发展到 24 家。出口产品新增汽车配件、精密铸件等，出口产品附加值不断提高，机电产品出口比重达到 21%。2004 年，全区外贸进出口总额 6367 万美元，其中出口总额 4991 万美元。全区拥有自营进出口权的企业 67 家。2006 年，全区外贸进出口总额 13483 万美元，其中出口总额 11498 万美元。全区获得自营进出口权企业 106 家，高新技术和机电产品出口比重达 60%。2007 年，全区外贸进出口总额 30636 万美元，其中出口总额 27908 万美元。纺织服装、农产品出口分别为 4650 万美元和 4426 万美元，占全区出口总额的 32.5%。全区自营进出口企业 124 家，三资进出口企业有 61 家。2008 年，全区外贸进出口总额 24848 万美元，其中出口总额 21084 万美元，机电产品和高新技术产品出口比重不断加大，嘉宏机械、大铁汽车、六合微粉、华龙硝铵出口增幅较大，拉动了全区的出口增长率。2009 年，全区外贸进出口总额 22803 万美元，其中出口总额 18531 万美元。进出口总额比上年有所下降，但食品类出口企业中的隆泰食品、中和食品、美城食品、华奥食品等有所增长，增幅都在 10% 以上。2011 年，全区外贸进出口总额 35943 万美元，其中出口总额 28072 万美元。机电产品和高新技术产品出口额不断提升，大铁汽车、嘉宏机械、六合微粉、圣邦工程、西迪威阀门等出口市场不断拓展。2012 年，全区外贸进出口总额 39726 万美元，其中出口总额 27275 万美元。耶莉娅服饰、希望制衣、万友森林服装、艾士堡服饰及美城食品、隆泰食品、中和食品出口额稳步增长。2013 年，全区进出口贸易持续平稳发展，外贸进出口总额 41177 万美元，其中出口总额 28485 万美元、进口总额 12692 万美元。

第二章　对外经济技术合作

第一节　技术交流与投资

1991—1996 年，全区引进境外管理和技术人才 50 余人次，参与企业的经济管理和技术指导，引进国外先进设备 300 余台套，促进了技术技能、管理水平和业务素质的提升。潍城区在俄罗斯、罗马尼亚、乌克兰等地设立外贸经销公司，促进了对外经济技术交流合作。山东耶莉娅服装集团总公司、山东拳王实业集团有限公司、山东华鸢集团总公司、潍坊海天新型装饰材料有限公司等企业引进的设备属 20 世纪 90 年代国际先进水平。其间，潍城区通过利用国外政府或非政府借贷款、“三来一补”（来料加工、来样加工、来件装配、补偿贸易）等多种形式同境外办企业开展经济技术交流合作，至 1996 年年底潍城区申请政府间贷款项目 3 个，贷款额 842 万美元，用于建设项目或技术改造。1997 年全区批准加工贸易项目 18 个，

1998年加工贸易企业增加到10家。2002年，山东耶莉娅服装集团总公司在日本设立办事处。2004年，为加强对外经济技术交流、培养外派劳务专业技术人才，潍城区争取省财政扶持资金30万元，在境内设立山东省外派劳务机械电子专业基地（全省三大专业培训基地之一）。

2004年后，潍城区进一步加强境外投资项目合作开发建设，加大对外经济技术交流与投资力度。2005年，潍坊晨光房地产开发有限公司在厄瓜多尔设立地产开发项目，一期合同额1267万美元。2007年，设立境外投资企业4家，新增境外投资额298万美元。潍坊锦华包装有限公司在蒙古设立公司开发当地矿产资源，山东耶莉娅服装集团总公司在日本、韩国、意大利设立分公司。2008年，批准境外企业1家，到位资金100万美元。潍坊第四地质勘探院在蒙古投资100万美元开发矿产资源。是年，全区境外企业累计11家，投资总额1300万美元。2009年，新办境外企业2家，潍城区被市委、市政府授予全市外经工作先进单位。同年，潍坊中特农业装备有限公司在俄罗斯设立公司。2011年，新增境外投资项目3个，协议投资额495万美元。2012年，全区新增境外投资项目3个，协议投资额550万美元。2013年，新增境外投资项目4个，协议投资额1200万美元。

第二节　对外劳务输出

20世纪90年代，潍城区主要向日本派出劳务人员。进入21世纪，向日本派出劳务人员约占70%，向新加坡、西欧、中东等国家和地区派出劳务人员约占30%。

1991—1996年，潍城区输出劳务59人次。1997年，全区外派劳务16人次。1998年，外派劳务6人次。2002年，劳务输出32人次，合同资金额30万美元。2004年，山东省外派劳务机械电子专业基地落户潍城，是全省三大专业培训基地之一，按照市场化运作方式规范经营，履行外派劳务的培训、选送、储备、服务等工作，成为培养外派劳务专业技术人才、加强对外劳务合作的重要平台。2005年，外派劳务营业额292万美元，外派劳务533人次，居潍坊市第一位。2006年劳务输出410人次，2007年劳务输出240人次。2008年，外派劳务560人次，外派劳务营业额300万美元。是年，省外派劳务机械电子专业基地跨入国家级基地行列，基地在培人员达到3000人。2009年，劳务输出400人次，合同资金额407万美元，对外承包劳务营业额176万美元。2010年，成立潍坊市潍城区外派劳务培训中心。2011年，派出各类劳务人员440人次，全区对外承包劳务营业额960万美元。2012年，派出各类劳务人员499人次，全区对外承包劳务营业额1105万美元。2013年，派出各类劳务人员700人次，全区对外承包劳务营业额1600万美元。

第三章 招商引资

第一节 招商引资政策

2000年2月，为进一步加快全区经济发展，中共潍城区委、潍城区人民政府制定《关于鼓励招商引资加快经济发展的暂行办法（试行）》，鼓励单位和个人引进资金、项目、技术等。2004年3月，潍城区招商工作委员会出台《潍城区招商引资优惠政策》，明确规定了项目建设、企业投资效益补助、企业准入服务等方面的优惠政策，为投资者提供良好的投资环境和优质的服务。2008年，《潍坊市重点产业投资优惠政策》出台，适用于高新技术、现代服务业、现代农业、文化产业、节能环保和公共服务等重点产业的新建项目，潍城区参照执行。2012年，《潍坊市重点产业项目投资激励政策》出台，鼓励重点产业投资、总部经济发展、产业链式配套发展、零增地技术改造、兼并重组收购，潍城区参照执行。2013年，《潍坊市重点产业招商优惠政策》出台，适用于现代制造业基地、现代物流基地、现代农业示范基地、文化创意旅游基地以及新型城镇化体系、水资源与水生态、交通枢纽、能源保障等领域的投资项目，潍城区参照执行。

第二节 招商引资活动

1991—1996年，潍城区先后组织参加广州、深圳、厦门、上海、北京、哈尔滨、昆明、青岛、济南、烟台、威海、潍坊等地举办的30余次大型经贸洽谈活动，先后派出96个团组、262人次到美国、加拿大、韩国、日本、英国、德国、澳大利亚、俄罗斯等30多个国家及中国香港考察招商，并利用老客户介绍新朋友、联络新客户，走出了一条“以外引外，广泛联络，重点突破”的招商路子。全区招商引资涉及农业、工业、房地产、餐饮娱乐、旅游开发、农副产品加工、养殖、花卉种植、医疗卫生等11个行业领域。1997年，参加潍坊国际风筝会、鲁台经贸洽谈会、深圳洽谈会、第二届亚太经合组织国际博览会等12个大型经贸活动。批准“三来一补”（来料加工、来样加工、来件装配、补偿贸易）项目19个，合同额206万美元。1998—2000年，连续参加风筝会、鲁台会等对外文化经贸活动，加大招商引资工作力度。2001—2002年，积极参加风筝会、鲁台会、中国（寿光）国际蔬菜科技博览会等大型对外文化经贸活动，采取委托招商、以商招商等形式，广开渠道，全方位招商。

2003年，组织参加“三会”（风筝会、鲁台会、菜博会）、日韩招商会以及温州、厦门和深圳地区的招商活动。“三会”期间，共接洽外商120余人，洽谈项目46个，签订招商引资项目29项，合同总投资额8.5亿元，其中境外项目6个、合同外资额1139万美元。日韩招商会期间，共签合同、协议项目8个，合同、协议外资额4300万美元。先后在潍城区、温州市区、温州乐清县组织召开3次潍城投资说明会，共联络接洽中外客商260多人次，洽谈项目50余个，共签订合同、协议36份，合同、协议资金额24亿元。厦门招商会期间，共签合同、协议项目13个，合同、协议外资额1.32亿美元。在深圳举办的中国国际高新技术成果交易会期间，共签合同、协议项目41个，合同、协议外资额2.3亿美元。2004年，在利用网上招商、代理招商、以商招商等方式的基础上，加大专业招商力度，结合潍城区产业优势和资源优势，有针对性地对外推介招商项目。先后参加上海招商活动、风筝会、菜博会、北京招商会、鲁台会、温州招商活动，共签约项目88个，其中合同项目42个，合同资金额37.2亿元；协议、意向项目46个，协议、意向投资额101.9亿元。先后举办中日韩投资论坛、欧美客商投资洽谈会、海外华商潍坊投资洽谈会、北京潍坊招商恳谈会、日韩潍城招商推介会等涉外经贸活动,共签订合同、协议项目14个。2005年，先后参加杭州招商会、风筝会、菜博会、深圳招商会和鲁台会等招商活动，共签约项目88个，其中合同项目42个，合同资金额37.2亿元；协议、意向项目46个，协议、意向投资额101.9亿元。同时，采用"请进来"方式招商，先后接待芬兰养殖协会代表团、日本中小企业家代表团、瑞典中小企业赴潍参观团等大型代表团150人次，举办专题项目推介会6场。2006年，组织参加以产业链和新兴产业为主题的长江三角洲招商活动，以先进制造业、商贸物流、文化旅游、房地产开发、高新技术产业为主题的风筝会、京津地区、鲁台会等招商活动，以鲁东物流中心为依托开展的商贸服务产业招商活动，长沙商贸服务业招商活动，鲁港经贸活动周。在这些大型招商引资活动中，共签约项目88个，其中合同项目35个，合同资金额62.5亿元；协议、意向项目48个，协议、意向投资额66.19亿元。2007年，围绕潍城区发展重点，突出一次活动一个专题，引进适合产业发展的项目。风筝会期间，重点推介鲁东物流中心和商贸服务业,共洽谈项目46个,总投资40.2亿元。长江三角洲招商活动期间，大力引进符合城市经济特点的环境友好型、资源节约型项目，洽谈项目8个，协议资金额6.75亿元。在北京系列招商活动中，重点围绕京津地区知名企业、财团、跨国公司驻华机构开展招商活动，共洽谈项目17个，签约项目9个，总投资18.24亿元。在潍城区投资说明会暨大项目签约仪式活动中，共洽谈项目36个，合同项目总投资15.4亿元；有14个合同项目参加了潍城区大项目签约仪式，总投资11.3亿元。2008年，全区大力开展产业化招商，参加风筝会、长三角（上海）、鲁台会、珠三角（深圳）、青岛（潍坊）周等系列招商活动，围绕服务业、文化产业、公共服务，突出项目包装推介，广泛联络客商，共签订合同项目63个，合同总投资116亿元。先后接待到潍城考察洽谈项目的中国香港荣德实业有限公司、新加坡童心集团、深圳寿天齐实业公司、湖北影业、青岛中能集团、深圳龙悦实业投资集团。2009年，先后组织参加风筝会、福州、晋江、杭州、鲁台会、青岛（潍坊）周等大型专业招商活动，组织多支专业招商小分队到福建、山西、浙江等地上门招商。共接触投资商300多人，推介潍城区重点服务业招商项目40多个，与投资商洽谈30余批次。2010年，突出"请进来"招商，承办风筝会期间的潍城区低碳产业招商会和鲁台会期间的潍城区重点项目推介会,组织专场"一对一"洽谈和定向推介。风筝会期间，共洽谈项目21个，达成协议、意向项目8个；签订合同项目6个，合同总投资61.7亿元，其中潍城区人民政府和檠石投资（上海）有限公司、青岛盛唐国际投资公司共同投资11亿元设立的潍城区创业投资基金项目参加了潍坊市重点项目签约仪式。鲁台会期间，邀请外商40多人，重点推介鲁东物流中心、潍城经济开发区低碳产业园、齐鲁台湾城、滨河明珠、北盛片区等40余个重点合作项目，促成一批大项目签约，其中由台商企业（香港）喜威发展有限公司投资1.5亿元的永乐光伏科技项目、由台湾通铭金属公司和新加坡亚细亚控股有限公司合作开发的亚细亚商务中心项目代表潍城区参加了潍坊市重点项目签约仪式。

2011年，组织参加风筝会招商、鲁台会招商、北京招商、杭州招商等大型招商活动，接待到潍城考察洽谈项目的香港东部集团、江苏建工集团、扬州新地标房地产公司、清华同方、四川崛起集团等30余家投资商团队，共签约过亿元重点项目45个，总投资额321亿元。其中，总投资55亿元的中国（潍坊）奥体中心暨特奥运动综合训练基地项目、总投资10亿元的闽兴钢材物流园项目、总投资15亿元的万城广场项目、投资20亿元的广发家居灯饰博览城项目以及美的物流园、健康生态城、科润华府、祥甲花园、大崖头旧村改造、丽华生态休闲庄园、潍坊百大商务中心等一批项目落户潍城区，并促成闽兴钢材与华夏银行合作设立中鼎担保公司。2012年，紧抓山东半岛蓝色经济区和黄河三角洲高效生态经济区（以下简称“蓝黄两区”）两大战略实施机遇，先后组织参加深圳招商活动、风筝会、鲁台会以及上海招商活动，接触客商300余人，签约重点招商项目24个，合同利用市外资金150.8亿元。举办潍坊国家广告业示范园区投资推介会，北京引力集团等12家广告创意企业签订入驻协议。2013年，参加第三十届风筝会期间的蓝黄两区建设重点项目推介招商会等系列招商活动，由天津众河投资有限公司投资的潍坊慢城城市综合体项目参加潍坊市大项目签约仪式。参加“走向滨海走向世界”（潍坊）招商推介会，由东营方圆集团和香港美利地安共同投资13亿元的铜冶炼项目就落户潍城（滨海）产业园达成合作意向。赴福建晋江开展机械装备制造业恳谈会专题招商活动，对潍城（滨海）特色产业园、经济开发区低碳产业园、乐埠山创新科技产业园、齐鲁台湾城进行推介，开展产业链招商，晋工机械集团、协力集团、中德顺集团等企业与潍城区进行产业对接。组织4家企业参加阿拉伯湾·环渤海湾合作潍坊投资洽谈会。总投资25亿元的哈纳斯新能源项目参加潍坊市重点项目签约仪式。由潍坊市台办、潍城区政府、齐鲁台湾城开发建设指挥部办公室承办的齐鲁台湾城两岸共建恳谈会在台北市举办，120名客商参会，促成巨力集团与台湾威电源能股份有限公司投资2000万美元的合作项目及台湾爱德恩建设股份有限公司一期投资3000万美元、二期投资5600万美元的房地产开发等项目签署投资意向书。

第三节　外资利用

1991—2013年，全区持续加强外资（境外资金）项目引进，利用外资项目不断向高、精、尖迈进，促进了全区经济社会的发展。

1991—2013年潍城区境外资金利用情况表

表9-1

年份	批准外资项目（个）	合同外资额（万美元）	实际利用外资（万美元）	年份	批准外资项目（个）	合同外资额（万美元）	实际利用外资（万美元）
1991	16	427		1999	6	565	1005
1992	23	1609	689	2000	13	3743	1580
1993	52	4340	617	2001	11	1512	2018
1994	23	7567	450	2002	9	2506	2620
1995	15	4608	1049	2003	12	2413	2437
1996	28	1656	1079	2004	15	5464	4286
1997	9	1608	1202	2005	23	6550	7280
1998	15	722	920	2006	17	2904	3296

续表 9-1

年份	批准外资项目（个）	合同外资额（万美元）	实际利用外资（万美元）	年份	批准外资项目（个）	合同外资额（万美元）	实际利用外资（万美元）
2007	7	3118	3000	2011	5	14811	2518
2008	4	1029	1475	2012	3	8587	688
2009	5	1722	952	2013	2	8807	2214
2010	3	1406	1608				

第十编

财税　金融

1991 年后，全区财政体制、税收制度、金融体制及服务方式等方面均发生深刻变化，经济总量快速增长，财政收入、税收收入、银行各项存贷款余额呈上升趋势，保险机构与业务种类逐渐增多，证券经营范围逐步扩大。2013 年，全区地方公共财政收入 16.5 亿元、国税收入 12.3 亿元、地税收入 15.6 亿元，金融机构各项存款余额 324.3 亿元、各项贷款余额 213.5 亿元。

第一章　财　政

第一节　财政体制

市、区财政体制

1991—1993 年，潍城区实行定额上缴加比例递增的财政体制。1994—2005 年，在收入方面，按照企业隶属关系，增值税的 25%、营业税（2002 年后按 80%）、企业所得税（2002 年后按 32%）、个人所得税（2002 年后按 25%）以及其他税收收入，属于市级企业缴纳的地方税收收入归属市级，属于区级企业缴纳的地方税收收入归属区级，行政事业性收费和罚没收入也按隶属关系分别归属市级收入或区级收入。在支出方面，市级和区级分别负担各自支出，区级主要负担区级人员工资、教育、社会保障等基本支出，城市建设支出主要由市级负担。潍城区执行上缴体制，每年按 5% 的比例递增上解。

自 2006 年 1 月 1 日起，下放市级收入，税收由属地征管。市、区财政体制主要内容有：(1) 基期年确定。税收收入以 2004 年为基期年，地方教育附加收入以 2005 年为基期年，以基期年各区和市级企业收入决算数作为调整基数。(2) 收入级次划分。市级预算收入包括跨地区经营、集中缴库的企业所得税地方分享部分，市商业银行和市级驻县（市）企业原属市级的各项收入，原体制规定分级管理的市级非税收入。区级财政收入包括在本行政区域内实现的各项地方税收（含教育费附加收入、地方教育附加收入），原体制规定分级管理的区级非税收入。(3) 收入分享政策。潍坊市与潍城区的分享比例为 5 ∶ 5。市级下放收入比例高于分享比例的部分，按区税收增长比例递增上解市级财政；市级下放收入比例低于分享比例的，市级超比例分享部分前 3 年全部返还。自 2007 年起，市级又对财政体制进行调整，地方财政收入比基期年增长部分再上解 10%，市级分享区收入比例达到 60% 左右。(4) 收入分享方式。税收收入、教育费附加收入以 2004 年为基期年，地方教育附加收入以 2005 年为基期年，以基期年市级下放收入确定各区体制上解基数，每年定额上解市级财政；自 2006 年起，各区地方税收（不含农业税、农业特产税）、教育费附加收入及地方教育附加收入比基期年增长部分，市区按规定比例分享，年终通过体制结算上解市级财政。(5) 市、区财政资金划拨。根据市与各区的收入分享比例和其他体制结算项目，确定潍城区地方财政收入留成比例为 70%。市人民银行按照资金调度比例计算区每日应上解资金，于每工作日结束前从区级国库划拨到市级国库。年终，市财政通过体制结算与区统一清算。

2013年后，市、区财政体制主要是在原有财政体制基础上，取消市、区按税收收入比例分享和公共财政收入增量1∶9分享政策，以2012年体制上解数为基数，自2013年起，以后每年按10%比例递增上解。同时将市、区车船税上划为市级收入，市财政按照2013年前几年区车船税收入情况、机动车保有量等客观因素进行测算分配，年底通过体制结算返还区。

区、镇街财政管理体制

1994年分税制后，潍城区根据街道收支差额确定上解或补助体制，基本原则是保障支出和提高街道组织收入积极性。其间，因营业税、所得税及农村税费改革和刚性支出快速增加等因素，体制略有调整，但基本框架未变。自1995年1月1日起，潍城区对镇、街道实行分税制财政管理体制。镇、街道财政收入包括镇、街道范围内的（不含驻镇、街道的区属及以上企业）增值税25%部分，营业税（包括农村信用社）、个人所得税等，划分办法基本与市对区的办法一致。但城关、北关、西关、南关4个街道的城市维护建设税和罚没收入划归区级。收入基数以区国税局、地税局、财政局提报的1994年实际收入数为准确定。支出基数以区人事局提供的各镇、街道的实有人数为依据，按1995年区直预算标准核定后进行调整确定。收入与支出基数相抵后，确定各镇、街道的财政体制为定额上解或定额补助。1998年，对该体制作进一步调整，把农村信用社营业税划归区级，并把定额上解和补助调整为分别按5%递增和递减。

2008年后，结合市区收入一体化，在基本保持原有收支划分、确保街道既得财力的前提下，对街道超收部分实行6∶4分成。以各街道2006年地方财政收入为基数，从2008年开始，街道地方财政收入超过2006年基数部分，区级与街道按6∶4比例分成。以各街道2007年收入和支出相抵后的差额，分别作为上解或补助基数。体制为上解的街道每年按3%的比例递增上解，体制为补助的街道每年按5%的比例递减补助。对基础较弱、支出负担较重、运转相对困难的街道，根据区级财力状况给予适当补助。

全区街道财政收入包括街道范围内的（不含驻街道区属以上企业）增值税（25%部分）、营业税（80%部分）、个人所得税（25%部分）、企业所得税（32%部分）、城市维护建设税（不含城关、北关、西关、南关4个街道）、房产税、车船税、资源税、印花税、城镇土地使用税、其他原属于街道级的收入。街道的财政支出范围包括一般公共服务支出，农林水事务，农村税费改革配套支出，地方文化、教育、医疗卫生、社会保障等各项事业费及其他支出。

第二节　财政收入

随着经济的发展和财政体制的变革，潍城区财政收入构成随之变化。1994年，潍城区实施分税制财政体制，将增值税（75%部分）和消费税划为中央财政收入，地方公共财政收入主要包括区级及以下企业实现的增值税（25%部分）和其他各项税收、国有土地使用权有偿出让收入（95%部分）、利润、亏损补贴及其他企业收入。1991—1993年，潍城区地方公共财政收入每年超过1亿元。1994年，因区划调整，潍城区地方公共财政收入下降。1997年，全区地方公共财政收入突破1亿元。2011年，全区地方公共财政收入突破10亿元。

1991—1997 年潍城区地方公共财政收入明细表

表 10-1　　　　单位：万元

收入项目 \ 年份	1991	1992	1993	1994	1995	1996	1997
地方公共财政收入	10066	10106	13168	4639	7038	8165	10023
一、工商税收类	9332	9705	12807	3682	4775	5656	7414
产品税	109	96	83	—	—	—	—
增值税	2991	3425	5223	1116	1264	1464	1969
营业税	3959	4322	4941	1411	1837	2386	3580
工商统一税	10	248	771	—	—	—	—
集体企业所得税	1100	453	294	—	—	—	—
个人所得税	—	—	2	240	479	—	—
个人收入调节税	60	36	112	—	—	—	—
私营企业所得税	1	1	1	—	—	—	—
外商投资企业和外国企业所得税	—	—	—	1	—	—	—
城市维护建设税	405	464	498	366	380	381	400
其他工商税	302	328	431	274	220	330	411
城镇土地使用税	110	102	70	102	73	—	95
国营企业奖金税	3	—	—	—	—	—	—
国营企业工资调节税	1	—	—	—	—	—	—
集体企业奖金税	5	—	—	—	—	—	—
印花税	38	58	77	27	20	27	35
建筑税	44	62	—	—	—	—	—
固定资产投资方向调节税	160	113	258	156	173	274	280
工商税收税款滞纳金、补税罚款收入	34	-3	46	-11	329	99	33
二、农牧业税和耕地占用税类	327	413	375	276	287	410	382
三、国营企业所得税类	286	296	10	270	1663	1663	1979
四、国营企业调节税类	33	28	—	—	—	—	—
五、国营企业上缴利润类	105	2	—	—	—	—	—
六、国营企业计划亏损补贴类	-351	-722	-390	-6	-6	-10	-10
七、专款收入类	189	299	255	282	227	269	—
八、其他收入类	145	106	111	135	—	17	—
九、国营企业承包收入退库类	—	-21	—	—	—	—	—
十、罚没收入、行政性收费收入	—	—	—	—	92	160	258

1998—2005年潍城区地方公共财政收入明细表

表10-2 单位：万元

收入项目＼年份	1998	1999	2000	2001	2002	2003	2004	2005
地方公共财政收入	11418	11719	13362	15369	12587	14446	15850	21617
一、税收收入	10976	11198	12754	14485	10040	9701	11243	17303
增值税	2450	2784	2922	2937	2319	2260	2025	3213
营业税	4079	2162	2616	2096	1934	2911	4072	7442
企业所得税	2001	2263	3135	5495	1239	370	424	647
个人所得税	761	1190	1593	2303	1154	415	497	691
资源税	—	—	4	4	3	2	2	—
固定资产投资方向调节税	328	1239	703	—	—	—	—	—
城市维护建设税	402	392	444	450	766	749	1040	1090
房产税	326	397	508	329	744	522	638	409
印花税	36	38	25	24	50	48	112	129
城镇土地使用税	96	187	178	153	184	453	312	332
土地增值税	—	—	—	—	7	86	29	659
车船税	72	80	229	258	306	416	357	413
屠宰税	24	25	3	—	—	—	—	—
农业税	332	308	264	234	913	830	414	141
农业特产税	25	31	34	23	76	—	—	—
耕地占用税	36	71	—	59	66	44	16	—
契税	8	31	96	120	279	595	1305	2137
二、非税收入	442	521	608	884	2547	4745	4607	4314
专项收入	151	151	151	155	345	298	395	475
罚没收入	167	221	215	231	821	1005	2898	2601
国有资产经营收入	-10	-10	-10	77	—	—	—	—
国有资源（资产）有偿使用收入	—	—	95	—	—	—	—	—
行政性收费收入	134	143	52	127	81	3184	1305	1227
其他收入	—	16	105	294	1300	258	9	11

2006—2013 年潍城区地方公共财政收入明细表

表 10-3　　　　单位：万元

收入项目 \ 年份	2006	2007	2008	2009	2010	2011	2012	2013
地方公共财政收入	44036	49107	57977	69807	98076	113346	128392	165175
一、税收收入	39108	46665	54642	66675	94655	109041	124199	159166
增值税	7821	9424	12352	14001	14466	16344	13564	15768
营业税	12150	14042	20172	26880	29374	35510	38966	68961
企业所得税	2390	2446	3267	5764	6299	9707	11540	12282
企业所得税中港澳台和外商投资企业所得税	—	351	508	964	736	1388	1708	—
个人所得税	1189	1971	1630	1859	2287	3129	1822	3109
资源税	22	98	68	—	—	—	—	—
城市维护建设税	4396	5503	6812	6997	7584	9620	9617	10843
房产税	1331	1512	1522	1930	2824	2548	3812	3915
印花税	361	529	488	595	1136	1188	1112	1544
城镇土地使用税	1140	2109	4020	3957	5204	4930	8287	6838
土地增值税	817	820	1548	2251	5297	8630	12349	18754
车船税	473	1471	1025	1940	3101	2670	7735	—
耕地占用税	4051	4390	38	60	6200	2765	2695	2675
契税	2967	2350	1700	441	10883	12000	12700	14477
二、非税收入	4928	2442	3335	3132	3421	4305	4193	6009
专项收入	1874	2358	2920	2998	3250	4122	4121	4646
教育费附加收入	—	2358	2920	2998	3250	4122	4121	—
罚没收入	2984	10	332	51	10	2	—	850
国有资源（资产）有偿使用收入	—	74	83	83	161	181	72	495
行政性收费收入	33	—	—	—	—	—	—	18
其他收入	37	—	—	—	—	—	—	—

第三节　财政支出

按照“量入为出”原则，潍城区对财政支出进行统筹安排，集中财力保障教育、科技、农、林、水、医疗卫生、行政运转等民生支出和重点支出，着力构建公共财政框架，促进经济社会各项事业发展。1991—1997 年，地方公共财政预算内支出项目主要有支援农村生产支出、文教卫生事业费、抚恤和社会福利救济费、行政管理费、政策性补贴支出、卫生经费、城市维护费、企业挖潜改造资金等 22 项，累计支出 67862 万元。1998—2006 年，地方公共财政预算内支出项目主要有支援农村生产支出、教育支出、抚恤和社会福利救济支出、社会保障支出、农业支出、林业支出、行政管理费、城市维护费、公检法司支出、企业挖潜改造资金等28项，累计支出208267万元。这一时期，国家调整公务员、事业单位人员工资标准，基础设施建设规模扩大，鼓励企业挖潜改造、改制，预算内支出大幅增加。2007—2013年，国家对民生事业建设加大投入力度，财政支出项目着重向民生领域倾斜，共包括24项，教育、社会保障和就业、医疗卫生和计划生育、一般公共服务、城乡社区事务、农林水事务、公共安全等成为重要的支出项目，地方公共财政预算内支出累计650591万元。

1991—1997年潍城区地方公共财政预算内支出情况表

表10-4 单位：万元

项目 \ 年份	1991	1992	1993	1994	1995	1996	1997
地方公共财政预算内支出	7887	7972	10487	7417	9722	10984	13393
一、企业挖潜改造资金	—	—	892	—	1000	544	1182
二、简易建筑费	—	—	—	—	—	20	—
三、地质勘探费	—	—	—	—	1	—	—
四、科技三项费用	23	23	177	3	10	15	30
五、支援农村生产支出	546	749	1014	131	165	125	154
六、农林水利气象等部门的事业费	298	257	240	302	326	396	416
七、工业交通等部门的事业费	16	23	15	3	3	5	5
八、城市维护费	390	467	483	311	330	315	334
九、文教卫生事业费	2656	2615	2945	2914	3158	—	—
十、文教事业费	—	—	—	—	—	3557	3860
十一、科学事业费	48	51	37	25	27	33	34
十二、其他部门事业费	603	521	467	448	552	445	561
十三、抚恤和社会福利救济费	532	533	560	519	580	594	617
十四、国防支出	—	—	—	—	—	17	12
十五、行政管理费	757	1007	1395	1708	1298	1814	2065
十六、公检法支出	222	173	405	346	444	731	722
十七、政策性补贴支出	1011	691	500	95	50	90	20
十八、其他支出	596	563	1102	330	1472	1203	2410
十九、专项支出	189	299	255	282	227	269	—
二十、农业综合开发支出	—	—	—	—	79	82	90
二十一、卫生经费	—	—	—	—	—	686	838
二十二、行政事业离退休经费	—	—	—	—	—	43	43

1998—2006年潍城区地方公共财政预算内支出情况表

表 10-5　　　　单位：万元

项目 \ 年份	1998	1999	2000	2001	2002	2003	2004	2005	2006
地方公共财政预算内支出	15338	17168	18258	19737	20639	21440	25710	32550	37427
一、基本建设	—	—	110	—	—	41	—	3700	2085
二、企业挖潜改造	1387	1222	1239	2969	1176	6	39	25	75
三、科技三项费用	127	241	322	228	326	62	65	29	83
四、支援农村生产支出	214	266	592	207	234	—	—	—	—
五、农业综合开发支出	141	187	196	276	265	—	—	—	—
六、农林水利气象等部门事业费	502	1，110	506	606	517	—	—	—	—
七、农业支出	—	—	—	—	—	833	741	830	1037
八、林业支出	—	—	—	—	—	108	93	256	301
九、水利和气象支出	—	—	—	—	—	245	138	233	192
十、工业交通等部门的事业费	7	10	40	20	—	—	10	15	36
十一、文化广播事业费	365	363	442	500	608	689	697	862	1229
十二、教育支出	3852	4367	5089	5612	6199	6629	7119	7611	9322
十三、科学支出	36	38	41	50	62	43	57	76	70
十四、医疗卫生支出	813	905	1023	1067	887	893	858	863	1234
十五、其他部门的事业费	545	264	233	247	232	423	464	577	638
十六、抚恤和社会福利救济	668	759	1005	1193	1413	1431	1474	1807	2168
十七、行政事业离退休经费	35	41	—	—	—	—	—	—	—
十八、社会保障补助支出	280	484	281	228	324	358	469	467	709
十九、国防支出	17	19	24	50	50	43	44	45	66
二十、行政管理费	2115	2156	2519	2598	3346	3913	4360	5532	6627
二十一、外交外事支出	—	—	—	20	—	—	—	—	—
二十二、武装警察部队支出	—	—	12	10	10	10	10	10	10
二十三、公检法司支出	711	806	1005	1053	1080	1095	1175	1431	1160
二十四、城市维护费	345	524	295	292	252	293	627	1133	1047
二十五、政策性补贴支出	20	—	—	—	—	—	14	—	21
二十六、海域开发建设和场地使用费支出	—	5	—	—	—	—	—	—	—
二十七、专项支出	351	182	231	159	375	321	434	615	858
二十八、其他支出	2807	3219	3053	2352	3283	4004	6822	6433	8459

2007—2013 年潍城区地方公共财政预算内支出情况表

表 10-6 单位：万元

项目 \ 年份	2007	2008	2009	2010	2011	2012	2013
地方公共财政预算内支出	46000	54655	74149	98791	106271	119778	150947
一、一般公共服务支出	9890	9824	11632	12797	14633	16226	19424
二、国防支出	113	122	110	118	127	133	139
三、公共安全支出	1697	2114	3692	3737	4076	4894	4947
四、教育支出	14420	19285	19740	24649	31508	35967	36434
五、科学技术支出	126	189	209	247	252	227	2247
六、文化体育与传媒支出	294	352	801	682	733	780	968
七、社会保障和就业支出	3756	5803	9991	8714	9914	12347	14006
八、医疗卫生和计划生育支出	2347	3273	3677	5005	8109	9075	13541
九、环境保护支出	10	301	666	256	988	1025	2702
十、城乡社区事务支出	2814	4054	6391	22772	16013	12923	26593
十一、农林水事务支出	2336	3586	6890	10246	10170	11785	12722
十二、交通运输支出	56	71	559	1634	1023	1313	1653
十三、工业商业金融等事务	757	2861	—	—	—	—	—
十四、资源勘探电力信息等事务支出	—	—	4067	1449	461	1010	943
十五、商业服务业等事务支出	—	—	—	4370	5559	6546	7084
十六、金融监管支出	—	—	19	26	63	148	223
十七、地震灾后恢复重建支出	—	278	0	0	0	0	0
十八、援助其他地区支出	—	—	—	—	—	133	238
十九、国土资源气象等支出	—	—	—	70	54	66	75
二十、住房保障支出	—	—	—	1584	2311	5076	6903
二十一、粮油物资储备支出	—	—	3307	5	0	0	0
二十二、国债还本付息支出	—	—	0	75	75	74	30
二十三、其他支出	7384	2542	2398	355	202	30	75

第四节　财政管理

国库集中支付管理

2007 年，按照《潍城区财政国库管理制度改革实施方案》《关于清理预算单位银行账户的通知》《潍城区区级财政国库管理制度改革资金支付管理办法（试行）》《潍城区区级财政国库管理制度改革资金银行支付清算办法（试行）》《潍城区区级财政国库管理制度改革会计核算暂行办法（试行）》等相关文件要求，潍城区将区直财政全额拨款单位和财政补助开支的所有行政、事业单位全部纳入改革范围，推行国库集中支付管理。随着改革的不断深入、细化，由最初68个单位发展到107个单位。按照改革实施方案，通过公开招标的形式，确定工商银行潍城支行、农业银行潍城西郊支行、建设银行潍城支行3家银行为代理银行。财政部门在人民银行开设国库存款账户，代理银行开设财政零余额账户和其他资金账户，建立国库单一账户体系。

为减少现金支付结算，提高公务消费透明度，潍城区于2012年实施公务卡改革，按照公开、公平、公正的原则，确定5家银行作为公务卡发卡银行。自2013年始，建立公务卡强制消费目录，设置预算执行动态监控预警，促进了公务行为廉洁高效。

行政事业单位财务管理

1990年，潍城区对行政事业单位财政经费实行定额包干、结余留用、超支不补的管理办法。1991年，改为全额预算管理、差额预算管理和自收自支管理3种预算管理办法。此后至2013年，为规范预算管理，建立健全预算管理机制，提高财政资金使用效益，逐渐推行部门预算；同时，强化临时预算支出审核，把好资金审核关。

文教科学事业管理

1991—1997年，潍城区文教科学卫生事业费支出包括文教卫生事业费类、科学事业费类，全区文教科学卫生事业费支出累计21960万元，支出年均增幅10%左右。1998年开始，上级将文教科学事业费支出划分为文体广播事业费、教育事业费、科学事业费，对相关支出作了重新界定和归类划分，卫生事业费不再作为该类支出内容。1998—2006年，全区文教科学事业费支出62028万元。2005年，开始落实农村学生“两免一补”（免杂费、免书本费、逐步补助寄宿生生活费）政策，教育事业投入逐步加大。2007年，为适应教育事业发展，又将文教科学事业费支出调整划分为教育、科学技术、文化体育与传媒三大类支出。2008年秋季开学始，全部免除城市义务教育阶段学生学杂费，教育事业支出大幅增长。2007—2013年，全区文教科学支出190110万元，年均增长20%以上。

农业财务管理

1991—2013年，全区农林水事务累计支出73695万元，年均增长13.12%，促进了全区农业生产的发展、农村环境和各项事业的改善以及农民收入的增长。2006年前，财政支农资金采用项目管理方式，由下而上逐级申报，由上而下逐级批复并下达资金，一般按项目实施进度，资金逐步拨付到位。自2006年7月1日始，对纳入大中型水库移民后期扶持范围内的12134人，每人每年补助600元，全年中央补助资金728.04万元，连续补助20年不变，享受补助人员只减不增。同年，山东省实行财政支农专项资金县级报账提款制度，根据项目实施计划和进度，提出用款计划并附合法凭证，经业务主管部门审核确认后，按规定程序向财政部门申请，财政部门审批后直接将资金拨付给项目承建单位。2009年，落实小麦良种补贴政策，按每亩补贴10元标准拨付供种企业，2009—2013年每年依次分别补贴100万元、122万元、122万元、112万元、102万元。

社会保障管理

1999年，设立潍城区社会保障处。全区不断加大财政资金投入力度，逐步建立起五保供养、城乡低保、新农合、社区卫生等制度，社会保障水平进一步提高。

五保供养制度　2006年，潍城区推行农村五保供养制度，逐步建立起以政府为主导的农村五保供养资金投入机制。全面做好五保分散供养工作，加强资金使用监管，按时足额拨付五保供养资金，保障了五保对象的正常生活。积极推进集中供养，加快街道敬老院服务机构建设，逐步改善敬老院条件，至2013年，集中供养率由2006年的50%提高到100%，保障了五保对象老有所依、老有所养。

最低生活保障制度　1996年起，潍城区开始实施城市居民最低生活保障制度，逐步建立起规范有序的管理和运行机制，确保将所有符合条件的城市困难居民及时纳入保障范围。1997年起，潍城区开始实施农村居民最低生活保障制度。至2013年年底，全区城市低保补助资金累计支出1384万元，补助对象45952人次；全区农村低保补助资金累计支出714万元,补助对象45072人次。推行“分类施保”,对特殊低保家庭实施重点救助，适当提高补助标准。建立完善城乡居民最低生活保障信息民政直报系统，依托“山东省民政大数据应用平台”，全部业务实现网上操作和监管，推进了低保资金管理的制度化、规范化。

新型农村合作医疗制度　2006年5月，潍城区全面推开新型农村合作医疗制度。2007年1月，潍城区被山东省政府列为新型农村合作医疗省级试点区。2006—2013年，共拨付财政补助资金17634万元，确保新农合保障资金足额到位。资金监管严格按照“以收定支、量入为出、收支平衡”的原则，做到专户储存、专款专用，确保基金得到正常运用和合理使用，先后共补偿参合农民92.34万人次，报销医疗费21540万元。

会计管理

1991—1999年，会计管理工作由区会计师事务所负责。1999年9月，区会计师事务所改制为独立法人的社会中介机构,与区财政局脱钩。同月，成立潍城区会计管理局，负责全区会计管理工作。

1987—1992年，共有3892人获得市、区评定的会计专业技术资格。1992年3月，会计专业技术资格实行全国统一考试制度，不再进行相应会计专业技术任职资格评定工作。1992—2013年，在会计职称系列考试中，潍城区报考人数为1.9万余人次。2006年，根据省财政厅要求，为全区会计人员换发新版会计从业资格证书、IC卡。截至2013年年底，全区持有会计从业资格证书人员共1.1万人，累计完成会计人员继续教育4.7万人次。

政府采购管理

1995年，区政府开始采购试行工作。1999年9月，成立潍城区政府采购中心，与潍城区控制社会集团购买力办公室合署办公。自1999年始，潍城区政府采购工作从点到面逐步展开。1999年下半年，全区区直机关冬季取暖用煤开始实行集中公开招标采购，统一煤炭价格。2000年后，对区直机关汽车加油、大宗物资等进行集中采购。政府采购范围扩大，由冬季用煤、车辆、微机、车辆保险等项目扩展到保洁服务、绿化、道路、校园修缮、基础设施建设、办公用品等，涉及服务、工程、物资多个方面。政府集中采购金额从2000年的1200万元增加到2013年的5370万元，财政资金综合节支率年均保持在10%左右。其间,《招标投标法》《招标投标实施条例》《山东省政府采购管理办法》相继颁布实施，促进了全区政府采购工作依法有序开展。

城市基础设施建设管理

1994年区划调整后，按照市、区一体化城建体制，潍城区城市基础设施建设大部分由市级投资建设。自2007年始，潍城区加大城区建设投资力度。2007—2015年，城区建设累计投资约11亿元，城乡基础设施配套不断完善，城市功能进一步提升，其中大于河整治、城乡环卫一体化及公厕建设等城区环境改造投资4.1亿元，福寿西街等10余条道路征迁支出1.1亿元，宝通西街等道路建设资金3亿元，旧小区改造等社区公共设施改造资金1.6亿元,乐埠山基础设施建设资金0.7亿元，滨海产业园基础设施建设投资0.6亿元。

农业综合开发资金管理

1991—2013年，结合全区农业综合开发实际，持续强化农业开发资金管理，不断加大财政农业发展资金支出监督力度。

1991—2013年潍城区农业开发资金投入情况表

表10-7　　单位：万元

年份	金额	年份	金额
1991	177	2003	722
1992	179	2004	297
1993	175	2005	397
1994	182	2006	401
1995	149	2007	475
1996	235	2008	1250
1997	337	2009	1176
1998	454	2010	1225
1999	240	2011	1297
2000	360	2012	971
2001	337	2013	1368
2002	333		

惠民政策资金管理

粮食直补和农资综合补贴　根据国务院和省政府统一部署，自2004年起，全面开展对种粮农民直接补贴工作。2006年始，在粮食直补的基础上，增加农资综合补贴。

2004—2013年潍城区粮食直补、农资综合补贴发放统计表

表10-8

年份	小麦种植面积（公顷）	补贴金额（万元）	年份	小麦种植面积（公顷）	补贴金额（万元）
2004	8667	169.02	2009	7927	1003.76
2005	9120	177.90	2010	7933	991.24
2006	9060	383.40	2011	7480	1105.34
2007	8733	582.97	2012	7193	1295.49
2008	8047	1047.95	2013	7007	1313.78

家电下乡补贴　2007年12月—2011年11月，财政部、商务部在山东、河南、四川3省开展财政补贴家电下乡产品试点工作。“家电下乡”补贴政策实施4年，全区共备案家电下乡销售网点51家，累计补贴家电下乡产品11.9万台，兑付补贴资金3374万元。其中，按13%比例补贴的产品有9.4万台，补贴金额达2448.47万元；按定额补贴的产品有2.5万台，补贴金额达925.6万元。“家电下乡”对强农惠农、拉动消费、带动生产起到重要作用。

家电以旧换新　2009年起，对家电以旧换新给予补贴。2009—2011年政策实施期间，全区共备案家电以旧换新销售网点16家，家电以旧换新回收网点10家，共补贴各类以旧换新家电11.8万台，兑付补贴资金3530万元。

汽车摩托车下乡补贴　2009年，国家新增汽车摩托车下乡财政补贴政策，2013年政策到期。2009—2013年政策实施期间，全区累计兑付补贴资金308.31万元。

第五节　预算外资金管理

1994年，对全区行政事业单位的预算外资金进行全面清理检查，对清理出的问题要求限期整改。全区发行国库券990万元，完成1989年特种国债的兑付任务，共兑付140万元。区财政局与区教委配合，共收取教育费377万元，全部用于向阳路小学、太平街小学校舍改建。1995年，对全区行政事业性收费及罚款进行清理检查，对有关单位私设的"小金库"进行集中清理，将清理出的资金全部纳入财务统一管理。在有关单位的配合下，提前完成国债发行150万元的包销任务。加强房改房宣传，筹集售房款4313万元，同时，在部分单位进行住房公积金试点，共缴纳住房公积金15万元。1996年6—10月，对63户行政事业单位预算资金收支情况进行清理检查。印发《国有住房出售收入上缴财政暂行办法》，分别建立城市住房等三项基金，并从售房收入中提取单位维修基金，确保住房资金专款专用。1997年，根据省、市统一部署，将全区行政事业单位预算外资金纳入预算管理，逐步建立起收支有据、用之合理、调度灵活、运筹有方的预算外资金管理新机制。1998年，潍城区《区级预算外资金管理实施办法》出台，进一步加大预算外资金征管力度。兑付国债本息551万元，回收周转金本息115万元。1999年，为缓解资金压力，促进经济发展，借省、市周转金320万元，当年还款20万元。开展农村费改税调查和收费目录编制工作。

2000年，对全区行政事业性收费、政府性基金推行"票款分离"征收管理办法。在法院进行诉讼费"票款分离"试点。设专人对区基金会回收资金实行财政专户代管。2001年，区财政局参与全区农村税费改革工作，对全区农业税、农业特产税计税土地面积、计税常年产量进行调查测算。分步分批地推行票款分离征收办法，加大预算外资金征管力度。安装开通"山东省票款分离信息系统"计算机网络，对全区收费项目统一编码。协调银行公布13处代收银行网点，对教委系统及代收网点进行培训，法院、教委等部门正式实行"票款分离"办法。同年9—10月，对预算外资金账户进行清理整顿，共检查清理单位106个、账户236个，其中收支户167个、贷款户13个、基建户17个、专款户14个、其他户25个，按规定对应保留的账户予以保留，其余账户进行清理。2002年，实行预算内外资金统筹安排，突出各项收费"收支两条线"和"票款分离"工作，逐步建立和完善全区统一的预算外资金专户制度和上缴下拨制度。2003年，《关于加强中小学预算外资金管理的意见》出台，强化对中小学预算外资金的管理。取消执收单位收入过渡户，只保留一个银行支出账户，确保单位所收资金能直接上缴到财政专户。对全区"收支两条线"执行情况和"票款分离"工作全面检查，对违反"收支两条线"规定的情况进行处理，补缴预算外资金133万元。2004年，将有关单位的收费根据批复的编码通过非税收入征收管理系统上缴财政。2005年6—7月，区财政、监察、审计、物价等部门联合对教育、卫生、建委、民政部门所属单位2003—2004年的非税收入收支管理情况进行专项检查。2006年6月，对城区中小学、建设局等37个单位收费及收支两条线执行情况进行摸底。12月，潍坊市财政局在潍城区举办全市"非税收入征收管理系统"培训班。

按照市政府统一部署，在潍城储备土地 188.59 公顷，地上附着物评审工作基本完成。2007 年，审计署对潍城区民政事业费专项资金进行检查。市政府及时兑付在潍城储备土地 188.59 公顷的补偿资金约 2.4 亿元。2008 年 3 月，下发《潍城区财政局加强非税收入管理的通知》，明确政府非税收入范围，对有罚没收入的单位进行摸底，将其全部纳入非税系统管理，实行综合预算，预算内外统筹安排，以保证收入足额上缴财政。4 月，下发《潍城区非税收入检查通知》，对全区 2007 年非税收入单位进行拉网式检查。区财政局联合区监察局对 2008 年上半年非税收入单位进行检查，查出部分单位未实行“收支两条线”管理或隐瞒应上缴的政府非税收入。2009 年，开展政府非税收入宣传月活动，发放政府非税收入知识宣传册 200 余册，加大有关非税收入知识宣传力度。对全区 72 个单位进行非税收入检查。将国有资产（资源）有偿使用收入、捐赠收入、固定资产变价收入纳入政府非税收入范围，理顺财政分配关系。区财政局联合区纪委、监察局、审计局成立潍城区小金库治理办公室，对潍城区党政机关、事业单位进行“小金库”检查。组织 82 个单位进行自查，从中抽取 12 个单位进行重点检查，要求各单位整改票据使用不规范等问题，并针对账务不规范情况开展会计培训。2010 年，除教育收费、慈善总会等收入外，其他非税收入被全部纳入国库管理。2011 年，印发《关于进一步规范政府非税收入管理的通知》《进一步规范财政票据管理的通知》，从制度方面加强非税收入管理。区财政局组织相关人员到区地震局、符山水库等非税收入单位进行政策宣传，全区事业单位的经营性收费、国有资源有偿使用收费被纳入非税收入管理范围，至此，凡有政府非税收入的事业单位全部被纳入非税收入管理范围。2012 年，根据非税系统建立的执收编码，对涉及 72 个单位 274 项非税项目进行填报。2013 年，区财政局联合监察局、物价局对全区中小学及附设幼儿园情况进行专项检查，检查内容主要涉及各学校收费标准、收费依据、收费政策、教师有无有偿补课行为等。

第六节　财政监督

1989 年，设潍城区税收财务物价大检查办公室，为副科级事业单位，由区税务局代管，负责税收财务物价大检查工作。1993 年，潍城区税收财务物价大检查办公室划归区财政局，与区财政局监察科合署办公。1998 年，潍城区税务财务物价大检查办公室更名为潍城区财政监督局，其原定机构的性质、规格、编制员额、经费渠道及隶属关系不变。2002 年 5 月，区财政监督局规格由副科级调整为正科级。

自潍城区税收财务物价大检查办公室设立后，每年在全区范围内组织开展大检查工作。1998 年后，区财政监督局有序开展日常和专项财政监督检查工作。2000 年始，区财政监督局按照全省统一部署，每年开展会计信息质量检查。从 2009 年开始，区财政监督局开展预算编制和执行情况监督检查，并把会计信息质量检查与预算编制和执行情况检查相结合，维护了财经秩序。

第二章　国有资产管理

1991年8月，潍城区国有资产管理处更名为潍城区国有资产管理局，承担全区国有资产管理职能，负责国有资产保值、增值的考核和资产处置、资产评估管理及产权登记等工作，设企业国有资产管理科、行政事业国有资产管理科。

第一节　企业国有资产监管

1990—2000年，对全区占有、使用国有资产各类企业进行产权登记，共登记占有、使用国有资产各类企业50户，登记资产总额为188779万元，负债总额为113075万元，所有者权益总额为75704万元，国有资产总额为18447万元。从1992年开始，逐步开展资产评估工作。1992—2000年，共确认各类资产评估项目59项，其中：中外合资、合作项目18项，企业股份制改造项目22项，破产清算项目9项，其他（含联营、租赁、资产出售等）项目10项。评估前资产账面价值123187万元，评估后价值156505万元，增值率为27.05%。其中，18项中外合资、合作项目评估前资产账面价值4888万元，评估后价值8966万元，增值率为83.43%；22项企业股份制改造项目评估前资产账面价值77008万元，评估后价值97220万元，增值率为26.25%；9项破产清算项目评估前资产账面价值31471万元，评估后价值28970万元，增值率为-7.95%。

2003年，加强政府对国有资产的控制力，参与企业改制工作，有10家企业完成股份制改造，6家企业实施破产。2004年，潍城区政府印发《关于加强全区国有（集体）资产管理的通知》《潍城区企业国有资产管理办法》，为提高国有（集体）资产运营效益、防止国有（集体）资产流失提供支持和保障。为加强对企业改制及事业单位改革中资产评估结果的监督，对涉及的整体资产评估项目逐步实行公示制度。在改制企业开展评估核准、产权界定、资产处置、土地出让等工作，年内完成已改制或正在改制的潍坊市蔬菜公司等5家企业、潍坊造锁厂等4家破产清算企业评估核准、土地出让等工作。2005年，完成十笏园宾馆资产处置工作，移交档案馆字画800余幅，移交潍州剧场红木家具30余件（套），其余资产登记造册，交由拍卖行公开拍卖。区联运公司、建筑设计院等单位相继改制。2006年，完成山东巨力股份有限公司资产重组和股权分置改革工作。2007年，完成全区2006年度企业产权登记年检工作，对截至2006年年底占有使用国有资产的10家企业进行年检。

潍城区国有企业改革改制（特别是企业破产清算）工作不断推进。至2010年年底，潍坊市潍城区城市建设综合服务公司、山东鸢都商业集团总公司、潍坊清真楼、潍坊市城区饮食服务总公司、潍坊市潍坊影院、潍坊市潍城区电影发行放映公司6家国有企业账面拥有资产总额32411万元，总负债28084万元（拖欠职工权益资金约2900万元），净资产（国有资产）总额4327万元，共有职工1403人，其中离退休727人、在职（不在岗）676人，欠缴社会保障资金1475万元。至2011年年底，上述6家国有企业尚存，但这些企业规模小，皆处于停产状态。同年年底，潍坊市潍城区城市建设综合开发公司（原为事业单位，被撤销事业编制后注册为企业）完成改制。至此，潍城区已无正常经营的国有企业。

第二节 行政事业性国有资产监管

1990—2000年，共汇编行政事业单位90户，计拥有资产总额40197万元，负债总额16230万元，净资产（国有资产）总额23967万元。2004年初，区政府印发《关于加强全区国有（集体）资产管理的通知》，重申资产处置管理工作的范围、报批程序等，要求各单位严格执行国有资产处置报批程序，确保行政事业单位国有资产安全完整，严把资产处置关，防止国有资产流失。全年通过市拍卖行公开拍卖4部小汽车。区国资局配合相关部门，印发《事业单位改革审计、资产评估招标办法》，确保事业单位改革工作顺利进行。至年底，有20家事业单位完成撤并、出售等改革工作。区政府印发《潍城区行政事业单位国有资产管理暂行办法》，杜绝单位私自处理资产等问题。在2003年度统计年报汇编工作中，汇编行政事业单位94户（包括镇），拥有资产总额84500万元，负债总额26104万元，净资产总额58396万元。2006年，完成2005年度潍城区行政事业单位国有资产管理信息统计和产权登记工作，汇编行政事业单位85户，对77户（不含镇）进行产权登记年检。同年，完成潍坊鸢都湖—浮烟山综合开发区、军埠口镇、望留镇、符山镇区划调整后的资产移交工作。2007年，以区国资局为投资主体，成立国有法人独资的潍坊市财信国有资产经营有限公司，主要负责经营管理政府授权范围内的全区行政事业单位资产和其他国有资产、城市基础设施开发建设。公司成立后，将潍城区政府西迁后腾空的房地产全部过户到公司名下，强化对行政事业单位资产的管理，并以上述房地产为抵押成功融资。同时，将部分房屋出租，吸引保险公司等总部单位到潍城落户。同年，开展全区行政事业单位资产清查工作，成立潍城区行政事业单位资产清查工作领导小组，组织6家中介机构对行政事业单位资产进行全面盘点，共清查行政事业单位86户，清查总资产10.8亿元，总负债4.5亿元，净资产总额6.3亿元。2009年，《潍城区行政事业单位国有资产使用与资产处置管理办法》出台，重点对行政事业单位出租、出借资产和资产处置收入进行管理。自2010年起，在全区范围内建立推广应用“山东省行政事业资产管理信息系统”，逐步实现资产管理程序化、规范化和动态化，对资产配置、使用、处置实行全过程动态监管。同时，依托资产管理信息系统，扩充和细化全区资产管理信息数据库，全面掌握资产增量、减量和存量状况，提高资产信息的准确性和完整性。建立和实行国有资产使用与处置年度报告、检查制度。对外出租、出借国有资产的行政事业单位，按照规定时间向区国资局报送会计决算报表、资产使用情况报表以及对外出租、出借资产营运及效益分析情况报告。同时每年定期不定期对各行政事业单位的资产处置、使用和效益以及相关收入的缴纳情况进行检查，并将检查情况汇总后报区政府。截至2013年年初，全区共拥有包括街道（开发区、管理区）在内的行政事业单位73户，总资产10.24亿元，总负债5.32亿元，净资产总额4.92亿元。

第三章 税 务

第一节 机 构

1991年，潍坊市潍城区税务局辖15个税务所、1个稽查队。1994年，潍坊市潍城区税务局分设为潍坊市潍城区国家税务局和潍坊市潍城区地方税务局。2002年，潍坊市潍城区地方税务局更名为潍坊市地方税务局潍城分局。

潍城区国家税务局

正科级行政机构，成立于1994年。同年8月，潍城区国家税务局设置区属工业征收分局、城关征收分局、南关征收分局、稽查分局、外商投资开发区征收分局，均为副科级规格。11月，区国税局内设办公室、税收管理一科、税收管理二科、征收管理科、计划财务科、人事科、机关党委、纪检组（监察科），均为正股级规格；局机关行政编制40人。设置事业单位信息中心、服务中心，均为正股级规格；涉外征收分局改为涉外分局，与区属企业征收分局、南关分局、城关分局、外商投资开发区分局、稽查分局同列为直属机构序列，副科级规格；设置西郊税务所、于河税务所、杏埠税务所、望留税务所、符山税务所、军埠口税务所、大柳树税务所7个直属税务所。

1996年4月，调整农村征收机构，把于河税务所、杏埠税务所、望留税务所、军埠口税务所、大柳树税务所5个征收单位收缩为2个分局，更名为潍城区国税局望留分局、潍城区国税局于河分局，原符山国税所、西郊税务所仍保留，同时取消于河税务所、杏埠税务所、望留税务所、军埠口税务所、大柳树税务所。5月，组建潍坊市潍城区潍洲税务师事务所分所。1997年7月，城区机构改革，撤销原城区一分局、二分局、三分局，按管理和征收职能设置7个科室：综合业务科、计划财务科、企业管理科、个体管理科、办公室、政工科、监察室；保留稽查分局，为副科级规格。保留涉外分局、信息中心，规格不变。1998年7月，个体管理科更名为个体税收管理科。1999年6月，设立区国税局商品城市场分局，副科级规格，内设综合管理股、征收会计股、税务稽查股。2001年5月，区国税局内设办公室、人事教育监察科、综合业务科、税收管理一科、税收管理二科、税收管理三科6个正股级行政科室，设置个体税收管理分局1个副科级直属分局，望留分局、于河分局、符山税务所3个副科级农村分局（所），信息中心1个正股级事业单位。2005年8月，调整区国税局机构，内设办公室、税政管理科、征收管理科、人事教育科、监察室、计划统计科、办税服务厅、税源管理科8个科室，信息中心1个

潍城区国家税务局办公楼

正股级事业单位，不设稽查局。设立石化（西关）税务分局、符山税务分局、商城税务分局、于河税务分局（上述分局均为副科级）和军埠口税务所（正股级）5个派驻机构。2010年10月，调整区国税局机构，内设办公室、政策法规科、税政管理科、收入核算科、纳税服务科、征收管理科、人事教育科、监察室、税源管理一科、税源管理二科、机关党委办公室，均为正股级。设置稽查局1个副科级直属机构，内设办公室、综合选案科、检查科、案件审理科、案件执行科5个科室，均为副股级。设置信息中心1个正股级事业单位。至2013年，机构无变化。

潍城地税分局

正科级行政机构，成立于1994年，称潍坊市潍城区地方税务局，内设办公室、政工科、监察室、计划会计科、征收管理科、税收政策科、企业财务科、行政科8个科室，1个办税服务厅，下设稽查分局、城区征收分局、外商投资开发区征收分局、街居征收分局、个体分局5个征收分局，军埠口税务所、望留税务所、符山税务所、大柳树税务所、杏埠税务所、于河税务所6个镇税务所及1个票证印刷所（事业单位）。1996年4月，设立潍城区税务局涉外征收分局；12月，设立税务代理事务所。1998年10月，地税实行省以下垂直管理体制。2002年12月机构改革，潍坊市潍城区地方税务局更名为潍坊市地方税务局潍城分局，内设科室不变，下设稽查局、直属征收分局2个直属机构，城关、西关、南关、北关、于河、符山、军埠口、望留8个基层税务所。2007年机构调整，内设办公室、人事政工科、计划财务科、法规税政科、税收管理科、信息管理科、监察室、纳税服务中心8个科室，下设稽查、直属2个直属局。2008年11月，对基层征收机构进行综合设置，将原来8个基层税务所合并为城关、西关、于河、望留4个中心税务所。2011年12月，内设机构调整为办公室、法规税政科、征管和科技发展科、税源管理科、收入核算和财务科、人事科、机关党委、监察室8个科室，直属征收分局更名为直属征收局。至2013年，机构无变化。

第二节　税制改革

利改税

1983年起，根据财政部《关于全国利改税工作会议的报告》和《关于国营企业利改税试行办法》的通知，对国营企业进行两步走的利改税。第一步将国营企业上缴利润改为缴纳所得税。凡有盈利的国营大中型企业，根据实现的利润，按55%的税率缴纳所得税。企业缴纳所得税后的利润，一部分上缴国家，一部分按照国家核定的留利水平给企业。凡盈利的国营小型企业、区以上供销社，根据实现的利润按八级超额累进税率缴纳所得税。缴税后，企业自负盈亏，国家不再拨款。对税后利润较多的企业，国家可以收取一定的承包费，或者按固定数量上缴一部分利润；营业性的宾馆、饭店、招待所和饮食服务公司，都按15%的税率缴纳所得税，国家不再拨款，企业税后有盈有亏的，由商业主管部门调剂处理;军工、邮电、粮食、外贸、农牧等企业按原办法执行。1984年10月，根据财政部《关于在国营企业推行利改税第二步的报告的通知》和《国营企业第二步利改税试行办法》，实施“利改税”第二步改革和工商税收制度改革。将工商业按照纳税对象，划分为产品税、增值税、盐税和营业税；对第一步利改税设置的所得税和调节税加以改进，并增加资源税、城市维护建设税、房产税、土地使用税和车船使用税。经过“利改税”和工商税制改革，初步建立适应有计划的社会主义商品经济要求，内外有别，以流转税、所得税类税收为主体，其他税种相配合的税制体系。10月1日起，开征产品税、增值税、营业税、资源税、盐税、国营企业所得税、国营企业调节税、城镇土地使用税。1988年，潍城区征收税种和各类基金有：产品税、增值税、营业税、集体企业所得税、城建税、个人收入调节税、车船使用税、房产税、牲畜交易税、奖金税、建筑税、印花税、盐税、国营企业所得税、能源交通建设基金、教育费附加。1993年，税制体系由37种税组成，其中工商税收有32种。

分税制改革

1994年，国家建立符合社会主义市场经济要求的税制体系，分为中央税、地方税、中央地方共享税三类，调节中央与地方、国家与企业及个人分配关系。工商税种由1994年以前的32种减至18种。分设国家税务局和地方税务局两套税务机构，形成国家和地方两套税务征管体系。1994年6月，撤销潍坊市潍城区税务局，分别设立潍坊市潍城区国家税务局（国家税务局实行垂直管理）、潍坊市潍城区地方税务局（地方税务局实行上级地方税务机关和同级地方政府双重领导）。

国税税制　1994年分税制改革后，区国家税务局负责增值税、消费税、外商投资企业和外国企业所得税、证券交易税等税的征收管理。1997年2月，国务院下发《关于调整金融保险业税收政策有关问题的通知》，修订《中华人民共和国营业税暂行条例》中有关金融保险营业税税率的规定，将金融保险业营业税税率的规定由5%提高到8%。提高营业税税率后，除各银行总行、保险总公司缴纳的营业税仍全部归中央财政外，其余金融、保险企业缴纳的营业税，按原5%税率征收的部分，归地方财政收入，仍由潍城区地税局征收；按提高3%税率征收的部分，归中央财政收入，由潍城区国税局征收。

2013年年底，潍城区国税局负责潍城区内增值税、消费税，铁道部、各银行总行、各保险公司集中缴纳的营业税、所得税，城市维护建设税，车辆购置税，中央企业所得税，中央与地方所属企业、事业单位组成的联营企业、股份制企业的所得税，地方银行、外贸银行和非银行金融企业所得税，海洋石油企业所得税、资源税，外商投资企业和外国企业所得税，对储蓄存款利息征收的个人所得税，证券交易税（开征前为证券交易征收印花税），中央税的滞纳金、补税、罚款的税收征收管理。

地税税制　1994年分税制改革后，区地方税务局负责营业税、企业所得税、个人所得税、资源税、城市维护建设税、土地增值税、城镇土地使用税、车船使用税、房产税、固定资产投资方向调节税、印花税、屠宰税、筵席税及教育费附加等税费的征管。同年，取消筵席税。1997年1月1日起，区地方税务局按照娱乐业、广告业营业额的3%计算代征文化事业建设费，费率为3%。2000年1月起，按照国家税务总局文件规定停止征收固定资产投资方向调节税。3月，取消屠宰税。

2004年1月，潍城地税分局根据区残联核定的应缴费额代征残疾人就业保障金。2005年1月，开征地方教育附加，由潍城地税分局负责征管。征收范围为缴纳增值税、营业税和消费税的单位和个人，征收标准为上述“三税”实际缴纳额的1%。2010年12月起，按照新的征收范围和标准征收地方教育附加，征收标准为“三税”实际缴纳额的2%，地方教育附加实际税率变为3%。2011年3月，耕地占用税、契税由区财政局划转到潍城地税分局征收。8月，潍城地税分局代收地方水利建设基金。2012年1月，潍城地税分局按照企业工资总额的0.8%代征工会经费。2013年，潍城地税分局负责征管的税种有：营业税、城市维护建设税、企业所得税、个人所得税、资源税、房产税、城镇土地使用税、车船税、印花税、土地增值税、耕地占用税、契税等。同时，潍城地税分局征收教育费附加、地方教育附加，还代征文化事业建设费、地方水利建设基金、残疾人就业保障金、工会经费等。

第三节　税种税率

产品税

产品税是以生产、进口或采购的特定产品为征税对象，对其流转额征收的一种税。征税范围较广，包括全部工业产品和大部分农、林、牧、水产品，共计270个税目。1984年从工商税中划出，成为单独税种。从1986年起，国家把原征收产品税的部分工业产品陆续改征增值税。截至1991年4月，在产品税的原260个工业品税目中，已有174个税目被划入增值税范围，只保留卷烟、酒等86个税目继续征收产品税。应税产品除“大型电力”一项采用定额税率外，其他产品均实行产品差别比例税率，税率最低为3%，最高为60%。1994年1月，取消该税种。

屠宰税

1986年4月1日，对经营生猪、牛、羊的单位和个人，在收购环节征收产品税。1994年1月，改征屠宰税。征税范围包括屠宰或者收购的生猪、牛、羊、马、驴、骡6种牲畜。计税依据为应税牲畜的头数。税额为生猪每头10元，牛、马、驴、骡每头（匹）20元，羊每只2元。该税种由潍城区地税局征收。2000年3月，取消屠宰税。

牲畜交易税

对牛、马、骡、驴4种牲畜在交易形成时向买方征收牲畜交易税。1994年，取消该税种。

建筑税

1987年7月开征。征收范围为凡用国家预算外资金、地方机动财力、银行贷款和自有资金进行的自筹基本建设投资，技术改造项目中的建筑工程投资，不纳入国家固定资产投资计划的建筑工程投资，税率为10%～30%。对乡镇企业、个体工商业户在农村的投资暂不征收建筑税，1991年起停征。

筵席税

1988年9月，国务院发布《中华人民共和国筵席税暂行条例》，征税范围为饭店、酒店、宾馆、招待所等达到征税起征点的筵席，采取按次从价计征，采用15%～20%的幅度比例税率。1994年国家税制改革，筵席税下放，山东省随即取消征收。

个人收入调节税

1987年1月起开征。凡境内有住所的公民，其工资、薪金、承包、转包、劳务报酬、财产租赁、利息、股息、红利等收入均开征个人收入调节税。1994年1月，改为征收个人所得税。

奖金税

分为国营企业奖金税和集体企业奖金税、事业单位奖金税。1994年1月废止该税种。

固定资产投资方向调节税

自1991年1月起计征。凡在区境内投资固定资产的单位和个人，均征收此税。实行差额税率，分5%、10%、15%、30%和零税率5个档次。2000年1月停征。

消费税

自1994年1月1日起，《中华人民共和国消费税暂行条例》施行，开征消费税。以需要进行特殊调节的部分最终消费品为课税对象，其中包括一些奢侈、非生活必需消费品、某些不可自生的资源类消费品、高能耗及高档消费品等，共设置20个税目，13个子目，24个征税项目，采取从价定率和从量定额征收方法，在生产销售环节征收。1995年1月1日起，金银首饰消费品税由生产销售环节征收改为零售环节征收。税率由原来的10%调减为5%。该税种由潍城区国税局征收。

车辆购置税

2001年1月开征，由潍城区国税局负责征管。征收范围包括购置的汽车、摩托车、电车、挂车、农用运输车等。实行从价定率办法计算应纳税额，税率为10%。

增值税

1984年10月开征。1986年，纺织品、日用电器、电子产品、搪瓷制品、保温瓶由征产品税改征增值税。1987年，部分轻工产品改征增值税。1988年，有色金属、电线、电缆等产品由征资源税和产品税改征增值税。1994年工商税制改革后，增值税适用范围扩至所有货物（除不动产）的销售以及加工修理、修配业务，实行价外计征，以不包含增值税税额的商品价格为税基计算征税，增值税包括17%的基本税率和13%的低税率，出口商品实行零税率。实征税时按销售额划分一般纳税人和小规模纳税人，年销售额工业在100万元以上、商业在180万元以上并且核算健全的为一般纳税人。对认定为一般纳税人的，采取按销项税额减进项税额计征增值税的计算办法；对认定为小规模纳税人的采取按税法规定的征收率计征增值税的方法，征收率为6%。自1998年7月1日起，年应征销售额在180万元以下的商业性质的增值税一般纳税人，全部划转为小规模纳税人，同时商业小规模纳税人的征收率由6%改为4%。2009年1月1日，《中华人民共和国增值税暂行条例》开始实施，全面实施增值税转型改革，从生产型增值税转变为消费型增值税。自2009年1月1日起，全国所有增值税一般纳税人新购进设备所含的进项税额可以计算抵扣，购进的应征消费税的小汽车、摩托车和游艇不得抵扣进项税，取消进口设备增值税免税政策和外商投资企业采购国产设备增值税退税政策，小规模纳税人征收率降低为3%，将矿产品增值税税率从13%恢复到17%。从2012年1月1日起，为深化部分地区和行业增值税制度改革试点，启用货物运输业增值税专用发票。同年7月1日起，在部分行业试行农产品增值税进项税额核定扣除办法。经国务院批准，自2013年8月1日起，在全国范围内开展交通运输业和部分现代服务业营改增试点，缴纳增值税。同时，根据《财政部、国家税务总局关于暂免征收部分小微企业增值税和营业税的通知》和《国家税务总局关于暂免征收部分小微企业增值税和营业税政策有关问题的公告》，对增值税小规模纳税人中月（季）销售额不超过2万元（6万元）的企业或非企业性单位，暂免征收增值税。境内增值税由潍城区国税局征收。

资源税

1984年10月1日起，试行《中华人民共和国资源税条例》。1986年10月1日起，对原油、天然气、煤炭由按应税产品销售利润率超率累进征收办法，改为按实际产量或销售数量定额征收办法。1991年1月，财政部调整煤炭资源税定额，实行普遍征收。1991年1月1日起，对全国97户统配煤矿和26个省、自治区、直辖市（包括计划单列市）的非统配煤矿实行统一定额、统一征收的方法。1994年税制改革后，资源税征管范围扩大为原油、天然气、煤炭、其他非金属矿原矿、黑色金属矿原矿、有色金属矿原矿和盐（包括固体盐和液体盐）。计税依据为纳税人应税产品的课税数量，实行从量定额征收。税额为铁矿石10元／吨，石灰石2元／吨，花岗石3元／立方米，煤炭1.2元／吨，宝石10元／克拉，天然矿泉水3元／吨，建筑用砂1元／立方米，其他黏土1元／立方米，其他建筑石料1元／立方米。2005年5月1日起，按照《财政部、国家税务总局关于调整山东省煤炭资源税税额标准的通知》要求，潍城区煤炭税征收标准调整为3.6元/吨。境内资源税由潍城区地税局征收。

车船使用税

自1987年1月起，对机动车辆开征车船使用税。1994年，由潍城区地税局负责征收。2006年始，此税由潍坊市地税局直属征收局统一征收，按实际征收数返还区财政。征税范围为中国境内公共道路或航道上行驶的车船（另有规定者除外）。车辆包括机动车和非机动车，船舶包括机动船和非机动船。计税依据为车船数量、载重吨位、净吨位，实行从量计征。年税额为小型客车每辆260元，大型客车每辆300元，载货汽车按净吨位每吨60元，二轮摩托车每辆56元，三轮摩托车每辆72元。同年12月，该税与车船使用牌照税统一为车船税。

车船使用牌照税

1994年1月，对外商投资企业、外国企业的外籍人员征收车船使用牌照税，由潍城区国税局征管。1996年2月，车船使用牌照税由潍城区地税局征管。2006年12月，该税与车船使用税统一为车船税。

车船税

2006年12月，国务院颁布《中华人民共和国车船税暂行条例》，把车船使用牌照税和车船使用税统一为车船税，并对车船税税目税额进行调整，自2007年1月1日起开征。潍城区征收的税目税额为：小型客车每辆420元，大型客车每辆600元，载货汽车按净吨位每吨96元，二轮摩托车每辆60元，三轮摩托车每辆60元。自2012年1月1日起，施行新的《中华人民共和国车船税法》，车船税按年申报，分月计算，一次性缴纳。纳税期限为每年的1月1日—12月31日。由扣缴义务人代收代缴车船税的，车船税的纳税期限为纳税人购买机动车交通事故责任强制保险的当日，纳税地点为车船登记地或者扣缴义务人所在地。

城镇土地使用税

潍城区于1989年开征。1994年，由潍城区地税局征收。征税范围为县城、建制镇和工矿区内的国有土地和应税集体土地。计税依据为纳税人实际占用的土地面积。该税单位税额为：新老城区3元/平方米，其他区域2元/平方米。2007年1月1日，根据山东省人民政府《关于调整城镇土地使用税税额标准的通知》要求，潍城区调整城镇土地使用税征收标准，一级土地8元/平方米，二级土地6元/平方米，三级土地4元/平方米。

营业税

1984年，第二步“利改税”将工商税中的商业和服务业等行业划分出来，单独征收营业税。1993年，将商品批发、零售、加工、修理修配行为改征增值税。重新修订、颁布《中华人民共和国营业税暂行条例》，将营业税的课税范围限定为提供应税劳务和转让无形资产以及销售不动产，而且适用于内、外资企业。营业税由原14个税目减为9个税目。1997年2月，国务院下发《关于调整金融保险业税收政策有关问题的通知》，将金融保险业营业税税率由5%提高到8%，提高的3%归中央财政收入，由区国税局征收；区地税局征收5%，征税范围为交通运输业、建筑业、金融保险业、邮电通信业、文化体育业、娱乐业、服务业、转让无形资产及销售不动产。计税依据为纳税人提供应税劳务、转让无形资产或者销售不动产向对方收取的全部价款和价外费用。交通运输业、建筑业、邮电通信业、文化体育业税率为3%；金融保险业、服务业、转让无形资产、销售不动产税率为5%；娱乐业税率为20%。

房产税

1987年1月开征。1994年，该税由潍城区地税局征收。征税范围为县城、建制镇和工矿区内的房屋，计税依据为房产的计税余值或房产的租金收入。按照房产余值缴纳的税率为1.2%，按照房产租金收入缴纳的税率为12%。

城市维护建设税

1985年计征。1994年，由按流转税额附征改为以实际缴纳的增值税、消费税、营业税为计税依据，成为独立税种，税率为7%，由潍城区地税局征收。

个人所得税

1994年1月开征，由潍城区地税局征收。征税范围包括工资、薪金所得，个体工商户的生产、经营所得，对企业单位的承包经营、承租经营所得，劳务报酬所得，稿酬所得，特许权使用费所得，利息、股息、红利所得，财产租赁所得，财产转让所得，偶然所得，经国务院财政部门确定征税的其他所得。根据所得的性质，税率分别按5%～35%、5%～45%的超额累进税率和20%的比例税率计算。根据2011年6月30日第十一届全国人民代表大会常务委员会第二十一次会议《关于修改〈中华人民共和国个人所得税法〉的决定》，第六次修正《中华人民共和国个人所得税法》，个人所得税的税率为：工资、薪金所得，适用超额累进税率，税率为3%～45%；个体工商户的生产、经营所得和对企事业单位的承包经营、承租经营所得，适用5%～35%的超额累进税率；劳务报酬所得，适用比例税率，税率为20%，对劳务报酬所得一次收入畸高的，可以实行加成征收，具体办法由国务院规定；稿酬所得，适用比例税率，税率20%，并按应纳税额减征30%；特许权使用费所得，利息、股息、红利所得，财产租赁所得，财产转让所得，偶然所得和其他所得，适用比例税率，税率为20%。

印花税

1988年10月1日起，全国范围内恢复征收印花税。纳税人为在境内书立、领受或使用应纳税凭证的单位和个人。征税范围为各类经济合同及具有合同性质的凭证、产权转移书据、营业账簿、权利许可证照、经财政部确定征税的其他凭证。计税依据为应税凭证记载的金额或应税凭证件数。税率为各类经济合同、产权转移书据、记载资金的营业账簿适用比例税率，设0.5‰、3‰、5‰、1‰四个档次；权利许可证照和其他营业账簿按件贴花5元。1994年起，由潍城区地税局征收。

企业所得税

1994年1月1日起开征，是对境内企业（外商投资企业和外国企业除外）的生产经营所得和其他所得征收的税种，税率为33%。对年内应纳所得额在3万元（含3万元）以下的企业，暂减按18%的税率征收；年内纳税所得额在10万元（含10万元）以下至3万元以上的企业，暂减按27%的税率征收。企业所得税的征税对象是纳税人的所得，包括销售货物所得、提供劳务所得、转让财产所得、股息红利所得、利息所得、租金所得、特许权使用费所得、接受捐赠所得和其他所得。2002年1月1日起，按照国家工商行政管理总局的有关规定，在各级工商行政管理部门办理设立（开业）登记的企业，其企业所得税由国家税务局负责征收管理。2008年1月1日起，《中华人民共和国企业所得税法》施行，内、外资企业所得税“两税合并”，适用25%的标准税率。符合条件的非居民企业、小型微利企业，减按20%的税率征收企业所得税；国家需要重点扶持的高新技术企业，减按15%的税率征收企业所得税。以2008年为基年，2008年年底前国家税务局、地方税务局各自管理的企业所得税纳税人不作调整。2009年起，新增企业所得税纳税人中，应缴纳增值税的企业，其企业所得税由国家税务局管理；应缴纳营业税的企业，其企业所得税由地方税务局管理。

外商投资企业和外国企业所得税

1991年7月开征，是对在中国境内的外商投资企业和外国企业的生产、经营所得和其他所得征收的一种税。按照比例税率征收，总体负担率为33%，其中国家税务征收税率为30%。2001年起，对在中国境内未设立机构、场所的外国企业，其所得税率按10%征收。2008年起，此税种废止，其税率适用于“企业所得税”。

土地增值税

1994年1月1日开征，由潍城区地税局征收。土地增值税是指转让国有土地使用权、地上的建筑物及其附着物并取得收入的单位和个人，以转让所取得的收入包括货币收入、实物收入和其他收入减除法定扣除项目金额后的增值额为计税依据向国家缴纳的一种税赋，不包括以继承、赠与方式无偿转让房地产的行为。纳税人为转让国有土地使用权及地上建筑物和其他附着物产权并取得收入的单位和个人。课税对象是指有偿转让国有土地使用权及地上建筑物和其他附着物产权所取得的增值额。土地价格增值额是指转让房地产取得的收入减除规定的房地产开发成本、费用等支出后的余额。土地增值税实行四级超额累进税率。计税依据为纳税人转让房地产取得的土地增值额，土地增值额为转让房地产取得的收入减去法定的扣除项目金额后的余额。纳税人取得的土地增值额不超过扣除项目金额50%的部分，税率为30%；土地增值额超过扣除项目金额50%、但不超过100%的部分，税率为40%；土地增值额超过扣除项目金额100%、但不超过200%的部分，税率为50%；土地增值额超过扣除项目金额200%的部分，税率为60%。

农业税

由潍城区财政局征收。依据农作物的常年产量，实行比例税率。潍城区于2006年全部取消农业税。

农业特产税

由潍城区财政局征收。税目主要有烟叶产品、园艺产品、水产品、林木产品、牲畜产品、食用菌产品、贵重食品、其他产品共8个，税率为5%、8%、10%、20%等不同税率。2003年，潍城区取消此税种。

耕地占用税

由潍城区财政局征收。依据纳税人实际占用耕地面积，实行定额税率。潍坊市确定税额标准为4.3元/平方米，农村占用耕地建房按规定税额减半征收。2007年，为进一步加强耕地占用管理，切实保护耕地，国务院重新修订《中华人民共和国耕地占用税暂行条例》，扩大计税范围，提高计税标准。山东省核定潍坊市耕地占用税适用税额为23元/平方米，自2008年1月1日起施行。2011年3月1日起，由潍城区财政局划转到潍城地税分局征收。

契税

由潍城区财政局征收。包括房屋买卖、房屋赠与、房屋交换、国有土地使用权出让、土地使用权转让。计税依据：一是纳税人申报的成交价格；二是由征收机关参照市场价格核定的计税价格。根据《山东省契税征收规定》，全省执行3%～5%的税率，潍城区实际执行3%的税率。2011年3月1日起，由潍城区财政局划转到潍城地税分局征收。

教育费附加

以单位和个人实际缴纳的增值税、消费税、营业税税额为计征依据，按照3%的附加征收率计征。1994年分税制改革以后，由潍城区地税局征收。

文化事业建设费

1997年开征，由潍城区地税局代收，是针对经营娱乐业、广告业的纳税人实现的收入征收的一项专项资金，计收率为3%。

残疾人就业保障金

2004年，由潍城地税分局代收。凡区内的机关、团体、企事业单位，不分所有制性质和组织形式，都有安排残疾人就业的法定义务，必须按不低于本单位在职职工总数1.5%的比例安排残疾人就业，凡达不到规定比例的单位，每年按实际差额比例缴纳残疾人就业保障金。计算公式为：应纳保障金=（用人单位上年末实际在职职工人数×1.5%－用人单位上年末在职残疾职工数）×上年度本地职工年平均工资额。

地方教育附加

2005年起征收，是专项用于教育事业发展的政府性基金，由潍城地税分局征收。根据山东省人民政府办公厅《关于征收地方教育附加有关问题的通知》规定，山东省行政区域内，凡缴纳增值税、营业税、消费税（以下简称“三税”）的单位和个人，按实际缴纳“三税”税额的1%缴纳地方教育附加。

地方水利建设基金

2011年8月1日起开征。地方水利建设基金属于政府性基金，主要用于地方水利工程建设和重点水利防护工程治理，并与中央共同负担跨流域、跨省的重大水利工程建设。在山东省行政区域内缴纳增值税、营业税、消费税的企事业单位和个体经营者，按照“三税”实际缴纳额的1%征收地方水利建设基金。境内地方水利建设基金由潍城地税分局负责代收并就地缴入区级国库。潍城地税分局对企事业单位和个体经营者2011年7月1日以后实现的“三税”代收地方水利建设基金。

工会经费

2012年1月，潍城地税分局按照企业工资总额的0.8%代征工会经费。

第四节　税收收入

1991年，潍城区税务局完成税收收入9332万元。1992、1993年分别完成税收收入9705万元、12808万元。1994年税务机构分设后，税收收入按征管范围由区国税局、区地税局分别组织征收。

国税收入

1994年，潍城区国税局完成税收收入6018万元。1999年，国税收入突破1亿元。2010年，国税收入突破10亿元。2013年，国税收入为123097万元。

1994—2013年潍城区国税收入表

表10-9　单位：万元

年份	数额	年份	数额
1994	6018	2004	45139
1995	6812	2005	50873
1996	6180	2006	57929
1997	8129	2007	73017
1998	9955	2008	97415
1999	11348	2009	83642
2000	12830	2010	112034
2001	35100	2011	133738
2002	31530	2012	134764
2003	34256	2013	123097

说明：2001年始，国家税收按地域征收，包括在潍城区的上属企业税收。

2011—2013年潍城区国税收入分产业行业完成情况表

表10-10　单位：万元

产业行业＼年份	2011	2012	2013
一、第一产业	4	15	94
二、第二产业	69001	67168	65631
采矿业	21	29	5
制造业	42104	34624	38105
电力、热力、燃气及水的生产和供应业	26759	32468	27459
建筑业	117	47	62
三、第三产业	64733	67581	57372
批发和零售业	33087	29582	31891
交通运输、仓储和邮政业	64	31	547

续表 10-10

产业行业＼年份	2011	2012	2013
住宿和餐饮业	93	45	51
信息传输、软件和信息技术服务业	1	15	10
金融业	25366	27592	9500
房地产业	5687	7120	9357
租赁和商务服务业	28	30	147
科学研究和技术服务业	—	90	305
居民服务、修理和其他服务业	40	77	109
教育	1	5	9
卫生和社会工作	0	14	2
文化、体育和娱乐业	1	6	0
公共管理、社会保障和社会组织	2	28	0
其他行业	363	2946	5444
合计	133738	134764	123097

地税收入

1994 年税制改革后，潍城区地税税收持续呈高速增长态势。1994 年，潍城区地税收入为 2464 万元。1997 年后，税收增长连续大幅递增。2001 年，地税收入突破 1 亿元。2011 年，地税收入突破 10 亿元。2013 年，地税收入为 155734 万元。

1994—2013 年潍城区地税收入表

表 10-11　　单位：万元

年份	数额	年份	数额
1994	2464	2004	12623
1995	4459	2005	18391
1996	6236	2006	21643
1997	7836	2007	40771
1998	8598	2008	53690
1999	8542	2009	71398
2000	9933	2010	86998
2001	12113	2011	120406
2002	10816	2012	138542
2003	10103	2013	155734

2011—2013 年潍城区地税收入分产业行业完成情况表

表 10-12　　单位：万元

产业行业 \ 年份	2011	2012	2013
一、第一产业	22	23	14
二、第二产业	36698	32512	33355
采掘业	60	6	2
制造业	21484	18387	15023
电力、燃气及水的生产和供应业	5740	6379	6695
建筑业	9414	7740	11635
三、第三产业	83686	106007	122365
交通运输业	3210	2795	2719
批发零售业	9949	13877	12616
住宿和餐饮业	2344	2449	2087
金融业	10554	15817	14722
房地产业	37807	58905	81279
租赁和商务服务业	4941	1679	1178
科学研究和技术服务业	—	528	1134
文化、体育和娱乐业	77	79	66
信息传输、计算机服务和软件业	627	779	1010
教育和卫生	805	548	634
居民服务和其他服务业	1881	3372	3999
公共管理和社会组织	3288	1604	625
其他行业	8203	3575	296
合计	120406	138542	155734

第五节　税收征管

征管体系建设

分税制改革前，潍城区税务局负责全区的税收征管。1994 年 1 月，潍城区税务征管体系实施改革，对工业企业和批发、零售商业普遍征收增值税，对少量消费品征收消费税，对不实行增值税的劳务和销售不动产征收营业税。1994 年 6 月，组建中央和地方税收双重税务机构，税收征管形成国税和地税两套征管体系。

国税征管体系　1994 年，随着潍城区国家税务局的组建，逐步形成国税征管体系。1995 年，电子计算机进入区税收征管领域。1996 年，合并成立征收分局，建立办税服务大厅，并与金融机构联合，实现金融一体化服务。1997 年 5 月，潍坊市国税局税收征管软件在区国税系统运行，税务登记、纳税申报、税款征收核算、发票领用存管理、税务稽查对象筛选、纳税人的资料管理及综合税收统计分析等全部纳入计算机管理，全区国税系统内计算机实现联网，在防止税源流失、提高税收分析能力方面发挥了重要作用。区国税局统一使用计算机开具电脑版增值税专用发票，增强防伪性。2000年，推行网上银行网点和电话申报纳税，实现申报纳税方式的多元化、电子化。2001年1月，金税工程二期在全区联网，专用发票管理实现电算化、规范化，填补增值税专用发票管理的漏洞。5月，潍坊市国税局制定《个体双定业户定额核定管理暂行办法》，实行微机定税，税收征管工作更加科学规范。2002年，国家对企业所得税征管范围进行调整，符合规定的新设立纳税人，其企业所得税由国税局负责征管。2003年7月，将所有一般纳税人纳入防伪税控系统管理，一般纳税人不再使用手工开具增值税专用发票。11月，将运输发票、农产品发票抵扣凭证纳入票表稽核。2004年1月，国家改革出口退税机制，明确出口退税超基数部分由中央与地方按75 ：25比例负担出口退税。6月，将望留分局、于河分局、符山税务所3个农村分局（所）有关涉税业务纳入城区办税服务厅办理，并实行办税服务厅实体化规范管理。7月，按照市国税局要求开展税源精细化管理试点工作。2006年，综合征管软件V2.0成功上线。9月，实行国地税联合办理税务登记。2007年，推进税源科学化、精细化管理，构建税收征管长效机制，税收分析预警系统试运行。2008年，落实减轻基层税务机关额外的工作负担和减轻纳税人不必要的办税负担“两个减负”工作。积极探索优化纳税服务工作新思路、新办法，巩固和完善“一站式”服务，对纳税人办理涉税事项所需资料“一次性”告知，对资料齐全的涉税事项，给予“一次性”办结。2009年4月1日起，停止向纳税人收取税务登记证工本费。2011年，发挥税源管理的整体效能优势，逐步建立税收分析、税源监控、纳税评估、税务稽查四者之间的良性联动机制，不断强化市国税局、区国税局、基层分局三级税源监控管理，建立“四位一体、三级联动”机制，提高税收征管质效。9月，在全区推行“个体定期定额户简并征期”征收方式。11月，联合潍城地税分局建立潍城区国地税合署办税服务厅，率先在全国实行国地税办税服务厅联合办税。12月1日起，推行税控服务器开具普通发票。2013年8月，潍城区国税局开展交通运输业和部分现代服务业的营改增试点工作。10月，全国税收管理信息系统工程即金税三期系统工程在潍城区正式上线运行。

地税征管体系　1994年，新税制正式运行。此后，经过征管改革实践，区地税局逐步探索出以纳税人自行申报为基础，以税务机关管理检查为核心，以社会中介机构进行税务代理服务为辅助的申报、稽查、代理三者相互结合的征管改革新思路。1999年1月，全区实现征管数据县级集中。2000年，推行网上银行网点和电话申报纳税，申报纳税方式步入多元化、电子化轨道。2001年5月，对个体双定业户实行微机定税，并在全区推广实行农信“双委托”（地税机关委托银行代征税款、纳税人委托银行代缴税款）缴纳税款申报方式，实行“双委托”报税的定期定额户占双定户总数的97%以上。2003年1月，实现征管数据市级集中。6月，潍城地税分局开展以“政府领导、地税主管、部门配合、社会参与、司法保障”为主要内容的社会综合治税活动，区政府印发《关于加强税收源泉管理增加地方财政收入的实施意见》，潍城地税分局与工商、国税、公安、交通等21个部门研究签订部门综合治税文件，与有源泉控管职能的部门、单位签订委托代征协议书，在全区初步建立区、镇（街）、分局、片、村五级综合治税网络。2006年3月，潍城地税分局根据企业的税务登记、账簿凭证管理、纳税申报、税款缴纳、违反税收法律、法规等情况，对企业进行纳税信用等级评定。

2007年，潍城区按照山东省地税局《企业所得税核定征收暂行办法》具体规定，对年销售额在1000万元以下、账务不健全、达不到查账征收要求的企业，实行企业所得税核定征收，共办理全区地税管辖业户企业所得税核定征收企业128户。2008年1月，组织实施地税省级数据“大集中”工程，将纳税人的所有数据信息重新采集、审核、整理、录入，全部移送省地税局数据库集中管理，夯实征管基础。2009年，为进一步减轻纳税人负担、优化纳税服务、支持经济发展，自2月1日起停止向纳税人收取税务登记证工本费，自11月10日起停止向纳税人收取纳税申报表工本费。2010年12月，潍城地税分局实行“集中办公”和“集中征收”，所辖所有分局和中心所均集中在潍城地税分局办公，所有分局和中心所的办税服务被纳入潍城地税分局办税服务厅，并实行办税服务厅实体化规范管理。2011年11月，启用“潍城区联合办税服务厅”，实行国地税办税服务厅联合办税。2012年1月1日起，对小型微型企业（含个体工商户及其他个人）停止征收税务发票工本费。同月，推行“潍坊地税E票通”，实现纳税人在线开具发票、在线缴销发票、网购发票、发票鉴真等，并实现开票额与申报额的自动监控比对。2013年1月1日起，对所有企业和个人全面停止征收税务发票工本费。8月，潍城地税分局对交通运输业、邮电通信业等开始营改增试点工作。从10月1日起，金税三期系统工程上线运行，国税业务和地税业务均被纳入金税三期系统，实现税收征管数据的国家级集中。

2013年，税务人员为纳税人提供导税咨询服务

税务稽查工作

国税稽查　1994年，区国税局成立稽查分局，负责打击辖区内的偷税骗税行为，整顿维护本区的税收秩序。当年入库380万元，其中国地税分设后入库190万元，稽查优势凸显。1995年，扩建稽查分局，内设办公室、综合选案科、检查科、案件审理科、案件执行科5个科室，有工作人员42人，平均年龄31.4岁，其中大、中专以上学历占比92%。开始探索实行税收大稽查模式，赋予稽查分局独立立案检查权、定案处理权、违章处罚权、税款入库权，税收稽查工作趋于完善。1995—2000年，每年入库税款分别为499万元、373万元、587万元、972万元、697万元、1151万元。2000年，撤销潍城区国税局稽查分局，潍城区国税局稽查业务由市国税局稽查局负责。2010年，潍城国税局组建稽查局，以信息化、网络化应用平台为主架构，推行中普查账辅助系统，深化应用税收预警评估系统，加强发票、案件协查，扎实开展税收专项检查、大案要案查处等活动。2011年，检查3157份发票，查补税款189万元，罚款88万元，加收滞纳金36万元。2012年，稽查入库税款1744万元。2013年，稽查入库税款3417.23万元。

地税稽查　1994年7月，区地税局设立稽查分局，专门打击偷税骗税行为，形成“集中征收、重点稽查”的新格局。1994—1996年，共查补入库税款911万元。2000年，开展储蓄存款利息所得税专项检查。2001年，开展个人所得税检查。2002年，开展企业所得税专项检查。2003年，开展建筑安装业专项检查。2004年，开展交通运输业专项检查。2005年，开展医疗器材和成品油行业专项检查。2006年，开展房地产业和交通运输业专项检查，组织企业自查170户，查补税款、罚款共计760万元。2007年，开展重点税源企业检查，检查企业27户，查补税款、罚款、滞纳金共计1273万元。2008年，开展省地税局、市地税局指令性检查，检查企业47户，查补税款、罚款、滞纳金共计726万元，组织企业自查78户，入库税款620万元。2009年，开展省级重点税源企业指令性检查，检查4户，查补税款、罚款、滞纳金共计323万元，组织企业查前辅导207户，入库税款1126万元。2010年，开展房地产业、交通运输业、医疗器械业、建筑安装业专项检查，查补税款、罚款、滞纳金共计1327万元。2011年，开展市级重点税源企业专项检查，检查企业37户，开展查前辅导61户，查补税款、罚款、滞纳金共计1670万元。2012年，开展市级指令性、指导性检查，检查企业57户，查补税款、罚款、滞纳金共计1775万元。2013年，开展市级指令性检查，检查企业12户，查补税款、罚款、滞纳金共计520万元；开展房地产业、建筑安装业专项检查，检查企业21户，查补税款、罚款、滞纳金共计1211万元。

第四章　金　融

第一节　银　行

1991年，潍城区境内有5家银行机构：中国农业银行潍坊市潍城区支行、中国工商银行潍坊市潍城区办事处、中国工商银行潍坊市南关办事处、潍城区城市信用社、潍城区农村信用合作社联合社。2013年，潍城区境内有中国工商银行股份有限公司潍坊潍城支行、中国工商银行股份有限公司潍坊南关支行、中国农业银行股份有限公司潍坊潍城支行、中国银行股份有限公司潍坊潍城支行、中国银行股份有限公司潍坊胜利西支行、中国银行股份有限公司潍坊西城支行、中国建设银行股份有限公司潍坊潍城支行、潍坊农村商业银行股份有限公司潍城支行、华夏银行股份有限公司潍坊分行等各类银行机构30余家。

银行选介

中国工商银行股份有限公司潍坊潍城支行　1990年12月，中国工商银行潍坊市潍城区办事处成立，承担所辖工商企事业单位的存款、放款、汇款业务及城镇居民的储蓄业务，下设办公室、行管科、会计科、出纳科、信贷科、计划科、储蓄科、科技科、人事科、保卫科、工会、老干部科12个科室及36个储蓄所（含16个银企合办储蓄所）。1993年，中国工商银行潍坊市潍城区办事处更名为中国工商银行潍坊市潍城区支行，办公室、人事科、老干部科合并为办公室。同年，区办造纸机械厂储蓄所、区办第二印染厂储蓄所开业。1995年，潍城区支行内部机构调整为办公室、营业室、计划信贷科、人事科、储蓄科、保卫科、工会。1996年，潍城区支行东风大街第一储蓄所由支行储蓄专柜接管。撤销营业室，成立会计科、出纳科、筹资科。1997年，北宫储蓄所、东风影院储蓄所、和平北储蓄所升格为分理处。2002年，潍城区支行内部机构改革，设办公室、公司业务部、个人金融业务部、营业部4个部室。2003年，潍城区支行设市场营销部、业务管理部、办公室、营业室、北宫分理处、东风影院分理处、东风大街第三分理处、福寿西街第一分理处、西苑分理处、和平路第二分理处。2005年12月，中国工商银行潍坊市潍城区支行更名为中国工商银行股份有限公司潍坊潍城支行。2007年，潍城支行北宫分理处升格为二级支行，归潍坊分行直管；潍城支行豪德广场分理处开业。2008年，东风影院分理处划归南关支行，和平路第二分理处划归开发区支行。2009年，潍州路分理处、豪德广场分理处、福寿西街第一分理处升格为潍州路支行、豪德广场支行、福寿西街支行，均划归潍城支行管理。2011年，原南关支行所属潍坊大十字口分理处划归潍城支行管理。2012年，大十字口分理处迁址至潍州路1998号，更名为金宝分理处。截至2013年年底，各项存款余额335489万元，各项贷款余额245039万元。

中国工商银行股份有限公司潍坊南关支行 1984年11月，中国工商银行潍坊市南关办事处成立，辖1个分理处、9个储蓄所、6个代办所，全行员工149人。1994年1月，中国工商银行潍坊市南关办事处更名为中国工商银行潍坊市南关支行。9月，支行由和平路50号迁址至健康街192号潍坊市燃料公司新建的办公楼。1996年12月，迁址至胜利西街228号。2005年10月，中国工商银行潍坊市南关支行更名为中国工商银行股份有限公司潍坊南关支行，由中国工商银行股份有限公司潍坊分行直接管理。至2013年12月，支行各项存款余额166955万元，其中单位存款余额91863万元、城乡居民个人存款余额75092万元；各项贷款余额193087万元，其中单位贷款117414余额万元，个人贷款余额75673万元。

中国农业银行股份有限公司潍坊潍城支行 1983年，中国农业银行潍坊市潍城区支行成立。因1994年区划调整，中国农业银行潍坊市潍城区支行于同年11月重新组建，沿用原名称。1995年1月1日正式对外挂牌营业，设财务会计科、计划信贷科、保卫科、人事秘书科、监察审计科、工会工作委员会，辖1个营业部、6个办事处、2个营业所、10个储蓄所。2003年，进行扁平化改制，辖属机构由潍坊市分行统一管理。2006年5月，重新组建中国农业银行潍坊市潍城区支行，下设综合管理部、财会运营部、个人金融部、公司业务部，辖1个营业部、8个分理处。2009年，中国农业银行潍坊市潍城区支行更名为中国农业银行股份有限公司潍坊潍城支行，由中国农业银行股份有限公司潍坊分行直接管理。辖属向阳路分理处迁址至福寿西街与月河路交叉口东北角，并更名为北关分理处。2011年，辖属符山分理处迁址至潍城区豪德贸易广场3号楼，更名为豪德分理处。2012年，辖属西城分理处迁址至北宫西街与怡园路交叉口西北角，辖属火车站分理处、西郊分理处升格为火车站支行、西郊支行。至2013年12月，中国农业银行股份有限公司潍坊潍城支行各项存款余额375048万元，其中单位存款余额113596万元、城乡居民个人存款余额261452万元；各项贷款余额197646万元，其中单位贷款余额95482万元、个人贷款余额102164万元。

中国农业银行股份有限公司潍坊潍城支行

中国银行股份有限公司潍坊潍城支行 1994年3月，中国银行潍坊分行潍城区分理处成立，地址在向阳路143号，系租赁潍坊市潍城区外贸公司的楼房办公，内设人秘科、计划信贷科、财务会计科。9月，成立第一个储蓄网点——中国银行潍坊分行胜利支路中段储蓄所。1995年5月，中国银行潍坊市潍城支行成立，地址在向阳路143号，承接中国银行潍坊分行潍城区分理处全部业务和人、财、物。内设办公室、计划信贷科、财务会计科、存汇科。同年，设立中国银行潍坊市潍城支行胜利西分理处，地址在胜利西街300号。1996年11月，胜利支路中段储蓄所迁址并更名为永安路中段储蓄所。1998年5月，存汇科更名为储蓄科。1998年6月，潍坊分行辖属的十笏园储蓄所、和平路储蓄所、月河路储蓄所、健康街外贸储蓄所划归潍城支行管理。1999年11月，潍城支行设立向阳路分理处。2000年11月，月河路南段储蓄所迁址并更名为向阳路南段储蓄所。2001年9月，潍城支行辖7个分理处:胜利西分理处、向阳路分理处、和平路分理处、十笏园分理处、永安路中段分理处、向阳路南段分理处、健康街外贸分理处。2003年11月，健康街外贸分理处迁至小商品城营业，并更名为小商品城分理处。2004年7月，撤销永安路中段分理处。2005年3月，中国银行潍坊市潍城支行更名为中国银行股份有限公司潍坊潍城支行，小商品城分理处更名为青年路分理处，向阳路南段分理处更名为城南分理处，十笏园分理处更名为城西分理处。10月，潍城支行内设综合管理部、业务发展部、营业部。2006年3月，撤销城南分理处、和平路分理处。2008年1月，胜利西分理处营业地址由胜利西街189号迁至胜利西街367号鸿禧花园小区D13、D14号。3月，青年路分理处终止营业。5月，向阳路分理处营业地址由向阳路143号迁至胜利西街189号，更名为西城分理处。2009年5月，胜利西分理处营业场所由胜利西街367号迁至胜利西街1779号。8月，胜利西分理处升格并更名为胜利西支行。11月，西城分理处和城西分理处分别升格并更名为西城支行和北宫街支行。2010年，胜利西支行由潍坊分行直接管理。2011年7月，西城支行、北宫街支行由潍坊分行直接管理。2013年8月，北宫街支行迁出潍城区。至2013年12月，支行各项存款余额111223万元，其中单位存款余额32608万元、城乡居民个人存款余额78615万元；各项贷款余额81637万元,其中单位贷款余额34100万元、个人贷款余额47537万元。

中国银行股份有限公司潍坊潍城支行

中国银行股份有限公司潍坊胜利西支行　1995年9月，设立中国银行潍坊市潍城支行胜利西分理处。2005年3月，更名为中国银行股份有限公司潍坊潍城支行胜利西分理处。2008年1月，由胜利西街189号迁址到胜利西街367号鸿禧花园小区D13、D14号。2009年8月，经银监局批准升格为经营性支行，更名为中国银行股份有限公司潍坊胜利西支行。2010年，由潍坊分行直接管理。至2013年12月，胜利西支行存款余额50597万元，其中单位存款余额28609万元，个人存款余额21988万元；支行贷款余额27289万元，其中单位贷款余额2705万元，个人贷款余额24584万元。

中国银行股份有限公司潍坊西城支行　1999年11月，设立中国银行潍坊市潍城支行向阳路分理处。2005年3月，更名为中国银行股份有限公司潍坊潍城支行向阳路分理处。2008年5月，向阳路分理处营业地址由向阳路143号迁至胜利西街189号，更名为西城分理处。2009年11月，经银监局批准升格为经营性支行，更名为中国银行股份有限公司潍坊西城支行。2011年7月，西城支行由潍坊分行直接管理。2012年12月，西城支行由胜利西街189号迁址至安顺路6599号汇轩铭城12号楼1号商铺。至2013年12月，支行存款余额25168万元，其中单位存款余额8243万元，个人存款余额16925万元；贷款余额9568万元，其中单位贷款余额3865万元，个人贷款余额5703万元。

中国建设银行股份有限公司潍坊潍城支行　1994年3月，经山东省人民银行批准，成立中国人民建设银行潍坊市潍城区支行，4月开业。内设办公室、营业室、预算科、储蓄科、计划科、信贷科、投资科、保卫科、工会9个科室，下辖12个储蓄所、

1个办事处及4个分理处，分别是：爱国路储蓄所、市行储蓄所、向阳路中段储蓄所、建设街储蓄所、北门大街储蓄所、胜利街师专储蓄所、和平路河滨储蓄所、和平路南储蓄所、察院街储蓄所、北月河储蓄所、广文街储蓄所、工农路北段储蓄所，十里堡办事处，城西分理处、城南分理处、城东分理处、城北分理处。1995年8月，潍城区支行与奎文区支行分离，潍城区支行迁址至福寿西街50号（和平路与福寿街交叉口西侧路南）。1996年4月，更名为中国建设银行潍坊市潍城区支行。1997年5月，潍城区支行由福寿西街50号迁址至向阳路114号（向阳路与东风街交叉口西侧路南）。同年，潍城区支行机构改革，内设办公室、计划信贷科、筹资储蓄科、财务会计科（营业室）、房贷部，下辖11个储蓄所、2个分理处，分别为爱国路储蓄所、和平路南储蓄所、建设街储蓄所、南苑储蓄所、向阳路储蓄所、察院街储蓄所、河滨储蓄所、北月河储蓄所、建设西街储蓄所、北门大街储蓄所、青年路南储蓄所，向阳路南段分理处、青年路分理处。2002年，潍城区支行撤销办公室、计划信贷科、筹资储蓄科、财务会计科（营业室）、房贷部，设综合部、客户服务部、营业室，辖6个分理处及2个储蓄所，分别为向阳路分理处、察院街分理处、河滨分理处、北月河分理处、爱国路分理处、健康西街分理处，察院街储蓄所、青年路南储蓄所。2003年，潍城区支行机构改革，设综合部、客户服务部、营业部，辖向阳路、察院街、河滨、北月河、爱国路、健康西街6个分理处。2004年9月，中国建设银行股份制改革，中国建设银行潍坊市潍城区支行更名为中国建设银行股份有限公司潍坊潍城支行。同年，爱国路分理处撤销。2006年，健康西街分理处撤销。2008年10月，河滨分理处变更营业场所并更名，归属建行昌邑支行。11月，向阳路分理处更名为北关分理处，由向阳路177号迁址至北宫西街1999号。2013年11月，北关分理处变更营业场所并更名，归属建行临朐支行。截至2013年12月，支行存款余额226700万元，其中单位存款余额109900万元，城乡居民个人存款116800万元；各项贷款余额137400万元，其中单位贷款余额83900万元，个人贷款余额53500万元。

潍坊农村商业银行股份有限公司潍城支行 潍坊农村商业银行股份有限公司潍城支行前身为潍城区农村信用合作社联合社。1994年3月，农村金融体制改革，成立潍城区农村信用合作社联合社，联社设人事秘书科、会计科、计划信贷科和审计稽核科。后因行政区划变动，潍城区农村信用合作社联合社一分为二，在奎文区成立奎文区农村信用合作社联合社，东郊、梨园和廿里堡3处信用社划归奎文区农村信用合作社联合社，原潍城区农村信用合作社联合社其他7处信用社（西郊、于河、杏埠、符山、望留、大柳树、军埠口）和24处分社组成新的潍城区农村信用合作社联合社。1995年1月，潍城区农村信用合作社联合社对外挂牌，地址在月河路16号西郊信用社二楼。2月，经中国人民银行潍坊市中心支行批准，全区信用社成立代办站71处。6月，区联社由西郊信用社二楼搬迁至向阳路中段北海宾馆。11月，区联社营业部成立，办公地点在东风西街588号。1998年9月，区联社及所辖7处信用社相继召开社员代表大会，分别选举理事会、监事会。12月，区联社第一届社员代表大会产生联社第一届理事会和监事会。2001年4月，区联社机构调整，内设业务部、会计部、审计部、监察保卫部、资产管理部、电脑部和营业部等，辖西郊、符山、望

潍坊农村商业银行股份有限公司潍城支行

留、于河、杏埠和大柳树6个信用社。2003年4月，区联社设立市场营销部。同年，成立事后监督中心。2004年，区联社实行直属分社动态管理办法，年内有潘里、西城、大胥家、樱桃园、人民街、北西、青年路7个分社升格为直属分社。2005年，杭埠、胜利西、军埠口3个分社升格为直属分社。潘里直属分社升格为信用社。2006年，崔家、庄头2个分社升格为直属分社，视同信用社管理。西城、青年路、人民街、北西、胜利西、高家楼、军埠口等直属分社或分社升格为信用社。区联社成立信贷审批部。同年，随着潍城经济开发区豪德市场的建成，开发区农村信用社成立。2007年6月，区联社成立个人贷款业务部。2009年6月，区联社成立零售业务一部，将贷款业务进行细分，集中对外办理零售贷款业务。截至2010年年底，区联社有1个营业部、17个信用社、4个直属分社，固定资产3342万元。共有干部职工265人，40岁以下职工171人，占总人数的64.5%，大专以上学历人员225名，占总数的84.9%。

2012年11月，潍城区农村信用合作社联合社改制为潍坊农村商业银行股份有限公司潍城支行，办公地址位于东风西街539号，内设综合部、会计部、风险资产部、业务部，下辖1家营业部及十笏园支行、宝通街支行、月河路支行、崔家支行、大柳树支行、春鸢路支行、符山支行、高家楼支行、军埠口支行、潘里支行、青年路支行、商品城支行、胜利西支行、望留支行、豪杰支行、豪德支行、杏埠支行、樱桃园支行、于河支行、庄头支行20家二级支行。至2013年12月，潍城支行各项存款余额621972万元，各项贷款余额399995万元。

华夏银行股份有限公司潍坊分行　2009年11月，华夏银行股份有限公司潍坊分行成立，是济南分行在潍坊设立的市级管辖行。至2013年12月，华夏银行股份有限公司潍坊分行设行长室、综合管理部、营销管理部、运营管理部、信用风险管理部潍坊分部5个部室，营业部、奎文支行2个经营网点，营销一部、营销二部、营销三部3个营销单位，分行员工共80人。分行各项存款余额278479万元，其中单位存款余额237020万元，城乡居民个人存款余额41459万元；各项贷款余额219091万元，其中单位贷款余额190788万元，个人贷款余额28303万元。

银行业务

结算　20世纪90年代初，潍城区境内银行机构金融结算方式主要有现金收付、汇票、本票、支票、汇兑等，信用卡结算业务、国际结算业务陆续开办，银行电子化逐渐得到推广应用，结算服务手段不断改进。继1993年中国工商银行潍坊市潍城区办事处、南关办事处开通电话银行后，其他银行机构相继开办此项业务。1994年，境内银行机构实施中国人民银行颁布的《银行账户管理办法》，为存款人办理日常转账结算和现金支付。继中国银行潍坊市潍城支行、中国农业银行潍坊市潍城区支行于1995年实行全国联行往来、通存通兑后，其他银行机构陆续开办此项业务。2000年，启用电子联行对账系统，各银行机构办理异地跨行转汇业务基本实现当日到账。同年，中国银行潍坊市潍城支行开始设置自动柜员机（自动存取款机或ATM机）、建立自助银行（无人银行），其他银行机构相继设置自动柜员机、建立自助银行。继2004年中国银行潍坊市潍城支行大额支付系统、小额支付系统上线运行后，其他银行机构大、小额支付系统陆续上线运行。2007年，全国支票影像交换系统开始运行，境内银行机构实现支票全国通存通用。同年，中国农业银行潍坊市潍城区支行开始办理网上银行业务，其他银行机构相继开办此项业务。2009年，继中国农业银行股份有限公司潍坊潍城支行开通手机银行后，其他银行机构陆续开通手机银行。至2013年，境内银行机构形成较为完善的现代化金融结算体系，结算渠道畅通便捷，结算服务优质高效。

存款　1991年，全区金融机构存款余额138461万元，其中个人存款余额115816万元。1993年，全区个人存款余额192700万元。1994年，全区个人存款余额167800万元。2007年，个人存款余额425600万元。2013年，全区银行业各项存款余额324.3亿元，较年初增长12.5%。

1991—2013年潍城区部分金融机构存款余额统计表

表10-13　　单位：万元

年份＼银行	工行潍城支行	工行南关支行	农行潍城支行	中行潍城支行	中行胜利西支行	中行西城支行	建行潍城支行	农商行潍城支行	华夏银行潍坊分行
1991		6886		—	—	—	—	—	—
1992		9156		—	—	—	—	—	—
1993		10553		—	—	—	—	—	—
1994		10151		2675	—	—	33650		—
1995		39901		5277		—	23060		—
1996		44419		5852		—	25161	53700	—
1997		52147		8558		—	34367	68700	—
1998		64329		23506		—	36700	49300	—
1999		71954		27380			37855	58600	—
2000		77178		31667			44615	61600	—
2001		86335		46422			47957	70100	—
2002		96084		55279			58334	87200	—
2003	119377	94158		58860			57029	103200	—
2004	131880	105229		58439			63309	116600	—
2005	146660	95184	106899	62284			67490	165900	—
2006	161670	117037	128811	69941			70608	232000	—
2007	205272	75767	141880	82011			76094	209600	—
2008	147191	109098	182587	90148			107075	210600	—
2009	318595	120593	236130	118680			164400	347028	91964
2010	387515	144074	275299	80755	20873		212700	429884	294889
2011	418686	106028	292351	65962	25276	1667	216575	493267	217478
2012	348911	126509	333463	87518	38079	3944	253500	562128	367445
2013	335489	166955	375048	111223	50597	8243	226700	621972	278479

贷款 1991年，潍城区金融机构主要贷款类型有农业贷款、商业贷款、工业贷款、技术改造贷款、基本建设贷款和其他贷款。此后至2013年，潍城区各金融机构按照市委、市政府在产业结构调整、企业改制、发展民营经济、招商引资等方面的重大部署，深化经营体制改革，坚持以业务经营为中心，以提高经营效益为目的，优化信贷结构，改善资产质量，防范金融风险，大力筹集资金，加大投放力度，较好地保障了全区经济发展的资金需求。2013年，全区银行业各项贷款余额213.5亿元，较年初增长2.3%。

1991—2013年潍城区部分金融机构贷款余额统计表

表10-14　　　　单位：万元

银行 年份	工行潍城支行	工行南关支行	农行潍城支行	中行潍城支行	中行胜利西支行	中行西城支行	建行潍城支行	农商行潍城支行	华夏银行潍坊分行
1991		29738		—	—	—	—	—	—
1992		34020		—	—	—	—	—	—
1993		35008		—	—	—	—	—	—
1994		36996		1273	—	—	10039	35900	—
1995		40021		1947		—	10060	33100	—
1996		45813		1730		—	11086	36300	—
1997		51087		1560		—	17824	41030	—
1998		43512		1406		—	26422	36300	—
1999		75224		4131			12704	41000	—
2000		69841		1611			19051	46300	—
2001		70363		7690			19082	49800	—
2002		74550		13953			21346	61200	—
2003	65641	87413		31726			17029	82100	—
2004	74582	81552		30152			17709	120800	—
2005	90582	47431	11278	32455			14426	148600	—
2006	137969	67536	22810	38878			37106	191900	—
2007	158968	91860	36075	53522			35408	219300	—
2008	188238	93145	42559	60343			32857	264100	—
2009	225695	111258	56923	62606			41021	266696	3703
2010	237268	135397	62246	53698	3755		55600	314999	292539
2011	255622	155568	71730	87518	9608	514	69600	360267	322275
2012	207872	163936	85532	56569	16208	7383	113500	362542	352023
2013	245039	193087	95482	81637	27289	9568	137400	399995	219091

第二节　保　险

1991年，中国人民保险公司潍坊市潍城区办事处成立。1994年，更名为中国人民保险公司潍坊市潍城区支公司。1996年，公司分设为中保财产保险有限公司潍坊市潍城区支公司和中保人寿保险公司潍坊市潍城区支公司。进入21世纪后，保险机构逐渐增多。至2013年，境内保险公司有中国人民财产保险股份有限公司潍坊市潍城支公司、中国人寿保险股份有限公司潍坊市潍城区支公司、永安财产保险股份有限公司潍坊中心支公司等14家。

保险公司选介

中国人民财产保险股份有限公司潍坊市潍城支公司　前身是中国人民保险公司潍坊市潍城区办事处，1991年10月成立。1994年，中国人民保险公司潍坊市潍城区办事处更名为中国人民保险公司潍坊市潍城区支公司。1996年4月，机构分设为中保财产保险有限公司潍坊市潍城区支公司和中保人寿保险公司潍坊市潍城区支公司。1998年，中保财产保险有限公司潍坊市潍城区支公司更名为中国人民保险公司潍坊市潍城支公司。2003年10月，更名为中国人民财产保险股份有限公司潍坊市潍城支公司。2013年，公司内设经理室、办公室、出单中心、营业部4个部室，下辖北关、于河、望留3个营销服务部，开办险种20多种，保费收入3031万元，理赔支出1501万元。

中国人寿保险股份有限公司潍坊市潍城区支公司　前身是中国人民保险公司潍坊市潍城区办事处，1991年10月成立。1994年，中国人民保险公司潍坊市潍城区办事处更名为中国人民保险公司潍坊市潍城区支公司。1996年4月，机构分设为中保财产保险有限公司潍坊市潍城区支公司和中保人寿保险公司潍坊市潍城区支公司。中保人寿保险公司潍坊市潍城区支公司内设办公室、农险部、成险部等部门，承担原中国人民保险公司潍坊市潍城区支公司的全部人寿险业务。同年，推出99鸿福、66鸿运等保障养老型保险产品。1996年，全部寿险保费540万元，开办意外险、健康险、人寿保险3大系列40多个险种。1999年，公司设立团险部。2000年，公司更名为中国人寿保险股份有限公司潍坊市潍城区支公司。同年，成立营业室与银保部，开办人寿保险、健康保险、意外伤害保险等各类人身保险业务。2012年，办公室更名为综合管理部。

永安财产保险股份有限公司潍坊中心支公司　2013年8月，永安财产保险股份有限公司潍坊中心支公司进驻潍城区。内设总经理室、综合管理部、业务管理部、理赔中心，下设9家营销服务部。员工120人，其中业务人员96人。经营范围包括企业财产保险、家庭财产保险、建筑工程保险、安装工程保险、短期健康保险、货物运输保险、机动车辆保险、船舶保险、能源保险、一般责任保险、保证保险、信用保险（出口信用险除外）等。2013年，保费收入6674.59万元，理赔支出6412.86万元。

第三节　证　券

1992年，齐鲁证券有限公司潍坊东风西街证券营业部成立，是境内成立最早的证券经营机构。2011年，中国银河证券潍坊福寿西街证券营业部成立。至2013年，境内有此2家证券公司。

齐鲁证券有限公司潍坊东风西街证券营业部　成立于1992年，是潍坊市成立最早的证券经营机构。位于潍坊市潍城区东风西街，营业面积2833平方米，员工29人。主要业务有证券代理买卖、投资咨询、财务顾问、证券发行与承销、收购兼并、资产重组、资产管理、融资融券、证券投资基金代销、股指期货中间介绍等专业化证券投、融资服务。多次被山东省证监局评为“优秀营业部”，2011年，被山东省国资委授予“青年文明号”称号。

中国银河证券潍坊福寿西街证券营业部　位于潍城区福寿西街，2011年开业。内设运行管理部、理财服务部、营销管理部。主要经营证券经纪、证券投资咨询与证券交易、证券投资活动有关的财务顾问、融资融券、证券投资基金代销、代销金融产品等。

第四节　小额贷款担保公司

2010年，鑫泰小额贷款股份有限公司落户潍城，发挥放贷“短、小、快”的优势，支持潍城“三农”和小企业的发展，至2011年年底，发放贷款45504万元。2012年，鑫泰小额贷款股份有限公司完成分类评级工作，获评为最高等级I级。2013年，贷款余额16898万元，公司通过省金融办检查组的风险评定。

第五节　金融协调服务

区金融证券业发展协调办公室于2007年5月成立后，全面开展金融协调服务工作，注重强化金融服务实体经济，突出金融的支撑作用。通过开展座谈会、融资会等多种方式，推动金融机构为区内企业及项目提供更多的信贷服务。

2011年，组织华夏银行、交通银行等多家金融机构召开银企座谈会和信贷产品推介会，为企业授信5亿元。协调农行潍城支行、区农村信用合作社联合社推进农村信用工程建设，按信用等级确定贷款额度，评定信用村164个，完成授信21亿元，发放贷款8.5亿元，支持农民致富和农业生产。扩大农信中小企业信用服务联盟的规模，为130家联盟会员授信7亿元；成立8个“市场商户信用联盟”，入盟会员910家，授信7.5亿元。促进文化、金融有机融合，依托中仁文化产业集团创新推出艺术品质押融资业务，累计完成质押贷款1500万元；设立发行“杏石盛鼎”等多支艺术品投资基金，总规模超过1.5亿元；进行“艺术品证券化”业务试点，拓宽文化产业发展融资渠道。2012年，举办潍坊银行、兴业银行等多期银企对接会和银河证券资本市场融资座谈会。举办“金融服务月”暨潍坊广告创意产业园、乐埠山创新科技产业园专项银企对接会，助推产业园区快速发展。2013年，区金融办根据不同产业类别、企业类型制定《潍城区重点项目（企业）名录》，下发至金融机构，引导其加大对区内企业和重点项目信贷投放。

第十一编

经济管理

1991—2013年，随着市场经济体制改革的不断深化，潍城区经济管理部门的管理职能、管理模式、管理标准、管理方法等各个方面均顺应时代发展和社会需求而发生一系列变化，计划管理、土地管理、统计管理、工商行政管理、物价管理、质量技术监督、审计监督、矿产资源管理、农村经济管理、安全生产监督管理等均逐步完善，推进了全区经济平稳、健康、可持续发展。

第一章　计划管理

第一节　计划体制改革

1991年，潍城区国民经济计划除主要指标外，分为农业生产计划、工业生产计划、商业外贸出口商品供应计划、主要物质分配计划、建设用地和土地开发计划、固定资产投资计划、人口计划、能源节约计划、教育事业计划、全民单位劳动工资计划10个分项计划，以指令性计划为主。1992年，根据省、市计划会议要求，将环境保护计划正式纳入国民经济和社会发展计划序列。1993年，为适应改革开放和社会主义市场经济，对工业计划管理进行调整，新增利税、利润、增加值、产品销售、净产率等计划；逐步减少产量计划品种，国家计划只下达棉纱和农地膜两种。主要商品收购减少计划商品，将原有的20种减少到14种，开放棉短绒、黄红麻、布匹、杜仲、铁丝、圆钉等商品，实行市场调节，取消全民单位劳动工资计划，将技术引进计划纳入国民经济计划。

1994年后，计划经济管理由单一的指令性计划体制逐步过渡为指导性计划与指令性计划相结合，除煤炭、木材、钢铁、水泥、棉纱、农地膜等物品仍实行指令性计划外，其他工业产品均实行指导性计划管理，一般商品实行市场调节，由以行政手段管理为主转变为以经济手段管理为主。1996年，取消主要物质收购调拨计划，实行指导性计划和市场调节相结合，强化宏观调控能力，把握经济总量平衡。1998年，将农村社会养老保险计划纳入全区国民经济和社会发展计划管理。2000年，取消农村社会养老保险计划，除固定资产投资、资源节约与综合利用、环境保护和人口计划仍实行指令性计划外，其他领域全部实行市场调节，综合运用经济杠杆予以调控。

2003年，取消资源节约与综合利用计划。2005年，固定资产投资计划不再实行指令性计划，改为实行指导性计划管理。2008年，外商直接投资、外经贸计划只分派各街道指标，取消部门及企事业单位指标。2009年，取消工业交通发展计划中的交通运输部分，改称工业发展计划。2011年，潍城区提出加快构建以服务业经济为主导的城市经济发展格局，安排服务业发展速度高于第一、二产业发展速度，在国民经济计划中加入服务业发展主要指标分街道计划。在主要指标中新加入就业与社会保障、社会事业、人民生活3个部分11项指标。2012年，国民经济和社会发展计划新加入土地征收计划、房屋征收及征迁重点项目计划。

第二节　计划编制与执行

短期计划

1991—2013年，潍城区每年均编制全区国民经济和社会事业发展年度计划，在计划编制中坚持指令性与指导性相结合的原则，充分利用现代系统工程和经济数学法对经济进行定量分析，修订和健全各种经济参数和经济定额，并在各部门之间、在发展和改革局内部对计划进行充分协调，反复平衡，形成方案，经区人大会议审议通过后印发各有关单位执行。

1991—2013年潍城区年度计划完成情况表

表11-1

年度	生产总值（亿元）	第一产业增加值（亿元）	第二产业增加值（亿元）	第三产业增加值（亿元）	地方财政预算收入（万元）	全社会固定资产投资（亿元）	城镇居民人均可支配收入（元）	农民人均纯收入（元）
1991	7.69	1.51	4.35	1.83	10066	1.95	1594	939.00
1992	10.36	1.71	5.96	2.69	10106	2.82	1811	1064.00
1993	46.15	2.01	27.55	16.59	13168	18.54	2548	1383.00
1994	12.56	2.05	6.39	4.12	4639	3.94	3853	1785.00
1995	17.10	2.90	8.10	6.10	7038	4.22	4358	2360.00
1996	22.50	3.40	10.90	8.20	8165	4.62	5110	2978.00
1997	23.00	3.50	11.30	8.20	10023	4.60	5900	3280.00
1998	25.88	3.80	12.60	9.48	11418	5.21	5950	3490.00
1999	24.50	3.50	11.80	9.20	11719	4.91	5950	3598.00
2000	27.10	3.60	13.50	10.00	13362	5.45	6307	3742.00
2001	30.50	3.80	15.50	11.20	15369	6.36	7303	3870.00
2002	34.10	3.90	17.70	12.50	12587	8.08	7538	4000.00
2003	37.80	3.90	20.00	13.90	14446	17.05	8189	4285.00
2004	41.19	4.33	23.23	13.63	15850	38.46	9290	4847.00
2005	52.28	4.85	29.81	17.62	21617	44.34	10200	5485.00
2006	62.20	5.10	35.90	21.20	44036	42.90	11526	5929.00
2007	109.45	5.66	61.94	41.85	49107	56.49	13730	6712.00
2008	131.70	7.20	73.20	51.30	57977	79.80	15583	7540.00
2009	130.24	6.34	63.74	60.16	69807	100.00	17562	8143.00
2010	150.25	7.19	71.77	71.29	98076	122.70	19792	9299.70
2011	167.70	8.00	78.30	81.40	113346	142.10	22682	10979.50
2012	187.50	8.40	84.20	94.90	128392	160.40	25817	12445.30
2013	208.70	9.10	88.70	110.90	165175	178.20	28386	13961.00

说明：表中生产总值数据，1991—1997年称“国民生产总值”，1998—2003年称“国内生产总值”，2004—2013年称“地区生产总值”。

中长期计划

第八个五年计划（1991—1995）　1991年3月，潍城区第十二届人民代表大会第二次全体会议审议通过《潍坊市潍城区国民经济和社会发展第八个五年计划纲要》。“八五”期间主要目标为：保持适度的经济增长速度，1995年，国民生产总值达到9.64亿元，年均增长8%；国民收入达到7.9亿元，年均增长7.5%；工农业总产值达到2.614亿元，年均增长12%；全社会固定资产投资五年累计安排5亿元；实现财政收入1.32亿元，年均增长8%；努力提高人民生活水平，农民人均纯收入达到1100元以上，职工工资扣除物价因素年均增长3%。

“八五”期间，以全面提高国民素质、稳定经济增长为出发点，继续深化改革，调整优化经济结构，逐步理顺经济关系，强化农业基础，加快工业发展，大力发展第三产业，国民经济走上持续、稳定、协调发展的轨道。1995年，全区国民生产总值17.1亿元，“八五”期间年均增长19.8%；第一、二、三产业增加值分别为2.9亿元、8.1亿元和6.1亿元，分别年均增长4.7%、30.7%和22.7%；社会消费品零售总额9.7亿元，年均增长24.2%；对外开放全面展开，全区外贸出口收购总值2.89亿元，年均增长50.5%。全社会固定资产投资5年累计完成31.47亿元。1995年，城镇居民人均可支配收入4358元，比1990年增加2877元；农民人均纯收入2360元，比1990年增加1543元。

第九个五年计划（1996—2000）　1996年3月，潍城区第十三届人民代表大会第四次会议审议通过《潍坊市潍城区国民经济和社会发展第九个五年计划及2010年远景目标纲要》。“九五”期间主要目标为：到2000年，全区国民生产总值达到40亿元，“九五”期间年均增速13%，第一、二、三产业增加值分别达到5.8亿元、19亿元和15.2亿元，分别年均增长5%、15%和13.5%；地方财政收入达到1.2亿元，年均递增11.3%。“九五”期间，累计固定资产投资达到25亿元；科技水平进一步提升，科技进步对经济增长的贡献率达到50%以上；农产品商品率达到80%以上；人民生活更加富裕，确保人民生活全面达到小康水平，城乡居民的衣、食、住、用、行在数量和质量上有较大提高。城镇居民人均居住面积达到12平方米，农民人均居住面积稳定在25平方米。

2000年，全区国内生产总值达27.1亿元。“九五”期间年均增长11.2%；第一、二、三产业增加值年均分别增长6.4%、12.2%和11.5%；地方财政收入1.34亿元，年均增长13.6%；结构调整取得明显成效，三次产业比例由1995年的15.6 ∶ 51 ∶ 33.4调整为2000年的13.6 ∶ 49.4 ∶ 37。高新技术产品产值占全区工业产值比重为12%，科技进步对经济增长的贡献率为51%。全社会固定资产投资五年累计完成24.79亿元。2000年，城镇居民人均可支配收入6307元，比1995年增加1949元；农民人均纯收入3742元，比1995年增加1382元。

第十个五年计划（2001—2005）　2001年3月，潍城区第十四届人民代表大会第四次会议审议通过《潍坊市潍城区国民经济和社会发展第十个五年计划纲要》。“十五”期间主要目标为：国民经济保持健康发展，国内生产总值五年平均增长12%以上，“十五”末达到50亿元，其中：一、二、三次产业分别平均增长6.5%、12.5%和14%，地方财政收入年均增长12%，固定资产投资五年累计完成30亿元；社会消费品零售额年均增长13%左右；经济结构进一步优化，三次产业结构比例调整到11 ∶ 48 ∶ 41；人民生活基本实现富裕，农民人均纯收入达到5300元，年均增长7%，城镇居民人均住房面积达到18平方米。

2005年，全区地区生产总值为52.28亿元，“十五”期间年均增长15.6%；经济结构不断优化，二、三产业占国内生产总值的比重为90.7%；地方财政收入2.16亿元，年均增长10.4%。固定资产投资五年累计完成114.29亿元。2005年，城镇居民人均可支配收入10200元，农民人均纯收入

5485元，分别比2000年增加3893元和1743元。

第十一个五年规划（2006—2010） 2006年2月，潍城区第十五届人民代表大会第四次会议审议通过《潍坊市潍城区国民经济和社会发展第十一个五年规划纲要》。“十一五”期间主要目标为:经济保持快速健康发展，总体实力迈上新台阶，到2010年地区生产总值翻一番，年均增长15%；地方财政收入超过4.9亿元，年均增长18%；固定资产投资年均增长20%以上；社会消费品零售额年均增长21%；城市化水平达到70%。人民生活水平和居住环境得到较大改善，城镇居民人均可支配收入达到1.6万元，农民人均纯收入达到7300元，年均分别增长9%和6%；城镇居民人均居住面积达到25平方米，农村居民人均住房面积达到34平方米。

2010年，全区地区生产总值150.25亿元，“十一五”期间年均增长14.1%；地方财政收入9.8亿元，年均增长20.6%；产业结构进一步优化，三次产业比例由“十五”末的7.3 ：52 ：40.7调整为4.8 ：47.8 ：47.4；全社会固定资产投资122.7亿元，年均增长19.3%。固定资产投资五年累计完成401.89亿元，实施投资过亿元的项目162个。2010年，城镇居民人均可支配收入19792元，农民人均纯收入9299.7元，年均分别增长12.7%和14.2%。

第十二个五年规划（2011—2015） 2011年3月，潍城区第十六届人民代表大会第五次会议审议通过《潍坊市潍城区国民经济和社会发展第十二个五年规划纲要》。“十二五”期间国民经济和社会事业发展的主要奋斗目标为：综合实力和效益快速提升，到2015年地区生产总值达到265亿元，年均增长12%，人均GDP达到7.1万元；地方财政收入年均增长15%，2015年达到15亿元；产业转型升级取得实质性进展，现代服务业比重大幅提升，战略性新兴产业快速发展，三次产业结构调整为2.7 ：42.3 ：55，高新技术产业产值占比由2010年的19.6%提高到30%；消费、投资协调拉动经济增长，全社会固定资产投资年均增长18%，五年累计完成投资1000亿元以上，社会消费品零售总额达到220亿元以上，年均增长17%；城乡居民收入不断提高，人民生活水平得到明显改善，城镇居民人均可支配收入达到35000元，年均增长12%，农民人均纯收入达到16400元，年均增长12%。“十二五”提出五年实现“两个转型”“三个跨越”的奋斗目标，“两个转型”即:产业发展由传统二、三产业为主向现代服务业、战略性新兴产业“两业”为主转型，发展动力由要素驱动向创新驱动转型。“三个跨越”即：由人文资源大区向经济文化强区跨越，由城乡二元结构向全域城市化跨越，由传统经验管理向数字化城市管理跨越。

2013年，潍城区地区生产总值为208.7亿元，年均增长11.5%，一般公共预算收入16.5亿元；三次产业比例由“十一五”末的4.8 ：47.8 ：47.4调整为4.4 ：42.5 ：53.1，三产增加值占比三年提高5.7个百分点，社会消费品零售额122.5亿元；全社会固定资产投资178.2亿元，年均增长11.3%；人民生活水平进一步提高，全区城镇居民人均可支配收入28386元，农民人均可支配收入13961元。

第三节 重点项目管理

1991年，实行投资许可证制度，投资在3000万元以下的符合产业政策的基本建设项目，由市级审批。1992年，投资在1000万元以下的生产性项目、500万元以下的非生产性项目、100万元以下的城镇集体和村集体的基本建设项目由区计委审批立项。1993年，凡在区计划审批权限内的项目，一律上报区政府，政府下文后由区计委批复相关内容；需市级以上计划部门审批的项目，按规定程序予以转报，争取从快办理批复手续。1994年，加强对经济走势的监测和预警、预报，建立计划、金融、财政之间相互配合制约机制。同年，按照

“谁投资、谁决策、谁承担风险”的原则，合理划分责权，明确投资主体，建立投资风险约束机制和项目申报审批制度。

1997 年，对投资体制进行调整，所有经营性投资项目必须组建项目法人、落实规定比例的资本金，推行投标制度和工程监理制度，建立健全审批监督体系。1998 年，规范项目审批管理办法，转变服务方式，按照特事特办、急事急办的原则，简化立项程序，提高行政审批效率。2002 年，取消规定范围内的投资建设项目的项目建议书、可行性研究报告和审批投资计划，改为办理登记手续,以项目登记备案证明取代相关审批文件。同时，区发展计划局对项目建设提出意见，编写项目建议书和可行性研究报告，加快项目审批速度。

2003 年，简化项目审批程序，对企业不使用政府建设投资项目的，分情况实行核准制和备案制。2004 年，根据《国务院关于投资体制改革的决定》规定，废除投资许可证制度，减少投资项目审批环节。2005 年，规范投资管理，严格建设项目用地预审制度，强化土地节约集约利用，保护重点项目用地，落实项目法人和资本金制度，对不落实项目法人和资本金的项目不予审批、核准和备案。2006年，简化市级权限内政府投资项目、企业投资项目、外商投资项目办理程序，建立“一表审批制”，审批、核准、备案改为“一表式”立项。

2007 年，建立发展改革、城乡规划、国土资源、环境保护、建设、统计等新开工项目管理联动机制。同年，潍城区审批中心开始试运行。2008 年，潍城区审批中心正式运行，发改、国土、规划、安监、地震、财政等部门首批进驻区审批中心。简化备案类项目前置审批条件，国土、规划、环评由前置审批条件改为后置审批条件。2010 年，落实固定资产节能评估和审查暂行办法，节能审查意见成为审批、核准和备案的前置条件，落实市区行政审批一体化工作实施方案，需区级初审、市级受理投资项目审批事项，纳入市审批大厅集中办理。发改、国土、规划、环保等部门在市审批大厅设立办事窗口，负责受理需市级以上受理的投资项目审批业务。2013 年，按照潍坊市公布第五轮市级行政审批事项清理目录，对区级行政审批事项进行清理。

第四节　服务业发展管理

2006 年，设立潍城区服务业发展领导小组办公室，设在区发展和改革局，负责落实全区服务业发展政策，拟定发展规划以及各项具体工作的组织、协调、督办和考核。2007 年，制定《关于进一步促进服务业发展的若干意见》，从开放市场准入、简化行政审批、完善税费优惠政策、加大财政金融价格扶持力度、鼓励招商引资、土地保证、优化发展环境等 8 个方面入手，加快推进全区服务业发展。同年，出台《企业新创知名品牌奖励办法》，提高企业争创知名品牌的积极性，推动品牌战略深入实施。2008 年，潍城区成为省服务业重点城区，全区实现服务业增加值 52.3 亿元，占 GDP 的 45.7%。2009 年，全区实现服务业增加值 60.2 亿元，同比增长 15.1%，占 GDP 的 46.7%。2010 年，全区实现服务业增加值 71.3 亿元，同比增长 18.4%，占 GDP 的 47.4%，在全市服务业考核中获一等奖。

2011 年，潍城区成功申报为全省服务业综合改革试点单位，从社区服务、文化创意、现代物流三个方面，开展为期 5 年的试点工作。同年，潍坊广告创意产业园获得国家广告创意产业园试点。2012 年，潍坊广告创意产业园被国家工商总局认定为“国家广告产业园区”。是年，全区实现服务业增加值 94.9 亿元，占地区生产总值的 50.6%；实现服务业税收 17.4 亿元，占全部税收的 63.5%，潍城区被省政府评为“全省服务业发展绩效考核先进单位”。2013 年，全区实现服务业增加值 110.9 亿元，同比增长 11.4%，占地区生产总值的 53.1%，同比提高 2.5 个百分点，三次产业比例由 2011 年的 4.8 ∶ 46.7 ∶ 48.5 调整为

4.4 ∶ 42.5 ∶ 53.1，服务业实现税收18亿元，占全部税收的64%，潍城区被省政府评为“全省服务业发展绩效考核先进单位”。

第二章　土地管理

第一节　机　构

1988年9月，撤销潍坊市潍城区农业局土地管理办公室，设立潍坊市潍城区土地管理局，为区政府直属机构，主管全区城乡土地管理。1989年4月，设立土地管理局办公室、土地勘测规划站、土地监察科。7月，在河西、于河、杏埠、军埠口、大虞、梨园6个乡和廿里堡、望留、大柳树、符山4个镇成立土地管理所，负责各自辖区土地管理工作，隶属各乡（镇）政府；城关、东关、西关、南关、北宫、东园、院校7个街道在城市管理所设专职土地管理员。1991年，潍城区矿产资源管理局成立，内设办公室、矿产站，在符山、望留、大柳树、军埠口下设矿产资源管理所。1992年3月，在区土地管理局设立潍坊市潍城区统一征地办公室，隶属区土地管理局。1993年12月，潍城区土地管理局与潍城区矿产资源管理局合并，成立潍城区规划国土矿产分局，负责全区土地、矿产资源的统一管理，内设办公室、统一征地办公室、土地管理科、地籍管理站、矿产管理科、黏土管理所、矿产资源管理中心（副科级事业单位），下辖潍城区矿产资源开发公司，企业性质，独立核算。1994年5月，潍城区矿产资源开发公司更名为潍城区地矿资源开发公司，6月更名为潍坊东方地矿资源开发公司。在于河、杏埠、军埠口、望留、大柳树、符山6个镇和城关、北关、西关、南关4个街道均设立土地管理所。1995年1月，潍城区土地评估交易所成立，隶属潍城区规划国土矿产分局。1997年1月，根据市级机构改革方案，撤销潍城区规划国土矿产分局，成立潍坊市规划国土局潍城分局，为市规划国土局派出机构，由市局垂直管理，内设办公室、土地科、规划科，下辖土地评估交易所，在于河、杏埠、军埠口、望留、大柳树、符山6个镇和城关、北关、西关、南关4个街道设规划国土管理所，为分局派出机构，由分局垂直管理。其中矿产管理科、矿产资源管理中心及黏土管理所析出成立潍坊市地质矿产局城区中心分局，撤销所辖潍坊东方地矿资源开发公司，人员解散。2001年12月，潍坊市规划国土局潍城分局更名为潍坊市规划与国土资源局潍城分局，原市地质矿产局城区中心分局承担的矿产资源职能，按行政辖区划入。内设办公室、财务科、规划管理科、建设用地科、执法监察科、地籍管理科、矿产管理科。下设的土地评估交易所更名为土地交易所，挂评估中心牌子，为副科级自收自支事业单位。下属机关服务中心、国土资源开发中心2个股级事业单位，在执法监察科挂监察中队的牌子。在全区4个镇、4个街道设置国土所，隶属分局垂直管理，同时接受所在镇（街道）的领导和协调。

2005年1月，潍坊市规划与国土资源局潍城分局分设为潍坊市国土资源局潍城分局、潍坊市规划局潍城分局。潍城区4个镇、4个街道国土所人员划归潍坊市国土资源局潍城分局，分局内设办公室、财务科、耕地保护科、土地利用科、地籍管理科（挂土地交易所牌子）、地质矿产管理科、测绘管理科、开发区土地工作处、执法监察大队，在全区4个镇、4个街道设立国土资源所，股级事业单位，为分局派出机构。2011年8月，单设潍坊市国土资源执法监察支队潍城大队，为分局所属事业单位，正科级规格，大队长由分局局长兼任。2012年9月，对8个国土资源所精简调整，合并为北关、南关、于河、望留4个国土资源所。2013年6月，潍坊市国土资源局潍城分局加挂潍坊市地理信息局潍城分局牌子。

第二节　地权管理

地籍管理

地籍管理的基本内容为土地调查、土地登记、土地统计、土地分等定级、地籍档案管理，对象是作为自然资源和生产资料的土地，核心是土地的权属问题。根据《土地登记办法》及上级规定，潍城区土地登记申请人应向潍坊市国土资源局潍城分局提出申请，由分局上报潍坊市国土资源局，依法报潍坊市人民政府登记造册，核发土地权利证书。土地抵押权、地役权由潍坊市国土资源局登记，核发土地他项权利证明书。

土地登记

1988年4月，在潍城区梨园乡杨家庄村开展国有土地使用权申报登记试点。12月，全区国有建设用地申报登记全面展开，旨在摸清全区国有土地家底，掌握建设用地的权属、坐落、面积、使用者等地籍资料。1991年7月，潍城区初始土地登记工作全面展开，1995年12月全面完成。编制了潍城区1：25000土地利用现状图、乡镇1：10000土地利用现状图和1：10000行政村地籍图，对土地资源数量、种类及利用情况进行全面统计，为合理开发、利用土地资源奠定了基础。

1999年4月，按照新《中华人民共和国土地管理法》规定，结合土地证书年检工作，对国有土地使用证、集体土地使用证进行集中换发、补发。2006年3月，开展全区土地更新调查，同年8月全面完成。2008年6月，潍城区开展二次土地调查、城镇地籍调查工作。12月，完成资料检查、地类转换、内业核实和野外调查、内业编辑处理、数据库更新和成果输出打印工作。2010年11月，通过潍坊市调查办验收，成果上报省调查办，共完成173个村的1：10000所有权权属界线、1：500村庄地籍调查、地形测量工作及71.7平方公里城区1：500变更调查地形测量以及镇驻地地形修补测量工作。2011年8月，全国宗地统一编码推广实施试点工作在潍城区正式启动。11月，潍城区土地登记电子发证网上审批系统投入使用，土地登记发证从受理、审查、审核到空间分析、图形编辑、登记发证归档实现全流程网上办理。

2012年3月，开展集体土地确权登记发证工作，全区167个村发放所有权证450宗、宅基地证35535宗。2013年5月，通过潍坊市集体土地确权发证和宗地统一编码工作领导小组验收。6月，潍城区全国宗地统一编码推广实施试点工作通过国土资源部地籍司检查验收。10月，集体土地确权发证和宗地统一编码、全国宗地统一编码推广实施试点成果分获山东省国土资源科技成果二等奖。

城区土地定级估价

1992年5月，配合完成城区土地定级和基准地价测算工作并上报潍坊市土地管理局。6月27日，潍坊市政府公布全市国有土地使用权出让地租标准，土地级别分为六级。1996年，开展首轮城区基准地价测定工作。2002年，公布潍坊市城区基准地价更新结果。2007年、2010年、2013年又三次更新城区基准地价，其最高使用年限为：商业用地40年，工业用地50年，住宅用地70年。

2002 年潍坊市城区基准地价更新结果表

表 11-2　　单位：元 / 平方米

等级＼类别	商业用地	住宅用地	工业用地	综合用地
一	1812	895	550	1356
二	1278	722	494	950
三	886	570	420	710
四	585	470	343	502
五	350	304	201	326
六	210	195	190	200

2007 年潍坊市城区基准地价更新结果表

表 11-3　　单位：元 / 平方米

等级＼类别	商业用地	住宅用地	工业用地
一	2066	1253	605
二	1482	975	543
三	1018	770	462
四	644	564	404
五	358	380	256

2010 年潍坊市城区基准地价更新结果表

表 11-4　　单位：元 / 平方米

等级＼类别	商业用地	住宅用地	工业用地
一	2383	1501	635
二	1735	1156	554
三	1227	923	467
四	750	667	409
五	409	399	259

说明：本次潍坊市城区土地级别与基准地价更新工作范围是：北至北环路、禹王北街；东至东环路、高新四路；南至南外环、白浪河水库大堤；西至大于河、杏乐路、小于河。

2013 年潍坊市城区基准地价更新结果表

表 11-5　　单位：元 / 平方米

等级＼类别	商业用地	住宅用地	工业用地
一	2901	1983	680
二	2142	1513	582
三	1493	1229	500
四	940	878	430
五	512	516	306

说明：潍坊市政府第 24 次常务会议研究通过，并经山东省国土资源厅审核批复。

第三节　土地利用总体规划

土地利用总体规划主要阐明规划期内全区土地利用战略，明确土地利用管理的主要目标、任务和政策，科学调整土地利用结构，优化空间利用布局，推进节约集约用地，统筹城乡区域协调发展，制定规划实施政策和保障措施，强化土地用途管制。

1993 年 8 月，第一轮《潍坊市潍城区土地利用总体规划（1990—2000）》编制工作开始，规划基期为 1990 年，规划期为 2000 年。1994 年 5 月，编制完成规划草案。8 月，因行政区划调整，开始按分区数据对其进行修订。12 月，通过技术鉴定和潍坊市土地利用总体规划领导小组论证、验收。1996 年，经潍坊市政府潍政发〔1996〕23 号文件批复，潍城区政府发布实施《潍坊市潍城区土地利用总体规划（1990—2000）》，这是潍城区第一个系统、全面的土地利用总体规划，共形成《潍坊市潍城区土地利用总体规划》1 个主项、《土地承载力分析》等 18 个专项、《基本农田保护区规划》等 3 个专题及规划说明、土地利用总体规划图、基本农田保护区图系列成果。1997 年 10 月，对《潍坊市潍城区土地利用总体规划（1990—2000）》进行第一次修编，旨在严格保护基本农田，控制非农业建设用地，增加耕地总量动态平衡研究，规划基期为1996年，规划期为2010年。1998年3月，通过验收。5月，经潍坊市政府批复实施。2008年，开展第二轮《潍坊市潍城区土地利用总体规划（2006—2010）》编制。2010年4月，完成编制并首批通过山东省国土资源厅审定及山东省政府审批。

第四节　耕地保护

基本农田保护

按照省、市政府土地管理目标责任制要求，1991年起，区政府与各乡镇（街道）签订土地管理目标责任书，涵盖耕地保护、土地使用制度改革、土地管理法制建设等内容，对责任目标考核、奖惩措施等进行规定，对建设用地实行总量和项目用地双控制，建立建设用地“批前考察、批中服务、批后管理”制度、档案报表制度和检查验收制度。1994年年底，编制完成《潍坊市潍城区基本农田保护区规划（1990—2000）》。1996年，各镇（街道）按全区基本农田保护规划指标编制镇（街道）基本农田保护区规划，将基本农田全部落实到地块，层层签订保护目标责任书，设立大型基本农田保护牌5块、村级保护牌236块、保护界桩1569块。全区基本农田保护区面积为12450公顷，保护率达76.9%。1998年，根据上级部署，对原规划进行修编，保护目标年为2010年，保护面积调整为12860公顷，保护率达80%。2007年，制定耕地保护共同责任机制等7项耕地保护制度及基本农田保护责任等6项基本农田保护制度。2007—2013年，市政府每年均与区政府签订耕地保护与基本农田保护责任书。

土地开发整理复垦

1991—1999年，全区累计开发复垦土地新增耕地面积125公顷。2000年后，在全区开展土地开发复垦整理和土地综合整治工作，对区内荒草地、裸岩石砾地、田坎及其他未利用土地进行开发整理复垦。至2006年，全区累计实施零星复垦整理项目57个，新增耕地面积285.7公顷。2007年3月，完成全区可供复垦土地后备资源调查，全区可供复垦的旧村面积53.9公顷，边角地、旧厂等73.3公顷。2008年后，共完成土地整理复垦及综合整治项目5个，其中省级项目1个——于河街道土地综合整治项目，总规模1939.33公顷，投资5650万元，规划新增耕地60.39公顷；完成市级项目4个，建设总规模1334公顷，新增耕地49.26公顷，总投资3079万元。

第五节　建设用地管理

1991—1996年，全区共依法审批各类建设用地6057宗834.2公顷。1997年前，建设用地实行分级限额审批制，区政府一次限额审批权限最高为2.99亩。1997年，建设用地审批权限收归市级以上政府，建设用地申报主要采用城市分批次方式：由潍城区国土分局对申报材料进行预审和整理，并按规定逐级报市国土资源局、省国土资源厅、国土资源部审批。国家、省以上重点项目用地，可以采取单独选址、“点供”（也叫“点式供地”，是指对重点项目给予保证指标的单独性保障性供地）等方式供地。市、区项目用地主要通过下达的计划指标及向上级争取指标的方式，随城市分批次建设用地逐级上报审批。

1993年3月，结合国家土地使用制度改革，潍坊市政府出台《关于清理整顿划拨土地使用权工作中有关问题的处理意见》，国有土地使用权从无偿无限期使用转变为有偿有限期使用。1999年1月，新修订的《中华人民共和国土地管理法》颁布实施，实行国有土地有偿使用、土地用途管制制度和先补后占、占一补一的耕地占补平衡等一系列制度。潍城区境内耕地后备资源匮乏，补充任务不足部分必须按照省政府规定的标准缴纳耕地开垦费，易地补充相应面积的耕地。2002年，按照国务院《关于加强国有土地资产管理的通知》要求，对商业、旅游业、娱乐、经营性房地产等经营性用地全部实行招标、拍卖、挂牌方式出让。2007年，根据山东省国土资源厅意见，除国家法律法规规定的划拨土地使用权以及存量建设用地外，全区建设用地均实行招标、拍卖、挂牌方式出让。2008年2月，区政府出台《关于加强存量土地管理的通知》，从建立建设用地评价制度、严格执行闲置土地处置政策、提高建设用地利用效率、引导使用废弃土地、鼓励开发利用地上地下空间、加强建设用地工作监管、开展自查自纠共7个方面作出规定和要求，加强全区存量土地的挖潜利用。规定：对闲置满两年的土地依法无偿收回，重新安排使用；满一年不满两年的，按出让或划拨土地价款的20%征收土地闲置费；对闲置房地产用地征收增值地价；对不符合收回条件的低效利用土地，通过限期整改、改变用途、等价置换、嫁接改造、安排临时使用、纳入政府储备等途径进行处置和利用；对因单位撤销、迁移等原因停止使用，以及经核准报废的公路、铁路、矿场等使用的原划拨土地，依法收回，重新安排使用；除可继续划拨使用的以外，经依法批准由原土地使用者自行开发的，按市场价补缴土地价款；对工业用地，在符合规划、不改变土地用途的前提下，增加容积率和提高土地利用效率的，不再增收土地价款。2010年8月，建立全区耕地占补平衡动态监测监管系统。

1997—2013年，全区各类建设占用耕地4812.7公顷。2005—2013年，全区土地征收及农转用面积2827.32公顷，其中：农用地2114.9公顷，建设用地657.06公顷，未利用地52.58公顷，集体土地农转用面积2.78公顷。

2005—2013年潍城区土地征收及农转用情况表

表11-6　　　　单位：公顷

年份	合计	土地征收及农转用面积				集体土地农转用面积
		小计	农用地	建设用地	未利用地	
2005	96.11	96.11	86.94	8.58	0.59	—
2006	392.08	392.08	356.90	28.28	6.90	—
2007	215.90	215.90	162.37	39.17	14.36	—
2008	452.41	452.41	327.71	117.70	7.00	—
2009	306.62	306.62	256.53	49.76	0.33	—
2010	552.09	552.09	447.20	89.09	15.80	—
2011	314.40	314.40	85.24	229.16	—	—
2012	254.51	251.73	179.55	71.63	0.55	2.78
2013	243.20	243.20	212.46	23.69	7.05	—
合计	2827.32	2824.54	2114.90	657.06	52.58	2.78

第六节　测绘管理与服务

2005年1月，根据市委、市政府机构改革意见，潍城区测绘管理职能被划入潍坊市国土资源局潍城分局测绘管理科。7月，测绘管理科取得丁级测绘资质，完成对外测绘项目20宗685万平方米，局内项目16宗56.5万平方米。2007年，对全区17个测量标志进行普查，完成测绘项目141宗470万平方米、卫片（卫星遥感影像图片）监测图斑168个460万平方米。2008年，加强测量标志普查、管护和地图市场管理，完成513万平方米市区储备土地等测绘任务。2009年，对辖区17个测量标志等级点逐一进行检修维护、登记造册，建立健全测量标志档案，明确保管人，签订测量标志委托保管书，实行国土资源所每周巡查、测绘管理科每季巡查制度。2010年，完成安置小区、迁村并点等测绘服务86宗830万平方米。同年9月，对辖区内22个测量标志进行检修维护，逐点GPS定位，通过省厅检查组现场检查验收。2011—2012年，开展地理信息市场专项整治行动，审订出版潍城区地图。为政府储备地、挂钩试点项目等提供测绘服务78宗208.6万平方米，完成4个街道71.16平方公里大比例尺数据库和地名地址数据库建设。2013年，确定潍坊12343居家养老和呼叫中心民生服务两大数据应用项目，将数据服务延伸至民生领域。

第七节　土地执法监察

20世纪90年代初，土地违法案件数量少，违法占地面积小，土地执法监察工作主要以日常巡查执法为主、群众举报查处为辅，管理查处到位率高。90年代末，特别是进入21世纪，随着经济快速发展，土地违法行为逐渐呈现多发态势，土地执法工作进入严查严管阶段，先后进行非农业建设用地清查、清理越权批地占地、保护耕地大检查、春（秋）季巡回大检查、工业园区用地检查、整顿规范土地市场秩序、土地执法百日行动、“以租代征”专项整治、土地违法违规专项行动、未批先用检查和土地矿产卫片执法检查等多项检查、清查活动。2000—2013年，全区依法查处土地违法占地案件1312件（结案归档件数）。

1989年4月，潍城区土地管理局设土地监察科，负责贯彻落实《土地管理法》，开展土地执法监察。7月，各乡镇配备土地监察员。1993年11月，撤销土地监察科，成立土地执法监察大队，与土地管理科合署办公。1997年12月，全区6个镇、4个街道设规划国土资源管理所，为分局派出机构，由分局垂直管理，负责辖区执法监察业务，随后制定土地监察工作暂行规定和处理土地案件暂行办法，举办多起土地管理法和矿产资源法培训班。

1999年，确立土地巡回检查制度、局长接访制度、重大案件集体会审制度等。2000年，恢复设立土地监察科，加挂执法监察大队牌子。同年7月，国家开始开展卫星遥感监测。2002年3月，在全区开展重点公路沿线“双违”建设、养殖业用地转工副业用地、城乡结合部违法用地清理工作。2005年，撤销土地监察科，改设潍坊市国土资源执法监察支队潍城大队，建立区、镇（街道）、村三级执法监察和信访网络体系及与公检法等多个部门联合办案制度。同年11月，全区利用卫星遥感监测进行的第二次土地执法活动通过市级检查验收，查处卫片违法用地41宗42.27公顷。2006年3月，全区开展国土资源管理春季巡回检查月活动，查处各类国土资源违法行为54宗。8月，在全区各村（居）聘请182名国土资源义务监察信访员。2008年4月，区政府出台《关于严格执行城市规划和土地管理规定严禁违法占地违法建设的通知》。同月，开展部门联合执法行动，各成员单位抽调130余人组成联合执法队伍，出动各类车辆36台，依法对9宗4100平方米违法占地建筑物、构筑物予以拆除；公安部门依法拘留2名暴力抗法人员。7月，区委、区政府召开第八次卫片执法检查工作专题会议，收回乐埠山区域石灰石采矿权，取缔石灰石加工点、石灰窑。

2009年2月，潍城区在“全省县（市）、乡（镇）、村级干部国土资源法律知识宣传教育培训活动”中，被山东省委组织部、宣传部、国土资源厅、教育厅、司法厅、广播电视局联合授予“先进单位”。2010年10月，区政府出台《关于建立土地执法监管长效机制 切实加强土地管理的通知》，制定耕地保护制度、监管责任追究制度、约谈警示制度、报告制度、联合办案与案件移送制度5项制度，对土地违法行为制止、管理问责作出明确要求，明确土地管理责任，增强执法监管实效。2011年8月，潍坊市国土资源执法监察支队潍城大队升格为正科级，核定编制8人。2012年，区政府出台《关于进一步加强土地执法监管严格依法依规用地的通知》。2013年，区政府出台《关于完善落实违法占地共同监管责任体系的实施办法》。

2000—2013年潍城区查处土地违法案件数统计表

表11-7

年份	件数	年份	件数	年份	件数
2000	1	2005	318	2010	10
2001	3	2006	175	2011	81
2002	47	2007	185	2012	46
2003	110	2008	118	2013	26
2004	164	2009	28		

说明：表中“件数”指各年度依法查处结案归档件数。

第三章　统计管理

第一节　统计普查

农业普查

1996年，潍城区进行第一次全国农业普查。普查对象是所有农村住户、非农村住户的农业生产经营单位、行政村、乡镇和乡镇企业。普查指标分为时点指标和时期指标，时点指标为1996年12月31日，时期指标为1996年1月1日—1996年12月31日，普查登记时间为1997年1月1日。普查分准备、访问登记、复查补漏、质量控制、手工汇总、数据录入、资料开发利用7个阶段，历时两年。2006年，开展第二次全国农业普查，普查对象为农村住户、城镇农业生产经营户、农业生产经营单位、村民委员会、街道办事处，普查涵盖农业生产条件、农业生产经营活动、农业土地利用、农村劳动力及就业、农村基础设施、农村社会服务、农村居民生活等内容，以及街道、村民委员会和社区环境等方面的情况。普查时点为2006年12月31日，普查时期为2006年1月

1 日—2006 年 12 月 31 日。经普查，2006 年全区共有农业生产经营户 39625 户、农业生产经营单位 84 个。2007 年，国家、省、市农业普查领导小组对潍城区普查工作进行普查质量抽检验收，区统计局获得“全国第二次农业普查省级先进集体”。2008 年，潍城区圆满完成第二次农业普查，获第二次全国农业普查先进集体、全省统计系统文明单位、全省 1% 人口和劳动力抽样调查先进集体、全省投入产出调查先进集体。

经济普查

2004 年，潍城区开展第一次全国经济普查，标准时点为 2004 年 12 月 31 日，时期资料为 2004 年度。普查对象为境内从事第二产业、第三产业的法人单位、产业活动单位和个体经营户，内容包括单位基本属性、从业人员、财务状况、生产经营情况、生产能力、能源消耗、科技活动情况等。经普查，2004 年末全区共有二、三产业各类法人单位 1767 家，产业活动单位 2066 家，个体经营户 14751 家。从单位类别看，共有企业法人 1297 个，机关事业法人 159 个，社团法人 14 个，其他法人 297 个。2008 年，潍城区开展第二次全国经济普查，普查时点为 2008 年 12 月 31 日，时期资料为 2008 年度。普查对象为境内从事第二产业和第三产业的全部法人单位、产业活动单位和个体经营户。经普查，2008 年末，全区共有二、三产业各类法人单位 2570 家、产业活动单位 665 家、个体经营户 23826 家。从单位类别看，共有企业法人 2080 个，机关事业法人 190 个，社团法人 10 个，其他法人 326 个。2013 年，潍城区开展第三次全国经济普查，标准时点为 2013 年 12 月 31 日，普查时期为 2013 年度，对象为辖区内从事第二产业和第三产业的全部法人单位、产业活动单位和个体经营户。经普查，2013 年末全区共有二、三产业各类法人单位 4374 家，产业活动单位 5316 家，个体经营户 31147 家。从单位类别看，共有企业法人 3785 个，机关事业法人 188 个，社团法人 12 个，其他法人 389 个。

工业普查

1995 年，开展全国第三次工业普查，普查标准时点为 1995 年 12 月 31 日，普查时期资料为 1995 年度，普查对象为潍城区内的全部工业企业和附营工业单位。普查内容包括：工业企业基本情况、财务状况、劳动情况，工业产品生产、销售、库存总值，主要工业产品产销存，附营工业单位生产情况，工业企业原材料、能源消费与库存、能源加工转换，工业企业科技活动、主要工业技术经济指标、主要工业产品生产能力、主要工业生产设备及其新旧程度（已安装设备）、主要工业生产设备技术情况（已安装设备）、主要工业产品质量、主要工业产品销售收支情况、工业企业部分合资基本经营情况。2004 年，工业普查并入经济普查。

人口普查

每 10 年进行一次，尾数逢 0 的年度为普查年度，标准时点为普查年度的 11 月 1 日零时。普查对象为普查标准时点在潍城区境内的自然人以及在中华人民共和国境外但未定居的公民，不包括在中华人民共和国境内短期停留的境外人员。普查内容包括：姓名、性别、年龄、民族、国籍、受教育程度、行业、职业、迁移流动、社会保障、婚姻、生育、死亡、住房情况等。2000 年，全国开展第五次人口普查，普查的标准时点为 2000 年 11 月 1 日零时。潍城区普查对象为区内具有中华人民共和国国籍，在区内常住人口。普查采取按常住人口登记原则，普查项目包括人口数量、地区分布、民族构成、文化程度、住房等 7 大类 60 多个项目。经普查，潍城区总人口（常住人口）383189 人，其中：0 ～ 14 岁的有 67849 人，占总人口的 17.71%；15 ～ 64 岁的有 286584 人，占 74.79%；65 岁及以上的有 28756 人，占 7.5%。

2010 年，全国开展第六次人口普查，标准时点为 11 月 1 日零时，潍城区主要普查人口和住户的基本情况，内容包括：性别、年龄、民族、受教育程度、行业、职业、迁移流动、社会保障、婚姻生育、死亡、住房情况等。经普查，潍城区总人口（常住人口）415118人，其中：0～14岁的有58717人，占总人口的14.14%；15～64岁的有322385人，占77.66%；65岁及以上的有34016人，占8.2%。同2000年全国第五次人口普查相比，0～14岁的人口减少9132人，比重下降3.56%；15～64岁的人口增加35801人，比重上升2.87%；65岁及以上的人口增加5260人，比重上升0.69%。

基本单位普查

1996年，开展全国第一次基本单位普查。普查的标准时点为1996年12月31日，普查时期资料为1996年度，普查范围为潍城区境内除农户和个体经济以外所有法人单位和产业活动单位。普查内容包括：单位的基本信息、主要属性、基本经济活动以及其他信息。2001年，开展全国第二次基本单位普查。普查的标准时点为2001年12月31日，普查时期资料为2001年度，普查范围和内容与2001年基本类同。2004年，基本单位普查并入经济普查。

第二节　统计制度改革

1990年前，常用的统计调查组织方式有定期统计报表、普查、重点调查、抽样调查、典型调查等。1990年后，国家对统计制度进行多次改革。1994年，提出建立以周期性普查为基础、经常性抽样调查为主体的调查体系。1995年，工业总产值不再使用含销项税统计。1996年，新修订的《中华人民共和国统计法》规定：统计调查应当以周期性普查为基础，以经常性抽样调查为主体，以必要的统计报表、重点调查、综合分析等为补充，搜集、整理基本统计资料。主要统计制度有农林牧渔业统计报表制度、农业产值综合统计报表制度、工业统计报表制度、建筑业统计报表制度、批发零售、住宿餐饮业统计报表制度、固定资产投资统计报表制度、劳动工资统计报表制度、科技统计报表制度、企业调查统计报表制度、农村住户抽样调查制度。

1998年，工业统计制度由乡及乡以上独立核算工业企业改为限额以上和限额以下工业统计制度。1999年始，粮食产量由全面调查改为全面调查与抽样调查相结合。同年6月，劳动工资由全面统计改为抽样统计。2001年，批发零售和住宿餐饮业统计报表制度由全面调查改为限额以上和限额以下分别统计。2002年，工业统计制度改为：规模以上工业实行全面报表，规模以下工业实行抽样调查。2003年，固定资产投资统计制度由全社会投资统计改为规模以上固定资产投资和规模以下固定资产投资统计。2004年，国内生产总值（GDP）由统称“国内生产总值”改为:国家称“国内生产总值”，省以下在地区生产总值之前加地区名，例如，潍城区地区生产总值。

2006年，潍城区辖区内全部市属及以上企事业单位统计报表业务下划，实行属地统计。实行属地统计后，全区增加规模以上工业企业17家、限额以上贸易企业10家、建筑业企业10家、房地产企业2家、劳动工资单位109家。实行属地统计后，全区GDP增加29.7亿元。2011年，国家统计局推出统计“四大工程”（即统一的基本单位名录、统一的一套表调查制度、统一的数据采集处理软件平台、统一的联网直报系统）建设方法制度改革，从2011年年报开始，规模以上工业企业、资质内建筑企业和房地产开发企业、限额以上批发零售住宿餐饮企业、规模以上服务业企业实行企业一套表网上直报。

第三节　统计咨询服务

区统计局每季度的后20日前对全区经济总体情况、农业、工业、商贸服务业、固定资产投资、房地产、居民收入等方面进行统计分析，为区委、区政府领导及时了解情况、制定政策提供参考。每月20日编发《潍城统计月报》，每年3月编发《潍城区统计公报》和《潍城统计手册》,7月编发《潍城统计年鉴》。1991—1993年,《潍城统计年鉴》为32开本，1994年后改为16开本，涵盖特载、统计年报单位目录、综合和核算、人口、工业和科技、农业、固定资产投资和建筑业、交通运输和公路建设、贸易业和外经、财政和税收、城市建设和环境保护、教育广播卫生和计划生育、职工人数与工资、附录等内容。1996年，每月6号编发《潍城统计快报》。

2002年，下发《关于对农村统计基础工作规范化建设进行检查考核的通知》，对镇、街道的统计基础建设进行检查考核，促进基层统计工作向“统计队伍网络化、统计人员专业化、统计工作制度化、数据处理微机化、资料管理档案化”目标迈进。2003年6月，改版统计月度资料，增加固定资产投资分镇（街）、开发区资料、总投资过千万项目进度情况、城区专业市场交易情况和非公有制经济发展情况等内容。2006年，下发《关于加强农村统计工作规范化建设的意见》《关于加强企业基层统计工作规范化建设的意见》，推动基层统计规范化建设。同年，对基层统计人员进行业务培训4次。2008年，开通领导统计信息短信服务平台，重要数据和信息经局主要负责人签批后，直接发送区委、区政府主要领导。向各级政府和社会各界提供数据信息和咨询服务，全年提供统计数据信息1600余条，提出建设性意见10余条。2010年，为“转方式、调结构”提供全方位服务，刊印《统计年鉴》《统计手册》，每月出刊统计快报、统计月度资料。

第四节　统计执法

1991—1993年，区统计局于每年4月、11月对区属工业、商业企业和直属部门进行统计执法检查，主要检查统计基础建设情况、统计制度执行情况、统计人员配备情况、统计资料的来源情况、统计报表报送的落实情况、统计数据是否存在瞒报、漏报、虚报等违法情况。1994年，按照《山东省统计管理登记实施办法》要求，潍城区开展统计管理登记工作，掌握全区单位基本情况。2000年，按照省、市执法大检查安排部署，潍城区分三个执法小组分别对全区54家工业、商贸和建筑房地产企业开展统计执法检查。

2002年，成立“四五”统计普法领导小组，219个村（居）的统计人员参加“四五”统计普法学习考试并取得合格证书。同年9月，对全区30家企业进行重点统计执法检查，依法处理存在统计违法行为单位11家。2003年，开展统计法宣传活动，参加市统计局《统计法》知识竞赛，全区8个街道和9个区直部门共206名统计人员参赛。区统计局撰写的《积极宣传统计法　强化统计法制意识》《坚持实事求是　严格依法统计》两篇文章参加有奖征文活动并获奖。同年，对15个企业开展重点统计执法检查，依法处理存在统计违法行为的单位2家。2007年上半年，对全区各镇、街道、开发区、区直部门、市直属的49家单位进行重点抽查，发现存在统计违法行为的单位13家，立案查处4家。

2008年8月，对规模以上工业、建筑企业和5000万以上投资项目进行统计执法检查，解决新增规模企业和固定资产投资项目单位报表不规范、不及时和虚报瞒报等问题。2011年，在全区开展《统计法》《统计违法违纪行为处分规定》《山东省统计条例》等统计法律法规的学习宣传工作，营造依法统计的浓厚舆论氛围。同年9月，对报表问题比较多、报表不及时、统计基础工作不规范的单位开展统计执法检查。2012年，联合区监察局、法制办重点检查联网直报中拒报、迟报和提供不真实不完整统计资料的违法行为。

2013年4月，按照《潍城区政府办公室关于推进行政处罚网上运行工作的通知》要求，完成行政“处罚裁定”“行政处罚流程”“行政处罚事项各环节对应”“表单文书”“执法人员信息”等行政处罚统一平台系统建设。同年，推进行政执法网上公开透明运行，制定《潍城区统计局行政执法职能职责》《潍城区统计局行政执法检查活动实施方案》，对统计执法和专业人员进行行政执法网上操作流程培训，提高执法人员依法行政能力。

第四章　工商行政管理

第一节　机　构

1984年1月，潍坊市潍城区工商行政管理局成立。1991年，设办公室、政工科、市场管理处、企业登记管理处、经济合同管理处、个体管理处，下辖城关、南关、西关、东园、廿里堡、军埠口、望留、符山、大柳树、于河、杏埠11个工商行政管理所和天坛、人民路、民主街、纺织品4个市场管理所。1992年10月，增设梨园工商所和服装批发市场管理所。1993年11月，撤销潍城区物价局，并入潍城区工商局，设立市场物价检查所（副科级）。1994年，设立果品市场管理所。同年8月，潍城区工商局整建制划归潍坊市工商局，成为其派出机构，更名为潍坊市工商行政管理局潍城分局（以下简称"潍城工商分局"），内设办公室、政工科、市场管理科、企业登记管理科、经济合同管理科、个体管理科。9月，将白浪河以东的民主街、梨园、东园、纺织品、服装批发市场、廿里堡6处工商（市管）所及人员81人，划归潍坊市工商行政管理局奎文分局。12月，设立物价科，与市场物价检查所合署办公。1995年3月，增设工商事务咨询服务中心，为股级事业单位。4月，增设外商投资开发区工商所和北关工商所。5月，增设潍坊商城工商所。9月，人民路市场管理所及32名人员从潍城区工商分局析出，成立潍坊市工商行政管理局小商品城分局。10月，增设法制科。1996年11月，撤销潍城工商分局物价科、市场物价检查所，机构职能及21名人员划入潍坊市物价局。1997年11月，外商投资开发区工商所更名为信丰商贸城工商所。1999年3月，机构调整，内设办公室、"3·15"办公室、综合治理办公室、政工科、财务科、法制科、企业登记管理科、个体私营企业登记管理科、市场管理科、经济合同商标广告管理科、经济检查科、工商事务咨询服务中心。8月，山东省工商行政管理系统实行垂直管理。

2002年7月，撤销杏埠、大柳树和信丰商贸城工商所，根据潍坊市工商局统一部署，将原信丰商贸城工商所划入潍坊市工商行政管理局人民商城分局。同月，山东省工商行政管理系统机构改革，潍城工商分局内设机构调整为办公室、人事政工科、纪检监察室、财务装备科、法制科、市场合同管理科、商标广告管理科、消费者权益保护科、工商事务咨询服务中心、信息中心、综合治理办公室11个机关科室，企业注册局、公平交易局（挂山东省工商行政管理经济检查总队潍城大队和打击传销办公室牌子）2个直属局，下辖北关、南关、西关、城关、潍坊商城、于河、望留、军埠口、符山工商所和天坛、果品市场管理所11个所。2003年，增设外商投资开发区管理办公室。2009年4月，设金沙城市广场管理办公室。2011年3月，撤销外商投资开发区管理办公室。同年年底，撤销工商事务咨询服务中心。至2013年，机构无变化。

第二节　市场监督管理

1991 年初，全区共有集市 41 个。同年，投资 462 万元，先后与部分企业、乡（镇）、村联办潍坊金宝竹器市场、潍坊建材市场和军埠口南家大集、南小于河大集，改址新建廿里堡大集，对 10 处老市场进行维修和改扩建。组织风筝会、游览大山会、九九重阳节大山会暨秋季物资交流大会，实现交易额 4400 多万元。民主街市场、人民路工业品批发市场、纺织品批发市场、天坛五金批发市场被认定为“省级文明集贸市场”。1992 年，采取“以专促活”“以批促活”等措施，一些较为萧条的市场实现较快发展。同年，新建潍坊服装批发市场、潍坊塑料批发市场、民主西街工业园市场等 9 个集贸市场，民主街市场、人民路市场创建为“全国文明集贸市场”。1993 年，筹集资金 1600 余万元，新建潍坊金宝旧货市场、潍坊木材批发市场、潍坊副食水产批发市场等 8 个市场；实施人民路市场退场还路，由大棚、露天市场迁入室内，成立潍坊小商品城市场。同年，纺织品批发市场、潍坊小商品城、天坛市场、民主街市场创建为“省级文明市场”。

1994 年，以市场招商为中心，吸引 450 多户外地客商到潍城各市场经营或加工生产，开办夜市网点 3 处，设置摊位 1000 个。同年 8 月，将白浪河以东的 29 处市场划归潍坊市工商行政管理局奎文分局管理。1995 年，投资 100 万元改造完善潍坊小商品城配套设施，潍坊小商品城获评为 1993—1995 年度“全国文明市场”。1996 年，以西园等市场为试点，率先在潍坊市推出多级双向市场巡查制。1997 年，加强对柜台租赁、房屋租赁、经纪人管理，对 12 家商场内租赁柜台经营活动进行清理整顿，为 96 家租赁柜台办理营业执照，为 37 家中介机构和有中介服务经营范围的企业和个体户办理经纪人业务培训手续，将其纳入登记管理范围。1998 年，在全区 4 处夜市和各大市场设置下岗职工经营区，通过免收市场管理费等优惠政策，吸引入市经营下岗职工 1200 余人。同年，潍坊小商品城和西园市场获评为“省级规范化文明市场”和“规范化管理样板市场”。

2000 年年底，全区市场发展到 60 处，实现交易额 25 亿元。2001 年，工商部门投资开办的市场先后完成“管办脱钩”，逐步实现由单纯管理集贸市场等有形市场向监管生产要素市场、技术信息市场及电子商务市场等社会主义大市场转变。同年，取缔杏埠汽车拆解市场。2002 年，组织市场专项调研，形成《关于进一步搞好市场规划建设和加强规范管理的报告》，并在全区转发。指导建成潍坊型材批发市场和农机配件批发市场等规模较大、档次较高的市场。同年，潍坊市政府设立潍坊人民商城（原潍坊小商品城及周边市场群）及其管委会，实行统一管理。2003 年，加强防治“非典”市场监管，查处与防治“非典”相关违法案件 11 起，案值 10 万余元。2004 年，加强对脱管市场、货运及网络中介等市场管理，将 3 个脱管市场纳入监管，清理整顿网吧 45 家，立案查处 16 家，取缔 5 家。同年，在天坛装饰材料市场开展建立进销货检查验收、产品质量抽查、公示、不合格商品退市、召回等制度试点，推进流通领域商品质量监管，签订产品质量监管责任书 4000 余份。2005 年，南门农贸市场、新樱桃园商城、潍坊小商品城获评为“山东省规范化文明市场”。

2006 年，开展红盾护农活动，推行农资经营企业信用等级管理等制度，打击农资市场违法经营行为，查获假劣肥料 32 吨、假农药 350 箱、假农药包装袋 134820 条，成功调处涉及 150 户农民的麦种投诉。同年，天坛市场 800 余业户整体搬迁至豪德贸易广场，潍坊市鸢飞机动车回收有限公司城西拆解场成立。2007 年，在农村市场推行一户多档、实名登记、证明登记、标牌公示制度，与 2000 余业户签订责任书，在 3 个农贸市场设立农药残留检测室，在食品市场、超市实行进货索证索票制度。2008 年，全面停止征收集贸市场管理费。同年，加强乳制品市场整治，与环保等七部门联合销毁、退市、下架、召回及查封问题乳制品 30 吨，为消费者清退乳制品 1311 包、退款 6.3 万余元。

2009 年，开展市场安全整治，联合安监等部门对 130 家业户进行安全培训，上门为危化品经营业户办理前置手续，现场进行安全评价，减免评价费用。同年，在金沙城市广场设立办公室，服务市场发展。2010—2011 年，对全区各类市场进行摸底，落实各类市场开办方第一主体责任。开展网络市场监管，辖区网络市场经营业户建档率达到 98%。2012 年，协助豪杰公司成功创建全国先进民营企业。2013 年，将全区网络市场纳入监管范围，对网络交易主体进行全面摸底排查，强化网络商品交易监管软件应用，落实网络主体建档率、搜索率，组织开展“网剑”专项行动。

2009 年 2 月，工商人员对鞭炮市场进行监管

第三节　企业登记管理

1991 年，潍城工商分局为 24 家企业核发一次性经营许可证，引进重要生产资料价值 185 万元，批准 36 家企业进入集贸市场推销积压、库存产品，批准企业调剂串换计划物资价值 120 万元，为 22 家企业办理外销证明 136 份，为 20 家企业办理名称注册登记手续。1992 年，全区实有企业 4695 家，其中:法人企业 1215 家，营业性企业 3480 家。1993 年，制定支持企业搞好经济十九条政策，放宽企业经营范围、经营方式、登记注册条件、企业名称等方面限制，新登记企业 1039 家，全区累计 5574 家。

1994 年，指导企业申报名称 20 个，发展企业集团 5 家，对全区党政机关承办的 196 家经济实体进行清理整顿，脱钩 127 家，注销 55 家，转个体 9 家。1995 年，对区属“三无”（无资金、无场地、无机构）企业进行清理整顿，注销不符合开办条件企业 23 家，限期补足条件 112 家，改法人企业为营业性登记 9 家，对 2199 家内资企业及 43 家外资企业进行年检。1996 年,清理“假集体”“假全民”企业 26 家、“三无”企业 43 家，查处违法违章企业 123 家。指导巨力集团企业完成改制，组建山东巨力股份有限公司。

1998 年，开展争创“文明服务窗口”“文明服务标兵”双文明活动，设立“改制企业办照窗口”。1999 年，在登记服务大厅设立咨询、登记受理、审查核准和改制企业办照窗口，实行一个窗口对外、一站式办公、一条龙服务，推行首问负责制和咨询一次清制度。2000 年，为 160 家国有、集体企业办理改制手续。2001 年，制定《支持企业改制意见》，规范改制企业登记注册程序。2002 年，开展企业抽逃资金问题专项检查，查处资金抽逃企业 4 家，罚款 5 万元。2003 年，把企业诚信建设作为“诚信潍城”建设重要内容，对 290 家优秀企业进行宣传，披露 547 家信用不良企业。2004 年，试行企业信用分类监管制度，对 350 家公司制企业“两虚一逃”（虚报注册资本、虚假出资、抽逃出资）问题进行检查，查处 110 家。2005 年，在创新方式和创优服务方面进行改革试点，理顺登记管理体制。2006—2008 年,落实新修订的《公司法》，出台公司注册资本分期出资等登记管理规定，降低公司登记门槛，简化公司登记程序。

2009 年，出台关于简化登记流程的通知，规定企业登记过程中实行简易事项一人审核制和复杂事项一审一核制。同年，潍城工商分局获得山东省、潍坊市职工职业道德建设十佳集体和山东省富民兴鲁劳动奖状。2010年，新发展股份公司7家、企业集团1家，协助瑞福油脂办理无行政区划企业名称，配合对落后产能和污染企业进行整改。2011年，打击公司注册资本“两虚一逃”违法行为，联合公安、检察院成立“两虚一逃”违法行为集中查处小组，向公安部门移交涉嫌“两虚一逃”并达到追诉标准的公司10家，其中2家被检察机关提起公诉。2013年，实行营改增（营业税改为增值税）改革，制定《潍城区企业主辅业分离登记注册办法》，办理主辅业分离企业120家。同年，实施市场主体资格先行确认、注册资本零首付、便民个体业户免登记、允许一址多照、新型市场主体登记共5项登记制度，新登记私营企业1020户，同比增长47%。

第四节　个体私营经济管理

1991年，潍城区把第三产业作为个体、私营经济发展的重点，引导调整行业结构，第三产业从业者达到11100家，占个体、私营总户数86%。1992年，制定发展个体、私营经济和鼓励第二职业发展“五项规定”，在职职工第二职业初步形成规模，同时强化监督检查，查处无照经营户1820家。1993年，制定《关于促进个体私营经济发展的暂行规定》，放宽登记政策，新开业个体户11293家，总量达到25318家，私营企业发展到235家。同年，对个体、私营企业实行缴费卡制度。1994年，召开潍城区个体、私营经济工作会议，发布《关于促进个体私营经济发展的决定》25条，大力实施“一村一品，一镇一业”战略，形成个体、私营经济小区18个、专业村16个，从事生产加工人员2800多人。同时，表彰对个体、私营经济发展做出贡献的单位和个人，授予符山、杏埠、梨园3个镇政府和10个村民委员会“发展个体、私营经济先进单位”称号，授予10家私营企业先进企业称号，表彰个体工商业者20人。同年，将白浪河以东的个体、私营企业划归潍坊市工商局奎文分局管辖。

1995年，按照“放胆、放手、放开、放活”原则，开展种养业登记试点工作，为114家符合条件的种养业户办理营业执照。1996年，召开个体、私营经济工作大会，印发《关于进一步加强个体私营经济发展的意见》，开展“落实政策树典型”活动，表彰个体工商户30个、私营企业9家。同年，将原人民路市场的个体工商业户移交小商品分局管辖。1997年，通过资金互助的形式先后为446家个体、私营企业解决资金需求2975万元，引导405家私营企业进入园区经营，免费为520名下岗职工办理个体营业登记。1998年，组织开展“个体、私营经济宣传月”活动，发放宣传材料6000余份，在电视台开辟“个体、私营大家谈”栏目。通过资金互助会筹集资金900万元，用于个体、私营经济发展，个体工商户发展到8583家，从业人员18551人，私营企业552家，雇用工人7996人。1999年，组织120余名个体、私营业者参加法律法规培训班，与电视台联合宣传先进典型，为3家企业挂重点保护牌，与潍城区委组织部联合开展个体、私营经济党建工作。2001年，制定《支持民营经济发展意见》，公开承诺强化服务、提高办照效率。2002年，提出建设“服务型工商”理念，制定首接负责、限时办结、AB角、业务公示清单和办事效率监督卡5项服务制度，实行一个窗口对外，一站式办公。2003年，实施“红盾帮扶工程”，建立企业联系点制度，确定32家重点企业为帮扶联系对象。

2005年，实行企业信用分类监管和个体工商户分层分类管理，将企业划分为守信、警示、失信、严重失信四类，实施信用激励制、信用预警制和失信淘汰制；制定《个体工商户分层分类登记管理办法》，在3个试点工商所建立分层分类动态监管档案。2006年，创新实施个体工商户前置审批预先警示制度，由专人定时对个体工商户临期前置审批证件进行通知提醒。2007年，建立潍城区清理整顿无照经营联席会议制度，成立联席会议办公室，作为政府非常设机构，出台《无照经营清理整治办法》。同年，指导18家民营企业成功创建潍坊市“文明诚信民营企业”，12家个体工商户成功创建潍坊市“文明诚信个体工商户”，14家企业业户获评为“潍坊市光彩之星”。2008年，全面停止征收个体工商户管理费，出台《个体工商户登记授权意见》，将个体工商户的登记权限全部授权工商所。同年，与潍城区文明办联合表彰和谐经营业户47家。

2010年，制定《加强合法网吧监管 严厉打击黑网吧的专项规定》，开展“黑网吧”专项整治，取缔了一批黑网吧。推进个体工商户转为私营企业发展，放宽名称、字号延续使用规定，协助79家个体工商户登记为私营企业。2011年，开展全国文明城市创建活动，强化征迁区域、破墙开店和房产证明不规范三类业户办照工作，办理营业执照1158家。2012年，配合推进治理环境污染，出台《关于涉污经营业户登记注册暂行规定》，对生产加工业，特别是铸造、电镀、印染、喷漆、焚烧等行业的登记注册作出具体规定。2013年，停止收取个体、企业登记费以及工本费、查询费。

第五节　合同管理

1991—2003年，以合同鉴证为重点加强合同管理，共鉴证各类经济合同71887份，金额达103.2亿元。1993年9月，全国人大常委会对《经济合同法》作了修改，工商部门不再确认无效合同。1994年，在企业中推行使用经济合同统一文本，查处擅自印刷销售使用非统一文本违法行为。1995年，《中华人民共和国仲裁法》颁布实施，工商部门原则上不再进行经济合同案件仲裁。1995—2000年，潍城工商分局会同区建委、计委、科委、财政局等单位，对竣工工程、在建工程项目、技术市场和装饰行业等506家单位开展执法大检查，为234家企业鉴证合同。加强新《合同法》《山东省经济合同监督管理条例》等经济合同法律法规宣传培训，举办培训班46期，培训3042人次。1996年1月，落实《中华人民共和国担保法》各项规定，开展企业动产抵押物登记管理，办理抵押物登记30件，主债权金额3052万元。2001—2002年，实行“合同帮扶工程”，坚持数质并重，撤销6家不符合条件企业相关荣誉称号，新发展“重合同、守信用”企业21家，总量达到65家，其中省级5家。

2003年，“重合同、守信用”活动更名为“守合同、重信用”活动。同年，工商部门停止合同鉴证工作，不再承担合同鉴证职能。2004年，对“守合同、重信用”房地产企业进行摸底整顿活动，新发展“守合同、重信用”企业9家，撤销4家。2005年，开展打击合同欺诈专项执法，突出房屋、车辆买卖和农产品订购、承揽、旅游等重点行业和重点企业，查处合同欺诈违法行为，检查各类企业87家，受理咨询合同争议6人次，调解合同纠纷5起。2006年，年审“守合同、重信用”企业58家，新申报省级“守合同、重信用”企业2家、市级9家。2008年，在工商所建立合同指导服务站，推广《农产品种植订购合同》等3种涉农合同示范文本，协助企业办理动产抵押登记26件，主债权金额3.73亿元。2011年，加强格式合同专项治理，对金融服务、装修装饰、美容美发等行业进行专项清理，清理不规范条款426条。2012年，潍坊瑞福油脂股份有限公司成为潍城区第一家被认定为国家级“守合同、重信用”企业。

第六节　商标广告管理

商标管理

1991年，商标管理由注重核转转变为注重管理。1992年，在《中华人民共和国商标法》实施十周年之际，潍城区组织企业参加山东省首届著名商标评选，推动名牌创建活动。1993年，潍坊日报社、潍坊海天新型装饰材料有限公司、潍城工商分局联合举办“海天”杯商标知识竞赛，256人获奖。1994—1995年，核转注册商标25件，有效注册商标121件。加强注册商标专用权保护，查处8家非法使用“中国石化——火炬”服务商标企业，清理擅自使用他人注册商标作为专卖店、专修店、特约经销处、特约维修站等营业招牌业户61家。1996年，对20家指定印制商标单位和48家未定点印刷企业进行检查，查办商标案件9起，收缴非法商标标识4.6万件，指定商标印制单位25家。1997年，引导企业实施商标战略，办理商标注册10件。1998年，协助4家企业参加省市著名商标评选活动，“耶莉娅”“五星”商标获评为“山东省著名商标”，“巨力”商标获评为“潍坊市著名商标”。

2000年，指导耶莉娅集团成功创建潍城区第一个中国驰名商标。2001年，引导企业实施商标战略，举办企业负责人培训班3期，上报商标注册申请39件。2002年，验证注册商标155件，指导山东巨力股份有限公司和潍坊韩老三食品有限公司申办山东省著名商标。2003年，开展“重商标，创名牌”活动，新注册商标42件，指导潍坊造锁集团、潍坊面粉厂等企业申办山东省著名商标。2004年，潍城区政府召开全区“重商标、创名牌”动员大会，转发《关于实施商标战略　推动潍城经济发展的意见》，全区注册商标263件、驰名商标1件、著名商标3件。2005年，向潍城区政府上报保护巨力商标专用权的建议和推动名牌战略、重奖知名商标的报告。2006年，建立商标“申报一批、储备一批、培育一批”机制，实施商标战略。同年，与有关单位联合开展商标打假，查处商标侵权案件16起，查获假劣农资32吨，没收冒充商标标识14万个（条），取缔印制侵权商标窝点4处、销售商标侵权酒品窝点24处，查扣不合格万能胶310箱。

2008年，区政府召开全区实施商标战略总结表彰大会，为获得驰名商标、著名商标企业授牌、颁奖，区工商分局3名干部被区政府记三等功。同年，制订争创驰、著名商标2008—2010年三年规划，推动商标战略深入实施。2011年，编写《关于深入实施商标战略　推进品牌强区的报告》，创中国驰名商标2件、山东省著名商标4件，查处商标侵权案件18起。2012年，强化地方文化保护，申请注册“潍州萝卜”“十笏园”“麓台书院”“万印楼”4件商标。2013年，开展打击商标侵权和制售假冒伪劣商品“双打”行动，对驰著名商标企业、商标代理组织、商标印制单位、大中型商场和专业批发市场进行排查整顿和宣传指导。

广告管理

1991年，强化广告户外登记管理，维护城市市容，组织广告经营单位开展“重信誉创优质服务”活动。1992年，查处违法广告案件14起，收缴非法印制广告3500张。1993年，引导广告业向专业化、信息化、集团化方向发展，在和平路两侧新建广告牌65块。1994年，新发展广告经营单位6家，总量达到12家。1996年，查处各类违法印刷广告50余种，收缴违法印刷品35万余张，清理整顿破损陈旧、不规范户外广告牌146块。1997—1999年，实施户外广告审查登记制度，审查登记户外广告1665条（块），查处违法案件9起，办理户外广告登记716件。2000年，查处虚假保健食品、药品、医疗广告违法案件29起。

2002年，广告监管覆盖至电子商务领域，查处网络非法广告经营案件1起。2003年，开展“打虚假树诚信”广告专项治理行动，年检广告经营单位28家，办理户外广告登记78件，印刷品广告登记20件。2005年，清理城区户外广告30家，处罚非法设置户外广告营业户5家。2007年，落实《医疗广告管理办法》，开展“打虚假树诚信”广告专项整治行动，检查医疗药品经营单位和医疗广告经营单位70家。2011年，潍坊广告创意产业园获批省政府广告业重点扶持园区；联合发改部门与国家工商总局加强对接，争取潍坊广告创意产业园国家广告产业试点园区3年改革试点。

2012年，潍坊广告创意产业园被国家工商总局认定为“国家广告产业园区”，获得上级资金滚动支持。同年，山东省广告管理工作暨广告产业园区建设现场会在潍坊召开，潍城作为现场观摩点，山东省工商局及全省17地市工商局相关负责人现场观摩潍城区广告园区发展情况，并到西街68、双子座创意中心、潍坊文化产权交易所、十笏园文化街区、鲁台会展中心等地实地观摩、了解园区建设情况。2013年，开展医疗、药品、保健品、化妆品、美容服务"五类广告"和危害未成年人身心健康的低俗不良广告、非法融资广告、网上银行卡非法买卖广告、非法网络广告等专项整治行动，查处违法案件29起，清理整顿不规范户外广告67处。

2013年潍城区有效驰名商标、著名商标情况表

表11-8

认定级别	序号	产品	注册商标	生产企业名称	认定复审年份
中国驰名商标	1	服装	耶莉娅	山东耶莉娅服装集团总公司	2000
	2	芝麻油、芝麻酱	崔字牌及图	瑞福油脂调料有限公司	2007
	3	拖拉机	鲁中及图	山东潍坊鲁中拖拉机有限公司	2010
	4	防水材料	鲁鑫及图	山东鑫达鲁鑫防水材料有限公司	2011
	5	铝型材	玉峰	山东玉峰铝业股份有限公司	2011
	6	猪肉、猪肉食品	YIKANGBAO及图	潍坊益康宝食品有限公司	2013
山东省著名商标	1	金属液态燃料容器	众谊+图形	潍坊众谊汽车配件有限公司	2007
	2	钢管	亿佰通+图形	山东亿佰通机械股份有限公司	2007
	3	拖拉机	鲁中+图形	山东潍坊鲁中拖拉机有限公司	2007
	4	锁	五星牌+图形	潍坊五星制锁有限公司	2007
	5	芝麻油、酱	崔字牌及图	瑞福油脂调料有限公司	2009
	6	非活家禽	潍一及图	潍坊美城食品有限公司	2009
	7	混凝土凝聚剂	大元+图形	山东大元实业股份有限公司	2010
	8	电流电压互感器	HW	山东帅信电器有限公司	2010
	9	金属管道弯头、金属管道接头、金属管	LEDE	山东莱德机械有限公司	2010
	10	防水卷材	鲁鑫及图	山东鑫达鲁鑫防水材料有限公司	2011
	11	除尘器	爱普AIPU	潍坊爱普环保设备有限公司	2011
	12	拖车	驼山	潍坊宝利汽车有限公司	2011
	13	猪肉、猪肉食品	YIKANGBAO及图	潍坊益康宝食品有限公司	2011
	14	冷却装置和机器、冷冻设备和装置、通风设备和装置（空气调节）	绿特及图	山东绿特空调系统有限公司	2012
	15	金属管道弯头、金属管道接头、金属管道配件	绿兵船及图	潍坊大海铸业发展有限公司	2012
	16	拖拉机	潍泰及图	潍坊泰山拖拉机厂	2012
	17	饺子、包子、馅饼	LONG-TIE及图	潍坊隆泰食品有限公司	2013
	18	食用油脂	瑞福	瑞福油脂调料有限公司	2013
	19	商业管理咨询	中百	山东百货集团股份有限公司中百大厦	2013

第七节　公平交易执法

1990—1994年，加大对生产和经销假冒伪劣商品违法行为打击力度，开展“打假清劣”专项斗争，查处各类经济违法案件954起，罚没款217.5万元。1995—1996年，开展季节性打假活动，查处经济违法违章案件929起，移送司法机关处理4起。1997—1999年，开展打假保名优工作，取缔造假窝点44个，查获假冒伪劣商品案值240余万元。2000年，开展市场打假、端窝挖点集中行动，查获假冒伪劣商品10大类100多个品种，案值100余万元。2001—2003年，开展“百日执法集中行动”，全面检查各类违法违章行为。同时，在潍坊市率先实行案件主办人制度，推行行政处罚预先警示制度。

2004年，在潍坊市率先开展以工商所名义实施行政处罚工作试点。制定《潍城区打击传销和变相传销活动实施方案》，建立打击传销工作联席会议制度，出动工商执法人员800余人次，组织4次集中打击行动，取缔传销人员聚集点96处、居住点178处，驱散传销人员5000余人。2005年，成立打击传销工作领导小组及专门打击传销队伍，与派出所、房管所、村（居）联合构建基层监管网络，发放宣传材料2万余份，组织、参与较大规模打击活动6次，清理传销窝点400余处，驱散传销人员5300余人。2006年，健全打击传销违法犯罪工作机制，实行“一票否决”，建立街道、村（居）、工商（公安）联络员、房主四方责任制和房屋出租备案制，在潍坊市率先开展出租房屋专项清理，组织较大规模集中行动65次，取缔传销窝点490余处，遣散传销人员8200余人，解救上当受骗群众952人，查获传销案件2起，在山东省打击传销现场经验交流会上作典型发言。同年，组织百日集中执法、治理商业贿赂、红盾护农、取缔无照经营等多项专项行动，对66户“两虚一逃”等企业进行检查，对13家单位进行商业贿赂调查，查处黑网吧18家、查扣上网设备371台(套)，查处各类案件606起，罚没款近500万元。

2007年，召开潍城区打击传销工作会议，启动创建无传销社区活动，取缔传销窝点82处，驱散传销人员1740人。同年，山东省综治办副主任窦广平为潍城区盛泉小区颁发山东省第一块“无传销社区”牌匾。加大打击不正当竞争力度，查处虚报注册资本案1起，罚款50万元；查处商业贿赂等典型案件5起，取缔制假售假窝点41处，查获假劣农资百余吨、侵权注册商标标识8000余件，查获假冒伪劣案值120余万元。全年查办各类违法案件528起，其中万元以上案件109起，商业贿赂案件在潍坊市率先实现突破。2008年，实行执法责任、执法检查、考核督查、案审核查、案件回访五项机制，推行说理式行政处罚文书，对立销案、强制措施使用、裁量权使用、行政执法责任等进行具体规范。编制食品安全、市场监管、安全生产、打击传销等突发事件应急处置预案，制订“无传销社区（村）”三年规划，开展奥运百日执法行动，与青州云门酒业公司等24家企业联合打假，对93户高风险业户下达限期整改书，查获假劣饮料5000余瓶、假种子和农药365公斤，查处取缔食品摊点、黑网吧、非法煤炭经营网点105处，查封非法上网设备100余台，查处违法户外广告牌匾54块，销毁问题乳制品30余吨，创建无传销社区18个。2009年，贯彻落实《食品安全法》、限塑令等，开展食品流通安全大会战行动，查获不符合国家规定标准塑料购物袋3.4万条，通过国家食品添加剂专项整治考核评估。2010年，开展流通环节食品安全放心街道创建活动及“迎世博禁传销”专项行动，辖区58处社区全部成功创建无传销社区。在北关街道开展无传销街道创建试点，23家宾馆酒店和4家直销企业、加盟店及90名直销员完成登记备案并签订拒绝传销、规范经营承诺书。

2011年，推进执法办案法制监督全程覆盖，建立与公安、检察院、法院等部门沟通协作机制和内部法制机构与办案单位交流、约谈当事人、案件两级核审、疑难案件会审、处罚决定书报备、案件执行情况登记、罚没物资处置备案七项制度，推进执法办案事前、事中、事后全过程监督。2012年，建立政府牵头、工商考核的流通环节食品安全放心社区、无传销街道创建机制，41个社区成功创建流通环节食品安全放心社区，无传销街道全部创建完毕，获得“潍坊市依法行政示范单位”称号。2013年，强化成品油、农资、服装等质量抽检，牵头组织户外广告专项执法行动，查处擅自修改临过期食品生产日期、过期、标识违法等食品案件，查办的拖拉机商标侵权案件被山东省工商局作为典型案件。

第八节　消费者权益保护

1988年，潍城区消费者协会成立。1991年，成功处理6名消费者电动车质量投诉案，为消费者及经销商挽回损失5万元，是协会成立以来处理投诉赔付数额最大的一起投诉案。1993年，配合“质量万里行”活动，受理投诉1121件，为消费者挽回经济损失125万元。1994年，在潍坊市率先开展在校生消费教育活动，建立学校—消协—家长三位一体消费教育模式。1995—1996年，推行会员制，发展会员1.7万余人，受理投诉617件，为消费者挽回经济损失53万元。1997年，以农村基层供销社为依托，设立农村会员购物优惠单位，推动会员制发展。

1999年，设立潍城“工商3·15”投诉举报指挥中心，增设13部尾数为“315”的投诉举报电话，规范和完善投诉举报网络。2000年，结合金管工程建设，试行网上接受和处理消费者投诉新业务，成为潍坊市网上受理投诉工作唯一试点单位。2002年，在企业开展先行代赔偿试点。召开“倡导食品安全，企业自律承诺”新闻发布会，20家大型食品生产销售企业公开向社会承诺消费安全。成功调解1起拖拉机质量投诉案，为消费者挽回损失5.4万元。2003年，到驻潍某部开展《中华人民共和国消费者权益保护法》宣传，在潍城实验小学开设消费教育模拟课堂。2004年，在潍坊百货大楼门前开展消费者权益日纪念大会，现场组织诚信经营签字仪式。同年，组织“真情奉献消费者”活动，召开动员大会、建立真情奉献消费者权益保护金，为经济困难的弱势消费群体先行赔付和资助维权费用。全年受理消费者投诉举报1700余起，提供咨询服务2700余人次，为消费者挽回经济损失60余万元。2005—2006年，建立“一会两站”（消费者协会分会、消费者投诉站和12315联络站）基层消费维权模式，在行政村、社区设立消费者协会投诉站、12315申诉举报联络站共232处，在山东省消协工作会议上作典型发言，中央电视台新闻联播对此进行专题报道。组织开展消费维权进农村、进社区和放心消费迎新春活动，成功调解涉及3区4镇近百户农民的“白硬冬二号”麦种集体投诉和150户农民对泰山9818麦种集体投诉，共受理消费者投诉申诉和举报4018起，为消费者挽回经济损失100余万元。

2007年，举办潍城区消费者协会成立20周年暨2007年“3·15”国际消费者权益日纪念大会，现场组织消费维权图片展、宣传咨询活动和“百城万店无假货”宣誓仪式。常态化开展消费和谐进校园、进企业、进社区、进农村、进军营“五进”活动，共开展消费教育80余次，对5350名小学生和农村消费者进行消费教育，受理投诉申诉举报1438件，为消费者挽回经济损失90余万元。同年年底，共为50多名消费者发放代赔偿和维权资助金17.8万元。2008年，与潍坊市消协联合举办宣传贯彻《山东省消费者权益保护条例》新闻发布会暨培训班。组织安全消费迎新春巡回宣传、舒心年夜饭承诺、“3·15”宣传咨询、“践行限塑令——营造环保消费环境”倡议等活动。新设消费维权站点10处，发放《山东省消费者权益保护条例》单行本2.6万余册，为消费者清退乳制品

1311包，退款6.3万余元，受理处结消费投诉和申诉举报3000余件，挽回损失180万余元。

2009年，召开纪念国际消费者权益日暨消费维权工作表彰大会，表彰消费者满意单位79家。与潍坊市电视台等单位和50多家企业联合开展“3·15”集中宣传月和优质产品服务进社区、农资家电下乡系列活动。调处涉及79户农民的假金海5号、中科联创11号等玉米种子集体投诉，组织维权活动32次，处理消费者投诉举报3329件，调处影响较大投诉18起，为消费者挽回经济损失210万余元。2010—2011年，在潍坊市率先设立以网络维权为主、实体维权为辅的“真情刘璐工作室”，通过工作室博客、网站同大型商业企业、社区“两站”、学校、潍城区消费维权服务联盟单位以及消费者实现网上远程视频互动。同时，推进联合维权，成立区消协牵头、20家单位参与的消费维权服务联盟，对群体、重大、突发等易影响稳定的消费纠纷，主动介入、联合维权。省、市工商系统现场观摩会对潍城区消费维权做法进行了推广。2012—2013年，与潍城区法院实现网上诉调对接。深化网络维权，在各工商所设立基层网络维权工作室，与“真情刘璐工作室”联动协作，为消费者提供便捷网络维权服务。

2011年3月20日，潍坊五中学生到潍城区消协参观网络维权运行流程

第五章　物价管理

第一节　物价改革

1991年，议价粮油、餐饮业放开，国家开始分期分批放开食糖、卷烟（零售价）、搪瓷制品、服装、钟表、轻骑摩托车、油漆、果露酒、部分纸张等商品价格。潍城区结合实际，进一步放宽糕点、酿造以及以议价原料为主生产的饮食制品价格政策，实行企业定价认可证制度，赋予企业更大范围的价格自主权。1992年，工商业价格由计划价格管理向市场价格管理转变，地产工业品价格全部放开，由企业自主定价；酱油、食醋、馒头、油条等主副食品价格实行市场调节。1993年，落实国家和省市各项价格改革措施，相继放开卷烟零售价格、民用煤炭供应价格，调整电价，提高黄金收售价格，并由国家定价管理转变为国家指导价管理。放开粮油购销价格，区财政不再给副食品经营业价格补贴，粮油票退出流通。推行定价认可证制度，全区250家工商企业申领“定价认可证”。

1994年，提高国家定购粮食及其他农副产品价格，将省配化肥的国家统一价格、省定价格计划外化肥的最高限价改为国家指导价。1998年，《中华人民共和国价格法》颁布实施，价格管理由

1987年的国家定价、国家指导价、市场调节价改为国家定价、政府指导价和市场调节价；取消对生猪的购销指导价，肉价放开，对生猪购销、猪肉购销价格实行市场调节价。按保护价敞开收购农民余粮，粮食企业实行顺价销售。2001年，物价部门对全区各医院的18种规格自制剂药品价格进行测算，并上报市物价局审批；餐饮业实行明码标价管理制度，区内化肥销售价格放开。2002年，经营服务业价格管理除交通、医疗、邮电、市场交易服务、旅游服务等价格外，其他服务价格全部放开。在严格核实情况的基础上，对浮烟山森林公园门票价格进行调整。2003年后，全区市场价格稳中趋升，商品供应充足。除水、电、暖及药品等关系国计民生的重要商品由政府定价外，大部分商品实行市场调节价格。

第二节　价格管理

1991年，潍城区采取一系列调整与整顿相结合的改革措施，提高石油、钢铁货运、城镇平价粮油、民用燃料、农用薄膜以及煤炭销售价格，整顿农村市场电价、西药和中成药价格，对部分生产资料实行并轨管理。取消对电冰箱、黑白电视机、自行车等放开商品价格的提价申报制度和差率控制。1992年，开展“物价计量信得过单位”创建活动，潍坊茶叶公司福州茶庄、潍坊气管厂、潍坊造锁集团公司、潍坊东方商场被市“双信”领导小组评为市级“双信”单位。1993年11月，城区内粮油涨价，群众争相抢购，粮油销量成倍增长，部分粮店断档脱销，副食品及高档产品价格也随之上扬，群众反映强烈。区政府根据国务院和省市政府关于稳定市场物价的紧急通知，加强粮油市场管理和监督，由于措施到位，粮油价格平稳回落。

1995年，潍城区贯彻稳定物价、遏制通货膨胀的工作方针，物价平稳回落。1996—1997年，开展餐饮业价格等级管理，从设备条件、烹饪技术、服务水平、价格管理等方面对餐饮单位进行评审，分为特级店、一级店、二级店、三级店和普通店5个档次，累计评审餐饮单位46家。1999年，全区市场零售价水平在低价位徘徊。2000年，落实全市药品价格座谈会精神，统一药品作价办法和作价原则，向各医疗单位转发上级文件和《药品价格管理政策汇编》；依法对浮烟山森林公园门票价格进行测算核定。同年，加强药品价格管理，落实省市《关于公布省管药品价格的通知》《关于加强自制自配药物制剂价格管理的通知》等文件精神，对有关医疗单位的收费及药品价格进行检查审核；区物价、粮食部门先后对于河粮所、杏埠粮所、擂鼓山粮库等收购单位的粮食收购价格执行情况进行检查。2005年，物价部门对全区民爆器材价格进行专项调查。同年，对全区4处民校收费标准和部分单位的医疗服务价格进行调查审核，对符合条件的物业管理企业进行等级评定，审定花福园等小区收费等级。

2006年，配合市物价局开展水价成本调查和监审，向上级物价部门转报有关单位的价格调整报告。2008年，为抑制价格不合理上涨，落实临时价格干预措施，以潍坊百货大楼股份有限公司万家福超市为重点，对涉及居民生活的五大类商品实行调价备案措施，重点跟踪监测群众生活必需品价格；加强医疗服务和药品价格管理，监督各医疗机构建立门诊医疗服务价格咨询、收费查询制度，公布价格投诉电话，建立价格公示制度、门诊费用清单、住院费用“一日清单”和“出院费用清单”制度；开展涉农价格和收费公示，投资8万余元设立涉农（社区）价格和收费公示栏252处，对包括公安、工商、交通、教育、计生及水、电、暖、气等11个系统的37个收费项目、74个收费标准进行公示；开展“价格诚信药店”评选活动，15家药店获评为全区首批“价格诚信药店”和“明码实价药店”。

2009年，在全区建立30个农村义务价格监督站，聘请60名义务价格监督员。在全区53家社区门诊建立药品价格管理责任制度、明码标价制度、药品定价调价制度等管理制度，在每个社区门诊确定1名物价员，并设立式样统一的“医疗服务价目表”和“药品价目表”；采取核算经营成本、收费公示、明码标价、健全工作机制等工作，规范物流企业价格行为，引导物流企业诚信经营，促进鲁东物流中心健康发展。2010年，物价、卫生、监察部门联合下发《加强全区各医疗机构医药价格管理的通知》和《潍城区医药价格管理责任追究制度》，在潍城开发区人民医院开展试点的基础上，督促各医疗机构严格落实“一日清单”、医药价格公示、责任追究等制度，通过聘请社会监督员、设置举报箱等形式，强化社会监督，不断提高医药价格的透明度。按规定程序向市物价部门报批新青民办中学、平和民办中学、向阳民办中学和潍坊外国语学校的收费项目及标准。向全区22家房地产开发企业下发《关于规范商品房明码标价的通知》。

2011年，食盐、方便面、洗化用品等部分商品价格出现异常波动，物价部门采取有效应对措施，市场价格总体稳定。同年，落实家电下乡销售网点监管职能，家电下乡政策顺利实施。2012年，46家房地产开发企业在物价部门完成价格备案。同年，召开全区物业服务收费工作会议，就物业公司备案管理、年度考核审验及监督检查方面的问题进行讲解和说明，全区38家物业公司管理的47个居民小区在物价部门完成登记备案，初步实现规范化管理。

2013年，对向阳民校、平和民校、新青民校等民办学校的学费、住宿费进行测算核定、批复和备案。对各公办幼儿园的保教费、住宿费进行重新审核，变更“收费许可证”，对符合规定的民办幼儿园进行保教费、住宿费的审核备案，各学校、幼儿园将收费情况向社会进行公示。落实“一日清单”、医药价格公示、责任追究等制度，通过聘请社会监督员、设立举报箱等形式，强化社会监督。落实房地产价格备案管理和明码标价制度，对申请备案的房地产价格及代收代缴税费价格进行严格审查，全区82家房地产开发企业在物价部门完成价格备案。及时向社会发布国家对成品油价格调整的通知，监督各加油站执行国家成品油价格政策，全区成品油价格保持总体稳定。

第三节　收费管理

1991年，按照《山东省行政性事业性收费管理条例》要求，建立收费许可证制度、收费专用票据制度、收费工作报告制度、明码标价制度、中小学收费公开卡制度共5项制度，达到“一点一证”，培训收费员并颁发收费员证书。1992年，对行政性事业性收费开展清理整顿，省管目录以外的项目一律不予办理收费许可证，提报区政府废止、停止执行收费项目14项。1993年，继续开展行政性事业性收费清理整顿，完善收费许可管理制度，对全区460家执收单位进行年审并换发收费许可证，为12家收费单位变更18项收费项目及标准，吊销26家收费单位收费许可证，培训收费员100余人。1994—1996年，按照《山东省行政性事业性收费管理条例实施办法》要求，收费许可证由省物价主管部门统一印制，区物价部门负责核发。结合收费许可证换发和年审工作，物价检查所会同财政、审计部门对全区行政性事业性收费进行全面清理，对医疗收费、社会办学、中小学收费标准执行情况进行系统整顿，规范执收单位收费行为。

1997年，实行收费员持证上岗和亮证收费制度，换发收费许可证272套，培训收费员269名，审验收费单位219个，审验收费额6365.31万元。1998年，落实“清费治乱减负”，对全区医疗机构、托幼园所和汽车维修行业开展清理整顿，核发收费许可证58套，清理乱收费项目6项；开展收费年审，审验收费单位264个，审验收费项目154个、5119.35万元；审验基金项目9个、4379.10万元，清理中央和省市废止项目7个，为81个单位和25

个收费项目办理变更手续，清退乱收费 6.73 万元。1999 年，实行“两证一卡”（收费许可证、收费员证、企业交费登记卡）管理制度，开展收费员培训，向 268 名收费员颁发收费员证书，对 253 个收费单位换发全国统一的收费许可证；采取调账审验的办法，审验收费单位 297 个，收费项目 139 个，基金项目 7 个，审验收费及基金总额 9079 万元，清退乱收费金额 24.79 万元；实行企业交费登记卡制度，向 900 余家国有、集体和私营企业发放企业交费登记卡。

2000 年，实行“两证一卡”管理制度，采取调账审验的办法，审验收费单位 256 个，项目 133 个，其中基金项目 8 个，审验收费及基金总额 8759 万元，清退乱收费金额 48.85 万元。2001 年，开展收费年审工作，对各执收单位的收费项目和标准进行审核，审验收费单位 262 个，审验率达 99.3%，审验收费项目 102 个、5067.21 万元，审验基金项目 7 个、3760 万元；变更收费项目 21 个，清退乱收费金额 2.25 万元；为促进民营经济发展，区物价局、区监察局、区民营经济发展局统一印制《潍城区民营经济交费目录》，并向社会发布。2002 年，为全区 284 个行政性事业性单位换发新式收费许可证。开展涉农价格和收费公示，在各镇、街道及各大市场设置大型公示栏 11 处，在全区各行政村设置小型公示栏 235 处。同时，在各镇、街道设立涉农价格和收费义务监督站，初步建成覆盖全区的价格义务监督网络。2003—2007 年，共审验收费单位 1282 个（次）、收费项目 674 个（次），总额 6.79 亿元，审验基金项目 42 个（次），总额 3.2 亿元，变更收费项目 123 个（次），清退乱收费金额 33.2 万元。

2005 年，为 267 个执收单位换发收费许可证，审验行政性事业性收费单位 290 个，审验收费及基金项目 130 个、1.19 亿元。开展城市社区价费公示试点，把与居民生活密切相关的煤气、自来水、停车场、有线电视、电信收费等价费列入其中，逐步将价费公示制度由农村延伸到城市社区，价费公示和监督网络覆盖面进一步扩大，涉及 13 大系统 41 个收费项目 76 项收费标准。2006 年，对上年度全区行政性事业性收费、经营性收费及各种基金开展年度审验，审验收费单位 224 个、1.19 亿元，审验收费项目 162 个，审验基金项目 11 个、1.06 亿元。

2007 年，共审验收费单位 220 个，审验收费项目 156 个、2.23 亿元，其中审验基金项目 4 个、5645.42 万元，办理收费许可证 23 套。为全区 72 个收费单位 9 个收费项目办理收费许可证变更手续，为 52 所农村中小学义务教育阶段收取的杂费办理取消项目手续，为 55 所城乡小学五、六年级课本收费标准办理变更手续，举办新办理收费许可证单位收费人员培训班。2008 年，共审验收费单位 531 个（其中行政性事业性收费单位 274 个），审验收费项目 196 个、1.24 亿元，审验基金项目 5 个、9131.25 万元，换发收费许可证 273 套，为 11 个行政性事业性收费单位的 5 个收费项目及标准办理变更手续。对 11 个涉农收费部门的收费进行清理、核查和落实。2009 年，落实国家已明令取消、停征的收费项目和收费标准，清理整顿执收单位的收费项目、标准、依据和范围，共审验收费单位 410 个，审验收费项目 158 个、2.18 亿元，其中审验基金项目 4 个、5645.42 万元。全区涉及收费调整的 58 个部门和单位全部办理收费许可证变更或注销手续，共注销收费许可证 4 套，停止征收收费项目 7 个，取消收费项目 51 个，降低收费标准 6 个，转为经营性收费 1 个，转为基金 1 个。实行“二证一卡”制度，向各企业发放便民价格手册，引导企业了解国家价费政策，增强维权意识。

2010 年，开展收费年度审验，审验收费许可证 391 套，审验收费项目 158 个、1.77 亿元。其中行政性事业性收费单位 53 个，收费项目 47 个、3010.25 万元，审验基金项目 4 个、5446.02 万元。全区各有关收费单位通过公示栏、公示牌、收费明细表（册）或电子显示屏、电子触摸屏等方式对收费情况进行公示，实行持证收费、亮证收费。

对27个物业公司管理的36个住宅小区进行收费等级评定和收费备案管理，并办理服务价格登记证，初步建立起规范物业企业收费行为的约束机制。2011年，共审验收费许可证127套，审验收费项目46个、5576.53万元，换发收费许可证129套，注销收费许可证7套，降低收费标准6个。2012年，对收费项目、标准、范围、依据等逐项审验核查，共审验收费单位133个，收费项目41个，其中行政性收费14个，事业性收费27个，涉及金额4097.14万元。2013年，利用全国收费动态监管系统分析上报收费单位信息。

第四节　价格监督检查

1991—1992年，成立专业检查组，开展“乱收费举报月”活动，实行“亮证收费，公开标准”，检查省市明令废止或停止执行的收费项目。1993年，开展农用资料、教育、卫生、公安、土地、汽修、市场价格等部门和领域收费专项检查，检查收费单位260个，接受和处理人民来信来访27件，退还用户多收价款1800元。简化明码标价，取消标明批发价及批零差率等内容，由三色标签改为“红、绿”两色标签。1997年，开展节日市场专项检查，重点监控集贸市场粮油、猪肉等副食品价格，维护节日期间物价稳定。对全区商品经销和服务收费单位及个体工商户执行明码标价规定情况进行检查，检查单位560余家，查处违价单位和个体工商户120家，罚款3万余元；检查加油站15家，处理8家。开展交通、汽车修理、中小学收费、医疗机构收费等检查，处理违价行为23起。

1998年，联合监察、教委，对全区20所中小学收费情况和实行“一证一卡、两公开、四统一”管理制度情况进行专项检查；开展节日市场价格检查，检查单位80余家，罚款7000余元；开展卫生医疗机构专项检查，检查个体、私营、集体及居委会所属医疗单位60余家，依法处理43家；联合计委、供电部门，对6个镇、3个街道的18个行政村农村电价执行情况进行检查；加强价格举报和维权，处结人民来信来访和举报案件15起，为消费者挽回经济损失10万余元。1999年，对公安、法院、建委等13个部门以及全区中小学收费情况进行检查清理；按照“边检查、边宣传、边处理、边纠正”的办法，开展明码标价、节日市场价格专项检查，查处违价单位和个体工商户40余家；开展餐饮业治理整顿，处理存在违价问题的餐饮业户10家；配合市物价局，开展交通、公路、计生用品专项检查；联合监察、工商、审计和财政部门开展粮食市场专项检查，查处违反国家购销政策的33家。

2000年，开展明码标价专项治理，共检查单位和个体工商户1000余家，处罚90余家；检查成品油经营单位12家，没收非法所得4万元；检查公安系统单位10家。完善价格举报机制，处结人民来信来访15件，为消费者挽回经济损失10万余元。2001年，开展明码标价治理，共检查单位和个体工商户1500余家，处理20余家；开展汽修行业价格检查，对个别存在超标准加价、重复加价问题的单位依法进行处理；对全区15所中小学开展教育收费专项检查，依法处理个别擅自收取捐资助学费、超标准收取学费的学校，清退乱收费款30余万元；开展农村中小学、农民建房、农村医疗和计划生育收费等涉农收费专项清理，取消不合法收费项目，督促各单位进行收费公示；完善价格举报机制，处结人民来信来访40件，为消费者挽回经济损失7万余元。

2003年，加强市场监督管理，稳定“非典”相关商品价格，在全区范围内开展以打击哄抬物价、不按规定明码标价、不实行药品和服务价格最高限价等价格违法行为为主要内容的专项检查，共检查药品经营单位52家，对其中41家存在违价行为的单位进行警告和罚款处理。2003—2007年，结合每年3月份全省“明码标价检查月”活动，按照“教育为主、处罚为辅”的原则，先后开展教育、医疗卫生、国土、交通、环卫、税务等专项检查活动。

物价、工商、公安、技术监督等有关部门对节日市场存在的不按规定明码标价、价格欺诈等违法行为进行检查处理。完善价格违法案件举报制度，设立举报电话12358。2003—2007年，共处结人民来信来访和举报案件144起，为消费者挽回经济损失16.7万元。2005年，按照上级统一部署，开展涉农涉企价格和收费专项检查。

2006年，开展涉农涉企价格和收费专项检查，加大对教育、医疗卫生等部门收费及石油等价格的检查治理力度。同年3月，物价、工商、质检等部门联合参与全区“百城万店无假货”活动，开展宣传、检查和发售标价签工作。成立“潍城区价格举报中心”，随时接受企业和群众对违价行为的来人、来电、来函投诉，共处结价格举报案件18起。2007年，开展教育收费检查，规范各中小学校的收费行为，检查中小学校8所。开展农资价格和涉农收费专项检查，重点检查化肥等农资价格、农村医疗服务收费，维护农民利益。开展医疗机构药品价格检查，调取各医院有关账簿，核查各类药品价格的执行情况。全年共检查部门和单位100余个，查处各类价格违法案件11起，清退乱收费10万余元，接受处理各类价格举报案件18起，为消费者挽回经济损失2万余元。2008年，对全区19所中小学校收费政策执行情况进行检查，对个别存在违规收费问题的学校下达整改通知书。加强成品油价格监管，向全区45家社会加油站发放《成品油价格政策提醒函》，并转发国家发改委《关于降低成品油价格的通知》。加强元旦、春节、五一、十一等节假日市场及抗震救灾等相关物资市场价格监督检查。结合创建文明城市工作，组织开展明码标价专项治理，全区明码标价率显著提高。做好市长公开电话及12358价格举报处理，查处群众反映强烈的开发商收取配套费、物业公司无证收费等问题，处理市长公开电话13起，群众投诉41起，退还多收价款70万余元。

2009年，开展涉农、成品油、药品和医疗服务价格、物业及教育收费等多项重点检查，对违规单位进行批评教育和罚款处理，责令退还多收价款。加强甲型H1N1流感及相关原材料价格监管巡查，药品价格总体稳定。处理市长公开电话5起、群众投诉13起，为消费者挽回经济损失4万余元。2010年，开展明码标价治理，取缔非法销售点20余家，查获各类非法标价签2.5万张，在城区繁华地段及市场设置商品标价签定点销售处4处。处理市长公开电话39起，12358价格举报及群众投诉9起，为消费者挽回经济损失2万余元。2011年，立足农村经济发展和农民增收，对全区涉农价费政策落实情况进行专项检查，共检查涉农价费部门和单位60个，退还多收价款2.5万元，确保国家惠农政策的贯彻落实。以“两街、两路、两市场”（胜利西街、东风西街、和平路、向阳路、盛和步行街、小商品城）为重点，采取宣传、疏导和巡查相结合的方式，现场指导、督促、帮助经营者正确标价，严厉查处擅自印制和销售标价签行为。全年共处结12358价格举报案件9起，市长公开电话39起，为消费者挽回经济损失2万余元。

2012年，集中力量抓好春节、元旦等节假日市场的价格监督检查，确保节日市场价格平稳运行。规范汽车销售价格行为，全区12家汽车销售单位全部实现明码标价。加强价格举报，全年共处结12358及群众来人来信反映的价格举报案件16起，市长公开电话102个，案件回复率100%。2013年，开展涉农收费、教育收费、药品和医疗服务价格、驾校收费、物业服务收费等监督检查。受理价格咨询、投诉、举报133件，为群众挽回经济损失12万元。

第五节　价格认证

1993年起，拓宽工作领域，区物价局与公安机关、检察院、法院等横向联合，做好价值认定工作，共开展价值认定10余宗、24万元。1997年，潍城区价格事务所成立。1997—2002年，共办理各类案件965宗，认定价值4250万元。2002年9月，

《山东省涉案物品价格鉴证条例》颁布实施，潍城区召开宣传贯彻《条例》工作会议，为开拓价格事务工作奠定基础。

2003—2008 年，做好涉案物品价格鉴证工作，为司法机关和行政部门出具公正、合理的认定结论。提高服务质量和工作效率，接受各镇、开发区及有关单位委托，开展地面附着物测量评估，为委托方出具认证结论。其间，共开展涉案物品价格鉴证和各类资产价格认证 1300 余宗、9000 万余元。2008 年，围绕全区重点建设项目，接受街道、开发区等部门和单位委托，对中百物流、豪德钢材市场、309 国道拓宽、机械城等重点项目及旧村改造涉及的公私资产、地面附着物进行价格认证，涉及项目用地 200 余公顷、企业 90 余家、征迁户 1300 余户，认证总额达 1.1 亿元。2009 年，开展涉案物品价格鉴定、地面附着物及相关资产评估，鉴定和认证各类资产 110 宗、2600 万余元。

2010 年，开展涉案物品价格鉴定 163 宗、3000 万余元，开展地面附着物及各类资产价格认证 30 余宗、1 亿余元。2011 年，为公安机关、法院及行政机关涉案物品价格鉴定 164 起，涉案金额 5400 余万元。对银座物流、交通物流、东风西街拓宽等全区重点项目涉及的公私资产、地面附着物进行价格认证，完成地上附着物价格认证业务 30 余件，涉及项目用地 66.67 公顷，认证金额为 1.1 亿元。2012 年，建立健全价格鉴证内部审议、错案追究等制度，开展涉案物品价格鉴定 164 宗、2000 万余元，开展地面附着物及各类资产价格认证 20 余宗，涉及土地 133.33 公顷、征迁户 600 余户，鉴证金额为 1.5 亿余元。

2013 年，按照有关价格鉴证程序规定，从岗位职责落实、人员分工定位、硬件建设、完善机制入手，加强价格认证规范化建设，办理司法、行政机关委托的涉案物品价格鉴定案件 110 起，涉案金额 5300 万余元。对乐埠山工业园占地、开发区益康宝占地、玻璃物流园复核等附着物进行认证，认证金额 1300 万元。

第六节　价格监测

1991—2010 年，加强商品价格监测，按照定时定点采价的方式，采集工农业及相关商品市场价格，为上级部门研究价格政策提供依据。在夏粮、秋粮收购期间，会同粮食主管部门分别到各乡镇（街道）的粮食收购单位对小麦、玉米收购价格情况进行检查指导，维护农民的经济利益。2011 年，贯彻落实国家和省市关于稳定物价的一系列措施，加大市场价格监测力度，实行定点定时定人监测，增加监测点和监测频次，价格监测点由原来的 4 个增加到 9 个，由原来的每周一上报改为一日一上报，每天及时采集各类商品价格，重点监控涉及城乡居民的粮、油、肉、蛋、奶、菜、液化气共 7 大类 34 种主要日常消费品。

2011 年起，省、市物价局确定潍城区为萝卜、白菜等农产品成本调查监测直报点，区物价部门确定 12 个农产品成本调查户，及时了解露天萝卜、大白菜等农产品价格情况，做好登记汇总和分析上报，为政府决策提供参考和依据。2012 年，落实周监测、月监测和节假日监测制度，实行定点定时定人监测，及时采集各类商品价格，重点监控涉及城乡居民的粮、油、肉、蛋、奶、菜、液化气等主要日常消费品。2013 年，开展禽流感相关商品应急监测，在各超市、集贸市场及药店设置价格监测点，重点监测肉、禽、蛋以及相关药品、防控用品的市场价格、供应变化以及群众反映等情况，密切关注价格走势。根据省、市局要求，及时调整农产品调查户，逐一审查记录材料，做到数字准确、上报及时。

第六章　质量技术监督

第一节　机　构

1990年4月，潍城区标准计量局更名为潍城区技术监督局，内设产品质量监督检验所、计量检定所、计量咨询服务部。1993年9月，潍城区技术监督局更名为潍城区技术监督中心，由政府行政序列改为事业单位，经费自收自支。1995年7月，划归潍坊市技术监督局，成立“潍坊市衡器管理所”，有管理技术人员30人，其中工程师5人、助理工程师7人、技术员10人。2001年2月，潍坊市质量技术监督局潍城分局成立，由潍坊市质量技术监督局垂直管理，为正科级行政机构，编制19人，内设办公室、业务科、特种设备监督监察科、稽查队。至2013年，机构无变化。

第二节　产品质量监督管理

1990年以来，查处销毁劣质电线、电缆、家用电器、酱油食醋、假酒、饮料等，折合人民币9万元，端掉制假贩假窝点3处。1990—1992年，全区有23家企业在质量达标升级活动中被推荐为市级先进企业；15种产品被市、区授予“产品质量免检”，其中有“风筝牌”面粉、“崔字牌”香油、“万寿斋”糕点等。1990—1995年，加强对轻工、机械、服装、食品、粮油、饮料等事关人民生命健康安全的产品质量的监督检验，对全区274家工商企业受检产品、1700个批次进行抽检，主要产品、零部件合格率在84%～89%。

2003年，把涉及人民群众身体健康和人身安全的、影响国计民生的、消费者反映强烈的产品作为打假的重点，开展综合治理和有效打击，共立案查处质量、计量、标准化等各类行政违法案件140起，处结138起，结案率98%，其中案值万元以上60起，取缔造假窝点26处，查处假冒伪劣产品货值293万元，为消费者挽回经济损失27万元，受理消费者投诉46起。2004年，全区开展生产、销售企业的特种设备、化肥农药、电线电缆、低压电器、食品、酒类、调料以及3C认证、生产许可证、QS认证等15大类180多个品种的专项整治。出动执法人员1400人次，检查企业280多家，立案查处质量、计量、标准化等各类行政违法案件150起，处结146起，结案率97%，其中案值万元以上18起，取缔造假窝点13个，查处假冒伪劣产品货值368万元，为消费者挽回经济损失17.2万元，受理消费者投诉69起。把加强安全生产许可证、3C认证、QS认证的监管作为打假工作重点，先后开展专项治理行动8次，查处各类违法案件30起，案值80万元。

2005年，与食品生产企业签订质量安全承诺书，强化企业的质量意识和自律意识，为65家具有一定规模的食品生产加工企业建立质量档案。按照国家有关规定，把食品生产企业分为ABCD四类进行分类监管，重点加强对CD类企业的监管工作，加强对已取得食品生产许可证企业的巡回检查，防止出现质量反弹。严把新10类食品市场准入关，18家新10类食品生产加工企业通过审查。全年共查处无证生产食品6种，办理案件11起，涉案货值 10 万余元，为消费者挽回经济损失 30 余万元。2008 年，开展食品安全、打击非法使用非食用物质和滥用添加剂专项行动，出动执法人员 296 人次，检查食品生产企业 89 家。2010 年，举办全区食品生产加工企业落实质量安全主体责任宣讲培训班，80 余家食品生产企业的主要负责人参加培训。在瑞福油脂股份有限公司召开食品生产企业落实质量安全主体责任现场会，相关企业参加会议。加大日常监管力度，全年共巡查食品生产加工企业 314 家（次），发现安全事故隐患 10 处，下达整改通知书 24 份。

2011 年，加大日常监管力度，共巡查食品生产加工企业 400 余家（次）。开展灌装大桶水企业专项整治，共检查生产企业 14 家，立案 6 起，取缔无证生产企业 6 家，没收不合格水桶 61 个。2012 年，对全区 13 家与民生息息相关的企业进行产品抽查，共抽检 22 批次，合格的有 19 批次，合格率为 86.3%。开展日常食品安全监管巡查，检查企业 162 家（次），出动执法人员 268 人次。2013 年，共抽检食品生产企业 28 家，涉及糕点、面粉、香油、调味品等 35 个品种，抽样合格率为 90%。开展日常食品安全监管巡查，检查企业 286 家（次），出动执法人员 676 人次。

第三节　计量管理

1990—1995 年，为全面贯彻实施《中华人民共和国计量法》，先后举办大型培训班 5 期，每期 200 人。通过各种培训渠道，培训工商企业专业计量人员、社会计量监督员 200 余人，指导 105 家工商企业建立“工厂计算室”，完善相关规章制度。为 5 家大型企业建立计量标准，在城区建立“公用计量站”2 处，免费向社会开放。六年间，共查处计量纠纷 156 起，为潍坊柴油机厂追回钢材 17 吨，挽回经济损失 4 万余元。

1991—2000 年，开展计量器具检测工作，共检测杆秤、电子秤、砝码等 20000 余台（件）。2002 年开始，每年在 5 月 20 日“世界计量日”期间开展宣传计量知识活动，向辖区各单位发放计量宣传册等宣传材料 2000 余份，向消费者解答有关计量问题 1000 余人次。2004 年，潍城区果蔬检测中心成立，中心配备农药残毒快速检测仪、培养箱等专业检测仪。2005 年，邀请潍坊市计量测试所为潍城区农贸市场使用的电子秤等计量器具进行免费检测，检测各种计量器具 80 余台。

2008 年，邀请潍坊市计量测试所对潍城区居民使用的血压计等计量器具进行免费检测，检测各种计量器具 70 余台次。2010 年，《能源计量监督管理办法》正式实施，潍城区举办用能单位能源计量培训班，督促企业完善相关管理制度，提高能源计量工作水平。2012 年，按照《重点用能单位能源计量审查规范》要求，加强对辖区重点用能单位能源计量工作的监督检查。2013 年，配合省、市质监局开展定量包装专项检查，对抽查不合格企业给予行政处罚。

第四节　标准化管理

1991—2000 年，潍城区企业标准化工作先后由区技术监督局、区技术监督中心、潍坊市衡器管理所负责。这一时期，主要向企业推荐国际先进水平的产品标准、国家产品标准、行业标准，帮助企业制定企业标准。2001 年，潍坊市质量技术监督局潍城分局成立后，积极引导企业提高产品质量水平和管理水平，增强企业的自主创新能力和市场竞争力，推动企业开展标准化活动，全区企业标准化工作得到加强。

2004 年，潍坊巾帼农业科技示范园通过省级农业标准化管理示范区现场审查。2006 年，潍坊大正实业集团通过国家级狐、貂标准化管理养殖示范区现场审查。同年，贯彻《认证认可条例》，引导企业加强质量管理内审员培训，指导 17 家企业通过质量管理体系认证。指导企业编写企业标准 20 份，办理标准化登记企业 60 家，培训标准化检验员60名，对辖区22家使用食品添加剂的企业进行备案。潍坊瑞福油脂调料有限公司、山东富氏味业有限公司、潍坊美城食品有限公司通过标准化良好行为验收。山东帅信电气有限公司生产的电流互感器采用国际标准。2007年，推荐企业参加省局组织的“标准化良好行为企业”内审员培训。山东鑫达鲁鑫防水材料有限公司通过标准化良好行为验收，生产的聚氯乙烯防水卷材采用国际标准。开展食品生产加工企业和10类重点产品企业摸底排查，为30余家企业提供申办生产许可证、制定产品标准等服务，68家企业获批食品生产许可证，41家企业10类重点产品建立质量档案。2008年，指导企业建立科学合理、结构配套的标准体系，包括技术标准体系、管理标准体系和工作标准体系，在企业内部开展全员标准化培训工作。组织企业参与标准制定、修订工作，指导企业编写标准12份，帮助潍坊瑞福油脂调料有限公司上报食品生产企业标准化示范项目计划任务书，组织山东鑫达鲁鑫防水材料有限公司参加起草《JC/T1075-2008种植屋面用耐根穿刺防水卷材》行业标准，并于同年7月1日实施。强化企业产品标准登记管理，为80家企业进行标准登记年审。

2009年，潍城区召开《食品安全法》宣传贯彻会议，90余家食品企业主要负责人参加会议。指导企业编写标准10份，查询标准信息200余次，登记年审40家。指导潍坊百货大楼股份有限公司申报服务标准化试点单位。2010年，山东海化华龙硝铵有限公司生产的工业硝酸稀硝酸、工业亚硝酸钠、工业硝酸浓硝酸、工业硝酸钠产品和潍坊山水水泥有限公司生产的矿渣硅酸盐水泥P.S.A32.5、普通硅酸盐水泥42.5R/42.5采用国际标准。2011年，强化企业落实质量安全主体责任，举办落实企业主体责任培训班5期，培训法人代表128人、企业员工88人。先后组织五批食品生产企业法人履职报告会，67家企业法人代表参加会议并签订“食品生产企业食品添加剂使用承诺书”。2013年，举办落实企业质量安全主体责任培训班，31家生产企业主要负责人参加培训。2001—2013年，累计为企业查询标准1000余次，办理标准化登记企业近300家。

第五节　特种设备安全监察

2000年前，潍城区特种设备安全监察工作由区劳动局按照有关规定正常开展。此后，该项职能划归潍坊市质量技术监督局潍城分局。2001年，在全区开展“特种设备安全基础管理落实年”等活动20余次，检查企业200余家（次），下达安全监察指令书70余份。2002年，潍坊市质量技术监督局潍城分局联合区教育局开展“特种设备安全进校园”工作，检查企业200余家，下达指令书80余份。2003年，根据《特种设备安全监察条例》规定对内设机构进行调整，成立特种设备安全监察科，履行特种设备安全监察职能，负责潍城辖区内所有锅炉、压力容器、压力管道、电梯、起重机械、客运索道、大型游乐设施和场（厂）内机动车辆八大类特种设备的安全监察工作。2004年，开展安全生产月、百日安全、隐患排查治理等活动，发现并整改隐患50余处。2005年，对特种设备进行普查登记，开展60天安全大检查，检查单位287家、特种设备413台、压力管道10280米、气瓶2180只，治理整顿气体站11个，取缔报废特种设备违法使用单位13家，下达整改治理通知书53份。2006年，培训各类作业人员132人，开展百日安特种设备安全整治活动，检查单位91家、锅炉35台、压力容器70台、起重机械75台。开展特种设备注册登记专项整治活动，检查单位212家、各类设备900余台，排查隐患37处。开展夏季防汛安全大检查，检查单位52家、起重设备及危化品压力容器93台。

2007年，全区新增特种设备368台，注册登记率100%。全年监督检查和检验各类特种设备1176台，培训作业人员240人，消除事故隐患12起，报废不合格设备7台，潍城区获评为全市安全生产先进单位。2008年，开展安全生产月活动，对奥运特种设备进行安全大检查，出动检查人员 275 人次，检查单位 87 家、设备 214 台，整改 9 家，其中：锅炉使用单位 5 家，压力容器使用单位 2 家，起重机械使用单位 2 家。2009 年，组织 96 家单位集中学习新《特种设备安全监察条例》。与省特检联合对涉及全运会的宾馆、超市、医院等人口密集场所的特种设备进行覆盖式检查，检查单位 121 家、设备 162 台，整改隐患 28 处。2010 年，做好基础性工作，全区 1880 余台（套）特种设备均已纳入山东金质特种设备监管网。建章立制，要求所有在用特种设备的企业和单位必须建立并做到“三落实、两有证、一检验、一预案”（落实管理机构、落实安全管理责任人员、落实安全管理规章制度；特种设备要有使用登记证、作业人员要有上岗证；设备要定期检验；要制定应急预案）。

2011 年，按照《特种设备使用单位安全管理准则》对特种设备作业人员的配备要求，举办相关培训班 2 期，培训特种设备作业人员 204 人，保证了全区 2340 台（件）在用特种设备安全运行。2012 年，以防止和减少事故、遏制重大事故为目标，开展取暖锅炉专项检查活动，共检查锅炉使用单位 78 家，检验各类取暖锅炉 141 台，取缔 1 台。结合“安全教育年”活动，开展特种设备作业人员安全教育培训，举办安全教育培训班 3 期，培训锅炉、压力容器等特种设备作业人员 216 人。做好日常监管工作，共检查各类特种设备 1386 台，重要特种设备定检率达 100%，全区在用特种设备实现安全运行。2013 年，按照省、市局及区政府安排，开展“隐患大排查”活动，出动检查人员 296 人次，检查单位 148 家，下达安全监察指令书 107 份。同年，新登记特种设备 431 台，其中：锅炉 18 台，压力容器 40 台，电梯 261 部，起重机械 65 台，场（厂）内机动车辆 47 辆。

第六节 行政执法

1992—2000 年，开展“集贸市场专项检查行动”，强化对计量、质量、标准化等不合格产品违法行为打击力度。2001 年，开展夏粮收购计量器具专项执法检查，检查 8 处夏粮收购站点的 24 台计量器具，无脱检情形。2002 年，对天坛市场销售的电线电缆开展专项执法检查，检查业户 20 余家，查办案件 4 起。2003 年，对天坛市场销售的配电箱产品进行专项执法检查，检查业户 5 家，查办案件 1 起，没收未经产品强制性认证配电箱 90 个。2004 年，对市场销售的化肥、酒类产品进行专项执法检查，共检查化肥经销商 15 家、酒类销售处 10 家，查办案件 8 起，没收涉案酒产品 40 箱。2005 年，对“老五类食品”生产许可证办理情况进行专项执法检查，检查食品生产企业 13 家，下达责令整改书 4 份，帮助 2 家企业申办食品生产许可证，查办案件 2 起。2006 年，按照从源头抓质量的总体要求，以区域监管为抓手，以确保特种设备、食品“两个安全”为重点，加强对全区生产加工企业产品质量监管。开展拖拉机产品强制性认证专项执法检查，检查企业 9 家，出动执法人员 60 余人次，办理案件 5 起。加大对 3C 认证、生产许可证、QS 认证等生产、销售的查处力度。全年出动执法人员 800 人次，立案查处质量、计量、标准化、特种设备等各类违法案件 106 起，取缔造假窝点 5 个，查获假冒伪劣商品货值 360 余万元，为消费者挽回经济损失 20 万元。

2007 年，确定“规范执法、文明执法”的总体执法工作思路，采取细化执法行为规范标准、举办执法人员培训班等多种措施，提高执法人员的执法办案水平和创新能力。先后开展农资、食品、建材、定量包装商品检查等行动，共出动执法人员 900 余人次，立案查处质量、计量、标准化、特种设备等各类违法案件 116 起，结案 97 起，涉案货值 177 万余元，为消费者挽回经济损失 9 万余元。2008 年，开展食品安全、打击非法使用非食用物质和滥用添加剂专项行动。重点检查市场热销的肉、蛋、奶、油、酒、豆制品、调味品、儿童食品等，出动执法人员 296 次，检查食品生产企业 89 家。开展农资、食品、建材、定量包装、特种设备以及强制性认证产品、五类重点产品、生产许可证产品等专项整治、打假活动，共立案86起，结案81起。2009年，先后开展食品安全专项整治、乳制品生产企业专项整治、打击非法使用非食用物质和滥用添加剂专项行动。下发《关于开展食品生产加工企业安全检查的通知》，对全区食品生产企业开展历时2个月的综合监督检查。全年共出动执法人员600余人次，立案查处质量、计量、标准化、特种设备等各类违法案件63起，结案61起。

2010年，开展加气站专项检查，检查加气站11家，发现无证充装压缩天然气违法案件1起，罚款11.3万元；违规充装压缩天然气加气站6家，每家罚款3万元。每周对乳制品企业进行抽样检查，共巡查食品企业314家次，发现安全隐患10处，下达整改通知书24份；开展企业行政执法回访，征求行政相对人对执法工作和人员的建议和意见，全年查获案件98起，结案91起。2011年，根据省、市局对电动三轮车产品强制性认证的要求，对全区的电动三轮车进行专项执法检查，立案查处未取得产品强制性认证企业9家。开展食品添加剂、乳制品、瘦肉精、地沟油、大桶水等专项整治活动，共立案查处60起。2012年，针对市民对“大桶水”举报较多情形，开展大桶水生产企业专项执法行动，重点整治浮烟山周边桶装水生产作坊，共立案查处6起，取缔生产窝点4处。2013年，开展拖拉机产品认证执法检查，检查拖拉机生产企业8家。通过检查，所有拖拉机产品生产企业均取得强制性产品认证。

第七节　名牌工作

中国名牌及山东名牌产品

2000年，组织企业参加名牌创建活动，潍坊瑞福油脂调料有限公司“崔字牌小磨香油”获得“山东名牌产品”称号。2003年6月，制定《关于开展质量兴区工作的实施意见》和《关于实施名牌战略的意见》，积极培育潍城区有实力的企业争创中国名牌和山东名牌。同年，耶莉娅集团的“耶莉娅牌男西服套装”获得中国名牌产品，“耶莉娅牌男西服”获得山东名牌产品。2006年，引导企业实施名牌战略，举办名牌申报说明会，加大对企业的帮扶力度。山东富氏味业有限公司“富氏牌酱油”、潍坊美城食品有限公司“潍一牌禽肉熟制品”获得山东名牌产品。2007年，指导山东鑫达鲁鑫防水材料有限公司“鲁鑫牌聚氯乙烯（PVC）防水卷材”成功创建山东名牌产品。2008年，指导山东省潍坊生建机械厂（集团）“生建牌活塞式压缩机”成功创建山东名牌产品。2009年，召开名牌产品申报说明会，在标准化、计量、质量等方面指导企业建立健全相关制度，指导山东富氏味业有限公司“富氏牌面酱”成功创建山东名牌产品。2010年，深入开展名牌创建工作，指导企业有关人员申报质量工程师，组织召开名牌说明会，山东耶莉娅服装集团总公司“耶莉娅牌女装（时装）”“耶莉娅牌羊绒大衣”“耶莉娅牌职业装”成功创建山东名牌产品。

2011年，加强对名牌企业的分类指导和跟踪服务，支持质量效益型、自主创新型、资源节约型企业做大做强。2012年，把工作重点建立在培育名牌、创建名牌、宣传名牌上，深入企业开展面对面帮扶，解决企业内部存在的问题，积极协调有关部门做好申报工作。山东耶莉娅服装集团总公司“耶莉娅牌衬衫”“耶莉娅牌运动休闲装”获得山东名牌产品，山东富氏味业有限公司“富氏牌酿造食醋”获得山东名牌产品，山东莱德机械有限公司“LEDE沟槽式管接件”获得山东名牌产品，山东大元实业股份有限公司“大元牌混凝土外加剂”获得山东名牌产品。2013年，召开名牌申报说明会，讲解名牌申报有关注意事项，帮助企业对名牌材料进行报前初审。山东耶莉娅服装集团总公司“耶莉娅牌丝绸服装”“耶莉娅牌麻服装”获得山东名牌产品，山东绿特空调系统有限公司“绿特牌低温冷水机组”获得山东名牌产品。

山东省服务名牌

2006年，组织相关企业召开名牌申报说明会，讲解名牌申报的有关注意事项，帮助企业对名牌材料进行报前初审。山东潍坊百货集团股份有限公司中百大厦、潍坊市鑫源金店获得山东省服务名牌。2008年，加大服务名牌的宣传工作和培育力度，组织骨干人员深入企业，保障服务名牌创建工作顺利开展。山东潍坊百货集团股份有限公司中百配送中心获得山东省服务名牌。2012年，根据服务名牌申报范围，召集符合条件的有关企业进行座谈，帮助解决企业现实中存在的难点问题。潍坊市家政服务网络中心、潍坊市华都颐年园老年服务中心获得山东省服务名牌。2013年，山东潍坊百货集团股份有限公司中百连锁超市获得山东省服务名牌。

2000—2013年潍城区获得名牌产品情况表

表11-9

企业名称	名牌类别	产品名称	获得时间
瑞福油脂股份有限公司	山东名牌产品	崔字牌小磨香油	2000年
山东耶莉娅集团服装总公司	中国名牌产品	耶莉娅牌男西服套装	2003年
山东耶莉娅集团服装总公司	山东名牌产品	耶莉娅牌男西服	2003年
山东富氏味业有限公司	山东名牌产品	富氏牌酱油	2006年
潍坊美城食品有限公司	山东名牌产品	潍一牌禽肉熟制品	2006年
山东鑫达鲁鑫防水材料有限公司	山东名牌产品	鲁鑫牌聚氯乙烯（PVC）防水卷材	2007年
山东省潍坊生建机械厂（集团）	山东名牌产品	生建牌活塞式压缩机	2008年
山东富氏味业有限公司	山东名牌产品	富氏牌面酱	2009年
山东耶莉娅服装集团总公司	山东名牌产品	耶莉娅牌女装（时装）	2010年
山东耶莉娅服装集团总公司	山东名牌产品	耶莉娅牌羊绒大衣	2010年
山东耶莉娅服装集团总公司	山东名牌产品	耶莉娅牌职业装	2010年
山东耶莉娅服装集团总公司	山东名牌产品	耶莉娅牌衬衫	2012年
山东耶莉娅服装集团总公司	山东名牌产品	耶莉娅牌运动休闲装	2012年
山东富氏味业有限公司	山东名牌产品	富氏牌酿造食醋	2012年
山东莱德机械有限公司	山东名牌产品	LEDE沟槽式管接件	2012年
山东大元实业股份有限公司	山东名牌产品	大元牌混凝土外加剂	2012年
山东耶莉娅服装集团总公司	山东名牌产品	耶莉娅牌丝绸服装	2013年
山东耶莉娅服装集团总公司	山东名牌产品	耶莉娅牌麻服装	2013年
山东绿特空调系统有限公司	山东名牌产品	绿特牌低温冷水机组	2013年

2006—2013年潍城区获得山东省服务名牌情况表

表 11-10

企业名称	服务项目	获得时间
山东潍坊百货集团股份有限公司中百大厦	中百购物四无风险商业零售	2006 年
潍坊市鑫源金店	金尊高档首饰销售服务	2006 年
山东潍坊百货集团股份有限公司中百配送中心	中百物流商品配送	2008 年
潍坊市家政服务网络中心	养老、家庭服务、商品配送、民生信息服务	2012 年
潍坊市华都颐年园老年服务中心	老年人养护服务	2012 年
山东潍坊百货集团股份有限公司中百连锁超市	中百便利商业零售服务	2013 年

第七章　审计监督

第一节　国家审计

财政审计

镇（街道）财政审计　从 1993 年开始，每年不少于应审计单位的 1/3，三年普审一遍。1993 年，对北关街道、杏埠镇、军埠口镇 1992 年度财政决算情况进行审计。1994 年，对符山镇、望留镇和廿里堡镇 1993 年度财政决算情况进行审计，针对预算外资金管理不严、挤占挪用等问题，提出 3 条强化镇级财政管理建议。1995 年，对大柳树镇、符山镇、于河镇和杏埠镇 1994 年度财政决算进行审计，提出改进财政体制，完善财政“四税”（增值税、消费税、企业所得税、个人所得税）和“两金”（能源交通基金和预算调节基金）核算等加强镇级财政工作的建议。

1996 年，对军埠口镇和望留镇 1995 年度财政决算和其他财政收支结果进行审计。1997 年，对于河镇、南关街道、城关街道、西关街道 1996 年度财政决算进行审计，提出审计建议 12 条。1998 年，针对军埠口镇、杏埠镇和北关街道财政决算审计中发现的漏交款项和乱收费等问题，提出 10 条审计建议。1999 年，针对望留镇和西关街道、南关街道财政决算审计中发现的新增财力没有相应增加教育和科技投入、支农资金不到位、预算外资金决算不实、挤占挪用专项资金等问题提出 8 条审计建议。2000 年，对望留镇、杏埠镇和北关街道 1999 年度财政决算情况进行审计。

2001 年，对军埠口镇、大柳树镇和西关街道 2000 年度财政决算和其他财政收支结果进行审计。2002 年，对符山镇、于河镇 2001 年度财政决算和其他财政收支结果进行审计，查处支农周转金发放拖欠问题。2003 年，对军埠口镇、符山镇上年度财政决算情况进行审计，查处资产未入账、擅自调整预算等问题，责令限期纠正，提出 3 条整改建议。2004 年，结合全区领导干部离任经济责任审计，先后对北关街道和符山镇 2003 年度财政决算情况和其他财政收支情况进行审计。2007 年，对于河镇、北关街道2006年度镇级财政决算情况进行审计。2010年，对南关街道、望留街道2009年度财政决算和其他财政财务收支情况进行审计。2011年，将潍城经济开发区、乐埠山生态经济发展区的财政决算审计纳入效益审计，由差错纠弊向注重财政资金使用效益转变。2012年，对潍城经济开发区、乐埠山生态经济发展区2010年度财政决算和其他财政财务收支情况进行审计（跨年度项目）。2013年，扩大效益审计覆盖面，将北关街道、望留街道的财政决算审计纳入效益审计。

区级预算执行审计　为加强审计部门在宏观调控中的作用，依照《审计法》《山东省贯彻〈审计法〉实施办法》和《山东省本级预算执行审计监督暂行办法》有关规定，1996年，首次对1995年度区级财政预算执行情况进行审计。1996—2003年，区审计局连续8年对潍城区同级财政预算执行和其他财政收支结果进行审计，共审计部门单位147个，提出合理化建议136条。

2004—2007年，突出“三个意识”，对财政部门的审计突出预算意识，对预算执行部门和单位的审计突出执行意识，对重点项目和资金的审计突出效益意识。2008—2009年，对区财政局2007、2008年度预算执行情况和潍城地税分局2007、2008年度税收征管情况进行审计，对部分纳税企业进行延伸审计，提出努力培植财源、构建收入稳定增长机制，合理控制支出、提高财政资金使用效益，加强税收征管、确保应收尽收，加强会计基础工作、确保会计信息真实准确完整等8条审计建议。2010年，加大预算执行审计力度，重点审计区财政部门执行区级预算情况、区地方税收征收管理情况，对部分重点企业的欠税问题下达审计建议书，限期补缴入库。2011年，将对区教育局、区交通运输局等6个单位开展的预算执行审计全部纳入效益审计，由差错纠弊向注重财政资金使用效益转变。2012年，坚持“收、支审计并举，突出支出审计”原则，完成8个预算执行审计。2013年，完成9个预算执行审计。

金融审计

1992年，开始金融机构审计工作，对全区乡镇企业流动资金贷款合规性进行审计。1994年，对潍城区农业银行和潍城区城市信用社1993年度财政收支情况进行审计，提出审计建议5条。1995年，对潍城区西郊、军埠口农村信用社和潍城区、北宫、西关城市信用社1994年度财务收支情况进行审计。1997年，对潍城区农村合作基金会联合会、潍城区杏埠镇、军埠口镇、符山镇和北关街道农村合作基金会1996年度的资产、负债、损益情况进行审计。对望留镇、大柳树镇农村信用社1996年的资产、负债、损益情况进行审计。1998年，对潍坊市商业银行北宫支行1997年至1998年6月末的资产、负债、损益情况进行审计。1999年，根据上级审计机关统一安排，对工商银行奎文支行、建设银行奎文支行1998年度的资产、负债、损益情况进行审计，向市审计局提交审计结果报告。随着《审计法》的颁布实施，审计机关的审计范围发生变化，金融审计需上级审计机关授权开展，此项审计未再进行。

行政事业审计

潍城区行政事业单位审计以财务收支审计和专项资金审计为主，重点检查财务收支是否符合国家规定和资金使用效果，进而加强机关事业单位廉政建设。1985年开始试审。1986年，对行政事业单位试行定期或不定期报送审计。自1987年始，对全区一级行政事业单位全部实行定期审计。1987—2013年，每年都将定期审计计划以文件形式发到各被审计单位，逐步健全和完善行政事业单位定期审计制度。通过定期审计，部门单位违纪现象明显减少。

财务收支审计　1986—1995年，行政事业单位的财务收支审计以定期审计为主，共审计行政事业单位327次，提出审计建议386条。对部分单位、部分预算外资金和小额税金上缴不及时以及普遍存在的招待费超支等问题，依照《预算法》《税收征收管理法》《财政违法行为处罚条例》等有关规定下达审计决定，责令限期整改，并对个别单位给予警告。1996年，行政事业单位预算执行情况审计代替年度的财务收支审计，财务收支审计不再由区审计局单独安排。2003年，根据市审计局授权，对潍坊市工商行政管理局潍城分局2001年至2003年6月和潍城区公路局2002年1月—2003年6月的财务收支情况进行审计，提出审计建议5条，向市审计局提交审计报告，市局据此下达审计意见书和审计决定。2004年，受市审计局委托，对市质量技术监督局潍城分局2001年2月—2004年6月财务收支情况进行就地审计，向市局提交审计结果报告，市局据此下达审计意见。2006年，按照市审计局统一部署并受市审计局委托，对潍城区2003年至2006年6月的财政财务收支及有关经济事项进行审计，对潍城物价分局2004—2005年度财务收支情况进行审计。对区地税分局、区交通局、区民政局、区卫生局、区教育局、区科技局、区建设局、区城管执法分局和潍坊七中共9个部门单位2005年度财务收支情况进行审计。

2007年，对潍城区2005—2006年慈善捐赠金、村村通自来水工程资金、农村养老保险金、潍坊第三中学2006年至2007年6月收费情况、潍城工商分局2005年至2007年6月财政财务收支情况进行审计。按照区政府统一安排，对潍城区区划调整资产负债进行审计，对潍城区物价分局下放资产负债和财务收支情况进行审计，对区直机关幼儿园2005—2006年财务收支情况进行审计。对区财政局、区地税分局、区人口与计划生育局、区水利局、区交通局、区防疫站、区广播电视局、区民政局、区教育局、区科技局等11个部门单位2006年度财务收支情况进行审计。2008年，对区经贸局、区教育局、区农业局、区林业局、区法院、区建设局、区交通局和区行政执法分局共8个区直部门2007年度财务收支情况进行审计，提出加强财务管理、自觉遵守财经法规等7条审计建议。2010年，对区教育局、区交通局、区法院、区检察院、区人口与计划生育局和区经信局共6个一级预算部门2009年度财政财务收支情况进行审计。2012年，对潍城经济开发区和乐埠山生态经济发展区2010年度财政决算和其他财政财务收支情况进行审计（跨年度项目），两区会计资料基本真实反映了财政财务状况。

专项资金审计　1986—2001年，重点对潍城区公路养路费、教育经费、科技经费、社会保障资金、新闻广告收入、城市维护建设资金、农业综合开发资金、财政周转金、工会经费、计划生育费、工商罚没收入和规费收入进行审计。2002—2006年，重点开展人畜饮水项目专项资金、失业保险金、防治非典专项资金、城市居民生活最低保障金、企业养老金、水资源费、住房公积金、抗震救灾专项资金、社会保障金、保障性安居工程、彩票公益金等专项审计，共完成项目125个。2008年，搞好对潍城区2006—2007年度农村公路改造工程建设及管理养护情况的审计和审计调查，提出加强专项资金的征收、管理和使用的建议。2010年，对潍城区2007—2009年住房公积金归集使用情况、2007—2010年上半年残疾人就业保障金绩效情况进行审计；对区慈善总会收到的甘肃玉树地震灾区抗震救灾物资情况逐月进行跟踪审计，有关资金物资均按照要求予以上交。2011年，专项审计更加关注民生热点问题，对区财政局抗旱救灾专项资金情况逐月进行跟踪审计。对2010年度区农业综合开发资金的拨付、管理、使用情况进行专项审计。2012年，对潍城区体育彩票公益金使用管理情况进行专项审计。2013年，对全区各类城镇保障性安居工程的投资、建设、分配、运营等情况进行专项审计，保证了此项惠民政策完好落实。

企业审计

财务收支审计　1984年区审计局成立伊始，即对全区商业、供销和粮食系统25家国有企业进行试审。1991—1996年，坚持传统审计（承包经营审计和厂长、经理离任审计）与评价企业内控制度和经济效益相结合，提出改进措施和合理化建议86条。此后，随着区属企业的逐步改制或破产重组，企业审计不再进行。

承包经营责任审计　此项工作从1988年开始，到1994年结束。7年间，共完成承包经营责任审计163项，查处盈亏不实企业6个，提高经济效益80万元。针对审计中发现的企业承包基数不合理、合同条款不完善等诸多问题，向区委、区政府和企业主管部门提出审计建议168条，为深化企业改革、进一步完善承包经营责任制提供了决策依据。

资产负债损益审计　1994年，潍城区首次开展资产负债审计，根据区政府安排，对潍坊皮鞋厂进行资产负债损益审计，向区政府提交审计报告，区政府据此决定该企业申请破产清算。1995年，对潍坊影院、潍坊茶叶公司、潍坊鸢都商业集团公司和潍坊第二食品厂的资产、负债和损益情况进行审计，区审计局提出“进一步加强生产经营和财务管理，正确处理账务，真实地反映生产经营成果”等建议，为深化企业内部管理，转换经营机制，扩大服务项目，实现增产节约、增收节支、扭亏为盈发挥了作用。1996年,根据对企业定期审计的要求，对潍坊食品厂、潍城区城市建设综合开发公司、山东鸢都商业集团公司、潍坊白天鹅大酒店和潍坊国华商贸实业公司的资产负债和损益情况进行审计。针对企业现状和生产经营中存在的问题，提出加强财务监督、搞好内部审计、挖掘内部潜力、扩大经营渠道、扭转企业面临的困难局面等建议。同年，对潍坊新明达装修工程有限公司1995年至1996年6月的资产负债和损益情况进行审计。1997年，对潍城区经济开发投资公司1996年度资产负债和损益情况进行审计。1998年，受区委组织部委托，对17家区属工交商贸企业进行以资产负债和损益为主要内容的企业年度审计。审计发现，大部分企业经济效益下滑，潜亏数额较大;产品价格降幅大、增加值小，企业债务越来越重，有的甚至资不抵债;企业生产经营资金短缺，产品结构不合理，变现能力差，缺乏持续经营能力等。针对不同情况提出审计建议59条，帮助企业提高生产经营管理水平，以扭转亏损局面。

2002年，与区商贸办组成联合审计组，对潍坊国华商贸实业公司2002年5月末的资产负债损益情况进行审计。根据审计结果，区政府责成区商贸办会同该公司成立专门班子，清理个人借款，并请职工代表参与监督，公开清欠结果。2004年，完成资产负债损益审计4项。对区种子公司2002年1月—2004年8月资产负债、损益情况和潍城区货运配载中心2003年2—3月资产负债、损益情况进行审计，审计结果表明，上述两单位已资不抵债。对区妇幼保健站2001年1月—2004年8月的资产情况和区政府招待所2002年5月—2004年8月的资产负债、损益情况进行审计。2008年，对9家企业进行纳税情况审计检查，查出5家企业欠缴税款91万元，向潍城地税分局下达《关于企业欠缴税金限期征缴的审计建议书》，限期补缴入库，并按规定加收滞纳金。2009年后，区直企业进行改制，企业无国有资本投入，不再对相关企业进行审计。

经济效益审计　1987年，选择潍坊商标印刷厂进行经济效益审计试点。审计表明，该厂1986年各项经济指标与1983年历史较好水平相比，出现“两增、一提高、四下降”，即产值和销售收入增长，可比产品成本提高，利润、资金利润率、全部流动资金周转率、全员劳动生产率下降，提出7条改进措施和建议。1991—1992年，结合承包经营责任终结审计，对潍坊织袜厂、潍坊五金交电商场等23个承包经营企业的内部控制制度和经济效益进行延伸审计，为承包经营企业提高经济效益提出5条建议。后因企业改制或关停并转，此项审计未继续开展。

清产核资审计　1991年，根据区委、区政府关于工业企业改革工作安排，对潍坊五金制镜厂和潍坊造锁厂组建潍坊造锁集团公司进行清产核资审计；对潍坊服装一厂与三厂、原潍坊第二木器厂并入潍坊巨力机械总厂以及潍坊计算机公司兼并潍坊商业食品厂、潍城区外贸鸡场移交区粮食局时的资产进行审计，为企业兼并重组和划转提供准确数据。此后，区委、区政府未对区审计局安排企业清产核资审计工作。

固定资产投资审计

1988—2013年，先后对全区自筹基建项目、停缓建项目、水库除险加固工程、大于河综合整治工程等进行开工前审计、跟踪审计或决算审计。

2012年11月15日，区审计局工作人员在大于河综合整治工程二标段现场跟踪审计

其中1988—1989年，对5个自筹基建项目进行开工前审计，5个项目资金来源正当，均建议区计划委员会下达基建计划。1989年，对区政府决定的10个停缓建项目进行跟踪审计，压缩投资1700多万元。1990—1994年，对151个基建项目进行开工前审计，查出25个单位的基建项目不具备开工条件，未签发开工报告。1994年，对潍坊呢绒服装厂省重点技改项目进行审计。1995年，对潍坊十笏园宾馆贵宾楼室内装修及配套设施进行决算审计，核减工程造价30多万元，核减率为26%。1996年，对潍坊浴池建设项目进行审计，核减工程造价37.54万元，核减率达到20%以上。2001年，对符山水库除险加固工程决算及工程资金使用情况进行审计，审计认为该资金使用范围和支出用途符合规定要求。2002年，对符山水库除险加固工程续建项目决算及工程资金使用情况进行审计，核减25.92万元，核减率为6.2%。

2004年，对农村公路改造工程进行审计，提出2条审计建议，促使建设资金的使用和管理进一步规范。2007年，对潍城经济开发区中学、小学教学楼工程进行竣工决算审计，核减工程款89万元，核减率达12%。2010年，通过听汇报、查资料、实地查看等环节，对全区2009年以来的54所学校的207栋24.5万平方米校舍的抗震加固工作进行审计调查。2012年10月，开始对大于河综合整治工程实施跟踪审计。

经济责任审计

厂长（经理）离任经济责任审计　1987年，对潍坊糖果厂试行厂长经济责任审计。1988—1990年，厂长（经理）经济责任审计主要是承包经营责任审计。1991—2002年，受区委组织部委托，先后对潍坊皮鞋厂、潍坊工具厂、潍坊织袜厂、潍坊电表厂、潍坊五金厂、潍坊茶叶公司、潍坊服装总厂、潍坊食品厂、潍坊塑料总厂、潍坊塑料一厂、潍坊拔丝厂、潍坊市运输总公司、潍城区城市建设综合开发公司、潍坊轴承厂和潍坊造锁集团公司共15家企业20任厂长、经理进行离任经济责任审计，其中潍坊食品厂、潍坊塑料总厂、潍坊拔丝厂各2任，潍坊轴承厂3任。2002年，全区企业改制完成，均改为股份合作制企业，其干部不再由区委管理或任命，不再对企业主要负责人开展经济责任审计。

机关事业单位领导干部经济责任审计　受区委组织部委托，1997—2002年，区审计局先后对潍坊外商投资开发区管委会、大柳树镇、城关街道、西关街道、区文化局、区民政局、区乡企局、区农机中心、第二公证处、区园林绿化管理所、区第二军干休养所、区社会福利院、符山林场、资源综合利用管理办公室、会计师事务所、区地震局、区广播局、区体委、区房地产评估所、望留镇、北关街道、区计生委、区外经委、区科委、区农业综合开发办公室、区统计局、区贸易局、区经贸局、军埠口镇、区三产办、区残联、区房地产交易所、区房地产品经营公司、市政工程公司、区农委、区卫生局、区交通局、符山镇、于河镇、驻青办、城郊房管所、市立医院、符山中心卫生院、区总工会、区教育局、区建设局、区文化局、区直机关事务管理处、浮烟山开发区、市容卫生管理所、区直机关事业单位养老保险处和机关车队等部门单位主要领导干部进行任期内经济责任审计，其中大柳树镇、军埠口镇、城关街道、西关街道、北关街道、区文化局、区民政局、区地震局、区外经委、区科委、区卫生局各2任，望留镇3任。2006年，受区委组织部委托，对望留镇、西关街道、城关街道、南关街道、区总工会、区文化局、区卫生局、区社会福利院、区防疫站、区军干一所、区军干二所和潍州剧场共12个部门单位的原主要负责人进行离任审计。对被审计对象任期内经济责任进行客观公正、实事求是的评价，向区委组织部提交审计结果报告。2008年年底，区审计局会同区纪委、区委组织部、区人事局、区监察局、区财政局联合印发《潍城区领导干部任中经济责任审计分类管理办法》。2010年，实行分类管理，推进领导干部任中经济责任审计。同年，受区委组织部委托，对8个部门单位的主要领导干部进行任中经济责任审计。2011年，确定街道党政主要负责人经济责任审计评价标准作为审计工作科学转型试点项目，对审计内容、评价指标和评价标准进行统一、分类、归纳整理，形成一套较为科学合理的审计评价指标体系。

第二节　内部审计

1985年，区政府批转区审计局《关于在有关部门、单位成立内审机构的请示》，后经历次机构改革，内审机构、编制人员有所变化。2008年，组织全区各部门单位内审人员23人参加省内审协会主办的岗位资格后续教育，提高内审人员的审计能力。2009年，加强对内部审计工作的指导，组织内部审计人员参加网上远程继续教育，并对内审资格证书IC卡办理登记，扩大内审机构审计、会计人员的专业知识面，改善知识结构，提高业务素质。2012年，按照《山东省内部审计工作规定》要求，成立潍城区内部审计协会，潍城区内部审计始有行业管理组织，内部审计工作进入一个新的发展阶段。

第三节　社会审计

1988年10月，经山东省审计厅、潍坊市潍城区体改委和编委批准，潍城区审计事务所成立，为具有独立法人资格的全民所有制事业单位，暂定事业编制4人。1993年1月，潍城区审计事务所更名为潍城区审计师事务所。同年，正式确定为自收自支事业单位，核定编制10人，实有7人，隶属区审计局。1995年11月，确定为副科级规格，单位性质、隶属关系不变。1988—1999年，区审计局所属审计事务所（审计师事务所）完成社会委托审计事项4226项，主要有：承包经营审计33项，注册资金验证年鉴3688项，基建工程决算审计259项，资产评估36项，财务收支或会计查证29项。其间，办理经济纠纷7起，参与经济案件鉴定5起。1999年12月，按照审计署的要求，审计师事务所与审计机关脱钩，成为独立的社会中介机构。

第八章　矿产资源管理

第一节　机　构

1991年，潍城区矿产资源管理局成立，内设办公室、矿产站，在符山、望留、大柳树、军埠口设4个矿产资源管理所。1993年12月，撤销潍城区矿产资源管理局，与潍城区土地管理局合并成立潍城区规划国土矿产分局，设矿产资源中心，为副科级事业单位，中心下设黏土管理所。1997年1月，撤销潍城区规划国土矿产分局，其内设的矿产管理科、矿产资源管理中心（含黏土管理所）析出，成立潍坊市地质矿产局城区中心分局。2001年12月，原潍坊市地质矿产局城区中心分局承担的矿产资源职能，按行政辖区划入潍坊市规划与国土资源局潍城分局，由其内设的矿产管理科行使。2005年1月，矿产管理科更名为地质矿产管理科。

第二节　开采管理

1991年至1994年6月，全区有矿山企业36处，其中砖瓦黏土企业15处、膨润土企业4处、建筑砂企业5处、蓝宝石企业8处、石灰石企业3处、矿泉水企业1处。矿产品年产量157.5万吨，年产值2031万元。1994年7月—1996年12月，全区矿山企业有22处，其中：砖瓦黏土企业9处，蓝宝石企业6处（与外商合资企业3处），膨润土、建筑砂、矿泉水企业各2处，石灰石企业1处。矿产品年产量900万吨，年产值1000多万元。1991—2007年，全区每年对从事矿业生产的干部群众进行两次《矿产资源法》集中宣传活动，其间共举办各类培训班31期，培训790余人次，提高依法采矿的自觉性。1991年至1994年3月，征收补偿费按照《山东省征收矿产资源补偿暂行规定》执行。1994年4月1日起，按国务院1994年第150号令公布的标准征收补偿费。1994—1999年，全区共征收补偿费161万元。2005年，全区完成11宗采矿权年检，办理采矿权变更登记1宗、审查申报4宗，依法拍卖符山镇3595平方米蓝宝石矿区。2006年，全区开展治理整顿和规范矿产资源秩序工作并通过市级初验；挂牌出让石灰石采矿权3宗，办理采矿权登记7宗。2007年9—10月，开展为期60天的矿山安全整治大检查活动，下发《关于对辖区内矿山企业生产情况进行监督检查的通知》《关于切实做好崩塌、滑坡、泥石流等地质灾害防治工作的紧急通知》《关于切实做好安全生产工作迎接全区安全整治大检查活动的通知》等，对存在的安全隐患，责令立即停产整改。2008年，按照省国土资源厅《关于做好采矿权许可证注销清理工作的通知》规定，潍坊市国土资源局对潍坊山水水泥有限公司矿区采矿权不再批准延期，潍坊山水水泥有限公司长山石灰石矿区和荣山石灰石矿区关闭。2012年，东山石灰石矿关闭。2013年，五党山水泥用石灰岩矿区关闭。潍城区矿产开采全部关停，未新设立采矿权审批、出让、转让审批事项。

第三节 执法监察

1991年，查处大柳树镇三甲村蓝宝石非法开采行为，没收非法所得3.26万元。1996年，对全区22处矿山企业进行全面整顿，年底通过市政府验收。同年，查处望留镇西安村村民在浮烟山风景区非法开采膨润土行为，封闭开采面。2002年后，矿产资源违法行为与土地违法行为一并列入土地矿产卫片执法监察。2007年，开展矿产资源秩序整顿和资源整合，依法查处5宗违法行为。同年，山石和河沙资源2个专项治理通过市级验收。2008年，依法关闭石灰窑32座，关停拆除采矿加工户11家、大小矿山4座，全面完成矿产资源秩序整顿和资源整合工作。2009年，运用GPS实时监测等手段对开采企业生产行为进行动态监督，防止企业超层越界开采。2010年9月，查处乐埠山生态经济发展区5处非法“拍卖”耕地进行蓝宝石采挖违法行为。2012年5月，对3处卫片疑似违法行为依法进行核实处理。

第九章 农村经济管理

第一节 农村财务管理

1991—1999年，潍城区农村财务管理模式为“村级所有、村级管理、村级使用”，形成以区经管站（局）为主导、乡镇（街道）经管站为核心、村会计为基础的三级农村财务管理体制。1993年，根据市政府《关于清理整顿农村财务工作的意见》，潍城区开展农村财务清理整顿工作，将财务管理落后的重点村、带有普遍性财务疑点难点的问题、1993年的账目、农村财务与干部换届中有关的问题作为重点清理整顿对象，完成全区299个村、344个村办企业财务清理工作，收回款项154万元，占应收款的40%，其中：收回干部借支13.1万元，农户欠款112.4万元，其他款项28.5万元;处理白条254张，合计26.1万元，回收出纳员短款2.4万元；对其余应收款完善借用手续，落实债权债务管理。在此基础上，结合1991年区委、区政府制定的《关于加强农村财务管理的若干规定》，建立财务预决算、固定资产管理、产品物资管理、货币资金、结算资金及有价证券管理、财务民主理财、专用基金管理、内部审计管理、会计账务管理、会计档案管理等制度。1994年后，区经管站（1997年后称区经管局）每年组织村级会计人员培训，提高会计人员业务素质。

1995年，全区开展以“三清一还”（清财、清物、清工，对清理出的单位和个人欠村、村欠农户的各项债务进行回收和偿还）、建立“双代管”（账务代管、资金代管）工作制度为主要内容的清理整顿农村财务工作。通过清理，农户欠村集体款421.51万元，回收276.28万元，回收率为66%，其中回收承包费73.17万元、统筹费64.62万元、以资代劳款45.39万元、提留款39.61万元、其他欠款53.49万元。对困难户减免18.09万元，纳入农村合作基金会办理欠转借的为44.69万元，制订还款计划77.93万元，集体偿还农户款25.68万元，追回借支挪用公款8.48万元。

1996年9月，财政部印发《村合作经济组织执行新的会计制度有关调账问题的处理规定》。1997年1月，财政部制定的《村合作经济组织财务制度（试行）》《村合作经济组织会计制度（试行）》开始执行。1997年，全区进行村级账改。同年，按照“先行试点，全面推开，注重实效，逐步规范”的总体思路，在1995—1996年试点的基础上，开展清产核资、资产评估、产权界定、产权登记证发放和建章立制工作。经核查，全区镇（街道）村集体资产总额67022万元，总负债30451万元，净资产36571万元，其中：镇级净资产13013万元，村级净资产23558万元。全区农业用地16255.86公顷、住宅占地2880.8公顷、“五荒”（荒山、荒坡、荒土、荒滩、荒水）占地1016.07公顷、企事业单位占地566.87公顷、其他占地51.07公顷。清理出未纳入账内核算资产715万元，盘盈资产1921.5万元，盘亏资产252.4万元，报废资产109.3万元，核销呆账234.84万元，组织公物还家119台（件），计款18万元，全区补提固定资产折旧2034.9万元。经过重新估价，全区农村集体净资产为39211万元，比估价前增值7.2%。按“谁投资、谁所有”的原则，对235个村、139个镇（街）村企业资产及65个事业单位中界定为集体资产份额部分进行确权登记，保证集体资产的完整。对439个审验合格的单位，颁发市政府统一监制的产权证书，制定《潍城区农村集体资产管理制度》，成立区镇（街）两级集体资产管理委员会。

1998年，潍城区建立严格的“五统一审”农村财务管理体制，“五统”即统一设置村级账簿，全区232个村统一设置“十账六簿”；统管集体资金，村级实现的各项收入均被纳入基金会管理；统管会计人员，对村会计建立档案、实行聘任制、持证上岗；统一财务档案管理；统一制定财务管理制度。“一审”即搞好账前审计，同民主理财紧密结合。同时，强化民主监督机制：220个村建立民主理财组织，统一刻制民主理财专用章；规定民主理财小组的职责、权限和理财程序；实行民主理财三会制度，经管站审计前召开民主理财会并审核当月财务收支，经管站审计后向民主理财小组反馈村财务审计及账务处理情况，经管站每月召集一次民主理财成员业务培训会；全区按照“规范公开内容、规范公开程序、规范公开时间、规范公开形式”的要求进行财务公开。规范集体资产管理：建立统一的农村集体资产管理台账；对占有和使用集体资产的439个单位进行年检，其中村合作经济组织233个、村办企业11个、乡镇企业22个、镇（街）直单位65个。2000年，按照《潍坊市农村民主理财和财务公开暂行规定》要求，全区深入开展民主理财与财务公开工作，在全市开展的“民主理财与财务公开示范镇、示范村”评选活动中，望留镇获评为市级示范镇，军埠口村、姜家村、徐家小庄村获评为市级示范村。

2001年，潍城区开展以“双清双对”为主要内容的农村经济秩序集中整治活动。区委、区政府印发《关于加强农村经管队伍建设的试行意见》和《关于对农村财务实行“双代管”工作的试行意见》，成立集中整治农村经济秩序领导小组，办公室设在区经管局，具体负责组织调度、检查督促、统计汇总等工作。整治活动按照“宣传发动、清查摸底”“集中清理、双向兑现”“完善制度、健全队伍”三个阶段分步进行，共清理村级债权4489万元，其中：农户欠款1167.9万元，回收债权3602.6万元，其中回收农户欠款1120.5万元，涉及农户16289个，分别占农户欠款总额和总户数的95.9%和93.8%；清理村级债务4254万元，其中欠农户款564.4万元，偿还债务909.6万元，其中归还农户欠款445.9万元，涉及农户4424户，分别占欠农户款总额和总户数的79%和92.9%。同年，全区按照“四不变”（村集体资金所有权不变、使用权不变、会计核算内容不变、资金用途不变）、“三不准”（村集体资金不准平调、不准挪用、不准代缴代扣各种费用和上交款）、“双监督”

（实行村级民主理财监督和街道审计监督）、"双控制"（按村建立收入台账和实行支出预算审批）、"一公开"（定人、定时、定点对每月收支逐项实行公开）五项原则，对村级财务实行"村账街管"和"村钱街管"的"双代管"管理方式，全区建立统一规范的工作程序：统一健全工作机构，各街道经管站成立农财办，配齐人员及相应办公场所和办公设备；统一设置账簿；统一资金代管范围和手续；统一报账、审计、公开和记账程序；统一建立财务"双代管"督查制度。由区经管局负责定期或不定期地对各镇（街道）农财办代管账务、资金的运行质量、各项制度执行等情况进行监督检查，发现问题及时处理。全区统一制定收入报告、资金使用预算审批、财务开支审批、民主理财、定期报账、审计、财务公开、限额备用金、票据管理、会计资料档案管理共10项管理制度，严把收入关、支出关、民主理财关、审计关和财务公开关，农村财务管理步入制度化、民主化管理轨道。实行村会计公开考选聘任委派，通过统一笔试、面试、政审，区经管局对全区300名合格人员进行任职资格确认，颁发"潍城区农村会计人员资格证书"，各镇、街道按照岗位设置，共聘任会计201名。实行电算化管理，2001年9月底，各镇、街道配置"奔腾三"以上微机、"农友"系列软件、打印机、专用电话等办公用品以及办公场所，配齐专职工作人员，实现单机运作。

2004年，全区农村财务"双代管"工作规范化程度进一步提高，统一会计账簿、会计核算，加强资金管理，根治了农村财务遗留问题；对农村会计人员任职资格证书进行年检，凡具有任职资格证书的聘任会计一律实行公职化管理；按照《关于建立农村财务管理工作检查通报制度的意见》规定，每半年组织力量对全区各镇、街道农村审计、民主理财、财务公开等农村财务工作进行一次专项督查，并将督查情况在全区通报；做好村集体资金的专项审计与全区农村集体会计基础工作规范化考核，规范集体资金管理使用，确保村级组织的正常运转；推动农经信息化和电算化工作顺利开展，全区170个村实行农经信息化和电算化管理；参与查处西关街道黄家庄子村、北关街道东夏庄村和弯头村信访案件，维护了农村社会稳定。同年，财政部颁布《村集体经济组织会计制度》，从2005年1月1日开始执行。2005年，全区进行村级账改。2007年，区政府办公室转发区经管局《关于加强村（居）集体经济审计工作的实施意见的通知》，对全区20个经济强村（居）进行专项审计，共审计村（居）集体资金3.76亿元，发现各类问题400余个，督促相关村（居）进行整改，村（居）财务管理问题得到有效解决。同年2月，区经管局下发《关于创建全区村（居）集体财务管理规范化单位的通知》，制定《创建全区村（居）集体财务管理规范化单位的实施方案》，后姚、南关和崔家等村（居）集体获得"财务管理规范化单位先进单位"。

2008年，按照区委、区政府《关于进一步加强村（居）集体资产监督管理工作的实施意见》要求，在全区范围内开展拉网式集中清理整顿，共清理经济承包合同7590份，合同年应收承包租赁费3507万元。新增代管资金7294万元，比年初增加46.7%，代管资金总量2.29亿元，资金代管率98%，新增代管村居48个，除北关街道东北关居委会（法院查封账目）外，全区248个村（居）全部实现账簿、资金、合同、公章"四代管"。北关街道后姚和齐家庄社区居委会获得"村（居）财务管理规范化单位"。西关街道建立"社区财务结算中心"，实行"审结制"，取消村（居）会计、出纳，各村（居）只设一名报账员。望留街道在公开考选聘任会计的基础上，将20名考聘会计与机关干部实行统一管理。

2012年，潍城区制定《潍城区农村集体经济组织清产核资工作实施方案》，以2011年12月31日为清产核资基准日，对全区252个村（居）集体经济组织开展清产核资工作。经清理核查，全区总资产有139053.5万元，其中货币资金30357.5

万元，债权29957.6万元，对外投资1385.8万元，库存物资252.3万元，农业资产399.8万元，房屋建筑类固定资产15267.8万元，设施类固定资产9216.9万元，在建工程50717.9万元，其他资产1497.9万元；负债有77049.5万元，其中短期借款17853.7万元，应付款项57144.5万元，应付工资1131.3万元，应付福利费682.2万元，长期借款219.4万元，一事一议资金2.5万元，专项应付款15.9万元；所有者权益有62004万元，其中资本6698.4万元，公积公益金58119.8万元，未分配收益-2814.2万元。各街道（开发区、管理区）建立委托代理服务中心，启用“农廉网农村集体‘三资’管理系统”，将农村财务管理、土地承包、土地流转、集体资产招投标交易和农民专业合作社相关信息全部纳入网络化管理，实现市、镇（街）资源共享，服务联动。

第二节　农村集体经济承包合同管理

1991年，潍城区杏埠乡后徐村开展完善承包合同试点，对各业承包合同进行完善和规范。是年年底，全区306个村，除9个村108.4公顷土地仍实行统一经营、统一分配外，其余297个村62330个农户17122.2公顷土地均实行家庭联产承包责任制。实行“两田制”的村有231个，涉及土地15353.06公顷，其中“口粮田”面积11297.46公顷、“责任田”面积4055.6公顷。在责任田中，按人承包275公顷，按劳承包99.27公顷，招标承包3681.33公顷。除实行“两田制”以外，其余土地承包到户的有66个村，均为近郊一些人均土地较少的村，土地全部作为“口粮田”承包到户。共签订合同74394份，其中土地66221份、林果4425份、工副业1167份、养殖业83份、农业机械85份、其他2413份。1994年以前，潍城区按照《山东省农村集体经济承包合同管理条例》规定，区镇村三级普遍建立合同管理组织，并对农村各业经济承包实行全区统一样式、统一指导签订合同、统一鉴证、统一调解合同纠纷、统一建立合同档案“五统一”管理。

1998年，潍城区陆续开展第二轮土地承包工作。1999年，全面落实30年土地承包政策，土地承包各项政策法规得到有效落实。2000年，开展第二轮土地承包扫尾工作，在1999年完成205个村（应延包227个）的基础上，又完成20个村“延长土地承包期30年”，发放“土地承包经营权证”4.4万份，签订并鉴证《土地承包合同》4.7万份，涉及耕地11733.33公顷，其中机动地400公顷，占总耕地面积的3.4%。潍城区第二轮土地承包后，因国家征用土地、农业产业结构调整或农户自身发展的需要，对2831户的654.33公顷耕地进行流转，分别占承包土地总户数和延包耕地总面积的7%和6%。

2005年，潍城区建立并规范《承包合同收费管理台账》和《农村经济合同管理台账》，及时登记土地流转行为，规范档案管理，土地承包法规得到有效落实。2007年8月，根据农业部等中央七部委通知要求，按照省、市工作安排，潍城区对农村土地延包中存在的突出问题进行专项治理。2008年，因农业产业结构调整或农户自身情况的需要，有1450余户的土地进行流转，占承包土地总户数的4%，涉及耕地328.13公顷，占延包土地总面积的3.3%。

2012年，根据潍坊市委办公室、市政府办公室《关于积极稳妥开展农村土地承包经营权登记工作的意见》，潍城区委办公室、区政府办公室制定《潍城区关于积极稳妥开展农村土地承包经营权登记工作的意见》和《潍城区农村土地承包经营权登记试点工作方案》，开展农村土地承包经营权登记试点工作。对列入确权颁证工作计划村的第二轮土地延包台账、承包合同、经营权证等土地承包相关原始档案资料调查摸底。选取军埠口综合项目区张家官庄村和望留街道邓家村作为全区重点试点单位，为全面开展农村土地承包经营权登记工作奠定基础。2013年，根据市委办公室、市政府办公室《潍坊市农村土地承包经营权确权登记办证工作实施方案》，潍城区委办公室、区政府办公室制定《潍城区农村土地承包经营权登记颁证工作实施方案》，全区农村土地承包经营权确权登记颁证工作全面推开，年内共有48个二轮延包以后承包地变化比较小的村完成确权登记工作。

第三节 农民负担监督管理

1992年，潍城区落实涉农税收、价格和收费"公示制"，农村义务教育收费"一费制"，农民负担"一票否决"制，涉及农民负担案（事）件责任追究制以及农民负担监测、信访举报、检查监督、案件查处等各项监督管理制度，各项减负惠农政策得到有效落实。1993年，潍城区开展减轻农民负担"四清、三整顿"（清文件、清项目、清非生产性建设、清承包合同外收费提留，整顿村提留与乡统筹费的管理使用、整顿收费罚款使用与管理、整顿义务工和劳动积累工的使用与管理）工作。全区共清理收费项目53项，其中省以上机关批文的43项、市级3项、区级4项、乡镇3项，并对照国务院和省、市要求废止23项涉农收费项目。对乡镇统筹和村提留实行预决算审批、农民负担卡和农民负担合同管理三项制度，全年共发放农民负担卡5.8万册，签订并公证农民负担合同43785份，承担的乡镇统筹、村提留和两项用工的合理负担占上年人均纯收入的3.31%，同比降低0.43%，比国家规定低1.69个百分点，同时全部取消乡五项统筹以外的统筹。

1995年，镇统筹实际提取636.8万元，占上年农民人均纯收入的2%；村提留实际提取298.48万元，占上年农民人均纯收入的0.9%；两项合计935.28万元，人均负担51元，占上年农民人均纯收入的2.9%，比《山东省农民负担管理条例》（以下简称《条例》）规定最高限额低2.1个百分点，比年初预算低0.9个百分点。管理方面，全区农村普遍建立"双代管"制度和财务公开制度，做到分项立账、分项核算、账表资料齐全，严格财务管理。使用方面，镇统筹费用于农村教育262.85万元、计划生育80.2万元、优抚35.98万元、民兵训练14.52万元、修建道路41.52万元。村提留用于公积金开支78.37万元、公益金开支102.04万元、管理费开支59.71万元。"两工"的使用主要用于道路建设、校舍建设改造、路旁植树及农田水利建设，共使用210万个，劳均22.3个，低于《条例》规定的30个，其中义务工劳均8.5个、积累工劳均14.1个，均低于《条例》规定。1996年，对农民负担预算按程序进行审批，签订农民负担合同195个村、2.9万份，发放农民负担卡195个村、2.9万份。

1998年，潍城区认真贯彻中央13号文件，狠抓各项工作落实，严格执行"三提五统"不超出5%的规定，完善村提留、乡统筹计提办法，改过去以镇农民人均纯收入为单位计提"三提五统"为以村农民人均纯收入为单位计提。按照"个人申请、民主评议、组织批准、张榜公布"的程序，落实"减、缓、免"政策。全区共"减、免"12943人，占总人口的8%，金额105万元，其中:70岁以上老人7846人，困难户3480人，特困户1598人。1999年，潍城区按照《中共中央关于农业和农村工作若干重大问题的决定》，实行农民负担一定三年不变政策，以1998年统筹额为基数，不超过1997年的预算额，1998年、1999年、2000年三年保持不变。2002年，潍城区实行费改税政策，取消对"三提五统"的收取。

2003年，潍城区取消农业特产税。2004年农民人均负担35元，2005年农民人均负担11元。2006年，仅有4个村按人均8元的标准收取一事一议资金。同年，取消农业税。2007年始，全区加强"一事一议"筹资筹劳审批、监督和管理，规范村级"一事一议"筹资筹劳的界限、范围和程序，对不符合规定的"一事一议"筹资筹劳方案一律不予报批，杜绝借"一事一议"名义加重农民负担的行为。2007—2013年，所有农民负担均为零。

第四节　农村合作基金会

按照中央关于“搞活农村金融，开拓生产要素市场”“发展多样化资金融通形式”“继续办好农村合作基金会”的指示和省、市政府《关于发展农村合作基金会的通知》精神，潍城区各乡镇、街道在1988—1995年相继成立农村合作基金会。1993年11月，潍坊市出台《转发市农业局关于进一步加强农村合作基金会建设的意见的通知》。1995年10月底，6个镇、3个街道农村合作基金会正式成立，与镇、街道经管站合署办公，一套机构、两块牌子，不增加编制；潍城区农村合作基金会联合会正式成立，为副科级事业单位，与农委经管站合署办公，一套机构、两块牌子，不增加编制。至此，全区入会村数212个，占全区总数的90%；入会农户2.1万户，占全区总数的75%；入会资金余额5262万元，其中村集体积累资金876万元、农户股金3969万元、其他资金417万元，累计向农业投资2.6亿元，扶持镇、村企业300多个和农户上万个，实现经济效益5000余万元。11月，潍城区农村合作基金会联合会从区农委经管站中分离出来，为副科级自收自支事业单位，编制员额12人，实行企业化管理，隶属区农委管理；各镇、北关、西关、南关街道的农村合作基金会从其经管站中分离出来，为股级事业单位，编制员额6人，经费渠道自收自支，实行企业化管理，隶属各镇、街道管理。1996年8月，潍城区出台《关于加强农村合作基金会资金管理的通知》，要求对全区农村合作基金会资金加强管理。同年年底，全区农村合作基金会共设立营业室36处，配备工作人员225人，其中正式工101人、临时工124人。

潍城区农村合作基金会在一定程度上促进了地方经济的发展，但其规模大、风险大、缺乏有效的监管机制、潜伏诸多不稳定因素。1999年6月，根据国务院办公厅《整顿农村合作基金会工作小组清理整顿农村合作基金会工作方案的通知》、山东省人民政府办公厅《山东省清理整顿农村合作基金会工作方案的通知》、潍坊市人民政府办公室《关于贯彻落实山东省清理整顿农村合作基金会工作实施方案的实施意见的通知》精神，潍城区政府办公室制定《关于贯彻落实潍坊市清理整顿农村合作基金会实施意见的意见》，自1999年6月20日开始，潍城区分为资产认定、分类处置、清欠回收、股金兑付四个阶段全面清理整顿农村合作基金会，当年年底全部清盘关闭，其个人股金分5年兑付完毕。

1996—1999年入会资金与投放资金余额表

表11-11　　单位：万元

项　目	1996年年底	1997年年底	1998年年底	1999年6月20日
入会资金余额	14297.3	25604.4	21631.3	15402.7
投放资金余额	8920.8	14419.3	15979.1	14071.2

第五节　农村合作经济组织建设

1994年区划前，潍城区共有农村集体经济组织306个，涉及69783户。区划后，共有农村集体经济组织235个，涉及49169户。1998年，南关街道的南关、康家和西关街道的于家村改居，实有农村集体经济组织232个。1999年，北关街道的东北关和北关村改居，实有农村集体经济组织230个，涉及47953户。2003年，潍坊市经济开发区成立后，潍城区共有农村集体经济组织212个，涉及47000户。2006年，区畜牧局牵头在区民政局注册成立潍坊市潍城区生猪产销协会、潍坊市潍城区奶牛协会、潍坊市潍城区饲料行业协会和潍坊市潍城区家禽养殖协会4个行业协会。2007年6月，潍坊市猪业协会在望留镇市场村成立，协会规模最大时有210多家会员猪场。8月，潍城区第一个农民专业合作社——潍坊市潍城区美日鲜果蔬禽蛋专业合作社在区工商局注册。当年全区注册成立农民专业合作社 2 个。

2008 年，潍城区着力发展新型农业经营主体，引导有条件的专业大户、专业协会创建专业合作社，结合庆祝《农民专业合作社法》实施一周年，在潍城电视台、潍城区人民广播电台进行宣传。2009 年，重点围绕蔬菜、苗木花卉、粮食、特种动物、生猪、肉鸡、生资、农机等农业主导产业或特色产业，发展特色鲜明的农民专业合作社。2010—2011 年，开展示范合作社创建活动，围绕蔬菜、果品、种植、特种动物等农业主导产业，培育示范合作社典型，先后培育红旗水貂养殖专业合作社等 4 个市级示范合作社。围绕潍州萝卜、花卉种植等农业主导产业，把同产业间的合作社联合起来，创办合作社联合社 3 个。

2012 年，注重提升农民合作社的运营质量，规范农民专业合作社组织章程，完善管理制度，创新合作社收益分配方式。同年，创办的 2 家土地专业合作社均实行社员入股土地保底分红、合作社经营利润按股分红的分配方式。培育了第一家省级示范社——潍坊市潍城区乳壮壮良种奶牛养殖专业合作社。全区全年新增合作社 34 个，总量达到 108 个。是年，根据潍坊市委、市政府《关于积极稳妥推进农村集体经济组织产权制度改革的意见》，潍城区选择军埠口综合项目区的军埠口村、艄翁庙村开展农村集体经济组织产权制度改革试点，出台《关于稳妥推进村（居）集体经济组织产权制度改革的实施意见》。2013 年，农村集体经济组织产权制度改革试点工作扩展到望留街道陈家村、张铁村，于河街道前徐村、南庄村，北关街道后姚村，南关街道南关社区、华家村，西关街道黄家庄社区，乐埠山经济发展区新二甲村、北大于河村，经济开发区的粉匠村、小宋家村。是年，潍城区创新发展新型农业经营主体，规范创办程序，简化工作流程，积极发展土地、农机等新型专业合作社和家庭农场，全年新增合作社 72 个，其中新增农机专业合作社 3 个。全年注册家庭农场 5 个。

2007—2013 年潍城区农民合作社统计表

表 11-12

年份	累计发展（家）	其中当年发展（家）	入社农户数（户）
2007	2	2	12
2008	11	9	62
2009	30	19	212
2010	51	21	396
2011	74	23	556
2012	108	34	796
2013	180	72	1324

第十章　安全生产监督管理

第一节　监管体系建设

制度建设

潍城区安监局自2001年成立后，贯彻国家、省、市有关安全生产的方针政策，不断加强制度建设。2002—2005年，制定安全会议、安全检查督查、安全生产报告、安全生产考核、事故调查处理、责任追究等制度；实行安全生产目标管理制度，区政府每年都与各街道（开发区、管理区）、区直各部门签订安全生产责任书（承诺书）；各街道（开发区、管理区）、区直有关部门根据要求分别与各自辖区（行业领域）内的生产经营企业签订安全生产责任书。2006年，制定《潍城区重特大安全生产事故应急预案》《潍城区危险化学品事故应急救援预案》《潍城区非煤矿山事故应急预案》。2007年，与区财政局联合印发《潍城区企业安全生产风险抵押金管理实施办法》。2008年，对全区重点生产经营单位和其他生产经营单位落实主管部门、安全生产监督管理部门、负有安全生产监管职责的有关部门、安全生产监察部门监管责任，全区上下“横到边、纵到底”的安全生产监管网络初步形成，企业主体责任、政府及有关部门监管责任进一步制度化、明晰化。2009年，按照《潍城区安全事故责任追究实施意见》，对10类安全事故专门出台责任追究和处理办法，加大对政府部门和工作人员责任追究力度。2010年，将国家、省市区各级党委、政府关于安全生产的方针政策汇编成《安全生产法律法规管理规定文件汇编》，向基层村居和企业下发3632册，组织1603人分期分批学习国务院23号文件并统一组织命题考试。2012年，印发《关于印发潍城区安全生产约见谈话警示和黄牌警告实施办法的通知》《关于开展安全生产基层基础强化年活动的通知》《关于进一步加强安全文化建设提高全民安全生产意识和素质总体方案和区直有关部门具体实施方案的通知》。2013年，印发《关于认真贯彻落实山东省生产经营单位安全生产主体责任规定的通知》。

责任追究

落实安全生产责任追究制度，依法对生产安全事故进行调查处理。自2001年区安监局成立后，实行安全生产目标管理制度，将安全生产工作列入“一票否决”项，对出现重大人员伤亡事故的实行“一票否决”；区政府每年都与各街道（开发区、管理区）、区直有关部门签订安全生产目标责任书（承诺书），取消完不成年度安全生产工作目标的单位和个人的评先创优资格，直至“一票否决”；对工作中出现重大失误的单位和个人追究党纪政纪责任直至刑事责任。2009年，为加强事故预防，区委、区政府印发《潍城区安全事故责任追究实施意见》，针对10类安全事故专门出台责任追究和处理办法，加大对政府部门和工作人员责任追究力度。2012年，区政府安委会印发《关于印发潍城区安全生产约见谈话警示和黄牌警告实施办法的通知》。

安全监管

2002年，在生产经营单位开展安全设施“三同时”（新建、改建、扩建工程项目的安全设施，必须与主体工程同时设计、同时施工、同时投入生产和使用）验收，严把市场准入关。2004年，依据国务院《安全生产许可证条例》，全面推行安全生产许可证制度。区安监部门依法对第三类非药品类易制毒化学品生产经营、烟花爆竹批发零售进行许可审批，对监管领域其他事项实行申报审批，按照程序申请填报、受理、审查发证、变更和注销。2002—2013年，实行安全生产目标管理制度，每年下达安全生产事故起数、死亡人数控制指标，区政府与各街道（开发区、管理区）、区直各部门、重点生产经营企业签订安全生产责任书，各街道（开发区、管理区）、行业主管部门和企业层层分解落实责任，将安全生产工作纳入目标化、制度化管理;将安监、公安、国土、经信、人社等区直部门调整为区政府安委会成员单位；综合管理全区安全生产，协调公安、质监、交通、建设等部门做好重大节会期间公共安全保卫和监督检查，将公共安全与安全生产同步规划、同步实施、同步检查；结合实际修订完善危险化学品、烟花爆竹等高危行业应急救援预案，组织企业开展应急演练活动。

第二节　执法检查

潍城区全面贯彻落实《安全生产法》等法律法规，持续深入开展安全生产检查执法活动，以执法检查促安全监管。检查范围涉及非煤矿山、烟花爆竹、危险化学品、道路交通、建筑施工、城镇燃气、特种设备及机械、食品加工等领域。

2002年，在道路交通运输、人员密集场所、危险化学品、工商贸企业、建筑施工、特种设备共六个领域开展安全生产专项整治。共组织各类专项检查30多次，查处各类事故隐患169处，整改率96%以上。2003年，联合质检、公安、消防等有关部门对压力容器进行检查，对重点路段、市场街巷和居民小区进行集中整治，关停不合格单位5家，没收家用液化气瓶11只，大型充装气瓶5只。2004年，开展安全生产专项整治，组织各类专项督查30多次，查处各类事故隐患169处，处理消防和特种设备事故196起。2005年，按照省、市危险化学品集中整治方案要求，组织有关单位对全区的危险化学品、易燃易爆物品的生产、储藏、运输等环节进行为期20天的夏季汛期安全专项整治，共检查单位52家，下发限期整改指令8份，查处违规单位4家。联合区教育局、建设局组成联合检查组对全区70所学校的校舍进行全面安全检查，发放《学校安全隐患监督整治通知书》32份。

2006年，开展各类安全生产大检查6次，检查生产经营单位650家，查处事故隐患230余处，下达各类安全生产行政执法文书680余份，其中整改指令185份，现场检查记录500份。2007年，按照“专家查隐患、政府搞督查、部门抓监管、企业抓整改”的要求，建立“专群”结合的安全生产检查机制。先后组织各类安全生产大检查7次，检查各类生产经营单位710家，查处事故隐患240余处，下达各类安全生产行政执法文书670份，其中：整改指令170份，现场检查记录500余份。2008年,开展“隐患治理年”和“安全生产百日督查”专项行动，明确职责分工，结合“隐患治理年”活动各阶段特点，对重点行业、重点领域进行拉网式监督检查，先后组织执法监察613处（次），排查整改事故隐患67处。

2009年，开展冷库、厂房和仓储设施、人员密集场所消防隐患等各类专项执法检查22次，协调环保、质监等部门对15家危化品生产单位重大危险源监控、关键设施设备运行和员工遵守安全操作规程情况进行检查；组织骨干力量对辖区内64家加油站开展“健康查体式”专项检查；会同交通局对顺达危化品运输公司落实雨、雪、雾等恶劣天气危险化学品运输安全预案情况进行督查；联合公安消防部门对“九小场所”和人员密集场所进行安全检查，消除事故隐患；对危化品、人员密集型企业、冶金冶炼等高危企业开展安全检查，排查整改各类安全生产隐患618处（次）。2010年，对全区210家危化品从业单位、非煤矿山企业和烟花爆竹常年经销点进行全方位排查梳理，按照危险程度和企业规模划分为三个等级（一般、中等和较大），实施分类监管、动态监控，实行“定人定点、重点监控、分片包靠”。强化烟花爆竹“打非”，联合公安、各街道，每20天开展一次拉网式大检查，区政府出资40万元购买摩尔探测仪6台，249个村居全部安装安全监控系统。

2011年，开展重点领域隐患排查整治和安全监管，牵头组织各类安全检查16次，检查重点企业482家，排查整改各类隐患625条（处）。2012年，对人员密集场所、在用高层建筑及地下停车场进行重点检查，开展“清剿火患”行动，共排查整改消防安全隐患147处，取缔不合格小旅馆、舞厅4处。2013年，开展为期半年的安全生产大检查活动，针对烟花爆竹、危化品、涉氨制冷企业等领域开展隐患排查治理，全年共检查生产经营单位6701家、闲置房屋763处，发现一般隐患2841处，现场整改1256处，限期整改1585处。同年，区安委会办公室开展“百日安全生产集中整治”“涉氨制冷企业液氨使用专项治理”“石油化工企业石油库和油气装卸码头安全专项检查”“烟花爆竹经营单位专项检查”等专项行动。对日常专项督查和暗访暗查中发现的重大隐患实行挂牌督办，先后完成实验小学附近路边铁栏杆松动、月河楼南建筑工地基坑东侧防护坡、万豪酒店门前自挖深基坑、豪德贸易广场消防安全隐患、豪润果品批发市场高压线不符合安全距离要求、豪杰五金机电城违规建设板房等重大安全隐患整改。

第十二编

中共地方组织

第一章　中共潍坊市潍城区代表大会

第一节　代表选举

1991—2013年，中共潍坊市潍城区代表大会共召开5次，即第九次至第十三次会议。每次会议均由党员直接选举代表。区委根据《中国共产党章程》(以下简称《党章》)规定和全区党员数量确定代表名额，分到各选举单位，各选举单位党组织依据《党章》和《中国共产党地方组织选举工作条例》，经过反复酝酿，提出代表候选人名单。各党（工）委对代表人选在重大原则问题上的政治表现、工作表现及廉洁勤政、联系服务群众等方面的情况进行考察，确定代表候选人预备人选名单，报经区委组织部审查同意后如期召开党代表大会、党代表会或党员大会，按照《党章》规定的民主程序，以无记名投票方式，差额选举产生出席代表大会的代表。每次分配代表名额，女代表都占一定比例。对代表过于集中的领导机构，将部分代表分派到各选区参加选举。

中共潍坊市潍城区第九次至第十三次代表大会代表组成情况表

表12-1

届次		九	十	十一	十二	十三
代表总人数		250	250	260	280	280
领导干部	人	150	150	156	164	166
	%	60	60	60	58.6	59.3
专业技术人员	人	47	50	52	56	65
	%	18.8	20	20	20	23.2
先进模范人物	人	53	50	52	60	56
	%	21.2	20	20	21.4	20
妇女	人	53	54	67	77	70
	%	21.2	21.6	25.8	27.5	25

第二节　代表大会

1991—2013年，中共潍坊市潍城区代表大会共召开5次，即第九次至第十三次会议。

中共潍坊市潍城区第九次代表大会

1995年3月16—19日，中共潍坊市潍城区第九次代表大会在十笏园宾馆召开。出席代表250名。杨卫东代表中共潍城区第八届委员会向大会作题为《团结务实，开拓前进，为全面振兴潍城而努力奋斗》的工作报告。大会对自第八次党代会以来五年的工作进行回顾，确定以后五年经济发展的奋斗目标：深化改革、扩大开放，继续走“科研兴区，外向强区”的路子，强化基础产业、基础设施和基础管理三个基础，突出城乡工业、第三产业、特色农业和城区建设四个重点，充分发挥机械、服装、食品、商贸和农副产品生产五大优势，推进农村城市化、农业产业化、城市现代化、城乡一体化进程，努力把潍城建设成为经济繁荣、科教发达、社会安定、人民生活富裕的现代化新城区。会议选举产生中共潍城区第九届委员会，委员27名，候补委员4名；选举产生中共潍城区纪律检查委员会。中共潍城区委九届一次全会选举产生常务委员会委员11名，杨卫东当选区委书记。会议批准岳战春为区纪委书记。

中共潍坊市潍城区第十次代表大会

1998年2月9—11日，中共潍坊市潍城区第十次代表大会在十笏园宾馆召开。出席代表250名。杨卫东代表中共潍城区第九届委员会向大会作题为《全面贯彻落实党的十五大精神，把全区社会主义现代化建设事业推向新世纪》的工作报告。大会对自第九次党代会以来三年的工作进行回顾，确定以后五年全区经济和社会发展的指导思想：以中共十五大精神为指针，高举邓小平理论伟大旗帜，以建立和完善社会主义市场经济体制为目标，坚定不移地贯彻执行党的基本路线，加快两个根本性转变，继续做好强工、兴农、活商、扩外四篇文章，加快经济强区建设步伐，推进城乡一体化、农业产业化、农村城市化、城区现代化进程，努力把潍城建设成为经济繁荣、科教发达、社会安定、人民生活富裕、精神面貌健康向上的现代化城区。会议选举产生中共潍城区第十届委员会，委员27名，候补委员4名；选举产生中共潍城区纪律检查委员会。中共潍城区委十届一次全会选举产生常务委员会委员11名，杨卫东当选区委书记。会议批准王永峰为区纪委书记。

中共潍坊市潍城区第十一次代表大会

2003年1月15—17日，中共潍坊市潍城区第十一次代表大会在潍州剧场召开。出席代表260名。王秀河代表中共潍城区第十届委员会向大会作题为《全面贯彻“三个代表”重要思想，努力开创潍城社会主义现代化建设新局面》的工作报告。大会对自第十次党代会以来五年的工作进行回顾，确定以后五年全区经济和社会发展的指导思想：以中共十六大精神为指针，高举邓小平理论伟大旗帜，全面贯彻“三个代表”重要思想，以加快发展为主题，以结构调整为主线，以改革开放和科技进步为动力，以提高人民生活水平为根本出发点，解放思想、实事求是，与时俱进、开拓创新，大力实施“工业立区，三产活区，外向强区，科教兴区”战略，加快经济强区建设步伐，努力开创潍城社会主义现代化建设的新局面。会议选举产生中共潍城区第十一届委员会，委员27名，候补委员5名；选举产生中共潍坊市潍城区纪律检查委员会。中共潍城区委十一届一次全会选举产生常务委员会委员11名，王秀河当选区委书记。会议批准于来刚为区纪委书记。

中共潍坊市潍城区第十二次代表大会

2007年1月26—29日，中共潍坊市潍城区第十二次代表大会在潍州剧场召开。出席代表280名。王秀河代表中共潍城区第十一届委员会向大会作题为《全面贯彻落实科学发展观，为建设富足文明和谐的现代化强区而努力奋斗》的工作报告。大会对自第十一次党代会以来五年的工作进行回顾，确定以后五年全区经济和社会发展的指导思想：高举邓小平理论和“三个代表”重要思想伟大旗帜，坚持以科学发展观统领全局，以又好又快发展为主题，以城市经济为重点，以富民强区为根本，抓住结构调整、转变增长方式两个关键，完善提升经济开发区、浮烟山开发区、中心城区三个平台，加快服务业发展，提高现代工业水平，全面加快经济国际化、城市现代化、城乡一体化进程，整体推进社会主义经济、政治、文化、社会建设和党的建设，努力把潍城建设成为富足、文明、和谐的现代化强区。会议选举产生中共潍城区第十二届委员会，委员39名，候补委员7名；选举产生中共潍城区纪律检查委员会。中共潍城区委十二届一次全会选举产生常务委员会委员11名，王秀河当选区委书记。会议批准丁汉邦为区纪委书记。

中共潍坊市潍城区第十三次代表大会

2011年12月26—28日，中共潍坊市潍城区第十三次代表大会在潍州剧场召开。出席代表280名。张韶华代表中共潍城区第十二届委员会向大会作题为《坚持高点定位，奋力跨越赶超，为建设富强民主文明和谐现代化新潍城而努力奋斗》的工作报告。大会对自第十二次党代会以来五年的工作进行回顾，确定以后五年全区工作的指导思想：高举中国特色社会主义伟大旗帜，全面贯彻落实科学发展观，以推进经济社会更好更快发展、让人民群众更满意更幸福为目标，突出科学发展主题，以改革创新为动力，以党的建设为保证，坚持高点定位、特色发展、科学投入、奋力赶超，大力实施商贸立区、文化立区、工业强区、城乡一体化发展战略，不断增强综合实力和核心竞争力，整体推进经济建设、政治建设、文化建设、社会建设、党的建设和生态文明建设，全面打造特色鲜明、优势突出的商贸潍城、文化潍城、宜居潍城、和谐潍城，向建设现代化经济强区阔步前进。会议选举产生中共潍城区第十三届委员会，委员39名，候补委员7名；选举产生中共潍城区纪律检查委员会。中共潍城区委十三届一次全会选举产生常务委员会委员11名，张韶华当选区委书记。会议批准刘华东为区纪委书记。

第二章　中共潍坊市潍城区委员会

第一节　区委领导机构

1990—2013年，潍城区历经第八届至第十三届中共潍坊市潍城区委员会，共6届。其中，第八届委员会自1990年3月至1995年3月，任期5年；第九届委员会自1995年3月至1998年2月，任期3年；第十届委员会自1998年2月至2003年1月，任期5年；第十一届委员会自2003年1月至2007年1月，任期4年；第十二届委员会自2007年1月至2011年12月，任期5年；第十三届委员会任期自2011年12月开始。

1990—2013 年中共潍城区委书记、副书记、常委任职情况表

表 12-2

届次	职务	姓名	籍贯	任职时间	备注
第八届	书记	王玉芬	山东诸城	1990.3—1993.1	
		孙承志	山东寿光	1993.1—1994.7	
		杨卫东	山东诸城	1994.7—1995.3	
	副书记	梁吉人	山东荣成	1990.3—1993.1	
		杨继生	山东寿光	1993.1—1994.7	
		韩俊生	山东昌邑	1994.7—1995.3	
		杜宝起	潍坊潍城	1990.3—1992.6	
		戴敏贞	潍坊潍城	1990.3—1995.3	
		曹桂先	山东博山	1993.1—1993.9	
		葛树德	山东寿光	1994.4—1994.7	
		王秀河	山东安丘	1994.4—1995.3	
		李云高	潍坊潍城	1994.7—1995.3	
		张元茂	山东诸城	1995.2—1995.3	
		李建社		1993.4—1995.3	挂职
	其他常委	魏邦助	山东寿光	1990.3—1993.1	
		张正云	潍坊奎文	1990.3—1993.1	
		丁振邦	山东五莲	1990.3—1995.3	
		王新升	潍坊潍城	1990.3—1993.2	
		王国仕	山东莱州	1990.3—1993.12	
		王曰华	山东乳山	1990.3—1994.7	
		李作仁	潍坊寒亭	1990.3—1993.1	
		葛树德	山东寿光	1993.1—1994.4	
		胡嘉新	潍坊潍城	1993.1—1994.7	
		张元茂	山东诸城	1993.1—1995.2	
		孙恩茂	潍坊潍城	1993.1—1995.3	
		张兆丰	山东昌邑	1994.4—1995.3	
		岳战春	潍坊坊子	1994.7—1995.3	
第九届	书记	杨卫东	山东诸城	1995.3—1998.2	
	副书记	韩俊生	山东昌邑	1995.3—1997.12	
		王秀河	山东安丘	1995.3—1998.2	
		李云高	潍坊潍城	1995.3—1996.1	
		张元茂	山东诸城	1995.3—1996.8	
		王继美	山东高密	1996.1—1998.2	
		聂振萍	山东临朐	1997.12—1998.2	

续表 12-2

届次	职务	姓名	籍贯	任职时间	备注
第九届	其他常委	岳战春	潍坊坊子	1995.3—1997.12	
		丁振邦	山东五莲	1995.3—1996.2	
		孙恩茂	潍坊潍城	1995.3—1997.12	
		张兆丰	山东昌邑	1995.3—1997.12	
		王洪光	潍坊潍城	1995.3—1997.12	
		张广孝	山东临朐	1995.3—1998.2	
		宋修华	山东荣成	1996.4—1998.2	
		王维盛	山东昌邑	1997.12—1998.2	
		王永峰	潍坊坊子	1997.12—1998.2	
		王家相	山东寿光	1997.12—1998.2	
		赵　清	山东诸城	1997.12—1998.2	
第十届	书记	杨卫东	山东诸城	1998.2—2002.12	
		王秀河	山东安丘	2002.12—2003.1	
	副书记	王秀河	山东安丘	1998.2—2002.12	
		王继美	山东高密	1998.2—2000.5	
		聂振萍	山东临朐	1998.2—2002.12	
		王维盛	山东昌邑	2000.5—2001.1	
		张小梅	山东龙口	2000.6—2002.12	挂职
		张金良	山东高密	2001.2—2003.1	
		王永峰	潍坊坊子	2001.2—2003.1	
		赵　清	山东诸城	2002.7—2003.1	援疆
		孙万奎	山东青州	2002.12—2003.1	
		于来刚	山东德州	2002.12—2003.1	
		曹晓楠	河北易县	2002.12—2003.1	
	其他常委	王维盛	山东昌邑	1998.2—2000.5	
		王永峰	潍坊坊子	1998.2—2001.2	
		张广孝	山东临朐	1998.2—2001.2	
		宋修华	山东荣成	1998.2—2000.7	
		王家相	山东寿光	1998.2—2002.12	
		赵　清	山东诸城	1998.2—2002.7	
		傅廷民	山东临朐	1998.2—2001.2	
		王春雷	山东昌邑	2000.3—2003.1	

续表 12-2

届次	职务	姓名	籍贯	任职时间	备注
第十届	其他常委	钟安信	山东青州	2001.2—2002.12	
		王文俊	山东临朐	2001.2—2003.1	
		孙玉江	潍坊坊子	2001.2—2003.1	
		李亚军	山东昌邑	2002.12—2003.1	
		陈　平	山东寿光	2002.12—2003.1	
第十一届	书记	王秀河	山东安丘	2003.1—2007.1	
	副书记	孙万奎	山东青州	2003.1—2006.12	
		张润国	山东昌乐	2006.12—2007.1	
		张金良	山东高密	2003.1—2006.1	
		于来刚	山东德州	2003.1—2006.12	
		赵　清	山东诸城	2003.1—2006.12	
		曹晓楠	河北易县	2003.1—2006.12	
		王文俊	山东临朐	2004.2—2007.1	
	其他常委	王文俊	山东临朐	2003.1—2004.2	
		王春雷	山东昌邑	2003.1—2005.6	
		孙玉江	潍坊坊子	2003.1—2006.12	
		李亚军	山东昌邑	2003.1—2006.12	
		肖好文	潍坊寒亭	2002.9—2006.12	
		陈　平	山东寿光	2003.1—2005.1	
		肖振胜	潍坊寒亭	2005.2—2007.1	
		马文远	山东安丘	2005.6—2007.1	
		丁汉邦	山东昌乐	2006.12—2007.1	
		张顺涛	潍坊寒亭	2006.12—2007.1	
		扈洪波	山东安丘	2006.12—2007.1	
		宋伟伟	山东诸城	2006.12—2007.1	
		夏　光	潍坊潍城	2006.12—2007.1	
第十二届	书记	王秀河	山东安丘	2007.1—2008.3	
		张润国	山东昌乐	2008.3—2011.11	
		张韶华	山东梁山	2011.11—2011.12	
	副书记	张润国	山东昌乐	2007.1—2008.3	
		赵伟宏	山东昌乐	2008.3—2011.11	
		王兆辉	山东临朐	2008.3—2011.12	
		王文俊	山东临朐	2007.1—2007.10	
		丁汉邦	山东昌乐	2007.10—2008.2	
		胡中文	甘肃兰州	2009.4—2009.12	挂职

续表 12-2

届次	职务	姓名	籍贯	任职时间	备注
第十二届	其他常委	丁汉邦	山东昌乐	2007.1—2007.10	
		刘泮英	山东青州	2007.1—2011.12	
		夏　光	潍坊潍城	2007.1—2007.10	
		薛　林	山东临朐	2007.10—2010.9	
		张顺涛	潍坊寒亭	2007.1—2011.1	
		扈洪波	山东安丘	2007.1—2011.12	
		肖振胜	潍坊寒亭	2007.1—2011.11	
		马文远	山东安丘	2007.1—2007.3	
		宋伟伟	山东诸城	2007.1—2011.11	
		韩德信	山东寿光	2007.3—2008.8	
		徐金明	山东高密	2007.10—2011.1	
		董承森	山东青州	2008.8—2010.8	
		禚振鹤	山东高密	2010.9—2011.12	
		刘本河	山东高青	2010.8—2011.12	
		秦保荣	山东昌乐	2011.1—2011.12	
		李　伟	山东高密	2011.1—2011.12	
		刘华东	山东昌乐	2011.11—2011.12	
		李　明	山东即墨	2011.11—2011.12	
第十三届	书记	张韶华	山东梁山	2011.12—2013.3	
		王兆辉	山东临朐	2013.3—	
	副书记	王兆辉	山东临朐	2011.12—2013.3	
		刘泮英	山东青州	2011.12—	
		扈洪波	山东安丘	2013.3—	
		杨雁华		2013.10—2013.12	挂职
	其他常委	扈洪波	山东安丘	2011.12—2013.3	
		禚振鹤	山东高密	2011.12—2013.12	
		秦保荣	山东昌乐	2011.12—	
		李　伟	山东高密	2011.12—	
		刘华东	山东昌乐	2011.12—	
		李　明	山东即墨	2011.12—	
		王龙堂	山东昌乐	2011.12—	
		刘本河	山东高青	2011.12—	
		孙修炜	山东莱州	2013.4—	
		潘立东	潍坊潍城	2013.12—	

第二节　区委工作机构

1991年，中共潍城区委工作机构有办公室、调研室、保密局、机要局、信访办、组织部、组织员办公室、老干部局、老干部工作站、宣传部、社会主义精神文明建设协调委员会办公室、政法委、统战部、对台工作办公室、区直机关工作委员会、档案局（馆）、区委党史资料征集研究委员会办公室、党校。同年11月，区委党史资料征集研究委员会办公室更名为区委党史资料征集编纂委员会。1992年2月，区委对台工作办公室改称区委台湾工作办公室。同年5月，成立区社会治安综合治理委员会办公室和区人才培训咨询服务中心。1993年11月，区委设办公室、组织部、宣传部、统战部、政法委5个工作部门。撤销机要局、保密局、信访办、档案局、调研室，其职能划归办公室；保留档案馆，并承担区委党史资料征集编纂委员会、区地方史志编纂委员会办公室的工作；撤销组织员办公室，其职能划归组织部；保留老干部局，划归组织部管理；撤销社会主义精神文明建设协调委员会办公室，其职能划归宣传部；撤销区委台湾工作办公室、民族宗教事务科，其职能划归统战部；撤销社会治安综合治理办公室，其职能划归政法委。同年12月，区委老干部工作站更名为老干部活动中心，隶属老干部局。1994年4月，区委党校挂区行政干校牌子。同年12月，恢复区保密局，与区委保密委员会办公室一个机构、两块牌子，隶属区委办公室；复设档案局；成立区新闻中心。1995年5月，恢复区委组织员办公室；恢复区社会主义精神文明建设协调委员会办公室，并改称区社会主义精神文明建设委员会办公室，隶属区委宣传部。同年11月，恢复区委台湾工作办公室，同时挂区人民政府台湾事务办公室牌子，成立区台胞接待站；恢复区委党史资料征集研究委员会，并改称区委党史办公室，隶属区委办公室。1996年5月，恢复区委调研室，并改称区委研究室，隶属区委办公室；恢复区委机要局，隶属区委办公室。1997年2月，区新闻中心挂新闻出版管理办公室牌子；区委统战部挂区人民政府民族宗教事务办公室牌子。同年3月，区委、区政府信访办公室更名为区委、区政府信访局。12月，区委党史办公室改称区委党史研究室。

2001年12月，区委工作部门设纪律检查委员会机关（监察局与其合署）、办公室（内设机要局、区委保密办，保密办挂区政府保密局牌子，不再保留区委研究室）、组织部（内设组织员办公室）、宣传部（内设精神文明建设委员会办公室，区新闻中心不再挂新闻出版管理办公室牌子）、统战部（台湾工作办公室与其合署，同时挂区政府台湾事务办公室牌子；内设民族宗教事务办公室，挂区政府民族宗教事务局牌子）、政法委（社会治安综合治理委员会办公室与其合署）、区直机关工作委员会。区委、区政府信访局由区委办公室、区政府办公室管理，以区委办公室管理为主；区委老干部局由区委组织部管理；区档案馆为区委办公室领导的事业单位，挂档案局牌子；设立区农村工作领导小组，为区委、区政府议事协调机构，下设办公室，为常设办事机构。2004年1月，设立农村党员干部现代远程教育管理中心。同年12月，区台湾工作办公室单独设立，不再与统战部合署办公（2007年12月，区台湾工作办公室人财物与统战部正式脱离）。2007年9月，设立区委党的建设工作领导小组办公室和区党建研究会，与区委组织员办公室合署办公。2010年7月，机构编制委员会办公室单独设置，列入区委机构序列。2011年2月，设立区委群众工作委员会办公室，为区委直属事业单位。至2013年，区委工作机构无变化。

中共潍城区纪律检查委员会

1991年，中共潍城区纪律检查委员会下设办公室、党风管理室、控申室、检查室、审理室；潍城区监察局下设办公室、监察科、信访科、审理科、行政监察举报中心。1993年4月，纪委与监察局合署办公，实行一套机构、两个名称，行使党的纪律检查和行政监察双重职能。监察局仍属政府序列，不再设党组，保留局长办公会制度，局长、副局长进纪委常委会。1995年，增设区纪检监察干部培训中心，为正科级事业单位。1996年，内设科室调整为7室2中心，分别是办公室、综合室、党风教育室、执法室、检查室、审理室、信访室、培训中心、举报中心。2002年，设置8个科室：办公室、监察综合室（挂区政府纠正部门和行业不正之风办公室牌子）、研究室、党风廉政建设室（潍城区惩治腐败工作领导小组办公室）、执法监察室、信访室（行政监察举报中心）、纪检监察室、案件审理室。2003年，增设区经济发展软环境投诉中心和机关效能监察中心，为正科级事业单位。2010年2月，成立7个派驻纪检组、监察室，分别对61个部门的党风廉政建设进行监督检查。同年，增设干部室、宣教信息中心，均为副科级。至2013年，机构无变化。

中共潍城区委办公室

1991年，中共潍城区委办公室为行政正科级机构，设综合科、秘书科、信息资料科。1993年11月，机要局、保密局、信访办、档案局、调研室撤销后，其职能划归区委办公室。同年12月，设立督查科。1994年12月，恢复区保密局，与区委保密委员会办公室一个机构、两块牌子，隶属区委办公室。1995年11月，区委党史办公室归属区委办公室。1996年5月，恢复区委调研室，并改称区委研究室，隶属区委办公室；恢复区委机要局，隶属区委办公室。1997年12月，区委党史办公室改称区委党史研究室。2007年5月，督查科更名为督查室。2008年9月，成立机关车队。2009年7月，成立区接待办公室。至2013年，机构无变化。

中共潍城区委组织部

1991年，中共潍城区委组织部内设干部科、组织科、秘书科。1993年，区委组织部内设办公室、干部科、组织科。撤销组织员办公室，其职能划归组织部。保留老干部局，为正科级行政机构，划归组织部管理。成立潍城区党员电化教育中心，为副科级事业单位，隶属区委组织部。1995年，增设干审科。1998年4月，成立调查研究室，与组织科合署办公。2001年12月，设立区委组织员办公室，为区委组织部内设正科级行政机构。2002年5月，区委组织部内设科室调整为办公室、干部科（干部监督科、干部教育科）、组织科（调研室、新型办），均为股级规格。2004年1月，设立农村党员干部现代远程教育管理中心，为正科级事业单位，与党员电化教育中心合署办公。2005年4月，设立人才工作科，同时加挂知识分子工作办公室牌子。2007年9月，设立区委党的建设工作领导小组办公室，为正科级常设机构，与区委组织员办公室合署办公；设立区党建研究会，与区委组织员办公室合署办公。2008年10月，农村党员干部现代远程教育管理中心与党员电化教育中心合并，成立区农村党员干部现代远程教育管理中心。2009年12月，设立重点村居管理科、村居干部管理科、党建工作对外宣传科，均为区委组织部内设科室，为股级规格，其中村居干部管理科与组织科合署办公。2010年12月，区委党的建设工作领导小组办公室（挂区党建研究会牌子），与区委组织员办公室合署办公。至2013年，机构无变化。

中共潍城区委宣传部

1991年，中共潍城区委宣传部设办公室、宣传科、新闻科、企政科、党员教育科、区外宣办。1993年11月，区社会主义精神文明建设协调委员会办公室撤销后，其职能划归区委宣传部。12月，企政科、党员教育科合并为教育科，撤销区外宣办。设立区广播电视发展中心，为正科级事业单位，隶属区委宣传部。区广播电视发展中心所属副科级事业单位2个，即区有线电视台、区人民广播电台；有股级事业单位1个，即工程技术服务部。1994年12月，成立区新闻中心，同时挂区人民政府新闻办公室牌子，为副科级全额拨款事业单位，隶属区委宣传部。1995年5月，区新闻中心升格为正科级全额拨款事业单位。恢复区社会主义精神文明建设协调委员会办公室，并改称区社会主义精神文明建设委员会办公室，为正科级行政单位，隶属区委宣传部。7月，撤销区广播电视发展中心，成立区电视宣传中心，为正科级差额拨款事业单位；所属区人民广播电台升格为正科级事业单位；区电视宣传中心改属区广播局。1997年，新闻科挂新闻出版管理办公室牌子。同年12月，新闻出版管理办公室及其政府行政职能由区委宣传部新闻科调整到区新闻中心，区新闻中心不再挂区人民政府新闻办公室牌子。1998年4月，在区新闻中心设立综合科。2002年5月，区委宣传部设办公室、宣传文教科、新闻出版管理科、理论教育科4个职能科室，内设机构有潍城区精神文明建设委员会办公室。2003年6月，新闻出版管理科挂区新闻出版管理办公室牌子。2004年6月，成立区新闻出版管理办公室，为副科级全额拨款事业单位，隶属区委宣传部。同时撤销新闻出版管理科。2008年2月，成立区文化产业发展办公室，为副科级行政单位，属区委宣传部内设机构。8月，成立区网络管理办公室，为副科级全额拨款事业单位，隶属区委宣传部。9月，成立区社会科学联合会，为副科级全额拨款事业单位，隶属区委宣传部。2009年3月，撤销区新闻出版管理办公室。成立区文学艺术界联合会和区社会科学界联合会，实行合署办公，为正科级全额拨款事业单位，隶属区委宣传部。区网络管理办公室升格为正科级全额拨款事业单位。至2013年，区委宣传部内设职能科室有办公室、宣传文教科、理论教育科；内设机构有区精神文明建设委员会办公室、区文化产业发展办公室；隶属机构有区新闻中心（内设综合科）、区网络管理办公室、区文学艺术界联合会和区社会科学界联合会。

中共潍城区委政法委

1991年，中共潍城区委政法委（以下简称“区委政法委”）为正科级行政机构。1992年，设立潍城区社会治安综合治理委员会办公室（以下简称“区综治委”），与区委政法委合署办公。2002年，区委政法委（区综治委）内设办公室（挂调查研究科、区铁路护路办公室牌子）、执法督查科（挂矛盾纠纷排查调处指导科牌子）2个科室，编制8人。2007年，成立潍城区维护稳定工作领导小组办公室，设在区委政法委。同年，区委防范和处理邪教问题领导小组办公室归口区委政法委。2009年，成立潍城区公共安全指挥中心，同时挂潍城区公共安全有奖举报中心牌子，为正科级规格，全额预算管理，隶属区委政法委。2011年，区和9个街道（开发区、管理区）全部设立综治维稳中心，村居、企事业单位建立综治工作站，全区251个村居和12家试点企业（商场）、3处大型市场、53处中小学建立综治工作站，10个行业系统建立总支办公室。2012年，潍城区社会治安综合治理委员会办公室更名为潍城区社会管理综合治理委员会办公室。2013年，内设办公室（调研研究室、铁路护路办公室）、执法监督科（矛盾纠纷排查调处指导科）、潍城区维护稳定工作领导小组办公室，行政编制6名。

中共潍城区委统一战线工作部

1991年，中共潍城区委统一战线工作部（以下简称“区委统战部”）与区委对台工作办公室合署办公。1992年2月，区委对台工作办公室更名为区委台湾工作办公室，同时挂区政府台湾事务办公室的牌子。1993年11月，撤销区委台湾工作办公室，撤销区政府民族宗教事务科，职能均划归区委统战部。1995年11月，恢复区委台湾工作办公室，并挂区政府台湾事务办公室牌子，与区委统战部合署办公。同时成立台胞接待站，为副科级事业单位，隶属区委统战部。1997年2月，区委统战部挂区政府民族宗教事务办公室的牌子。2001年12月，区委统战部内设办公室和民族宗教工作办公室（挂区政府民族宗教事务局牌子）。2002年，区委民族宗教工作办公室（区政府民族宗教事务局）明确为正科级规格。2004年12月，区委台湾工作办公室单独设立，不再与区委统战部合署办公。2012年，区委统战部行政编制核定为5名。2013年，区委统战部内设办公室、民族宗教工作办公室（区政府民族宗教事务局），行政编制5名。

中共潍城区委台湾工作办公室

1989年6月，设立区委对台工作办公室，与区委统战部合署办公，日常行政事务和业务工作由统战部管理。1992年2月，区委对台工作办公室更名为区委台湾工作办公室（以下简称“区台办”），同时挂区政府台湾事务办公室牌子。1993年11月，区台办撤销，职能划归区委统战部。1995年11月，恢复区委台湾工作办公室，并挂区政府台湾事务办公室的牌子，与统战部合署办公。同时成立台胞接待站，为副科级事业单位，隶属区委统战部。2004年12月，区台办单独设立，不再与统战部合署办公，行政编制3名、工勤编制1名。2005年1月，撤销区台胞接待站。2007年12月，区台办人财物与统战部正式脱离。2012年，核定行政编制4人。至2013年年底，区台办在职在编人员实有4人。

中共潍城区委区直机关工作委员会

中共潍城区委区直机关工作委员会（以下简称“区直机关党工委”）成立于1989年3月，为正科级行政单位，是区委在区直机关的派出机构，内设办公室、组宣科、纪工委、机关团委、机关工会、机关武装部，有工作人员7人。辖机关党委4个、机关党总支11个、支部130个，其中直属支部37个，分布在区直机关的62个部门和单位。1993年12月，行政编制5名。1995年1月，行政编制4名。2002年5月，行政编制4名，工勤编制1名。2013年，区直机关党工委内设办公室，有工作人员5人（行政编制4人、工勤编制1人）。辖57个基层党组织，其中机关党委2个、机关党总支10个、支部45个。

潍城区机构编制委员会办公室

1993年12月，潍城区机构编制委员会办公室（以下简称“区编办”）与区人事局合署。1997年10月，设立区事业单位登记管理办公室，为区编办所属股级事业单位。2002年5月，区编办明确为区机构编制委员会的常设办事机构，为正科级规格，与区人事局合署，内设机构编制综合管理科。2005年，区事业单位登记管理办公室更名为区事业单位登记管理局，为区编办所属正科级事业单位。2010年，区编办单独设置，不再与区人事局合署，区编办既是区委工作部门，也是区政府工作部门，列入区委机构序列，内设综合科、机构编制管理科（挂监督检查科牌子）。2013年12月，区事业单位登记管理局更名为区事业单位监督管理局，内设登记监管科、绩效考核科。

中共潍城区委农村工作领导小组办公室

1991年3月，成立潍城区农业委员会（以下简称“区农委”），为正科级行政机构，内设办公室、政工科。1992年10月，区农委内设办公室、政工办公室、生产科教办公室。1994年1月，区农委内设办公室、政研科、政工科、生产科教科、多种经营科、区划开发科。成立潍城区农委生活服务站，为股级自收自支事业单位，隶属区农委。1995年10月，成立潍城区农村合作基金会联合会，为副科级事业单位，11月，改为副科级自收自支事业单位，编制员额12人，实行企业化管理，隶属区农委。12月，区农委内设办公室、区划开发科、政工科、多种经营科、生产科教科、政研科、财务科。1997年4月，区农委内设办公室、区划开发办公室、政研科、财务科、政工科、生产科教多种经营科。2001年12月，成立中共潍城区委农村工作领导小组办公室，为正科级行政机构，内设综合科。区农委与区农业局合并，原区农委承担的部分职能移交区委农村工作领导小组办公室。至2013年，机构无变化。

中共潍城区委、潍城区人民政府信访局

1991年，区委、区政府信访办公室内设秘书科、查办科、接访科，编制10人。1996年，内设综合科、接访科，编制6人。1997年，撤销区委、区政府信访办公室，成立区委、区政府信访局，为正科级规格。2002年，信访局内设办公室、接访科，

行政编制6名，工勤编制1名。2012年，增设信访事项复查办公室，增加行政编制2名。2013年，信访局有办公室、信访事项复查办公室、接访科，行政编制8名，工勤编制1名。

中共潍城区委老干部局

1991年，区委老干部局为正科级行政机构，编制4名。1993年，区委老干部局划归区委组织部管理。同年12月，区老干部工作站（成立于1984年10月，副科级事业单位）更名为潍城区老干部活动中心，编制12名，隶属区委老干部局。1997年3月，区老年大学（成立于1989年10月）明确为正科级规格，编制3名，隶属区委老干部局。2011年，区委老干部局内设办公室、基层组织科。2013年9月，区关工委办公室（成立于2007年9月，副科级事业单位）由团区委管理调整为区委老干部局管理，编制3名。

中共潍城区委党校

1992年，中共潍城区委党校确定为中专体制，按副县级配备领导班子和中层干部。1993年，区委党校设办公室、教务处、哲学教研室、政经教研室、党史党建教研室、总务处、图书资料室。1994年，兼办潍城区行政干校。2013年，共有在编人员37人，专、兼职教师23人，其中高级讲师7人、讲师6人、助理讲师10人。

中共潍城区委群众工作委员会办公室

2011年2月，成立中共潍城区委群众工作委员会办公室，属区委直属财政拨款事业单位，为正科级规格，核定编制11名。2013年，内设综合科、督查科（挂调研科牌子）2个科室，均为股级单位。

潍城区档案局

1991年，潍城区档案局（馆）为正科级行政机构。1993年11月，撤销档案局，保留档案馆，区史志办、党史办职能及人员编制并入区档案馆。1994年12月，复设档案局；档案馆为正科级事业单位，局馆合一。1995年11月，党史工作的职能及人员编制划归区委办公室，史志工作的职能及人员编制划归区政府办公室。1997年，明确区档案馆挂档案局牌子，行使有关行政管理职能，由区委办公室管理。截至2013年，潍城区档案馆（局）内设办公室、档案管理科、业务指导科、编研科、审批科（挂靠办公室）、法经科6个科室。编制员额18名，实有工作人员15人，其中有高级专业技术人员4人、中级专业技术人员6人。

第三节　基层组织机构

1991年，潍城区委辖东关、东园、院校、城关、南关、西关、北宫7个街道党工委和大虞、廿里堡、梨园、于河、杏埠、河西、望留、军埠口、符山、大柳树10个乡镇党委，共有基层党委43个、党总支51个、党支部940个，有党员17414名。1992年7月，大虞乡、河西乡、于河乡、梨园乡撤乡改镇（除河西乡改称北关镇外，其余只改通名，专名未变），乡党委改称镇党委。1993年3月，设立潍坊外商投资开发区，并建立党工委。同年9月，杏埠乡、军埠口乡撤乡改镇，乡党委改称镇党委。

1994年区划调整，东关、东园、院校3个街道和大虞、廿里堡、梨园3个镇成建制划归奎文区。同年，撤销北宫街道和北关镇，设北关街道，并建立党工委。是年年末，全区有基层党委39个、党总支46个、党支部675个，有党员12897名。1997年3月，潍坊外商投资开发区与北关街道合并，一套机构、两块牌子。同年6月，潍城区第一个村级党委——中共潍城区北关街道东北关村委员会成立。2001年3月，杏埠镇成建制划归于河镇，大柳树镇一分为三，分别划归符山镇、军埠口镇、望留镇。杏埠镇党委、大柳树镇党委撤销。2003年1月，中共潍坊市物价局潍城管理所党组更名为中共潍坊市物价局潍城分局党组。同年11月，成立中共潍坊市潍城区委潍坊鸢都湖—浮烟山综合开发区工作委员会。2005年12月，潍坊外商投资开发区更名为山东潍城经济开发区，开发区党工委随之建立。2006年1月，成立中共潍坊市国土资源局潍城分局党组。2007年9月，撤销军埠口镇、符山镇、于河镇、望留镇，设立于河街道、望留街道，随之成立党工委。同月，设立军埠口工业园区、乐埠山生态管理区，随后分别改称军埠口综合项目区、乐埠山生态经济发展区，并随之成立党工委。2010 年 4 月，成立中共潍城区委社会组织和非公有制经济组织工作委员会，成立中共潍城区委安顺、于河、人民商城、军埠口片区工作委员会，成立中共潍城区委教育行业、创意产业、会计师行业、房地产行业、商贸物流业、文化产业、卫生行业、金融行业、律师行业、市场行业工作委员会。至 2013 年年底，全区有基层党委 55 个、党总支 93 个、党支部 926 个，有党员 20102 名。

第三章　重要决策

第一节　党的建设

1991 年，区委印发《关于开展创建党的建设工作先进乡镇（街道）活动的意见》，要求通过开展创建活动，进一步强化乡镇（街道）党委抓党建的职能，不断提高乡镇（街道）党组织抓党建工作的自觉性，在全区乡镇（街道）党组织中营造积极进取、争优创先的生动局面，努力把乡镇（街道）党建工作和两个文明建设提高到一个新水平。

1992 年，区委印发《关于在党政机关开展解放思想、转变职能大讨论活动的意见》，在区直、乡镇（街道）党政机关中集中开展一次以解放思想、更新观念、转变职能、强化服务为主要内容的大讨论活动。采取边学、边查、边改的方法，通过学习、讨论和整改，使机关党员、干部在改革开放和加快经济发展的思想认识上有新的飞跃，观念上有新的转变，工作上有明显起色，作风上有大的改进，努力把机关各部门建设成“廉洁、高效、务实、创新”的工作机构。

1993 年，区委印发《关于进一步加强常委班子思想作风建设的意见》，切实加强学习，不断提高驾驭改革开放和经济建设全局的能力；深入基层，深入实际，认真搞好调查研究；议大事，抓大事，突出工作重点和关键环节；带头抓好党风廉政建设；坚持民主集中制，维护班子团结；坚持任人唯贤的干部路线，严格遵守组织人事纪律；继续发扬艰苦奋斗的创业精神。

1994 年，区委印发《关于加强股份制企业党的建设的试行意见》，要求充分认识加强股份制企业党的建设的重要性、必要性；健全党的组织，合理设置、配备股份公司党务工作机构和人员；明确党组织职能，保证党委（支部）班子参与公司重大问题决策；改进活动方式，充分发挥党员先锋模范作用；改进和加强党组织自身建设。

1995 年，区委印发《关于认真学习江泽民、李鹏同志重要题词，更加广泛深入地开展学习孔繁森活动的通知》，要求全区各级党组织进一步提高思想认识，突出学习重点，切实加强领导，把开展向孔繁森学习活动作为当前和以后一个时期加强党的建设，特别是领导班子建设的一项重要工作。

1996 年，区委印发《关于进一步加强和改进区属企业党的建设工作的意见》，积极探索区属企业党组织发挥政治核心作用的有效途径，保证党组织参与企业重大问题决策，加强对区属企业管理人员的培养、教育和管理，切实加强区属企业领导班子建设，抓好基层党支部和党员队伍建设，大力加强企业思想政治工作，合理设置企业党的工作机构和加强党务工作队伍建设，加强对区属企业党建工作的领导。

1998 年，区委转发区委组织部《关于在农村基层党组织集中学习整建活动中严肃处置不合格党员的意见》，本着“坚持标准，加强教育，区别对待，严肃处置”的原则，通过民主评议和组织考察，对不合格党员进行严肃处理，提高党员队伍的整体素质，保持党组织的先进性、纯洁性。并对不合格党员的主要表现和处置时应掌握的政策界限、处置步骤作了具体说明。

1999 年，区委转发区委组织部《关于在全区农村建立“民主政治活动日”制度的意见》，确定每月 9 日为全区农村“民主政治活动日”。主要包括搞好村务公开，重点是财务公开、民主议事、干群双向对话交流、学习教育、民主评议、民主选举。

2000 年，区委印发《关于加强和改进街道、社区党建工作的意见》，明确街道、社区党的建设工作的指导思想和目标要求；适应城市社区建设的要求，理顺街道党的工作体制；建立健全社区党的基层组织，扩大党在城市社区工作的覆盖面；强化党员教育管理，拓宽党在城市社区工作中发挥作用的渠道；改进工作方式方法，积极探索街道党组织在社区建设中发挥作用的有效途径；加强对社区党建工作的组织领导。

2001 年，区委印发《关于在全区开展“三个代表”重要思想学习教育活动的实施方案》，以马列主义、毛泽东思想、邓小平理论为指导，按照“三个代表”的要求，深入贯彻落实中共十五大和十五届三中、五中全会以及中央和省、市经济工作会议精神，围绕全区改革、发展、稳定大局，着力解决当前经济发展和基层干部队伍中存在的突出问题，进一步提高全区干部队伍素质，增强各级党组织的凝聚力和战斗力，促进“十五”计划顺利实施，推动全区经济和各项社会事业健康发展。

2002 年，区委召开十届九次全委扩大会议，通过《关于深入学习贯彻党的十六大精神的决定》。会议指出，中共十六大是党在进入新世纪、全面建设小康社会、加快实施社会主义现代化建设第三步战略部署的新形势下召开的一次十分重要的会议。学习好、宣传好、贯彻好十六大精神，对于统一全区广大党员干部群众的思想，振奋精神，凝聚力量，与时俱进，艰苦奋斗，全面完成十六大提出的各项任务，推进全区现代化建设，具有重大而深远的意义。全区各级党组织和广大党员干部要把学习、宣传和全面贯彻中共十六大精神，作为当前和以后一个时期的首要政治任务，深刻理解和全面把握十六大精神，以十六大精神总揽全局，努力开创全区社会主义现代化建设的新局面。

2003 年，区委印发《关于认真学习贯彻党的十六大精神深入开展农村基层组织建设“三级联创”活动的意见》，深入开展以创建“五个好”（好班子、好队伍、好路子、好体制、好制度）村党支部、“六个好”（好班子、好队伍、好路子、好制度、好作风、好格局）镇、街道党（工）委、农村组织建设先进区为主要内容的“三级联创”活动，切实加强和改进党对农村工作的领导，提升农村基层组织建设整体水平。

2004 年，区委召开十一届四次全体会议，通过《关于牢固树立和认真落实科学发展观的决定》，要求全区各级党组织和广大党员干部以“三个代表”重要思想为指导，牢固树立和认真落实科学发展观，振奋精神，抢抓机遇，开拓进取，拼搏实干，推动经济社会全面、协调、可持续发展。

2005 年，区委召开全区保持共产党员先进性教育活动动员大会，印发《关于在全区开展以实践“三个代表”重要思想为主要内容的保持共产党员先进性教育活动的实施意见》。会议认真贯彻中央和省委、市委会议精神，对全区开展保持共产党员先进性教育活动进行安排部署，动员各级党组织和广大党员进一步统一思想，提高认识，明确任务，以高度的政治责任感投入到先进性教育活动中，接受教育，增强本领，为全区经济社会更好更快发展提供坚强保障。

2006年，区委印发《关于认真学习贯彻党的十六届六中全会精神的通知》，要求把思想和行动高度统一到六中全会精神上来，切实加强组织领导，以贯彻落实六中全会精神为动力推动当前工作。

2007年，区委印发《关于认真学习宣传贯彻党的十七大精神的通知》，要求充分认识学习贯彻中共十七大精神的重要意义，深刻学习领会中共十七大精神，推动学习宣传活动深入扎实开展，努力形成学习宣传浓厚氛围，以学习贯彻十七大精神为强大动力，扎实做好当前工作。

2008年，区委转发《中共潍坊市委关于巩固和壮大新世纪新阶段统一战线的实施意见》，要求各级各部门从全局的高度，充分认识统一战线工作的重要地位和作用，充分认识市委出台《实施意见》的重大战略意义，切实增强责任感和使命感，把统一战线工作作为事关工作全局的大事，努力开创统战工作新局面。

2009年，区委召开十二届六次全体会议。会议审议通过《中共潍城区委关于认真贯彻落实〈中共中央关于加强和改进新形势下党的建设若干重大问题的决定〉和省市委〈意见〉的实施意见》，要求坚持党要管党、从严治党，以保持先进性和提高执政能力为主线，着眼继续解放思想，坚持改革开放，推动科学发展，促进社会和谐，突出重点，突破难点，全面推进党的思想、组织、作风、制度和反腐倡廉建设，努力提高党的建设科学化水平。

2010年，潍城区召开全区基层党组织和党员创先争优、强堡垒做先锋活动部署暨组织宣传工作会议。区委印发《关于在全区党的基层组织和党员中深入开展创先争优、强堡垒做先锋的实施意见》，要求以强堡垒做先锋活动为载体，以创建先进基层党组织、争当优秀共产党员为主要内容，坚持从本部门、本单位实际出发，改革创新，务求实效，统筹推进党的建设其他经常性工作，充分发挥基层党组织的战斗堡垒作用和共产党员的先锋模范作用，在推动科学发展、促进社会和谐、服务人民群众、加强基层组织的实践中建功立业。

2011年，区委、区政府制定《2011年全区党风廉政建设和反腐败工作实施意见》，坚持围绕中心、服务大局，以深化教育、制度、监督并重的惩防体系建设为重点，以开展干部综合素质提升年、强化干部作风建设为抓手，以创先争优、改革创新为动力，不断提高反腐倡廉建设的科学化水平，为促进全区经济社会大发展大跨越、实现“十二五”开局之年全面胜利提供有力保证。

2012年，区委印发《关于学习宣传贯彻党的十八大精神的通知》，要求充分认识中共十八大的重要意义，深刻领会和把握中共十八大的精神实质，以学习贯彻中共十八大精神为动力，推动工作实现新突破。全区各级党组织和广大党员干部，要紧密团结在以习近平为总书记的党中央周围，高举中国特色社会主义伟大旗帜，坚持以邓小平理论、“三个代表”重要思想、科学发展观为指导，全面贯彻落实中共十八大精神，团结一心，励精图治，为全面建成小康社会、加快建设现代经济文化强区而努力奋斗。

2013年，区委召开常委扩大会议，传达学习习近平在山东视察时的重要讲话精神和市委十一届四次全体会议精神，要求各级各部门坚持学用结合，认真贯彻落实，努力推动全区经济社会实现更高层次的新发展。区委下发《关于认真学习贯彻党的十八届三中全会精神的通知》，要求广大党员干部群众把思想和行动统一到十八届三中全会精神上，把智慧和力量凝聚到打造“一城四基地”（打造宜居宜业的现代化新城区，建设现代物流基地、城市商贸基地、文化产业基地、城市工业基地）、建设现代经济文化强区的各项任务上。

第二节　改革开放

1991年，区委、区政府印发《关于进一步深化和完善区级农业管理机构改革的方案》。区委、区政府按照《中共中央关于进一步治理整顿和深化改革的决定》的精神，围绕适应“计划经济与市场调节相结合”的运行机制，参照潍坊市农业管理机构设置，结合潍城实际，对区级农业管理机构进行深化完善。

1992年，区委、区政府印发《关于商品流通企业“四放开”改革试行意见》，在全区流通企业实行“四放开”改革，要求在全区商品流通企业有计划地全面推行经营范围放开、商品价格放开、工资分配放开、劳动用工放开，确定东方商场、大华商场、南关粮油供应公司、微型汽车销售公司为“四放开”试点单位。同年，区委、区政府印发《潍城区劳动制度综合配套改革试点方案》和《潍城区劳动制度综合配套改革试行意见》，主要内容有：深化劳动制度改革，强化完善合同管理；深化工资制度改革，完善内部分配机制；深化社会保险制度改革，完善社会保险体系。

1993年，区委、区政府印发《潍城区党政机构改革实施方案》和《潍城区事业单位改革意见》，以适应建立社会主义市场经济运行机制的需要为目标，以转变职能、强化服务为重点，按照政企分开和精简、统一、效能的原则，转变职能，理顺路子，走“小机构、大服务”的路子。

1995年，区委、区政府印发《潍城区实施〈中国教育改革和发展纲要〉的意见》，加快办学体制改革，变“政府包揽办学”为“以政府办学为主，同社会各界参与办学相结合”的新体制；深化教育管理体制改革，完善分级办学、分级管理体制，进一步扩大区级统筹决策权、镇级综合管理权和学校的办学自主权，逐步建立起适应全区经济建设和社会发展的充满生机活力的教育体制；全面贯彻教育方针，深入进行教学改革、学校招生和毕业生就业制度改革，全面提高教育质量。

1996年，区委转发区委组织部《潍坊市潍城区中国共产党机关参照试行〈国家公务员暂行条例〉实施意见》。党的机关参照试行《国家公务员暂行条例》是党的机关干部人事制度改革的一项重要工作，各级党委要切实加强领导，精心组织实施。通过这项工作，进一步加强全区各级党组织建设，提高整体素质和工作效能，更好地服务于全区改革开放和经济建设。

1997年，经区委、区政府研究，潍坊外商投资开发区与北关街道合并，实行一个机构、两套班子。

1998年，为进一步深化企业改革，促进全区经济更好更快地发展，区委、区政府决定：成立潍城区深化企业改革领导小组，下设工业企业改革、商业企业改革和乡镇企业改革3个领导小组，负责搞好企业改革工作的组织、指导、调度，并抓好监督检查。

1999年，区委、区政府印发《关于加快开放型经济发展的意见》，对招商引资、兴办海外企业等方面的有关政策作了明确规定。

2000年，区委、区政府召开全区实施经济国际化战略会议，主要是贯彻全市实施经济国际化战略会议精神，部署下步工作措施，加快经济发展的再发动、再动员。要求明确思路，突出重点，强化措施，全方位扩大对外开放，实现外向型经济新突破。

2001年，区委、区政府召开全区机构改革动员大会，正式启动全区机构改革工作。会议指出，全面推进机构改革是中共十五大确定的一项战略任务，也是政治体制改革的重要内容。全区要认真贯彻落实中共十五大和中央关于地方机构改革的指示精神，按照社会主义市场经济发展的要求，进一步转变职能，调整组织机构，精简人员编制，理顺工作关系，提高工作效率，逐步建立与社会主义市场经济体制相适应的行政管理体制，为推动全区经济社会持续健康发展提供坚强保障。

2002年，围绕贯彻落实潍坊市委、市政府“改造西部，繁荣老区”的战略部署，区委、区政府印发《关于加快外商投资开发区开发建设的实施意见》。决定在城区西部规划建设外商投资开发区新区，与外商投资开发区（东区）统一构思，分别规划，同步建设。力争用5—8年将外商投资开发区建设成为开放水平较高、产业布局合理、设施完备、功能完善、环境优美、管理规范的现代化工业园区，推动全区经济发展和城市建设上水平、上档次。

2003年，区委、区政府印发《关于潍坊外商投资开发区行使区级管理权限的试行意见》。意见指出，建设潍坊外商投资开发区是区委、区政府贯彻落实市委、市政府“改造西部，繁荣老区”的战略部署，加快全区经济发展和城市建设步伐，满足招商引资需要的一项重要举措。围绕优化发展环境，促进潍坊外商投资开发区的建设和发展，区委、区政府赋予和委托潍坊外商投资开发区党工委、管委会在其管理范围内行使区级管理权限。

2004年，区委办公室、区政府办公室印发《关于进一步健全完善村务公开和民主管理制度的实施意见》，保障农民群众对村级事务的知情权、决策参与权和监督权，按照“规范、创新、提高、落实”的总体要求，进一步健全完善和落实好各项制度，把村务公开和民主管理全面推向深入，突出做好“四个进一步”，即进一步健全完善村务公开制度，进一步健全完善民主决策制度，进一步健全完善民主管理制度，进一步健全完善民主监督制度。

2005年，区委办公室、区政府办公室印发《关于推行中小学校长职级制的实施意见》，全面贯彻落实党的教育方针，按照“脱钩、分类、转制、搞活”的原则，进一步完善管理体制，改革用人制度，鼓励竞争，加强交流，充分调动中小学校长的积极性和创造性，建立起符合中小学教育特点和校长成长规律的新型管理体制，形成公开、公平、竞争、择优、充满生机和活力的用人机制，加快培养和造就一支精通教育、善于治校的高素质学校领导干部队伍。

2006年，全区加快发展暨对外开放工作会议召开。会议全面回顾、总结2005年的工作，表彰奖励做出特殊贡献的先进单位和先进个人，进一步分析形势，明确任务，动员全区广大干部群众，振奋精神，扎实工作，努力实现全区经济又快又好发展。

2007年，区委、区政府印发《关于进一步加快卫生事业发展与改革的意见》，坚持以大众卫生为主题，加快发展医疗卫生资源，积极推进卫生事业改革，切实加强卫生事业监管，形成供给略大于需求的市场格局，建立起适应社会主义市场经济体制和人民群众要求的卫生服务体系。

2008年，区委、区政府印发《关于进一步扩大对外开放，加快推进经济国际化的意见》，要求大力推进资本国际化、人才国际化、市场国际化、资源国际化、运行规则国际化，不断拓展对外开放的广度和深度，提高开放型经济水平，推动全区经济社会又好又快发展。

2009年，区委、区政府成立潍城区蓝色经济区和高端产业聚集区规划建设领导小组，深入贯彻省、市关于建设山东半岛蓝色经济区和胶东半岛高端产业聚集区的总体部署，加快推进全区蓝色经济区和高端产业聚集区建设。

2010年，为深化行政管理体制改革，促进各项事业全面协调可持续发展，区委、区政府印发《潍城区人民政府机构改革实施意见》，坚持精简统一效能，上下基本对口，与市政府机构改革相衔接，积极探索实行职能有机统一的大部体制；坚持因地制宜，根据潍城实际，构建符合经济社会发展需要的行政管理体制；坚持统筹兼顾，突出重点，分步实施，稳妥推进，妥善处理好改革发展稳定的关系。

2011年，按照全国和省、市教育工作会议精神，区委、区政府印发《关于加快教育体制机制改革全面实现教育现代化的决定》，要求大力实施科教兴区和人才强区战略，认真落实优先发展、以人为本、改革创新、促进公平、提高质量的工作方针，加快推进教育现代化，到2020年全面实现教育现代化，全面建成学习型社会。

2012年，区委、区政府印发《关于积极稳妥推进村居集体经济组织产权制度改革的实施意见》，要求用3年时间，建立起“产权清晰，责权明确，利益共享，风险共担，保护严格，流转规范，监管有力”的村居集体经济组织产权制度，构建由成员大会、理事会、监事会组成的法人治理结构，完善民主决策、民主管理、民主监督运行机制，明确盈利共享、风险共担、按股分红的分配机制。

2013年，区委办公室、区政府办公室印发《全区2013年深化经济体制综合配套改革试点项目》，共包括深化农村产权制度改革、创新农业经营制度、加快农村金融制度创新、完善开发区管理体制和发展机制等17个经济体制综合配套改革试点项目，要求各级各部门按照项目责任分工，认真组织实施，确保按期完成。

第三节　经济发展

1991年，区委、区政府召开全区多种经营工作会议。要求发展多种经营应因地制宜，努力培育新的经济增长点；要以提高农业综合效益为目标，大力发展多种经营；要依靠科技进步，提高多种经营生产水平；要提高认识，加强领导，开创多种经营生产的新局面。

1992年，潍城区在全国统一提高粮食购销价格、实行购销同价的基础上，放开粮油销售价格，随行就市。

1993年，区委、区政府转发市委、市政府《关于大力发展个体私营经济的决定》《关于鼓励农民进城务工经商的决定》《关于进一步加快市场建设的决定》，并结合潍城实际提出如下贯彻执行意见：充分认识加快发展第三产业的重大意义；坚持“放宽、放活、放胆、放手、放开”原则，大力发展第三产业；密切配合，协同作战，形成第三产业发展合力。区委、区政府决定建设潍坊外商投资开发区（1993年3月16日，省政府对外经济工作协调小组会议确认该开发区为省级开发区）。

1994年，区委、区政府制定《关于1994年第三产业的工作意见》，提出本年全区第三产业总的发展目标是逐步建立起适合本区经济和社会发展的市场体系，确保第三产业占国民生产总值的比重达到31.8%，第三产业增加值达到7亿元，社会商品零售额达到18亿元，集贸市场交易额达到10亿元。

1995年，区委、区政府确定“把握机遇，深化改革，扩大开放，促进发展，保持稳定”的工作方针，工作中突出抓好六个方面工作：进一步深化改革，为经济发展注入活力；拓宽视野，大力发展外向型经济;加大投入，增强经济发展后劲;强化管理，提高效益；发挥政策激励作用，为经济发展提供动力；全面加强社会治安综合治理，确保社会稳定。

1996年，区委、区政府制定《关于区直工业企业经营目标责任制奖惩暂行办法》和《关于区属商业企业经营目标责任制奖惩暂行办法》。总的考核原则是：统一标准，严格要求，以经营业绩为依据，实行组合工资制；强化考核审计，先考核后奖惩，逐步配套完善考核机制；坚持物质奖励与精神奖励相结合。

1997年，潍城区把转变经济增长方式作为“工业强区”的根本措施，积极探索优化内涵，加快工业发展的新路子，工业企业继续保持快速滚动发展的强劲势头，实现“五个转变”：在工作指导上，由平均用力向择优扶强转变；在经营方式上，由粗放经营向集约经营转变；在产品结构上，由低档次产品生产向高科技产品开发转变；在组织形式上，由分兵作战向集团化方向转变；在资金投向上，由低水平重复建设项目向内涵挖潜改造项目转变。

1998 年，区委印发《关于贯彻〈中共中央关于农业和农村工作若干重大问题的决定〉的实施意见》，共分四部分：全区农业和农村工作跨世纪发展的任务目标；坚定不移地贯彻执行党的农村基本政策；努力提高农业生产力水平；切实加强党对农村工作的领导。

1999 年，区委、区政府印发《关于进一步加快乡镇企业发展的意见》，提出以下新政策：依法建立乡镇企业发展基金；落实激励政策，把发展乡镇企业作为考核镇、街道领导的重要依据。

2000 年，区委、区政府印发《关于鼓励和保护民营经济发展若干问题的政策规定》，共分四部分：建立政府职能部门服务承诺制，规范收费行为；鼓励和扶持民营经济骨干企业和重点载体发展；拓宽民营经济融资渠道；切实加强对民营经济工作的组织领导。

2001 年，区委、区政府印发《关于促进民营经济发展的若干意见》，从扶持民营骨干企业的发展、鼓励发展工业园区各骨干市场、鼓励支持民营经济招商引资、优化民营经济发展环境、提高民营经济从业者的社会地位、加强对发展民营经济工作的领导等九个方面进行部署，着力改善投资环境，鼓励和支持招商引资，推动全区民营经济持续健康发展。

2002 年，区委、区政府印发《关于鼓励区直工业企业加快发展的考核暂行办法》《关于鼓励区属商业企业加快发展的考核暂行办法》《关于鼓励镇、街加快经济发展的考核暂行办法》，着力扫清体制机制障碍，进一步强化各级抓经济、促发展的责任意识，推动全区经济持续快速健康发展。

2003 年，区委、区政府召开全区民营经济工作会议，印发《贯彻落实市委、市政府〈关于进一步加快民营经济发展的决定〉的实施意见》，从放宽民营经济资本准入范围和条件、扶持民营骨干企业发展、鼓励发展民营经济园区、大力推进科技进步等方面安排部署，要求以培强骨干、扩张总量、提高质量为重点，以建好园区、发展基地、完善市场为载体，以优化环境、强化服务、狠抓落实为保障，努力实现民营经济超常规、跨越式发展。

2004 年，区委办公室、区政府办公室印发《关于将全区规模以上工业全年任务指标完成情况纳入镇（街道）、开发区经济工作综合考核的通知》，为确保完成市委、市政府下达的工作任务，实现主要经济指标增幅高于全市平均水平的奋斗目标，将规模以上工业全年任务指标完成情况作为加分因素，纳入年终各镇、街道、区属开发区经济工作综合考核，着力推动工业经济跨越发展。

2005 年，区委、区政府印发《潍城区 2005 年工业发展意见》，坚持“工业立区”不动摇，认真贯彻落实市、区经济工作会议精神和“全党抓经济，重点抓工业”的发展思路，围绕转变经济增长方式、提高经济运行质量、进一步突出技术改造，大力培植“三个一批”（壮大一批支柱产业、发展一批大型企业集团、培育一批知名品牌），培强做大工业企业，推动工业经济超常规、跨越式发展。

2006 年，区委办公室、区政府办公室印发《关于下达 2006 年度镇、街道、开发区发展民营经济责任指标》，要求各镇、街道、开发区对照责任指标要求，结合各自实际，充分发挥自身优势和有利条件，严格落实目标责任制，制定切实可行的工作措施，确保完成全年各项责任指标。

2007 年，区委、区政府印发《关于进一步促进服务业发展的若干意见》，要求进一步放开市场准入，简化行政审批，加大财政金融价格扶持力度，鼓励招商引资，加强土地保障，优化发展环境，保障和促进服务业又好又快发展。

2008 年，区委办公室、区政府办公室印发《2008 年度潍城区外经贸工作考核评价办法》，包括考核奖励原则、考核奖励对象、考核内容、评价办法、奖励办法。

2009年，区委、区政府印发《关于加快工业经济发展的意见》，引导全区坚持以科学发展观为统领，牢固树立高端产业和产业高端兼顾兼容理念，以转方式、调结构为主线，以高新化改造为切入点，拉长做强主导产业链条，培植壮大一批领军骨干企业，增强工业竞争力和支撑力，推进全区经济又好又快发展。

2010年，潍城区召开转方式调结构动员会议，印发《关于加快转方式调结构推进科学跨越发展的实施方案》，贯彻落实全市转方式调结构动员会议精神，安排部署全区转方式调结构的任务措施，动员各级深化认识，明确任务，迅速行动，推进经济社会转型发展、科学发展、跨越发展。

2011年，区委召开十二届九次全体会议。会议审议通过《中共潍城区委关于制定潍城区国民经济和社会发展第十二个五年规划的建议》和《中共潍城区委2011年工作要点》，动员全区上下振奋精神，拼搏实干，争创一流，奋力赶超，努力在科学发展的道路上再创新局面、再铸新辉煌。

2012年，区委办公室、区政府办公室印发《关于贯彻落实潍坊市引进和发展企业事业单位总部（分支机构）认定暂行办法的通知》，要求各级各部门高度重视引进和发展总部经济工作，切实发挥自身职能作用，充分利用上级政策优势，采取有效措施，大力引进企业事业单位总部（分支机构）进驻潍城，助推全区经济社会向更高水平、更高质量发展。

2013年，在全区深入开展“项目建设年”活动，区委、区政府印发《关于开展“项目建设年”活动的实施意见》，深化以项目为核心的工作机制，工作实行项目化推进方式，围绕“策划一批、建设一批、投产一批、储备一批”的原则，重点抓好30个重大项目，开工建设100个亿元以上投资项目，策划包装100个新项目；同时重点推进非投资类的100项亮点品牌项目和创新性、突破性改革措施，力争2013年完成固定资产投资200亿元以上，打造60项在全市有影响力的重大工作成果。

第四节 社会事业

1991年，区委、区政府印发《潍城区社会治安综合治理五年规划（1991—1995）》，坚持“打防并举，标本兼治，重在治本”原则，严厉打击严重刑事犯罪和严重经济犯罪活动，认真落实安全社会防范体系，切实抓好教育人、改造人、挽救人的工作，全面强化基层基础工作，严格治安管理措施，为现代化建设和改革开放、为人民群众安居乐业创造良好的社会环境。

1993年，区委、区政府印发《潍城区治安防范网络建设实施方案》，要求各级党委、政府和各部门、各单位自觉把治安防范网络建设作为社会治安综合治理工作的一项硬任务，切实加强领导，认真抓好落实。

1994年，区委、区政府印发《调整街道办事处行政区划健全完善管理体制的方案》，按照市委、市政府关于构筑现代化大城市框架的总体决策，实施全区“近郊变城区，远郊变近郊，城乡一体化”的战略构想，合理调整街道行政区域。

1995年，区委印发《关于深入开展创建文明小区活动的意见》，要求工作中突出抓好四个方面：加强基层基础工作，提高整体创建能力；开展思想道德教育，提高居民文明素质；加强综合治理，提高整体创建水平；以活动为载体，增强创建工作吸引力。

1996年，区委办公室、区政府办公室印发《潍坊市精神文明建设委员会关于颁布实施〈潍坊市市民公约〉和〈潍坊市市民“十不”行为规范〉的通知》，要求各部门、各单位广泛宣传，认真执行，严格遵守，加强监督，以《公约》《规范》引导约束人们的日常生活行为，进一步增强人们的文明意识，提高全社会的文明程度。

1997年，潍城区出台《农村村民最低生活保障暂行办法》，主要内容有：1997年农村最低生活保障线标准为每年人均600元；建立农村最低生活保障线正常增长机制，每两年左右调整一次；规定保障对象享受的相关优惠政策；保障对象经审批备案后，所发放的生活保障金由镇、村各负担50%。

1998年，区委、区政府印发《关于推行计划生育"依法管理、村级自治、优质服务"的意见》，建立制约机制和利益机制相结合的工作机制，调动村干部和群众共同参与计划生育的积极性，把计生工作重心从乡镇转移到村级，由政府管理转移到群众自我管理。按照计生法规，把计生工作者和计生对象的责任、权利用合同形式固定下来，依法管理。树立为群众服务的观念，加快计生部门职能转变，为群众多办实事，提供便利，促进和保证农村计生工作健康发展。

1999年，区委、区政府印发《潍城区优抚对象抚恤优待办法》，建立健全目标管理、驻军和政府及优抚对象代表联席会议、联络员、基层社会保障、检查评比等规章制度，形成国家、社会、群众三结合的优抚工作新格局和群众性的爱心献功臣自觉行动。

2000年，区委、区政府印发《关于进一步加强计划生育协会工作的通知》，要求各级把加强计划生育协会工作列入党委、政府的议事日程，作为党政一把手亲自抓、负总责的一项重要内容，纳入全区各级人口与计划生育目标管理责任考核，做到计划生育协会工作同计划生育工作一起研究、一起部署、一起检查、一起考核。

2001年，区委印发《潍城区2001—2005年依法治区规划》，明确推进依法治区的指导思想、基本原则、总体目标和主要任务，通过全面推进依法治区，发展社会主义民主政治，建设社会主义法治城市，促进经济和各项社会事业协调发展，为实现全区"十五"计划提供可靠的法律保障。

2002年，区委、区政府印发《关于在全区组织开展"诚实信用在潍城"活动的意见》，以落实《公民道德建设实施纲要》为主题，在全区广泛深入开展诚实守信道德教育和实践，强化全民诚信意识，规范政府、企业和个人信用行为，推进社会信息建设，逐步形成诚信为本、操守为重的良好社会风尚，创造诚实守信的市场环境和投资环境，打造信用潍城形象品牌，进一步提高潍城的综合竞争力、对外吸引力和整体影响力，为加快全区新一轮发展提供强大的推动力。

2003年，区委、区政府印发《关于进一步加强就业和再就业工作的决定》，从进一步明确指导思想和目标任务、完善促进就业再就业工作的政府责任体系、扩宽就业再就业渠道、完善和落实促进再就业的优惠扶持政策、实施困难群体再就业援助计划、改进就业管理服务、完善社会保障体系等方面进行部署，着力加强和改善群众就业工作，激发经济社会发展活力。

2005年，区委、区政府印发《关于建设"文明潍城"创建文明城市的实施意见》，围绕构建社会主义和谐社会，以促进经济发展、满足人民群众的物质文化需求为核心，以提高全体公民的思想道德素质和科学文化素质为重点，以群众性精神文明创建活动为载体，积极探索新形势下精神文明建设的新途径、新办法。

2006年，区委、区政府印发《关于加快社会主义新农村建设的实施意见》，按照"生产发展、生活宽裕、乡风文明、村容整洁、管理民主"的要求，坚持城乡统筹、以城带乡、城乡一体，积极推进农村城市化进程，大力实施"三化、三带动、三变"（三化：农业产业化、标准化、国际化；三带动：龙头企业带动、市场带动、科技带动；三变：农民变职工、变民工、变市民）战略，全面推进农村经济、政治、文化、社会和党的建设，以城市化发展推进全区新农村建设目标的实现。

2007年，区委、区政府印发《关于进一步加强人口和计划生育工作的意见》，强化计划生育公益性宣传教育，建立完善基层基础工作机制、流动人口属地化管理与市民化服务体制、齐抓共管的综合治理工作机制、经常性的出生人口清理清查工作机制，加强计生队伍建设，提高优质服务水平。

2008年，区委、区政府印发《关于加快推进近郊村社区服务体系建设的意见》，以建设服务完善、管理有序、治安良好、环境优美、文明祥和的新型近郊村社区为目标，按照城市社区服务标准和社会主义新农村建设的要求，加强近郊村社区基础设施建设，改进近郊村社区服务，不断完善服务内容。

2009年，潍城区召开村居公共安全防范体系建设工作会议，印发《关于大力加强村居公共安全防范体系建设的意见》，坚持“安全第一，预防为主，综合治理”的方针，以创建公共安全村居为载体，重心下移，关口前移，全面提升村居公共安全防范水平，建立起“第一时间发现，第一时间报告，第一时间处理”的村居公共安全防范体系，确保村居安全稳定。

2011年，区委、区政府印发《关于实施城乡统筹发展战略加快推进现代化农村社区建设的意见》，整体提升农村社会管理和服务水平，全面加快农村城市化、城乡一体化、全域现代化。

2012年，区委、区政府印发《关于进一步加快老龄事业发展的意见》，坚持“党政主导，社会参与，全民关怀”的工作方针，坚持老龄事业与经济社会协调发展、城乡老龄事业协调发展，优先发展社会养老服务，培育壮大老龄服务事业和产业，丰富社会养老服务体系建设内涵，在更高层次实现“老有所养，老有所医，老有所乐，老有所为，老有所学，老有所教”的工作目标，让老年人共享经济社会发展成果，促进社会更加文明、和谐、进步。

2013年，区委、区政府印发《潍城区文明单位、文明村、文明社区建设管理办法》，以建设社会主义核心价值体系，培养有理想、有道德、有文化、有纪律的社会主义公民，提高人们的思想道德素质、科学文化素质和健康素质为主要任务，推动社会事业全面进步。规定了文明单位、文明村、文明社区的标准条件，对创建和评选、表彰和惩罚、监督和管理等进行了严格界定。

第四章　组织建设

第一节　基层组织建设

1991年，加强对基层党组织的分类指导。加强农村后进班子建设，从区委常委到乡镇党委成员建立联系点。在企业开展“争创先进企业党组织”活动；在街道开展“创建党建工作先进街办”活动；在机关开展学习教育活动，进行机关基层组织换届改选，开展“表率示范单位”活动。1992年，重点抓农村后进班子整顿工作和支部换届选举工作。在企业继续开展“争创先进企业党组织”活动，加强乡镇企业党组织建设，加强三资企业（中外合资企业、中外合作企业和外资企业）党建工作。整顿街道支部班子17个，提拔懂经营、会管理、能力强的支部成员97名。在机关、事业单位党组织开展经常性学习教育。1993年，开展农村党员“七一杯”学科技、用科技、比贡献活动，组织企业广大党员开展“学技术、比贡献和为企业提合理化建议”活动，在街道开展基层党组织换届改选工作。在机关、事业单位突出经常性教育，加强党员干部的思想作风建设，开展“转变作风，反对腐败大讨论”活动。

1994年，在农村“五抓”并举：抓两头，即抓先进班子的示范带动作用和后进班子的转化升级；抓关键，选好配强农村党支部书记；抓后备人选，解决农村班子后继乏人问题；抓活动，使农村党员“学、用、比”（学科技、用科技、比贡献）活动向深度和广度方向健康发展；抓好党建与经济工作的结合，提高班子工作活力。提高街道党支部班子整体素质，突出党支部班子和党员队伍建设，有24名干部进入班子。先后召开学校党建工作会、“七一”表彰会和企业党建工作会等，总结推广工作典型。调整7处股份制企业党组织，建立10个乡镇企业党支部（党小组）、6个个体私营企业党支部、4个行业党支部。加强流动党员管理，建立了9个流动党员党组织。1995年，成立全区基层组织建设领导小组及其办公室，加强对基层党组织的分类指导。全区235个村党支部完成换届，调整充实支部班子成员142名。加强经济强村党建工作，召开“双强”（经济强村居、强企业）党建工作座谈会，举办经济强村党支部（总支）书记培训班，组织开展强村与弱村结对子活动。44个居委会支部完成换届，在个体劳协、党员较多的市场建立党组织，推行流动党员活动证制度。1996年，以镇（街道）和企业为重点，加强和改进基层党组织建设，制定《镇街办工作规范》和《村居工作规范》，规范镇（街道）、村（居）党建工作。开展农村后进班子整顿工作。对1994年后排查出的39个后进村班子重新分类，建立专档，一村一策，落实整改措施。采取内选、回请、下派等措施，对全区13个村的党支部领导班子进行调整充实。开展创建基层组织建设“五好村”（好班子、好队伍、好路子、好体制、好制度）活动。制定《关于进一步加强和改进区属企业党的建设工作的意见》，进一步加强企业党建工作。1997年，对列入三年整顿规划的22个村派驻工作组；开展“包、联、带”（包靠、联系、带动）活动；对17个后进村党支部班子进行充实调整，调整党支部书记6名、委员18名。有2个村达到区基层组织建设“五好村”标准。加强经济强村党的建设，有45个村经过检查验收，获评为“五好村党组织”。在农村健全完善村级党务工作制度、村民代表议事制度、财务管理和农村集体资产管理制度、政务公开制度和村规民约，提高了农村基层组织工作规范化水平。《全国基层组织建设情况简报》介绍了潍城区全面推行民主化、法制化管理与保障农村基层组织有章理事的做法。在区属企业中开展创建先进企业党组织活动，山东巨力股份有限公司党委被评为山东省先进基层党组织。1998年，全区6个镇召开党代会，完成党委领导班子换届选举。创办各类示范服务基地（实体）185个。开展“机关干部下基层”活动，选派137名机关干部，组成49个工作组下乡包村，进行重点帮扶整顿。开展全区镇（街道）基层党组织集中整建活动，全区268个村（居）选出新一届支部班子，调整村（居）党支部书记66名、委员169名。在企业开展“三带一争做”（带头为居民群众办实事好事，带头为壮大集体经济献计出力，带头维护社会秩序；争做社区服务模范）主题实践活动。加强学校党建工作，总结推广潍坊三中、七中等6个党建工作典型。在区直机关开展思想作风整顿活动，区直部门建立“为民工程”联系点。

1999年，加强镇、街道党（工）委建设，制定《镇、街办、区直部门创办示范服务基地工作考核暂行办法》，提升了示范服务基地的作用。开展“村级民主政治建设年”活动，总结推广望留镇党委月末干部研讨会制度、军埠口镇党委“村民自治”、杏埠镇党委“民主政治活动日”等经验。制定《村党支部、村民委员会工作规范》，建立“民主政治活动日”制度。从58个区直部门抽调153名机关干部，到50个班子较弱、经济较差和部分处于中间状态的村，开展新一轮包村工作，包村扶贫力量重点向军埠口、符山两个镇的库区村倾斜。2000年，按照“促强扶弱抓中间”的工作思路，分类加强村级班子建设。开展抓后进村班子整顿转化工作，共调整支部成员49名，重新选出32名村党支部书记。全区共创办各类示范服务基地298个。镇、街道134名党政班子成员建立了驻村联系点，整顿后进班子26个，为联系点办实事好事300多件，解决矛盾240余起。加强村干部队伍规范化管理，完善推广“月末农村党支部书记研讨会”制度，此做法被《山东组工信息》推介。开展社区班子换届选举工作，共调整充实居民区党支部班子12个，调整班子成员29名。各街道党工委和社区党组织成立街道、社区党建工作协调委员会和党建工作联络站，加强街道、社区流动党员教育管理。

2001年，以农村后进班子整顿为重点，加强村级班子建设，重新选出22名党支部书记。规范村级干部管理，加强村级后备干部队伍建设，全区共有村级后备干部254名，此做法被中组部《组工信息》刊发。推进村级民主政治建设，规范“民主政治活动日”制度。成立区、街道、社区党建工作指导委员会，健全区、街道、社区党建工作三级协调机制，广泛开展各种共建、联建活动90多次，协调解决问题130多个。2002年，完成村级“三个代表”学教活动，通过省、市检查验收。组织开展村级班子换届选举工作。在区委党校举办农村党支部书记、村主任培训班。制定《潍城区镇村党员干部作风建设工作规范》《潍城区镇村干部入户走访制度》《潍城区村“两委”干部引咎辞职制》《潍城区村务大事村民公决制度》等，加强村级干部队伍建设。开展街道社区“四联双争”（社区党员联管、社区文明联创、社区服务联动、社区治安联防，争创街道社区党建红旗单位、争创社区建设标兵）活动、多种社区联建共建活动。对社区党组织的名称、公章等进行统一规范。向非公有制企业选派136名党建工作指导员。2003年，开展先进镇党委、“五个好”（好班子、好队伍、好路子、好体制、好制度）村党支部和农村基层组织建设先进区以及“基层满意的区直部门”“群众满意的镇街站所”创建活动。在城市社区开展社区党建联动服务活动，促进社区再就业，安置下岗失业人员913名。曹家巷社区党支部成为全省社区党建示范点。创建潍城区农村党员干部科技培训基地，此基地被省委组织部确立为全省首批农村党员干部科技培训基地。对22个后进村班子进行整顿。以“民主政治活动日”为主要内容，推进村级民主政治建设，全区村党支部书记、主任一人兼比例和村“两委”交叉兼职比例分别达62%和60.8%。在改制企业中采取企业改制和党组织改建同步进行的措施，全区20家改制企业全部建立党组织。有6家非公有制经济的企业建立了党组织，耶莉娅服装服饰有限公司党支部成为全市非公有制企业党建工作示范点。2004年，北关街道探索建立全年工作目标管理、重点工作竞标管理、基础工作合同管理、干部岗位认证管理“四位一体”责任执行体系，提高执政能力，相关经验在《市委督查》《潍坊组工信息》等刊发。在城市社区深化社区党建联动服务工程，促进再就业，全年安置下岗失业人员524名，引进招商项目23个，帮扶贫困户334个；开展理顺社区党组织设置、理顺社区党员管理关系“两个理顺”试点；开展星级特色社区创建活动，开设特色社区服务项目102类416项，有6个社区成为首批星级特色社区，相关做法被《山东组工信息》《齐鲁晚报》刊发。在农村开展基层组织“三级联创”（区、镇、村三级联动创办示范服务基地）活动。编印《潍城区农村基层组织规范化建设材料汇编》，推进农村基层组织制度化、规范化、程序化；开展村级班子换届选举，村“两委”成员平均3.44职。统筹推进非公有制经济组织的党建工作，以民营企业党建为重点，在山东耶莉娅服装服饰有限公司党支部建立党员活动室，该党支部被市委组织部命名为全市首批“民营企业党建工作示范点”，并获评为市级先进基层党组织。2005年，以争创“五个好”（领导班子好、党员干部队伍好、工作机制好、小康建设业绩好、农民群众反映好）基层党组织和“五个好”（政治素质好、带民致富好、服务群众好、履行义务好、遵纪守法好）党员为目标，深化和拓展农村基层组织“三级联创”活动。开展农业产业党建工作，在全市农业产业党建交流会上作经验介绍。街道党工委立足自身优势，整合民政、政法、宣传等部门的优势和力量，强化社区综合服务功能，提高社会服务能力。在非公有制经济组织组建个体私营党支部8个，众谊汽车配件有限公司党支部获评为全市20个民营经济党建示范点之一。在非公有制经济组织党组织中开展“党员先锋岗”“亮身份、做表率、树形象”等活动。

2006年，根据全区板块经济特色，以“板块开发，梯次推进”的基层组织建设工作思路，抓好农村、社区、开发区三大板块党建。在城市社区开展星级特色社区创评验收，该做法被省委组织部收入《城市社区党建工作经验汇编》；开展党建工作示范社区创建活动，西关街道获评为“全国社区服务示范街道”，城关街道曹家巷社区获“全国社区服务示范社区”和“全国首批和谐社区建设自主创新先进单位”称号，北关街道北关社区获得“全国社区服务示范社区”和“全国百佳学习型社区”称号。在农村深化基层组织“三级联创”活动，以产业关系为纽带，实行“支部+公司”“支部+市场”“支部+协会”的党组织组建方式，党组织覆盖率进一步提高；设立“党群致富互助协会”，推行村级事务契约化管理；加强村级组织活动场所建设，在望留街道苟家村进行村级组织活动场所建设试点。在开发区具备条件的企业党组织中，开展“亮身份、做表率、树形象”活动。2007年，以“三级联创”为抓手，深化落实“板块开发，梯次推进”工作思路，推进各领域党建工作。在城市社区探索社区党建网格化管理，开展家庭党员、单元党员群体、楼院党小组、社区党支部“四级联创”活动；开展星级特色社区创建活动，评选表彰六星级特色社区17个、五星级13个、四星级13个；举办一期和谐社区研讨班，组织部分社区干部到南方参观学习；深化党建联动服务工程，建立帮扶弱势群体长效机制，帮助社区下岗失业人员再就业，有关做法被《山东组工通讯》《山东组工信息》刊发。在农村加强和谐村庄建设，在全市率先完成换届选举工作，村均干部职数3.01职。全区103家规模以上非公有制企业全部建立党组织，有13家企业被授予“区级非公有制企业党建工作示范点”称号，建立2个中介组织党组织。2008年，制定《街道（开发区、管理区）党工委书记履行基层党建工作责任述职制度》。在城市社区按照“党建网格化、网格层级化、层级数字化”工作思路，构建区街一体的大党建格局，该做法获评为全市组织工作创新奖；结合城市管理提升年，开展“四级联创”活动，北关社区成为全市两个城市社区党建创新示范点之一，相关工作经验被《山东组织工作》刊发。在农村深化“三级联创”活动，健全党内关怀，共发放慰问金7.8万元。在机关以“靠活动促活跃、靠活跃增动力”为主题，推进和谐机关建设。是年，众谊汽车配件有限公司党支部获评为省先进基层党组织。2009年，开展基层组织建设年活动，夯实基层党建基础。深化党建网格化管理，按照“党建网格化、管理属地化、运行机制化、考核效益化”工作思路，构建大党建工作格局。该做法被省委组织部确定为基层党建创新“书记项目”，省委组织部对此进行专题调研，《山东参考》《人民日报情况汇报》将其刊发推介。出台《村居党组织书记报批备案管理暂行办法》，对村居党组织书记上管一级，此做法在《山东省基层组织建设工作通报》刊发。落实村居干部补贴报酬，村居党组织书记岗位补贴由区财政统一发放。转化整顿后进村居，对61个相对后进村居建立转化台账，集中整顿。选取38个村居，从41个区直部门抽调96人组成38个工作组包靠。成立重点村居管理科，整治后进班子24个，协调发展资金60余万元。对“两新”

组织（新经济组织、新社会组织）党建工作采取“无组织抓组建，有组织抓活动”措施，推动党的组织和工作覆盖。组织开展“党员先锋岗”等活动，为企业发展献计献策，该做法在《山东组织工作》刊发。将35名从省、市选聘的高校毕业生安排到18个村居担任村居党组织书记助理或主任助理；制定《大学生村官岗位工作职责》，建立“大学生村官日志”，加强大学生村官管理，该做法被《山东组工信息》推介。2010年，以基层党建创新“区委书记项目”为主线，在全区确立86个基层党建创新“书记项目”。推行市场党建网格化管理，市场党建有关做法被《人民日报》等媒体推介。实施城市社区党建网格化管理，将党建网格化管理向农村延伸，在全区实现了党建网格化全覆盖，中央党建研究会《社区党建》杂志社调研组到潍城区对此进行专题考察。创新组织设置方式，加强行业党建，分别由工商、教育等部门牵头，建立市场、教育等10个行业党工委，整合组织资源，领导和指导开展党建工作，推动行业发展。在重点片区、重点项目建设一线建立项目党工委，成立安顺等5个片区党工委。出台《关于多渠道做好村居党组织书记选配工作的通知》，调整村居党组织书记37名，全部由组织部审批、备案管理。加强后进村居整顿转化，整治后进班子20个。开展“两新”组织党建工作，新成立“两新”组织党组织12个。

2011年，推行村居“两委”换届全程纪实。建设城市社区型、农村社区型党建中心，立足党内，面向党外，推动基层党的工作由政治领导向综合社会服务转变。继续规范市场、教育、房地产等10个行业党工委运行机制，整合行业内组织资源，开展党建工作。市场党建工作相关做法被中组部《组工信息》刊发。开展“建组织、扩覆盖”活动，全区规模以上非公有制企业全部建立了党组织。突出行业特点，成立社会组织党组织6个。实行村居班子上管一级，纳入区委组织部管理。对村居党组织书记进行满意度测评，开展“十佳村居党组织书记”“十佳大学生村官”评选，相关做法被《山东组工信息》刊发。2012年，开展基层组织建设年活动，创建了100个基层党建示范点，发挥基层党建示范效应。深化党建网格化管理，推行社区“大党委”制（社区大党委是党建机构，是社区工作的领导核心，由社区党组织牵头与辖区机关、企事业单位在平等基础上，以共同需要、共同利益、共同目标为纽带，建立起的社区各单位党组织相互联系，沟通信息，交流经验，研究、协调社区党建和社区工作的区域化党建组织实体），建立完善社区成员代表大会、社区委员会和社区监督委员会“1+3”组织模式，提升社区党组织服务水平。采取派驻工作组、“能人”回请、村企联建等措施治理重点村居，在“两新”组织中开展“建组织、扩覆盖”活动，有1187家“两新”组织建立党组织，向182家选派了党建指导员，向35家派驻了党组织“第一书记”。分类推进农村专业合作社党组织组建，组建率达59%。评选表彰先进基层党组织80个，有8个基层党组织受到市委表彰。提升专业市场党建工作水平和加强非公有制企业党员教育管理服务的做法被省委组织部推介。2013年，出台村级组织运转经费、城市社区党组织服务群众专项经费、非公有制企业党组织工作经费三项实施意见，以奖代补，将集体经营性收入在3万元以下的村纳入财政保障，每个社区列支10万～20万元服务群众经费，全年拨付资金320余万元。在农村按照“示范带动一批、包村联户援建一批、配套提升一批、统筹规划一批”的“四个一”思路，整合资金1056万元，新建村级活动场所10处、改扩建11处。在城市社区建设服务型党组织，深化社区党建网格化管理，建立9个社区“大党委”；建立“两新”组织联合党支部，与社区资源共享、共驻、共建，建立一体化服务体系。在“两新”组织以园区党建、市场党建为突破口，开展“建组织、扩覆盖、抓规范”活动和“五星级”创评活动，全区602家非公企业、70家社会组织的党组织应建尽建率和工作覆盖率达 100%。中组部调研组到潍城区就社会组织党建工作进行调研。

第二节　党员发展工作

1991 年，潍城区有中共党员 17414 名。是年，全区发展党员 409 名，其中 35 岁以下的 222 名，占 54.3%；高中以上文化程度的 223 名，占 54.5%；女党员 118 名，占 28.9%；在生产、服务、教学一线的 266 名，占 65%。1992 年，发展党员 388 名，其中 35 岁以下的 207 名，占 53%；高中以上文化程度的 241 名，占 62%；属工人、农民、知识分子一列的 275 名，占 71%。1994 年，发展党员 451 名，其中在企业、农村生产一线的党员 209 名，乡镇企业劳动者 35 名，农民党员 72 名，解决 5 年以上没有发展党员的村 8 个，解决企业党员空白班组 35 个。1995 年，发展党员 533 名，其中生产工作一线党员 408 名、35 岁以下的 306 名、女党员 142 名，解决 5 年以上未发展党员的村 46 个。1996 年，发展党员 562 名，其中农村、企业生产一线党员 240 名，占 42.7%；35 岁以下党员 341 名，占 60.7%；女党员 133 名，占 23.7%。1997 年，发展党员 421 名，其中 35 岁以下党员 243 名，占 57.7%；妇女党员 120 名，占 28.5%；农村、企业生产一线党员 211 名，占 50.6%。1998 年，全年发展党员 349 名。在全区各行各业、各条战线实施“为民工程”，以发展城市农业为中心，深化农村党员“学、用、比”活动（学科技、用科技、比贡献），促进党员作用发挥。印发《关于在农村（街道）基层党组织集中学习整建活动中严肃处置不合格党员的意见》。1999 年，全区举办入党积极分子培训班 9 期，培训入党积极分子 676 名，建立发展党员考试制度，对 205 名发展对象进行党的基本知识考试。全年共发展党员 169 名，其中 35 岁以下的占 62%、高中以上学历的占 90%、女党员占 68%，在企业、农村、生产、教学一线的占 41%。2000 年，举办入党积极分子培训班 36 期，培训入党积极分子 2259 名，发展党员 333 名，其中 35 岁以下的占 62%，高中以上学历的占 77%，女党员占 37%，在企业、农村、生产一线的占 62%。

2001 年，制定《关于进一步加强发展党员工作意见（试行）》，实行发展党员公推公示制、党（工）委组织委员（政工科长）列席支部党员大会制、入党介绍人资格审查制、基层党（工）委书记与新党员谈话制、责任追究制等，规范发展党员考试制度，对发展对象开始实行每年 4 次集中考试，提高新发展党员质量。全区举办入党积极分子培训班 42 期，培训入党积极分子 2055 人次，新发展党员 308 名，其中 35 岁以下的占 58.4%，高中以上学历的占 82.8%，女党员占 32.5%，在企业、农村、生产一线的占 60.1%。2003 年，制定《关于进一步做好处置不合格党员的意见》，对处置不合格党员的依据、程序等作明确规定。对党员实行量化管理，对农村党员在参加组织生活、带头致富、服务群众、维护稳定等 10 个方面的具体表现进行细化、量化。全年发展党员 411 名。2004 年，全区发展党员 411 名。2005 年，全区发展党员 320 名。建立了党员和党组织信息数据库。2006 年，全区发展党员 420 名。健全完善党内关怀机制，走访慰问 72 名中华人民共和国成立前入党老党员、120 名生活困难党员、99 名符合条件的农村主职干部和 9 名身患疾病的科级党员干部，累计发放慰问金 10.3 万元。2007 年，全区发展党员 420 名。完善党员和党组织信息数据库，对全区近 1.6 万名党员和 824 个基层党组织的信息资料进行调查、登记、汇总。2008 年，总结完善发展党员“两推双考一公示”（民主推荐入党积极分子、民主推荐发展对象，对入党积极分子和预备党员进行考察、考试，全程公示）做法，制定《潍城区党员发展票决制实施办法》，进一步规范发展党员工作，全年发展党员 508 名。2009 年，全区发展党员 372 名。推行党员目标管理，为 9000 余名村居党员建立实绩档案，组织评议党员 2 次，填写党员履职记实簿，推动党员发挥作用。2010年，完善“两推一评双考一公示”（党员推荐、群众推荐，民主评议入党积极分子，入党积极分子考试、党员发展对象考试，全程公示）和“党员发展全程会审”等制度，探索建立潍城区发展党员程序（试行）。打破按行政区域、单位发展党员的传统，探索实施行业入党，分类、分行业下达党员发展指导性计划。全区发展党员332名。

2011年，对334名发展对象进行全程公示，对4名群众提出异议的发展对象进行调查处理，其中2人暂缓发展、2人被取消发展资格。2012年，落实发展党员“两推一评双考三审一公示”（党员推荐、群众推荐，民主评议入党积极分子，入党积极分子考试、党员发展对象考试，基层党支部、党（工）委、区委组织部对材料逐级审查，全程公示）制度，实行发展党员公开承诺制。全年发展党员363名。2013年，按照从严规范村居“两委”班子成员近亲属发展、从严控制现任村居干部异地发展、规范“两新”组织发展党员工作的要求，全程公开、全程纪实、全程票决、全程审核、全程问责，从源头上提升党员发展质量。全年发展党员330名。至2013年年底，潍城区有中共党员20102名，其中女党员5138名、少数民族党员30名。

潍城区中共党员入党时间情况表

表12-3　　　　单位：人

项目		总数	1937年7月7日至1945年9月2日	1945年9月3日至1949年9月	1949年10月至1966年4月	1966年5月至1976年10月	1976年11月至1978年12月	1979年1月至2002年10月	2002年11月至2013年12月
总计		20102	21	152	1685	2679	631	9159	5775
在岗职工		8677	—	—	—	88	158	4660	3771
公有制单位	合计	5541	—	—	—	56	104	3193	2188
	党政机关工作人员	1588	—	—	—	27	57	1014	490
	事业单位管理人员、专业技术人员	2877	—	—	—	21	31	1623	1202
	企业管理人员	259	—	—	—	3	9	145	102
	企业专业技术人员	217	—	—	—	1	3	98	115
	工人（营业员、服务员）	600	—	—	—	4	4	313	279
非公有制单位	合计	3136	—	—	—	32	54	1467	1583
	企业管理人员	798	—	—	—	12	16	281	489
	企业专业技术人员	457	—	—	—	3	3	232	219
	民办非企业单位管理人员、专业技术人员	58	—	—	—	—	—	16	42
	工人（营业员、服务员）	1823	—	—	—	17	35	938	833
农民		5453	—	35	511	1089	208	2163	1447
离退休人员		5277	21	117	1173	1492	252	2159	63
其他		695	—	—	1	10	13	177	494

说明：表中所统计党员人数截止时间为2013年12月31日。

潍城区中共党员年龄情况表

表 12-4　　单位：人

项　目		总数	35 岁及以下	36 岁至 45 岁	46 岁至 54 岁	55 岁至 59 岁	60 岁及以上
总计		20102	3312	4058	3817	2333	6582
在岗职工		8677	2201	3008	2469	999	—
公有制单位	合计	5541	1117	2194	1652	578	—
	党政机关工作人员	1588	347	710	366	165	—
	事业单位管理人员、专业技术人员	2877	474	1136	983	284	—
	企业管理人员	259	60	73	86	40	—
	企业专业技术人员	217	70	88	45	14	—
	工人（营业员、服务员）	600	166	187	172	75	—
非公有制单位	合计	3136	1084	814	817	421	—
	企业管理人员	798	313	185	198	102	—
	企业专业技术人员	457	151	183	95	28	—
	民办非企业单位管理人员、专业技术人员	58	24	18	11	5	—
	工人（营业员、服务员）	1823	596	428	513	286	—
农民		5453	846	859	1041	641	2066
离退休人员		5277	—	1	129	651	4496
其他		695	265	190	178	42	20

说明：表中所统计党员人数截止时间为 2013 年 12 月 31 日。

潍城区中共党员学历情况表

表 12-5　　单位：人

项　目		总数	研究生	大学本科	大学专科	中专	高中、中技	初中及以下
总计		20102	162	3601	4244	2509	3182	6404
在岗职工		8677	151	3170	2816	1003	1087	450
公有制单位	合计	5541	104	2519	2059	438	341	80
	党政机关工作人员	1588	66	1072	394	28	28	—
	事业单位管理人员、专业技术人员	2877	26	1210	1312	230	99	—
	企业管理人员	259	8	83	80	37	51	—
	企业专业技术人员	217	4	80	88	29	16	—
	工人（营业员、服务员）	600	—	74	185	114	147	80

续表 12-5

项目		总数	研究生	大学本科	大学专科	中专	高中、中技	初中及以下
非公有制单位	合计	3136	47	651	757	565	746	370
	企业管理人员	798	23	236	239	157	143	—
	企业专业技术人员	457	7	115	153	94	88	—
	民办非企业单位管理人员、专业技术人员	58	5	15	22	9	7	—
	工人（营业员、服务员）	1823	12	285	343	305	508	370
农民		5453	—	21	371	558	1308	3195
离退休人员		5277	—	272	882	835	611	2677
其他		695	11	138	175	113	176	82

说明：表中所统计党员人数截止时间为 2013 年 12 月 31 日。

第三节　党员教育培训

1991 年，组织全区各级党组织、党员深入学习江泽民“七一”讲话精神，对党员进行坚定社会主义信念、反“和平演变”的教育。举办党员科技知识培训班 148 期，培训党员 4623 人次。1992 年，对党员进行以解放思想、更新观念为主要内容的形势任务教育。组织党员深入学习南方谈话，对党员进行深化改革、扩大开放、坚持走中国特色社会主义道路的教育。举办党员科技知识培训班 152 期，培训党员 5800 多人次。1993 年，组织农民党员参加“七一杯”学科技、用科技、比贡献活动。举办党员科技知识培训班 89 期，培训党员 4300 多人次。对农村基层党组织和党员进行集中教育整顿，以建设有中国特色社会主义理论和中共十四大精神为指针，以“换脑筋，增党性，学本领，奔小康”为主题，集中搞好党的宗旨、市场经济知识、科技知识、反腐倡廉、民主与法制等方面的教育。1994 年，组织党员、干部深入学习《邓小平文选》和中共十四届三中、四中全会精神。深入开展农村党员“学、用、比”（学科技、用科技、比贡献）活动，全区 73% 以上的党员掌握了 1 至 2 门实用致富技术，1662 人达到农民技术员水平。1995 年，开展向孔繁森学习活动。在全区农村基层党组织和党员中开展集中教育整顿活动。1996 年，按照基层组织建设三年规划，重点开展以建设有中国特色社会主义理论和《中国共产党章程》为主要内容的“双学”活动，开展现代科技知识、市场经济知识、法律法规、企业管理、种养及酵素菌等农业实用技术的教育培训。1997 年，利用党员夏训、基层党组织和党员集中教育整顿活动，组织党员系统地学习邓小平理论、《中国共产党章程》和中共十五大精神，开展理想宗旨教育、廉洁勤政教育以及市场经济知识教育。继续在农村党员中深入开展“学、用、比”活动。1998 年，开展党员夏训，集中组织学习现代科技知识、社会主义市场经济知识。以发展城市农业为中心，深化农村党员“学、用、比”活动。在全区党员中开展“向张洪泉同志学习活动”，组织张洪泉先进事迹报告团和优秀村支部书记报告团在全区巡回报告 28 场，收听报告的党员有 5000 余人次。

1999 年，开展集中学习教育活动，通过举办各类竞赛和报告会、召开专题组织生活会等，加强对党员的理想信念、形势任务和爱国主义教育。落实民主评议党员、后进党员谈话制度，开展不合格党员处置工作。

2000年，组织开展“三个代表”教育和“致富思源，富而思进”教育活动，深化完善党员量化管理办法，开展向模范共产党员、优秀村支部书记王乐义学习活动。2001年，开展以“三个代表”为主要内容的党员教育活动，结合庆祝建党80周年，组织万名党员参加党的知识学习和考试。2002年，以开展“三个代表”重要思想学习教育活动为契机，以区委党校和基层党校为主阵地，大力加强党员的党性党风教育培训，把党风廉政建设的有关规定作为重要培训内容，结合反面案例进行警示教育。2003年，把用“三个代表”重要思想武装党员、教育干部作为首要政治任务，指导各级党组织采取党校培训、电化教育、专题辅导、研讨交流、竞赛考试等形式，组织党员干部深入学习领会，并先后邀请省内知名专家、劳模到潍城举办“三个代表”重要思想、依法行政等理论报告会，教育广大党员干部进一步解放和统一思想，增强实践“三个代表”重要思想的自觉性和坚定性。2004年，在城关街道开展全市保持共产党员先进性教育活动试点工作，做法被中组部《组工信息》刊发。2005年，组织开展保持共产党员先进性教育活动，第一批、第二批保持共产党员先进性教育活动中的有关做法先后被《人民日报》、人民网等媒体刊发推介。2006年，组织全区180个村、4355名党员参加第三批保持共产党员先进性教育活动。2007年，通过办班培训、远程教育、座谈会、知识竞赛、上党课等形式，组织广大党员干部认真学习中共十七大精神。利用远程教育平台，组织5万余人次基层党员干部群众参加培训学习。开办《潍城组工信息》、学习贯彻中共十七大精神专刊，开展贯彻落实中共十七大精神征文活动，参与全省党员干部学习贯彻中共十七大精神知识竞赛。2008年，在全区广大党员干部中开展“干部作风建设年”活动，全区共有86个单位、7800多名干部参加。活动中，开展“解放思想、更新观念，转变作风、促进发展”大讨论，开设“领导干部大讲堂”，开展“认真真学习，老老实实做人，干干净净干事”主题教育。开展农村无职党员设岗定责、结对帮扶、致富带头人培养管理、党群致富互助协会等活动，健全完善党员经常受教育、永葆先进性长效机制。2009年，组织开展学习实践科学发展观活动，全年共走访基层单位620多个、入户2800多户，征求意见建议1300多条。

2010年，开展创先争优活动（创建先进基层党组织，争做优秀共产党员活动），按照分类指导的要求，组织农村、街道社区、机关、非公有制经济组织和社会组织、各类事业单位、离退休干部、国有企业等行业、领域，分别设计了各具特色的活动主题和实践载体。2011年，组织开展“信仰、信念、信心”教育，引导广大党员以昂扬向上的精神风貌喜迎中共十八大的召开。运用“一诺三评”（公开承诺、领导点评、群众评议、评选表彰）四种方式，推动创先争优活动扎实有序开展。2012年，组织开展中共十八大精神学习活动，利用远程教育平台，组织村（居）“两委”干部、基层党员群众5万余人次参加培训学习。组织全区党员参与全省党员干部学习贯彻中共十八大精神知识竞赛。2013年，开展一系列学习贯彻中共十八大精神活动。加强基层党务干部配备和素质培养，组织街道党工委书记、副书记、组织委员参加全市党务干部基层党建培训班，举办全区基层党建专题业务培训班。

第四节　党员电化教育

1993年12月，潍城区党员电化教育中心成立，负责全区党员电化教育的管理、规划与协调，加强基层电教阵地建设、业务指导及电教片的复制和发行。每个街道、乡镇都配备了电视机、录放机，区电化教育中心定期下发党员学习教育片，组织党员干部学习收看。加大电教设备资金投入，投资40余万元购买了摄、录、编设备。1994年，组织开展党员电化教育，建立党员电教播放网点51

个，下发党员电教光盘302套，党员收看率达到80%以上。1995年，加强党员电化教育规范化管理，各镇、街道配备了专职电教播放员，建立完善管理制度，实现区、镇、村三级电教网络系统化。利用党员电教对农村党员进行实用技术和农业高新技术培训。

1996年，实施农村党员电教“进村入户”工程，发放各类电教片908盘，村级“两机一室”（电视机、录放机、编辑室）配套率达到76%。1997年，继续实施农村党员电教“进村入户工程”。实施党员“电教科技工程”，加强实用技术片和《山东党员电教》播看工作，村级“两机一室”配套率达到80%，全年发放各类电教片680余盘，摄制党员电教片6部，其中区委组织部与区广播电视局等部门联合摄制的《美洲斑潜蝇防治技术》获全市党员电教科技工程立项片一等奖。1998年，组织收看《山东党员电教》等党员电教片，《美洲斑潜蝇防治技术》在中央电视台播放，《一心为民的好书记——张洪泉》等3部党员电教片在潍坊电视台播放。全区农村“两机一室”配套率达到86.3%，机关、企事业单位“两机一室”配套率达89.6%。1999年，摄制电教片5部，其中4部被《山东党员电教》采用。继续实施党员“电教科技工程”，重点建设望留镇、西关街道2个电教示范镇（街道）、10个示范村及30个示范户。向各镇、街道、系统委局党（工）委发放电教片252部，其中为农村发放实用致富技术电教片27部。

2000年，举办全区镇、街道党员电教干部演讲比赛。摄制的《爱心铸希望》电教片在市委组织部和潍坊电视台组织的评选活动中获三等奖。开展“科技片集中播放月”活动，发放230多部科技电教片，基层播放率达90%，收看的党员干部、群众达1.5万多人次。摄制《城关街办在社区建设中注重发挥党员模范作用》等4部新闻片。2001年，摄制实用技术电教片《早春小拱棚潍县青萝卜栽培管理技术》、人物专题片《情注148》和8部党建新闻片，均在市电视台播出。同年5月，开展“科技片集中播放月”活动，发放科技电教片82部，收看的党员干部、群众达3万多人次。2002年，开展农村党员电教实用技术培训，围绕全区农业产业结构调整，实施“六三三一”工程，即建设60个示范户、30个示范村、3个示范镇和1个示范基地。2003年，推进农村党员干部现代远程教育试点工作，制作的《强村富民小康路》电教专题片在潍坊电视台首播，摄制的《社区党建联动服务工程》电教片在潍城有线电视台播出。

2004年，潍城区农村党员干部现代远程教育管理中心成立，与区党员电化教育中心合署办公。以社区好书记为内容的电教片被《山东党员电教》采用，并在全省发行。在区有线电视台开办“潍城党员电教”栏目。在符山镇和军埠口镇大崖头村分别建立远程教育卫星接收站点，并在符山镇举行开播仪式。2005年，深化农村党员干部现代远程教育工作，新建远程教育站点168个，为每个站点办理财产保险，对223名站点管理员进行系统培训。制定《关于开展农村党员干部现代远程教育“管理效益年”活动的意见》。摄制电教片5部，在全市观摩评比中，获科技片二等奖和人物片三等奖。2006年，对全区223个远程教育站点实施互联网接入工程。全年新建远程教育终端站点58个，其中扩展型站点3个。投资30余万元建成省级规范化站点1个。制定《远程教育信息管理系统管理办法》和《远程教育信息管理岗位责任制度》。依托远程教育资源，区委组织部、区工商分局、消费者协会联合加强消费者协会投诉站和12315申诉举报联络站建设，维护广大消费者合法权益，该做法被《山东组工信息》刊发，并在中央电视台“新闻联播”报道；制作完成《苹果幼果期虫害防治》《老谭的“葫芦经”》等6部课件。在全市第三届远程教育课件观摩评比中，科技片《老谭的“葫芦经”》获一等奖和优秀编导奖，人物片《叩开命运之门》获三等奖。2007年，对全区280台接收设备进行转型调整，加强“山东泰山网一体化网站”建设，共发布信息29500余条。

制作课件9部，被省远教中心采用6部、市电视台采用3部。科技片《老谭的“葫芦经”》获省科技类二等奖，《依托远程教育资源维护广大消费者合法权益》获市优秀组织工作成果一等奖。创作宣传残疾人先进典型远程教育课件4部。2008年，开展星级规范化站点创建活动，推行契约化管理，制作课件15部，被省远教中心采用5部，代表全市迎接省委检查组对远程教育站点管理使用情况和省级规范化站点的检查评估、复核验收。2009年，加大对远程教育学习收看督查的力度，印发《党员干部现代远程教育“一体化网站”管理办法》，与各党工委和区直有关部门签订《党员干部现代远程教育“一体化网站”网络信息安全责任书》。对区级规范站点和第一批五星级规范站点进行复核验收。召开全区党员干部现代远程教育工作座谈会，对区规范站点、五星级规范站点、优秀站点管理员、“一体化”网站优秀信息员、“网通杯·远程教育见实效”优秀获奖征文作者进行表彰。组织培训班25期，培训管理员595名。潍城分站发布信息111980条，被各级网站转载2193条，被省级主站转载信息1768条。制作完成远程教育课件5部，其中1部在全国远程教育频道播出，4部在省远程教育频道播出。与中央电视台联合拍摄的专题片《解闷又赚钱的火鸡》和《解闷的火鸡做扒鸡》，分别在CCTV-2、CCTV-7播放。

2010年，制定《潍城区远程教育站点标准化管理意见》，全区建成标准化站点占比92%。出台《远程教育基层基础工作规范》，对日常工作实施项目化管理。制作完成远程教育课件12部，其中《正点卖的豆芽》在2010年首届中国农业电视节目（寿光）论坛暨节目评估年会上获得一等奖，与中央电视台联合拍摄的《火鸡养殖技术》《火鸡加工技术》在CCTV-7《农广天地》栏目播出。2011年，实行基层站点管理标准化、管理员队伍建设制度化、日常工作项目化、设备维护运行层责化、考评督促公开化“五化”管理。探索“产业远教”新模式服务经济发展，建设工艺葫芦种植、火鸡养殖等9处远程教育示范基地。制作完成课件19部（时长为366分钟），其中2部远程教育课件经省委组织部推荐纳入山东卫视宣传范围。2012年，对站点“管、学、用”（管理、学习、运用）工作全面评查，分类定级，整改提升，对114个运行不稳定站点进行设备更新；在全市集中学习情况抽查中，潍城区的参学率达95%以上；开展基层站点管理员业务轮训，举办集中培训10场、培训500余人次；开通“潍州党建”电视栏目，共播出25期；制作完成远程教育课件19部，其中3部课件获国家级二等奖、2部课件获国家级三等奖。2013年，组织开展“远教富民专家进村”“远教富民学用示范基地创建”活动，组织专家进村培训89期，创建示范基地13个。对全区站点管理员进行培训，完成站点清理核查和客户端重新绑定工作。制作完成课件22部，其中《同心同德润泽桑梓》《一个普通医生的仁心大爱》被中国广播电视协会评为三等奖。

第五节　重要政治教育活动

“三讲”教育

按照《中共中央关于在县级以上党政领导班子和领导干部中深入开展“讲学习、讲政治、讲正气”为主要内容的党性党风教育的意见》要求和省委、市委的统一部署，自2000年3月中旬开始，集中利用3个月的时间，在区级领导班子、领导干部中深入开展以“讲学习、讲政治、讲正气”为主要内容的党性党风教育。整个教育分思想发动、学习提高，自我剖析、听取意见，交流思想、开展批评，认真整改、巩固成果四个阶段。

在“三讲”教育过程中，共起草各类文字材料160余份，编发简报65期，向基层发放《征求意见表》936套，发放《征求意见信》550余封，召开各类座谈会260多次。参加“三讲”教育的10个班子和88名“三讲”教育对象找基层干部、群众谈心2580人次，征求意见567条，人均记读书笔记4万余字，撰写体会文章5篇，形成调查报告1至2篇。经过民主测评，干部群众对各班子及成员个人思想剖析材料的平均满意率和基本满意率分别达到99.05%和98.16%。2000年12月，在区级领导班子和领导干部中开展“三讲”教育“回头看”活动，巩固“三讲”教育成果。

“三个代表”重要思想学习教育活动

按照中央和省委、市委的统一部署，在区委“三个代表”重要思想学习教育活动领导小组的具体领导下，集中开展了“三个代表”（代表中国先进生产力的发展要求，代表中国先进文化的前进方向，代表中国最广大人民的根本利益）重要思想学习教育活动。活动自2001年1月开始，历时4个多月，分动员准备、培训骨干、集中学习、对照检查、整改提高五个阶段，全区镇、街道和区直部门等86个单位的领导班子及成员和党员干部共7478人参加。

在活动过程中，组成24个督查组，具体负责学习教育活动的组织、协调、指导、督促工作。落实区级党员领导干部包组和联系点，坚持每段一动员、段中一调度，明确做出阶段工作安排，提出标准要求。共起草各类文字材料130余份，编发简报46期，建立严格的考勤、联络、请销假、缺课补课、讨论交流、考试和督查等制度，做到四个坚持：坚持集中学习时间不少于10天，坚持规定的学习篇目一篇不落，坚持记读书笔记不少于2万字，坚持每个专题结束时组织集中讨论交流。组织理论宣讲400多场次、先进事迹报告会59场次、文艺演出73场次。

在学习的基础上，通过发放征求意见信、座谈交流、走访调查、个别谈话等形式，广泛征求基层群众的意见建议。共发放征求意见信33292份，召开座谈会1068次，走访群众2.1万人次，征集对领导班子的意见建议220条、对班子成员的意见建议109条。通过“自己找，群众提，上级点，互相帮”的方式，查摆存在的问题，联系自身实际，逐条逐项地进行对照检查。广泛开展谈心交心活动，召开领导班子民主生活会和党员组织生活会，开展批评与自我批评。在民主生活会上，各班子成员共提出自我批评意见628条，互相批评880人次，提出批评意见943条，并针对存在的问题制定整改措施。对民主生活会和组织生活会情况按要求进行通报，进一步征求意见，接受群众监督。坚持边查边改贯穿始终，对群众提出的意见建议和查找出的问题，及时研究制定改进措施，立行立改。

保持共产党员先进性教育活动

根据中央和省委、市委的统一部署，从2005年1月到2006年6月，全区开展保持共产党员先进性教育活动。按照“关键是取得实效”和“建设群众满意工程”的要求，坚持以“党员走在参学单位前列，参学单位走在全区前列，全区走在全市前列”为目标组织推进。参学基层单位517个，参学党员14731名。

在活动过程中，各个阶段均严格按照标准程序、方法步骤组织开展。区委主要领导与各参学单位“一把手”、参学单位“一把手”与基层支部书记、基层支部书记与每一位参学党员层层签订责任书，逐级落实领导责任。落实联系点制度，26名区级党员领导干部在每个批次都建立联系点，定期到联系点参加活动，指导工作。在区电台、电视台开设“保持共产党员先进性”“党员风采录”“一把手访谈”“建设群众满意工程”等专题栏目，集中宣传各级开展先进性教育活动的措施和好的经验做法，报道教育活动开展情况。全区党员参学率达100%。聘请专家学者36人，集中学习培训500多场次，组织专题辅导、报告会、观看电教片等320余场次，开展读书笔记、心得体会展评400多次。开展“保持共产党员先进性大讨论”，采取召开座谈会、个别访谈、问卷调查、设立意见箱、开通热线电话等形式，征求各方面的意见建议。共发放征求意见信3.8万封，设立征求意见箱586个，开通热线电话578部，召开座谈会1000余次，进行个别谈话3.1万人次，查摆问题7700余条。认真进行民主评议，积极开展批评与自我批评，把边学、边查、边改贯穿整个教育活动始终，确保了先进性教育活动实效。

深入学习实践科学发展观活动

根据中央和省委、市委的统一部署，从2009年3月到2010年3月，全区分两个批次开展深入学习实践科学发展观活动。

在活动中，把“学理论、强素质”放在学习实践活动首位，丰富内容，创新形式，有针对性地开展学习调研。组织宣讲活动69场，区级领导深入联系点作报告25次，参学部门党组织主要负责人讲党课390场。组织1700多人到先进地区实地参观学习。召开征求意见会401次、讨论会191场次，教育广大党员干部理解和把握科学发展观的科学内涵、根本要求和精神实质，为推进科学发展提供思想保证。围绕解决群众关注的热点难点问题，开展“走千家访万户，听民声摸实情，解民忧促和谐”大走访大调研活动，走访基层单位620多个、入户2800多户，发放征求意见表3200多份，征求意见建议1300多条。围绕改善群众生活居住环境，投资3300万元对27条背街小巷和2个旧居住区进行改造提升，完善西部城区自来水等管网设施，实施10条城市道路建设改造。

创先争优活动

按照中央和省委、市委《关于在党的基层组织和党员中深入开展创先争优活动的意见》，全区从2010年4月到2012年7月，分两个阶段深入开展“创先争优”（创建先进基层党组织，争当优秀共产党员）活动。

第一阶段是从2010年4月到2011年7月。着重围绕迎接建党90周年开展活动，从一线挖掘培育一批先进典型，从社区、村庄、企业、窗口单位等领域集中选树了50个先进基层党组织，在现代服务业、城市建设管理、创建文明城市、平安潍城建设等重点工作中选树了30个先进单位和百名模范先锋，各基层党组织分别选树2至3名先进典型，使人人学有榜样，赶有标杆。

第二阶段是从2011年7月到2012年7月。着重围绕迎接党的十八大开展活动，引导基层党组织和广大党员以昂扬向上的精神风貌、更加出色的工作业绩，向党的十八大献礼。按照动员部署、公开承诺、领导点评、群众评议、评选表彰五个步骤推进。围绕“推动科学发展，促进社会和谐，服务人民群众，加强基层组织”的总体目标，联系区情实际，突出实践特色，引导基层党组织履职尽责创先进，激励广大党员立足岗位创先争优。在全区评选各级各类先锋集体248个、先锋个人542个。围绕为民服务主题，打造“12343”家政服务网络中心服务平台，为全省“满意消费惠万家”活动提供了现场。在窗口单位和服务行业推行阳光服务、微笑服务、规范服务、廉洁服务，有关做法被《红旗文稿（新视点）》和《创先争优活动简报》刊发推介。

第六节　干部工作

1991年，全年举办各类干部培训班8期，培训干部878人次。系统地向干部讲授马克思主义哲学、政治经济学、科学社会主义理论，学习党的十三届七中全会精神和江泽民“七一”讲话精神。分两批对乡镇、街道、区直部门42个领导班子进行调整，共调整充实干部204名。从机关和企业抽调63名干部，到20个贫困落后村开展包村扶贫。配合城乡社教，先后从区、乡两级机关抽调406名干部到基层工作。对全区35岁以下青年干部状况进行调查摸底。加强城乡之间干部的纵向交流以及乡镇与街道之间、机关各部门之间的横向交流，从机关选调21名青年干部到乡镇担任领导职务，选拔16名乡镇干部担任区直部门领导职务，横向交流102名干部。坚持和完善乡镇聘用干部制度，对经过一年培训的65名农村优秀青年干部和乡镇、街道聘用到期干部进行考察和聘用。完善新提拔干部试用制度，对新提拔的82名干部全部实行试用制，对试用期满的16名干部进行考察任用。1992年，全年举办各类领导干部培训班13期，培训干部1209人次。组织干部系统地学习邓小平南方谈话、中共十四大报告等，进一步解放思想、更新观念。选拔34名勇于改革创新的干部担任领导职务；将17名熟悉经济工作的干部充实到乡镇、街道和经济主管部门。对14个长期经营不善、效益差的企业领导班子进行调整。全年共调整57个班子，调整充实干部324人，让46名后备干部走上领导岗位。打破国家工作人员和工人、农民的界限，选拔15名开拓创新意识强的优秀工人担任企业领导职务；选拔8名政绩突出的村干部和从农民中招聘的干部担任乡镇领导职务。对44个区属企业的厂长（经理）由原来的任命制改为聘用制，对企业的副职实行竞争聘任上岗。进行乡镇机构改革，将乡镇原农村工作片合为47个工作管区；乡镇机关工作人员由原来的1156人精减为632人。1993年，加强各级领导班子的思想作风建设，突出中国特色社会主义理论、贯彻民主集中制、廉洁勤政、发展社会主义市场经济等方面的教育。依托区委党校举办各类干部培训班10期，共培训1934人次，培训副科级以上领导干部140人。选拔29名德才兼备、富有开拓精神的干部担任领导职务。在班子结构上，将懂经济、会管理，特别是有专业技术特长的干部充实到各级经济部门领导班子，选聘6名专业技术人才担任科技副镇长、经委主任，将16名熟悉经济工作的干部充实到镇、街道领导岗位。围绕转换企业经营机制，指导、协调主管经济部门对区属企业领导班子全面考察，对班子进行评议、考核，有针对性地调整14个企业领导班子。

1994年，在区委党校举办4期副科级以上领导干部理论骨干培训班，举办中青年干部培训班、干部初级英语函授班以及农村党支部书记培训班等，培训干部1842人。对35个区直部门领导班子进行充实配备，调整干部155人。根据区划调整后街道既有城区又有农村的实际，对街道领导班子结构进行优化调整，共调整配备78名干部。在4个街道设立党工委和纪工委。调整搭配54个企业的领导班子，选拔79名懂经营、善管理的干部进入企业领导班子。按照市委组织部和市人事局《关于组建奎文区人员调配实施意见》的要求，向奎文区推荐干部313人，其中副科级以上领导干部49人。做好成建制划转单位的人员和离退休老干部的移交工作，共向奎文区移交工作人员3237人，向市直有关部门移交工作人员551名。1995年，举办优秀年轻干部培训班、农村优秀青年培训班、村支部书记培训班、居党支部书记培训班和4期副科级干部培训班。选派3名副科级以上干部到市直机关挂职锻炼。完成了区第九次党代会换届选举工作，协助有关部门做好区人大例会和区政协例会的组织工作。对全区镇、街道和27个区直部门的领导班子进行调整配备，共调整充实干部389名，初步实现班子年龄结构梯次配备。将竞争机制引入干部管理，探索干部奖惩制度，制定对区直党政群机关领导干部进行年度工作考核的暂行办法。制定《关于培养选拔优秀年轻干部的实施意见》，提出培养选拔优秀年轻干部的三年目标。建立回复组织函询制度、诫勉制度，建立关于对企业领导干部廉洁自律的联席会议制度。1996年，举办各类干部培训班9期，其中副科级干部培训班3期、优秀青年干部培训班1期、企业领导干部培训班1期，农村党支部书记培训班2期、居委会党支部书记培训班1期、干部微机知识培训班1期，培训干部1034人次。区委组织部指导各镇党委完成换届选举，对街道领导班子和26个区直部门及部分事业单位的领导班子进行考察和调整，全区共调整充实副科级以上干部136名。修订《关于区直党政群机关领导干部进行年度考核的试行办法》，探索对镇、街道领导班子工作实绩考核的办法及程序，制定《关于镇、街办领导班子实绩考核的试行办法》。按照《关于对全区企事业单位领导干部实行聘任制的意见》，为全区63名企事业单位领导干部办理聘任手续。按照党政干部试用制的要求，新提拔副科级干部7名。

组织全区229名党群机关干部通过过渡考试。按照区委《关于培养选拔优秀年轻干部的实施意见》，对在实施“一二三”工程（选拔100名比较成熟、近期可进区直部门和镇、街道领导班子的科级后备干部，200名企事业单位领导班子后备干部和300名村、居班子后备人选）中掌握的600名后备干部进行重点培养；分层次对后备干部进行跟踪考察，实行动态管理，择优汰劣，优化后备干部队伍。1997年，制订《1996—2000年潍城区干部教育规划》，明确教育培训工作的目标任务和落实措施。建立健全干部自学制度、各级党委中心组学习制度、学习笔记调阅制度，按照干部管理权限，分层次抓好干部自学。以区委党校为主阵地，搞好集中培训，共举办各类干部培训班7期，培训干部723人次，其中副科级干部328人次。组织25名正科级以上干部参加市委党校学习培训。在抓好干部宗旨观念、廉洁勤政、民主集中制教育的同时，重点加强邓小平理论和党的十五大精神学习教育，在各级领导干部特别是副科级以上领导干部中展开以“讲学习、讲政治、讲正气”为主要内容的党性党风教育和向孔繁森同志学习活动。对各镇、街道、区直部门领导班子进行调整，共调整干部168人，选拔51名35岁以下的年轻人担任领导职务。组织全区副县级以上领导干部、镇（街道）、区直部门党政主要负责人140余人参加考试。制定《党政领导干部选拔任用工作程序（试行）》，对选拔任用干部的环节、程序等作出明确规定和要求。加强企业经营管理者和科技人才队伍建设，对30个区属企业领导班子及其成员进行全面考察考核，调整企业负责人40名。健全干部谈话制度、回复组织函询制度、领导班子和领导干部诫勉、党员领导干部民主生活会等制度。对30个企业进行审计，同5名干部进行谈话，对2名干部进行诫勉，对在考核评议中不称职票达30%以上的7名干部予以免职。组织全区党群、人大、政协、社会团体等19个单位的282名在职工作人员过渡为党的机关工作者。1998年，先后举办各类培训班8期。组织23名正科级以上干部参加省委党校、市委党校学习培训。完善干部自学、学习笔记调阅、各级党（工）委中心组学习等制度，把“考学”作为督促干部学习的一项重要措施，坚持学考结合，以考促学，会同有关部门组织全区557名副科级以上党员领导干部进行理论考试。对镇、街道、区直部门领导班子进行考察调整，全年调整充实副科级以上领导干部355人，53名35岁以下的年轻干部走上领导岗位。调整充实企业领导班子成员28人次。对全区干部人事档案实行统一集中管理，将原来9家管档单位调整为3家，组织各管档单位对全区11747卷干部人事档案按照一级标准进行整理。坚持和完善“三制”（试用制、聘任制、考选制）并举的选拔任用干部制度，为175名企事业单位的领导干部办理聘任手续，为10名新提拔干部办理试用手续，正式任命4名试用期满领导干部。1999年，举办副科级领导干部、企业领导干部等各类培训班7期，计算机应用能力培训班1期。对镇、街道、区直部门和事业单位等201个领导班子及成员、17家区属工商企业的领导班子及成员进行考察考核和民主评议，共调整副科级以上干部46名，其中向市委组织部备案的干部7人；调整企业领导干部24人。指导镇党政领导班子开展换届选举，组织67个单位召开领导班子民主生活会。出台《关于进一步加强干部宏观管理和对选拔任用干部工作监督检查的意见》《关于加强机关事业单位及国有集体企业法定代表人的任期经济责任定期审计意见》。开展干部申报、干部离任审计等工作，对8名科级干部免除职务。制定《潍城区党政群机关部门中层职位竞争上岗暂行办法》，指导区公检法以及市立医院等部门、事业单位中层职位进行竞争上岗，有15人通过竞争走上中层领导岗位。

2000年，举办副科级党政领导干部、企事业领导干部、优秀青年干部、新经济组织工会主席等培训班6期，培训干部370余人次。对部门领导班子和领导干部作调整，全年共调整干部179人。

开展选调生考选县（市、区）长助理工作，经组织推荐、民主测评、考试等程序，有2名被录用。全年诫勉干部3人，谈话36人。对镇、街道、部门（单位）和企事业单位的11名主要负责人进行离任审计。对科级干部实行社区监督制度，共发放科级干部社区生活监督卡816份，了解干部在社交圈、生活圈和“八小时之外”的表现情况。指导63个单位领导班子召开民主生活会。为106名需要到市委组织部备案的干部、48名中层干部办理备案手续。对7名党政机关干部实行试用制，对38名事业单位的干部实行聘任制，指导区政府办公室、潍城公安分局、市立医院等单位进行中层干部竞争上岗。2001年，举办副科级党政领导干部、中层干部、优秀青年干部等培训班7期，培训干部650余人次。组织59名县级党员领导干部参加市委组织部组织的理论学习考试。结合学习党的十五届六中全会精神，组织730名科级党员领导干部理论考试。推荐优秀中青年干部参加赴德培训和工商管理硕士生班学习。组织实施镇区划调整改革，对镇、街道及部分区直部门（单位）的领导班子进行调整。全年共调整干部598名，其中新提拔35岁以下年轻干部50人、女干部25人。对部分部门、干部诫勉谈话，诫勉班子3个、干部3人，与干部谈话19人，有11名干部被降免职。加强干部日常监督管理，通过发放领导干部社区生活监督卡、设立举报电话、建立社区生活监督座谈会和走访制度等措施，加强对干部“八小时”以外的监督。深化“四选”（公开考选科级领导干部、平等竞选党政群机关中层干部、民主直选企业经营管理者和工会主席、公推直选村党支部书记）“四制”（试用制：党政群机关新提拔的科级干部原则上都实行试用制。聘任制：事业单位新提拔的科级领导干部原则上都实行聘任制。公示制：即科级干部在正式任用前，要在一定范围内、一定时间内向社会公示。考核制：严格执行年度、届中考核制度）改革，对49名党政机关干部实行试用制，对33名事业单位干部实行聘任制，指导区法院等单位进行中层干部竞争上岗。加大干部公开考选的力度，公开考选潍坊外国语学校校长、4个科级干部，考选5名军转干部进党政机关和事业单位。结合区属企业改制，以推举募股召集人为重点，民主推选年富力强、具有较高知识层次和专业水平的优秀年轻干部担任企业经营管理者。2002年，加强对各类主体班次的组织管理，严格考试考核制度，提高教育培训质量。开展“三个代表”重要思想学习教育活动，以区委党校和基层党校为主阵地，加强党员干部的党性党风教育培训，进行警示教育。开展镇党政领导班子换届选举指导工作。换届后，镇党政领导班子成员平均年龄为37.1岁，大专以上文化程度的班子成员占87%，各镇均配备30岁以下的青年干部。执行落实党政群机关、事业单位新提任领导干部任前公示制度，对41名干部任前公示。执行干部备案制度，为81名到市委组织部备案的干部、64名中层干部办理备案手续。对办理出国申请的领导干部严格审查，共审查出国团组10个44人。整理干部档案，对8000余名干部的学历、学位进行清理、清查。完成第四批援疆干部选调任务。调整公检法系统82名干部，其中因年龄原因免职50人，提拔30人，35岁以下的年轻干部达30%。加强干部监督管理，对21个单位的主要负责人进行离任审计，完成56名县级干部年收入申报工作。对30名党政机关干部实行试用制，对10名事业单位干部实行聘任制，为46名试用期满的干部办理正式任用手续。2003年，完成区第十一届党代会、第十五届人代会、第十一届政协会的换届选举任务。共对48个党政群、企事业单位领导班子和216名干部进行调整，配备一批创业型班子，提拔重用一批在经济发展中成绩突出的干部。制定《关于深入学习贯彻“三个代表”重要思想加强全区在职干部教育培训的实施意见》，在区委党校举办3期科级干部进修班、1期组工干部培训班和1期村（居）优秀青年后备干部培训班，全年共对1750余名各级各类干部进行政治理论、专业知识和市场经济等内容的培训。探索实施对领导班子和领导干部日常跟踪考察管理，加强对领导干部“八小时以外”监督，先后对4个新调整的镇、街道领导班子及领导干部跟踪考察，此项工作被市委组织部定为试点工作，此做法被山东省委组织部《干部监督信息》刊发。

2004年，采取外出参观、异地培训等多种教育形式，完善聘请兼职教授、点名调训、评选优秀学员等制度，加强干部培训主体班次管理，先后在区委党校举办4期科级干部培训班、1期组工干部培训班、1期优秀青年干部培训班和1期宣传干部理论学习培训班。加强对全区村（居）优秀青年后备干部培训班的教学和跟踪管理，对16名学员进行党员纳新。邀请高层次专家、学者到潍城辅导授课，举办大型理论学习报告会2次，培训科级干部1500余人次。区人事局、教育局、卫生局、经贸局、民经局依托各自的培训基地，采取多种形式，开展政治理论和业务技能培训。全年培训各级各类干部12861人次。完成对建设系统和教育系统59个事业单位领导班子的考核工作，对调整了主要领导的8个领导班子进行跟踪考察。全年共调整干部5批236人次。指导潍坊外商投资开发区公开考选4名中层副职干部。深化和完善领导干部“八小时以外”监督管理，总结出“建立一支队伍，健全四项机制，开展两项载体活动”（一支队伍：科级干部社区表现义务监督员队伍。四项机制：组织监督机制、社区监督机制、单位内部监督机制、家庭内部监督机制。两项载体活动：组织科级干部开展的“社区树形象、求作为”活动和领导干部家属开展的争做“廉内助”活动）的经验做法，市委组织部在潍城区召开全市领导干部“八小时以外”监督管理试点工作座谈会，推广潍城区经验，《山东组工信息》《潍坊组工信息》和省委组织部《干部监督信息》对此给予刊发。制定《事业单位改革中推选召集人实施意见》，区委组织部会同有关部门对潍坊市蔬菜公司、潍坊轴承厂、潍坊口腔医院等单位开展改制工作；实行科级干部任前社区公示制，对26名新提拔科级以上干部进行任前社区公示。2005年，组织17人参加在北京举办的第6期潍坊市企业经济管理高级研修班。加强区委主体班次的学习和管理，完善聘请领导干部授课、百分制考核、评选优秀学员等制度，举办科级干部进修班3期，举办优秀青年干部培训班等班次3期，培训干部259人。区委组织部会同区人事局举办《公务员法》骨干培训班1期，会同区妇联举办全区妇女干部培训班1期。组织开展各级领导干部为干部教育培训提供授课专题工作，收集各类授课专题62个。对区教育系统45个单位进行年度考核。坚持重奖、重用、重罚的干部工作导向，对政绩突出、群众公认的优秀干部大胆提拔使用，对有问题的班子和干部进行调整，共调整干部28人。制订《潍城区2006—2010年培养选拔党外干部工作规划》。推行中小学校长职级制改革，为35名中小学校长评定职级。对29家事业单位进行改制，其中副科级以上单位14个。

2006年，贯彻落实《干部教育培训工作条例（试行）》，召开全区干部教育工作培训会议，制定干部教育培训要点。完成省、市11个班次、19人次的调员任务，组织16名企业经营管理者参加在北京举办的第7期潍坊市企业经济管理高级研修班。依托区委党校举办培训班7期，培训各级各类干部275名。完成区、镇党委换届选举工作。做好区第十二次党代会的换届选举工作，区委组织部指导各镇召开党代会，选举产生新一届镇党委领导班子，换届后的镇党委班子成员有大学以上学历的18名，占64.3%；平均年龄36.79岁。开展对街道、开发区、区直部门的年度考察工作和对教育系统的学年度考核。年内共调整干部326名，其中提拔81名优秀干部，免职2名干部。全区依法登记公务员758人，开展干部档案审核和信息管理工作，完成5680本干部档案、81名新提任科级干部“三龄一历”（出生日期、参加工作时间、入党时间、学历及学位）的审核认定。组织开展实验中学校长竞聘，指导区法院、检察院对中层岗位进行竞争上岗。2007年，制订《2006—2010

年潍城区干部教育培训规划》，加强对干部教育培训工作的管理和指导。组织31名县级以上领导干部参加市级以上专题集中轮训，举办科级领导干部党的十七大精神集中轮训班4期，培训近600名科级领导干部。组织13名企业经营管理者参加在北京举办的第8期潍坊市企业经济管理高级研修班。依托区委党校举办各类主体班次培训班7期，培训学员335人，举办农村优秀青年干部培训班的经验被《省委党校工作通讯》刊发。组织召开区党代会，完成区人代会、政协会的换届选举任务。对街道领导班子和部分区直部门干部分批进行调整。组织人事局、教育局等单位做好干部档案升级达标工作，通过全国检查验收。完善干部档案基本信息库和科级干部照片信息库。完成县级组织部门数字化档案建设工作。区委老干部局离退休干部党支部获评为潍坊市先进离退休干部党支部，5名离退休干部党员获评为全市优秀离退休干部党员。开展全区公务员登记、级别确定、工资套改等工作，全区共登记公务员758人。

2008年，以学习贯彻中共十七大、十七届三中全会精神为重点，以加强能力建设为核心，突出“基础性”常规培训、“层次性”高端培训、“专题性”针对培训和“本地性”实用培训，举办16期培训班，培训党员干部1700余名，建设区委党校高标准数字化教室，通过了全市2003—2007年五年大规模培训干部工作检查。严格按照《党政领导干部选拔任用工作条例》和有关规定选拔任用干部，共调整干部183人次，其中提拔重用69名，强化干部监督管理，对新提任干部实行全程纪实。以“企事业单位改革攻坚年”为契机，先后对12家事业单位进行改制。区委组织部会同区人事局组织街道机构改革工作，所有工作人员实行竞争上岗；公开考选21名年轻干部到基层挂职锻炼，推荐11名优秀村居党组织书记挂任街办副主任。2009年，举办科级干部进修班、“基层组织建设年”领导骨干培训班、优秀青年干部培训班、团队干部培训班8期，培训干部461人。分4批共调整干部432人，其中提拔216名优秀干部，对3名干部诫勉谈话。按照省委组织部、市委组织部统一部署，组织村党组织书记报考街道机关公务员，选拔高校毕业生到村（社区）任职，组织大学生“三支一扶”（大学生在毕业后到农村基层从事支农、支教、支医与扶贫工作）和公务员考录有关工作，有1名村党组织书记被录用为街道机关公务员，录用公务员13人、大学生“三支一扶”3人。对符合直接登记和调任条件的12人进行公务员登记，4人进行参照登记。

2010年，全年举办“机关干部服务年”领导骨干培训班、“城市建设管理”领导骨干进修班等培训7期，培训各级各类干部641人次。完成区人代会、政协会的换届选举工作。根据全区领导班子和干部队伍实际，全年调整干部3批102人。加强年轻干部的培训与使用，提拔挂职期满、考核优秀的7名年轻干部，统一充实到基层街道任职。开展2010年度党群部门公务员统计工作，组织村党组织书记、街道中层正职、站所负责人、规模以上企业法人代表考录街道班子成员、公务员，1名街道中层正职被录用为街道班子成员，1名街道中层被录用为公务员。强化干部监督管理，设立12380专用举报电话和举报网站，建立电话、网络、来人、来信“四位一体”的干部监督、信访举报平台。制定干部监督信访受理表，规范受理机制。2011年，依托潍坊干部学习网在线教育平台，组织全区1600多名在职人员开展在线学习。拓展干部教育培训渠道，注重“请进来”和“走出去”，增强培训实效，先后举办各类培训班、讲座8期，培训干部3000余人次。探索改进竞争性选拔科级干部制度，根据干部职务层次和岗位特点，实行区委（全委）扩大会提名、党组织提名等不同方式，由少数人提名少数人变为多数人提名多数人，扩大提名环节的民主性。采取“两公开四差额”（公开空缺职位及职位要求，公开选任方法及选任程序，实行差额推荐、差额考察、差额酝酿、差额表决的方式选拔任用干部）形式，选拔4名街道党政正职。组织开展机关干部综合素质提升年活动，引导各级机关干部比学赶超、创先争优，有关做法被《山东组织工作》刊发推介。实行“一线工作法”，组织各级干部到基层一线为民服务、创先争优，有关做法被省《创先争优活动简报》刊发推介。2012年，全年举办干部教育培训主体班次6期，培训学员393人；举办科级领导干部集中轮训班4期，培训科级领导干部716名；1711名干部开展在线学习，全部完成年度学习任务。完成上级组织部门调员班次30期，选调学员106人次。开设局长论坛，组织区直部门负责人轮流就本单位业务作辅导，每月举办2至3期，由分管区长进行点评。创新干部教育载体，打造12343民生服务大厅、西关街道黄家社区、瑞福油脂股份有限公司3个现场教学基地。完成区党代会、人代会、政协会的换届选举任务。对部分街道、区直部门干部进行调整，共调整干部69人。广泛开展干部双向约谈活动，与77个部门、单位主要负责人和部分班子成员约谈。加强领导班子内部制度建设，健全完善民主议事决策、联系服务群众、工作落实推进机制。制定中层干部管理办法，严格落实中层干部备案制度，指导有关区直部门进行中层干部竞争上岗。加强干部监督管理，对6个部门单位主要负责人进行任中审计，对11名部门单位主要负责人进行离任审计。筹建全区公务员管理信息库，对公务员统一管理。2013年，在区委党校举办培训班6期，培训学员768人次。组织各街道（开发区、管理区）和有关区直部门分层培训干部7000多人次。根据上级调训要求，完成11期21人次调训任务。组织全区1655名干部进学习网在线学习。完成区人代会、政协会选举任务，完成区妇代会、团代会选举工作。先后2次对街道和部分区直部门领导班子和领导干部进行调整。采取公开考选形式，分别从街道中层和全区年轻干部中选拔16名副科级干部人选。区委组织部指导区法院、区检察院开展中层干部竞争性选拔工作。配合省委组织部、市委组织部考察组，组织6名县级领导干部的推荐、考察工作。将组织系统信访举报处理情况纳入组织工作评价和基层党建考核重要内容，建立从源头抓信访工作机制。开展双向约谈，结合干部调整和基层调研，区委组织部班子成员主动约谈各部门、单位班子成员375人次。对干部档案集中整理，通过市委组织部的检查验收。开展挂职干部服务、干部调配、公务员日常登记、干部出国审批、科级离退休老干部等工作。

第七节　人才队伍建设

1991年，全区实施“科教兴区”战略，加强知识分子工作，向市委、市政府推荐拔尖人才，选拔管理乡村优秀科技人才，建立优秀科技人才库，开展评先奖优活动，选聘科技副职，引进高层次人才。1992年，针对全区科技人才缺乏的实际，加强引进人才工作，全年引进科技人才124名。1993年，为壮大全区科技人才队伍，吸引国内外各类人才和智力资源，区委、区政府制定《关于引进人才的暂行规定》，在住房安排、待遇报酬、职务晋升等10个方面给予政策扶持。选聘6名专业技术人才担任科技副镇长、经委主任，增强镇（街道）领导班子经济工作能力。区委组织部会同人事部门制定《关于引进科技人才的规定》，全年招收招聘各类专业人才246名。1994年，全区实施“百千万”人才开发工程，根据领导班子建设的实际需要，开展加快中青年干部成长的“推优荐才”活动，全区范围内共推荐各类优秀人才105名，对从党政机关和企事业单位中选拔的42名35岁以下、大专以上学历的年轻干部进行重点定向培养。1995年，在全区范围内组织开展“推优荐才”活动，加强科技专家和各类专门人才队伍建设，重点培养选拔青年科技人才和乡土科技人才，推荐3名市级专业技术拔尖人才、24名市级跨世纪优秀科技人才和50名区级拔尖人才。完善镇、村科技副职配备，在80%的镇、街道和40%的村配齐科技副职。落实知识分子待遇，为175名中、高级知识分子优惠安装电话。1996年，采取与农业科研单位、院校“联姻”及聘请专家学者传授科技知识、现场指导、办班培训等形式，对乡土人才进行专业教育，先后培训各类乡土人才1万余人次。1997年，组织开展“经济带头人”巡回演讲和现场观摩培训，发挥“经济能人”的示范带动作用。1998年，开展优秀专家、拔尖人才特别是学科带头人的选拔、培养、管理工作，推荐省级专业技术拔尖人才人选3名、“潍坊市农村科技大王”人选13名。1999年,制定并组织实施《乡村优秀科技人才选拔管理暂行办法》和《关于选拔培养跨世纪优秀科技人才的意见》，命名表彰60名“乡村优秀科技人才”、31名“跨世纪优秀科技人才”。对全区专业技术拔尖人才津贴费的落实情况进行调查摸底，整理上报全区市级专业技术拔尖人才有关事迹的材料。

2000年，召开市、区两级拔尖人才座谈会，征求拔尖人才对潍城区发展的意见和建议。走访慰问7名特困知识分子，为5名市级拔尖人才每人发放1000元津贴费。开展第四批市级专业技术拔尖人才调整工作和第六批市级专业技术拔尖人才人选推荐工作。组织开展全区第三批专业技术拔尖人才选拔工作，对12名区级专业技术拔尖人才进行命名表彰。2001年，召开拔尖人才座谈会，分别为4名市级和24名区级专业拔尖人才每人发放1000元和800元的津贴费。建立区级领导联系优秀科技人才制度，区委、区人大、区政府、区政协的领导每人联系1名市级或区级优秀科技人才。2002年，组织1名企业董事长赴京参加高级研修班，3名副厂级领导参加潍坊市组织的WTO辅导学习。组织4人参加大连理工大学MBA、北方交通大学MBA和中国人民大学硕士学位的报名工作。2003年，面向潍城籍在外高层次人才开展“引智、引资、引才”活动，建立潍城籍在外高层次人才库，吸引在外高层次人才到潍城创业发展。加强企业经营管理后备人才建设，通过内选、外引、选调等形式，建设了一支200多人的企业经营管理后备干部队伍。2004年，以培养造就“复合型”人才（即多功能人才，其特点是多才多艺，能够在很多领域施展才能）为重点，强化业务培训和实践锻炼。组织56名后备人才到党校、科研机构、高等院校进行培训，组织87名后备人才到不同岗位换岗锻炼。2005年，组织首批潍坊市农村实用人才和首席技师人选推荐和初审工作，分别有2人和1人入选市农村实用人才和首席技师。组织75人报名参加全市企业经营管理者第三批任职资格认证工作，考试通过率为98.7%，列全市第一名。实施“百千万”企业人才队伍素质升级工程，举办培训班3期，培训400余人次。对公开考选的40名后备人才进行培训。建立全区高层次人才库，将符合条件的21人纳入人才库管理，建立高层次人才流动报告制度。2006年，组织专门力量进行社会主义新农村实用人才队伍建设调研，组织开展全区企业经营管理者任职资格认证工作。2007年，组织全市第二批农村实用人才和首席技师、鸢都学者岗位的报名推荐工作，全区上报农村实用人才人选9名、首席技师人选10名和鸢都学者岗位3个。2008年，与青岛大学合作在潍城区设立公共管理硕士（MPA）专业培训基地，全区共报名40人。2009年，组织全市第三批首席技师和农村实用人才的推荐报名工作，1人获评为潍坊市首席技师，3人获评为潍坊市农村实用人才。

2010年，通过广播、网络等宣传媒体，多渠道加强对国家、省、市《人才规划纲要》的宣传。制定《关于进一步加强高层次人才队伍建设的意见》和《关于实行全区人才工作目标责任制的意见》，编制《潍城区中长期人才发展规划（2010—2020年）》。全年引进各类人才31人。2011年，实施“潍州英才”工程，组织评选潍城区首席技师10名、首届潍城名师10名，培训企业高管及专业人才1730名，引进各类人才78名。2012年，完善人才工作领导体制和工作机制，制定有关人才工作目标责任制考核方面的意见，把人才工作考核结果纳入科学发展综合考核和组织工作考核。深化区级领导联系优秀人才制度，实行“月调度、月分析”。先后召开全区人才工作联席座谈会、人才工作推进会、国外专家智力调度会、人才工作调度会等系列会议，整体推进人才工作。组织全区企业参加中国潍坊创新创业人才峰会。创办《潍城党建（人才专刊）》。2013年，建立潍城籍在外高层次人才库，加强与潍城籍在外人才交流与合作。组织企业积极参加“双创”（创业、创新）人才峰会。对全区7支人才队伍进行调查摸底，建立完善8858名高端人才的信息档案。制定有关高层次人才引进扶持工作的意见。注重高层次人才选拔推荐，推荐19人申报省级、市级高层次人才，2人获评为省特级教师，1人获评为市特级校长。加强人才继续教育工作，培训各类专业技术人员5532人，全区全年新增技师以上人才80人，新增高级工以上人才470人。

第八节　老干部工作

1991年，全区有离退休干部1500人，有离退休干部党支部12个，离退休干部党小组76个。是年，为14名军队转地方安置的老干部落实有关待遇，为7名老干部提高县级干部生活待遇，为24名老干部申报护理待遇，为115名老干部购置家庭病床。成立老干部活动中心（室）115处，组织老干部开展书画、钓鱼、乒乓球、台球、门球等各类活动。1992年，落实老干部公费医疗、房改房租、老干部用车等待遇；为老干部订阅各种报刊1000余份，增添乒乓球、台球、棋类等娱乐器具96套。1993年，全区139名离退休干部积极发挥作用，主动担任中小学校外辅导员。1994年区划调整后，对划分在潍城区的老干部重新建卡立档，完善老干部学习、阅文、情况通报等制度。组织县级以上老干部参加庆“七一”表彰会。1995年，组织老干部到富华游乐园参加游园活动，有800余名老干部参加活动。举办全区老干部工作人员培训班，开展“比真诚服务，创一流工作”活动。1996年，投资3万余元为18名老干部家庭更换水管等设施。1998年，区委老干部局被省委、省政府授予“老干部工作先进集体”称号。1999年，建设活动中心58个、活动场所18处，新增活动器材23套。2000年，区委、区政府拨款120.02万元支付老干部医药费，为5名军队老干部增发离休费11676元，为518名离休干部增发离休费。2003年11月，区老年大学获评为“山东省离退休干部先进集体”。2004年，潍城区代表队在全省老年人健康保健知识电视大奖赛潍坊赛区比赛中获一等奖；潍城区法院老干部党支部被省委组织部、省委老干部局授予“先进离退休干部党支部”称号；同年7月，采取财政补助和企业自筹相结合的办法，增加企业离休干部的离休费，把企业离休干部的离休费与机关事业单位离休干部的离休费拉平。2005年5月，与机关事业单位同时间、同标准为企业离休干部发放140元生活补助。区老年大学积极参与省级老年大学示范校创建工作，4月通过省委老干部局和省老年大学的检查验收；8月正式授牌，成为首批县级老年大学。同年11月30日，成立区委老干部党校并举办首期培训班。2008年，有17家市属企业的76名离休干部自本年始由潍城区管理。是年，全区有离休干部313人，其中机关事业单位227人、企业86人；按级别层次分，享受地（厅）级待遇的6人，享受县（处）级待遇的91人，享受科级及以下待遇的216人。对没有为离休干部缴纳医疗统筹金的部分特别困难企业，由企业自筹30%，区财政安排专项资金为其医药费提供70%的补助，共同报销困难企业离休干部的全部医药费。2009年，区财政安排专项资金，为企业离休干部按机关标准同步增加津贴补贴。同时，按机关标准为企业离休干部全部发放住宅取暖补贴；为40名离休干部办理享受副司（局）级医疗待遇。2010年6月，成立中共潍城区委离退休干部工作委员会。区老年大学在校学员达220余人。2012年6月，市委组织部、市委老干部局表彰潍城区5个“五好离退休干部党支部”和4名“五好离退休干部党员”。2013年，建立离退休干部党支部47个、党小组113个，形成横到边、纵到底、全覆盖的网格化组织服务体系。同年12月，区委老干部局被省委、省政府授予“全省老干部工作先进集体”称号。

第五章　宣传工作

第一节　社会宣传

1991年，先后组织开展学习江泽民“七一”讲话精神及反和平演变，学习宣传中共十三届七中全会精神。全区举办不同层次的学习班600余期，有1.9万余人次参加学习。“七一”期间，开展庆祝建党70周年知识竞赛、有奖征文和文艺会演等宣传教育活动。1992年，广泛深入地学习宣传邓小平南方谈话、中央2号文件和中共十四大精神。1993年，进一步学习宣传《邓小平文选》第三卷和中共十四大精神，突出学习宣传建设有中国特色社会主义理论、市场经济理论。1994年，召开潍城区建区10周年新闻发布会。1995年，开展学习宣传中共十四届五中全会精神、纪念中国人民抗日战争和世界反法西斯战争胜利50周年等活动。1996年，开展学习宣传中共十四届六中全会精神、庆祝建党75周年、红军长征胜利60周年等活动。开展创建全国卫生城市社会宣传，制作固定标语牌40多块、临时性标语600多幅。1997年，宣传报道全区先进模范人物，组织开展迎接香港回归祖国、庆祝中共十五大召开等大型社会宣传活动。1998年，组织开展“纪念潍县解放50周年”“改革开放20周年”大型图片展。编发《他用奉献写人生》小册子，拍摄《鞠躬尽瘁为人民》电视专题片，集中宣传张洪泉等一批先进典型。1999年，组织举办全区庆祝建国50周年“祖国颂”书画展和大型图片展览，举办全区“破除迷信，崇尚科学”主题演讲比赛活动。2000年，组织开展总结“九五”规划、迎接“十五”和第五次人口普查社会宣传工作。

2001年，配合全国农业产业现场会召开，制作4块大型公益广告牌，编印《潍城区农业产业化简介》宣传画册1000余册。举办纪念建党80周年大型美术展，组织“地税杯”纪念建党80周年党建知识电视大赛和大型文艺演出。2002年，制定全区迎接中共十六大宣传工作实施方案，积极协调区广播、电视、新闻中心等单位，开辟“展示新成就，迎接十六大”等专栏。开展群众性文体活动40余场次，为中共十六大的胜利召开营造了良好的舆论氛围。2003年，制定全区“非典”防治宣传具体实施方案，集中力量搞好社会宣传，区委宣传部与卫生局、科技局等部门联合编发3000多本宣传册和1万多张明白纸，在城区和农村广泛发放和张贴。2004年，“科教兴区”成效突出，文化、科技、卫生“三下乡”活动效果明显，先后组织卫生局、科技局、农业局等单位到于河、符山等镇开展下乡进家活动10余次，组织举办潍城区“礼貌行车，文明走路”消夏晚会，参与组织潍城区“迎国庆大合唱”比赛。2005年，开展“四进社区”（科教、法律、文体、卫生进社区）活动，区司法局开展“法律服务进社区，献爱心筑诚信”活动，区卫生局开展卫生进社区活动，区科协开展以“告别陋习，树立新风，建设美好家园"为主题的科普进社区活动，全区6个文体活动站在万家福门前、白浪河广场进行全民健身活动。2006年，在全区开展学习、宣传、实践"八荣八耻"荣辱观活动，开展以"八荣八耻"荣辱观进机关、进学校、进基层为主要内容的"三进"活动。印制社会主义荣辱观倡议书5000余份，下发到全区各机关、企事业单位、学校和村居。印发《关于继续深入开展"文明之夏——四进社区"活动实施方案》，开展"文明之夏——四进社区"活动。2007年，制定《关于做好典型推荐工作的通知》，根据市委宣传部要求，按照和谐社会、自主创新等五项内容，充实和健全典型储备库。区法院、区劳动和社会保障局作为全市和谐典型被全市各大新闻媒体集中宣传。2008年，区文明办与区广播电视局联合在潍坊电视台CH-8频道，开设"潍城道德模范风采"专栏，组建专门摄制组，为评选出的10名潍城区道德模范每人拍摄、制作3分钟的专题新闻。组织开展全区"文明之夏——四进社区"活动，举办消夏晚会30余场。国庆节期间，在白浪河广场连续组织7场庆"十一"欢乐金秋大型广场文艺演出，为群众"十一"黄金周假期提供每天2小时的广场文化活动。2009年，举办"新潍城·新形象"摄影大赛，并对获奖的120余幅图片进行集中展示。以庆祝建国60周年为契机，开展"唱响红歌·祝福祖国""百首爱国歌曲大家唱""百部优秀影视片展映展播""迎国庆、迎全运、讲文明、树新风"知识竞赛等大型宣传教育活动。2010年，组织开展"社区文化节""文明之夏""文明健康生活行"等形式多样的群众性精神文化活动。

2011年，做好中共十七届五中全会、纪念中国共产党成立90周年等重大主题活动社会宣传工作，积极开展"四德"（个人品德、家庭美德、职业道德、社会公德）工程建设，推进社会主义荣辱观的普及宣传。2012年，组织举办全区文化、科技、卫生"三下乡"活动和唱响潍城暨文明之夏、社区文化节启动仪式，开展各类群众性文化活动10余场，参与人数达3000人次。2013年，发挥各类媒体及政府网站的阵地作用，集中刊播"讲文明、树新风"公益广告，全区机关、事业单位、广场、商场、社区的宣传栏、LED电子屏实现公益广告全覆盖。制作50块"讲文明、树新风"公益广告展板和80余块坡道围栏展板，在火车站广场建成道德主题广场。

第二节　理论宣传教育

1991年，组织全区广大党员干部学习党的十三届七中全会精神和江泽民"七一"讲话精神，全区举办科级以上干部培训班4期，培训400余人;基层举办一般党员干部学习班318期，培训1.2万余人。全区1400余名参加党史、党建理论刊授学习的党员干部均获省委宣传部颁发的结业证书。是年，潍城区被山东省委宣传部评为全省基层党校工作先进区。1992年，围绕邓小平南方谈话和中共十四大精神，在全区广泛组织开展解放思想大讨论活动。1993年，全区组织学习社会主义市场经济知识，聘请国内知名专家、教授为区级领导干部做市场经济理论报告5场，集中收听、收看人民日报社经济部主任艾丰、北京大学教授厉以宁等知名专家学者的录音、录像辅导。全区共举办党员干部培训班11期，培训人员3000余人。基层举办学习班310余期，培训2.9万余人次。成立山东干部函授大学潍城函授站，共招收经济管理和行政管理两个专业本、专科4个班学员121名。是年，潍城区被山东省委宣传部评为全省基层党校工作先进区。

1994年，广泛组织开展以学习邓小平建设有中国特色社会主义理论和新修改的《中国共产党章程》为内容的"双学"活动，组织召开全区"学习邓选三卷，促进改革开放"理论研讨会，举办区级领导干部理论辅导报告会6场，举办副科级干部和理论骨干培训班4期，培训副科级以上干部145人、理论骨干110余人。潍城区获全省学习《邓小平文选》第三卷知识大赛优秀组织奖、全市外语会话大赛组织奖，被山东省委宣传部评为“全省基层党校工作先进区”。1995年，深入开展“双学”活动，先后组织开展以邓小平建设有中国特色社会主义理论、新《中国共产党章程》、中共十四届四中、五中全会精神以及市场经济、现代科技知识为主要内容的理论学习教育活动，开展以学习潍城区第九次党代会精神为主要内容的“团结、务实、开拓、奋斗”潍城精神大讨论活动。区委宣传部会同区委组织部、区委党校举办3期副科级以上干部“双学”培训班，培训人数180人，举办3期村（居）支部书记培训班，培训人数297人。举办4场理论学习报告会、2次知识答卷竞赛，全区共发放爱国主义教育知识和“双学”知识答卷2.1万余份，党员参赛率居全市首位，获得潍坊市“双学”知识竞赛优秀组织奖，中共潍坊市委宣传部对此予以通报表彰。1996年，继续深入开展“双学”活动，重点学习中共十四届五中、六中全会精神以及市场经济知识、现代科技知识等内容，先后邀请潍坊市委党校教授作专题辅导报告3场，潍城区领导干部理论学习中心组被省委宣传部、市委宣传部评为先进党委理论学习中心组。区委宣传部会同有关部门举办3期副科级以上干部培训班、3期村（居）支部书记培训班、1期厂长（经理）培训班，共培训各级各类干部501人。在全区城乡组织开展社会主义思想教育活动，共编印宣讲材料6讲1.8万余份、百题知识问答5000多份，干部群众受教育率达到95%。山东干部函授大学潍城函授站函授工作圆满结束，106人获得学业证书。1997年，组织开展以中共十四届六中全会精神、《告全党全军全国各族人民书》等重要讲话精神、江泽民在中央党校省部级干部进修班毕业典礼上的重要讲话精神及中共十五大精神为主要内容的理论学习教育活动，邀请《经济日报》主编艾丰、省政法干部管理学院及市委党校有关专家教授为区级领导干部作专题辅导6场，区委宣传部会同有关部门举办副科级以上党员干部、村（居）支部书记、青年干部等不同层次的培训班7期，培训人员695人次。组织12名宣传干部参加省委宣传部、市委宣传部举办的省、市级十五大精神理论骨干培训班，组织全区7000名党员干部参加“樱桃杯”三讲（讲学习、讲政治、讲正气）教育知识竞赛，获得全市组织工作奖。与经济日报社研究中心、国家机械部农机装备司、市委宣传部联合举办巨力集团“低成本扩张，高速度发展”战略研讨会。潍城区派员参加全市社会主义精神文明建设理论研讨会，并作典型发言。组织深入学习宣传中共十五大精神，编印集中教育整顿宣讲材料7讲3800余份，在潍城区电台、电视台专门开设“集中教育整顿快讯”栏目，播发稿件50余篇。潍坊市基层党校建设工作现场会在潍城区召开，潍城区被山东省委宣传部评为全省基层党校工作先进区。1998年，组织开展以邓小平理论、中共十五大精神、十五届三中全会精神、江泽民一系列重要讲话精神为主要内容的理论学习教育活动，配合有关部门对副科级以上干部和村（居）支部书记进行脱产轮训，分别组织副县级以上领导干部和副科级以上领导干部进行理论学习考试。组织1000余名党员干部参加全省改革开放20年时事政策知识竞赛。顺利通过1处省级先进基层党校、3处市级先进基层党校、1个市级党员教育工作先进镇和全省基层党校工作先进区的检查验收。是年，《潍城内部参考资料》创刊。总结推出农村支部书记的好榜样——张洪泉先进典型事迹，引起市、区两级党委重视，并分别作出向张洪泉学习的决定。理论研讨文章《发展个体私营经济，必须大胆解放思想》在《潍坊日报》全文刊发。1999年，加强领导干部集中学习辅导，围绕企业改制、稳定与发展等主题组织区级领导干部读书会，举办以邓小平理论、市场经济的法律机制、亚洲金融风暴等为内容的各级中心组录像辅导。组织开展基层党（工）委中心组理论学习心得交流活动，各镇、街道、系统委局主要负责人先后在《潍城宣传》上发表交流文章20余篇。基层各单位广泛开展党员"春训""夏训""冬训"活动等，加强基层广大党员干部的理论学习，大柳树镇成为全市党员教育工作先进镇。《当前农村精神文明建设的实践与思考》《思想政治工作必须常抓不懈》等理论研讨文章先后在市级以上报刊发表，7项理论成果获全市社科优秀成果奖。巨力党校、北关街道党校分别被省委宣传部、市委宣传部评为省级、市级基层党校示范点，杏埠、军埠口镇党校和西关街道党校被市委宣传部评为全市先进基层党校，潍城区被山东省委宣传部评为全省基层党校工作先进区。

2000年，以"三讲"教育为契机，结合学习"三个代表"重要思想，举办区级领导干部专题教育辅导报告，在各级党委中心组开展理论学习交流活动。组织全区1.1万余名党员干部参加全市"党员素质工程"知识竞赛，并获组织工作奖。《转变增长方式，促进工业发展》《理论与实践》获全市精品工程奖。是年，区委宣传部被山东省委宣传部评为全省理论教育工作先进单位。2001年，以学习宣传江泽民"七一"讲话精神为重点，深入开展"三个代表"重要思想学习教育活动，举办区级领导干部专题辅导3场，组织600余名副科级以上党员干部参加学习"七一"讲话理论考试，组织30余名宣传干部参加省、市举办的培训活动。组成"三个代表"巡回报告演出团和学习"七一"讲话巡回宣讲报告团，在全区巡回报告演出14场。《实施"民心工程"是实践"三个代表"的有效形式》《做好新时期宣传思想工作必须增强党的意识》等理论文章在全市纪念建党80周年理论研讨会上分别获得荣誉奖、一等奖。2002年，学习宣传贯彻中共十六大精神，组织举办宣讲骨干培训班2期，对各镇、街道和区直部门分管负责人、组宣干部及村（居）支部书记500余人进行集中培训。组织成立全区学习十六大精神巡回演出宣讲团，演出宣讲8场。以"三个代表"重要思想、"5·31"讲话精神等为主要内容，举办区级领导干部专题辅导3次，组织全区600余名副科级以上党员干部参加学习"5·31"讲话和党风廉政知识考试。编辑出版《灿烂的潍城文化》一书。组织举办全区"'工商杯'牢记党的宗旨，建设信用潍城"党建理论和公民道德知识大赛。2003年，组织开展学习十六大精神、十六届三中全会精神教育活动和基层党（工）委中心组理论学习交流活动等，组织举办2期十六大精神和"三个代表"重要思想培训班，邀请省社科联有关领导、山东大学有关教授为全区副科级以上干部集中辅导6次，《以创新精神做好宣传思想工作》在国家级刊物发表。组织开展农村党员能力教育"三个一"活动，以耶莉娅服装集团总公司等为试点组织开展创建"学习型企业"活动。以"学先进，找差距，比创新，做模范"为主要内容，以解决党员干部的观念危机、自满危机和信心危机为主要目的，开展解放思想大讨论活动，并组织召开"学、找、比、做"活动经验交流和调度会，《潍坊宣传信息》对潍城区"学、找、比、做"活动做法予以刊发推介。全区有6处基层党校和党员活动室分别被省委宣传部、市委宣传部评为省级、市级先进基层党校和先进党员活动室。

2004年，突出以"三个代表"重要思想、中共十六届三中全会精神、四中全会精神及科学发展观为重点的理论学习，组织举办2次区委理论学习中心组读书会，每季度邀请省及外地专家为区委理论学习中心组举办1次集中辅导，组织举办以科级干部、年轻后备干部、企业厂长（经理）等为对象的培训班2期，邀请市委党校、市农科院的专家深入社区、农村举办辅导讲座5期。先后10余次组织各级领导干部到温州、上海、深圳、茌平、邹城以及潍坊市其他县（市、区）进行考察学习。组织县级领导干部和副科级以上干部分别进行理论考试2次。编辑出版《"三个代表"在潍城》一书。以城关街道为试点单位组织开展保持共产党员先进性教育试点工作。对全区26所基层党校和350处党员活动室实行档案化、规范化管理。潍城区公路局成为全省"三个代表"重要思想教育基地。2005年，突出“三个代表”重要思想、科学发展观、和谐社会建设和十六届五中全会精神学习教育。邀请省、市理论专家为区委理论学习中心组举办集中辅导6次，组织举办不同层次的干部理论培训班4期、理论考试3次，并在全区组织开展“党委书记上党课”活动。制定《关于在全区广泛深入开展党的十六届五中全会精神学习宣传活动的方案》，在全区深入开展十六届五中全会精神宣传教育活动；组织全区部分理论骨干参加全市学习贯彻十六届五中全会精神理论骨干培训班；成立十六届五中全会精神理论宣讲演出报告团，深入基层宣讲演出6场次。围绕社会主义新农村思想教育，组织理论宣讲演出报告团、典型事迹报告团深入农村社区宣讲演出40余场。组织召开全区宣传思想工作理论研讨会、全区企业文化建设理论研讨会等，有20多篇理论文章在市级以上刊物发表，《加强党在意识形态领域的执政能力建设》《大力加强宣传思想工作积极推动和谐潍城建设》等理论文章，分别在《红旗文稿》和《山东宣传工作》刊发。总结推出望留镇“零距离访谈”经验，得到市委宣传部的肯定并向中央和省委宣传部推荐。编辑出版的两册关于典型事迹和经验的专辑《为党旗增辉》，成为全区开展先进性教育活动的教材。积极开展优秀党课评选活动，全区有3篇党课获评为全市优秀基层党课。

2006年，加强科学发展观、构建和谐社会、建设社会主义新农村、社会主义荣辱观学习教育。以区委理论学习中心组为重点，组织举办2次区委理论学习中心组读书会，邀请省、市理论专家举办4次辅导讲座，举办不同层次的领导干部理论培训班3期。开展“理论下乡进社区”活动，成立区委理论宣讲团，落实宣讲团成员基层联系点制度，先后为基层党员干部举办辅导报告30余场，培训人员6000多人次，党员干部受教育面达80%以上。积极组织开展理论调研活动，围绕“宣传思想工作如何在社会主义新农村建设中更好地发挥作用”“校园文化建设”、社区服务业发展、文化产业发展等开展大型调研活动6次，形成一批有价值的经验成果，全区在《红旗文稿》《山东宣传》等市级以上刊物发表文章20余篇。2007年，围绕十七大精神学习宣传，先后组织举办4场高层辅导报告，受教育领导干部达400人次。成立潍城区学习中共十七大精神宣讲团，邀请专家对全区100余名中共十七大精神宣讲骨干进行集中培训，开展“理论教员进社区”“百名干部下基层”大宣讲等活动，深入基层宣讲30余场次，受教育群众达3000余人次。组织宣传文化系统的20余名干部参加省级、市级学习中共十七大精神培训班2期。组织举办潍城区“地税杯”中共十七大精神知识竞赛，发放答卷1.5万份。制定《关于在全区开展“理论调研年”活动的意见》，组织潍城区委党校与基层各单位理论工作者，在全区深入开展“理论调研年”活动，形成理论文章30余篇。西关街道等5个单位被命名为全市理论宣教基地。2008年，组织举办全区领导干部理论辅导报告会10场，开展以“构建和谐社会，促进科学发展”理论巡回宣讲80余场。积极参与全市“纪念改革开放三十周年，学习实践科学发展观”集中宣讲活动，“百名宣讲专家进基层”“百名干部下基层”宣讲150余场次。设立24个区级理论宣教基地，试点开展“社区讲坛”工作，不断巩固扩大基层理论教育阵地。《做好五篇文章，打造旅游文化品牌》在《红旗文稿》等刊物发表，并在全国城市党刊研究会第十七届年会上获得优秀论文一等奖。是年，潍城区委理论学习中心组获全省先进县级党委理论学习中心组，潍坊八中获全市先进理论宣教基地。2009年，邀请山东省委讲师团专家教授举办理论报告会6次，全区组织学习实践科学发展观宣讲团宣讲60余场次。推出百家“社区讲坛”工程品牌，24个“社区讲坛”开展各类宣讲活动300余场次，省、市有关媒体对此进行专题报道。是年，潍城区获得全省理论宣讲工作先进单位，全区市级理论宣教基地达到8处。

2010 年，广泛开展中共十七届五中全会精神学习宣传活动，领导干部带头深入基层讲党课 320 余场，举办学习宣传十七届五中全会精神等主题讲座 240 余场次。在全区组织开展“理论进社区，宣讲面对面”活动，在基层全面推行“现场学习法”，机关创新推出“周末党员学习大讲堂”，社区重点打造“社区理论服务”品牌。在全区广泛组织开展学习型党组织建设活动。潍城区获得潍坊市理论教育工作先进单位。2011 年，广泛开展学习宣传中共十七届六中全会精神活动。深入开展“理论下基层”活动，不断推进“理论面对面”。创新完善“周末党员学习大讲堂”等学习平台，共举办各类讲座 160 余场次，参学党员干部达 2 万多人次。组织开展“两带一创”（领导干部、领导班子带头学习、带动学习，争创学习型党组织）活动，领导干部深入一线讲党课、现场办公等活动 200 多次。组织参加全市庆祝中国共产党成立 90 周年理论研讨会，潍城区获得全市组织工作先进单位。全区有 5 个党组织被命名为潍坊市学习型党组织。2012 年，学习宣传贯彻中共十八大精神。成立潍城区委学习中共十八大精神宣讲团，宣讲 48 场，受教育党员群众达 6800 人。组织开展“中国梦”百姓宣讲活动 60 余场，受教育党员干部群众 9000 余人，组织举办全区“中国梦”宣讲比赛，推荐 3 名优秀宣讲员参加全市宣讲比赛。实现同潍坊市委讲师团专家资源库共享，邀请市级专家到潍城区授课 20 余人次。建立区、街、村（居）三级宣讲队伍，宣讲队员达 166 人。教育系统的“校长论坛”、工商系统的“所长论坛”成为特色品牌。潍城区“两带一创”主题学习活动经验在潍坊市理论宣传暨建设学习型党组织工作会议上进行交流，潍城区委理论学习中心组获得全市先进党委理论学习中心组，潍城区获得全市建设学习型党组织工作先进单位。积极配合省委宣传部、市委宣传部开展“深入贯彻落实科学发展观问题研究”专题调研，参与潍坊市组织的 2 项舆情调研报告，分别得到市委主要领导、市委宣传部领导的批示和肯定。组织 20 余名宣传文化系统干部参加全省学习中共十八大精神理论骨干培训班。潍城区获得全市理论教育工作先进单位。2013 年，把学习宣传习近平系列重要讲话精神和中共十八届三中全会精神作为首要政治任务，全面加大宣传教育力度。组织举办高层专题辅导 4 次，邀请省委宣讲团、市委宣讲团成员宣讲 6 场，成立区委宣讲团并深入基层巡回宣讲 44 场，各级各部门广泛开展形式多样的学习宣讲活动 220 余场次。全区以“中国梦·百姓梦”为主题，广泛开展征文比赛、宣讲比赛等形式多样的教育活动 160 余场次。在全市“我与中国梦”百姓宣讲比赛中，潍城区获一等奖 2 名，并代表潍坊市参加全省宣讲比赛和全市巡回宣讲；有 8 个单位被分别推荐为全市十佳宣讲单位和品牌宣讲单位。

2013 年 12 月 31 日，举行全区学习贯彻中共十八届三中全会精神辅导报告会

第三节　思想政治工作

1991 年，召开全区职工思想政治工作研究会第四次年会。全省青训工作现场交流会在潍坊召开，近 200 名与会代表参观了潍城区青训工作档案和环卫处青训现场，潍城区获评为全市青训工作先进单位。1992 年，潍城区获评为全省青工系统政治轮训先进单位。全区基层研究会发展到 56 个，会员有 3700 余人。1993 年，召开全区职工思想政治工作研究会第五次年会，12 个单位在会上发言交流，编印《潍坊市潍城区职工思想政治工

作研究会第五次年会发言材料汇编》。潍城区职工思想政治工作研究会获评为市级优秀政工研究会。1994 年，集中培训企业专职政工干部和职工教师 150 余名。召开全区职工思想政治工作研究会第六次年会，交流经验，表彰先进。1995 年，潍城区职工思想政治工作研究会和潍城区经委职工思想政治工作研究会联合在经济效益好、中、差三类企业中发放调查问卷 600 余份，就全区企业职工的思想动态和价值取向等问题进行调查，提出分类进行思想政治教育的工作思路。全区各级政研会在市级以上报刊发表论文、调查报告、经验材料等 50 余篇。召开全区职工思想政治工作研究会第七次年会。潍城区职工思想政治工作研究会获评为市级优秀政工研究会。

1996 年，区委宣传部与区经委、商委联合制定《关于加强和改进企业思想政治工作的意见》，深入基层开展调查研究，编发 20 个企业思想政治工作研究课题，组织开展理论研讨活动。全区各级政研会共撰写论文、调查报告、经验材料 300 余篇，在市级以上报刊发表、会议交流共 63 篇。山东巨力集团、潍坊轴承厂被分别评为省级、市级优秀政工企业。潍城区职工思想政治工作研究会获评为市级优秀政工研究会。全年举办政工干部培训班 2 期，培训人员 223 人。1997 年，区委宣传部会同区经贸委在工业系统组织开展企业精神展评活动。与区总工会联合举办企业职工职业道德教育培训班，培训骨干职工 180 余人。组织各级职工思想政治工作研究会，在市级以上报刊发表有关文章及会议交流 35 篇。组织 28 名政工师参加全市统一培训，组织基层政工干部到张店等城市考察学习基层党校、党员活动室建设经验。1998 年，召开全区思想政治工作会议，总结推出农村支部书记张洪泉先进典型事迹作为学习榜样。围绕企业职工思想状况、农村党员怎样成为先进生产力代表等开展调查研究。1999—2000 年，开展理想信念、科学思想和科学精神等方面的教育。举办全区基层文体骨干培训班、“崇尚科学，破除迷信”青少年演讲比赛等活动。围绕建党 78 周年、国庆 50 周年、澳门回归等节庆日大力弘扬主旋律，加强爱国主义、社会主义和形势教育，组织开展庆祝建国 50 周年潍州文化广场音乐会、“祖国颂”大型书画展、“奋飞的潍城”摄影展、“光辉的历程”大型歌咏晚会、京剧票友演唱会等。2001—2002 年，组织开展有关思想政治工作的研讨活动，围绕社区精神文明建设、党员干部队伍思想状况等，深入基层进行调查研究。2003 年，组织参加全省企业文化建设优秀论文征集活动。组织参加全市“A 级、AA 级学习型企业”创建活动，印发《关于创建学习型企业的意见》。参加全市创建学习型企业活动经验交流会暨政研会年会，2 名政工人员当选为潍坊市职工思想政治工作研究会理事。

2004 年，把创建“学习型企业”、加强企业文化建设作为开展新时期企业思想政治工作的载体，以潍城区城建开发公司、潍坊扬帆机械有限公司等 4 家企业为试点，广泛深入开展创建“学习型企业”、建设特色企业文化活动，并在全区企业进行推广，涌现出一批思想政治工作先进典型，区国税局获评为全省思想政治工作先进集体。在全市庆祝建国 55 周年企业文化节系列活动中，展示潍城区企业形象的电视宣传片、企业职工书画展等各项活动均取得好名次，中共潍城区委宣传部获得优秀组织奖。2005 年，继续探索创新基层思想政治工作新途径，全区企业文化建设成为企业思想政治工作的有效载体，积极组织参加潍坊市第二届企业文化节，推荐 8 家企业参加企业厂歌大赛、“建设企业文化与构建和谐社会”征文比赛、企业文化建设示范单位等活动，重点总结推出潍坊瑞福油脂调料有限公司企业文化建设经验，推荐该公司参加全市“企业文化·和谐·发展”电视论坛，成功承办全市企业文化建设现场会，在全市打响了“瑞福文化”品牌，该公司获得潍坊市企业文化建设示范单位。在 2005 年全国企业文化建设工作年会上，潍坊瑞福油脂调料有限公司获得全国企业文化建设工作贡献奖。海惠、佳美等一批企业特色文化品牌纷纷涌现。其他行业的文化品牌建设也富有成效，如区法院的法院文化品牌、潍坊口腔医院的医院文化品牌，以及校园文化、社区文化等系列品牌，区法院文化建设经验得到最高人民法院的充分肯定，并在全国法院系统予以推介。农村思想政治工作扎实推进，推出望留镇“零距离访谈”活动典型经验，由市委宣传部向中央和省委宣传部推荐，成为农村开展思想政治工作的一种新方法。未成年人思想道德建设得到强化，积极组织开展“光荣的人民教师”师德论坛、“亲子共成长”和“朝阳家庭读书”等系列活动，在全区形成了学校、家庭、社区“三位一体”的德育网络，为全区未成年人思想道德建设工作创造了良好环境。组织申报潍坊市思想政治工作先进集体、先进个人和优秀研究成果评选，1家企业获评为潍坊市思想政治工作优秀企业，2人获评为潍坊市优秀企业思想政治工作者。2006年，组织8家企业参加潍坊市知名文化品牌评选活动。继续在全国、全省、全市推广“瑞福文化”品牌。2007年，积极参与全市第三届企业文化节活动，潍坊佳美印刷包装有限公司成为全市“履行社会责任模范企业”候选单位。组织全区重点企业理论工作者10余人，参加潍坊市企业学习十七大精神培训班。2008年，组织参与全市“企业伦理与企业社会责任”大讨论活动。“大元文化”获得全市第三届企业文化节企业文化创新工作奖。组织7家文化企业参加潍坊市文化企业联合会成立大会。组织参加潍坊市“纪念改革开放30周年潍坊企业发展巡礼”活动，推荐2家企业为先进典型。2009年，积极组织参加“庆祝新中国成立60年”潍坊市第四届企业文化节，推荐潍坊瑞福油脂调料有限公司等4家单位参加企业发展成就展。组织参加潍坊市“与祖国同行，展企业风采”企业发展巡礼，推荐潍坊众谊汽配有限公司等3个单位为企业发展巡礼先进典型。组织参与潍坊市纪念建国60周年理论研讨会文章征集活动。2010年，组织6人参加潍坊市职工思想政治工作研究会第十五次年会暨企业社会责任高峰论坛。组织参加首届潍坊市“最具社会责任感十佳企业”和“最具社会责任感十佳企业家”评选活动，组织参加潍坊市企业文化建设先进典型评选活动，组织参加省、市企业思想政治工作“五优”“双十佳”评选活动。2011年，组织参加全市第五届企业文化节，推荐1家企业参加全省企业网络歌手大奖赛。积极组织参与全市企业文化建设优秀品牌和领军人物评选。2012年，组织7名政工干部参加全市企业学习中共十八大精神专题培训班。组织全区干部职工积极参与省委宣传部、省政研会“回顾辉煌历程喜迎党的十八大”读书竞赛活动。组织2家企业参加潍坊市企业思想政治工作暨企业文化建设工作会议，并在会上作交流发言。组织申报潍坊市思想政治工作先进集体、先进个人和优秀研究成果评选，1家企业获评为潍坊市思想政治工作优秀企业，2人获评为潍坊市优秀企业思想政治工作者，2个政研会获评为潍坊市优秀职工思想政治工作研究会，2人获评为潍坊市职工思想政治工作研究会优秀干部。2013年，潍坊豪杰实业集团获得潍坊市履行社会责任十佳企业，该企业积极参与资助特困家庭大学生公益活动，资助5名特困大学生每人5000元。积极参与潍坊市“企业文化亮点行”集中采风活动，潍坊豪杰实业集团的企业文化建设情况在《潍坊日报》刊发。组织企业10名思想政治工作人员先后参加2期潍坊市企业文化建设培训班。

第四节　新闻宣传

1991年，中共潍城区委成立对外宣传领导小组，办公室设在区委宣传部，并建立全区外宣档案。区委宣传部组织编写《潍坊文化通鉴》（潍城篇）。同年8月，区外宣办组织接待日本日向市八街町友好访华团。是年，全区在市以上新闻单位发稿2500余篇。1992年，举办全区外宣知识培训班，培训宣传干部和涉外部门分管负责人200多人。编印《潍城投资指南》5000册。全区在市以上新闻单位发稿3200余篇。1993年，制作对外宣传彩色画册《潍城》1万册，在市以上新闻单位发稿3500余篇。1994年，在市以上新闻单位发稿3800余篇，另外在港台《大公报》《香港商报》等报刊发稿30多篇。1995年，区委宣传部摄制电视专题片《古城新姿》，编印《涉外知识手册》8000本，制作《潍城》折页1万份，《潍城》折页获省对外传播三等奖和市对外传播二等奖。协助市委宣传部成功举办环渤海地区经济开发与中日经济关系发展研讨会，会同有关部门接待中央十大新闻单位政协工作视察采访团。是年，潍城区在市以上新闻单位发稿3850余篇。1996年，制作的电视片《钢铁的精神战士的歌》在中央电视台“军营文化广场”栏目先后播出3次，并在全市精品工程评选中获奖。全区在市以上新闻单位发稿3950余篇。1997年，先后组织召开16次新闻例会和联席会，研究确定阶段性重大新闻宣传课题。协调指导广播电视部门搞好节目改版。潍城区电视台、电台“潍城新闻”栏目增加播出次数，延长播出时间。配合区委、区政府工作重点，广播、电视先后开辟“三干会后谈发展”“两化管理在潍城”“我为风筝城添光彩”“迎回归庆七一”“展示新成就，迎接十五大”“讲文明，树新风”等20多个专题栏目。为宣传区委、区政府工业企业改革重大举措，区电台、电视台专门开设“来自巨力的报道”栏目，播发稿件53篇。《兼并之路如何走——巨力集团的时间与启示》《昂首向洋闯世界》等26篇文章在《潍坊日报》《大众日报》等报刊刊发。《潍坊日报》一版连续刊发有关潍城区精神文明风采大型系列报道——《激活文明细胞》。《大众日报》在头版头条先后刊登《潍城区推行“两化”管理》《潍城区转变机关作风》等15篇新闻。全年在市级以上新闻单位发稿1200余篇，其中省级以上560篇；在《潍坊日报》《大众日报》《人民日报》分别发表重点稿件86篇、18篇、7篇，其中《潍坊日报》一版头条共18篇，《大众日报》头版头条1篇。协助中央电视台“万家灯火”栏目组拍摄的电视纪录片《老战士的心声》获准面向全市播放。区委宣传部新闻科连续4年被市委宣传部、潍坊日报社评为先进报道集体。先后为潍坊大正集团、山东耶莉娅服装集团总公司、模拟电子公司等单位举办新闻发布会。围绕弘扬社会正气、唱响主旋律主题，突出宣传报道潍城区勇斗歹徒、热心助人的全国见义勇为先进分子刘振义等一批先进模范人物，并组成先模事迹报告团在全区巡回报告11场，听众达2300多人。1998年，全年在《人民日报》《经济日报》等国家级报刊发稿6篇；在《潍坊日报》《山东经济内参》等省级报刊发稿42篇；在《潍坊日报》发稿560余篇，其中头版头条17篇。1999年，紧紧围绕全区企业改制、城市农业、民心工程、精神文明建设等，加大新闻宣传力度。全年在市级以上报刊发表重点稿件320多篇，其中，在《人民日报》《大众日报》等报刊发表重点稿件28篇，区新闻中心连续5年获评为全市新闻报道先进集体。区电台、区电视台增设“基层领导谈打算”“回眸五十年”等专栏，增加“潍城新闻”的播出频率和时间，同时向省台、市台推出一批有影响力的新闻节目。2000年，在《大众日报》《潍坊日报》等报刊发表稿件106篇、重要稿件30余篇，其中属《潍坊日报》头版头条的有16篇。围绕企业改革、农业城市化、构筑半岛商贸城及发展个体、私营经济等，发表《潍城着力提高经济运行质量》《潍城工业发展后劲足》《潍城积极探索城市农业发展新路》等稿件；围绕精神文明建设，在《潍坊日报》头版头条发表《温馨的家园》和《潍城社区建设巡礼》等稿件。区电台在市电台发稿得分1714分，在省电台发稿24篇，在本台播发新闻稿件3800多篇；区电视台在市级以上新闻单位播发稿件343篇，本台播发新闻稿件1036条、专题稿件68篇。区新闻中心与区电台、区电视台联合组织“展望2000年”“农业产业调整在潍城”“双思教育”等5次宣传活动。“五一”“七一”前后，区新闻中心还联合区电台、区电视台对劳动模范、先进基层先进组织、优秀共产党员等进行了宣传报道。

2001年，突出农业产业结构调整、招商引资、区直企业改革、社区党建、文化建设等重点工作的宣传。全年在国家级报刊发稿12篇，在《潍坊日报》《大众日报》分别发表重点稿件80余篇、26篇，其中《潍坊日报》头条17篇。结合潍城区的一些重大活动，多次邀请省、市新闻单位记者到潍城考察采访，先后为山东耶莉娅服装集团总公司等单位举办新闻发布会6次。2002年，区委宣传部协调区电台、区电视台、区新闻中心等单位，开辟“展示新成就，迎接十六大”等专栏，对全区两个文明建设的新成果、新经验、新成就进行全面宣传。围绕全区农业产业结构调整、招商引资、民营经济、精神文明建设等重点工作，集中力量进行舆论宣传，全年共在市级以上新闻单位发稿1600余篇，其中国家级报刊12篇、省级报刊140余篇，在《潍坊日报》《大众日报》分别发表重点稿件80余篇、20余篇。在《大众日报》头版头条位置刊发的文化事业发展品牌化、产业化的经验——《潍城区推进文化产业品牌化》在全省引起较大反响。结合区内一些重大活动，先后邀请省级、市级新闻单位，组织“全区优化环境，促进民营经济”“潍坊花卉大世界二期工程开业”“全省农业产业化现场会”等9项新闻发布和宣传活动。2003年，围绕宣传贯彻省委、市委、区委工作会议精神和招商引资、民营经济等重点工作，在市级以上报刊发表新闻稿件240多篇，其中重点稿件180多篇,《潍城壮大社区经济反哺居民》在《大众日报》头版头条发表,《亲商、安商、招商》等一批重点稿件先后在《潍坊日报》发表。围绕重大经济活动宣传，协助耶莉娅服装集团总公司在青岛服装节举办新闻发布会。宣传网络和队伍建设不断加强，新建潍城新闻网站并与市网站成功并网；组织举办全区新闻报道员培训班，对基层60名新闻通讯员进行业务培训。2004年，围绕全区招商引资、民营经济、城市建设管理等重点工作，在市级以上报刊发表新闻稿件1800多篇，其中重点稿件190多篇,《镇域经济风景好》等3篇新闻稿件在《人民日报》发表,《一枝一叶总关情》等12篇稿件在《大众日报》等省级报刊发表。全区有2件新闻作品获得全市精品工程奖。创办内部刊物《浮烟山》。依托“风筝节”等重大活动，邀请省、市新闻媒体记者到潍城采访报道，并成功组织对潍坊豪德光彩贸易广场奠基仪式的宣传工作。把新闻舆论宣传列入全区宣传思想工作年度考核的重点内容，全面实行量化考核。2005年，全区先后在市级以上新闻媒体发稿1600多篇、重点稿件120余篇。在《人民日报》发表《潍城:让“先进性”体现在工作中》等稿件；在《中国改革报》发表《扩财源、固链条、强载体、促转变》等稿件；在《大众日报》发表《潍城响起一线通》等稿件；在《齐鲁晚报》发表稿件6篇；在《潍坊日报》上发表重点稿件130余篇,其中头版头条13篇。《潍城两万劳力务工“农业车间”》在中国地市报新闻评选中获得消息类三等奖，在中国报业协会党报分会年度新闻奖评选中获得消息类一等奖；《和谐环境：潍城的品牌魅力》获《潍坊日报》消息类好新闻奖；《你就是雷锋》获《潍坊日报》言论类好新闻奖。对基层新闻发稿实行量化考核，使基层稿件数量大幅度增加。在建设文明城市、创建文明潍城活动中，加大潍城区特色创建的宣传力度。突出对先进性教育活动的宣传，围绕好经验、好做法和先进典型的事迹，发表稿件60篇。成功组织潍坊豪德光彩贸易广场开业的新闻发布会，配合区民经局组织3次新闻发布活动。

2006年，全区先后在市级以上新闻媒体发稿1900多篇，其中在《潍坊日报》发稿260多篇。CCTV-7“致富经”栏目采编播发“火鸡养殖”1期。在《大众日报》头版头条发表《现代服务业扮靓古商埠》1篇、重点稿件2篇。在《潍坊日报》发表重点稿件130余篇，其中头版头条14篇。全区经济类新闻宣传占总量的96%以上。策划实施“新闻记者潍城行”活动，集中宣传商贸工作,《潍坊日报》刊发稿件4篇,《潍坊晚报》《潍坊广播电视报》刊发专版2个。围绕宣传台商,在《潍坊日报》

发表重要稿件1篇，在《潍坊晚报》发表稿件2篇，在《潍坊电视报》发表专版1个。围绕和谐社会建设，深入全区居委会进行采访，先后在《潍坊日报》发表头条2个、头版倒头条1个。围绕集体典型宣传，在媒体先后发表有关曹家巷社区居委会的重要稿件10余篇。配合西市场征迁专门组织广播站，先后撰写广播稿件30多篇。2007年，全区在市级以上新闻媒体发稿1200余篇、重点稿件80余篇，其中属《潍坊日报》重点稿件的20多篇。围绕全区社会事业发展，《潍坊日报》先后刊发《党的孩子》《老有所养看潍城》等重点稿件6篇，《大众日报》刊发《潍城医疗救助呵护弱势群体》重点稿件1篇。对潍城区福利院孤儿党勇先进事迹进行大力宣传，中央一台《新闻联播》播发消息2则，《东方时空》"百姓故事"栏目播出专题片《美丽人生》12分钟，中央新闻频道、"感动中国"栏目对此进行播发；《大众日报》开设"关注福娃捐献角膜"专栏并发表稿件9篇，《齐鲁晚报》开设"福娃捐献眼角膜追踪报道"专栏并发表稿件20多篇，《潍坊晚报》开设"用爱心还你一个心愿"专栏并发稿100多篇，《潍坊日报》《潍坊广播电视报》也以专版、跟踪报道形式作了大量报道；中央、省、市的其他电台、电视台、网站等各级各类媒体也对此进行大量报道。2008年，全区在市级以上新闻媒体发稿900多篇。在国家级重要党刊《红旗》刊发署名文章1篇。《大众日报》专版刊发《鲁东物流中心——打造中国物流第一品牌》。《山东通讯》刊发《做好五篇文章，打造文化旅游品牌》，省电视台"书记直通车"栏目制作刊发《潍城服务业发展》专题片。《人民日报》《齐鲁晚报》、人民网、新华网、大众网先后刊发有关郭味蕖美术馆开馆的稿件近10篇。《潍坊日报》专栏刊发《潍城：从大集到现代服务业强区》《潍城推进城乡一体化》等。围绕抗震救灾，《潍坊日报》刊发《共产党员——一个共同的名字》等4篇稿件；围绕文化建设，《潍坊日报》刊发《潍城抢占文化产业发展制高点》《潍城打造创意产业孵化器》等。是年，《潍坊日报》刊发《主动服务，双赢共进》《加快一河四中心建设，推动经济社会健康快速发展》等3篇书记访谈文章。先后组织电脑节、巨力发展战略研讨会、颐高数码城开业等新闻宣传活动。制定《关于进一步加强新闻宣传汇报工作的通知》，落实相关责任，建立联席会议制度，进一步健全完善新闻预警机制。制定《关于确定新闻发言人、新闻发言联系人的通知》，初步建立相关工作网络和工作机制。加快"采访线工程"建设，初步确立相关采访线点，印制"采访线"宣传折页。摄制《创新崛起的潍城文化》《科学发展的新潍城》2部外宣片，组织印制《中国鲁东物流中心》《潍城投资指南》等外宣材料，利用风筝会、鲁台会、青岛潍坊周以及各种招商活动发放外宣品3000余份。设立潍城区网络管理办公室，实行24小时网上监控。2009年，全区先后在市级以上主要新闻媒体发稿230多篇，其中属《大众日报》《齐鲁晚报》《潍坊日报》重点稿件的近30篇。《大众日报》《中国产经新闻报》等对潍城文化产业创新发展模式、突出区域优势的特色经验，分别以多篇重头稿件进行报道。《潍坊日报》先后刊发《安顺副中心成就潍城新梦想》等重要稿件，集中报道潍城区大力实施"生态带动"战略的经验成果。围绕"四个年"（项目化推进年、城市管理提升年、企事业单位改革攻坚年、干部作风建设年）活动、"一河四中心"（一河：白浪河西岸高端服务业隆起带；四中心：城市商业中心、安顺城市副中心、鲁东物流中心、区域文化中心）等特色工作，《大众日报》《齐鲁晚报》《潍坊日报》等分别以头版头条、二版头条、风筝会特刊等形式刊发重要稿件10余篇。围绕公共安全建设集中宣传，全力配合《潍坊日报》《潍坊晚报》、潍坊电视台等媒体组织好集中采访，在"聚焦""潍坊新闻""直播潍坊"和《说法周刊》等栏目先后刊发专题报道、新闻10余篇。围绕"应对挑战，科学发展"主题采风，联合潍坊日报社、潍坊电视台等市级媒体单位，集中宣传潍城应对危机、科学发展的典型做法，刊发重要稿件14篇、专题报道2个，区电视台、区电台播发系列报道各3期、“聚焦”专题1期。精心组织好潍城区招商推介会、V1购物广场大润发签约活动以及风筝会、文展会等各项重大活动的宣传报道。充分发挥新华网潍城频道的作用，在新华网等网络媒体上发稿300余篇。加强网络监管，深入开展互联网低俗之风专项整治行动，积极组织更新网站城市形象广告工作，更换图片100余次，更新数据信息60处。

2010年，全区在市级以上主要新闻媒体发稿380余篇，其中属《大众日报》《潍坊日报》重点稿件的有120余篇。围绕党建工作，在《人民日报》发表《创新专业市场党建工作模式》。集中做好创建文明城市主题宣传工作，在《潍坊日报》《潍坊晚报》《直播潍坊》等10家媒体发稿190余篇，《文明潍城更阳光》在《潍坊日报》头条发表，并得到市主要领导批示。围绕机关干部服务年，在《大众日报》刊发《潍城76个部门公开服务承诺》，在《潍坊日报》发表《“机关干部服务年”助推潍城跨越发展》等稿件10余篇。围绕创先争优、学习型党组织建设，在《潍坊日报》发表《花开“别样红”》《潍城“特色活动”推进学习型党组织建设》等稿件10余篇。针对全域开发、文化产业、转方式调结构、现代服务业等亮点工作，在《潍坊日报》发表《全域潍城开发打造现代化宜居城市》《潍城倾力打造中央文化区》《CCD，引领城市经济新走向》，在《大众日报》发表《潍城服务业冲刺“千亿级”》等稿件。组织陪同潍坊日报社新闻联合采访团到潍城区报道公共安全体系建设，《潍坊日报》刊发专版介绍潍城区公共安全先进做法。做好风筝会活动宣传工作，在《潍坊日报》风筝会特刊2版刊发《潍城奏响开发调整提升发展主题曲》，刊发关于潍城区在风筝会期间招商活动的稿件2篇。鲁台会期间，积极宣传推介潍城，有10余家媒体综合报道了齐鲁台湾城创意论坛。“双十”街巷评选活动期间，在《潍坊日报》刊发《争创“十佳”街巷创造优美生活环境》等重点稿件9篇。在创建文明城市过程中，推出“淳朴哥”等10余个典型人物，《淳朴哥》刊发在《潍坊晚报》头版，并获《潍坊晚报》年度十大新闻之一。2011年，全区在市级以上新闻媒体发稿700余篇。在《大众日报》发稿3篇，在《潍坊日报》发稿260余篇，其中《大众日报》专版1个、《潍坊日报》专版3个。围绕项目建设、现代服务业、创建全国文明城市等全区重点、亮点工作，在《潍坊日报》刊发《潍城演绎新版发展“加速度”》《百日会战、跨越发展》等重点稿件20余篇；围绕民生，在《大众日报》刊发《潍城老人老有所乐》、图片“让环卫工人歇歇脚”，在《潍坊日报》刊发《让发展惠民生，让幸福更给力》等10余篇。组织召开新闻发布会11次，邀请新华社、中国现代企业报社等多家媒体参加新闻发布会。进一步完善新闻发布和新闻发言人制度，各单位专门设1至2名新闻发言人。重新制作“采访线工程”折页和一批外宣材料，制作《富氏味业》等宣传折页16个、《魅力潍城》等宣传画册23个，制作《品质潍城》等形象宣传片8个。2012年，全区在市级以上主要新闻媒体发稿640余篇，其中在《潍坊日报》发稿240余篇。围绕全区项目建设、现代服务业等重点、亮点工作，在《大众日报》刊发《潍城点燃干部干事创业激情》，在《潍坊日报》刊发《“工作提升年”吹响发展冲锋号》《124个重点项目推动潍城赶超跨越》等一批稿件；邀请大众日报社、潍坊日报社等多家媒体单位参加新闻发布会，圆满完成潍坊国家广告产业示范园区投资推介会新闻发布活动4次。风筝会期间，组织新闻发布会1次，刊发专版4个。积极开展中共十八大精神宣传和学习工作，刊发专版4个。围绕贯彻市委全委会精神、县域经济发展、全市重点项目等内容，完成对《潍坊晚报》采风团、各媒体联合采访等通联接待任务。接待12家港澳媒体，完成“港澳媒体山东行”采访团采访豪德贸易广场的工作。2013年，围绕中心工作，在《潍坊日报》刊发《作风建设提升项目发展“加速度”》《转型发展打出“组合拳”》《潍城26个重点项目集中开工》等重点稿件，在《大众日报》刊发《潍城城市管理日趋精细》等稿件。围绕作风建设年、文明城市创建、非投资类项目建设等，在《潍坊日报》《潍坊晚报》《齐鲁晚报》等媒体做好主题宣传工作，其中在《潍坊日报》头版头条刊发《让文明在城市生活中“扎根”》《潍城吹响文明城市创建号角》等重点稿件。集中做好风筝会活动宣传，以风筝会特刊刊发《凝心聚力抓项目，务实求进促发展》4个专版。充分利用风筝会、鲁台会等节庆活动，组织有关单位部门制作对外宣传品60余件。组织《潍坊晚报》《齐鲁晚报》等媒体集中采访创城活动10余次。同年7月1日，《潍坊日报·今日潍城》正式创刊，市委宣传部、潍坊日报社、潍城区委、潍城区政府主要领导出席创刊仪式，全年出版发行26期。围绕10月29日齐鲁台湾城两岸共建恳谈会，在台湾地区积极推介宣传潍城。结合颐年园养老工作，邀请山东网、人民网驻潍等媒体，召开新闻发布会。围绕纪念雷锋活动，中央电视台CCTV-4播发题为《山东潍坊老人收藏雷锋藏品千余件》的报道。

第六章　纪检监察

第一节　区纪委主要领导

1990—2013年，中共潍城区纪律检查委员会书记共有9名。

1990—2013年中共潍城区纪律检查委员会书记任职情况表

表12-6

姓名	任职时间	备注
王新升	1990.3—1993.2	
葛树德	1993.2—1994.7	1994.4—1994.7 区委副书记
岳战春	1994.7—1998.2	
王永峰	1998.2—2003.1	2001.2—2003.1 区委副书记
于来刚	2003.1—2006.12	区委副书记
丁汉邦	2006.12—2007.10	
张顺涛	2007.10—2011.1	
宋伟伟	2011.1—2011.11	
刘华东	2011.11—	

第二节　党风廉政建设

党风廉政教育

1991—1996年，全区各级纪检监察组织贯彻“教育为主，预防为主”和“一手抓办案，一手抓教育”的方针，从强化制度和教育效果入手，采取灵活多样的方式，开展党风教育和廉政教育。全区参加党纪政纪条规学习1.6万人次，参加党纪政纪条规竞赛的党员干部达1.1万人次，其中县级以上干部79人次、科级干部962人次；组织各级党员干部观看党纪政纪教育片60余部，覆盖5万余人次；树立勤廉典型89个，剖析典型案例42个；举办纪检监察干部培训班57期，培训2622人次。1997年，开展党政机关干部作风教育整顿活动，促进机关作风持续转变。1998年，逐级开展“领导干部要在党风廉政建设中以身作则、率先垂范”教育活动、《行政监察法》知识竞赛和副县级以上干部党风廉政法律法规知识考试，配发资料1500套，直接参加活动的党员干部达4000人次。1999年，开展政策法规年活动，组织 1.35 万名党员干部参加党纪政纪条规知识竞赛活动。2000 年，协助区委搞好全区“三讲”教育，加大领导干部廉洁自律、查办案件、纠风等各项工作的力度，强化党员干部队伍拒腐防变的思想防线。2001 年，组织开展“学党章，守纪律，正党风”教育活动，受教育党员干部达 5000 余人次。2002 年，开展“理想信念，廉政纪律”教育活动，配发学习资料 1500 多套，组织观看电教片 80 多场次，科级以上领导干部参加了省、市统一组织的党纪政纪条规知识考试。2003 年，出台《关于加强和改进党风廉政宣传教育工作的意见》；部署开展“艰苦奋斗，廉洁从政，优化环境”主题教育活动；摆查整改为政不廉、作风不严、破坏发展环境等方面的问题；组织 900 多名科级领导干部及执法执纪机关工作人员进行廉政知识测试；组织创作、演出反腐倡廉题材的文艺节目，并在全市会演中获得一等奖、二等奖各 1 个。2004 年，组织全区党员干部开展“为民、务实、清廉”教育活动，先后配发教育读本 1200 多册；组织中心组学习活动 20 多场次；组织收看汪洋湖、慕马案、李真案等正反两方面典型电教片 40 多场次，观看电影《郑培民》达 8000 人次；利用区委党校干部培训班进行专题教育 460 多人次；区纪委常委到各部门讲廉政教育课 12 场次；通报党员干部违法乱纪典型案件 4 起。2005 年，开展“廉洁奉公，执政为民”教育活动，各级各部门通过学习廉政教育读本、观看正反两方面典型电教片等形式加强党风廉政教育；组织参加市区“廉洁奉公，执政为民”先进典型事迹报告大会。2006 年，开展“廉政勤政，科学发展”主题教育活动，有 64 个基层部门的主要负责人宣讲反腐倡廉主题党课；组织观看“廉洁奉公，执政为民”先进事迹报告会录像 80 场次；组织党员干部参加“党章知识竞答”2700 人次，配发学习教育资料 500 多套；观看电影《生死牛玉儒》达 4000 人次；组织编创的反腐倡廉文艺节目有 3 个，分获全市一等奖、二等奖。2007 年，开展“加强作风建设，促进社会和谐”主题教育活动，与机关作风整顿工作充分结合，先后配发《加强作风建设，促进社会和谐教育读本》200 多册；分 4 批组织 4400 余名党员集中观看关于党的建设的优秀影片《我的长征》；各部门党政主要负责人讲廉政党课 40 余场，区纪委领导到区委党校培训班和执法执纪部门作廉政辅导报告 8 场。2008 年，实施《潍城区廉政学习日制度》，固定每月第一个周五为全区廉政学习日；推进廉政文化“六进”活动；组织开展全区廉政文化建设集中“点评”，评选出廉政文化建设示范点 13 个、廉政文化建设先进单位 10 个，在全市廉政文化点评中有 5 个单位获奖，使廉政文化进机关、进社区、进学校、进企业、进农村、进家庭活动全面推开；开展“做勤廉表率，促科学发展”主题教育活动，配发《做勤廉表率，促科学发展教育读本》400 套，组织 74 个部门单位主要负责人宣讲勤政廉政主题党课；观看录像《潍坊市加强作风建设，促进社会和谐》达 3500 人次，观看警示教育片《暖秋》达 4200 人次；参加党风廉政知识答卷活动达 2000 人次。2009 年，建立区委党校反腐倡廉培训基地和区检察院警示教育基地，成立反腐倡廉教育宣讲团，为不同层面的党员干部辅导授课 22 次，受教育党员干部有 2000 多人次；开展“加强党性修养，弘扬优良作风，促进科学发展”主题教育活动，配发教育读本 550 套；组织观看《潍坊市“做勤廉表率、促科学发展”》《真水无香》《情洒北川》等反腐倡廉题材录像、影视、戏剧 80 多场；组织党员领导干部讲廉政党课 60 多场，参加党性党风党纪知识测试达 680 人次；创建市级廉政文化建设示范点 7 个、区级廉政文化建设示范点 11 个；16 件廉政文化作品在全市评选中获奖。2010 年，开展以贯彻《廉政准则》为主要内容的大型宣讲活动 12 场，各级受教育党员干部有 2200 多人次；开展“增强制度意识，争做执行表率”主题教育活动，配发教育活动学习资料 1500 多套；组织观看《情洒北川》《欲之祸》等正反典型教育片60多场1.2万余人次；参加廉政准则知识答题1100余人次；各部门领导干部讲廉政主题党课70多场，在全市举办的“学准则，守党纪，做表率”演讲比赛中获得优异成绩。2011年，将“以人为本，执政为民”主题教育与干部综合素质提升年相结合，组织实施“万人学廉三百工程”、新任村居“两委”负责人警示教育等6项大型教育活动，编印下发《万人学廉知识手册》1.3万册，组织参观学习区检察院预防职务犯罪教育基地活动10场，观看廉政教育片、组织廉政知识测试、参加廉政文艺演出等活动60多场次，宣传勤廉典型10余个，向领导干部发送廉政短信80多期。健全完善党风廉政教育长效机制，坚持“廉政学习日”制度，开展街、村（居）“廉政法规巡回宣讲”活动10场，组织部门党组织负责人对关键岗位人员讲廉政主题党课80场。2012年，开展“提升干部作风，保持党的纯洁性”教育活动；开展勤廉谈话承诺、领导干部参观警示教育基地、《农村基层干部廉洁履行职责若干规定（试行）》巡回宣讲等活动；新增市级廉政文化建设示范点2处。2013年，针对科级以上领导干部、不同行业和岗位干部、基层党员干部、干部家属四个层次，开展岗位特色廉政教育；组织全区近1500名党员干部参加市、区两级举办的德廉知识测试，测试结果作为党员领导干部提拔的依据之一；举办全区领导干部预防职务犯罪知识专题辅导报告会，分3批组织530多名重点领域关键岗位人员、千名村居两委干部参观潍坊市检察院预防职务犯罪警示教育基地；全区发放家庭助廉倡议书850多份，76个部门开展家庭助廉座谈会，并与665个家庭签订廉政共建公约；1名纪检干部参加全市先进事迹报告会。

2013年7月19日，潍城区部分干部参观潍坊市检察院预防职务犯罪警示教育基地

廉政举措

1991年，完善党风廉政建设责任体系，区、镇、街道均成立党风廉政建设领导小组。1992—1994年，对全区党政机关车辆进行清理登记，清查小汽车91辆，规范车辆使用和管理。1995年，下发《潍城区党政机关领导干部廉洁自律的具体规定》，从住房、乘车、婚丧嫁娶、宴请娱乐、道德行为等五个方面对领导干部提出具体要求。1996—1997年，压缩区直机关部门经费包干基数，严禁干部下村吃喝，全区接待费逐年下降。1998年，下发《关于贯彻执行中发〔1997〕13号、鲁发〔1997〕11号、潍发〔1997〕27号文件的意见》，落实上级有关精神，针对农村基层干部管理这一薄弱环节，下发《关于农村基层干部廉洁勤政十项规定》，增强了可操作性，确保了工作效果。1999年，制定出台各种规范性文件113件，指导有关部门制定党风廉政建设规章制度205项，保证了全区“两化”（民主化、法制化）管理工作顺利开展。2000年，狠刹公款大吃大喝，制定并实施《关于禁止公款吃喝和请客送礼的规定》，基层党风政风得到进一步净化。2001年，加强对廉洁自律规定执行情况的监督检查，重点对领导干部收受现金和有价证券、配偶子女从业、持有因私护照情况进行全面清理检查；清退干部多占住房12套，清理超标车5辆，严格落实公务电话管理规定，巩固了专项清理成果。2002年，清理党政机关、事业单位干部借欠公款62万元；指导镇、街道结合实际制定完善基层干部廉政行为有关规定，促进廉洁自律向基层延伸；执行领导干部收入申报、礼品登记和个人重大事项报告制度，以及公务接待、小汽车、通信工具等各项廉政管理规定，遏制奢侈浪费行为。2003年，登记、清理党政机关、事业单位公务用车504辆、超标

车4辆。清理党政机关、事业单位违反规定用公款为个人购买的商业保险金额9.7万余元。开展对党政机关建楼堂馆所和党政干部建私人住宅情况的检查，继续严格执行领导干部不准收受现金和有价证券、配偶子女从业有关规定及收入申报、个人重大事项报告等制度，各级领导干部廉洁自律意识进一步增强。

2004—2005年，潍城区纪委常委先后同基层党政主要负责人进行廉政谈话6人次，督促落实整改意见21条；在半年和年终分别组织基层领导班子成员述职述廉，督促落实改进意见192条；修订完善《领导干部报告个人重大事项制度》和《科级领导干部廉政档案制度》，进一步加强事前、事后监督工作；参加廉政民主测评干部群众达3000多人次。2006年，针对领导干部违规占用交通通讯工具问题开展专项治理，检查部门单位80个，清退车辆10部、通信工具3部、价值15万元的办公用品等；开展购乘公务用车、党员干部出国（境）管理、公款旅游、党员干部婚丧嫁娶大操大办等专项检查。2007年，落实中纪委《关于严格禁止利用职务上的便利谋取不正当利益的若干规定》、市两办《关于清理纠正领导干部违反廉洁自律有关规定问题的实施意见》和《关于重申干部职工住房有关规定严肃住房纪律的通知》等各项规定，对照要求开展自查自纠和专项清理，进一步规范廉洁从政行为；建立全区领导干部电子廉政档案系统，为738名县级、科级领导干部登记廉政档案信息。2008年，贯彻落实中央建立健全惩治和预防腐败体系五年工作规划、省实施办法和市分工方案，结合全区实际，制定分工细则，明确全区2008—2012年惩治和预防腐败体系建设7大方面、77项任务，层层分解到各部门、单位，督促抓好落实。制定《关于加强对重点领域和关键岗位人员廉政教育和监督工作的意见》《关于进一步加强党政领导干部经济责任审计工作监督的办法》，开展重点经济责任审计12项，清退违规占用车辆9部，专项清理个人“小灵通”捆绑单位办公电话的现象。2009年，制定《潍城区2009年度落实党风廉政建设责任制百分考核实施细则》，加强对行政审批制度改革、政府机构改革、干部选拔任用、建筑工程招投标、政务村务公开等情况的监督检查，全程参与学习实践科学发展观活动的检查督导工作；创建农村基层党风廉政建设市级示范村6个。2010年，修订完善落实党风廉政建设责任制百分考核实施细则，对全区80个单位、249个村居落实党风廉政建设责任制情况进行拉网式检查，在全市检查考核中位居前列。开展反腐倡廉“制度创新”活动，落实17个牵头单位和协办单位负责的32项制度建设工作，先后制定出台软环境治理工作考核办法、“双述双评”等制度11项，修订完善工程建设招投标、经营性土地招拍挂、政府采购等7项制度。开展干部调整工作纪律、厉行节约、小金库、婚嫁喜庆等领导干部廉洁自律专项检查9项，清理违规占用、借用公务用车9起。创建市级、区级农村基层党风廉政建设示范村26个。2011年，推进党务公开工作，实施“问、诺、行”公开三步法，搭建起党务公开网络平台，全区共建立党务公开联系点162个、区级党务公开示范点12处，每个单位都聘请2至4名党务公开监督员。在全区251个村居选举产生村（居）务监督委员会，使基层领导权、执行权和监督权合理分配和有机结合。2012年，全面完成村（社区）清产核资任务，街道（开发区、管理区）全部建立“三资”委托代理服务中心，村监会监管服务中心试点工作顺利推进，创建市、区党风廉政建设示范村38个、党务公开示范点14处。推进廉政风险防控机制建设，9个街道（开发区、管理区）的党工委书记向区纪委述廉，组织39个部门开展制度廉洁性评估工作，初步建成潍城区党风廉政建设网站平台。2013年，按区委要求，牵头组织实施作风建设年活动，严格落实中央八项规定，开展厉行勤俭节约、反对铺张浪费专项行动，精简会议、庆典、公务接待等活动，执行工作日中午禁酒制度。开展公车专项治理和会员卡清理活动，清理违规用车6部。推行村（居）民民主监督服务中心建设，推进“三级”便民服务平台建设，9个街道（开发区、管理区）建立符合省标准要求的服务中心，并建立村级便民服务代办点116个。

行政监察

1991—1992年，行政监察职能由区监察局行使。1993年4月，区纪委与区监察局合署办公，实行一套机构、两个名称，行使党的纪律检查和行政监察双重职能。1991—1996年，共开展执法监察行动41项，查处违规违纪金额7962.8万元，为国家和集体挽回经济损失314.7万元，从中发现案件线索61起，立案调查28起，给予政纪处分16人。1997—1998年，围绕减轻农民负担、建筑工程项目、减轻企业负担、中小学收费、统计执法情况、医药市场、粮食价格、公路“三乱”（乱设站卡、乱罚款、乱收费）等多个领域，检查单位200多个次，涉及金额2.1亿元，查出违规违纪金额2000多万元，从中发现案件线索10余起。1999年，制定《关于狠刹医药购销不正之风的实施意见》，对全区医疗医药市场进行清理检查，取缔各类非法行医处点42家，对有问题的15家单位分别予以限期整改和重新规范，没收价值4万多元的假劣药品。2000年，以“两减一刹”（减轻农民负担、减轻企业负担、狠刹医药购销不正之风）为重点，开展7项专项治理，开展“整顿行业作风，树立文明形象”活动，纠正农民不合理负担39万元，并精减乡镇编外人员和村组补贴干部342人，年减少经费开支136万元。2001年，突出抓“一纠正、两减轻、两治理”（一纠正：纠正医药购销不正之风；两减轻：减轻农民负担，减轻企业负担；两治理：治理公路“三乱”和教育“三乱”）工作，取缔无证行医26家，销毁标值11万元的假劣药品；减轻农民不合理负担115万元，处理涉农负担投诉10起；为企业取消收费项目和降低收费标准30项，清退乱收费48.9万元；开展执法监察专项治理，涉及被查单位517个，纠正违纪金额149.8万元，落实监察意见和建议65件。2002年，继续开展纠正医药购销不正之风和企业、农民减负行动，取缔非法行医25家，清理不合理收费180万元；减轻企业负担，清理乱收费项目26项，查处“三乱”案件22起，清退乱收费177万元；治理中小学乱收费、超标准收费行为4起，清退违规收费42.8万元；开展建筑市场秩序、国债资金管理使用情况等执法监察6项，纠正违纪金额10.3万元，避免经济损失300万元，落实改进意见和建议29件。2003年，开展“窗口对话”活动，先后组织区工商、地税、国税、教育、公路系统举行“窗口对话”交流会5场，解决群众提出的问题46个；严格组织开展企业“双评”（企业评议部门单位、评议机关工作人员）。年中、年终分别组织企业对区属55个部门及机关工作人员进行集中评议活动，参评企业代表近500人次。2004年，开展纠风专项治理。清理中小学乱收费，查处违规收费案件2起，责令退款1.4万元，通报批评1人；清理公路“三乱”，实现区内道路基本无“三乱”；纠正医药购销不正之风，落实药品集中招标采购制度，开展医务人员收受红包、开单提成问题专项治理；减轻农民负担，通过严格落实农民负担监督卡制度和开展专项检查，为农民减负500多万元；全区30多个系统、200多个单位全部实行收费公示。2005年，落实中纪委“五个坚决纠正”（坚决纠正企业违法排污等损害群众环境权益的问题，坚决纠正征收征用土地中侵害农民利益问题，坚决纠正城镇房屋拆迁中侵害居民利益问题，坚决纠正企业重组改制和破产中侵害职工合法权益问题，坚决纠正拖欠建设工程款和农民工工资问题）要求，开展纠风专项治理。治理教育乱收费，通过落实“两免一补”（农村义务教育阶段，对贫困家庭学生免杂费、免书本费、逐步补助寄宿生生活费）政策，减轻学生家长负担47万元；加大公路“三乱”治理力度，加强明查暗访和部门联合检查；继续纠正医药购销不正之风，落实药品集中招标采购制度，开展医德医风专项检查，进一步规范医药医疗行为；减轻农民负担，通过减免农业税减轻农民负担417.5万元。加强执法监察工作，开展专项执法监察8项，查出违规资金810.5万元，落实监察意见建议32条。2006年，集中开展治理商业贿赂工作，初查商业贿赂案件线索23起，立案查处商业贿赂案件3起；按照“五个坚决纠正”要求，推进治理教育乱收费、治理公路“三乱”、纠正医药购销不正之风等专项治理工作，开展政府采购招投标情况、教育资金投入及使用情况、重点建设工程项目招投标情况、城乡规划效能情况、贯彻土地法情况、教育收费情况等专项执法监察7项，制定《关于对政府采购工作实施监督的暂行办法》，加强对用权行为的监督约束。2007年，开展治理商业贿赂工作，组织25个部门单位开展自查自纠活动，对建设、教育、卫生等行业和领域进行重点排查，排查出重点监督人员53名、岗位23个、工作环节20个，初查商业贿赂案件线索23起，立案查处商业贿赂案件3起，为国家和集体挽回经济损失27万余元。开展政府部门与中介机构、社会团体脱钩清理整顿活动，对政府部门与中介机构或社会团体脱钩情况进行专项清理、查处。2008年，组织开展纠正医药医疗不正之风、治理教育乱收费、减轻农民负担、抗震救灾资金物资使用情况、政务公开落实情况、停车场收费情况等明察暗访活动42次，纠正各类违规行为62起，建立市级政务公开示范点3个，基层执法人员“双述双评”（基层执法部门领导班子和工作人员向监管服务对象述职述廉，接受评职评廉活动）活动被市政府纠风办评为2008年度全市优质服务项目。先后开展直属机关规范津贴补贴实施情况、国有土地使用权出让情况、政府采购执行情况、建设工程项目招投标和政府采购工作等专项执法监察5项，维护政令畅通。2009年，开展各类纠风检查活动42次，组织23个部门、窗口单位的600多名执法人员开展“双述双评”活动，组织42个部门参加“行风在线”活动；开展专项执法监察7项，纠正各类违规行为62起。2010年，组织开展纠正医药医疗不正之风、治理教育乱收费、强农惠农政策、清理违规停车场等明察暗访活动22次，纠正各类违规行为42起；深化行风监督工作，组织24个执法部门325名基层执法人员进行“双述双评”，组织65个部门参加“行风在线”活动，解决群众提出的问题26个；开展农民建房审批收费情况、工程建设领域突出问题、强农惠农等专项执法监察8项，纠正和解决问题52个。2011年，组织开展纠正医药医疗不正之风、治理教育乱收费、清理拖欠农民工工资等明察暗访活动3次，开展国有土地使用权出让、政府采购执行情况、社会保险基金使用等执法监察4项，纠正各类违规行为6起。组织600多名基层站所执法人员参加“双述双评”活动，组织职能部门参加市“行风在线”活动，督促解决群众反映问题30余个。开展工程建设领域突出问题专项治理，在全区7个审批部门和66个政府投资或使用国有资金类、城中村改造（旧村改造）类、非政府投资类项目中，全面推行“廉政告知书”制度，潍坊市廉政告知书现场会在潍城区召开。2012年，开展以群众身边消极腐败问题、领导干部廉洁自律问题、工程建设领域突出问题、部门执法不规范问题为重点的专项治理；查处土地违规、失职渎职、涉农资金等案件9起；纠正重点工程建设、部门执法、公车管理等方面的违规问题17个；组织开展部门“政风行风评议”“五区行风在线”和基层站所工作人员“双述双评”活动，促进了政风行风进一步好转。2013年，对行政执法部门执法情况进行全面检查，共检查单位46个，立查违法案件8起，辞退工作人员2名，责令整改程序不规范、执法不到位等问题24个。开展市场中介领域突出问题专项治理试点工作，摸底24类中介机构82个，集中检查单位8个，查处机关干部在中介机构兼职取酬案件1起。坚持“廉政告知书”制度，进行政府采购现场监督6次、土地招拍挂5次。组织16个部门参加“五区政风行风热线”，解决群众反映问题28个。组织开展半年和年终评议政府部门暨“百名科长大评议”活动，约谈评议较差的后5名的部门和有关工作人员。

第三节　案件查办

1991—1996年，受理群众信访举报1121件次，全区各级纪检监察组织共立查各类违纪案件178起，其中涉案金额万元以上的19起，处分违纪党员干部166人，挽回经济损失30余万元。1997—1998年，受理信访举报301件次，立查违纪案件42起，处分违纪党员干部24人。1999年，受理群众来信来访和电话举报168件次，处结165件次，立查案件24起，查结23起，为国家和集体挽回经济损失73.5万元，处分违纪党员干部15人。2000年，共受理群众来信来访和电话举报145件次，处结144件次，立查案件24起，查结22起，为国家和集体挽回经济损失89.98万元，处分违纪党员干部21人。2001年，受理群众信访举报178件次，立查案件24起，处理违纪党员干部26人，为国家和集体挽回经济损失64.12万元。2002年，受理群众信访举报115件次，处结115件次，立查案件24起，其中科级党员领导干部违纪案件2起，万元以上大案8起，给予党纪政纪处分20人，为国家和集体挽回经济损失73.6万余元。2003年，受理信访举报109件次，立查案件24起（其中大要案8起），查结24起，给予党纪政纪处分20人，为国家和集体挽回经济损失73万元。2004年，受理信访举报123件次，立查案件22起，给予党纪政纪处分16人，为国家和集体挽回经济损失80多万元。

2005年，全面实施“乡案县审”制度，坚持区纪委常委会案件会审制度，全区各级纪检监察机关受理信访举报153件次，立查案件22起，查结22起，给予党纪政纪处分20人，为国家和集体挽回经济损失112万元。2006年，受理信访举报109件次，立查党员干部违纪违法案件25起，查结25起，给予党纪政纪处分24人，为国家和集体挽回经济损失66万元。2007年，落实领导接访和包案制度，受理信访举报205件次，查处党员干部违纪违法案件25起，给予纪律处分17人，挽回经济损失22.38万元。2008年，开展“纪检监察信访举报工作规范化建设年”活动，制定《关于责成职能部门调查处理信访问题的办法》《纪检监察信访举报案件督查督办办法》，全年受理信访举报案件169件次，立查案件25起，给予纪律处分21人，为国家和集体挽回经济损失61.26万元。制定《党纪政纪案件审理助审制度》，规范完善办案工作规程6项，开展全区案件质量检查，潍城区被评为2005—2008年度潍坊市案件质量达标单位。2009年，处理信访举报案件163起，立查党员干部违法违纪案件24起，给予纪律处分24人，为国家和集体挽回经济损失41万多元。2010年，开展“纪检监察信访监督年”活动，健全完善纪检监察信访案件研判化解机制，严格落实双向承诺、调查结果公开反馈、定期回访等制度，全年受理处结信访举报案件132起，立查党员干部违法违纪案件25起，给予党纪政纪处分25人，为国家和集体挽回经济损失150多万元。2011年，建立健全廉情信息员、社会调解员、联合处访三支队伍，做好排查预警、化解息访、联合调处工作，排查化解各类信访问题380多起，该经验做法在《中国纪检监察报》发表；全年受理处结信访举报案件215起，立查党员干部违法违纪案件25起，给予党纪政纪处分25人，为国家和集体挽回经济损失30多万元。2012年，开展十八大前纪检监察信访问题大排查，落实信访重点督办制度，全区纪检监察机关受理查处信访举报132件次，立查党员干部违纪违法案件25件，给予党纪政纪处分25人。2013年，受理群众信访举报178件次，立案调查党员干部违纪违法案件 48 件，结案 26 件，给予党纪政纪处分 24 人，免于党纪处分 2 人。

第四节　软环境建设

2003 年，设立区经济发展软环境投诉中心和机关效能监察中心，贯彻落实区委、区政府《贯彻市委市政府〈关于进一步加强经济发展软环境建设的决定〉的实施意见》，成立全区经济发展软环境建设工作领导小组，严格落实经济发展软环境建设部门责任制，在全区建立起“党委统一领导，党政齐抓共管，纪检监察机关组织协调，职能部门各负其责，社会各界积极参与”的软环境建设工作格局。是年，受理投诉举报 126 起，查结 126 起，纠正部门及机关工作人员违规行为 20 起，纠正、制止乱收费 80 多万元，解决群众反映的各类问题 60 多个，对 4 个部门的 6 名工作人员进行党纪政纪处分和组织处理。对严重破坏经济发展环境、造成恶劣影响的 2 起典型案件进行公开严肃处理。建立经济发展软环境建设监督员队伍。从区属规模以上工业企业、外来企业、民营企业和个体私营企业中聘请 34 名企业代表担任经济发展软环境建设监督员，积极组织开展监督和评议活动。2004 年，区经济发展软环境投诉中心共受理投诉举报 70 件，查结 70 件；纠正部门违规行为 23 起，解决群众反映的各类问题 40 个；党纪政纪处分和组织处理 10 人，通报批评 5 人。组织企业“双评”，在半年和年终分别组织 200 多家企业对区属 55 个部门及机关工作人员进行集中评议，将评议结果公开通报，督促有关部门落实整改意见 153 条；开展“窗口对话”活动，举办劳动系统、建设系统与群众“对话交流”会 2 场；实行涉企检查收费处罚备案制度，纠正不规范执法行为 18 项。2005 年，“两个中心”共受理投诉举报 52 件，查结 52 件，纠正部门违规行为 12 起，对 6 个部门的 10 名工作人员进行谈话教育，解决群众反映的各类问题 44 个。开展企业“双评”活动和“行风在线”活动，落实涉企检查收费处罚备案制度和区纪委常委联系企业制度，重新聘任 33 名经济发展软环境建设监督员。2006 年，受理查处投诉举报 38 件，纠正部门违规行为 12 起，给予纪律处分 3 人，解决群众反映的各类问题 21 个；开展企业“双评”和“行风在线”活动，制定《关于开展部门（单位）社会公开服务承诺工作的实施意见》，组织 44 个部门单位向社会公开 6 大方面的服务承诺内容；对窗口单位机关效能状况明察暗访 2 次，督查重点部门、单位 70 多个，对工作不力、有令不行的 20 个单位、5 名个人责令检查整改。2007 年，“两个中心”先后查处投诉举报 32 件，纠正部门违规行为 10 起，给予组织处理 9 人，解决群众反映的各类问题 21 个；开展部门（单位）社会公开服务承诺活动，组织 44 个部门、单位向社会公开 6 个方面的服务承诺内容；开展“行风在线”活动，先后有 61 个部门上线，解答、解决群众提出的问题 23 个；聘请 33 名经济发展软环境建设监督员，区纪委常委联系走访重点企业 40 多家，召集重点企业参加软环境建设座谈会 4 次；制定《潍城区经济发展软环境建设监测点管理办法》，设立首批软环境监测点企业 21 家。2008 年，开展行政审批提速专项检查，对 33 个部门及其所属 17 个单位进行集中调账审查，查出审批超时限、收费不规范等问题 30 个，查出非税收入类违规资金 323 万元，全部追缴区财政专户；修订完善企业“双评”办法，组织 180 家企业和 124 名县科级领导对区属 76 个部门及机关工作人员进行集中评议；创新企业“点菜式”服务，通过部门联合现场办公等方式为 18 家重点企业、重点项目解决难题 40 多个；开展“行风在线”活动，先后组织 63 个部门上线，解答解决群众提出的问题 23 个；继续聘请软环境监督员 33 名，新增软环境监测点企业 29 家。先后受理群众软环境投诉举报 24 起，立查破坏软环境案件 8 起，处理机关工作人员 10 人，没收违规资金 14 万元，解决群众反映的问题15个。2009年，对73个单位贯彻落实区委、区政府34个文件和7次重要会议情况进行专项检查；建立企业软环境监测点46家，组织86家企业进行软环境调研、走访活动4次，通过“点菜式”服务解决企业反映的突出问题17个；组织23个部门出台行政收费最低标准和行政处罚统一标准；坚持企业“双评”活动，将评议结果予以公开通报，对企业反映的问题逐一进行督促整改；开展行政审批提速专项监察，对发现问题的6个单位、12名工作人员进行问廉问责；受理投诉举报24起，立查“三乱”案件5起，处理机关工作人员9名，责成退赔违规金额10.9万元。

2010年，建立军埠口等3个节能环保产业园区软环境服务中心，制定《软环境治理百分量化考核办法》，组织23个部门推行自由裁量权基准制度，通过设立57家软环境监测点，坚持“点菜式”服务，为企业解决实际问题23个。坚持每月对行政审批服务大厅和窗口单位进行明察暗访1次，督促6个部门整改问题25项，处理违反纪律工作人员8名。受理投诉举报28起，立查“三乱”案件8起，给予组织处理9人，为群众解决问题28个。2011年，出台《关于对影响和损害经济发展软环境行为实行问责及责任追究的暂行规定》，组织211家企业对78个部门（单位）开展“双述双评”，全年先后开展暗访、督查12次，受理软环境投诉举报25件，查处破坏软环境案件6起，给予组织处理11人，协调有关部门解决企业反映的问题和困难25个。建立软环境“三级四联动”工作模式，建立区、街、村（园区）三级软环境服务中心工作体系，该项工作获评为全市纪检监察工作创新奖。出台《经济发展软环境监测点管理办法》，为37家企业监测点授牌并建立工作台账。组织51个部门、单位公开作出服务承诺，向企业和社会各界发放服务承诺汇编300余册。2012年，健全完善区、街、企业（园区）三级软环境服务中心，新建街道机关及工商业园区软环境服务中心7处，设立企业监测点57处，聘请软环境监督员100名。开展评议政府部门和企业“双评”活动，坚持每周开展1次纪律作风明察暗访，每季度召开1次企业软环境座谈会，随时受理群众投诉举报，先后处理违反工作纪律行为48人次，查处破坏软环境问题28起，其中“三乱”案件12起。2013年，对机关和服务窗口明察暗访35次，督查部门单位320个次，查处违反工作纪律人员54人，给予组织处理53人次；受理群众投诉举报软环境案件47件次，查处20起，处理27人，给予党纪政纪处分11人次；推行行政审批事项一事一评制度，办理完每件审批事项后，由审批申请人填写《办件评议卡》，给办事工作人员作出评价。

第七章　政法工作

第一节　社会治安综合治理

坚持“标本兼治，重在治本”的方针，从基层工作入手,全面落实综合治理各项措施。1991 年,区综治委会同有关部门先后制定《五部门联席会制度》《重大案件防范责任查究制度》《社会治安综合治理一票否决制度》《社会治安综合治理考核干部征求意见制度》，确保综合治理领导责任制落到实处。从 1991 年开始，与辖区各单位层层签订社会治安综合治理责任书，由一把手负总责，承担维护一方平安的政治责任。1992 年，区委政法委制定《关于进一步加强治安防范工作的实施意见》，在全区开展以“三防”（人防、技防、物防）为重点的治安防范配套建设。2 月、5 月，省委两次在潍坊召开以潍城区为现场的政法工作会议。1994 年，为配合严打斗争，设立潍城区社会治安见义勇为奖励基金会。1995 年 5 月，潍城区综治委印发《潍坊市潍城区暂住人口管理办法》，全面加强暂住人口管理。1996 年 5 月，区综治委印发《潍城区安全小区创建标准》，开展小区治安设施、综合治理组织和管理规章制度建设。1997 年 5 月,区综治委组织开展安全文明创建活动,强化社会治安防控体系建设。2000 年 1 月，区委、区政府召开严打斗争表彰大会，隆重表彰破获“12・26”系列抢劫杀人案件的有功人员，奖励西关派出所现金 10 万元。2001 年 8 月，全区城区开展“零案社区”创建活动，以强化社区巡防治保队伍和硬件设施建设为重点，以“严打、严管、严治、严防”为手段，以发案少、秩序好、群众满意为目的，全面加强城区治安防范工作,《长安》《法制日报》《大众日报》《山东法制报》《大众法制》《潍坊日报》等媒体对此予以报道。2002 年 1 月，全区农村实施“四联创安”（联片管控，联户承包，联防巡逻，联合整治）创建活动，在全区农村普遍建立起“防得牢、控得住、管得严”的治安防范长效机制。2004 年 10 月，全区实施《警民联勤保平安暂行办法》，推行以警居联勤、警村联勤、警校联勤、警企联勤为主要内容的“警民联勤保平安”工作机制,推进平安潍城建设不断深化。2008 年 6—8 月北京奥运会和青岛奥帆赛期间，在全区范围内集中开展为期 3 个月的打霸治痞专项斗争，依法从重从快严厉打击霸痞、邪恶势力违法犯罪活动，共打掉各类霸痞违法犯罪团伙 15 个，抓获各类霸痞分子 76 名，破获各类刑事案件 103 起，刑事拘留 39 人（劳教 7 人），行政拘留 37 名，缴获各类赃款、赃物折款共计 200 余万元。2009—2013 年，按照“基层主体，街道主抓，联动联防”的要求，全区从村居入手,全面加强公共安全防范体系建设，建立起“第一时间发现，第一时间报告，第一时间处置”的基层公共安全防范体系。为强化公共安全防范体系运行机制，专门设立举报热线电话，对及时提供扰乱公共安全信息或线索并经查实的，按规定进行奖励，并对举报者保密。2010 年，开展新居民“四化”（服务管理人性化、信息化、专业化、制度化）服务管理和“实有人口清、居住房屋清、辖区场所清”的“三清”管理工作，破解暂住人口、重点人口和出租房屋管理难题。创新推出“新居民”概念，按照公平对待、服务至上、合理引导、完善管理的原则，把暂住人口改称为“新居民”。2011年，区委办公室、区政府办公室印发《关于加强社区综合管理工作意见》，全面加强社区管理工作，当年全区刑事治安案件比上年下降22%，在全市科学发展综合考核群众满意度电话访问中，潍城区社会治安群众满意度列全市各县（市、区）之首。探索建立出租房屋代租制，社区居委会通过代租掌控出租房屋变更情况及流动人口信息，实现“底数清，情况明，服务好，管控严”的目标。完善“大调解”工作体系，在巩固已有村居、社区调解组织的基础上，积极发展行业性、区域性人民调解组织，全区新建调解组织113个。同年，组织开展冬季严打整治、打击“两抢一盗”破案会战、“打黑恶，反盗抢”安民行动等一系列专项行动，全区共破获各类刑事案件637起，抓获违法犯罪嫌疑人819名，打掉犯罪团伙27个。组织开展金融市场秩序整顿行动3次，共破获各类经济案件27起，打击处理违法犯罪嫌疑人49人，为企业和个人挽回经济损失1000余万元。2013年，全区社区管理工作成为全国社会管理创新优秀案例。在城区42个社区全面推行出租房租代租制管理，共代租房屋7857套，登记流动人口3万余人。同年，深入开展安民行动等专项行动，破获刑事案件481起，查处治安案件2973起，打击处理违法犯罪嫌疑人1145名。侦办恶势力团伙7个、成员49人。共打击处理训诫34人，打掉霸痞团伙5个，收缴管制刀具83把、电警棍3支、私藏枪支1支。

第二节　社会矛盾预防化解

1995年4月，区委政法委制定《中共潍城区委政法委员会研究协调重大疑难案件的规定》，其中需要研究协调的重大疑难案件包括市委政法委和区委交办的有影响的重大疑难案件、区政法部门在定罪性处理上认识不一致的重大疑难案件、对错案赔偿有争议的重大案件、区委政法委认为需要研究协调的有关案件。2006年，针对土地征用、城市征迁、企业改制等矛盾纠纷不断增加的实际，全区探索并推行了“三联网、三追究”（“三联网”即对矛盾纠纷实现联线、联片、联合调处，“三追究”即按照“谁主管、谁负责”的原则，追究主管、分管和责任人的责任）机制，超前预测和化解不稳定因素，当年排查调处各类矛盾纠纷1211件，处结率达96.7%，全区信访案件总量同比下降13.2%，集体访、越级访、重复访同比下降41%。2007年4月，潍城区维护社会稳定工作领导小组成立。2010年，建立以区委书记为第一组长的处置重大突发事件联合指挥机制，制定《潍城区重大突发群体性事件应急处置工作预案》，设立人员搜救、医疗救护、抢修抢险、交通管制、物资保障、信访维稳6支队伍，共计400余人。2011年，各街道（开发区、管理区）按照辖区实有人口3‰的比例配备信息员，全区设立信息员1470人，对苗头性问题早发现、早掌握。建立健全社会稳定风险评估机制，专门成立以维稳、信访、法制、国土、规划、环保、安监等部门组成的社会稳定风险评估工作领导小组。全区先后对75个事项进行风险评估，经过评估被停止或暂停实施的事项有9个，在项目实施前排查调处矛盾纠纷2300余起，确保早发现、早处理各类不稳定因素。排查出不稳定、不安全因素326条，其中近80%的问题在干警协调下得到解决。2012年，全区排查出各类不稳定因素172件，化解103件。2013年，按照“抓早、抓小、抓苗头”的要求，建立起专兼职相结合的调解队伍，共建立各类基层调委会271个，有调解员3724名，调处矛盾纠纷1500余件。加强专业性、行业性调解组织建设，在住建、人社、卫生、工商、交警5个部门建立纠纷调解中心领导小组，明确领导小组工作职责，完善调解工作制度，落实联系法官和律师制度。在完善村居、企业信息员队伍的基础上，逐步向两新组织、特殊群体、农民工、出租车司机、环卫工人等行业和群体延伸，全区信息员调整至1420人。强化社会矛盾预防化解工作，成立矛盾调解中心，对各类资源进行整合利用，全区社会矛盾化解行动取得明显成效。

第三节　基层民主法制建设

1994年后，区委针对市场经济新形势下农村工作中的新情况、新问题，在全区推行“两化”（民主化、法制化）管理。建立一支村民代表队伍，实行民主议事、政务财务公开、民主评议三项制度，开展全民普法、村规民约、文明创建三项活动，初步在全区农村形成民主化、法制化管理的科学运行机制。《人民日报》《法制日报》《检察日报》《大众日报》《山东法制报》《长安》《法制经纬》《山东通讯》等刊登了潍城区“两化”管理经验。1995年，结合“二五”普法规划，由司法行政部门牵头，对各级领导干部、执法人员和青少年开展法制教育；以工商部门为主，对个体工商户、私营企业和流动人员开展法制教育。1999年，区综治办组织首批区直学校选聘兼职法制副校长，加强对中小学生的法制教育。2000年8月，在全区农村普遍开展法制教育依法治理活动，各镇均召开4000人以上的村民大会，并邀请区政法部门领导作法制报告，公开处理一批典型案例，增强了群众的法制观念和法律意识。2007年8月，在全区开展为期2个月的普法宣传活动，以更新完善普法一条街、录制一盘法制宣传磁带、编印一本《普法选编》、组织一次普法宣讲、设立一个电视法制专栏、组织一次庭审实录“六个一”活动为主题，增强干部群众的法制意识。2011年，立足“群众需要干警下基层主动服务，干警需要到群众中实践锻炼”的现状，抽调251名干警分别包靠全区251个村居，向每户居民发放警民联系卡。举办各类法制宣传班16场，发放宣传册1700余册，为2000余名群众开展法律咨询服务。2013年，区委办公室、区政府办公室下发《潍城区诉讼诚信体系建设联动工作考核办法》，推进诉讼诚信体系建设，加大对失信行为的惩戒力度，维护公民的合法权益。全面落实“六五普法”规划，深化“法律六进”（法律进机关、进乡村、进社区、进学校、进企业、进单位）活动，定期到农村、社区、企业、机关、学校开展普法教育和法律服务活动，先后12次组织由律师、公证员、基层法律工作者、机关干部组成的法律服务团队到基层单位开展面对面的法律服务，共解答法律咨询600余人次。开展“政法机关服务企业百日大走访”活动和“能动司法服务”活动，在61个单位、企业及重点项目区域设立法律服务联系点。开展“一村一警”活动，抽调252名干警分别包靠252个村居。举办各类法制宣传班116场，发放宣传册1.7万余册，为4000余名群众开展法律咨询服务。

第八章　统战与对台事务

第一节　统战工作

党外干部工作

1991年2月，在全区选配3名党外干部，分别到潍城区科学技术委员会、监察局、教育委员会担任副科级职务；在2500多名党外干部中选出116人作为培训对象；对全区130名股级党外干部进行摸底。5月，会同组织部初拟《关于选拔培养党外干部的规划意见》。8月，召开全市选拔任用党外干部工作座谈会。1992年2月，增补1名党外干部任卫生局副局长。全区共有党外科级干部4人，政府工作部门共有股级党外干部39人，在企事业单位工作的股级党外干部有92人。1993年，全区有6名副科级以上党外领导干部。1994年，全区有11名副科级以上党外领导干部，其中县处级副职4名。1995年，副科级以上党外干部达到15人，其中县处级副职3人；出台《潍城区关于选拔培养党外干部的规划意见》等文件。1998年，全区有党外知识分子6643人，主要集中在教育、卫生两大领域。其中，具有高级职称的84人，担任中层以上职务的党外干部331名；担任副科级以上领导职务的13名，其中，县处级副职领导5名；担任市、区两级政协委员52人、人大代表8人。2003年，健全完善党外干部电子档案，对党外干部实行微机管理。2006年，与区委组织部共同制订《潍城区2006—2010年培养选拔党外干部工作规划》。至2013年年底，全区副科级以上党外干部35人，其中，县处级副职党外领导干部5人，正科4人，党外后备干部330人；23个政府行政部门中的8个部门共配备了9名党外领导干部，超过部门总数的1/3。

党外人士工作

1991—2013年，以人大、政协、工商联换届为契机，提名推荐党外人士担任人大代表、政协委员和工商联领导班子成员，逐步建立健全以民主党派、无党派、党外知识分子、少数民族、宗教、非公有制经济等为重点的党外代表人士队伍。

1991年5月，区委转发《政协潍城委员会关于政治协商和民主监督的实施细则》。9月，区委又下发《关于进一步发挥人民政协政治协商、民主监督职能作用的意见》。1993年，对原有的37名市政协七届委员和224名区政协八届委员进行考察，先后向市政协推荐19名党外委员，向区政协推荐126名党外委员，推荐1名省人大代表、1名省政协委员，保证了换届工作的顺利进行。1994年4月，全区有144名党外人士担任各级人大代表，有143名党外人士担任各级政协委员，有5名民主党派人士被聘为特邀监察员、检察员、审计员、督导员。1998年，区政协第十届委员会有党外委员97名，占总人数的60.2%；区第十四届人大代表共有57名党外代表，占总人数的30.6%。2003年，实行党外代表人士队伍电子档案管理，分别建立党外干部和自由择业、中介机构、非公有制经济、优秀党外知识分子、民主党派成员、少数民族、宗教界人士、三胞眷属、海外留学人员等10类人士电子档案，制定完善各项联系制度，加强与党外代表人士的联系。2004年，在全区各界党外人士中开展“我为潍城发展献一言”活动，征得合理化建议20多条，发挥了党外人士的“智囊团”作用。2006年，区政协委员中民主党派成员有16人，占委员总数的10%，各民主党派中都有代表人士担任区政协委员。2008年5月，在党外人士中组织开展书画展、座谈研讨、知识竞赛等系列宣传教育活动，进一步夯实了统一战线的共同思想政治基础。9月，成立潍城区新社会阶层党外知识分子联谊会，会员有27人。2013年，将统一战线科学发展情况纳入市、区两级科学发展综合考核内容，党外代表人士队伍建设工作成为考核重点内容。党外人士的特约人员工作逐步完善，至2013年年底，检察院有特约检察员7人，区监察局有特约监督员11人，区规划局有城乡规划社会监督员5人，区教育局有特约教育督导员6人，区国土资源局有特约社会监察专员6人，区审计局有特约审计员6人，区国税局、地税局有特约监督员各5人，区法院有特约监督员5人。

民主党派工作

1991年后，中国国民党革命委员会、中国民主同盟、中国民主建国会、中国民主促进会、中国农工民主党、中国致公党、九三学社共7个民主党派先后在潍城区设立基层组织，开展活动。1991年，在潍城区境内，民革设3个支部，有党员75人；民盟有盟员84人；民建设9个支部，有会员105人；九三学社有6个支社、社员75人。1998年4月，民进潍城支部成立，有会员16人。2009年10月，农工党潍城支部成立，有党员13人。2010年11月，致公党潍城支部成立，有党员9人。至2013年年底，在潍城区境内，民革有3个支部、党员63人；民盟有3个支部、盟员51人；民建有5个支部、会员87人；民进潍城支部有会员28人；农工党潍城支部有党员15人；致公党潍城支部有党员19人；九三学社有社员43人。

1991—2013年，民主党派成员在教育、卫生、文化、对台等领域中献策献力，开展联络党外知识分子、培训专业技术人员、接待台港澳和海外同胞等工作。1998年9月，为配合农业结构调整，区委统战部与九三学社潍坊市委合作，邀请潍坊市农科院院长到大柳树镇举办现代农业形势报告会，全镇各村两委成员共300多人参加会议。1998年后，区委统战部每年与民主党派至少联合开展一次以科技、卫生、文化为主的“三下乡”社会服务活动。2002—2006年，民进潍城支部响应民进山东省委开展的“西行助学行动”号召，先后与临朐县九山镇、德州市平原县结成“手拉手”帮扶对子，开展“西行助学”活动。2004年，民进潍坊外国语学校支部获评为全市先进支部，2人分别获得民进全国先进会员、山东省先进会员。2005年，区委统战部邀请各民主党派潍城支部负责人参加全区统战工作会议，号召广大民主党派成员和无党派人士围绕区委、区政府的中心工作开展参政议政、民主监督活动。2008年汶川特大地震发生后，区委统战部号召广大统战成员捐款捐物，各民主党派通过书画捐赠笔会、缴纳“特殊党（社）费”等多种形式，支援灾区，服务灾区。截至2013年12月，区委统战部共组织民主党派成员开展社会服务活动50余次，捐款捐物累计20余万元；民主党派成员共提出政协提案200多件、人大议案20余件。

民族宗教工作

1991年后，坚持贯彻落实党的民族宗教政策，依法加强民族宗教事务管理，切实维护全区民族团结进步和宗教和谐稳定。

民族工作　1991年3月，为庆祝《山东省民族宗教工作条例》颁布1周年，区政府民族宗教科编写宣传材料，在潍城人民广播电台播出2个专题的广播讲座，并翻印宣传提纲下发到基层单位。1993年11月，区政府民族宗教科并入统战部之后，区委统战部加强与少数民族代表人士的联系，定期进行走访探望，先后帮助清真寺、清真食品厂、清真饭店解决用水、用电、迁址、扩建等问题，帮助回族群众解决粮油供应问题，在东夏庄村设立回族墓地。1998年6月，到潍坊三中、七中等考生相对集中的学校开展少数民族特殊考生上门登记服务活动，并就特殊考生登记审核工作与区教育局商定上门服务、现场办公、长期合作的工作制度，为少数民族考生身份认定和审核备案提供了便利。2000 年 12 月，1 人获评为全省宗教年检工作先进个人，1 人获评为全省民族普法工作先进个人。从 2001 年开始，山东省民族事务委员会确定每年 10 月为“民族团结进步宣传月”，在全省开展“民族团结进步宣传月”活动。区委统战部通过发放《民族工作手册》、宣传彩页、政策法律宣传品，举办图片展览，悬挂宣传标语，广场文艺演出等形式，开展民族团结进步宣传活动。2004 年，潍坊市政府拨款 70 万元，潍城区、奎文区政府各拨款 10 万元，穆斯林群众以及有关单位捐款筹资 125 万元，资助清真寺迁址重建。2007 年，明确北关街道东夏庄村约 0.6 公顷土地为回民墓地，帮助穆斯林群众解决了墓地问题。2012 年 5 月，区民宗局被市委、市政府授予“潍坊市民族团结进步模范集体”称号。2013 年，市民宗局实施“三三六零”工程，即用三年时间在单位、社区、企业等三个领域，每年表彰 60 个民族团结进步示范点。其间，潍城区北关街道张辛庄社区、潍坊市商业学校、万泉食品公司等 10 个社区和单位先后获省、市民族团结进步示范点。

宗教工作　区委统战部始终坚持全面贯彻党的宗教信仰自由政策，依法管理宗教事务。1991 年，修订完善《潍城区基督教信徒守则》《潍城区基督教活动场所管理规定》《潍城区基督教信教入教制度》《潍城区基督教传教制度》等 8 项宗教管理制度，并印制成册，下发至各宗教活动点。组织全区 60 余名宗教人员参加宗教知识培训，对传道人员发放传道证，做到持证登台讲道。1992 年，印发《关于进一步加强对宗教工作领导和管理的意见》，对全区 20 处宗教活动点（堂）所进行整顿。同年，基督教东关猪市口教堂因东风街扩路征迁，为落实宗教房产政策，在东关南大街社区修建东关教堂，由市民宗局发证管理。1993 年 8 月，潍城区基督教第六届委员会一次会议在基督教堂召开，选举产生新一届委员 30 人、常务委员 5 人。1994 年行政区划调整，则尔庄、十里堡、茂子庄、北王等 4 个基督教活动点划归奎文区管理。1995 年 8 月，组织开展全区宗教活动场所调查摸底工作，全区有基督教堂点 11 处：潍城区向阳路、前杭埠 2 处教堂，大柳树镇柳西、军埠口镇西北董、符山镇新二甲、杏埠镇后王、高埠、于河镇焦家、流饭桥、小庄、北关街道后姚家坊 9 处活动点。天主教东市场教堂、伊斯兰教北坝崖教堂由市宗教局管理发证。11 月，区民宗局完成对全区 11 处基督教活动场所的发证登记验收工作，依法发放宗教活动场所许可证。1996 年，区委统战部获全省宗教工作先进集体。1997 年 3 月，前杭埠基督教堂在原址翻建。6 月，区委统战部协助潍城区基督教三自（自传、自治、自养）爱国运动委员会（以下简称区“三自”）解决 5 名教职人员的住房问题。8 月，协助区“三自”召开第七届代表大会。12 月，按照国家宗教局《宗教活动场所年度检查办法》规定，区民宗局对全区 11 处基督教活动场所进行年检。1997 年，区民宗局获全市宗教年检工作先进单位。1998 年，因市中级法院扩建，区“三自”向阳路基督教堂被纳入征迁范围。区委统战部协助区“三自”在黄家庄村购置土地 0.67 公顷，作为新教堂的建设用地。1999 年 3 月，杏埠镇后王村基督教活动点改建，改建后的房屋产权属教会集体财产。12 月，开放朝阳观为道教活动场所，由市民宗局发证管理。2000 年 2 月，市民宗局批复同意潍城区向阳路基督教堂迁建。6 月，区民宗局印发《民族宗教管理工作职责（试行）》，明确镇、村两级民族宗教工作职责。9 月，松园子街 1 号作为基督教活动点，全区基督教活动场所增至 12 处。11 月，为区“三自”宗教教职人员解决养老和医疗保险问题。2001 年 3 月，帮助完成基督教堂的迁址重建，并完善内部附属设施。新建基督教堂位于北宫西街 2456 号，建筑面积 1500 平方米，可容纳 1500 人。2004 年，区民宗局妥善处理基督复临安息日会私设聚会点问题，将安息日会和真耶稣教会等基督教小众教派纳入区“三自”管理，依法规范宗教活动秩序。2006年4月，浮烟山塔院正式登记为佛教活动场所并颁发证书，后改名为洪福寺。11月，区民宗局对全区12处宗教活动场所的人员、房产等情况重新进行登记，开展宗教活动场所换证工作。2009年6月，新增基督教活动点4处，分别为南三里、松园子街、望留西寺、军埠口艄翁庙。2009年，潍城区北宫基督教堂获“省级和谐宗教活动场所”称号。2010年3月，成立区民族宗教工作领导小组，建立联席会议制度，制定民族宗教突发事件应急方案，健全区、街道（开发区、管理区）、村（居）三级工作网络，在每个社区（村居）配备民族宗教工作联络员。6月，区民宗局被省委省政府授予“山东省民族团结进步模范集体”称号。12月，潍城区北宫基督教堂被中央统战部、国家宗教局表彰为首届全国创建和谐寺观教堂先进集体。至2013年年底，全区有信教群众3600余人，天主教堂、基督教堂、清真寺各1处，佛教、道教活动场所各1处，基督教活动点13处。

宣传调研

1991年，对《中共中央关于坚持和完善中国共产党领导的多党合作和政治协商制度的意见》《中共中央关于加强统一战线工作的通知》两个文件精神和三级统战工作会议精神的贯彻落实情况进行专题调研。1995年5月，区委统战部与区委组织部联合开展对党外干部实职安排情况的调查，对加强党外干部队伍建设提出合理化建议。11月，印发《潍城区关于选拔培养党外干部的规划意见》。2001年6月，区委统战部组成工作组专程到上海徐汇区、青岛市南区等地学习借鉴社区统战工作先进经验。9月，区委成立社区统战工作领导小组，制定《关于开展社区统战工作的实施意见》，对基层党组织开展社区统战工作提出具体要求和指导意见，在全区开展社区统战试点工作。2002年，全省社区统战试点工作会议在潍城区召开，区委统战部作典型发言，山东省政协副主席、省委统战部部长齐乃贵到潍城区南关街道西市场居委会就社区统战工作进行参观调研。2004年1月，《中国统一战线》杂志第1期发表《潍城区开展社区统战工作的探索》文章，在全国统战系统引起反响。3月，区委统战部修订《统战宣传信息调研工作制度》，完善相关配套考核办法，并将个人执行情况纳入全年考核内容，与评先树优挂钩，统战信息调研工作得到强化。12月，向上级业务部门报送统战理论调研文章16篇，其中由区委党校选送的《深化对社会主义劳动和劳动价值理论的研究和认识》一文获山东省统战理论调研宣传精品工程优秀成果二等奖，有40多条工作信息被业务期刊采用。2006年，区委统战部获全市统战系统先进集体，3人获得全市统战系统先进工作者，并记三等功。2011年9月，开通“潍城统一战线”网站，拓宽统战宣传工作渠道。2012年，参与撰写的《新时期基层统战工作活力问题研究》获全省“四新工程”（调查掌握新情况、研究探讨新问题、总结一批新经验、推出一批新成果）二等奖。

第二节　对台事务

对台经贸工作

1991年，潍城区有2家台资企业，投资额为1750.04万美元。1992年，新增台资合资企业3家，投资额为302.75万美元。1993年，有7家台资企业取得营业执照。1994年，区台办为拔丝厂与台湾力肯公司合资项目争取低息贷款150万元。1995年，台商独资项目潍坊银狐皮件有限公司取得营业执照。同年，区台办走访了全区18家台资企业并形成调查报告，提出7条建议供区委、区政府决策参考。1996年8月，组织山东巨力集团等5个企业参加在富华大酒店召开的台湾工作总会考察团欢迎暨投资说明会。1999年，台属企业潍城区望留第二建筑工程公司获评为市明星台属企业。2000年，福建泉州等地的两批台商16人到潍城考察洽谈。2003年，全区有台胞135人、台属521人、暂住台胞2人，有在建台资企业2个、在谈台资企业3个。鲁台会期间，签订合同项目11个，总投资3.3亿元，其中合同外资2.4亿元；签订协议合同项目18个，总投资6.2亿元，其中协议外资3.6亿元。2004年3月，组团赴台开展招商引资活动。2004年、2005年鲁台会期间，促成签约项目32个，签约金额超过24亿元。2007年，邀请台湾工商建设研究会考察团到潍城，举办潍城区投资说明会，组织台商与潍城区36家民营企业进行对口洽谈。是年，由台湾独资企业——山东年代房地产开发公司投资6500万元兴建的城市印象小区项目开工建设，该项目于2009年交付使用。随着东方曼哈顿、东方威尼斯商务大厦相继落成并投入使用，台商在潍城区投资的地产项目超过3亿元。2008年，在第十四届鲁台经贸洽谈会期间，邀请并接待台湾统一企业集团、海峡两岸经济促进会、台湾台中磐石会、海峡两岸交流促进协会、台湾霖园集团国泰人寿保险公司等5个考察团21人次，促成台湾霖园集团国泰人寿保险公司落户潍城区。同年，组织潍城区物业管理考察团赴台开展经贸交流活动。

2009年，由中国台湾康成投资（中国）有限公司独资设立的大润发超市项目落户V1广场，总投资420万美元，注册资本210万美元，于2011年1月试营业。由台湾蓝天电脑集团投资5000万美元的百脑汇电脑资讯广场项目参加了在潍坊举办的重点招商项目签约仪式。是年，潍城区被山东省政府授予“对台招商引资标兵”；区台资企业潍坊白浪河花园大厦有限公司被山东省台办授予“突出贡献台资企业”；台属企业潍坊众谊汽车配件有限公司、潍坊市海慧建筑有限公司获得“突出贡献台属企业”。2010年，由台资企业香港喜威发展有限公司独资的永乐光伏科技有限公司成立。由台湾威富光伏科技有限公司投资700万美元的威富光伏科技项目开工建设，该项目是专门从事研究开发光伏产品的新能源型项目。2011年，举办山东（潍坊）台湾商业区合作交流会活动，山东巨力集团与台湾员顶建设企业股份有限公司合资成立房地产开发公司，注册资金5000万元。台湾鼎坚集团在潍城区投资建设，企业投产后运行良好。2012年，鲁台会首次在辖区内齐鲁台湾城会展中心举办，区台办被市委、市政府授予“第十八届鲁台经贸洽谈会先进单位”。2013年，山东巨力集团与台湾威电源能合作投资2000万美元项目，与台湾爱德恩合作建设房地产开发项目，并分别签署投资意向书。台湾霖园集团国泰人寿保险公司在潍城区扩大经营业务，威富光电与六合微粉合作生产太阳能晶片项目达成增加投资意向。赴台湾成功举办齐鲁台湾城两岸共建恳谈会，有120多位两岸企业界代表参加恳谈会。

涉台宣传教育

潍城区贯彻党的“和平统一、一国两制”方针政策，涉台宣传教育活动灵活多样。1991年第一季度，通过潍城人民广播电台播出涉台教育讲座，受到省台办、市台办的表扬。1995年6月，邀请山东大学有关人士到潍城区作江泽民关于台湾问题重要讲话精神的专题辅导报告。1996年4月，区台办印刷《海峡两岸往来政策问答》200册，下发到全区各镇、街道和区直有关部门。1997年4月，区台办会同有关部门协助潍城区老艺人和台胞举办“迎香港回归、海峡两岸师生书画展”，参观人数达1000余人。2000年10月，台湾中华电视台、大陆名旅到潍城区拍摄专题片，将潍城区的风土人情、人文景观和投资环境传播到台湾。同年，区台办通过省台办“山东—台湾”网站宣传潍城区情况。潍城区邀请省台办有关负责人为全区“三讲”教育对象及镇、街道、区直各部门负责人就两岸形势作报告。2001年9月，区台办组织潍坊市风筝艺术交流协会赴台进行宣传交流，与台湾同胞交流切磋风筝扎制技艺，宣传潍城区招商引资优惠政策。2004年，全区政协委员、区直各部门的主要负责人共200余人收听全国政协港澳台侨委员会办公室副主任乐美真的录音报告。区台办获全省涉台宣传教育先进单位。2004年、2005

年中秋节前，召开全区“三胞”（港、澳、台）眷属座谈会，加强与“三胞”眷属的联系。2007年下半年，潍城区自主组织的企业管理考察团赴台开展交流活动。在台期间，考察团成员就企业管理、文化建设、技术研发、市场开发等多个方面与台湾工商界人士进行交流和探讨，并对鲁台会的部分参会企业进行回访。2008年，区台办在华夏经纬网开通博客网页，筹备“两岸形势图片展”等涉台知识普及教育活动。2009年，台湾三立电视台摄制组到潍城区采访微型风筝艺人，将风筝文化传播至台湾。2008—2009年，区台办在涉台刊物上发表文章47篇，其中国家级刊物9篇、省级刊物19篇、市级刊物19篇；连续两年获全省涉台宣传调研先进单位。2010年，在赴台参加山东省鲁台经贸文化交流周系列活动期间，拜访重点客户并洽谈合作项目，发放宣传册200余份。2012年，区台办先后被省台办、市台办授予创建台商“零投诉地区”活动先进单位和全市对台工作先进单位。2012—2013年，在涉台刊物及部分媒体网站上发表文章66篇，其中国家级刊物15篇、省级刊物16篇、市级刊物35篇。2013年，为全区20家企业办理赴台考察手续。台湾中时传媒集团将潍城区核雕艺术、浮烟山森林公园鸟艺表演制作成专题片，并在台湾播出。

第九章　机关党建

第一节　机关党组织建设

1991年，区直机关党工委成立3个支部委员会、4个总支委员会。1992年，成立保险办事处机关支部委员会。1993年，成立农业委员会机关总支委员会，区直机关党工委所辖机关党组织57个，其中党委4个、总支11个、支部42个，管理机关党员1949名。1994年，成立中国银行潍坊分行潍城区分理处机关支部委员会，在中国人民建设银行潍坊市潍城区支行、潍城区委宣传部等3个单位成立机关总支委员会，有26人转为中共正式党员、18人发展为中共预备党员。1995年，在潍城区农村信用合作社联合社、潍城区国家税务局等3个单位成立机关支部委员会，在潍城区总工会、潍城区文化局分别成立机关总支委员会，有52人发展为中共预备党员。1996年，在潍城区对外经济贸易委员会、潍城区地震局和潍城区广播电视局分别成立机关支部委员会。撤销中共潍城区委宣传部机关总支委员会，成立中共潍城区委宣传部机关支部委员会。1997年，在潍城区寿险公司、机关印刷所等4个单位成立机关支部委员会，在潍坊市工商行政管理局潍坊小商品城分局、潍城区农村信用合作社联合社分别成立机关总支委员会，有30人发展为中共预备党员、33人转为中共正式党员。1998年，有26人发展为中共预备党员，有36人转为中共正式党员。1999年，成立潍城区机关事业单位社会保险事业处机关支部委员会，有26人发展为中共预备党员。2000年，成立潍城区科协机关党支部，有42人发展为中共预备党员。2001年，在潍坊市潍城区人民法院执行局、潍城区委防邪教办公室分别成立机关支部委员会，在潍城区民营经济发展局、潍城区残联分别成立机关总支委员会。2003年，对因人员调整造成缺职缺额的基层党组织及时改选、补选，有15个基层党组织完成了换届，增补、改选支部成员24名。2003—2004年，有87人发展为中共预备党员、66人转为中共正式党员。2005—2007年，对因人员调整造成缺职缺额的基层党组织及时改选、补选，完成换届的基层党组织有27个，增补、改选支部成员84名；有129人发展为中共预备党员、97人转为中共正式党员。2008年，抓好党的基层组织建制、换届改选、班子配备、缺额补选、任职培训"五个落实"，改选机关党组织7个，新成立机关党组织3个。2010年，健全机关党组织机构，落实"三会一课"（支部党员大会、支部委员会、党小组会，党课）制度，建立完善"机关党员活动日"制度。2011年，推行区直机关党组织党务公开，规范党务公开内容、形式和程序，落实党员的知情权、参与权、选举权、监督权。2012年，新成立机关党组织1个，调整机关党组织4个，对150余名入党积极分子和党员发展对象开展日常培养教育工作。2013年，落实区直机关党建工作责任制，对4个党支部组织换届选举，新成立党总支1个、党支部2个，对150余名入党积极分子和党员发展对象开展日常培养教育工作，按程序组织发展新党员21名。

第二节　机关党员学习教育

1991—1996年，先后组织广大党员干部重点学习中共十三届七中全会精神、江泽民在庆祝建党70周年大会上的讲话精神、邓小平南方谈话精神、中共十四大精神、新修改的《中国共产党章程》《邓小平文选》等；开展法制宣传，制订"二五"普法规划和"二五"普法学习计划，学习《宪法》《行政诉讼法》《组织法》《选举法》等。1992年，开展以"解放思想，转变职能"为主要内容的大讨论活动。在机关党员中开展反腐败、防演变教育活动。1993年2月，学习贯彻党的十四大精神，加强建设中国特色社会主义理论教育，强化宗旨教育，改进机关作风。8月，开展"解放思想，转变职能，改进作风"大讨论活动。12月，在机关干部中开展反腐倡廉教育活动。1994年9月，开展思想纪律作风整顿活动。1995年4月，组织所属48个单位党总支、党支部学习孔繁森先进事迹，掀起学习孔繁森、争当人民好公仆的活动热潮。6月，在区直机关中开展"二五"普法教育。1996年1月，在区直机关开展社会主义思想教育活动。6月，在党员干部中开展"学条规，守纪律，作表率"教育活动。8月，开展"抓党建，促服务，塑形象，创一流，做优秀公仆"教育活动。1997年，在机关内开展讲学习、讲政治、讲正气"三讲"教育和"三五"普法教育活动。1998年，掀起学习邓小平理论的新高潮，加强以"三讲"为主要内容的党性党风教育。1999年5月，开展党性教育和共产主义信念教育。2000年6月，开展"三五"普法宣传教育。2001年，利用三个月时间在机关内开展"三个代表"重要思想学习教育活动。2003年，开展"三个代表"重要思想、胡锦涛"七一"讲话精神和中共十六大、十六届三中全会精神等学习教育活动。2004年，把深入开展创建学习型机关作为加强党的思想政治建设的首要任务，组织机关党组织和广大党员干部认真学习邓小平理论、"三个代表"重要思想和中共十六届三中、四中全会精神，牢固树立和认真落实科学发展观；组织党员干部认真学习《中国共产党党内监督条例（试行）》《中国共产党纪律处分条例》，组织观看电影教育片《郑培民》、电教片《扭曲的人生》等，对党员干部加强党风党纪教育。2005年，开展保持共产党员先进性教育活动，分3批组织机关党员参与保持共产党员先进性学习教育活动。2006—2007年，引导党员学习构建社会主义和谐社会、《中国共产党章程》、"八荣八耻"社会主义荣辱观和中共十六届五中、六中全会精神以及中共十七大精神等内容。2008年，开展廉政文化进机关活动，组织党员上好廉政党课、阅读廉政警示书籍、观看廉政教育专题片等。2009年，加强反腐倡廉教育，组织党员干部认真学习上级有关“四项纪律、八项要求”和“五个不许”等一系列规定，促进廉政教育。2010年，开展党员学习日活动，号召区直机关党员佩戴党徽，教育党员牢记身份、珍惜荣誉。2011年，举行以“讲党性，重品行，做表率”为主题的机关作风建设大讨论。不定期开展党风廉政建设专题讲座，主要领导带头讲廉政党课。督促各级机关党组织落实“做勤廉表率,促科学发展”教育活动。2012年，采取多种形式引导广大机关党员干部全面系统地学习中共十八大精神和山东省第十次党代会精神、潍坊市第十一次党代会精神。2013年，加强机关反腐倡廉教育，促进机关作风建设。主要领导带头讲廉政党课，区直机关各部门领导干部上党课60余场，推动理论学习深入开展。组织参加习近平系列讲话精神宣讲报告会和中共十八届三中全会精神宣讲报告会，引导广大党员干部增强高举中国特色社会主义伟大旗帜、深入贯彻落实科学发展观的自觉性和坚定性。

第三节　党员活动

1991年，围绕庆祝建党70周年，组织开展“在党旗下成长、为党旗添光彩”有奖征文活动，有43人投稿并演讲。举办全区机关党员纪念“七一”演讲、演唱大会，由10名有奖征文优秀作者进行演讲，有19个代表队参加革命歌曲演唱比赛。举办党建理论、党史、党规、党纪知识竞赛，有36个单位参赛。举办庆祝建党70周年文艺会演及文艺晚会，有50多个节目参与会演，选取获奖节目和有代表性的节目参加晚会演出。5月，在区直机关开展争创“表率示范单位”活动。6月，举办区直机关“劳动保险杯”第五届水上运动会，有24名机关党员参赛。8月，举办区直机关“税务杯”第二届运动会。11月，举办区直机关交谊舞比赛，有116名机关党员参赛。1992年1月，区直机关举办“服务杯”交谊舞比赛，有232名机关党员参赛。6月，开展“七一”奉献日活动,同月,举办“劳动保险杯”暨第六届水上运动会，有237名运动员参加。9月，在机关党员干部中开展“奋斗者足迹”有奖征文活动，收到30篇征文稿，评出一等奖1名、二等奖3名。1993年4月，结合全区开展的“我为潍城做贡献，迎接建区十周年”活动，在机关党员中开展以经济建设为中心、以迎接建区10周年为主题的“百件实事”竞赛活动。6月，举办“光辉历程”卡拉OK比赛活动。7月，举办“劳动保险杯”“三产开发杯”暨第七届水上运动会，有184名运动员参加。1994年6月,举办庆祝建党73周年文艺晚会。7月，举办“劳动保险杯”暨区直机关第八届水上运动会，有124名运动员参加。8月,在区直机关开展编、演、讲、树身边好人好事活动。1995年6月，举办“劳动保险杯”暨区直机关第九届水上运动会活动，有268名运动员参加。11月，举办“迎新春书法、绘画、摄影大奖赛”和“青年职工乒乓球比赛”活动。1996年3月，在区直机关开展“党员政治生日”纪念活动。6月，举办“劳动保险杯”暨区直机关第十届水上运动会。同月,在党员干部中开展“学条规，守纪律，作表率”演讲比赛活动，有12人参加比赛。7月，举办“双学”知识竞赛活动，有1000多名机关党员参加答题。8月，区直机关50多个单位开展“抓党建，促服务，塑形象，创一流，做优秀公仆”活动。1997年6月，举办“庆七一，迎香港回归”活动。8月，举办“劳动保险杯”第十一届水上运动会。10月,举办区直机关“农行杯”篮球、乒乓球比赛和趣味运动会。11月,开展评选“三优”文明部门、“三满意”好公仆活动。1998年6月，举办“劳动保险杯”暨区直机关第十二届水上运动会，有146名运动员参加活动。10月，举办“农信杯”区直机关运动会。12月，在机关内开展“十佳”先进个人的评选活动。1999年5月，举办“庆五一，迎五四”书法、绘画、摄影比赛和“优秀青年评选表彰”活动。7月，举办“劳动保险杯”暨区直机关第十三届水上运动会，有129名运动员参加活动。8月，举办区直机关“迎国庆”中国象棋比赛，有

64名选手参加。2000年5月，开展纪念建党79周年活动。7月，举办“劳动保险杯”暨区直机关第十四届水上运动会，有118名运动员参加。2001年3月，开展评选“巾帼建功明星”活动，有25人获“巾帼建功明星”称号。7月，举办“劳动保险杯”暨第十五届水上运动会，有90名运动员参赛。2003年，举办学习十六大精神“质监杯”硬笔书法展览，收到22个部门、单位的178名党员干部的书法作品230幅。2005年，在党员干部中开展“争做青年志愿者，争创青年文明号”活动，组织“巾帼建功”、爱心献“春蕾”活动，会同区体育局组织开展迎春长跑、风筝会风筝放飞等体育活动。2006年，组织第十八届水上运动会暨庆“七一”书画展、太极拳培训等。2007年，组织参加第24届潍坊国际风筝会风筝扎制放飞、市太极拳表演、区直机关“国税杯”篮球赛、“地税杯”党的十七大精神知识竞赛、“十佳特色家庭”评选等活动。2008年，在汶川地震捐款活动中，共接受1838名党员的特殊党费660789.39元，其中缴纳1000元以上的党员有186人。2009年，先后组织党员参与新春书画展、学习实践科学发展观演讲比赛、拔河、女职工跳绳、植树绿化、风筝会风筝放飞和文展会等活动。2010年，在区直机关开展“强化服务促发展”主题系列活动。部分区直部门与基层139个村居结对共建，结对帮扶人数有1200余人，落实帮扶项目170余个，捐款捐物共计15余万元，评选表彰“优质服务品牌”30个、“服务标兵”35名。2011年，组织区直各部门着力打造各具特色的优质服务品牌，开展“岗位建功立业，争当服务标兵”活动，对30个“优质服务品牌”、35名“服务标兵”予以通报表彰。2012年，联合团区委等部门在机关青年党员干部中组织开展“爱我潍城，映亮团徽，做文明使者”主题演讲比赛，参与组织全区风筝放飞、全民健身健步行等活动。2013年，组织党员参与“中国梦”演讲比赛、全区风筝放飞比赛、女职工跳绳比赛等活动。

第十章 信访

第一节 信访制度建设

1992年，贯彻落实《山东省信访处理暂行规定》，使信访工作逐步走上规范化轨道。1993年，根据《山东省人民群众上访程序》和全省信访会议要求，全区信访工作实行目标管理和百分制考核制度，区委、区政府与各镇、街道及有关委局共18个单位签订《信访工作目标管理责任书》，具体分为24个项目，严格规定考核标准，落实各级部门信访工作任务、责任和奖惩措施。1995年10月，国务院发布《信访条例》后，潍城区严格按照程序规范信访工作，做好群众来信来访登记、接谈（阅信）、告知、交办、督办、回访、信息分析、上报、归档等工作。1997年8月，潍城区建立基层党政主要领导处理信访情况通报制度，对各镇、街道党（工）委书记、镇长（主任）及签订信访工作目标责任书的区直部门主要负责人处理信访问题的情况进行通报。基层党政主要领导处理信访问题，一般一月内办结，由信访工作人员填写《党政主要领导处理信访问题登记表》，一案一表，于每月25日前报区委、区政府信访局，由区委办公室在全区通报，并作为年终目标责任制考核的一项重要内容。1998 年 11 月，潍城区委、区政府制定《关于严禁党员、干部和公职人员煽动、组织或参与群众集体上访等问题的规定》。12 月，全区实行政法机关联合接访制度。联合接访由区委政法委组织公、检、法、司 4 个部门负责人和有关科室负责人及负责法律咨询的律师参加，并邀请信访局负责人参与，实行定期接访和现场办公。2003 年，通过落实调研排查制度，及时化解排查出的不安定因素；通过落实督查督办制度，转办、交办案件的按时处结率达到 98% 以上；通过落实回访制度，回访率达到 60%。2004 年，调整区级领导接访日，确定每月 5 日、10 日、15 日、20 日、25 日分别为区委、区人大、区政府、区政协、区纪委领导接访日，做好上访群众的接访劝返工作。2005 年，制定《潍城区处理来信工作规程（试行）》《潍城区处理来访工作规程（试行）》《潍城区信访督查工作规程（试行）》，这三项规程明确了各级责任、办案程序、工作要求。2008 年，推行预警机制，一日一排查，一日一汇总分析，重点敏感时期对矛盾纠纷进行阶段性排查，将排查出的不稳定因素建立台账，实行动态管理，落实包案领导、责任单位和责任人。全年化解基层矛盾纠纷 490 多起，预防、化解群众上访 61 起。2012 年 9 月，全区试行推广听证机制，利用 3 年时间在街居层面逐步建立听证制度，对疑难、重大信访案件全面实行听证，由人大代表、政协委员、律师等听证员对信访案件作出公正评价。全年对 4 起疑难信访问题召开听证会，对 9 起疑难信访案件进行复查，推动了信访问题的依法终结。2013 年，建立完善联名信、集体访处理及群众信访回复、网上信访办理、信访信息系统使用等制度，对每个信访件提出明确办理要求，限期办结。

第二节　信访案件处理

在处理信访案件时，始终坚持实事求是、平等公平、维护权益、社会稳定原则，对群众的每一件来信、每一起来访，都严格按程序查处。1991—1996 年，全区受理信访案件 20970 件次，处结 20808 件次，处结率达 99.2%，其中 13856 件次在基层解决。2003—2005 年，全区共受理群众来信来访 1905 件（起），其中区信访局受理 950 件（起）、基层单位受理 955 件（起），均全部处结。2006—2008 年，全区共受理来信来访 1454 件（起），均全部处结。2009—2012 年，跟踪、督办信访案件 1709 件（起），均全部处结，群众满意率达 98% 以上。2012 年，共立案督办重点信访案件 99 件（起），全部按要求办结，群众满意率达 90% 以上。2013 年，全区受理来信来访 754 件（起），其中来信 118 件、来访 580 起、网上信访 56 件，一次处结率均达到 90% 以上；督导重点信访案件 62 起，全部落实包案领导和直接责任人。

第十一章　党史研究

第一节　机　构

1991年，中共潍城区委党史资料征集研究委员会办公室为正科级事业单位。同年11月，更名为中共潍城区委党史资料征集编纂委员会，为全额拨款的正科级事业单位。1993年11月撤销，党史工作的职能及人员编制并入区档案馆。1995年11月，设立党史办公室，为全额拨款的副科级事业单位,定编3人,隶属区委办公室。1997年12月，更名为中共潍城区委党史研究室，调整为正科级事业单位，其原定机构的性质、编制员额、经费渠道及隶属关系不变。2008年2月,增加编制4名，定编7名。2012年，定编8名，参照公务员管理。至2013年，机构无变化。

第二节　资料整理编研

1991年，编辑出版《潍城党史资料》6本，共计20余万字。为中央、省、市党史部门出版的党史书籍供稿3万余字。在《山东党史》《潍坊日报》等刊物发表文章10篇。与潍城电视台联合录制《人民不会忘记》党史专题片，并在潍城电视台播放，时长100分钟。1993年9月，编辑出版《中共潍城历史简编 （1921—1949）》，共计14万字，该书按照民主革命的各个历史阶段，回顾总结了潍县党组织建立和发展的光辉历程，概括记述了潍县党政军民在各个历史阶段前仆后继、艰苦奋斗的不朽功绩，集中展现了潍县早期共产党人为共产主义事业不怕牺牲、英勇奋进的战斗风貌。1999年3月，编辑出版《中国共产党山东省潍坊市组织史资料·潍城区卷（1987—1997）》，共26.6万字，该书真实地记载了全区副科级以上机构的设置和建撤、归并、升降以及副科级以上干部的更新情况，如实反映了各级党组织和党员队伍的发展和变化情况。2000年，按照中央党史研究室和省委党史研究室关于编纂《人民英雄大典》和《齐鲁共产党人》的要求,选取宋伯行、裴昌会2名潍城籍入典人物，完成照片、资料整理和上报工作。2002年，编辑出版《中共潍坊市潍城区历史大事记》，共64.8万字，该书客观、公正、全面地记载了1921年7月—2001年6月潍城区（包括原潍坊市）党组织从星星之火发展为燎原之势、带领广大人民群众开展革命斗争、夺取民主革命胜利、进行社会主义革命和建设的曲折历程。2004年以后，每年编纂一部《中共潍城年鉴》。2006年10—12月，按照山东省委和潍坊市委的总体要求，全面系统、深入细致地调查研究全区抗战时期人口伤亡和财产损失情况,完成抗战课题调研任务。2010年11—12月，按照全市革命遗址普查工作的安排部署，对全区革命遗址进行普查，为7处革命遗址和3处其他遗址建立档案。

第三节　党史年鉴

自2004年起，由中共潍城区委主办，潍城区委党史研究室每年编印一卷《中共潍城年鉴》。该书以区委的重大决策、重点工作、重要活动为主线，全面、系统、翔实、客观地反映潍城区各级各部门在区委、区政府领导下每年所取得的成就和经验。共开设特载、大事记、概况、党务、政务、政法、经济管理、农业、工业、商贸等20多个部类。至2013年，已出版10卷，共计800余万字、500余幅时政及潍城风采图片。每卷《中共潍城年鉴》均获山东省党史系统优秀成果奖。

第十二章　党校教育

第一节　干部培训

1991—1992年，深入学习贯彻中共十三届七中、八中全会和十四大精神，举办科级干部进修班、农村支部书记培训班、农村青年培训班、企业青年干部培训班等共14期，培训1128人；协助相关部门举办劳动服务公司待业青年培训班、档案局文书培训班、施工员培训班等7期，培训780人。1993—1994年，围绕建设社会主义市场经济和服务区委中心工作，举办副科级领导干部培训班2期，培训108人；举办厂长经理和营销人员培训班、股份制知识培训班、全区中青年干部培训班等15期，培训1899人；协助区委组织部举办涉外知识函授进修班，协助区委宣传部举办职工市场经济理论辅导员培训班等。1995—1996年，认真学习贯彻中共十四届五中、六中全会精神，举办主体班次16期，其中副科级干部进修班6期、农村支部书记轮训班4期、街道居委会书记主任轮训班2期、青年干部培训班2期、其他培训班2期，共培训1144人；与区人事局联合举办国家公务员初级计算机能力培训班、与区财政局联办微机联网培训班各2期，参训学员有74人；举办考前辅导班2期，学员达442人。1997—1998年，围绕培养高素质干部队伍这一根本任务，认真贯彻实施全区干部培训规划，共举办主体班次培训13期，培训1426人。其中，副科级领导干部进修班8期，计512人；农村（街居）党支部书记、社教队员培训班2期，计741人；区属企业青年干部培训班1期，计40人；新任村党支部书记、主任培训班1期，计95人；中青年干部培训班1期，计38人。同时配合区有关部门举办初级工商管理资格培训班、技工专业知识培训班。1999—2000年，扎实推进“三讲”教育和“三个代表”重要思想学习宣传，先后开设主体培训班次12期，其中副科级领导干部进修班6期、企业领导干部培训班2期、居委会两委成员培训班1期、其他培训班次3期，共计939人参训。2001—2002年，紧密结合区委、区政府中心工作和参训学员岗位需求，举办副科级领导干部培训班4期、区直部门中层干部培训班2期、优秀青年培训班1期、其他类别培训班3期，共计540人参训。2003—2004年，全面贯彻落实中央大规模培训干部、大幅度提高干部队伍素质的战略部署，举办主体班次培训13期，其中科级干部进修班7期、农村优秀青年后备干部培训班2期、宣传干部培训班1期、组工干部培训班1期、其他培训班次2期，共计1087人参训。2005—2006年，按照区委年度干部培训规划，举办副科级领导干部培训班、新任农村党支部书记培训班、优秀青年干部培训班等共12期，共计542人参训。2007—2008年，坚持从严治校、从严治学，先后开设主体班次培训19期，包括科级干部进修班6期、经贸人才培训班2期、贯彻党的十七届三中全会精神轮训班2期、农村优秀青年后备干部培训班2期、妇女干部培训班1期、新考选公务员培训班1期，其他培训班次5期，共计1120人参训。2009—2010年，按照区委、区政府决策部署和全区经济社会发展需要，扎实推进各类主体班次培训，举办科级干部进修班、"基层党组织建设"干部培训班、"机关干部服务年"领导骨干进修班等10期，同时与区计生局联合举办全区计生干部培训班2期，共计920人参训。2011—2012年，根据年度干部培训计划，举办主体班次培训11期，其中"工作提升年"骨干进修班3期、全区"提升综合素质"领导骨干进修班1期、中小学校长党性教育培训班1期、与区计生局联合举办全区计生干部培训班2期、其他培训班次4期，共计858人参训。2013年，举办科级干部进修班、村居党组织书记培训班和入党积极分子培训班各2期，累计培训各类学员868人。

第二节　社会宣教

1991—1992年，围绕学习中共十三届七中、八中全会和十四大精神等党的最新理论，选派30人次到职业中专、55084部队、市立医院等单位进行宣讲。1997年，中国共产党第十五次全国代表大会召开，党校组成宣讲团，深入各部门、街道、乡镇进行党的理论宣讲。2002年，中国共产党第十六次全国代表大会召开，党校选派多名骨干教师成立宣讲团，深入到各部门和乡镇进行理论宣传。2007年，根据区委部署，举行4次十七大精神集中宣讲，轮训全区600余名科级干部。2012年，开展4次关于全区科级领导干部学习宣传贯彻中共十八大精神的宣讲活动。选派1名教学副校长、5名骨干教师参加中共十八大精神宣讲团，深入全区开展宣传。2013年，选派6名教师参加全区十八届三中全会精神宣讲团，先后赴全区4个街道和8个区直部门进行宣讲。

第三节　学历教育

1991—1992年，拓展办学渠道，不断增加学习班次，举办党政专业、经济管理专业、90级大中专专业、92级中央党校函大班等10个学历班次和辅导班。1993—1994年，开设中央党校函授大专班2个、业余中专班5个、潍坊一轻脱产班3个、其他学历班次23个，总计3650人参加学习培训。1995—1996年，广开门路多渠道办学，开设学历班次23个，其中业余班次12个、脱产班次11个，在册学员1994人，为社会培养各类急需人才。1997—1998年，新招本科班4个、大专班4个、中专班2个，在校学员有851人。1999—2000年，充分利用既有师资力量，继续举办省委党校业余教育学历班次，开设本科班2个、大专班4个，在校学员有546人。2001—2002年，招收经济管理和法律2个专业6个班次，共录取610人。2003—2004年，继续举办省委党校干部业余学历班次，开设7个班次，其中大专班3个、本科班4个。两年间共有501名学员顺利毕业。2005—2008年，认真贯彻省委党校要求，不断完善业余教育规章制度，开设法律和经济管理2个专业6个班次，在校学员有560人。342人顺利完成学业。与青岛大学开展联合办学，成立青岛大学MPA潍城教学基地，并完成青岛大学2008级MPA研究生（潍坊班）招生工作。2009—2010年，严格按照省委党校、市委党校相关规定，严把招生关、教学关、考勤关、作业关等"八关"，招收最后一批学员25人，在校学员达230人。2010年，区委党校获评为潍坊市党校系统业余函授教育先进单位。2012年，最后一届25名学员顺利毕业，完成党校业余学历教育的收尾工作。

第四节　理论研究

1991—1992年，在各类杂志发表论文41篇，编写培训教材1本，组织教师深入街道、厂矿、学校调研26次，撰写调研报告9篇。1993—1994年，全校教师发表论文17篇。组织教师深入基层调研3次，撰写调研报告3篇。结合纪念毛泽东诞辰100周年，举办理论研讨会，提交相关论文8篇。1995—1996年，在市级以上刊物发表论文和调研报告26篇，有2篇文章被分别收入中国当代文献丛书《成功之路》和《改革理论与实践》，参编的《新时期党建研究》一书出版，在张家港市精神文明建设研讨会和全市党校系统党建理论研讨会上交流论文并获奖。1997—1998年，围绕科研为提高教学质量服务、为党委政府决策服务的“两服务”方针，在省级、市级以上刊物发表论文27篇，出版教材、理论读物3本，分别在全区人大工作理论与实践研讨会和全市实施“民心工程”理论研讨会上交流论文。1999—2000年，全面推进科研、调研、教研工作，在各类报纸杂志发表论文51篇，其中国家级4篇、省级17篇、市级22篇、区级8篇，有1篇论文被上级作为决策参考使用，6篇论文获市级优秀科研成果奖。2001—2002年，围绕区委、区政府中心工作，针对全区经济社会发展中的热点问题进行深入调查研究，在各级各类刊物发表论文45篇。在省委党校系统党史学会组织的纪念中国共产党成立80周年征文活动中，获2项一等奖、3项二等奖。1篇调研报告被全市党校系统重点资助课题成果组鉴定为良好。2003—2004年，坚持将科研作为全校中心工作之一，推动科研成果上档次、出精品，发表论文52篇，其中国家级和省级12篇，市级40篇，有12篇论文获得市级以上优秀科研成果奖。2005—2006年，发表论文34篇，其中国家级3篇、省级10篇、市级21篇，7篇文章获得市级以上优秀科研成果奖。2007—2008年，继续加大科研调研力度，完善科研保障举措，推动科研进课堂、上档次、出精品，发表论文40篇，其中国家级4篇、省级12篇。有11篇论文在全市党校系统评比中获奖，有5项课题被潍坊市委党校立项，有5篇调研报告在《潍城情况》刊发，为区委、区政府决策提供了有效参考。2009—2010年，坚持将科研作为党校基础性工作常抓不懈，不断加大科研工作力度，在各类刊物发表论文61篇，其中国家级4篇、省级20篇。《潍坊市潍城区构建五个机制，扎实推进社会主义核心价值体系建设》在《潍坊政法》《山东宣传工作》刊发，《关于潍城区构建基层公共安全防控体系的调查与研究》先后在《潍坊政法》《山东政法》刊发。组织教师深入一线开展调研，共形成13篇调研报告。成功申报1项全省党校系统重点研究课题、7项全市党校系统调研课题。有8篇论文在潍坊市党校系统评选中获奖。区委党校获得2010年潍坊市党校系统科研工作先进单位。2011—2012年，发表论文61篇，其中国家级8篇、省级20篇。成功申报1项全省党校系统重点研究课题、7项全市党校系统调研课题。有11篇文章在全市党校系统评比中获奖。2013年，发表文章32篇。组织教师深入南关街道、滨海经济技术开发区等开展调研，形成4篇调研报告，在《潍城情况》专题刊发。1项课题被省委党校立项，2项课题被潍坊市社科联立项，4项课题被市委党校立项。1项课题获全市党校系统调研课题一等奖、1项课题获二等奖。区委党校获评为2013年全市党校系统科研工作组织奖。

中共潍坊市潍城区委党校

第十三编

地方权力机关

第一章　潍坊市潍城区人民代表大会

第一节　代表选举

第十二届人民代表大会代表选举

1989年11月21日，潍城区十一届人大常委会第17次会议批准成立潍城区选举委员会，由24人组成。1990年1月18日，区十一届人大常委会第18次会议确定潍城区第十二届人大代表名额为300人。全区划分为190个选区，依法确定选民369650人。提名推荐代表候选人481人，是应选代表的1.6倍。在法定选举日（1990年2月15日）以无记名投票方式选出正式代表293人。经审查，代表资格全部有效。

当选的293名代表中，工人及农民代表178人，占60.7%；干部代表57人，占19.4%；知识分子代表48人，占16.3%；妇女代表82人，占27.9%；党员代表181人，占61.7%；解放军代表1人，占0.3%。

区十二届人大一次会议后，先后补选区人大代表6人。

第十三届人民代表大会代表选举

1992年10月21日，潍城区十二届人大常委会第18次会议批准成立潍城区选举委员会，由15人组成。会议确定潍城区第十三届人大代表名额为300人。全区划分为189个选区，依法确定选民397355人。提名推荐代表候选人486人，是应选代表的1.6倍。在法定选举日（1992年12月26日）以无记名投票方式选出正式代表300人。经审查，代表资格全部有效。

当选的300名代表中，工人及农民代表172人，占57.3%；干部代表65人，占21.7%；知识分子代表51人，占17%；妇女代表96人，占32%；党员代表183人，占62%；解放军代表1人，占0.33%。

区十三届人大一次会议后，先后补选区人大代表28人。

第十四届人民代表大会代表选举

1997年11月5日，潍城区十三届人大常委会第32次会议批准成立潍城区选举委员会，由17人组成。会议确定潍城区第十四届人大代表名额为189人。全区划分为114个选区，依法确定选民232919人。提名推荐代表候选人299人，是应选代表的1.6倍。在法定选举日（1997年12月30日）以无记名投票方式选出正式代表187人。经审查，代表资格全部有效。

当选的187名代表中，工人及农民代表102人，占54.5%；干部代表43人，占23%；知识分子代表36人，占19.3%；妇女代表56人，占29.9%；党员代表129人，占68.9%；解放军代表5人，占2.7%。

区十四届人大一次会议后，先后补选区人大代表20人。

第十五届人民代表大会代表选举

2002年11月26日，潍城区十四届人大常委会第38次会议批准成立潍城区选举委员会，由17人组成。会议确定潍城区第十五届人大代表名额为189人。全区划分为117个选区，依法确定选民188225人。提名推荐代表候选人307人，是应选代表的 1.6 倍。在法定选举日(2003 年 1 月 5 日)以无记名投票方式选出正式代表 188 人。经审查，代表资格全部有效。

当选的 188 名代表中，工人及农民代表 111 人，占 59%；干部代表 51 人，占 27.1%；知识分子代表 23 人，占 12.2%；妇女代表 48 人，占 25.5%；党员代表 149 人，占 79.2%；解放军代表 3 人，占 1.6%。

区十五届人大一次会议后，先后补选区人大代表 17 人。

第十六届人民代表大会代表选举

2007 年 9 月 27 日，潍城区十五届人大常委会第 38 次会议批准成立潍城区选举委员会，由 20 人组成。会议确定潍城区第十六届人大代表名额为 195 人。全区划分为 105 个选区，依法确定选民 213252 人。提名推荐代表候选人 299 人，是应选代表的 1.5 倍。在法定选举日(2007 年 11 月 23 日)以无记名投票方式选出正式代表 194 人。经审查，代表资格全部有效。

当选的 194 名代表中，工人、农民和其他劳动者代表 109 人，占 56.1%；干部代表 52 人，占 26.8%；知识分子代表 30 人；占 15.4%；妇女代表 51 人，占 26.2%；党员代表 158 人，占 81.4%；解放军代表 3 人，占 1.5%。

区十六届人大一次会议后，先后补选区人大代表 19 人。

第十七届人民代表大会代表选举

2011 年 7 月 29 日，潍城区十六届人大常委会第 25 次会议批准成立潍城区选举委员会，由 13 人组成。会议确定潍城区第十七届人大代表名额为 195 人。全区划分为 90 个选区，依法确定选民 265301 人。提名推荐代表候选人 279 人，是应选代表的 1.4 倍。在法定选举日(2011 年 12 月 16 日)以无记名投票方式选出正式代表 189 人。经审查，代表资格全部有效。

当选的 189 名代表中，工人、农民和其他劳动者代表 103 人，占 54.4%；妇女代表 51 人，占 26.9%；党员代表 137 人，占 72.5%；解放军代表 2 人，占 1%。

区十七届人大一次会议后，先后补选区人大代表 16 人。

第二节 区人民代表大会

1990—2013 年，潍城区人民代表大会历经 6 届：第十二届（1990 年 3 月—1993 年 2 月）、第十三届（1993 年 2 月—1998 年 1 月）、第十四届（1998 年 1 月—2003 年 1 月）、第十五届（2003 年 1 月—2007 年 12 月)、第十六届(2007 年 12 月—2012 年 1 月）、第十七届（2012 年 1 月始）。

第十二届人民代表大会

第一次会议前志已述。

第二次会议　1991 年 4 月 12—15 日在十笏园宾馆(区政府招待所)召开。出席会议代表 297 人、列席 73 人、特邀 13 人。

会议听取和审议区长梁吉人作的《政府工作报告》、区人大常委会主任王国勋作的《区人大常委会工作报告》以及《区法院工作报告》《区检察院工作报告》；审查批准《潍城区 1991—1995 年国民经济和社会发展计划的决议（草案）》《潍城区 1991 年国民经济和社会发展计划(草案)的报告》《潍城区 1990 年财政决算和 1991 年财政预算（草案）的报告》。大会一致通过上述报告，并作出相应决议。大会补选区第十二届人民代表大会常务委员会委员 2 名。

第三次会议　1992 年 4 月 26—30 日在十笏园宾馆召开。出席会议代表 299 人、列席 81 人、特邀 12 人。

会议听取和审议区长梁吉人作的《政府工作报告》、区人大常委会主任王国勋作的《区人大常委会工作报告》以及《区法院工作报告》《区检察院工作报告》；审查批准《潍城区 1992 年国民经济和社会发展计划（草案）的报告》《潍城区 1991 年财政决算和 1992 年财政预算（草案）的报告》。

大会一致通过上述报告，并作出相应决议。大会补选区第十二届人民代表大会常务委员会副主任2名、委员1名，补选区人民政府副区长1名。

第十三届人民代表大会

第一次会议　1993年2月8—13日在十笏园宾馆召开。出席会议代表298人、列席67人、特邀22人。

会议听取和审议副区长杨继生作的《政府工作报告》、区人大常委会主任王国勋作的《区人大常委会工作报告》以及《区法院工作报告》《区检察院工作报告》；审查批准《潍城区1993年国民经济和社会发展计划（草案）的报告》《潍城区1992年财政决算和1993年财政预算（草案）的报告》。大会一致通过上述报告，并作出相应决议。大会选举区第十三届人民代表大会常务委员会主任、6名副主任、16名委员，选举区人民政府区长、5名副区长，选举区人民法院院长、区人民检察院检察长，选举潍坊市第十二届人民代表大会代表88名。

第二次会议　1994年3月17—20日在十笏园宾馆召开。出席会议代表301人、列席62人、特邀15人。

会议听取和审议区长杨继生作的《政府工作报告》、区人大常委会主任王国勋作的《区人大常委会工作报告》以及《区法院工作报告》《区检察院工作报告》；审查批准《潍城区1994年国民经济和社会发展计划（草案）的报告》《潍城区1993年财政决算和1994年财政预算（草案）的报告》。大会一致通过上述报告，并作出相应决议。

第三次会议　1995年3月27—30日在十笏园宾馆召开。出席会议代表199人、列席49人、特邀13人。

会议听取和审议代区长韩俊生作的《政府工作报告》、区人大常委会主任王国勋作的《区人大常委会工作报告》以及《区法院工作报告》《区检察院工作报告》；审查批准《潍城区1995年国民经济和社会发展计划（草案）的报告》《潍城区1994年财政决算和1995年财政预算（草案）的报告》。大会一致通过上述报告，并作出相应决议。会议补选区人民政府区长。

第四次会议　1996年3月12—15日在十笏园宾馆召开。出席会议代表208人、列席55人、特邀11人。

会议听取和审议区长韩俊生作的《政府工作报告》、副区长陈笃祥《关于潍城区国民经济和社会发展第九个五年计划及2010年远景目标纲要(草案)的报告》、区人大常委会主任王国勋作的《区人大常委会工作报告》以及《区法院工作报告》《区检察院工作报告》；审查批准《潍城区1995年国民经济和社会发展计划执行情况与1996年国民经济和社会发展计划（草案）的报告》《潍城区1995年财政预算执行情况和1996年财政预算（草案）的报告》。大会一致通过上述报告，并作出相应决议。会议接受区第十三届人民代表大会常务委员会2名副主任、区人民政府1名副区长、区人民法院院长辞去职务的请求。大会补选第十三届人民代表大会常务委员会副主任3名、委员3名，补选区人民政府副区长1名,补选区人民法院院长。

第五次会议　1997年3月8—11日在十笏园宾馆召开。出席会议代表209人、列席63人、特邀11人。

会议听取和审议区长韩俊生作的《政府工作报告》、区人大常委会主任王国勋作的《区人大常委会工作报告》以及《区法院工作报告》《区检察院工作报告》；审查批准《潍城区1996年国民经济和社会发展计划执行情况与1997年计划（草案）的报告》《潍城区1996年财政预算执行情况和1997年财政预算（草案）的报告》。大会一致通过上述报告，并作出相应决议。会议补选区人民代表大会常务委员会委员1名。

第十四届人民代表大会

第一次会议　1998年1月16—21日在十笏园宾馆召开。出席会议代表186人、列席68人、特邀17人。

会议听取和审议代理区长王秀河作的《政府工作报告》、区人大常委会主任王国勋作的《区人大常委会工作报告》以及《区法院工作报告》《区检察院工作报告》；审查批准《潍城区 1997 年国民经济和社会发展执行情况与 1998 年国民经济和社会发展计划（草案）的报告》《潍城区 1997 年财政预算执行情况和 1998 年财政预算（草案）的报告》。大会一致通过上述报告，并作出相应决议。大会选举区第十四届人民代表大会常务委员会主任、7 名副主任、11 名委员，选举区人民政府区长、6 名副区长，选举区人民法院院长、区人民检察院检察长，选举潍坊市第十三届人民代表大会代表 38 名。

第二次会议　1999 年 3 月 9—12 日在十笏园宾馆召开。出席会议代表 189 人、列席 76 人、特邀 15 人。

会议听取和审议区长王秀河作的《政府工作报告》、区人大常委会副主任岳战春作的《区人大常委会工作报告》以及《区法院工作报告》《区检察院工作报告》；审查批准《潍城区 1998 年国民经济和社会发展计划执行情况与 1999 年国民经济和社会发展计划（草案）的报告》《潍城区 1998 年财政预算执行情况和 1999 年财政预算（草案）的报告》。大会一致通过上述报告，并作出相应决议。

第三次会议　2000 年 1 月 23—26 日在十笏园宾馆召开。出席会议代表 189 人、列席 79 人、特邀 14 人。

会议听取和审议区长王秀河作的《政府工作报告》、区人大常委会副主任岳战春作的《区人大常委会工作报告》以及《区法院工作报告》《区检察院工作报告》；审查批准《潍城区 1999 年国民经济和社会发展计划执行情况与 2000 年国民经济和社会发展计划（草案）的报告》《潍城区 1999 年财政预算执行情况和 2000 年财政预算（草案）的报告》。大会一致通过上述报告，并作出相应决议。大会补选区第十四届人民代表大会常务委员会副主任 1 名。

第四次会议　2001 年 3 月 6—9 日在十笏园宾馆召开。出席会议代表 188 人、列席 84 人、特邀 14 人。

会议听取和审议区长王秀河作的《潍城区国民经济和社会发展第十个五年计划纲要（草案）的报告》、区人大常委会副主任岳战春作的《区人大常委会工作报告》以及《区法院工作报告》《区检察院工作报告》；审查批准《潍城区 2000 年国民经济和社会发展计划执行情况与 2001 年国民经济和社会发展计划（草案）的报告》《潍城区 2000 年财政预算执行情况和 2001 年财政预算（草案）的报告》。大会一致通过上述报告，并作出相应决议。大会接受区第十四届人民代表大会常务委员会 2 名副主任、4 名委员辞去职务的请求，接受区人民政府 2 名副区长、区人民法院院长辞去职务的请求。大会补选区第十四届人民代表大会常务委员会副主任 2 名、委员 4 名，补选区人民政府副区长 2 名，补选区人民法院院长。

第五次会议　2002 年 3 月 12—15 日在十笏园宾馆召开。出席会议代表 189 人、列席 91 人、特邀 13 名。

会议听取和审议区长王秀河作的《政府工作报告》、区人大常委会副主任岳战春作的《区人大常委会工作报告》以及《区法院工作报告》《区检察院工作报告》；审查批准《潍城区 2001 年国民经济和社会发展计划执行情况与 2002 年国民经济和社会发展计划（草案）的报告》《潍城区 2001 年财政预算执行情况和 2002 年财政预算（草案）的报告》。大会一致通过上述报告，并作出相应决议。大会补选区第十四届人民代表大会常务委员会副主任 1 名。

第十五届人民代表大会

第一次会议　2003 年 1 月 20—24 日在十笏园宾馆召开。出席会议代表 188 人、列席 72 人、特邀 17 人。

会议听取和审议代理区长孙万奎作的《政府

工作报告》、区人大常委会副主任岳战春作的《区人大常委会工作报告》以及《区法院工作报告》《区检察院工作报告》；审查批准《潍城区 2002 年国民经济和社会发展计划执行情况与 2003 年国民经济和社会发展计划（草案）的报告》《潍城区 2002 年预算执行情况和 2003 年预算（草案）的报告》。大会一致通过上述报告，并作出相应决议。大会选举区第十五届人民代表大会常务委员会主任、7 名副主任、13 名委员，选举区人民政府区长、6 名副区长，选举区人民法院院长、区人民检察院检察长，选举潍坊市第十四届人民代表大会代表 36 名。

第二次会议　2004 年 1 月 4—7 日在十笏园宾馆召开。出席会议代表 188 人、列席 72 人、特邀 16 人。

会议听取和审议区长孙万奎作的《政府工作报告》、区人大常委会副主任王永峰作的《区人大常委会工作报告》以及《区法院工作报告》《区检察院工作报告》；审查批准《潍城区 2003 年国民经济和社会发展计划执行情况与 2004 年国民经济和社会发展计划（草案）的报告》《潍城区 2003 年财政预算执行情况和 2004 年财政预算（草案）的报告》。大会一致通过上述报告，并作出相应决议。大会补选区第十五届人民代表大会常务委员会委员 3 名。

第三次会议　2005 年 1 月 26—28 日在潍州剧场召开。出席会议代表 184 人、列席 77 人、特邀 16 人。

会议听取和审议区长孙万奎作的《政府工作报告》、区人大常委会副主任王永峰作的《区人大常委会工作报告》以及《区法院工作报告》《区检察院工作报告》；审查批准《潍城区 2004 年国民经济和社会发展计划执行情况与 2005 年计划（草案）的报告》《潍城区 2004 年预算执行情况和 2005 年预算（草案）的报告》。大会一致通过上述报告，并作出相应决议。

第四次会议　2006 年 3 月 1—3 日在潍州剧场召开。出席会议代表 187 人、列席 81 人、特邀 16 人。

会议听取和审议区长孙万奎作的《政府工作报告》、区人大常委会第一副主任王永峰作的《区人大常委会工作报告》以及《区法院工作报告》《区检察院工作报告》；审查批准《潍城区国民经济和社会发展第十一个五年规划纲要（草案）》《潍城区 2005 年国民经济和社会发展计划执行情况与 2006 年计划（草案）的报告》《潍城区 2005 年预算执行情况和 2006 年预算（草案）的报告》。大会一致通过上述报告，并作出相应决议。大会接受区第十五届人民代表大会常务委员会 2 名副主任、2 名委员辞去职务的请求。大会补选区十五届人大常委会副主任 1 名、委员 3 名。

第五次会议　2007 年 1 月 30 日—2 月 3 日在潍州剧场召开。出席会议代表 189 人、列席 79 人、特邀 16 人。

会议听取和审议代理区长张润国作的《政府工作报告》、区人大常委会第一副主任王永峰作的《区人大常委会工作报告》以及《区法院工作报告》《区检察院工作报告》；审查批准《潍城区 2006 年国民经济和社会发展计划执行情况与 2007 年计划（草案）的报告》《潍城区 2006 年预算执行情况和 2007 年预算（草案）的报告》。大会一致通过上述报告，并作出相应决议。会议接受区人民政府 2 名副区长辞去职务的请求。大会补选十五届人民代表大会常务委员会副主任 2 名，补选区人民政府区长，补选区人民检察院检察长。

第十六届人民代表大会

第一次会议　2007 年 12 月 10—14 日在潍州剧场召开。出席会议代表 194 人、列席 74 人、特邀 18 人。

会议听取和审议区长张润国作的《政府工作报告》、区人大常委会第一副主任王永峰作的《区人大常委会工作报告》以及《区法院工作报告》《区检察院工作报告》；审查批准《潍城区 2007 年国民经济和社会发展计划执行情况与 2008 年计划（草案）的报告》《潍城区 2007 年预算执行情况和2008年预算（草案）的报告》。大会一致通过上述报告，并作出相应决议。大会选举区第十六届人民代表大会常务委员会主任、第一副主任、6名副主任、17名委员，选举区人民政府区长、6名副区长，选举区人民法院院长、区人民检察院检察长，选举潍坊市第十五届人民代表大会代表38名。

第二次会议　2008年3月18—19日在潍州剧场召开。出席会议代表195人、列席74人、特邀18人。

大会补选区第十六届人民代表大会常务委员会主任，补选区人民政府区长。

第三次会议　2009年1月15—18日在潍州剧场召开。出席会议代表195人、列席79人、特邀18人。

会议听取和审议区长赵伟宏作的《政府工作报告》、区人大常委会第一副主任王永峰作的《区人大常委会工作报告》以及《区法院工作报告》《区检察院工作报告》；审查批准《潍城区2008年国民经济和社会发展计划执行情况与2009年计划（草案）的报告》《潍城区2008年预算执行情况和2009年预算（草案）的报告》。大会一致通过上述报告，并作出相应决议。大会接受区人民代表大会常务委员会1名副主任、2名委员辞去职务的请求。补选区人民代表大会常务委员会副主任1名、委员2名。

第四次会议　2010年1月12—14日在潍州剧场召开。出席会议代表195人、列席88人、特邀18人。

会议听取和审议区长赵伟宏作的《政府工作报告》、区人大常委会第一副主任王永峰作的《区人大常委会工作报告》以及《区法院工作报告》《区检察院工作报告》；审查批准《潍城区2009年国民经济和社会发展计划执行情况与2010年计划（草案）的报告》《潍城区2009年预算执行情况和2010年预算（草案）的报告》。大会一致通过上述报告，并作出相应决议。大会接受潍城区第十六届人大常委会3名委员辞去职务的请求。大会补选区第十六届人民代表大会常务委员会副主任1名、委员2名。

第五次会议　2011年1月21—23日在潍州剧场召开。出席会议代表195人、列席81人、特邀17人。

会议听取和审议区长赵伟宏作的《政府工作报告》、区人大常委会第一副主任王永峰作的《区人大常委会工作报告》以及《区法院工作报告》《区检察院工作报告》；审查批准《潍城区国民经济和社会发展第十二个五年规划纲要（草案）》《潍城区2010年国民经济和社会发展计划执行情况与2011年计划（草案）的报告》《潍城区2010年预算执行情况和2011年预算（草案）的报告》。大会一致通过上述报告，并作出相应决议。大会接受区第十六届人民代表大会常务委员会第一副主任、1名副主任、1名委员辞去职务的请求。大会补选区第十六届人民代表大会常务委员会第一副主任、2名副主任，补选区人民政府副区长2名。

第十七届人民代表大会

第一次会议　2012年1月10—13日在潍州剧场召开。出席会议代表189人、列席82人、特邀19人。

会议听取和审议代理区长王兆辉作的《政府工作报告》、区人大常委会第一副主任张顺涛作的《区人大常委会工作报告》以及《区法院工作报告》《区检察院工作报告》；审查批准《潍城区2011年国民经济和社会发展计划执行情况与2012年计划（草案）的报告》《潍城区2011年预算执行情况和2012年预算（草案）的报告》。大会一致通过上述报告，并作出相应决议。大会选举区第十七届人民代表大会常务委员会主任、第一副主任、4名副主任、18名委员，选举区人民政府区长、6名副区长，选举区人民法院院长、区人民检察院检察长，选举潍坊市第十六届人民代表大会代表39名。

第二次会议　2013年4月1—3日在潍州剧场召开。出席会议代表185人、列席85人、特邀18人。

会议听取和审议代理区长刘泮英作的《政府工作报告》、区人大常委会第一副主任张顺涛作的《区人大常委会工作报告》以及《区法院工作报告》《区检察院工作报告》；审查批准《潍城区 2012 年国民经济和社会发展计划执行情况与 2013 年计划（草案）的报告》《潍城区 2012 年预算执行情况和 2013 年预算（草案）的报告》。大会一致通过上述报告，并作出相应决议。大会补选区第十七届人民代表大会常务委员会主任，补选区人民政府区长。

2013 年 4 月 1 日，潍城区第十七届人民代表大会第二次会议在潍州剧场开幕

第二章　潍坊市潍城区人大常委会

第一节　区人大常委会领导机构

1990—2013 年，潍坊市潍城区人民代表大会常务委员会历经 6 届：第十二届（1990 年 3 月—1993 年 2 月）、第十三届（1993 年 2 月—1998 年 1 月）、第十四届（1998 年 1 月—2003 年 1 月）、第十五届（2003 年 1 月—2007 年 12 月）、第十六届（2007 年 12 月—2012 年 1 月）、第十七届（2012 年 1 月始）。

1990—2013 年潍城区人大常委会主任、副主任任职情况表

表 13-1

届次	职务	姓名	籍贯	任职时间	备注
第十二届	主任	王国勋	山东高密	1990.3—1993.2	
	副主任	阎同舟	山东昌乐	1990.3—1993.2	
		赵学臣	山东掖县	1990.3—1993.2	
		张祥荣	潍坊潍城	1990.3—1993.2	
		苏乃谦	北京东城	1990.3—1993.2	
		周迎贤	山东安丘	1990.3—1993.2	
		韩振宗	潍坊潍城	1990.3—1993.2	
		刘述贵	潍坊寒亭	1992.4—1993.2	
		王玉田	潍坊奎文	1992.4—1993.2	

续表 13-1

届次	职务	姓名	籍贯	任职时间	备注
第十三届	主任	王国勋	山东高密	1993.2—1998.1	
	副主任	张祥荣	潍坊潍城	1993.2—1996.3	
		苏乃谦	北京东城	1993.2—1994.7	
		刘述贵	潍坊寒亭	1993.2—1998.1	
		王玉田	潍坊奎文	1993.2—1996.3	
		王振明	山东惠民	1993.2—1994.7	
		韩文中	潍坊奎文	1993.2—1996.3	
		丁振邦	山东五莲	1996.3—1998.1	
		高思今	山东胶州	1996.3—1998.1	
		袁文坤	潍坊潍城	1996.1—1998.1	
		郭公循	安徽萧县	1996.3—1998.1	
第十四届	主任	杨卫东	山东诸城	1998.1—2003.1	兼任
	副主任	岳战春	潍坊坊子	1998.1—2003.1	
		陈笃祥	潍坊潍城	1998.1—2003.1	
		张兆丰	山东昌邑	1998.1—2003.1	
		丁振邦	山东五莲	1998.1—2003.1	
		袁文坤	潍坊潍城	1998.1—2003.1	
		徐忠发	江苏大丰	1999.12—2003.1	
		张正云	潍坊奎文	2001.2—2003.1	
		谢秀芳	山东莱州	2001.2—2003.1	
		崔　刚	山东章丘	2002.3—2003.1	
		高思今	山东胶州	1998.1—2001.2	
		郭公循	安徽萧县	1998.1—2001.2	
第十五届	主任	王秀河	山东安丘	2003.1—2007.12	兼任
	副主任	王永峰	潍坊坊子	2003.1—2007.12	
		袁文坤	潍坊潍城	2003.1—2007.12	
		徐忠发	江苏大丰	2003.1—2007.12	
		张正云	潍坊奎文	2003.1—2006.2	
		谢秀芳	山东莱州	2003.1—2007.12	
		崔　刚	山东章丘	2003.1—2007.12	
		邵　利	黑龙江鸡东	2003.1—2006.2	
		袁义杰	淄博周村	2006.2—2007.12	
		崔志明	淄博临淄	2007.2—2007.12	
		陈德刚	江苏盐城	2007.2—2007.12	

续表 13-1

届次	职务	姓名	籍贯	任职时间	备注
第十六届	主任	王秀河	山东安丘	2007.12—2008.3	兼任
		张润国	山东昌乐	2008.3—2011.12	兼任
	副主任	王永峰	潍坊坊子	2007.12—2011.1	第一次会议选举为第一副主任
		张顺涛	潍坊寒亭	2011.1—2012.1	第五次会议选举为第一副主任
		崔　刚	山东章丘	2007.12—2011.1	
		崔志明	淄博临淄	2007.12—2012.1	
		袁义杰	淄博周村	2007.12—2009.1	
		陈德刚	江苏盐城	2007.12—2012.1	
		马文远	山东安丘	2007.12—2012.1	
		滕玉云	山东昌乐	2007.12—2012.1	
		高忠德	潍坊潍城	2009.1—2012.1	
		冀团元	山西平遥	2010.1—2012.1	
		董承森	山东青州	2011.1—2012.1	
		刘福平	潍坊奎文	2011.1—2012.1	
第十七届	主任	张韶华	山东梁山	2012.1—2013.4	兼任
		王兆辉	山东临朐	2013.4—	兼任
	副主任	张顺涛	潍坊寒亭	2012.1—	第一副主任
		马文远	山东安丘	2012.1—	
		滕玉云	山东昌乐	2012.1—	
		冀团元	山西平遥	2012.1—	
		董承森	山东青州	2012.1—	

第二节　区人大常委会工作机构

1991年，区人大常委会工作机构有办公室、城乡建设工作委员会、财经工作委员会、教科文卫工作委员会、法制工作委员会、人事代表工作委员会、信访科7个正科级行政机构。1997年2月，增设调查研究室，人事代表工作委员会更名为人事代表室。同年3月，增设人大常委会培训服务中心，为正科事业单位，隶属区人大常委会办公室。

第三节　乡镇街道人大工作机构

1987年，根据《地方组织法》规定，全区10个乡镇（大虞乡、河西乡、梨园乡、于河乡、军埠口乡、杏埠乡、符山镇、望留镇、大柳树镇、廿里堡镇）均选举产生人民代表大会主席团，设立人大专职主席或专职常务主席，并配备专（兼）职干部，设立人大主席团办公室，负责乡镇人大工作。各乡镇人民代表大会依法选举乡镇长、副乡镇长。乡镇人民代表大会每届任期3年。1990

年12月，区十二届人大常委会第五次会议决定，在城区7个街道（东关街道、西关街道、南关街道、北宫街道、城关街道、院校街道、东园街道）设立人大代表工作室，为区人大常委会的正科级派出机构，负责各辖区代表活动的协调服务工作。1992年7月，撤销大虞乡、梨园乡、于河乡、河西乡的人大主席团，分别设立大虞镇、梨园镇、于河镇、北关镇人大主席团。1993年9月，撤销军埠口乡、杏埠乡人大主席团，设立军埠口镇、杏埠镇人大主席团。1994年区划调整后，潍城区设立城关、南关、西关、北关4个街道人大工作室和大柳树、望留、符山、军埠口、于河、杏埠6个镇人大主席团。2001年机构改革，撤销杏埠镇、大柳树镇人大主席团。自2004年起，镇人大每届任期5年。2007年区划调整，撤销军埠口镇、符山镇、于河镇、望留镇人大主席团，设立望留街道、于河街道人大工作室。至2013年，全区有于河、望留、北关、西关、南关、城关6个街道人大工作室。

第四节 常委会会议

第十二届人大常委会

本届人大常委会任期3年，自1990年3月至1993年2月。其间，召开20次常委会会议，作出24项决议、决定，选举任免264名国家工作人员；开展85次调查和视察；办理人大代表建议、批评、意见820件，受理人大代表和人民群众来信来访796件次。

第十三届人大常委会

本届人大常委会任期5年，自1993年2月至1998年1月。其间，召开34次常委会会议，作出37项决议、决定，任免379名国家机关工作人员；开展调查视察活动80多次，受理人大代表建议851件、人大代表和群众来信来访904件次。1993年10月，组织100余名区以上人大代表评议区经委、建委、教委等10个政府职能部门的工作。1995年，组织全体人大代表集中对全区行政、司法等31个职能部门的工作进行评议。1996年，先后两次对区政府有关职能部门负责人进行述职评议。1997年4月，省人大常委会授予潍城区人大常委会信访科“先进集体”称号。1994年8月，区人大第十一次常委会会议接受杨继生辞去区长职务，任命韩俊生为副区长、代理区长。1998年1月5日，第三十三次常委会会议接受韩俊生辞去区长职务，任命王秀河为副区长、代理区长。

第十四届人大常委会

本届人大常委会任期5年，自1998年1月21日至2003年1月24日。其间，召开41次常委会会议，听取审议“一府两院”工作报告112项，作出决议、决定20项，任免国家机关工作人员230人，对150名提请任命干部进行法律考试，对“一府两院”30个部门的38名领导干部进行述职评议，受理群众来信来访987件次。1999年12月，区人大常委会机关档案管理工作获评为“省一级规范化管理先进单位”。从1999年起，实行每双月10日为代表活动日、每单月20日为镇街人大工作交流日的“双活动日”制度。2000年7月，全国人大常委会组织人民日报社、法制日报社、中央人民广播电台、中央电视台、新华社和中国新闻社6家新闻单位记者，对潍城区人大工作重点采访，并在全省、全国宣传和推广。2003年1月，第四十次常委会会议接受王秀河辞去区长职务，任命孙万奎为副区长、代理区长。

第十五届人大常委会

本届人大常委会任期5年，自2003年1月24日至2007年12月14日。其间，召开41次常委会会议，听取审议“一府两院”（区政府、法院、检察院）工作汇报112项，作出决议、决定21项；开展视察、检查、调查活动93次，受理群众来信来访780件次；任免国家机关工作人员141人。2005年，任命35名人民法院陪审员。2007年，任命9名区人民检察院人民检察员，强化对审判、检察工作的民主监督，促进司法公正。组织对4名副区长和“一府两院”48名人大任命干部进行述职评议，并当场公布评议结果。有 133 名人大代表列席常委会会议，95% 以上的代表参加过常委会组织的活动。代表所提 247 件建议得到较好的落实。组织住潍城 36 名市代表以书面述职和会议述职方式向常委会述职。评选出 50 名优秀区人大代表。2007 年 1 月 13 日，第三十次常委会会议接受孙万奎辞去区长职务，任命张润国为副区长、代理区长。

第十六届人大常委会

本届人大常委会任期为 2007 年 12 月 14 日至 2012 年 1 月 13 日。其间，召开 36 次常委会会议，听取审议“一府两院”工作报告 111 项,作出决议、决定 26 项；任免国家机关工作人员 136 人，依法任命 30 名人民法院陪审员；对 30 余部法律法规贯彻实施情况进行执法检查，形成执法检查报告，提出意见建议 240 条。代表所提建议意见都得到较好的落实。区人大常委会 12 项创新性工作得到省、市人大领导的充分肯定，在市级以上报纸、杂志、网络等媒介刊发宣传稿件 500 余条。在全市宣传人民代表大会制度好新闻评选中，潍城区以“民主家园”为主要内容的作品，获得一等奖 1 项、二等奖 4 项，列全市第一。2008 年 3 月 11 日，第二次常委会会议接受王秀河辞去区人大常委会主任职务，接受张润国辞去区长职务，任命赵伟宏为副区长、代理区长。2011 年 12 月，第三十三次常委会会议接受赵伟宏辞去区长职务，任命王兆辉为副区长、代理区长。2011 年 12 月，第三十六次常委会会议接受张润国辞去区人大常委会主任职务。

第十七届人大常委会

本届人大常委会任期自 2012 年 1 月起。2012 年 1 月至 2013 年 12 月，召开常委会会议 14 次，开展调查、视察等活动 60 余次。2012 年，探索和创新监督方式，改进调查机制，组织委员和代表对调查的相关知识进行专题培训，精选调研议题，深入分析研究，常委会审议质量不断提高。12 月，组织对 21 个政府工作部门进行工作评议。2013 年 3 月 29 日，第八次常委会会议接受张韶华辞去区人大常委会主任职务，接受王兆辉辞去区长职务，任命刘泮英为副区长、代理区长。

第三章　权力行使

潍城区人民代表大会常务委员会作为人民代表大会的常设机关，对人民代表大会负责并报告工作，依法监督“一府两院”工作，听取审议专项工作报告并作出决议、决定，依法任免国家工作人员。

第一节　决定重大事项

潍城区人民代表大会常务委员会依照法定职权，讨论决定本行政区域内各方面工作重大事项。区人大常委会每年听取区政府关于国民经济和社会发展计划及执行情况的报告，财政预算及执行情况的报告，进行审议并作出决定，有效地监督政府预算执行情况和预算外资金管理。始终围绕改革开放，扎实推进依法治区，对司法机关和政府部门加强监督检查，审议依法治区规划、法制教育计划及有关规定、制度和办法，并作出决定；加强调查研究，突出城乡建设、基础教育、医疗卫生等重点，及时根据区政府提出的请示作出决议、决定，促进社会事业及各项工作的发展。1990—2013年，区十二届至十七届人大常委会先后对全区重大工作事项作出决议、决定等71项。其中，涉及财政经济的21项、依法治区的13项、加强自身建设的16项、机构调整的7项、变更行政区划的2项、缔结友好城市的2项、其他10项。

潍城区第十二届至第十七届人民代表大会常务委员会决定重大事项表

表13-2

届次	时间	决定重大事项内容
第十二届	1990年4月6日	通过《潍城区人大常委会议事规则》《潍城区人大常委会人事任免办法》
	1990年12月14日	作出《关于在城区街道办事处设立人民代表工作室的决定》，通过《潍城区人大常委会关于财政预决算监督的暂行办法》
	1991年1月19日	作出《关于认真学习贯彻中国共产党十三届七中全会精神的决议》
	1991年6月7日	作出《关于在全区公民中进行第二个五年法制宣传教育的决议》，关于认真学习贯彻《全国人大常委会关于加强社会治安综合治理的决定》的决议
	1992年2月29日	作出关于实施《潍坊市潍城区林业发展十年规划》的决议
	1992年4月14日	审议批准《潍城区人民政府转报大虞乡等四个乡撤乡建镇请示》《潍城区人民政府转报军埠口乡、杏埠乡撤乡建镇请示》
	1992年7月24日	通过《潍城区人大常委会信访工作暂行办法》
	1992年9月18日	作出关于深入贯彻《全民所有制工业企业转换经营机制条例》的决议
第十三届	1993年7月10日	作出关于同意区政府《关于扩大城区、调整街道办事处的情况报告》的决定
	1993年12月10日	作出关于认真学习《邓小平文选》第三卷、学习贯彻党的十四届三中全会精神的决议
	1994年5月27日	作出关于认真贯彻执行《潍坊市人民代表大会常务委员会关于大力发展个体私营经济的决议》的决议
	1994年6月18日	作出关于同意区政府《关于将潍城区大虞镇撤镇设街道办事处的请示》的决定、《关于将潍城区梨园镇撤镇设街道办事处的请示》的决定、《关于将潍城区廿里堡镇撤镇设街道办事处的请示》的决定、《关于将潍城区北关镇撤镇设街道办事处的请示》的决定
	1995年3月10日	作出《关于变更潍城区1994年财政预算的决定》
	1995年7月27日	作出《关于区级国家机关实行执法责任制的决定》
	1996年1月26日	作出《关于确认潍坊市潍城区与郑州市中原区结为友好区的决定》《关于变更潍城区1995年财政支出预算的决定》
	1996年5月17日	作出《关于批准潍城区1995年区级财政决算的决定》
	1996年11月20日	作出《关于在全区公民中开展第三个五年法制教育的决议》，关于贯彻《潍坊市人大常委会关于深入开展依法治市的决议》的决议
	1997年5月20日	作出《关于批准潍城区1996年区级财政决算的决议》，修订《潍城区人大常委会议事规则》
	1998年1月5日	作出《关于加强农村民主法制管理几个问题的决定》
第十四届	1998年3月12日	作出《关于进一步加强自身建设的决定》
	1998年5月12日	作出《关于批准潍坊市潍城区1997年区级财政决算的决议》，修订《潍坊市潍城区人大常委会人事任免办法》，通过《潍坊市潍城区人大常委会主任会议议事规则》，通过《关于加强对所作决议决定和审议意见落实情况的检查监督办法》，修订《关于联系代表和代表联系选民的暂行办法》，通过《关于办理人大代表建议的暂行办法》
	1999年7月16日	通过《潍城区人大常委会街道人大工作室工作办法》

续表 13-2

届次	时间	决定重大事项内容
第十四届	1999 年 11 月 16 日	作出《关于加强人民法院执行工作的决议》
	1999 年 12 月 30 日	作出《关于变更 1999 年区级财政预算的决定》
	2000 年 5 月 29 日	作出《关于批准潍坊市潍城区 1999 年区级财政决算的决议》，通过《关于对区级司法机关实行个案监督的暂行办法》
	2000 年 9 月 11 日	作出《关于促进对外开放、搞好招商引资工作的决议》
	2001 年 3 月 17 日	作出《关于做好调整乡镇行政区划工作的决议》
	2001 年 5 月 16 日	作出《批准潍坊市潍城区 2000 年区级财政决算的决议》
	2001 年 6 月 6 日	作出同意《潍坊市潍城区森林资源二类调查及林业发展规划》报告的批复
	2001 年 7 月 19 日	作出《关于在全区实施第四个五年法制宣传教育规划的决议》，批准《2001—2005 年依法治区规划》的决议
	2002 年 12 月 25 日	作出《关于调整潍城区 2002 年财政预算的决议》
第十五届	2003 年 3 月 4 日	作出《关于对潍城区人民政府报批潍坊外商投资开发区新区总体规划的意见》
	2003 年 5 月 20 日	作出《关于批准潍坊市潍城区 2002 年区级财政决算的决议》
	2003 年 7 月 25 日	作出关于批准潍城区人民政府《关于调整 2003 年国民经济和社会发展计划的报告》的决议
	2003 年 9 月 23 日	作出《关于批准潍坊市潍城新区总体规划的决议》
	2003 年 11 月 30 日	作出《潍城区人民代表大会常务委员会述职评议工作办法》
	2004 年 5 月 25 日	作出《关于批准潍坊市潍城区 2003 年区级财政决算的决议》
	2004 年 7 月 27 日	作出《关于确认潍坊市潍城区与枣庄市峄城区结为友好区的决定》
	2005 年 5 月 31 日	作出《关于批准潍坊市潍城区 2004 年区级财政决算的决议》
	2006 年 7 月 31 日	作出《关于在全区公民中开展第五个五年法制宣传教育的决议》、批准《潍城区 2006—2010 年依法治区规划》的决议
	2006 年 9 月 29 日	作出《关于批准潍坊市潍城区 2006 年区级预算调整方案的决定》
	2007 年 7 月 26 日	通过《关于加强人民监督员工作的意见（试行）》
	2007 年 9 月 1 日	作出《关于做好调整镇、街道行政区划工作的决议》
	2007 年 11 月 29 日	作出《关于批准潍坊市潍城区 2007 年国民经济和社会发展计划调整方案的决定》
第十六届	2008 年 1 月 28 日	通过《潍坊市潍城区人大常委会议事规则》
	2008 年 7 月 30 日	作出《关于批准潍坊市潍城区 2007 年区级财政决算的决议》
	2009 年 5 月 26 日	通过《潍城区人大常委会规范性文件备案审查办法》
	2010 年 3 月 31 日	作出《关于确定潍城区人民法院人民陪审员名额的决定》
	2011 年 7 月 26 日	作出《关于在全区公民中开展第六个五年法制宣传教育的决议》、批准《潍城区 2011—2015 年依法治区规划》的决议
第十七届	2012 年 7 月 25 日	作出《关于批准潍城区 2011 年区级财政决算的决议》
	2012 年 9 月 26 日	通过《潍城区人民代表大会代表履职守则》
	2013 年 7 月 26 日	作出《关于批准潍城区 2012 年区级财政决算的决议》

第二节 监 督

工作监督

1991—2013年，区人大常委会对“一府两院”开展工作监督，主要形式是听取和审议专项工作报告。为强化工作监督，区人大常委会每年还选择一些关系改革发展、稳定大局和群众切身利益的重要事项，组织区人大常委会委员、人大代表开展专项视察、专题调研，并辅以述职评议、工作评议等。

视察 1991年，区人大常委会组织部分区人大常委会委员、人大代表对全区社会治安综合治理情况进行视察。1992年，对区商业服务网点、城乡市场、城市综合开发配套建设进行视察。1993年，对旧城改造工作进行视察。1994年，对全区工农业生产、城市建设、发展个体私营经济、社会治安综合治理等工作进行视察。1995年，对国民经济和社会发展计划、财政预算执行情况进行视察；对社会治安综合治理情况进行视察；对区十三届人大三次会议区政府提出办好“九件实事”的落实情况进行视察。1996年6—8月，对全区打击生产和经销假冒伪劣商品行为进行视察。1997年，对全区工业发展情况进行视察。1999年，对全区“两化”（民主化、法制化）管理工作、安置残疾人就业情况等进行视察。2000年，对全区招商引资、民营企业和外向型企业发展情况、农业产业结构调整、基层法院建设、看守所管理工作进行视察。2001年，对全区招商引资工作进行视察。2002年，对企业改革工作、农业产业结构调整、招商引资、公路建设、居民小区管理和征迁居民安置、社会治安综合治理工作进行视察。2003年，对“非典”防治工作、经营城市、软环境治理、国省道和营运市场管理以及涉农企业的发展情况进行视察。2004年，对全区经济发展软环境建设情况、环境保护、食品卫生、农民增收、“平安潍城建设”等进行视察。2005年，对招商引资、发展民营经济、文化市场管理、道路运输等工作进行视察。2006—2007年，组织对全区旧村改造和新农村建设情况、陪审员上岗情况进行集中视察。2008年，对全区服务业发展、做大做强现有企业和新进项目进展情况进行视察。2009年，对提升城市管理工作进行集中视察。2010年，对现代服务业、招商引资工作进行视察。2011年，对片区开发、城中村改造、工业企业、12343家政网络服务中心做大做强等工作进行视察。2012年，围绕推进“四个潍城”（商贸潍城、文化潍城、宜居潍城、和谐潍城）建设，先后开展视察活动；对社区建设和中小学、幼儿园校园安全情况进行视察;对审判、检察工作、全区农村合作医疗工作、全区就业工作等进行视察。2013年，对全区重点项目建设、金融服务重点项目、招商引资、背街小巷整治、林业发展、住房公积金管理、社保资金管理、安全社区创建等工作进行视察。

调查 1991年，区人大常委会组织部分区人大常委会委员、人大代表对城乡建设、税收财务报价、卫生防疫等工作进行调查。1992年，对普法工作、经济审判工作、外经外贸工作等进行调查。1993年，对公证律师、法纪检察、行政审判、高产优质高效农业、农村林网植树、打击经济犯罪等工作进行调查。1994年，对全区乡镇企业发展、外经贸发展、普法和依法治理工作、民事审判工作等进行调查。1995年，对深化企业改革、土地管理工作、环境保护工作、经济审判工作等进行调查。1996年，对全区文化市场管理、区法院和检察院实行执法责任制工作、环境保护工作、法院执行工作情况等进行调查。1997年，对环保、劳动等行政执法部门执法责任制的实施情况、小城镇建设等进行调查。1998年，对全区个体私营经济发展、刑事审判工作等进行调查。1999年，对检察院控申举报工作、法院民事审判工作和执行工作、全区企业改革情况进行调查。2000年，对农村基金会清欠工作、教育工作、民族宗教事务管理工作、城区居民小区建设和管理工作、民事行政诉讼案件检察工作等进行调查。2001 年，对全区工业企业改革、教育改革、城镇医药卫生体制改革、反贪工作进行调查。2002 年，对农村税费改革、文化市场管理、城镇医药卫生体制改革、反腐败查办大案要案以及控申举报等工作进行调查。2003 年，对全区招商引资、新区规划工作、司法工作、反贪污工作等进行调查。2004 年，对全区招商引资、区法院少年刑事审判等工作进行调查。2005 年，对人民陪审员工作、土地承包工作等进行调查。2006—2007 年，对环境卫生、公共卫生管理、园林绿化、城市规划、社区建设、涉农企业土地承包和农民增收情况、法院执行情况、检察院诉讼监督工作等进行调查。2008 年，对全区龙头企业建设情况、城区居民小区改造提升和背街小巷整治维护工作、公共服务社区化和新型社区建设情况、行政审判和反贪工作等情况进行调查。2009 年，对水污染防治、城乡规划、房地产管理、新型社区建设和服务、烟草专卖、食品生产安全等进行调查。2010 年，对建筑施工、交通运输、社会生活噪音、城市建设与管理、义务教育工作、人口与计划生育工作、民事行政检察监督工作、社区矫正试点工作进行调查。2011 年，对平安社区建设、社区治安、社区警务、法院审判执行等工作进行调查。2012 年，围绕推进“四个潍城”（商贸潍城、文化潍城、宜居潍城、和谐潍城）建设，先后组织开展调查工作。2013 年，组织对全区重点项目建设、金融服务重点项目、招商引资、背街小巷整治、林业发展情况、住房公积金管理、社保资金管理、安全社区创建等工作进行调查。

评议　1992 年 5—7 月，为加强基层社会主义民主政治建设，促进乡镇职能部门依法行政、廉洁从政，在于河镇、北关镇组织开展人大代表评议乡镇职能部门试点工作。1993 年 9—11 月，组织人大代表开展对“一府两院”工作评议活动，评议区经委、建委、教委、工商局、税务局、民政局、劳动局、审计局、卫生局、土地局 10 个部门，评议内容包括转变职能改进工作、依法行政、行业作风、本职业务工作完成情况等四个方面。代表们依据部门工作汇报和调查了解的情况，采取分组评议和大会集中评议 2 种形式，提出 415 条建议、批评和意见。自 1994 年 11 月中旬始，组织部分省、市人大代表和全体区人大代表对区政府 24 个职能部门和区法院、区检察院及潍城公安分局、工商分局、规划国土分局、环保分局、区国税局共 31 个部门进行评议活动。1995 年，组织代表对“一府两院”工作进行评议，提出意见建议 247 条。1996 年 11 月 20 日，在区十三届人大常委会第二十五次会议上，对区建委主要负责人、区乡镇企业局主要负责人进行述职评议。1997 年 9 月，区十三届人大常委会第三十次会议听取评议区政府部分组成人员的述职报告。1998 年，区十四届人大常委会第四次会议和第五次会议听取评议区政府有关组成人员的述职报告。1999 年，对区农委、农业局、水利水产局、林业局、经管局 5 个部门主要负责人换届后任职情况进行述职评议，区人大常委会组成人员及部分市、区人大代表共 22 人参加评议，评议前组织部分代表组成调查组进行调查，共收集意见建议 42 条。2000 年 7 月 19 日，对区经贸委、外经贸委、贸易局、乡企局 4 个部门主要负责人换届后任职情况进行述职评议。9 月 11 日，对区计划委员会、财政局、审计局、统计局 4 个部门负责人换届以后任职情况进行述职评议。11 月 17 日，对区建委、民政局、监察局、司法局 4 个部门主要负责人换届以后任职情况进行评议。2001 年 8 月下旬，对区教委、劳动和社会保障局、交通局、水利局 4 个部门主要负责人述职评议整改情况进行跟踪调查。11 月 15 日，区十四届人大常委会第三十次会议对区法院刑事审判庭、民事审判庭、经济审判庭 3 个审判庭的主要负责人任职情况进行评议。对“一府两院”部分被任命干部进行述职评议。2002 年 5 月 14 日，区十四届人大常委会第三十五次会议对区检察院 3 名检查员任职情况进行评议。2006 年，对“一府两院”部分被任命干部进行述职评议。2008年，对区政府工作开展评议。2010—2012年，主要对政府部门工作进行评议。2013年，组织代表对“两院”庭室进行工作评议；对部分市人大代表进行述职评议。

法律监督

区十二届至十七届人大常委会采取执法检查、专项视察等方式，加强法律监督工作。

十二届人大常委会 1990年，区人大常委会组织部分人大常委会委员、人大代表对《环境保护法》《传染病防治法》《城市居民委员会组织法》《山东省未成年人保护法》等法律法规的贯彻落实情况进行执法检查；视察《食品卫生法》的贯彻实施情况。1991年，对《环境保护法》《残疾人保障法》《食品安全法》等法律法规的贯彻落实情况进行执法检查。1992年，对《企业法》《企业转换经营机制条例》《经济合同法》《行政诉讼法》《治安管理处罚条例》《计划生育条例》《山东省行政性事业性收费管理条例》等法律法规的贯彻实施情况进行执法检查。

十三届人大常委会 1993年，区人大常委会组织部分人大常委会委员、人大代表对《山东省农民负担管理条例》《全民所有制工业企业转换经营机制条例》《义务教育法》《食品卫生法》《房屋拆迁管理条例》的贯彻实施情况进行执法检查。1994年，对全区《科技进步法》《教师法》的贯彻实施情况进行执法检查。1995年，组织对《农业技术推广法》《劳动法》《工会法》《食品安全法》《义务教育法》等法律法规的贯彻实施情况进行执法检查;对《农业法》《教育法》《税收征收管理法》的执行情况进行视察。1996年，对《经济合同法》《档案法》《城市房地产管理法》《劳动法》等的贯彻实施情况进行执法检查。1997年，对《治安管理处罚条例》《农民负担管理条例》《计划生育条例》等的贯彻实施情况进行执法检查。

十四届人大常委会 1998年，区人大常委会组织部分人大常委会委员、人大代表对《食品安全法》《看守所条例》等法律法规的贯彻实施情况进行视察；对《农业法》《职业教育法》《科技进步法》《行政处罚法》和“三五”普法的贯彻实施情况进行执法检查。1999年，对《残疾人保障法》《食品安全法》《工会法》的贯彻实施情况进行视察；对《计划生育条例》《法官法》《检察官法》《人民警察法》《个人所得税法》《律师法》等法律法规的贯彻实施情况进行执法检查。2000年，对《土地管理法》《律师法》《动物防疫法》《水法》等法律法规的贯彻实施情况进行执法检查。2001年，组织对《会计法》《专利法》《消防法》《环境保护法》《农业技术推广法》《农药管理条例》《城市市容和环境卫生管理条例》等14部法律法规的贯彻实施情况进行执法检查。2002年，对《农业法》《水法》《土地管理法》《公司法》《食品安全法》《动物防疫法》等法律法规的贯彻落实进行执法检查。

十五届人大常委会 2003年，区人大常委会组织部分人大常委会委员、人大代表对《法官法》《义务教育法》《水土保持法》《治安管理处罚条例》《山东省土地登记条例》等法律法规的贯彻实施情况进行执法检查。2004年，对《建筑法》《工会法》《体育法》《产品质量法》《刑事诉讼法》《检察官法》等15部法律法规的贯彻实施情况进行执法检查。2005年，对《教师法》《统计法》《档案法》《个人所得税法》《民事诉讼法》等法律法规的贯彻实施情况进行执法检查。2006—2007年，对《广告法》《计量法》《矿产资源法》《重大动物疫情应急条例》等法律法规的实施进行执法检查。

十六届人大常委会 2008年，区人大常委会组织部分人大常委会委员、人大代表对《农村集体经济审计条例》《专利法》《公路法》《会计法》《执业医师法》等法律法规的贯彻实施情况进行执法检查。2009年，对《劳动合同法》《食品卫生法》《教育法》《防震减灾法》等法律法规的贯彻实施情况进行执法检查。2010年，对《食品安全法》《产品质量法》《消费者权益保护法》《水土保持法》《动物防疫法》等法律法规的贯彻实施情况进行执法检查。2011 年，组织对《商标法》《税收征收管理法》等 7 部法律法规的贯彻实施情况进行执法检查。

十七届人大常委会　2012 年，区人大常委会组织部分人大常委会委员、人大代表对《法官法》《检察官法》《税法》《农村化促进法》《消防法》《建筑法》等 10 余部法律法规的贯彻情况进行执法检查。2013 年，组织对《水法》《人口与计划生育法》《药品管理法》《大气污染防治法》《公路法》《道路交通安全法》等 10 余部法律法规的贯彻实施情况进行执法检查。

第三节　人事任免

潍城区十二届至十七届人大常委会履行宪法和法律赋予的职责，按照工作需求依法行使区人大常委会人事任免权。历届区人大常委会根据《地方组织法》和《潍坊市潍城区人民代表大会常务委员会人事任免办法》（1990 年 8 月 15 日区十二届人大常委会第二次会议通过，1998 年 5 月 12 日区十四届人大常委会第二次会议修订），依法行使对人大常委会办事机构、街道工作机构和“一府两院”国家工作人员的任免权。主要程序是：召开区人大常委会主任会议，对区委推荐、区政府、区法院和区检察院提请任免人员进行审查把关；研究需由主任会议提请任免的干部；召开常委会会议听取审议主任会议、“一府两院”关于人事任免的提请；组织被提请任职人员到会，与常委会成员见面、听取任免提请；以无记名投票方式表决任免事项；被任命干部进行任职表态发言和颁发任命书。自 1998 年起，建立被提请任命干部任前法律知识考试制度，考试内容以《宪法》《地方组织法》及相关专业法律法规为主，考试成绩作为常委会会议审议和任免表决的参考依据。1990—2013 年，区第十二届至第十七届人大常委会共任免“一府两院”及区人大常委会工作机构、办事机构国家工作人员 1238 人次。

第四节　建议批评意见办理

潍城区十二届人民代表大会共召开 3 次会议，收到代表建议、批评和意见 775 件，按照职权分工属于本区职权范围内办理的 529 件，转交市属部门办理的 246 件，均得到较好落实。

潍城区十三届人民代表大会共召开 5 次会议，收到代表建议、批评和意见 734 件，按照职权分工属于本区职权范围内办理的 532 件，转交市属部门办理的 202 件，均得到较好落实。

潍城区十四届人民代表大会共召开 5 次会议，收到代表建议、批评和意见 304 件，按照职权分工属于本区职权范围内办理的 231 件，转交市属部门办理的 73 件，均得到较好落实，与代表见面率、答复率均达到 100%。

潍城区十五届人民代表大会共召开 5 次会议，收到代表建议、批评和意见 315 件，按照职权分工属于本区职权范围内办理的 200 件，转交市属部门办理的 115 件，均得到较好落实，与代表见面率、答复率均达到 100%。其中，一次会议上提出的《关于征迁改造增福堂危旧平房的建议》、二次会议上提出的《关于增强社区警力的建议》、三次会议上提出的《关于维修潍昌路（南小于河段）的建议》、四次会议上提出的《关于加强网吧管理的建议》、五次会议上提出的《关于对创出品牌的企业进行表彰奖励的建议》《关于对非法传销加大打击力度的建议》等，办理效果得到代表的一致认可。

潍城区十六届人民代表大会共召开 5 次会议，收到代表建议、批评和意见 268 件，按照职权分工属于本区职权范围内办理的 170 件，转交市属部门办理的 98 件，均得到较好落实，与代表见面率、答复率均达到 100%。其中，一次会议上提出的《关于加强垃圾清运、公厕管理的建议》、二次会议上提出的《关于规划建设大型农产品批发市场的建议》、三次会议上提出的《关于北门大街北段开通路灯的建议》、四次会议上提出的《关于加大投入加快推进乐埠山区域基础设施建设的建议》、五次会议上提出的《关于政府加大资金投入确保垃圾转运站正常运行的建议》《关于加快月河危楼征迁改造的建议》等，办理效果得到代表的一致认可。

截至2013年，潍城区十七届人民代表大会共召开2次会议，收到代表建议、批评和意见101件，按照职权分工属于本区职权范围内办理的90件，转交市属部门办理的11件，均得到较好落实，与代表见面率、答复率均达到100%。其中，一次会议上提出的《关于提升城市主干道两侧公厕管理和服务水平的建议》《关于对驻潍高校周边环境综合治理的建议》、二次会议上提出的《关于尽快解决向阳、双合街小区集中供暖问题的建议》等，办理效果得到代表的一致认可。

第十四编

地方行政机关

第一章　潍坊市潍城区人民政府

第一节　区政府领导机构

1990—2013年，潍城区历经第十二至第十七届人民政府，共6届。其中，第十二届人民政府自1990年3月至1993年2月，任期3年；第十三届人民政府自1993年2月至1998年1月，任期5年；第十四届人民政府自1998年1月至2003年1月，任期5年；第十五届人民政府自2003年1月至2007年12月，任期5年；第十六届人民政府自2007年12月至2012年1月，任期4年；第十七届人民政府任期自2012年1月始。

1990—2013年潍城区人民政府区长、副区长任职情况表

表14-1

届次	职务	姓名	籍贯	任职时间	备注
第十二届	区长	梁吉人	山东荣成	1990.3—1993.2	
	副区长	魏邦助	山东寿光	1990.3—1993.1	
		杨继生	山东寿光	1993.1—1993.2	
		李云高	潍坊潍城	1990.3—1993.2	
		葛树德	山东寿光	1990.3—1993.2	
		曹桂先	山东博山	1990.3—1993.2	
		陈笃祥	潍坊潍城	1990.3—1993.2	
		王维盛	山东昌邑	1993.1—1993.2	
		刘淑刚	山东诸城	1992.3—1993.2	
		于德路	山东青州	1991.8—1992.7	兼任
		蔡玉启	临沂兰山	1991.7—1992.2	挂职
		张致远	陕西延安	1992.3—1993.2	挂职
第十三届	区长	杨继生	山东寿光	1993.2—1994.7	
		韩俊生	山东昌邑	1994.7—1995.3	代理区长
		韩俊生	山东昌邑	1995.3—1998.1	
	副区长	胡嘉新	潍坊潍城	1993.2—1994.7	
		李云高	潍坊潍城	1993.2—1996.1	
		陈笃祥	潍坊潍城	1993.2—1998.1	

续表 14-1

届次	职务	姓名	籍贯	任职时间	备注
第十三届	副区长	王维盛	山东昌邑	1993.2—1998.1	
		毛新华	潍坊奎文	1993.2—1994.9	
		聂振萍	山东临朐	1995.2—1998.1	
		王善春	潍坊坊子	1993.2—1996.5	
		王玉春	山东诸城	1993.5—1998.1	
		王继美	山东高密	1996.1—1998.1	
		刘振德	潍坊潍城	1996.3—1998.1	
第十四届	区长	王秀河	山东安丘	1998.1—2002.12	
	副区长	王维盛	山东昌邑	1998.1—2001.3	
		刘振德	潍坊潍城	1998.1—2002.12	
		张金玉	山东寿光	1998.1—2001.3	
		马跃启	山东诸城	1998.1—2002.12	
		王栋梁	山东诸城	1998.1—2002.12	
		李传恒	潍坊坊子	1998.1—2000.9	
		李葆东	山东安丘	1999.1—2002.12	
		宋修华	威海环翠	2001.1—2002.12	
		钟安信	山东青州	2001.3—2002.12	
		张洪胜	山东牟平	2001.3—2002.12	
第十五届	区长	孙万奎	山东青州	2002.12—2003.1	代理区长
		孙万奎	山东青州	2003.1—2006.12	
		张润国	山东昌乐	2006.12—2007.2	代理区长
		张润国	山东昌乐	2007.2—2007.12	
	副区长	王文俊	山东临朐	2002.12—2006.12	
		李葆东	山东安丘	2002.12—2006.12	
		张洪胜	山东牟平	2002.12—2006.4	
		崔志明	淄博临淄	2002.12—2006.12	
		刘泮英	山东青州	2002.12—2007.12	
		张顺涛	潍坊寒亭	2006.12—2007.11	
		徐金明	山东高密	2006.12—2007.12	
		安卫红	辽宁大连	2002.12—2006.12	
		秦保荣	山东昌乐	2006.12—2007.12	
		王德明	山东寿光	2004.11—2007.11	

续表 14-1

届次	职务	姓名	籍贯	任职时间	备注
第十六届	区长	张润国	山东昌乐	2007.12—2008.3	
		赵伟宏	山东昌乐	2008.3—2011.12	
		王兆辉	山东临朐	2011.12—2012.1	代理区长
	副区长	刘泮英	山东青州	2007.12—2011.12	
		徐金明	山东高密	2007.12—2011.1	
		扈洪波	山东安丘	2011.12—2012.1	
		秦保荣	山东昌乐	2007.12—2011.1	
		李　伟	山东高密	2007.12—2012.1	
		王龙堂	山东昌乐	2007.12—2011.12	
		王延军	潍坊寒亭	2007.12—2012.1	
		潘立东	潍坊潍城	2011.2—2012.1	
		武法栋	潍坊奎文	2011.2—2012.1	
		李　涛	山东胶州	2011.12—2012.1	
		伊力千·阿巴索夫	新疆阿图什	2008.3—2008.9	挂职
		姜乃春	山东昌邑	2010.3—2010.7	挂职
		刘　鹏	山东昌乐	2011.3—2011.9	挂职
		刘维利	潍坊坊子	2011.9—2012.1	挂职
第十七届	区长	王兆辉	山东临朐	2012.1—2013.3	
		刘泮英	山东青州	2013.3—2013.4	代理区长
		刘泮英	山东青州	2013.4—	
	副区长	扈洪波	山东安丘	2012.1—2013.3	
		李　伟	山东高密	2012.1—	
		孙修炜	山东莱州	2013.5—	
		王延军	潍坊寒亭	2012.1—	
		潘立东	潍坊潍城	2012.1—2013.12	
		武法栋	潍坊奎文	2012.1—	
		李　涛	山东胶州	2012.1—	
		刘维利	潍坊坊子	2012.1—2012.9	挂职
		宝　林	内蒙古科右前旗	2013.10—2013.12	挂职
		田　峥	山东昌乐	2013.11—	挂职

第二节　区政府工作机构

1991年初，潍坊市潍城区人民政府职能部门有办公室、民政局、公安分局、劳动局、财政局、工商行政管理局、税务局、教育委员会、文化局、卫生局、城乡建设委员会、计划生育委员会、商业委员会、商业局、轻纺工业局、二轻工业局、乡镇企业局、机械工业局、计划委员会、经济委员会、经济协作办公室、经济研究中心、农业委员会、人事局、统计局、体育运动委员会、交通局、水利局、物资局、科学技术委员会、档案局（馆）、房地产管理局、广播电视局、对外经济贸易委员会、环境保护局、技术监督局、侨务办公室、司法局、地名办公室、史志办公室、事务管理处、经济体制改革委员会办公室、物价局、审计局、人才交流服务中心、公证处、法律顾问处、信访办公室、法制局、机要局、保密局、粮食局。1993年11月，区政府机构改革，设区政府工作部门25个：办公室、经济委员会、对外经济贸易委员会、商业委员会、农业委员会、计划委员会、城乡建设委员会、科学技术委员会、教育委员会、文化体育委员会、计划生育委员会、司法局、民政局、人事局、劳动局、财政局、税务局、交通局、水利局、卫生局、审计局、统计局、工商行政管理局、房地产管理局、乡镇企业管理局。另设环境保护分局和规划国土矿产分局2个分局。同年12月，水利局更名为水利水产局。1997年，在机构改革中，区政府主管农业和农村工作机构增设的农业局、林业局，为区政府职能部门，撤销区农业生产服务公司、区蔬菜生产服务公司，将其原承担的行政管理职能划归农业局；撤销林果生产服务公司，将其原承担的行政管理职能划归林业局；农业机械总公司更名为农业机械服务中心，畜牧生产服务公司更名为畜牧中心，均为正科级事业单位，归口区农业委员会，原承担的行政职能不变；设置区政府法制局，为正科级行政机构，由区政府办公室负责管理；设置区经济体制改革办公室，为正科级行政机构，由区政府办公室负责管理；区经济委员会改称区经济贸易委员会；区城乡建设委员会改称区建设委员会。

2001年，区政府机构改革，保留名称的机构12个：保留区政府办公室，内设法制局、经济体制改革办公室；保留区监察局（不计政府机构个数），与区纪律检查委员会机关合署，列入政府工作部门序列，不计入政府机构个数;保留区人事局，区机构编制委员会办公室与其合署；保留区劳动和社会保障局，区老龄委办公室与其合署；保留区民政局、区司法局、区财政局、区交通局、区卫生局、区审计局、区统计局、潍城公安分局（不占区政府机构限额）。更名的机构8个：区经济贸易委员会更名为区经济贸易局，区对外经济贸易委员会更名为区对外贸易经济合作局，区计划委员会更名为区发展计划局，区建设委员会更名为区建设局，区科学技术委员会更名为区科学技术局，区教育委员会更名为区教育局，区计划生育委员会更名为区计划生育局，区水利水产局更名为区水利局。撤销、合并和新组建的机构3个：区农业委员会与区农业局合并，组建区农业局，原区农业委员会承担的部分职能移交区委农村工作领导小组及其办公室；区文化局与区旅游管理局合并，组建区文化旅游局；撤销区贸易局（区政府财贸办公室）、区商业行业管理办公室，设立区商业贸易办公室，为正科级规格，使用事业编制，为区政府直属事业单位。退出政府工作部门序列的机构有5个：区体育运动委员会更名为区体育局，退出政府工作部门序列，使用事业编制，改为区政府直属事业单位；区林业局退出政府工作部门序列，使用事业编制，改为区政府直属事业单位，同时接受区农村工作领导小组及其办公室的指导与协调；区广播电视局退出政府工作部门序列，使用事业编制，改为区政府直属事业单位；区乡镇企业管理局更名为区中小企业办公室（保留乡镇企业管理局的名称），退出政府工作部门序列，使用事业编制，隶属区经济贸易局；区房管局退出政府工作部门序列，使用事业编制，隶属区建设局。潍坊外商投资开发区管理委员会，为区政府派出机构。对部分事业单位进行如下调整：区农业机械服务中心、区畜牧中心、区农业综合开发办公室、区农村经济管理局直属区政府领导，同时接受区农村工作领导小组及其办公室的指导与协调；区第三产业规划管理委员会办公室与区商业贸易办公室合署办公，一个机构、两块牌子；区安全生产监督管理局隶属区经济贸易局；区民营经济发展局隶属区经济贸易局，与中小企业办公室合署办公，一个机构、两块牌子；区史志办公室，为正科级规格，隶属区政府办公室。

2003 年 5 月，成立潍坊鸢都湖—浮烟山综合开发区管理委员会，为区政府直属事业单位。2005 年 2 月，根据中共潍城区委印发《潍城区人民政府机构改革的实施意见》，对区政府工作部门进行调整：区发展计划局改组为区发展和改革局，为区政府工作部门；原由区政府办公室承担的经济体制改革职能划归区发展和改革局，同时撤销区经济体制改革办公室；区安全生产监督管理局改为区政府工作部门，仍为区安全生产委员会的常设办事机构，与区经济贸易局一个机构、两块牌子；设立区安全生产监察大队，为副科级规格，实行全额预算管理，隶属区安全生产监督管理局；区计划生育局更名为区人口和计划生育局，仍为区政府工作部门。2007 年，成立军埠口工业园区管理委员会、乐埠山生态管理区管理委员会。同年，军埠口工业园区管理委员会、乐埠山生态管理区管理委员会分别改称军埠口综合项目区管理委员会和乐埠山生态经济发展区管理委员会，为区政府直属事业单位。2009 年 11 月，成立潍城区人民商城管理办公室，为区政府直属全额拨款事业单位。

2010 年 2 月，根据中共潍城区委、潍城区人民政府印发的《潍城区人民政府机构改革实施意见》，实施大部门体制改革。区政府设置工作部门 20 个：组建区经济和信息化局，不再保留区经济贸易局，将其工业行业管理职责和经济运行调节职责、全区信息产业管理职责整合划归区经济和信息化局，区中小企业局更名为区中小企业办公室，隶属区经济和信息化局；组建区人力资源和社会保障局，挂区外国专家局牌子，将区人事局的职责、区劳动和社会保障局的职责，整合划归区人力资源和社会保障局，设立区公务员管理办公室，为区人力资源和社会保障局内设机构，原与区人事局合署的区机构编制委员会办公室单独设置，列入党委机构序列，不再保留区人事局、区劳动和社会保障局，将区社会保险事业管理局更名为区社会保险事业管理中心；组建区商务局，不再保留区对外贸易经济合作局，将其除外事侨务之外的职责、区经济贸易局的机电产品进出口管理职责整合划归区商务局，同时将区商业贸易办公室更名为区商贸物流办公室，不再加挂区贸易局牌子，隶属区商务局；组建区住房和城乡建设局，不再保留区建设局、区房地产管理局，将区建设局除城市监管之外的职责、区房地产管理局的行政管理职责整合划归区住房和城乡建设局，原两局所属事业单位，除区园林管理局外，整建制划归新组建的住房和城乡建设局；组建区文化广电新闻出版局，不再保留区文化旅游新闻出版局、区广播电视局，将区文化旅游新闻出版局除旅游业管理之外的职责、区广播电视局的行政管理职责整合划归区文化广电新闻出版局，原两局所属事业单位暂整建制划归新组建的区文化广电新闻出版局，将区广播电视局承担的管理违法安装和使用卫星电视接收设施，管理违法接收、传送和播放电影电视，监督查处广播电视广告经营活动违法行为的职责，交由区文化市场综合执法局承担；区交通局更名为区交通运输局；区安全生产监督管理局调整为区政府工作部门，并单独设置，不再与区经济和信息化局一个机构、两块牌子；保留区政府办公室，其内设机构区政府法制局更名为区政府法制办公室，设立区外事与侨务办公室，为区政府办公室内设机构，承担原对外贸易经济合作局负责的外事与侨务工作，设立区旅游产业发展办公室，为区政府办公室内设机构，承担原文化旅游新闻出版局负责的旅游业管理工作；保留设置区科学技术局，区知识产权局由直属区政府领导调整为与区科学技术局合署办公；保留区发展和改革局、区教育局、区监察局（与区纪律检查委员会机关合署，列入区政府工作部门序列，不计入政府机构个数）、区民政局、区司法局、区财政局、区水利局、区农业局、区卫生局、区人口和计划生育局、区审计局、区统计局。区政府直属事业单位设置17个：区农业综合开发办公室由隶属区政府调整为隶属区财政局；区文化市场综合行政执法局更名为区文化市场综合执法局，为区政府直属事业单位；区政府金融证券业发展协调办公室更名为区金融工作办公室，为区政府直属事业单位；潍坊市城市管理行政执法局潍城区分局增加原由区建设局承担的城市监管职责，加挂区市政管理局牌子，为区政府直属事业单位，所属区环境卫生管理局更名为区环境卫生管理处。将区园林管理局更名为区园林管理处，隶属区城市管理行政执法分局；区政府直属事业单位保留区林业局、区畜牧兽医管理局、区农业机械服务中心、区农村经济管理局、区招商局、区地震局、区体育局、区供销合作社联合社、区机关事务管理处、区公共行政审批服务中心、区物价局。此外，潍坊鸢都湖—浮烟山综合开发区管理委员会、乐埠山生态经济发展区管理委员会（乐埠山生态林场管理委员会与其合署）、军埠口综合项目区管理委员会仍作为区政府直属事业单位。2011年7月，成立潍城区土地征收管理办公室，为区政府直属财政拨款事业单位。2012年7月，成立潍坊广告创意产业园服务中心，为区政府直属财政拨款事业单位。

区政府工作部门

潍城区人民政府办公室 1991年，成立区无线电管理委员会办公室（副科级）、区政府民族宗教事务科（副科级），挂靠区政府办公室。1993年，撤销区外事办公室、区侨务办公室、区经济体制改革委员会、区法制局、区经济研究中心，其行政职能一并划归区政府办公室；区无线电管理委员会办公室改称区无线电服务中心；区政府办公室内设值班室、综合科、财务科、政策研究室（挂体改办公室牌子）、秘书科、信息科、督查科、外事侨务科、法制科。1995年，设立区政府经济体制改革办公室（正科级）、区政府法制办公室（副科级），挂靠区政府办公室；设立区地方史志编纂委员会办公室（副科级事业单位），隶属区政府办公室；区直机关车队由区直机关事务管理处管理改为由区政府办公室管理。1997年，区政府经济体制改革办公室更名为区经济体制改革办公室；区政府法制办公室更名为区政府法制局。2001年，区史志办公室由副科级升格为正科级，隶属区政府办公室。2002年，区政府办公室内设综合科、政研室、秘书科、信息督查科、财务科、保卫科、区政府法制局、区政府体制改革办公室。2003年，机关车队和保卫科调整至机关事务管理处。2007年，撤销督查科，设立区政府督查室（正科级），内设决策督查科、政务查办科、市长公开电话受理科；原区政府办公室信息督查科更名为信息科（副科级）。2008年，设立区政府应急管理办公室（挂区政府值班室牌子），设立区政府办公室机关车队。2009年，区政府办公室机关车队调整为副科级单位，区政府办公室政研室更名为区政府研究室（正科级），单设区政府值班室（正科级）。2010年，区政府办公室内设区政府值班室（区政府应急管理办公室）、区政府研究室、区政府督查室、信息科、秘书科，财务科、区政府法制办公室、区外事侨务办公室、区旅游产业发展办公室。2012年，撤销区旅游产业发展办公室，设立区旅游服务中心（局），为区政府直属正科级事业单位；设立区政府行政复议裁决办公室，在区政府法制办公室挂牌。至2013年，机构无变化。

潍城区发展和改革局 1990年，潍城区计划委员会设办公室、计划科、综合科和投资科。

1993年11月，区计划委员会归口管理的区人民政府经济协作办公室（正科级全额拨款事业单位）改为经济服务实体。同年12月，成立区信息中心，为副科级自收自支事业单位。1994年5月，成立区投资公司，为副科级自收自支事业单位。1995年5月，成立区重大项目办公室，为副科级全额拨款事业单位；成立区金属回收办公室，为副科级自收自支事业单位。同年11月，区信息中心由自收自支事业单位改为全额拨款事业单位。2001年12月，区计划委员会更名为区发展计划局。2002年5月，区发展计划局设办公室、综合科、投资科。2005年2月，区发展计划局改组为区发展和改革局。2007年7月，成立区服务业办公室，为副科级全额拨款事业单位。同年9月，撤销区金属回收办公室，职能划归区经贸局。2008年10月，注销潍城区投资公司。2009年10月，区重大项目办公室、区服务业办公室机构规格由副科级调整为正科级。2010年7月，撤销潍城区信息中心，其职能划归区经信局，人员划归区重大项目办公室。2012年7月，设立潍坊广告创意产业园服务中心，正科级财政拨款事业单位，归口区发展和改革局管理。至2013年，机构无变化。

潍城区经济和信息化局　1991年，称潍城区经济委员会（以下简称“区经委”），为正科级行政机构，编制11名，内设办公室、生产调度股、技术股，下设区轻纺工业局、区二轻工业局、区机械工业局3个行业局，均为正科级规格，除局级领导成员和调研员列行政编制外，其他为事业编制，总编制25名，由区财政局核拨一定数量的经费包干使用，同时按规定提取企业管理费。1993年10月，区经委、区轻纺工业局、区二轻工业局、区机械工业局、区技术监督局5部门合并，新组建区经委。原机构行政职能划归新组建的区经委，行政定编30名，内设办公室、政工科、生产计划科、技改外经科、企业管理科、财务审计科。下设事业单位5个：区集体企业联社，为正科级事业单位，定编5名，经费全额拨款；区工业开发服务中心，为正科级事业单位，定编10名，经费自收自支；区技术监督处，为正科级事业单位，定编5名，经费自收自支；区能源监测服务中心，为副科级事业单位，定编10名，经费自收自支；区室内装饰行业管理处，为副科级事业单位，定编5名，经费自收自支。1995年，潍城区铁路道口安全管理委员会成立，办公室设在区经委。同年7月，隶属区经委的区技术监督处划归潍坊市技术监督局，其职能相应划转市局。1996年9月，设潍城区三电管理办公室，为正科级事业单位，隶属区经委。

1997年4月，潍城区经济委员会更名为潍城区经济贸易委员会（以下简称区经贸委）。9月，潍城区铁路道口安全管理职能移交区交通局，同月停挂潍城区铁路道口安全管理办公室牌子。12月，隶属区经贸委的工业开发服务中心撤销；区能源监测服务中心更名为区资源综合利用管理办公室，编制由原来的10名调整为3名，经费渠道由自收自支纳入全额预算管理；区室内装饰行业管理处编制由原来的5名调整为3名，经费渠道由自收自支调整为差额预算管理。1998年12月，区工业公有资产经营公司成立，为区经贸委所属副科级自收自支事业单位。

2001年12月，区经贸委更名为潍城区经济贸易局（以下简称区经贸局），正科级行政机构，定编18名，其中行政编制16名、工勤编制2名。2002年9月，撤销潍城区工业公有资产经营公司。2008年2月，区节能监察中心成立，为区经贸局所属正科级全额预算管理事业单位，定编8名；撤销区集体企业联社，将人员安置到区节能监察中心。2009年，区节能监察中心加挂区节能监察大队牌子。

2010年，组建潍城区经济和信息化局（以下简称区经信局），为区政府直属行政机构，正科级规格，不再保留区经贸局。将区经贸局的工业行业管理职责和经济运行调节职责、全区信息产业管理职责划归区经信局。同时，将区中小企业局更名为区中小企业办公室，隶属区经信局。区经信局内设办公室、经济运行办公室（挂安全生产监督管理科牌子）、技术进步办公室（挂区政府节能管理办公室牌子）、信息产业科4个职能科室，行政编制12名。2013年年底，区经信局有行政编制12名，领导职数1正3副，内部机构有办公室、经济运行办公室（挂安全生产监督管理科牌子）、技术进步办公室（挂区政府节能管理办公室牌子）和信息产业科4个职能科室。下属事业单位3个，分别是：区中小企业办公室，为参照公务员法管理的事业单位，正科级规格，编制18名；区节能监察中心，为正科级全额拨款事业单位，编制8名；区资源综合利用管理办公室，为副科级全额拨款事业单位，编制4名。

潍城区教育局　1991年，潍城区教育委员会为正科级行政机构，内设6个科室、3个群团组织、9个直属事业单位。定编68名，实有68人，其中行政编制34人、事业编制34人。1996年，内设办公室、政工科、普教科、专业教育科和计划财务科；群团组织有教育工会、团委和少工委；直属事业单位有普教教研室、职教成教研究室、招生办公室、校舍改造办公室、督查室、托幼办公室、电教中心、教学仪器站和生产管理站。定编80名，实有80人，其中行政编制20人、事业编制60人。2001年，成立潍城区教科研培训中心；教学仪器站、生产管理站、图书管理站合并成立潍城区教育装备供应服务中心；电教中心改为潍城区现代教育技术信息网络中心。同年12月，潍城区教育委员会更名为潍城区教育局。2003年，区教育局机构调整，内设办公室、政工科、普教科、计财科（含审计科）、信访室、社会治安综合治理办公室、政研室、招商办公室；群团组织有教育工会、妇工委、团委、少工委；直属事业单位有教科研培训中心、职教成教研究室、招生办公室、教育督导室、托幼办公室、现代教育技术信息网络中心、校舍改造办公室、教育装备供应服务中心，其中教科研培训中心、教育督导室为正科级事业单位，职教成教研究室、招生办公室、托幼办公室、校舍改造办公室、教育装备服务中心为副科级事业单位。区教育局及下属事业单位共有编制96名，其中行政编制15名、事业编制81名。2010年7月，区教育局行政编制调整为13名。至2013年，区教育局内设办公室（挂学校安全工作科牌子）、政工科、规划财务科（挂审计科牌子）、基础教育科（挂体育卫生与艺术教育科牌子）、政策研究室、招商办公室、信访办公室、纪检监察室、教育惠民服务中心；群团组织有教育工会、妇工委、团委、少工委。是年，区教育局直属事业单位调整为9个，其中正科级事业单位有教育督导室和教科研培训中心，副科级事业单位有招生委员会办公室、校舍改造办公室、实验教学研究中心、职教成教研究室、托幼办公室，股级事业单位有现代教育技术信息网络中心、学生资助管理中心，直属事业单位编制91名。

潍城区科学技术局　1991年，潍城区科学技术委员会（以下简称“区科委”）内设办公室、计划成果科、财务科、综合管理科，行政编制12名，实有12人；辖科技情报研究室、技术开发服务公司、地震办公室。1993年11月，区科协撤销，人员划归区科委。12月，在区科委挂区专利局牌子，增设专利科，撤销财务科。增设科技咨询培训中心，为下属事业单位。1994年区划调整后，内设办公室、计划成果科、管理科、专利科。1995年5月，成立科技信息研究所、技术服务中心，为自收自支事业单位。2010年，设立潍城区科学技术局，为区政府直属工作部门，正科级规格，内设办公室、综合业务科，编制8名。区科学技术局挂知识产权局牌子。至2013年，机构无变化。

潍城区民政局　1991年，潍城区民政局为正科级行政机构，内设办公室、优抚救灾科、社会事务和基层政权科（挂地名委员会办公室牌子）。1992年，区军队离退休干部第一休养所和第二休养所成立，为副科级事业单位，隶属区民政局。1993年，区婚姻服务中心成立，隶属区民政局。1995年5月，区殡葬管理所成立，为副科级事业单位，隶属区民政局。2002年，区民间组织管理办公室成立，后更名为区民间组织管理局，加挂区民间组织执法监察局牌子，隶属区民政局。2006年，区婚姻服务中心更名为区婚姻登记处，为副科级事业单位。2007年，区拥军优属拥政爱民工作领导小组办公室（以下简称“区双拥办”）成立，隶属区民政局，优抚救灾科不再挂区双拥领导小组办公室牌子。2008年，区民间组织管理局更名为区社会组织管理办公室，为副科级参照公务员法管理事业单位。同年，潍城区社区工作办公室成立，为副科级事业单位，隶属区民政局。2008年2月，区老龄工作委员会办公室设在区民政局，与区民政局合署办公。2010年，区民政局行政编制核定为12名。至2013年，机构无变化。

潍城区司法局　1991年，潍城区司法局内设办公室、法制宣传科、基层工作管理科和法律自修大学管理站，下辖潍坊市第二公证处和潍坊市第二律师事务所2个事业单位。1994年2月，撤销法律自修大学管理站。1994年9月，增设政工科。1994年区划调整后，在镇、街道设10个司法所。1995年11月，潍坊市第二律师事务所更名为潍坊大鹏律师事务所。1996年9月，增设公证律师管理科。1999年，设潍坊市潍城区法律援助中心，为股级事业单位，隶属区司法局。2000年，潍坊大鹏律师事务所改制为中介机构。2002年，区司法局内设办公室、法制宣传教育科、基层工作管理科、公证律师管理科。2007年，设城关、南关、西关、北关、于河、望留、符山、军埠口、经济开发区9个司法所，潍坊市第二公证处更名为潍坊市潍城公证处。2008年，设潍坊市潍城区社区矫正工作办公室。至2013年，区司法局及9个司法所共有行政编制人员28人，潍城公证处、潍城区社区矫正工作办公室、潍城区法律援助中心3个事业单位共有事业编制人员15人。

潍城区财政局　1991年，潍城区财政局内设办公室、预算科、行财科、企财科、预算外科、农财科、监察科，下设控制社会集团购买力办公室、会计事务所、农发基金管理处、国有资产管理处4个副科级事业单位，辖7个街道财政所、10个乡镇财政所，为街道办事处、乡镇政府序列部门，业务受区财政局领导。1993年10月，所辖事业单位调整，下设控制社会集团购买力办公室、会计事务所、农发基金管理处、国有资产管理局、大检办、投资公司6个副科级事业单位。

1994年区划调整后，内设办公室、预算科、行财科、企财科、预算外科、农财科，辖4个街道财政所、6个镇财政所。1995年，所辖事业单位调整，下设控制社会集团购买力办公室、会计事务所、农发基金管理处、国有资产管理局、大检办、投资公司、预算外资金管理局、住房中心、信息中心9个副科级事业单位。1998年，内设科室及所辖事业单位调整，内设办公室（行政科）、预算科（基建财务科）、行财科、企财科、农财科、综合计划科，下设国有资产管理局1个正科级事业单位和财政监督局、政府采购中心（控办）、会计管理局（会计管理科）、农发基金管理处、社会保障处、投资公司、预算外资金管理局、住房中心、信息中心9个副科级事业单位。2001年2月，对所辖事业单位进行调整，下设国有资产管理局、财政监督局2个正科级事业单位和政府采购中心（控办）、会计管理局、农发基金管理处、社会保障处、预算外资金管理局、住房中心、信息中心、投资公司等副科级事业单位。辖街道、镇财政所10个。2002年5月，成立农业税征收管理局，为区财政局下设副科级事业单位。2007年8月，撤销投资公司。2007年12月，内设科室及所辖事业单位调整，内设办公室、预算科、国库科、基建科、行政政法科、教科文科、企财科、农业科8个职能科室，下设国有资产管理局、财政监督局2个正科级事业单位和政府采购中心、会计管理局、农发基金管理处、社会保障处、预算外资金管理局、住房中心、信息中心、农业税征收管理局8个副科级事业单位，辖9个财政所（局），为街道、开发区、管理区下属部门，业务受区财政局领导。2009年4月，农业税征收管理局更名为基层财政管理局。2009年11月，内设科室及所辖事业单位调整，内设办公室（挂组织人事科牌子）、预算科（挂法规税政科牌子）、国库科（挂债务金融科牌子）、教科文科（挂行政政法科牌子）、企财科、农业科，下设国有资产管理局、财政监督局2个正科级事业单位和政府采购中心、会计管理局、农发基金管理处、社会保障处、预算外资金管理局、信息中心、基层财政管理局、城建资金管理中心、财政投资评审中心等9个副科级事业单位。2010年，区农业综合开发办公室由隶属区政府调整为隶属区财政局。2011年2月，住房中心划为政府直属事业单位。至2013年，机构无变化。

潍城区人力资源和社会保障局　1991年，区人事局为正科级行政机构，内设办公室、干部科、工资福利科3个科室。同年6月，增设退休干部管理科，定编2名。下设区人才交流服务中心1个事业单位。1992年5月，区人才交流服务中心更名为区人才交流培训服务中心。同年，成立区机关事业单位社会保险事业处，为副科级自收自支事业单位。1993年12月机构调整，内设办公室、干部调配科、科技干部管理科、工资福利科4个科室，定编18名，保留区人才交流培训服务中心、区机关事业单位社会保险事业处2个事业单位。1995年11月，成立区国家公务员考试考核培训中心，为副科级事业单位，定编2名。1997年3月，增设区人事局大中专毕业生分配办公室，定编2名。1999年，区机关事业单位社会保险事业处划归区劳动局。同年，成立区人才市场，隶属区人才交流培训服务中心。2002年5月机构改革，区人事局（与区机构编制委员会办公室合署办公）内设办公室、录用流动科（挂公务员管理科牌子）、工资福利与离退休科、专业技术人员管理科、毕业生就业科（对外称大中专毕业生就业办公室）、机构编制综合管理科、区引进国外智力办公室7个科室，编制13名。2004年6月，成立区人事争议仲裁委员会，办公室设在区人事局。2008年，增设研究室，撤销区人才交流培训服务中心。2010年2月，区人事局机构调整，内设办公室、研究室、录用流动科（挂公务员管理科牌子）、工资福利与离退休科、专业技术人员管理科、毕业生就业科（对外称大中专毕业生就业办公室）、区人事争议仲裁委员会办公室、区引进国外智力办公室8个科室，下设区人才交流服务中心、区国家公务员考试考核培训中心2个事业单位。

1991年，潍城区劳动局为正科级行政机构，内设办公室、安全监察股、劳动工资股、计划调配科、工资福利科、劳动安全检查科、锅炉压力容器检查科，下设区社会劳动保险事业管理处、区劳动服务公司、区劳动保险分处、区城镇劳动就业训练中心、区职业安全卫生检测中心、区补粮基金征收办公室6个事业单位。1992年4月，增设计划统计科，计划调配科更名为劳动力管理科，工资福利科更名为工资科。1993年8月，成立区职业介绍所（1996年更名为职业介绍中心）。同年12月机构调整，区劳动局内设办公室（挂老龄委办公室牌子）、劳动争议仲裁办公室、劳动工资科、劳动安全监察科（挂区安全领导小组办公室牌子），编制15名；成立区工人技术培训中心，为副科级自收自支事业单位，编制10名；保留老年活动中心。1995年5月，设立劳动监察科，增加编制2名。11月，成立区工人技术培训就业训练中心，为副科级事业单位，与区劳动服务公司合署办公。1997年8月，成立区职工再就业服务中心，为副科级事业单位，编制5名。12月，成立区劳动监察大队，为自收自支事业单位，编制3名。1999年1月，潍城区劳动局更名为潍城区劳动和社会保障局，将区人事局承担的机关事业单位社会保险职能、民政局承担的农村社会保险职能、卫生局承担的社会医疗保险职能划归区劳动和社会保障局统一管理；将原来隶属区人事局管理的区机关事业单位社会保险事业处、民政局管理的区农村社会养老保险事业处整建制移交区劳动和社会保障局，其原定机构的名称、经费性质、规格、人员编制及领导职数不变。2001 年，成立区城镇职工医疗保险处，为全额拨款副科级事业单位，编制 7 名。2002 年 5 月机构调整，区劳动和社会保障局内设办公室、劳动保障监察监督科、劳动争议处理科（挂区劳动争议仲裁委员会办公室牌子）3 个科室，编制 12 名；所辖事业单位不变。2003 年 6 月，区劳动服务公司更名为区劳动就业办公室。2005 年 4 月，撤销区职工再就业服务中心，职能移交区劳动就业办公室。5 月，区劳动监察大队更名为区劳动和社会保障监察处。12 月，增设社会保险科。同年，撤销老年活动中心。2007 年 7 月，增设规划财务科，劳动保障监察监督科更名为劳动工资科。9 月，成立区劳动争议仲裁院，为全额拨款副科级事业单位，编制 6 名。2008 年 8 月，区社会劳动保险事业分处、区城镇职工医疗保险处、区机关事业单位社会保险事业处、区农村社会养老保险事业处合并组建区社会保险事业管理局，为区劳动和社会保障局所属正科级全额预算管理事业单位，核定编制 40 名。2010 年 2 月，区劳动和社会保障局内设办公室、社会保险科、规划财务科、劳动工资科 4 个科室，下设区劳动就业办公室、区劳动和社会保障监察处、区劳动争议仲裁院、区社会保险事业管理局 4 个事业单位。

2010 年 3 月，撤销潍城区人事局、潍城区劳动和社会保障局，整合职能成立潍城区人力资源和社会保障局，为正科级行政机构，内设办公室（挂政策法规科、规划财务科牌子）、就业促进科（挂职业能力建设科牌子）、劳动关系科、专业技术人员管理科（挂区外国专家办公室牌子）、工资福利科、社会保险科、人事管理科（挂区军官转业安置办公室牌子）、区公务员管理办公室 8 个科室，行政编制 20 名。下辖区人才交流服务中心、区劳动就业办公室、区社会保险事业管理中心、区劳动争议仲裁院、区劳动和社会保障监察处、区国家公务员考试考核培训中心、区工人技术培训就业训练中心 7 个事业单位。2011 年 7 月，区劳动争议仲裁院更名为区劳动人事争议仲裁院，同时撤销区人事争议仲裁办公室，有关职责由区劳动人事争议仲裁院承担。8 月，区人才交流服务中心与潍城区劳动就业办公室合并，设立区人力资源管理服务中心，为区人力资源和社会保障局所属正科级财政拨款事业单位，编制 25 名；同时撤销区工人技术培训就业训练中心，有关职责划归区人力资源管理服务中心。2012 年 12 月，增设信息科。2013 年 12 月，区劳动和社会保障监察处更名为区劳动保障监察大队。区人力资源和社会保障局内设办公室（挂政策法规科、规划财务科牌子）、就业促进科（挂职业能力建设科牌子）、劳动关系科、专业技术人员管理科（挂区外国专家办公室牌子）、工资福利科、社会保险科、人事管理科（挂区军官转业安置办公室牌子）、区公务员管理办公室、信息科 9 个科室，行政编制 20 名。下辖区人力资源管理服务中心、区社会保险事业管理中心、区劳动人事争议仲裁院、区劳动保障监察大队、区国家公务员考试考核培训中心 5 个事业单位。

潍城区住房和城乡建设局　1991 年，潍城区城乡建设委员会与潍城区房地产管理局合署办公，一套班子、两块牌子，内设建委办公室、建工委办公室（建委政工科）、综合计划科、城市建设科、乡村建设科、房地产管理科、财务科，下辖潍城区南关房地产管理所、城关房地产管理所、东关房地产管理所、区房地产交易监理所、区市政工程公司、区房地产开发经营公司、区建筑设计室、区建筑工程管理站、区建筑工程质量监督站、潍坊市符山旅游开发区管理处、区房屋拆迁安置办公室、区城乡建设档案馆、区建筑材料中心试验站，区城市房屋安全鉴定所、潍坊市环境卫生管理处、潍坊市市容监察处、区房地产综合开发公司、区城市建设综合开发公司、潍坊万达装修工程总公司、区水泥制品厂。1992 年 2 月，区水泥制品厂并入区城市建设综合开发公司。5 月，成立区第二城市建设综合开发公司。6 月，区房屋拆迁安置办公室更名为区城市建设

房屋拆迁办公室。7月，成立区建筑安装工程总公司，区建筑工程管理站更名为区建筑工程管理处。11月，区建筑设计室更名为区建筑设计研究院。1993年3月，成立区房地产评估事务所。5月，成立区园林绿化管理所。7月，成立区城市建设综合服务公司。1993年机构改革，区城乡建设委员会内设办公室、政工科、规划建设科、城市管理科、计划财务科，区建材中心试验站划归区建筑工程质量监督站。10月，成立区政府驻威海办事处，隶属区城乡建设委员会。12月，市环境卫生管理处与市市容监察处合署办公。1994年4月，成立区住宅建设配套供应公司。6月，区城乡建设委员会增设保卫科，同时挂综合治理办公室牌子。9月，区东关房地产管理所和区住宅建设配套供应公司移交奎文区；潍坊市环境卫生管理处和潍坊市市容监察处移交潍坊市市直部门。1995年11月，成立区市容环卫管理所，加挂区市容环境卫生监察处牌子；成立区城市住宅小区管委会办公室。1996年8月，成立潍坊市管道液化气推广中心。9月，成立区郊区房地产管理所。1997年2月，区城乡建设委员会改称区建设委员会，区建设宾馆并入潍坊市管道液化气推广中心。4月，潍坊市管道液化气推广中心更名为潍坊市管道液化气中心。12月，区郊区房地产管理所更名为区城郊房地产管理所。2002年5月，区建设委员会更名为区建设局，内设办公室、综合法制科、工程建设科、市政管理科、计划财务科。区房地产管理局隶属区建设局，设房产管理科。区室内装饰行业管理处移交区建设局。2003年3月，区市容环卫管理所移交潍坊市城市管理行政执法局潍城区分局。6月，撤销潍坊市符山旅游开发区管理处，区室内装饰行业管理处更名为区装饰装修管理办公室，在区建筑工程管理处挂牌。2004年4月，区园林绿化管理所并入区园林管理局。8月，撤销区政府驻威海办事处。11月，撤销区城市住宅小区管委会办公室。2005年7月，潍坊万达装修工程总公司解体。2008年10月，撤销区城市房屋安全鉴定所，注销潍城区南关房地产管理所、城关房地产管理所、城郊房地产管理所、区市政工程公司、区房地产开发经营公司（含区第二城市建设综合开发公司）、区建筑设计研究院、区房地产评估事务所、区城市建设综合开发公司、区房地产综合开发公司事业单位性质。2010年，组建区住房和城乡建设局，区建设局和区房地产管理局并入区住房和城乡建设局，内设办公室、财务科、房管科、建设科（挂安全生产监督管理科牌子）。2011年7月，区城市建设房屋拆迁办公室更名为区房屋征收与补偿办公室，区城市建设综合开发公司整体改制为潍坊泰润城建开发有限公司。2013年9月，设立区物业管理办公室，在区住房和城乡建设局房管科挂牌。至2013年年底，机构无变化。

潍城区交通运输局　1991年，潍城区交通局内设办公室、政工科、运管科、会计室4个科室，辖军埠口、廿里堡、于河、河西、城区、大于河、大虞7个交通管理所和汽车维修行业管理所、交通稽查队。区交通局办公地址位于潍州路与民生街交叉口东北角。1994年6月区划调整后，潍城区交通局办公场所、城区、廿里堡和大虞3个交管所划归奎文区交通公路局。1994年7月，潍城区交通局办公场所迁至白浪河以西和平路向阳小区。同年，区交通局内设办公室、政工科、计财科3个科室；下设城区、河西、于河、大于河、军埠口5个交通管理所及区运输管理所、区汽车维修行业管理所、区交通稽查队、区出租汽车客运管理所、货运配载中心等事业单位，区交通局及下属事业单位共有干部职工87人。2010年，潍城区交通局更名为潍城区交通运输局。2011年，区交通运输局有行政编制人员11人；有11个事业单位，有事业编制人员88人。至2013年，机构无变化。

潍城区水利局　1991年，潍城区水利局设办公室、水政科、水资源办公室、农水站、水产站5个科室和1个打井队，辖大虞乡、河西乡、于河乡、杏埠乡、军埠口乡、梨园乡、廿里堡镇、符山镇、望留镇、大柳树镇10个乡镇水利站。1993年2月，成立潍城区水利建设服务公司，隶属区水利局。1993年12月，区水利局更名为区水利水产局，设办公室、水政科、农水站、水资源办公室、水产站和打井队、符山水库管理所。1996年7月，符山水库管理所更名为符山水库管理局。1997年12月，成立区抗旱服务队。1998年8月，水政科增挂区水政监察大队牌子。2000年9月，区抗旱服务队与农水站合署办公。2001年12月，区水利水产局更名为区水利局。2002年5月，区水利局内设办公室（挂财务审计科牌子）、水政科2个职能科室，核定编制7名。2008年2月，区河道工程维护管理费征收办公室并入区水资源办公室，规格由股级升为副科级。2009年10月，区抗旱服务队更名为区防汛抗旱办公室，与区农田水利管理站合署办公。2009年10月，成立区水利移民管理办公室，为副科级事业单位。2012年6月，区水利局行政编制调整为8名。2013年，区水利局内设办公室（挂财务审计科牌子）、水政法规科，辖水资办、移民办、农水站、水产站和符山水库管理局5个事业单位。

潍城区农业局　1991年，区农林畜牧局内设办公室、行政科、政工科、财务科、生产科教科、林业公安科6个科室，下辖种子站、农经管理站、农村能源办、农业广播电视学校、符山林场、畜牧兽医工作站、林业工作站、果树工作站、农技服务中心、农业技术推广站、土壤肥料工作站、植物保护站、农业环境保护站和林产品公司、畜牧兽医开发公司。1992年8月，撤销区农林畜牧局，设区农业生产服务公司（挂农林畜牧局牌子），为正科级全额拨款事业单位，内设办公室、政工科、财务科，下辖农业技术服务中心（含化验中心、农业技术推广站、土壤肥料工作站、植物保护站、农业环境保护站）、种子站、农村能源办公室、农业广播电视学校。1994年区划调整，人员减少40%。1997年，农业生产服务公司和蔬菜生产服务公司合并，成立潍城区农业局，为正科级全额拨款事业单位，政府职能部门，下设农技服务中心、蔬菜生产服务中心、农广校、种子站、区农村能源办公室。2001年12月，区农业委员会与区农业局合并，组建区农业局，原区农业委员会承担的部分职能移交区委农村工作领导小组及其办公室；2002年，为区政府主管全区农业工作的工作部门，内设办公室、计划财务科、生产综合科，下辖区种子管理站、区农业技术推广中心、区蔬菜生产服务中心、山东省农业广播电视学校潍坊市潍城区分校、区农村能源办公室、区种子公司。2005年，区种子公司进行改制；撤销蔬菜生产服务中心，人员及职能划归农业技术推广中心。2008年，设立农产品质量检测中心。2011年11月，撤销计划财务科，设立农产品质量安全监管科。2013年，区农业局内设办公室、农产品质量安全监管科、生产综合科，下辖区种子管理站、区农业技术推广中心、山东省农业广播电视学校潍坊市潍城区分校、区农产品质量检测中心、区农村能源办公室。

潍城区商务局　1991年，称潍城区商业局。同年9月，成立区第三产业规划管理委员会及其办公室，办公室由区商业网点建设管理办公室和区社会商业管理服务站合并组成，同时挂区商业网点建设管理办公室牌子，隶属区商业局。1992年8月，成立潍坊市城区商业总公司，与区商业局一个机构、两块牌子。1993年11月，撤销区商业局，设置区商业委员会。1994年12月，撤销潍坊市城区商业总公司，成立区商业行业管理办公室，与区商业委员会合署办公。1997年2月，区商业委员会改称区贸易局（挂潍城区政府财贸办公室牌子）。2001年12月，撤销区贸易局（区政府财贸办公室）、区商业行业管理办公室，设立区商业贸易办公室，为区政府直属事业单位，设立综合科、业务科（挂禽畜管理科牌子）、会统科、市场网点科，编制17名。区第三产业规划管理委员会办公室与区商业贸易办公室合署办公，一个机构、两块牌子。2005年5月，区商业贸易办公室加挂区贸易局牌子。

2009年5月，增设安全生产监督管理科。2010年2月，组建区商务局，区对外经济贸易合作局划入区商务局，不再保留区对外经济贸易合作局；区商业贸易办公室更名为区商贸物流办公室（不再加挂区贸易局牌子），隶属区商务局。2012年5月，区商贸物流办公室与区商务局合署办公，实行人、财、物统一管理。至2013年，机构无变化。

潍城区文化广电新闻出版局　1991年，潍城区文化局下辖6个单位，有职工187人。1993年11月，区文化局与区体育委员会合并，成立区文化体育委员会。1995年3月，撤销区文化体育委员会，成立区文化局，为区政府正科级序列部门，行政编制5名。下设文化市场管理办公室、美术广告公司、郭味蕖故居陈列馆、陈介祺故居陈列馆4个事业单位。所属企业3个，分别是潍城区电影发行放映公司、天达娱乐设备公司、潍坊影院，共有职工135人。1995年5月，成立潍城区文化市场稽查队，与区文化市场管理办公室合署办公。同月，成立潍城区文化馆。2001年，区文化局与区旅游管理局合并，成立潍城区文化旅游局，行政编制7名，内设办公室和文化旅游管理科2个职能科室。

1991年，潍城区广播电视局为区政府正科级序列局，下设广播电台和有线电视台2个副科级事业单位。同年，成立广播电视物资供应站，为局属股级全民事业单位，经费自收自支，实行企业化管理，人员从局属事业单位中调剂使用。1993年12月，撤销区广播电视局，成立潍城区广播电视发展中心，为正科级事业单位，隶属区委宣传部。内设办公室、财务科、音像管理科，下辖潍城区有线电视台、广播电台2个副科级事业单位和工程技术服务部、广播电视器材公司（1992年12月成立的经济实体，与广播电视物资供应站一套班子、两块牌子）2个股级事业单位。1995年3月，重新成立潍城区广播电视管理局（以下简称“区广播电视局”），为正科级规格，行政编制5名。4月，撤销潍城区有线电视台。7月，撤销区广播电视发展中心，原区有线电视台改为区电视宣传中心，为正科级事业单位，隶属区广播电视局。区广播电台升为正科级，其原定机构的性质、经费渠道及隶属关系不变。1996年年底，区广播电视局核定编制67名，其中行政编制5名。2001年12月，区广播电视局改为区政府直属事业单位。

2010年5月，区文化旅游局与区广播电视局合并，设立潍城区文化广电新闻出版局（以下简称“区文广新局”），内设办公室、综合科，行政编制10名。2013年，内设科室有办公室、综合科，下辖潍城区文化馆、郭味蕖故居陈列馆、陈介祺故居陈列馆、潍城区电视宣传中心、潍城人民广播电台5个事业单位及潍城区电影发行放映公司、潍坊影院、潍坊市广潍电视艺术广告中心3个企业单位。

潍城区卫生局　1991年，潍城区卫生局内设办公室、政工科、业务科、财务科。1993年，改设为办公室、业务科、社会卫生科、财务科。2003年，改设为办公室、综合业务科、计财科。2005年，改设为办公室、业务科、社会卫生科、政工科、财务科。机关编制总额11名，其中行政编制10名、工勤编制1名。

潍城区人口和计划生育局　1990年，潍城区计划生育委员会内设办公室、统计科、宣传教育科，有工作人员10人。2001年12月，潍城区计划生育委员会更名为潍城区计划生育局，内设办公室（挂宣传教育科牌子）、政策法规科（挂流动人口计划生育办公室牌子）、规划统计科（挂科学技术科牌子），工作人员9人。2005年2月，更名为潍城区人口和计划生育局，内设办公室（挂宣传教育科牌子）、发展规划科（挂政策法规科、流动人口计划生育办公室牌子），有工作人员8人。至2013年，机构无变化。

潍城区审计局　1990年，潍城区审计局设办公室、综合科、行政事业审计科、工交审计科和商贸审计科。1993年11月，核定行政编制18名，实有19人，其中1人编制单列，设办公室、综合科、行政事业审计科和企业审计科。1995年1月，核定行政编制14名，单列编制2名。同年5月，增设财政金融审计科，增加行政编制2名，编制总数为16名。1997年6月，确定行政编制16名，实有14人。2001年11月，设办公室、财政审计科和企业审计科，行政编制由16名减为14名，实有行政编制13名、工勤编制1名。2002年5月，成立潍城区经济责任审计办公室，为副科级全额预算管理事业单位，核定编制3名。2007年9月，成立潍城区政府投资审计中心，为副科级全额预算管理事业单位，核定编制5名，隶属区审计局。2010年7月，区审计局设办公室、财政审计科、经贸审计科、法制科，行政编制调整为13名，取消工勤编制。至2013年，机构无变化。

潍城区统计局　1986年11月，潍城区统计局成立，核定编制23名，设办公室、专业统计科、综合统计科、农经调查队、计算机站。1991年，核定行政编制15名，设办公室、专业统计科、综合科。1993年12月，调整人员编制为14名，改专业统计科为调查科。1995年11月，增设法规科，挂统计行政执法联络室牌子。2000年9月，潍城区社会经济调查队成立，为副科级全额预算管理事业单位，隶属区统计局，设农村住户调查科、城市住户调查科、企业调查科3个科室，核定编制5名。同年，撤销农经调查队，其职能由区社会经济调查队农查科承担。2002年，设综合科、专业统计科，其中综合科挂法规科牌子，核定行政编制7名、工勤编制1名。2006年，完善基层统计网络，成立镇级统计站，并对统计站职责、管理制度和考核办法予以明确。2008年10月，撤销计算机站，职能及人员划归区社会经济调查队，区社会经济调查队同时加挂区社情民意调查中心、区普查办公室两块牌子，编制调整为12名，设农村住户调查科、城市住户调查科、企业调查科、计算机站4个科室。2009年3月，区招商统计办公室成立，为区统计局所属股级全额预算管理事业单位，核定编制2名。2010年7月，设综合科、专业统计科，专业统计科挂法规科牌子，核定行政编制8名、事业编制12名。2012年，区社会经济调查队编制调整为14名。至2013年，机构无变化。

潍城区安全生产监督管理局　1991—1999年，区安委会办公室设在区劳动局，承担有关安全监管职能。1999—2001年，区安委会办公室设在区经贸局。2001年，潍城区安全生产监督管理局成立，隶属潍城区经贸委，为全额拨款事业单位，实有工作人员4人。2003年11月，区安监局调整为区政府工作部门，工作人员增加到6人。2005年2月，潍城区安全生产监察大队成立，核定编制5名，隶属区安监局，为副科级全额预算管理事业单位。同年3月，潍城区安全生产监督管理局调整为行政单位，核定编制5名，内设综合科（挂区政府安委会办公室牌子）、安全监督管理科2个职能科室，同时成立镇（街道）安全生产管理办公室。2009年8月，成立区鲁东物流中心安全生产监督管理办公室、区人民商城安全生产监督管理办公室，均为正科级事业单位，隶属区安监局。2012年，区安监局编制调整为7名，区鲁东物流中心安全生产监督管理办公室编制调整为8名，区人民商城安全生产监督管理办公室编制调整为8名，区安全生产监察大队编制调整为7名，设立潍城区安全生产应急救援指挥中心，核定编制3名。至2013年，机构无变化。

区政府直属事业单位

潍城区林业局　1991年，设区农林畜牧局。1992年8月，撤局设区林果生产服务公司。1996年，区林果生产服务公司设办公室、林业工作站、果树工作站、林政公安检疫科4个科室。1997年2月，成立区林业局，为区政府主管林业行政的职能部门，下辖潍坊市符山林木良种繁育场、林业工作站、果树工作站、花卉管理推广中心和林业稽查队5个事业单位。2001年，林业局为区政府直属事业单位，所辖事业单位不变。2005年，林业工作站、果树工作站合并组建林果工作站，同时撤销花卉管理

推广中心，人员编制划入林果工作站。2005年，潍坊市符山林木良种繁育场整体划归潍坊市高级技工学校，区林业局辖林果工作站和林业稽查队2个事业单位。2010—2013年，区林业局内设办公室、综合科，辖林果工作站和林业稽查队2个事业单位。核定编制23名，有工作人员22人。

潍城区畜牧兽医管理局　1991年，设潍城区农林畜牧局，下辖军埠口、望留、大柳树、符山、杏埠、于河、河西、大虞、廿里堡、梨园10个乡镇畜牧兽医工作站。1992年8月，撤局设畜牧生产服务公司，由财政全额拨款，隶属潍城区农业委员会。1994年区划调整，大虞、廿里堡、梨园3个乡镇兽医站划归奎文区。1997年，撤销区畜牧生产服务公司，设立区畜牧中心，为全额拨款正科级事业单位，隶属区农业委员会。2001年，撤销大柳树镇兽医站和杏埠镇兽医站，区畜牧中心辖军埠口镇、望留镇、符山镇、于河镇、北关街道5个畜牧兽医工作站。2002年，区畜牧中心加挂区畜牧局牌子，为区政府直属事业单位。内设办公室、畜牧技术推广站、兽医站、兽药监察科4个职能科室。2009年，区畜牧中心更名为区畜牧兽医管理局，不再加挂区畜牧局牌子，仍为区政府直属事业单位。设立区畜牧兽医管理局监察所（挂区动物卫生监督所牌子），为区畜牧兽医管理局所属副科级全额预算管理事业单位；设立区动物疫病预防控制中心（挂区畜牧兽医检测中心牌子），为区畜牧兽医管理局所属全额预算管理事业单位。至2013年，机构无变化。

潍城区农业机械服务中心　1991年3月，撤销区农业机械管理站，成立区农业机械管理局，列入政府序列，归属区农委，下辖区农业机械技术培训学校1个事业单位、潍坊市农业机械供应公司1个企业单位。同年6月，区农业机械管理局内设办公室、计财科、农业机械安全监理科、基层业务科；成立区农业机械修配管理站、区农业机械技术推广站，隶属区农机局。1992年4月，成立区农业机械总公司，与区农业机械管理局合署办公，一个机构、两块牌子，归属区农委。1993年11月，撤销区农业机械管理局。1997年3月，区农业机械总公司更名为区农业机械服务中心，为正科级事业单位，归属区农委。2002年5月，区农业机械服务中心直属区政府，加挂区农业机械管理局牌子，内设办公室、计财科、农业机械安全监理科、农业机械修配管理科、农业机械技术推广科、农业机械技术培训科（加挂区农业机械技术培训学校牌子）6个职能科室。至2013年，机构无变化。

潍城区农村经济管理局　1988年12月，潍城区农村经营管理站成立，为区政府副科级事业单位，核定编制5名，隶属区农委。1991年3月—1992年7月，隶属潍城区农林畜牧局。1992年8月，隶属区农业委员会。各乡镇（街道）设农村经营管理站，在潍城区农村经营管理站的指导下开展工作。1997年9月，潍城区农村经营管理站更名为潍坊市潍城区农村经济管理局，为区政府直属正科级事业单位，归口农业委员会。2002年5月，潍城区农村经济管理局由归口农委变更为直属区政府领导，为正科级全额拨款事业单位，核定编制9名，负责农村经济管理工作，设办公室、农村财务管理科、农民负担与土地承包管理科3个职能科室。2012年3月，潍城区农村经济管理局编制调整为16名。至2013年，机构无变化。

潍城区金融工作办公室　2007年5月，成立潍坊市潍城区人民政府金融证券业发展协调办公室，为正科级财政全额拨款单位，设综合科、金融科2个职能科室，核定编制6名。2010年11月，更名为潍城区金融工作办公室，正科级规格，为区政府直属事业单位。2013年，区金融办内设综合科、金融科2个职能科室，核定编制6名。

潍城区招商局　1991年1月—2001年11月，潍城区招商引资工作由区对外经济贸易委员会负责。2001年12月，区对外经济贸易委员会更名为区对外贸易经济合作局。此后至2003年7月，区招商引资工作由区对外贸易经济合作局负责。2003年8月，成立潍城区招商局，为正科级规格，实行全额预算管理，直属区政府，主管全区招商工作，内设综合科、招商一科、招商二科 3 个职能科室，核定编制 15 名。此后至 2013 年，机构无变化。

潍城区地震局　1989 年 12 月，潍城区地震办公室成立，核定编制 3 名，为副科级事业单位，隶属于区科委。1992 年 12 月，潍城区地震办公室更名为潍城区地震局，单位性质、隶属关系不变。1994 年 8 月，撤销潍城区地震局，人、财、物上调潍坊市地震局。1996 年 3 月，恢复潍城区地震局，为正科级事业单位，全额财政拨款，核定编制 5 名，直属区政府。2002 年 5 月，内设 2 个科室，核定编制 6 名。2012 年 3 月，区地震局编制调整为 8 名。

潍城区体育局　1991 年，潍城区体育运动委员会内设办公室，辖区竞技体育运动学校、体育场地管理站、体育馆 3 个事业单位和老年体协办公室，有 4 个体育组织：棋类协会、信鸽协会、老年人体育协会和篮球协会。1993 年 11 月，区体育运动委员会与区文化局合并，成立潍城区文化体育委员会，其他各类协会和单位保留。1995 年 3 月，撤销潍城区文化体育委员会，成立潍城区体育运动委员会。11 月，设立区竞技体育运动学校、区体育馆，合署办公，为副科级事业单位。同时挂区体育总会牌子。1996 年 1 月，定编 22 名，实有 10 人。8 月，在潍坊六中以“一校两制”方式成立潍城区竞技体育运动学校。9 月，成立区体育场筹建办公室，为全额财政拨款事业单位，隶属区体委。1999 年，撤销潍城区体育运动委员会，成立潍城区体育局。2012 年，区体育局编制核定为 13 名，所属事业单位区体育馆编制核定为 7 名。至 2013 年，机构无变化。

潍坊市城市管理行政执法局潍城区分局　1991 年，成立潍坊市市容监察处，隶属潍城区建委，正科级事业单位，编制 38 名。1994 年 7 月，成立潍坊市城市管理监察大队，为副县级规格，核定编制 90 名。下设潍城、奎文中队，为正科级事业单位，内设办公室、法规科、督查科。2003 年 3 月，成立潍坊市城市管理行政执法局潍城区分局，挂潍坊市城市管理执法监察总队潍城区大队牌子，为正科级事业单位，实行全额预算管理，收支两条线，定编 70 名，隶属潍城区政府管理。内设办公室、监察科、财务科、法规科和 3 个执法中队。2010 年 2 月，潍坊市城市管理行政执法局潍城区分局加挂区市政管理局牌子，为区政府直属事业单位，所属区环境卫生管理局更名为区环境卫生管理处。将区园林管理局更名为区园林管理处，隶属潍坊市城市管理行政执法局潍城区分局。分局内设党政办公室、数字化督查指挥中心、财务装备科、法规指导科、市政管理科、公用事业管理科和 3 个专项执法大队，核定编制 106 名。至 2013 年，机构无变化。

潍城区供销合作社联合社　1987 年，撤销区供销社合作社联合社（以下简称区供销社），设立区商业委员会供销行业办公室，对外称区供销社。1992 年 9 月，以潍城区供销合作社联合社为依托成立潍坊市城区供销企业总公司，是独立自主、自负盈亏、统一纳税的法人企业，区供销社与潍坊市城区供销企业总公司一套班子、两块牌子。1994 年 6 月，潍坊市城区供销企业总公司改制为潍坊市城区供销企业股份有限公司（保留区供销合作社联合社牌子）。1994 年区划调整，潍坊市城区供销企业股份有限公司分为潍城区供销合作社联合社和奎文区供销合作社联合社。潍坊市城区供销企业股份有限公司所属独立核算企业按企业所在地以白浪河为界成建制分别划归潍城区、奎文区。1995 年，潍城区供销合作社联合社内设办公室、财务审计科、业务科、保卫科、政工科、劳资科，辖于河、杏埠、望留、符山、大柳树 5 个基层供销合作社，管理 15 家企业。1996 年 6 月，成立潍城区军埠口供销社。2002 年 5 月，区供销合作社联合社机关由企业改为正科级全额拨款事业单位，直属区政府领导，核定编制 8 名。2004 年 9 月，杏埠供销合作社并入于河供销合作社。2008 年 7 月，区供销合作社联

合社机关参照公务员法管理。2012年，区供销合作社联合社编制调整为12名。2013年，区供销合作社联合社内设办公室、政工科、财务审计科、合作指导科、安全监督科，有正式工作人员11人；辖9个基层单位，其中有5个基层供销合作社，分别是于河、望留、军埠口、符山、大柳树供销合作社，在职职工141人；有4个城区公司，分别是区再生资源总公司、区土产大楼、区农业生产资料公司、潍坊佳翔自行车公司，在职职工205人。

潍城区机关事务管理处　1991年，潍城区机关事务管理处为正科级规格，全额财政拨款事业单位。2010年机构改革，区机关事务管理处内设办公室、财务科、公共机构节能科（挂区公共机构节能办公室牌子）、房产基建管理科、设备运行管理科、安全监督保卫科、会议生活管理科，事业编制核定为30名。2012年，区机关事务管理处事业编制调整为33名。至2013年，机构无变化。

潍城区公共行政审批服务中心　2007年，潍城区公共行政审批服务中心成立，为正科级规格，编制5名，内设综合管理科、考核督查科。2007—2013年，区审批中心有管理人员4人。

潍城区物价局　1986年11月，设立潍城区物价局，为区政府直属部门，内设办公室、物价检查所。1991年，增设工价科、收费科。1993年11月，区物价局整体并入区工商局，设市场物价检查所，为副科级事业单位。1997年1月，划归潍坊市物价局管理，设立潍坊市物价局潍城管理所，为正科级事业单位。2002年，更名为潍坊市物价局潍城分局。2007年1月，设立潍城区物价局，为正科级财政拨款事业单位，直属区政府，设办公室、价格收费管理科、物价检查所。2010年，区物价局设办公室、综合法规科、价格和收费管理科、房地产价格管理科4个职能科室和物价检查所1个内设机构，区价格认证中心为区物价局所属副科级财政拨款事业单位。至2013年，机构无变化。

潍城区文化市场综合执法局　1989年8月，成立潍城区文化市场管理办公室，为副科级事业单位，隶属区文化局领导，核定编制5名，人员从区属文化系统全民事业单位中调剂，经费自收自支。1995年5月，成立潍城区文化市场稽查队，与区文化市场管理办公室合署办公，一个机构、两块牌子，增加事业编制2名，其原定机构的规格、性质、经费渠道及隶属关系不变。2002年5月，区文化市场管理办公室经费渠道由自收自支改为差额预算管理。2009年3月，成立潍城区文化市场综合行政执法局，同时加挂区版权局牌子。将区文化市场管理办公室整建制划归区文化市场综合行政执法局；原区新闻出版管理办公室相关执法职能、编制划归区文化市场综合行政执法局。区文化市场综合行政执法局为正科级全额预算管理事业单位，归口区委宣传部管理，事业编制核定为15名。2010年7月，设立潍城区文化市场综合执法局（挂区“扫黄打非”工作领导小组办公室牌子），为区政府直属财政拨款事业单位、正科级规格，内设办公室、执法监督科、市场执法一科、市场执法二科、市场执法三科，事业编制20名。至2013年，机构无变化。

潍城区住房公积金管理中心　1993年10月，成立住房资金管理中心，隶属区财政局，为股级事业单位，核定编制2名，人员从财政局内部调剂使用。1995年5月，成立潍城区住房资金管理中心，为区财政局下属副科级事业单位，编制8名。2007年9月，区住房资金管理中心经费渠道由自收自支调整为全额预算管理，编制调整为16名，隶属关系不变。2011年2月，区住房资金管理中心更名为区住房公积金管理中心，由隶属区财政局调整为区政府直属事业单位，为正科级规格，经费渠道为财政拨款，内设综合科、业务科、贷款科3个科室，核定编制16名。至2013年，机构无变化。

潍城区旅游服务中心　1999年，成立潍城区旅游管理局，为全额预算管理正科级事业单位，属于区政府直属机构，归口区政府办公室管理。2001年，区文化局与区旅游管理局合并，组建区文化旅游局。2010年，成立区文化旅游新闻出版局，原文化旅游局划归新组建的区文化旅游新闻出版局。2012年11月，成立潍坊市潍城区旅游服务中心（对外称潍坊市潍城区旅游局），为区政府直属正科级财政拨款事业单位，核定编制5名。至2013年，机构无变化。

潍城区人民商城管理办公室　2009年11月，成立潍城区人民商城管理办公室，为区政府直属全额拨款事业单位、正科级规格，核定编制5名。至2013年，机构无变化。

潍城区土地征收管理办公室　2011年7月，成立潍城区土地征收管理办公室，为区政府直属财政拨款事业单位、正科级规格，核定编制11名。在业务上接受潍坊市国土资源局潍城分局指导。至2013年，机构无变化。

潍坊广告创意产业园服务中心　2012年7月，成立潍坊广告创意产业园服务中心，为区政府直属财政拨款事业单位、正科级规格，核定编制12名。内设规划建设科、招商投资科和办公室3个科室。至2013年，机构无变化。

潍坊鸢都湖—浮烟山综合开发区管理委员会　2003年5月，成立潍坊鸢都湖—浮烟山综合开发区管理委员会，为区政府直属事业单位、副县级规格。2007年9月，潍坊鸢都湖—浮烟山综合开发区管理委员会与望留街道办事处合署办公，一个机构、两块牌子。至2013年，机构无变化。

潍城区乐埠山生态经济发展区管理委员会　2007年9月，成立乐埠山生态管理区管理委员会，为区政府直属事业单位、正科级规格。同年，改称乐埠山生态经济发展区管理委员会，乐埠山生态林场管理委员会（副县级事业单位）与其合署办公。至2013年，机构无变化。

潍城区军埠口综合项目区管理委员会　2007年9月，成立军埠口工业园区管理委员会，为区政府直属事业单位、正科级规格。同年，改称军埠口综合项目区管理委员会。至2013年，机构无变化。

第三节　乡镇人民政府　街道办事处　开发区管委会

1991年，潍城区有河西、于河、杏埠、军埠口、大虞、梨园6个乡人民政府，廿里堡、望留、符山、大柳树4个镇人民政府，城关、南关、东关、西关、北宫、东园、院校7个街道办事处。1992年7月，大虞乡、梨园乡、于河乡撤乡设镇；撤销河西乡，设立北关镇。1993年2月，大虞镇7个行政村划归潍坊高新技术产业开发区管理。9月，军埠口乡、杏埠乡撤乡设镇。1993年12月，成立潍坊外商投资开发区管理委员会。至此，全区有10个镇政府、7个街道办事处和1个开发区管理委员会。

1994年，撤销北关镇和北宫街道，设立北关街道。同年，白浪河以东的大虞、梨园、廿里堡3个镇，东园、东关、院校3个街道，军埠口镇部分行政区域划归新设立的奎文区。区划调整后，潍城区辖于河、杏埠、符山、望留、大柳树、军埠口6个镇和城关、南关、西关、北关4个街道。全区设6个镇政府、4个街道办事处。1997年3月，潍坊外商投资开发区管理委员会与北关街道办事处合并，一个机构、两块牌子。2001年3月，撤销杏埠镇，其行政区域并入于河镇；撤销大柳树镇，其行政区域分别划归符山镇、军埠口镇、望留镇。2003年3月，潍坊外商投资开发区管理委员会与北关街道办事处分离。2005年12月，潍坊外商投资开发区更名为山东潍城经济开发区。2006年4月，潍坊外商投资开发区管理委员会更名为山东潍城经济开发区管理委员会。2007年9月，撤销军埠口镇、符山镇、于河镇、望留镇，设立于河街道、望留街道。同年9月，实行于河街道和潍城经济开发区街区合一体制，于河街道办事处和潍城经济开发区管理委员会合署办公，一个机构、两块牌子，于河街道办事处、潍城经济开发区管理委员会办公地点不变。2008年6月，于河街道和潍城经济开发区不再实行街区合一体制，于河街道办事处与潍城经济开发区管理委员会分离。此后至2013年，潍城区有于河、望留、北关、西关、南关、城关6个街道办事处和潍城经济开发区管理委员会。

第二章　政府施政纪要

第一节　第十二届人民政府

潍城区第十二届人民政府任期3年，自1990年3月至1993年2月。三年间，区政府坚持以经济建设为中心，大力推进改革开放，不断加强社会主义精神文明建设，经济建设和社会事业持续发展。1992年，全区国民生产总值10.36亿元，国民收入8.35亿元，分别比1989年增长68%和62.2%；财政收入完成1.01亿元，连年实现收支平衡；职工年人均工资和农民人均纯收入分别为2311元、1064元，比1989年分别增加608元、255元。

强化农业基础，农业和农村经济全面发展。1990年，区政府先后制定《关于农业承包合同管理的若干规定》等6个文件，突出抓好村级服务组织建设，积极引导、扶持、发展壮大村集体经济，进一步完善"统分结合"的双层经营体制。组织实施吨粮田开发、黄淮海平原开发和立体种植等10余项农业开发，推广作物秸秆青贮氨化、冬暖式蔬菜大棚等一系列新技术、新成果。兴建河西乡废水利用、于河乡东水西调等80多处中小型水利工程。对"一山四埠"（符山、军埠口埠、武家埠、杏埠、宋家埠）进行开发和治理，整治开垦土地187公顷。是年，潍城区被林业部授予"平原绿化达标县区"。1991年，加强农业基础建设，新打机井（大口井）600眼，新修整修农村道路250多条。组织实施科技兴农战略，先后进行小麦、玉米品种对比试验，玉米套种夏谷和间作大豆"三作三收"试验，麦棉间作、玉米套黄瓜等试验。1992年，农村经济总收入15.2亿元，比1989年增长118%。1990—1992年，全区累计投入农业资金3280万元，建设大小水利工程116处。

积极调整结构，工业生产稳步增长。1990年，围绕市场需求，积极调整和优化产业、产品结构，重点发展机械、五金、纺织、服装、食品、印刷包装等骨干行业。积极实施企业调整，组建潍坊塑料总厂、潍坊造锁集团公司、潍坊巨力机械总厂等5个企业集团。全区有2家企业晋升为国家二级企业，9家企业晋升为省级先进企业。1991年，以开展"质量品种效益年"活动为契机，在全区总结并推广巨力机械总厂的创业精神，取得了良好的示范带动效应。全区重点考核的40种主要工业产品质量稳定提高率为97.5%，比上年提高2.4个百分点。1992年全区工业生产总值25亿元，比1989年增长112%。乡镇企业发展态势良好，完成工业总产值15.56亿元，比1989年增长155.5%。1990—1992年，全区共完成工业技改项目176项，开发新产品和拉长适销对路产品150种，78家企业晋升为市以上先进企业。

拓宽流通渠道，内外贸易日趋活跃。1990年，在全区开展以优质服务为主要内容的"满意在潍城"活动，树立商业信誉，提高服务水平。先后投资600万元，新建、扩建白天鹅大酒店、庆丰楼等26处商业网点，配套、装修、改造网点11处，新增营业面积4500平方米。全区有2家企业取得中外合作、合资批准证书和批准实施合同，批准立项中外合资项目7个，总投资529万美元。全年出口商品收购总值达6165万元。1991年，潍城区积极推进商业企业兼并联合，引导企业走集团经营新路子，先后合并、兼并、撤销10家小型企业，组建了供销企业总公司、百货公司、鸢都商业集团公司、蔬菜公司等4家集团经营型企业。投资190多万元，新建果品批发市场、金宝竹木市场、新旧农机市场等5处规模较大的专业市场，改建民主街、西园街、南下河等11处集贸市场，保障了城乡居民的物资供应。继续实施沿海地区经济发展战略，加强对外宣传联络，利用潍坊国际风筝会、广交会和深圳经贸恳谈会等经贸活动，新签外经贸项目协议、意向书24份，批准立项各类利用外资项目16项，总投资1372万美元。1990—1992年，先后规划建设20处大中型服务设施项目，总投资6.7亿元，建筑面积31.5万平方米。鸢都购物中心、潍坊百货大厦建成并投入使用。建成民主街中段服装市场、和平路北段旧货市场、公安路名吃街、西市场三路什锦市场、区体育场星期日市场、新华路商业一条街、大虞镇工业品市场。注重发展金融保险、房地产、旅游、信息咨询等新兴第三产业，初步形成以市场建设为基础、以流通服务为主体、新兴产业梯次发展的格局。1992年，社会商品零售总额达到10.06亿元，城乡集贸市场成交额达到4.16亿元，分别比1989年增长56.7%、108.4%。

强化城乡建设和管理，综合服务功能进一步增强。1990年，重点推进城区道路与排水设施新建维修、房屋维修和城区绿化美化工作。新建维修道路13条，铺设人行道11万平方米；完成绿化投资31.5万元，新建公共绿地5460平方米。投资232万元，对潍坊纸箱总厂的污水、潍坊农具厂的窑炉等15项重点环保项目进行治理。1991年，围绕争创省级卫生城市和“齐鲁杯”“鸢城杯”活动，加强城市基础设施建设和管理工作。完成城区综合开发投资2324万元，竣工面积5.59万平方米。新建、改建18座水冲式公厕，完成日处理50吨粪便无害化处理厂一期工程，兴建3座垃圾车集装箱转运站。1992年，全区绿化率达到28%，潍城区获得“全国平原绿化先进单位”。1990—1992年，全区基本建设投资1.86亿元，竣工面积29.7万平方米。开发建设居民小区7个，1898户居民搬入新居。新修整修潍高路、潍蒋路、友爱路等城乡道路8条，总计28.1公里，道路硬化率达到98%。

坚持科教兴区，社会事业全面发展。1990年，完成科技计划项目40项，取得15项科技成果，其中有R180柴油机、PVC石英增强韧性地板砖等5项达到国内先进水平。推行“全员，全面，全过程”德育工作法，中小学德育工作得到加强。广泛开展群众性爱国卫生运动，全区有92%的单位达到文明卫生单位标准，11个村完成除氟改水任务，通过了省无鼠害区验收。制定《关于进一步加强农村超生子女费管理工作的暂行规定》，对超生费的收取、管理、使用进行全面清理整顿，为潍城区完成各项人口计划提供了保障。积极开展群众性文化活动，先后组织举办春节文艺会演、花灯一条街、第七届潍坊国际风筝会大型民间艺术表演等活动。乡镇体育设施基本达到“一场一室”的要求，受到国家体委表扬。1991年，在全区范围内进一步树立科技是第一生产力观念，开展“科技兴农”示范乡镇、示范村和示范户活动，全区有19个村、695户分别达到示范村和示范户标准。职业教育稳步发展，实验实习基地建设不断加强，16个专业中有10个专业基本形成教学、生产、服务一体化办学体制。积极开展救灾扶贫、优抚安置工作，潍城区被省委、省政府和省军区授予“双拥先进单位”称号。1990—1992年，持续深入实施“科教兴区”战略，科技进步因素在国民生产总值中的比重由1989年的28%提高到35%。通过财政拨款、社会捐助等形式，筹集资金1098万元，先后新建改造校舍2.6万平方米，办学条件得到改善。1992年，全区村级卫生室发展到270个，达到甲级卫生室标准的占75%。认真落实人口目标责任制，有效控制人口过快增长，人口自然增长率由1989年的7.17‰下降到5.23‰。

坚持依法治区，民主法制建设得到加强。1990年，在全区范围内开展以宪法为核心的普法教育活动，29.2万名有接受能力的公民学习了规定的内容。1991年，将“二五”普法期间涉及的33个法律法规对口落实到24个执法部门，并由各单位普法骨干组成宣讲团，深入基层、走向社会巡回演讲。依靠法律法规管理经济和各项社会事务，政府各项工作自觉纳入依法行政轨道。加强环保工作，对新上项目严格审核，对治理项目以合同书的形式落实责任。加强土地管理工作，通过落实土地管理目标责任制，强化依法监督管理，避免了村镇建设滥用承包土地现象的发生。在全区推行社会治安综合治理目标化管理，各乡镇、街道和村居成立社会治安综合治理办公室。在南关、城关、东关等街道建立10支联防大队，基层政法队伍得到加强。1992年，潍城区获得“全省社会治安综合治理先进区”。

第二节　第十三届人民政府

潍城区第十三届人民政府任期5年，自1993年2月到1998年1月。五年间，大力推进改革、开放、调整、创新，完成“八五”计划和“九五”计划前两年的任务，全区改革开放、经济建设和社会事业取得新成就。1997年，全区实现国民生产总值23亿元，地方财政收入完成1亿元，城镇居民人均可支配收入5900元，农民人均纯收入3280元。

大力培育经济增长点，国民经济持续健康发展。1993年，在对经济形势和潍城区情进行全面、客观分析的基础上，提出重点发展乡镇企业、第三产业和外向型经济的发展战略。投入1.7亿元，完成70个技改项目。全区有6个企业和樱北、南屯、马少野3个村的工业产值超过亿元。潍坊百货大厦、鸢都购物中心等7家投资2000万元以上的三产项目交付使用。果品、副食、水产品等8处大型批发市场建成投入运营。个体私营业户达到2.5万家。粮食总产量1.57亿公斤。1995年，加大对企业政策扶持，巨力集团有限公司发展成为山东机械行业排头兵，潍坊轴承厂的销售收入跃居全省同行业第一位。在全区范围深入开展“管理效益年”活动，积极推广“巨力”“鑫达”的管理经验，以点促面，实施区直工业管理效益87项，实现管理效益1200万元。加强农业基本建设，修建完善北关、于河城市废水利用工程和大柳树南水北调水利工程。培植大正实业总公司、南小于河良种牛养殖场等10家畜牧龙头企业，壮大完善东七、城南武家等20个养殖小区，畜牧产业初步形成规模化。投资200余万元，新建崔家香油芝麻批发市场等5处市场，改建扩建潍坊商城、天坛市场等4处市场。全区个体工商户发展到8000户，从业人员1.6万人。1996年，实施科技兴农，大力推广酵素菌、苹果套袋、铺反光膜、鲜切花栽培、笼养蛋鸡等新技术。潍坊符山林木良种繁育场鲜切花进入日本市场，当年出口4万支。持续扩大经济田面积，粮经比例调整为6∶4。围绕构筑“半岛商贸城”的目标，培植骨干网点、开发商贸带，投资750万元，新建天坛装饰材料批发市场、鲁东建材城等3处大型专业批发市场。自1994年区划调整后至1997年，实施技术改造项目225项，完成投资4.7亿元，开发新品种121种，有64种填补省以上空白。完成造林面积3000公顷，造林绿化率由1994年的17.1%提高到20.42%。花卉产业初具规模，发展到320公顷，比1994年增加147公顷。

积极推进各项改革，发展活力明显增强。1993年，企业改革贯彻落实《企业法》和有关条例规定，配套完善制度改革，推行以股份产权关系为重点的股份制改革和以调整企业组织结构为重点的“卖、租、包、转”改革。全区有45家企业完成股份制改革，募集资金2.5亿元。开展农村改革，在完善家庭联产承包责任制的基础上，重点进行股份合作制试点。开展党政机构改革，区直部门由原来的53个减少到30个，人员由1002人减少到614人。1994年，围绕发展规模经济，组建巨力、耶莉娅、金龙钢砂等5个企业集团。1995年，耶莉娅集团公司晋升为国家级企业集团。在推广于河镇“村账镇管”“村有镇管”试点经验的基础上，全面推行农村财务的账务、资金“双代管”制度。1997年，巨力集团有限公司被国家评监委批准发行A种股票。自1994年调整区划后至1997年，完成农村股份合作制改革单位（企业）40家，完成国家税务与地方税务机构分设工作，组建市级以上企业集团21家，在商业企业推行资产占用责任制总经销、总代理等多元化经营方式。

城乡建设步伐加快，综合服务功能进一步增强。1993年，积极配合潍坊市有关部门进行“四路一场”（济青高速、北环路、烟潍路、潍石路、飞机场）建设，被潍坊市政府授予“交通工作先进区”称号。启动小城镇建设，在大虞、符山、廿里堡等镇兴建工商小区。其中，廿里堡镇被市委、市政府命名表彰为小城镇建设先进单位。1994年，投入城市综合开发资金1.13亿元，住宅竣工面积16.2万平方米，有2553户居民乔迁新居。1995年，结合全国卫生城市创建工作，多方筹措资金，完成芙蓉街、北门大街等15条街巷道路翻建硬化任务。投资1600余万元，建成潍州剧场并于当年交付使用。1996年，集中精力开展浮烟山旅游度假区开发建设，完成引水上山工程，新植各类树木6万余株，较好地改善了浮烟山的投资环境。对西二环全线长13.4公里的路面铺设沥青混凝土，并于当年9月全线通车。1995—1997年，城乡基本建设完成投资6.5亿元，其中城区竣工项目155个，面积51.5万平方米。建设东风西街西段，青年路南段、胜利西街西段、向阳路北段和福寿西街西段等城区主干道。积极实施“安居工程”，完成建设面积60.03万平方米，安置居民4678户，人均居住面积由1994年的8.6平方米提高到1997年的9.5平方米。积极协调市邮电局投资1000多万元，自筹资金280多万元，解决农村通信落后的问题，实现了全区村村通电话。加强城市综合管理，市容环境和小区管理状况得到明显改善，城隍庙小区、长胜街小区分别获国家级和省级“优秀管理住宅小区”称号。

科教兴区战略顺利实施，各项社会事业全面发展。1993年，以实施初级卫生保健为重点，逐步建立健全区、镇、村三级保健网络，村级卫生室发展到280个，达到甲级卫生室标准的占79.4%。潍城区获得“全国计划生育工作先进单位”和省“三为主先进区”称号。积极发展成人教育和职业技术教育，全面实施“两基”（基本普及九年义务教育、基本扫除青壮年文盲）。1994年，全区适龄儿童入学率、巩固率、毕业率、普及率均达99%以上，潍城区成为全国首批“两基”达标区。1995年，重点推进以科技兴工、兴农、兴社会事业及发展高新技术产业为主要内容的“三兴一高”工程，共举办各类技术培训班300期，培训近3万人次，高新技术企业发展到4家，形成潍坊黄河汽配厂和潍坊造锁集团公司2个高新技术企业生长点。贯彻实施《中国教育改革和发展纲要》《教育法》和《教师法》，加强和改进学校德育工作。投资798万元对潍坊八中实验楼、潍坊七中学生公寓、青年路小学教学楼等学校基础设施进行改建、扩建。1996年，潍城区被市委、市政府授予“两基工作先进区”，被省教委确定为“山东省艺术教育示范区”。投资125万元，新建区直机关幼儿园。贯彻实施《体育法》和《全民健身计划纲要》，组建区竞技体育运动学校，成功举办第五届全区运动会。1997年全区高考本专科上线人数183人，是1994年的3.7倍。共投入资金4063万元，完成校舍改造工程35项，完成建筑面积7.3万平方米，相当于区划调整前10年的总和。社区服务工作扎实有效，潍城区获得“全省社区服务示范城区”，顺利通过全国社区服务示范城区评审组验收。1995—1997年，全区实施科技项目93项，取得科技成果 22 项，申请国家专利 81 项，实施率达 60% 以上。民营科技企业发展到 56 个，固定资产 2.4 亿元。

坚持依法行政，民主法制建设进一步加强。坚持依法治区理念，深入开展社会治安综合治理工作，严厉打击各种刑事犯罪和经济犯罪活动，保持社会秩序稳定。切实加强廉政建设，纠正行业不正之风，努力减轻农民和企业负担，严肃查处违法违纪案件，廉政建设取得明显成效。1994 年，通过完善农民承担费用和劳务合同，将减轻农民负担工作纳入法制化管理轨道，控制在国家规定的标准之内。1995 年，贯彻区人大常委会《关于在区级国家机关实施执法责任制的决定》，自觉接受人大法律监督和政协民主监督，依法行政水平有了较大提高。1996 年，严厉打击各类刑事犯罪和经济犯罪活动，加大“扫黄打非”力度、禁赌力度，刑事案件有所下降，全年刑事案件和重大刑事案件分别比上年下降 23.4% 和 25.2%。1997 年，大力加强社会治安综合治理，全年发案率、大案发案率分别比 1994 年下降 20% 和 29%。1995—1997 年，潍城区连续三年获得“山东省社会治安综合治理模范区（先进单位）”称号。

第三节　第十四届人民政府

潍城区第十四届人民政府任期 5 年，自 1998 年 1 月至 2003 年 1 月。五年间，以经济建设为中心，深化改革，加快发展，维护稳定，完成“九五”计划和区十四届人大确定的各项任务。2002 年，全区国内生产总值实现 34.1 亿元，地方财政收入完成 12587 万元，城镇居民人均可支配收入达到 7538 元，农民人均纯收入达到 4000 元。

农业和农村经济全面发展。1998 年，全区粮食生产获得丰收，总产量达 1.1 亿公斤，比上年增长 16.7%。潍坊市蔬菜公司与韩国元茂株式会社合资兴建潍坊大汉竹盐有限公司，年可产竹盐 300 吨。1999 年，以城市农业开发为突破口，推动 20 个重点项目建设，完成开发面积 1200 公顷。开展以白浪河水库西灌区修复配套、符山水库除险加固等 8 大工程为重点的农业基本建设，改善农业生产条件。2001 年，调整农业结构，新增经济作物 2000 公顷，粮经作物种植比例调整为 4 ∶ 6，发展潍县萝卜、苗木、花卉等 6 个特色基地和益康宝、奥兰等重点农业龙头企业。2002 年，按照“区域化布局，规模化发展”的思路，发展农业龙头企业达 30 余家。

工业经济运行质量和效益不断提高。1998 年，由山东巨力集团、四川峨眉柴油机集团公司、潍坊动力机厂三方投资 4700 万元组建山东峨眉柴油机有限公司，成为潍城区首家由跨省三方强强联合组建的大企业集团。同年，潍坊轴承厂、潍坊造锁集团先后改制为股份合作制企业。1999 年，加强对中小企业的优化重组和乡镇企业的培植力度，形成华盛食品、明宗拖拉机、御华包装等一批技术含量高、规模较大的企业。深入开展学邯钢、学亚星活动，进一步提高企业管理水平，区直工业企业实现管理效益达 6000 多万元。2001 年，突出科技创新和项目建设，实施技改 165 项，竣工 128 项，完成投资 2.13 亿元。研究开发新产品 44 种，其中 28 项填补了省内空白或达到省级以上先进水平，高科技产品年产值达 2 亿元，纳米材料、彩喷墨水、环保管材等新型产业呈良好发展态势。2002 年，完成工业增加值 7.4 亿元、销售收入 34.4 亿元、利税 1.96 亿元。规模以上工业企业由 1997 年的 47 家发展到 64 家，巨力集团、耶莉娅集团、众宜汽车配件等企业规模日益扩大，“耶莉娅”商标被认定为中国驰名商标。

第三产业得到较快发展。1998 年，个体私营经济成为重要经济增长点，全区个体工商户达 1.1 万户，私营企业 544 家，从业人员 3 万人。1999 年，坚持市场、园区配套发展，新建扩建果品批发、物资调剂、花卉大世界等专业批发市场，全区各类市场发展到 52 处。2000 年，各类市场发展成效明显，小商品城、天坛市场、樱桃园商城、果品批发市场、西园市场等5处市场年交易额过亿元，辐射带动能力不断加强。房地产、旅游、文化、社区服务等新兴产业发展较快。2002年，第三产业增加值完成12.5亿元。

持续深化改革开放。1998年，以产权制度改革为重点，深化企业改革，区直15家工业企业有13家实现改制，全区341家镇集体企业，改制259家，改制面达76%；区属26家国合流通企业，改制22家，改制面达84.6%。通过改制，全区盘活存量资产1.2亿元，分流安置下岗职工1500余人。住房制度完成新老房改政策接轨。全区新批利用外资项目15个，实际利用外资920万美元，完成出口创汇1602万美元。同年4月，“山东巨力”股票成功上市，募集资金3亿元。巨力集团和鸢山集团新获自营进出口权。1999年，潍坊造锁集团与中科院佳联特技术有限公司联合成立潍坊思壮电子有限公司，在“产学研”联合方面取得新进展。2001年，调整合并市立医院、市立二院。实行乡镇区划调整，撤销杏埠镇，并入于河镇；撤销大柳树镇，原大柳树镇17个村划归符山镇，13个村划归军埠口镇，1个村划归望留镇。1998—2002年，顺利完成第二轮土地延包工作。农村税费改革达到预期目标，人均减负42.1元。政府机构改革稳妥推行，完成乡镇区划调整，建制镇由原来的6个调整为4个，撤销、合并行政事业单位103个，分流干部职工257人。新规划了潍坊外商投资开发区和鸢都湖—浮烟山综合开发区，招商园区发展到29处，兴办三资企业42家，全区有11家企业获得自营进出口权，出口规模进一步扩大，出口产品种类由1997年的48种增加到60种，出口创汇累计2.1亿美元。

城乡建设和管理得到进一步加强。1998年，积极推行住宅小区物业化管理，城区18个住宅小区中已建成1个国家级、2个省级、8个市级优秀住宅管理小区。综合整治市容市貌，顺利通过第四次全国卫生城市检查验收，望留镇顺利通过市级重点小城镇验收。1999年，投资1500万元，配合省、市对王潍路、潍九路、宝通街、潍高路等22.9公里的国、省道实施拓宽改建。至此，潍城区境内所有国、省道全部达到一级优良公路标准。新建、改建西二环路跨铁路立交桥等各类桥涵70座，通油路的村庄达168个，占全区总村数的72.4%。投资500余万元，完成长松路、友爱路北段等路段的改建工程。投资200余万元，建成综合性潍州文化广场。加大浮烟山开发力度，建成集游览、农业科技于一体的综合性森林公园，完成浮烟宝塔建设。以风筝会、庆祝建国五十周年、澳门回归等重大节日活动为契机，大规模开展城市环境综合整治工作，市容市貌得到明显提升。2000年，城区基本建设投资8700万元，商品房建设投资5100万元。新建、翻建花卉大世界道路、青年支路、苗圃二路、北马道和北门大街两侧人行道等，对平寿湖、北宫小区等排水系统进行改造。2001年，加大对旧城、旧村的改造力度，完成对五道庙小区东北、西南区片的征迁改造，西园小区东南组团112户居民如期回迁。全面实施鸢都湖续建工程。至2002年，城区人均居住面积由1997年的16平方米提高到21.8平方米，近郊18个村基本完成综合改造。

积极实施“科教兴区”战略，各项社会事业取得新发展。1998年，全区申请专利34项，5家企业获评为省、市专利明星企业，北关街道成为全省首家专利街道。同年6月，在潍坊六中举行潍坊高级实验中学工程奠基仪式，潍坊七中和潍坊六中合并为一处普通高中。全区初中升普通高中入学率由上年的28%提高到33.4%。进一步巩固“全国社区服务示范城区”成果，顺利通过“全省双拥模范区”复查。1999年，区级科技三项经费（新产品试制费、中间试验费和重大科研项目补助费）投入达到财政支出的1.3%。民营科技机构发展到68个，固定资产达4亿元。顺利完成山东省政府赠送澳门特别行政区政府礼品“齐鲁风情迎荷瓶”的设计制作任务。2000年，高标准实施九年义务教育，学龄儿童入学率、普及率、巩固率均达100%。2001年，全区普通高考本专科录取近

1000 人，是 1998 年高中教育布局调整前的 5 倍。同年 9 月，成立全区第一所民办公助学校——潍坊外国语学校。全面推进素质教育，潍城区被省教育厅确立为“山东省艺术教育重点科研基地”。1998—2002 年，实施各类科技计划 150 项，取得科技成果 40 项，其中 32 项达到省级以上先进水平。工业技改投入累计完成 8.9 亿元，开发新产品 219 种。累计投入校改资金 6180 万元，完成校舍改造 9 万余平方米。创办了全省一流水平的口腔专科医院。连续五年获得省“爱国卫生先进集体”称号。完善人口目标责任考核机制，计生率、晚育率每年保持在 99.7% 以上，连年获得全市考核一等奖。

加强民主法制建设，社会秩序持续稳定。1998 年，坚持依法行政，推行干部学法培训制度、领导干部法制讲座制度和干部普法考核制度。广泛组织开展争创“十星级”文明村、文明户和文明示范单位等系列创建活动。1999 年，在农村深入开展以推行“两公开一监督”（村级重大事项决议内容公开和实施结果公开，对村级重大事项的决议和决议的实施进行全过程监督）和“村民议事会”制度为重点的“两化”（民主化、法制化）管理，99% 以上的村完成村委会换届选举任务。2000 年，开展科技、文化、卫生“三下乡”活动。完善“110”快速反应机制，依法严厉打击各种违法犯罪活动，获得“全省社会治安综合治理模范区”称号。2001 年，为适应中国加入世界贸易组织（WTO）的要求，全区初步清理行政审批事项 567 件，规范性文件 44 件，取消收费项目 16 个，进一步释放了市场活力。2002 年，加强“三乱”（乱收费、乱罚款和乱摊派）治理，减轻企业和农民负担，进一步密切了干群关系，促进了社会安定团结。

第四节　第十五届人民政府

潍城区第十五届人民政府任期 5 年，自 2003 年 1 月至 2007 年 12 月。五年间，解放思想、干事创业、加快发展，完成了“十五”计划和区十五届人大确定的各项任务，开创了改革和发展的新局面。2007 年，全区地区生产总值 109.45 亿元，全社会固定资产投资 56.5 亿元，社会消费品零售总额 57.6 亿元，地方财政收入 4.91 亿元。城镇居民人均可支配收入 13730 元，农民人均纯收入 6712 元。年末金融机构本外币各项存款余额 71.73 亿元，其中城乡居民储蓄存款余额 42.56 亿元。年末金融机构本外币各项贷款余额 50.85 亿元。三次产业比例由 2002 年的 8.1 ∶ 56.2 ∶ 35.7 调整为 5.2 ∶ 56.5 ∶ 38.3。

农业和农村经济全面发展。2003 年，新修农村公路 20.8 公里，309 国道等 3 条绿色通道开始建设，济青高速公路等道路综合整治工作走在全市前列。实行农村财务“双代管”制度，农村经济管理更加规范。2004 年，粮食直补和税费改革政策得到全面落实，全区共发放粮食补贴资金 169 万元，减免农业税 414 万元，农民负担明显减轻。2003—2007 年，深入实施“三化三带动”（农业产业化、标准化、国际化，龙头带动、市场带动、科技带动）战略，涉农企业发展到 241 家，培训转移农村劳动力 2.2 万人。

工业经济持续稳步发展。2003 年，区直工业的扬帆机械、拳王实业、梦佳服饰等 10 家企业完成股份制改造。2004 年，加快城区企业退城进园步伐，8 家企业被批准享受市政府退城进园优惠政策，其中 2 家进园建设新厂区、3 家启动退城工作。2007 年，规模以上工业企业完成增加值 56.8 亿元、主营业务收入 185 亿元、利税 11.3 亿元、利润 7.2 亿元，分别是 2002 年的 3.3 倍、5.8 倍、5.6 倍和 7.3 倍。

流通服务业繁荣活跃。2003 年，实施浮烟山国际风筝放飞场改造扩建等文化旅游项目。2006 年，鲁东物流中心进区项目达 46 个，总投资 80 亿元，完成建设面积 107 万平方米。2003—2007 年，现代物流业快速发展，鲁东物流中心进区项目达 51 个，总投资 86 亿元，总规划建筑面积 556 万平方米，已完成建筑面积 105 万平方米。商务经济、总部经济等新兴业态不断涌现。

民营经济蓬勃发展。2004 年，非公有（民营）经济户数达到 1.86 万户，注册资金 16.9 亿元，从业人员 10.9 万人，纳税额 2.14 亿元。2007 年，服务业实现营业收入 138 亿元，是 2002 年的 3.1 倍。2007 年，非公有（民营）经济户数达到 2.85 万户，注册资金 31 亿元，从业人员 17.3 万人，纳税额 4.56 亿元。民营经济（个体、私营）实现营业收入 257 亿元，实现增加值 49.2 亿元。

“三个平台”建设成效显著。山东潍城经济开发区、鸢都湖—浮烟山综合开发区和中心城区“三个平台”的功能日益完善，项目承载能力不断增强。至 2007 年，山东潍城经济开发区累计完成基础设施投资 3.2 亿元，进区项目 185 个，总投资 142 亿元，成为全区经济发展的热点区域。鸢都湖—浮烟山综合开发区生态绿化成效显著，中国风筝放飞基地建设进展顺利，高等职业教育基地落户院校 4 所。中心城区旧城改造步伐加快，2003—2007 年累计展开房地产开发项目 61 个，新增商业设施面积 42 万平方米，为服务业发展提供了空间。

城市建设和管理水平日益提高，城乡面貌发生显著变化。以大投入、大改造、大整治推动大发展。2003 年，大学科技园顺利开工建设，山东纺织职业学院一期工程基本完成。完成白浪河综合整治、济青高速公路 13 号口改造、长松路人行道绿化及西苑立交桥四角绿化工程项目。2004 年，浮烟山风筝放飞场观礼台一期工程按期竣工。2003—2007 年，共组织实施城建重点项目 86 个，累计完成投资 11.8 亿元，完成征迁面积 180 万平方米。全区 16 个城中村开工建设，6 个村基本完成改造。完成长胜小区、中和街小区等 10 个小区的改造提升和郭宅街、北门大街等 109 条背街小巷的整治维护，居民生活居住环境得到明显改善。新农村建设稳步推进，实现村村通柏油路、村村通有线电视，95% 的村用上了自来水，农村生产生活环境得到明显改善。

坚持科教兴区战略，社会事业全面发展。2003 年，组织实施各类科技项目 21 项，有 15 项列入市级以上科技计划，6 项列入国家科技计划，潍坊六合微粉有限公司的高品质碳化硅微粉、潍坊扬帆机械有限公司的双辊挤浆机项目列入科技部中小企业创新基金项目，获得国家级无偿科技资金 125 万元。高新技术企业发展到 9 家，年产值达到 3.9 亿元。深化办学体制改革，潍坊三中等 2 处学校吸纳社会资金创办民校。加快发展劳动和社会保障事业，8 个镇、街道全部组建劳动保障机构。2004 年，口腔医院完成股份制改造。18 个事业单位完成改革改制任务，收回事业编制 1167 个，部分国有事业单位跨入民营经济行列。开展“爱我潍城，做文明市民”等一系列精神文明宣传教育活动。2005 年，潍城区获得“全国社区建设示范城区”称号。2006 年，高考本科上线人数继续保持市区第一。2007 年，全区有各类专业技术人员 1.9 万人，其中高级专业技术人员 0.68 万人；拥有各类科技示范基地 50 余家，省级以上高新技术企业 16 家，有高新技术产品 20 多个，民营科研机构达到 70 多家；科技进步对经济增长的贡献率进一步提高，规模以上工业企业高新技术产品产值占总产值的比重达到 21.2%。2003—2007 年，先后投资 9100 万元，实施扩建潍坊三中、新建实验中学等 10 项校改工程，累计向各类高等院校输送优秀毕业生 7430 人。全区共征收社会保险基金 6.5 亿元，拨付 7.7 亿元。公共卫生和医疗服务体系逐步完善，新型农村合作医疗制度全面推行，参合率达到 98.7%。落实扶贫帮困措施，救助城乡低保户 1.2 万余户、2.9 万余人，累计发放低保金 1600 余万元。努力扩大就业，新增就业再就业 1.5 万人，城镇登记失业率控制在 3.5% 以内。

加强民主法制建设，促进社会和谐进步。2003 年，出台《政务督查工作暂行办法》，提高了政府部门办事效率。整顿规范市场经济秩序，组织开展以生猪、酒类、烟草、食品等为重点的专项整治活动，净化了市场环境。2004 年，共办理人大代表建议和政协委员提案 131 件，主要负责人签批率、答复率、见面率均达100%。深入贯彻实施《安全生产法》，全面落实安全生产责任制，开展专项整治活动，杜绝了重特大事故的发生。2005年，贯彻落实《行政许可法》和《全面推进依法行政实施纲要》，对41个部门和单位的553项行政审批事项进行清理，废止行政审批事项148项，占总数的27%。扎实推进“平安潍城”建设，加强社会治安综合治理，依法严厉打击各类违法犯罪活动，潍城区获得“全国社会治安综合治理先进区”称号。2006年，深化全民普法教育，积极组织实施“五五”普法和“四五”依法治区规划，社会法制化管理水平不断提高。2007年，成立区公共行政审批服务中心，政府职能进一步转变，行政效能不断提高。

第五节　第十六届人民政府

潍城区第十六届人民政府任期4年，自2007年12月至2012年1月。四年间，深入贯彻落实科学发展观，坚持以经济建设为中心，正确处理改革、发展、稳定的关系，完成了区十六届人民代表大会确定的各项任务，全区经济和社会事业发展取得了新成就。2011年，全区实现生产总值167.7亿元，固定资产投资完成142.1亿元，地方财政收入完成11.3亿元，社会消费品零售总额93.08亿元。城镇居民人均可支配收入22682元，农村居民人均纯收入10979.5元。

优化产业结构，提升经济运行质量。围绕构建高端高质高效的现代城市经济新格局，全面推进现代服务业高端突破、先进制造业高新发展、农业向现代农业服务业转型。三次产业比例由2007年的5.2 ∶ 56.5 ∶ 38.3调整为4.8 ∶ 46.7 ∶ 48.5。2008年，发放粮食直补、农资综合补贴1048万元，兑付库区移民扶持资金543万元。2009年，涉农龙头企业发展到280家，新培训农村劳动力2260人，转移农村劳动力4715人。同年，展开中经世界城、地一大道等一批大项目，亚洲第一零售贸易商佳世客、国内第一地下商城品牌“地一大道”及大润发、红星美凯龙等一大批商业品牌相继入驻，200万平方米立体式休闲型商业中心框架基本形成。2010年，圣凯商务大厦、国安商厦、中金国际等商务楼宇相继建成，新增商务面积35万平方米，鑫泰小额贷款股份有限公司成立开业，银河证券公司落户潍城区，新增金融机构12家。潍坊信德燃油喷射系统有限公司在美国挂牌。同年，设立100公顷的潍县萝卜原产地保护区，注册“萝卜茶文化节”节会商标。开展全区集体林权制度改革，完成林改面积842公顷。2011年，市级以上企业技术中心和工程技术研究中心发展到29家，省级以上高新技术企业发展到16家，院士工作站2家，实施技术改造项目160个。服务业增加值达到82亿元，年均增长14.9%，潍城区成为全省服务业综合改革试点区，潍坊广告创意产业园获得“国家级广告产业示范园区试点”，鲁东物流中心获评为“全省服务业先进园区”。年主营业务收入过亿元的工业企业达到24家，过10亿元的企业3家；实际纳税过千万元的工业企业11家，过亿元的企业3家，创建省以上著名商标和产品名牌36个。深入实施“三化三带动”战略，全区农业龙头企业发展到270家，各类农民专业合作经济组织69家。建成回归自然园、大洋生态会所等一批休闲体验、旅游观光项目。

城市建管统筹推进，城乡人居环境不断改善。以打造生活品质之城为目标，坚持生态带动、设施先行、高端建设、全域开发，城市功能品质不断提升。2008年，实施福寿西街、长松路等19条市区干道改造，奥体中心、十笏园文化广场等一批重大功能性项目按计划实施征迁建设。春鸢社区起步区全部征迁完毕，北盛片区进入规划编制和招商阶段。全区16个城中村开工建设，开工面积达160万平方米。规划建设了银河花园等8个近郊村大型社区和17处社区服务中心。2009年，投资3100万元，对2个旧小区、26条背街小巷高标准改造提升。2010年，齐鲁台湾城、名嘉广场等一批源动力项目相继动工。开展潍胶路拓宽改造等“六纵三横”9条道路建设改造工程。规划了北盛、利昌等5大片区，完成东市场片区、巨力老厂区宿舍等8个旧城改造项目征迁。投资5300万元，对13个旧居住区和8条背街小巷展开改造整治，全区旧居住区和背街小巷改造整治工作基本完成。2008—2011年，投资6.2亿元，完成31条道路绿化和75个单位庭院、67个居民小区的绿化提升，对乐埠山、浮烟山、白浪河上游实施大规模绿化，城市绿化率达到42%。奥体公园、白浪绿洲湿地公园等一批功能性项目相继建成。铺开茂华紫苑公馆、香颂湾等36个高品质社区建设，新增现代化商住面积481万平方米。城市建成区范围以外的所有村居纳入城乡环卫一体化管理，实现生活垃圾日产日清和无害化集中处理。

改革开放扎实推进，发展活力进一步增强。大力弘扬改革创新的风气，全面推进各领域的改革创新，破解发展难题，增创发展优势。2008年，开展企事业单位改革攻坚年活动，街道机构改革圆满完成，全区街道党政工作机构和事业站所由原来的81个精简为65个，行政事业编制由原来的603人精简为460人，撤并事业单位23家，注销改企转制单位事业性质15家，对土产公司、城区美容美发公司等5家区属商贸供销企业实施改制。2009年，实施工业技改项目48项、完成投资15.4亿元。科技创新能力和科技综合实力进一步提升，新增省级高新技术企业4家，创建市级以上企业技术中心或工程技术研究中心5家，获市科技进步二等奖2项、三等奖6项。2010年，山水水泥百万吨粉磨等43个技改项目开工建设，完成投资15.2亿元。

社会事业全面发展，民本民生持续改善。着力保障和改善民生，就业规模持续扩大，覆盖城乡居民的社会保障体系逐步建立，大力推进教育、医疗体制改革，住房保障制度不断完善。2008年，投资1600万元对街道、村、社区卫生服务机构进行标准化改造，新农合参合率达到100%。是年，完成全省首批残疾人社区康复示范区创建工作。2009年，投资2540万元，新建于河实验小学教学楼和军埠口中学教学楼，启动潍坊八中扩建工程，总建筑面积超过3万平方米。投入600万元，对望留卫生院、军埠口卫生院、西关社区卫生服务中心进行改造提升，新建15处村标准化卫生室。搭建“创意潍州”“数码潍州”等四大服务平台，做好大中专毕业生就业工作。2010年，组织实施各级各类科技计划22项，专利申请205件、授权138件。区档案馆成为全市第一个国家二级馆。2011年，新型农村合作医疗报销比例由2007年的55%提高到85%，报销封顶线由2007年的2万元提高到10万元。城乡低保标准分别提高到每人每年3960元和2000元，比2007年分别增加1140元和1200元。建成潍坊家政服务网络中心，启动12343家政民生服务热线。大力开展保障性住房建设，通过政府采购、发放补贴等形式，解决2100余户低收入家庭的住房难问题。全区城镇新增就业1.8万人，农村劳动力转移就业1.4万人，城镇登记失业率控制在2.5%以内。圆满完成第六次全国人口普查工作，潍城区获得“全国人口普查工作先进集体”称号。

第六节 第十七届人民政府

潍城区第十七届人民政府任期自2012年1月开始。2012年，加快转变经济发展方式，全区实现生产总值187.5亿元，其中第一产业增加值8.4亿元、第二产业增加值84.2亿元、第三产业增加值94.9亿元。三次产业比例为4.5 ： 44.9 ： 50.6。固定资产投资160.4亿元，公共财政预算收入12.84亿元。2013年，按照“一城四基地”（建设宜居宜业的现代化新城区和现代物流基地、城市商贸基地、文化产业基地、城市工业基地）的发展定位，全区抓项目、重点抓投入、突出抓招商、关键抓作风，统筹推进稳增长调结构，经济社会发展迈上新台阶。全区完成生产总值208.7亿元，其中第一产业增加值 9.1 亿元、第二产业增加值 88.7 亿元、第三产业增加值 110.9 亿元。三次产业比例调整为 4.4 ：42.5 ：53.1。固定资产投资 178.2 亿元，公共财政预算收入 16.5 亿元，城镇居民人均可支配收入达到 28386 元，农民人均纯收入达到 13961 元。

加快转方式调结构，经济发展质效显著提高。大力实施高端高质高效发展战略，抓项目、扩投入、促转型，促进城市经济优化升级，推动三次产业向新兴拓展、向高端迈进。2012 年，现代服务业增加值 94.9 亿元，占地区生产总值的比重达 50.6%；实现服务业税收 17.4 亿元，占全部税收的 63.5%。全区 114 个投资过亿元的服务业重点项目进展顺利，茶文化博览交易中心、泰华金泰广场、万锦国际广场等大型商贸项目建成投入运营；鲁东物流中心建成面积达到 560 余万平方米，聚集专业物流企业 79 家，成功创建“中国物流示范基地”；潍坊创意产业园获批国家级广告产业园区，西街 99、西街 68 两大创意经济孵化器初步建成，创意西街改造提升基本完成，聚集广告设计、创意策划企业 186 家。深入实施工业强区战略，以高新节能环保为方向，全力加强园区建设、骨干培育和高新改造。突出高新产业园区建设，规划建设 12 平方公里的乐埠山高新产业园，大洋泊车、胜利石油机械等 22 家科技创新型企业开工建设或签约入驻。大力培育骨干企业，建立联系重点企业制度，扶持雷诺特动力设备、富特空调等 18 家高新节能企业扩建提质。都市农业发展形成新亮点，大洋生态村、安联开心农场等都市农业项目初具规模，休闲农业、旅游农业、观光农业得到较快发展。全区农业产业化市级以上重点龙头企业发展到 21 家，各类农民专业合作经济组织发展到 102 家。2013 年，全区完成社会消费品零售总额 122.5 亿元，完成服务业增加值 110.9 亿元，服务业实现税收 18 亿元，占全部税收的比重达 64%。潍城区于 2012 年、2013 年连续两年被省政府评为“服务业发展绩效考核先进单位”。三里庄老潍县大街开工建设，十笏园文化街区基本建成，城隍庙“金银仓”老街建设全面启动，广丰特艺城开业运营。鲁台会展中心承办第十届中国艺术节等 42 个大型展览和文化交流活动，被中国会展经济研究会授予“2013 年度中国十佳品牌会展中心”。以培育壮大乐埠山创新科技产业园、潍城经济开发区低碳产业园、潍城滨海特色产业园三大园区为重点，大力发展城市工业。按照“绿色低碳，循环经济”的理念，山东潍城经济开发区低碳产业园引进一立涡喷发动机等 4 个高新技术项目，聚集雷诺特汽轮机、中海检测等低碳项目 15 个。都市农业特色明显，三六九高科技农业示范基地、圣裕果蔬等优质高效项目初具规模，农业加快向休闲体验、旅游观光等功能拓展。全区拥有市级以上重点农业龙头企业 16 家，带动周边农户 7.6 万户，6 家省级重点农业龙头企业获得财政贴息贷款 1.76 亿元；各类农民专业合作经济组织新增 55 家、发展到 185 家，新发展家庭农场 5 家，认定“三品一标”（无公害农产品、绿色食品、有机农产品和农产品地理标志）农产品 34 个。申报驰著名商标 16 件，“YIKANGBAO 及图”商标被认定为中国驰名商标，“瑞福”等 3 件商标成为省著名商标。

城乡建设有序推进，环境面貌展现新变化。坚持以城带乡、城乡融合、一体发展，统筹基础设施建设、重点片区开发、强化城市管理和生态环境整治，推动城市转型发展、内涵提升。2012 年，统筹推进滨湖、利昌等重点片区开发，加快十笏园、月河楼等 6 个旧城片区和小许家、颜家、孙家等 28 个城中村改造，引进绿城、恒大等一批高端城市运营商，铺开翡翠华庭、圣菲漫步等 27 个高端商住区和贵和苑、金河等 7 处现代化农村社区建设。推进和平南路、潍胶路等 6 条道路扩建改造，启动总投资 10 亿元的大于河综合整治工程。2013 年，深入开展城乡环境综合整治，打造胜利西街等 6 条城市管理示范路段，对火车站、商业中心等重点区域实施综合提升，建立市政道路、市容环境等网格化管理体系，公共设施完好率达到98%以上；深入开展乡村文明行动，城乡环卫一体化实现全覆盖。推进文明城市创建，顺利通过全国、全省文明城市测评。启动智慧城区试点，与中国移动通讯潍坊分公司进行战略合作，建成4G（第四代移动通信及其技术的简称）基站28处。大于河整治工程一期基本完成，展开二期施工，城区西部生态景观长廊初步形成。加大道路绿化改造和居住区绿化提升力度，全年新增绿地面积867公顷，城市绿化覆盖率达到47%，城市绿地率达到39.5%。实施益康宝太阳能锅炉、盛瑞铸造新型节能电机等五大节能工程，万元GDP能耗降低3.6%，规模以上工业万元增加值能耗降低4.5%。

深化改革，发展动力显著增强。坚持深化改革，以改革激发创新活力，以创新凝聚发展动力，不断开创区域发展新局面。2012年，积极推进综合配套改革试点，开展集体资产清产核资、土地承包经营权登记等工作。深入开展“工作提升年”活动，引导和激励各部门、各单位打造亮点、培育品牌，形成新型社会养老服务体系、社区家庭医生签约式服务等一大批创新成果。2013年，农村体制、要素市场等4个方面17项改革专题取得阶段性成果，国家级广告产业园区试点、服务业综合改革试点等4个自主创新项目进展顺利。积极稳妥地推进农村土地承包经营权确权登记颁证工作，全区有45个村居基本完成集体资产股份制改革工作。完成第五轮行政审批事项清理，取消审批事项7项、冻结17项，审批事项减少11.2%。落实鼓励创业政策措施，支持市场主体增量升级，新登记个体工商户3960户、私营企业1051户，新增注册资本9.8亿元，新发展股份公司和企业集团3家。推进企业主辅业务分离，新设立服务业企业152家，其中限额以上服务业企业87家。

民本民生持续改善，社会事业实现新进步。坚持民本理念，高度关注民生，突出发展教育医疗、就业增收、社会保障等惠民工程。2012年，实施福安小学、于河实验中学等6处学校新扩建，完成潍坊三中、区实验小学等8处学校加固工程，以“名校带新校”模式组建潍坊外国语教育集团，面向全国招考50名中小学教师，引进7名优秀教师，教育资源配置得到进一步优化。加强创业就业服务指导，成功创建潍坊创业联盟网和省级大学生创业示范园区，实现城镇新增就业9718人，农村劳动力转移就业6034人，城镇登记失业率控制在2.32%。努力构建居家养老、社区养老、机构养老“三元支撑”的养老服务体系，建成区、街、社区三级老年会所59处，农村五保户集中供养率达到92%。2013年，设立“潍州名师”奖励基金，评选表彰首届“潍州名师”20名。城乡医疗卫生服务体系日渐完善，新建医学院附属医院西院区，打造城乡公共卫生服务品牌，家庭医生签约式服务覆盖189个村（社区）、15.8万人，南关街道社区卫生服务中心获评为全市唯一的“全国示范社区卫生服务中心”，6家机构获评为“省级社区卫生示范机构”。“文化惠民”工程深入实施，完成1.8万户农村数字电视整体转换，配备提升9个街道综合文化站、28个村文化大院和34家农家书屋设施，放映公益电影2520场。投资2000万元实施符山水库自来水厂供水扩建工程，完成全区205个村（社区）规模化集中供水工程建设，解决了19.6万人的饮水安全问题。试点推行新农合大病保险政策，重大疾病病种扩大到50种。城乡低保标准分别提高到每人每年5520元和2700元，对全区90岁以上老年人和80岁以上低保老年人发放高龄补贴，城乡居民养老保险实现全覆盖。

第三章 政府法制

第一节 机 构

1990年4月，设区政府法制局，为正科级单位。1993年12月，区政府法制局更名为区政府法制办公室，为区政府办公室内设机构。1995年11月，区政府法制办公室改为副科级行政单位。1997年2月，更名为区政府法制局，为正科级行政机构，隶属区政府办公室管理。2010年2月，区政府法制局更名为区政府法制办公室，为区政府办公室内设机构。2012年11月，设立区政府行政复议裁决办公室，在区政府法制办公室挂牌。至2013年，机构无变化。

第二节 法制宣传与执法培训

1991—1996年，重点开展以宪法为核心的“二十法四条例”宣传培训。区政府明确提出领导干部要带头讲法、用法、守法。1991年，对全区乡镇长分2期进行法律知识培训，宣传有关法律法规。1992年，在区长办公会上学习有关法规和政策规定36个。1994年，主要学习、宣传《土地管理法》。同年，全区行政执法人员分5期（每期5天）参加法律知识培训，有726人领取潍坊市政府颁发的行政执法证。1996年，全区各部门284名中层以上执法人员参加《行政处罚法》知识培训，增强严格依法办事的观念和执法能力。1997年，制订《潍城区人民政府依法行政“二五”规划》，深入开展法制宣传教育，进一步提高广大干部群众的法律意识和法制观念，通过学法、用法推进依法行政。1998年，区政府制定《关于加强依法行政的意见》，坚持学法日制度，全区各级领导干部带头学法，工作人员按照“三五”普法规划，重点学习法律理论知识，积极参加培训。同年7月，按照有利于正常执法工作、减轻基层负担的原则，各部门、单位自行安排执法培训，统一使用山东省执法人员培训大纲、教材。2009年，贯彻实施国务院《全面推进依法行政实施纲要》和《行政许可法》《行政复议法》，组织全区22个部门50名执法人员参加全市组织的知识更新培训学习。同年，开展法制宣传月、宣传日活动，在有线电视台设专栏宣传有关法律法规。2012年，开展学习贯彻《山东省行政程序规定》的“行政程序年”法制宣传活动，在潍城区电视台、政府网站等媒体进行宣传，并结合“12·4”全国法制宣传日开展集中宣传咨询活动，通过组织宣传车队、摆放宣传版面、现场解答法律咨询和发放宣传资料等形式，向全社会宣传《宪法》《山东省行政程序规定》等有关法律法规。2012—2013年，组织1600余人参加公共法律知识在线考试，提高了全区行政执法人员的程序意识和执法水平。

第三节 规范性文件管理

1991年，清理已发布的规范性文件，对其中不符合法律规定和已失效的文件及时予以废止。1995年，召开全区行政执法责任制大会，制定《潍城区人民政府关于在区级行政机关实行行政执法责任制适用法律法规规章目录》，出台《潍城区重大行政处罚备案制度》《潍城区行政执法错案追究制度》等规范性配套文件，明确执法机构、权限、标准、程序、责任、严格依法行政。1996年，再次清理已发布的规范性文件，对其中不符合法律规定和已失效的文件及时予以废止。1991—1996年，坚持法制统一的原则，严把审查汇报关，保证规范性文件的合法性和严肃性，出台《潍城区合作医疗管理办法》《潍城区关于加强市场管理的规定》等规范性文件51个。1997年，制订《潍城区人民政府依法行政“二五”规划》，提出到2000年初步形成与潍城区经济建设、改革开放和社会发展相适应的规范性文件体系，使行政管理各个方面基本实现规范化和制度化。2002年，按照“立、改、废”并举的原则，全面清理1984年以后区政府文件，其中停止执行13件。2009年，起草、审查规范性文件和其他文件20余件。2011年，起草、审查规范性文件6件。2012年，制定《关于落实规范性文件统一登记编号公布制度的通知》，对全区规范性文件实行统一登记、统一编号、统一公布“三统一”管理。同年，起草、审查区政府规范性文件4件，重要文件56件。2013年，起草、审查规范性文件2件、重要文件34件。同年，在全区开展规范性文件制度廉洁性评估工作，共评估各类规范性文件97件（纳入集中评估范围87件），其中建议保留80件、修订2件、废止5件。

第四节　行政执法监督检查

1991—1996年，严格依照《潍坊市行政执法监督检查暂行规定》，组织进行各类执法监督检查60多次，涉及法律法规400多个。建立行政执法报告制度，定期向区人大和区政协报告行政执法工作情况。通过开展执法监督检查，强化了各级政府和行政部门依法行政意识，制约和打击了个别干部以权谋私、违法乱纪行为，保障了法律法规的正确贯彻实施。1996年，建立行政执法监督检查体系，加强行政执法规范化建设。同年，清理行政执法人员，清退处罚岗位上的临时工、合同工。1999年，根据省、市政府法制局要求，对全区实施罚缴分离制度情况进行全面检查，确保制度落到实处。2000年，开展《中华人民共和国行政处罚法》贯彻实施情况检查活动，对全区行政机关及执法人员的执法情况进行监督检查，规范执法行为，保证行政处罚法全面、正确实施，促进全区行政机关严格依法行政。2002年，印发《关于进一步规范行政执法程序减少和避免违法或不当行政行为的通知》，要求行政执法部门规范行政执法程序，确保执法行为合法有效，降低行政执法案件败诉率。2005年，在全区范围内集中开展财税法规执行情况检查，进一步规范经济秩序，严肃财经纪律，强化税收征管。2008年，全面清理不符合行政执法条件的行政执法人员100余人。2011年，对全区42个部门的依法行政情况、行政执法行为、案卷情况、自由裁量权以及罚缴分离、收支两条线情况进行全面检查，提高全区行政执法整体水平。2012—2013年，清理、梳理2008年以后山东省行政执法证件管理系统信息数据687条，定期开展执法证件审验、行政权力梳理和行政执法案卷评查活动。

第五节　行政复议应诉

1991—2008年，提供法律咨询3500余次。采取专题学习、组织培训班等方式，在全区举办多次以行政复议、行政应诉为主要内容的培训班。建立与法院密切联系制度。2009年，收到行政复议申请3件，其中受理2件、不予受理1件。承办行政应诉案件3件。2010年，受理行政复议申请2件，承办行政应诉案件3件。2011年，收到行政复议申请8件，其中经调解后申请人自愿撤回复议申请4件、不予受理4件。承办行政应诉案件4件。2012年，办理行政复议案件10件，行政应诉案件3件。2013年，受理复议案件3件，其中经调解后申请人自愿撤回复议申请1件。承办行政应诉案件9件。

第四章 行政审批 外事侨务

第一节 行政审批

2010年，进驻区审批服务中心大厅办公的有区国土局、规划局、财政局、建设局、发改局、卫生局、地税局、商务局、安监局和地震局10个单位，工作人员28名。全年办理各类审批事项4466件，其中承诺件3291件、即办件528件、上报件647件。2011年，落实窗口授权，明确审批权限，公布条件标准，规范部门内部审批办件流程，集中行政许可和行政审批职能交由窗口统一受理和承办审批服务业务。全年办理各类审批事项4448件，其中承诺件3667件、即办件131件、上报件650件。2012年，推进行政审批制度改革。根据市政府《市、区行政审批一体化实施方案》的要求，将涉及全区发改、环保、国土、规划、建设、市政、经信、商务、工商、安监、药监等11个部门的24项相关投资审批事项，一并纳入潍坊市审批大厅统一收件、集中办理。抽调选派工作人员，在潍坊市审批大厅组建联合受理窗口，接受市审批中心的统一管理和领导，区审批服务中心大厅不再设立该类窗口受理办件。以提高审批速度、提升服务质量为目标，落实《窗口与工作人员考核办法》《窗口办件工作规程》《工作人员“十不准”等行为规范及评议卡使用办法》《投诉处理办法》《计算机管理制度》《廉政建设制度》《卫生保洁制度》等20余项规章制度，加强对窗口工作人员的日常监督管理。全年办理各类审批事项3058件，其中承诺件2339件、即办件157件、上报件562件。2013年，加强审批网络建设，进一步推进网上审批，在潍坊市审批大厅组建投资项目联合受理窗口，实行投资审批市区一体化。全年办理各类审批事项3192件，其中承诺件2514件、即办件138件、上报件540件。

潍城区政务服务中心

第二节 外事侨务

1991年，潍城区外事办公室、侨务办公室、归国华侨联合会合署办公，一个机构、三块牌子，定编11人。1993年12月，撤销区外办、侨办、侨联，成立外事侨务科，定编2人，隶属潍城区政府办公室。1995年6月，区政府办公室外事侨务工作职能移交区经贸委，设立外事侨务科。2010年2月，设立潍城区外事与侨务办公室，为区政府办公室内设机构，承担外事与侨务工作。至2013年，机构无变化。

外事

1991—2013 年，邀请外商到潍城考察投资环境，开展经贸洽谈活动。审核办理公务人员因公出国（境）手续，因公出国（境）主要是到美国、加拿大、日本、韩国等国家开展招商引资活动。其中，2003—2013 年，共审核上报邀请的到华外国人 101 批 145 人次，共审核办理因公出国（境）自组团和随团共 66 批 158 人次。2008 年，承接市外侨办下放的邀请外国人到华审核上报事项，按照“谁邀请，谁负责”的原则督促企业按时反馈到华外国人相关情况。2011 年，组织企业参加“中阿、中非中小企业论坛”。2012 年 10 月，接待美国俄勒冈州尤金市商界代表访华团到潍城区访问。组织有关企业参加第十二届“山东省·山口县经贸洽谈会和‘双百’外交使节潍坊行对接会”活动。是年，区外侨办积极响应省、市号召，加大对 APEC 商务旅行卡的宣传推介力度，持卡人凭此卡和对应的有效护照，在有效期内无需办理入境签证，可自由出入已批准入境的各 APEC 经济体，至 2013 年共协助企业申请办理 APEC 商务旅行卡 16 批 26 人次。

侨务

1991—2013 年，区外事与侨务办公室多渠道、多方式地开展对外宣传和对外联络工作，共向海外华侨、华人寄发宣传材料、贺年卡等 3000 余份，组织企业参加海外华商博士潍坊行、华商企业科技创新合作交流会等涉侨经贸引智活动 12 次。每年召开侨资企业座谈会，解决侨资企业发展中的问题，促进侨资企业健康发展。与区政协、统战部联合举办 22 次海外侨胞眷属代表及有关人士座谈会。在重大节日期间走访慰问归侨、侨眷，了解他们的工作、生活状况，解决归侨的实际困难。定期组织《中华人民共和国归侨侨眷权益保护法》宣传活动，定期进行侨情、侨资企业普查，通过进社区、入企业、开讲座等，多形式、多渠道地宣传涉侨法律法规，依法维护归侨、侨眷的合法权益。

1993 年，泰国籍华人方野捐赠潍坊第二职业中等专业学校价值 14225 美元的 50 台蓝宝石研磨机。至 1996 年，帮助 4 户归侨、侨眷解决“文化大革命”期间被挤占 32 间私房问题，对丧失劳动能力又无经济来源或生活困难的归侨、侨眷给予救济。海外侨胞及有关人士共捐赠人民币 2 万元、汽车 3 辆、彩电 3 台、收录机 2 台。2004 年，侨资企业潍坊豪德贸易广场开发有限公司捐款 200 万元建成潍城经济开发区豪德小学，并多次向区慈善总会、潍坊盲童学校、潍坊聋哑学校等捐款，累计捐助金额近 1000 万元。2009 年，与加拿大渥太华国家卫生部博士张万东合作开发医药项目，并聘请他为潍城区经济顾问。2010 年 4 月，潍坊市侨商投资企业协会成立，潍坊豪德贸易广场开发有限公司、山东鲁发置业有限公司、潍坊富坤大酒店有限公司、潍坊市华利机械设备配套厂、潍坊华东机电设备有限公司、潍城区豪德特顿幕墙材料配套中心 6 个单位成为会员单位。是年，根据《关于调整早期归国华侨企业退休职工生活困难补贴的通知》的要求，将企业退休归侨职工生活困难补贴列入财政年度预算，为 5 名早期归侨企业职工办理困难补贴审批手续。2012 年，区外侨办被山东省侨办授予“全省侨务工作先进单位”，被潍坊市外事与侨务办公室授予“全市外事工作先进单位”。2013 年，对归侨侨眷、侨资企业、海外侨情进行调研、统计，全区有归侨 11 人，其中早期归侨企业职工 7 人，侨眷 108 户；有侨资企业 9 家；有海外留学生 80 人，主要留学美国、德国、日本、比利时等；海外博士 22 人，分别在美国、加拿大、日本、韩国等国家工作。同年 9 月，“山东省海外联谊会潍坊联络站”在金沙城市广场揭牌成立。是年，区外侨办被潍坊市外事与侨务办公室授予“全市侨务工作先进单位”。

第五章　史　志

第一节　机　构

1991年，潍坊市潍城区地方史志编纂委员会办公室（以下简称“区史志办”）为正科级事业单位，隶属潍城区人民政府办公室。核定编制8名，有正式工作人员8人。1993年11月，区史志办并入区档案馆。1995年11月，区史志办定为副科级事业单位，隶属区政府办公室。编制调整为3名，有正式工作人员2人。2001年12月，区史志办升格为正科级，有正式工作人员3名。2007年9月，编制调整为6名。2012年3月，编制调整为12名。

第二节　志鉴编纂

地方志编修

潍城区第一部社会主义新方志——《潍城区志（1840—1990）》自1982年9月开始编纂，1992年9月定稿，1993年3月由齐鲁书社出版发行。该志由潍城区史志编纂委员会编，历时十载，五易篇目，四修志稿。修纂《潍城区志》历经四个阶段：1982年9月至1983年，组织发动阶段。组建修志班子，调配人员，培训修志队伍，设计志书篇目。1984—1987年，搜集资料和编写资料长编阶段。全区各承编单位收集资料，调查走访，广征博采，共搜集文字资料1200余万字、口碑资料300余万字、实物照片资料1000多件，整理旧志资料约30万字，编写资料长编300余万字。1988年至1991年9月，编写初稿和总纂阶段。区直各部门编写初稿，区史志办公室进行总纂并修订成征求意见稿，征求意见后修订为送审稿。1991年10月—1993年3月，评审和出版阶段。1991年10月，召开志稿评审会，区史志办公室根据评审意见进行修改。1992年9月审定验收。1993年3月，由齐鲁书社出版发行。1994年9月，《潍城区志（1840—1990）》被山东省地方志优秀成果评审委员会评为“全省地方志优秀成果一等奖”。

《潍城区志（1840—1990）》记述时间断限上起1840年，下迄1990年，个别内容适当上溯。该志除序、凡例、概述、大事记、人物、附录外，设26编：行政区域、地理环境、人口、城乡建设、农业、工业、工艺美术、交通运输、邮电、商业、科技、财政·税务、金融、经济管理、党派群团、政权·政协、军事、公安·司法、民政、劳动人事、教育、文化、卫生·医药、体育、社会、方言。全志总计115万字。《潍城区志》体例完备，内容丰富，资料翔实。横排门类，纵述史实，述、记、志、传、图、表、录等体裁综合运用，采用章节体，分编、章、节、目4个层次。该志系统地记述了潍城区自然、政治、经济、文化和社会等方面的发展情况，客观地再现了潍城区1840—1990年社会发展历程，真实地反映了鸦片战争之后150年间不同历史时期的社会变革。

年鉴编纂

《潍城年鉴（1991—1996）》是潍城区第一部大型综合性年鉴，由潍城区人民政府主办、区史志办公室承编，编纂工作始于1997年4月，1998年12月由山东人民出版社出版发行。全书60万字，设21个部类，部类下设121个分目，分目下设687个条目，全面、系统、翔实地记载了潍城区自然、政治、经济、文化和社会诸方面在1991年至1996年间的发展变化和改革开放取得的成就、经验，为各级领导提供了决策依据，为建设潍城、发展潍城提供了历史借鉴，为社会各界了解和研究潍城提供了权威资料。1999年12月，《潍城年鉴（1991—1996）》被山东省年鉴学会评为“山东省年鉴优秀成果二等奖”，同时获条目编写一等奖、美术装帧一等奖、框架设计二等奖、出版发行二等奖4个单项奖。

第三节　史志理论研究

在史志工作中，潍城区史志工作人员注重运用理论指导实践，持续加强史志理论研究，特别是1998年后，史志理论研究成果不断在国家级、省级学术刊物发表。1998年、2000年，在国家级学术刊物《年鉴信息与研究》先后发表业务论文《浅谈地方年鉴中“二次文献”的编写》和《试谈年鉴文化的定义、结构及特征》；2007年、2013年，在国家级学术刊物《中国地方志》先后发表业务论文《县级史志工作机构开展地情课题研究探讨》（摘要刊发）和《〈崂山区志〉特色述评》；2007年、2010年，《略谈续修〈潍城区志〉需解决的三个特殊问题》和《潍县开辟商埠探述》在山东省《地方志资政文集》先后刊载；2008年，业务论文《对地方史志编纂人员业务素质的思考》在省级学术刊物《志与鉴》发表；2011年、2013年，业务论文《撰稿人如何写好专志稿》《万历私修〈潍县志〉论略》在省级学术刊物《山东史志》先后发表。

第十五编

政协地方组织

第一章　政协会议

第一节　政协委员

按照《中国人民政治协商会议章程》的规定，历届区政协委员的产生首先由各党派、无党派民主人士、各人民团体、各个界别以及有关部门和街道（开发区、管理区）党工委等协商提出，再由区委组织部、区委统战部、区政协等有关部门协商确定建议名单，区委常委会审议同意，政协全体常务委员会组成人员过半数同意后予以通过。经区政协常务委员会议通过的委员，由区政协颁发委员证、委员视察证、委员任职通知书，并在下一届召开的全委会上公布。委员界别由中国共产党、民主党派、无党派人士、共青团、工会、妇联、工商联、科技、经济、农业、教育、体育、医药卫生、社会福利和社会保障、少数民族、宗教等各界代表以及特别邀请的人士组成，历届政协委员的构成因实际情况不同，界别设置也有差异。增补政协委员的程序也需要经过提名、协商、审议通过和公布等。

潍城区第八届至第十三届政协委员界别构成表

表 15-1

界别	届次及人数（人）					
	八	九	十	十一	十二	十三
中国共产党	15	16	18	22	22	21
民主党派	—	—	—	8	9	9
无党派人士	—	—	—	—	—	10
共青团	8	2	4	6	6	7
青年联合会	2	—		—	—	—
工会	12	7	7	6	5	7
妇联	11	9	9	7	8	10
工商联	—	4	5	8	9	11
科技	13	11	10	9	12	9
科协	—	1	—	—	—	—
三胞联谊	—	—	4	4	4	—
台胞联谊	—	4	—	—	—	2
归侨	6	2	—	—	—	—
文艺	5	3	3	4	4	6
经济	—	28	32	30	35	37

续表 15-1

界别	届次及人数（人）					
	八	九	十	十一	十二	十三
农林	43	29	—	—	—	—
农业	—	—	22	28	27	26
教育	13	11	9	8	9	7
体育	5	2	3	2	3	2
医药卫生	10	9	11	9	8	10
社会福利和社会保障	—	—	—	—	9	11
少数民族	3	2	1	3	2	2
宗教	3	3	3	3	4	2
特邀人士	47	24	28	18	15	17
委员总数（人）	196	167	169	175	191	206
界别总数（个）	15	18	16	17	18	19

说明：第十届共青团界、青年联合会界合并为共青团、青联界。

第二节　全体委员会议

政协潍坊市潍城区第八届委员会

第一次会议前志已述。

第二次会议　1991 年 4 月 7—10 日在十笏园宾馆召开。会议听取并审议区政协主席唐昌星代表区政协常委会所作的工作报告；听取区委书记王玉芬的讲话；协商讨论《区政府工作报告》和“八五”规划；进行大会发言；会议增选区政协副主席 1 名、区政协常委 3 名；通过大会决议。

第三次会议　1992 年 4 月 25—28 日在十笏园宾馆召开。会议审议并通过区政协主席唐昌星代表区政协常委会所作的工作报告及各专门委员会的工作报告（书面）；听取区委书记王玉芬的讲话；列席区人大十二届三次会议，协商讨论《区政府工作报告》及其他有关报告；增选区政协副主席和常委各 1 名；通过大会决议。

政协潍坊市潍城区第九届委员会

第一次会议　1993 年 2 月 2—5 日在十笏园宾馆召开。会议审议并通过区政协主席唐昌星代表区政协常委会所作的工作报告及各专门委员会的工作报告（书面）；听取区委书记孙承志的讲话；听取并讨论《区政府工作报告（说明）》及其他有关报告；选举产生政协潍城区第九届委员会主席、6 名副主席、35 名常委；通过大会决议。

第二次会议　1994 年 3 月 12—14 日在十笏园宾馆召开。会议审议并通过区政协主席王新升代表区政协常委会所作的工作报告及各专门委员会的工作报告（书面）；听取区委书记孙承志的讲话；协商讨论《区政府工作报告（草案）》及其他报告；通过大会决议。

第三次会议　1995 年 3 月 22—24 日在十笏园宾馆召开。会议审议并通过区政协副主席刘淑刚代表区政协常委会所作的工作报告和提案委员会提案工作情况的报告（书面）；听取区委书记杨卫东的讲话；协商讨论《区政府工作报告（草案）》及其他报告（草案）；增选九届区政协副主席 2 名、常委 2 名；对区政协九届一次会议以来的优秀提案和先进承办单位进行总结表彰；通过大会决议。

第四次会议　1996 年 3 月 11—14 日在十笏园宾馆召开。会议听取并审议区政协主席王新升代表区政协常委会所作的工作报告，审议提案委员会提案工作情况的报告（书面）；听取区委书记杨卫东的讲话；列席区人大十三届四次会议，听取《区政府工作报告（草案）》及其他报告（草案），并围绕全区经济、政治、社会进步重大问题做协商发言；会议选举区政协主席，增补区政协副主席1名、常委3名。

第五次会议　1997年3月4—6日在十笏园宾馆召开。会议听取并审议区政协主席戴敏贞代表区政协常委会所作的工作报告；审议各专门委员会工作报告（书面）；听取关于潍城区人民政府工作报告的说明；协商讨论《区政府工作报告》及其他报告（草案）；会议选举区政协秘书长；通过大会决议。

政协潍坊市潍城区第十届委员会

第一次会议　1998年1月10—13日在十笏园宾馆召开。会议听取和讨论区委书记杨卫东的讲话；听取并审议区政协主席戴敏贞代表区政协常委会所作的工作报告；审议各专门委员会的工作报告（书面）；协商和讨论《区政府工作报告（讨论稿）》及其他报告；选举政协潍城区第十届委员会主席、6名副主席、秘书长、23名常委；通过大会决议。

第二次会议　1999年3月4—6日在十笏园宾馆召开。会议听取和讨论区委书记杨卫东的讲话；听取并审议区政协主席戴敏贞代表区政协常委会所作的工作报告；审议各专门委员会的工作报告（书面）；协商和讨论《区政府工作报告（讨论稿）》及其他报告；进行大会议政发言；增选政协第十届潍城区委员会副主席1名、常委1名；通过大会决议。

第三次会议　2000年1月19—21日在十笏园宾馆召开。会议听取区委书记杨卫东的讲话；听取并审议区政协主席戴敏贞代表区政协常委会所作的工作报告；审议提案委员会提案工作情况的报告（书面）；协商讨论《区政府工作报告（讨论稿）》和其他有关报告；对优秀区政协委员、优秀政协提案和承办政协提案先进单位进行通报表彰。

第四次会议　2001年3月5—7日在十笏园宾馆召开。会议听取区委书记杨卫东的讲话；听取并审议区政协主席戴敏贞代表区政协常委会所作的工作报告；听取并审议提案工作情况的报告；列席区人大十四届四次会议，听取并协商讨论区政府《关于潍坊市潍城区国民经济和社会发展第十个五年计划纲要（草案）》的报告和其他有关报告；大会通过选举事项，选举区政协主席，补选副主席2名、常委4名。

第五次会议　2002年3月11—13日在十笏园宾馆召开。会议听取区委书记杨卫东的讲话；听取并审议区政协主席张元茂代表区政协常委会所作的工作报告；听取并审议提案工作情况的报告；列席区人大十四届五次会议，听取并协商讨论《区政府工作报告》和其他有关报告；通过有关选举事项和大会决议。

政协潍坊市潍城区第十一届委员会

第一次会议　2003年1月19—21日在十笏园宾馆召开。会议听取区委书记王秀河的讲话；听取并审议区政协主席张元茂代表区政协常委会所作的工作报告；审议提案工作情况的报告（书面）；列席区人大十五届一次会议，听取并协商讨论《区政府工作报告》及其他有关报告；选举政协潍城区第十一届委员会主席、6名副主席、秘书长、21名常委。

第二次会议　2004年1月3—5日在十笏园宾馆召开。会议听取区委书记王秀河的讲话；听取并审议区政协主席张元茂代表区政协常委会所作的工作报告；听取并审议提案工作情况的报告；列席区人大十五届二次会议，听取并协商讨论《区政府工作报告》及其他有关报告；会议增补区政协副主席1名、常委1名。

第三次会议　2005年1月25—27日在潍州剧场召开。会议听取区委书记王秀河的讲话；听取并审议区政协主席张元茂代表区政协常委会所作的工作报告；听取并审议提案工作情况的报告；列席区人大十五届三次会议，听取并协商讨论《区政府工作报告》及其他有关报告；通过提案审查报告和大会决议。

第四次会议　2006年2月28日—3月2日在潍州剧场召开。会议听取区委书记王秀河的讲话；听取并审议区政协主席张元茂代表区政协常委会所作的工作报告；听取并审议提案工作情况的报告；列席区人大十五届四次会议，听取并协商讨论《区政府工作报告》及其他有关报告；会议补选区政协主席、2名副主席、5名常委；通过提案审查报告和大会决议。

第五次会议　2007年1月29日—2月1日在潍州剧场召开。会议听取区委书记王秀河的讲话；听取并审议区政协主席张金良代表区政协常委会所作的工作报告，听取并审议提案工作情况的报告；列席区人大十五届五次会议，听取并协商讨论《区政府工作报告》及其他有关报告；通过人事事项、提案审查报告和大会决议。

政协潍坊市潍城区第十二届委员会

第一次会议　2007年12月8—11日在潍州剧场召开。会议听取区委书记王秀河的讲话；听取并审议区政协主席张金良代表区政协常委会所作的工作报告；听取并审议提案工作情况报告；列席区人大十六届一次会议，听取并协商讨论《区政府工作报告》及其他有关报告；选举政协潍城区第十二届委员会主席、6名副主席、秘书长、23名常委；通过提案审查报告和大会决议。

第二次会议　2009年1月14—16日在潍州剧场召开。会议听取区委书记张润国的讲话；听取并审议区政协主席张金良代表区政协常委会所作的工作报告；听取并审议提案工作情况的报告；列席区人大十六届三次会议，听取并协商讨论《区政府工作报告》及其他有关报告；补选区政协副主席2名；通过提案审查报告和大会决议。

第三次会议　2010年1月10—13日在潍州剧场召开。会议听取区委书记张润国的讲话；听取并审议区政协主席张金良代表区政协常委会所作的工作报告；听取并审议提案工作情况的报告；列席区人大十六届四次会议，听取并协商讨论《区政府工作报告》及其他有关报告；增选区政协常委3名；通过提案审查报告和大会决议。

第四次会议　2011年1月20—22日在潍州剧场召开。会议听取区委书记张润国的讲话；听取并审议区政协主席张金良代表区政协常委会所作的工作报告；听取并审议提案工作情况的报告；列席区人大十六届五次会议，听取并协商讨论《区政府工作报告》及其他有关报告；会议补选区政协主席、1名副主席；通过提案审查报告和大会决议。

政协潍坊市潍城区第十三届委员会

截至2013年，召开全体委员会议2次。

第一次会议　2012年1月9—11日在潍州剧场召开。会议听取区委书记张韶华的讲话；听取并审议区政协主席徐金明代表区政协常委会所作的工作报告；听取并审议提案工作情况的报告；列席区人大十七届一次会议，听取并协商讨论《区政府工作报告》及其他有关报告；选举政协潍城区第十三届委员会主席、6名副主席、秘书长、27名常委；通过提案审查报告和大会决议。

第二次会议　2013年3月31日—4月2日在潍州剧场召开。会议听取区委书记王兆辉的讲话；听取并审议区政协主席徐金明代表区政协常委会所作的工作报告；听取并审议提案工作情况的报告；列席区人大十七届二次会议，听取并协商讨论《区政府工作报告》及其他有关报告；通过提案审查报告和大会决议。

2013年3月31日，潍城区政协十三届二次会议在潍州剧场开幕

第三节　常委会会议

区政协第八届常委会

本届常委会任期3年，1990年2月—1993年2月，共召开13次常委会议。其中，1991年1月12日第五次常委会议，决议增补3名政协委员，布置在区政协八届二次会议召开前的委员视察、调查工作。1月19日第六次常委会议，传达中共十三届七中全会文件。7月23日第八次常委会议，学习江泽民在庆祝建党70周年大会上的讲话。11月28—29日第九次常委会议，听取对全区企业职工思想政治工作情况、农民奔小康情况的调查及赴河北、天津地区考察乡镇企业情况的汇报，决议增补4名区政协委员。1992年3月19日第十次常委会议，讨论通过常委会工作报告，审议通过区政协八届三次会议议程、日程草案。7月31日第十一次常委会议，审议通过《潍城区街道办事处政协工作室工作简章（试行）》，讨论审议《潍城区政府工作报告》，学习讨论《中共中央、国务院关于加快发展第三产业的决定》、江泽民在中央党校的讲话。12月16日第十二次常委会议，学习中共十四大会议精神，通报中共潍城区委批转的政协换届工作方案，审议通过区政协《提案工作条例》和人事任免事项。1993年1月20日第十三次常委会议，审议八届常委会工作报告（讨论稿）和提交区政协九届一次会议的选举办法，讨论通过九届区政协界别设置、九届一次会议议程、日程及列席人员名单等事项。

区政协第九届常委会

本届常委会任期5年，1993年2月—1998年1月，共召开21次会议。其中，1993年第三次常委会议，听取区政府关于全区上半年工作情况通报、区政府法制局关于区政协九届一次会议提案办理情况通报，学习区政府出台的13项政策规定，就全区工业、个体私营经济、创建全国卫生城等进行会议协商发言。1994年2月28日第五次常委会议，通报区政协九届二次会议筹备工作情况，通过区政协九届二次会议有关事宜，讨论修改常委会工作报告（讨论稿），协商决定增补4名区政协委员。1995年3月10日第九次常委会议，通过区政协九届三次会议有关事宜，讨论修改常委会工作报告（讨论稿），审议通过增补5名区政协委员、2名区政协副主席候选人和大会选举办法（草案）。12月27日第十二次常委会议，主要传达市政协八届十二次常委会议精神和区委九届二次全委（扩大）会议精神，审议通过14名政协干部任免事项。1996年3月1日第十三次常委会议，主要听取区政协九届四次全委会议筹备工作情况的通报，审议修改常委会工作报告（讨论稿）并推举报告人，审议通过九届四次会议决议（草案）、日程（草案）、执行常委名单（草案）。10月30日第十六次常委会议，审议通过《关于搞好区长与政协委员协商对话的意见》《关于加强区政协专门委员会与政府职能部门对口联系与协商的意见》《区政协镇（街办）政协工作机构规则》。1997年2月26日第十八次常委会议，听取区政协九届五次会议筹备情况的汇报；协商通过常委会关于召开政协九届五次会议的决定；审议通过提交九届五次会议的常委会工作报告，推举报告人；协商九届五次会议有关事宜；审议通过九届五次会议议程、日程、执行常委名单、各组召集人名单、列席人员名单。6月24日第十九次常委会议，主要学习江泽民在中央党校省部级干部专修班上发表的重要讲话、《中华人民共和国香港特别行政区基本法》，协商讨论全区个体、私营经济发展及工业园区建设、农村开展广播电视网络科普教育宣传等问题。10月10日第二十次常委会议，主要审议通过《政协潍坊市潍城区委员会关于学习贯彻中国共产党第十五次全国代表大会精神的决议》。12月12日第二十一次常委会议，传达贯彻中共潍城区委〔1997〕30号文件，就区政协十届委员会界别设置和委员名单进行说明、分组讨论并协商确定，审议区政协九届委员会常务委员会工作报告（讨论稿）并推举报告人，协商确定区政协十届一次会议主席团和秘书长建议名单，审议通过召开区政协十届一次会议的决定。

区政协第十届常委会

本届常委会任期 5 年，1998 年 1 月—2003 年 1 月，共召开 22 次会议。其中，1998 年 1 月 13 日第一次常委会议，审议决定政协第十届潍城区委员会各专门委员会机构设置，通报各专门委员会组成人员名单，讨论通过《关于加强潍城区政协常务委员会建设的规定》。3 月 9 日第二次常委会议，主要传达中共潍城区第十次代表大会精神和上级政协会议精神；任命区政协各专门委员会主任委员、副主任委员、副秘书长及各工作机构负责人，增补区政协委员。7 月 28 日第三次常委会议，主要传达李瑞环在全国政协九届四次主席会议上的讲话。1999 年 10 月 14 日第七次常委会议，学习贯彻中共十五届四中全会精神和江泽民在庆祝人民政协成立 50 周年、建国 50 周年大会上的讲话；听取区政府通报重点提案办理情况，协商讨论关于农村稳定工作。2000 年 7 月 27 日召开第十次会议，主要协商讨论关于区属工业企业改革发展问题；审议通过《政协潍城区委员会社会监督员工作规则（试行）》《政协潍城区委员会提案工作规则》。2001 年 5 月 11 日第十三次常委会议，协商讨论全区民营经济发展问题。12 月 4 日第十五次常委会议，协商讨论全区竞技体育事业的发展问题，部署学习贯彻中共十五届六中全会决定的意见。2002 年 5 月 13 日第十八次常委会议，主要视察区农业科技发展重点项目，协商讨论了区农业科技进步问题，审议通过区政协反映社情民意工作暂行办法。10 月 29 日第二十一次常委会议，学习讨论中共十六大精神，通过区政协关于学习贯彻中共十六大精神的决议，传达全市县（市、区）组织部长、统战部长会议精神，协商通过区政协换届工作方案。2003 年 1 月 11 日第二十二次常委会议，协商确定十一届区政协委员名单，审议通过十届区政协常委会、各专门委员会工作报告（书面），审议关于提案工作情况的报告（书面）并推举报告人，协商通过召开区政协十一届一次会议的决定，协商通过有关事宜、会议议程（草案）、日程（草案）、主席团、秘书长建议名单、列席单位名单（草案）、委员讨论组及召集人名单（草案）。

区政协第十一届常委会

本届常委会任期 5 年，2003 年 1 月—2007 年 12 月，共召开 22 次会议。其中，2003 年 3 月 21 日第一次常委会议，分组讨论并审议通过常委会 2003 年工作要点、关于加强常委会自身建设规定、常委会工作规则，任命十一届区政协副秘书长、各专门委员会主任和副主任。5 月 27 日第二次常委会议，听取区政府关于防治“非典”情况的通报，专题协商讨论提高民营企业素质、加快民营企业发展问题。8 月 26 日第三次常委会议，学习胡锦涛在“三个代表”重要思想理论研讨会上的讲话，听取区政府通报 1—7 月经济运行情况和委员提案办理情况，协商讨论关于全区城市社区建设问题。11 月 27 日第四次常委会议，学习中共十六届三中全会精神，协商讨论关于全区农村民主法制建设问题。2004 年 10 月 18 日第九次常委会议，学习十六届四中全会公报及决定，专题讨论医疗卫生事业发展问题。2005 年 4 月 27 日第十一次常委会议，传达全国政协十届三次会议精神，专题协商讨论全区农业龙头企业发展问题。7 月 27 日第十二次常委会议，学习胡锦涛在省部级干部研讨班上的讲话，通报全区上半年经济运行情况和政协提案办理情况，讨论通过加强自身建设和履行职能等有关制度。10 月 27 日第十三次常委会议，学习中共十六届五中全会公报，专题协商讨论新建住宅小区管理问题。2006 年 4 月 29 日第十五次常委会议，学习贯彻《中共中央关于加强人民政协工作的意见》及全国政协会议精神，专题协商关于贯彻落实新《公司法》的问题。10 月 31 日第十七次常委会议，学习中共中央十六届六中全会决定。专题协商讨论关于潍城区文化产业发展问题。2007 年 5 月 29 日第十九次常委会议，协商讨论潍城区农业机械制造业发展情况，协商讨论《政协潍坊市潍城区委员会关于区政协委员参加活动履行职责的有关规定（试行）》。12月2日第二十二次常委会议，听取关于委员人选的说明，协商确定十二届区政协委员名单；审议通过提交十一届区政协常委会、各专门委员会工作报告（书面）、提案工作报告并推举报告人；听取关于十二届一次会议筹备工作情况的报告；审议通过召开区政协十二届一次会议的决定、有关事宜、议程、日程、主席团和秘书长建议名单、列席单位名单、委员讨论组及召集人名单。

区政协第十二届常委会

本届常委会任期4年，2007年12月—2012年1月，共召开17次会议。其中，2008年2月26日第一次常委会议，审议通过区政协常委会工作规则、关于加强自身建设的意见、关于十二届区政协专门委员会设置的决定、专门委员会组织通则、关于区政协委员参加活动履行职责的规定；审议通过2008年工作要点、副秘书长名单、各专门委员会组成人员名单。5月23日第二次常委会议，协商讨论优化潍城区学校布局和整合教育资源问题。2009年4月29日第六次常委会议，听取并协商讨论了关于中小企业融资问题调研情况的报告。10月30日第八次常委会议，分组学习讨论中共十七届四中全会精神。2010年5月14日第十次常委会议，听取并协商讨论关于中小企业暨成长型潜力工业企业发展问题的调研情况。2011年12月29日第十七次常委会议，听取协商确定十三届区政协委员人选名单，审议通过十二届区政协常委会、各专门委员会工作报告（书面）、提案工作报告及推举报告人，听取协商通过关于召开十三届一次会议的筹备情况、决定（草案）及有关事宜。

区政协第十三届常委会

本届常委会自2012年1月始。截至2013年，共召开9次会议。其中，2012年3月2日第一次常委会议，传达学习市政协十二届一次会议精神，审议通过区政协常委会工作规则、关于加强自身建设的意见、提案工作规则、政协委员年度百分制考核办法、副秘书长名单、年度工作要点，审议通过关于十三届区政协专门委员会设置的决定、组织通则、组成人员名单。7月27日召开了第三次常委会议，听取并民主评议区发改局、区住建局、区城管执法分局的工作情况通报，区政府关于全区上半年经济社会发展情况和提案办理情况的通报。10月26日第四次常委会议，听取并民主评议区交通局、区民政局、区统计局的工作情况通报，协商讨论全区教师队伍建设问题。2013年3月27日第五次常委会议，分组讨论并审议通过十三届区政协常委会、各专委会的工作报告（书面）、提案工作报告及推举报告人，协商确定十三届区政协委员调整人选、2013年工作要点；听取审议通过关于十三届二次会议筹备工作情况的报告、召开的决定及有关事宜。9月26日第八次常委会议，听取并民主评议区法院、区检察院的工作情况通报。11月27日第九次常委会议，主要听取并民主评议潍城区公路局、潍城工商分局、潍城质监分局的工作情况通报，协商讨论全区企业科技创新问题。

第二章　组织机构

第一节　区政协领导机构

1990—2013年，政协潍坊市潍城区委员会历经6届：第八届（1990年2月—1993年2月）、第九届（1993年2月—1998年1月）、第十届（1998年1月—2003年1月）、第十一届（2003年1月—2007年12月）、第十二届（2007年12月—2012年1月）、第十三届（自2012年1月始）。

1990—2013年政协潍城区委员会主席、副主席任职情况表

表15-2

届次	职务	姓名	籍贯	任职时间
第八届	主席	唐昌星	上海静安	1990.2—1993.2
	副主席	袁　枚	湖北荆门	1990.2—1993.2
		吴文经	江西南昌	1990.2—1993.2
		郎丰岗	潍坊潍城	1990.2—1993.2
		文明简	河北邢台	1990.2—1993.2
		张明理	山东平度	1990.2—1993.2
		赵康国	河北房山	1990.2—1993.2
		于兆兴	潍坊奎文	1991.3—1993.2
		杜继仁	潍坊潍城	1992.4—1993.2
第九届	主席	王新升	潍坊潍城	1993.2—1996.3
		戴敏贞	潍坊潍城	1996.3—1998.1
	副主席	戴敏贞	潍坊潍城	1995.3—1996.3
		刘淑刚	山东青州	1993.2—1994.7
		吴文经	江西南昌	1993.2—1994.8
		郎丰岗	潍坊潍城	1993.2—1998.1
		张明理	山东平度	1993.2—1996.3
		赵康国	河北房山	1993.2—1998.1
		杜继仁	潍坊潍城	1993.2—1998.1
		王清华	山东安丘	1995.3—1998.1
		张启铭	潍坊奎文	1996.3—1998.1

续表 15-2

届次	职务	姓名	籍贯	任职时间
第十届	主席	戴敏贞	潍坊潍城	1998.1—2001.3
		张元茂	山东诸城	2001.3—2003.1
	副主席	刘淑刚	山东诸城	1998.1—2001.3
		杜继仁	潍坊潍城	1998.1—2001.3
		张启铭	潍坊奎文	1998.1—2003.1
		刘　波	山东昌邑	1998.1—2003.1
		王家禔	山东龙口	1998.1—2003.1
		张光泽	潍坊寒亭	1998.1—2003.1
		孙清浩	潍坊寒亭	1999.3—2003.1
		邢海云	山东荣成	2001.3—2003.1
		曹庆章	山东兖州	2001.3—2003.1
第十一届	主席	张元茂	山东诸城	2003.1—2006.3
		张金良	山东高密	2006.3—2007.12
	副主席	刘振德	潍坊潍城	2003.1—2007.12
		邢海云	山东荣成	2003.1—2007.2
		刘　波	山东昌邑	2003.1—2007.12
		王家禔	山东龙口	2003.1—2006.3
		张光泽	潍坊寒亭	2003.1—2007.12
		潘　伟	潍坊潍城	2003.1—2007.12
		王树乾	山东安丘	2003.8—2007.12
		王栋梁	山东诸城	2006.3—2007.12
		宋修华	威海环翠	2006.3—2007.12
第十二届	主席	张金良	山东高密	2007.12—2011.1
		徐金明	山东高密	2011.1—2012.1
	副主席	刘　波	山东昌邑	2007.12—2012.1
		潘　伟	潍坊潍城	2007.12—2012.1
		王树乾	山东安丘	2007.12—2012.1
		王栋梁	山东诸城	2007.12—2009.1
		刘宏亮	山东平度	2007.12—2012.1
		李汝林	山东临朐	2007.12—2012.1
		韩德信	山东寿光	2009.1—2012.1
		孔祥顺	山东诸城	2009.1—2011.1
		王向东	山东青州	2011.1—2012.1

续表 15-2

届次	职务	姓名	籍贯	任职时间
第十三届	主席	徐金明	山东高密	2012.1—
	副主席	刘　波	山东昌邑	2012.1—
		刘宏亮	山东平度	2012.1—
		李汝林	山东临朐	2012.1—
		韩德信	山东寿光	2012.1—
		王向东	山东青州	2012.1—
		李树东	山东昌邑	2012.1—

第二节　区政协工作机构

1991 年，政协潍坊市潍城区委员会下设办公室、学习委员会、提案委员会、经济科技委员会、文教卫生社团委员会、祖国统一民族宗教委员会、文史资料委员会、政协之友联谊会。1996 年，区政协新设置专门委员会综合办公室。1997 年，将专门委员会综合办公室改为调查研究室，为正科级办事机构；将文教卫生社团委员会更名为文教卫生社会法制委员会，文史资料委员会、学习委员会合并更名为学宣文史委员会，祖国统一民族宗教委员会更名为祖国统一三胞联谊委员会。2005 年，按照《潍坊市潍城区政协机关主要职责、机构设置和人员编制方案》的要求，区政协机关设办公室、研究室、政协委员活动工作室 3 个正科级工作机构；区政协专门委员会依照政协章程的规定设置 4 个：提案委员会、经济科技和人口资源环境委员会、文化教育卫生体育和社会法制委员会、文史资料和台港澳侨外事委员会。2008 年，设立区政协委员企业联络发展中心，为区政协所属副科级全额预算管理事业单位。2009 年，设立区人文自然遗产保护与开发促进会办公室，为区人文自然遗产保护与开发促进会常设办事机构，为股级事业单位。至 2013 年，机构无变化。

第三节　乡镇街区政协联络组织

1991 年，潍城区 10 个乡镇（大虞乡、河西乡、梨园乡、于河乡、军埠口乡、杏埠乡、符山镇、望留镇、大柳树镇、廿里堡镇）、7 个街道（东关街道、西关街道、南关街道、北宫街道、城关街道、院校街道、东园街道）设有政协委员工作室，为副科级规格。1994 年区划调整后，全区有于河、杏埠、符山、望留、大柳树、军埠口 6 个镇政协委员工作室及城关、南关、西关、北关 4 个街道政协委员工作室。2001 年机构改革，撤销各乡镇和街道政协委员工作室，由于河、符山、望留、军埠口 4 个镇党委分管政协工作的副书记和城关、南关、西关、北关 4 个街道党工委分管政协工作的副书记负责联系政协工作。2007—2013 年，全区街道、开发区、管理区负责联系政协工作的有于河、望留、北关、西关、南关、城关 6 个街道党工委分管政协工作的副书记以及山东潍城经济开发区、军埠口综合项目区、乐埠山生态经济发展区党工委分管政协工作的副书记。

第三章　职能履行

第一节　政治协商

区政协把政协委员会全体会议、常务委员会会议、主席会议、各专门委员会会议作为政治协商的主要形式，根据需要召开各党派、无党派爱国人士、人民团体、少数民族人士和各界爱国人士代表座谈会，进行政治协商。1991—2013年，区政协共召开全委会23次、常委会104次、主席会议若干次，召开情况通报会、协商座谈会100余次，协商讨论全区发展大政方针及政治、经济、文化和社会生活中的重要问题。

1991年4月—1993年2月，第八届区政协围绕潍城区"八五"规划和人民群众关心的教育、卫生、就业等问题进行政治协商活动。1993年2月—1998年1月，第九届区政协围绕全区工业、个体私营经济、创建全国卫生城、社会力量办学、蔬菜生产等问题进行政治协商活动。1998年1月—2003年1月，第十届区政协围绕实施"工业强区"战略、提升民营企业素质、加强公民道德素质建设等30多个问题进行政治协商活动。2003年1月—2007年12月，第十一届区政协围绕新型合作医疗、农民工权益保护、教育资源整合等问题进行政治协商活动。2007年12月—2012年1月，第十二届区政协围绕社会和谐稳定、经济改革发展等重大课题进行政治协商活动。2012年1月—2013年12月，第十三届区政协围绕"法治潍城"建设、工业强区、教育发展、文化繁荣等重大问题进行政治协商活动。

第二节　民主监督

视察

1991—2013年，区政协先后围绕区委、区政府重大决策和经济社会发展中的重要问题组织开展专题视察130余次，提出意见和建议900余条，受到区委、区政府及有关方面的重视。

第八届区政协于1991年、1992年组织有关部门及部分委员对潍坊第二职业中专、三中、五中、七中、太平街小学等学校的发展和全区医疗卫生事业、企业发展进行视察，提出针对性的意见和建议。

第九届区政协主要围绕教育改革、卫生事业发展和重点项目建设等开展视察活动。1993年，区政协组织有关部门及部分委员开展社会力量办学问题专题视察。同年，在区委、区政府实施宏观经济调控决策中，区政协主席、副主席就全区12个重点建设项目进行专题视察，提出《重中再保重、广开渠道筹措资金、积极招商引资》的建议，受到区委、区政府重视并被采纳。1994年，对城区环境卫生、爱国主义教育情况进行视察。1995年，视察区政府办好"九件实事"、流动人口计划生育管理与服务工作情况。1996年，对潍坊三中、区实验小学、城隍庙居委会和居民小区、北关村与耶莉娅服装集团总公司以及全区体育工作情况进行视察。1997年，开展公费医疗改革实施情况、中小学素质教育情况视察活动。

第十届区政协主要围绕企业改革发展、教育、卫生、文化和普法工作等开展视察活动。1998年，对公安系统改革情况、校改工程建设、教师安居工程、市立医院门诊楼续建、潍州剧场续建进行视察。1999年，开展有关新出台法律法规宣传和执行情况、城市管理问题、全区“两化”（民主化、法制化）管理工作的视察活动。2000年，对《妇女权益保障法》《未成年人保护法》、落实全国教育工作会议精神和素质教育情况进行视察。2001年，视察区属企业改革与发展、农村费改税政策落实、农村医疗卫生改革和中小学生素质教育情况。2002年，对全区文化市场管理情况进行视察。

第十一届区政协主要针对经济发展、城市建设管理、新农村建设、民主法治建设等热点问题开展视察活动。2003年，围绕城市化进程、近郊村开发建设、外商投资开发区新区建设、冬季农业科技下乡、农村基层民主法治建设、“非典”疫情防控工作进行专题视察。2004年，对城建重点项目、工业企业运行情况、农村财务管理、招商引资与开发区建设、农村医疗卫生事业发展问题及“平安潍城”创建活动进行专题视察。2005年，对全区上半年工业经济运行情况、优化城区学校布局、村务公开、民主管理工作进行专题视察。2007年，视察新建小区公共设施配套建设、镇工业园区发展情况。

第十二届区政协主要围绕市场监管、文化事业、社会治安等群众关心的问题开展视察活动。2008年，视察城区药品市场监督管理工作和文化市场管理情况。2009年，对文化立区、社会治安综合治理进行专题视察，对全区质量技术监督工作进行专题视察。2010年，视察中医药进社区、中小学素质教育实施情况。

第十三届区政协主要围绕教育发展、环境保护、社会稳定等开展视察活动。2012年，对教师队伍建设、校园安全、平安潍城建设、环境保护、中小企业发展情况进行视察，开展全区重大项目建设工作专题视察活动。2013年，对全区节能降耗、交通安全、文化市场管理和重点提案办理工作进行视察。

民主评议

1991年后，区政协参加廉政建设、社会治安综合治理、普法教育、行风整顿等工作活动，开展民主评议，发挥政协委员的民主监督作用。1993—1997年，区政协常委会听取区政法委关于全区社会稳定、区经委关于全区工业企业生产经营、区纪委关于反腐败等方面的工作情况通报，并进行民主评议；推荐42名政协委员担任有关职能部门的义务监督员、检查员，参与扫黄打假、治理超标小汽车、创建卫生城、社会治安综合治理等检查验收活动，并积极建言献策、批评监督。1998—2002年，区政协常委会派出社会监督员参与对有关职能部门的监督，推动部门转变工作作风；2002年6月，围绕改善民营经济发展环境，组织全体政协委员对潍城工商分局、潍城公安分局等9个部门开展民主评议，历时20余天，走访民营业户和各界群众1000余人，进行分组评议和大会评议，提出各种意见和建议100余条。2003—2007年，推荐140名委员担任司法部门和行政执法部门的社会监督员，先后组织委员参与各种民主评议活动20多次，为相关部门依法行政、公正司法、改进作风和优化经济发展环境发挥了重要作用。2008—2011年，推荐委员担任有关部门的社会监督员，先后组织委员参与各种民主评议活动20多次，促进相关部门依法行政、公正司法提升水平。2012—2013年，区政协召开常委会议，听取区发改局、区教育局、区司法局、区计生局、潍城公安分局等20个部门的工作情况通报，进行民主评议，评议结果报区委、区政府，并反馈给被评议部门，进一步促进了有关部门政风行风的转变。

第三节　参政议政

提案工作

1991年4月—2013年3月，共收到委员提案2694件，立案2389件。

第八届区政协二次会议至三次会议期间，共收到委员提案289件，审查立案286件。其中，经济建设方面178件，科技、教育、文化、卫生、体育等方面108件。送交市属部门办理的有81件、区属部门办理的有205件，共涉及市、区两级53个部门和单位，所有提案全部办理完毕。在委员中开展评选优秀提案和见闻建议录活动，并于1992年4月29日召开提案、建议“双优”表彰大会，向29名“双优”个人颁发证书。

第九届区政协共收到提案692件，审查立案669件。其中，经济建设方面355件，科技、教育、文化、卫生、体育方面143件，党的建设、精神文明建设、民主法治建设方面115件，劳动人事、统一战线、民族宗教等方面56件。分别转交市区43个单位办理，所有提案全部办复，满意和基本满意达98%。1993年4月15日，区政协联合区人大、区政府法制局举办人大建议、政协提案承办工作培训班，区委、区政府各有关部门的负责人30多人参加，区政协领导到场讲授办理提案的有关知识。1994年，区政协办公室会同区政府办公室联合下发《评选优秀政协提案和先进承办单位的通知》，共评出优秀提案19件、先进承办单位11个，并在区政协九届三次会议上进行表彰。

第十届区政协共收到提案601件，审查立案587件。其中，经济建设方面302件，科技、教育、文化、卫生、体育方面159件，法制建设、社会保障、精神文明建设和群众关注的热点问题方面126件。经承办部门办理，得到解决或基本解决的有473件，纳入解决的有85件。据委员对提案办理反馈意见，满意和基本满意达98%。本届区政协共有50多件重点提案，召开提案专题会议15次，重点提案调度30余次。其中，《改造城区蔬菜市场面貌》的提案被区委、区政府纳入2002年工作计划，投资1300多万元，建设潍坊南门农贸市场、利昌园农贸商城、改造永安路蔬菜市场，解决了城区市场脏乱差的问题。五年间，区政协联合区委、区政府开展了评选表彰优秀政协提案、承办政协提案先进单位活动，先后有51件优秀政协提案和20个提案承办单位受到表彰。

第十一届区政协共收到提案525件，审查立案394件。其中，经济建设方面209件，科技、教育、文化、卫生、体育方面101件，法制建设、社会保障、精神文明建设和群众关注的热点难点问题方面84件。经承办部门办理，得到解决或基本解决的有291件，处于解决过程中的有93件，因条件限制难以解决的有10件。据委员对提案办理反馈意见，满意和基本满意达98%。规范完善提案办理程序，重点提案重点督办，推动提案办理落实，解决了医疗卫生、社会保障、城乡教育、道路整修等一批事关群众切身利益的热点、难点问题。

第十二届区政协共收到提案356件，审查立案269件。其中，改革发展和经济建设方面123件，科技、教育、文化、卫生、体育方面81件，民主法治、社会保障等方面54件，其他群众关心的热点难点问题11件。经承办部门办理，得到解决或基本解决的有169件，处于解决过程中的有86件，因条件限制难以解决的有14件。坚持提案工作“精品”导向，通过聘请市政协提案委专家辅导、骨干人员传授撰写提案经验等方式提高提案质量，产生了《成立潍城区中小企业技术援助中心的建议》《加强节能环保工作》《深入挖掘潍城文化、打造文化旅游品牌》《在社区建立青少年活动中心》等质量较高的提案。

第十三届区政协一次会议至二次会议期间，共收到提案231件，审查立案184件。2012年，提交提案102件，立案85件。其中，经济建设方面40件，科技、教育、文化、卫生、体育等方面25件，和谐创建、社会管理等方面12件，其他8件。2013年，收到提案129件，立案99件。其中，经济建设方面43件，科技、教育、文化、卫生、体育等方面23件，法制建设、社会保障、精神文明建设方面33件。经承办部门办理，一批涉及群众切身利益的问题得到重视并解决。

调查研究

第八届区政协注重把调查研究的方向集中到经济建设方面，组织委员开展46次调查和考察活动，形成有深度、有份量的调查报告14篇，提出意见和建议157条，得到区委、区政府重视并采纳。1991年，区政协组织委员到淄博、周村等地考察，同时对潍城集贸市场进行调查研究，在此基础上形成《关于加快全区集贸市场建设》的主席建议案。针对城区中小学校改问题，区政协通过调查并与多方协商，向区政府提出有关建议，并开展贯彻落实《义务教育法》专题调查。1992年，对全区农村医疗卫生网情况、农村奔小康存在的问题及经科教问题进行调查。

第九届区政协组织委员围绕全区改革开放、经济建设、精神文明建设等开展调查研究。1993年，区政协主席、副主席和部分委员对潍坊八中、太平街小学、向阳路小学进行考察，形成主席建议案并报送潍坊市政府及有关部门，3处学校校改被纳入市政府的工作计划。1994年，区政协针对区划调整后全区经济社会基本状况、发展优势、面临的困难及发展思路等进行调查研究，提出一系列建议，区委、区政府给予充分肯定，并将有关建议纳入新潍城发展大计。为制订和实施全区"九五"计划及2010年远景目标纲要，区政协组织委员协商讨论，引导委员就全区经济发展战略和政府工作重点开展调查研究，提出可行性建议，被区委、区政府采纳。1996年10月，中共十四届六中全会后，区政协针对干部队伍和青少年的思想道德问题进行调查研究，向区委、区政府提出建设性的建议。同年，对全区精神文明建设情况展开调查。

第十届区政协组织委员围绕建立专业化市场、开发文化旅游资源、发展民营经济、调整农业产业结构和实施经营城市战略等重要课题，进行22次较大规模的调研活动，形成调查报告26份，提出各种意见和建议100余条，均得到有关部门采纳并落实。2000年，对利用潍城历史文化资源促进两个文明建设进行调查，对《妇女权益保障法》《未成年人保护法》、落实全国教育工作会议精神和素质教育情况进行视察，开展社会稳定问题调查。2001年，围绕发展民营经济问题、农村经济工作问题、"三个代表"教育问题进行专题调查。2002年，围绕加快农业科技进步、推进农业产业化进程问题和实施经营城市战略、加快近郊村开发建设问题进行专题调查，开展全区社会稳定工作、严打整治斗争、健全和保障机制调查，围绕中国加入WTO后给全区带来的影响问题进行调查。

第十一届区政协组织委员围绕区委确定的经济社会发展的任务目标和思路措施，精心选择课题，共组织了21次专题调研，提出了诸多有价值的意见和建议。区政协关于提升民营企业素质、城区市场建设、农业龙头企业发展、中小企业对接公司法、文化产业发展、农机制造业发展等重要课题的调查报告，切中潍城区经济和社会事业发展要害，得到区委、区政府主要领导高度重视，分别作出批示，召开专门会议研究，采纳落实区政协建议，制定出台具有针对性的政策措施。

第十二届区政协组织委员围绕文化兴区、中小企业融资、成长型潜力工业企业发展、中医药进社区等，共组织了7次专题调研，向区委、区政府和有关部门积极建言献策。2008年，围绕教育资源整合利用、村居财务管理、企业家队伍建设等，组织委员和专业人士进行深入调查论证。2009年，就文化立区、中小企业融资等问题进行调研。2010年，就成长型潜力工业企业发展、中医药进社区等问题进行调研。2011年，围绕全区服务业市场发展、教师队伍建设情况开展专题调研，提出具有前瞻性、可行性的建议。区委、区政府主要领导对落实政协建议提出明确要求。

2012年，第十三届区政协围绕建筑降水排放利用、教师队伍建设等进行深入调研，采取走访、座谈、听取汇报、实地查看等形式，提出一批有价值的建议。2013年，围绕农村公共卫生服务、企业科技创新、重金属管理等问题深入调研，向区委、区政府提出专题报告，为推进解决相关问题发挥了积极作用。配合市政协开展招商和转调创、就业创业、为民服务、现代物流业发展等调研活动，并提出相关意见和建议。

民意反映

1991年后，区政协从团结、民主两大主题出发，把反映社情民意作为一项经常性、基础性的工作，围绕党政工作重心，运用政协信息及时、准确地向党委、政府反映群众的呼声和愿望，为党政领导了解民情、集中民智、科学决策提供重要参考依据。1996—2013年，整理上报信息1700余条，有630余条被各级党委、政府和上级政协采用。

第四节　文史资料工作

1991—2013年，区政协编辑出版《潍城文史资料》第6辑至第29辑，除1999年、2006年各出版2辑外，其余每年出版1辑。

1991—1994年，编辑出版第6辑至第9辑。1995年，编辑出版第10辑《纪念抗战胜利50周年文史专辑》，计8万余字；会同区委统战部举行全区各界人士纪念抗战胜利50周年座谈会。1996年7月，召开文史工作座谈会，向聘请的文史资料联络员颁发聘书。同年，发表文史稿件10余篇；编辑出版《潍城文史资料》第11辑。1997年，征集各类史料稿件38篇，编辑出版《潍城文史资料》第12辑。1998年，编辑出版第13辑《纪念潍县解放五十周年》专辑，举办《纪念潍县解放五十周年》文史专辑首发式。1999年，编辑出版第14辑《爱国起义将领裴昌会》和第15辑《流金岁月》。2000年，编辑出版《潍城文史资料》第16辑，向省、市政协推荐21篇文史稿件。2001年，征集文史稿件55篇18万余字，完成第17辑《潍县老字号》的出版任务，与团区委开展学史用史活动，参加“弘扬先进文化促进社会进步战略研讨会”。2002—2003年，编辑出版第18辑、第19辑《潍城文史资料》，获“全省政协文史工作优秀集体”称号。2004年，征集各种史料144篇47万余字，编辑出版《潍城文史资料》第20辑，获“全省政协文史工作优秀集体”称号。2005年，完成第21辑《潍城史话》专辑的编辑出版工作，发表文史稿件80余篇，被省政协授予“全省政协文史工作优秀集体”称号。2006年11月，市政协和市文化局有关委室负责人在潍城区召开人文自然遗产保护开发专题座谈会，编辑出版第22辑《潍州胜境浮烟山》专辑和第23辑《潍城文史资料》，在各类报刊发表文史稿件50余篇。2007—2009年，完成第24辑《潍城人物（上）》、第25辑《潍城人物（下）》及第26辑《潍城文史资料》的编辑出版工作，在各种媒体发表文史稿件80余篇，获“全省政协文史工作优秀集体”称号。2010年4月，潍城区人文自然遗产保护与开发促进会成立大会召开，联合编辑出版《潍坊人文自然遗产·潍城专刊》，在各种媒体发表文史稿件50余篇。2011年，编辑出版《潍城人文自然遗产》和《潍城文史资料》第27辑。2012年，编辑出版第28辑《潍城街巷话今昔》，在各类媒体发表文史稿件40余篇，获“全省政协文史工作优秀集体”称号。2013年，在各类媒体发表文史稿件30余篇，编辑出版第29辑《潍县书画发展史料》，为省市政协提供文史资料稿件30篇近3万字。

第五节　团结联谊

交流联谊

1991—2013年，区政协与统战部等有关部门协调配合，加强合作，结合中秋节等传统节日，组织召开22次港澳台同胞、海外侨胞眷属代表座谈会。座谈会突出团结、联谊两大主题，通过现场参观、听取通报、座谈交流等方式，让各界人士及时了解潍城区经济、社会的发展情况和政协相关工作。加强沟通，联络友谊，扩大对外宣传力度，号召动员社会各界人士广泛邀请国内外友好人士到潍城参观考察、观光旅游、投资兴业，共同为全区的经济建设献计出力。区政协、区委统战部等有关部门负责人及同胞、侨胞眷属代表参加座谈会。

1992年9月8日，区政协、区委统战部、区政府侨办联合举行“三胞”及眷属中秋茶话会。1995—1998年，每年举办一次“三胞”眷属中秋茶话会。1999年，召开各界人士庆祝澳门回归联谊会。2000—2002年，每年召开一次“三胞”眷属及留学生家长会，发放相关政策材料70余份。2003年，两次组织召开港澳台同胞和海外侨胞眷属及留学生家长座谈会，通报政治经济形势，交流感情，增进友谊；有3名台胞和侨胞眷属引进项目和资金，投资额达3000多万元。2004年9月15日，由区政协、区委统战部、区外经贸局联合组织的“三胞”眷属和留学生家长中秋茶话会在区政协会议室召开；针对台独势力分裂祖国的图谋，举办录音报告会。2005—2013年，区政协、区委统战部、区外经贸局每年都联合召开港澳台同胞、海外侨胞眷属暨留学生家长迎中秋茶话会。

书画活动

1991—2013年，北海书画院在区政协指导下开展工作，结合庆“五一”“七一”“十一”等重大节日，举办书画展览100余次，参展作品8000余幅，出版书画专刊60余期。举办培训班35期，培训人员达880余人次。每月10日、15日分别定为绘画、书法研讨活动日，共举办研讨活动450余次，参加活动1.35万余人次。与高密、寒亭、坊子、昌邑等多地进行书画交流200余次，展出作品5000余幅。深入乡镇（街道）、村（社区）、学校、部队、企业等单位搞笔会、书画下乡和开展联谊活动共计120余场次，600余人参加，创作书画作品2160余幅。

1991年2月2日，区政协书画研究会组织7人到大虞乡为烈军属写春联150余幅。8月1—3日，书画研究会部分人士举办“一方有难，八方支援”书画义卖，有12位书画作者捐赠72幅作品，共得资金2130元，通过民政部门捐献给灾区。1993年10月1—4日，区政协书画研究会举办支援灾区人民重建家园书画义卖活动，44位书画界人士的116幅精品参加义卖，共募集现金5395元。1994年12月29日—1995年1月10日，潍城区政协与青州市政协在青州市博物馆联合举办庆元旦书画展，两地各界人士700多人应邀出席开幕式。1995年9月1日，潍城区政协、潍城区妇联和北海书画院为庆祝联合国第四次世界妇女大会在北京召开，联合举办妇女书画家作品展览，市、区有关领导及各界人士200余人参加展览开幕式，女书画家们精心创作了31幅书画作品，并献给第四次世界妇女大会北京组委会。1996年，举办8次展览和笔会，举办纪念红军长征胜利60周年大型书画展。1997年，举办有关迎香港回归的书画展和全区各界人士庆“七一”迎回归联谊会。1998年，举办5次大型书画展览，举办“庆‘七一’写潍城、画潍城、爱潍城、建潍城”活动。1999年，举办农民画展和庆祝建国50周年书画展览笔会。2000年，举办庆祝建国51周年、纪念毛泽东诞辰、迎接新世纪再创新辉煌大型书画展5次，展出作品500余幅。2001年，举办庆祝建党80周年书画展，展出书画作品60余幅，与区委宣传部联合举办美术展，参展作品280余件。2002年，举办庆国庆书画作品展。2003年，多次举办大型书画展览和送书画下乡活动。2004年，区政协指导和帮助北海书画院顺利完成了换届工作，开展交流联谊活动，多次举办书画展，到企业和基层开展书画服务活动。2005年8月15日，由区政协、区委宣传部、区农村信用联社共同主办，北海书画院承办的纪念抗日战争胜利60周年书画展在新华书店新华画廊开幕。2006年，举办纪念建党85周年书画大赛和2次书画展，到基层单位和其他县市区开展书画交流服务活动20余次，部分作品参加省、市政协举办的纪念红军长征胜利70周年书画大赛，有76幅作品获奖，潍城区政协获组织奖。6月28日—7月2日，由区政协主办，区城建综合开发公司、北海书画院承办的“潍城城建开发杯”书画展在新华书店新华画廊举办。2007年，举办纪念建党86周年书画展及10余次书画交流活动。2008年，举办7次大型书画活动，到基层单位和其他县市区政协开展书画交流活动19次，动员书画界人士捐献作品251幅。2009年，围绕中华人民共和国成立60周年等重要节庆，举办4次大型书画展览，举办书画讲座20期，培训书画爱好者400余人。2010年，围绕“五一”“十一”等重要节庆，举办4次大型书画展览和1次个人书画展，依托北海书画院举办书画讲座20期，培训书画爱好者1000余人次。2011年，纪念辛亥革命100周年、迎国庆、北海书画院建院30周年书画作品展及花鸟画个人书画展先后在郭味蕖美术馆举办。2012年，围绕“五一”“十一”等重要节庆，举办2次大型书画展览，到基层单位和其他县市区开展书画交流活动20余次。依托北海书画院举办书画讲座4期，培训书画爱好者300余人次。2013年1月29日，区政协领导带领北海书画院书画家，到军埠口综合项目区开展送春联下乡活动。

第十六编

群众团体

第一章　工　会

第一节　机　构

1991 年，区总工会内设行政办公室、职工技协办公室、组宣部、生产保护部、财务部 5 个科室。1993 年 12 月，内设行政办公室、经费审查办公室、经济保障女职工部、组织宣教调研部，下辖职工法律咨询服务站、工人文化宫、职工技术交流站 3 个事业单位。1997 年 3 月，工人文化宫划归区政府，为区政府直属事业单位。同年 12 月，成立潍城区职工技术协会。2005 年 1 月，区总工会内设办公室、组宣部、保障部、财务部。2012 年，设立潍城区职工服务中心；撤销区职工技术协会，人员并入区职工服务中心；区总工会设办公室、组织部、宣教部、保障部、生产部、财务部及职工服务中心。

第二节　工会代表大会

潍城区工会第十一次代表大会

1993 年 5 月 14—15 日召开，出席会议的正式代表 234 名、特邀代表 30 名、列席代表 95 名，代表全区 35403 名工会会员参加会议。大会讨论通过区工会第十届委员会工作报告，审议批准财务工作报告和经费审查工作报告，选举产生潍城区总工会第十一届委员会和经费审查委员会。会议选出工会委员会委员 25 名、常委 9 名。

潍城区工会第十二次代表大会

1999 年 1 月 4—6 日召开，出席会议的正式代表 151 名、特邀代表 16 名、列席代表 64 名，代表全区 24902 名工会会员参加会议。大会对工会工作先进单位和先进个人进行表彰，审议通过区工会第十一届委员会增补的委员、常委、副主席，对第十一届经费审查委员会增补的委员、主任、副主任予以确认。选举产生区工会第十二届委员会和经费审查委员会，选出工会委员会委员 23 名、常委 9 名。

第三节　基层工会组织建设

1994 年区划调整后，潍城区总工会在原有基础上共建设基层工会组织 89 个、小组 1056 个，发展会员 19652 人。同年 10 月，全省工会保障工作经验交流会召开，区总工会作题为《适应市场经济要求，坚持为职工送温暖办实事》的典型发言。1995 年，全区基层工会迅速发展，基层工会组织数量首次突破 100 个，工会小组增加 67 个，会员达到 22603 人。1996 年 7 月 12 日，区委、区政府召开全区实行集体合同制度动员大会。各镇、街道、委局、部门负责人，企事业单位主要负责人和工会主席 150 多人参加会议。同年 9 月 25 日，省总工会召开实施送温暖工程表彰大会，区总工会获得“实施送温暖工程先进单位”称号。1997 年 8 月 25 日，潍坊市潍城区总工会职业介绍所成立。同年 12 月 29 日，潍城区职工技术协会办公室成立。至 1999 年 1 月，全区共有基层工会组织 122 个，委局工会 10 个，镇、街道工会工委 10 个，工会小组 1279 个，有工会会员 24902 人。2002 年 8 月 16 日，区总工会、区司法局、区劳动和社会保障局联合成立潍城区职工法律援助中心。

2003年5月15日，区总工会开展以“再就业政策宣传进社区，再就业信息介绍进社区，再就业帮扶指导进社区”为主要内容的“三进社区”活动。同年11月14日，设立潍城区困难职工帮扶救助金。2005年8月8日，潍坊市总工会决定选取部分企业进行工资协商试点工作，辖区内的潍坊六合微粉有限公司、潍坊梦佳服饰股份有限公司被选为全市集体合同、工资协商试点单位。2006年，全区新建基层工会组织55家，发展工会会员4550人，超额完成市总工会下达的建会和发展会员任务指标。51个社区全部成立工会联合会，改制企业工会的重组重建率达100%。注重基层工会的规范化建设，选树不同类型的建会典型。推行厂务公开、民主管理，选树一批省级、市级、区级典型，潍坊爱普环保设备有限公司工会获“省级模范基层工会”称号。针对民营企业职工素质偏低的实际，探索实施“劳动力素质升级”工程，建立劳动力登记培训、推荐制度，将登记劳动力纳入入职培训。

2007年，全区共有基层工会组织312个、工会会员23688人，职工总数达25763人。推行平等协商签订集体合同制度，全区建会企业签订集体合同的有197家，签约率达95%。开展以评选“爱职工的厂长（经理）、爱企业的职工”为内容的“双爱双评”活动和以厂务公开为主要载体的民主管理活动，选树了一批省级、市级、区级典型。2008年，全区新建基层工会组织60家，发展会员5100人。区总工会建立每周一统计、半月一调度制度，将5—7月作为集中建会月。区工会机关实行包靠制度，以主要负责人为第一责任人，由各部室和分管领导分片包靠，组宣部全力以赴，形成齐抓共管的建会工作合力。建立通报制度，将建会进度等有关情况反馈到镇、街道以及区属开发区负责人。

2009年，全区共新建工会组织52家，发展会员4900人。在5个街道、开发区、管理区建立总工会，探索社区工会和工业园区工会组织建设。同年3月，开展《工会法》集中宣传月活动，召开各类会议20余次，走访企业260余家，发放宣传提纲3000余份。开展“企业服务月”活动，实行划片包企业制度。实施“共同约定”行动，加强企业管理者、职工之间的沟通交流。2010年，全区共有规模以上企业186家，新建工会组织38家，规模以上企业工会组织总数达到180家，其中达到规范化建设标准的159家。实行厂务公开民主管理的企业160家，其中规模以上非公有制企业推行厂务公开的有152家，推行率达到86.4%。建立职工代表大会制度的企业148家，规模以上非公有制企业建立职工代表大会制度的有140家，推行率达到79.5%。发挥典型带动建会作用，选择雷奇电器股份有限公司、西街68创意产业街、豪德光彩贸易广场、北关社区等4个单位作为非公有制企业、文化产业、批发市场和城中村改居的典型，为全市工会基层组织建设现场会提供现场。

2011年，潍城区总工会以地税代收工会经费为契机，利用3—5月这一时间段，开展基层组织建设百日会战活动，新建工会组织82家，发展会员6000余人。坚持以党建工作促基层建会，通过推行党工共建，在46家非公有制企业建立党工组织，发展会员2100余人。2012年，各街道、开发区、管理区工会须在3个工作日之内对要求建会的企业给予批复，并派员到企业指导组织建会事宜。同年，新建工会组织43家，发展会员4400余人。2013年，区工会机关建立分片包靠责任制，每2人联系一个街道，指导街道严格依法建会。全年新建工会组织122家，新增会员1046人。

第四节　职工权益保障

1991年，召开全区企业内部分配工作现场经验交流会，推进企业内部管理分配民主公开制度建设。1992年，调查停工待工企业职工、待业人员的生活状况，实施“送温暖工程”。同年，建立潍城区职工互助救急基金会。1993年，潍城区职工互助救急基金会在全区开展工会互助补充保险事业。同年，职工法律咨询服务站成立，聘请潍城区职工法律咨询顾问8人，协助职工法律服务站做好工会干部和职工的法律宣传教育工作，为职工群众提供法律咨询服务。1995年，完成集体协商签订集体合同试点工作。1996年，落实集体合同制度实施方案，全区35家企业实行集体合同制度。同年，成立全市首家职工送温暖储金会，为送温暖工作经常化、制度化、社会化奠定物质基础。1997年，潍城区成立全市第一家工会职业介绍机构，实施再就业工程，免费为下岗职工提供信息咨询、介绍就业等服务。同年，对全区困难企业和特困职工进行调查摸底，建立困难企业、特困职工、无子女离退休职工、劳模及先进人物身体、生活状况档案，实行动态管理。1999年，建立机关干部联系企业和帮扶困难职工制度。2000年，发放全区第一批特困职工优待证。同年，开展资助特困职工子女上大学行动。

2002年，潍城区职工法律援助中心成立，为维护职工的合法权益提供法律保障。同年，在民营企业开展推进集体合同、劳动合同试点。2003年，成立潍城区社区再就业推介指导服务中心，实施公共就业服务制度，推行求职登记、职业指导、职业介绍、培训申请、档案管理、社会保险关系接续“一站式”服务。同年，成立困难职工帮扶中心，为特困职工提供直接、快捷、方便的帮助和服务。2008年，健全和完善困难职工帮扶中心职能，在输血变造血上下功夫。形成基层工会、局（镇、街）工会和区总工会三级档案管理网络。全区建会企业签订集体合同的有161家，签订率达93%。建立劳动争议调解组织141家，组建率达85%。2009年元旦、春节期间，筹集资金10万余元，走访慰问困难职工和下岗职工211名。建立劳动关系协调员队伍，聘任区级劳动关系协调员52名。2012年11月，成立潍城区职工维权服务中心。2013年，开展“困难职工赡养老人”帮扶活动，对符合条件并已纳入全国总工会困难职工档案的职工家庭，给予每月60元生活补贴。同年，开展“面对面、心贴心、实打实服务职工在基层”以及“走访规模企业促发展，走访困难职工送温暖”活动，为企业和困难职工解决一系列实际困难。

第五节　劳动竞赛

1991年，潍城区在潍坊市“七赛七比创七杯”劳动竞赛活动中获“奋发杯”奖，潍坊巨力机械总厂、潍坊塑料总厂获“效益杯”奖。1994年，潍城区召开全区“管理效益年”活动现场会。开展形式多样的劳动竞赛，对在劳动竞赛活动中获得优异成绩的潍坊塑料总厂等3个单位和表现突出的30人分别授予1994年度潍城区劳动竞赛先进单位和先进个人（能手）称号。1996年，潍城区开展第十四届技术练兵、技术比武活动，11名选手获得一等奖，16名选手获得二等奖，21名选手获得三等奖。1998年，开展以“跨世纪，建强区”为主要目标的“一二三四”主题系列竞赛。“一”即开展“安康杯”竞赛，“二”即开展降低成本、以人为本的“两本”竞赛，“三”即开展推动企业技术创新、制度创新、管理创新的“三推”竞赛，“四”即开展创名牌企业、创“星级”优质服务窗口、创优秀经营管理者、创十大杰出职工的“四创”竞赛。

1999年，以“创新、创优、创先、创汇、创最佳经济效益”为主题开展劳动竞赛和第十六届技术练兵、技术比武活动。据不完全统计，全区参加劳动竞赛达18200人次，占职工总数的91%，举办各类技术比武57次，参加比武项目76项，有5632人次参加比武，“双增双节”实现效益212.6万元，评出劳动竞赛优秀组织者60名、劳动竞赛标兵100名。2001年，在全区企事业单位开展争当优秀教师、智慧职工等创新专项攻关竞赛活动，全区各级工会共组织技术比武20余次，开发新技术、新产品55项，创效益71万元；职工提出合理化建议1025条，其中采纳587条，实现效益152.1万元。2004年，在全区掀起比、学、赶、帮、超的竞赛热潮。区总工会、区人社局、区经贸局、区教育局、区卫生局、区安监局等6部门联合开展潍城区第十七届技术练兵比武活动，通报表彰先进单位23个。2008年，区总工会、区人社局、区经贸局、区教育局、区卫生局等部门联合开展潍城区第十九届技术练兵比武活动，对先进单位进行表彰。

2010年，围绕提高自主创新能力，加强安全生产，发展绿色经济、低碳经济、循环经济，立足岗位练兵、技能培训、技术比武，组织开展潍城区第二十届技术练兵、技术比武活动，活动共分3个赛区7个项目，由选拔出的优秀选手组队参加潍坊市第四届职工职业技能大赛。2012年，开展以“技能大比武，献礼十八大”为主题的职工职业技能大赛，评出潍城区职工职业技能大赛优秀组织单位5个和优秀选手一等奖12名、二等奖23名。由选拔出的优秀选手组队参加潍坊市第五届职工职业技能大赛，区总工会获优秀组织单位，区卫生局获全市女职工岗位创新技能竞赛护理项目优秀组织奖。2013年，扎实开展经济技术创新活动，组织人员参加市总工会“五小”（小发明、小创造、小革新、小设计、小建议）劳动竞赛，围绕培育省级高技术人才（劳模）创新工作室和选树“十大齐鲁金牌职工”活动，大力实施职工优秀技术创新品牌工程，推荐2个科研项目参加第四届山东省职工优秀技术创新成果的评选，7个项目参加第二届潍坊市职工优秀技术创造成果展。

第六节　职工宣传教育

1991年，区总工会举办工会干部民主管理师资培训班，有365人参训。举办第六届职工“三热爱”读书演讲比赛，有54名职工参赛。举办“庆国庆爱我中华”主题演讲会，有65人参加演讲。累计举办工会理论信息员培训班6期，培训信息员560人。1992年，区总工会女工委举办“学劳模事迹，树四自精神，为八五计划做贡献”演讲比赛，有24名女职工参赛。同年3月，区总工会、区科委、区成教办、区劳动局联合举办“科学技术是第一生产力”讲座，全区102名工会主席、厂长参加学习。6月，举办“科学技术是第一生产力”讲座第二讲，有167人参加；在区党校举办《工会法》学习班，有146人参加培训。7月，在区委党校举办《妇女权益保障法》学习班，培训基层女职工560人。9月，举办全区工会干部新《工会法》知识竞赛，有32支队伍参赛。12月，潍坊纸箱总厂工会委员会职工之家被山东省总工会授予“山东省模范职工之家”称号，成为区属企业中第一个省级模范职工之家。1993年4月，举办“潍城区首届工会兴办第三产业学习班”，全区共有36个单位、40余人参加学习。6月，举办“信用杯”社会主义市场经济理论演讲、征文比赛，征文63篇，有28名选手参加演讲。7月，市百货公司、区总工会、潍坊柴油机厂工会、潍坊经济广播电台在潍坊百货大楼门前广场联合举办“腾飞杯”时装模特表演大赛。1995年，区总工会对“全区职工《劳动法》《工会法》知识竞赛”中涌现出的6个先进集体和50名先进个人进行表彰奖励。1998年，区总工会被省总工会授予“全省工会工作先进单位”称号，巨力集团被表彰为“省级模范职工之家”。2001年，宣传贯彻新修改的《工会法》，组织各委、局、区直机关工会所属基层单位工会在亚星桥以西东风街两侧设立《工会法》宣传站50余处，开展集中宣传。2002年，区总工会、区教育局联合举办潍城区职工计算机知识普及应用大赛，有78人参加比赛。2004年，在市总工会、市工商业联合会牵头开展的“双爱双评”活动中，潍坊众谊汽车配件有限公司总经理、潍坊爱普环保设备有限公司总经理获评为“全市爱职工的优秀经理（厂长）”；潍坊六合微粉公司科研所所长、潍坊市大元实业有限公司科技开发办主任获评为“全市爱企业的优秀职工”。2006年，进一步推动全区“学振超精神，做金牌工人，当好主力军，建功‘十一五’”竞赛活动和“创建学习型组织，争做知识型职工”

活动深入开展，在全区职工中发起“工人有技术才能更有力量”大讨论活动。2010年，为提高全区干部职工的文明素质，区总工会和区文明办联合举办文明礼仪讲座，有500余名干部职工参加。2013年，深入实施职工素质建设工程，大力推动企业道德讲堂和职工书屋建设。全区已建立道德讲堂示范点8个，其中企业3个、社区2个、教育系统1个、卫生系统1个、机关1个。同年，为雷奇节能科技股份有限公司申报全国工会职工书屋示范点，为康家村建立一所农民书屋。

第七节　职工文体活动

1991年7月16日，区总工会、区体委组织举办潍城区职工游泳比赛。1992年8月18日，潍城区健美操代表队一行7人，在潍坊市职工健美操比赛中获得团体第一名。1993年10月30日，潍城区职工篮球比赛在区体育场进行。1998年9月28日—10月1日，区总工会在十笏园宾馆举办迎国庆职工书画展。同年9月29日，区总工会组织工会干部在潍坊同心乒乓球俱乐部进行庆国庆乒乓球比赛。2000年4月29日，潍城区庆祝“五一”劳动节大会在潍州剧场召开，举办“五月颂歌”演唱会。2001年6月，区总工会举办全区庆“七一”职工乒乓球比赛，区教委代表队、区直机关代表队、区建委代表队获团体前三名。2009—2010年，连续2年举办全区职工象棋比赛。2010年，举办潍城区职工乒乓球比赛。2013年5月29—31日，在西街99负一楼职工乒乓球俱乐部，举办首届“瑞福杯”职工乒乓球比赛，参赛队员达92人。7月8日，潍城区组队参加潍坊市首届职工羽毛球、乒乓球比赛，分获男乒团体第四名、女乒团体第五名，同时获得道德风尚奖、优秀组织奖。9月29日，区总工会和区机关党工委联合举办全区“迎国庆”女子跳绳比赛，有30支队伍、200余名运动员参赛。

第八节　风筝比赛

1991年4月15日，在第八届潍坊国际风筝比赛中，由区总工会组织成立的区风筝代表团获团体总分第一名，有6只风筝入选市风筝代表队，区风筝代表团获评为风筝扎制放飞先进单位。1992年4月22日，在第九届潍坊国际风筝会风筝“蓝天杯”比赛中，由区总工会组织成立的区风筝代表团获A组总分第二名，区职工风筝代表队、少年风筝代表队分获A组总分第一名。1993年4月15日，在第十届潍坊国际风筝会风筝比赛中，由区总工会组织成立的区风筝代表团获团体总分第三名和风筝扎制放飞先进单位，4只风筝入选市代表队参加在开封举办的全国风筝比赛。

1994—2007年，区总工会每年都组队参加潍坊国际风筝会风筝扎制比赛和放飞比赛，其中2002年的夜光风筝获得创新一等奖。2008年4月，组队参加第二十五届潍坊国际风筝会，获得团体一等奖。2009年4月，组队参加第二十六届潍坊国际风筝会，获得团体一等奖。同月，区总工会在浮烟山国际风筝放飞场组织举办潍城区“中国移动G3杯”风筝扎制创新比赛，北关街道的“巨龙”和建设局的“欢天喜地”2只风筝获得单项创新风筝一等奖，腾飞、外国语等6只风筝获得单项创新风筝二等奖，“全运一号”等10只风筝获得单项创新风筝三等奖，经贸局等9个单位获得优秀组织奖。2010—2013年，区总工会连续4年组队参加潍坊国际风筝会，其中2011年获得团体一等奖。“二龙戏珠”风筝连续获得创新一等奖，获评为“最长风筝”。军埠口综合项目区杨家庄子村的葫芦风筝获得潍坊市风筝专利。

第二章　共青团

第一节　机　构

1991 年，中国共产主义青年团潍坊市潍城区委员会为正科级行政机构，设办公室、组宣部、工农青年部、学少部。编制 5 名，其中行政编制 4 名、工勤编制 1 名。1993 年，团区委下辖潍城区青少年活动中心和潍城区少年宫 2 个副科级全额预算事业单位（一套班子、两块牌子），编制 12 名；下辖青少年综合服务中心，为企业化管理事业单位，编制 5 名。1994 年，区少年宫事业编制调整为 13 名。因区划调整，原区青少年活动中心和区少年宫划归团市委。经团区委申请，重新成立潍城区青少年活动中心，为副科级全额预算事业单位，编制 5 名。2007 年 9 月，潍城区关心下一代工作委员会办公室成立，为团区委所属事业单位，是副科级规格，实行全额预算管理，核定编制 3 名。2013 年 9 月，潍城区关心下一代工作委员会办公室改属区委老干部局。

第二节　共青团代表大会

共青团潍城区第十四次代表大会

1991 年 6 月 3—4 日在十笏园宾馆召开，出席会议代表 280 名。会议听取并讨论团区委工作报告。讨论通过大会决议。会议选出团区委委员 25 名、候补委员 3 名。

共青团潍城区第十五次代表大会

1995 年 9 月 19—20 日在十笏园宾馆召开，出席会议代表 203 人。会议听取并讨论《团结起来，围绕党的工作大局，为建设文明富裕的新潍城努力奋斗》的工作报告。讨论通过《关于动员全区团员青年立足本职、岗位奉献，在建设文明富裕新潍城中充分发挥青年突击手（队）作用的决议》。大会选举产生共青团潍城区第十五届委员会，委员 25 名、候补委员 5 名。

共青团潍城区第十六次代表大会

1998 年 12 月 22 日在十笏园宾馆召开，出席会议代表 207 人。会议听取并讨论团区委工作报告，讨论通过大会决议。会议选举产生共青团潍城区第十六届委员会，委员 25 名、候补委员 3 名。

共青团潍城区第十七次代表大会

2002 年 4 月 23 日在十笏园宾馆召开，出席会议代表 151 人，特邀代表 20 名。会议听取并讨论团区委工作报告，讨论通过《关于动员全区团员青年立足本职、敬业奉献，在建设经济强区中充分发挥突击手（队）作用的决议》。会议选举产生共青团潍城区第十七届委员会，委员 25 名、候补委员 5 名。

共青团潍城区第十八次代表大会

2010 年 11 月 26—29 日在帝豪大酒店召开，出席会议代表 150 人。会议听取《高举旗帜跟党走，干事创业谱新篇，为全域潍城建设贡献青春和力量》的工作报告。讨论通过关于工作报告的决议。大会选举产生共青团潍城区第十八届委员会，委员 25 名、候补委员 5 名。

共青团潍城区第十九次代表大会

2013 年 11 月 22—23 日在泛海大酒店召开，

出席会议代表123人。会议听取《高举团旗跟党走，聚力青年促发展，为建设现代化经济文化强区贡献青春力量》的工作报告。大会选举产生共青团潍城区第十九届委员会，委员25名、候补委员5名。

第三节　团基层组织建设

1991年，潍城区有团委31个、团支部701个。有团员15352人，占全区青年总数的20%。1994年区划调整后，全区有团委24个，其中系统委局团委14个、乡镇（街道）团委10个；基层团支部532个，其中区直机关团支部21个、乡镇（街道）团支部384个、企业团支部30个、其他97个。有团员10931名，占全区青年总数的25%。1992年，团区委以区委开展“学习十四大精神活动”为契机，对农村团支部班子进行换届改选，对部分作用发挥不好的团支部进行整顿。为提高团干部的政治业务素质，团区委组织16名基层团委书记参加团省委在泰安举办的培训班。1993年，按照“组织随人走，团在实体建”的原则，对原有的团组织设置进行改革，把组织建在青年最集中的经济组织之中。认真做好团员发展工作，进一步提高团青比例，年内全区农村、企业和学校团青比例分别达到20%、30%和60%。

1994年，以班子建设、发展团员、新型经济组织建团、搞好物质依托为主要内容，全面加强团的基层组织建设。1995年，先后在调整后的区属部门新成立5个基层团委，并对8个基层团委班子进行调整充实，保证全区团组织的健全和工作的连续性。1996年，根据青年生产、经营、学习、生活的结合方式和流向变化，灵活设置团的基层组织，镇村企业、私营企业、三资企业等新型经济组织建团率达到90%以上。在“坚持标准，保证质量”的前提下，加快团员发展工作，年内发展新团员3000名，团青比例达到30%。1997年，在全区开展农村基层团组织和团员青年集中教育整顿活动，贯彻落实党的十五大精神，活跃农村基层组织，更好地教育和团结农村团员青年，推进农村改革、发展、稳定。

1998年，深化青年人才工程，扎实推进青年文明工程、青年致富工程，加强团的自身建设，团结带领全区广大团员青年积极投身两个文明建设。1999年，继续加强在乡镇企业、私营企业、三资企业等新型经济组织的建团工作，年内建团率达到60%。2000年，组织团干部学习团的业务知识、市场经济知识及科技、文化、法律、金融等知识。2002年，发挥共青团自身优势，积极向党组织推荐优秀团员作为党员发展对象。重点抓好生产和科技一线优秀青年及优秀学生的入团工作，年内新发展团员3000名，团青比例达到28%。2003年，全区共更换基层团委书记7名，新配备团干部40多名，配齐配强基层团委班子。同时，采取产业建团、行业建团、社区建团和联合建团等多种方式，逐渐扩大团组织的覆盖面。

2004—2013年，全面加强全区非公有制经济、社区、农村、行政机关、学校等基层团组织建设，加大推优入党力度。2006年，针对基层团干部人员流动较快的特点，继续实施《关于进一步加强共青团干部队伍建设的意见》，为基层团组织配置年轻精干的团干部，落实团干部相关的政治生活待遇。2007年，组织开展报告座谈、专题研讨、读书交流等形式多样的主题活动，号召全区团干部和少先队组织骨干带头学习、带头贯彻、做出表率。2008年，开展“红心向党推优工程”。各级少先队组织创造性地开展主题教育活动，共培养红星少先队员1800余名，推优入团200余名，培养红星共青团员900余名。2009年，潍城区在推进“两新”组织（新经济组织、新社会组织）团建过程中，健全党建带团建机制，提升团组织服务水平。2010年，实施社区团建网格化管理，使工作机制更加顺畅，团员管理更加规范。2011年，按照巩固党在城市社区中青年群众基础的需要，为全区所有的社区配齐配强团组织班子，基本形成适应潍城区城市社区特点的团的组织网络和工作体系。2012年，与区委组织部联合制定《关于进一步加强城市社区团建工作的实施意见》，加强与综治、教育、民政、人社等部门沟通，下发指导性文件，为开展团建工作创造有利环境。落实年度基层团建书记项目，推进社区启航驿站建设，通过健全青少年活动室、四点半学校、希望工程爱心募集点、青少年维权岗等阵地，为社区青少年提供就业、教育、帮扶、维权、娱乐一体化的服务。探索“两新”组织团建突破口，深入“两新”组织调研17次，以服务全区“商贸立区”总体战略为工作思路，加强服务业团组织建设，以中恒、丽景、圣基等酒店服务业企业为核心建立枢纽型团组织，并将成功经验在全区推广。2013年，把社区团建作为城区团的基层组织建设的落脚点和着力点，以“服务社区，服务青年”为宗旨，以“出特色，创品牌”为目标，加强社区团组织建设，推进基层团建创新，发挥社区团组织在组织青年、引导青年、服务青年和维护青少年合法权益方面的职能作用。

第四节　重要活动

1991—2002年，团区委开展各类主题的“希望工程”活动，对失学儿童、贫困大学生持续开展关爱帮扶。1993年3月，开展以“奉献百万爱心，救助失学少年”为主题的“希望工程”活动。1995年，在全区开展“希望工程爱心储蓄”活动，通过发行“希望工程爱心储蓄存单”，帮扶失学儿童。1996年，按照上级团委的指示精神，团区委在全区开展“捐建希望书库”活动。1997年，为支持社会公益事业发展，消除贫困和愚昧，团区委、潍城区农行联合开展“青少年爱心储蓄”活动。1998年，开展“支持希望工程，奉献一片爱心”自愿储蓄捐息活动，弘扬尊师重教、扶危济困的传统美德，支持贫困地区的教育事业发展，使欠发达地区的失学和濒临失学的孩子能够享受义务教育，扩大希望工程的社会影响力和救助规模。1999年，先后开展“希望工程自愿捐息储蓄”“一助一结对救助”等活动，储蓄存款15万余元，救助困难青少年46名。

2003年，团区委联合国寿保险公司举办“青春创业行动国寿职业说明会”，在求职青年和求才企业之间架起一座桥梁。开展“青年农民星火科技培训”，发挥青年科技示范基地的辐射带动作用，向青年农民传授农业标准化实用新技术和市场经济知识。实施“青年文明号”创建行动，新申报“青年文明号”3个。开展抗击“非典”宣传教育活动，向全区团员青年发出题为《团结一致，众志成城，战胜非典》的一封信，发放防“非典”明白纸2万份，张贴标语700多条，组织防“非典”知识竞赛10余次。2004年，广泛开展主题活动。学雷锋活动月期间，举办“让鸢都更加文明美丽”活动，组织全区2000余名青年志愿者参加志愿服务活动。“五四”青年节期间，举办首届潍城区青少年科技文化艺术节，先后开展主题演讲、乒乓球赛、书画摄影展、卡拉OK大奖赛、科技知识竞赛、科技创新成果展等一系列活动。2005年，围绕加强未成年人思想道德建设，整合社区资源，开展“心手相连”——社区志愿者与未成年人结对活动。学雷锋活动月期间，开展“全区青年志愿者参与创城大行动”活动，有2000余名青年志愿者参加活动。2006年，学雷锋活动月期间，开展“全区青年志愿者参与创城大行动”活动，有3000余名志愿者参加活动。

2007年，以构建和谐校园为目标，在“六一”儿童节前夕，团区委组织全区32所中小学集中举行“手拉手”促和谐集中捐赠仪式，全区中小学生共捐赠现金3800余元、图书4300余册、文具1900余套，结成“手拉手”学校16对，结成“手拉手”好伙伴5400对。4月30日，为纪念“五四”运动胜利88周年，在潍坊外国语学校举办“五月花海”歌咏比赛暨新团员集体宣誓仪式。深化“青年文明号”创建活动，在8个行业部门中评选“潍城区青年文明号”，新命名“青年文明号”集体39个，累计达到54个。在全区22所小学中组织开展“寻找身边的榜样”活动，推荐少先队员典型780个，评选出少先队工作优秀案例80篇，表彰潍城区少先队红旗大队15个、潍城区优秀少先队工作者25人、潍城区优秀少先队辅导员20人、潍城区十佳（优秀）少先队员40人。8月，与区关工委联合开展“亲情教育促和谐”活动暨青年（少年）“十佳孝星”评选活动，收到各类征文400余篇，推荐基层“青（少）年孝星”38人。2008年，开展“立足新起点，创造新业绩”主题活动，在农村、学校、社区开展形式各样的宣传教育活动，引导广大团员青年学习贯彻党的十七大精神和团的十六大会议精神。1月，在区实验小学举行“节能减排，收旧利废”红领巾行动启动仪式，引导少先队员以实际行动参与全区节能减排工作。7月，在城关街道曹家巷社区、芙蓉社区、城隍庙社区分别举行“庆奥运演讲比赛”“奥运文明劝阻队”“火炬传递”“奥运心语”“老少携手话奥运”等活动，充分展示新时期青少年健康向上的精神风貌。2009年，以中华人民共和国成立60周年、“五四”运动90周年、少先队建队60周年、十一运会等重大节庆、活动为契机，组织全区各级团队开展“喜迎国庆60周年，唱响校园主旋律”“中华颂”等一系列主题教育活动。十一运会期间，全区共招募青年志愿者1200余人，先后组织开展“文明城市共创建，志愿服务进社区”“志愿齐鲁，拥抱全运”等活动。

2010年，团区委组织开展“扎根基层展风采，创先争优立新功”潍城区大学生村官演讲比赛活动，丰富大学生村官业余文化生活。在全区中小学开展“争当四好少年”开学主题日活动，组织未成年人在学校开展“争当文明市民”倡议活动，在社区开展“社区是我家，文明靠大家”社区实践活动，在家庭开展“我做家庭文明小主人”家庭美德教育活动，加强青少年思想道德建设力度。2011年，以服务双城同创为导向，努力培植正规化、多元化、网络化的青年志愿者组织。10月，与区创先争优活动领导小组办公室共同组织“潍城青春先锋人物”评选，组织优秀集体和个人参与山东省青年岗位能手、潍坊市十大杰出青年文明号集体、十佳青年文明号明星评选活动，开展“百城万店青年文明号信用示范周”活动，营造文明诚信的社会环境。2012年，开展乡村青年文化节活动，组织开展“农村青年现代化素质培训”“送图书下乡”“文明新风进乡村”“送温暖”等8项活动。与农信部门合作为有贷款需求的农村青年发放小额贷款，开展“送金融知识下乡”活动。春节前夕，组织200余人的志愿者队伍开展“新春送福”特别行动和“情系福利院青春送温暖”活动。学雷锋活动月期间，集中开展以“传承雷锋精神，参与志愿服务”为主题的学习雷锋纪念活动共230余场次。7月，潍坊学院大学生志愿者在曹家巷社区开展暑期社会实践志愿服务活动，得到团省委的肯定，《齐鲁晚报》等媒体予以报道。2013年，开展“青年志愿服务岗”创建活动，建立青年志愿者流动服务站。开展“安全知识进社区”“送福到家”等主题志愿服务活动。打造文明交通示范岗，与潍坊学院团委联合在城区主要路口开展文明示范岗创建活动。组织开展“青年突击队”“青年先锋岗”“青年文明号”等创评活动，引导广大团员青年立足工作岗位、全心投入工作。

第五节　希望工程

1992年，团省委提出“希望工程——百万爱心行动”计划，发动全社会关心孩子健康成长。团区委发动社会力量，帮助12名因家境贫困、无力支付学费的失学儿童重返校园。1993年3月，开展以“奉献百万爱心，救助失学少年”为主题的希望工程活动，对全区乡镇学校的57名因家庭经济困难失学和濒临失学的学生实施救助，全区中小学捐物10万余件，捐款、捐物折合16万元。1994年，团区委累计对全区乡镇学校的57名学生实施了救助，并对54名家庭困难学生进行持续救助。

1995年，团区委在全区开展“希望工程爱心储蓄”活动，通过潍城区建设银行发行“希望工程爱心储蓄存单”，储户将定期一年的利息与活期利息自愿捐献给希望工程，用于救助失学儿童。1996年，在全区开展“捐建希望书库”活动，以广大青少年为主，争取社会各界支持，为全区农村学校捐建由中国青少年发展基金会推出的“希望书库”。1997年，联合潍城区农行开展“青少年爱心储蓄”活动，动员青少年及社会各界人士到农行储蓄，到期后返还本金，利息收益则由农行代为捐赠给中国青少年发展基金会，用于支持“希望工程”和贫困地区基础教育事业。1998年，开展“支持希望工程，奉献一片爱心”自愿储蓄捐息活动，支持贫困地区的教育事业，使欠发达地区的失学和濒临失学的孩子能够接受义务教育，以此扩大希望工程的社会影响力和救助规模。1999年，各级团组织以救助特困下岗职工子女为重点，先后开展“希望工程自愿捐息储蓄”“一助一结对救助”等活动，储蓄存款15万余元，救助困难青少年46名。

2000年，实施“民心工程”，团区委以开展青年志愿者活动、实施希望工程为主要内容，服务社会，服务青年。2001年，“一助一结队救助”活动由乡村向城区、由小学生向大中专生、由学生向家庭转移。2004年8月，联合区文明办、区民政局到特困大学生所在学校、家中进行调查摸底。募集资金7万余元，申报救助特困大学生81人，对符合条件的69人给予帮扶救助。2005年，联合区教育局开展城乡学校“结对子、手拉手”行动，发动城区各学校向农村贫困学校捐赠电脑10余台。2006年，开展团员青年教师送课下乡、联谊活动，累计送课500余节，捐款、捐物价值累计2000余元，救助贫困学生20余人。2007年，募集资金9.6万余元，救助特困大学生84名。响应市希望工程办公室号召，配合市邮政局做好希望工程明信片发行工作，累计发行明信片8000余份，募集资金1.6万余元。2008年，联合潍城区广播电视局、潍坊广播电视报社等新闻媒体，运用公益广告、贫困资助宣传、社会资助信息等形式宣传希望工程，营造良好的社会舆论氛围。发动辖区内青年企业家建立希望工程爱心基金，第一批基金成功救助4名贫困学生。2009年，通过街头募捐，发动潍城区青年企业家、机关干部集体捐赠等形式，为贫困学生筹措希望工程救助资金2万元，救助贫困学生98人。2010年，共申报救助特困大学生90人，对符合条件的84人实施救助。2012年，筹建爱心厨房、爱心图书室、爱心电脑室、爱心多媒体教室和爱心操场等创新项目品牌。2013年，开展“青年党员与寒门学子面对面”“我做一日富特人”“月圆中秋送关爱”等活动，发动爱心企业家、党员干部、社会组织、社区、学校等捐款捐物，资助一批品学兼优、家庭困难的初高中毕业生，并为重病青少年和贫困青少年送去慰问品和社会捐赠款物。

第六节　青少年权益保护

1991年，建立健全青少年帮教组织，宣传落实《山东省未成年人保护条例》《义务教育法》。1992年，组织“爱我潍城，爱我岗位”青年演讲比赛等活动，受教育青少年有7.58万余人。1993年，组织团员青年参加中国近代史知识竞赛，提高青少年的民族自尊心和自豪感。加强少年宫、维权岗、青年之家的管理使用，活跃青少年的业余生活。1994年，开展“两史一情”（中国近代史、现代史和国情）教育活动。结合“二五”普法活动，对青少年进行学法、用法、守法教育，举办学习班6期，培训骨干688人。1995年，与省第三监狱联合举行“青年志愿者与潍城籍服刑青年结对帮教仪式”，签订帮教协议书，有30名优秀团员与服刑青年结成帮教对子。1996年，利用团报、团刊等新闻媒介，向社区待业青年、下岗青年及进城务工的农村青年，多渠道地开展岗前技能培训。1998年，开展青少年学法、用法、守法活动，深入实施青少年帮教工程，增强青少年的法制意识和法律观念，预防和减少青少年违法犯罪。1999年，开展未成年人保护工作，把青少年思想道德建设放在突出位置，在青少年中开展“学雷锋、心向党、讲品德、见行动”主题教育活动。

2000年，在“五四”期间举办“预防青少年违法犯罪及交通事故图片展”，提高青少年的法律素质和交通安全意识。组织见义勇为青年事迹报告团，宣传为保护国家利益和人民生命安全做出重要贡献的先进青年英雄事迹。2001年，联合区综治办、区文明办、区教委举办“预防青少年违法犯罪大型图片展”，在全区各中小学巡回展出。2002年，开展“崇尚科学文明，反对封建愚昧”科普教育。2004年，开展“青少年维权岗在行动”，广泛开展法制教育、交通安全知识教育和各类专项整治活动，不断深化全区的青少年权益保护工作。2005年，继续在广大少年儿童中开展以“我自护我平安”为主题的教育活动，引导少年儿童学习自护知识，提高自护本领。2006年，组织开展“革命传统教育、体验实践”等主题活动，实施“青少年违法犯罪社区预防计划”，开展“未成年人零犯罪社区”创建工作。2007年，开展预防青少年违法犯罪专题报告巡讲，邀请区检察院监管所干警结合案例就青少年违法犯罪常见现象和对策进行讲解。开展法制宣传活动，发放关于《未成年人保护法》《预防未成年人犯罪法》等法律法规的宣传单2000多份。2008年，贯彻落实《未成年人保护法》《预防青少年违法犯罪法》，相继成立潍城区未成年人保护委员会和预防青少年违法犯罪工作领导小组。2009年，以“青少年维权岗”、青少年法律援助中心、青少年心理咨询学校为阵地，依托“三位一体”、区域联动的青少年维权服务网络，参与市12355青少年服务台建设。2010年，构建学校、家庭、社会“三位一体”的未成年人思想道德教育体系，确保青少年安全、健康、茁壮成长。启动社区“四点半学校”建设，为中小学生在社区内提供一处集健身娱乐、体验经历和社会实践于一体的课外活动场所。2011年，按照“优化成长环境，构建和谐社会”的工作思路，开展青少年法制教育和思想道德教育。2012年，开展重点青少年群体服务管理和预防犯罪试点工作，获得团省委认可，团区委在全省专项工作会议上作了典型发言。开展“人大代表、政协委员与共青团面对面”“走进青年——团委书记恳谈日”主题活动，加快建设青少年利益协调机制、权益保障机制。2013年，依托青年志愿者组建防艾、禁毒、扶贫帮教、法制宣传等志愿者服务队伍，开展预防青少年违法犯罪工作。在第18个“全国中小学生安全教育日”，全区各中小学校开展了以“交通安全进校园”为主题的道路交通安全宣传教育活动。

第七节　少先队建设

1991年9月26日，中国少年先锋队潍城区第七次代表大会在十笏园宾馆召开，出席大会的正式代表有280名。1992年，以“学赖宁”活动为主题，加强少先队教育、基础建设和辅导员队伍建设，全面活跃少年儿童生活。1993年，开展“争戴少先队劳动奖章”主题教育活动，进一步加强以活动阵地、辅导员队伍为主的基础建设，优化少先队工作的社会环境。1994年3月31日，潍城区少工委七届三次全委会议召开，会议调整区少工委部分组成人员，探索市场经济条件下少先队工作的新思路。1995年，贯彻全国少工委、省少工委、市少工委少先队工作计划，深化“争五星、技能达标”活动，加强少先队员的素质教育。开展“争创国旗中队”活动，加强少先队员的爱国主义教育。1996年，全区设少先队大队82个，有队员2.8万名。1995—1996年，团区委连续举办两届“少年军事夏令营”，组织近100名少年儿童到驻潍某部队进行封闭式训练，进行革命传统和艰苦奋斗教育，磨练少年儿童吃苦耐劳的意志。开展“庆六一，我们是21世纪接班人”“国旗知识讲座”“心中有祖国，心中有他人”等系列教育活动。

1997年10月22日，中国少年先锋队潍城区第八次代表大会在十笏园宾馆召开。大会产生了新一届少先队工作委员会，并对全区十佳少年、少先队工作先进集体和个人进行表彰。1998年，继续开展“争五星、技能达标”“争创国旗中队”“手拉手”活动，强化少先队基础建设，优化少先队的育人环境。1999年，落实“跨世纪中国少年雏鹰行动”，推动少先队争章达标活动的全面普及，提高少先队员的自学、自理、自护、自律能力。2000年，区少工委多次召开全区少先队辅导员、团委书记座谈会，下发《致学生家长的一封信》。2001年，开展“雏鹰争章”“新世纪我能行”体验教育等一系列活动，深入实施“希望工程”“手拉手”活动。2003年，为庆祝建党82周年、“五四”运动84周年，联合区教育局、区科技局在“五四”期间举办首届潍城区青少年科技文化艺术节。

2004年，团区委、区少工委联合区教育局共同开展“少先队员假期进社区”活动，建立社区少工委11个。2005年，区少工委按照“全队抓基层，全队抓落实”的要求，结合社区地域性特点，构建以团区委、区少工委为核心，以街道区域化团建为引领，以社区青少年综合服务平台为依托，以丰富多彩的少先队活动为载体的开放、灵活、充满活力的社区少先队组织网络。2006年，探索社区辅导员队伍建设模式，从学校选派优秀中队辅导员轮流到居委会挂职锻炼。以“社区青少年综合服务平台”为主体，创新“四点半学校+希望乐园”“校内规范化+社区青少年之家”“青少年法庭+成长导航站”工作模式，打造社区少先队员之家。2007年，在全区各中小学全面开展“红心向党推优工程”，推选“红星少先队员”2180余名、“红星共青团员”520余名。在全区22所小学开展“寻找身边好榜样”活动，共推荐少先队员典型人物780人，评选出少先队工作优秀案例80篇，表彰潍城区少先队红旗大队15个、少先队工作者25人、优秀少先队辅导员20人、十佳少先队员40人。2008年，开展“雏鹰争红章”“红心向党照我心”书信大赛、“红心向党十佳少先队员”评选、革命歌曲演唱比赛等主题教育活动。培养红星少先队员1800名，推优入团200多人，培养红星共青团员900人、入党积极分子20多人。

2009年3月，区委组织部、团区委、区教育局、区少工委四部门召开联席会议，决定将“红心向党推优工程”作为青少年思想政治建设的一项重要内容。联合制定《关于实施“红心向党推优工程”的意见》《“红心向党推优工程”实施方案》，并召开“红心向党推优工程”动员大会。全区22所小学、6所城区中学的“推优”工作全面展开，均达到“推优示范校”标准。2010年，以特色活动为载体，以营造良好的爱队、爱团、爱党教育环境为主线，形成“培优—争优—树优”工作模式。2011年，中国青年报、共青团新闻中心、团中央中国青少年研究中心一行先后到潍坊三中、健康街小学、外国语学校进行调研，对潍城区团队一体化建设、红心向党推优工作成果给予充分肯定。2012年，组织全区少先队员学习全市少代会会议精神，加强理想信念教育、爱国主义教育、公民守法教育和个人素质教育。2013年，开展“我的中国梦”“红领巾相约中国梦”主题教育活动，开展主题团日活动90余次，覆盖青少年2000余人。

第八节　关心下一代工作

2004年12月，潍城区关心下一代工作委员会成立，4个镇、4个街道、1个开发区均成立关工委，200多个村、社区和学校成立关工委办公室，在全区构建起区、镇（街道、开发区）、村（社区）三级关工委组织网络。2006年5月，潍坊八中被山东省关心下一代工作委员会、省委政法委、省教育厅、团省委等5部门联合命名为“山东省关心下一代教育基地”。2008年，面向全区选聘519名老干部、老战士、老专家、老教师、老模范，组建“五老报告团”11支，定期开展“老少共建”活动，对未成年人进行理想信念、民族精神和思想道德教育。2009年，以庆祝建国60周年为契机，举办“国际儿童书画展”，共收集11个国家的580幅作品，其中潍城区参展作品有278幅。同年9月，潍城区关心下一代工作委员会在全国关心下一代宣传工作会议上被授予“全国关心下一代宣传工作先进单位”称号。2010年，聘任26名“五老”（老干部、老战士、老专家、老教师、老模范）担任潍城区“五老”网吧与游艺娱乐场所义务监督员，先后对全区44所网吧和部分游艺场所进行摸底调查。命名十笏园博物馆、荷花湾革命遗址、浮烟山打靶场、军队干休所等11处场所为关心下一代教育阵地。2011年，积极探索关心下一代工作新路子，在全区城市社区建立“四点半学校”35个，实现关爱青少年工作重心下移。在潍坊三中等10所学校建立“青少年法制教育基地”，由政法干部和“五老”志愿者担任的法制副校长、法制辅导员覆盖辖区所有学校。2012年，深入推进农民工子女关爱行动，通过“心愿直通车”平台发动“五老”与农民工子女、留守儿童、困难家庭儿童结对，带领孩子们走进白浪河湿地、奥体公园、鲁台会展中心等。推进企业关工委建设，为青年职工在思想引导、技能培训、权益保障、帮教管护等方面提供指导和帮助。2013年，召开全区关工委表彰大会，表彰55家先进集体、61名先进工作者以及10名“关心下一代工作贡献奖”获得者，以此激发“五老”开展关心下一代工作的积极性。同年9月，区关工委办公室由团区委整建制调整为区委老干部局管理，并对全区关工委组成人员和9个街道、开发区、管理区基层关工委班子成员进行调整、充实，进一步增强工作活力。

第三章　妇　联

第一节　机　构

1993年，潍城区妇女联合会（以下简称区妇联）成立。1996年，核定区妇联编制5名。下设区妇女儿童服务中心，为副科级事业单位，核定编制2名。2004年，区妇女儿童工作委员会办公室成立，在区妇联挂牌。2005年，核定区妇联编制5名，其中行政（政法专项）编制4名，工勤编制1名；核定区妇女儿童工作委员会办公室事业编制3名。至2013年，机构无变化。

第二节　妇女代表大会

潍城区第十次妇女代表大会

1993年5月24—25日召开，与会代表266人，特邀代表17人。会议审议通过区妇联《解放思想，开拓进取，为振兴潍城经济建功立业》的工作报告，选举产生潍城区妇联第十届执行委员会委员25人、常委委员11人。

潍城区第十一次妇女代表大会

1999年3月25—26日召开，与会代表208人，特邀代表39人。会议审议通过区妇联《潍城区妇女联合会第十一次代表大会工作报告》，选举产生区妇联第十一届执委会委员25人、常委委员11人。

潍城区第十二次妇女代表大会

2008年7月29—30日召开，与会代表180人，特邀代表40人。会议审议通过区妇联《全面落实科学发展观，团结动员全区妇女为建设富裕文明和谐的现代化强区而奋斗》的工作报告，选举产生区妇联第十二届执委会委员27人、常委委员11人。

潍城区第十三次妇女代表大会

2013年11月22日召开，与会代表182人，特邀代表32人。会议审议通过区妇联《立足新起点，创造新业绩，团结动员全区妇女为建设现代化经济文化强区努力奋斗》的工作报告，选举产生区妇联第十二届执委会委员27人、常委委员11人。

第三节　基层妇女组织建设

1991年，全区共有农村妇代会305个、社区妇代会99个。同年8月，全区乡镇、街道妇联先后召开妇女代表大会，总结、审议妇联三年工作情况，表彰一批“双学双比女能手”“巾帼建功能手”，选举产生新一届乡镇、街道妇女代表大会执行委员会。1992—1995年，全区乡镇、街道妇联先后召开妇女代表大会，进行换届选举，并对一批优秀妇女干部进行表彰。1996—2002年，持续加强妇代会和妇女干部工作。2003—2007年，坚持“党建带妇建”和“哪里有妇女，哪里就有妇女组织”的原则，在新经济组织和新社会组织中灵活设置妇女组织，实现工作和服务双覆盖。继续推行妇代会主任、计生主任一人兼制度，提高妇代会主任进“两委”的比例。

2008年7月，在潍城区妇联第十二次代表大会上，对10个妇女儿童工作先进集体、40个妇女儿童工作先进个人、首届“潍城巾帼十杰”、10个“三八”红旗集体和20名“三八”红旗手进行表彰。2009年，发挥人大女代表、政协女委员、妇联执委和妇女代表的作用，引导妇女依法参与管理国家和社会事务，有序参与基层民主实践。主动承办妇女儿童服务项目，解决事关妇女儿童的突出问题，重点关注进城务工妇女、贫困妇女、留守流动儿童群体的生存发展。同年7月，召开潍城区创业女性联谊会成立暨巾帼创业助推大会。2010年，与区委组织部联合制定《关于以科学发展观为指导进一步加强基层“党建带妇建”工作的意见》，推进党政机关、科教文卫事业等单位和“两新”（新经济组织、新社会组织）组织中的妇委会建设，落实“党建带妇建”工作联系点制度，建立工作联系点28处。2011年，在基层党组织活动场所建设中，同步推进“妇女之家”等阵地建设。协调区委组织部、民政局等部门单位，将“村委会成员中至少有1名妇女成员”写进《潍城区村“两委”换届选举工作质量考核评估办法》，在全区251个村居两委中，担任村居支部书记、主任的女干部有26人。2012年，在“两新”组织、巾帼文明队中建立妇女组织，把妇联工作的触角伸向各行各业、各个领域的妇女群体。全区9个街道（开发区、管理区），251个村（社区）均建立妇联组织，18个机关、事业单位建立妇委会（妇工委），251个村（社区）建立妇女之家。2013年，编印《潍城区基层妇女组织建设材料汇编》。同年，扩大基层妇女工作覆盖面，在“两新”组织、巾帼文明队中建立妇女组织。积极发展农村女党员，为农村基层党组织输送新鲜血液。落实“党建带妇建”工作联系点制度，建立工作联系点28处。加强对妇女社团的指导，把各界妇女紧密团结在党的周围，以党的建设示范、带领、推动妇联组织建设。

第四节　重要活动

科技致富工程

1991年，在全区农村妇女中开展“双学双比”活动，即学文化、学技术、比成绩、比贡献。1991—1996年，累计举办妇女培训班642期，培训妇女34898人，其中940人取得“绿色证书”，575人获得农民技术职称。培训科技带头人925名，示范户1500个。1996年，发展“妇联主席工程”13个，军埠口镇赵家文庄花卉种植园和望留镇柴家村“三八”养殖小区分别创收100万元和26万元，获得市“优质妇联主席工程”称号。1997—2007年，实施“万名妇女创业行动”，区妇联协调金融部门开展向妇女提供小额贷款服务。2008年3月，区妇联与区劳动和社会保障局联合举办2008年春季企业招聘洽谈会暨庆“三八”妇女招聘专场，全区53家企业参与招聘，提供符合女性工作特点的岗位1200余个，下岗、待岗妇女和农村闲散妇女1000余人参加洽谈会，600余人达成就业意向。9月，召开潍城区火鸡协会成立暨巾帼星火科技创业培训动员大会。区妇联与区科技局联合成立“巾帼星火创业培训计划”领导小组，建立工作协调制度和联席会议制度。

2009年，开展巾帼示范村创建活动，表彰区级巾帼示范村20个。举办中式面点、服装裁剪、手工玩具制作等技能培训班28期，培训妇女1990余人。同年3月，在潍坊金沙城市广场举办“春风送岗位”春季企业招聘洽谈会暨庆“三八”妇女招聘专场，62家企业参与，提供工作岗位767个，2000余名妇女参加洽谈会，280余人达成就业意向。2010年，开展“岗村联动——共建新农村”活动，20个“巾帼文明岗”与村（社区）妇代会实现结对帮扶，开展送观念、送技术、送温暖、送健康、送设备等活动，受益妇女有1万多人。2011年，举办“巾帼创业大讲堂”，传授创业理念和经验，为创业妇女协调贷款1000余万元。举办家政、火鸡养殖、服装裁剪、手工玩具制作等技能培训班10期，培训妇女6320余人。2012年“三八”节期间，与劳动局联合举办“春风送岗位”妇女招聘专场，100家企业参与招聘，提供工作岗位3800余个，900余人达成就业意向。推进“巾帼创业助推行动”，为22名创业妇女协调小额担保贷款176万元。2013年3月，举办“春风送岗位”招聘洽谈会暨庆“三八”妇女招聘专场，115家企业参与招聘，提供岗位3994余个，1233人达成就业意向，212人报名参加就业技能提升培训。推荐符合条件的女大学生入驻国家广告创意产业园——西街99，享受入驻企业房租补贴、创业补贴、资金扶持等一系列政策扶持。

巾帼建功活动

1991年3月，开展“八五巾帼建功杯”竞赛活动，参赛妇女55220人。1992—1996年，开展“巾帼双十杰”“巾帼建功能手”等评选活动。1997—2007年，发挥巾帼科普指导队作用，带领共同致富；发挥巾帼法律咨询队作用，为村民提供法律服务；发挥巾帼体育健身队作用，倡导健康生活新方式；发挥巾帼卫生清洁队作用，加强环境美化绿化。2008年，开展“巾帼文明岗”创建活动，潍城公安分局北关派出所北关社区服务岗等19个岗位获潍城区“巾帼文明岗”称号。2009年，开展“巾帼建功”活动，表彰区级巾帼文明岗20个。联合教育局妇工委开展女教师“岗位练兵”活动；在女医务人员中开展“天使杯”优质服务比赛；在地税系统开展“优质热情、微笑服务”竞赛活动。2010年，动员各级文明岗开展送观念、送技术、送温暖、送健康、送设备“五送”活动，受益妇女有1万余人。2011年3月，举办潍城区各界妇女庆“三八”暨“巾帼创新业，建功‘十二五’”动员会，对妇女工作红旗单位、妇女工作先进单位、巾帼文明岗、巾帼创业示范基地、平安和谐家庭、孝老爱亲标兵予以通报表彰。2012年，举办潍城区庆“三八”暨“巾帼创新业，先锋促提升”动员会，对三八红旗集体等先进集体和先进个人进行通报表彰。2013年，开展“展巾帼风采，建美丽潍城”主题活动。同年7月，潍坊市妇女优化发展环境暨巾帼建功行动大会在潍城区召开。

家庭文明建设

1990—1994年，开展家庭细胞工程建设活动。1994年，开展以“学在家中，比在家中，美在家中，乐在家中”为主题的家庭文明建设活动。1995年，以维护社会稳定为主题，开展法制进家、依法理家活动，对“村规民约”“家庭小立法”“文明进家家家美，科技进家家家富，法制进家家家安，文化进家家家乐”的等经验做法进行推广。1996年，叫响“百个家庭见行动”口号，开展百个家庭结对子和争当文明守法公民、争创文明守法家庭、创建安全文明小区（村）的“两争一创”活动，涌现出区级五好家庭43015户、美好家庭2451户、文明守法家庭49270户、文明守法公民111853人，其中市级五好家庭37户、全省五好家庭与全国五好家庭共8户。1996年年底，在城关街道城隍庙居委会开展读书会活动。1997—2001年，深入开展家庭读书、终身学习、家庭健身、家庭娱乐等文化活动，推动家庭文化向广场文化、社区文化、乡村文化延伸。举办“亲子教育”报告会、婴幼儿科学喂养等专题讲座。2002—2007年，开展社会公德、职业道德、家庭美德、个人品德教育实践活动，发放风采宣传册2000份，引导广大妇女和家庭崇尚科学文明、和睦家庭邻里。2008年，实施“节能减排家庭行动”，广泛开展“环保家庭”“生态庭院”等“洁净亮美”新家园创建活动，向居民免费发放节能减排宣传手册1500册、环保布袋1500个。同年3月，组织200名城乡巾帼志愿者，在乐埠山生态经济发展区开展植树活动，植树500余棵。2009年，组织巾帼文明队开展安全教育宣传，发放安全知识手册1.6万本。同年6月，举办潍城区“家庭—平安—和谐”公共安全知识竞赛，深入开展平安家庭创建。8月，联合宣传部等部门举办“密州春杯”迎国庆、迎全运、讲文明、树新风知识竞赛。2010年，开展“文明创建巾帼先行”活动，成立由1200余人组成的巾帼志愿者队伍，举行潍城区巾帼志愿服务进社区行动启动仪式。开展“感恩母亲”主题系列活动，走访看望贫困母亲20名；开展“贫困母亲救助行动”，做好与北川县桂溪乡23名贫困母亲、贫困家庭的结对帮扶工作，捐款（含捐物折算）2万余元。2011年，举办“孝老爱亲进社区（村）”报告会10场，开展各类特色家庭、孝老爱亲标兵等创评活动，表彰全区平安和谐家庭20个、孝老爱亲标兵10个。2012年，开展“感恩母亲”为母亲做十件实事、“关注贫困老人，关爱贫困孩子”主题系列活动。母亲节期间，组织人员走访看望贫困母亲20名，为她们送去现金（含米、油、面粉折算）共计1万余元。2013年，开展“五进家”（美德进家、知识进家、文体进家、生态进家、公益进家）、特色家庭创建、家庭才艺展示、家庭教育讲座等活动。开展家庭读书活动，举办庆“三八”建“美丽潍城”书画展，举办“孝行潍城，传播文明”文艺演出。区委、区政府对30名十佳美德家庭、十佳模范婆婆、十佳模范媳妇进行表彰。同年3月，举办潍城区直机关“庆三八”“做现代女性、建美丽潍城”专题教育讲座。12月，在怡园路社区、万家福超市等处举办家庭教育公益咨询惠民服务活动，发放宣传材料1000余份。

儿童工作

1991年，《潍城区“八五”期间儿童少年事业规划（1991—1995年）》出台。探索学校、家庭、社会三位一体的社区儿童教育新路子。1995年，潍城区在全省个体园所暨社区儿童教育现场会和全市儿童少年工作会议上作典型发言。同年5月，召开潍城区“爱心献春蕾”活动动员大会，30多个单位和个人捐款4.43万元，资助濒临失学女童43人。1996年，区妇联提出“人人献爱心，家家见行动”口号，倡导广大干部群众及较富裕的家庭与贫困女童结对子，通过“四帮”（帮传授致富技术、帮找致富门路、帮解决生活困难、帮资助女童就学），从根本上解决女童上学难问题，全区有143名女童受到资助。1997年，制订《潍城区“九五”期间儿童少年事业发展规划（1996—2000年）》。全区281个村（居）全部建立儿童辅导站。1998—2003年，儿童辅导站坚持常年活动，组织经济条件较好的100个家庭与贫困女童结对子，保障贫困女童受教育。2004—2005年，走访看望区社会福利院、区星辰孤独症学校、区教师幼儿园孩子，赠送学习用品、日用品和玩具等。2006—2007年，开展“健康宝贝课堂热线”、技能大赛、家庭教育研讨等活动，普及家庭教育知识。2008年，举办“迎奥运”健康宝贝亲子运动会，全区有300余名6岁以下儿童参加。同年5月，区妇联、区教育局、团区委联合召开潍城区庆“六一”家庭教育工作表彰大会，表彰优秀家长学校12所、好家长30名和好儿童50名。2009年，举办“我与祖国共成长、同发展”主题教育活动，营造有利于妇女儿童发展的良好舆论氛围。同年5月，举办“分享成长、分享爱”少儿书画摄影大赛，展出作品200幅。

2010年，实施“春蕾计划”，市公安局出入境管理处、区检察院、区地税局等20个单位和个人主动与285名贫困女童结成帮扶对子，捐款（含捐物折算）3.5万元。在西关街道前进街社区建立全区首家留守流动儿童活动站，配备电视机、DVD、健身器材、乒乓球台、书籍等价值2万余元的设施，为留守流动儿童的健康成长提供了有力保障。2011年，开展贫困女大学生助学、春蕾计划、关爱贫困留守流动儿童等公益活动。2012年，开展贫困女大学生助学、春蕾计划、贫困母亲救助等公益活动。发动社会各界积极参与，区检察院等6个单位和个人主动与134名贫困女童结成帮扶对子。2013年，开展“法律进社区，进校园”活动、家庭教育宣传实践活动和未成人思想道德宣传实践活动等。同年5月，召开全区妇女儿童工作会议，区委组织部、教育局、卫生局、计生局作交流发言。“六一”期间，区委主要领导和部分妇儿委成员单位负责人一起走访看望部分学校和幼儿园，为其送去价值3万余元的学习用品、日用品和玩具等。

维权活动

1992年，开展普法宣传活动，举办普法培训班178期、广播讲座162次，印发宣传提纲13910份，印发《妇女权益保障法》单行册2000册。区妇女儿童工作委员会颁布《潍城区妇女发展纲要（1996—2000年）》，明确妇女发展的各项任务目标和责任。1993—1996年，区妇联共接待群众来信来访500余件，处结率达98%以上，无重复上访、越级上访、集体上访现象。区妇联配合司法部门抓获人贩子5人，解救妇女儿童10人，严惩虐待儿童罪犯2人，其中解救女童左某一案，经新闻媒体报道后，在社会上引起极大反响。区妇联得到全国妇联的通报表彰，获得“全国妇联系统维权工作、信访工作先进集体”。1997—2002年，发放妇女维权宣传材料621份，接受法律咨询89人次，受理妇女儿童来信来访210起，处结率达100%。2003—2007年，在发挥好妇女维权热线、法律援助中心等载体作用的基础上，继续推进“妇女学法律”行动。2008年，开展“三下乡”活动，向妇女群众宣传《妇女权益保障法》《婚姻法》、艾滋病预防知识和“健康宝贝课堂热线”项目，发放宣传材料262份，接受法律咨询24人次。2009年，区、街两级妇联组织共受理妇女儿童来信来访262起，处结率达100%。2010年，区、街两级妇联组织共受理妇女儿童来信来访230起，处结率达100%。2011年，推出以源头维权、个案维权和社会化维权为主要内容的“维权行动计划”，帮扶弱势群体，受理妇女儿童来信来访83起，处结率达100%。2012年，完善以各级妇联信访、12338维权热线为渠道和以社区妇女维权工作站为基础的维权网络建设，共接待来信来电来访案件66余件（次），办结率达100%。2013年11月，潍坊市潍城区妇女维权法律服务团成立。组织大规模法律进社区（村）活动2次，邀请全国模范法官为居民讲授法律知识、解答法律咨询。

“两纲”实施

1991年—2000年，潍城区先后制订《潍城区“八五”期间儿童少年事业规划（1991—1995年）》和《潍城区“九五”期间儿童少年事业规划（1996—2000年）》。2001年，制订《潍城区妇女发展纲要（2001—2010年）》和《潍城区儿童发展纲要（2001—2010年）》（以下简称“两纲”）。2002—2003年，总结省、市“两纲”监测评估情况，加大督查协调力度，推动解决妇女参政、劳动就业、生育保险、婚前检查等重点、难点问题。2004年，潍城区妇女儿童工作委员会办公室在区妇联挂牌成立。2005—2007年，区妇联加强与各成员单位的联系，明确分工，密切合作，推动形成办实事的长效机制。2008年10月，召开全区妇女儿童工作会议和“两纲”2008年阶段监测评估工作会议，总结交流全区“两纲”实施情况，并对监测评估工作进行全面部署。2009年，推动“两纲”实施，履行妇儿工委办公室职责，健全会议协调、督办反馈、信息交流、数据统计等制度。2010年11月，召开潍城区“两纲”终期监测评估工作会议，对省、市、区“两纲”终期监测评估工作进行全面部署。2011年，制订《潍城区妇女发展规划（2011—2015年）》和《潍城区儿童发展规划（2011—2015年）》。2012—2013年，围绕为妇女儿童办好事、办实事，召开6次妇联主席会议，开展“爱心献春蕾”“双合格”家庭教育宣传实践活动、“健康宝贝课堂热线”活动，在全社会营造关心儿童健康成长的良好氛围。

第四章　工商联

第一节　机　构

1992年7月，恢复设立潍城区工商业联合会，为正科级行政单位，核定行政编制5名。1995年，成立杏埠镇商会和符山镇商会。1996年年底，全区6个镇全部成立商会。2002年6月，对境内行政区划调整后的4个镇商会进行换届，新成立4个城区街道分会。2003年，成立潍城经济开发区商会，全区商会总数达到9个。2007年3月，成立豪德直属商会。同年，行政区划调整后，原4个镇商会分别更名为望留街道分会、军埠口项目管理区分会、乐埠山经济管理区分会和于河街道分会。2013年8月，成立中华茶博城直属商会。是年，全区基层商会数达到11个，有会员573人。

第二节　会员代表大会

潍城区工商业联合会于1992年7月恢复后，第一次会员代表大会延续行政区划前原潍坊市工商联届次，即第六届会员代表大会，此后依次类推。

潍城区工商业联合会第一次会员代表大会

1992年7月27—28日在十笏园宾馆召开。出席会议的正式代表88人、特邀代表5人、列席人员26人。区委、区人大、区政府、区政协、区纪委和潍坊市委统战部、潍坊市工商联的领导出席会议。会议选举产生潍城区工商联第六届执行委员会委员17人，选举产生会长、副会长。

潍城区工商业联合会第二次会员代表大会

1997年3月28日在十笏园宾馆召开。出席会议的正式代表64人、特邀代表7人。区委、区人大、区政府、区政协、区纪委、区直有关部门负责人和潍坊市委统战部、潍坊市工商联的领导出席会议。会议选举产生潍城区工商联第七届执行委员会委员17人，选举产生会长、副会长。

潍城区工商业联合会第三次会员代表大会

2002年1月26日在十笏园宾馆召开。出席会议的正式代表122人。区委、区人大、区政府、区政协、区纪委、区直有关部门负责人和潍坊市委统战部、潍坊市工商联的领导出席会议。会议选举产生潍城区工商联第八届执行委员会委员40人，选举产生会长、副会长。

潍城区工商业联合会第四次会员代表大会

2008年8月23日在潍坊泛海大酒店召开。出席会议的正式代表119人。区委、区人大、区政府、区政协、区纪委、区直有关部门负责人和潍坊市委统战部、潍坊市工商联的领导出席会议。会议选举产生潍城区工商联第九届执行委员会委员 39 人，选举产生会长、副会长。

潍城区工商业联合会第五次会员代表大会

2011 年 9 月 30 日在中恒国际大酒店召开。出席会议的正式代表 139 人。区委、区人大、区政府、区政协、区纪委、区直有关部门负责人和潍坊市委统战部、潍坊市工商联的领导出席会议。会议选举产生潍城区工商联第十届执行委员会委员 39 人，选举产生会长、副会长。

第三节　经济服务

1998 年，区工商联在杏埠镇开展同业公会试点。同年 5 月，潍坊市第一家同业公会——潍城区杏埠镇面粉加工同业公会正式成立。运作半年后，17 家面粉加工企业的月加工量由原来的 200 万公斤增加到 325 万公斤。1999 年,成立法律咨询、人才服务、民营企业专业技术职称评定咨询等 7 个服务项目中心。与市电信公司先后举办 4 期电子商务培训班,60 多家企业的 300 多名员工参加培训。帮助 3 家民营企业完成网站建设。2000 年，区工商联召开 ISO9000 国际质量认证研讨会，70 多家民营企业参加会议。同年，4 家企业通过认证。开展招商引资工作,引进资金 200 万元改建模拟超市,当年完成并开业。2003 年，帮助 26 家民营企业新上项目,协调解决资金 3000 多万元。2004 年 9 月，区工商联累计为会员企业办理诚信贷款 8000 多万元，处理劳动人事纠纷 70 多起、知识产权保护案件 3 起、乱收费问题 5 项，挽回经济损失 2.1 亿元。2004 年 6 月，成立潍坊市潍城区百事得智业技术咨询中心，后于 2005 年 8 月更名为潍坊市潍城区百事得创业技术咨询中心。

2006 年 2 月，成立潍坊市潍城区百事得工程造价技术咨询中心。同年，该中心为企业提供工程造价咨询服务 9 项，总额达 2.7 亿元。协调潍坊市农业银行、商业银行、农村信用社开展民营企业诚信贷款活动，为会员企业办理诚信贷款 2000 多万元。引导企业实施品牌战略，成功申报国家级驰名商标 1 个、省级著名商标 5 个，为潍坊众谊汽配有限公司申报省级名牌产品。先后为潍坊瑞福油脂调料有限公司、潍坊韩老三扒鸡有限公司、潍坊盛田农业装备有限公司等企业成功申报省级著名商标，协助大元实业公司对 20 多种产品进行商标注册，并申请省级著名商标。协助 4 家企业注册商标 10 件，申请专利 8 件，为会员企业处结劳动人事纠纷 10 起、知识产权保护案 3 起，挽回经济损失 1.1 亿元。2007 年 10 月，由区政协、区工商联、山东科技职业学院共同命名的“潍城区中小企业培训研发基地”成立，该基地吸收潍坊梦佳服饰绣品有限公司等 52 家会员单位，其工作机构设在山东科技职业学院。2007—2008 年，开展招商引资工作，共引进市外资金 5750 万元。2010 年，为会员企业和小额贷款公司牵线搭桥，鑫泰小额贷款股份有限公司为企业发放 102 笔贷款共计 9760 万元。全国工商联在潍城区设立山东省直属培训基地，召开用工洽谈会 2 次，参加人员有 200 多人次，培训各类人才 300 多人，提供用工岗位 50 多个。

第四节　参政议政

1992—2013 年，在历届潍坊市及潍城区政协会上，共提交政协提案 244 件，其中 21 件提案被潍城区委、区政府采纳落实，1 件被潍坊市政协评为优秀提案。1995 年，在区政协九届三次会议上提出的《采取有力措施，进一步落实政策，促进我区非公有制经济迅速健康发展》提案中，建议改建南苑商城、扩建天坛市场，受到区委、区政府高度重视，并全部得到落实。1996，在区政协会上提出的《加大商会建设的力度》《维护个体私营企业形象尤为重要》提案，受到区委、区政府高度重视，并在工作中得到推行。1999 年，在区政协会上提出的《关于减轻个体私营者承订报刊杂志负担的问题》提案在潍城区内参上发表。2000 年，在区政协会上提交的《关于小商品城稳定发展》《关于解决市区大气污染几点意见的报告》《关于市区主要路段拆除花坛》《关于小商品城、工业品商城停车难的问题》等10项提案，为政府决策提供了有力参考。2004年，向区委、区政府及区委组织部提交题为《制约我区非公有制企业发展的重要因素》的调研报告，受到区委、区政府高度重视，并签批到有关部门进行落实。2007年，在政协会上提出的《关于治理化肥厂污染问题的建议》提案被潍坊市政协评为优秀提案。2009年，在《齐鲁工商》第3期发表《落实“四个经常化”认真做好非公有制经济人士思想政治工作》一文。2011年，在区政协会上提出的《关于加大扶持力度，促进新兴产业发展的建议》提案被区政协十二届四次会议列为重点提案，另有1件提案在市政协会议上进行交流。

第五节　社会光彩事业

1994年4月，全国10位民营企业家联名倡议“让我们投身到扶贫的光彩事业中来”，提出帮助“老、少、边、穷”地区开发资源、兴办企业、培训人才的倡议，由此而发起了光彩事业。1995年，符山镇近百名商会会员捐资助学12万元。1996年，符山镇商会会员捐资助学14万余元，大柳树镇商会会员共同出资包场放映50多部爱国主义影片。1998年8月，在全国抗洪救灾活动中，区工商联会员捐款86920元，捐物281件。为私营企业和下岗职工牵线搭桥，吸收下岗职工300余人。1999—2000年，全区工商联会员为诸城市、高密市库险，为内蒙古自治区、陕西省暴风雪袭击灾害及各项社会公益事业累计捐款150多万元。望留镇商会会员在“学、树、送、比”活动中为社会公益事业捐款近10万元，帮扶贫困家庭42户，救助贫困学生21人，为建设浮烟山森林公园捐款5万元。杏埠镇商会会员为洪灾区及教师节捐款近4万元，为扶贫济困“阳光行动”捐款4万元，安置下岗职工150余人次，与6名失学儿童结成帮扶对子。大柳树镇1名商会会员出资8000元组建“大柳树农民演唱团”。潍坊小商品城商会会员为各项社会事业捐款3万多元。2002年1月，区工商联对28名在光彩事业中表现突出的先进个人授予“光彩之星”称号。同年，义务上街服务60余人次，救助失学儿童8人，安置下岗职工2300余人，为公益事业捐款150多万元。

2003年，在抗击“非典”捐款活动中，全区会员累计捐款2万余元。2004年，区工商联1名会员捐资30万元在望留镇埠前村建设1所标准化幼儿园；1名会员为新建潍坊春蕾小学捐款16万元，并捐款6万元铺设路面2250平方米；1名会员捐款38.5万元用于治理城区环境。2006年，潍坊益康宝食品有限公司投资10万元建立养殖培训基地，举办培训班6次，培养养殖户200多个，带动种养户580户，实现经济效益1000多万元。潍坊豪德贸易广场开发有限公司出资200万元新建潍坊豪德学校，解决了豪德贸易广场营业户3000多名子女上学问题，向浮烟山开发区捐资160万元用于景区开发和植树绿化。潍城福利膨润土厂出资8万元用于道路建设，出资3万元组织村民外出学习考察致富技术，发展林果种植园40公顷，养殖专业户达30户。2008年，全区会员为汶川地震灾区捐款（含捐物折算）439.2万元。同年，潍城区工商联被山东省工商联授予“先进单位”称号。

2010年，在全区非公有制经济组织中开展的“回报社会，感恩行动”中，200多家会员企业为160多名帮扶对象捐款（含捐物折算）200多万元，提供就业岗位2000多个。在玉树和舟曲抗震救灾工作中，非公经济人士为灾区捐款（含捐物折算）1000多万元，其中潍坊豪德贸易广场股份有限公司在中央电视台举办的玉树抗震救灾义演晚会上现场捐款200万元。2012年春节前夕，全区会员在区工商联组织的向困难职工“送温暖，献爱心”活动中捐款（含捐物折算）10万余元。2013年四川雅安地震后，豪杰、豪德2家会员企业向灾区捐款5万余元。

第五章　科　协

第一节　机　构

1991年1月，潍城区科学技术协会为正科级社团组织，归口区委。内设办公室、科普部和学会部，核定行政编制8名，下辖科学技术咨询中心（副科级）、科学技术培训中心（股级）2个事业单位。1993年，全区10个乡镇、7个街道均设立科协组织，各配备1名兼职干部；有村级科协组织271个，占全区行政村总数的88.6%；有区级学会11个、会员1130人；有厂矿科协1个。1993年11月，撤销区科协，人员并入区科委。12月，区科协的职能由区科委承担，同时挂区科协的牌子。1997年2月，恢复设置潍城区科学技术协会，为正科级社团组织，使用事业编制。2005年2月，区科协事业编制核定为5人。2012年3月，区科协事业编制员额调整为6人。至2013年，机构无变化。

第二节　科普宣传

1991—2006年，由区科协、区委宣传部牵头，联合区直16个部门，每年5月举办一次全区科普宣传月活动。其间，累计举办各类实用技术培训班2650期，培训人员10.8万余人次；举办科技讲座376场，听众有3万余人次；组织赶科普大集80次，印发科技资料35万余份，解答群众技术咨询16000人次；放科技电影、录像785场；有针对性推广实用技术168项。2000年5月，区委、区政府作出《关于开展创建全省科普示范城区活动的决定》，将各项活动指标量化分解落实到各镇、街道和区直23个部门，保证工作顺利开展。11月，全省城区科普工作会议召开，潍城区获“全省城区科普工作先进单位”，被省科协确定为“全省科普示范城区”，并在大会上作典型交流。2002年5月，山东省科协、市科协和区科协在潍州剧场联合举办大型科普展，展览由梵天之塔、拓扑游戏、无形的力、手摇蓄电池、手蓄电池等14个项目和以“拒绝邪教，崇尚科学”为主题的60块科普图片组成。同年7月，区科协同区教育局组织举办青少年北京科技夏令营活动，有近400名中小学生参加。区科协分别在前进街、增福堂、西市场等社区居委会，开展以“告别陋习，树立新风，建设美好家园”为主题的“文明之夏——‘三个代表’进社区”活动，制作展版33块，参观群众有1.5万余人次。2003年5月，区科协在潍州广场、南关街道站东居委会、潍城实验小学、城关街道增福堂居委会举办预防传染性“非典”科普知识大型图片展，有3万多人参观展览。向群众发放传染性非典型肺炎科普知识问答1500本、预防传染性非典型肺炎宣传材料2万份；向农村发放预防传染性非典型肺炎宣讲手册237本、宣传材料720套；向每个镇（街道）发放预防传染性非典型肺炎宣传材料各40套。2003—2013年，区科协联合区直有关部门和街道，于每年9月举办“全国科普日”宣传活动，为居民发放各类科普宣传材料、科普宣传挂图。2004年5—11月，区委宣传部、区科协、区科委等单位在潍州剧场联合举办“纳米技术”

科普图片展，展览分纳米概念、纳米的研究、纳米的应用和纳米的未来四部分，共65块版面，有1.5万余人参观展览。12月，联合市科协为全区50名优秀科技人员免费购买家庭财产综合保险和人身综合保险，每人保额14.9万元。2005年，实施“科普村村通”工程，为全区226个行政村免费安装“科普村村通”宣传栏。同年，城关街道曹家巷社区城区科普工作先后被《中国大众科普报》《潍坊日报》《潍坊晚报》等新闻媒体报道，并在全省城区科普工作经验交流会上作题为《努力做好社区科普工作、全面提升居民科学素质》的经验发言。2007年10月，区科协在东风西街十笏园路段举办以“节约能源资源，保护生态环境，保障安全健康”为主题的大型科普展览，有2万余人参观展览。2009年2月，在潍州剧场广场举办“节能减排，全民行动”科普展览活动。展览分为“节能减排，着眼未来”“节能减排，任重道远”“节能减排，科学发展”“节能减排，人人有责”四大部分，有1.8万余人参观展览。2013年，开展数字科普通工程，为100个社区、村免费安装数字科普电视100台。

第三节　科技培训

1991—1996年，全区共举办各类实用技术培训班2650期，培训人员10.8万余人次；举办科技讲座376场，受益群众有3万余人次。1997—2000年，全区共举办各类实用技术培训班1348期，培训人员7.12万余人次。1998—2000年，全区各级科协组织举办服装加工、日语、美容美发等培训班，培训下岗职工3680余人次。2000年，为配合潍城区农业高科技走廊建设，联合区妇联聘请临朐科协葡萄专家到杏埠镇、于河镇举办葡萄栽培技术培训班6期，累计培训果农560人次，发放有关葡萄栽培技术要点、葡萄病虫害防治技术要点等内容的技术资料3800余份。2001年11月，区科协在十笏园宾馆举办“农业生物技术及产业化”专项科技报告会，全区机关事业单位干部及各村支部书记、村委会主任共800余人听取了专家作的报告。2001—2005年，区科协、区农业局、区林业局等部门发挥科普学校、科普夜校、农广校和人口学校等培训阵地的作用，聘请有关专家到于河、符山、望留、军埠口、南关等镇（街道）举办果树、蔬菜等实用技术培训班463期，培训人员1.12万余人次。同时，结合农村党员电教实用技术培训活动，购置农业实用技术录像片、光盘140多件，建立农业实用技术影像库。在农村开展实用技术录像片播放活动，累计播放245场，受益群众有1.26万余人。2006年，围绕社会主义新农村建设，开展柴草气化炉新技术的试点推广。2007年12月，市科协、潍城区科协、山东泰安福莱坞生物工程有限公司联合举办“建设新农村，科技进万家”活动，组织100多名农业专家和技术人员分成50个小组，先后到街道、开发区、管理区160余村讲授林果管理、苗木花卉种植、蔬菜生产，小麦、玉米等大田作物种植管理技术，并进行现场指导。为农民免费发送新成果、新产品科技光盘160多件，采集土壤样本500多处，免费为农民测土配方。2008—2010年，区科协充分利用农村劳动力转移，开展形式多样、内容丰富的科技培训活动。举办科技培训120期，解答科技咨询3000余人次，提供科技信息36条，培训农民学员1.5万余人。2009年，在全区企业职工和广大城镇居民中开展“城镇技能再就业培训”活动，举办科技培训23期，培训城镇劳动人口近万人。2011—2013年，区科协组织编印《科普宣传手册》3万余册。

第四节　青少年科技活动

1991年后，区科协、区教育局组织全区中小学开展形式多样的青少年科技活动。1992年，在中国科协、国家教委等部门联合举办的“生物百项”竞赛活动中，潍坊七中高三学生撰写的《潍坊生态因子调查》一文获全国二等奖。1995年，在市科协、教委等七部门和市青少年科技辅导员协会联合举办的潍坊市首届中学生科普知识电视大奖赛中，代表潍城参赛的潍坊七中队获团体总分第一名，并代表潍坊市参加省中学生科普知识大奖赛，获得三等奖。2003年，在市科协、市教育局举办的第十七届潍坊市青少年科技创新大赛中，潍城区共有20件作品获奖，其中2件作品获山东省科技创造活动竞赛一等奖。2005年，联合区教育局举办潍城区第七届中小学科技节，全区各中小学共100个科技兴趣小组参赛，学生参与率95%以上，涌现出大量的小制作、小发明、小创造，有24件作品获市创新大奖。2006年10月，区科协、区教育局在全区中小学生中开展天文知识科普展览，参观展览的学生有2万余人次。同年，第二十一届潍坊市科技创新大赛举办，潍城区的参赛作品有46件，获市一等奖1项，获省科技创新三等奖6项。2008年1月，在第二十三届潍坊市青少年科技创新大赛中，潍城区参赛作品获市一等奖3项、二等奖8项、三等奖15项。2009年2月，在第二十四届潍坊市青少年科技创新大赛中，潍城区参赛作品获市一等奖6项、二等奖12项、三等奖19项。2011年3月，在第二十六届潍坊市青少年科技创新大赛中，潍城区参赛作品获市一等奖4项、二等奖16项、三等奖25项。2012年1月，潍城区实验小学被潍坊市科协、潍坊市教育局命名为“潍坊市科普教育基地”。2013年8月，潍城区教育局获潍坊市第三届全民健身运动会航模比赛暨潍坊市第三届青少年航模锦标赛优秀组织奖。

第五节　基层科普荣誉

2008年始，区科协组织人员到基层进行调研指导，建立健全科普项目库，开展科普示范社区、科普示范基地、优秀农村专业技术协会等争创活动。2008年，潍坊火鸡科普基地获全国“科普惠农示范基地”称号。潍城区北关街道后姚家坊社区获山东省“科普示范社区”称号。2010年，潍城区萝卜协会被中国科协、财政部评为全国“科普惠农兴村”先进单位。2011年，于河街道获评为“山东省科普村村通百强乡镇”。2012年，南关街道西市场社区被中国科协、财政部评为“全国科普示范社区”。乐埠山生态科普园被中国科协评为“全国科普教育基地”。2013年，西关街道胜利西社区被中国科协、财政部评为“全国科普示范社区”。

第十七编

法治　武装

第一章　公　安

第一节　机　构

1991年，潍城公安分局设办公室、政工办公室、纪委、行政科、监察室、政保科、保卫科、治安科、法制科、预审科、户籍管理科、看守所、治安拘留所、刑警队，辖城关、东关、南关、北宫、胜利东、院校、火车站、汽车站、东园、西关、大虞、梨园、符山、于河、望留、杏埠、军埠口、大柳树、廿里堡、河西20个派出所。1992年8月，河西派出所更名为北关派出所。1994年区划调整后，潍城公安分局设办公室、政工办公室、纪委、行政科、监察室、政保科、保卫科、治安科、法制科、预审科、户籍管理科、看守所、治安拘留所、刑警大队、收审所，辖火车站、城关、南关、北宫、西关、北关、于河、杏埠、符山、大柳树、军埠口、望留12个派出所。1997年12月，撤销办公室，成立指挥中心（副科级）、督察大队（副科级）、流窜犯罪侦察大队（副科级）、商品城派出所（副科级）；撤销保卫科，成立经济侦察大队（副科级）；政工办公室和火车站、南关、城关、西关、北宫、北关、杏埠、符山、望留、于河、军埠口、大柳树12个派出所及看守所规格确定为副科级，看守所对内称“监管大队”，治安拘留所隶属于监管大队。1998年12月，政保科更名为政治侦察大队；治安科更名为治安管理大队，自行车管理所隶属于治安管理大队；户籍管理科更名为户政管理大队；行政科更名为后勤装备处；法制科更名为法制处。1999年9月，成立出入境管理科（正股级），政治侦察大队更名为国内安全保卫大队，法制处更名为法制科。2001年6月，成立反邪大队（副科级），成立公共信息网络安全检查科（正股级），单设信访科；9月，成立潍坊市保安服务总公司潍城分公司。2003年6月，成立城市治安管理队（股级），为公安分局领导的直属机构；9月，北关派出所与北宫派出所合设为北关派出所，成立外商投资开发区派出所，两所均为正股级规格。2004年2月，成立浮烟山派出所，为正股级规格。2005年4月，成立法制案审大队；10月，城区公安分局管理体制改革，潍城公安分局由正科级升格为副县级；同年，潍城看守所并入潍坊市看守所。2006年5月，经潍坊市编委批准，设立指挥中心、政工办公室、督察科、警务保障科，均为正科级规格；设立国内安全保卫大队、治安管理大队（挂出入境管理科牌子）、刑事警察大队、经济犯罪侦查大队、法制大队，均为正科级规格；所辖派出所均为副科级规格。2013年12月，警务保障科更名为警务保障室。是年，潍城公安分局设指挥中心、政工办公室、督察科、警务保障室、国保大队、治安大队、刑警大队、经侦大队、法制大队，辖火车站、南关、城关、西关、北关、商品城、开发区、浮烟山、于河、望留、军埠口、符山12个派出所。

第二节　刑事侦查

1991—1993年，潍城公安分局共侦破各类刑事案件4991起，其中重大刑事案件510起；打掉各类犯罪团伙183个，查获其成员681名；缴获赃款赃物价值690余万元。1994年7月，开展打击车匪路霸专项斗争。1995年，突出队伍建设和业务工作两条主线，侦破各类刑事案件1278起，其中重特大案件337起；缴获赃款赃物价值近350万元。1996年，组织集中清查收捕行动18次，对各类违法犯罪活动保持进攻态势。"1·11"杀人案、"1·17"城南徐家爆炸案、"3·21"望留杀人移尸案、"10·02"符山爆炸案、于河系列抢劫摩托车案、城区沿街门头系列被盗案等重特大案件相继告破。全年打掉违法犯罪团伙53个，查获其成员207名；侦破各类刑事案件1186起，其中重特大案件312起；缴获赃款赃物价值120余万元。1997年，开展刑侦工作改革，实行侦审合一，将原预审部门合并到刑警中队；实行刑警中队驻所包片责任制，设立4个侦查中队，使刑侦工作运行机制更加合理。"2·08"伤害致死案、"2·10"强奸杀人焚尸案、"2·15"杀人案、"4·01"特大杀人案、"4·20"强奸杀人案、"7·14"杀人案、"8·05"杀人移尸焚尸案、"9·01"强奸杀人案、"9·02"强奸杀人抢劫案以及在城区连续发生的30余起尾随小学生入室抢劫案等重特大案件都在较短时间内告破。全年打击处理各类违法犯罪嫌疑人员844名，打掉犯罪团伙45个，查获其成员226名；侦破刑事案件978起，其中重特大案件234起；缴获赃款赃物价值850余万元。1998年，坚持"严打"方针不动摇，侦破北宫水泥厂宿舍杀人案、金某特大劫车杀人案、"10·24"故意伤害致死案、南关美食城伤害致死案等一系列重特大案件。全年打击处理各类违法犯罪嫌疑人员1143名，打掉犯罪团伙48个，查获其成员236名；侦破刑事案件1086起，其中重特大案件302起；缴获赃款赃物价值900余万元。

2000年，进一步完善刑侦工作运行机制，建立覆盖社会面的责任区刑警中队。侦破"7·12"符山持枪抢劫杀人案、"10·04"故意杀人案、"10·14"伤害致死案等重特大案件，涉案人员均缉捕归案。全年侦破各类刑事案件928起，其中重特大案件241起；打掉犯罪团伙39个，查获其成员119名；缴获赃款赃物价值500余万元。2001年，开展严打整治斗争。相继侦破"6·07"特大抢劫杀人案、"11·09"特大抢劫杀人案等重特大案件。全年侦破各类刑事案件875起，其中重特大案件212起；打掉犯罪团伙31个，查获其成员142名；缴获赃款赃物价值600余万元。2004年，开展侦破命案专项行动。相继侦破"1·12"故意杀人案、"3·04"伤害致死案、"7·08"抢劫出租车杀人案、"9·19"杀人抛尸案等一批重特大杀人案件。全年侦破各类刑事案件1357起，其中涉命案件21起；打掉犯罪团伙36个，查获其成员144名；缴获赃款赃物价值500余万元。2005年，开展命案侦破、打击"两抢一盗"、打击盗抢机动车、打击手机短信息诈骗犯罪专项行动。在专项行动中，先后侦破"6·12"故意杀人案、"6·22"伤害致死案、"10·22"伤害致死案等一批重特大案件，共抓获犯罪嫌疑人316名，侦破刑事案件297起；打掉犯罪团伙21个，查获其成员90名，其中仅在打击有组织犯罪专项行动中就打掉犯罪团伙17个，查获其成员55名。全年侦破各类刑事案件1114起；打掉犯罪团伙39个，查获其成员56名；缴获赃款赃物价值500余万元。2006年，将全区划分为3个刑侦责任区，分别设立3个责任区刑警中队，同时设立1个大要案中队；完善派出所、刑警中队协作配合机制。全年侦破各类刑事案件1528起；打掉犯罪团伙67个，查获其成员276名；缴获赃款赃物价值600余万元。2007年，开展命案侦破、打黑除恶、打击"两抢一盗"、夏季社会治安整治、冬季严打等一系列专项斗争。先后侦破闫某系列抢劫强奸案、"3·18"故意杀人案、"4·02"恶性杀人案、"9·11"特大持枪杀人案等一批重特大案件，侦破刑事案件390起，抓获犯罪嫌疑人286名；打掉犯罪团伙39个，查获其成员195人。2008年，开展"打黑除恶"专项行动和"打霸治痞"专项斗争，打掉各类恶势力犯罪团伙10个，抓获其成员86人。2009年，组织开展“打击盗抢电动车犯罪专项斗争”“打击抢劫绑架出租车司机犯罪专项斗争”“打击多发性侵财犯罪专项行动”和“平安全运百日攻坚行动”等。全年侦破各类刑事案件1859起；打掉犯罪团伙63个，查获其成员237名；缴获赃款赃物价值1200余万元。

2010年，开展命案侦破、打黑除恶、“两抢一盗”破案会战、严打整治等一系列专项斗争，侦破刑事案件451起，抓获犯罪嫌疑人366名；打掉犯罪团伙30个，查获其成员119人。7起命案全部侦破，同时带破2起命案积案。2011年，侦破“3·05”故意杀人案、“3·11”伤害致死案等各类刑事案件637起，抓获违法犯罪嫌疑人819名；打掉犯罪团伙27个。2012年，组织开展“打黑恶、反盗抢”安民行动等一系列专项行动，侦破刑事案件1902起，查处治安案件3703起，抓获违法犯罪嫌疑人1391名。其中，打掉犯罪团伙53个，查获其成员227人，追回上网逃犯239名，在缉捕重大逃犯攻坚行动中抓获重大逃犯2名；年内发生的5起命案全部破获，并破获积案4起。2013年，先后侦破刑事案件481起，侦破2010年蒙面持枪抢劫光大金行案、首例在城区制贩毒品案等典型案件；查处治安案件2973起，打击处理违法犯罪嫌疑人1145人，其中打掉犯罪团伙51个，查获其成员188人；年内发生命案7起并全部成功破获，侦办恶势力团伙7个，查获其成员49人。

第三节　经济犯罪侦查

潍城经侦大队组建于1998年，为副科级规格。2006年，升格为正科级，全称为潍坊市公安局潍城分局经济犯罪侦查大队。1998—2008年，共侦办各类经济犯罪案件221起，抓获犯罪嫌疑人388名。2009年，侦办各类经济犯罪案件35起，刑事处理犯罪嫌疑人83名，挽回经济损失1900余万元。2011年，侦办各类经济犯罪案件44起，刑事处理犯罪嫌疑人90名，挽回经济损失2600余万元。2012年，公安部开展打击经济犯罪“破案会战”，侦办各类经济犯罪案件179起，其中侦办大要案件30起；刑事处理犯罪嫌疑人125名，挽回经济损失1800余万元。2013年，侦办各类经济犯罪案件70起，刑事处理犯罪嫌疑人95名。侦办“潍坊多元电器有限公司涉嫌集资诈骗和非法吸收公众存款案”等涉众型案件9起，涉案资金14亿元，挽回经济损失5000余万元。

第四节　治安管理

危险品治安管理

1991年后，公安机关对民用爆炸物品实行许可发证制度，对剧毒物品和放射性物品实行批准登记制度，同时对上述危险品经营、购买、运输实行许可制度；对烟花爆竹生产、经营、运输、储存企业实行许可制度。潍城区根据1984年1月实施的《民用爆炸物品管理条例》，整合辖区爆破作业人员和企业资金等，组建潍坊山水水泥厂和符山民爆站2家爆破作业单位。1995年10月，实施《潍坊市城区禁止燃放烟花爆竹暂行规定》。根据2002年1月实施的《危险化学品安全管理条例》，公安机关负责剧毒化学品的购买、运输许可。2005年2月，根据《关于进一步明确民用爆炸物品安全监管部门职责分工的通知》的要求，公安部门负责考核民用爆破作业人员和监管民用爆炸物品的公共安全。2006年1月，根据《民用爆炸物品安全管理条例》，潍城公安分局负责民用爆炸物品的购买、运输、公共安全监管和废旧民用爆炸物品的收缴工作，爆破作业人员资质的认定由潍坊市公安局负责。根据《烟花爆竹安全管理条例》，潍城公安分局负责辖区烟花爆竹批发单位的运输许可。2008年12月，辖区有潍坊山水水泥厂和潍坊光泽工程爆破有限公司两家爆破作业单位。2011年12月，潍城区实施《危险化学品安全管理条例》。2013 年，潍城公安分局强化爆危物品管理工作，组织安全检查 19 次，销毁民间遗留爆炸物品 37 件。

特种行业管理

1993 年 3—6 月，按照《山东省公共场所治安管理办法》规定，对全区公共复杂场所进行集中清理整顿；9—10 月，对全区公共场所治安进行全面检查验收，发放公共场所安全审查合格证；部署旅馆业开展“创安”活动（创建安全达标单位）。1996 年，对全区 68 家电子游戏场所全部予以取缔。根据 2001 年 10 月《国务院批转关于行政审批制度改革工作实施意见的通知》，公安机关仅对旅馆业、公章刻制和典当业进行行业许可，取消对娱乐场所、管制刀具、废旧金属收购业、机动车修理业、旧货交易市场、旧货市场、印刷企业、个人从事印刷等特种行业许可。

第五节　消防管理

1990 年，潍城公安分局消防科更名为潍城区公安消防大队。1998 年，潍坊市消防支队选址筹建潍城区消防第三中队。2008 年，消防大队直接管辖中队，原三中队更名为潍城区公安消防支队仓南街中队。

防火监督

1993 年起，每年 11 月 9 日开展消防宣传活动，提高群众的消防安全意识。2004 年，按照省公安厅、市公安局规定，进一步完善消防管理三级责任制，制定《全区公安派出所消防监督检查暂行规定》，明确派出所消防管理的内容、方式和目标。2006 年，大力加强社区、农村消防建设，在全区 80% 的社区和 30% 的行政村统一张贴《社区消防建设示范标准》《农村消防建设示范标准》。2009 年，围绕建国 60 周年和全运会消防安全保卫工作，加大消防宣传力度，开展义务消防培训 19 次，受教育人数 1 万余人，发放各类宣传资料 8000 余份，挂横幅 56 条，张贴宣传标语 500 余幅。2011 年，区政府下发《潍城区消防安全大排查、大整治、大宣传、大培训、大练兵“五大”活动实施方案》；5 月 11—21 日，潍城公安分局、区安监局、区商贸办、潍城工商分局、区文化局、区卫生局、消防大队组成 4 个联合检查组对全区各行业系统进行拉网式消防安全大检查，共检查单位 184 家，发现整改隐患 351 处。2012 年，区政府指导各镇、街道全面推进消防安全网格化管理工作，将街道、镇、居委会、村委会划分为 9 个大网格、147 个中网格、841 个小网格，落实人员，健全完善管理组织，加强居民楼院、村庄和小场所、小单位的消防安全。

灭火及抢险救援案例

2012 年 3 月 3 日 23 时 49 分，在潍城区西外环路与安顺路交叉口北 200 米处，一辆低温液体运输罐车发生交通事故，因该车撞至桥墩而引发大火。区公安消防支队仓南街中队及其他消防单位先后出动警力扑救。次日 3 时 10 分，事故现场处理完毕。

2013 年 7 月 28 日 10 时 44 分，309 国道潘里村附近一公司工地发生坍塌。区公安消防支队仓南街中队接到命令后，出动 2 部消防车、10 名官兵现场组织救援。当日 12 时许，将被困人员挖出并送往医院抢救。

2005—2013 年潍城区火灾及抢险救援情况统计表

表 17-1

年份	火灾数量（次）	财产损失（万元）	抢险救援数量（次）	抢救人数（人）	抢救财产（万元）	全年接处警（次）	全年出动车辆（辆次）	全年出动警力（人次）
2005	109	34.39						
2006	153	17.03						
2007	81	34.61				81	187	316
2008	40	12.75				40	105	
2009	334	113.50	38	30	1082	368	482	1882
2010	382	143.60	124	37	2700	434	650	2248
2011	416	440.00	156	70	1045	514	1086	3236
2012	439	582.00	112	75	3500	624	1124	5124
2013	485	1388.11	163	91	1399	709	1292	6315

第六节　交通管理

1988 年 4 月，潍坊市公安局交通队更名为潍坊市公安局交通大队。1994 年 6 月，设立潍坊市公安局交通警察支队潍城大队（以下简称“大队”），为正科级规格，内设大队办公室、政工股、宣教股、事故股、车管所，下设一、二、三中队（均为股级单位）。1997 年，大队增设财务股、法制股。2006 年 4 月，大队共设 14 个部门，分别为大队办公室、政工股、财务股、法制股、宣教股、车管所、事故股及一、二、三、四、五、六中队和清障中队。2007 年 2 月机构调整，大队办公室、政工股、法制股、财务股、宣教股合并为警务保障中队，事故股改为事故处理中队，车管所改为车管分所，新组建信息技术中队、机动巡逻中队、符山九中队、军埠口十中队。2011 年 12 月，支队进行股级机构改革，改革后大队下设综合室、车管所、法制中队、事故处理中队和 5 个勤务管理中队。2012 年 11 月，增设 1 个勤务管理中队。2013 年，大队下设综合室、车管所、法制中队、事故处理中队和 6 个勤务管理中队。

交通秩序管理

1994 年区划调整后，潍城区境内交通秩序管理范围为白浪河以西、宝通街以北、北环路（玄武街）以南、昌乐界以东区域，有 29 条城市街道、76 公里国省道和 486 公里县乡道。1995 年，大队开展查纠以无证开车、无牌行驶、无保险上路为重点的“三无”类交通违法专项治理，查纠交通违法行为 15700 余起。2000 年，在潍高路三中队建立 7 号警务工作站，负责打击公路违法犯罪、保障周边群众生命财产安全等。2001 年，实施“畅通工程”，开展“平安大道”建设，在城区安装红绿灯 43 处，完善各类标志标线 31780 余米，在 309 国道建立交通安全管理服务站。2002 年，开展道路交通安全大检查活动，集中整治道路通行秩序，严查超员、超载、闯红灯等严重交通违法行为。2003 年，开展摩托车、农用运输集中整治，查纠摩托车、农用车无牌无证及驾驶摩托车不戴头盔等交通违法行为。2004 年，开展《道路交通安全法》宣传活动，开展宣讲 50 余次，发放宣传材料 2 万余份。加强“五一”“十一”黄金周道路交通秩序管理，保证道路安全畅通有序。2005 年，开展百日安全竞赛集中整治活动，加大对超员、超速、超载，低速载货汽车和拖拉机违法载人、酒后驾驶、疲劳驾驶、违法超车等交通违法行为的查纠力度，查处重点交通违法行为3270余起。2006年，开展接送学生车辆集中排查整治，共排查接送学生车辆200余辆，查纠超员等违法行为20余起。2008—2010年，开展“平安畅通县市区”创建活动。2008年，在城区各主要路口安装电子警察智能监控系统，309国道交通警务工作站改造升级，安装智能交通治安卡口，对过往车辆进行实时监控，全年查纠处理超速、套牌等交通违法行为1万余起。2009年，开展严厉整治酒后驾驶专项行动，严查严处醉酒驾驶120余起、酒后驾驶890余起。2010年，开展机动车涉牌涉证、危化品运输集中整治活动，查处各类交通违法行为1700余起。2011年，潍城区被交通运输部、公安部等六部委评定为创建全国“平安畅通县市区”模范等次。2012年，开展以胜利西街、东风西街和火车站为主的“两街一站”文明交通示范创建活动，在辖区火车站、向阳路、和平路等重点部位和路段完善各类交通标志标线41处，增设出租车专用道3处、公交专用车道2处。加大交通违法专项整治力度，先后开展“三超一疲劳”“七治”“百日交通安全整治”等行动，查处交通违法行为17万余起。2013年，启动道路交通“平安行·你我他”专项行动，区政府成立道路交通安全综合治理委员会，建立三级交通安全网络，加大部门联合整治。先后开展“大货车违法行为专项行动”“交通安全大检查”“酒后驾驶专项整治”“三超一疲劳”“渣土车辆整治”等一系列专项行动170余次，排查企业、场站140余家次，排查大中型客货车4250余辆，大中型客货车驾驶人1.1万余人次，查处各类交通违法行为28万余起。

2012年3月，交通秩序夜查

车辆驾驶员管理

1995年，大队对全区机动车换发“九二”式号牌和行驶证。2003年，对机动车驾驶人进行信息采集，严格驾驶证年审、换证等工作，共采集机动车驾驶人信息37800余人次。2007年，年审驾驶证53767人次，五小车辆挂牌5778辆，年检各类车辆20573辆，吊销机动车驾驶证75本，注销机动车驾驶证118本。2008年，年检车辆24426辆，注册登记车辆3994辆，注销登记车辆1288辆，年审驾驶证56738人次。2009年，整合车管所大厅服务窗口，推行车驾管业务“一窗式，一站式，一条龙”服务，在检测线增设车管业务服务站，增设4个五小车辆车驾管业务服务点。年检车辆39045辆，注册登记车辆3239辆，注销登记车辆4660辆，办理摩托车业务1587起，年审驾驶证47732人次。2010—2012年，年检车辆115088辆，注册登记车辆21954辆，注销登记车辆24328辆，年审驾驶证16207人次，新增347人，增驾202人，参加驾照满分学习62人。2013年，年检车辆66736辆，注册登记车辆7690辆，注销登记车辆11076辆，年审驾驶证16838人次，新增19人，增驾54人，参加驾照满分学习508人。

交通事故处理

1995—2002年，大队共处理交通事故5431起。2003年，制定《交通事故处理工作细则》，全面规范事故处理工作，处理交通事故1270起。成立肇事逃逸追逃队伍，侦破逃逸案件52起，刑事拘留36人，治安拘留136人，吊销驾驶证66本。2004—2007年，处理交通事故5455起，侦破逃逸案件206起，刑事拘留149人，治安拘留112人，吊销驾驶证119本。2008年，新建事故处理大厅，处理交通事故1782起，侦破逃逸案件72起，刑事拘留30人，治安拘留17人，吊销驾驶证15本。2009年，成立交通事故巡回法庭，建立多元化调解中心，提高事故处结效率。处理交通事故1911起，侦破逃逸案件59起，刑事拘留57人，治安拘留 26 人，吊销驾驶证 45 本。2010—2012 年，处理交通事故 6481 起，侦破逃逸案件 179 起，刑事拘留 136 人，治安拘留 104 人，吊销驾驶证 120 本。2013 年，处理交通事故 2264 起，侦破逃逸案件 45 起，刑事拘留 38 人，治安拘留 32 人，吊销驾驶证 53 本。

第七节　户政管理

1991 年 11 月，全区实行户籍管理民警考核制度，加强对常住人口和重点人口的管理。1992 年 1 月，建立居民身份证底卡管理制度。1994 年 3 月，为到潍经商符合条件的人员办理山东省地方城镇户口；5 月，区政府在北关镇和南关街道进行暂住人口管理工作试点。1995 年 10 月，暂住人口管理工作在全区全面铺开。1996 年 5 月，潍城公安分局制定《暂住人口管理员考核奖惩办法》和《暂住人口管理工作考核细则》，人口管理工作走上规范化管理的轨道。2004 年，加强实有人口管理，全面做好城乡居民户口一体化工作；加强暂住人口管理，全区有 1.8 万暂住人口，登记率 95%，发证率 90%。2005 年始，换发居民二代身份证。2006 年，采取以房管人、以税养人的管理机制，加强对暂住人口的管理，全区有 5.8 万暂住人口，登记率 96%，发证率 91%。2007 年，办理各类户口、证照 2.1 万件，换发二代身份证 22.97 万人。2012 年，推行出租房屋“代租制”，实现对流动人口、出租房屋动态管理。

第八节　出入境管理

1991 年，潍城区公民出入境证件办理及辖区外国人管理工作由潍城公安分局政保科负责。1999 年 9 月，成立出入境管理科。2001 年 7 月，成立公民出入境证件办理及外国人管理科，负责辖区公民出入境证件办理及外国人管理工作。2003 年，潍坊市公安局上收公民出入境证件办理权限。2006 年，该科并入治安大队 。2011 年 3 月，潍城公安分局治安大队成立出入境管理中队，负责辖区公民出入境证件办理，指导和监督入境人员的住宿管理，了解和掌握出入境信息，查控不准出入境人员，查处出入境违法犯罪活动。

1991—2013 年，全区共发放港澳居民通行证 3405 件，台湾通行证 221 件，办理因私出（入）境护照 4939 件；处理外国人未按规定登记、超期居留、非法入境、非法就业等各类案件 61 起。

第九节　110 报警服务

1996 年年底，按照市公安局要求，潍城公安分局筹建 110 报警服务台，并于 12 月 27 日开通运行。运行之初，组建 16 人的巡警机动队，在刑警大队、各派出所建立 12 支 110 直属机动队，24 小时值班备勤，随时接受指挥中心调度。按照全市统一架构，组织开展联动单位共建活动，各联动单位建立机动队，设立为民服务的抢修队、抢险队、救护队等专业队伍 40 余支。全区形成了以 110 报警服务为中心、有关部门积极参与的联动格局和一整套社会化公共救援体系。1999 年底，潍城公安分局成立指挥中心指挥调度室，专门负责 110 报警调度、突发事件处置、公安数据统计等相关工作。2005 年，市公安局部署市区街面巡控系统，潍城公安分局在派出所辖区巡逻的基础上，融合刑警、巡警、交警等警种单位警力，将城区部分划分为 4 个巡控区，配备 20 台治安巡控车辆，实行 24 小时巡逻，建立起“一区多车、一车三警，有警处警、无警巡逻”的城区巡控新模式。2007 年，潍城公安分局整合建立综合指挥调度室，建立 110、119、122“三台合一”接处警系统。2008 年，潍城公安分局研发“警务地理信息系统”“警务综合信息立体作战平台”等一系列系统平台，促进 110 接处警工作提升。其中，“警务综合信息立体作战平台”于 2010 年 6 月获得山东公安科技进步奖二等奖。2009 年，潍城公安分局推出网上报警和短信报警等便民措施，主动接受群众监督。2013 年，潍城公安分局新建综合指挥大厅，对全区社会监控资源进行整合，构建起全区监控网络。

第十节　网络安全监管

潍城公安分局网络安全保卫大队前身为治安大队网警中队。2010 年 9 月，根据潍坊市公安局的统一部署，潍城公安分局成立网警中队（治安大队六大队），配有办公室 1 间、专职民警 4 人，主要职责是网上信息监控、网上案件侦查和基础管理。2011 年 10 月，按照公安部关于网安部门实行“队建制”要求，组建专门的网安机构——潍坊市公安局潍城分局网络安全保卫大队，业务独立，内设一中队（社会管理中队）、二中队（案件侦查侦控中队）、互联网信息监控中心和综合室，配备专职民警 6 人、辅警 3 人，主要开展互联网信息巡查监控、互联网安全管理和侦查破案三项工作。

互联网信息巡查监控

以网上维稳为主要工作任务，实行 24 小时网上巡查制度；同时按照网上网下联动的要求，开展网上违法有害信息的巡查、汇报、研判分析和处置工作。2011 年，按照公安部及市公安局关于互联网信息中心的达标要求，组织监控民警参加市公安局培训、考核，取得监控民警资质。2012 年，经上级审核，潍城公安分局网络安全保卫大队的互联网信息监控中心被公安部十一局确立为公安机关四级互联网信息监控中心。

互联网安全管理

2011 年，以指导区内网吧落实互联网安全管理措施为主，加强网吧安全管理，全区网吧互联网安全管理系统和视频监控系统落实率和在线率为 100%。督促全区 500 余家互联网联网单位实施互联网安全保护技术措施。2012 年后，重点开展督促落实上网人员实名登记上网工作，确保实名登记率达 100%。深入推进全区非经营性互联网联网单位管理与服务工作，开展网安工作向派出所、社区推进工作，建成网安警务室 2 处。

案件侦查

2010 年 9 月始，与其他警种单位建立信息互通、协同作战的同步上案机制。2011 年，开展清网行动，以案件配侦和追逃为工作重点，抓获上网逃犯 30 余人。至 2013 年，协助破获各类刑事案件 60 余起。

第二章　检　察

第一节　机　构

1991 年，潍城区人民检察院设立刑一科、刑二科、法纪检察科、经济检察科、监所检察科、控告申诉检察科、刑事技术检察科、政工科、调研室、办公室。1992 年，增设民事行政检察科。同年 5 月，与潍坊市城区供销企业总公司联合设立潍坊市城区供销企业总公司检察室（不在编）、与管道局胜利输油公司联合设立管道局胜利输油公司检察室（不在编），主要职能是依法查处各类经济违法犯罪案件。7 月，撤销经济检察科，设立反贪污贿赂工作局，内设侦查一科、侦查二科、综合科；设工商检察室、税务检察室 2 个派驻检察机构。1993 年，增设北关镇检察室、于河镇检察室。1994 年，税务检察室改为国税检察室、地税检察室。2002年机构改革，设办公室（挂法警大队牌子）、政治处、侦查监督科、公诉科、反贪污贿赂局（下设综合预防科、侦查一科和侦查二科）、渎职犯罪侦查局、监所科、民行科、控申科（挂举报中心、刑事赔偿工作办公室两块牌子）、技术科、研究室（与检委会秘书科合署）。2006年9月，渎职犯罪侦查局更名为反渎职侵权局。2007年9月，设立人民监督员办公室。2009年11月，设立机关服务中心。2012年11月，设立检务督察办公室，撤销人民监督员办公室，机关服务中心更名为行政装备科，望留检察室成立。2013年9月，设立信息中心。至2013年年底，潍城区人民检察院内设机构有办公室（行政装备科与其合署办公，挂法警大队牌子）、政治处、侦查监督科、公诉科、反贪污贿赂局（下设侦查一科、侦查二科、综合预防科）、反渎职侵权局、监所检察科、民事行政检察科、控告申诉检察科（举报中心、刑事赔偿办公室与其合署办公）、检察技术科、法律政策研究室（检察委员会秘书科与其合署办公）、监察室、检务督察办公室、望留检察室。所属事业单位有潍城区人民检察院信息中心。

潍城区人民检察院办公楼

第二节　刑事检察

侦查监督

1992—1998年，区检察院贯彻依法“从重从快”的方针，对杀人、抢劫、强奸、重大盗窃等七类犯罪，特别是累犯、惯犯、流窜犯及团伙犯罪案件优先办理。对重大复杂案件，坚持提前介入公安机关的侦查预审活动，依法从快批捕。参加反盗窃促防范专项治理活动和反盗窃自行车专项斗争。1993年，参与风筝会前的反盗窃打流窜、整顿夏季治安秩序会战和冬季社会治安会战3次专项斗争。1996—1997年，重点打击严重暴力犯罪、流窜犯罪、涉枪犯罪、流氓恶势力和黑社会性质的团伙犯罪，以及“扫黄”“打非”、盗窃“三车”等犯罪活动。1999—2002年，重点打击杀人、抢劫、伤害等严重暴力犯罪、流窜犯罪以及带有黑社会性质的团伙犯罪。其间，成立侦查监督科。2004年，推动“平安潍城”建设，在全区开展的“打盗抢，破大案，保平安”秋季行动和全区“严厉打击传销和变相传销活动”专项行动中，充分履行检察职能，依法快批快捕、快审快诉，保证在检察环节稳、准、狠地打击犯罪。2007年，以黑恶势力犯罪、严重暴力犯罪以及严重影响群众安全感的盗窃、抢劫、抢夺等多发性犯罪为重点，开展“打黑除恶”专项斗争。2008年，严格遵循该严则严、当宽则宽、宽严适度、区别对待的刑事司法政策，坚持把危害群众和公共安全的多发性犯罪作为打击重点。2009年，创新侦查监督新思路，与潍城公安分局联合会签《关于在公安派出所设立巡回检察室的意见》，在辖区派出所全部设立巡回检察室，通过派驻联络员、搭建信息共享平台、建立疑难案件协商机制等措施，将检察机关侦查监督工作前移到案发第一线，有效地提高了批捕准确率。2011年3月，区检察院侦查监督科被市综治委授予“全市烟草市场集中整治‘利剑行动’先进集体”称号。2013年，依法严惩严重影响社会治安和群众安全感的犯罪，全面落实宽严相济的刑事政策。

公诉

1988—2002年，根据最高人民检察院对自侦案件建立内部制约机制、实行分权制的要求，审查起诉、审查批捕职能与侦捕、侦诉职能相分离。1991年，向发案单位提出检察建议130余条，回访考察20多次，到发案单位就案讲法20多场，受教育干部群众1.5万余人。探索综合治理新路子，与潍坊造纸机械厂建立综合治理联系点。1992年，配合全区“反盗窃”专项斗争，全年审查起诉67件盗窃案件，配合召开3次公判大会。贯彻“积极办案，注意质量，搞好服务，降低免诉”的工作方针，全年受理各类经济案件56件，积极服务地方经济社会发展。1994年，参加“破大案，挖团伙，追逃犯”“打击伪造、倒卖、盗窃增值税发票”等各类专项斗争，配合潍城公安分局、区法院召开公判会16次，参加旁听群众达4万人次。同年9月，全区开展严打整治斗争第一战役，2人被区委、区政府授予“严打整治斗争第一战役先进个人”。1997—1998年，随着《刑事诉讼法》的修订实施，庭审方式由以前的纠问式变为控辩式，提高了公诉人在庭审中的地位和作用。1999年，潍城区人民检察院开始实行主诉检察官办案责任制，选聘3人作为首批主诉检察官，提高公诉人的业务素质；推行被告人认罪案件的简化审理，在起诉书、公诉意见中提出关于量刑的建议，理顺诉审关系。2003年，在办理耿某等5人敲诈勒索团伙犯罪一案过程中，依法追诉漏犯21人，追加罪名6个，并从中发现一起虚开增值税发票、涉案数额达2000万元的特大案件。此案被山东省人民检察院评为“全省十大公诉案件”，时任山东省人民检察院检察长国家森专门作批示表示祝贺。2006年，受理审查起诉刑事案件252件374人，经审查，提起公诉230件258人。2007年，探索轻微刑事案件快速办理和促成当事人刑事和解机制及不起诉办案机制，推行人性化办案机制；进一步加强律师执业权利保障工作，理顺诉辩关系。2008年，严厉打击涉及民生问题的犯罪案件，全年受理审查起诉案件317件505人，提起公诉236件389人。2011年，与区法院、潍城公安分局、区司法局联合签订《未成年人轻罪犯罪记录封存消灭制度实施细则》，贯彻对未成年犯罪嫌疑人、被告人的教育、感化、挽救的方针。2012年9月，依托公诉科成立未成年人刑事检察工作办公室，负责未成年人刑事检察工作。2013年，统一业务软件正式上线运行应用，所有审查起诉案件全部从网上走流程。

1991—2013年潍城区刑事检察情况表

表17-2

年份	审查批捕（人）	批准逮捕（人）	审查起诉（件/人）	公诉（件/人）
1991	273	259	167/304	162/290
1992	318	313	246/398	206/339
1993	316	305	201/341	193/324
1994	315	305	223/380	175/322
1995	188	177	186/294	157/255
1996	208	194	194/273	150/221
1997	162	150	137/199	116/175
1998	219	178	180/285	157/226
1999	240	214	184/283	159/238
2000	200	171	153/241	149/236
2001	261	237	196/312	170/286
2002	277	250	197/325	192/320

续表 17-2

年份	审查批捕（人）	批准逮捕（人）	审查起诉（件/人）	公诉（件/人）
2003	258	234	267/436	243/405
2004	330	285	284/465	263/436
2005	256	227	276/405	252/376
2006	285	232	252/374	230/258
2007	338	305	273/397	241/456
2008	284	247	317/505	236/389
2009	244	226	264/385	221/336
2010	208	168	259/471	255/412
2011	196	163	327/485	262/397
2012	195	168	384/641	269/361
2013	252	208	308/471	318/474

第三节　反贪污贿赂

1991 年，潍城区人民检察院经济检察科立案查处经济类犯罪案件 85 件 96 人，其中贪污案 20 件、受贿案 48 件，查处经济犯罪大案要案 11 件，副科级以上党员干部犯罪 19 人、副县级 1 人。是年，建立由 20 余人组成的专业化办案队伍。1992 年 7 月，在潍城区人民检察院经济检察科的基础上，成立潍城区人民检察院反贪污贿赂工作局，内设 3 个科，即侦查一科、侦查二科、综合科。在原有 1 个联系点和 2 个派出机构的基础上，又增设 6 个联系点、2 个派出机构。结合典型案例，先后到潍坊纸箱总厂、造纸机械厂、潍坊棉纺厂等单位以案讲法 15 场，受教育群众达 4000 多人。全年立案查处各类经济类犯罪案件 45 件。1994 年，立案查处各类经济类犯罪案件 60 件，反贪污贿赂局被潍坊市人民检察院授予“五好科室”称号。1996 年，立案查处县处级干部犯罪案件 5 件，重大特大案件 35 件，占立案总数的 83%。根据修改后的《中华人民共和国刑事诉讼法》规定，贪污贿赂类犯罪由人民检察院反贪污贿赂局管辖，非国家工作人员的经济类犯罪由公安机关管辖，反贪污贿赂局立案查处案件数量下降。1997 年，立案查处贪污贿赂类犯罪案件 33 件。1998 年，立案查处贪污贿赂类犯罪案件 14 件。1999 年，立案查处贪污贿赂类案件 10 件 11 人，挽回经济损失 185 万余元。2000—2002 年，立案查处贪污贿赂类案件 35 件 41 人，挽回经济损失 575 万余元。2003 年，立案查处案件 13 件 13 人，其中山东海化集团潍坊水泥厂会计贪污公款 184 万余元的案件为特大案件，全年挽回经济损失 351 万元。2004 年，立案查处贪污贿赂类案件 9 件 16 人，其中贪污 5 件 11 人、受贿 4 件 5 人。开展预防职务犯罪工作，先后与区卫生局、区国税局、山东纺织职业学院等 10 多个单位签订预防职务犯罪协议书，召开预防职务犯罪座谈会，通过以案讲法，受教育人数 2000 余人。2003—2004 年，潍城区人民检察院开展查办医疗领域职务犯罪专项工作，先后查办 4 名乡镇卫生院院长受贿案件。

2005 年，先后在税务、金融、卫生等 6 个系统和多个重点工程建设项目中开展预防犯罪工作。2006 年，采取就案说法、上法制课、签订预防职务犯罪协议书等措施，先后在税务、工商、金融、卫生、电力、教育等6个系统30多个部门中开展预防工作，取得了良好的效果。2008年，立案查处犯罪案件8件14人。在开展的涉农领域专项整治活动中，一举立案查处街道、村干部职务犯罪案件5件9人。2010年初，在全区开展巡回宣讲，受教育干部近2000人次。立案查处国家工作人员贪污贿赂案件11件14人，重点查办侵害群众利益的基层组织工作人员职务犯罪，在西关街道、于河街道、望留街道共查办5件8人，挽回经济损失300余万元。围绕保障民生，撰写《当前粮食直补领域违法犯罪情况的调查分析》专题调研报告，在全区印发。2011年，坚持侦防一体化建设，综合运用警示教育展览室、检察建议、上法制课、发送预防职务犯罪手册等形式，在教育、税务、交通、公路、电力、建设等领域密集开展系统预防活动，建立与各系统的联控协作机制，形成社会化预防网络。协助区委组织部、区纪委对新任村居“两委”人员进行职务犯罪警示教育354人次。职务犯罪预防工作被区委区直机关工委评为“优质服务品牌”。

2012年，对全区投资1000万元以上的重点建设工程开展同步预防，配合相关部门加强对招投标、物资采购、资金拨付等关键环节的监督，协助制定防范措施201项，开展行贿犯罪档案查询300余次，确保实现“工程优质，干部优秀”的目标。加强警示教育，组织机关干部和村干部参观警示教育基地400余人次。深入开展“预防职务犯罪公共宣传”专项活动，创新预防宣传载体，制作的廉政短片、廉政公益广告等在火车站、V1购物广场和威尼斯数码城等人流密集的地方滚动播放；在新浪网开通潍城预防职务犯罪法律微博，以与网民互动的形式营造以廉为荣、以贪为耻的社会氛围。廉政短片《一种等待，一种幸福》获得全省检察机关文化建设“金徽奖”、省级优秀预防成果二等奖，被市检察院评为一等奖；《规范粮食补贴工作，加强村级事务管理监督》检察建议书获评为“省级优秀检察建议”。2013年，立案查处贪污贿赂案件9件12人，重点查办涉及公共审批领域职务犯罪，涉及正科级干部3人、副科级干部2人。反贪污贿赂局被中共潍坊市委政法委员会评为全市政法系统“五个能力”（群众工作能力、维护社会公平正义能力、舆论引导能力、科技信息化应用能力、拒腐防变能力）建设先进集体。预防工作注重源头防腐，结合办案加强职务犯罪预防工作，共向发案单位、相关部门提出预防建议5条，帮助发案单位建章堵漏、完善管理制度12项。创作推广廉政公益海报，利用潍城预防法律微博、“潍城jc”微信等形式传播正能量，创作的《为官廉洁如冰》获得全市检察机关首届廉政公益海报二等奖。

1991—2013年潍城区人民检察院立案查处贪污贿赂类案件统计表

表17-3　　单位：件

年份	办案数量	贪污贿赂案	挪用案	其他案件	年份	办案数量	贪污贿赂案	挪用案	其他案件
1991	85	68	3	14	1999	10	5	5	0
1992	45	30	2	13	2000	13	7	6	0
1993	38	21	4	13	2001	11	8	3	0
1994	60	31	19	10	2002	11	4	7	0
1995	32	18	7	7	2003	13	11	2	0
1996	40	14	6	20	2004	9	9	0	0
1997	33	8	8	17	2005	11	6	5	0
1998	14	8	6	0	2006	16	9	7	0

续表 17-3

年份	办案数量	贪污贿赂案	挪用案	其他案件	年份	办案数量	贪污贿赂案	挪用案	其他案件
2007	11	10	1	0	2011	8	7	0	1
2008	8	7	1	0	2012	9	5	1	2
2009	11	9	1	1	2013	9	9	0	0
2010	11	10	1	0					

第四节　反渎职侵权

1991 年，潍城区人民检察院设立法纪监察科，查办侵权、渎职等法纪犯罪案件。1991—1996 年，潍城区人民检察院将查办玩忽职守、非法拘禁和重大责任事故等犯罪案件作为工作重点，受理各类法纪犯罪案件线索 177 件，从中立案查处 61 件，包括玩忽职守案 18 件、非法拘禁案 11 件、重大责任事故案 23 件、非法侵宅案 2 件、诬告陷害案 2 件、刑讯逼供案 2 件、其他案件 3 件。1997—2003 年，潍城区人民检察院立案查处渎职侵权案件 8 件 9 人，其中玩忽职守案 4 件 4 人、滥用职权案 1 件 1 人、非法拘禁案 1 件 1 人、刑讯逼供案 1 件 2 人、失职致使在押人员脱逃案 1 件 1 人。2004—2008 年，潍城区人民检察院立案查处渎职侵权案件 15 件 16 人，包括滥用职权案 8 件 9 人、玩忽职守案 1 件 1 人、非法拘禁案 6 件 6 人，先后查处原潍坊市土地评估交易中心副主任于某滥用职权、原潍城区农业机械管理局副局长李某等 4 人滥用职权案等大要案。2009—2012 年，潍城区人民检察院以查办党委政府关注、严重阻碍经济发展、破坏和谐稳定的大案要案为重点，立案查处渎职侵权案 9 件 12 人，包括滥用职权案 4 件 4 人、玩忽职守案 4 件 6 人、帮助犯罪分子逃避处罚案 1 件 2 人，为国家挽回经济损失 150 余万元。其中，立案查处潍城区国家税务局西关分局税管员李某玩忽职守造成税款损失 600 余万元一案，在政府机关和社会上引起强烈反响。2013 年，立案侦查渎职案件 3 件 4 人，查办渎职侵权案件质量不断提高，实刑判决率占渎职侵权案件总数的 50%。

第五节　民事行政检察

1992 年，潍城区人民检察院根据《中华人民共和国民事诉讼法》《中华人民共和国行政诉讼法》的相关规定，开始启动民事行政检察工作，成立民事行政检察科，探索开展民事行政检察业务。1993 年，受理不服民事行政判决、裁定的申诉案件 4 件，全部妥善处理；积极查处领导交办的案件 3 件，为国家、集体挽回经济损失 31 万余元。1994 年，开展业务宣传，先后到 12 个乡镇、街道发放民事行政检察宣传提纲 700 多份，主动到法院联系业务 4 次。全年共受理案件 6 件，全部妥善处理。1995 年，加强对法院已发生法律效力、确有错误的民事行政判决、裁定监督。全年受理不服民事行政判决、裁定的申诉案 6 件，立案查处 2 件，向法院提出再审检察建议 1 件。1996 年，利用《民事诉讼法》颁布 5 周年之际，扩大宣传，广辟案源。立案查处不服法院民事行政判决、裁定的申诉案件 3 件，提请抗诉 3 件。1997 年，受理不服法院民事行政判决、裁定的申诉案件 23 件，提请抗诉 10 件，再审检察建议 1 件，终结审查 12 件。

1998—2002 年，潍城区人民检察院坚持“敢抗、会抗、抗准”的办案原则，受理各类申诉案件 128 件，依法提请抗诉和建议提请抗诉 65 件，其中经法院再审改变原裁判的有 10 件。同时，对法院裁判适当的申诉案件，说服当事人服判息诉，维护了司法公正。2003—2008 年，潍城区人民检察院共受理民事行政申诉案件 153 件，依法提请抗诉和建议提请抗诉129件，法院改判27件。2006年，区检察院民事行政检察科被山东省检察院评为“二〇〇六年度全省民事行政检察先进集体”，被潍坊市人民检察院评为“全市检察机关部门工作先进集体”，1人被最高人民检察院授予“全国检察机关民事行政检察工作先进个人”。2008年2月，被潍坊市人民检察院评为“全市检察机关部门工作先进集体”。同年，区检察院与区法院联合会签《关于民事行政案件执行监督的意见》，加大对人民法院执行的监督力度。制定《民事督促起诉暂行办法》，延伸民事行政检察监督职能。2009—2013年，民事行政检察科共受理各类申诉案件114件，依法提请抗诉和建议提请抗诉46件；经法院再审改变原裁判的有32件，共收到锦旗5面。2010年，撰写的论文《试论民事行政检察工作与三项重点工作的关系》获第一届检察理论研究年会论文优秀奖。2013年，撰写的论文《一起案件引发的民事执行监督思考》《“民诉法208条第三款”之我见》分别获山东省法学会检察学研究会举办的全省“民诉法实施与基层民行检察职能转变”专题征文三等奖和优秀奖，并被编入《民事行政检察监督理论与实践（2013卷）》。1名干警被潍坊市人民检察院评为全市民事行政检察“十佳办案人”。

1992—2013年潍城区人民检察院民事行政检察案件统计表

表17-4 单位：件

年份	市院一体化办理案件	生效裁判、调解书监督	审判程序违法、执行监督	行政执法监督	结案处理						再审结果	
					提请及建议提请抗诉	再审检察建议	检察建议	不支持检察申请决定	终结审查	线索移送	改判及调解	维持原判
1992	0	0	0	0	0	0	0	0	0	0	0	0
1993	0	7	0	0	0	0	0	0	0	0	0	0
1994	0	6	0	0	0	0	0	0	0	0	0	0
1995	0	6	0	0	0	1	0	0	0	0	0	0
1996	0	3	0	0	3	0	0	0	0	0	0	0
1997	0	23	0	0	10	1	0	0	12	0	0	0
1998	0	19	0	0	10	0	0	0	9	0	0	0
1999	0	33	0	0	14	3	0	0	16	0	5	0
2000	0	40	0	0	17	0	0	0	20	0	5	0
2001	0	35	0	0	24	0	0	0	11	0	0	0
2002	0	14	0	0	13	1	0	0	0	0	0	0
2003	0	17	0	0	14	0	0	0	1	1	2	0
2004	0	15	0	0	11	3	1	0	1	0	8	0
2005	0	25	0	0	15	10	0	0	0	0	8	0
2006	0	24	0	0	23	1	0	0	0	0	5	0
2007	0	22	0	0	18	4	0	0	0	0	4	0
2008	0	50	0	0	48	2	0	0	0	0	6	0
2009	0	31	0	0	18	13	0	0	0	0	8	0
2010	0	16	0	0	15	1	0	0	0	0	4	0

续表 17-4

年份	市院一体化办理案件	生效裁判、调解书监督	审判程序违法、执行监督	行政执法监督	结案处理						再审结果	
					提请及建议提请抗诉	再审检察建议	检察建议	不支持检察申请决定	终结审查	线索移送	改判及调解	维持原判
2011	0	15	1	0	3	2	1	0	9	0	9	1
2012	0	22	7	0	9	3	7	0	10	0	5	0
2013	0	7	11	4	1	5	11	0	1	1	6	1

第六节 监所检察

1991年，区检察院监所检察科加强对监管改造场所的执法监督和安全检查，进行安全检查240多次，集中对在押犯上大课16次，个别提审1566人次，人犯检举线索64条。对监外罪犯的监管改造和刑释解教人员的就业安置情况考察2次，考察监外罪犯107人次。汇编《关于对监外罪犯监管改造的有关法律知识》小册子，协助潍城公安分局举办1期监管知识学习班，基层派出所和企业保卫人员共40多人参加。1992年，提出检察建议53条，催办案件30次，协查劳改犯再犯罪2案2犯，打击牢头狱霸5人次，进行狱政安全检查230次，在押犯检举线索27条。组织力量对160名监外罪犯的执行、改造情况进行2次考察。1991—1995年，区检察院监所检察科共检察区看守所收押人犯1100余人，开展安全防范检察400余次，其中与有关部门联合检察100余次、自行检察310余次、联合清监100余次。对在押人犯进行集体教育50余次、个别教育300余人次。依法加强对刑事判决、裁定执行情况和对区看守所执法活动的监督，提出书面检察建议20次，书面纠正违法25次。配合区看守所整顿所内秩序，打击“牢头狱霸”。加强羁押期限检察，催办案件30件。至1995年，连续15年实现无超期羁押，依法维护了在押人犯的合法权益和法律的正确实施。注重对辖区监外执行罪犯的监管情况进行检察，督促基层公安派出所建立人犯档案，并采取多种形式对监外执行罪犯进行考察。1996—2000年，共检察收押人犯1200余人，开展安全防范检察440余次，其中自行检察350余次、联合清监100余次，消除安全隐患5个，对在押人犯进行集体教育70余次、个别教育500余人次。对监管活动中的违法违规问题提出书面检察建议25次，书面纠正违法30次。与区检察院技术科和潍城公安分局、区法院对辖区监外执行罪犯进行联合检察5次、自行检察10次，发现有2人脱管，及时监督公安机关进行纠正。

2001—2005年，加大对监管场所安全防范检察力度，进行安全防范检察500余次，其中自行检察400余次、联合清监120余次。对监管活动中的违法违规问题提出书面检察建议32次，书面纠正违法48次。办理罪犯又犯罪案件，审查批捕15件21人，审查起诉26件34人，起诉到法院的案件均做出了有罪判决。加大对监外执行罪犯的考察力度，共发现违规监管情形3次，及时监督公安机关纠正。加大对看守所、法院减刑、假释、暂予监外执行的检察力度，依法纠正违法情形4次。建立青少年维权岗，通过思想转化、建立档案、致家长的一封信等活动，切实维护青少年在押人员的合法权益。2002年，购置网络防火墙、监控器材等设备，实现与看守所微机管理系统联网，提高检察工作的科技水平。监区内外均设立检务公开栏、举报箱，设立检察官接待日。同年，派驻看守所检察室被省检察院评为“二级规范化检察室”。2003年7月，派驻看守所检察室被共青团山东省委、省综治办、省检察院授予省级“优秀‘青少年维权岗’”称号。2004年2月，派驻看守所检察室被省检察院评为“二级规范化检察室”。2006—2009年，进行安全防范检察600余次，其中自行检察500余次、联合清监140余次，对在押人犯进行集体教育50余次、个别教育600余人次。对监管活动中的违法违规问题提出书面检察建议42次，书面纠正违法40次。办理罪犯又犯罪案件，审查批捕12件12人，审查起诉20件27人，起诉到法院的案件均做出了有罪判决。对监外执行罪犯进行联合检察5次、自行检察10次，发现违规监管情形4次，及时监督公安机关纠正。2006年，潍坊市看守所成立，集中羁押四区（潍城区、奎文区、寒亭区、坊子区）人犯，潍城区人民检察院受潍坊市人民检察院指派，履行驻所检察职能。在押人犯由单区的200～300人上升到700多人。

2010—2013年，进行安全防范检察400余次，其中自行检察300余次、联合清监90余次，提出书面检察建议16次，书面纠正违法12次。办理罪犯又犯罪案件，审查批捕9件9人，审查起诉8件8人，起诉到法院的案件均做出了有罪判决。2010年，建立羁押期限预警提示系统，期限届满前自动提醒办案人，并建立责任追究机制，共催办案件300余次，有效地预防了超期羁押案件的发生。加强对减刑、假释、暂予监外执行的监督，发现3人违反法定条件办理，均做出了监督纠正。2012—2013年，在对判决前未予羁押后又被判处实刑专项检察中，发现未及时收监执行罪犯6人，均监督办案机关收监执行。社区矫正制度实行后，注重加强与区司法局、区法院、潍城公安分局等相关部门的工作联系，探索监外罪犯执行检察监督的方式和途径，加大工作指导和监督检察力度，促进了社区矫正工作规范有序开展。

第七节 控告申诉检察

1991年，共受理来信来访43件，转其他部门处理4件，自办39件，从中立案查处12件。年内无重复上访和久诉不息案件。1992年，全年受理举报信件187件，转其他部门4件，自查183件。受理其他信访案件44件，转其他部门1件，自办43件。立案查处复查申诉案件3件，其中撤销原处理决定2件、维持原决定1件。1994年初，北关镇检察室、于河镇检察室正式挂牌成立，主要职责是受理辖区内公民举报、控告和申诉，接受违法犯罪分子自首等。1998年，合并镇检察室，组建新的控申科。在于河、望留、军埠口、符山4个镇设立检察官下访巡访工作室，建立下访巡访制度，积极探索新形势下做好控申工作的思路。1999—2013年，每年6月的最后一周开展举报宣传周活动。参加宣传活动220余人次，接受群众现场咨询450余人次，发放宣传材料1.5万余份。

2006年，探索建立联动接待、预约接待、出门下访、入户回访4种机制，在控告、举报接待工作中实现零距离接访，确保群众的问题在第一时间、第一现场传递到第一责任人手中。2007年，按照山东省人民检察院《关于在全省检察机关建立涉检信访评估预警制度的意见》，建立涉检信访评估预警机制。在执法办案过程中，对拟决定事项和其他检察行为是否存在信访风险进行论证，对有可能发生涉检信访的，主动做好释法说理、说服教育等工作，并及时向控告申诉检察科发出预警通报，有效预防和减少涉检信访的发生。2009年10月，潍坊市人民检察院在望留召开现场会，推广潍城区人民检察院下访巡访的做法。2011年1月，中共潍坊市委政法委员会组织召开全市政法维稳工作会议，潍城区人民检察院作为检察系统唯一的代表，以《强化民生意识，延伸服务领域，积极开展检察官下访巡访》为题，介绍在全区设立的9个检察官下访巡访服务工作室化解矛盾纠纷、积极维护辖区社会稳定的做法，受到与会人员的肯定。

第三章　法　院

第一节　机　构

1991年，潍城区人民法院设刑事审判庭、民事审判庭、经济审判庭、行政审判庭、告诉申诉审判庭、执行庭、政研室、政工科、办公室等9个科室，辖望留、于河、军埠口、符山、大柳树、杏埠、廿里堡、梨园、大虞、河西等10个乡镇人民法庭及城关、南关、西关、东关、院校、东园等6个城区法庭，有干警99人。1992年，增设经济调解中心，撤销西关、东园法庭，全院干警103人。1994年区划调整，梨园、大虞、廿里堡、东关、院校5个基层法庭及41名干警划归奎文区人民法院；撤销经济调解中心，成立经济审判二庭。1995年，重建西关法庭。1997年9月，撤销南关法庭，并入城关中心法庭；撤销北关法庭，并入西关法庭。2002年，设立执行局，下设执行一庭、执行二庭、执行三庭。2006年9月，独立建制的未成年人审判庭在潍城区法院成立，集中管辖审理潍城、奎文、寒亭、坊子四区的未成年人犯罪案件。2008年，成立审判管理办公室及交通事故审判庭。2009年，区法院设立信访办公室、诉调对接办公室。2012年，成立立案二庭。2013年，设立信息中心。是年，区法院设办公室、政治处、研究室、审判管理办公室、监察室、立案一庭、立案二庭、刑事审判庭、民事审判一庭、民事审判二庭、民事审判三庭、行政庭、审判监督庭、执行局（下设执行一庭、执行二庭、执行三庭）、法警大队、技术室、未成年人审判庭、诉调对接办公室、信访办公室、于河法庭、望留法庭。

潍城区人民法院办公楼

第二节　刑事审判

1991—1996年，区法院重点打击严重危害社会治安的杀人、抢劫、强奸、盗窃、流氓团伙等犯罪，以及经济领域的贪污、受贿、偷税抗税、挪用公款等犯罪。1992年，共审结重点案件97件191人。1993—1997年，区法院在坚持打击犯罪的同时，积极参与社会治安综合治理，五年间，共召开各类审判会82场，宣讲法律87场次，向社会发放各种宣传材料1万余份，提出司法建议112条。1998年，全年共审结各类刑事案件157件，其中经济犯罪案件19件21人，依法从重从快严厉打击犯罪。2001年，全年审结167案219人。2006年，将“未成年人心理测试”“圆桌审判”“法官寄语”等制度引入少年刑事审判。同年9月，成立独立建制的未成年人审判庭，至年底共审结未成年人刑事案件22件38人。2007年，先后制定《少年刑事审判工作细则》《关于圆桌审判的实施办法》《少年刑事审判回访帮教制度》等，使少年刑事审判工作走上规范化的发展轨道。2010年，区法院创新实施“社会调查员”制度和轻罪前科封存消灭制度，降低了刑罚对未成年人健康成长的不利影响。2012年，未成年人审判庭获评为“省级青年文明号”和“全省优秀青少年维权岗”。2013年，依法审结各类刑事案件342件501人；在继续落实未成年犯“社会调查员”制度、轻罪记录封存消灭制度的基础上，探索实行合适成年人参与刑事诉讼制度，对家人不能到庭的失足少年指定“临时家长”，最大限度地保护未成年人的诉讼权利，全年所判处的76名未成年犯无一重新犯罪。是年，区法院1人被潍坊市委政法委确定为全市政法系统宣传典型。

1991—2013年潍城区人民法院刑事案件审结情况表

表17-5

年份	收案		结案		年份	收案		结案	
	数量（件）	人数（人）	数量（件）	人数（人）		数量（件）	人数（人）	数量（件）	人数（人）
1991	216	363	217	365	2003	182	299	182	299
1992	242	341	212	341	2004	259	384	259	389
1993	181	305	181	305	2005	238	382	238	369
1994	178	298	178	298	2006	244	367	244	369
1995	145	216	145	216	2007	269	513	269	498
1996	151	209	151	209	2008	261	421	261	445
1997	106	153	105	152	2009	257	397	257	391
1998	166	231	157	221	2010	251	388	251	390
1999	179	278	178	275	2011	309	476	309	481
2000	149	223	149	220	2012	304	451	295	438
2001	167	240	167	219	2013	353	527	342	501
2002	172	274	172	274					

第三节　民事审判

1991—1996年，以防止矛盾激化案件的发生为重点，全面开展民事审判工作；以法庭为主培训基层调解人员920人次，一批民间纠纷在基层得到及时调解；对涉及妇女、儿童、老人切身利益的案件，做到优先受理、审理。1993年3月，区法院人民路市场巡回法庭举行成立仪式；在全市率先创办婚姻家庭学校，当年受理离婚案件455件，比1992年下降24%。4月，区法院房地产巡回法庭在区建委举行成立仪式。1993—1997年，民事案件审结率明显上升，没有出现群众“告状难”的问题。自2000年始，实行审判长选任制。2004年，设立便民法庭，专门受理案情简单、当事人双方争议不大且自愿尽快解决争议的案件，全年处结此类案件518件。2007年，形成以民事审判一庭为主体，便民法庭、人民法庭协调共进的民事审判格局；开展争当“调解能手，办案能手”等活动，调解撤诉率达到85.6%。2008年，成立交通事故审判庭，案件调解率增长8%。2013年，受理民事案件1451件，审结1230件，部分案件以调解或撤诉等方式结案。

1991—2013 年潍城区人民法院民事案件审结情况表

表 17-6　　单位：件

年份	收案	结案	年份	收案	结案
1991	827	824	2003	854	882
1992	958	959	2004	798	771
1993	792	762	2005	797	797
1994	914	929	2006	846	875
1995	1213	1201	2007	1068	1068
1996	1370	1379	2008	1424	1405
1997	1730	1583	2009	1308	1315
1998	1679	1648	2010	1269	1274
1999	1163	1172	2011	1427	1438
2000	1257	1236	2012	1265	1250
2001	1652	1669	2013	1451	1230
2002	847	842			

第四节　经济审判

1991 年，经济审判工作坚持“多收案、多办案、办好案”的方针，加大经济纠纷案件解决力度；坚持“合法、职能、效益”的原则，主动登门服务，清理“三角债”。1993 年 7 月，于河经贸巡回法庭成立大会在于河镇政府举行。1994 年，组建经济审判二庭。自 1995 年 3 月开始，区法院派出 1 名副院长、6 名干警进驻区供销社系统，帮助其清理欠款，整顿经济秩序。2003 年，区法院先后制定《服务经济发展软环境建设八项规定》《服务招商引资工作八项规定》。2005 年，区法院制定《关于为全区经济社会实现新发展服务的意见》，依法审理涉及经济结构和产权结构调整、民营经济和外经外贸、企业破产、金融风险和外商投资等案件。2007 年，区法院制定《关于进一步规范商事审判工作的意见》，依法审理一批涉及融资租赁、股票债券、电信通讯等新类型案件；开展“送法进企”“院企共建”活动，走访企业 21 家，解答法律咨询 76 件次。2012 年，区法院将经济审判工作重点放在推进全区项目化建设、服务企业转型升级方面。审结各类商事案件 464 件，其中借款、买卖、保险、租赁等合同纠纷案件占 87.2%。2013 年，区法院出台《关于改进工作作风，发挥审判职能，为推动“项目建设年”深入开展提供高效服务和司法保障的实施意见》，审结各类商事案件 495 件，其中借款、买卖、保险、租赁等合同纠纷占 78.7%；积极为辖区内企业提供法律咨询和服务，提升企业的风险防范能力。

1991—2013年潍城区人民法院经济案件审结情况表

表17-7

年份	收案（件）	结案（件）	标的额（万元）	年份	收案（件）	结案（件）	标的额（万元）
1991	768	768	1599.06	2003	2850	2876	10074.1745
1992	1079	1084	3754.35	2004	3103	3130	8979.6124
1993	1471	1413	14234.30	2005	3809	3818	13500.4328
1994	1450	1380	8764.36	2006	3571	3547	10139.5975
1995	1149	1079	10924.68	2007	3513	3521	8063.037
1996	1063	1036	12939.83	2008	2654	2674	11416.23
1997	1100	1158	10723	2009	2424	2432	5022.77
1998	899	983	12207.15	2010	2143	2117	8009.3
1999	949	870	11534.78	2011	1891	1870	26311.1
2000	842	818	9163.06	2012	1067	936	19584.16
2001	905	877	11446.33	2013	1407	1225	35717.686
2002	1124	1124	6220.7081				

说明：不包括破产案件。

第五节　行政审判

1991年，区法院受理行政诉讼案件5件，全部依法撤诉处结。1992年，在原有公路巡回法庭的基础上，设立粮食巡回法庭。2005年，实行行政诉讼预备庭制度，抓好庭前准备和证据交换两个关键环节。2006年，探索推行以诉讼指导、教育引导、监督促导为内容的“三导”式协调机制，得到省、市法院的肯定与推广。2007年，以法律释明为基础,大力推行“三导”式协调机制。2012年，探索建立“诉前沟通，诉中协调，诉外疏导”的行政诉讼案件协调化解机制。2013年，审结行政诉讼案件6件，审查行政非诉执行案件24件；涉及土地征收、城建征迁等领域的案件，以协调解决方式结案的占83.2%。

1991—2013年潍城区人民法院行政案件审结情况表

表17-8　　单位：件

年份	收案	结案	年份	收案	结案
1991	4	5	2003	96	96
1992	9	8	2004	69	70
1993	14	13	2005	122	121
1994	26	26	2006	160	161
1995	12	21	2007	176	176
1996	21	20	2008	170	170
1997	30	32	2009	141	141
1998	25	25	2010	153	154
1999	45	44	2011	87	84
2000	96	98	2012	102	105
2001	63	63	2013	30	30
2002	53	51			

第六节　案件执行

1992年3月，区法院抽调30多人开展执行工作大会战。1993—1997年，区法院完善执行工作规范，制定包括审执分立、案件移送等一整套的规章制度。1995年10月23日—11月30日，区法院抽调50%的干警开展执行工作大会战。1998年，区法院被最高人民法院授予“全国法院集中清理委托执行案件先进单位”称号。2000年，实现积案为零的历史性突破。2001年，区法院被山东省高级人民法院确定为全省8个委托执行和提级执行基层法院之一。2002年4月，区法院在原执行庭的基础上成立执行局。2003年，先后推出执行长负责制、排期执行、合议执行、执行异议听证等措施，制定《执行案件流程管理规定》《执行现场规则》等制度，完善执行工作的运行、监督和管理体系。接受省高级法院指定执行案件61件，执结标的额2000余万元。对于影响社会安定和经济发展的案件、涉及企业改制的案件，探索实行债权转股权、劳务抵债等方法。2006年，区法院推行执行命令权、裁判权和实施权“三权分离”制度，并结合司法警察的警营化管理，将司法警察工作的重心逐步向执行工作转移。围绕提高执行工作的透明度，建立执行情况书面告知制度、执行“联络员”制度、执行员接访制度、执行异议听证制度等。组织开展16次集中执行行动，依法对36名拒不履行法律义务的被执行人实施司法拘留。

2011年，开始探索推进诉讼诚信体系建设，加强与相关部门在征信系统和信息领域的对接协作，共采集信用信息1100余条。2012年，设立诉讼信用信息管理中心，规范完善“信息采用评定机制”和“信息对接共享机制”。2013年，建立并完善失信被执行人名单制度，通过召开新闻发布会及在官方网站、微信上设立“曝光台”等途径，向社会公布失信被执行人信息，有14名失信被执行人因权利受限而主动履行义务。全年执结各类案件933件，标的额2.6亿余元。

1991—2013年潍城区人民法院执行案件审结情况表

表17-9

年份	收案（件）	结案（件）	标的额(万元)	年份	收案（件）	结案（件）	标的额(万元)
1991	41	37	98.70	2003	816	766	4678.993
1992	150	156	219.01	2004	875	864	9856.63
1993	127	127	228.05	2005	842	842	11313.45
1994	262	262	868.2	2006	955	956	10154.37
1995	308	308	2811	2007	1021	1022	10140.07
1996	519	519	7500	2008	625	657	4946.96
1997	672	672	5733	2009	696	696	12983.67
1998	2314	2128	9400.30	2010	524	524	7867.43
1999	111	91	500	2011	494	496	7650.95
2000	223	90	600.4	2012	509	509	15120.15
2001	1039	1072	4475	2013	933	933	26355.34
2002	752	735	3371.1459				

第七节　审判监督

1991—1996 年，共处结刑事申诉案件 54 件。1993—1997 年，共评查卷宗 9560 件，处理申诉案件 56 件，办理劳改减刑案件 47 件。1999 年，处理申诉和申请再审案件 25 件，审理再审案件 11 件。2002 年，成立审判监督庭，制定完善审判工作流程和考核机制，监督案件审判执行；开展案卷评查，定期通报评查结果，提升案件办理质量。2003 年，建立审判监督庭全程动态监督，立、审、执各环节流程监督，审委会对重大疑难案件个案监督，纪检监察部门对审判纪律作风监督相配合的“四位一体”审判质量监督管理体系；同时配套落实《审判质量考核办法》《审判委员会议事规则》《二审发改案件责任查究制度》《潍城法院十条禁令》，将审判质量监督管理化无形为有形。2010 年，加强对案件审判执行各个流程的动态和即时监控，实现从“事后监督”到“同步监督”的根本转变。2011 年，落实全国人大《关于完善人民陪审员制度的决定》，公开选拔并通过区人大常委会任命 30 名陪审员，年参与审理案件 600 余件。2013 年，设立审判管理办公室，组织审判委员会委员开展 21 次庭审直播观摩点评活动，抽查 268 起案件的裁判文书。

1991—2013 年潍城区人民法院再审案件审结情况表

表 17-10　　单位：件

年份	收案	结案	年份	收案	结案
1991	14	15	2003	10	10
1992	17	14	2004	36	37
1993	11	11	2005	2	8
1994	7	9	2006	3	2
1995	3	3	2007	10	10
1996	3	3	2008	10	10
1997	13	13	2009	12	12
1998	3	3	2010	4	5
1999	36	36	2011	6	4
2000	10	6	2012	8	7
2001	1	1	2013	12	12
2002	2	1			

第八节　立案信访

1991 年，处理人民来信 151 件次，接待人民来访 2334 人次，比上年下降 6.1%。1992 年，共接待来访 604 人次，处理来信 146 件次。1993—1997 年，共处理来信来访 6910 人次。1994 年，在告诉申诉审判庭设立立案处。1998 年始，全院实行民事、经济、执行案件统一到立案庭立案，开始实施立审、审执、审监三分离，接待群众来信来访 1519 件（次）。1999 年，接待来访 1732 人次，处理人民来信 113 件。2013 年，在全市法院率先建立诉调对接调处纠纷网络平台。实行“四心工作法”（对待当事人要热心、倾听诉求要耐心、审判案件要细心、解决问题要诚心）。实行院庭长轮流接访制度，共接待当事人来访及咨询 770 余人次。对上级交办的 57 起信访稳控案件和自身排查的 9 件信访苗头案件及时妥善化解。

第四章　司法行政

第一节　普法宣传

自 1985 年起，潍城区在公民中开展法制宣传教育五年规划。2011 年，潍城区进入第六个法制宣传教育五年规划。

“二五”普法

1991—1995 年，普法内容为“十六法，三条例，三决定”（《行政诉讼法》《义务教育法》《土地管理法》《森林法》《集会游行示威法》《国旗法》《环境保护法》《水法》《选举法》《产品质量法》《反不正当竞争法》《消费者权益保护法》《食品卫生法》《军事设施保护法》《文物保护法》《公司法》《农民承担费用和劳务管理条例》《山东省农民负担管理条例》《山东省计划生育条例》，全国人大常委会《加强社会治安综合治理的决定》《严禁卖淫、嫖娼的决定》《严惩拐卖绑架妇女儿童犯罪分子的决定》）。五年间，全区有 15 万公民接受普法教育，先后举办各种不同类型的市场经济法制理论培训班 112 次，培训人员 1.4 万余人次；95% 以上的科级以上领导干部和 1800 多名厂长（经理）、供销及财会人员、私营企业主、个体工商户接受法制培训；45 名副县级以上干部参加潍坊市法律知识考试，916 名科级干部参加山东省法律知识考试。

“三五”普法

1996—2000 年为“三五”普法时期，普法内容为“十三法，二条例”（《产品质量法》《妇女儿童权益保护法》《未成年人保护法》《环境保护法》《人民警察法》《律师法》《税法》《土地法》《森林法》《行政复议法》《会计法》《消费者权益保护法》《村民委员会组织法》《公证暂行条例》《山东省计划生育条例》）。五年间，全区 20 万公民全部接受了普法学习教育，学习 50 多部法律法规；潍城区累计举办 5 次领导干部法制讲座，听课人数累计 700 余人次；组织 340 名党政机关领导干部参加山东师范大学法律班的学习；连续 4 年对副科级以上领导干部进行统一普法考试，参考人数达 5000 人次，参考率为 98% 以上；对拟任命的 126 名干部进行任前考法，及格率为 100%；全区 17 所中学全部聘请了法制副校长。同时，下发普法试卷 13 余万份，全区参考人数 13 万；举办培训班 621 期，参加人数 7000 余人。普法期间，组织全区执法部门通过上街解答咨询、发放宣传材料、出动宣传车等形式集中进行法制宣传，累计出动宣传车辆 500 台次，发放宣传材料 16 万份，悬挂横幅 4000 条。潍城区被省委、省人大、省政府授予“‘三五’普法先进区”称号。

“四五”普法

2001—2005 年，普法内容为“十法，一决定”（《宪法》《村民委员会组织法》《行政复议法》《婚姻法》《教育法》《合同法》《产品质量法》《土地管理法》《预防未成年人犯罪法》《刑法》，全国人大常委会《关于取缔邪教组织、防范和惩治邪教活动的决定》）。五年间，全区共有 32 万公民接受普法教育，普法合格率为98.5%；举办法律培训班60余期，培训普法骨干2500余人；征订普法教材和资料2万余套，发放宣传材料18万份，悬挂横幅2000余条，解答法律咨询5.3万人次；全区近1000名副科级以上领导干部参加普法考试，110名干部参加任前考法；举办青少年法制讲座30场次，听课学生2.7万人次。潍城区被省委、省人大、省政府授予"'四五'普法先进区"称号。

"五五"普法

2006—2010年，普法内容主要为"十四法、二条例"（《宪法》《城市居民委员会组织法》《公务员法》《行政许可法》《治安管理处罚法》《道路交通安全法》《传染病防治法》《药品管理法》《城市房地产管理法》《个人所得税法》《农业法》《气象法》《妇女权益保障法》《刑法》《城市房屋拆迁管理条例》《信访条例》），共宣传相关法律法规40余部。建立20人的普法讲师团队伍、50人的普法宣讲骨干队伍、37人的法制副校长队伍、300人的村居法制宣传员队伍。每年组织全区近1000名副科级以上干部参加全省统一集中普法考试，参考率100%。五年间，累计培训普法骨干2000人次，多次开展"法律六进"（法律进机关、进乡村、进社区、进学校、进企业、进单位）活动，发放普法教材1.5万册、宣传材料20万份，上法制课100场次。

"六五"普法

2011—2013年为"六五"普法的前三年，普法内容为《宪法》、宪法相关法、民法商法、行政法、经济法、社会法、刑法、诉讼与非诉讼程序法以及与促进经济发展有关的法律法规、与保障和改善民生相关的法律法规、与宣传社会管理相关的法律法规以及与反腐倡廉相关的法律法规。2013年，先后组织法律服务团队到城隍庙社区、潘里社区、西市场社区、潍坊新成达机械有限公司等12个基层单位开展"面对面"法律服务，共解答法律咨询600余人次，发放普法手册和法律援助便民手册500余册；全区有43个行业主管部门建立了普法执法责任制；制定《2013年法治潍城建设工作要点》《2013年法治潍城建设工作检查考核办法》；开展"六五"普法中期检查督导工作，北关街道后姚社区被市委、市政府确定为全省"六五"中期检查迎视现场，副省长邓向阳莅临检查并给予充分肯定。

第二节　依法治理

1987年，潍城区实施依法治区工作。1991年，在全区开展依法治村试点。1992年年底，在全区开展"依法建制，以制治村，民主管理"依法治村活动，全区235个村普遍制定完善依法治村管理规定。1993年，在街道、居委会开展"三化"（制度化、规范化、法制化）管理、依法制街活动。城区4处街道45个居委会出台依法治理规范化规定，解决难点、热点问题216件。1995年，在农村开展"两化"（民主化、法制化）管理专项治理活动。

1996—2000年，潍城区实施《1996—2000年依法治区规划》，坚持法制教育与法治实践相结合，抓好"基层、行业、区域依法治理"三大工程建设。依法规范和完善村规民约，健全完善各项规章制度，加强普法责任制，坚持持证上岗、政务公开、错案追究制和赔偿制，全方位依法治区。90%的村（居）开展依法治村民主管理，依法治校、依法治厂（企）铺开面85%以上。

2001—2005年，潍城区实施《2001—2005年依法治区规划》，推行部门普法执法责任制，按照"谁主管，谁负责"的原则，将学习、宣传、实施的法律法规以分工包干的形式落实到各行政执法部门，全区34个行政执法部门建立普法执法责任制度，建立执法考评、执法公示、持证上岗及执法过错和错案责任追究制度。2002年9月，在全区农村推广实施"双治工程"（依法治理、以德治理），60%以上的村开展此项工程。2003年年底，开展"信用守法村户"争创活动，全区评定信用守法户6542户，占全区总户数的13%；评定信用守法村75个，占全区总村数的35%。开展“民主法制示范村”创建活动，2003年，西关街道南三里村获省级“民主法制示范村”；2005年，北关街道齐家庄获省级“民主法制示范村”。

2006—2010年，潍城区实施《2006—2010年依法治区规划》，加强对政府及部门出台文件和行政行为的规范，清理不符合依法行政要求的部门规章、办法，做好行政复议、应诉工作，推动政府法制建设。五年间，收到行政复议案件8件、行政诉讼案件7件，行政案件处结率达100%。加强依法行政建设，全区各行政执法部门建立执法责任制、错案责任追究制和执法过错责任追究制。推进行政审批改革，简化行政审批程序，加强行政审批监管。2007年，望留街道二甲王村被省司法厅、省民政厅授予省级“民主法治示范村”称号。2009年，潍城经济开发区崔家村被省司法厅、省民政厅授予省级“民主法治示范村”称号。

2011年，潍城区开始实施《2011—2015年依法治区规划》，落实《行政许可法》，加强和规范行政执法行为，对政府及部门出台文件和行政行为进行规范，全区各行政执法部门建立执法责任制、错案责任追究制。开展“民主法治社区”“法治城市”创建活动，推进依法治区进程。2012年，开设“局长论坛”，部门主要负责人轮流为全区各部门主要领导干部及相关企业主要负责人讲课。同年，南关街道西市场社区被省司法厅、省民政厅授予省级“民主法治示范村”称号。

第三节 人民调解

潍城区贯彻“调防结合，以防为主”的人民调解工作方针，把预防纠纷激化和防止“民转刑”案件作为工作重点。至1996年年底，全区281个村（居）民委员会全部建立人民调解委员会，配有调解干部1130余人，配置纠纷信息员4000余人。全区基层调委会共受理调处各类民间纠纷3229件、化解纠纷苗头2007件，其中婚姻、赡养、债务纠纷比较突出，分别是627件、689件和597件；共防止“民转刑”案件52起，避免非正常死亡21人。

1996—2003年，全区共化解各类纠纷6200余件，调处成功率98%以上，防止纠纷激化597件，无一起“民转刑”案件。2004—2010年，按照中办发《关于加强新时期人民调解工作的意见》、司法部《人民调解工作若干规定》和中央、省、市人民调解工作会议精神，基层调委会全部实行徽标、标牌、印章、文书、人民调解员证“五统一”，人民调解工作走上规范化轨道。2007年，加强村、居调解员的学习培训，建立人民调解员台账，对全区1000多名调解员登记造册，推进基层调解组织的规范管理。各基层调委会共调解各类民间纠纷2667件，调解成功率为97%，防止“民转刑”案件11起14人，化解各类纠纷苗头1430余件。

《中华人民共和国人民调解法》于2010年颁布实施后，潍城区从2011年开始调整、充实基层调解组织。至2013年年底，全区共有基层调解委员会271个、调解员3724名，区、街道（开发区、管理区）、村（社区）、小组四级调解组织网络健全。加强人民调解机制创新，在区法院、潍城交警大队等10个部门分别设立行业性、专业性人民调解组织。2013年，共调处行业性、专业性、民企之间纠纷508件。创新调解工作机制，选派20名律师和20名基层法律服务工作者到全区252个村（居）调委会担任调解员，提高依法化解矛盾纠纷的能力和水平。坚持区每月、街道（开发区、管理区）每10天、村（社区）每日开展矛盾纠纷排查活动，全年共排查调处各类民间纠纷1785件，调解率和调解成功率分别为98%和96%以上。

第四节 基层法律服务

1987年，在全区乡镇设立法律服务站。1988年7月，在街道普遍设立法律服务工作站。1994年1月，乡镇（街道）法律服务站（工作站）更名为乡镇（街道）法律服务所，工作人员称基层法律服务工作者。2000年，法律服务所全部改制为中介机构。2013年，全区共有10个基层法律服务所、63名基层法律服务工作者。

1991—1995年，全区基层法律服务所累计上法制课800场次、代理诉讼3207件、非诉讼代理4868件。1996—2000年，累计上法制课920场次、代理诉讼3358件、非诉讼代理5312件。2001—2005年，接待群众来访10350人次；基层法律服务工作者累计代理诉讼3790件，非诉讼代理6396件，办理法律援助案件528件。2006—2010年，共解答法律咨询4600人次，参与诉讼和非诉讼代理10061件，为顾问单位避免和挽回经济损失近1亿元。2011—2013年，共解答法律咨询1425人次，参与诉讼和非诉讼代理628件，为顾问单位避免和挽回经济损失近132万元。

第五节　安置帮教

潍城区贯彻“帮教社会化，就业市场化，管理信息化，工作职责规范化”的工作思路，把预防和减少犯罪作为工作重点。2004—2010年，全区累计接纳刑释解教人员290人，安置率为86%，帮教率达100%。2011年，建立刑释解教人员安置帮教基地1个，全区5年内刑释人员、3年内解教人员291人，全部落实教育矫正和帮教措施。2012年，实现刑释解教人员信息管理平台上下级对接，建成过渡性安置帮教基地2个，全区5年内刑释人员、3年内解教人员330余人，全部落实安置帮教措施，安置率、帮教率分别为80%和100%。2013年，有过渡性安置帮教基地2个，全区5年内刑释人员、3年内解教人员440余人，全部落实安置帮教措施，安置率、帮教率分别为82%和100%。

第六节　社区矫正

2008年11月，潍城区社区矫正工作办公室成立，负责开展社区矫正工作。2009年8月，按照最高人民检察院、最高人民法院、公安部、司法部联合下发的《关于开展社区矫正试点工作的通知》以及省、市、区社区矫正工作意见，成立由区委分管领导和有关部门领导组成的潍城区社区矫正工作领导小组，印发《潍城区社区矫正试点工作意见》，制定《潍坊市潍城区社区矫正工作细则》。先行试点的望留街道和北关街道分别成立街道社区矫正工作领导小组和街道社区矫正工作办公室，在各村（居）指定专门人员负责社区矫正相关工作。同年，两处试点街道对社区矫正对象全部登记造册，逐人建立社区矫正对象档案，逐一形成社区矫正对象矫正个案书；对接管的45名社区矫正对象进行全面教育，矫正效果良好。2009—2012年，社区矫正试点工作顺利开展，全区共接收社区矫正人员190余人，累计解除60余人。2012年3月，潍城区全面推开社区矫正工作，全区9个司法所分别对各自辖区社区矫正人员进行摸底排查，接收符合条件的社区矫正人员。2013年，全区共接收社区矫正人员460余人，累计解除120余人。

第七节　公　证

1991—1996年，全方位拓展公证服务渠道，共办理国内民事、国内经济、涉外公证52130件，其中民事公证46301件、经济公证5133件、涉外公证696件。1996—2000年，公证处在潍城区城市征迁安置过程中参与现场监督，办理继承、赠与等业务2000余件。为农村经济发展提供法律服务，累计办理承包合同公证1781件。2001年，《最高人民法院关于民事诉讼证据的若干规定》出台，累计办理证据保全公证493件。2001—2003年，公证业务向婚前财产约定、离婚协议等领域延伸，共办理上述公证事项3923件。2003—2005年，公证业务拓展延伸到政府采购、重点工程招投标、社会福利事业等领域，累计办理有关公证事项751件。2001—2005年累计办理公证15066件。2006—2008年，共办理公证14589件，其中国内民事6791件，国内经济2122件，涉外公证5676件。2009年后，公证处开始使用天正公证信息管理系统办公，提高了公证处的管理水平和工作效率。2009—2013年，共办理公证事项19826件。

第八节　律　师

1991年，潍城区法律顾问处改为潍坊市第二律师事务所。1995年11月，潍坊市第二律师事务所更名为潍坊大鹏律师事务所。2000年，潍坊大鹏律师事务所改制为中介机构，更名为山东维诚律师事务所。同年，成立山东昌潍大鹏律师事务所。2001年，成立山东日中律师事务所。2005年，成立山东国欣律师事务所。2013年，全区有4个律师事务所、50名律师。

1991—1995年，解答法律咨询3700人次，为69家单位常年担任法律顾问，审查、修订经济合同437份，提供法律建议628条，办理诉讼案件693件、刑事辩护132件，累计挽回、避免经济损失800余万元。1996—2000年，为84家单位常年担任法律顾问，审查、修订经济合同963份，依法追回欠款1846万元，避免和挽回经济损失1720万元，办理诉讼案件1100件、刑事辩护165件。2001—2005年，为109家单位常年担任法律顾问，避免和挽回经济损失1.5亿元，办理诉讼案件1690件、刑事辩护371件。2006—2010年，为118家单位常年担任法律顾问，避免和挽回经济损失2.1亿元，办理诉讼案件2660件、刑事辩护460件。2012年，组织开展“律师事务所规范化建设年”、律师“进百企包千村联万户”活动。2011—2013年，为62家单位常年担任法律顾问，办理各类律师事务5339件、法律援助案件896件、诉讼案件2470件、刑事辩护310件。

第九节　司法鉴定

2012年10月，潍坊市司法鉴定机构实行属地管理，潍坊泰诚建筑工程司法鉴定所（以下简称“鉴定所”）由潍坊市司法局管理改为潍城区司法局管理，有司法鉴定人员11人。鉴定所设办公室、接待室、检查室、档案室。2012—2013年，共办理鉴定业务479件，采信率达100%。

第十节　法律援助

1999年9月，设立潍城区法律援助中心，为司法局所属股级全额预算管理事业单位，编制5人，全区法律援助工作随即启动。潍城区法律援助中心成立后，在镇、街道设立法律援助工作站9个，在全区256个行政村（居）组建法律援助联络员1024人。全区建立以律师、法律工作者为主体的法律援助专业队伍，开通“12348”专线法律服务电话，为群众提供法律援助。宣传《法律援助条例》及省、市相关的配套措施，为老年人、妇女、儿童、残疾人、失业下岗工人、军人军属等开展法律援助工作。至2009年年底，全区律师和法律工作者共办理法律援助案件960余件。2010—2011年，共承办400件法律援助案件，区法律援助中心获“潍坊市文明法律援助中心”称号。2012年，在全区开展“法律援助为民服务创优年”“法律援助案件质量监督年”专项法律援助活动，将农民工、零就业家庭、残疾人、老年人、妇女、未成年人等列为重点援助对象，拓展法律援助工作的覆盖面。创新服务方式，推行电话申请、网络申请、邮寄申请、上门受理等服务方式，建立案件质量满意度评价制度、投诉查处机制、资深律师点援制。全年共承办280件法律援助案件，区法律援助中心获“全市司法行政系统先进集体”称号。2013年，潍城区落实新《刑事诉讼法》法律援助相关规定，开展农民工、妇女、儿童、残疾人、老年人等重点人群专项活动，开展法律援助便民服务示范窗口创建活动，适时调整法律援助经济困难标准。实施《潍城区法律援助案件质量监督办法》，实现法律援助信息化。全年办理法律援助案件310件，区法律援助中心获市级“文明法律援助中心”称号。

第五章　武　装

第一节　潍坊市潍城区人民武装部

1984年，设潍坊市潍城区人民武装部，为正团级，内设军事科、政工科、后勤科。1987年1月，改归地方建制，为副县级，全称为山东省潍坊市潍城区人民武装部，内设办公室、军事科、政工科。1989年，设立潍城区民兵训练基地和潍城区民兵装备仓库2个事业单位，编制分别为3人和1人。1994年区划调整后，山东省潍坊市潍城区人民武装部从东风东街111号迁址至向阳路204号。1996年3月，收归部队建制，称中国人民解放军山东省潍坊市潍城区人民武装部（以下简称“区人武部”），为正团级，内设机构恢复至1986年6月以前设置；潍城区民兵训练基地编制8人，潍城区民兵装备仓库编制6人。2006年11月，区人武部在区农村信用合作联社成立潍坊市第一家股份制金融企业武装部。2009年4月，在山东科技职业学院、山东经贸职业学院组建武装部，并举行挂牌仪式。2011年4月，山东省潍坊商业学校成立武装部。2012年，潍城区民兵训练基地编制调整为10人，潍城区民兵装备仓库编制调整为7人。2013年，潍城区人民武装部内设军事科、政工科、后勤科，下辖潍城区民兵训练基地、潍城区民兵武器装备仓库2个事业单位。

1991—2013年潍城区人民武装部政委、部长任职情况表

表17-11

职务	姓名	任职时间
政委	丁振邦	1986.6—1996.4
	宋修华	1996.4—2000.12
	王春雷	2000.12—2005.3
	马文远	2005.3—2007.1
	韩德信	2007.1—2008.1
	董承森	2008.1—2010.4
	刘本河	2010.4—
部长	王振明	1983.8—1993.4
	栾维增	1993.4—1994.10
	邵　利	1994.10—1996.4
	徐忠发	1996.4—1999.1
	崔　刚	1999.1—2001.3
	王树乾	2001.3—2002.12
	陈德刚	2002.12—2006.1
	董承森	2006.1—2008.1
	冀团元	2008.1—2009.1
	张丛臣	2009.1—2011.3
	黄佳戈	2011.3—2013.2
	杨发军	2013.2—

第二节　兵　役

潍城区重视征兵工作，把每年的征兵工作列入党委、政府的议事日程，主要领导亲自抓，分管领导靠上抓，及时解决征兵中遇到的困难和问题。区人武部每年定期召开兵役登记会议，制定兵役登记方案，通过公布通告、广泛宣传等做好发动工作，采取集中登记、设站登记等方法，完成对适龄青年的登记工作。按照国务院、中央军委下达的征兵命令及省、市分配的征兵任务，组织适龄青年报名应征。经过测量、体格检查、化验、心理测试、走访、政审、定兵、发放入伍通知书等环节，集结新兵并输送部队。1991年至1996年3月，潍城区连续5年无责任退兵。1995年，有1人被山东省征兵办公室评为“征兵工作先进个人”。自1998年始，军队院校从高考学生中择优录取部分学员。2004年，以确保兵员质量为核心，以廉洁征兵为重点，圆满完成征兵工作，被潍坊市人民政府和潍坊军分区评为“2004年征兵工作先进单位”。2006年，征兵任务重，区人武部党委统一思想，严把程序和标准，顺利完成征兵工作。2007年，征兵工作自10月开始，全区青年积极报名，经基层武装部选拔，全区应征青年上站体检，高中（含中专、技校、职专）以上学历占56.4%；大专以上学历占6.2%。通过走访、政审，完成新兵的征集任务，高学历人数比例明显增长。2010年，征兵工作分两个阶段：4月至8月上旬，从大专院校直招士官；冬季征兵自10月开始。经基层武装部选拔，全区应征青年上站体检。征兵期间，按照上级要求，公开2部举报电话，在区人武部门口和体检站设立举报信箱。2013年，针对新形势、新情况、新问题，制定《2013年度征兵工作实施计划》，细化规范全年征兵工作的重点内容、时间节点和标准要求，开展兵役登记、网上预征、业务骨干培训、直招士官等工作，全区应征青年上站体检，其中大专以上学历占33%。

第三节　民　兵

民兵组织

1991年后，区人武部按照便于领导、便于行动、便于执行任务的原则，根据城乡行政、生产组织、劳动力流向的变化，对民兵组织进行整顿。对年龄为18～28岁的退出现役的士兵、经过军事训练和军队专业对口符合基干民兵条件的编入民兵组织，29岁以上的基干民兵转入普通民兵，35岁以上及身体、政治不合格的退出民兵组织。1998年，在国有大型企业、街道和镇企业、“三资”企业、股份制企业中编组基干民兵。1999年，建立专业对口技术分队。2001年，制定《关于城市社区民兵建设的暂行办法（试行）》，社区民兵参加“两个文明”建设，参加社区巡逻、执勤、参加抢险救灾、配合公安维护社会治安。社区建民兵连，连指导员由居委会党支部书记兼任，连长由居委会班子中年轻且有一定军事基础的人员担任。2002年，为适应新时期战争和社会需要，分别建立区、街道、镇民兵应急分队。2004年5月，按照总参命令和潍坊军分区的要求，组建民兵高炮营和应急营，明确人员、任务和标准。2005年，按照“平战结合，专业对口，均衡负担，动员快速”的组编原则，及时调整民兵应急分队、专业技术分队和防空分队的人员机构与编制。2006年3月初至4月上旬，按照搞好筹划、调查摸底、拟定方案、下达通知、抓好督导的步骤，组织、指导基层武装部开展民兵组织整顿工作。通过整组，全区民兵应急分队、专业技术分队、对口专业分队的布局更加合理，基层民兵连进一步完善，民兵预备役基础建设得到加强。2007年，结合民兵应急分队担任军分区战备值班任务，重点加强民兵应急分队建设，配强人员、配齐器材。基干民兵的种类由应急分队、专业技术分队、对口专业分队调整为作战队伍、应急队伍、勤务保障队伍、其他队伍。2008年，组织召开基层民兵工作会议，对基层武装部、民兵连（营）和应急连部的全面建设制定具体达标实施方案。同年11月底，潍坊军分区达标检查组对第一批达标单位进行验收检查，潍城区接受检查和抽查的单位全部达到基层规范化建设的要求。2009年4月，结合民兵整组工作，对全区基层武装部部长进行调整，4名部长改任副局长或街办副主任，3名副部长提拔为部长，并从全区年轻的转业干部和退伍士兵中选拔2名副部长，改善了干部结构。组建60人的民兵摩托化应急分队，配备对讲机、灭火器、救生衣、警棍、盾牌、钢盔、迷彩队服等装备器材。2010年，针对部分基层武装部基础设施老化、功能不完善、不齐全的问题，区人武部采取试点规范、重点帮抓、观摩评比等方法，对基层武装部、民兵连（营）、企业民兵组织的建设进行规范，并协调经费40余万元，对部分基层武装部的电脑、打印机、文化资料柜、办公桌椅等进行更新，基层武装部在潍坊军分区的抽检中全部合格。2013年，潍城区基干民兵分为应急队伍、支援队伍、储备队伍。潍城区政府拨款18万元，整修战备器材库，为应急分队补充完善了班用帐篷、救生衣、防暴器具和单兵携行具等战备物资器材。

军事训练

1991—1996年，区人民武装部根据军事训练大纲对不同专业的训练要求，制订详细的训练计划，成立教学组、保障组、行管组等教学保障组织，并从驻潍部队聘请教练员施教。训练主业为高炮、步兵、通信、工兵、侦察等，参训民兵的训练成绩全部为良好以上。1991年，重点加强基干民兵和专业分队的训练。1992年4月，在潍坊军分区组织的民兵“四会”（会讲、会做、会教、会做思想工作）教练员教学比赛中，区人武部参加5个单项比赛，获3项第一名，并获团体总分第一名。1994年6月，潍城区民兵在山东省军区组织的高炮标图作业、读报、指挥和枪代炮射击考核中获全优成绩。1999年，以民兵干部、民兵应急分队和专业技术分队训练为重点。民兵应急分队训练突出提高快速反应和成建制执行应急任务的能力。专业技术分队训练突出智能、技能训练。按照对口分队的不同特点，进行军事基础补差和民用高科技接口转换训练，利用地方器材设备训练民兵的军事技术和战术，提高执行任务的能力。2003年，加强民兵干部、民兵教练员、民兵应急分队、民兵专业技术分队和民兵对口专业技术分队的训练，组织民兵应急分队200人、对口专业分队55人、民兵干部20人参加军事训练，合格率为100%。参加全省民兵高炮分队实弹战术演习，在全省20个参演单位中名列榜首。2004年，高技术分队、民兵应急分队、专业技术分队、对口专业分队的训练考核合格率达95%以上。同年11月，在全市民兵预备役技能比武中，潍城区“三防”（防电子干扰、防精确打击、防侦察监视）科目获得第一名。充分发挥民兵应急分队的作用，全年多次完成市区重要活动的现场警卫以及抢险救灾、打击非法传销、城市道路绿化等任务。2005年，加强民兵应急分队训练演练，参加潍坊国际风筝会执勤和打击非法传销活动。民兵应急分队建设经验得到军分区首长的表扬并予以推广。民兵预备役训练严格按照军事训练大纲的要求，突出基础训练和专业课目训练，在区人武部考核验收中，合格率为100%，优良率为87%。同年8月，区民兵高炮营分队参加山东省军区组织的民兵高炮分队实弹战术演习，获得山东省军区第一名。2006年3月，组织30名新任职民兵连、排职干部进行为期一周的集训，集训以提高业务工作和本级组织指挥能力为重点，20人在考核中获得优秀，10人在考核中获得良好。在训练课目方面，注重民兵专业技术分队遂行应急任务课目演练的训练，并对潍城区担负的民兵阅兵方队、步枪对翻转靶射击、气象侦察、气象车展示和民兵高炮分队防空火力打击等5个演示课目统筹协调，编制演练实施方案和配档计划，编写训练教案。同年9月，参加山东省民兵预备役部队专业技术分队军事训练观摩会演，分别获得一等奖1个、优秀奖1个。2007

年，军分区首长机关开展3次拉动演练，民兵应急分队人员齐、行动快、装具齐全，得到上级机关的肯定。根据保障全国民兵新大纲集训的要求，区人武部担负气象保障分队训练演示课目等任务，组织以气象保障分队训练、轻武器实弹射击为重点的4个演示科目训练，全体参训人员全力投入训练。全年完成民兵训练6期，经集中考核，合格率为100%，优良率为90.8%。2008年2月，区人武部组织民兵连排长、民兵教练员进行以理论知识、四会教学、微机常识为主要内容的集训。3月，区人武部对10名民兵教练员进行集中训练。9月，区民兵高炮分队代表潍坊军分区参加山东省民兵高炮分队实弹战术演习，有效弹迹均在80%以上，获得第一名，被省军区表彰为“阵地管理先进单位”。2011年9月，区民兵高炮分队参加由省军区组织的实弹战术演习，获得“实弹战术演习优胜单位”称号。2012年，区人武部对全区247名民兵连长进行军事技能、本职业务和组织指挥培训。2013年，区民兵应急分队参加山东省实战背景下应急演练，提高了快速反应和组织指挥能力。组织民兵教练员、民兵连排长及应急分队、对口专业技术分队等5支分队训练，实训基干民兵优秀率为82%，所训科目均为及格以上，人均完成入队训练24小时，单兵训练40小时。

民兵教育

1991—1996年，全区基干民兵参加学习教育到课率为95%以上，普通民兵到课率为90%以上。1995年，城关街道民兵营被潍坊军分区政治部评为“基层民兵政治教育先进单位”。自2000年始，民兵政治教育以“四课”为主：第一课，认清新世纪新阶段军队历史使命的重大意义，切实增强学习贯彻的自觉性；第二课，理解新世纪新阶段军队历史使命的科学内涵，自觉把思想统一到军委的决策上来；第三课，弘扬民兵光荣传统，积极履行职责使命；第四课，践行《民兵誓词》，争做合格民兵。2005年，区人武部采取灵活多样的形式，对民兵进行以中共十六大精神、国际国内形势及爱国主义、革命人生观、职能任务为核心的教育。全年组织民兵预备役人员观看各种教育录像片10余套。2006年，结合训练任务，在干部职工和民兵预备役人员中集中开展履行历史使命、社会主义荣辱观教育和学习贯彻党章活动。《潍城区人武部党章学习立足实际解决问题》被潍坊军分区转发学习。2010年，围绕“三个提供，一个发挥”（军队要为党巩固执政地位提供重要的力量保证，为维护国家发展的重要战略机遇期提供坚强的安全保障，为维护国家利益提供有力的战略支撑，为维护世界和平与促进共同发展发挥重要作用）的历史使命，打牢民兵预备役人员高举旗帜、听党指挥、履行使命的思想政治基础，结合创建学习型街道、社区，在专武干部和民兵干部队伍中广泛开展学业务、学文化、学高科技、学市场经济知识等活动，并鼓励他们参加社会各类函授和自学考试，改善知识结构。当年，全区有8名专武干部和42名民兵营（连）长参加大专、本科学历教育。采取请进来教、走出去学等形式，组织专武干部和民兵干部先后4次参加军事理论、兵役动员法规、信息化知识、指挥自动化系统应用等课目的学习。2011年，采取参加上级集中辅导、邀请专家辅导、参观学习等多种方式，民兵预备役人员将“忠诚于党”落实到爱岗敬业中，将“热爱人民”落实到和谐社会建设中，将“报效祖国”落实到提高打赢能力中，将“献身使命”落实到爱军精武中，将“崇尚荣誉”落实到正确对待利益得失中。2012年，根据民兵预备役建设的实际，有针对性地设置课题、开展研讨活动，先后开展“履行使命靠什么，岗位建功怎么干”等大讨论。

第四节　预备役

预备役士兵登记

预备役士兵，包括退出现役被确定服预备役的士兵和经过兵役登记、符合服现役条件未被征集的公民。1991年起，潍城区根据《中华人民共和国兵役法》和《民兵工作条例》的规定，凡18～35岁符合服兵役条件的男性公民，除应服现役的以外，编入民兵组织服预备役；未建立民兵组织的单位，按照规定对符合服兵役条件的男性公民进行预备役登记。将年龄为18～28岁的男性公民编为基干民兵，29～35岁的编为普通民兵。根据需要，吸收女性公民参加基干民兵。1992年，潍城区对退出现役的服预备役的战士进行首次登记。1991—1997年，潍城区将经过军事训练的基干民兵和预备役登记的退伍军人中的专业技术人员，年龄在28岁以下的，皆编入第一类预备役；29～35岁经过军事训练的民兵及退伍士兵，编入第二类预备役。1998年始，根据第一次修订后的《中华人民共和国兵役法》，将35岁以下经过登记服士兵预备役的退出现役的士兵、35岁以下经过登记服士兵预备役的地方与军队专业对口的技术人员以及其他编入预备役部队和预编到现役部队的28岁以下的预备役士兵，编为第一类士兵预备役；除服第一类士兵预备役的人员外，编入民兵组织的人员和其他经过登记服士兵役的、35岁以下的男性公民，编为第二类士兵预备役。2003年，对预备役退伍军人重新进行登记和新编码录入。此后至2013年，持续对退出现役的服预备役的士兵按规定进行登记。

预备役军官登记

潍城区根据《中华人民共和国预备役军官法》规定，预备役军官登记由区人武部办理。退出现役转入预备役的军官、退出现役确定服军官预备役的士兵以及确定服军官预备役的高等院校毕业学生，在到达工作单位或居住地之后的30天内，到区兵役机关办理预备役登记。从1991年起，对1989年以后符合条件的转业干部进行预备役登记。此后至2013年，按规定持续对预备役军官进行登记。

预备役部队

预备役部队主要由现役军人、预备役官兵组成，实行军队与地方党委、政府双重领导制度。预备役部队平时按照规定进行训练，必要时可以依照法律规定协助维护社会秩序，战时根据国家发布的动员令转为现役部队。2005年3月，南关街道、西关街道和潍坊市第三运输公司（以下简称“三运公司”）为陆军预备役高射炮兵团汽车连编组单位，连部设在西关街道。政治指导员由西关街道党工委分管武装的副书记担任，副政治指导员由南关街道党工委分管武装的副书记担任，副连长由三运公司武装部部长担任，司务长由三运公司财务科科长担任，文书、卫生员由西关街道抽调人员进行预编。预编士兵从退伍军人和基干民兵中选配，年龄不超过35周岁，专业对口率达到80%，转业退伍军人比例达到50%，党员团员比例达到60%，最大限度地保证了预编质量。

第五节　国防教育

1986年3月，潍城区成立国防教育领导小组。1990年7月，对国防教育领导小组进行适当调整，并更名为潍城区国防教育委员会，由区委分管国防教育工作的1名副书记兼任主任，区人武部政委、部长、区政府1名副区长兼任副主任；区人武部副部长、区委副秘书长、区政府副秘书长和民政局、广播局、教育局、工会、妇联、文化局、团委、区直机关党委分管负责人及人武部军事科科长、政工科科长等任委员，共17人。下设办公室，设在区人武部政工科，编制2人，由政工科长兼任办公室主任。2013年，潍城区国防教育委员会办公室设在潍城区人武部政工科，由政工科长兼任办公室主任。

潍城区按照《国防教育法》《山东省国防教育条例》的规定，开展辖区内国防教育工作。1991年10月，国家教委、中央宣传部、解放军总政治部、团中央在潍城区召开全国小学和初中学生国防教育现场研讨会，潍坊五中在会上作《在奋进中探索初中国防教育之路》的典型发言。从1994年开始，每年8月为开展国防教育活动月，组织国防知识竞赛活动。同年，参加全国国防知识竞赛和潍坊市国防知识竞赛，区国防教育委员会办公室被市国防教育委员会评为“先进单位”。1996年11月，在全市国防教育理论研讨会上，区人武部撰写的《国防教育重在教育内容的落实》、潍坊五中撰写的《“结合”与“渗透”是学校国防教育的有效途径》被市国防教育委员会评为三等奖。2004年，潍城区重新成立国防教育领导小组，加强对全区国防教育工作的组织、协调和指导。利用基干民兵“四课”、普通民兵“两课”教育，腾出10%的训练时间，采取刊授、面授等多种形式，学习政策，了解形势，提高业务素质。落实专项经费，在区广播电台、电视宣传中心开设国防教育专题节目，在初中以上学校开设国防教育课，区委党校也把国防教育纳入干部培训的重要内容，国防知识在全区各个层面得到推广。2005年，以“三个代表”重要思想和科学发展观为指导，以贯彻落实《国防教育法》为主线，通过国防课、新闻宣传、军事日、军训、表彰典型等形式开展国防教育宣传活动，在国防教育日、重大节日和征兵宣传日，利用报刊、电视台、电台等媒体，开设国防教育专栏和专题节目进行国防教育。全年共张贴悬挂宣传口号、横幅900余幅，制作宣传板块100余块，举办专题讲座和知识竞赛10余场，报刊、电台、电视台开设国防专栏、专题4个，发放国防教育宣传材料1万份，受教育群众达20余万人。2006年，结合全民国防教育，组织开展纪念红军长征胜利70周年等系列活动。同年9月，在东风街（亚星桥至月河路段）进行国防教育宣传，潍坊军分区、潍坊市及潍城区的领导参加宣传活动。全区教育系统国防教育的做法，在《山东国防教育报》《黄河民兵》刊登。2007—2012年，全区国防教育工作持续正常开展。2013年，扎实开展“学习贯彻党章，弘扬优良作风”“坚定信念，铸牢军魂”主题教育活动。先后在《中国国防报》《中国民兵》《前卫》《黄河民兵》等各级新闻媒体刊发报道30余篇、新闻专题3个，其中有5篇新闻报道被全军政工网评为优秀稿件。

第六节　人民防空

潍城区境内的人民防空工作由潍坊市人民防空办公室（以下简称“市人防办”）统一负责。

人防工程

1991年后，市人防办按照《潍坊市人防建设与城市建设相结合规划》《中华人民共和国人民防空法》《山东省实施〈中华人民共和国人民防空法〉办法》，加强人民防空建设。截至2013年，在中心城区（潍城为中心城区之一）先后建设部分人防工程并投入使用，为战时指挥通信、人员掩蔽和物资储备提供保障。

通信警报

1991年2月，市人防办将13台防空警报器实施社会化管理，指定专人维护，由市人防办定期检查、培训。1996年10月，为庆祝《中华人民共和国人民防空法》发布，市人防办组织防空警报试鸣。1998年6月，潍坊市政府决定每年6月15日为潍坊市城区防空警报试鸣日。此后至2013年，潍城区按照有关要求，在每年城区防空警报试鸣日前5日向全区发布警报鸣放公告，在试鸣日利用警报发放系统发出防空警报信号。

宣传教育

1991年，全省中学“三防知识教育制度化、规范化教学经验交流会”在潍坊召开，潍城区的潍坊五中、潍坊七中进行现场教学示范。1991—2013年，潍城区采取多种宣传形式，在全社会营造浓厚的人民防空舆论氛围，让人民群众接受人防教育。1998—2013年，每年防空警报试鸣日（6月15日）前后，利用报纸、广播电台、电视台等新闻媒体宣传人民防空法律法规、警报类型及疏散常识。

第十八编

民　政

1991—2013 年，潍城区民政工作适应经济社会发展变化，积极探索创新，取得显著成效。基层自治组织建设、“双拥”（拥军优属、拥政爱民）工作、优抚安置、社会救济、社会福利、社会养老服务、婚丧管理、民间组织管理、地名与界线管理等得到长足发展。潍城区获得“全国双拥模范城”“全国养老服务示范活动示范单位”“全省养老服务社会化示范单位”“全省双拥模范区”等称号。

第一章　基层自治组织建设

第一节　基层民主改革

1993 年 3 月，潍城区第四届村民委员会换届选举呈现“三个突破”：在选举方式方面，突破过去乡镇政府指定、村民举手通过的做法，把村民委员会选举权切实地交给选民；在候选人的推荐方面，突破过去由党支部向选民介绍候选人的做法，变为候选人自我介绍和发表竞选演说；在选举原则方面，突破过去等额选举的做法，改为差额选举。1998 年，《中华人民共和国村民委员会组织法》和《山东省村民委员会组织法》的颁布实施，为潍城区村民委员会换届选举提供了法律依据。2007 年，全区村民自治活动渐趋规范，自治组织不断加强，自治组织体系、自治制度日趋完善，自治权利得到落实，民主选举、民主管理、民主决策、民主监督更加程序化、民主化、规范化。村民代表由村民依法选举产生，村民会议、村民代表会议的职权与议事决策范围得到明确，“一事一议”的程序更为完善。推行村民代表联系农户制度，群众了解村务运作、直接参与村级事务管理、反映意见建议的渠道进一步畅通。推行违反村务决策程序责任追究制度，为贯彻落实村民会议或村民代表会议所形成的决议提供制度保障。民主管理制度进一步健全，依据法律、法规和政策，全区所有村重新修订《村民自治章程》和村规民约。制定完善村级财务管理制度和民主理财制度，农村财务工作流程得以规范。民主监督制度进一步健全，推行政务、村务公开，探索推广财务、现金、票据“三代管”，财务收支、财产及债权债务、收益分配等“十公开”，依法决策、依法管理等“九依法”；推行农村村、组集体组织及所属单位的财务收支和经营管理活动审计管理制度；建立健全村委会报告工作、村干部述职、民主评议村干部、村组干部离任审计以及违规过失责任追究等制度。同年 9 月，第九届村民委员会换届选举，首次提出“书记、主任一人兼”，鼓励村委会成员参与村党支部选举，鼓励“两委”成员交叉任职，农村干部职数进一步精简。2012 年，建立居民协商制度，完善居民自治制度体系。坚持先民主协商、后民主决策，建立健全居民协商制度，形成民主选举、民主协商、民主决策、民主管理和民主监督“五位一体”的居民自治制度体系。凡是涉及居民切身利益的事项，由社区党组织、社区居民委员会组织开展协商，取得一致意见并形成协商成果后组织实施。

第二节　村（居）民委员会换届选举

村民委员会换届选举

1993 年，第四届村民委员会（以下简称“村委会”）换届选举。1996 年，第五届村委会换届选举。1998 年，第六届村委会换届选举，本次换届选举是潍城区第一次进行村委会直选，全区选举产生村“两委”（村党支部委员会、村民委员会）成员 518 名，平均年龄 47.1 岁，其中高中以上学历 359 人，占总数的 69.3%，86% 以上的村党组织书记和 88% 以上的村“两委”成员达到“双高双强”（政治觉悟高、群众威信高，服务能力强、纪律作风强）标准。30 名区级农村致富带头人中，有 14 人进村“两委”班子，占 46.7%。村“两委”成员交叉任职比例达 91.5%，村党组织书记和村委会主任“一人兼”比例达 90.7%，村均干部职数 3.01 职。2001 年、2004 年、2007 年分别进行第七、八、九届村委会换届选举。2011 年，第十届村委会换届选举，全区选举产生村“两委”成员 1102 名，平均年龄 45.6 岁，其中高中以上学历 781 人，占总数的 71%，89.12% 的村党组织书记、85.36% 的村委会主任、82.67% 的村“两委”成员达到“三高三强”（政治素质高、文化水平高、群众威信高，发展能力强、服务能力强、协调能力强）标准，女性进村委班子率为 100%。村“两委”成员交叉任职比例为 68.3%，村党组织书记和村委会主任“一人兼”比例为 85.66%，村均干部职数 4.4 职。

居民委员会换届选举

1993 年，潍城区第四届社区居民委员会（以下简称“居委会”）换届选举，全区 104 个居委会选出居委会成员 422 人，书记、主任“一人兼”的有 44 人。1996 年，全区 46 个居委会进行第五届换届选举，选出居委会成员 164 人，书记、主任“一人兼”的有 38 人。2000 年，第六届居委会换届选举，选出居委会成员 171 人，推选出居民代表 2460 人。2003 年，进行第七届居委会换届选举，56 个社区居委会选出居委会成员 199 人，书记、主任“一人兼”的有 46 人，社区“两委”（社区党支部委员会和社区居民委员会）成员交叉兼职的有 86 人。2004 年，第八届居委会换届选举，选出居委会成员 197 人，书记、主任“一人兼”的有 49 人，“一人兼”比例为 89%，“两委”成员交叉兼职的有 90 人，占 38%。2008 年，第九届居委会换届选举，80 个社区居委会选出居委会成员 425 人，书记、主任“一人兼”的有 51 人，“两委”成员交叉兼职的有 227 人。2011 年，第十届居委会换届选举，80 个社区居委会选出居委会成员 456 人，书记、主任“一人兼”的有 60 人，“两委”成员交叉兼职的有 325 人。

第三节　村（社区）居民自治

1990 年 1 月，潍城区依据《村（居）委会组织法》，依法加强村（居）民委员会的组织建设、制度建设和干部队伍建设，改善村（居）委会的办公条件，提高干部的生活待遇，开展社区服务和社区建设，推进“自我管理，自我教育，自我服务”。同年，在全区开展“民主选举，民主决策，民主管理，民主监督”宣传活动。1992 年，建立居、区单位联席议事会制度，由居委会牵头，组织居民代表和辖区单位负责人每半年召开一次联席会议。同年，重点整顿瘫痪、半瘫痪村（居）委会班子，全区 98% 的村（居）委会组织制度得到进一步健全。1994 年，区政府下发《潍城区居委会工作制度》《关于进一步加强居委会建设的通知》《潍城区村（居）工作规范》，明确村（居）委会的职责任务，强化对班子及成员的教育管理监督。实行民主评议村（居）委会干部制度，村（居）民代表每年民主评议“两委”干部不少于 2 次。1995 年，按照典型引路、抓点带面、抓两头促中间的思路，深化居民自治，85% 以上的居委会达到潍坊市示范居委会的标准，南关街道获“全省齐鲁街道之星”，曹家巷居委会、东北关居委会被省民政厅、人事厅评为“山东省模范居委会”。2000 年，全区共有33个小区业主委员会，在居委会领导下协调物业公司开展物业管理。2000年，开展潍坊市社区建设“星光计划”、市级示范社区建设、市级星级社区创建等活动。2008年，开展“民主家园”建设活动，主要形式为“三家，一园，一室，一厅，一论坛，一栏”，“三家”即党员之家、居民之家、志愿者之家；“一园”即民主议事园；“一室”即民情恳谈室；“一厅”即一站式为民服务大厅；“一论坛”即“我爱我家”民主论坛；“一栏”即民主直通车公开栏。2012年，全区85个社区、169个村全部建立村（居）务监督委员会，委员由村（居）民会议或村（居）民代表会议选举产生，全面监督村（居）委会的工作。2013年，全市推广潍城区南关街道西市场社区“三位一体”（居委会、居民代表大会和业主代表大会）治理模式。

第二章　双拥　优抚　安置

第一节　拥军优属

1991年，全区为部队办实事42件，为优抚对象办好事2152件，在重大节日和拥军优属活动月中，发放征求意见书60余份，派出义务服务队5125个，参加服务人员41208人，出动宣传车220台次，印发优抚法规宣传材料3400余份，服务项目10989个。1991—2013年，区委、区政府在每年春节、“八一”建军节及部队外出训练等时间节点到部队走访慰问。1992年，全区共组织优抚法规政策宣传396场次。1992—2001年，区委、区政府以解决部队官兵实际问题为抓手，安置军属就业109人，为236名军属子女办理入托、入学手续。1997年，区政府投资313万元，实施营地“拥军路”延伸工程，延长道路3.4公里，加宽营房通道80米，同步进行绿化。2005年，在“和平使命—2005”中俄联合军事演习中，潍城区积极拥军支前，区委办公室、区民政局、区教育局分别被省委、省政府和市委、市政府授予“拥军支前先进单位”称号。2007年，潍城区拥军优属拥政爱民工作领导小组成立，办公室设在区民政局。2008年，无偿为驻潍某部提供优质菜地33.33公顷，该部队实现蔬菜自给。同年6月，为改善部队生活环境，拆除乐埠山生态经济发展区境内的全部采石坑点、石灰窑及机械设备，消除粉尘污染。2010年，在全区开展双拥工作站建设。同年，为驻潍某部33.33公顷蔬菜基地完成土地确权。投资650万元拓宽驻潍某部营区前“拥军路”。2012年年底，村、社区全部建立双拥工作站。2012—2013年，投资3000万元修缮潍昌路，由10米拓宽至20米，硬化路面5.2公里。

第二节　拥政爱民

驻潍部队官兵始终坚持“视人民如父母，把驻地当故乡”，积极参与和支持潍城区经济社会事业发展。20世纪90年代初，潍城区整治白浪河4次，驻潍部队出动人力1万余人次参加河道治理。1992年，驻潍部队为地方办好事105件，出动各种车辆623台次、官兵2万余人次。风筝会期间，驻潍部队为突击修建浮烟山风筝放飞场出动官兵3400

人，折合工作日1.34万个。1998年，驻潍部队为修建潍昌路出动官兵3500余人次，车辆100余台次。1999年，实施军民共建潍高路工程，出动军民6000余人，车辆120台次，挖运土方8000余立方米。2000年后，潍城区“双拥创城”工作与潍坊市“双拥创城”工作同步展开，“双拥”工作开创了新局面。2008年6月，在乐埠山绿化工程中，驻潍部队出动官兵3000余人次，植树30万余株。2008—2012年，创建双拥模范城期间，驻潍部队为群众义务修车、治病、提供咨询共3000余人次，帮助农民麦收、秋收粮食500余吨。

第三节　双拥模范建设

1991年后，潍城区贯彻全国和省、市“双拥”工作会议精神，积极开展军民共建活动。1991年、1996年潍城区连续两次被潍坊市委、市政府、潍坊军分区授予“双拥模范区”。1992—1996年，连年被山东省委、省政府、省军区授予全省“双拥模范区”。1993年，符山镇被中宣部、民政部、解放军总政治部等授予全国“军民共建社会主义精神文明单位”。1995年，区民政局、符山镇被省委、省政府授予“拥军优属模范单位”。1996年，区民政局、区教委、山东巨力股份有限公司、符山镇、望留镇、北关街道获得“拥军优属模范单位”。1999年，区民政局被省委、省政府评为“爱心献功臣先进单位”。2001年，潍城区政府、八九医院获评为“全省‘双四好’单位”。2002年，潍城区被山东省委、省政府、省军区评为“全省双拥模范城区”，西关街道前进街居委会获评为全省“双拥工作先进单位”。2003年，潍城区被全国双拥领导小组评为“全国双拥模范城”。2005年，在“和平使命—2005”中俄联合军事演习中，区委办公室、区民政局、区教育局分别被省委、省政府和市委、市政府授予“拥军支前先进单位”称号，3人受到省委、省政府和市委、市政府的表彰。2010年、2011年，西关街道前进街社区连续两年获得“双拥工作先进单位”。2012年，潍城区被省委、省政府授予“双拥模范区”称号，区民政局、北关街道办事处被市委、市政府表彰为“爱国拥军模范单位”。

第四节　优待抚恤

优抚对象主要是中国人民解放军现役军人、服现役或者退出现役的残疾军人以及复员军人、退伍军人、“三属”（烈士遗属、因公牺牲军人遗属、病故军人遗属）、现役军人家属。1991年，全区有“三属”149人、伤残军人134人、老复员军人1583人。1992年，全区有“三属”109人、伤残军人325人、老复员军人1107人。2013年，全区享受抚恤补助的有“三属”43人、残疾军人243人、老复员军人351人、退伍军人147人。

1991年，全区发放抚恤金81740元；享受定期定量补助的在乡复员军人1470人，发放定补款47.95万元；丧失劳动能力享受定补的退役军人29人，年发放定补款8700元；革命伤残军人年发放伤残抚恤金和伤残保健金1.2万元。1992年，《潍城区优抚对象抚恤优待办法》出台，各镇（街道）、村（居）相应地制定优抚对象抚恤优待实施细则和优待办法。1996年，在乡老复员军人定期定量补助标准调整为46元/月，定补面达100%。城镇义务兵优待金720元/年，在乡伤残军人抚恤、烈属定期抚恤、农村义务兵优待金均达到国家标准。1997年，为401户城镇义务兵家属发放优待金30万元。1998年，为406户城镇义务兵家属发放优待金32万元，为参加抗洪抢险军人家属增发优待金1.2万元。2000年，拨款78.5万元以提高优抚对象抚恤标准；开展爱心献功臣行动，为“三老”优抚对象义诊368人次，免费发放药品208份；拨款33万元解决“三老”优抚对象医疗难问题；安置69名农村、84名城镇退伍军人，为27名军地两用人才找到合适的工作岗位；投资80余万元对军休老干部宿舍楼进行维修改造，拆除军休一所危楼2座，筹资510万元改建军休干部宿舍楼。2002年，为365名城镇义务兵发放优待金28万元，安置退役士兵149人、军地两用人才28人，走访慰问驻潍部队50余次、优抚对象1446户、革命烈士家属73户，折款32万元；为优抚对象发放光荣画1万幅，树立“双拥”标志牌80余块。2003年，安置退役士兵138人、军地两用人才32人；走访慰问驻潍部队24次、优抚对象1500户，折款11万元；为优抚对象发放光荣画1万幅、光荣牌300多个。2004年，安置退役士兵125人、军地两用人才31人，走访慰问驻潍部队24次，优抚对象1415户。2012年，按照《关于修改〈军人抚恤优待条例〉的决定》的规定，潍城区义务兵家庭优待金发放标准提高到每户9300元（对到西藏、新疆和国家公布的其他自然条件恶劣地区服役的，优待金按不低于普通标准的2倍发放）。此后，潍城区义务兵家庭优待金发放标准均按上年度农村人均纯收入水平执行。

第五节 烈士褒扬

1991—2013年，潍城区被批准或追认的革命烈士共6人，分别是赵俊杰、陆利京、李小平、李宗安、马建敏、考斌之。

潍坊市革命烈士陵园

潍坊市革命烈士陵园始建于1951年，占地约3.33公顷，园内长眠着1654名革命烈士。1989年，烈士陵园被省政府列为“省级重点烈士纪念建筑物保护单位”。1994年前，潍坊市革命烈士陵园园址在潍城区境内。1994年区划调整后，烈士陵园划入奎文区境内。

潍县战役胜利纪念碑

2008年，在潍县战役胜利60周年之际，在白浪河西岸、亚星桥北200米处，建设潍县战役胜利广场并立纪念碑，2009年4月落成。纪念碑气势恢宏，选用大型泰山原石，高11.5米，宽4.5米，厚1.7米，重138吨，象征着革命先烈重如泰山的精神和坚贞不屈的高尚情操。中共中央政治局原委员、中央军委原副主席、原国务委员、国防部原部长迟浩田亲题“潍县战役胜利纪念”。

第六节 退役士兵安置

1991年至2011年10月，潍城区退役士兵安置工作执行国务院《退伍义务兵安置条例》，安置率始终保持100%。2011年11月始，执行国务院新修订的《退役士兵安置条例》。2012年，为自主就业的退役士兵发放一次性经济补助金122.85万元。2013年，为自主就业的退役士兵发放一次性经济补助金183.6万元。

第七节 军队离退休干部管理

1992年，成立3所军队离退休干部休养所，即潍城区军队离退休干部第一休养所、潍城区军队离退休干部第二休养所、潍城区军队离退休干部第三休养所。1994年区划调整，潍城区军队离退休干部第二休养所划归奎文区管理，潍城区军队离退休干部第三休养所更名为潍城区军队离退休干部第二休养所。两所军队离退休干部休养所充分发挥职能作用，落实军队离退休干部的政治待遇和生活待遇，解决他们日常生活中的实际问题。2000年，区军队离退休干部第一休养所进行危楼改造，建宿舍208套、办公楼1栋，设老干部活动室、阅览室、会议室、荣誉室、医务室、服务室等。至2013年，区军队离退休干部第一休养所有军队离退休干部55人，有工作人员14人；区军队离退休干部第二休养所有军队离退休干部38人，有工作人员12人。

第三章　社会救济

第一节　救灾救济

1991年夏季，符山镇、望留镇、河西乡发生风雹灾，民政局在灾后24小时内对灾民进行妥善安排。1991—1996年，针对暴风雨等自然灾害，全区各有关部门主动作为，查灾报灾，筹措资金和物资，共发放自然灾害和社会救济款122万元，救济受灾群众3.4万人次。1992年，潍城区遭遇特大干旱，全区所有河流及6座小型水库基本干涸，地下水位平均下降5～8米，区内1/3的机井无水可取，全区1.73万公顷农作物、1533.33公顷果园、8万公顷新植林网遭到不同程度的旱灾，1.73万公顷春播作物无苗或出苗不齐。为应对旱情，区委、区政府发动群众抗旱自救，保经济作物，保玉米生产，保果树、林网。全区日上阵抗旱劳力9.8万人，区直部门出动机动车辆560辆，投入抗旱2300人次，部门捐款170.6万元。1993年7月，济宁、临沂发生水灾，潍城区向蒙阴县捐献衣被73341件。1995年9月，滨州、博兴发生水灾，全区组织捐款15.29万元，购买3000箱方便面送往灾区。2006—2008年，因遭受旱灾等自然灾害，潍城区接收潍坊市民政局救灾救济面粉210吨，发放至灾民手中。2008年，全区采购1776袋面粉，全部用于救济灾民。2009年，境内出现微旱天气，接收潍坊市民政局救灾面粉90吨，购置面粉45吨、食用油2吨，于春节前全部发放给困难户。2010年，潍城区接收潍坊市民政局救济面粉140吨，购置面粉25吨、食用油2吨、松花蛋600箱，于春节前全部发放给困难户。2011年，接收潍坊市民政局救济面粉140吨，购置面粉146吨、食用油4吨，购买3万余元救灾物资，发放给低保户、五保户和重点优抚对象。2012年，潍城区遭到“达维”台风的侵袭，经济损失达1220万元，区民政局向上级申请救灾资金60万元，全部发放到灾民手中，其中望留街道19万元、军埠口综合项目区10万元、乐埠山生态经济发展区13万元、西关街道10万元、南关街道8万元。同年，将348.25吨面粉、2.5吨花生油、2.5吨玉米油、600箱松花蛋于春节前发放到困难户手中。2013年，投入95万元购买面粉11176袋，投入15万元购买食用油1872桶（花生油300桶、玉米油1572桶），于春节前全部发放到困难群众手中。

第二节　救　助

城市医疗救助

2005年，潍坊市民政局下发《潍坊市城区城市低保对象医疗救助实施细则》。2006年，市民政局、财政局、卫生局联合下发《关于进一步做好城区城市低保对象医疗救助工作的通知》。潍城区城市医疗救助标准由市民政局统一制定，并统一审批和发放，救助资金由市财政负担，潍城区负责城市低保户医疗救助费用的审核上报工作。2005年，全区救助62人，发放救助金70212元，其中特别医疗救助2户。2006年，救助56户，发放救助金21.43万元，其中特别医疗救助2户。2007年，救助115户，发放救助金31.28万元，其中特别医疗救助9户，医前救助1户。2008年，救助94人，发放救助金20.2万元。其中，特别医疗救助共救助9人，发放救助金13.18万元；城区特困家庭救助18户，发放救助金8.5万元。2009年，救助162人，发放救助金58.4万元。2010年，救助247人，发放救助金81.7万元。2011年，救助179人，发放救助金39.6万元。其中，特别医疗救助21人，发放救助金34.9万元；社会困难群众特别医疗救助8人，发放救助金1.6万元。2012年，救助292人，其中特别医疗救助32人，发放医疗救助金108万余元。2013年，根据《潍坊市城乡医疗救助办法》，潍城区对城市低保户共304人进行医疗救助，发放医疗救助金63万余元。配合区社保办为全区城市低保户共3691人每人免费资助80元，用于参加城市居民基本医疗保险，减轻了城市低保对象的经济负担。

农村医疗救助

2006年，区政府拨付5万元救助款，为农村低保户、五保户、优抚对象共3332人加入新型农村合作医疗。医疗救助39户，发放救助金15.22万元。2007年，拨付5万元救助款，为3368人加入新型农村合作医疗。2007年，共救助122户，发放救助金46.51万元。2008年，拨付5万元救助款，为3442人加入新农合。医疗救助169人，发放救助金46.89万元。2009年，拨付9.1万元救助款，为3638人加入新农合（每人25元）。医疗救助148人，发放救助金48.4万元。2010年，拨付12.9万元救助款，为农村低保户、五保户、优抚对象共3668人加入新农合（每人35元）。全年医疗救助共救助170人，发放救助金64.20万元。2011年，拨款21.95万元，资助农村低保户、五保户、优抚对象共4389人加入新农合（每人50元）。全年医疗救助216人，发放救助金81.8万元。2012年，拨款26.31万元，资助农村低保户、五保户、优抚对象共4385人加入新农合（每人60元）。全年医疗救助231人，发放救助金75万余元。2013年，配合区新农合办，对全区涉及民政的医疗救助对象进行审核把关，确保医疗救助对象符合标准条件。拨付33.7万元救助款，为4207人加入农村新型合作医疗。医疗救助199人，发放医疗救助金63万余元。

城镇“三无”人员救助

2012年，潍城区开始对行政区域内的城镇“三无”（无劳动能力、无生活来源、无法定赡养人）人员发放基本生活费，分散供养的城镇“三无”人员供养标准每人每月不低于500元。2012年，全区共有城镇散居“三无”人员37人，全年发放生活费22.2万元。2013年1月，按照《山东省民政厅、山东省财政厅关于加强城镇“三无”人员福利保障工作的通知》的要求，对分散供养的城镇“三无”人员，按照不低于当地城市居民最低生活保障标准的150%实行分类施保。是年，全区共有城镇散居“三无”人员36人，发放城镇散居“三无”人员生活费25.1万元。

第三节　慈善事业

2004年起，潍城区开始开展“慈心一日捐”活动，并将募得捐款用作慈善基金。2006年，每年对辖区内贫困大学生进行救助。2007年，潍城区慈善总会成立。2008年起，潍坊豪德光彩贸易有限公司每年向区慈善总会捐款100万元。2009年，实施“银屏惠老工程”，向低保户、五保户、60岁以上老人发放电视机90台；开展“慈心一日捐”活动；救助贫困大学生43人，发放救助金10.8万元。2010年，区慈善总会将“慈心一日捐”活动和“玉树地震爱心捐款”合并开展，募集捐款250万余元。完成市民政局安排的捐款工作，募集慈善基金4650万元。同年，新纪元慈善分会成立。2011年，区慈善总会开展“慈心一日捐”活动，募集捐款144万元。开展大学生救助活动，救助低保大学生33人，发放救助金13.2万元；救助贫困大学生35人，发放救助金10.5万元；全区救助34人，发放救助金6.8万元。"双百调研"救助困难群众3户，发放救助金9000元。

2012年，区慈善总会开展"慈心一日捐"活动，募集捐款157万元。开展大学生救助活动，救助低保大学生20人，发放救助金8万元；救助贫困大学生30人，发放救助金9万元；自行救助贫困大学生18人，发放救助金3.6万元。同年11月，在南三里村委大院开展捐款献爱心活动，募集捐款2.7万余元。12月，区慈善总会联合香港爱联国际捐款2.1万元，救助望留中心学校42名困难学生。2013年1月，联合香港爱联国际举办北关街道中小学贫困学生救助活动，发放助学金1.7万余元。5月，潍坊市慈善总会开展第二届"潍坊慈善奖"评选活动，潍城区慈善总会获得"优秀组织奖"。6月，开展慈善救助活动，发放救助金16.1万元。是年，区慈善总会开展"慈心一日捐"活动，募集捐款131万元。救助低保大学生18人，发放救助金7.2万元；救助贫困大学生63人，发放救助金18.9万元。

2012年5月21日，潍城区军队离退休干部第二休养所老干部为"慈心一日捐"现场捐款

第四章　社会福利

第一节　城乡居民最低生活保障

城市居民最低生活保障

1996年，潍城区实施城市居民最低生活保障制度，建立规范有序的管理和运行机制。城市低保标准是：家庭人口1人的为每月105元，2人以上的为每人每月90元。全区落实城市低保人口301人。2013年年底，潍城区城镇居民最低生活保障标准提高至每人每月450元，全区共有3746人被纳入保障范围。

农村居民最低生活保障

1997年，区政府下发《潍城区农村村民最低生活保障暂行办法》，确定农村低保标准为每人每年600元，每年保障300余人。2006年，区民政局、财政局联合下发《潍城区农村居民最低生活保障制度实施细则》，确定农村低保标准为每人每年800元。同年，全年保障2115人。以后保障标准逐年提高，2013年年底，潍城区农村最低生活保障标准提高至每人每年2700元，全区共有3683人被纳入保障范围。

80周岁以上低保老年人高龄津贴

2013年，潍城区开始对辖区内80周岁以上低保老年人发放高龄津贴。高龄津贴按年龄段实行分档发放，其中80～89周岁老年人每人每月不低于100元，90～99周岁老年人每人每月不低于200元。

1996—2013年潍城区城乡居民最低生活保障情况统计表

表18-1

年份	类别	年底人数（人）	执行标准（元）	年份	类别	年底人数（人）	执行标准（元）
1996	城镇	301	月人均90	2005	城镇	4783	月人均190
	农村	—	—		农村	305	年人均600
1997	城镇	310	月人均90	2006	城镇	5001	月人均190
	农村	302	年人均600		农村	2115	年人均800
1998	城镇	382	月人均90	2007	城镇	5013	月人均235
	农村	309	年人均600		农村	2940	年人均800
1999	城镇	698	月人均170	2008	城镇	4881	月人均275
	农村	305	年人均600		农村	2680	年人均1000
2000	城镇	1230	月人均170	2009	城镇	4837	月人均280
	农村	310	年人均600		农村	2888	年人均1000
2001	城镇	1905	月人均170	2010	城镇	4927	月人均300
	农村	309	年人均600		农村	4691	年人均1200
2002	城镇	3643	月人均170	2011	城镇	4985	月人均330
	农村	312	年人均600		农村	4091	年人均2000
2003	城镇	4100	月人均170	2012	城镇	4076	月人均400
	农村	302	年人均600		农村	3998	年人均2300
2004	城镇	5119	月人均170	2013	城镇	3746	月人均450
	农村	316	年人均600		农村	3683	年人均2700

第二节　五保供养

1996年，潍城区集中供养五保老人147人，年供养标准人均1200元。1996—2005年，维持此标准。2006年，区民政局、财政局联合下发《潍城区农村五保工作实施细则》，确定农村五保标准为：分散供养的每人每年800元，集中供养的每人每年1900元。费用由市负担50%，分散供养的由村每人每年负担200元，集中供养的由村每人每年负担500元，剩余部分由区、街道各负担50%。2006年，全区农村五保人员共381人，集中供养190人，共发放五保资金53.3万元。2007年，分散供养标准由每人每年900元提高至1050元，集中供养标准由每人每年1900元提高至2050元。全区五保人员共242人，集中供养178人，分散供养64人，全年发放五保金47.3万元。2008年，全区有五保人员223人，集中供养181人，分散供养42人。分散供养标准由每人每年1050元提高至1200元；集中供养标准由每人每年2050元提高至2200元。全年发放五保金44.86万元。

2009年，全区五保人员共210人，其中集中供养191人，分散供养19人。集中供养标准提高至每人每年2400元，分散供养标准提高至每人每年1400元，全年发放五保金48.5万元。2010年，全年发放五保金48.5万元。2011年，农村五保标准集中供养由每人每年2400元提高至2700元，分散供养由每人每年1400元提高至1800元，全区集中供养186人，分散供养19人，全年发放五保金560250元。2012年1月，潍城区集中供养标准提高至每人每年3000元，分散供养标准提高至每人每年2200元。11月，潍城区集中供养和分散供养标准又分别提高至每人每年3300元和2500元。是年，潍城区五保供养人员共153人，其中集中供养141人，分散供养12人，全年发放五保金45.43万元。2013年7月，全区五保集中和分散供养标准分别提高到每人每年4200元和3000元。同年，集中和分散供养标准又分别提高至每人每年4800元和3600元，全区农村五保户集中供养率达92%。

第三节　孤儿弃婴收养

1992—1998年，潍城区弃婴安置、收养登记工作由潍坊市民政局负责。1998年，全国人大对《收养法》进行修订，收养登记工作交由各县（市、区）负责。潍城区建立由民政部门牵头，公安、司法、卫生、人口与计划生育等单位共同管理的弃婴安置工作机制。1999—2013年，先后为282名弃婴办理收养登记。2008年9月，民政部、公安部、司法部、卫生部和人口计生委五部门联合下发《关于解决国内公民私自收养子女有关问题的通知》。2009年4月，潍坊市各县（市、区）收养登记业务全部移交潍坊市社会福利院（位于坊子区民政局）办理。

2010年，潍城区开始对行政区域内的孤儿发放基本生活费。社会散居孤儿每人每月不低于600元，福利机构供养的孤儿每人每月不低于1000元。2011年，为28名机构供养孤儿、17名社会散居孤儿发放生活费共计45.84万元。2012年12月，潍坊市民政局下发《关于改进和加强收养社会福利机构抚养的弃婴（弃儿）登记工作的通知》，恢复各县（市、区）收养登记业务。同年，潍城区为28名机构供养孤儿、23名社会散居孤儿发放生活费39.12万元。2013年1月，社会散居孤儿基本生活费标准由每人每月不低于600元提高到不低于720元，福利机构供养孤儿基本生活费标准由每人每月不低于1000元提高到不低于1200元，全年为22名社会散居孤儿发放生活费177120元。

1999—2013年潍城区弃婴安置收养情况表

表18-2

年份	收养登记（人）	年份	收养登记（人）
1999	7	2007	28
2000	30	2008	27
2001	22	2009	27
2002	15	2010	16
2003	25	2011	7
2004	19	2012	1
2005	15	2013	22
2006	21		

第四节　社会福利企业

20世纪80年代末，潍城区有鸿泰化工厂、膨润土加工厂和北海彩印包装厂3家社会福利企业，残疾职工70余人，占福利企业职工总数的36%。20世纪90年代后，社会福利企业逐渐增多。进入21世纪，全区社会福利企业发展到8家。2006年，税务部门为全区福利企业免税112万元。同年，对全区8家福利企业进行年检，有6家合格。2013年7月，潍坊北海彩印包装有限公司、潍坊市潍城区福利膨润土加工厂、潍坊宏泰化工有限公司3家企业自愿申请注销福利企业资格。

第五节　有奖募捐

潍城区福利彩票在潍坊市社会福利有奖募捐委员会的统一安排下发行。2004年4月，经市民政局同意，潍城区首次开展福利彩票3000万元大奖组发行活动，发行福利彩票面值740万元，募集福利基金148万元，缴纳地税46.1万元。2006年10月，组织开展1000万元“刮刮乐”等即开型福利彩票销售活动，销售彩票面值130万余元，募集福利基金26万元。此后，按上级要求，潍城区不再统一组织销售即开型福利彩票。

第五章　社会养老服务

第一节　基本情况

20世纪90年代初，国办社会福利院——潍城区社会福利院收养城区“三无”（无劳动能力、无生活来源、无法定赡养人）人员。至20世纪90年代末，民办养老机构逐步发展，1999年，潍城区第一家民办养老机构——曹家巷社区幸福托老院成立。此后，民办养老机构逐渐增多。进入21世纪，潍城区加强社会养老服务工作，积极探索社会养老服务新路子，2005年获得“全省养老服务社会化试点单位”，2006年出席全国养老服务社会化经验交流会。2008年，全省养老服务社会化示范活动东部地区试点单位负责人现场会在潍城区召开。2009年，潍城区确定“政府倡导，市场助力，构建以居家养老为基础、社区服务为依托、机构养老为骨干、覆盖所有老年人的养老服务体系”新思路，建设多元化养老服务机制。2010年，潍城区被民政部授予“第三批全国养老服务示范活动示范单位”。同年11月，全国社会养老服务体系建设推进会召开，潍城区作为山东省唯一受表彰的全国10家代表之一参加会议。2012年，潍城区获得“全省养老服务社会化示范单位”，其构建养老服务体系的做法被国家行政学院、《人民日报》人民网评为“全国社会管理创新二等奖”。同年，探索养老服务医养结合工作，在颐园和西南关2个养老机构进行试点，引进潍城区人民医院专业医护人员开展医护救助工作。2013年，设立潍城区老年医养中心。是年，全区有社会养老集中住养机构28个，区、街道、社区三级老年会所59个，住养和日托老年人有3400余名。在推进多元化社会养老机制发展的过程中，潍城区形成以机构养老、社区养老、居家养老为主，以互助养老、医养结合等为辅的养老模式，初步建立了普惠型社会养老服务体系。

第二节　机构养老

20世纪90年代，辖区内国办养老机构有潍城区社会福利院（1961年成立），占地面积1.53公顷，隶属潍城区民政局，是一所国有社会福利院，也是潍城区最早开展社会养老服务的老年福利机构。至1996年，区社会福利院收养城区“三无”人员105人，代养17人。1999年，曹家巷社区幸福托老院成立，是潍城区第一家民办养老机构。进入21世纪，在区社会福利院内建成老年综合服务公寓楼，建筑面积2700平方米，房间80个，可容纳床位200余张；采取民办公助方式，在福利院内改建一所老年公寓——潍城区老年福利服务中心，建筑面积2300平方米，可容纳床位80张。同时，发展民办民营养老机构，通过政策扶持、市场运作，引导社会资金投资养老服务事业，潍坊市华都集团有限公司兴建的华都颐年园老年服务中心建筑面积22万平方米，面向社会开展养老休闲服务，2010年被全国老龄办命名为“全国爱心养老基地”。截至2013年，全区有社会养老集中住养机构28个，建筑面积30万余平方米，床位4900余张。

第三节　社区养老

潍城区老旧小区多，老年人居住相对集中。西南关、胜利西、颐园等18个社区老年人占本社区居住人口的比例均超过20%。这些老旧小区养老服务设施短缺，不能满足社会养老服务需求。鉴于此，潍城区以社区为基点，多途径加强老年会所（日间照料中心）建设，拓展养老机构发展空间。从2000年建设“星光老年之家”到2009年建设社区老年会所，潍城区社区养老建设逐步完善。2013年，城关街道投资600万元，将颐园社区原有办公场所改建为综合性老年福利服务机构；南关街道西南关社区投资260万元，利用社区闲置厂房建设蓝丝带社会养老服务中心。在全区老旧小区中改造建设各类老年服务设施共34处。同时，在旧城片区、城中村改造的过程中，结合社区综合服务中心建设，新建老年会所25处。是年，全区有区、街道、社区三级老年会所59个，服务设施面积2万余平方米，床位1500余张，健身器材2000多件，为社区老年人提供生活照料、保健康复、文化娱乐、精神慰藉等日间服务提供了保障。

第四节　居家养老

2009年，潍城区开展进家入户式的居家养老服务工作。2010年，成立潍城区居家养老服务中心，对全区居家养老工作进行协调、规范，服务对象扩展到所有社区老年人。2012—2013年，对不能自理的老年人实行政府购买居家养老服务，由政府出资购买有资质的专业服务机构的服务，为符合条件的老年人提供生活照料、医疗保健、文化娱乐、精神慰藉4大类138个服务项目，提供各类居家服务2万余次；对能自理的老年人实行互助型养老服务，在有条件的社区和养老机构设立互助养老院，在有条件的家庭设立互助点，全区共有56个社区、养老机构和家庭为760余名老年人提供互助养老、抱团养老服务。

第六章　婚丧管理

第一节　婚姻登记

1993年12月，潍城区婚姻服务中心成立，为副科级自收自支事业单位，编制员额5名。1995年9月，婚姻服务中心经费渠道由自收自支改为差额财政拨款。1997年7月，将乡镇政府办理婚姻登记的权限收回，实现全区统一办理婚姻登记。2000年，潍城区开始使用“山东省婚姻登记信息系统”办理婚姻登记，打印婚姻证书。2004年6月，经费渠道由差额预算管理改为全额预算管理，实行收支两条线，编制员额8名。2005年12月，潍城区婚姻服务中心更名为潍城区婚姻登记管理处。

2010年，潍城区婚姻登记管理处被省民政厅评为“全省婚姻登记规范化建设单位”“全省婚姻登记规范化建设达标单位”。2011年7月，开始使用全国婚姻登记信息系统办理婚姻登记。2012年，区婚姻登记管理处被民政部评为“全国3A级婚姻登记机关”。2013年，被省妇联评为全省“巾帼文明岗”先进集体。

1993—2013年，潍城区婚姻管理登记处共办理结婚登记69293对，离婚登记7096对，补发婚姻证7207对，出具相关证明12751份，登记合格率为100%。

1993—2013年潍城区婚姻登记情况表

表18-3

年份	结婚对数	离婚对数	补发婚姻证对数	出具证明份数	年份	结婚对数	离婚对数	补发婚姻证对数	出具证明份数
1993	4477	117	—	—	2004	4078	337	99	—
1994	3907	135	—	—	2005	3274	322	136	—
1995	2994	123	—	—	2006	4131	370	247	—
1996	3155	129	—	—	2007	3561	426	245	—
1997	3193	124	—	—	2008	3047	524	305	—
1998	3644	146	—	—	2009	3501	573	516	—
1999	3665	186	—	—	2010	3266	684	812	—
2000	3469	163	—	—	2011	3701	727	1173	2858
2001	2648	196	49	—	2012	3441	838	1499	4137
2002	2864	166	—	—	2013	3335	918	2127	5756
2003	4020	229	98	—					

第二节　殡葬管理

1991年6月，全国殡仪馆上等级试套会在潍城区召开，民政部组织13个省市民政部门对潍城区殡仪馆进行达标考评。1992年12月，区殡仪馆被民政部授予“全国殡葬事业单位先进集体”称号。1993年，区殡仪馆晋升为国家二级殡仪馆。1995年4月，区殡仪馆划归潍坊市民政局管理。同年5月，成立潍城区殡葬管理所，核定编制4名，负责全区殡葬改革与服务。1997年7月，国务院颁布实施《殡葬管理条例》，潍城区对节约殡葬用地、革除丧葬陋俗、提倡文明节俭办丧事等进行宣传。1999年，潍城区殡葬管理所调整为全额预算管理副科级事业单位。2013年1月，潍城区转发《潍坊市免除基本殡葬服务费用实施办法》，并按照该《办法》的规定免除基本殡葬服务费用。

第七章　民间组织管理

第一节　社会团体管理

1991年7月—1997年7月，区民政局对全区38个社会团体进行调查摸底和清理整顿，其中16个自行解散、10个暂缓登记、12个正式登记。2000年，区民政局为非法人社团办理转法人社团手续，同时对社会团体分支（代表）机构进行复查登记。2004年，对全区农村经济协会进行普查登记，培育发展农村经济协会。2013年，山东省民政厅下发《关于创新社会组织登记和管理工作的通知》，对社会组织直接登记，重点培育、优先发展商会类、科技类、公益慈善类、城乡社区服务类四类社会组织，可依法直接向民政部门申请登记，不需要业务主管单位审查同意。是年，潍城区有社会团体13个。

1991—2013年潍城区社会团体情况表

表18-4

社团名称	登记时间	业务主管单位
潍城区基督教三自爱国运动委员会	1991.1	区委统战部
潍城区质量技术协会	2003.1	区质监局
潍城区消费者协会	2005.11	区工商局
潍城区家禽养殖协会	2006.12	区畜牧局
潍城区工商业联合会豪德贸易广场商会	2007.3	区工商联
潍洲楹联艺术研究协会	2010.3	区委宣传部
潍城区企业家联合会	2010.12	区中小企业局
潍城区内部审计协会	2011.8	区审计局
潍城区人民调解员协会	2012.1	区司法局
潍城区创业促进会	2012.5	区人社局
潍城区棋类协会	2013.7	区体育局
潍城区再生资源行业协会	2013.8	区商务局
潍城区茶博城商会	2013.11	区工商联

第二节　民办非企业单位管理

1991年7月—1997年7月，全区共有民办非企业单位46家，分布在教育、卫生、劳动、文化、科技、体育等行业。1991—2012年，每年对社会组织进行年度检查，指导160个社会组织建章立制，培训社会组织负责人1956人次，取缔非法民间组织146个，查处民间组织非法活动168次。2000年，对全区民办非企业单位进行复查登记，登记单位78个，分布在教育、卫生、劳动、文化、科技、体育等行业。2004年，对全区民间组织进行审计。2005年，开展民办非企业单位自律与诚信建设活动。同年，贯彻《民间非营利组织会计制度》，对全区民间组织会计进行培训。2012年，对未经登记、擅自开展活动的民办非企业单位开展执法检查，检查单位63家。2013年，为潍坊市社会组织电子档案管理会提供现场，潍城区此项管理工作得到上级充分肯定。

第八章　地名与界线管理

第一节　地名管理

1992年8月,《潍城区地名志》《潍城区地名录》印行。同年10月，区地名档案室晋升为省二级档案室,潍城区地名管理经验成为全省范例。1993年,《潍城区地名管理汇编》《潍城区地图》《潍城区市区图》《潍城区历史沿革图》出版。《提高认识，强化地名城镇管理》和《提高认识，采取措施，实现农村地名城市化》2篇论文在《中国地名杂志》上刊发，获山东地名学会优秀成果奖。同年3月，把农村地名纳入城市管理，对全区地名进行清理整顿,设置地名标志53232块,户号牌70636个,大、小门牌11961个,街路门牌91959块,村标326块,变更地名51处。镇街驻地全部设街路门牌，地名实现标准化。10月，全省地名管理经验交流会在潍城区召开，潍城区作《立新志、走新路，不断拓展有偿服务渠道》的典型经验介绍。1995年，潍城区在华东六省一市和全国沿海地名经验交流会上作典型发言。2011年11月，潍城区开展地名数据库建设，完成潍坊市数字地名查询系统有关潍城区的资料搜集、汇总工作。在火车站、婚姻登记处、曹家巷社区、西南关社区设查询触摸屏4块，集地图、地名查找、咨询等功能于一体，为市民提供潍城区的行政区划、名胜古迹、车站道路、宾馆酒店、居民点、周边配套设施等多项查询服务。12月，建立“潍坊潍城地名网”，可方便快捷地查询目的地位置和最佳线路。2012年10月,《中华人民共和国政区大典·山东卷》潍坊部分有关潍城区的资料编纂完成。

第二节　界线管理

1997年3月，按照省政府的统一部署，潍城区与周边的奎文、坊子、昌乐、寿光、寒亭等县（市、区）联合勘界工作启动。1998年6月，与潍城区相邻的5条界线全部勘定，边界线总长121.167公里，埋设界桩17颗，其中三交点界桩5颗。2001年12月，潍城区辖区周边5条界线全部勘定，与周边县（市、区）签订《联合行政区域界线协议书》，经省政府批复后生效。《联合行政区域界线协议书》及其附图，明确了双方边界的走向、边界地形地貌、界桩数量及位置、界线两侧参照物，规定边界线维护的双方责任，约定联合检查的方法步骤及边界争议的处理原则等。在勘界的基础上，潍城区周边界线共埋设界桩17颗，与周边县（市、区）行政区域界线均无争议，边界线管理进入法制化轨道。2003年起，潍城区每3年均与周边的奎文、坊子、昌乐、寿光、寒亭等县（市、区）联合开展界线检查。同时，在与周边县（市、区）毗邻的乡镇和村庄大力宣传边界管理法律法规，教育干部群众自觉保护界桩和参照物。2012年，按照山东省平安边界建设暨“边界和谐走廊”创建的要求，潍城区对行政区域相邻界线处各村（居）界桩管理员进行集中培训并发放聘任书，与相邻街道、村（居）签订睦邻友好协议10份。同年11月，省平安边界建设“边界和谐走廊”创建第七检查组对潍城区创建工作进行检查。

第十九编

人力资源和社会保障

1991—2013年，潍城区创新发展人力资源工作，进行一系列人事制度改革、劳动就业制度改革和工资制度改革，加强干部队伍管理、专业技术人员管理和劳动力管理，持续引进各类人才，开展就业与再就业服务，强化职业培训与技能培训。全面加强社会保障体系建设，养老保险制度、医疗保险制度、失业保险制度、工伤保险制度、生育保险制度在不断改革中逐步趋向完善。

第一章　人　事

第一节　人事制度改革

公务员过渡

1996年7月，潍城区成立推行国家公务员制度领导小组，设立推行工作办公室，制定《潍坊市潍城区国家公务员制度实施方案》。1997年10月，潍城区公务员过渡工作顺利完成。列入推行公务员制度范围的单位共有36个，其中政府工作机构24个、政府工作机构管理的行政机构2个、镇6个、街道4个。通过资格审查、过渡考试、考核等程序，全区确定允许过渡人员439人。潍城区党群、人大、政协等机关参照国家公务员制度管理工作也与推行国家公务员制度工作同步完成。全区列入参照国家公务员制度管理范围的单位共计29个，其中党的工作部门10个，人大、政协、群团机关9个，镇6个，街道4个。通过资格审查、过渡考试、考核等程序，全区党群、人大、政协等参照国家公务员制度管理范围机关确定允许过渡人员276人。

公务员登记

从2006年1月1日起，全区列入公务员法实施范围的单位，全面实施公务员管理的各项制度。根据公务员登记相关文件和要求，全区划入登记范围的人员共763人，其中5人在试用期，暂缓登记；实际经市公务员管理主管部门审批登记的公务员共758人，按照管理权限，其中区委组织部上报605人、区人事局上报153人。从2008年1月起，对符合公务员登记条件的人员，每年进行一次日常登记，报市人事局审批后，将登记人员的《公务员登记表》归入本人干部档案。从2010年2月起，对符合公务员登记条件的人员，每年进行一次日常登记，报市人社局审批。截至2013年12月底，全区符合公务员登记条件的共有853人，实际登记839人，暂缓登记14人。

事业单位参照公务员法管理

2008年，根据《潍坊市事业单位参照公务员法管理工作实施方案》和《关于潍坊市奎文区等12县市区所属208个事业单位参照公务员管理的批复》的精神，全区列入参照公务员法管理范围的共有15个事业单位，经市公务员主管部门审批登记的参照管理事业单位工作人员共130人。

自2008年始，对符合参照公务员管理登记条件的人员，每年进行一次日常登记，报市人事局审批后，将登记人员《参照公务员法管理单位工作人员登记表》归入本人干部档案。自2010年2月起，对符合参照公务员管理登记条件的人员，每年进行一次日常登记，报市人社局审批。至

2013年年底，全区参照公务员法管理的事业单位15个、人员117人。

事业单位全员聘用

自2007年始，潍城区组织实施事业单位全员聘用工作，全区除参照公务员法管理的15个事业单位外，共有244个事业单位、5260名在职在编人员签订聘用合同,签订率达86%。2010年3月起，事业单位全员聘用工作由区人社局负责。至2013年年底，全区事业单位共234个，4671人签订聘用合同，签订率达100%。

第二节　干部队伍

干部概况

1991年12月底，潍城区机关事业单位共有干部7251人。1994年区划调整，从潍城区选调工作人员313人；成建制将3个街道、3个镇、86个事业单位以及在职干部职工2588人划归奎文区。至1994年年底，潍城区共有机关事业单位干部5607人。2010年，部分部门、单位机构调整，但未对其人员分流、压缩，干部队伍保持平稳。至2013年12月底，全区共有干部5713人，其中公务员（含参公人员）970人、事业单位工作人员（含机关工勤）4743人。

干部来源

1991—2013年，潍城区干部来源主要有吸收录用、聘用制、安置部队转业、考试录用、公开招聘5种渠道。

吸收录用干部　1991—2007年，潍城区从工人、非农业户口的国家不包分配的大中专毕业生中吸收录用干部750名。2008年1月以后，停止办理吸收录用乡镇选聘合同制干部（含人武部部长）为国家干部的审批工作。

聘用制干部　根据《全民所有制企业、事业单位补充干部实行聘用制暂行规定》的要求，全区企事业单位实行干部聘用制。工作中严把“学历、年龄、考试”三关，经考试、考核、政审等程序，1991—1996年，共为企事业单位的2999人办理了聘用干部手续。1995年10月后，根据省委组织部、省人事局《关于补充乡镇机关干部实行选任制和聘用制几个问题的通知》和市委组织部、市人事局《关于全民所有制企业、事业单位中聘用制干部续聘工作的实施意见》以及区委组织部、区人事局《关于镇、街办选聘合同制干部续聘的通知》《关于全民所有制企业、事业单位中聘用制干部续聘的通知》的精神，对全区企事业单位中聘用期满的干部和镇、街道行政机关、事业单位中在编的选聘合同制干部进行续聘。1997年，全区共续聘干部353人，其中区教育委员会118人、区卫生局62人、区建设委员会61人、其他区直部门93人、街办19人。2008年1月，全区停止从工人、国家不包分配的大中专毕业生、市级以上民营企业家等人员中聘用干部，原已办理聘用手续并符合《关于全民所有制企业、事业单位中聘用干部续聘工作的实施意见》所规定的范围、条件，经考核评定合格的，可继续办理续聘；对不符合续聘条件、考核不合格的，办理解聘或辞聘手续。共续聘2870人、解聘35人。至2013年年底，潍城区共有聘用制干部563人。

安置部队转业干部　1991—1992年，将接收的部队转业干部大部分安置到机关事业单位工作，2人到企业就业。1993年以后，全部安置到机关事业单位工作。1991—2013年，潍城区共接收、安置部队转业干部337人，做到转业干部本人、接收安置单位和部队“三满意”，安置率达100%。

考试录用公务员　1993年8月，国务院颁布《国家公务员暂行条例》，将行政机关干部统称为“国家公务员”。潍城区按照国家、省、市有关规定，将面向社会考试录用国家公务员作为干部队伍来源的重要途径。1997年，潍城区公开组织公务员招考，经考试选拔录用第一批公务员，考录国家公务员和机关工作者10人、人民警察42人。1998年，考录人民警察13人。2001年，考录人民警察16人。2002年，考录国家公务员和机关工作者12人、人民警察5人。2005年，考录国家公务员和机关工作者15人。2006年后，按照2006年1月施行的《中华人民共和国公务员法》的要求，潍城区每年面向社会考试录用一批公务员。2007年，公务员录用考试统一纳入山东省组织的省、市、县、乡四级联考。2007—2013年，潍城区通过区人事局（区人社局）提报考录计划并办理录用手续的考录人员累计85人，其中国家公务员83人、参照国家公务员制度管理的2人。

公开招聘事业单位工作人员　2007年，潍城区第一次举行公开招聘事业单位工作人员考试，共招聘事业单位人员56人，其中区直部门6人、教师50人。2008—2010年，潍城区公开招聘事业单位工作人员140人，其中区直部门97人，教师43人。2011—2013年，潍城区公开招聘教师100人。

第三节　干部管理

调配任免

1991年以来，潍城区干部的任免调配由组织部门和人事部门按干部管理权限分别管理。党群工作部门干部和机关事业单位副科级以上干部的管理，由区委组织部负责；政府部门普通干部和其他机关事业单位普通干部的管理，由区人事局负责。2010年3月始，原属区人事局任免调配的干部划归区人社局管理。区人事局与区人社局负责调配的干部，主要为政府系统（包括区直行政部门，乡镇、街道，区政府直属事业单位和区直行政部门下属事业单位）内部及调出（入）潍城区系统的干部。调配过程中，严格执行编制定员规定，凡是超编、满编的单位，原则上不再调入干部，特殊需要的采取“先进后出”的办法；坚持合理流向；服从潍城区经济建设的需要，确保重大项目建设急需的高层次技术人才的合理引用与使用；坚持以工作需要为主，适当照顾干部的实际困难，夫妻长期两地分居的，在条件允许的情况下，尽量帮助解决；严格执行有关干部回避的规定；见习期未满的、正在接受有关部门审查处理的及其他原因不能调动的，一概不予办理调动。

考核

1991—1993年，全区推行“党政机关岗位责任制”考评办法。对实行岗位责任制的党政机关、行政性公司、行政性事业单位及其正式工作人员完成岗位责任制情况进行考评，评比奖励分为集体奖励和个人奖励两种。1994年始，根据《国家公务员考核暂行规定》，对全区党政群机关工作人员进行考核。考核范围是全区党政群机关、镇、街道和行使行政职能并实行行政机关工资制度的事业单位。考核的对象为在职工作人员。考核以工作人员履行职位责任和完成年度工作任务目标为基本依据，内容包括德、能、勤、绩四个方面，重点考核工作实绩。考核分为优秀、称职、不称职三个等次，优秀工作人员的考核比例一般为被考核人数的10%，不超过考核总人数的15%，并按不同职务层次分别确定。1995年后，事业单位工作人员按照国家人事部《事业单位工作人员考核暂行规定》进行考核。被考核人填写工作人员年度考核表，按规定程序确定等次，存入本人人事档案。2000年后，考核结果改为优秀、称职（合格）、基本称职（基本合格）、不称职（合格）四个等次。2013年，潍城区机关事业单位工作人员共有5713人，其中，公务员（含参公人员）列入考核范围的共有970人，获优秀等次人员有212人；事业单位人员（含机关工勤）列入考核范围的共有4743人，获优秀等次人员有719人。

奖惩

1991年以后，潍城区对干部的奖惩，严格按照国家法律法规及上级的有关政策规定执行。

奖励　1991—1993年，潍城区对干部奖励沿袭1991年以前的奖励办法，即按照国务院1957年10月公布的《关于国家行政机关工作人员的奖

惩暂行规定》进行办理。1993 年以后，潍城区对干部的奖励依照《国家公务员暂行条例》进行。1995 年 7 月后，按照《国家公务员暂行条例》和《国家公务员奖励暂行规定》等有关政策规定执行。2006 年《中华人民共和国公务员法》颁布实施后，潍城区干部奖励依据《公务员法》第八章有关规定执行。2008 年后，主要依照《公务员奖励规定》（试行）实施。

1991—1992 年，全区行政机关、事业单位受奖人员共 1530 人次，其中奖励先进工作者 1500 人次。1993 年，全区进行机构改革，经区委、区政府领导同意，当年不统一组织年终岗位责任制总结评比工作。1994—1996 年，全区组织机关工作人员进行年度考核，评出优秀等次 592 人次，其中记三等功 101 人次、嘉奖 473 人次。1995—1996 年，评出“优秀领导干部”29 人次。1997—2013 年，全区机关事业单位工作人员年度考核累计评出三等功 64 人次，嘉奖 3476 人次。

惩处　1991—1993 年，潍城区对干部的惩处，主要按照《国家行政机关工作人员贪污贿赂行政处分暂行规定》《山东省国家行政机关工作人员奖惩试行办法》的有关规定执行。1993 年以后，潍城区对干部的惩处主要依据《国家公务员暂行条例》执行。1996 年 9 月后，依据《国家公务员暂行条例》及《关于国家公务员纪律奖惩有关问题的通知》执行。1998 年 8 月以后，一并参照《关于山东省国家行政机关、事业单位工作人员纪律惩戒有关问题的通知》执行。2007 年后，潍城区对公务员的惩处根据《公务员处分条例》执行。2012 年后，潍城区对事业单位人员的惩处主要依据《事业单位工作人员处分暂行规定》执行。1991—2013 年，潍城区累计对 65 名干部给予警告、记过、记大过、降级、撤职、开除等惩处。

第四节　专业技术人员管理

职称评聘

1990 年 11 月，职称评审工作由区科委划归区人事局。1992 年 8 月，职称评审工作由单纯的指标控制变为结构比例控制，各企事业单位的中高级人员按比例设岗，企业实行自主设岗、自主聘任。评审工作由各级政府职称改革领导小组组织的评委会负责，使用省职称改革领导小组统一印制的资格证书。初级专业技术职务资格由区初评委评定；中级专业技术职务资格由市中评委评定；高级专业技术职务资格的评定，除工程、卫生、中小学教师系列由市高评委评定外，其他系列如农业、经济、会计等由省高评委评定。1993 年，会计、统计、经济专业技术职务资格评定（中级及以下）由评审改为考试。1999 年，对部分单位的专业技术人员开展评聘分开试点工作。2002 年，外语、注册、出版、审计、质量、计算机软件等 20 多个专业相继推行资格考试制度。2003 年始，各系列专业技术职务实行评聘分开，即资格评审与聘任脱钩。2006 年，卫生专业实行资格考试制度。1991—2013 年，全区共评聘各级专业技术人员 24588 人。

1991—2013 年潍城区专业技术人员职称评聘情况统计表

表 19-1　　单位：人

年份	合计		高级		中级		初级	
	取得资格人数	岗位聘用人数	取得资格人数	岗位聘用人数	取得资格人数	岗位聘用人数	取得资格人数	岗位聘用人数
总计	24588	24588	1327	1244	7589	7216	15672	16128
1991	1425	1425	0	0	9	9	1416	1416
1992	1933	1933	0	0	254	254	1679	1679

续表 19-1

年份	合计		高级		中级		初级	
	取得资格人数	岗位聘用人数	取得资格人数	岗位聘用人数	取得资格人数	岗位聘用人数	取得资格人数	岗位聘用人数
1993	3633	3633	197	197	1397	1397	2039	2039
1994	1058	1058	57	57	300	300	701	701
1995	5492	5492	122	122	1800	1800	3570	3570
1996	478	478	26	26	153	153	299	299
1997	792	792	34	34	148	148	610	610
1998	1111	1111	42	42	143	143	926	926
1999	1034	1034	49	49	149	149	836	836
2000	1223	1223	84	84	379	379	760	760
2001	1588	1588	98	98	200	200	1290	1290
2002	529	529	88	88	281	281	160	160
2003	792	792	111	111	512	512	169	169
2004	794	794	103	82	528	422	163	290
2005	682	682	46	37	467	374	169	271
2006	898	898	96	77	488	390	314	431
2007	415	415	100	80	245	196	70	139
2008	85	85	6	5	20	16	59	64
2009	112	112	4	3	15	12	93	97
2010	38	38	12	10	2	2	24	26
2011	203	203	20	16	23	18	160	169
2012	157	157	21	17	46	37	90	103
2013	116	116	11	9	30	24	75	83

继续教育

1991—2009 年，继续教育学习培训工作由市人事局统一组织。2010—2013 年由市人社局统一组织，每年 1 次。区人事局（区人社局）负责全区企事业单位专业技术人员的报名、学习和考试等工作。考试合格后颁发市人事局（市人社局）统一印制的继续教育结业证书，作为专业技术人员参评职称的条件之一。1991—2013 年，共培训专业技术人员 11.7 万余人次。

1991—2013 年潍城区专业技术人员继续教育学习情况统计表

表 19-2　　单位：人

年份	参加人数	备注	年份	参加人数	备注
1991	55	骨干培训	1995	6082	
1992	203	骨干培训	1996	6100	
1993	310	骨干培训	1997	6185	
1994	10786		1998	7003	

续表 19-2

年份	参加人数	备注	年份	参加人数	备注
1999	7076		2007	4523	其中卫生系统参加省卫生厅学习 449 人
2000	6775		2008	4829	其中卫生系统参加省卫生厅学习 1010 人
2001	6591		2009	5132	其中卫生系统参加省卫生厅学习 1020 人
2002	6621		2010	5063	其中卫生系统参加省卫生厅学习 1312 人
2003	5838	其中卫生系统参加省卫生厅学习 1030 人	2011	1021	市人社局未组织专业技术人员继续教育学习
2004	5435	其中卫生系统参加省卫生厅学习 1105 人	2012	5439	其中卫生系统参加省卫生厅学习 1239 人
2005	5210	其中卫生系统参加省卫生厅学习 895 人	2013	5212	其中卫生系统参加省卫生厅学习 1298 人
2006	5562	其中卫生系统参加省卫生厅学习 1039 人			

第五节　工资福利

在职人员

1993 年工资制度改革　根据国家统一部署，自 1993 年 10 月 1 日起，全区机关事业单位进行工资制度改革。全区 10731 人列入范围，月增工资总额 132.7 万元，人均月增资 123.66 元。

机关工作人员工资套改。全区列入机关工资制度改革范围的行政人员，均实行职级工资制。职级工资由基础工资、职务工资、级别工资和工龄工资四部分构成。列入机关工资制度改革范围的工人均按照机关工人套改。机关工人分为技术工人和普通工人，技术工人实行岗位技术等级工资标准，由岗位工资、技术等级工资和奖金三部分构成；普通工人实行岗位工资标准，由岗位工资和奖金两部分构成。

事业单位工作人员工资套改。全区事业单位工作人员工资制度改革后，新工资由固定部分（即职务工资、技术等级工资、等级工资）和灵活部分（即津贴）两部分构成，分别按照行政管理人员、专业技术人员、工人三类标准进行套改。行政管理人员套改职员职务等级工资标准，专业技术人员套改专业技术职务工资标准，工人套改工人工资标准。中小学教师、护士继续提高工资标准 10%。

套改后津贴补贴的发放。潍城区在工资制度改革的同时，原发放的物价、福利性津贴、补贴除按全省规定纳入新工资标准的外，仍继续发给并予以归并，机关工作人员每人每月 75 元，事业单位工作人员每人每月 55 元。自 1994 年 1 月起，发放在职工作人员误餐补贴，每人每月 30 元。

建立正常增资制度。机关事业单位工作人员正常晋升工资档次。自 1993 年起，凡连续两年年度考核为称职（合格）以上的工作人员，自符合条件的当年 10 月起在本职务所对应的职务工资标准上晋升一个工资档次，先后正常晋升了 6 次。执行职级工资制的工作人员，年度考核连续 3 年优秀或连续 5 年称职（合格）以上的，自符合条件的下一年 1 月起晋升一级级别工资。

提高工资标准。1993 年工资制度改革后，全潍城区于 1997 年 7 月 1 日、1999 年 7 月 1 日、2001 年 1 月 1 日、2001 年 10 月 1 日、2003 年 7 月 1 日先后 5 次调整提高机关事业单位工作人员的工资标准。

2006 年工资制度改革　根据国家统一部署，自 2006 年 7 月 1 日起，全区机关事业单位进行工资制度改革。

公务员工资制度改革。全区列入公务员法实施范围的机关和经批准参照公务员法管理的单位，工作人员（工勤人员除外）实行职级工资制，基本工资由职务工资和级别工资构成。机关技术工人实行岗位技术等级工资制，基本工资由技术等级工资和岗位工资构成。普通工人实行岗位工资制，基本工资为岗位工资。

事业单位工作人员收入分配制度改革。全区事业单位工作人员（参照公务员法管理的除外）实行岗位绩效工资制度。岗位绩效工资由基本工资（岗位工资、薪级工资）、绩效工资和津贴补贴组成。中小学教师、护士的基本工资标准提高10%。

建立正常增资制度。自2006年7月1日起，全区机关工作人员年度考核累计两年称职（合格）以上的，从次年的1月1日起在所任级别（等次）对应工资标准内晋升一个工资档次。事业单位工作人员年度考核为合格以上的，从次年的1月1日起增加一个薪级工资。公务员年度考核累计5年称职以上的，从次年1月1日起在所任职务对应级别内晋升一个级别，级别工资就近就高套入晋升后级别对应的工资标准。

规范津贴补贴。自2007年10月起，规范全区机关工作人员津贴补贴的发放，由工作性津贴和生活性补贴构成。此后，于2009年11月1日、2011年5月1日、2013年1月1日先后3次调整提高津贴补贴标准。在规范提高机关工作人员津贴补贴的同时，同幅度相应地提高事业单位工作人员的津贴补贴水平。

离退休（职）人员

1993年工资制度改革　自1993年10月1日起，全区机关事业单位离休前有职务（行政职务、专业技术职务、技术等级）的，原则上按照同职务在职人员的平均增资额增加离休费。退休前有职务（行政职务、专业技术职务、技术等级）的，原则按照同职务在职人员的平均增资额的90%增加退休费。其中，同职务同条件在职人员增资额高于平均增资额的，离休人员按照同职务同条件在职人员的增资额增加离休费，退休人员按照同职务同条件在职人员的增资额的90%增加退休费。离退休前无职务的，根据本人1985年工资制度改革前原标准工资额或参加革命工作的时间划杠，以此确定离退休后相对应的职务，再按照同职务在职人员的平均增资额或同职务同条件在职人员的增资额相应地增加离退休费。按照国家规定退职的人员，每人每月增加退职生活费35元。

全区建立正常增加离退休费制度。自1993年起，与机关事业单位工作人员正常晋升工资档次相对应，先后6次增加离退休费。离休人员按照同职务同条件在职人员晋升一个工资档次的增资额增加离休费，每月低于25元的按25元增加。退休人员中厅局级、地专级和教授及相当职务的人员，按每人每月30元增加退休费；处级、副教授及相当职务的人员按每人每月25元增加退休费；其他退休人员按每人每月20元增加退休费。按照国家规定退职的人员，按每人每月15元增加退职生活费。

1993年工资制度改革后，潍城区于1997年7月1日、1999年7月1日、2001年1月1日、2001年10月1日、2003年7月1日先后5次调整提高机关事业单位工作人员工资标准的同时，增加了离退休人员离退休费。

实行1993年工资制度改革后退休(职)的人员，退休（职）费计发比例为：(1)机关干部基础工资和工龄工资按本人原标准全额计发，职务工资和级别工资按本人原标准的一定比例计发。工作年限满35年的，职务工资和级别工资两项之和按88%计发；工作满30年、不满35年的，按82%计发；工作满20年、不满30年的，按75%计发；工作满10年、不满20年的，按60%计发；工作不满10年的，按40%计发。(2)事业单位工作人员和机关工人按本人原职务（技术等级）工资与津贴之和或本人原岗位工资、技术等级工资、奖金三项之和的一定比例计发。工作满35年以上的，按 90% 计发；工作满 30 年、不满 35 年的，按 85% 计发；工作满 20 年、不满 30 年的，按 80% 计发；工作满 10 年、不满 20 年的，按 70% 计发。（3）事业单位工作人员和机关工人退职的，退职生活费按本人原职务（技术等级）工资与津贴之和或本人原岗位工资、技术等级工资、奖金三项之和的一定比例计发。工作满 20 年以上的，按 70% 计发；工作满 10 年、不满 20 年的，按 65% 计发；工作不满 10 年的，按 50% 计发。

1993 年 10 月 1 日以后，实行工资制度改革后离休的人员按本人原基本工资全额计发。

2006 年工资制度改革 2006 年 7 月 1 日，全区机关事业单位工资制度改革，同时增加机关事业单位离退休人员离退休费。

2006 年 7 月 1 日后退休（职）的人员，在养老金保险制度建立前，按本人退休（职）前基本工资的一定比例计发退休（职）费。

机关事业单位工作人员离休后的离休费，按本人离休前基本工资全额计发。

在规范提高机关事业单位工作人员津贴补贴的同时，先后于 2007 年 10 月、2009 年 11 月 1 日、2011 年 5 月 1 日、2013 年 1 月 1 日 4 次相应增加离退休人员生活补贴。至 2013 年年底，全区机关事业单位共有离退休（职）人员 2882 人。

2006 年潍城区工资制度改革后离、退休人员增加离退休费标准表

表 19-3　　单位：元

<table>
<tr><th>类别</th><th>职级</th><th>离休人员</th><th>退休人员</th><th>享受 100% 退休费的退休老专家、起义人员、建国前工作老工人</th></tr>
<tr><td rowspan="6">行政管理人员</td><td>厅局级正职</td><td>1220</td><td rowspan="2">750</td><td rowspan="2">820</td></tr>
<tr><td>厅局级副职</td><td>940</td></tr>
<tr><td>县处级正职</td><td>670</td><td rowspan="2">450</td><td rowspan="2">520</td></tr>
<tr><td>县处级副职</td><td>490</td></tr>
<tr><td>乡科级</td><td rowspan="2">350</td><td>275</td><td rowspan="2">330</td></tr>
<tr><td>科员及办事员</td><td>180</td></tr>
<tr><td rowspan="4">专业技术人员</td><td>教授及相当职务</td><td>990</td><td>700</td><td>890</td></tr>
<tr><td>副教授及相当职务</td><td>540</td><td>400</td><td>510</td></tr>
<tr><td>讲师（含相当职务）</td><td rowspan="2">350</td><td>275</td><td rowspan="2">330</td></tr>
<tr><td>助教（含相当职务）及以下职务</td><td>180</td></tr>
<tr><td rowspan="2">工人</td><td>高级技师和技师</td><td>—</td><td>275</td><td rowspan="2">320</td></tr>
<tr><td>高级工及以下、普通工</td><td>—</td><td>180</td></tr>
<tr><td>备注</td><td colspan="4">按照国家规定，退职人员每人每月增加 160 元退职生活费</td></tr>
</table>

2006 年潍城区工资制度改革后退休（职）人员退休（职）费计发比例表

表 19-4

<table>
<tr><th>类别</th><th>公务员</th><th>事业单位工作人员</th><th>机关技术工人、普通工人</th><th>备注</th></tr>
<tr><td>满 35 年</td><td>90%</td><td>90%</td><td>90%</td><td rowspan="5">退休</td></tr>
<tr><td>满 30 年不满 35 年</td><td>85%</td><td>85%</td><td>85%</td></tr>
<tr><td>满 20 年不满 30 年</td><td>80%</td><td>80%</td><td>80%</td></tr>
<tr><td>满 10 年不满 20 年</td><td>70%</td><td>70%</td><td>70%</td></tr>
<tr><td>不满 10 年</td><td>50%</td><td>—</td><td>—</td></tr>
</table>

续表 19-4

类别	公务员	事业单位工作人员	机关技术工人、普通工人	备注
满 20 年	—	70%		退职
满 10 年不满 20 年	—	60%		
不满 10 年	—	50%		

遗属补助

自 1993 年 1 月 1 日起，对全区国家机关工作人员（含离退休人员）牺牲、病故后的遗属困难生活补助标准进行调整。在不同时期（土地革命战争时期、抗日战争时期、解放战争时期、中华人民共和国成立后）参加工作的死者，其配偶和无其他子女的父母，系非农业户口的，每人每月补助标准分别调整为 75 元、73 元、70 元、65 元；系农业户口的，每人每月补助标准分别调整为 60 元、58 元、55 元、50 元。有其他子女的父母及其他直系亲属，系非农业户口的，每人每月补助标准调整为 60 元；系农业户口的，每人每月补助标准调整为 45 元。

1996 年 10 月 1 日，全区机关事业单位工作人员死亡后遗属生活困难补助标准进行调整。机关、事业单位工作人员（含离退休人员）死亡后，其遗属符合生活困难补助条件，居住在市辖区（居住地以户口所在地为准，下同）的，每人每月补助 90 元；居住在县（市）城镇的，每人每月补助 80 元；居住在乡镇农村的，每人每月补助 70 元。其中，土地革命战争时期、抗日战争时期、解放战争时期参加革命工作的死者的配偶和无其他子女的父母，可在当地补助标准基础上，再分别增加 30 元、20 元、10 元。因公牺牲人员的遗属以及无人供养的遗属，可在当地补助标准的基础上，每人每月再提高 10 元。

2000 年 1 月，全区机关事业单位工作人员死亡后遗属生活困难补助标准进行调整。符合生活困难补助条件的遗属，系非农业户口的，每人每月补助标准按户籍所在地政府公布的城镇居民最低生活保障线标准执行；系农业户口的，每人每月补助标准按户籍所在地政府公布的农村村民最低生活保障线标准的 150% 执行。遗属生活困难补助标准，随城乡居（村）民最低生活保障线标准的调整相应进行调整。死者系因公牺牲并被授予烈士称号的，其遗属生活困难补助标准在规定数额的基础上提高 50%；中华人民共和国成立前参加革命工作的死者的遗属，其生活困难补助标准在规定数额的基础上提高 30%；因公死亡人员的遗属以及孤独单身的遗属，其生活困难补助标准在规定数额的基础上提高 20%。兼有三项中的几种情况的，只能按其中一项提高补助标准，不能累加。

2005 年 10 月，全区机关事业单位工作人员死亡后遗属生活困难补助标准进行调整。符合生活困难补助条件的遗属，不分农村居民、城镇居民，每人每月补助标准按户籍所在地政府公布的城镇居民最低生活保障线标准执行。遗属生活困难补助标准，随城镇居民最低生活保障线标准的调整相应进行调整。死者系因公牺牲并被授予烈士称号的，其遗属生活困难补助标准在规定数额的基础上提高 50%；中华人民共和国成立前参加革命工作的死者的遗属，其生活困难补助标准在规定数额的基础上提高 30%；因公死亡人员的遗属以及孤独单身的遗属，其生活困难补助标准在规定数额的基础上提高 20%。兼有上述三项中的几种情况的，只能按其中一项提高补助标准，不能累加。

2012 年 6 月，全区机关事业单位工作人员死亡后遗属生活困难补助标准进行调整。符合生活困难补助条件的遗属，不分农村居民、城镇居民，每人每月补助标准按户籍所在地政府公布的城镇居民最低生活保障线标准的 150% 执行。死者系因公牺牲并被授予烈士称号的，其遗属生活困难补助标准在规定数额的基础上提高 50%；中华人民共和国成立前参加革命工作的死者的遗属，其生活困难补助标准在规定数额的基础上提高 30%；因公死亡人员的遗属以及孤独单身的遗属，其生活困难补助标准在规定数额的基础上提高 20%。兼有上述三项中的几种情况的，只能按其中一项提高补助标准，不能累加。

第六节　大中专毕业生就业

1991 年，潍城区接收安置大中专毕业生 457 人，比上年增加 122 人。1992—1996 年，共接收安置大中专毕业生 2884 人，其中安置 1991 年毕业的国家统一招生计划内招收的自费、电大和函授普通专科班毕业生 31 人。1997 年 1 月，为 47 名大中专毕业生办理转正定级和职称定职手续，为 287 名到乡镇企业工作的专业技术人员办理人事代理业务。同年，潍城区人事局大中专毕业生分配办公室成立，管理非师范类大中专毕业生、研究生分配工作。1998—2002 年，共接收安置非师范类大中专毕业生 2449 人，其中本科生 174 名、专科生 375 名、中专生 1900 名，平均安置就业率为 88%。组织 2 次医疗卫生事业单位大中专毕业生录用考试，共考录 80 人。2003—2007 年，共接收毕业生 1065 人，实现就业 987 人，就业率为 92.6%。组织 11 家企业和高等院校建立毕业生实习基地，59 家企业在高校毕业生就业信息网开户，发布招聘需求 107 条，有 411 名毕业生与用人单位进行网上签约。2008—2011 年，共接收报到毕业生 5452 人，实现就业创业 4987 人，就业率为 91.4%。2012 年，网上接收潍城生源毕业生 1910 名，就业率为 93%。2013 年，网上接收潍城生源毕业生 1132 名，就业率为 94.34%；实施大学生创业引领计划，共有创业大学生 272 人，带动就业 2478 人；对自主创业的大中专毕业生，三年内实行免费人事代理。

第七节　人才交流

1984 年，成立潍城区人才交流服务中心，为正科级事业单位，隶属区人事局，负责全区人才交流服务工作。1992 年，潍城区委、区政府印发《关于引进科技人才的规定》，吸引更多的科技人才到潍城工作。同年 11 月，在区人才交流服务中心备案的各类专业技术人员有 436 名。1993 年 10 月，潍城区委、区政府印发《关于引进人才的暂行规定》。1997 年 1 月，开始推行人事代理制度。1999 年，组织区内急需人才的企事业单位参加各地人才交流洽谈会。创建人才信息资料库，构建单位招聘、人才求职、毕业生等资源信息库，入库信息 2000 多条，并编印《潍城区人才服务指南》和《潍城区人才需求目录》。至 2010 年，共为 1970 人进行求职登记，帮助签订就业协议共 1350 份，促成 1210 人就业。至 2011 年 7 月，共为流动人员保存人事档案、代理各类人事档案共 2936 份。2011 年 8 月，区人才交流服务中心与区劳动就业办公室合并，设立区人力资源管理服务中心，有关业务转移到区人力资源管理服务中心相关科室。2013 年，举办“春风行动”等专场招聘会 6 场，提供空缺岗位 9300 余个，2857 人达成就业意向。新增 187 家单位在山东高校毕业生就业信息网和潍城人事人才网注册并上网招聘，累计发布招聘信息 13640 余条。举办 2 场校园招聘会，提供就业岗位 300 余个，达成就业意向 280 余人。

第二章　劳　动

第一节　劳动就业

劳动就业制度改革

1992年，潍城区出台关于劳动制度综合配套改革方面的试点方案，深化劳动制度改革，在企业内部打破干部、工人身份的界限，不论干部、固定工、合同制工人或计划内临时工，一律与企业签订劳动合同，开展全员劳动合同制试点工作。企业招工要经过考试，择优录用。1993年8月，全区逐步推行市场化就业，举办各种类型的招聘活动，企业招用人员开始办理就业手续。2010年1月，全区打破农民合同制和城镇合同制就业制度。从2011年起，全区实施城乡统一的就业制度。2013年，实现城镇新增就业6792人，城镇登记失业率2.49%，控制在3.5%的目标之内。

就业与再就业

1991年，大多数人员选择到国有、集体企业就业。1992年，企业招工经考试择优录用。1993年，全区劳动就业开始逐步实行市场化的人力资源配置，成立潍城区职业介绍所，由潍城区劳动服务公司直接管理。1995年，区政府出台《关于实施潍城区再就业工程的意见》。1997年，成立潍城区职业再就业服务中心，主要负责全区破产企业职工和国有企业下岗职工的转业、转岗培训和再就业指导、服务等有关工作。潍城区采取多种措施解决下岗职工再就业问题。1998年6月，发放《下岗职工再就业政策问答》5000余份，引导下岗职工转变就业观念；组织下岗职工再就业巡回报告团，在全区做巡回报告8场，受教育群众5000余人次；到区属以下企业就职和从事个体经营的下岗职工2000余人。2000年，实施再就业政策“一对一”援助，发放再就业优惠证，推行工商、税务税费减免的再就业优惠政策。2004年，潍城区职工再就业服务中心撤消，下岗人员与失业职工并轨，统称为“失业人员”，由潍城区劳动就业办公室失业保险科统一管理与服务。2005年，全区建立一站式服务大厅，统一开展就业与再就业服务，通过使用“劳动99”三版信息系统（由潍坊市统一开发的就业服务系统），建立市、区、街道、社区四级公共就业服务平台。2006年，完善政府促进就业责任体系、困难群体援助体系、城镇统筹就业体系。2007年，《潍城区“双零”就业援助实施意见》出台，促进“双零”家庭（城镇零就业家庭和农村零转移就业贫困家庭）就业。2009—2010年，先后在颐高数码广场、潍坊创意产业园、鲁东物流中心设立创意潍州、数码潍州、物流潍州3个创业实训基地，为创业人员提供创业实训服务。2010年，加快就业信息网络化建设，依托“劳动99”三版信息系统平台，实现市、区、街道、社区四级信息共享和劳动力资源的动态管理。2010—2013年，全面实施积极就业政策，推动创业带动就业，为自主创业提供全方位服务，形成政策扶持、创业培训、创业服务、典型带动“四位一体”工作机制。完善公共就业服务体系，开展专场招聘、网络招聘、校园招聘等多种形式的就业服务活动。2013年，成立潍城区农民创业示范基地，创办南大营1789文化艺术区，带动了就业与再就业。是年，潍城区顺利通过全省基层公共（就业）服务平台规范化建设验收。全区实现城镇新增就业6792人，农村劳动力转移就业4903人。

1993—2013年潍城区劳动就业与再就业情况表

表19-5　　单位：人

年份	城镇就业	失业职工再就业	登记失业率（%）	年份	城镇就业	失业职工再就业	登记失业率（%）
1993	855	—	—	2004	3254	873	3.48
1994	900	—	—	2005	3352	1034	3.41
1995	616	—	—	2006	3409	1136	3.20
1996	1205	—	—	2007	3708	1137	3.19
1997	1686	—	—	2008	3441	1451	3.18
1998	1174	—	—	2009	4032	2297	3.19
1999	595	—	—	2010	5202	2629	2.60
2000	733	—	—	2011	5287	2675	2.53
2001	865	—	2.77	2012	9718	2583	2.32
2002	1150	—	2.60	2013	6792	1739	2.49
2003	2759	425	3.43				

说明：失业职工再就业指标报送数据统计从2003年开始，登记失业率考核指标报送数据统计从2001年开始。

第二节　劳动力管理

劳动力来源

1991年，企业用工贯彻“面向社会，公开招收，全面考核，择优录取”的原则，除按有关规定将城镇退伍军人和技工学校毕业生招为固定工外，其他新招收工人全部实行劳动合同制。1993年，社会劳动力来源主要是城镇闲散劳动力、街道工商企业从业人员和农村富余劳动力。对城乡劳动者进城务工全面实施务工许可制度。1995年，企业享有自主招工、选择用工形式的权利，劳动者享有自主选择职业的权利。劳动力主要来源为农村转移劳动力、初高中毕业生、技校毕业生及大中专毕业生。1996年以后，随着经济社会的发展，农村富余劳动力逐渐增多。前期，农村富余劳动力主要是机械化发展后的富余劳动力；后期，随着城镇化的发展，农村富余劳动力中失地农民居多，成为农村富余劳动力的主要来源。城镇劳动力以初高中毕业生、大中专毕业生等新成长劳动力和失业职工等人员为主。

劳动合同签订

1991年，潍城区企业在国家劳动工资计划指标内招用常年性工作岗位上的工人，除国家另有特别规定者外，统一实行劳动合同制。1992年11月，全区开始对企业与职工签订的劳动合同进行鉴证，依法审查、证明劳动合同的真实性和合法性，加强劳动合同管理，依法保护劳动合同双方当事人的合法权益。1993年，潍城区在全市率先推行劳动合同“一条龙”管理办法，即把劳动合同的签订、鉴证、转移、缴纳“两金”等纳入规范化管理。1995年，全区开始全面实施劳动合同制度。1996年，全区在私营企业和个体工商户中建立劳动合同制。至年底，全区签订集体合同的企业有47家、职工11958人，鉴证各类劳动合同3.12万余份。

自1995年《中华人民共和国劳动法》施行至2006年，潍城区平均每年为2000余人鉴证劳动合同。2006年，区劳动和社会保障局、区总工会、区经济贸易局、区中小企业局联合印发《关于印发〈潍城区全面推进劳动合同制度三年行动计划实施方案〉的通知》，加强劳动合同管理，维护劳动者与用人单位双方的合法权益，提高用人单位与职工的劳动合同签订率。2006年，为2156人鉴证劳动合同。2007年，为6132人鉴证劳动合同，全区各类企业劳动合同签订率为85%。2008年，为1.23万人鉴证劳动合同，全区各类企业普遍与劳动者依法签订劳动合同并进行鉴证。

2008年11月，潍城区印发《关于印发〈潍坊市潍城区劳动用工备案办法〉的通知》，开始实行劳动用工备案办法，自2009年起全区不再对劳动合同进行鉴证。2010年1月，潍城区印发《关于转发〈关于实行劳动用工网上备案的通知〉的通知》，自2010年1月1日起实行劳动用工网上备案。全区范围内各类用人单位按照规定程序，收集、录入劳动用工信息。同年，潍城区转发《关于印发〈山东省劳动合同管理操作指南〉的通知》，指导用人单位规范劳动合同管理，提高用人单位的劳动合同管理水平。为进一步贯彻落实《劳动合同法》，全面实施劳动合同制度，区人力资源和社会保障局、区总工会、区经济和信息化局联合印发《关于印发〈潍城区全面推进小企业劳动合同制度实施专项行动计划实施方案〉的通知》，从2010年到2012年，用3年时间基本实现小企业与劳动者普遍依法签订劳动合同。2012年，全区有小企业663家、职工2.09万人，小企业签订劳动合同的职工人数占在职职工总人数的90.5%。2013年，为975家企业41878人办理劳动用工网上备案手续，立户登记企业用工手续网上备案率达到100%；督促875家企业同29813名新就业人员和合同到期人员签订劳动合同，签订率为94%以上。

劳动事务代理

1996年1月，由潍城区劳动服务公司开展劳动保障事务代理业务，为企业富余人员和失业人员接续养老保险，当年为111人代缴社会保险费8.2万元。1997—2001年，为全区各类灵活就业和自主创业的1187人代缴养老保险费150.7万元。2002—2005年，增加医疗保险，投保人数增加到5861人，其中退休人员37人。2003年6月，潍城区劳动服务公司更名为潍城区劳动就业办公室，由潍城区劳动就业办公室履行劳动保障事务代理职能。2004年年底，建立可容纳5万份档案的现代化档案室。2009年4月，增加工伤保险。2011年8月，潍城区人才交流服务中心与潍城区劳动就业办公室合并，成立潍城区人力资源管理服务中心，设人事代理科，由人事代理科代办劳动保障事务。至2015年年底，累计为27433名自谋职业、自主创业、灵活就业人员代办劳动保障事务，代缴养老保险费、医疗保险费、工伤保险费共6.9亿元，为3790人办理了退休手续。

第三节 劳动工资

工资制度

岗位技能工资制度 1985年工资改革，实行“工效挂钩”办法。1991年年底，挂钩企业有91家，占全区企业的81%；至2000年，挂钩企业有45家，职工有1.6万人。

1991年，全区清理审查职工标准工资，列入清理审查范围的企业132户，涉及职工2.4万人。1994年，全区实行技能工资标准制度，对企业职工技能工资参考标准进行调整，适当增加职工工资，逐步调整工资收入结构。同年，对全区86家企业1.9万名职工进行技能工资标准套改，月增资总额221.3万元，人均月增资116元。1996年，依照《山东省企业职工岗位工资参考标准》，全区企业普遍建立岗位工资制，进一步完善岗位技能工资制，企业工资制度改革继续深化。同年，为全区68户企业增加岗位工资，月增资总额近80万元。2001年，全区企业根据省、市关于工资指导线的要求，安排使用工资增量，进行工资分配改革，企业自主选择实行岗位技能工资制或适合本企业生产经营特点的分配办法。全区涉及套改工资的企业有31家，职工有2092人，月增资总额16.18万元。

工资指导制度　1999年，开展劳动力市场工资指导价位制度试点工作。劳动力市场工资指导价位制度是在市场经济条件下，国家对企业工资分配进行指导和间接调控的一种方式。政府有关部门通过对各类职业（工种）工资水平进行调查、汇总、分析、修正，公布有代表性的职业（工种）的工资指导价位，以规范劳动力市场供需双方的行为。2002年，潍城区首次公布212个职位（工种）劳动力市场指导价位。从2004年起，潍城区每年向社会发布企业工资指导线通知，各企业根据本单位经营效益情况，在基准线、上线、下线区域内合理地确定工资增长幅度，自行调整本单位的职工工资水平。2005年，潍城区加强企业工资宏观调控，建立健全企业职工工资随经济效益提高的正常增长机制，指导企业在生产发展、经济效益提高的基础上，确定合理的工资增长水平。从2007年起，潍城区每年向社会公布职位（工种）劳动力市场指导价位，以促进劳动力市场的建设和市场均衡工资率的形成，指导企业合理确定工资总量和工资水平及内部分配关系。企业工资指导线制度和劳动力市场工资指导价位制度为企业进行工资集体协商提供了参考依据。

工资集体协商制度　2002年，潍城区规范企业工资集体协商和签订工资集体协议的行为，保障劳动关系双方的合法权益，推动工资集体协商工作健康发展。2006年，根据《山东省企业工资支付规定》："企业应当按照国家规定建立工资集体协商制度，与企业工会或者职工代表就企业工资分配制度、工资分配形式、工资收入水平等事项进行平等协商。在协商一致的基础上，经企业职工代表大会或者职工大会审议通过后，签订工资集体协议。"全区企业开始实行工资集体协商制度，企业内部工资分配制度、工资分配形式、工资收入水平等事项由职工代表与企业代表依法按照国家相关政策规定平等协商确定。至2013年年底，全区累计有317家企业签订工资集体协议书，涉及职工19483万人。

最低工资保障制度　1994年10月始，山东省政府实施最低工资保障制度。1995年始，指导监督企业执行最低工资标准。1995—2010年，省政府约两年调整公布一次全省企业最低工资标准。2010—2013年，省政府每年调整公布全省企业最低工资标准。潍城区根据山东省政府公布的企业最低工资标准进行调整。

1995—2013年潍城区企业最低工资标准表

表19-6　　单位：元

执行时间	月最低标准	小时最低标准	文件依据
1995年1月16日	180	—	潍政发〔1995〕8号
1996年9月1日	240	—	鲁政发〔1997〕2号
1999年7月1日	320	—	鲁政发〔1999〕95号
2001年7月1日	370	2.22	鲁政发〔2001〕68号
2002年10月1日	410	2.85	鲁政发〔2002〕79号
2005年1月1日	470	4.10	鲁政字〔2004〕932号

续表 19-6

执行时间	月最低标准	小时最低标准	文件依据
2006 年 10 月 1 日	540	4.80	鲁政字〔2006〕216 号
2008 年 1 月 1 日	620	5.50	潍政字〔2008〕9 号
2010 年 5 月 1 日	920	9.60	鲁政字〔2010〕74 号 鲁人社发〔2010〕21 号
2011 年 3 月 1 日	1100	11.50	鲁政字〔2011〕33 号
2012 年 3 月 1 日	1240	13.00	鲁政字〔2012〕33 号
2013 年 3 月 1 日	1380	14.50	鲁政字〔2013〕39 号

说明：1995—1999 年，省政府未公布小时最低工资标准。

工资调整

1990 年，潍城区严格控制企业干部的晋级奖励比例，干部和工人均按 3% 的比例控制晋级奖励。同年，为 40 家企业 879 名职工实行 3% 的奖励晋级，月增资总额 6400 元。对实行工资总额同经济效益挂钩的企业，实行滚动浮动升级固定工资，为 30 家企业 4577 人给予滚动固定工资升级，月增资总额 3.72 万元。1994 年，潍城区建立健全工资总额宏观调控运行机制，全面实行工资总额弹性计划。在工资总额弹性计划范围内，围绕建立现代企业制度，对不同类型企业的工资总额进行分类调控，引导和帮助企业建立正常的工资增长机制。坚持按劳分配和效率优先、兼顾公平的原则，完善工效挂钩办法，加大行业、企业间职工工资水平的调控力度。同年，挂钩企业 54 家，涉及职工 1.6 万人，占全区职工总数的 77.8%。1999 年，潍城区调整企业岗位、技能工资参考标准。将岗位工资参考标准起点提高 20 元，技能工资参考标准起点提高 30 元。企业可根据经济效益和生产经营的实际情况，选择是否执行工资标准。2001 年，潍城区将岗位工资参考标准起点提高 20 元，由 13 个序号增加到 21 个序号；技能工资参考标准起点提高 15 元，由 6 个序号增加到 13 个序号。之后，各企业以山东省政府定期公布的企业职工平均工资和全省企业工资指导线为标准，实行企业工资自主分配。

第四节　职业培训与技能培训

职工培训

1991—1995 年，全区推行“先培训，后就业”“先培训，后上岗”，加强对城镇待业青年的就业培训管理。由区劳动服务公司办理登记证后统一开展培训，累计培训 3922 人次，待业青年培训后主要安排到潍坊第二面粉厂、潍坊市百货公司、潍坊轴承厂、潍坊巨力机械总厂、潍坊纸箱总厂等区属企业就业。1995 年，《中华人民共和国劳动法》实施，全区按照“国家政策指导下的市场就业方针”为指导，逐步建立以市场需求为导向的培训机制。同年，培训普通初、高中毕业生 193 人，中专、技校、大专毕业生 127 人。开办计算机及应用专业大专班 1 期，培训计算机应用人员 31 人。1996 年，对辖区内的 436 名应届毕业生进行就业前培训。在曹家巷社区举办美容美发培训班 1 期，培训学员 31 人。1997 年，对辖区内的 825 名应届毕业生进行就业前培训。拓宽技术培训新领域，开展微机培训班 7 期，培训人员 67 人，其中 45 人获得技术等级证书。1998 年，全区加强对城区待业青年的管理，对全区普通初、高中毕业生和未进行失业登记的职业高中（中专）毕业生进行失业登记并开展培训，共计培训人员 397 人。为耶莉娅服装集团总公司和轴承厂等企业的转招人员和其他未开展培训的人员分期分批组织培训及考核，培训合格率100%。1999年，全区以实施再就业工程为重点，培训各类人员528人，培训合格率100%，并为成绩合格者签发就业专业训练证书。1999—2002年，全区共举办各类再就业培训班53期，培训下岗失业人员5671人次。2003年，区劳动服务公司更名为区劳动就业办公室，并设立潍城区工人技术培训就业训练中心，开展全区培训工作。2004年，全区培训失业人员2127人，其中培训新成长失业人员635人、失业职工1492人，就业培训率达100%；培训大中专毕业生388名。2005年，全区举办失业人员培训班6期，培训失业人员1863名，其中新成长失业人员943名、失业职工920名。积极与上级有关部门配合，举办农村剩余劳动力转移培训班8期，共培训学员2009名，大部分实现转移就业，推动了全区农村劳动力转移工作的开展。2006—2008年，共举办各种人员培训班72期，培训学员8846名，其中新成长失业人员2311名，失业职工2151名；重点开展农村劳动力和库区劳动力转移培训，培训专业有面点制作、微机操作、服装制作、食品加工、橡胶工艺、餐厅礼仪、美容美发、机械加工等，共培训学员4384名，大部分实现转移就业，就业率为75%以上。2009年，全区按照全省统一部署，落实《山东省加强就业培训提高就业与创业能力五年规划（2009—2013）》，加大培训工作力度。2010年，市人社局在全市范围内统一招标定点培训机构，开展职业能力培训，职业能力培训走向规范化。2009—2013年，累计开展各类培训19351人次。

职业技能鉴定

1996年3月，潍城区职业技能鉴定所成立。2002年4月，潍城区职业技能鉴定中心成立，负责全区技能鉴定和职业培训工作。同年，鉴定初级工1400人，发放初级职业资格证书1248份；报送潍坊市职业技能鉴定中心中级资格鉴定67人，发放中级职业资格证书52份；换发中级以上职业资格证书95份。

1996—2002年，累计鉴定初级工5763人，中级工1544人，高级工446人。2003—2013年，共鉴定初级工27618人，发放合格证书26588份；鉴定中级工4527人，发放合格证书4415份；鉴定高级工1653人，发放合格证书1492份；参加市技师考评410人，发放合格证书306份；参加市高级技师考评71人，发放合格证书47份。

第五节　劳动人事争议仲裁

1992年，潍城区试行仲裁员、仲裁庭制度。1993年，仲裁员、仲裁庭制度全面推行。同年12月，区劳动局内设劳动争议仲裁办公室，负责劳动争议调解仲裁工作。1995年起，随着用工主体、用工形式的多元化及《劳动法》的颁布实施，因劳动报酬、社会保险、劳动保险等引起的劳动争议逐渐增多。1991—1996年，受理和依法审理全区各类劳动争议案件共53件，其中运用仲裁程序协调处理47件，依法仲裁裁决6件。1996年始，全区仲裁案件呈逐年上升趋势。1996—2002年，受理劳动仲裁案件218件，结案218件。

2002年5月机构改革，区劳动和社会保障局内设劳动争议处理科（挂区劳动争议仲裁委员会办公室牌子）。2004年6月，成立潍城区人事争议仲裁委员会，办公室设在区人事局。2007年9月，成立潍城区劳动争议仲裁院，为区劳动和社会保障局所属事业单位。2003—2010年，受理劳动人事争议案件共362件，结案362件。2011年7月，潍城区劳动争议仲裁院更名为潍城区劳动人事争议仲裁院，同时撤销区人事争议仲裁委员会办公室，有关职责由区劳动人事争议仲裁院承担。2013年，区劳动人事争议仲裁院被省人社厅和省劳动人事争议仲裁委员会评为“全省劳动人事争议调解仲裁工作先进单位”。2011—2013年，受理劳动人事争议案件共396件，结案396件，为劳动者挽回经济损失1726.8余万元。

第六节　劳动保障监察

1997年12月，潍城区劳动局设立潍城区劳动监察大队，为区劳动局所属全额预算管理的正股级事业单位，定编3人，与局劳动监察科联合开展劳动执法检查，开展专项检查、举报专查、劳动年检等活动，年检企业71家，发现31家单位存在违法行为并责令其整改。1998年，对全区50家企业执行《劳动法》情况进行检查，补签劳动合同2135份。对全区非法职业介绍机构进行拉网式检查，查出非法职业介绍所9所，全部依法取缔。受理举报案件53起，结案53起。1999—2002年，检查各类企业201家，责令35家企业办理工资立户登记，为2091名职工参保缴费，补签劳动合同560份。依法下达责令改正指令书123份、行政处理决定书12份，为355名职工办理用工手续，追发克扣、拖欠工资32.1万元，追缴社会保险费163万元，取缔非法职业介绍机构7家。2005年5月，潍城区劳动监察大队更名为潍城区劳动和社会保障监察处。2007年9月，潍城区劳动和社会保障监察处规格调整为副科级。2003—2007年，检查用人单位775家，为252名职工办理招用手续、1533人办理职业资格证书、1165人补签劳动合同，督促156家企业办理社会保险登记，追缴社会保险费45.6万元。受理举报投诉案件510起、市长热线电话230起，责令用人单位补发拖欠职工工资166万元，下达处罚决定书16份，清退集资押金3万元。对452家企业进行专项检查，追讨农民工欠薪124万元，下达书面审查通知书675份、责令改正指令书165份，全部结案。2008—2009年，检查用人单位563家，责令用人单位为510名职工办理招用手续、为310名职工办理职业资格证书，为422人补签劳动合同，督促40家企业办理社会保险登记，追缴社会保险费12万元，下达书面审查通知书450份、责令改正指令书36份，责令用人单位补发拖欠职工工资23万元，对165家企业进行专项检查，追讨农民工欠薪80余万元。受理举报投诉案件412起、市长热线电话367起，全部结案。2010—2012年，检查用人单位1050家，督促用人单位为2235名职工办理招用手续，为190人办理职业资格证书，为430人补签劳动合同，责令122家用人单位办理社会保险登记，追缴社会保险费450万元。下达书面审查通知书1900份、责令改正指令书120份，督促用人单位补发拖欠职工工资198万元。清退集资押金2.3万元，对39家建筑、服务业等劳动密集型企业支付农民工工资情况进行专项检查，追讨农民工欠薪399万元。受理举报投诉案件465起、市长热线电话920起，全部结案。2013年12月，潍城区劳动和社会保障监察处更名为潍城区劳动保障监察大队，编制9名，配备大队长1名、副大队长2名，内设一中队、二中队。同月，在全区6个街道、1个开发区、2个管理区成立劳动保障监察中队。2013年，为975家企业41878人办理劳动用工网上备案手续，督促875家企业同新就业人员及合同到期人员共29813人签订劳动合同。全年受理群众举报投诉775次，为劳动者挽回经济损失592万余元。

第三章　社会保障

1986年，潍坊市潍城区社会劳动保险事业分处（隶属区劳动局）成立，潍城区社会保险工作开始起步。区社会劳动保险事业分处负责全区企事业单位、城镇合同制工人及农民合同制工人“退休养老”保险基金的收缴、管理、支付工作，对区属企事业单位上缴“退休养老”保险基金进行监督、检查，对区属企事业单位固定职工的退休费用进行社会统筹。1992年，潍城区农村社会养老保险事业管理处成立，隶属区民政局，负责全区农村社会养老保险工作。1993年，根据《中共中央关于建立社会主义市场经济体制若干问题的决定》中关于建立包括社会保险等多层次的社会保障体系的要求，先后建立起养老保险、医疗保险、工伤保险、失业保险、生育保险五大保险体系。

1994年，潍城区机关事业单位养老保险处成立，隶属区人事局，负责统筹全区机关事业单位合同制工人及自收自支单位的固定工人养老保险。1999年，区农村社会养老保险处整建制从区民政局划归区劳动和社会保障局，区机关事业单位养老保险处整建制从区人事局划归区劳动和社会保障局。2004年，潍城区城镇职工医疗保险处成立，负责全区城镇职工基本医疗保险的征缴、拨付和管理工作。2006年，组建潍城区新型农村合作医疗委员会办公室，隶属区卫生局，在全区8个镇、街道实施新型农村合作医疗试点工作。2008年，将区社会劳动保险事业处、区城镇职工医疗保险处、区机关事业单位社会保险处、区农村社会养老保险管理处合并，组建潍坊市潍城区社会保险事业管理局（2010年更名为潍坊市潍城区社会保险事业管理中心），负责全区机关事业单位职工的养老、医疗、失业、工伤、生育保险的基金征缴和各项待遇的审核发放，各项社会保险基金的管理和保值、增值的运营，全区离退休人员医疗费统筹及待遇审核发放，各项保险基本数据管理、计划、审计及全区离退休职工管理服务等工作。2008年，潍城区城镇居民医疗保险正式启动，城镇职工基本医疗保险和新型农村合作医疗保险覆盖范围以外的潍坊市户籍的非从业城镇居民可参保。

第一节　企业职工基本养老保险

1991年，对企业固定职工退休费用实行社会统筹。1993年，在全区统筹企业中实行固定工个人缴费制度，养老金按职工本人工资总额的2%缴纳，1993年之前的工龄视同缴费年限。1994年，养老金开始与社会平均工资、职工缴费工资的高低和缴费年限的长短挂钩。1995年，养老保险实行社会统筹和个人账户相结合的制度。1996年，按照《潍坊市企业职工社会养老保险办法补充规定》，企业职工养老保险实行社会统筹与个人账户相结合；退休费实行新的计发标准，记账基数为职工个人缴费工资，记账比例为11%。1997年，离退休人员和中华人民共和国成立前老工人养老金由银行代发。7月，统一规范企业基本养老保险制度和职工个人缴费比例、个人账户规模以及基本养老金计发办法。1999年，扩大社会保险覆盖面，将农村户口临时工、个体工商户纳入社会保险范围，并调整退休费计发办法。2003 年，贯彻《关于扩大企业基本养老保险覆盖范围有关问题的意见》，将街（镇）办企业、个体私营企业、个体工商户、灵活就业人员等纳入统筹范围。养老保险费的缴纳办法为：职工按本人上年度月平均实得工资的 5% 缴纳，企业按职工个人缴费工资总和的 20% 缴纳；职工个人缴费比每两年提高一个百分点，最终达到 8%。月实得工资超过规定的上年度社会月平均工资 3 倍以上部分，不作为缴纳基数；月实得工资低于社会平均工资 60% 的，以社会平均工资的 60% 为基数缴纳。个体工商户缴费比例、私营企业及职工缴费比例之和均为 18%，以后每年提高两个百分点。2005 年，《国务院关于完善企业职工基本养老保险制度的决定》实施，企业基本养老金计发办法得到进一步规范和完善。全区企业职工个人缴纳基本养老保险费比例由 7% 调整为 8%，单位缴纳 20% 的比例保持不变。2007 年，潍城区贯彻落实省政府办公厅《关于做实企业职工基本养老保险个人账户试点工作的通知》。此后至 2013 年，全区企业职工基本养老保险工作严格执行国家、省、市有关法律法规、政策规定。

1991—2013 年潍城区企业职工养老保险收支情况统计表

表 19-7

年份	在职人数（人）	基金收缴（万元）	离退休人数（人）	领取养老金（万元）
1991	21470	990	7660	1398
1992	20972	1023	7898	1561
1993	20488	1576	8379	2627
1994	20320	1676	7958	1338
1995	20998	1776	6645	2887
1996	21280	2424	6381	3413
1997	22327	2589	7592	3668
1998	22228	2449	8246	4503
1999	22256	2681	8237	4695
2000	22280	3032	8223	5210
2001	22054	2934	8339	5160
2002	20285	2981	8595	6343
2003	22008	3758	9023	6703
2004	24357	3952	9098	6824
2005	25669	4490	9746	8078
2006	27543	5851	10263	9939
2007	30355	7086	11277	11746
2008	32900	9348	11981	14450
2009	34802	11179	12731	16934
2010	36505	15348	13186	20821
2011	37707	18431	14057	24770
2012	37638	19734	15485	30271
2013	38949	26296	17505	36852

第二节　机关事业单位养老保险

1994年，全区机关事业单位的合同制工人及自收自支事业单位的固定工人实行养老保险统筹。1996年，全区所有机关事业单位的固定职工实行养老保险区级全员统筹。基本养老保险按单位参加保险的固定职工工资总额与统筹项目内离退休（职）费总额之和的23%缴纳，个人按本人工资总额的2%缴纳。2002年，将233名离休（职）人员的离休费、52名离休人员的遗属补助列入社会化发放范围。2006年，缴费比例由25%调整为40%。2008年，缴费比例由40%提高到48%，增强了基金的支撑能力。2009年，完成对全区离退休人员的核查工作，建立起离退休人员信息库。2011年，全区离退休（职）人员的离退休（职）费全部实行社会化发放。

1994—2013年潍城区机关事业单位离退休职工养老金支付统计表

表19-8

年份	离退休人数（人）	支付养老金（万元）	年份	离退休人数（人）	支付养老金（万元）
1994	155	100	2004	2574	4066
1995	174	142	2005	2658	4361
1996	1704	888	2006	2714	4707
1997	1788	1404	2007	2708	6405
1998	1876	1577	2008	2832	7414
1999	2005	2099	2009	2945	7755
2000	2154	2396	2010	3047	9425
2001	2234	2645	2011	3214	10632
2002	2394	3463	2012	3345	12082
2003	2484	3712	2013	3475	13476

第三节　居民基本养老保险

1991年，潍坊市人民政府印发《关于开展农村社会养老保险试点工作的通知》，潍城区政府制定《潍城区农村社会养老保险暂行办法》，在符山镇开展农村养老保险制度试点工作。农民自愿参保，采取个人交纳与集体补助相结合的缴费方式。1993年，潍坊市人民政府印发《潍坊市农村社会养老保险暂行办法》。因1994年区划调整，潍城区于1995年将58个村的参保缴费档案和保险基金移交给奎文区。1995年，潍坊市统一使用微机管理参保人员的档案、缴费数据的存储，业务经办也通过微机进行。2003年，潍城区将部分村庄的缴费档案和保险基金移交给潍坊经济开发区。2011年，调整农村养老保险相关制度与政策，建立新型农村养老保险制度，同时启用社会保险核心平台系统管理，实行全市联网。2012年，城镇居民养老保险制度建立，其参保登记办法参照新型农村养老保险政策规定执行。2013年，整合新型农村养老保险和城镇居民养老保险制度，建立统一的居民基本养老保险制度。

1991—2013 年潍城区居民基本养老保险收支统计表

表 19-9

年份	参保人数（人）	缴费额（万元）	发放人数（人）	发放养老金（万元）	基金积累（万元）
1991	63860	119	228	0.1	118
1992	65672	121	281	0.2	241
1993	65899	126	899	0.6	369
1994	67014	137	1021	0.8	506
1995	67406	344	290	0.9	880
1996	46292	372	595	6	1281
1997	55997	285	999	8	1801
1998	67758	223	1011	9	2028
1999	77004	97	1433	11	2114
2000	77892	130	2454	191	2255
2001	79767	113	2706	227	2181
2002	78058	116	2866	240	2703
2003	78536	110	3656	290	2815
2004	78674	112	3842	310	2929
2005	78234	147	3976	378	3079
2006	78011	136	4656	406	3219
2007	77864	119	4736	408	3542
2008	76561	74	4827	456	3631
2009	74004	68	4548	440	3717
2010	72109	12	4224	431	3811
2011	115817	613	35545	1387	10697
2012	119872	1880	36330	1898	11995
2013	122030	4981	36645	2468	13783

第四节　医疗保险

城镇职工基本医疗保险

2001 年，根据《潍坊市城镇职工基本医疗保险实施办法》，潍城区城镇职工基本医疗保险正式启动。全区城镇所有用人单位（包括城镇各类所有制企业、机关事业单位、社会团体、民办非企业单位）及其职工、退休人员（含按国务院颁发的《〈国务院关于安置老弱病残干部的暂行办法〉和〈国务院关于工人退休退职的暂行办法〉的通知》规定办理的退职人员），以及城镇个体经济组织业主及其从业人员、自谋职业者、灵活就业人员等均纳入基本医疗保险范围，实行医疗保险区级统筹。自 2010 年始，按照市政府《关于印发潍坊市城镇职工医疗保险实施办法的通知》，潍城区实行城镇职工医疗保险市级统筹，统一缴费基数、缴费比例、支付标准及经办流程。

城镇职工基本医疗保险费由用人单位和职工共同缴纳。职工个人缴费按本人上年度月均工资总额的2%缴纳，由用人单位从其工资中代扣代缴。用人单位缴费以本单位全部职工缴费工资之和为基数，按7%缴纳。缴费工资低于全市上年度平均工资60%的，按平均工资的60%为基数缴费；超过300%的部分不计入缴费工资基数。退休人员个人不缴纳基本医疗保险费。

参保人员一个医疗年度基本医疗保险统筹基金年度最高支付限额为10万元。超过基本医疗保险统筹基金最高支付限额的医疗费用，通过大额医疗保险基金支付。大额医疗保险基金年度最高支付限额为40万元。凡参加城镇基本医疗保险的人员同时参加大额医疗保险，大额医疗保险费由单位或个人承担，按每人每年90元的标准缴纳。参加大额医疗保险的人员患病，超过基本医疗保险统筹基金最高支付限额的医疗费用，个人自付10%，大额医疗保险救助金支付90%。

将在定点医院产生的符合规定的住院医疗费用纳入医疗保险基金支付范围。根据医院的不同等级确定相应的起付标准和支付比例。在社区卫生服务机构及一、二、三级医院产生的住院医疗费用，首次住院起付标准分别为300元、400元、600元和900元。一个医疗年度当中第二次住院起付标准降低100元，从第三次住院开始，不再设置起付标准。起付标准至基本医疗保险统筹基金最高支付限额部分，基本医疗保险统筹基金对在职职工支付比例分别为96%、92%、90%和88%，对退休人员支付比例分别为98%、96%、95%和94%。

1995—2013年潍城区城镇职工医疗保险收支统计表

表19-10

年份	参保人数（人）	基金收缴（万元）	待遇支付（万元）	年份	参保人数（人）	基金收缴（万元）	待遇支付（万元）
1995	26466	368	348	2005	39106	2495	2454
1996	26545	399	364	2006	40604	2702	3017
1997	27254	504	472	2007	43715	3878	3483
1998	27724	440	456	2008	48017	4433	4197
1999	27620	430	496	2009	50359	5014	4654
2000	27569	423	501	2010	54016	6986	6825
2001	39102	1012	1067	2011	56832	9628	8526
2002	41220	1256	695	2012	58948	10754	9845
2003	38931	1681	1664	2013	61384	12010	11718
2004	37903	1998	2373				

城镇居民基本医疗保险

2008年，潍城区城镇居民基本医疗保险正式启动。参保范围为全区城镇职工基本医疗保险和新型农村合作医疗覆盖范围以外的、具有本市户籍的非从业城镇居民，包括未成年城镇居民、老年城镇居民和一般城镇居民。未成年城镇居民基本医疗保险费每人每年80元，其中个人缴纳20元、财政补助60元；老年城镇居民每人每年280元，其中个人缴纳140元、财政补助140元；一般城镇居民每人每年280元，其中个人缴纳200元、财政补助80元。城镇居民医疗保险费每年缴纳一次。城镇居民基本医疗保险统筹基金年度最高支付限额为3万元，至2008年年底，城镇居民医疗保险参保人数为25217人。

2009—2012年，城镇居民基本医疗保险费调整为：未成年城镇居民基本医疗保险费每人每年个人缴纳20元，老年城镇居民每人每年个人缴纳140元，一般城镇居民每人每年个人缴纳200元。2009—2011年，统筹基金年度最高支付限额调整为6万元。2012年，统筹基金年度最高支付限额调整为12万元。2009—2012年，参保人数分别为29423人、28134人、47499人和54365人。

2013年，城镇居民医疗保险费实行2个档次缴费，每人每年个人缴纳80元或200元，统筹基金年度最高支付限额调整为18万元，参保人数为105709人。

新型农村合作医疗保险

2006年，全区实行新型农村合作医疗试点工作，覆盖于河镇、望留镇、西关街道、北关街道、南关街道、潍城经济开发区、军埠口综合项目区、乐埠山生态经济发展区。当年参合人数为148763人，占全区应参合农业人口的92.3%。筹资标准为每人每年40元,其中个人15元、区政府补助15元、市政府补助10元。低保户、五保户等政府补助对象3328人，其参合资金由区政府全额补助。当年为参保农民报销237.3万元，受益达1.59万人次。

2007年，潍城区纳入省级新农合试点县，得到省级和中央财政补助，当年全区参保人数159840人，参保率98.7%。中央和省级财政每人补助39.94元、市级补助15元、区级补助17元、个人缴费15元。参保人员每人筹集标准达86.94元。低保户、五保户等政府补助对象2903人，其参合资金由区政府全额承担。当年为参保农民报销964.6万元，受益达2.63万人次。

2008以后，潍城区农民参加新型农村合作医疗积极性高涨，每年参合率均为100%。

2006—2013年潍城区新农合收支统计表

表19-11

年份	参保人数（人）	收缴金额（万元）	拨付人次数（人次）	报销金额（万元）
2006	148763	595	15922	237
2007	159840	1390	26358	965
2008	166967	1586	52654	1886
2009	166472	1748	72432	1765
2010	166908	2235	85939	1914
2011	164868	4223	146634	3639
2012	163108	4788	231997	5427
2013	160619	5783	291476	5707

第五节　失业保险

1991年，潍城区执行国务院《国营企业职工待业保险暂行规定》和山东省有关政策规定，实施职工待业保险制度。1999年，国务院颁布《失业保险条例》,将“待业保险”更名为“失业保险”，失业保险工作开始法制化、规范化。失业保险基金由单位、职工个人和国家共同负担。参保的城镇企业、事业单位按照本单位职工工资总额的2%

缴费，职工按本人月工资的1%缴纳失业保险费。2005年8月，潍城区实行社会保险“一票征缴”制度。失业保险金为每人每月278元，当年参保人数达28300人。2008年金融危机爆发，潍城区落实各项扶持政策，减轻企业负担，稳定就业局势。2009年、2010年先后实施两次援企稳岗，为49家企业的4747人发放社会保险补贴597万元。2010年7—12月、2011年9—12月将失业保险费率由3%降至1.5%，共对企业减收失业保险费586.67万元。2011年，失业保险金标准提升到每人每月600元。贯彻落实市人社区《转发省人社厅、财政厅〈关于领取失业保险金期间的失业人员参加职工基本医疗保险有关问题的通知〉的通知》，在潍城区领取失业保险金期间的失业人员，按规定由失业保险基金提供参加职工基本医疗保险的费用。

1991—2013年潍城区城镇职工失业保险收支统计表

表19-12

年份	参保人数（人）	收缴保险费（万元）	支出保险金（万元）	年份	参保人数（人）	收缴保险费（万元）	支出保险金（万元）
1991	30137	31	0.01	2003	25158	319	186
1992	29667	32	0.06	2004	28000	314	283
1993	30352	70	0.7	2005	28300	562	639
1994	30367	86	1	2006	28600	994	408
1995	19607	98	2	2007	29002	1157	1009
1996	18832	98	10	2008	29353	1145	999
1997	19881	98	15	2009	19353	934	317
1998	18114	115	29	2010	19353	1089	341
1999	18200	153	36	2011	19565	1366	540
2000	26216	235	43	2012	21000	1330	711
2001	26940	232	58	2013	29114	939	709
2002	26362	261	161				

第六节　工伤保险

1995年，区政府颁布《潍坊市潍城区企业职工医疗保险、职工工伤保险、女职工生育保险暂行办法》，全区企业职工工伤保险于1995年5月正式启动，由区级统筹。2011年，潍城区职工工伤保险实行市级统筹，实现参保范围和参保对象、行业差别费率标准、基本管理使用、待遇支付标准、经办服务流程、信息系统“六统一”。职工工伤保险享受定期待遇人员的各项伤残待遇逐年提高，伤残津贴、护理费、供养亲属补助1995年分别为261元/月、147元/月、118元/月，2005年分别为675元/月、380元/月、310元/月，2013年分别为1779元/月、1195元/月、726元/月。工亡职工一次性工亡补助金大幅度提高，1995年为2.53万元，2005年为6.55万元，2013年为49.13万元。工伤职工工伤保险待遇支付范围不断扩大，将工伤职工住院伙食补助费、交通住宿费、一次性医疗补助费等纳入了工伤保险支付范围。

1995—2013 年潍城区企业职工工伤保险收支统计表

表 19-13

年份	缴费人数（人）	缴费金额（万元）	拨付人数（人）	拨付金额（万元）
1995	19698	26	28	17
1996	19972	54	105	29
1997	20114	59	125	48
1998	20165	49	84	41
1999	20100	48	61	21
2000	20020	48	52	17
2001	20024	51	118	50
2002	17097	48	50	73
2003	16602	57	80	30
2004	16898	58	98	83
2005	17482	60	73	49
2006	22519	66	301	17
2007	23439	117	102	69
2008	27315	165	66	50
2009	38317	276	255	152
2010	48317	492	141	128
2011	48817	689	141	207
2012	47746	742	149	313
2013	48552	746	142	396

第七节　生育保险

1995 年，区政府出台《潍坊市潍城区企业职工医疗保险、职工工伤保险、女职工生育保险暂行办法》，在潍坊市首先启动企业职工生育保险试点工作。2001 年，市政府出台《潍坊市企业职工生育保险办法》，潍城区执行此办法。2007 年，《山东省企业职工生育保险规定》发布，对生育保险缴费费率、生育津贴、生育医疗费等作了明确规定。潍城区严格贯彻落实省、市关于企业职工生育保险的政策规定，企业职工生育保险缴费费率、生育津贴、生育医疗费等得到进一步完善，生育医疗费结算日趋合理。

1995—2013 年潍城区职工生育保险基金收支统计表

表 19-14

年份	参保人数（人）	缴费额（万元）	享受待遇人数（人）	发放数额（万元）
1995	19698	36	222	25
1996	19972	75	364	68
1997	20114	81	349	69
1998	20165	68	297	54
1999	20100	63	381	57
2000	20280	59	476	63
2001	20280	60	306	59
2002	17543	65	326	58
2003	17224	80	462	75
2004	17318	82	251	81
2005	17482	76	410	98
2006	17992	81	301	55
2007	19247	124	349	120
2008	20250	184	155	62
2009	21652	144	155	108
2010	24260	216	210	143
2011	225260	283	283	214
2012	24689	294	363	360
2013	25995	362	937	588

第二十编

教育　科技

第一章　教　育

第一节　教育体制改革

1991年，根据《中共中央关于教育体制改革的决定》的要求，潍城区各乡镇设立教育协商委员会办公室，统一规划、管理、协调农村各类教育事业平衡发展，工作人员由教育助理、义务教育监督员、中心小学人事干部、会计、成人教育干部、幼教辅导员组成。1992年2月，潍城区政府颁发《潍城区实施〈中华人民共和国义务教育法〉细则》，明确在实施九年制义务教育中政府、社会、学校、家长各应承担的法律责任。1993年，根据《中国教育改革和发展纲要》关于中等及中等以下各类学校实行校长负责制的要求，在1988年试点的基础上，试点学校扩大到15所。同年，潍坊市、潍城区批准建立潍坊英才学府、潍坊现代学校两所全日制中小学（私立学校）。潍城区下发《关于加强社会力量办学管理的细则》。年底，社会力量办学达到62所（班）。

1994年，各乡镇、街道成立教育委员会，不单设机构、不列编制、不占经费、不定规格，所需人员从学校调集，正、副主任由乡镇、街道中心中学、小学校长兼任。区划调整后，镇、街道教育委员会于1995年被定为副科级事业单位，设专职主任、专兼职副主任，隶属镇、街道管理，业务受区教委领导。镇教委编制3～5人，街道教委编制2～3人。同年5月，潍城区通过山东省政府“两基”（基本普及九年义务教育和基本扫除青壮年文盲）评估验收，成为全国首批实现“两基”的县（市、区）之一。1996年，全区学校基本实行校长负责制。校长对学校全面负责，校长聘任教职工，按需设岗，双向选择，择优聘任；党支部保证监督，教代会民主管理。1997年，全区教育工作认真贯彻实施《中国教育改革和发展纲要》，深化学校内部管理体制改革，将竞争机制引入学校；实施“教育振兴工程”，提高城乡教育水平；职业学校适应经济发展，走联合办学的新路子；全面推行素质教育，艺术教育取得突破性进展。根据国务院《社会力量办学条例》，撤销9所办学不合格单位的办学资格，对7所存在问题的学校提出整改意见。

1998年，潍城区深化学校内部管理体制改革，实行“四制”（校长负责制、教师聘任制、岗位目标责任制、绩效工资制）改革，提高了教职工的工资分配标准。撤销城区中心小学，所有城区公办小学由区教委直接领导。同年，潍坊三中、潍坊六中的高中部撤销，合并到潍坊七中；潍坊七中的初中部撤销，分为两部分，分别与潍坊三中、潍坊六中合并。1999年，中共中央、国务院颁布《关于深化教育改革，全面推行素质教育的决定》，全区将素质教育进一步贯穿幼儿教育、中小学教育、职业教育、成人教育、家庭教育、社会教育的全过程，提出“立足艺体突破，突出德育为先，抓好教师队伍，发挥评价导向，依托教育科研，全面推行素质教育”的工作目标。为解决城乡教育发展不平衡的矛盾，全面启动“农村教育振兴工程”，完成大规模的学校布局结构调整，普及信息技术教育、教育城域网等农村教育振兴工程。

2000年，潍城区深化办学体制改革，吸纳社会资金参与教育发展；加大教育投资，努力改善办学条件；实施“城乡一体化”工程，盘活优质教育资源；加大人事制度、考试制度、学科教科研、评价体系的改革力度，全面实施素质教育。2001年，利用潍坊七中整体迁入新校后腾出的旧校址，投资1000万元，创建潍坊市区第一所“民办公助”性质的九年一贯制学校——潍坊外国语学校。2003年，潍城区中小学内部管理体制实行“六制”改革，即中小学校长选聘制、校长负责制、教职工聘任制、岗位目标责任制、岗位绩效工作制、工资总额动态包干制。7月，根据农村教育形势的发展，撤销镇、街道教育委员会，设立教育管理办公室，编制3～5人，隶属镇、街道领导。同年，潍城区根据《中华人民共和国民办教育促进法》和潍坊市政府《关于深化办学体制改革，加快民办教育发展的意见》，经报请省教育厅及市政府、区政府批准，分别依托潍坊七中、潍坊三中、潍坊五中、潍城区实验小学、潍城区永安路小学，创办国有民办的潍坊七中分校（高中）、潍城区新青民办中学（初中）、潍城区向阳民办中学（初中）、潍城区北大民办小学、潍城区胜利民办小学。新建学校按照“民办公助”性质运行，依托公办学校统一招生、统一管理、资源共享，实行校舍独立、财务独立、自主管理，接受教育部门、民政部门、财政部门的监督。

2005年，根据上级文件精神，取消全区中小学校长、副校长的行政级别，并评审认定35名中小学校长的职级，确定按照认定级别发放职级工资，校长月职级工资标准为一级380元、二级330元、三级280元、四级230元、五级180元，从2006年1月起按照认定级别发放校长职级工资，并结合校长职级变化及时调整职级工资标准。2006年6月，潍坊六中、潍城区竞技体育运动学校合并，迁入新建的潍城区实验中学。8月，潍城区外商投资开发区教管办更名为潍城经济开发区教管办，新建潍城经济开发区中学，潘里中学迁入；新建潍城经济开发区豪德小学，崔家小学、东七小学并入；原潘里中学改为潍城经济开发区豪德小学分校，文家小学、潘里小学、远里小学、南曹小学并入。2007年8月，城区高中学校办学体制调整，潍坊七中整建制划归潍坊市教育局。9月，鸢都湖—浮烟山综合开发区教管办合并到望留街道教管办。11月，于河一中撤销，教职工合并到潍城经济开发区中学。2008年7月，军埠口张杨小学撤销，于河后王小学、人庄小学、高埠小学撤销。2009年8月，乐埠山南乐埠小学撤销，于河槐埠小学撤销。12月，城区职业学校办学体制改革，潍坊第二职业中等专业学校、潍城区职业高级中学撤销，2所学校的教职工分流到中小学。2012年8月，撤销于河皂户王小学、乐埠山成章西小学、大于河小学。

第二节　学前教育

1991年，幼教工作由区妇联主管改为教育委员会主管。潍城区政府设立托幼工作领导小组，下设办公室，办公室设在潍城区教育委员会，分管幼儿教育研究工作。同年，各乡镇、街道成立托幼工作领导小组，配备幼教辅导员，实行分级管理。全区有幼儿园181所，在园儿童11327人，有教职工700人。1993年机构改革，托幼办公室编制并入教研室，保留托幼办公室牌子、印章。1995年，区政府批复重新设立托幼办公室，为区教委股级事业单位。1997年，托幼办公室升格为副科级事业单位，编制、办公经费由区教委负责。同年，制订《潍城区幼儿教育事业三年规划》。1999年，城区完成学前班改造工作，基本建立起高标准的幼儿园，镇、街道建立中心幼儿园，行政村建立村办幼儿园，招收3～6岁儿童入园学习。至2003年，全区有各类幼儿园147所，其中省级实验园1所、省级示范园4所、市级示范园6所、市级一类园16所、个体注册幼儿园45所，在园幼儿9236人，教职工777人，全区3～6岁幼儿入园率达到94%。同年，潍城区获得潍坊市学前教育工作先进区。2007年，潍城教育局印发《潍城区推进学前教育改革和发展的意见》，制定学前教育改革和发展的总目标。2009年，参与“潍坊名园”“名园长”创评活动，发挥名园的带动、辐射作用。2013年，超额完成普惠性幼儿园建设任务，全区有幼儿园101所，在园幼儿13380人，教职工1566人。

1991—2013年潍城区幼儿教育发展情况表

表20-1

项目 年份	所数			班数（个）	幼儿数（人）	教职工数（人）
	合计	幼儿园	学前班			
1991	181	95	86	406	11327	700
1992	172	87	85	412	12315	694
1993	172	92	80	426	12816	700
1994	169	88	81	219	5970	276
1995	149	79	70	286	7913	503
1996	141	73	68	291	8178	540
1997	168	89	79	295	5855	545
1998	154	78	76	315	5365	550
1999	165	165	0	346	6388	571
2000	177	177	0	360	9377	698
2001	163	163	0	363	9406	692
2002	144	144	0	351	9415	757
2003	147	147	0	359	9236	777
2004	169	169	0	418	10236	477
2005	148	148	0	327	10061	550
2006	138	138	0	393	9582	707
2007	131	131	0	338	9379	590
2008	131	131	0	315	9133	1079
2009	134	134	0	336	9249	529
2010	98	98	0	322	11592	1065
2011	99	99	0	537	12224	946
2012	96	96	0	496	10778	1023
2013	101	101	0	521	13380	1566

第三节　基础教育

小学教育

1991年，全区有197所小学，1420个教学班，在校学生48552人，毕业生6487人，招收新生7289人，教职工2734人。1994年区划调整，59所小学划归奎文区。1995年，全区有小学114所(城区14所、农村100所)，在校学生27684人，毕业生5539人，招收新生5835人，教职工1868人。1999年，完成大规模的学校布局结构调整，学校压缩至74所(城区12所、乡镇62所)，班级712个，在校学生30208人，毕业生3593人，招收新生4075人，教职工2020人。2003年，于河镇、北关街道3所小学划归潍坊市经济技术开发区，潍城区有小学63所(城区12所、农村51所)，在校学生26540人，毕业生4950人，招收新生4575人，教职工2031人。2004—2012年，优化农村小学教育资源，将一些规模较小、难以开展教育教学工作的学校进行整合，全区由2004年的59所小学逐步整合为2012年的39所小学。2013年，有在校小学生26931人，教职工1694人。

1991—2013年潍城区小学基本情况统计表

表20-2

项目 年份	学校数（所）	班数（个）	学生数（人）	毕业生数（人）	招生数（人）	教职工数（人）
1991	197	1420	48552	6487	7289	2734
1992	195	1399	47150	8021	6881	2752
1993	192	1357	47659	7550	7018	3131
1994	129	821	28115	6546	6216	1848
1995	114	786	27684	5539	5835	1868
1996	105	771	28207	4557	5228	1716
1997	96	765	28742	4224	4779	1829
1998	82	735	29758	3372	4209	1886
1999	74	712	30208	3593	4075	2020
2000	76	662	28488	5906	4080	2159
2001	72	645	27575	5872	4767	2138
2002	67	640	27351	5288	5061	2069
2003	63	610	26540	4950	4575	2031
2004	59	598	26318	4070	4182	1926
2005	58	601	26548	4035	4404	1922
2006	55	596	26755	4614	4220	1932
2007	53	583	26635	4927	4285	1865
2008	43	535	25714	4558	3984	1872
2009	42	526	25155	4260	3844	1820
2010	40	504	24803	4454	3884	1853

续表 20-2

年份＼项目	学校数（所）	班数（个）	学生数（人）	毕业生数（人）	招生数（人）	教职工数（人）
2011	40	503	25135	4295	4715	1689
2012	39	514	26149	4417	4950	1736
2013	39	535	26931	4064	5048	1694

学制　1991年，潍城区小学的学制为五年制、六年制并存。1992年，在望留镇、于河镇试点，试行五年制教育。1993年，五年制学校实行范围扩大到8个镇及城区。1996年，根据潍城区实际情况，全区小学学制统一改为六年制。

课程设置　自1996年9月1日起，从五年级开始增设英语课，授课二年。1996年，组织安排各种活动课，课程内容包括社会教育活动、科学技术活动、文学艺术活动、体育卫生活动等。1999年3月，调整的科目主要有思想品德、劳动、自然、社会、健康教育。一、二年级取消劳动课，增设创造劳动和创造技法课，每周安排两节体育活动课，增加一节微机课。2002年3月，开始构建小学以综合为主的课程体系。同年，小学低年级开设品德与生活、语文、数学、体育、艺术（美术、音乐）课程。2003年8月，根据国家规定与本地实际，将义务教育阶段课程设置中的地方课程、学校课程的课时和国家规定的综合实践活动（信息技术、社区服务、社会实践和劳动技术教育）课时统筹安排、综合使用。2008年，综合实践课程、地方课程与学校课程的课时合并使用，小学每周一个下午3课时连排，用选修课形式落实，保证每个学生都有自己的选修课程或活动项目，用于完成研究性学习课题、社会实践、社区服务、体育锻炼及社团活动等。2009年后，小学课程设置为语文、数学、英语、科学（三至六年级开设）、品德与生活（一、二年级开设）、品德与社会（三至六年级开设）、体育、音乐、美术、地方与学校课程（一至六年级开设）、综合实践（四至六年级开设）。

教材　2002年以前，全区小学采用人民教育出版社九年制义务教育教材。2002年，开始使用新课程标准实验教材：语文，采用江苏教育出版社新课程教材；数学，采用人民教育出版社新课程教材；英语，从三年级开始，采用外语教学与研究出版社新课程教材；科学，采用河北教育出版社教材；品德与生活，一至二年级采用教育科学出版社教材；品德与社会，三至六年级采用人民教育出版社教材；音乐，采用人民音乐出版社新课程教材；体育，采用人民教育出版社新课程教材；美术，采用人民教育出版社新课程教材。

语文，2003年采用人民教育出版社新课程教材，2004—2007年采用江苏教育出版社教材，2008—2013年采用人民教育出版社教材；数学、科学，2004—2013年采用青岛出版社教材；英语，2004—2013年采用外语教学与研究出版社教材；音乐，2004—2005年采用人民音乐出版社教材，2006年采用湖南文艺出版社教材，2007—2013年采用人民音乐出版社教材；美术，2004年采用河北美术出版社教材，2005年采用人民教育出版社教材，2006—2013年采用湖南美术出版社教材；信息技术，2004—2013年采用泰山出版社教材；品德与生活，2004—2013年采用山东人民出版社教材；品德与社会，2004—2013年采用山东人民出版社教材。

初中教育

1991年，全区有初级中学27所，341个教学班，学生19063名，教职工1936名（含高中）。1994年区划调整后，全区有初级中学19所（城区8所、农村11所），271个教学班，学生14010名，教职工1405名（含高中）。1998年，全区有初级中学15所，220个教学班，学生11396名，教职工1485名（含高中）。2003年，全区有初级中学15所（城区6所、农村9所），279个教学班，学生14463名，教职工1696名（含高中）。2004—2008年，为优化教育资源，对部分农村初中学校进行整合，全区初级中学由16所整合为12所。初中学生数维持在1万～1.3万人，最多的年份是2008年，为12656人；最少的年份是2006年，为10423人。全区初中教职工为1171人（含高中）。2009—2013年，初中学校一直维持在12所。2009年有学生13174人、教职工1248人，2013年有学生11267人、教职工1204人。

学制　1993年，潍城区乡镇、街道初中由三年制改为四年制，城区继续实行三年制。1996年始，全区初中学制统一改为三年制，至2013年无变动。

课程设置　2002年3月，开始构建初中分科与综合相结合的课程体系。初中主要开设思想品德、语文、数学、英语、物理、化学、生物、历史、地理、体育、音乐、美术和综合实践活动课程。倡导有条件的学校选择综合课程，主要有科学（含物理、化学、生物、自然地理等内容）、历史与社会（含历史、人文地理等内容）、艺术（含音乐、美术等内容），学校可开设选修课程。2003年，初中开设课程有语文、数学、英语、物理（八、九年级开设）、化学（八、九年级开设）、生物、历史、地理、政治、信息技术、音乐、体育与健康、美术、校本课程、综合实践活动。2008年4月，初中音乐、美术课程在初二下学期末结束；健康教育课程、人生规划与职业指导课程占用地方课程与学校课程时间；综合实践课程、地方课程与学校课程课时可合并使用，每周一个下午2课时连排，以选修课形式安排。

教材　1991年，采用人民教育出版社教材。1993年，四年学制初中采用北京师范大学四年制教材。1995年，全区初中均采用人民教育出版社九年制义务教育教材。2002年，潍城区参与全国新课程改革试验，采用新课程标准教材：语文，采用江苏教育出版社新课程教材；数学，采用华东师范大学出版社新课程教材；英语，采用人民教育出版社新课程教材《新目标英语》；物理，采用上海科技出版社新课程教材；化学，采用上海科技出版社新课程教材；生物，采用江苏教育出版社新课程教材；历史，采用华东师范大学出版社新课程教材；地理，采用湖南教育出版社新课程教材；音乐，采用人民音乐出版社新课程教材；美术，采用人民教育出版社新课程教材；体育与健康，采用人民教育出版社新课程教材。

2003年，所使用教材又有变动。生物，使用人民教育出版社新课程教材；政治，使用山东友谊出版社新课程教材；其他学科同2002年所使用的教材版本。此后，使用教材情况是：数学，2005—2007年使用华东师范大学出版社教材，2008—2013年采用青岛出版社教材；语文，2005—2007年使用江苏教育出版社教材，2008—2013年使用人民教育出版社教材；英语，2005—2013年使用外语教学与研究出版社教材；生物，2005—2013年使用济南出版社教材；历史，2005—2007年使用华东师范大学出版社教材，2008—2013年使用人民教育出版社教材；地理，2005—2007年使用商务星球出版社教材，2008—2013年使用湖南教育出版社教材；音乐，2005年使用人民音乐出版社教材，2006—2013年使用湖南文艺出版社教材；美术，2005年使用人民教育出版社教材，2006年使用江苏少儿出版社教材，2007—2013年使用人民教育出版社教材；物理，2005—2007年使用上海科技出版社教材，2008—2013年使用人民教育出版社教材；化学，2005—2007年使用上海教育出版社教材，2008—2013年使用人民教育出版社教材；体育与健康，2005—2007年使用华东师范大学出版社教材，2008—2013年使用人民教育出版社教材；信息技术，2005—2013年使用泰山出版社教材；思想品德，2005—2007年使用教育科学出版社教材，2008—2013年使用山东人民出版社教材。

高中教育

1991—1994年，境内有潍坊一中、潍坊二中、潍坊三中、潍坊六中、潍坊七中5所完全中学，潍坊一中、潍坊二中隶属于潍坊市教育局管理。1994年区划调整，潍坊一中、潍坊二中划入奎文区境内。1998年，潍坊三中、潍坊六中高中部合并到潍坊七中，潍坊七中初中部撤销。潍坊七中为隶属潍城区教育局的高中学校，有高中学生3674人，教职工313人。2002年，潍坊外国语学校设立高中部;2004年，高中部合并到潍坊七中。2006年，潍坊七中有学生4658人、教职工443人。1998—2007年，潍坊七中学生人数最多的年份是2003年，有5426人。2007年，潍坊七中划归潍坊市教育局管理，成为市属高中学校。潍城区初中毕业生可以报考潍坊一中、潍坊中学、潍坊七中。

学制　1991—2013年，普通高中教育学制为三年。

课程　1991—1999年，普通高中课程设置语文、数学、英语、物理、化学、生物、思想政治、历史、地理、信息技术、通用技术、音乐、美术、体育与健康、综合实践活动。2000年9月—2013年12月，普通高中必修课设置思想政治、语文、数学、外语（英语、俄语、日语等语种）、物理、化学、生物、历史、地理、信息技术、体育和保健、艺术及综合实践活动。

普通高考　1991—1994年，各年度分别录取大学本专科生336人、451人、774人、488人。1995年，本科招生计划实行全省划定统一录取分数线。除师范和农业院校外，其他院校的本科专业全部实行招生计划并轨。全区有376名考生参加高考，本科上线39人，其中文科12人、理科21人、艺术5人、体育1人。1996年，全区有532名考生参加高考，本科上线64人，其中文科14人、理科43人、艺术7人。1997年，全区有611名考生参加高考，本科上线104人，其中文科38人、理科44人、艺术22人。1998年，全区有877名考生参加高考，本科上线236人，其中文科49人、理科142人、艺术45人。1999年，高考体检开始使用新标准，高考成绩公布形式由标准分改为原始分。全区共有1020名考生参加高考，本科上线166人，其中文科25人、理科90人、艺术45人、体育6人。2000年，全国招生考试工作进行重大改革：普通高校将招生计划全部分配到市地；本科志愿分为重点本科学校（指普通文史类、普通理工农医类通过“211工程”预审的院校和部委属院校）、一般本科院校；加大对有艺术特长考生的照顾分数，分别为甲等50分、乙等30分、丙等20分；保送生必须参加综合考试，录取时划定综合考试资格线，达不到资格线的考生不予录取。全区共有1583名考生参加高考，本科上线350人，其中文科72人、理科167人、艺术101人、体育10人。

2001年，考生报名条件放宽，取消年龄、婚姻限制。师范类专科计划不再分配到县（市、区），取消高中中专考试。全区共有1769名考生参加高考，本科上线492人，其中文科84人、理科154人、艺术246人、体育8人。2002年，实行“3+x”考试科目改革，“3”指语文、数学、外语，“x”指文科综合或理科综合。其中，数学分文科数学和理科数学，外语听力计入总分。是年，考试时间提前为6月7—8日，全部实行远程网上录取，部分高等学校开展自主选拔录取试点工作。全区共有1729名考生参加高考，本科上线746人，其中文科97人、理科227人、艺术421人、体育1人。2003年，全区共有1871名考生参加高考，本科上线663人，其中文科63人、理科162人、艺术435人、体育3人。2004年，高考报名时间为4月7—9日，报考科类分为文史、美术、体育、理工农医、音乐等五类，考试时间为6月7—8日，考试科目为语文、数学、外语、综合。成绩公布后划定填报志愿资格线，从本科二批开始分4条分数线，不再实行省优秀学生干部加分办法。经教育部批准的独立学院可独立进行招生，普通高校本科层次招生一律不再进行补录。高职对口考试科目为语文、数学、英语、专业理论综合、专业实践综合。全区共有2030名考生参加高考，本科上线729人，其中文科98人、理科263人、艺术361人、体育7人。2005年，高考报考科类分为文史、体育、理工农医、艺术文、艺术理等五类。语文、数学、英语三科山东省自行命题，语文实行网上阅卷。全区共有2819名考生参加高考,本科上线1043人，其中文科67人、理科266人、艺术705人、体育5人。

2006年，普通高考与高职对口分开考试，高职对口考试提前至5月20—21日。全区共有2671名考生参加高考，本科上线978人，其中文科77人、理科405人、艺术492人、体育4人。2007年，考试科目增加基本能力测试。文科综合、理科综合、基本能力测试由山东省自行命题，英语听力和小语种科目由教育部命题。艺术类专业划分4个专业方向：美术、音乐、艺术文化、其他。取消跨省之间借考的规定，考生一律回户口所在地报名考试。高考电子档案增加应届高中毕业生综合素质评价信息内容。全区共有2276名考生参加高考，本科上线736人，其中文科37人、理科299人、艺术396人、体育4人。2008年，艺术、体育、高职对口考生报名时间为1月7—8日。高考语文、数学、理科综合和基本能力测试科目实行网上阅卷，外语和文科综合科目的卷一采用机器评阅，卷二采用非网上阅卷；高职对口招生所有考试科目都实行网上阅卷。全区共有2069名考生参加高考，本科上线634人，其中文科46人、理科291人、艺术296人、体育1人。2009年，高考报名时间提前至2008年12月1—3日，全部科目实现网上阅卷，全省统一组织美术类专业统一考试。全区有1462名考生参加高考，本科上线345人，其中文科21人、理科178人、艺术144人、体育2人。

2010年，首次实行远程网上报名方式，体检取消乙肝项目检测，全部实行远程网上填报志愿。全区有1507名考生参加高考，本科上线331人，其中文科25人、理科165人、艺术139人、体育2人。2011年，调整录取批次，将本科二批、三批院校合并为本科二批填报志愿和录取。将自主招生从本科一批中分出，设自主招生批次，放在本科一批前录取。高水平体育考生报名在10月11—12日单独进行。2012年，考生可以兼报春季高考和夏季高考,网上缴纳报名考试费。普通高考（夏季）增加体育测试，成绩不计入总分。2013年，普通文理类全部实行平行志愿，按照“分数优先，遵循志愿”的原则投档。2011—2013年，高考录取人数不予公布。

1991—2013年潍城区中学基本情况统计表

表20-3

项目 年份	学校数（所）	初中		高中		教职工（人）
		班数（个）	学生数（人）	班数（个）	学生数（人）	
1991	27	341	19063	40	1920	1936
1992	27	363	18689	35	1551	2000
1993	27	380	19416	25	1272	2065
1994	19	271	14010	30	1423	1405
1995	18	329	17479	33	1706	1495
1996	16	292	15366	40	2205	1522
1997	15	259	13259	53	2986	1515

续表 20-3

年份	学校数（所）	初中		高中		教职工（人）
		班数（个）	学生数（人）	班数（个）	学生数（人）	
1998	15	220	11396	64	3674	1485
1999	15	224	10550	70	3927	1534
2000	15	244	12160	72	4204	1570
2001	16	280	14446	94	4726	1683
2002	16	297	15685	100	5395	1677
2003	15	279	14463	100	5426	1696
2004	16	245	12246	100	5359	1662
2005	15	216	10859	86	4890	1607
2006	14	209	10423	83	4658	1650
2007	13	219	11314	4	164	1163
2008	12	237	12656	2	79	1171
2009	12	239	13174	—	—	1248
2010	12	232	12724	—	—	1206
2011	12	223	12085	—	—	1280
2012	12	231	11564	—	—	1214
2013	12	225	11267	—	—	1204

说明：2007 年潍坊七中划归潍坊市教育局管理后，2007 年、2008 年仍保留部分学生。

第四节 职业教育

1991 年，潍城区有潍坊第一职业高级中学、潍坊第二职业高级中学、潍坊第三职业高级中学 3 所职业学校。开设商业、文秘打字、机械、缝纫、幼师、木工、机电、经济管理等 16 个专业，有 31 个教学班、1216 名学生、198 名教职工。同年，潍坊第一职业高中更名为潍坊第二职业中等专业学校，并在该校成立潍城区预备役学校和潍坊军地两用人才中等专业学校。

1994 年区划调整，潍坊第三职业高中划归奎文区管理。同年 12 月，潍坊第二职业高中更名为潍城区职业高级中学。潍城区有潍坊第二职业中等专业学校、潍城区职业高级中学 2 所职业学校，在校学生 1174 人。开设办公自动化、财会、文秘、乡村医学、预备役、机电、工艺美术、幼师、服装等 15 个专业。1997 年、2000 年，由潍城区商业委员会主办的潍城区商业职工学校、由潍坊市二轻工业公司主办的潍坊市二轻职业中专先后划归潍城区教委管理，2 所学校一直未招生，教职工安排到城区中小学工作。

2000 年，市教委、区教委批准潍坊第二职业中等专业学校、潍城区职业高级中学开办综合高中，首届综合高中毕业生于 2003 年毕业，有 64 名考生被普通大学录取，23 名考生被职业学院录取。2004 年，潍坊第二职业中等专业学校整体迁至高家庄。随着高等教育的迅速发展，境内中等职业教育受到影响，办学规模逐年缩小，综合高中也停止招生。2007 年，潍坊市职业教育结构整体布局调整，各区不再单独举办职业学校，潍城区职业学校停止招生。2009 年 8 月，潍坊第二职业中等专业学校和潍城区职业高级中学的教职工分流到中小学。2012年3月20日，潍坊第二职业中等专业学校、潍城区职业高级中学正式撤销。

第五节　成人教育

1991年，潍城区有成人教育学校113所，兼职教师210人。望留镇、于河镇、大虞乡、梨园乡成人教育中心学校达到省级标准。1993年，潍城区职工教育培训中心合并到潍坊第一职业高中，成立潍城区成人中等专业学校，负责职工教育工作。潍城区成人中等专业学校与部队联合办学，先后在部分驻潍部队设立教学分部或教学点，招收计算机应用、财务会计、经济管理、汽车驾驶与维修、社区医疗等专业班32个，招收学生1260多名。

1994年，潍城区成人教育办公室撤销，其行政工作由区教委专业教育科负责，教学业务工作由职教成教研究室负责。1996年，区成人中等专业学校先后同区计委、区经委、区劳动局、区人事局、市统计局、市外经委、市职业中专、山东大学等部门和学校联合举办脱产或业余大专班、中专班、学历班。开设经济法、劳动管理、财务会计、企业管理、经济管理等专业，共培训2124人。1998年，区成人中等专业学校确定为市财政局、区财政局定点培训学校，举办财会人员继续教育、会计电算化、会计职称考前辅导、会计从业资格培训等培训班62期，培训学员1900余人次，获得“潍坊市会计知识培训先进集体”称号。1999年，区成人中等专业学校被区委组织部、区人事局确定为机关干部计算机培训基地，举办机关事业单位干部职工计算机技能培训班5期，近300名学员参加学习。2001年，城区厂矿、企业单位的职工教育工作转由潍城区经济贸易局负责，潍城区教育局负责部分事业单位职工的继续教育工作和农民教育工作。

潍城区农村成人教育以成人中心学校为龙头，围绕服务畜、牧、农开展农业技术培训工作。同时，加强农村应届初中毕业生“绿色证书”培训工作，为全区培养有知识、有文化、适应农村经济发展、发家致富的复合型人才，至2006年，共培训学员8400多名。2007年，全区先后举办花卉栽培、林果管理、养殖技术、大棚蔬菜、莲藕种植、网箱养鱼等专业培训班45期，农村成人参加学习的人员达3万人次。2008年后，农村劳动力和农村初中毕业生逐渐减少，同时社会培训渠道增多，潍城区教育局不再单独组织成人教育培训活动。

第六节　民办教育

1991年，民办教育属于社会力量办学范畴，主要以职业技能培训为主，归潍城区成人教育办公室管理。为规范社会力量办学，凡在潍城区举办非学历教育的文化培训和各种技术培训均需到潍城区成人教育办公室申报，审批后颁发“社会力量办学许可证”。1993年，建立潍坊英才学府、潍坊现代学校2所全日制中、小学。是年，社会力量办学达到62所（班）。1994年区划调整后，潍坊英才学府、潍坊现代学校及部分社会力量办学单位划归奎文区。

1994—1996年，先后建立潍坊市精英武术学校（随后改为潍坊市精英学校）、潍城区私立华成学校、潍城区华天高级中学。潍坊市精英武术学校为全日制小学，潍城区私立华成学校为九年一贯制学校，潍城区华天高级中学为全日制高中。1997年，潍坊市精英学校撤销。1998年，潍城区私立华成学校撤销。2000年，潍城区华天高级中学撤销。

2001年，创建民办公助体制的潍坊外国语学校，设初中部、小学部，共58个教学班，在校生2445人。2002年，该校设立高中部。2003年，根据潍坊市政府《关于深化办学体制改革，加快民办教育发展的意见》，创办潍城区新青民办中学、向阳民办中学、平和民办中学、北大民办小学和胜利民办小学。是年，全区民办学校招收初中学生1158名、小学生558名。2004年，根据《中华人民共和国民办教育促进法》的要求，“社会力量办学许可证”统一更换为“民办学校办学许可证”。同年，潍坊外国语学校高中部并入潍坊七中。

2006年，根据潍坊市教育局要求，潍城区对区内民办学校进行清理整顿，撤销北大民办小学和胜利民办小学。2010年，由青岛青青岛集团投资建设潍州双语学校，总投资5000万元，占地2.53公顷，总建筑面积2.4万平方米。2012年，潍州双语学校更名为潍坊外国语学校潍州分校，纳入潍坊外国语教育集团统一管理，开始招生。同年12月，成立潍坊外国语学校圣基分校。2013年，对民办培训学校进行规范管理，对不符合条件的民办培训学校和无证办学者进行清理整顿。

第七节　高等教育

普通高等学校

潍坊医学院　位于潍坊市潍城区宝通西街7166号，占地120公顷，建筑面积63万余平方米，是山东省省属全日制普通高等医学院校。1951年，筹建山东省昌潍医士学校。1958年，改建为昌潍医学院。1987年，更名为潍坊医学院。学校于1958年开始进行本科教育，1986年获硕士学位授予权，1998年获留学生招生资格，2008年以优秀成绩通过教育部本科教学工作水平评估，2012年获批服务国家特殊需求博士人才培养项目单位，2013年开始招收博士研究生。学校是教育部批准的本科临床医学专业（英语授课）留学生招生学校、全国麻醉学基础理论培训基地、卫生部脑卒中筛查与防治基地。现有17个院（系）、24个本科专业，涵盖医学、理学、管理学、法学、教育学、工学、文学7个学科门类。有临床医学、公共事业管理、护理学、麻醉学等国家特色专业4个以及省级特色和品牌专业9个，有服务国家特殊需求博士人才培养项目1个。学校聘有泰山学者、海外特聘专家5人，享受国务院政府特殊津贴10人。有博士研究生导师7人、硕士研究生导师596人，有省级教学团队5个、省市级专业技术拔尖人才32人、省级教学名师7人。学校面向全国招生，有在校全日制博士、硕士研究生1000余人，本专科生1.7万余人，留学生近500人。

潍坊学院（安顺校区）　位于潍坊市潍城区友爱路1979号，占地18.4公顷，交通便利，环境优美。前身是山东省潍坊幼教特教师范学校，2011年4月并入潍坊学院。2013年，校区有潍坊学院幼教特教师范学院和明志书院两个正处级单位，有在校生3122人，教职工270人，高级职称教师90人，取得博士及硕士学位教师82人，聘请北京师范大学、华东师范大学等高校8名国内知名专家为客座教授。校区设学前教育、特殊教育、小学教育、舞蹈表演4个本专科专业，其中特殊教育专业是潍坊学院的重点学科。

高等职业技术学校

山东科技职业学院　位于潍坊市潍城区西环路6388号，是省属国办全日制高等职业院校，隶属山东省经济和信息化委员会和山东省教育厅，是全国百所国家示范性高职院校之一。前身为山东纺织职业学院，始建于1978年。学院有浮烟山主校区、潍坊滨海校区、寿光滨海校区三个校区，专业涉及纺织服装、外国语、经济管理、机电机械、土木工程、生物化学、信息技术、水产养殖、艺术传媒、汽车工程等10余个领域。浮烟山主校区有在校生近1.3万名、教职员工700余人，占地167公顷，建筑面积41.5万平方米，图书藏量77.3万册。开设48个专业，已建成与专业相关的22个生产性实训基地、11个研究所和3个省级技术中心。教育部考试中心在学院设立托福网考、美国研究生入学考试（GRE）、英国剑桥商务英语证书（BEC）考试、韩国语能力考试、日本语能力考试等海外考试考点和国际IT认证考点、对外汉语考点，是高等教育自学考试本科专业试点学校，每年培训2万人次。1997年，学校开始探索国际交流与合作办学，与欧、美、亚、非等地区的17

个国家118所学校建立合作关系。2012年11月，学院承办第五届国家示范性高职院校建设成果展，获得“突出贡献奖”。

山东经贸职业学院　位于潍坊市潍城区青年路2798号，是山东省人民政府批准、国家教育部备案的具有高等学历教育招生资格的省属公办全日制高等职业学校。学院拥有连锁经营管理、资产评估与管理2个中央财政支持的重点建设专业，会计、报关与国际货运、物流管理等6个省级特色专业，审计、市场营销等4个全国供销合作社系统特色专业，电子商务、旅游管理等9个山东省技能型人才培养特色名校重点建设专业。金融管理专业是省教育厅确定的职业院校与本科高校对口贯通分段培养试点专业。学院主持山东省高等职业教育连锁经营管理专业教学指导方案的开发工作，参与建设连锁经营管理专业国家级教学资源库建设。开设省级精品课程32个、全国供销合作社系统精品课程6个、教育部高等学校教学指导委员会精品课程7个，省级精品资源共享课立项8个。学院已向社会输送各类专业人才8万多人。学院有专任教师346人，其中3人获评为省部级教学名师、1人获评为山东省职业教育青年技能名师，另有外籍教师10多名。

山东工业技师学院　位于潍坊市潍城区西环路6789号，是山东省人力资源和社会保障厅直属管理的技工院校。学院占地面积约42.7公顷，建筑面积约12万平方米，有在校生1万余人、教职员工340人。实习、实验场地及附属用房面积约3万平方米，有各类实习、实验室50多间，各类实训设施2700余台（套）。学院设机电工程系、数控技术系、汽车工程系、印刷工程系、海洋生化系、信息工程系、基础教学部6系1部。开设专业涵盖先进制造业、印刷包装业、制浆造纸、现代生物、汽车产业、信息产业、现代服务业等15个专业大类、30个专业小类，其中全省技工院校百强专业2个、省级重点专业3个、市级重点专业8个。

潍坊市技师学院　位于潍坊市潍城区西环路11611号，是一所全日制高等职业技术院校。其前身是潍坊市高级技工学校，2004年由原潍坊市劳动局第一技工学校、第二技工学校、服务技工学校和诸城市技工学校组建而成。2009年6月，改建为潍坊市技师学院。主要培养技师、高级技师、高级工、中级工等高技能人才，同时承担企业在职职工高技能培训任务。学院辖校本部和诸城、高密、昌邑、昌乐、滨海5个分院。校本部规划占地66.7公顷，规划总建筑面积18.5万平方米，分两期建设。第一期工程建筑面积12万平方米，于2007年10月建成启用。学院设8个行政处室、8个教学系部和2个二级学院，开设40多个与潍坊经济建设相适应的专业，其中数控技术为省名牌专业，车工为省重点专业，钳工、电工、海洋化工、市场营销、烹饪技术为市名牌专业。建有数控技术、机械加工、电气工程、市场营销、餐饮服务、汽车维修、动漫制作等8个实训中心。有教职工306人，其中具有高级职称的86人、省首席技师1人、市首席技师7人、省市教学能手5人、市名牌教师及学科带头人8人。学院有在校生6000余人，已累计向社会输送10万多名合格技能人才。

第八节　教　师

教师队伍

1991年，潍城区各类学校有教职工4894人，其中专任教师4079人。1994年区划调整后，全区有教职工3449人，其中专任教师2870人。1992—1996年，为232名民办教师办理转公办教师手续。1999年，为401名民办教师办理转公办教师手续，为46名师范类自费生办理聘干手续。2002年，从在职在编的民办教师中选招录用符合条件的公办教师148名（含1名民办教师自费生），全区所有符合民转公条件的民办教师全部转为公办教师。2007年，潍坊七中划归市教育局直管，教职工总数减少400余人。2009年8月，潍坊第二职业中等专业学校和潍城区职业高级中学的教师分流到各中小学。从2012年开始，确保每年新招考专任教师50名。2013年，全区共有教职工3002人，有专任教师2952人，具有高级职称的教师有216人，全区中小学教师学历达标率为99.98%。

教师待遇

工资待遇　1991—2003年，国家6次为教师增加工资，平均增资534元，并于2000年增加住房补贴（标准为全部工资的25%）。2002年，区政府决定将农村中小学教师工资由乡镇、街道发放改由全区统一发放。2003年，为离退休教师增加住房补贴。2004年，全区学校教师工资执行标准一致，发放渠道一致，均由区财政局统一发放。全区教职工共计3894人，每月工资发放额共计487万元，人均月工资1250元。其中，农村教职工1674人，每月工资发放额共计204万元，人均月工资1220元。2005年5月，全区教职工人均增发考勤奖100元和目标管理奖40元。2006年1月，全区教职工人均增发交通补贴50元。2007年2月，全区实行机关事业单位工资制度改革，教职工工资按照新标准发放，人均增资350元左右，同时暂停发放在职教师提高10%的工资。同年10月，全区机关事业单位增加岗位补贴，教职工人均增资300元左右。2009年11月，全区机关事业单位提高岗位补贴标准，城区教师人均增资500元左右，街道教师人均增资300元左右，出现城乡教师工资待遇不一致现象。2011年5月，全区机关事业单位提高岗位补贴标准，城区教师人均增资400元左右，街道教师人均增资700元左右。本次增资解决了城乡教师工资待遇不一致的问题。2012年4月，全区落实教师提高10%的工资待遇，教师人均增资150元左右。2013年1月，全区机关事业单位提高岗位补贴标准，教职工人均增资200元左右。

政治待遇　1991年后，潍城区将政治上积极要求进步的教师列为入党积极分子加强培养，并及时吸收到党员队伍中来；对工作优秀的教师给予表彰奖励，授予荣誉称号；对有社会影响的优秀教师，推荐为人大代表或政协委员；对家庭生活困难的教师，帮助解决困难，给予物质资助。截至2003年，有593名优秀教师加入中国共产党，有820名教师获评为全国、省、市、区优秀教师、优秀教育工作者、劳动模范，有84名教师当选省、市、区人大代表和政协委员。2004年，全区教师队伍中有中共党员986人，占教职工总数的25.32%。2007—2013年，累计发展党员197人。截至2013年，全区教职工中有中共党员1040人，占教职工总数的34.6%。先后当选市、区、街道三级人大代表和政协委员、党代表的教师共49名，占党员总数的4.7%。全区有省级优秀教师、教育工作者14名，市级优秀教师、教学能手183名。2013年始，区委、区政府每年评选表彰“潍州名师”20名，设立100万元的“潍州名师”奖励基金。

2013年，受表彰的首届“潍州名师”代表

教师培训

1991年后，潍城区通过联合办学、助学自考、自学考试、函授学习等在职学历教育方式，提高教职工的文化水平。截至2003年，经继续教育和培训，全区有825名教职工获得中专学历，1386名教职工获得大学专科学历，761名教职工获得本科学历。全区高中、初中、小学专任教师符合《教育法》规定的合格学历分别由1996年的60%、92%、96%提高到2003年的89%、100%、100%。为提高教职工的文化层次，自2000年始，与山东师范大学联合在潍坊七中开设语文、数学、物理、化学、政史学科课程，近300名教师参加学

习。2004年始，建立“潍城教科研网”，域名注册为国际互联网网站，“网络互动培训平台”初步建成。2006年，制定《潍城区教师继续教育实施方案》，安排新上任的校长和学校中层领导分别在潍坊市教育学院和区教师进修学校上岗培训。同年，全区有665名教师参加由教师进修学校、向阳奥林匹克培训中心、潍坊二职专组织的业务培训。2007年1月起，凡担任中小学班主任的教师，在上岗前或上岗后半年时间内，均需接受不少于30学时的专题培训，对当年新引进的教师进行120学时试用期培训。2007—2008年，多渠道、多层次、多形式对全区担任中小学班主任的教师进行全员专题培训。2009年，根据山东省教育厅的统一部署，利用山东省教师教育网组织开展“中小学教师素质提高工程专题培训”。潍城区初中语文、数学、英语三门课程的359名教师全员参加培训，其中语文教师122名、数学教师120名、英语教师117名。2011年，潍城区采取多渠道、多层面、多学科专题培训与专业赛评、学科教师基本功比赛活动等形式，促进教师专业成长。截至2013年，先后组织参加“全国中小学高效课堂观摩研修班”“齐鲁名师教学法培训班”“全国课程建设与课堂建设示范观摩研讨会”等全国、省级研修培训9批次，有2650人次参加学习研讨。2013年，按照市、区统一部署，积极组织初中、小学及幼儿园教师全员参加远程研修培训，从4月中旬开始至12月底结束，参训学员1644人，其中初中625人、小学1009人、幼儿园10人。远程研修共分为两个阶段：第一阶段为暑期集中研修阶段，从7月8日开始至28日结束；第二阶段为分散研修阶段（幼儿园教师不参加），各中小学开展校本研修，从9月初开始至12月底结束。

第九节　教育督导

1994年，潍城区教育督导室更名为潍城区教育委员会督察室。1997年12月，更名为潍城区人民政府教育督导室。2000年始，增加“对同级政府有关职能部门依法履行教育职责进行督导、检查”的职能。2001年、2002年，在潍坊市政府教育督导室、市财政局、市教育局对全区教育经费、教师工资等方面的综合督导评估中，潍城区被评为“潍坊市教育工作先进县（市、区）”。2009年9月，潍城区成立督学责任区，全区51所中小学、100多所幼儿园及70多所培训机构划分为8个责任区，在每个责任区内实行挂牌督导。2011年，由教育督导室牵头，全面启动学校标准化建设工程，累计投入4.54亿元，重点进行校舍建设和内部设施配套。2012年，通过在学校设立“局长信箱”“局长热线电话”“校长热线电话”“校长信箱”“规范办学行为班级监督台”以及发放“家校联系卡”“家庭监督卡”等形式，进一步加强了全区教育督导工作。

第十节　教育经费

1991—2013年，潍城区教育经费的主渠道是同级财政拨款，每年公共财政预算均安排教育经费，总体呈增长趋势。1991年，财政拨款金额为1544.2万元。至2013年，财政拨款金额达36434万元。

1991—2013年潍城区公共财政预算教育经费一览表

表20-4

年份	拨款金额（万元）	比上年增长（%）	年份	拨款金额（万元）	比上年增长（%）
1991	1544.2	11.65	1993	1930.5	15.86
1992	1666.3	7.91	1994	2227.9	15.41

续表 20-4

年份	拨款金额（万元）	比上年增长（%）	年份	拨款金额（万元）	比上年增长（%）
1995	2227.0	0	2005	8798.9	8.83
1996	3265.0	46.61	2006	10474.9	19.05
1997	3604.3	10.39	2007	14420.0	37.66
1998	3852.3	6.90	2008	19285.0	33.74
1999	4367.8	13.38	2009	20065.3	4.05
2000	5089.0	16.51	2010	24649.2	22.84
2001	5618.1	10.40	2011	31508.0	27.83
2002	6198.7	10.33	2012	36003.0	14.27
2003	6628.7	6.94	2013	36434.0	1.20
2004	8085.1	12.93			

第十一节 教育设施

校舍建设

1992 年，市政府、区政府召开捐资助学、加快城区中小学校舍改造工作会议后，至 1993 年辖区 519 个单位捐资 425 万元，用于城区中小学校舍改造。1996 年，潍城区完成校舍改造项目 17 项，投资 2212.5 万元，新建校舍面积 1.67 万平方米。投资 1909.5 万元，新建教职工宿舍 1.41 万平方米，购买住房 1.36 万平方米，教职工人均居住面积由 1991 年的 7.5 平方米提高到 1996 年的 8.7 平方米。1997 年后，潍城区加大投资力度，主要建设项目有潍坊七中新校建设，二职专、潍坊外国语学校改造扩建，潍坊五中、潍坊八中、教师幼儿园、永安路小学、向阳路小学教学楼建设，潍坊六中、潍城区实验小学综合楼建设，潍坊三中“解困工程”等。1999 年，潍城区获评为山东省校舍设施管理基础工作先进单位。2000 年后，除政府投资外，各校根据实际需要，自筹资金实施学校基本建设，潍坊七中、潍坊外国语学校、西园小学、和平路小学、职业高中等筹建项目共 15 个，投资 1080 多万元，施工面积 1.68 万平方米，改善了办学条件。2003 年，全区完成校舍改造项目 60 个（城区 43 个、农村 17 个），完成投资 8248 万元（城区 7632 万元、农村 616 万元），新建、扩建校舍 9.86 万平方米（城区 9.03 万平方米、农村 0.83 万平方米），城乡学校校舍全部达标。同年，投资 7966 万元，新建、购买宿舍楼 24 座，面积达 8.32 万平方米，安置教职工 950 多户，并妥善调整住户 150 多户。教职工人均居住面积由 1999 年的 10.5 平方米，提高到 27.45 平方米。2004 年，潍城经济开发区豪德小学、潍城实验中学、潍坊三中、潍坊五中各新建教学楼 1 座。2005 年，西关街道大胥家小学教学楼、潍城经济开发区中学教学楼完成建设。2006 年，健康街小学异地重建工程完成，学校顺利迁入新校。2008 年，新建符山中心小学综合教学楼 1 座。全区改造水泥檩条校舍共 1521 间，水泥檩条校舍改造工程全部完成。2010 年，军埠口中学新建学校投入使用。2011 年，潍州外国语学校主体完工，幼儿园建成并投入使用；北门大街小学、月河路小学校舍加固工程完成。2012 年，潍州外国语学校、潍坊外国语学校圣基分校和豪德小学潘里分校 3 所学校建成并投入使用；潍坊三中、潍坊五中、潍坊八中、潍城区实验小学、西园小学、仓南路学校、望留中学和望留庄头小学校舍加固工程完成，加固面积3.05万平方米。2013年，于河实验中学、北关中心小学建成并投入使用，潍城区实验小学、芙蓉小学、潍城实验中学、潍坊外国语学校、西关南小于河小学、大胥家小学、军埠口大寨小学、官庄小学、望留中心小学、于河实验小学校舍加固工程全部完成，加固校舍面积1.5万平方米。

电教设施

1990年，全区电教设备有书写投影仪499架，幻灯机51台，录放像机47台，电视、监视器74台，电影机9部，录音机6台，语音实验室5个，价值94.5万元。此外，有卫星地面接收站一座。全区学校电化教学设备达一类标准的有25所，达二类标准的有49所，达三类标准的有80所。1991年后，全区电教设施进一步完善。1996年，有20所学校配备微机，总数量达458台；有微机室18个，面积1175.15平方米；有语音室18个，面积721.25平方米；全区有27所学校达到市级电化教育典型学校标准。1997年始，根据教育教学发展需要，有针对性地完善电教设施。至2003年，全区共配有计算机6400台，其中:学生用机4600台，平均每10名学生拥有1台计算机；教师用机1628台，城区学校实现任课教师人手一机；管理用机232台。城区中小学和乡镇（街道）中学、中心小学计算机全部连入潍城区城域网，接入互联网，初步实现“校校通”，潍城区成为全市第一个建立无线城域网的县区。2004年，校园网达到百兆的学校有19个。至2007年，全区学校有计算机+电视机多媒体教室172间、计算机+背投机多媒体教室29间、计算机+投影机多媒体教室167间、计算机网络教室114间，有数字信号卫星教学收视系统3套、独立校园网28个、“班班通”教室8个、“班班多媒体”教室5个。2010年，21所小学有多媒体教室129间、计算机网络教室48个；12所初中有多媒体教室187间。2011年，全区光纤“校校通”接入率达100%，配备“班班通”教室300余个，配备比例达100%。2012年，全区积极推广“潍坊市数字教育应用服务平台”，截至9月，共有52所学校开通，开通率达100%。2013年，共下发电子课本账号20859个。全区学校数字多媒体资源在日常课堂教学中的覆盖率达100%。

图书配备

1991年，全区中小学有图书室17个、阅览室12个，面积总计1301平方米；共有图书4.5万册，生均5.1册，价值13.3万元。1996年，全区中小学有图书室35个，面积1780平方米；阅览室34个，面积2909平方米；共有图书32.2万册，价值65万元，学生人均占有图书6.6册。1997年后，全区中小学图书室、阅览室稳步发展，档次逐渐提升。至2003年，全区中小学有图书室46个、阅览室44个，面积总计8342平方米；共有图书54.9万册，价值277.4万元，学生人均占有图书11.56册。2004—2010年，全区中小学增加图书室2个、阅览室3个。2010年，48个图书室面积3326平方米，47个阅览室面积3577平方米；共有图书54.4万册，价值436.2万元；中学、小学学生人均占有图书分别为22.1册、12.6册。2011年，标准化学校建设后，全区中小学有图书室53个、阅览室54个，面积达9650平方米，共藏书62万册，价值537.1万元。其中，中学29.2万册，小学32.8万册，中学、小学学生人均占有图书分别为25.7册、13.8册。2013年，全区中小学图书室有59个、阅览室69个，面积总计10848平方米；藏书104.9万册（其中包含省配图书11万册），图书价值1187.2万元；中学、小学学生人均占有图书分别为38.9册、26.2册。

仪器装备

1991—1996年，全区中小学有实验室94个、仪器室107个，新配备仪器橱1042个、实验桌208套，投资174万元购置教学仪器，投资106万元购置音、体、美教学器材。全区中小学教学仪器配备达到国家颁布一类标准的中学有3所，小学有10所；达到国家颁布二类标准的中学有14所，小学有31所；达到国家颁布三类标准的小学有22所。潍城区获评为省、市实验室建设和仪器配备工作先进单位。1997—2001年，潍城区连续举行三届“优秀创新自制教具研制评选”活动，先后有300多件自制教具参与评选、演示操作。同时，推荐部分优秀教具参加省、市评选，有35件获省、市奖励。1997年、1999年，潍城区获评为“潍坊市优秀创新自制教具先进单位”。2003年，学校音、体、美器材价值达607.8万元。2004年，全区有实验室73个，面积为5540平方米；有仪器室74个，面积为3023平方米，配备仪器橱837个，教学仪器价值232万元。全区中小学实验室建设和教学仪器配备达到教育部颁布一类标准的学校有17所，达到二类标准的有24所。2010年，全区中小学有实验室78个，总面积为6079平方米，配备实验桌1943套；有仪器室82个，配备仪器橱967个，面积达3485平方米。其中，教学仪器价值285万元。实验室建设和教学仪器配备达到教育部颁布一类标准的学校上升至25所，达到二类标准的有21所。2011—2013年，潍城区共投资200.1万元改扩新建实验室和购置教学仪器。截至2013年，全区中小学有实验室80个，面积6506平方米，配备实验桌1954套；有仪器室86个，面积3560平方米，配备仪器橱1140个。全区中小学实验室建设和教学仪器配备达到教育部颁布一类标准的学校有34所，达到二类标准的有12所。

第十二节　教学研究

1991—1996年，以教学管理为核心，落实教学常规、教学基本环节，执行部颁教学计划。区教委按照《潍城区中小学教学工作评估细则》定期对各校的教学常规落实情况进行检查评估。组织开展中小学教师“十达标”活动和中小学教师基本功训练活动。开展“单元达标教学”“说课教学改革”“珠心算教学”“注音识字，提前读写教学”等教学法实验。1997年，全区中小学以教学常规为重点，以提高教学质量为目标，大范围开展教学改革试验。1998年，潍城区被批准为全国教育教学“九五”计划重点课题《中小学生创造力开发实验与研究》的主要承担单位。1999年，潍城区教育创新体系试验区筹建工作完成，确定国家、省、市级实验课题100余项。2000年，潍城区获得“山东省教科研工作先进区”称号。2001年，潍城区确立“课堂教学自主探究学习”为全区性教科研课题，并申报山东省教育教学“十五”规划重点课题。2002年，潍城区作为省级实验区参与为期10年的新课程标准改革实验，确定660名中青年教师为新课程实验教师，共收集100多篇论文。2003年，潍城区积极构建优质高效的教学模式。2004年，潍城区实施“科研兴教”战略，参与《小学生创造力培养的整体深化研究》等25项国家级、13项省级课题实验研究。区教育局印发《潍城区中小学新课程背景下的教育教学常规》，强调备课的实效性和课堂结构的最优化，改变教学评价方式，加强作业管理，强化集体备课。2005年，潍城区成为全国公民教育项目首批实验区之一。2006年，全区中小学开始推行“个性化教学法”。2007年，新的《教学常规管理实施细则（试行）》出台，推动实施“自主互助学习型”课堂和语文“主题学习”授课方式。潍城区被省教育厅列入山东省创新教育研究实验区。2008年，区教科研培训中心获得“全国教育教学科研先进单位”“山东省先进教研室”“山东省基础教育示范教研机构”“山东省教育系统先进集体”等称号。2011年，探索推行先学后教、以学定教的“345优质高效课堂”教学模式。同年，出台《潍城区宜学特色学校评估细则（试行）》，通过自主申报、成果展评、现场考察等系列环节，推动宜学特色学校建设。2012年，在全区中小学征集“个性化教学法”55例，结集出版《走进课堂的春天》。2013年下半年，区教育局印发《潍城区中小学生学业水平绿色评价实施意见》，细化《潍城区中小学生学科水平质量监测方案》《潍城区中小学生实验操作技能监测方案》《潍城区中小学生创新能力监测方案》《潍城区中小学生综合素养监测方案》《潍城区中小学生发展性成果评价方案》五个板块的方案，开展“绿色评价”工作。

第十三节　勤工俭学

1991—2001年，是潍城区勤工俭学大发展阶段，共拨交学校办公经费2786.21万元，年均253.3万元。2001年，生产管理站、教学仪器站、图书代办站三站合一，成立教育装备中心。勤工俭学工作由教育装备中心负责。校办企业在快速发展的同时，经济纠纷不断出现，按照有关规定，在清产核资的基础上，对校办企业关、停、并、转，校办企业中有编制的人员回学校妥善安置。自2002年始，学校勤工俭学逐渐走入低谷，两年拨交学校办公经费125.2万元。2004年，勤工俭学收入9.69万元。2006年，勤工俭学收入3万元。是年，潍城区校办企业全部停办。

第二章　科　技

第一节　科研机构

1991—1996年，全区共发展民营科技企业37家，其中民办科研机构28家。2013年，全区有市级以上各类科研机构37家，其中省级工程技术研究中心5家、市级工程技术研究中心26家、省级院士工作站3家、市级企业重点实验室2家、市级科技企业孵化器1家。

2013年潍城区市级以上科研机构情况表

表20-5

类别	科研机构名称	批准部门	批准时间
省级工程技术研究中心	山东省大元耐久性混凝土外加剂工程技术研究中心	省科技厅	2005.12
	山东省大功率设备节电工程技术研究中心	省科技厅	2006.11
	山东省碳化硅工程技术研究中心	省科技厅	2006.12
	山东脂润滑剂系统工程技术研究中心	省科技厅	2008.12
	山东省沟槽管件工程技术研究中心	省科技厅	2012.12
市级工程技术研究中心	潍坊市碳化硅工程技术研究中心	市科技局	2006
	潍坊市大功率设备节电工程技术研究中心	市科技局	2006
	潍坊市地源热泵工程技术研究中心	市科技局	2007.8
	潍坊市电力互感器工程技术研究中心	市科技局	2007.12
	潍坊市脂润滑系统工程技术研究中心	市科技局	2007.12

续表 20-5

类别	科研机构名称	批准部门	批准时间
市级工程技术研究中心	潍坊市特种气体设备工程技术研究中心	市科技局	2008.12
	潍坊市石油装备工程技术研究中心	市科技局	2009.7
	潍坊市电动汽车车桥工程技术研究中心	市科技局	2009.7
	潍坊市沟槽管件工程技术研究中心	市科技局	2009.12
	潍坊市除尘设备工程技术研究中心	市科技局	2010.8
	潍坊市大中马力拖拉机工程技术研究中心	市科技局	2010.11
	潍坊市电动微卡工程技术研究中心	市科技局	2010.12
	潍坊电器控制柜工程技术研究中心	市科技局	2011.11
	潍坊市冷弯机械工程技术研究中心	市科技局	2011.11
	潍坊市轴承工程技术研究中心	市科技局	2011.12
	潍坊绿色铸造工程技术研究中心	市科技局	2011.12
	潍坊市节能环保型铝合金型材工程技术研究中心	市科技局	2012.12
	潍坊市土壤灭害改良机械工程技术研究中心	市科技局	2012.12
	潍坊市香油及芝麻制品工程技术研究中心	市科技局	2012.12
	潍坊市汽轮机通流系统工程技术研究中心	市科技局	2012.12
	潍坊市发动机活塞工程技术研究中心	市科技局	2012.12
	潍坊市家政网络工程技术研究中心	市科技局	2012.12
	潍坊市烟气脱硝设备工程技术研究中心	市科技局	2013
	潍坊市弱溶剂环保（ECO）墨水工程技术研究中心	市科技局	2013
	潍坊市肉制品精深加工工程技术研究中心	市科技局	2013
	潍坊市供热集控工程技术研究中心	市科技局	2013
省级院士工作站	雷奇电器院士工作站	省科技厅	2009
	国建高创院士工作站	省科技厅	2011
	雷诺特院士工作站	省科技厅	2012
市级企业重点实验室	潍坊市芝麻油及芝麻制品重点实验室	市科技局	2013
	潍坊市管件阀门制备技术企业重点实验室	市科技局	2013
市级科技企业孵化器	潍坊市创意设计科技企业孵化器	市科技局	2013

潍坊市创意设计科技企业孵化器简介

2013 年，潍坊市创意设计科技企业孵化器由西街 68、西街 99 两个孵化器组成，进驻企业 30 家，毕业企业 20 家。

西街 68 是潍坊广告创意产业园第一孵化器，因位于福寿西街 68 号，故取名“西街 68”。该项目于 2007 年下半年开始筹划，2008 年招商建设，年底全部建成并投入运营，总面积 5000 平方米，主要分为广告创意企业孵化、公共服务中心、创意之窗三个功能区。2～8楼为孵化器，建筑面积4500平方米，主要用于培育中小型广告创意企业。1楼为面积300平方米的公共服务大厅，主要为企业提供广告作品速印、图书资料查阅、引进智力资源等服务。4楼为创意之窗，主要用于广告创意作品的展示和交流。2012年，以创意西街改造提升为契机，完成对西街68外立面的翻新。已引进各类广告创意企业20家，吸纳就业人员320人，其中大专以上学历的专业院校毕业生298人，年实现营业收入5500万元。

潍坊广告创意产业园第一孵化器——西街68

西街99是潍坊广告创意产业园第二孵化器，位于福寿西街99号，故取名“西街99”。2012年年底建成运营，总投资1.6亿元，建筑面积3.2万平方米，地上11层，地下2层。1～2层为9000平方米的骨干企业区；3～11层为1.1万平方米的中小广告创意企业孵化区；负一层为6000平方米的广告公共服务区，主要建设广告数字图书馆、展厅、广告摄影棚、学术报告厅、多媒体会议中心和休闲中心等配套设施；负二层为6000平方米的停车区。已入驻深圳至上、山东聚家电子商务、潍坊一点通品牌策划、长城广告等省内外知名广告创意类企业53家。

潍坊广告创意产业园第二孵化器——西街99

第二节　科技队伍

1991年，全区有专业技术职务资格的人员为4982人，其中高级资格的56人、中级资格的852人、初级资格的2104人、其他1970人。1994年区划调整后，全区有各类专业技术人员7975人，其中高中级技术人员2845人。1995年，在全区范围内组织开展“推优荐才”活动，加强科技专家和各类专门人才队伍建设，重点培养选拔青年科技人才和乡土科技人才，推荐3名“市级专业技术拔尖人才”、24名“市级跨世纪优秀科技人才”和50名“区级拔尖人才”。1998年，开展优秀专家、拔尖人才特别是学科带头人的选拔、培养、管理工作，推荐省级专业技术拔尖人才人选3人、“潍坊市农村科技大王”人选13名。1999年，命名表彰60名“乡村优秀科技人才”、31名“跨世纪优秀科技人才”。2000年，组织开展全区第三批专业技术拔尖人才选拔工作，对12名区级专业技术拔尖人才进行命名表彰。2003年，面向潍城籍在外高层次人才开展“引智、引资、引才”活动，建立潍城籍在外高层次人才库，吸引在外高层次人才到潍城创业发展。2005年，组织首批潍坊市农村实用人才和首席技师人选推荐和初审工作，分别有2人和1人入选市农村实用人才和首席技师。2007年，组织全市第二批农村实用人才和首席技师、鸢都学者岗位的报名推荐工作，全区上报农村实用人才人选9名、首席技师人选10名和鸢都学者岗位3个。2009年，组织全市第三批首席技师和农村实用人才的报名推荐工作，1人获评为潍坊市首席技师，3人获评为潍坊市农村实用人才。

2011 年，实施“潍州英才”工程，组织评选潍城区首席技师 10 名、首届潍城名师 10 名，培训企业高管及专业人才 1730 名，引进各类人才 78 名。2013 年，全区有各类专业技术人员 3.07 万人，其中高中级技术人员 0.92 万人。建立完善 8858 名高端人才信息档案。全区拥有硕士以上高层次人才 1000 多人。

第三节　科技创新

科技计划

1991—2013 年，潍城区列入区级以上科技计划项目 678 项，其中国家级 46 项、省级 140 项、市级 199 项、区级 293 项。项目立项先由项目单位向区科学技术局提出立项申请，经评估、论证、审查后，将对经济发展、社会进步促进作用大、推广价值高的项目分门别类，区级计划由区政府批准立项，市级以上计划由区科学技术局负责逐级申报市、省、国家科技管理部门立项。项目经费由区科学技术局、区财政局共同把关，注重向高新技术企业和重点计划项目倾斜。2012 年，“专利到期药物大品种技术再创新”科技计划项目成功申报为省重大科技专项，获得扶持资金 1500 万元。2013 年，“建筑能耗管理系统开发及产业化”科技计划项目成功申报为省重大科技专项，获得扶持资金 1000 万元。

科技成果

1991—2013 年，潍城区取得各类市级以上科技成果 82 项，其中国家级 1 项、省级 19 项、市级 62 项。

1991—2013 年潍城区获市以上科技进步奖、星火奖情况表

表 20-6

序号	成果名称	完成单位	奖励级别	奖励等级	奖励年度
1	5LZ197 型螺杆钻具及 4LZ172 型螺杆钻具的研制	潍坊市生建机械厂	山东省科技进步奖	二等	1991
2	5S2-1B Ⅱ型高压注水泵	潍坊市生建机械厂	山东省科技进步奖	三等	1991
3	GDB-882B 型光电探边控制器	潍坊市通用电子研究所	山东省科技进步奖	三等	1991
4	R180N 型柴油机研制	潍坊华丰机器厂一分厂	潍坊市科技进步奖	一等	1991
5	小腿前外侧岛状皮瓣的解剖学观察与临床应用	潍坊市市立医院	潍坊市科技进步奖	二等	1991
6	气密仓储粮技术	潍城区粮油购销储运公司	潍坊市科技进步奖	三等	1991
7	GDX-6 型光电吸边器	潍坊市通用电子研究所	潍坊市科技进步奖	三等	1991
8	1GXL-120 旋耕机	潍坊市旋耕机厂	山东省星火奖	三等	1992
9	小腿前外侧岛状皮瓣的解剖学观察与临床应用	潍坊市市立医院	山东省科技进步奖	三等	1992
10	指掌侧总动脉掌背穿支组织瓣的研制及指端修复方法	潍坊市市立医院	潍坊市科技进步奖	三等	1992
11	组织移植重建喙锁韧带修复肩锁关节脱位方法改进的研究	潍坊市市立医院	潍坊市科技进步奖	三等	1992

续表 20-6

序号	成果名称	完成单位	奖励级别	奖励等级	奖励年度
12	石英增强韧性地板砖	潍坊海天装饰材料有限公司	山东省科技进步奖	三等	1993
13	创面修复方法的研究	潍坊市立医院	山东省科技进步奖	三等	1993
14	高等呢绒服装、西服关键工艺及系列产品研制	潍坊市呢绒服装厂	潍坊市科技进步奖	二等	1993
15	R1100、R195、R1900 涡流式柴油机	潍坊动力机厂	潍坊市科技进步奖	三等	1993
16	斯达－斯太儿 380 升带锁盖燃油箱总成	潍坊黄河汽车配件厂	山东省星火奖	二等	1994
17	显微外科技术在四肢修复中的应用	潍坊市市立医院	山东省科技进步奖	三等	1994
18	机动车锁的研制	潍坊造锁集团公司	山东省科技进步奖	三等	1994
19	新型自行车锁	潍坊造锁集团公司	潍坊市科技进步奖	三等	1994
20	IYPJ-975 农用三轮运输车	潍坊巨力集团公司	潍坊市科技进步奖	三等	1994
21	新型圆网浓缩机	潍坊第二轻工机械厂	潍坊市星火奖	三等	1994
22	余热型溴化锂吸收式制冷机组	潍坊第二轻工机械厂	山东省科技进步奖	二等	1995
23	pvc 改性在异型材中的应用研究	潍坊塑料总厂	潍坊市科技进步奖	三等	1995
24	QH2 型油罐挥发气回收装置	潍坊市生建压力容器厂	国家科技进步奖	三等	1996
25	巨力牌 7Y-9506 型三轮农用运输车和 WJ1608 型农用运输车	潍坊巨力集团公司	潍坊市科技进步奖	三等	1997
26	上肢疾病及外伤的修复与重建	潍坊市市立医院	山东省科技进步奖	三等	1998
27	外镀锌内涂塑输水管	潍坊迈特钢管集团有限公司	潍坊市科技进步奖	一等	1998
28	DJB-823 固体薄膜保护剂在工模具上的应用研究	山东巨力股份有限公司	潍坊市科技进步奖	三等	1998
29	阻燃型红泥塑料合金防水卷材	山东鑫达集团新型塑料厂	潍坊市科技进步奖	三等	1998
30	WJ-1205 型农用运输车	山东巨力股份有限公司	潍坊市星火奖	二等	1999
31	甜油桃丰产技术	潍城区科委、潍城区农委	潍坊市星火奖	二等	1999
32	DBF 矿物超细粉	潍坊大元实业有限公司	潍坊市星火奖	三等	1999
33	手外伤显微镜外科修复的几种新方法	潍坊市市立医院	潍坊市星火奖	三等	1999
34	巨力牌 7YP-950 型三轮农用运输车	山东巨力股份有限公司	山东省星火奖	二等	2000
35	外镀锌内涂塑输水管	潍坊迈特钢管集团有限公司	山东省科技进步奖	三等	2000

续表 20-6

序号	成果名称	完成单位	奖励级别	奖励等级	奖励年度
36	巨力牌 7YP-950 型三轮农用运输车	山东巨力股份有限公司	潍坊市星火奖	一等	2000
37	切花菊周年供应的品种组成和栽培技术	潍坊符山林木良种繁育场	潍坊市星火奖	二等	2000
38	甜油桃保护地高密度丰产栽培技术	潍城区科委	潍坊市星火奖	二等	2000
39	WJ1205-5 型农用运输车	山东巨力股份有限公司	潍坊市星火奖	二等	2000
40	WJ1605 型农用运输车	山东巨力股份有限公司	潍坊市科技进步奖	三等	2000
41	直径 400 预应力混凝土等径电杆	潍坊水泥制品厂	潍坊市科技进步奖	三等	2000
42	混凝土无碱膨胀剂	潍坊大元实业有限公司	潍坊市星火奖	二等	2001
43	氨基磺酸系列减水剂	潍坊大元实业有限公司	潍坊市星火奖	二等	2001
44	排水用螺旋式硬聚氯乙烯管材	潍坊大正塑料有限公司	潍坊市星火奖	三等	2001
45	幽门螺杆菌尿素酶抗体诊断试剂盒	潍坊中药厂	潍坊市科技进步奖	二等	2002
46	DBF 高性能混凝土矿物超细粉	潍坊大元实业有限公司	潍坊市科技进步奖	三等	2002
47	高品质碳化硅微粉	潍坊六合微粉有限公司	潍坊市科技进步奖	三等	2003
48	DB 氨基磺酸系高效减水剂	潍坊大元实业有限公司	潍坊市科技进步奖	三等	2003
49	溴化镁合成工艺研究	潍坊鸿运化工有限公司	山东省科技进步奖	三等	2005
50	高能锂离子动力电池（组）	潍坊光华电池有限公司	潍坊市科技进步奖	三等	2006
51	DBS 型高效能抗裂防水剂	潍坊大元实业有限公司	潍坊市科技进步奖	三等	2006
52	青年冠心病危险因素与冠状动脉病变的相关性研究	潍坊市市立医院	山东省科技进步奖	三等	2008
53	新生儿缺氧缺血脑病 CK-BB 检测对其预后评价的临床研究	潍坊市市立医院	潍坊市科技进步奖	二等	2008
54	雷齐利源节电系统	山东雷齐电器有限公司	潍坊市科技进步奖	三等	2008
55	网络化高效智能节电系统	山东雷齐电器有限公司	潍坊市科技进步奖	二等	2009
56	DB 型道钉锚固剂	山东大元实业股份有限公司	潍坊市科技进步奖	二等	2009
57	WDP-P 润滑脂泵的研制	潍坊市机械设计研究院有限责任公司	潍坊市科技进步奖	三等	2009
58	微创式经腹腔超高位内环闭合悬吊术治疗儿童腹股沟疝临床研究、脑出血微创治疗术制岛穿刺法技术的临床研究	潍坊市市立医院	潍坊市科技进步奖	三等	2009

续表 20-6

序号	成果名称	完成单位	奖励级别	奖励等级	奖励年度
59	胃癌组织中 TDF-B1 和 TDFBR Ⅱ的表达以及临床意义、胃癌 CD44V5\VEGF-C 表达与 MSCT 表现关系的研究	潍坊市市立医院	潍坊市科技进步奖	三等	2009
60	细胞色素芳香化酶 P450 在子宫膜异位中的异常表达及其诊断价值	潍坊市市立医院	潍坊市科技进步奖	三等	2009
61	高效多功能混凝土养护剂	山东大元实业股份有限公司	潍坊市科技进步奖	二等	2010
62	应用深静脉穿刺置管救治危重病研究	潍坊市市立医院	潍坊市科技进步奖	二等	2010
63	主动模式在住院病人营养相关性疾病的应用研究	潍坊市市立医院	潍坊市科技进步奖	二等	2010
64	热源及换热站运行优化控制系统	潍坊国建高创科技有限公司、雷奇节能科技股份有限公司	山东省科技进步奖	三等	2011
65	超低功耗、高精度户用超声波热能表	潍坊国建高创科技有限公司	潍坊市科技进步奖	二等	2011
66	淬火层深度超声检测技术的应用研究	潍坊华孚机械科技有限公司	潍坊市科技进步奖	二等	2011
67	局部晚期肺癌心包内切除手术适应症的临床研究	潍坊市市立医院	潍坊市科技进步奖	二等	2011
68	特种污水源超高温热泵机组	山东绿特空调系统有限公司	潍坊市科技进步奖	三等	2011
69	高压智能节电装置	雷奇节能科技股份有限公司	潍坊市科技进步奖	三等	2011
70	0.224% 甲磺酸罗哌卡因、0.134% 甲磺酸罗哌卡因复合芬太尼用于分娩镇痛对比性研究	潍坊市市立医院	潍坊市科技进步奖	三等	2011
71	高效节能背压式工业汽轮机	潍坊雷诺特动力设备有限公司	山东省科技进步奖	三等	2012
72	高效多功能混凝土养护剂	山东大元实业股份有限公司	潍坊市科技进步奖	二等	2012
73	利用报废汽车覆盖件合成优质球铁－生产薄壁管件	山东莱德机械有限公司	潍坊市科技进步奖	三等	2012
74	高效节能背压式工业汽轮机	潍坊雷诺特动力设备有限公司	山东省科技进步奖	三等	2013
75	LTMLIIS®-150 海水源热泵机组	山东绿特空调系统有限公司	潍坊市科技进步奖	二等	2013
76	土壤高温灭菌杀虫机的研制开发	山东中特机械设备有限公司	潍坊市科技进步奖	二等	2013
77	高倍率圆柱形铝塑膜软包装锂电子电池	山东同大新能源有限公司	潍坊市科技进步奖	二等	2013
78	GR 系列气动钢丝绳清理润滑装置	潍坊市机械设计研究院有限责任公司	潍坊市科技进步奖	二等	2013
79	绿色再生高性能耐久性混凝土	山东大元实业有限公司	潍坊市科技进步奖	二等	2013

续表 20-6

序号	成果名称	完成单位	奖励级别	奖励等级	奖励年度
80	饲料的研制与应用、蔬菜大棚中烟粉虱和番茄 TY 病毒兼控技术研究及推广应用	潍坊三农牧业有限公司	潍坊市科技进步奖	二等	2013
81	愈疡方湿敷治疗糖尿病皮肤溃疡的疗效研究	潍坊市市立医院	潍坊市科技进步奖	二等	2013
82	血液透析及黄芪对尿毒症患者调节性 T 细胞的影响及意义	潍坊市市立医院	潍坊市科技进步奖	二等	2013

第四节 科技服务

科技宣传

1991 年 3 月，潍城区在东郊宾馆举行“首届全国中小企业新产品、新发明、新技术转让交流大会”。1992 年，《潍城区开展科技法制宣传教育的第二个五年规划》出台。1993 年，潍城区被市科委列入年度争创全国科技工作先进县范围。1994 年 3 月，潍城区被国家科委正式命名为“全国科技工作先进县”。1995 年，全区开展“讲精神文明，比科技致富，建科普先进乡（镇）村”活动。1996 年，潍城区组织有关企业参加国家“星火十年”科技成果展、青岛国际农业科技博览会、第四届全国科技人才科技成果交流展示大会以及全国科技与经济建设热点、难点招标对接暨技术成果转化展示交易会等，宣传潍城的科技成果，促进企业技术信息交流和横向技术合作。1998 年，开展文化、科技、卫生三下乡科技咨询服务活动，发放科技宣传材料 1000 余份，解答有关农业技术难题 30 多个。2001—2002 年，开展“科技活动周”活动，全区 4 个镇、4 个街道和科协、卫生局、计生局、环保局等 15 个单位上街进行宣传，设立宣传点 20 个，发放各类科技宣传资料 5000 份，现场解答有关问题 50 多个。参加山东省科技厅举办的“中印信息技术合作论坛”和潍坊市举办的“中俄科技项目对接”“中国工程院、农科院院士行”等活动。在中印项目洽谈会上，组织全区 10 家重点企业的负责人对 20 个项目进行洽谈，达成合作意向 7 项。2003 年，针对“非典”的特殊情况，全区开展以“依靠科学，防治非典”为主题的宣传活动，大力宣传科学技术是第一生产力的思想，倡导科学文明的生产生活方式，共发放各类宣传资料 1 万余份，制作科技知识展板 70 多块。区科委与区建设局、区卫生局联合下发《建筑空调通风系统预防“非典”确保安全使用的应急管理措施》，对全区建筑空调进行拉网式检查。

2004—2005 年，潍城区开展“科技活动周”和科技下乡等宣传活动，通过鲜明的主题、形式多样的活动，加强科技知识培训，发放各类科技宣传资料 5 万余份，举办培训班 20 多期，培训人员 2000 余人。2006 年，先后组织有关人员参加鲁台经贸洽谈会、海峡两岸科技成果交流洽谈会和第八届中国（国际）高新技术成果交易会。在海峡两岸科技成果交流洽谈会上，潍城区共有 8 家企业达成合作协议。组织 10 家高新技术企业携带技术含量高、有发展前景的 20 余个项目的资料，参加在深圳举办的高新技术成果交易会，会议期间邀请 43 名客商参加了潍坊市高新技术项目招商恳谈会暨签约仪式。2007 年，按照市科技局的要求，开展以“携手建设创新型国家”为主题的“科技活动周”活动，制订了详细的宣传工作计划，制作版面 8 块，发放科技资料 5000 多份。组织有关人员参加海峡两岸科技成果交流会和“青岛潍坊周”大型宣传活动，收到了较好的成效。2009—2010 年，组织全区 20 余家单位参加一年一度的“科技活动周”活动，共制作知识产权宣传和科技知识宣传版面 18 块，发放科技资料 1 万余份。为区领导及全区高新技术企业、部分科技型企业订阅《科技日报》和《知识产权报》。组织科技下乡活动3次，现场解答有关种植、养殖问题16个。2011—2013年，继续开展“科技活动周”和科技下乡宣传活动，在全区组织开展以宣传科学思想、普及科学知识、推广技术成果为内容的科技宣传活动，共发放各类科技宣传资料9万余份，设立宣传点27个，培训人员6万余人。

科技培训

1991年，《潍城区“科教兴区”纲要（1991—2000）》经区十二届人大常委会第十二次会议审议通过。1993年，制订《潍城区“八五”后三年“科技兴区”发展计划》。1994—1996年，开展各类科技培训活动，与乡镇（街道）共同举办农业知识培训班98期，培训农民1.8万余人次。1997—2001年，全区培训技术贸易机构人员300余人，培训技术贸易人才600人次。2002—2005年，为进一步做好农村的科普工作，出台《潍城区农民星火科技培训行动实施方案》，计划用3年时间培训基层科技骨干8万人以上。为加快推广农业科学技术，区科技局与区教育局、区农业局、区妇联联合下发《关于对农村应届初中毕业生进行“绿色证书”教育的通知》，要求农村应届初中毕业生掌握1～2门实用新技术，为农村科技工作的开展打下基础。全区组织5个镇（街道）和4家企业参加潍坊市举办的“农业院士潍坊行”活动。2004—2006年，开展“农民星火科技培训行动”活动，培训基层干部和农民3.5万余人次。潍坊潘里电子技校举办家电维修、通讯维修、机电维修、机场地勤等近10个专业的培训班，培训学员1400余人。为首都国际机场培训地勤人员123人并全部得到安置；培训电子电器学员73人并全部分配到潍坊和胶州维修站。在市星火办的支持下，潍坊潘里电子技校申报省级、国家级星火培训项目，并在全省星火科技培训工作会议上作典型发言。2007—2009年，开展“农民星火科技培训行动”活动，培训基层干部和农民6万余人次。先后建成1个国家级、1个市级、2个区级星火科技培训基地。2010—2013年，通过聘请大专院校教授讲课、组织科技人员到企业传授技术、与大专院校联合培训技术人员等方式，全区举办机械、电子、化工、食品、节能、环保等培训班90多期，培训技术骨干7000余人。

科技推广

1991年，潍城区在全面引进推广农业良种的同时，重点推进“吨粮田开发”“小麦中低产田开发”“黄淮海平原开发”“果树低产田开发”等一系列农业开发项目，有效提高了农业、林业、牧业的生产技术水平，带动了农村经济发展。1996年，全区建成农业科技示范园3个、花卉大棚100个及以林木良种繁育场为中心的花卉基地，带动了全区花卉产业的发展。同年，于河镇在原兽医站的基础上组建潍城区良种兔研究所，并从省农科院畜牧研究所种兔场引进肉用良种兔200组。1997—2002年，在工业领域引进并推广一批国内外先进技术，促进产品升级，进一步提高了产品质量。2003—2005年，一批科研院校和种植大户投资开发北方万亩苗木基地，生产各类苗木200余万株。潍坊大正实业有限公司引进并改良芬兰大体型蓝狐和美国水貂，培育出“大正狐”“大正貂”等优良品种。2006—2008年，全区继续推广以信息技术手段为重点的现代管理方式，以信息化促进“三化”战略的实施。潍城科技信息网络逐步壮大，建立科技局内部局域网，引导企业开展电子商务，企业基本实现由传统经验管理向现代科学化管理的转变。2009年，组织企业参加“青岛潍坊周”等招商活动，对6家企业的“新节电技术开发”等8个高新技术项目进行推介。2010年，召开全区科技企业座谈会，对《山东高技术产业自主创新行动计划》中的10大项52个方面进行研究，通过对全区现有重点产业进行筛选、分析、论证，将高技术产业和创新型园区建设确定为主攻方向。2012—2013年，召开全区高新技术产业政策会议和全区街道、开发区、管理区科技工作座谈交流会，为参会的60余家企业和科技工作人员详细讲解有关科技政策，激发企业的科技创新性。组织鲁台经贸洽谈会食品科技展，潍城区4家企业参展，取得良好成效。

第五节　知识产权

宣传活动

1997年，在“4·26”世界知识产权日，潍城区开展知识产权宣传活动。1998年，在“4·26”世界知识产权日，联合潍坊市知识产权局在万家福超市门前开展专利知识宣传活动，发放《中国知识产权报》《潍坊知识产权》等报刊500余份。2001年，组织企业参加“潍坊市首届专利产品展示会”，参展专利项目30个，设置展板28块。在展示会上，潍城区除尘器厂的除尘器和潍城英泰机械厂的大蒜收获机获得“最佳项目奖”；潍城区科委被展示会组委会授予“最佳组织奖”。2002年，开展“4·26”世界知识产权日宣传活动，组织山东巨力股份有限公司、潍动柴油机有限公司、潍城区光大电动车研究所、潍坊韩老三扒鸡有限公司等15家企业对知识产权和专利产品知识进行广泛宣传，出动宣传车1辆，发放宣传资料3000余份，现场解答问题60个，制作展板20块，展示专利产品12件。2004年，在“4·26”世界知识产权日的宣传活动中，向各镇、街道和企业发放“专利明白纸”和“致全区厂长经理的一封信”1万余份。同年，全区印制并累计发放5000余份专利申请明白纸，对专利申请步骤、费用和补助条件作了详细说明。2005年，在潍城电视台、《潍坊日报》和《潍城信息》等媒体、报刊上宣传报道全区专利工作，介绍有关专利知识，提高全民的专利意识。在“4·26”世界知识产权日，向区级领导和各镇（街道）、区属开发区的主要负责人发放《知识产权法规》读本和《专利之星》画册。2008年4月，组织7家企业参加在风筝广场举行的潍坊市专利宣传活动，共设置展板20块，涉及专利产品50余项，发放专利宣传资料700余份、知识产权宣传手册300余册。2009年，在文化、科技、卫生“三下乡”期间，潍城区组织有关专家赶大集4次，发放宣传册1500余册、明白纸4000余份，解答专利咨询30余人次。

2010年4月26日上午，组织5家企业参加市政府在人民广场举办的知识产权宣传咨询活动，设置专利产品展板12块，涉及专利产品40余种，发放宣传资料500余份。6月22日，组织工商、科技、文化、农业、知识产权等部门联合在军埠口农贸大集宣传专利、著作权、质量标准、植物新品种权等方面的内容，设置展板6块，发放宣传材料5000余份、各类书籍100余本，接受群众咨询50余人次。2012年，在“三下乡”期间，组织科技、专利方面的相关专家赶大集2次，发放宣传册1500余册、明白纸4000余份，解答专利咨询50余人次。2013年，在开展“4·26”宣传周期间，组织辖区内21家高新技术企业及专利明星企业负责人进行座谈交流，宣传上级知识产权部门的有关法律、法规，指导企业制订知识产权计划。

专利保护

1991—2009年，潍城区开展“雷雨”“天网”知识产权执法专项行动。2010年4月，对百大万家福超市、豪德小商品城、民康药店清平店等经营部门开展专利行政执法检查，检查商品100余件，涉及专利商品11件，要求商家提供“专利的有效性证明”专利商品15件，未发现涉嫌假冒专利商品。2012年12月，联合潍坊市知识产权局对万家福超市、民康药店（万家福店）进行执法检查，标注专利产品31件，未查出涉嫌假冒、仿冒专利商品。

专利申请授权

1991—1996年，全区共申请专利221项，实施率达50%。1992—1996年，区专利局连续5年被省、市专利局评为“专利工作先进单位”。2000年，北关街办被山东省知识产权局授予“山东省专利明星街办”称号。2003—2013年，山东省知识产权局先后5次授予山东大元实业有限公司、潍坊爱普环保设备有限公司，4次授予潍坊扬帆机械有限公司，3次授予山东巨力股份有限公司、潍坊众谊汽车配件有限公司、耶莉娅服装集团总公司，2次授予潍柴重机股份有限公司、雷奇节能科技股份有限公司，1次授予潍坊五星制锁有限公司、潍坊雷诺特动力设备有限公司“中国专利山东明星企业”称号。

1991—2013年潍城区专利申请授权统计表

表20-7　　单位：件

年份	申请	授权	年份	申请	授权
1991	55		2003	60	70
1992	5		2004	78	72
1993	12	4	2005	86	109
1994	30	10	2006	227	128
1995	56	21	2007	331	199
1996	63	24	2008	350	177
1997	71	28	2009	275	185
1998	74	33	2010	330	258
1999	77	37	2011	452	282
2000	73	34	2012	580	468
2001	73	41	2013	754	348
2002	75	66			

专利实施

2003年，潍坊扬帆机械有限公司研发的“双辊挤浆机”专利技术应用于生产后，实现新产品产值1.2亿元、利税720万元。2004年，潍坊爱普环保设备有限公司研发“袋式除尘器清灰装置”，当年安装销售92台。2005年，潍坊市大元实业有限公司研发出“DBF高性能混凝土用矿物超细粉”专利产品，应用于生产后，实现销售收入1478万元、利税300万元。2007年，潍坊扬帆机械有限公司研发的“棉秆破碎机”专利技术投入生产后，实现销售收入3000万元、利税380万元。2008年，潍坊扬帆机械有限公司研发的“刀轮式破碎机”专利技术投入生产后，实现销售收入1600万元、利税600万元。2011年，山东大元实业股份有限公司研发出“混凝土养护剂”专利技术，与传统养护剂相比，该养护剂每平方米可节省成本0.1～0.2元，节省人力85%以上，并节约了大量养护用水。2012年，潍坊雷诺特动力设备有限公司研发出“蒸汽动力装置的隔板汽封”专利技术，该专利产品内效率可达66%～88%，比传统工业汽轮机提高10%以上，具有广泛的应用前景。2013年，山东大元实业股份有限公司研发的“螺旋道钉锚固剂”专利产品投入生产后，实现销售收入2.72亿元、利税5710万元，年减少二氧化硫排放2万吨。

第六节　高新技术企业

1996年，潍坊动力机厂成为潍城区首家省级高新技术企业。2006年，全区省级高新技术企业发展至16家。2008年，国家重新制定认定评选办法后，潍城区加大对科技型企业的政策扶持，推动高新技术企业发展。至2013年，全区省级以上高新技术企业发展到22家。

1996—2006年潍城区省级高新技术企业统计表

表20-8

序号	高新技术企业名称	批准年份	级别	序号	高新技术企业名称	批准年份	级别
1	潍坊动力机厂	1996	省级	9	潍坊英美石油机械有限公司	2003	省级
2	潍坊海天装饰材料有限公司	1996	省级	10	潍坊众谊汽车配件有限公司	2003	省级
3	山东泽华有限公司	1997	省级	11	山东师信电气有限公司	2004	省级
4	潍坊思壮电子有限公司	2000	省级	12	潍坊通源压铸有限公司	2004	省级
5	潍坊六合微粉有限公司	2002	省级	13	潍坊绿特空调工程有限公司	2004	省级
6	潍坊市大元实业有限公司	2002	省级	14	潍坊光华电池有限公司	2005	省级
7	潍坊三强集团有限公司	2003	省级	15	潍坊威豹机械有限责任公司	2006	省级
8	潍坊汶瑞扬帆机械有限公司	2003	省级	16	山东雷奇电器有限公司	2006	省级

2009—2013年潍城区省级高新技术企业统计表

表20-9

序号	高新技术企业名称	批准年份	级别
1	潍坊六合微粉有限公司	2009	省级、国家备案
2	潍坊市机械设计研究院有限责任公司	2009	省级
3	山东雷奇电器有限公司	2009	省级、国家备案
4	山东绿特空调系统有限公司	2010	省级
5	潍坊鲁中拖拉机有限公司	2010	省级
6	山东富通电气有限公司	2011	省级
7	山东金通管业有限公司	2011	省级
8	山东鑫达鲁鑫防水材料有限公司	2011	省级
9	山东莱德机械有限公司	2011	省级
10	潍坊雷诺特动力设备有限公司	2012	省级
11	山东玉峰铝业有限公司	2012	省级
12	山东亿佰通机械有限公司	2012	省级
13	山东泰北实业有限公司	2012	省级
14	潍坊东方盛化工有限公司	2012	省级
15	山东德创喷墨科技有限公司	2013	省级
16	潍坊胜利石化机械有限公司	2013	省级
17	山东富特空调有限公司	2013	省级
18	潍坊国建高创科技有限公司	2013	省级

续表 20-9

序号	高新技术企业名称	批准年份	级别
19	山东汇科通用机械有限公司	2013	省级
20	潍坊市三立科技动力有限公司	2013	省级
21	潍坊华孚科技机械有限公司	2013	省级
22	潍坊爱普环保设备有限公司	2013	省级

第七节　防震工作

地震监测

1996—1997 年，潍城区在辖区内设立驻潍某部水井、符山水库、流饭桥乌鸡场、大正种鸡场、大正狐貂场、三利养殖场、华鸢养殖场和望留中学 8 个观测点。1998 年，撤驻潍某部水井和流饭桥乌鸡场观测点，设杏埠养鸽场和东夏庄养鹿场观测点。同年，潍城区地震局对观测点实行挂牌管理，制定宏观观测管理制度，培训义务观测员。2000 年，撤三利养殖场观测点，设浮烟山森林公园观测点。同年，区地震局为观测点 26 名义务观测员颁发聘书，实行聘约化管理。2001 年，撤杏埠养鸽场观测点，设白浪河水库养殖场观测点。2012 年 7 月，在东风西街原第三人民医院院内建成深水井观测点，安装“ZKGD3000-M 地下流体监测设备”，实现全市联网，数据共享。

震害预防

1996 年 9 月，潍城区开始实施地震应急预案编制工作。1996—2013 年，全区累计编制地震应急预案 489 套，其中政府部门 79 套、街道 9 套、学校 33 套、医院 11 套、村（社区）250 套、企业及服务业 107 套。1996 年 11 月，潍城区政府办公室印发《关于对现有建筑物进行抗震性能测定的通知》，要求对 1992 年年底前竣工的 3 层以上（含 3 层）建筑物及 200 平方米以上企业的厂房、车间进行抗震性能测定。区地震局协同市地震局工程监测科对区政府所属 34 幢、建筑面积 49154.1 平方米的办公楼、住宅楼进行抗震性能测定。1999 年 1 月，出台《潍城区工程地震安全性评价管理实施细则》。2002 年 1 月，国家《地震安全性评价管理条例》颁布实施，潍城区进一步加强工程地震依法管理工作。2002—2013 年，坚持“经济建设同减灾一起抓”的方针和以预防为主的指导思想，依法对全区 278 个新建、扩建、改建工程项目进行抗震设防标准审核，督促建设单位按抗震设防要求进行抗震设计与施工，提高建筑物的抗震设防能力。

地震应急

1996 年，《潍城区破坏性地震应急预案》出台。2005 年、2012 年，潍城区先后对《潍城区破坏性地震应急预案》进行修订，对地震应急的组织领导、部门分工、应急准备、应急职责均作出明确规定。2002 年 9 月，《潍城区地震应急工作细则》出台，建立地震应急工作责任制，确定地震应急组织领导、人员组成，对所需应急物资、通信工具、交通工具均做了明确分工，责任到人。1996 年，潍城区地震局成立后，在每年“7·28”唐山地震纪念日、3 月 1 日《中华人民共和国防震减灾法》实施纪念日（1999 年始）、“5·12”汶川地震纪念日（2009 年始）及有关法律法规宣传活动日，潍城区均组织开展地震应急知识、防震减灾知识、抗震救灾常识和防震减灾法律法规宣传工作。

第八节　气象测报

潍城区气象局成立于 1991 年 1 月，挂靠潍坊市气象台，由潍坊市气象局直接管理。2006 年 6 月，按照潍坊市气象局业务技术体制改革要求，撤销潍城区气象局。1991 年至 2006 年 6 月，潍城区气象局有专业技术人员6名，全部为潍坊市气象局在编人员。

气象装备

1991年后，潍城区气象局气象现代化建设稳步发展。至2006年，有气象资料接收处理系统1套、办公自动化设备1套、雷电探测仪1部、卫星定位仪1部、甚高频电话3部、气压计1部、日照计1部、紫外线监测处理系统1套、酸雨测量仪器1套。建有地面观测场，配备温度计、湿度计、地温传感器、冻土器、雨量传感器、风速风向计、数据传输器等气象设备。

气象预报服务

潍城区气象局负责全区天气预报常规基本气象业务、地面观测及特种气象观测业务、农业气象预报业务、灾害性天气预警预报业务，为区政府和有关单位提供决策服务、公益服务及城市环境预报等专业气象预报的制作与发布等工作，以天气预报为主要服务。除每天通过广播电台、电视台向社会公众发布天气预报外，区气象局还在每年春播、三夏、汛期和秋种期间，及时向党政领导和生产指挥部门汇报天气情况，为全区人工增雨防雹作业提供气象保障。2006年6月—2013年12月，潍城区气象预报由市气象台统一发布。

人工增雨防雹

1991年夏季，潍城区有关部门借用企业高炮，在大柳树和符山等地实施1次人工增雨作业，人工增雨量达6毫米，人工增雨面积达15平方公里。1995年，潍城区人工增雨防雹工作正式开展。全区有2门双“三七”增雨防雹高炮，分别设在于河镇、符山镇；有1部火箭发射车，可流动作业。2002年，潍城区人民政府人工降雨办公室成立，挂靠潍城区气象局，负责制订全区人工降雨防雹发展规划，组织全区人工降雨防雹作业，组织对高炮、火箭发射车等的安全检查及炮弹、火箭弹的统一购买、配发，组织对炮手、火箭手进行业务培训，对全区人工降雨防雹作业进行科学管理，承办市人工降雨办公室及地方政府交办的有关人工降雨防雹工作事项。潍城区人工增雨防雹作业是增雨抗旱、防灾减灾的重要措施之一，平均每年作业10次。2004年，经山东省人工影响天气办公室年检，潍城区的增雨防雹作业装备均未达到作业技术标准要求，予以封存，此后潍城区未独立开展人工增雨防雹作业。

1995—2003年潍城区人工增雨防雹作业情况表

表20-10

年份	人工增雨作业			人工防雹作业		
	次数	年人工增雨量（毫米）	年人工增雨面积（平方公里）	次数	避免经济损失（万元）	年人工防雹面积（平方公里）
1995	3	70	90	6	150	135
1996	4	52	120	7	160	150
1997	4	55	105	5	120	115
1998	5	59	150	8	180	180
1999	4	50	120	6	150	135
2000	3	34	90	6	160	90
2001	4	63	120	7	170	105
2002	3	35	90	6	100	90
2003	4	72	120	5	80	75

第二十一编

文化 旅游

第一章　文化活动

第一节　书画展览

1992年4月，郭味蕖故居陈列馆成立，设4个展室。第一展室主要介绍其生平、绘画艺术风格特色、学术贡献与成就，展示其生平照片29幅、全国各大报刊不同历史时期刊载的艺术精品28幅；第二展室为起居室，有其生前用过的“文房四宝”、书桌等；第三展室收藏其书画真迹22幅；第四展室陈列全国美术界著名画家及郭味蕖的同事、朋友和学生的200余幅书画艺术作品。1995年4月，潍坊市“古槐杯”书画大赛在十笏园宾馆举举行，参赛艺术作品由十笏园宾馆收藏，并长期在展厅展出。1996年8月，在潍城区政协一楼会议室举办梅花篆字邀请展。1997年4月，为期10天的“97‘鸢都杯’全国书画艺术大展赛”开幕式在潍坊信丰商贸城举办，展出书画名家邀请作品、部分获奖作品等500余件，近1万人参观展览。1998年12月，在潍州剧场举办纪念改革开放和中共十一届三中全会20周年大型图片展览。展览以“歌颂改革开放，展示辉煌成就，激励奋发精神，再创世纪伟业”为主题，共设置45块版面，收录800余张图片，从不同侧面反映了潍城区改革开放20年、特别是区划调整以后取得的丰硕成果，4000余人参观展览。

1999年，郭味蕖故居陈列馆与浙江浦江县吴茀之纪念馆联合举办吴茀之等著名书画家书画精品展。2001年1月，“新世纪第一春潍坊书画百家作品展”在潍坊大华商场开展，展出陈寿荣等画家及潍坊籍在外地知名书画家百人书画作品108件。6月，“全市电业职工书画摄影作品展”在潍坊电业宾馆举行，展出书画摄影作品200余件。10月，国画作品展在十笏园宾馆举办，展出花鸟画作品50余件。2005年4月，在中百美术馆举办画展，展出山水、花鸟、人物画作品100余件。11月，在潍坊广丰文化市场举办书法作品展，展出书法精品40余件。2006年8月，在潍坊七中举办“情系母校”美术作品展，600余人出席开幕式。2008年2月，北海书画院在新华书店举办“迎奥运”作品联展，共展出作品70余件，500余名书画家和书画爱好者参观展览。4月，潍城区残疾人“庆祝奥运，喜迎残奥”书画展在潍坊新华书店画廊举办。7月，“郭味蕖美术馆开馆暨潍柴动力艺术中心揭牌庆典仪式”在郭味蕖美术馆举行，全面展示了郭味蕖不同时期不同风格的重要作品，同时举办纪念郭味蕖诞辰100周年全国花鸟画名家学术邀请展。同月，区政协举办“迎奥运”书画展，展出书画作品91幅。12月，全市纪念改革开放30周年大型书画展在郭味蕖美术馆举行，展出作品300余件。

2009年4月，郭味蕖美术馆承办“当代中国顶级画家精品展”，展出一大批当今画坛重量级人物的力作。在郭味蕖美术馆举办第二届“水墨行青年书画家作品联展”，展出国画、书法作品80余幅。潍城区举办“陈寿荣诗书画印陈列馆开馆七周年暨陈寿荣诗书画印精品展”。5月，“国际少儿美术暨当代中国少儿美术教学汇报展”在郭味蕖美术馆举行，20多个国家的300余名少年儿童的作品参展。9月，“惠风和畅——五人书画展”在郭味蕖美术馆举办，展出书画作品150余件。11月，“纪念徐培基诞辰百周年——徐培基艺术陈列馆开馆暨《宛尔目前——徐培基三十年代纪游画稿》发行捐赠仪式”“纪念徐培基诞辰百周年座谈会”系列活动举办。12月，“纪念毛泽东诞辰116周年——‘一品景芝’之约·张永昌220米山水画长卷《军都揽胜图》特展”暨“《军都揽胜图》全国巡展启动仪式”在郭味蕖美术馆举行。

2010年3月，在郭味蕖美术馆举办书画条屏展，展览汇集100余幅条屏作品，500多人参观。10月，“九九重阳节·潍坊画坛九老画展”在郭味蕖美术馆开展，展出9位老画家的90幅精品。同月，由潍城区老年书画研究会等部门举办的“庆祝第23个老人节暨首届敬老月书画展”在华都颐年园开幕。12月，“我们共同成长、迎新年，潍坊三中历届师生书画展”在郭味蕖美术馆开展。

2011年，在郭味蕖美术馆举办多场展览。4月，举办花鸟画作品展，展出作品80余件。6月，举办“墨海传承——北海书画院建院30周年五体书法作品展”，展出书法作品近100件。7月，举办“庆祝建军八十四周年‘民防杯’书画展”，展出作品260余件。10月，举办“百年菁华——纪念辛亥革命一百周年中国书画名家馆馆藏精品展暨中国书画名家馆联会第16届年会”，展出吴昌硕、齐白石、黄宾虹、徐悲鸿等23位书画巨匠的50件精品力作。

2012年，在郭味蕖美术馆举办多场展览。4月，举办“郭玫孫家乡汇报特别展”。5月，举办“鸢都放怀”书法展，展出作品近100件。“齐风儒韵暨2012当代中国画名家邀请展”开展，展出17位书画艺术家作品80余件。6月，举办“第三届潍坊市领导干部书画艺术展”，展出作品近200件；举办“潍城区庆‘七一’书画展”，展出北海书画院书画家的作品100余件。8月，举办“红旗飘飘·潍坊市庆‘八一’百名将军暨百名书画名家作品邀请展”，展出将军书画作品52件，欧阳中石等书画名家和实力派书画家作品148件。10月，举办“东方和韵·2012中韩美术交流展”，展出中韩两国艺术家的油画、国画、版画、素描等美术作品100余件，《东方和韵·2012中韩美术交流展作品集》同时首发。潍州楹联艺术研究会“喜迎党的十八大楹联绘画作品展”开幕式在潍州剧场举行。12月，举办“纪念郭兰村先生诞辰110周年书画展”，展出郭兰村的作品40余件、潍坊知名书画家作品100件，同时召开郭兰村艺术研讨会。

2013年，潍城区与《中国书画》杂志联合推出“陈介祺纪念专辑”，邀请专家参加纪念陈介祺诞辰200周年学术研讨会。在郭味蕖美术馆举办的展览有：6月，“庆‘七一’北海书画院七人书画展”，展出作品160余件；7月，“墨海灵光——北京随缘书画艺术研究院潍坊分院作品联展”，展出书画作品100余件；9月，书法艺术展5场，展出书法作品500余件；12月，先后有书法展、中国画作品展、山水画展，展出作品300余件。

第二节　摄影展览

2002年，潍城区文化旅游局、南关街道、潍坊市青年摄影家协会联合举办迎新春花卉摄影展。2003年，潍城区文化旅游局、望留镇政府、潍坊市青年摄影家协会联合举办“浮烟山之春”摄影大奖赛。2008年8月，“迎奥运暨纪念改革开放30周年职工摄影展”在郭味蕖美术馆开展，共收集摄影作品1386件，参展260余件。2009年，全区开展“新潍城新形象——志愿者在行动”摄影作品征集活动，举办“分享成长分享爱”少儿书画摄影大赛。同年，反映潍坊市城市夜景亮化成就的摄影展“美丽的潍坊”在郭味蕖美术馆开展。“豪杰杯‘新潍城、新形象’”庆祝建国60周年摄影大赛在郭味蕖美术馆举行。2011年，为迎接建党90周年，在郭味蕖美术馆举办“今日潍州”——潍城区“国土资源杯”庆祝建党90周年大型书画摄影展，共征集作品70余件。2012年11月，“古韵新风·幸福城关”摄影比赛作品展在郭味蕖美术馆开展。2013年，以“热爱潍城、建设潍城、发展潍城”为主题，举办“古韵潍州·魅力潍城”大型书画摄影展。

第三节　文艺会演

1994年，为庆祝中国共产党成立73周年，潍城区举办“党旗飘飘”歌咏比赛，18支队伍1500多人参赛。1995年9月，区委、区政府举办庆祝建国46周年暨潍州剧场落成文艺晚会，山东省歌舞剧院演出精彩节目。1996年，全区举办“第四届残疾人艺术会演”。1997年，为庆祝香港回归，举办“庆‘七一’迎回归”大型文艺会演。1998年，全区开展各种形式的庆祝“建国四十九周年”文艺活动。1999年，为庆祝中国共产党成立78周年，潍城区开展“光辉的历程”歌咏晚会和“京剧票友”演唱会等大型文化活动。2003年，举办潍城区首届“板桥老酒坊杯”声乐戏曲大赛，并举行汇报演出。2004年，举办“2004年春节民间文艺会演暨第六届龙灯表演赛”“庆祝建党83周年文艺演出”“国税杯激情广场合唱比赛”等大型活动，全区35支代表队5000余人参加比赛，观众达数万人。2005年，在潍州剧场前举办“春节民间文艺会演暨第七届龙灯表演赛”，全区10个单位3000余人参加演出，观众达数万人。为配合开展共产党员先进性教育活动，全区举办“保持先进性，永远跟党走”文艺演出，在全市会演中获评为优秀组织奖。2006年，在浮烟山举办“潍坊市中医院杯”庄户剧团潍城大奖赛，评选出3支优胜队伍并推荐参加潍坊市总决赛。

2008年4月，由共青团潍城区委和潍城区农村信用合作联社共同举办的“携手农信，放飞梦想——纪念‘五四’运动89周年文艺晚会”在潍州剧场举行。5月，潍城区举办“奉献爱心，支援灾区，重建家园”赈灾义演，募集款项30余万元。12月，潍坊市首次在潍州剧场举办新年民族音乐会。全区全年共组织举办庆祝建党87周年“党旗颂”文艺演出、庆“十一”欢乐金秋大型广场文艺演出、庆祝改革开放30周年文艺演出等大型活动30余场次。2009年6月，潍城区实验小学举办庆“六一”暨北京金萨克斯风演奏团潍坊分团专场音乐会。9月，潍城区举办“唱响红歌·祝福祖国”庆祝建国60周年大型歌会。2010年1月，大型现代吕剧《情洒北川》在潍州剧场上演，1000余名干部群众观看了演出。3月，举办“友情·潍州情”潍城区干部职工新春联谊会。4月，第二十七届潍坊国际风筝会首场大型综艺晚会“崔字牌香油之夜”在潍州剧场举行。9月，在潍坊三中举行大型文艺会演。同月，潍城区举行纪念中共中央《关于控制我国人口增长问题致全体共产党员、共青团员的公开信》发表30周年文艺会演。2012年5月，潍城区庆“六一”童心向党民族专场音乐会在潍州剧场举行。6月，潍城区人民法院、教育系统分别举行庆祝建党91周年文艺会演。9月，“喜迎十八大”潍坊市首届合唱艺术节潍城专场在人民广场举行。2013年，全区组织80人的舞蹈队伍参加第十三届潍坊国际风筝会开幕式表演赛。

第四节　群众文化活动

1991—2013年，潍城区连续23年均组织“春节民间文艺会演”，每年有300多支队伍参与，5万多人观看演出。为丰富潍城区广大人民群众的精神文化生活、繁荣社会主义文化，全区连续举办23届“文明之夏”文艺演出，组织送春联下乡活动，为基层送春联6万余幅。在春节、风筝节、夏季乘凉等活动中演出200余场次，观众达21万余人次。

2002—2003年，在“文明之夏”广场文化活动月中演出50余场次。全区近30支中老年表演健身队活跃于各个广场。开展文化下乡活动，到镇、街道巡回演出26场。各镇、街道组织各类文艺演出60余场，演出节目1000余个，丰富了城乡居民的文化生活。2005年，以“创建文明城市，构建和谐社会”为主题，全区举办消夏晚会、文艺专场演出、京剧专场演出等广场文化活动100余场。2006年，在第二十三届潍坊国际风筝会期间，在城区主要广场及群众文化表演场所组织各类演出30余场。2007年，举办“文明之夏”广场文化活动、庄户剧团大奖赛、首届农村文化艺术节等一系列群众性文化活动，演出100余场，放电影600余场，活跃了社区居民的文化生活。2009年2月，在金沙城市广场举办金沙花灯会。4月，“中国移动G3杯”风筝扎制创新比赛在潍坊浮烟山国际放飞场举行。6月，在城关街道城隍庙社区举行“祖国颂·文明之夏”广场文化活动启动仪式。8月，“2009民间艺术之旅北京—潍坊少儿美术夏令营”活动在郭味蕖美术馆举行开营仪式。9月，以“祖国您好”为主题的庆祝建国60周年文艺晚会在V1购物广场举行。11月，“豪德杯”首届国际奇石盆景民间艺术博览会暨中国名家书画邀请展在潍坊豪德小商品城开展。2010年，以“和谐风·都市韵·邻里情”为主题的潍城区首届社区文化节暨北关街道社区文化节启动仪式在潍坊奥林匹克体育公园举行，全年社区演出100余场。举办30余场“奇好看”才艺大秀场活动，报名1200余人，为民间文艺爱好者搭建起了一个展示自我的平台。10月，潍城区庆祝第23个老人节“移动通信杯”老年人文体表演活动在潍州剧场举行。2011年，举办第二届社区文化节活动，演出文艺节目120多场。2012年3月，举办第三届职工象棋比赛。6月，举办“唱响潍城”大型文艺活动暨文明之夏、社区文化节启动仪式，全年举办“唱响潍城”专场活动9次。2013年，举办春节民间文艺会演、“唱响潍城”、第四届社区文化节、文明之夏等大型群众文化活动20余场次。

第二章　文学艺术

第一节　文　学

20世纪90年代后，全区文学创作与研究欣欣向荣，有田仲济、陈炳熙、于希宁、陈寿荣、孙文圣、高文、韩志亮、张立、张德民、于志超、张冠军、王丰邦等众多文学创作者或文学理论研究者，尤以田仲济、陈炳熙等潍城籍学者型作家影响广泛。2010年12月，潍州作家协会成立，有会员85名。

出版的部分文学专著有：《田仲济杂文集》《田仲济文集》等杂文集，《雍和宫的雪》《市场街的夜》等小说集，《陈寿荣传》等人物传记，《秦始皇帝》等长篇小说，《于希宁诗草》《诗经里的房子》《泗渡春天》《音乐的半径》《阳光中的飞翔》《梦里梦外》《亲爱的泥土、村庄，亲爱的人》《蜜蜂蜇了花朵》《听雨斋书稿》《城西吟草》《北海诗词》等诗集，《烛光摇曳》《教育是美丽的》《秉烛而行》《和顺人生》等散文集，《裴星川竹枝词话》《古典短篇小说艺术新探》《聊斋境界》《苏州作家研究——叶弥卷》等文学理论研究著作。

在省级及以上刊物发表的部分小说有《莲花梦》（文言小说）、《续莲花梦》（文言小说），在《新聊斋》上发表。省级及以上部分获奖小说有：《莲花梦》《续莲花梦》获山东省文联蒲松龄文学奖一等奖，

《绿蚂蚁》获 1994 年全国通俗小说一等奖，《神奇的绿草地》获 1994 年全国陈伯吹大奖（儿童文学类）。

在省级及以上刊物发表的部分诗歌有《陈炳熙诗选（八首）》《吊桥》《诗经里的房子》《云和梯田二首》《老兵情怀》《观普陀朝拜者有感》《光阴碎影》《与一座城对视》《谒青州李清照纪念祠》《小小的方向》《胡杨》《山水之舟晚宴》《风吹过午夜春天就熟了》《日子》《一个人的营陵书院》《长征路上第一座难走的山》《浇麦》《玉兰花》《木篱》《蓝色的眼睛》《门外，站着老父亲》《小秘密》《有趣的童年》《英雄教师》《在乡下过夜的城里孩子》《缝缝补补的乡下》《成语》《孩子，孩子》《家里有个小妞妞》《从现在开始》《捉迷藏》《捣练子·四月天》《雨》《武夷秋》《沁园春·庐山》《七律·上海世博会遐思》等，主要发表在《诗刊》《诗选刊》《中华诗词》《中国诗词》《飞天》《星星》《黄河诗报》《时代文学》《中国文学》《山东文学》《草地》《诗歌月刊》《中国诗赋》《诗词世界》《当代诗词》等刊物上。省级及以上部分获奖诗歌与诗集有：《燕子风筝》获全国风筝诗大赛二等奖，《农人》在纪念臧克家百年诞辰“云门春”杯全国诗词大赛中获优秀奖，《虎之殇》获纪念臧克家诞辰全国诗词大赛三等奖，《田字格里种生字》获第二届中国童诗“崇文奖·首奖”、第三届全国优秀童谣二等奖，诗集《泅渡春天》获《星星》诗刊编辑部“中国星星诗文库”优秀诗集奖，诗集《亲爱的泥土、村庄，亲爱的人》获中国作家金秋笔会一等奖。

在省级及以上刊物发表的部分散文有《最精彩的表演》《梅兰芳轶事》《那片青青翠竹林》《心灵的家园》《我的三位小学教师》《走在虞河》《书以养心》《穷爱情》《梅大师与潍县的一段尘封历史》等，主要发表在《当代》《春秋》《前卫文学》《山东文学》《山东教育》《现代教育导报》《文学月刊》等刊物上。省级及以上部分获奖散文有：《享受教育》在山东省“教育叙事”征文评选活动中获得二等奖，散文集《秉烛而行》获全国散文作家论坛征文大赛图书奖。

在省级及以上刊物发表的部分文学评论有《〈聊斋志异〉对清代文言小说的影响》《论〈聊斋志异〉对唐代小说的超越》《论〈聊斋志异〉中的狐情》《论散文》《论〈红楼梦〉究以何本为优》《鲁迅〈雪〉的意象和寓意》《新时期女性散文中女性意识的觉醒和深化》《迷失的蝴蝶——叶弥中篇小说〈小女人〉赏析》《桃源叙事的缺失兼及叙事伦理的引入》《尊严的捍卫具有何等的力量——由叶弥小说〈天鹅绒〉说起》等，主要发表在《蒲松龄研究》《文艺理论研究》《国际关系学院学报》《江西广播电视大学学报》《河南广播电视大学学报》《当代文坛》《山东文学》《大众文学》等刊物上。《迷失的蝴蝶》获山东省刘勰文艺评论奖优秀奖。

第二节　绘画　书法　篆刻

绘画

20 世纪 90 年代后，潍城区绘画创作成就卓著，代表人物主要有于希宁、陈寿荣、田翔千、陈伯希、郭怡孮、张玉峰等。

1991—2013 年，绘画作品主要有《聊斋百美》《仕女百图》《牡丹喜鹊》《锦鸡》《松鹤图》《争春图》《匡庐飞瀑》《荒山变良田》等。在省级以上报刊刊登的部分作品主要有：《荷》（《人民日报》）（括号内为刊发作品的刊物，下同）、《母子图》（《中国重彩画集》）、《心怡》（《首届中国画节作品集》）、《青春记忆》（《中国国家画院教学文献》）、《青春记忆》（《美术报》）、《新生》（《2012 第二届造型艺术新人展作品集》《丹青天地》）、《清韵》（《中国书画》）、《花季》（《中国书画》）、《新生畅想》（《第十届中国艺术节全国优秀美术作品集》）、《荷花》（《山东侨报》）。获省级及以上奖项的作品主要有：《心怡》获全国首届“现代工笔画大展”最高奖，《新生》获“2012 第二届全国造型艺术新人展”一等奖，《新生畅想》获“2012 全国工笔画作品展”最高奖、2013 年第十届中国艺术节全国优秀美术作品展最高奖、2013

年第十届中国艺术节全国优秀美术作品展览山东预选作品展最高奖，国画《荷塘飞鹭》《刘海戏金蟾》获山东省第六届广告人书画作品展优秀奖，国画《荷花鹭鸶图》获“祖国万岁——庆祝新中国成立60周年华人书画展”优秀奖，国画《花鸟图》获山东省美术家协会花鸟画写生培训班优秀奖，《怀素书蕉》获第七届海峡两岸书画大展金奖，《天问图》获纪念周恩来诞辰115周年书画大展赛一等奖，《高士对弈》获中国书画研究院举办的第五届金鼎奖金奖，《峨庄写生》获山东省第四届写生作品展三等奖等。

书法

20世纪90年代后，潍城区书法代表人物主要有高小岩、陈衍绪、陈炳熙、蒯宪等。书法作品主要在《光明日报》《团结报》《山东画报》《辽宁画报》《春秋》《书法》《书法报》《联合日报》《唐诗三百首四体书法艺术》及《人民日报》(海外版)、《中华儿女》(海外版)、日本《久留米市报》及《书道》、巴西《南美侨友》、菲律宾《商报》及《菲华时报》等刊物上刊登。有的书法作品入编《当代中国书法艺术大成》《中国古今书法选》《中国书法家作品选》《中国现代书法选》《20世纪中华书法篆刻集粹》《中国书法古今名家选集》《当代中国书法艺术大成》等。

篆刻

20世纪90年代后，潍城区篆刻代表人物主要有于希宁、陈寿荣、郭子宣等。篆刻作品有的入编《20世纪中华书法篆刻集粹》，有的入选全国篆刻艺术展览、中国20世纪名人刻字大观，有的入选中韩书法篆刻展、山东省书法篆刻展。获得的部分奖项有澳门东方国际画会“东方杯国际篆刻家邀请赛”特优奖、中国国际文艺家联合会“金杯奖”、世界杯全国书画篆刻艺术大展优秀奖等。

第三节　戏剧　音乐　舞蹈

戏剧

2011年，潍城区报送的《相亲记》在建党90周年大型文艺演出中获山东省第二届农村文化艺术节农村题材小戏比赛优秀奖。同年，在全市第二届社区文化节节目评比中，潍城区报送的京剧《上天台》获得一等奖。

音乐　舞蹈

2008年，潍城区新创作的《我们和你在一起》等歌曲反映了全区经济社会发展的新气象。2012年，歌曲《故乡的小桥》《风筝都我可爱的家乡》获得全市创作奖。2013年，潍城区选送的舞蹈《老伴》在“齐鲁酒地杯”群众文化展演中获得优秀组织奖。同年，潍城区选送的广场舞《no-no-no》在潍坊市首届广场舞大赛中获得二等奖。

第四节　曲　艺

2003年，潍城区报送的相声《油葫芦》参加市文联、市曲艺家协会举办的潍坊市首届曲艺大赛，获得一等奖。同年，《油葫芦》参加第二届全国电视相声大赛山东赛区预选赛，获得三等奖。相声《傻书记》获全市廉政建设文艺会演一等奖，相声《回老家》获首届潍坊市民艺术节“星辉奖”群众文艺大赛一等奖。2011年，小品《奇好吃朝天锅》获山东省第二届小品曲艺大赛优秀奖。同年，举办春节民间文艺会演和建党90周年大型文艺演出。2012年“十艺节”期间，创作了小品《谢谢你的爱》《今日潍州》和群口快板《夸潍城》等曲艺作品。

第五节　楹　联

2010年5月，潍州楹联艺术研究会成立，创办《潍州楹联》期刊，收集并发表研究会会员创作的作品、有关楹联的学习资料等。2011年6月，纪念中国共产党成立90周年“盛泉杯楹联作品有奖展”在潍州剧场举行，众多楹联爱好者创作参赛作品300余幅，有180多幅入选参展，评出一等奖2名、二等奖5名、三等奖10名、优秀奖16名。

2012年12月，潍坊三中获得“中国楹联教育基地”称号，北关街道后姚社区获得“中国楹联文化社区”称号。2013年，举办“崔字牌香油杯”全国有奖征联活动，楹联爱好者积极创作楹联作品参加活动，评选结果在《中国楹联报》《齐鲁楹联》《潍州楹联》等报刊和网络媒体上公布，评出一等奖1名、二等奖5名、三等奖30名、优秀奖50名。

第三章　文物胜迹

第一节　文物保护单位

2013年，潍城区境内有全国重点文物保护单位1处：十笏园。有省级重点文物保护单位3处：万印楼、潍城城隍庙、郭味蕖故居“疏园”。有市级文物保护单位6处：松园子街民居、中共潍坊特别市委旧址、范企奭大院、潍县城墙、玉清宫、北大于河村石桥。有区级文物保护单位2处：麓台村邢国玺诗石碑、公孙弘墓。

全国重点文物保护单位

十笏园　位于潍城区胡家牌坊街中段。始建于明代，原是明朝嘉靖年间刑部侍郎胡邦佐故宅。后几经更易，清光绪十一年（1885年）被潍县首富丁善宝以重金购得，被称作“丁家花园”。因占地较小，喻若十个笏板之大而得名“十笏园”。1988年，十笏园被国务院公布为全国重点文物保护单位，其范围包括十笏园园林区及其以东、以北的清代民居和关帝庙、孔融祠，占地1.04公顷。十笏园园林坐北向南，占地0.2公顷，有古建筑房屋200余间，青砖灰瓦，主体为砖木结构。十笏园被誉为“鲁东明珠”。2007年，潍坊市政府批准成立潍坊十笏园博物馆，馆址设在十笏园内。

省级重点文物保护单位

万印楼　位于潍城区芙蓉街北首。始建于清道光三十年（1850年），是清代著名金石学家和古文物收藏家陈介祺的古宅。原占地1公顷，现占地0.03公顷。院内有万印楼（因集有夏、商、周三代及秦汉古印万余方而取名）、十钟山房、南厅3座古建筑。1992年6月，万印楼被山东省人民政府公布为第二批省级重点文物保护单位。1993年4月，陈介祺故居陈列馆在此开馆，国画艺术大师刘海粟题写“万印楼”匾额，书法艺术大师启功题写“陈介祺故居陈列馆”匾牌。

十笏园雪景

万印楼

■相关链接

陈介祺（1813—1884），字寿卿，号簠斋，著名金石家和文物收藏家，潍县（今山东省潍坊市潍城区）城里人。清朝大臣陈官俊之子。自幼勤奋好学，聪颖强记。青少年时随父在京求学，19岁即“诗文名都下”。道光十五年（1835年）中举人，道光二十五年（1845年）中进士。此后10年间，一直供职翰林院。

他广泛涉猎各种文化典籍，对于经史、义理、训诂、辞章、音韵等学问，无不深入研究，而尤酷爱金石文字的搜集与考证，他与何绍基、吴式芬、李方赤等许多金石学者互有交往、互相切磋。

他在京时，中国开始沦为半殖民地半封建社会。他目不忍睹清朝廷丧权辱国，痛心疾首于官场腐败黑暗，遂于咸丰四年（1854年）借母丧返归故里，从此不再复出为官。回潍后，他专心致志地从事金石研究，并不惜巨资到处求购古文物，足迹踏遍齐鲁各地。每得一器一物，他必察其渊源，考其价值，解奇释疑，一丝不苟。他收集到秦代“铁权”（秤锤），别人以为是块“顽铁”，他却视为珍宝，妥藏入库。对于古陶文字，前人没有收藏、著录的，他独予重视，不仅搜集了很多齐鲁古陶，而且进行开创性研究，著成《簠斋藏陶》一书。他鉴精藏富，治学严谨，多有创见，因而受到当时考古界人士和金石学者的钦佩和推崇，他与江苏学者潘祖荫被并誉为“南潘北陈”。

他收藏的文物以青铜器最多，其中的“毛公鼎”驰名中外，最为珍贵。此古器内壁铭文多达497字，俨然一篇《尚书》典诰文字，极为罕见。所作《毛公鼎考释》，对于解决西周时期的有关历史问题有重要的参考价值。他藏有西周、春秋古钟11件，取其整数，为书斋取名“十钟山房”。又因集有三代、秦汉古印7000余方，名其楼曰“万印楼”。此外，还有商周青铜器248件、秦汉器物98件，以及秦汉刻石、各种古钱、陶、瓷、砖瓦、碑碣、造像、古籍、书画等精品1万余件。他在金石等方面的学术著述有75种，出版的有《十钟山房印举》《簠斋金文考释》《簠斋藏镜》等10余种。还有后人所辑的《陈簠斋尺牍》，也保留了丰富的学术资料。未发表的著述手稿有十几种，1964年由其后人陈育丞、陈继揆捐献给国家。他的大量文物和著作，为后人进行历史、文化、艺术等方面的研究提供了宝贵的资料。他在治学过程中，还能打破封建等级观念，与民间手工艺人姚学乾、胥伦等人交往，尽力奖掖后学，培养工艺人才，促进了家乡文化事业和工艺美术事业的发展。

潍城城隍庙　位于潍城区城关街道城隍庙街北侧。始建于明洪武年间（1368—1398年），成化二年（1466年）县丞张杰重修，清乾隆十七年（1752年）潍县县令郑板桥倡议大修，并增建戏楼一座。庙坐北朝南，原占地0.27余公顷。原有戏楼、大门、照壁、过厅、正殿、寝宫、两庑、两廊等。正殿面阔五间，进深三间，前出廊，抬梁式木构，建筑是灰瓦硬山顶和悬山顶。正殿内有城隍爷泥塑，悬郑板桥书“惟德是辅”大匾。正殿后是寝宫，有城隍爷木雕像，厢房内塑有城隍奶奶卧像。正殿前为过厅和甬道，另有东、西两穿廊及两庑，两庑内有传说中的十殿阎罗王等塑像。院内有乾隆十四年（1749年）“永禁烟行经记碑”和乾隆十七年（1752年）“新修城隍庙碑”（现存潍坊市博物馆），碑文皆为郑板桥所书。城隍庙门前，东、西各有中军亭（楼），亭外跨街有两座木牌坊（又称“牌楼”），上嵌横匾，东题“福绥黎庶”，西书“保障金汤”。庙前越街建一广场，可容数百人，广场南端戏楼隔广场与城隍庙大门南北对峙，戏楼面北朝庙，正中悬挂郑板桥所书“神之听之”匾额。1949年前，城隍庙两庑泥塑被毁掉，继而戏楼又被毁。后庙内神像全毁，只存正殿、寝宫、过厅及东、西走廊等，总建筑面积530平方米。1980年，潍城城隍庙成为潍坊市重点文物保护单位。1992年6月，潍城城隍庙被山东省人民政府公布为第二批省级重点文物保护单位。

■相关链接

郑板桥（1693—1765），名燮，字克柔，号板桥，江苏兴化人，任潍县知县7年。

他出身贫寒的书香门第。年少聪颖，有奇才，爱好书画，读书勤奋。性情落拓，不拘小节，人多目为狂士。他是康熙秀才、雍正举人、乾隆进士。乾隆七年（1742年）春任范县知县，乾隆十一年（1746年）调任潍县知县。

他在潍县最大的政绩是救济灾民。在任期间，潍县发生百年不遇的大旱，大批灾民流离失所。他果断采取赈灾措施：一面先行开仓赈济，令百姓具券借粮；一面向上呈报，对积粟之家，不分绅商，尽行封存，责其平粜。他还借修筑城墙、疏浚城河而以工代赈，招集远近灾民就食赴工；广设粥场，供给老幼残疾饥民，并派员监督执行，将成千上万的灾民从死亡的边缘上拯救过来。面对灾情，他还写下《逃荒行》等著名诗篇。他的作为触犯了豪绅巨贾的利益，他们串通一气，诬告他擅自开仓赈济、贪污公款，致使他在乾隆十八年（1753年）春被罢官。

郑板桥在潍期间，很注意发现人才和培养人才。有次夜访，他闻屋中有琅琅读书声达于户外，得知是学生韩梦周在夜读。韩家素贫，韩梦周却能发奋读书，郑板桥便用自己的薪俸帮助他，使之安心读书。韩梦周考中进士后，任安徽来安知县，有政绩。韩梦周后来成为理学名儒。另有穷学生韩镐，天资颇高，当时县考每居榜首，他亦多方资助，并书对联“删繁就简三秋树，领异标新二月花”相赠，含义幽深，被人们作为艺术创作原则传诵至今。

他在潍居官7年。其间，他曾在书赠山东包巡抚的一幅墨竹上题诗：“衙斋卧听萧萧竹，疑是民间疾苦声。些小吾曹州县吏，一枝一叶总关情。”以此表达了关心民瘼的深切情怀。他离潍时，案无留牍，邑无怨民，除带走书籍外，“一肩行李，两袖清风”。百姓为他建祠祭祀。

他返回故乡兴化不久，到扬州以卖画为生。其诗、书、画皆有成就，号称“三绝”。尤善画兰花、墨竹、怪石，其画秀丽苍劲；诗文讲究真情，傲放慷慨；书法则融隶、楷、行、草而为一，自号“六分半书”。国画大师徐悲鸿对其深加赞许：“板桥先生为中国近三百年来最卓绝的人物之一，其思想奇、文章奇、书画尤奇。观其诗文与书画，不但相见高致，而且寓仁慈于奇妙，尤为古今天才之难得者。”他与金农、黄慎、汪士慎、李方膺等7人为友，皆能诗画，被称为“扬州八怪”。

他于乾隆三十年（1765年）12月12日病逝，终年73岁。著有《板桥文集》《板桥家书》等。

郭味蕖故居“疏园”　位于潍城区城关街道东风西街与月河路交叉口以东街南，是著名国画家、美术教育家、美术史论家郭味蕖居潍时旧宅。1992年4月，郭味蕖故居陈列馆在此开馆。郭味蕖故居“疏园”占地0.07余公顷，由南、北两个院落17间清代砖瓦房组成。1997年，郭味蕖故居陈列馆成为中国书画名家纪念馆联会成员单位。2006年12月，郭味蕖故居“疏园”被山东省人民政府公布为第三批省级文物保护单位（公布文件未带“重点”二字）。

■相关链接

郭味蕖（1908—1971），名忻，以字行。著名国画家、美术理论家、美术教育家。潍县（今山东省潍坊市潍城区）城里人。他出身于书香世家，1931年毕业于上海艺专西画系。曾任山东省立第一乡村师范学校教师。1934年参加“潍县同志画社”研习中国画，1937年考取北平故宫古物陈列所古画研究员。1938年回到故乡潍县，从事教学工作。从1951年起，先后在中央美术学院、民族美术研究所、徐悲鸿纪念馆从事理论研究。1962年任中央美术学院国画系花鸟科主任。

郭味蕖在艺术上大胆实践，勇于创新，在花鸟画的推陈出新方面做出了贡献。他努力学习中国画艺术的优秀传统，大量吸收西画之长，融汇于自己的艺术创作之中。他主张花鸟和山水相结合、白描和点染相结合、工笔和写意相结合、重彩和泼墨相结合的创作方法。其作品立意清新，色彩秀丽，构图新颖，具有强烈的时代气息。代表作有《鹦鹉图》《被泽之陂》《大好春光》《惊雷》《银汉欲曙》等。他是中国美术家协会会员，曾在济南、青岛、北京等地多次举办个人画展，曾为人民大会堂中央厅、北京厅、广西厅、山东厅等作大幅花鸟画。

他精于竹梅，亦擅长山水，对金石、考古、鉴赏、书法和文学皆深有研究。著有《宋元明清书画家年表》《中国版画史略》《写意花鸟创作技法十六讲》，另有《郭味蕖画集》《郭味蕖画选》出版，还有见于报刊的论述中国画艺术的文章80余篇，为后人留下了宝贵财富。在“文化大革命”中，他受到残酷迫害，因重病未得到及时治疗，于1971年12月在家乡逝世。1980年，文化部及中央美术学院在北京八宝山革命公墓礼堂举行“郭味蕖同志追悼会”，给予其高度评价。

市级文物保护单位

松园子街民居　位于潍城区城关街道松园子社区，是明清时期遗留的一条街道，现存的1、3、6、14号四合院等具有典型的潍县明清时期民居的特点。民宅格局有一进院、二进院、三进院之分，其建筑布局、建筑结构大致相同。2000年4月，松园子街民居被潍坊市人民政府公布为第一批市级文物保护单位。

中共潍坊特别市委旧址　位于潍城区向阳路18号，潍坊市商业学校老校区东北角。由民国时期潍县望族丁叔言于1936年前后建造，是当时潍县为数不多的楼房之一，也是潍县城内唯一的家居楼房。现存的主要建筑是一座黄色的二层小楼，称“小黄楼”，又称“八角楼”“元宝楼”，西式风格。该楼分上、下两层，每层5个房间，另有地下室1间。1938年1月10日，日军侵占潍县，占据小黄楼，小黄楼成为日本宪兵队潍县分队驻所。抗战胜利后，小黄楼由国民党地方政府没收，国民党第二十集团军司令部和整编四十五师师部先后在此办公。1948年4月24日，人民解放军攻克潍县西城（城里），市委书记曾山、市长姚仲明带领部分接管干部，于当天夜里进入已经解放的潍县西城。攻打东城（东关）时，解放军九纵司令部曾设在小黄楼。潍县战役胜利后，这座小黄楼成为潍坊特别市委的办公地点。时潍坊特别市委书记曾山、华东野战军东线兵团司令员许世友，均在小黄楼二层办公和居住，曾山在二层西侧，许世友在二层东侧。曾山和许世友离潍后，小黄楼仍作为潍坊特别市委的办公地点。1949年6月，潍坊特别市改称潍坊市，市委办公地点未变。1950年5月，潍坊市并入昌潍专区。同月25日，中共昌潍地方工作委员会机关从益都迁至潍坊，仍在小黄楼办公。1956年，地委机关从小黄楼迁出，此处成为专区招待所，1975年划归潍坊商业学校。2007年6月，中共潍坊特别市委旧址被潍坊市人民政府公布为第二批市级文物保护单位。

中共潍坊特别市委旧址

范企奭大院　位于潍城区乐埠山生态经济发展区范家村村委院内。范企奭（范家村人，曾任国民党潍县保安大队长等职，被解放军收编后，又逃跑至云南昆明，1951年被云南警方抓获并就地枪决）大院是其本人当年在范家村的办公和居住场所。大院有南、北两幢正屋，东、西两幢偏屋，是典型的潍县式四合院。大门楼与东屋相连，南、北两屋屋脊高大，整个院落结构紧凑，建筑考究，具有较高的历史价值和文化价值。2012年12月，范企奭大院被潍坊市人民政府公布为第三批市级文物保护单位。

潍县城墙　现仅存北城墙两段，东西方向。两段城墙分别位于向阳路两侧，东段城墙长32米，宽34.5米；西段城墙长63米，宽34.5米。两段城墙主体为土筑，下端石砌护壁。

潍县土城城墙建于汉，明代以石砌墙，此后历经多次重修。1948年潍县解放后，因城市建设，大部分城墙相继拆除。现仅存的两段城墙于2012年12月被潍坊市人民政府公布为第三批市级文物保护单位。

玉清宫　又名“北宫”，位于北宫西街与河口路交汇处西北方。金大定年间，由道教宗师丘处机的弟子尹志平创建，敕赐“玉清观”。元武宗三年（1310年）扩建为宫，是潍县最古老的道教禅林，也是当时潍县城郊占地面积最大的庙宇。玉清宫内碑碣林立，最出名的首推《四面碑》，为清光绪年间潍县科考状元曹鸿勋所书，其字苍劲俊秀，为潍县书法一绝。在战争中和“文化大革命”期间，大部分庙宇被毁，现仅存南、北两座建筑。2012年12月，被潍坊市人民政府公布为第三批市级文物保护单位。

北大于河村石桥　位于潍城区望留街道北大于河村东150米处。清末，作为济南至青岛的驿道使用，整体布局比较完整。整桥为青石结构，桥体有石墩8道，桥东、西两头北面各缺失桥面1块。石桥整体长40米，宽3.4米，桥面长17.6米。桥面由石板组成，石板厚0.4米，宽0.7米，长2米，其上有车辙。桥东、西两头各有石墩1块。此桥至今仍在使用。2012年12月，北大于河村石桥被潍坊市人民政府公布为第三批市级文物保护单位。

区级文物保护单位

公孙弘墓　位于潍城区望留街道麓台村东南角，原封土面积约3000平方米，墓高约6米。公孙弘墓主体完整。墓封土东南部立有“麓台秋月碑”，碑高1.55米，宽0.65米，厚0.19米。碑文由元代状元张起岩书，内容为：“银河漾漾净天街，碧月辉辉照麓台。台上读书燕太子，清光依旧向人来。”封土南、东南部有柏树（侧柏）5棵，枝干扭曲，苍劲挺立，龙钟多姿，生长状况良好。1979年11月，潍县革命委员会立“潍县重点文物保护单位汉公孙弘墓”石碑。

■相关链接

公孙弘（前200—前121），字季，菑川薛（今山东省寿光市）人，西汉武帝时期的政治家、儒学家，是中国历史上以儒学荣登相位的第一人。元狩二年（前121年）三月，公孙弘以80岁高龄卒于相位，谥献侯。卒后，葬于麓台，至今墓址尚存。

麓台村邢国玺诗石碑　位于潍城区望留街道麓台村望麓路北侧。邢国玺是明崇祯甲戌进士，曾任潍县知县。邢国玺诗石碑立于明崇祯十二年（1639年），高1.47米，宽0.63米，厚0.19米。碑体整体保存完整，部分字迹模糊不清，但依稀可辨或可依据文字记载勘正，具有较高的历史文化价值。2012年1月，麓台村邢国玺诗石碑被潍城区人民政府公布为区级文物保护单位。

■相关链接

邢国玺（？—1642），字韫斯，号瑞石，河南长葛人。明崇祯七年（1634年）进士，翌年任潍县知县。崇祯十二年（1639年）春，清军攻陷济南后，他恐潍县土城难以固守，首倡集资修筑石城。历时8个月，石城竣工。他命铸造大小铁炮1600余尊，分置于城墙之上，以便御敌。清军得悉潍县城防甚固，未敢攻城。他因守城有功，于崇祯十四年（1641年）调任擢升。崇祯十五年（1642年）冬，清军重兵围攻潍县城，继任知县周亮工率全城军民誓死守城。是时，邢国玺适擢海防道，赴任途经青州，得知潍县城战事激烈，慨然率军赴潍援助，行至昌乐尧沟，遭清军伏兵截击，邢国玺身先士卒，统军奋战，终因寡不敌众，全军覆没。他矢志不降，作战中身负重伤，坠马殉难。潍人得悉邢国玺为援潍而遇难，代为收殓，葬于潍县城南。清顺治十四年（1660年），其子扶柩归里，潍人致哀相送者数千人。

第二节　古文化遗址

平寿遗址

平寿遗址位于潍城区望留街道平寿村西北，呈不规则椭圆形分布，面积约2万平方米。文化堆积厚1～2.5米，暴露有灰坑。采集的龙山文化陶片以夹砂灰陶为主，兼有夹砂红陶、泥质黑陶、灰陶；纹饰有弦纹、乳钉、附加堆纹等，可辨器形有鼎、鬶、豆、罐、盆、杯等，石器有刀、纺轮等。另有汉代泥质灰陶灯、罐、板瓦等残片。出土物现存于潍坊市博物馆。

徐家遗址

徐家遗址位于潍城区南关街道徐家村东南，西北部为徐家村，西南部为武家村，南部为宝通街。遗址的分布呈不规则形状，面积约7500平方米，青年路由北向东南从中间穿过，东侧部分遗址现为河边绿地。文化堆积厚0.5～1.2米，青年路西侧断崖处暴露有土坑竖穴墓。地表采集的大汶口文化陶片中夹砂和泥质红陶占绝大多数，兼有少量的夹砂褐陶、白陶和泥质黑陶，多数为素面，部分饰有弦纹、镂孔，可辨器形有鼎、罐、鬶、杯、高柄杯、豆等。出土物现存于潍坊市博物馆。

陈家遗址

陈家遗址位于潍城区于河街道陈家村南50米，四周为村民住房，向西约150米为乐槐路，南邻周家村，东侧、北侧为陈家村民居。遗址呈长椭圆形分布，面积约6万平方米，文化堆积厚0.7～1.5米，暴露有灰坑。曾采集遗物有：大汶口文化夹砂红陶鼎足、鬶口沿、夹砂褐陶鼎足、泥质红陶鼎足、杯口沿、东周时期泥质灰陶绳纹罐口沿等。出土物现存于潍坊市博物馆。

东毕家遗址

东毕家遗址位于潍城区于河街道东毕家村南，向南、向西约300米均为潍高路。遗址呈不规则形状分布，面积约3万平方米，文化堆积厚0.5～3.0米。断崖处暴露有灰坑、汉代墓葬等，曾采集遗物有：龙山文化夹砂黑陶附加堆纹鼎口沿、甗口沿、夹砂褐陶鼎足、鬶足、泥质黑陶豆、鼎口沿、杯口沿、东周时期泥质灰陶豆把等。遗址上层有汉代墓葬，曾出土汉代铜镜。出土物现存于潍坊市博物馆。

大崖头遗址

大崖头遗址位于潍城区望留街道大崖头村东南500米。遗址呈椭圆形分布，面积约20万平方米，文化堆积厚0.6米左右，暴露有灰坑、墓葬等。曾采集夹砂灰陶绳纹鬲、罐口沿、泥质灰陶豆盘、豆把、绳纹盆口沿等。出土文物现存于潍坊市博物馆。

姚官庄遗址

姚官庄遗址位于潍城区望留街道姚官庄原村址东北500米，今白浪河水库内，遗址全部被水覆盖，呈不规则形状分布，分布面积约15.75万平方米。1960年部分发掘，文化堆积厚达1.6～4.55米，可分为三层。清理有龙山文化的土坑竖穴墓葬、灰坑，周代的圆形窑址等遗迹。出土的遗物有：龙山文化陶器以泥质和夹砂灰陶为主，次为细泥黑陶、泥质和夹砂灰陶，极少为橙红陶和黄白陶，纹饰有弦纹、划纹、压划纹、附加堆纹、篮纹、镂空、窝纹等，主要器形有鬶、盉、鼎、甗、罐、瓮、杯、瓶、碗、盆、盘、豆、匙、拍、尊型器、器盖及蛋壳陶杯，石器有铲、斧、锛、镞、锥、网坠、纺轮以及少量骨角器；周代陶器分泥质和夹砂两大类，以灰陶为主，器表多饰绳纹，兼有弦纹、划纹、堆纹，器形有鬲、簋、盆、豆、罐、罍，并出土有卜骨；另外出土有汉代泥质灰陶壶、罐、钵等。出土物现存于山东省博物馆。

姚官庄遗址

郭家成章遗址

郭家成章遗址位于潍城区望留街道郭家成章村村西100米处，遗址西侧50米为拥军路，北侧50米为宝通街。呈不规则形状分布，面积约10万平方米，遗址西部为断崖，文化堆积厚0.5～1.5米。

暴露有灰坑、土坑竖穴墓等遗迹。采集的西周晚期至春秋初期的陶片，分为泥质灰陶、夹砂灰陶和夹砂褐陶三大类，纹饰有绳纹、弦纹、方格纹和凸棱，可辨器形有鬲、豆、罐、簋等。出土文物现存于潍坊市博物馆。

第三节　故城遗址

潍县故城

潍县故城有城里、东关两部分，中隔白浪河，分别位于白浪河西、东两岸。

西城状似龟形，中间高，四周低，有“龟城”之称。城墙高大厚实，雄伟壮观。西城土城建于汉，明砌石重修。有城门四个：东为朝阳，西为迎恩，南为安定，北为望海。周长约 4148 米，城墙平均高为 10.8 米，厚 9 米。据《潍县志稿》载，明正德七年（1512 年），莱州府推官刘信重修土城。崇祯十二年（1639 年），知县邢国玺以石砌墙，将土城改修为石城。清乾隆十三年（1748 年），知县郑板桥倡众捐资大修，垛齿城楼完整。嘉庆元年（1796 年），知县庄述祖修筑城墙一段。道光二十五年（1845 年），知县何镕倡众大修，道光二十八年（1848 年）又重修。光绪年间六次修补。1948 年潍县解放后，随着城市建设的发展，大部分城墙相继拆除。西城仅存北城墙残垣两段（位于潍城区向阳路两侧，东西方向，由向阳路一分为二），东段城墙长 32 米、宽 34.5 米，西段城墙长 63 米、宽 34.5 米。两段古城墙根基尚牢固，顶端损坏严重，部分缺失。

东关，明建八阁：三官、镇武、关帝、观音、凌云、绿瓦、王母、玉皇。清于八阁外围又建城墙。据《潍县志稿》记载，东关城坞于清咸丰十一年（1861 年）创建，同治五年（1866 年）竣工，民国十九年（1930 年）重修。有坞门七个，西为庆成、通济，西北为耀武，西南为奎文，南为鸣凤，东为升曦，北为游麟。升曦、游麟、鸣凤各有一座炮台。现东关城墙沿河一段尚存。

平寿故城

平寿故城有两处：一处位于今潍城西关一带，是汉平寿县城。《潍城区志》（1993 年版）载：“平寿故城（汉），位于西关阁下。下为故城址，汉遗址。”1931 年，考古发现此处有汉代版筑遗迹，还有自汉代至隋代的瓦瓷碎片等实物。《潍县志稿》载：“民国二十年秋，于西关西北发现汉代板筑之迹，并有汉迄隋瓦瓷碎片。”此城在隋代是下密（西下密）县的县城，据《太平寰宇记》记载，隋下密县治就是汉代的平寿县治。据此可知，潍城西关是汉代的平寿故城遗址。该遗址今为居民区。另一处位于潍城区望留街道平寿村西北，是北魏皇兴三年（469 年）到北齐天保七年（556 年）间的平寿县城。据《太平寰宇记》载：“平寿县在潍州西南三十里，后魏皇兴三年置，北齐天保七年废。”《潍县乡土志》载：“今治所（指潍县城，今潍城城关）西南三十里，平寿社其地也，故城在程符山下。”《潍县志稿》中《元魏北海国地图》上标注“平寿移治在符山”。今平寿村村名也是平寿故城在该村附近的一个佐证。

第四节　古墓葬

公孙弘墓

详见本章第一节。

陈官俊墓

该墓位于潍城区北关街道赫家村村南约 300 米处。现仅存土冢一座，封土面积约 300 平方米，高约 5.6 米，顶上立有凉亭。“文化大革命”期间，墓室被严重破坏，封土被大量地用于生产、生活。封土东侧红墙为后来所建，下部有洞，洞内有神像 3 座。

■相关链接

陈官俊（1782—1849），字伟堂，潍县（今山东省潍坊市潍城区）城里人。清嘉庆十三年（1808 年）进士，选翰林院庶吉士，又授翰林院编修。嘉庆十七年（1812 年）升右春坊右赞善、左赞善。嘉庆二十一年（1816 年）

入直上书房。嘉庆二十三年（1818年）大考二等，擢司经局洗马，升翰林院侍讲。后累迁提督山西学政、侍读、右春坊右庶子、翰林侍讲学士、詹事府詹事、内阁学士、礼部左右侍郎、工部尚书。道光十九年（1839年），因受弹劾，经吏议革职。清宣宗（旻宁）看到部议奏章后，念其旧情谊，授意枢臣宽宥。陈官俊革职不到一年，即复起用，任通政使，后历迁户部侍郎、兵部尚书、礼部尚书、工部尚书。道光二十七年（1847年），其母夏氏90岁寿辰，清宣宗御书"耆臣寿母"匾额与"福、寿"字，并赏赐寿礼，以示殊荣。不久，擢其为吏部尚书、协办大学士、上书房总师傅，并恩准他在紫禁城骑马。陈官俊在上书房授读时，旻宁在上书房读书；旻宁登基后，复使皇长子奕纬从其读书。他认真教授，宣宗对他礼遇特厚。道光二十九年（1849年），他逝于位上。朝廷恩礼有加，悼惜良深，晋太子太保，入祀贤良祠。

刘应节墓

该墓位于潍城区望留街道刘家庄子村东北约300米处。封土面积约26平方米，墓高约1.2米，四周建有五边形矮墙，封土东侧有松树一棵。刘应节墓原在潍县城区西南关外，后迁址于此。

■相关链接

刘应节（详见人物）。

张兆栋墓

该墓位于潍城区北关街道西羊角埠村东南，距离民宅建筑约30米。此处原为张氏茔地，原有墓碑及其他坟墓已无存。张兆栋墓被盗过。今墓高约3米，占地约40平方米。

■相关链接

张兆栋（1821—1887），字伯隆，号友山，潍县（今山东省潍坊市潍城区）城里人。他出身于书香之家，以进士授刑部主事，又迁郎中。外放出知陕西凤翔府，后擢升四川按察使。咸丰四年（1854年），调广东，迁任布政使。后历任安徽、江苏布政使。咸丰九年（1859年），擢漕运总督。咸丰十一年（1861年），升广东巡抚，又兼摄总督事。光绪四年（1878年），因母丧归里。孝服期满，被任命为福建巡抚。光绪十年（1884年），法越战事发生，法国军舰觊觎台湾、福建，张兆栋专任城守。后因马尾失守，被革职。光绪十三年（1887年），在福建寓所病殁，时年67岁。宣统元年（1909年），开复原官，恢复名誉。

张兆栋任广东巡抚时，适值潍县遭遇饥荒，他曾派人由海道运粮赈济。回潍时曾捐资修葺圣庙、兴复书院。邑人私谥"文端先生"。

第五节　名胜古迹

十笏园

该园始建于明代。原是明嘉靖年间刑部侍郎胡邦佐故宅，清代陈兆鸾（清顺治年间任彰德知府）、郭熊飞（清道光年间任直隶布政使）曾在此住过，后被潍县首富丁善宝购买并改建成私人花园，命名为"十笏园"。1988年，被国务院公布为全国重点文物保护单位，其范围包括十笏园园林及其以东、以北清代民居和关帝庙、孔融祠，占地面积1.04公顷。其中十笏园园林占地0.2公顷，其内院落、假山、水池、亭榭、回廊、书斋、客房巧妙结合，紧凑而不拥挤，体现出中国清代北方宅园式建筑的高超艺术水平。十笏园园林内的主要古建筑有砚香楼、春雨楼、十笏草堂等10余个。

砚香楼　建于明代，原是明嘉靖年间刑部侍郎胡邦佐故宅内的一座建筑，迄今已有近500年的历史。建筑面积61.41平方米，为二层两开间五檩硬山顶，楼前有月台；楼上门窗外有前廊，设栏杆护之。清代陈兆鸾、郭熊飞曾在此居住。砚香楼是园主人藏书和著书立说之处。"砚香楼"三字由曹鸿勋（清光绪年间状元，官至陕西巡抚）手书。

砚香楼

春雨楼　建筑面积38.77平方米。这是一座二层小楼，为三开间七檩庑殿式建筑。楼前抱厦出廊，辅以坐凳围栏。取宋代诗人陆游的名句“小楼一夜听春雨，深巷明朝卖杏花”得名，电视连续剧《西游记》曾在此拍摄猪八戒抢亲一节。“春雨楼”三个字由曹鸿勋手书。

十笏草堂　建筑面积52.9平方米。园林正厅为主人待客之处，园主经常在此会见达官权贵。门口上悬清代金石学家陈介祺所书“无数青山拜草庐”匾额。

秋声馆　建筑面积32.51平方米。前出抱厦，取欧阳修《秋声赋》为名，为丁善宝孙丁锡田著书立说之处。

静如山房　建筑面积32.51平方米。取安定洁净之意，为园主接待尊贵客人下榻之处。1925年7月，康有为曾在此题诗一首：“峻岭寒松荫薜萝，芳池水面立红荷。我来桑下几三宿，毕至群贤主客多。”

深柳读书堂　建筑面积20.4平方米。为三开间七檩前后出廊硬山顶，因唐代诗人刘昚虚“闲门向山路，深柳读书堂”而得名，为丁家私塾。私塾先生陈蜚声为清道光年间进士，不仅学问好，还是一位有名的书法家。

四照亭　建筑面积27平方米。坐落池中，四面环水，荷风水月，充满诗情画意，取其阳光普照之意（《山海经》之《山经》第一篇中有“其华四照”句）。该亭系六檩卷棚式歇山顶，四周有坐凳栏杆，西有曲桥同回廊相连。门楣上悬“涛音”匾额，为清代书法家桂馥手书。两侧对联“清风明月本无价，近水远山皆有情”为国学大师俞樾手书。上联出自欧阳修《沧浪亭》诗“清风明月本无价，可惜只卖四万钱”，下联出自苏舜钦《过苏州》诗“绿杨白鹭俱自得，近水远山皆有情”。清江苏巡抚、楹联大师梁章钜在修复沧浪亭时集成此妙联。亭中上悬清末状元曹鸿勋题“四照亭”匾额，笔力雄健，刚劲流畅。四照亭北面的六角门上有“鸢飞鱼跃”四个大字（取意于《诗经》“鸢飞在天，鱼跃于渊”），飞动婉转，气贯长虹，原为唐代韩愈于贞观二年（628年）被贬为阳山令时所书的自勉之作，此石刻为清代书法家翟云升临摹。

小沧浪　建筑面积4.5平方米。其意取自屈原“沧浪之水清兮，可以濯我缨；沧浪之水浊兮，可以濯我足”。小沧浪是园主人借苏州拙政园沧浪亭而命名的，因此亭较小，故名“小沧浪”。其四柱为原始松木，上覆芦草。亭内有石桌，可以在此饮茶、乘凉。

稳如舟　建筑面积18.75平方米。四照亭东北角筑有船形建筑“稳如舟”，为六檩卷棚式顶，外形如船，恰似抛锚水中，随时可以起锚解缆，格外引人遐思。西门对联“山亭柳月多诗兴，水阁荷风入画图”系陈寿荣手书。北面对联“雷文古鼎八九个，日筑新茶三两瓯”系郑板桥手书。登上四照亭，倚栏环视，只见楼台亭阁错落有致，曲栏桥榭通幽多变，山石瀑布碧池泛影，颇有“鸢飞鱼跃”之势。

蔚秀亭　建筑面积3.31平方米。其名取自“望之蔚然而深秀者，琅琊也”（宋代欧阳修《醉翁亭记》）中“蔚”“秀”二字。六角攒尖顶，亭内嵌有“扬州八怪”之一金农所绘白描罗汉刻石一块，人物姿态妩媚，造意新奇。旁有孤松一株，直插霄汉。

漪岚亭　建筑面积2.3平方米。六角攒尖顶。水的波纹即“漪”，山中云气为“岚”，故名“漪岚亭”，与假山上的蔚秀亭相呼应。

落霞亭　建筑面积8.61平方米。为四檩卷棚式结构，亭内装镶郑板桥手迹石刻“笔墨三则”“田游岩”“题画竹”各一；所悬“聊避风雨”匾额以及两边对联“竹宜著雨松宜雪，花可参禅酒可仙”亦为郑板桥手迹。

关帝庙　坐落在潍城区胡家牌坊街十笏园西北角。始建于宋代，为祭祀三国蜀将关羽而建，是潍坊中心城区现存的建立时间最早、规模最大、保存最完整的古建筑。关帝庙分别于元天历二年（1329年）和清康熙十五年（1676年）重修。庙前有石阶，石阶之上为山门。院内大殿建于青石砌成的高台上，相传高台为东汉末年刘备发兵救援北海相孔融时的阅兵处。大殿内原塑有关羽、周仓、关平塑像。

据传，自关帝庙建成后，每逢农历五月十三和八月初一，朝廷的地方官员便率其下属前往祭拜。现在农历每月初一和十五也有不少百姓烧香祭拜。

孔融祠　亦称“孔北海祠”，位于胡家牌坊街中段北侧关帝庙巷北首的关帝庙西侧。祀东汉末年北海相（北海相即北海郡守，北海郡管辖范围在今潍坊市地域）孔融。孔融，字文举，东汉末年鲁国（今山东曲阜）人，著名的“建安七子”之一。《三字经》记载“融四岁，能让梨”，在北海郡任郡守六载，政声赫然，时潍邑文风盛于齐鲁。宋政和四年（1114年），潍州太守韩浩、通判慕容公在潍州公署后北城墙上（今向阳路中段古城墙开口处）建孔北海祠，并立孔相祠堂之记碑，同时建论古堂，将郑玄、韩熙载等30位贤达德义之士的画像绘于堂中，合祀于堂，且立论古堂碑，以振扬英声，扶持风教。清康熙三十二年（1693年），邑人丁汝奇将孔相祠和孔相祠堂之记碑、论古堂碑一并移建于关帝庙西侧（即现址）。

万印楼

详见本章第一节。

潍城城隍庙

详见本章第一节。

浮烟山

浮烟山位于潍城区望留街道油坊村南，《魏书·地形志》称“浮山”，《隋书》称“阜山”，《太平寰宇记》始称“浮烟山”，金、元称“浮山”，明代称“程符山”，后演称“符山”，现多称“浮烟山”。据《太平寰宇记》所载，浮烟山之名源于唐代。该山海拔159米，面积11.4平方公里，为泰沂山脉尾闾，呈西南、东北走向，东坡平缓，西坡陡峭，沟谷密布，顶部较为平坦宽敞。

浮烟山地势险要，历来为兵家必争之地。早在奴隶社会，“莱人与齐争营丘”，浮烟山是战场之一。东汉末年，黄巾军曾在此山屯兵。清咸丰年间，捻军曾两次兵围浮烟山。

浮烟山是一座文化名山。山上有洪福寺、朝阳观等。战国时期即在此建有文化乡校，传说孟子曾到文化乡校讲学。汉武帝时被征为博士的公孙弘曾在浮烟山下牧猪、攻读，其陵寝即为今公孙弘墓（麓台）。南燕末代帝王慕容超曾在浮烟山下的麓台读书，清代潍县人郭子嘉有诗云：“轶事为传麓台月，当年曾照慕容超。”台南矗立石碑一座，上刻元代状元张起岩《麓台秋月》诗：“银河漾漾净天街，碧月辉辉照麓台。台上读书燕太子，清光依旧向人来。”明代设麓台书院，为刘应节所建。此后，这所著名书院培养了无数的儒林名士。清乾隆年间，阎循观、阎循中、刘以贵、阎学尹、韩梦周等学者都曾讲学于麓台书院，形成文化昌盛的局面，使潍县成为山左文化中心，名扬海内。在麓台书院读书而一举成名的人很多，如刘鸿翱、陈官俊等。时为麓台书院做出巨大贡献的教育家阎循观、韩梦周，被尊为“山左二巨儒”。光绪三十一年（1905年）后废科举，麓台书院改为学堂，民国时期书院房舍全部被拆除。2007年2月，在其原址附近开工重建麓台书院。

浮烟山地理位置优越，自然风光秀丽，人文景观典雅，是潍坊市郊一处融自然风光和人文景观于一体的旅游胜地。浮烟山林木葱郁，崖涧幽深，泉水淙淙，绮丽幽雅，苍茫雄浑，景色优美。自然景观有西涧、友石、叠子峰、瞰海岩、寒泉峡、折嶂、山泉等。20世纪90年代后，建于浮烟山东南麓的中国风筝放飞基地（潍坊国际风筝会放飞场）壮观开阔，观礼台似鲲鹏展翅，山上浮烟宝塔巍然矗立，洪福寺庄重典雅，朝阳观古色古韵，植物园名优果木、观赏苗木齐全。浮烟山森林公园内万木竞秀，有鸟语林、珍奇动物园、森林之家、妇女儿童乐园、垂钓湖、水上乐园、三十六计园、龙王亭、古战垒、步云桥等众多游玩娱乐景点。每年农历三月三是浮烟山庙会，游人如织，商贾云集。浮烟山西侧有符山水库，青山绿水交相辉映。浮烟山已逐步形成山水一体化的大园林格局。

第六节　近现代遗址及纪念设施

郭味蕖故居陈列馆

详见本章第一节。

范企颠大院

详见本章第一节。

南大营旧址

南大营旧址位于潍城区青年路 1789 号“南大营 1789 文化艺术区”内。保留民国时期和建国后建设的大型仓库数十座，其建筑风格别致，部分仓库为俄罗斯建筑风格。

该区域历史上曾为兵营驻地，自清朝中期开始有驻军。日军占领潍县期间在此驻扎部队，建有部分库房，并在南大营设立监狱，关押人员。日军将周边区域开发为菜地，雇佣当地百姓种植。日军投降后，该区域由国民党军 212 旅接管，1947 年建有大型粮库一座，1000 余平方米。1948 年解放军山东兵团攻打潍县时，南大营因地理位置高又临近铁路，成为解放军攻克点。解放军鲁中纵队（后整编为 31 军）、渤海总队（后整编为 33 军）攻打南大营区域，历经 3 天鏖战，得以攻克。1948 年潍县解放后，潍坊特别市委建立南大营粮库 7 座。

潍县战役北宫（玉清宫）战斗遗址

北宫是玉清宫的俗名，位于北宫西街与河口路交汇处西北方。解放战争时期，国民党军队将北宫构建成潍县城外围核心工事，1948 年 4 月 12 日，被解放军华东野战军山东兵团 9 纵 26 师 77 团攻克。北宫部分建筑在此次战斗中遭到损坏。“文化大革命”期间，部分庙宇又被毁。现仅存南、北两座建筑：南侧房屋顶更换成红瓦，门窗更换，门前有 4 根方形石柱；北侧房屋顶更换成红瓦，窗户用砖封堵，东侧一圆形小门亦用砖封堵。

潍县古城墙遗址

此遗址即潍县城墙，2012 年 12 月被潍坊市政府公布为市级文物保护单位。（城墙状况见本章第一节）

1948 年 4 月，潍县战役开始。4 月 10 日，解放军开始对潍县北关发起进攻。4 月 23 日，解放军向潍县西城进攻后，79 团（后被命名为“潍县团”）最先登上城墙，于 4 月 24 日解放潍县西城。为纪念潍县解放，曾对老城墙保护并加固。1984 年，向阳路向北延伸，城墙被分为东西两段。潍县古城墙遗址具有重要的历史价值。

潍县战役荷花湾战斗遗址

荷花湾小学位于潍县西城东北角，北靠城墙，东侧为面积约 0.5 平方公里的荷花湾，西侧有一小水塘，学校位置较孤立，易守难攻。潍县战役打响后，人民解放军与国民党军在荷花湾小学展开激战。随着城市的发展，当年的荷花湾及荷花湾小学已不存在。为纪念荷花湾战斗，1989 年 8 月，在荷花湾原址建设文化小广场，名为“忆荷园”。现该文化广场多用于市民健身休闲、文化娱乐等活动。

潍县战役胜利纪念碑

潍县战役胜利纪念碑位于白浪河西岸、亚星桥以北 200 米处。2008 年，在潍县战役胜利 60 周年之际，政协第十一届潍坊市委员会顺应社会各界的意愿，倡议建立潍县战役胜利广场并置纪念碑。纪念碑选用泰山原石，高 11.5 米，宽 4.5 米，厚 1.7 米，重 138 吨，于 2009 年 4 月落成。潍县战役胜利纪念碑气势恢宏，象征着革命先烈为人民解放事业英勇奋斗的精神重如泰山。迟浩田亲题“潍县

潍县战役胜利纪念碑

战役胜利纪念”。

■相关链接

潍县战役：1948年4月2日，中国人民解放军华东野战军山东兵团根据中央军委和华东局指示，发起潍县战役，对潍县县城实施分割包围。4月5日，兵团司令许世友、政委谭震林采纳九纵司令员聂凤智“摧其坚、夺其魁、先破西城”的策略，决定先攻西城。4月8日，解放军展开外围作战，开挖掩体地道，稳扎稳打，楔入纵深，于18日肃清外围之敌。4月23日晚，解放军开始进攻西城。先以重炮轰击，继而以炸药爆破，使城墙豁裂、敌防线断开。然后架云梯登城，将士奋勇争先，前赴后继，视死如归。午夜，山东兵团9纵79团率先登上西城，与敌短兵相接，展开殊死搏杀。血战半日，后续部队先后攻入西城，勇猛穿插，与敌逐巷争夺，激战一昼夜，夺取西城。4月26日傍晚，解放军乘胜进攻东城，居高临下，一举突破城垣。守军帅失态、将无策、士怯战，攻城的人民解放军所向披靡。27日凌晨，敌人败走东门，解放军张网以待，聚歼逃敌，生俘国民党96军中将军长兼整编第45师师长陈金城，击毙国民党第八区专员兼第八保安总队总队长张天佐。

在潍县战役中，山东兵团共歼灭国民党守军整编第45师1个旅和3个保安旅及其他武装4.5万余人（包括打援和外围作战），其中生俘2.6万余人，毙伤1.9万余人。解放军伤亡8000余人。毛泽东称潍县战役是解放军攻坚战的典范。潍县战役的胜利，解放了潍县、昌乐、安丘3座县城及周边地区，使胶东、渤海、鲁中南三大解放区完全连成一片，对山东战局产生了重大影响。潍县战役是华东野战军对坚固设防城市的第一次攻坚战，拉开了解放济南乃至整个山东的序幕。

中共潍坊特别市委旧址

详见本章第一节。

第四章　非物质文化遗产

第一节　非物质文化遗产普查

2006年5月，潍城区开展非物质文化遗产普查保护工作。成立潍城区非物质文化遗产普查保护工作领导小组，下设办公室，办公室设在区文化旅游局。同时制定《非物质文化遗产普查保护工作实施方案》，建立由多部门组成的非物质文化遗产普查保护工作联席会议制度，确定联席会议的工作职责和任务要求。区文化旅游局成立潍城区非物质文化遗产普查保护工作专家工作组，对普查保护工作进行专业化的指导、检查和验收。7月，区领导小组召开专题会议，研究第一批普查项目，将小磨香油传统技艺作为普查重点，并作为市级非物质文化遗产保护项目申报。召开全区镇（街道）文化站长会议，组织学习非物质文化遗产普查保护工作的相关知识。全区共排查出非物质文化遗产项目24项，申报市级非物质文化遗产项目1项。潍城区高度重视非物质文化遗产保护工作，每年都组织人力、物力对“非遗”资源进行普查，收集整理“非遗”资源线索50多条，整理各类项目近百项。截至2013年，全区共有省级“非遗”项目1项，市级“非遗”项目8项，区级“非遗”项目26项。

第二节　非物质文化遗产项目

2006—2013 年，潍城区区级非物质文化遗产名录有潍城小磨香油工艺、望留全驴宴、流饭桥的传说、状元胡同的传说、卧龙桥的传说等 26 项。

2007—2013 年，市级非物质文化遗产名录有 8 项，分别是潍城小磨香油工艺、望留全驴宴制作技艺、潍坊地功拳、潍坊四通捶拳、潍坊面塑、黄家庄泥塑、花丝首饰制作技艺、将军丹制作技艺。

2009 年 9 月，山东省政府公布潍城区“崔字小磨香油传统技艺”为山东省非物质文化遗产。

非物质文化遗产选介

崔字小磨香油传统技艺　崔字小磨香油原产地为潍城区崔家庄。明朝洪武初年，山西洪洞县崔氏三兄弟迁居此地，并以自己的姓氏取村名“崔家庄”。老二崔泽世用小石磨、水代法做出世代传承的小磨香油，成为小磨香油创始人。

传说清朝乾隆年间，时任潍县知县郑板桥曾闻香赋诗：“十里郊野满城香，举目远眺圩水长。神工鬼磨五百载，正宗芳味崔家庄。”小磨香油香味浓郁，晶莹剔透，不饱和脂肪含量达 85%，它所含有的亚油酸高于花生油、菜籽油，还含有人体中不可缺少的脂溶性维生素，能促进人体生长发育，抗病延年。

崔字小磨香油传统技艺的基本内容包括石磨制作与錾磨技艺、芝麻胚胎的培育、水代法取油、专利物理净化技术等。小磨香油始终采用石磨水代法传统工艺，完整地留存了工艺的原始精髓。1998 年，潍坊瑞福油脂调料有限公司成立，在传承发展的基础上，生产崔字小磨香油等系列产品。崔字小磨香油获得“山东名牌”“绿色食品”“中华老字号”等多项殊荣。“崔字牌”商标获评为山东省著名商标、中国驰名商标。2009 年 9 月，崔字小磨香油传统技艺列入省级非物质文化遗产保护项目名录。

望留全驴宴制作技艺　望留全驴——百年老汤锅，起源于清朝同治年间。从中华人民共和国成立到 20 世纪 80 年代初，百年老汤锅曾经停业中断 30 多年，部分传统工艺失传。1982 年，百年老汤锅的第六代传人开始挖掘、整理先辈流传下来的传统工艺，在实践中不断创新，将驴肉配以八角、桂皮、砂仁、肉蔻、茴香等天然香料，在老汤锅中经过 6 ～ 8 小时细火煮熟焖烂，做出的驴肉奇香扑鼻，味道可口，深受当地群众的欢迎。全驴宴制作工艺是个漫长的过程，没有规定的标准，从买驴时对驴的年龄、体重、健康状况的估量，到屠宰手艺的练就，再到整个烹饪过程中对火候的掌握，全靠经验判断。2008 年 12 月，望留全驴宴制作工艺被潍坊市人民政府列入第二批市级非物质文化遗产项目名录。

潍坊地功拳　传说为宋朝开国皇帝赵匡胤所创，当时主要用于击砍敌人骑兵的马腿，因其姿势较低矮，故取名“低功拳”，后逐渐演称“地功拳”。此拳后来传于北少林，安丘西关任氏兄弟二人于清咸丰年间在河南嵩山少林寺学艺，得地功拳真传，学成返乡后授徒传艺。

地功拳传至现在，经历代传人实践总结，其拳法主要有教门十二路弹腿、十二节炮功、四门功、燕青靠、二郎拳、三合扑等；对练套路主要有小五捶、小五手、大八快锤、小八快锤、落架、绣球、猛虎拦路、破骨连式等；器械主要有单刀、春秋大刀、六合大枪、七节鞭、三节棍等。地功拳练习功法、攻防转换、实战运用都追求天人合一、劲力圆满、先气后力，强调内外兼修的整体训练原则。2011 年 4 月，潍坊地功拳被潍坊市人民政府列入第三批市级非物质文化遗产项目名录。

潍坊四通捶拳　山东四大名拳之一，具有完整的技术和理论体系，以武术技艺和套路为主要表现形式，是中国武术文化的杰出代表之一。四通捶原名“撕通槌”，取技法上“撕抓捅打”之意，又因此拳讲求“四通”——意与势通、势与法通、法与气通、气与力通，故又冠其拳技为“四通捶”。

清道光年间，黄县（今烟台龙口）人冯立望路过潍县时，把四通捶拳传给潍县人边相亭。边家习练四通捶拳在潍县家喻户晓，时人便把“四通捶”称为“边家捶”。光绪年间，边家捶拳开始对族外人员传授。经历代改进，现已在潍坊地区广为传播，习练者达上千人。自四通捶拳传入潍坊，至今已有八代传人，带有浓郁的乡土气息。

四通捶拳强调功力，注重下盘功夫。功法以桩功为主，同时突出靠功——靠手、靠腕、靠肘、靠肩、靠脚、靠腿、靠膝、靠胯等的专门练法。主要套路有八大靠功、四通捶群仗势、四通捶铁牛耕地、四通捶地八门、八步捶等，技法主要有撕、采、揪、抓、抄、绊、拉、提、举、挫、豁、挑、贯、砸、顶等15法。歌诀为："交手抢上手，撕采不停留，贴上用靠功，短打神鬼愁。"该拳技击特点是出手握空拳，打上变实拳，动作简练古朴，势法分明，不事花招。2011年4月，潍坊四通捶拳被潍坊市人民政府列入第三批市级非物质文化遗产项目名录。

潍坊面塑　俗称"面花""面鱼""礼馍""花糕""捏面人"等。清光绪年间，潍坊人逢年过节馈赠礼品都带上用面做的石榴、寿桃、莲花、元宝、鲤鱼、金鱼等，寓意吉祥。潍坊的面塑造型大都浑厚而乖拙，一般不作过多的雕琢。面塑原料采用面粉头箩面，上色由原来的作品成形后着色改为面团事先染色，然后捏出面塑。面塑艺人用拨子、滚子、梳子、剪刀等极简单的工具，施展搓条、拨花、展片、润色、压滚珠、搓花条等造型技巧，捏塑出千姿百态的人物形象。面塑艺术取材广泛，如神话传说、历史典故、传统人物、现代元素等，只要是看得见、摸得着甚至是只能用语言来形容的，都可用面塑表现出来。随着时代的变迁，面塑艺术形式由传统的签举式向盒装式等转变。2011年4月，潍坊面塑被潍坊市人民政府列入第三批市级非物质文化遗产项目名录。

黄家庄泥塑　明代初年，黄家庄黄氏一族由山西迁来，泥塑工艺随之而来，至今已有约600年历史。清朝年间，黄家庄的艺人便制作泥娃娃、禽、兽、鱼等多种泥塑产品。解放前，黄家庄泥塑发展最为繁荣，秋后家家户户都靠做泥娃娃来增加收入。解放后，黄家庄人延续做泥娃娃的习俗，秋忙过后开始制作泥塑。历代农民艺人不断创新泥塑工艺，黄家庄泥塑技法也由手捏发展到用模，形成制模、翻模、晾晒、上彩等工艺程序。泥塑作品造型流畅，富有农村田园泥土气息；彩绘手法线条粗犷，稚拙浑厚，配以原始红、黄、绿、蓝各色，色彩明快，生动有趣。黄家庄泥塑已成为形色并茂、形象较为完美的艺术品，其中大阿福娃娃曾是广为流传的泥塑玩具。2011年4月，黄家庄泥塑被潍坊市人民政府列入第三批市级非物质文化遗产名录扩展项目。

黄家庄泥塑

花丝首饰制作技艺　花丝是一种用不同粗细的金属丝（金、银、铜）搓制成的各种带花纹的丝，经盘曲、掐花、填丝、堆累等工艺制作而成，这一制作过程被称为"花丝工艺"。

"二百支红炉，三千砸铜匠，九千绣花女，十万织布机"，这是用来形容潍坊传统工艺美术及手工业繁盛情景的经典语句。其中，"三千砸铜匠"指的就是从事铜器及首饰加工业的人，而首饰加工尤以花丝首饰的制作为最高境界。明清时期，花丝首饰就已成为老潍县传统工艺的重要组成部分。十三陵出土的古代皇帝头上戴的龙凤冠，其制作工艺和潍坊花丝首饰制作工艺是相同的。1956年，潍坊成立首饰生产合作社，花丝首饰工艺得到继承和发展，但在"文化大革命"期间遭到破坏。20世纪70年代，胡以方聚集100余名能工巧匠，传承发展花丝首饰制作工艺。胡以方设计的大型花丝首饰挂件"花丝宫灯"，集北京首饰工艺和潍坊首饰工艺于一体，整件作品均为铜丝制成，共有6面，每面有一幅仕女图，人物眉目清晰可见，技艺精湛，是当时的顶尖工艺品之一。

潍坊花丝首饰制作档次较高，工艺复杂，难度较大，有四五十种之多。它以金、银、铜等各种细丝为材料，经手工艺人配料、成型、制作，辅以多种焊接技术配合及压光镀色来完成。作品有戒指、手镯、项链、胸针、头饰以及千姿百态的挂件、摆件等。2011年4月，花丝首饰制作技艺被潍坊市人民政府列入第三批市级非物质文化遗产项目名录。

将军丹制作技艺　据传在元末明初时，西南边陲地区苗族的一位奇人医士精研并独创此丹。后传于明朝的一位将军，他在行军作战中将此丹用于救治伤员，无论是跌打损伤，还是刀枪箭伤，服此丹后都有奇效。后人感恩于这位将军，称此丹为“将军丹”。制作将军丹冲剂，包括精选药物、药物炮制及精确配伍等过程。所用器具有火盆、火筷子、药筛子、毛口玻璃瓶、石臼、砂锅等。将军丹不仅能迅速活血化瘀、舒筋通络，而且能够提供充足的营养物质，促进骨痂生成、创口愈合。2011年4月，将军丹制作技艺被潍坊市人民政府列入第三批市级非物质文化遗产项目名录。

潍城区人民政府公布的非物质文化遗产名录

表21-1

类别	序号	编号	项目名称	保护单位	公布时间
民间文学	1	Ⅰ-1	流饭桥的传说	区文化馆	2010.6
	2	Ⅰ-2	状元胡同的传说	区文化馆	2013.12
	3	Ⅰ-3	牛头埠的传说	区文化馆	2013.12
	4	Ⅰ-4	大寨古井的传说	区文化馆	2013.12
	5	Ⅰ-5	石嬷嬷的传说	区文化馆	2013.12
	6	Ⅰ-6	卧龙桥的传说	区文化馆	2013.12
	7	Ⅰ-7	艄翁庙的传说	区文化馆	2013.12
传统体育、游艺与杂技	1	Ⅵ-1	地功拳	潍坊赫臻武术俱乐部	2010.6
	2	Ⅵ-2	四通捶拳	潍坊四通捶培训中心	2010.6
传统美术	1	Ⅶ-1	黄家庄泥塑	区文化馆	2010.6
	2	Ⅶ-2	潍坊面塑	区文化馆	2010.6
	3	Ⅶ-3	潍坊剪纸	区文化馆	2010.6
	4	Ⅶ-4	潍县年画	区文化馆	2013.12
	5	Ⅶ-5	潍坊葫芦烙画制作技艺	区文化馆	2013.12
传统技艺	1	Ⅷ-1	潍城小磨香油工艺	瑞福油脂股份有限公司	2006.9
	2	Ⅷ-2	望留全驴宴	潍坊市志科食品有限公司	2008.9
	3	Ⅷ-3	花丝首饰技艺	区文化馆	2010.6
	4	Ⅷ-4	城隍庙肉火烧制作技艺	城隍庙肉火烧铺	2010.6
	5	Ⅷ-5	潍坊蓝印花布制作技艺	区文化馆	2013.12
	6	Ⅷ-6	潍坊传拓制作技艺	区文化馆	2013.12
	7	Ⅷ-7	潍坊干枝梅制作技艺	区文化馆	2013.12

续表 21-1

类别	序号	编号	项目名称	保护单位	公布时间
传统医药	1	Ⅸ-1	将军丹骨科	将军丹创伤治疗研究室	2010.6
	2	Ⅸ-2	大寨骨科正骨疗法	军埠口综合项目区大寨村	2013.12
民俗	1	Ⅹ-1	浮烟山民俗文化节	区文化馆	2010.6
	2	Ⅹ-2	浮烟山庙会	区文化馆	2013.12
	3	Ⅹ-3	老师父信仰	区文化馆	2013.12

第五章　传统工艺品与文化产业

第一节　传统工艺品

风筝

潍坊是风筝的发祥地。潍坊风筝流行于宋代，明代已在民间普及。明末清初，潍县的“麻姑献寿”“五福临门”等风筝精品曾进入宫廷。清代更加兴盛，每年清明节前后，风和日丽，家家户户扶老携幼，踏青登场，竞相把自己的得意之作放飞蓝天。清代郑板桥有“纸花如雪满天飞，娇女秋千打四围。五色罗裙风摆动，好将蝴蝶斗春归”的诗句，真实反映了潍县清明时节放风筝、打秋千的欢乐情景。

扎放风筝的习俗相沿至今，久盛不衰。1984年4月，第一届潍坊国际风筝会在潍坊举办。1988年4月，第五届国际风筝会主席团将潍坊定为“世界风筝都”。1989年4月，国际风筝联合会成立，并将总部设在潍坊，世界最大的风筝博物馆——潍坊风筝博物馆落成。自1984年起，潍坊国际风筝会于每年4月举办一届，每年都有世界几十个国家和地区参加。一年一度的潍坊国际风筝会放飞比赛在位于潍城区浮烟山东南麓的中国风筝放飞基地（潍坊国际风筝会放飞场）举行，风筝会观礼台“浮烟鲲鹏”巍然屹立于放飞场北侧，意喻“腾飞的鸢都”，为潍坊市最美丽的标志性建筑之一。

旧时，潍县风筝有城乡之分，各有特点。潍城风筝有“城派风筝”之称。城派风筝精巧细致，以国画传统技法绘制图案，形象活脱，造型优美。乡间风筝主张多产，工序简单，应节上市，以杨家埠和三里庄扎制的风筝最为有名：前者是把制作木版年画的工艺移到风筝上，色彩对比强烈，装饰性强，风格与年画基本相同；后者善用各色纸扎糊，简易廉价。

今潍城风筝由潍县风筝传承而来，又有改进和创新，是潍坊风筝的代表作之一，以古朴典雅、工艺精湛、扎画并重、造型新颖、形象美观、起飞高稳等特点誉满全国，蜚声海外。风筝艺人把精巧的竹篾扎制艺术同中国传统画技熔于一炉，同时吸收了木版年画的某些特点，博采京津画技之长，以夸张的手法突出展现主题，线条优美，色彩鲜明，风格独特，栩栩如生，不仅是放飞的娱乐品，也是供人欣赏的艺术品和馈赠友人的礼品。

潍城风筝按其扎制结构可分为串式、筒式、

硬翅式、软翅式、板子式五大类。潍城风筝的造型不仅有各式人物、飞禽走兽、鱼虫花鸟、日月星辰，而且有宫灯、鸟笼、文玩器物、戏剧脸谱、喜寿文字、几何图形等，以“龙头蜈蚣”“苍鹰”“仙鹤童子”“雷震子”为代表作品。其中以大型串式“龙头蜈蚣”最为突出，长百余米，由龙头、躯干、龙尾三部分组成，放飞时先将尾间和躯干渐次放起，靠几十节“腰子”所产生的提升力将首部拉往高空。“腰子”的连缀是按力学原理系结的，系绳之间必须有严格的角度和距离。“龙头蜈蚣”放飞时在空中蠕动腾飞，扶摇蓝天，状似喷云吐雾，气势千里，蔚为壮观，赢得国内外的高度赞誉。通过举办潍坊国际风筝会，潍城风筝的文化氛围更加浓厚，风筝题材更加广泛，品种更加繁多。潍城风筝小的可放在掌上，大的有几百米长，造型、色彩也各不相同：有简单的白纸糊身、红纸糊头、不画一笔、不染一色的“蜈蚣”风筝，也有色彩缤纷、绘金描银的“九头神龙”风筝；有构思奇妙的“二龙戏珠”风筝，也有三条巨龙在空中呈“Y”字形飞行的“哪吒闹海”风筝；还有“梁山一百单八将”风筝，把梁山的一百零八位好汉做得仪态纷呈，栩栩如生，放上天去排成一队，各持兵刃，随风飘动，隐约似有战鼓催阵，可谓“千变万化，奇巧百出”。另有特制的“运动”风筝，由玻璃钢（或碳素杆）及机织面料制作而成，一般由两条线来操纵风筝。该风筝能在空中做各种特技动作，并伴有翁鸣声，因此也被称作“特技”风筝。

潍城区在继承和发扬潍坊风筝古老传统艺术的基础上，引进国外先进的生产理念，并结合现代科技进行开发制作，年产各种高、中、低档风筝千万只，品种多样，款式新颖，吸引了国内外众多客商，受到广大客户的青睐。为弘扬风筝文化，潍城区成立了风筝艺术研究交流协会。全区风筝产业稳步发展，据不完全统计，至2013年，有生产、销售风筝的企业70余家，风筝批发、零售店铺140余家，从业人员2000多人。风筝产品除在本地销售外，还远销北京、上海等地，并外销欧美、东南亚等40多个国家和地区。

龙头蜈蚣风筝

寿星与童子风筝、金鱼风筝

核雕

潍坊核雕已有200余年的历史。清朝晚期，潍县人都渭南师从诸城著名核雕艺人张大眼学习核雕，以娴熟技艺闻名乡里。后历经都兰桂、考功卿、都传恭、王绪德、邢友弼等人的传承与创新，潍坊核雕形成了体微艺精、玲珑剔透的艺术风格。

都兰桂师承父亲都渭南，技艺精深。1950年后，都兰桂创作的“水漫金山”“赤壁泛舟”等作品，远销捷克、印度、英国、美国等国家。1955年周恩来总理出国访问，带去都兰桂与其徒弟考功卿创作的“八骏图”等7件作品送给外国朋友。1957年，都兰桂被国务院授予“全国老艺人”称号。

考功卿继承并发展了潍坊核雕艺术，创作了“采莲船”“西厢记”“牛郎织女”“嫦娥奔月”“嘉兴南湖纪念船”等大量作品。1956年，考功卿为毛泽东诞辰创作了“松鹤延年”等4件核雕礼品。

1963年，考功卿与徒弟王绪德雕刻了4只“百万雄师过大江”核舟，在1964年4月山东省工艺美术展览会上参展，受到各界人士的高度赞誉，考功卿获得“山东省老艺人”称号。考功卿与王绪德师徒二人所作的“赤壁夜游”，较明代王叔远的“核舟”又有发展，核舟人物由原作5人增加到7人，还增加了酒桌、酒壶等器物。

都传恭师承家传，勇于创新，成为潍坊核雕的代表性人物，是中国民间文化的杰出传承人，2009年获“山东省十大民间艺术大师”称号。其核雕代表作品“九龙戏珠”“十八罗汉”“乾隆下江南”“百万雄师过大江”等多次获得国家级大奖。王绪德是山东省工艺美术大师，是国家级非物质文化遗产项目代表性传承人，1993年被联合国教科文组织授予“中国美术家”称号，其核雕代表作品有“马拉轿车”“夜游赤壁”及“鼻烟壶”等。邢友弼致力于传承与弘扬潍坊核雕技艺，其作品多次获得省级以上大奖。1996年，联合国教科文组织授予他“民间工艺美术家”称号。

潍坊核雕艺人以桃核为原料，吸收绘画和雕塑艺术的精华，巧妙地运用桃核的自然形状和麻纹，雕刻成各种生动的景物形象，精致典雅，玲珑剔透，驰名中外，为国之瑰宝。

核　雕

仿古青铜器

潍城仿古青铜器工艺始于清代中叶。晚清著名金石学家陈介祺与城南大胥家工匠胥伦共同研究改进仿古青铜器技艺，使仿古青铜器工艺进一步发扬光大。潍城仿古青铜器工艺主要仿制出土的商周时期青铜器珍品，能保持原物的风貌神采，惟妙惟肖，足以乱真。仿古铜产品主要有各种爵、鼎、卣、炉、佛像、禽兽、人物等。潍城仿古铜的极盛时期在民国前期，作坊店铺有20余家。

1950年后，潍城区设立专门车间生产仿古铜，产品主要有“马踏飞燕”“长信宫灯”“毛公鼎”等。1979年，浮雕古铜器与红木漆器相结合的屏风、挂屏成功试制。同年，四扇博古画屏在山东省工艺美术展览会上获得设计创新一等奖。1990年后，以潍城区金石艺术研究所为依托，挖掘传统文化资源，研究开发出40多个仿古铜工艺品种，如“新世纪宝鼎”“书院标”和一些实用器皿，打破了单纯仿古模式。1999年，潍城区金石艺术研究所制作的大型铜制工艺品“齐鲁风情迎荷瓶”被山东省政府作为唯一礼品赠送给澳门特别行政区政府，为古代艺术与现代艺术相结合的代表作。潍城仿古铜制品集历史、文化、艺术、工艺价值于一身，远销美、德、日和东南亚诸国。小巧精致的观音菩萨、笑面卧佛像、马踏飞燕、古钱币等仿古铜制品作为旅游纪念品，深受国内外旅游者的喜爱。

齐鲁风情迎荷瓶

布玩具

布玩具起源于民间。清乾隆年间，潍县城乡的青年妇女常用布料缝制一些生活用品和装饰品，用来美化生活，表达美好意愿。如缝制的虎头帽、猫头鞋等，穿戴在小孩子身上，既把孩子打扮得威武漂亮，又寓意消灾避祸、健康成长。另有香料荷包、虎头串（以虎头、笤帚、簸箕、黄瓜、葫芦等各种布玩具连成一串）、眼镜盒、烟包、针线盒等多种布玩具。这些布玩具可用于礼仪交往，成为亲朋好友间的赠品。后来，布玩具逐渐发展成为商品，有的人以此养家糊口，常年制作，祖辈流传，老潍县布玩具工艺品逐渐发展壮大。

解放后，这一传统工艺品受到高度重视。1958年，潍坊刺绣厂用做戏装的下脚料制作了几种布玩具，在广交会上试销，受到外商好评。1972年，潍坊工艺美术研究所对布玩具工艺进行改革。1973年，布玩具销售进入国际市场，这一传统民间工艺品填补了山东口岸民间布玩具出口的空白。1978年，在全国工艺美术展览会上，布玩具“狮子滚绣球”获评为10种优秀产品之一，并被邮电部选为纪念邮票图案。2007年，在第二十四届潍坊国际风筝会期间的第二届世界风筝都旅游节展览会上，潍城布玩具获得“潍坊市十佳旅游商品奖”。至2013年，布玩具由1958年的布老虎、狮子等6个品种发展到300多个品种。布玩具题材多以动物为主。有的布玩具融欣赏与实用为一体，如虎头帽、虎头拖鞋、针扎、针盒、储线盒、钱袋、钱包、首饰盒等，深受大众喜爱。布玩具亦由20世纪50年代的布料工艺品发展到以布料、皮毛、金银线等为主要原料合成制作的工艺品，造型巧妙夸张，神似胜于形似。

布玩具

刺绣

潍坊刺绣始于清代。原是潍县城乡较为普遍的家庭副业，素有“九千绣花女”之誉。当时潍县妇女吸收南绣的技艺，形成图案简练生动、色彩鲜明热烈、绣工精致细腻的刺绣特色。清光绪至民国前期是潍绣的兴盛时期，当时潍县经营绣货的作坊、店铺有30余家，绣制品由简单的枕套、门帘、桌围，到华丽的裙衣、礼服、霞帔、戏衣、轿衣等。1956年，潍坊刺绣厂建立，成为潍绣生产基地。刺绣厂将传统刺绣技艺与现代抽纱针法相结合，绣制出一些具有民族风格的拖鞋、靠垫、睡衣、台布等产品，并与青州花边相结合，研制出彩绣高档大套及机套、枕套等出口品。绣制品“窄带百带丽”，玲珑剔透，美观大方，畅销日本、意大利和中国香港等地区。刺绣艺人还研制出花鸟、山水、走兽、鱼虫等潍绣欣赏品。为人民大会堂绣制的4幅“盘金仿古铜器挂屏”，庄重典雅，富丽堂皇，为潍绣艺术精品。手绣“武梁祠汉画”古色古韵，“老虎”“百花齐放”“蓬莱日出”“大明湖”等形象逼真，“松鹤献瑞”“南湖”“延安”“早春”等意境幽深。不少潍绣佳作，在全国和省工艺美术展览会及旅游品展览会上获奖，受到各界人士的赞誉。

刺 绣

葫芦烙画

葫芦烙画亦称“烙画葫芦”，又名“工艺葫芦”“文玩葫芦”，始自唐，成于宋，兴于明清，从明朝起即有文字记载。至清朝康熙、乾隆年间，葫芦烙画已达到很高的专业水平，成为供皇家赏玩的御用珍品，因乾隆皇帝、纪晓岚等人推崇而得以广布民间。由于“葫”与“福”字谐音，“葫芦”谐音“护禄”“福禄”，故民间常以其象征福禄吉祥、大富大贵。葫芦形体优美，色泽金黄，寓意吉祥，玩赏者众多，并为大儒名家所推崇。

葫芦烙画的制作主要分为审图、铅笔放稿、勾线、熨色、刮白、抛光六个过程。葫芦烙画运用传统中国画的白描、工笔、写意等手法，在光滑坚硬的葫芦表皮上，用烙铁创作出人物、山水、花鸟、走兽等图案，画面具备焦、褐、黄、白等多种层次感及国画渲染效果，表现力非常丰富。葫芦烙画还将传统中国画手法与现代工艺相结合，制作考究，既能保持中国传统绘画的民族风格，

葫芦烙画

又体现出西方油画的写实效果，给人以古朴典雅、回味无穷的艺术享受，成为一种集拙朴自然和高雅精美于一体的民间艺术珍品。经多年把玩摩挲，葫芦通体会变得紫润光洁，价值不菲，故为大儒名家所推崇，玩赏收藏者极多。2013 年 12 月，潍坊葫芦烙画制作技艺被潍城区人民政府列入第四批区级非物质文化遗产项目名录。

潍坊传拓

传拓是将古老的碑碣石刻、青铜器、玉器、陶器、木器以及古钱币上的文字图案用宣纸和墨汁拓印下来，不失原作风格的一种特殊技艺。明代潍坊就有人从事传拓业，至清代中叶大兴，一直延续至今。清咸丰、光绪年间，在著名金石学家、收藏家陈介祺的带动下，潍坊传拓技艺向高、精端发展。其主体拓法（在青铜器、陶器上传拓）赢得国内金石家的赞誉，被誉为“天下第一拓”。陈介祺精心研究并实践传拓技艺，以画法入拓法，重雅脱俗，“度其尺寸，审其向背，分轻重施墨，拓出器图，俨然立体形象”。传拓对工具、材料、识器、剔器、上纸、捶拓等都有严格的要求，陈介祺所写《传古别录》《访碑拓碑札记》两篇文章，记录了其研究传拓工艺的经验。

潍坊传拓工艺手法分两类，即擦拓和扑拓。用毡片扎制成擦子，蘸墨或其他颜色擦出成品，此法谓之“擦拓”。用布或绸包上棉花或秕谷或驼毛或头发，做成扑包，然后扎紧捆于拓把上，蘸墨扑拓出成品，此法谓之“扑拓”，是传拓的主要拓法。由于所拓的器物、工具、原料不同，又派生出多种拓法，主要有蝉翼拓、乌金拓、堆沙拓、密云拓等。低档品传拓的工具较为简单，操作工艺亦较为简单。立体器物传拓的难度大，工具和工艺非常复杂。

潍坊传拓颜色以黑为主，兼银朱、石青、石绿、黄、赭、深蓝色等。有的拓本由一种色拓成，有的拓本由多种色拓成，如布袋和尚碑，和尚的面部呈淡赭色，衣服呈石青色，布袋呈黄色，底呈黑色。用彩色传拓的器物大多为绘画碑刻。潍坊的传拓以扑拓的蝉翼拓为主，以擦拓为辅，旁涉其他拓法。蝉翼拓多用墨，擦拓多用色（即银朱）。无论是平整的碑刻、木刻还是立体器物均采用蝉翼拓法。潍坊传拓扑包是布包秕谷，墨沉入扑包的秕谷空隙之内，扑拓出的墨呈麻点状，所拓拓本呈蝉翼翅状，这是潍坊拓法区别于其他地方拓法的关键之处。2013 年 12 月，潍坊传拓制作技艺被潍城区人民政府列入第四批区级非物质文化遗产项目名录。

潍坊干枝梅

潍坊干枝梅制作技艺始于清代，有上百年的历史。其制作采用传统的纯手工方法，干枝的原料、剪裁、造型及底座盆罐的选择都有极高的艺术标准和要求。现代多以桃枝、工艺布料、陶瓷花盆等为原料，通过选枝、剪裁、造型、加工、刷漆、配盆等多道工艺程序加工而成。成品以其造型独特、精致美观、风韵优雅而独具特色，自成一格。干枝梅制作档次较高，制作难度较大，工艺复杂且品种繁多。2013 年 12 月，潍坊干枝梅制作技艺被潍城区人民政府列入第四批区级非物质文化遗产项目名录。

潍坊干枝梅

潍坊花丝首饰

详见本编第四章第二节。

潍坊面塑

详见本编第四章第二节。

黄家庄泥塑

详见本编第四章第二节。

第二节　文化产业选介

郭味蕖美术馆

该馆位于月河路以东、东风西街以南郭味蕖故居西侧，占地约0.39公顷，建筑面积3600多平方米，总投资1200万元，是山东省首家采用民办公助的方式建成的美术馆。2005年10月开工建设，2007年年底竣工。2008年7月，郭味蕖美术馆正式开馆。美术馆分上、下两层，上层为博物馆性质，长期展示郭味蕖先生的生平事迹和学术、艺术成果；下层为美术展览馆，常年举办艺术展览活动。

郭味蕖美术馆

潍坊广丰文化特艺城

潍坊广丰文化特艺城是由潍坊广丰商贸有限公司与香港德生（施氏）有限公司合作开发的文化产业项目。总建筑面积8万平方米，地下两层，地上主楼22层，1～3层为文化商品交易展示大厅，3层以上为商务酒店、SOHO公寓、写字楼等配套设施。项目总投资3.2亿元，2010年11月开工建设，2013年7月竣工投入使用。商场部分主要经营金银首饰、翡翠玉石、古玩字画、红木奇石、民间工艺品、收藏品及开办美术展馆等。

十笏园文化街区

该文化街区位于东风西街与向阳路交汇处东北方，因环抱全国重点文物保护单位“十笏园”而得名。十笏园文化街区是山东半岛面积最大的仿古建筑群之一，占地10公顷，总建筑面积24.6万平方米，整体风格为仿明清古建筑，与十笏园明清建筑风格一脉相承。规划分为一路（文昌路）、三街（板桥街、胡家牌坊街、十笏街）、六区（风雅文化区、民俗文化区、历史文化区、“非遗”文化区、美食餐饮区、传统居民区）。

十笏园文化街区板桥街

十笏园文化街区以十笏园为依托，融合潍城独特的传统历史文化资源、人文气息与地方特色，汇集十笏园、关帝庙（又称“关侯庙”）、孔融祠（又称“孔相祠”）、文昌阁、郑板桥纪念馆、全国书画名家展示馆、郭怡孮美术馆、于希宁艺术馆、潍坊市民间工艺品陈列馆、中国收藏家协会潍坊展览交流中心及潍坊“非遗”文化中心等众多大型公益、文化建筑，集中展现了老潍县的历史文化风貌，构架了一座兼容并蓄的文化产业综合体，融风雅文化、民俗文化、历史文化、“非遗”文化、商务旅游文化、美食养生文化、休闲生活文化等于一体，是一处古韵文化与现代文明交相辉映的大型文化旅游产业园区，堪称中国收藏界、艺术界、文化界交流合作、互惠共赢的高端平台。

十笏园文化街区是全省100个重点文化产业项目之一，2009年9月启动建设。2015年4月17日正式开园。开园同期，“中国（潍坊）首届收藏博览会”“全国书画名家精品展”“中国（潍坊）第八届风筝工艺美术产品博览会”“首届中国（潍坊）收藏文化论坛”等系列精品展览和活动在十笏园文化街区荟萃亮相，联袂奉献了一场古韵文化与现代文明交相辉映的“文化盛宴”。截至2015年年底，在十笏园文化街区先后举办各种文化活动近200场次。

“中国画都”（中国画学会于2013年4月命名潍坊为“中国画都”）地标性雕塑伫立于十笏园文化街区。2014年11月，山东省人民政府公布全省第一批历史文化街区（共35个），十笏园文化街区名列其中。2015年4月，十笏园文化街区被中国收藏家协会命名为“中国收藏文化示范基地”。2015年年底,在十笏园文化街区内建成齐鲁“非遗”文化产业孵化器。

潍坊广告创意产业园

潍坊广告创意产业园于2008年启动建设，规划控制面积5平方公里，规划广告载体面积50万平方米。2011年11月，园区列入首批国家广告产业试点园区。2012年4月，被国家工商总局正式授予“国家广告产业园区”称号。

潍坊广告创意产业园由“两区一园五板块”构成。“两区”即广告企业孵化区、广告企业总部区。广告企业孵化区主要规划建设西街广告创意板块、十笏园·城隍庙广告展示交易板块和新媒体板块。广告企业总部区主要规划建设微电影摄制板块和广告服务外包板块。“一园”即浮烟山·白浪绿洲湿地广告影视文化产业园，主要建设广场、寺庙、市井民居、民间作坊、客栈酒坊及国内先进的广告摄影棚、录音棚、广告前期策划基地、后期制作工厂等配套设施。“五板块”即打造广告创意、广告展示交易、新媒体、微电影摄制和广告服务外包五大产业板块。

至2013年，以创意西街为主轴，以西街68、西街99两个孵化器为支撑的广告企业孵化区和新媒体广告产业园基本建成，聚集各类广告创意业户200余家，吸收从业人员2000余人，初步形成了广告创意、新媒体、展示交易三个产业板块，培育了从广告创意、设计到制作、发布的完整产业链条。

潍坊南大营1789文化艺术区

该文化艺术区位于潍城区青年路1789号，2013年10月开始改建。园区分为三部分：传统文化区，主要生产经营古玩、字画等；创意文化区，主要进行创新、创业；铁路文化区，主要是利用老铁路设施开展影视制作、图书经营及休闲活动等。

潍坊关野工艺品有限公司

潍坊关野工艺品有限公司始建于1994年，占地约4.75公顷，是集生产、销售于一体的对外贸易经营公司，企业通过ISO9001质量体系认证。该公司秉承“保质、诚信、重义、薄利”的经营理念，从1996年开始，致力于软体工艺品的设计和生产，主要有毛绒玩具、床上用品、人造发饰、高档工艺拖鞋、艺术服装、工艺布制品、特种工艺品等，年产量1000万件，产品销往日本、欧洲等国家和地区。

城隍庙金银仓

城隍庙金银仓位于北门大街以东、向阳路以西、金巷子以南、城隍庙街以北，占地3.28公顷。2012年开始建设，建成后将与十笏园文化街区相互映衬，成为市区集旅游文化、休闲购物为一体的综合文化旅游消费区。现仍处在建设过程中。

第六章　广播　影视

第一节　广　播

广播设施

1990年4月，经山东省广播电视厅批准，潍城人民广播站改建为潍城人民广播电台。10月，全市第一座调频立体声广播电台建成。1991年后，在发展调频广播的同时，全区有线广播也得到发展，城区有线广播覆盖东风街、胜利街、北宫大街、向阳路等。1992年，增设调频喇叭60余只，所属10个乡镇广播电视站更新低音喇叭70余只；对因线路、喇叭失修而停播的镇、村进行全面整修。全区农村广播播出率达到100%，入户喇叭5.5万只（包括部分低音喇叭折合数），入户率达到85%。全区有线广播线路总里程为394.6杆公里，全部水泥杆化，扩大机全部输出总功率为16350瓦。1994年区划调整后，潍城区先后完成开发区、杏埠镇、于河乡线路和铁路南广播线路的迁移，更新改造和平路、向阳路的广播线路，在北宫大街、胜利西街等路段新增低音喇叭20余只。后出于乡镇机构调整、电视冲击、经费不足等原因，有线广播发展受阻，到2000年农村已无有线广播。城区由于道路改造、弱电下地，大部分有线广播线路被拆除，仅在向阳路北段和北宫西街还保留少部分有线广播。2005年年底，潍城有线广播全部停播。

1992—1999年，潍城区先后投资33.6万元购置自动播出设备，实现电台自动化播出；购置小型转播车1辆、TF418千瓦发射机1台、ROJJ1602（美国罗丝）调音台1台、SO1VCOP-C425五碟激光唱盘1台、SONYTC-W370双卡录音座1台、30瓦TF-514调频发射机1台、立体声编码器1台、电容话筒3只，实现了现场直播；购置486微机1台、24针打印机1台、APS电源1台、FL-2003复录机1台、586微机1台、刻字机1台、英国声艺LX724路调音台1台、JVC718双卡座1台，办公实现现代化。

2001—2005年，潍城区先后购置日产双卡录音座2台、日本马兰士PMD222采访机1台；维修加固发射铁塔，装修播出机房，增添、更新卫星广播接收机、复录机，购进意大利产RVR3000瓦垂直极化天线，调频发射功率由300瓦扩大到1000瓦，在无缝覆盖全区的基础上，无线信号更加稳定清晰。2006年7月，将原有的1000瓦调频发射机迁移到东风东街泰华广场顶楼，用微波将信号传至泰华机房发射。发射天线的高度由36米提高到80米，电台覆盖范围扩大至潍坊市区及周边县市。8月，购进北京吉兆公司所产全固态1000瓦发射机，更换原有的旧发射机，发射功率增至满功率1000瓦。2008年3月下旬，电台播出部由胡家牌坊2号迁至彩虹路西，同时购进1台北京吉兆所产的千瓦发射机，形成一主一备的格局，确保安全播出。2012年4月，导播室至泰华发射机房的信号传输由微波改为光缆传输，并更新24路声艺调音台，购置热线电话耦合器、延时器、音频信号处理器等设备。电台无线调频发射频率为107.8兆赫，天线高度达36米，有效覆盖半径为25公里，不仅覆盖整个潍城，还能覆盖寒亭、坊子、安丘、昌乐等部分区域。

广播宣传

1991—1996年，潍城区在市人民广播电台新闻用稿量一直位列各县（市、区）第一名。1996—2005年，除2001年外，每年均获评为市人民广播电台宣传报道先进集体；获得省人民广播电台（集体记者）先进集体二等奖、三等奖共9次。1991—2013年，区电台采用有线与无线相结合的方式，始终坚持以正面宣传为主，紧紧围绕区委、区政府中心工作，着力突出对改革开放和经济建设、精神文明建设的宣传。在学习贯彻落实“三个代表”重要思想及落实中共十六大精神、招商引资、民营经济发展、企业改革、农业产业化、防治“非典”和创建国家卫生城等各项宣传中，加大节目信息含量，延长节目播出时间，为各项工作的开展提供了良好的舆论氛围。23年间，全区共播发各类稿件91425篇，平均每年3975篇。在市及市以上新闻单位发稿5500篇，其中，中央人民广播电台16篇，山东省人民广播电台916篇。有90件作品在省、市广播节目评比中获奖，其中《情与爱的奉献》《老行当喜获新生》等3件作品获省广播作品一等奖，《干部政绩村民量》《一个军人家庭的奉献》等4件作品获省广播节目二等奖，《他们也有个幸福的家》《琴键上的爱》《吴秀英义务赡养35位老人》《党员摊前顾客多》《丹心铸就迎荷瓶》等24件作品获市广播节目一等奖，有27件作品获市广播节目二等奖，35件作品获市广播节目三等奖。《再就业，路在脚下》《理论与实践》分别成为1996—1997年度、1998—1999年度潍坊市精神文明建设精品工程入选作品。

广播节目

1991—2005年，潍城广播电台在继续转播山东省人民广播电台和中央人民广播电台新闻节目的同时，自办节目不断推陈出新。其中专题节目类有：1992年，在保留原广播站所设的《潍城新闻》《消费者之友》《为听众服务》3个专题节目外，增设《今日潍城》《社会生活》《文摘》《广告信息》等专题节目；1996年开办《农村天地》《市场广角》《青春年华》《都市生活》《每日话题》等针对不同层次听众的新闻性专题节目；1998年后节目逐渐减少，2005年年底仅保留《今日潍城》《经济报道》《生活空间》3个专题节目。《潍城新闻》也由2001年前的每天1期，早、中、晚重播，改为每周3期，周一、周三、周五首播，周二、周四、周六重播，周日为《一周综合新闻》。直播节目类有：早、中、晚三档直播板块，分别以《城市早晨》《社会方圆》《城市屋檐下》为主打栏目，播送热点话题、法律知识、情感故事等。1993年初开办的互动性直播板块节目主要有《七彩阳光》《老年天地》《正午好时光》《情感驿站》《黄昏漫步》《良宵共度》等。此外，开通了热线电话，很受听众欢迎，2001年互动性节目停播。文艺节目类有：《空中书场》《音乐欣赏》《曲艺大观》《戏曲鉴赏》《广播剧院》等。

2005年10月，区广电局与潍坊伟力药业有限公司签订为期10年的战略合作协议，由伟力公司代理潍城人民广播电台广告业务，并承办电台全天文艺节目。2006年9月，潍城电台对107.8城市音乐广播进行全新改版。主要节目有《音乐老地方》《流年似水》《怀旧金曲》《流行也经典》《音乐新时空》《民歌味道》《都市音乐新时空》等音乐节目和整点资讯。2010年9月，潍城电台与南昌好朋友传媒合作，由好朋友传媒负责节目包装及广告经营。10月，好朋友传媒正式入驻，以潍城之声好朋友车电台的名义开始音乐打碟和节目包装宣传。2011年1月，FM107.8好朋友车电台节目正式上档，主要有《汽车碟中碟》《舒雅的第六感》《津品音乐》《海诺的C大调》《偷听音乐》，另外还有《整点资讯》《娱乐宅急电》《房产集结号》《天气宝宝》等短小的插播节目。2013年7月，好朋友传媒中途退出合作。

第二节　电　视

电视设施

1990年1月，潍城有线电视正式播放。台址及节目录制、信号收转、播放等设施都在原区广播电视局楼内。1992 年，投资 28 万元购置日本池上 HC-300 摄像机 1 台、索尼 9850 系统编辑机和索贝特技字幕机 1 套。对有线电视前端系统进行改造，投资 18 万元购进美国优力系统前端和邻频传输设备，联网内用户可通过 10 个频道收看 12 套节目。1995 年，投资 36 万元购置日立 Z-ONE 摄像机 2 台、索尼 5PS 录像机 1 套、索尼 DFS-300P 特技设备 1 套。同年，区广播电视台撤销后，前端系统撤销，潍城节目先传向市有线电视台，再由市有线电视台传输到网内用户。2003 年，投资 20 万元购置松下 DVCPRO410 型数字摄像机 4 台，投资 5 万元购置松下 DVC455 数字编辑机 1 台。2004 年，投资 20 余万元新上美国康尼普视极卡非线编辑线、加拿大 X100 极卡非线编设备各 1 套和博视 12 路音频平衡器 1 台，摄像头型播音提词器 1 套，冷光源演播室灯光系统 1 套。2005 年，投资 10 万元新上 1 套硬盘播出系统、节目上载系统，实现了节目自动化播出，并安装由区到市的电视新闻光缆传送系统。2006—2013 年，全区先后投入 200 余万元，更新摄录编播设备，提高了电视节目的制作水平。

电视宣传

潍城有线电视台（频道）是潍城区的主要宣传媒体。

新闻宣传　坚持团结、稳定、鼓劲和正面宣传为主的方针，在搞好日常工作报道和社会新闻宣传的同时，每届次的区党代会、人大会、政协会和每年的潍坊国际风筝会、鲁台经贸洽谈会、“元旦”“春节”都开办专门栏目进行报道。1991—2013 年，共播发各类新闻稿件 3.2 万余件。

专题宣传　大力弘扬时代精神，突出典型宣传。1991—2013 年，电视台共摄制各类题材的专题片 900 余部。《北宫路上话改革》《鸢乡风情》《风筝之乡》《走向世界的潍城》《古城春晓》《人民不会忘记》《钢铁的精神，战士的歌》《长安之路》《望留——今日的希望》《潍坊市城市民兵属地化管理纪实》《灿烂的潍城文化》《平安基石》等数十部反映潍城区经济发展、改革开放和精神文明建设的大型专题片和《街巷深处党的人》《爱的奉献》《路在脚下》《磨坊的儿子》《他用奉献写人生》《村支书的故事》《外地人在潍坊》等一大批反映潍城区科教、农业、工业、文化等领域先进人物事迹的专题片，在中央、省、市、区电视台播出后，引起较大反响。其中，《鸢乡风情》获第六届“全国电视星光奖荣誉提名奖”；《风筝之乡》作为潍坊市首部电视片参加巴黎旅游博览会展播；《钢铁的精神，战士的歌》在中央台播出，获“潍坊市第二届精品工程奖”；《他用奉献写人生》为 1998—1999 年度全市精神文明建设精品工程入选作品，《长安之路》《基石》等获市级精品工程提名奖。

对外宣传　1991—2013 年，潍城有线电视在市以上新闻单位共发稿 7500 余件。《潍城区推行两化管理效果好》《42 名大中专毕业生到崔家村安家落户》《政府提速，民营经济驶入快车道》《潍城区利用暑期对中小学生进行国防教育》《构建和谐社会：潍城区完善残疾人保障机制》《鞠躬尽瘁为人民》（4 集）等在中央台和山东卫视新闻节目中播出后，影响较大。

电视节目

1990 年，潍城有线电视正式播放后，先后设置《潍城新闻》《社教园地》《教育专题》《街头见闻》《新风赞》5 个栏目，《潍城新闻》3 天播放 1 次，其他栏目 1 周 1 次。每天播放时间为 5 小时。1993 年，撤销《社教园地》《街头见闻》《新风赞》《教育专题》等栏目，新设《潍城纵横》《五彩缤纷》《经济信息大世界》《经济 10 分钟》《屏幕歌声》《下周荧屏》等栏目。《潍城新闻》由过去的每周 2 次改为每周 3 次。全台节目由过去的每周 4 天播出改为天天播出。1996 年，将《潍城纵横》改为《今日潍州》，同时增设社会动态性节目《百姓话题》。

1997 年，《潍城新闻》由每周 3 次增加到每周一、三、五、日播出，每期 10 分钟，周日为综合新闻。《经济信息大世界》《屏幕歌声》等栏目撤销，新设《七彩天地》《888欢乐时光》《都市时尚》等栏目。电视播出时间为早上7点至次日凌晨1点。2009年，《七彩天地》《888欢乐时光》《都市时尚》等栏目撤销，开设《都市民生》社会新闻栏目，每期10分钟，次年延长至20分钟。2010年，开办潍坊市第一个平民选秀类节目《奇好看》才艺大秀场。2012年，《潍城新闻》改为每天一期，时间延长到10～15分钟。撤销《今日潍州》栏目，开设《文化潍州》《鸢都教育》栏目。

第三节　电　影

1991年，潍城区电影管理站负责全区厂矿企业、乡镇的电影发行放映工作。全区每个乡镇均设一处电影管理站，负责放映管理。1993年体制改革，全区电影管理站改为文化电影管理站，业务服从电影公司统一管理，行政归属当地政府。每站有2～3个乡镇办电影队，具体负责本乡镇电影放映工作。1991—2006年，电影公司先后购买16毫米和35毫米放映机、幻灯机等设备，成立流动放映队。至2006年，电影放映场次达到1.8万场，观众逾2000万人次。2007—2013年，潍城区电影发行放映公司购置8台新型数字放映机，精心组织8支放映队，在全区各行政村巡回放映。2010年，农村电影放映工程扩至全辖区，实现了城乡全覆盖。2011年，在建党90周年优秀影片展映活动中，公司被中国电影发行放映协会评为“优秀放映队”。2012年，公司获评为潍坊市电影发行放映先进单位。至2013年，共放映2万场，观众1200万人次。

第四节　有线电视网络

潍城区的电视播出机构——潍坊电视CH-8筹建于1989年2月。1990年1月，潍城区建立有线电视台。1991年，采取区财政拨款和受益单位、用户承担相结合的办法，建立主干线1.5万米，联网用户达1.2万户。1992年，在对有线电视前端系统进行全面改造的同时，潍城区新架设通往市委、市政府片区的主干线3500米，发展新用户8000户。1993年，国家广播电影电视部正式下文同意潍城区建立有线电视台，呼号为“潍城区有线电视台”，并颁发中华人民共和国有线电视许可证（编号15003号）。同年6月，为搞好全市有线电视网城区的网络建设，按照“一市一网，网台分离，共同建设，合理分配，团结协作”的原则，潍城区与潍坊市达成协议：“潍坊市有线电视网的城区网络建设，以白浪河为界，河东由市局负责建网管理，河西由潍城区局负责建网管理，各设前端，互送自办节目信号，并确保全部节目的完整性。双方不向对方建设范围内扩展干线和联网发展用户。”1995年5月，市、区有线电视并网，潍城区的网络及用户无偿划入市有线电视台。并网时，潍城区拥有有线电视用户3万户，架设主干线2.3万米，并更新改造了部分老化的网络。同年，区委、区政府提出把农村有线电视联网工程列为全区要办好的“十件实事”之一。潍城区广播电视局在各镇、村普遍安装有线电视。为确保质量，先后制定《关于农村有线电视联网工程实施方案》《关于农村有线电视联网工程的验收标准》等文件和检查验收制度，全区农村有线电视联网工程健康、有序、稳步发展。到1996年年底，全区6个镇全部建立卫星地面接收站，10%的村实现联网，可以收看12套电视节目。1999年3—8月，架设光缆57公里，通达望留、符山、军埠口、大柳树、于河、杏埠6个镇。2000年，于河、军埠口、符山、望留4个镇相继开通有线电视信号。

2002年，由市网络中心投资，将光缆架设到潍城区于河、符山、望留、军埠口4个镇的180多个村，实现光缆“村村通”，共埋设水泥杆4000多根，架设钢绞线220多公里。区委、区政府先后召开专门工作会议，成立由14个部门组成的潍城区农村有线电视网络建设和管理工作领导小组。

区委、区政府办公室联合转发《关于加强农村有线电视网络建设和管理工作的意见》，分管区长代表区政府与4个镇的镇长签订《农村有线电视网络建设工作目标责任书》，将入户任务分解到各镇。2003年,新发展用户200余户。2005年年底，城区有线电视用户约为6.5万户，农村有线电视联网新发展用户8000户，全区农村有线电视入户率达到40%，联网用户1.2万户。2006年，农村有线电视模拟用户发展到23278户，扣除报停和旧村改造征迁户，实际收费的有18080户。潍城区农村有线电视网实现全覆盖，潍城区广播电视局负责网络的发展、安装、维修以及收费等管理工作。2013年, 全区实施“数字化”整体转换，将农村模拟网络改造升级为数字网络。历时半年，完成数字化整转2.2万余户。

第七章　文化市场管理

第一节　文化市场综合执法

1991—2000年，全区贯彻执行《山东省文化市场管理条例》，由区文化局牵头，对全区文化市场实施管理，建立文化娱乐业经营许可证制度和文化市场检查制度。1991年,潍城区先后制定“扫黄打非”集中行动与日常检查工作制度，书刊、音像、电子出版物经营从业人员持证上岗培训等规章制度,并向社会公布了“扫黄打非”举报电话。1991—1996年,全区共出动检查人员3200多人次，共收缴违禁书刊和非法出版物2万余册，收缴非法盗版音像制品、电子出版物6000余盘。同时，组织大量优秀出版物进入市场,开展以“图书下乡”为主要内容的“文化下乡”活动，为广大群众创造了良好的文化环境。1995年12月，潍城区文化市场管理办公室被潍坊市文化局授予“全市文化市场管理先进单位”称号。1996年6月，全区文化市场从业人员实行持证上岗制度，并将重要的文化市场法规文件汇编成册，出版《文化市场管理工作法律法规文件编选》，结合培训下发到从业经营户手中1万余本,强化经营者的法律法规意识。

2001年，全区开展音像宣传周活动，共建立由公、检、法、司等部门参与的宣传站30个，发放《识别新版防伪标识的办法》明白纸5000余张。从6月开始，全部取缔在潍城办理了文化经营许可证的游戏厅，不再审批新的练歌厅。开展8次大规模的“扫黄打非”行动，共查处非法音像制品1.2万余盘、淫秽光碟530余盘、盗版软件200余盘和书刊1400余册，取缔无证经营户6家，维护了文化市场的经营秩序。2004年,区“扫黄打非”工作领导小组与各成员单位签订《潍城区2004年度“扫黄打非”工作责任书》。在全区挑选10名素质高的市民组建市场监管员队伍，加强对游动书贩不法行为的劝阻和教育。11—12月，开展电子出版物市场专项整治工作，先后查处并取缔无证无照经营地下电子出版物窝点2个，查缴盗版电脑软件580余盘，封存扣押6000余盘。2005年5月，结合创建“全国文明城市”活动，区扫黄办协调区公安、文化、工商等部门，开展“出版物市场整治月”活动，发放《关于取缔流动书刊摊点的通知》40余份，取缔流动书刊摊点20

多个，关闭非法店铺5家，查缴各类非法出版物800余册。开展以未成年人为主要对象的有害出版物专项治理行动，对三中、六中、七中、八中等学校周边的文化经营场所集中检查4次，净化了校园周边的文化环境。

2006年，潍城区以“反盗版百日行动”为重点，加强对出版物储运环节的管理，先后对5家出版物储运单位进行检查，查缴非法图书46种2000余册。开展严厉打击非法音像制品专项整治行动，查封非法经营音像制品的地下仓库2个，取缔非法摊点5个，查缴盗版音像制品8万盘。2007年6—9月，在全区范围内开展“迎接十七大，净化出版物市场”专项行动，规范出版物市场秩序。全年共组织检查12次，查缴各类非法书刊4800余册、非法音像制品420余盘。版权保护工作得到进一步加强，开展“拒绝盗版，维护正版”“读好书，读正版书”等街头宣传、法规咨询活动，与市局联合在潍坊三中举办中学生版权保护签名活动。在全区网吧推进使用正版软件工作，开展打击非法预装计算机软件专项行动，对辖区内的各类计算机商场进行全面检查。2007年，全区共建成4家试点农家书屋。2008年，农家书屋工程建设继续加强，全区共建成农家书屋88家。2009年，区文化市场综合行政执法局成立初期，开展内部整顿活动，对各项规章制度、执法流程进行规范，完善了执法人员守则。对全区44家网吧、19家娱乐场所、15家音像制品经营店、29家图书报刊零售门店、58家印刷厂、24家打字复印部全部实行台账登记管理，并签订《安全生产责任书》。

2010年，开展网吧市场专项整治行动，集中整治娱乐场所无证照、证照不全和超范围经营问题，治理校园周边环境，开展4次音像市场整顿集中行动、7次“扫黄打非”集中行动。2011年，全体文化执法干部职工参加市文化执法局举办的法律法规培训班2期。以“亮剑”行动为主题，严厉打击违法音像制品和图书制品，取缔非法摊点26个，收缴非法出版物3000余册、音像制品1.1万余盘、卫星地面接收天线设施210套。为抓好网吧市场管理工作，在艺考、高考、“创城”、国庆节期间，会同公安、电信等部门开展“零点断网”专项行动。会同公安、消防等部门组织召开网吧、游戏厅经营场所培训工作，全区54家单位参加法律法规培训，均签署守法经营责任状。检查网吧、游戏厅150余次，组织“零点行动”3周次，共查处违法经营网吧10余家。加强对印刷企业的管理工作，组织开展了4次专项大检查活动，出动执法人员160余人次，检查印刷经营单位累计170家次。2012年，市文化执法局为潍城区全体执法人员统一培训、办理了新闻出版执法证和文化市场综合执法证。全年共检查各类场所300多家次，取缔非法摊点18个，收缴非法出版物1万余册（盘）。联合工商、公安等部门检查酒店、宾馆共计128家，发现65家未经广电行政部门批准私自安装卫星地面接收设施，对52家立案查处，对13家就地销毁。联合各街道派出所及村居干部对望留、于河、乐埠山、军埠口、经济开发区47个行政村进行11次专项行动，共查处非法使用卫星接收设施248台。开展“非法销售安装使用卫星地面接收设施”专项行动，查出非法销售卫星地面接收设施541台套。检查网吧、游戏厅150余家次，共查处违规经营网吧10家。2013年，开展“广播电视执法年”活动，实施“拉网式”排查，发放宣传材料150余份；对80余家酒店、宾馆等场所的广播电视信号进行检查，立案查处4起，收缴拆除非法设施320台（套）。同时，加大“扫黄打非”、网吧娱乐场所监管、印刷企业违规清理、校园周边文化环境整治等执法力度，先后出动文化执法人员近1000人（次），检查文化经营场所2000余家（次），从中立案查处63起，取缔非法摊点26个，收缴非法出版物3600余册（盘）。区文化市场综合执法局先后获得“山东省推进软件正版化工作先进单位”“潍坊市‘扫黄打非’工作先进单位”“潍坊市文化市场综合执法工作优秀单位”等称号。

第二节　出版印刷管理

1991年5月，潍城区新闻出版管理办公室设立，副科级事业单位，归属区委宣传部。新闻出版管理办公室先后制定“扫黄打非”集中行动与日常检查工作制度和书刊、音像、电子出版物经营从业人员持证上岗培训等方面的规章制度，并向社会公布“扫黄打非”举报电话。1991—1996年，全区共出动检查人员3200多人次，收缴非法印刷销售的违禁书刊和非法出版物2万余册，其中淫秽、反动书刊530册；收缴非法盗版音像制品、电子出版物6000余盘，其中反动、淫秽色情的300余盘。在开展破获制黄贩黄、非法出版活动的同时，开展以“图书下乡”为主要内容的“文化下乡”活动，为广大人民群众创造了良好的文化环境。1994年5月，潍城区新闻出版管理办公室被省新闻出版管理局、省人事厅评为“全省创建文明书刊、音像市场活动先进集体”；1995年6月，被省委宣传部、省委政法委、省“扫黄”工作领导小组、省公安厅、省新闻出版管理局授予“1994年秋季全省扫黄打非集中行动先进单位”称号。

2001年，潍城区合理规划和扩大文化市场，先后开辟音像超市3处，增加经营业户58家。2005年，开展“出版物市场整治月”活动，取缔流动书刊摊点20多个，关闭非法店铺5家，查缴各类非法出版物800余册。2006年，以“反盗版百日行动”为重点，加大重大节会期间、重点地段、重点部位文化市场的检查整治力度，加强了对出版物储运环节的管理。2009年，对15家音像制品经营店、29家图书报刊零售门店、58家印刷厂、24家打字复印部实行台账登记管理。2010年，区新闻出版管理办公室承担的新闻出版活动的监督管理和著作权侵权行为的查处职责划归区文化市场综合执法局。同年，开展音像市场整顿集中行动4次，查缴校园周边有害卡通画册、淫秽“口袋本”图书和光盘等。2011年，查缴违法音像制品和图书制品，取缔非法摊点26个，收缴非法出版物3000余册、音像制品1.1万余盘，严厉打击了出版物市场的非法经营活动。2013年，取缔非法摊点26个，收缴非法出版物3600余册（盘）。检查印刷企业、出版物经营单位500余家次，立案查处各类案件9起。检查全区中小学周边文化经营门店100余家次，立案查处各类案件5起，收缴不健康出版物350余本（盘）。

第八章　档　案

第一节　场馆建设

1987年，在原潍城区政府办公楼（东风西街399号）东南角建设独立的档案馆楼，面积1009平方米，其中库房面积509平方米，档案馆建筑基本符合国家档案局制定的《档案馆建筑设计规范》。馆内共有库房3个：第一库房存有文书、科技等各类纸张档案，1994年更换密集架75组；第二库房分两部分，一部分是声像档案室，另一部分是实物档案陈列室；第三库房是资料室，存有报纸、字画、地图等。

潍城区档案馆新馆位于潍城区区级机关综合办公大楼1号楼，于2007年8月正式投入使用，总建筑面积1778平方米，库房使用面积962平方米。新馆建设严格按照《档案馆建筑设计规范》的要求，库房内配备密集架340立方米，并配备集安全监控、自动报警、温湿度测量与调控于一体的库房档案安全保护智能化综合管理系统、自动灭火设备和防有害生物设备，为国家二级综合档案馆。

第二节 档案资源

1959年建馆初期，有8个全宗、3500卷档案。1996年9月，潍城区档案局下发《关于接收档案资料进馆的通知》，至1997年年底，共接收46个单位的档案8420卷（1984—1990年）。2007年11月，区档案局下发《关于接受档案资料进馆的通知》，至2008年年底，共接收42个单位的档案6400多卷（1991—2002年）。截至2013年12月，馆存94个全宗，档案资料76356卷，其中文书档案42378卷，资料11946册，照片档案22311张。有各种专门档案（含科技档案）150卷，会计档案122卷，统计档案56卷，人口普查档案115卷，工业普查档案71卷，死亡干部档案494卷，纪检档案804卷及部分基建档案、名优产品档案等。

文书档案

文书档案主要包括革命历史档案和建国后档案。革命历史档案共254卷，主要记录潍县县委、潍坊特别市委、市政府及群众团体自1932年至1949年中华人民共和国成立前有关山东省政府和昌潍地委的部分文件史料。中华人民共和国成立后的档案主要是1949年至1983年潍坊市党政机关、群众团体、企事业单位和撤并机关形成的档案及1984年潍城区成立至2002年各部门所形成的档案。

馆藏资料

馆藏资料包括各种图书、刊物、文件汇编、党史、校志、厂史等。比较珍贵的资料有清朝版二十四史、清乾隆年间的《潍县志》、民国时期的《潍县志稿》及有关报纸杂志、潍坊地图700多张，还有启功、于希宁等著名书画家的字画1400余幅、名人档案60卷以及反映潍坊市半个多世纪以来重大政治活动、工农业生产、城市建设、文化教育、名胜古迹、历史人物等的珍贵照片2万多张。

实物档案

实物档案包括反映潍城地方特色及文化特色的风筝、木版年画、嵌银漆器、仿古青铜器等1300余件。20世纪80年代出土的囊括15个朝代、60余种的2吨古币被鉴定为省级文物，是潍城区档案馆的“镇馆之宝”。山东省人民政府赠送澳门特别行政区的大型铜器礼品——齐鲁风情迎荷瓶，由潍城区金石艺术研究所设计制作，其缩制品共8件，存潍城区档案馆1件。

第三节 文档立卷

1991—2013年，每年举办全区档案立卷及文书培训班。共举办培训班92期，培训文档人员7800多人次。

1991—2002年，档案馆采用“问题”立卷方法，共立卷1万余卷。2003年，进行立卷改革，推行归档文件整理立卷法，执行《归档文件整理规则》，即将归档文件以件为单位进行装订、分类、排列、编号、编目、装盒，使之有序化，为文档一体化和电子文件管理奠定了基础。2003—2013年，共整理档案2830盒、79240余件。

第四节 档案规范化管理

1990年，区档案馆晋升为省二级先进档案馆。1992年，晋升为省一级先进档案馆，成为潍坊市开展档案馆工作上等级活动以来首先进入省一级先进行列的档案馆。2000年，被山东省档案局认定为“综合档案馆规范化目标管理省一级先进”。2009年，晋升为国家二级综合档案馆。

机关事业单位档案管理

潍城区贯彻实施《档案法》《机关档案工作条例》，加强档案基础业务建设，自1990年始，开展档案工作升级定级及档案综合管理活动。1998年，机关事业单位全面开展档案工作规范化目标管理活动，促进了全区档案管理水平的提高。

区教委在全面加强档案综合管理的基础上，开展争创全省档案工作先进系统活动，1995年，其所属28处学校的档案工作全部达到省级先进，成为全市第一家“山东省机关档案工作先进系统单位”；1996年,《潍城区教育档案管理办法》制定并下发实施。潍城公安分局机关档案工作继1995年达到省级先进后，至2009年，其下属12处派出所档案工作全部套改并达到省级先进标准。

2004年后，区政协、区教育局、区公路局、西关街道、符山水库管理局、潍城公安分局等17个单位的档案工作晋升为省一级先进，区文广新局等14个单位的档案室晋升为省二级先进。潍城工商分局、区法院、区检察院、潍城国土分局先后于2007年、2008年、2010年、2012年晋升为省特级先进档案室。

企业档案管理工作

自1990年开始，区档案局与企业主管部门配合，加强对企业档案工作的业务指导。至2013年，全区有18家企业实现档案综合管理，8家企业档案管理晋升为省级以上先进。

自1998年后，区档案局贯彻落实国家档案局《企业档案工作目标管理办法》，对区属企业文档人员进行系统的目标管理培训，开展企业档案管理套改工作。潍坊衬衫厂、潍坊蓄电池厂的档案管理套改获评为“档案工作目标管理省级先进”。2003年，按照《山东省档案管理考核办法》，区档案局对企业档案工作目标管理进行考核，同时加强对民营企业档案工作管理的指导。2009年，区烟草公司档案工作达到省一级先进。

农村档案工作

1995年，潍城区档案局下发《关于全区村级建档工作的实施意见》，制定《村级建档工作实施方案》和《村级档案管理办法》，在各街道、镇开展村级建档工作。到1998年，全区8个镇（街道）235个村全部完成建档任务，共建立各类档案5.7万余卷（册），各村普遍建立了档案室，制定文档工作规章制度。有4个镇（街道）获评为“潍坊市村级建档工作先进乡镇”，23个村获评为“潍坊市档案管理先进行政村”。1998年，区委办公室、区政府办公室印发《关于搞好村级文书立卷工作的通知》，要求每年区档案局都以镇（街道）为单位组织各村进行档案整理，保证了村级档案的齐全完整。

全区镇一级机关全部建立档案室，1991年于河乡机关档案工作晋升为省二级先进，2012年、2013年北关街道、西关街道先后获得“山东省社会主义新农村建设档案工作示范乡（镇）”称号。

第五节 档案开发利用

档案编研

1991年后，潍城区档案馆利用馆藏资料先后编写了《潍州古今人物》《潍城区档案志》《馆藏照片档案选编》《潍城区档案馆指南》《文化大革命纪实》《潍州名人录》（第1、2辑）及《老潍县菜谱》《郑板桥诗书画精粹》等书籍，共计120多万字。1993—2003年，共编写《潍城大事记》115期，印发到各乡镇、街道及有关部门。

2001年9月,《十笏园》《从齐鲁风情迎荷瓶看潍城仿古铜的发展》获山东省档案学会档案学理论研究优秀成果三等奖;2005年4月,《潍州名人录》（第1辑）获山东省档案局开发利用档案信息资源成果二等奖;2007年5月,《潍州名人录》（第2辑）获山东省档案局开发利用档案信息资源成果三等奖。2012年7月，区档案局影印民国《潍县志稿》。2013年编印《老潍县菜谱》，分上、中、下3篇，共35万字。

档案服务

区档案馆及时完成进馆全宗的全引目录和案卷目录的编制工作。为提高查找速度，区档案馆根据不同的专题编制“名人卡片”“征用土地”“机构沿革”等专题目录。为推进档案管理信息化建设，区档案馆于1992年建立微机室，开展计算机检索方面的研究。至1998年，利用自己开发的软件和全市统一购置的津科软件，区档案馆共录入案卷及文件级条目35万条。2009年，加快建设数字化档案图书馆，输入的30余万条文件级目录利用新的软件可实现微机查阅。将部分专题目录、馆存照片、馆存字画、馆存实物档案进行数字化处理，建立重要档案全文数据库和部分档案目录数据库。建立了照片档案、音视频档案全文数据库与珍贵档案全文数据库，建立了档案信息网站，实现部分开放档案和已公开信息目录网上查询，提高了服务水平。

1991—2013年，共接待社会各界查阅4380余人次，提供案卷3960余卷册，出具证明4170余份，为土地房产、工作查考、编史修志、下乡户落实政策等提供了档案原始依据。

第九章　旅　游

20世纪90年代，潍城区境内旅游景区主要有十笏园、人民公园、浮烟山休闲旅游度假区等。进入21世纪，潍坊白浪绿洲湿地公园、潍坊V1购物广场、中华茶博城、十笏园文化街区、大于河景区等相继建成，成为新的旅游景区。至2013年，潍城区有A级旅游景区4个：潍坊白浪绿洲湿地公园为国家AAAA级景区，潍坊浮烟山休闲旅游度假区为国家AAA级景区，潍坊V1购物广场为国家AAA级景区，中华茶博城为国家AA级景区。星级酒店5家：泛海大酒店、丽景酒店、中恒大酒店为四星级，帝豪大酒店、天悦山庄为三星级。省级工农业旅游示范点4家：潍坊市回归自然园、潍坊花卉大世界为农业旅游示范点，潍坊工艺美术研究所和瑞福油脂股份有限公司为工业旅游示范点。省级旅游强镇1家：望留街道。好客人家农家乐7家：大洋生态村、青山庄园为五星级农家乐，乡村庄园为四星级农家乐，陶然园、品茗山庄、农家庄园、山村庄园为三星级农家乐。星级餐馆1家：博苑酒府。旅行社3家：十笏园旅行社、华景旅行社、潍坊联运交通旅行社。旅行社分社1家：青岛铁路国际旅行社有限公司潍坊分社。旅行社服务网点7家：假日旅行社网点、

白浪绿洲湿地公园

永安旅行社网点、宝中旅行社网点、嘉华旅行社网点、航宇旅行社网点、商务旅行社网点、宇翔旅行社网点。2013 年，潍城区共接待境内外游客 299.33 万人次。

第一节　旅游景区

潍坊白浪绿洲湿地公园

潍坊白浪绿洲湿地公园位于潍坊市机场路与宝通街路口南。建于 2008 年，长 6.7 公里，平均宽 1.5 公里，面积约 10 平方公里，是集自然景观、人文景观、森林保健功能于一体的城市湿地公园，被誉为城市“绿肺”。湿地由南至北分为休闲度假区、湿地科普区、人文公园区三部分，建有拾萃园、秋水云阁、国学讲堂、蔚然阁、燕处台等景点。白鹭、须浮鸥、苍鹭、天鹅、野鸭等百余种野生鸟类以及松鼠、水獭等几十种野生动物在此繁衍生息。2009 年，潍坊白浪绿洲湿地公园被山东省旅游局评定为国家 AAA 级旅游景区，2010 年升为国家 AAAA 级旅游景区。

潍坊浮烟山休闲旅游度假区

潍坊浮烟山休闲旅游度假区位于潍城区望留街道境内。建于 1999 年，度假区内有中国风筝放飞基地、浮烟山森林公园、洪福寺、朝阳观、麓台书院、大洋生态村等景点。其中，中国风筝放飞基地是经国家体育总局批准的国内唯一一处大型放飞基地，建于 1991 年，占地 333.33 公顷，主要建有风筝中心放飞场、观礼台、综合配套服务设施等，具备风筝放飞、体育锻炼、旅游度假、休闲娱乐、商务居住等功能，为亚洲最大的风筝放飞场，已举办 20 余届国际风筝放飞比赛。浮烟山森林公园依傍天然山峰、沟壑和林木植被而建，融合自然风光与人文景观，集旅游观光、娱乐休闲于一体。2010 年，潍坊浮烟山休闲旅游度假区被山东省旅游局评定为国家 AAA 级旅游景区。大洋生态村以马术、垂钓、游泳、休闲健身等户外运动休闲项目为主，拥有生态超市、自助生态餐厅、林间别墅、游泳俱乐部、垂钓俱乐部、峡谷茶社、马术俱乐部等。

潍坊 V1 购物广场

潍坊 V1 购物广场位于潍坊市潍城区亚星桥与彩虹桥之间、白浪河西畔。建于 2008 年，与奎文门隔河相望，占地 4.53 公顷，总建筑面积 8 万平方米，是一座集旅游、购物、餐饮、休闲、运动、娱乐于一体的城市综合体。该项目由原白浪河绿地广场进行改造和绿化提升，沿白浪河布局大型休闲广场、水景、水幕电影、园艺小品及千米滨河长廊等景观，包括都市时尚青年主题商场、滨河风情美食特色街区、大型超市和娱乐城四大旅游购物商业业态。大润发、横店影视城等商家入驻 V1 购物广场。2011 年，潍坊 V1 购物广场被山东省旅游局评定为国家 AAA 级旅游景区。2008—2013 年，在此开展了大型滨河实景演出、鸢都滨河大讲堂、中华绝技滨河大舞台等大型文化、娱乐活动。

中华茶博城

中华茶博城位于潍坊市青年路 2555 号，毗邻火车站，东靠鸢都湖。建于 2011 年，占地 20 公顷，总建筑面积 50 万平方米。中华茶博城以茗茶精品、茶具、茶工艺品、茶包装、茶食品、实木家具、古玩字画等产品展销为主，定期开展茗茶精品品鉴、茶艺表演等活动，成为功能完善的一站式茶文化产业博览交易中心、旅游观光和休闲娱乐中心。2012 年，中华茶博城被潍坊市旅游局评为国家 AA 级旅游景区。

潍坊人民公园

潍坊人民公园位于潍城区白浪河西岸、青年路中段，南北分别与健康西街和民生西街相接。始建于 1951 年，1953 年建成，占地约 9.33 公顷，是一处集游乐、观赏、休憩于一体的综合性公园。

人民公园原为封闭式管理的市级公园，凭票入园，园内主要为观赏性动物和植物。为适应城市发展的需要，2004 年，潍坊市委、市政府决定对人民公园进行全面改造，并于当年 9 月动工。

2005 年 6 月 1 日，人民公园免费开放。改造后的人民公园，占地 13 公顷，设南、北、西 3 个出入口，共有两条景观带（园中溪流景观带、沿河景观带）和两个园中园（中式园、西式园）。园内主要有 12 个景区，分别是叠瀑、天趣园、明心岛、自在洲、枫林、流沙慕容台、云城、听香屋、春之广场、归真园、谊园等。各个景区之间的过道、广场、植物自然串联，浑然一体，文化特色与生态景观相结合。

十笏园

详见本编第三章第五节。

十笏园文化街区

详见本编第五章第二节。

大于河景区

大于河景区位于潍城区大于河（309 国道至卧龙西街路段）两岸，面积 48.76 公顷。大于河景区是大于河综合整治一期工程（胶济铁路桥至青银高速公路段，2012 年 9 月开工，2013 年基本完成，2014 年竣工验收）的组成部分，融合固有的生态资源、景观资源、人文资源，集生态湿地、休闲娱乐、历史文化等于一体。

第二节 旅行社

潍坊十笏园旅行社

位于潍城区向阳路 217 号。2004 年 5 月 29 日成立，有员工 4 名，其中导游员 2 名。2004—2013 年，开辟国内旅游线路 10 余条，年接待游客约 800 人次。

潍坊华景旅行社

潍坊华景旅行社位于潍坊市潍城区福寿西街华景新城 2-6 号。2010 年 9 月成立，有员工 3 名，其中导游员 2 名。主营国内旅游、入境旅游、商务考察、酒店预订、汽车租赁等业务。2010—2013 年，开辟国内旅游线路 30 余条，年接待游客约 1200 人次。

潍坊联运交通旅行社

潍坊联运交通旅行社位于和平路南端。1999 年 9 月成立，有员工 10 名，其中导游员 6 名。1999—2013 年，开辟国内旅游线路 50 余条，年接待游客约 2 万人次。

青岛铁路国际旅行社有限公司潍坊分社

青岛铁路国际旅行社有限公司潍坊分社位于潍坊市潍城区向阳路 4800 号。2008 年 6 月成立，有员工 8 名，其中导游员 2 名。2008—2013 年，开辟国内旅游线路 30 余条，年接待游客约 1 万人次。

第二十二编

卫生　体育

第一章　医　疗

第一节　医疗卫生体制改革

1995 年，潍城区在符山镇初步建立“八部”（八个门诊部）、“三制”（聘任制、工资制、退休制）、“六统一”（党务、政务、业务、财务、药品、人员调配统一）管理模式。1996 年，该管理模式在全区范围内推广。同年，全区形成了“三配套”（房屋、人员、设备配套）、“五统一”（党务、政务、业务、财务、药品统一）和“三制”（聘任制、工资制、养老保险制）管理模式及“镇办院管为主、村办院管为补充”的形式，进一步加快了农村三级卫生网的建设。

2001 年 5 月，原潍坊市市立医院与潍坊市市立二院重组为潍坊市市立医院。2002 年，全区各医院加强和高等院、校、所的合资合作，运用高科技嫁接改造传统项目。潍坊口腔医院凭借人才科研资源优势，建成省内一流的专科医院。同年，按照“总量控制，结构调制”的原则，潍城区对公立医院补偿结构进行调整，适度提高技术劳务价格，统一和规范医疗服务项目名称和项目内容。医疗机构逐步实行药品价格公示制度与查询制度，实行住院费用清单制，避免不合理收费。卫生部门与有关部门制定一系列有关医院药品收入管理的政策及办法，规范医院药品购销行为，各级各类医疗机构药品收入占业务收入的比重逐步降低。设置规范的村级社区卫生服务站，覆盖率达 62%，统一聘任乡村医生 212 名。建设规范的城区社区卫生服务站 75 处，形成“小病在村居，大病有选择，供略大于求”的卫生服务格局，增强了区、镇、村三级医疗服务功能。

2005 年 10 月，潍坊市市立医院与潍坊建工集团有限公司实行合作改制，成立潍坊市市立医院有限责任公司。同年年底，潍坊口腔医院完成股份制改革。2007 年，根据潍坊市政府《关于进一步加强中心城区社区卫生工作的意见》，潍城区开始部署新一轮城区社区卫生工作。2008 年，城区社区卫生服务机构有 19 家，包括 4 个社区卫生服务中心、15 个社区卫生服务站。其中，政府举办社区卫生服务机构 8 家，社会力量举办 8 家，企业医疗机构转型 3 家。同年 5 月，按照市政府《2007—2009 年社区卫生服务机构建设规划》，19 家社区卫生服务机构经市政府统一招标准入，实现了对城区全覆盖和“10 分钟就医圈”的目标，基本确立以“政府主导、公益性质、市场机制、购买服务”为主要特点的社区卫生服务模式。政府实行购买服务，各机构免费为辖区居民提供 10 大类 41 项基本公共卫生服务和基本医疗服务，执行社区基本药物制度，对 523 种基本药物全部按招标价格“零差率”销售。区卫生局、区财政局联合组织绩效考核，根据考核成绩兑现基本公共卫生服务和基本医疗服务资金。2009 年 12 月，成立潍城区深化医药卫生体制改革领导小组，设立区医药卫生体制改革办公室。2010 年 9 月，成立潍城区公立医院改革试点工作领导小组。同年，潍城区基层医疗机构全部实施国家基本药物制度，全区建成 77 家省、市统一规划的村卫生室。加强社区卫生服务机构规范化建设，参与山东省星级城市社区卫生服务机构创建活动，南关街道社区卫生服务中心、曹家巷社区卫生服务站获得全省第一批“星级社区卫生服务机构”称号。2011年2月，成立潍坊市第四人民医院大柳树分院与周边一级医院区域化协作发展领导小组，建立潍坊市第四人民医院大柳树分院与符山中心卫生院、望留卫生院和军埠口卫生院3家医院协作发展机制，搭建潍城南部区域医疗服务平台。3月，全市深化医药卫生体制改革培训班在潍城区召开。11月底，杏埠中心卫生院、符山中心卫生院、于河卫生院与潍坊市中医院组成医疗联合体，挂牌潍坊市中医院分院，合作期5年。

2012年2月，卫生部公立医院改革“分工协作机制”调研组到潍城区就集团化医疗联合体及区域协作平台两项创新性工作进行专题调研。3月，南关街道社区卫生服务中心在潍坊市率先开展“家庭医生”签约式服务试点工作。随后，全面深化医疗联合体建设，推进社区“家庭医生”签约式服务。同年，潍城区将全区77家省、市统一规划的村卫生室纳入一体化管理，实行“五统一”（党务、政务、业务、财务、药品统一），所需药品由管辖

2013年，为家庭医生配备健康快车，
让群众得到及时便捷的医疗卫生服务

村卫生室的卫生院统一配送、统一管理。2013年2月，潍城区创建为“全国社区中医药工作先进单位”。6月，潍城区人民医院建成“潍城区老年医养中心”，拓展了医养结合发展新路子。潍坊市第四人民医院大柳树分院与潍坊医学院附属医院建立合作关系。9月，南关街道社区卫生服务中心创建为“全国示范社区卫生服务中心”。是年，潍城区有全省星级示范社区卫生服务机构6家、全省中医药特色社区卫生服务机构1家、全市社区卫生服务示范机构3家、全市中医药特色社区卫生服务机构5家。

第二节　医疗卫生机构

1991年，区卫生局直属管理的医疗卫生机构共有17处。1994年8月，经省卫生厅统一规范医疗卫生机构名称后，潍城区卫生局直属管理的医疗卫生机构共有13处。其中城区7处，分别是潍坊市市立医院、潍坊市市立第二医院、区药检所、区妇保站、区防疫站、区康复医院、区红十字会服务中心。乡镇卫生院6处，分别是杏埠中心卫生院、符山中心卫生院、于河镇卫生院、大柳树镇卫生院、军埠口镇卫生院、望留镇卫生院。2001年5月，潍坊市市立医院与潍坊市市立第二医院合并为潍坊市市立医院。同年，成立潍坊口腔医院。2013年，区卫生局直属管理的医疗卫生机构有9处，分别是潍坊市市立医院、潍坊口腔医院、区疾病预防控制中心、区人民医院、杏埠中心卫生院、符山中心卫生院、于河卫生院、望留卫生院、军埠口卫生院。境内非区属医疗卫生机构有潍坊市妇幼保健院、中国人民解放军第八十九医院、潍坊市荣复军人医院、潍坊市脑科医院、潍坊市第六人民医院、潍坊市第四人民医院大柳树分院等。

医疗卫生机构选介

潍坊市市立医院　二级综合医院，位于潍城区北宫西街269号，占地6公顷，建筑面积16423平方米。1990年，潍坊市市立医院升格为副县级单位。2001年5月，在原潍坊市市立医院、潍坊市市立二院的基础上重组为潍坊市市立医院。2005年10月，与潍坊建工集团有限公司合作改制，成立潍坊市市立医院有限责任公司。2013年，开放床位480张，拥有执业医师144人、注册护士236人。

潍坊口腔医院　二级口腔医院。2001年5月，潍坊市立第二医院南关门诊部口腔科与潍坊市市立医院口腔科合并组建并升级为潍坊口腔医院，位于潍坊市胜利西街1019号，为正科级差额拨款事业单位、二级口腔专科医院，设科室9个，牙椅29台，编制74人。2004年12月，改制为民办非企业，仍作为医保定点医院，执行政府颁布的医疗服务指导价格，与公立医院享受同等待遇与政策支持。2006年2月28日，经潍坊市卫生局批准，增加"潍坊市南关牙科医院"，作为第二机构名称。该医院先后设置潍坊医学院口腔医院、新华分院、福寿街门诊部、北宫街口腔门诊部等分支机构。2013年，拥有执业医师80人、注册护士32人。

潍城区疾病预防控制中心　1991年称潍城区防疫站，位于潍城区青年路67号，定编72人，实有71人，其中专业技术人员66人，内设办公室、财务科等12个科室。1996年，区防疫站实验室获得山东省质量技术监督局颁发的计量认证证书。2005年1月，区防疫站迁至潍城区胜利西街1163号。2006年3月，区防疫站实验室被山东省艾滋病防治中心授予"山东省艾滋病检测网络艾滋病筛查实验室"称号。9月，区防疫站编制员额由72名调整为68名。2008年2月，撤销潍城区防疫站，成立潍城区疾病预防控制中心，加挂潍城区公共卫生技术服务中心牌子。2012年3月，编制调整为54人。2013年，拥有执业医师22人、注册护士2人。

潍城区人民医院　一级综合医院。又名潍城区康复医院、潍城区西关街道社区卫生服务中心、潍城区精神卫生中心、潍城区康复理疗中心、潍城区老年医养中心。位于潍城区西园街49号，占地1.2公顷，建筑面积约4800平方米。2013年，设13个科室，开放床位150张，拥有执业医师38人、注册护士58人。

潍坊市妇幼保健院　三级甲等妇幼保健院。1981年11月，潍坊市妇幼保健站与南关医院合并，建成潍坊市妇幼保健院。2002年4月，潍坊市妇幼保健站撤销，其职能划归潍坊市妇幼保健院。同时，成立潍坊市卫生局妇幼卫生工作领导小组，办公室设在该院，承担着全市妇幼保健技术指导、妇幼卫生人员培训、信息统计监测、健康教育、适宜技术推广等妇幼公共卫生职能。医院集医疗、保健、预防、康复、教学、科研为一体，以妇科、产科、儿科为主，内科、外科、五官科齐全。占地3.4602公顷，业务用房6.5万平方米，床位550张。2013年，有在册执业（助理）医师255人、护士337人。

中国人民解放军第八十九医院　三级甲等军队医院。1982年2月，由潍坊市坊子区迁入潍城区。中国人民解放军联勤第九分部设置，总后勤部司令部准入，开放床位1000余张。配备3.0T磁共振、64层螺旋CT、CR、DR、DSA、数字胃肠、美国博士伦公司飞秒激光治疗仪、直线加速器、各类型腹腔镜、全自动生化分析仪、关节镜、精确放疗系统、美国GE四维彩超、2微米激光治疗仪等医疗设备。

潍坊市荣复军人医院　二级精神病医院。由潍坊市荣复军人医院和潍坊市复退军人医院合并而成。1990年4月，潍坊市复员退伍军人精神病疗养院由昌乐县搬迁至潍城区水库路1500号，更名为潍坊市复退军人医院。1993年3月，潍坊市荣复军人疗养院由青州搬迁至潍城区水库路1500号，更名为潍坊市荣复军人医院。2006年11月，潍坊市复退军人医院整体并入潍坊市荣复军人医院（保留潍坊市复退军人医院的牌子）。2013年，开放床位260张，拥有执业医师35人、注册护士98人。

潍坊市脑科医院　位于潍城区东风西街423号，二级其他专科医院，建院基础为潍坊市人民医院神经外科和神经内科。2005年，建筑面积14488.06平方米，开放床位325张，设16个科室。2013年，医院开放床位437张，拥有执业医师67人、注册护士108人。

潍坊市第六人民医院　二级综合医院，位于潍城区永安路4116号，2004年9月成立。2008年6月，设立潍城区城关街道社区卫生服务中心，建筑面积4500平方米，设有床位101张，16个科室。2013年，开放床位54张，拥有执业医师24人、注册护士28人。

潍坊市第四人民医院大柳树分院　二级综合医院。位于潍城区望留街道大柳树村，占地2.6公顷，建筑面积1.2万平方米。2008年8月，潍城区大柳树卫生院与潍坊市第四人民医院合作经营，成立潍坊市第四人民医院大柳树分院。2013年6月，与潍坊医学院附属医院合并，医院名称保留“潍坊市第四人民医院大柳树分院”。医院开放床位120张，有职工84人，其中高级职称9人，中级职称25人。配备磁共振、双螺旋全身CT、数字胃肠机、CR数字摄片系统、C型臂X线机、数字彩超、德国狼牌电子胸腔镜、纵隔镜、腹腔镜、关节镜、椎间盘镜、全自动化分析仪、脑电地形图、德国麻醉机等大中型医疗设备56台（件）。

第三节　医疗队伍

1991年，全区有农村卫生室215家，乡村医生207人，企业、事业单位医务室59处。1994年，区卫生局举办乡村医生、个体行医人员和药品经营人员学习班，培训356人次，并对村卫生室及个体诊所进行规范化整顿。1996—1999年，完成乡村医生资格考试，226名乡村医生获得山东省村卫生计生人员执业资格证书。1999—2000年，根据《中华人民共和国执业医师法》《医师执业注册暂行办法》，对全区574名执业医师、185名助理医师进行登记注册。2001年，根据《医疗机构管理条例》，为辖区426处医疗机构办理医疗机构执业许可证。2013年，全区共有各级各类医疗卫生机构453处（不含上属医院、部队医院）。其中，区疾控中心1处，区妇保站1处，区人民医院1处，社区卫生服务机构19处，卫生院5处，护理院1处，民营医院6处，其他医院3处，门诊部9处，村卫生室250家，企事业卫生室31处，个体诊所126处。有专业卫生人员2885人（含纳入统计的辖区上属单位人员），其中执业（助理）医师984人，注册护士1925人，乡村医生388人。

1991—2013年潍城区卫生技术人员基本情况统计表

表22-1　　单位：人

年份	全区卫生工作人员	卫生专业技术人员		卫生技术职称			学历		
		人数	占卫生工作人员比例（%）	高级	中级	初级	本科及以上	专科	中专
1991	1283	1082	84.33	40	207	710	189	370	392
1992	1365	1164	85.27	52	234	748	208	389	438
1993	1459	1356	92.94	59	259	825	228	419	492
1994	1321	1238	93.71	49	221	745	207	376	438
1995	1327	1239	93.36	55	235	770	210	385	432
1996	1333	1232	92.42	65	245	780	220	410	413
1997	1346	1234	91.67	71	256	785	261	428	382
1998	1344	1210	90.02	81	264	792	292	475	325
1999	1342	1194	88.97	86	276	806	325	498	301
2000	1330	1183	88.94	93	278	812	367	530	259

续表 22-1

年份	全区卫生工作人员	卫生专业技术人员		卫生技术职称			学历		
		人数	占卫生工作人员比例（%）	高级	中级	初级	本科及以上	专科	中专
2001	1355	1192	87.97	101	273	810	405	572	235
2002	1360	1207	88.97	108	270	829	435	612	205
2003	1369	1218	88.97	115	293	810	442	630	217
2004	1053	928	88.12	82	223	623	361	493	149
2005	1022	899	87.96	78	251	570	355	485	140
2006	1009	889	88.10	83	278	528	346	478	135
2007	994	874	87.92	88	294	492	341	482	129
2008	961	848	88.24	79	333	436	327	475	121
2009	925	801	86.59	71	330	400	299	458	119
2010	876	785	89.61	63	338	384	292	465	112
2011	932	810	86.9	65	324	421	334	499	99
2012	962	879	91.37	55	386	438	344	489	129
2013	1256	1160	92.36	56	303	801	381	579	296

第四节　医疗技术

西医医疗技术

1991—1996 年，潍坊市市立医院除对常见病、一般病开展预防、治疗外，在疑难病症、高精尖科技方面亦有突破。内科在抢救急性心肌梗死、脑出血等疾病方面疗效显著。外科在颅脑手术、肝叶切除、肝内二级胆管切口取石、胰头癌、胰体尾癌（联合脏器切除术）、门静脉高压断流术、断肢（趾、指）再植游离皮瓣带蒂移植等手术方面经验丰富。眼科在超声乳化白内障摘除术、齿科高频铸造技术方面具有较高水准。设有普外科、骨科等重点专科。配备全身 CT、彩色多普勒、高频智能电刀和大型 X 光机等先进诊疗设备。拥有潍坊市影像诊断中心、市放射免疫检测中心。1996 年 8 月，成立显微外科手外科研究所，填补了市内空白。同年，收治手外伤病人 613 名，床位使用率达 100%。6 处街道卫生院设手术室，开展普外科、四肢骨折等手术，负责常见病、多发病和传染病的预防与诊治，开展计划免疫、孕妇和儿童保健、慢性病防治和健康保健。2008 年，各医疗机构积极开展医疗质量服务年活动和“平安医院”创建活动。2010 年年底，随着基本公共卫生服务实现均等化，街道卫生院职能逐步调整为公共卫生服务、基本医疗服务。

中医医疗技术

1990 年以来，潍城区累计参加潍坊市中医院举办的中西医结合培训班 17 期，学习班每期 120 课时，培训人员 200 余人。2010 年，将潍城区西关街道社区卫生服务中心设置为“潍城区中医药适宜技术推广项目培训基地”。2011 年，将西关街道社区卫生服务中心和南关街道社区卫生服务中心设置为“潍城区社区骨干技术培训基地”，先后为全区社区机构培训了大批中医药技术骨干，进一步提高了全区社区医务人员中医药适宜技术应用水平。2012年，根据区政府印发的《关于扶持和促进中医药事业发展的意见》，潍城区计划用5年左右时间，建立和完善覆盖城乡、功能完善、特色突出的中医药服务网络。2013年，全区所有卫生院、社区卫生服务机构和60%以上的村卫生室均能提供中医药服务。中医门诊量占总门诊量的20%以上，重点人群和慢性病患者的中医药健康管理率达100%。杏埠中心卫生院中风病专科获评为“第五批潍坊市重点中医专科（专病）”，填补了全区在该领域的空白。2家卫生院、5家社区卫生服务机构和3家村卫生室通过市级中医特色单位创建初审。1家卫生院、5家社区卫生服务机构通过了市级中医特色单位创建复审。

第五节　医疗制度

公费医疗

1993年7月，区政府制定《潍城区公费医疗管理试行办法》，成立由区政府分管副区长任主任，组织、人事、财政和卫生部门负责人任副主任的潍城区公费医疗管理委员会，下设公费医疗办公室，办公室设在区卫生局。市区内确定市立医院和市立二院为定点医疗单位（享受公费医疗单位只能选1个定点医院），乡镇在乡镇卫生院定点。实行定额包干的单位，本着就近就医的原则，自选一个医院为医疗点。如需要到定点医院以外的医疗机构就医时，须办理转诊手续。享受公费医疗人员到定点医疗单位就医时，一律凭证挂号，凭病历就诊、交费、取药。须住院治疗者，持单位介绍信凭证办理住院手续。统管单位在职人员门诊自负10%，住院自负5%，全年自负数限额为120元。离退休人员（包括二等乙级以上残废军人）不与个人挂钩，实报实销。医院与单位结算，全年超额经费由享受公费医疗单位承担20%（从报销数中扣除）。公费医疗办公室与定点医院全年统算，扣除个人自负数和单位超支承担20%以外，剩余超支数由财政、定点医院各承担50%（区老干局、民政局管理的离退休人员超支按文件规定单独结算）。包干单位的医疗费由单位管理使用。军干所医疗费（离退休干部每年为378元，家属每年为60元）由定点医院掌握（实行记账管理）。1999年12月31日，潍城区取消公费医疗制度。

农村合作医疗

1992年，市卫生局印发《关于进一步深化卫生改革的若干意见》，提出农村医疗制度改革主要是实行合作医疗。1994年8月，市政府发布《潍坊市农村合作医疗管理办法》。1995年，区委、区政府颁发《潍城区农村合作医疗管理办法》《潍城区农村合作医疗管理办法实施细则》，明确提出潍城区农村合作医疗坚持“政府引导，群众自愿，因地制宜，多方集资”的原则，经费来源采取“政府支持一点，村集体拿出一点，以农民自筹为主”的方式，形式以镇办为主，每人每年5～7元，标准随着国民经济的不断发展逐年增高。合作医疗经费筹集到乡镇财政后，一次性拨付乡镇卫生院管理，乡镇卫生院设立专账，实行专款专用，账目定期公开。1996年，因筹资困难，该项工作停办。

新型农村合作医疗

2006年5月，潍城区实施新型农村合作医疗试点，覆盖于河镇、望留镇、军埠口镇、符山镇、西关街道、北关街道、南关街道和潍城经济开发区，当年参合人数为148763人，占全区应参合农业人口的92.3%，筹资标准为每人40元，其中个人15元，区政府补助15元，市政府补助10元。低保户、五保户等政府补助对象共3328人，参合资金由区政府全额补助。同年，为参保农民补助376.9万元，受益1.6万余人次。2007年1月，潍城区被纳入省级新农合试点，得到省级和中央财政补助。同年，全区参保159840人，参保率达到98.7%。各级财政补助标准（每人）为：中央和省级39.94元，市级15元，区级17元，个人15元。每人筹集标准达到86.94元。低保户、五保户等共2903人，参合资金由区政府全额承担。同年，为参保农民补助1149.88万元，受益2.63万人次。

2008年后，政府继续加大宣传力度，农民参合积极性高涨，每年参合率均为100%。2006—2013年，全区共为参加新农合的农民补助22456.6万元，累计受益142.7万人次。

第二章　医　药

第一节　药品采购

潍城区医疗药品的采购均在国家认可、“药品经营企业许可证”和“营业执照”等证照齐全的公司购药，原则上不接受厂家直销。药品价格按政府物价政策和有关规定执行。购药计划由库房保管员按需制订，药剂科负责人审查，分管院长审批。每个品种、每次计划量原则上不超过两个月，特殊品种可适当增加。对商家提供药品的质量及其他要求，按双方签署的《药品购销质量经济协议书》执行。药剂科必须全面保证临床用药的质和量，尤其是各种抢救药品，不准出现临床缺药情况。1991年，潍坊市市立医院制剂室主要生产各种规格的葡萄糖、氯化钠等注射液，基本满足了该院及乡镇卫生院的临床需求。2003年，根据国家规定，市立医院制剂室停止生产。2008年5月起，社区卫生服务机构实行基本药物“统一品种、统一采购、统一配送、统一价格、统一使用范围、统一补助标准”的“六统一”管理。全市确定了70种社区基本药物，统一招标采购，实行零差率销售。2009年下半年，社区基本药物扩展到360种。2010年3月，社区卫生服务机构全面使用省里统一规定的523种国家基本药物，按照“六统一”管理要求，统一参加全市的药品集中招标并实行零加成销售，杜绝渠道外购药及使用基本药物目录以外的药物。2011年1月始，潍城区各基层医疗机构全面实施基本药物制度，基层医疗机构药品全部委托省基本药物采购平台集中采购，并由优质配送企业进行配送，采购的基本药物全部实行零差价销售，非基本药品按政府物价政策和有关规定执行。

第二节　药品管理

1991年，潍城区各医院认真贯彻落实《药品管理法》和《处方管理办法》，建立医院药事管理委员会或药事管理领导小组。同年，全区一级以上医疗机构设立药剂科，药品按上级物价部门规定明码标价，药库和药房管理达到标准要求。煎药室及二级医疗机构的制剂室管理规范，保证了液体制剂及中药自煎制剂的质量。1998年，全区取消制取液体制剂，注射用液体制剂全部由专业机构生产，保证了液体制剂的质量稳定性。1999年，根据《药品管理法》等相关法律法规，全区加强药品质量管理，特别是特殊药品的管理，严格执行“五专”和“双人双锁”管理。2000年，根据《处方药与非处方药管理办法》，对采购的药品实行处方药与非处方药分开管理，制定相关制度和操作规范，要求处方药须经执业医师或执业助理医师开具处方方可调配、销售。对非处方药，可不凭医师处方，由患者自行判断、购用，必要时经药师做用药指导。2011年，潍城区实施国家基本药物制度政策，所需基本药物全部由省基本药物采购平台进行采购并实行零差价销售。

第三章 预防保健

第一节 防疫防治

计划免疫

1991—2013年，全区开展脊灰疫苗、麻疹疫苗强化免疫及查漏补种活动。1992年，免疫接种服务形式从分散式村级接种调整为乡镇门诊集中接种，全区共设立接种门诊18处。接种形式有常规免疫（基础、加强）、强化免疫和应急免疫。全区统一儿童免疫程序，建立健全了预防接种、冷链系统管理制度，预防接种工作逐步进入规范化、程序化管理轨道。1993年，以乡镇为单位，国家免疫规划四苗（卡介苗、脊髓灰质炎疫苗、百白破疫苗和麻疹疫苗）接种率达到85%。1994年，乙肝疫苗纳入免疫规划管理，对新生儿实施乙肝疫苗接种，5岁以下儿童乙肝表面抗原感染率显著下降。1999年，开展市级规范化、省级示范化接种门诊达标工作，全区达到省级示范化、规范化接种门诊标准的有4处，达到市级规范化接种门诊标准的有6处。2005年6月，《疫苗流通和预防接种管理条例》颁布实施。9月，《预防接种工作规范》颁布实施，全区免疫规划工作走向法制化、规范化轨道。2006年，全面推行儿童预防接种信息化管理，各预防接种门诊按要求配备计算机、打印机、读卡器等设备，统一使用儿童预防接种信息卡，实施读卡接种，实现儿童接种数据电子化管理。2008年始，全区实施国家扩大免疫规划政策，将甲肝、流脑等15种可以通过接种疫苗有效预防的传染病纳入国家免疫规划。在现行的国家免疫规划疫苗基础上，逐步将甲肝疫苗、流脑疫苗、乙脑疫苗、麻（疹）腮（腺炎）风（疹）联合疫苗纳入国家免疫规划，对儿童实行免费常规免疫，预防甲型肝炎、流行性脑脊髓膜炎、流行性乙型脑炎、风疹、流行性腮腺炎等5种疾病。用无细胞百白破疫苗代替全细胞百白破疫苗实施免费接种。

2012年，开展数字化接种门诊创建工作，在规范化门诊的基础上，提高接种门诊的软、硬件建设水平，提高工作效率、管理效率和服务质量。由于预防接种工作的规范化实施，全区连续39年无脊灰野毒株病例、白喉病例发生，麻疹、风疹、百日咳、流腮、水痘及15岁以下儿童甲、乙肝等都控制在较低发病水平。同年，全区实施产科新生儿预防接种信息化管理。

1991—2013年潍城区预防接种统计表

表22-2　　　　　　　　　　　　　　　　　　　　　　　　　　　　单位：人次

年份	卡介苗	乙肝疫苗	脊灰疫苗	百白破疫苗	含麻疹成分疫苗	流脑疫苗	乙脑疫苗	甲肝疫苗	白破疫苗
1991	17902	—	21632	22869	26289		34996	—	14604
1992	21333	—	17159	21611	5926	96200	32550	—	14497
1993	13202	—	25031	22968	20148		30910	—	12220
1994	18621	3252	22425	21624	14203	88145	24392	—	14099
1995	14118	3232	11507	15920	8147		15761	—	10836
1996	9582	2908	31071	2503	24598		9955	—	9294
1997	2045	3327	3789	1376	2553	5489	1880	—	1366
1998	3633	7184	15504	15505	18435		16059	—	8287
1999	2670	7727	13005	14309	5911	54636	13431	—	7891
2000	2662	7812	11874	14762	20664	48038	6831	—	9595
2001	2527	11897	14617	15038	6928		7946	—	7663
2002	3322	9763	13311	13424	14410	36902	12533	—	7252
2003	2595	8076	11859	12786	11066		13048	—	4466
2004	3534	9767	12945	13106	12091	789	7098	—	6209
2005	3970	12024	15144	15881	12869	7861	6579	—	5078
2006	3825	12081	15316	13009	8766	15254	9039	6910	932
2007	4555	13745	17162	14028	10847	17355	10932	9153	1698
2008	4710	14540	18935	19672	10452	16287	8499	6752	1938
2009	4870	13949	17566	14000	13889	17113	11866	8367	3877
2010	4504	13366	15957	16973	10114	14017	7741	6970	2096
2011	4761	14795	21438	20130	14561	24172	11050	7849	4208
2012	5481	16671	23137	12820	15588	19938	10335	8051	4794
2013	4809	14910	19239	20639	15875	18677	10667	8396	4515

传染病防治

1991年，区卫生局印发《潍城区重点传染病防治工作意见》，为全区传染病防治工作提供了指导。构建以防疫站、各医疗卫生单位为主导的传染病预防、控制、监测网络，按甲、乙、丙类传染病情及时上报，报告疫情及时率达99.93%。2007年，全区法定传染病呈总体下降趋势，共报告2类传染病11种276例。肺结核发病率较高，死亡1例。2007—2013年，全区无甲类传染病报告，报告乙、丙类传染病18种1166例，总发病率327.32/10万，其中乙类传染病12种310例，丙类传染病6种856例，发病率分别为87.02/10万和240.3/10万。

1991—2013年潍城区传染病发病情况统计表

表22-3　　单位：人

年份	主要传染病										法定报告病例（个）	发病率（/10万）
	肺结核		肝炎		出血热		淋病		痢疾			
	发病数	死亡数	发病数	死亡数	发病数	死亡数	发病数	死亡数	发病数	死亡数		
1991	—	—	233	—	10	—	11	—	316	—	583	108.25
1992	—	—	203	—	14	—	5	—	242	—	502	90.99
1993	—	—	165	—	9	—	—	—	93	—	293	52.14
1994	—	—	118	—	20	—	14	—	166	—	349	60.68
1995	—	—	38	—	10	—	8	—	30	—	97	29.59
1996	—	—	38	—	3	—	6	—	62	—	129	38.17
1997	47	2	31	—	6	2	8	—	91	—	194	56.23
1998	42	—	31	—	6	—	21	—	71	—	188	53.48
1999	40	—	33	—	10	—	170	—	66	—	383	107.13
2000	48	—	11	—	6	—	65	—	46	—	207	57.53
2001	37	—	23	—	6	—	26	—	50	—	161	45.15
2002	49	—	15	—	7	—	26	—	34	—	136	37.12
2003	63	—	10	—	1	—	48	—	23	—	150	40.75
2004	106	1	49	—	6	—	49	—	54	—	292	74.68
2005	82	1	55	—	2	—	41	—	41	—	274	64.15
2006	119	—	80	—	2	—	29	—	50	—	362	76.71
2007	116	1	84	—	1	—	37	—	21	—	315	85.24
2008	104	1	28	—	1	—	33	—	11	—	393	98.70
2009	84	2	22	—	2	—	24	—	10	—	1088	297.44
2010	103	—	23	—	3	—	24	—	19	—	1220	333.56
2011	98	2	25	—	1	—	20	—	26	—	1215	333.04
2012	89	—	19	1	1	—	19	—	11	—	827	232.82
2013	92	—	15	—	—	—	29	—	6	—	811	227.61

霍乱　2001年8月1日，于河镇槐埠村4位村民出现腹泻、呕吐症状，其临床表现极像霍乱。8月2日，区防疫站霍乱防治机动队立即到现场进行调查、采样和相应处理。当晚9时，在发病的两位患者大便中培养出阳性霍乱弧菌，病原为稻叶型。8月4日晚6时左右，在发病村采集的水样中，有3份饮用水源和1份大街污水中检出霍乱弧菌，病原与发病者相同。疫情发生后，各级党委、政府和卫生行政部门极为重视，市、区两级防疫人员立即进行调查处理，深入到发病村庄，挨家挨

户对饮用水投药消毒，对村民进行消毒指导，对可能被污染的水源全部进行疫源检索。其间，共检测水样50余份，发放各类饮水消毒剂20余万片，并对发病村的大街小巷、蚊蝇滋生地，使用DDV、除草剂、银燕“消毒灵”每天进行2次环境消杀。为槐埠村全体村民分2次发放PPA口服片3.2万片，疫情迅速得到了控制，未发生二代病例。2002—2013年，潍城区无霍乱病例疫情报告。

非典型肺炎（SARS）　2003年，“非典”（SARS）首先在广东等地流行。4月25日，潍城区防疫站成立了以站长为组长的“非典”防治快速反应机动队和重大传染病防治领导小组，成立了24人的现场处置队，向辖区三处区级以上医院派遣流调人员3人。5月5日，区卫生局印发《关于公布潍城区传染性非典型肺炎流行病学调查队伍的通知》。5月14日，区卫生局印发《转发市卫生局〈关于认真贯彻落实省卫生厅鲁卫发电〔2003〕5号文件精神在医疗机构中统一开展传染性非典型肺炎诊断报告流行病学调查工作的紧急通知〉的通知》。10月17日，区卫生局印发《关于开展SARS疫情网络直报工作及人员培训的通知》。11月6日，区防疫站印发《传染性非典型肺炎防治工作方案（2003—2004）》。其间，充实医用物资储备库，采购7万余元的消毒剂、消杀器械、个人防护用品等，对50余处人员密集的重点场所综合监测点实施即时监测，共监测4264592人次，其中发热病人1339人次、来自疫区人员365人次，全区未发现不明原因的肺炎病例。

禽流感　2004年，国内传入禽流感。2月20日，区卫生局下发《关于印发〈潍城区人禽流感疫情应急处理预案〉〈潍城区人禽流感疫情监测实施方案〉的通知》，部署防控禽流感疫情。3月，对全区各级医疗机构的1000余人进行人禽流感防治知识培训。建立52个公共卫生监测点和流感监测点，进行流感病例的监测、分析与预测，加强对禽制品与水源的监督检测、重点场所和人群的监督检测，确保无疫情发生。

艾滋病　1992年6月，全省发现首例艾滋病患者后，潍城区防疫站开始启动艾滋病疫情监测与流行病学调查处理工作。2004年4月，潍城区对艾滋病疫情实行网络直报。2006年3月，国务院颁布实施《艾滋病防治条例》，正式赋予疾病预防控制机构负责对艾滋病发生、流行以及影响其发生、流行的因素开展监测活动的法定职责。潍城区防疫站启动“四免一关怀”（“四免”：农村居民和城镇未参加基本医疗保险等医疗保障制度的经济困难人员中的艾滋病病人，可到当地卫生部门指定的传染病医院或设有传染病区、科的综合医院服用免费的抗病毒药物，接受抗病毒治疗；所有自愿接受艾滋病咨询和病毒检测的人员，都可在各级疾病预防控制中心和各级卫生行政部门指定的医疗机构等，进行免费咨询和艾滋病病毒抗体初筛检测；对已感染艾滋病病毒的孕妇，由当地承担艾滋病抗病毒治疗任务的医院提供健康咨询、产前指导和分娩服务，及时免费提供母婴阻断药物和婴儿检测试剂；地方各级人民政府要通过多种途径筹集经费，开展艾滋病遗孤的心理康复，为其提供免费义务教育。“一关怀”：国家对艾滋病病毒感染者和患者提供救治关怀，各级政府将经济困难的艾滋病患者及其家属纳入政府补助范围，按有关社会救济政策的规定给予生活补助；扶助有生产能力的艾滋病病毒感染者和患者从事力所能及的生产活动，增加其收入）及男同、暗娼、吸毒、娱乐场所、羁押场所等高危人群艾滋病干预检测工作。2006年3月，潍城区防疫站实验室被山东省艾滋病防治中心授予“山东省艾滋病检测网络艾滋病筛查实验室”。2010年2月，潍城区疾病预防控制中心成立艾滋病防治科。2012年，区政府成立“潍城区人民政府防治艾滋病工作委员会”。同年，承担全球基金支持艾滋病防控项目。2013年，全区共有9家医疗机构通过山东省疾控中心审核，取得艾滋病快速检测点资格，开始进行疫情上报。

地方病防治

流行性出血热　2004年，区卫生局印发《潍城区2004年重点地方病防治工作意见》，对疫情监测、核实调查和疫点处理工作提出要求，规定临床病例血清学诊断必须达到90%以上，血清学复核率必须达到30%以上，死亡病例个案调查率必须达到33.33%。1991—2007年,全区发病118例。2008—2013年，全区发病16例，均为散发病例。

碘缺乏病　潍城区是山东省碘缺乏病重点地区之一。1995年，区政府出台《食盐专营三级网络管理指导意见》，建立健全碘盐专营三级网络，实行区级批发、乡镇配送、村级送销管理体系，碘盐覆盖率不断提高。同时，加强卫生宣传，提高人们的防病意识，开展"5·15"碘缺乏病宣传日活动，学校普设预防碘缺乏病知识课，提高群众的防治知识水平。2011年，开展居民碘营养状况调查，对全区30户居民开展碘盐摄入量及含碘量入户抽样监测。对孕妇、哺乳期妇女及成人各50名，采集尿样进行含碘量抽样检测，对100名8～10岁儿童进行甲状腺触诊及尿样含碘量的检测。检测结果显示：居民每日碘盐平均摄入量为8.48g，孕妇及哺乳期妇女尿碘中位数分别为146.86μg/L、99.26μg/L，8～10岁儿童尿碘中位数为202.85μg/L。

狂犬病　1990年，全区发病2例，死亡2例。1991年，全区加强对狂犬病的危害、识别和预防接种的知识宣传，提高群众自我保护意识，减少狗、猫等动物抓伤、咬伤，防止狂犬病的发生。累计发放狂犬病宣传画、宣传单页1万余份。对暴露人群推广人用狂犬病疫苗，每月分析疫苗注射、使用和不良反应情况，群众接受预防接种的自觉性大幅度提高,狂犬病得到有效控制。2013年，全区无狂犬病发病病例。

职业病防治

1991—2001年，区防疫站按照国务院《尘肺病防治条例》，对全区存在职业病危害因素的企业进行摸底调查，共查出存在职业病危害因素的企业80家，其中区属企业20家、乡镇及私营企业60家。上述企业均为中小企业，以机械企业为主，职业病危害因素主要有噪声、粉尘（以电焊烟尘和水泥尘为主）、毒物（以苯、甲苯、铅、二氧化锰为主）。全区存在有毒有害作业点400个，接触有毒有害作业人员1000余人次。区防疫站每年对山东巨力机械有限公司等68家有毒有害企业进行监督检测，并提出相关整改意见，监督检测覆盖率达到85%以上。

每年组织接触有毒有害作业人员到潍坊市人民医院或潍坊市市立医院进行职业健康体检，累计体检6500余人次。2002—2011年，全区累计为接触有毒有害作业人员体检2800人次。2002年5月1日,《中华人民共和国职业病防治法》颁布实施。2007年，实施职业卫生"四个一"（给企业送一部法律、对劳动者开展一次职业卫生知识培训、指导企业建立一套职业卫生档案管理系统、与企业签订一份落实《职业病防治法》责任书）工程，与存在职业病危害的40家企业全部签订安全责任书，保护职工身体健康。2011年，全区存在有毒有害企业共40家、有毒有害作业点180个。区防疫站每年对有毒有害作业单位进行监测，组织接触有毒有害作业人员进行职业健康体检。

2012—2013年，区疾控中心每年深入潍坊山水水泥有限公司、山东海化华龙硝铵有限公司、潍坊六合微粉有限公司等单位开展"四个一"工程，到潍城区南关社区、山东科技职业学院、潍城花家劳务市场等单位开展《职业病防治法》宣传活动。其间，累计发放职业病防治知识宣传材料5000余份。

慢性病防治

慢性非传染性疾病　2008年，潍城区启动基本公共卫生服务项目，开始建立"潍城区居民健康档案管理系统"管理平台。从高血压、糖尿病患者的综合管理着手，抓住患者自我管理的关键点，逐步实现对高血压、糖尿病患者的科学指导、有效治疗、终身管理，慢性病管理成效逐步显现。

随着“政府主导、部门合作、全民参与”的慢性病综合防治工作机制的确立，全区疾控工作重心开始转向慢性病防控。2009—2013 年，潍城区全人群死因监测资料显示，心脏病、恶性肿瘤、脑血管病、呼吸系统及伤害的死亡率一直位于死因顺位的前五位，且远高于其他疾病的死亡率，占全部死因构成的 87.32%。除遗传因素等不可干预的因素外，吸烟、饮酒、高盐饮食、运动少、超重肥胖等不健康的生活方式和行为已成为居民慢性病发生的主要危险因素。2010 年 1 月，在区疾病预防控制中心成立慢性病防治科。5 月 24 日，开展提倡全民健康生活方式行动。2011 年，潍城区开始实施为期五年的省部联合减盐防控高血压项目。10 月，开展脑卒中、肿瘤、急性心血管事件监测活动。12 月，潍城区成功创建为省级慢性非传染性疾病综合防控示范区。2012 年 6 月，潍城区启动脑卒中高危人群筛查与干预项目。2013 年 1 月，区政府启动国家慢性病综合防控示范区创建活动。

死因监测工作　2008—2013 年，死因监测分析发现，全区慢性病死亡在死因构成中一直保持在 88.85% 左右，是影响全区居民健康的主要因素。2008 年，全区各级各类医疗机构全部开展死因监测工作，死因监测系统覆盖率达到 100%。2009 年，医疗机构死因网络报告率达 100%，每年均能按照国家质量控制要求完成数据上报。2011 年，区卫生局、公安局、民政局联合转发《潍坊市卫生局、公安局、民政局转发关于使用〈居民死亡医学证明书〉〈居民死亡推断书〉和加强死因统计工作的通知》，健全完善“以医疗机构监测与主动搜索为主、公安派出所与殡葬服务机构配合协查”的监测网络体系，制定潍城区死因监测例会制度、死因监测工作制度、死因监测登记报告制度、死因监测档案管理制度、死因信息核实补充制度、死因监测考核制度、死因监测工作人员培训制度等七项规章制度。

2009—2013 年潍城区居民患者死因前五位构成情况表

表 22-4　　单位：%

死因＼年份	2009	2010	2011	2012	2013
恶性肿瘤	22.02	22.81	25.97	23.75	26.43
呼吸系统疾病	12.32	11.30	8.48	9.53	8.51
心脏病	31.94	29.45	27.79	27.27	28.30
脑血管病	13.92	16.25	18.23	18.32	18.56
伤害	7.34	8.59	9.26	8.45	7.21

肿瘤监测　2011 年，区卫生局印发《潍城区肿瘤登记报告实施方案》《潍城区肿瘤登记报告工作规范》，从报告单位、病种、方式、程序填报要求、质量控制、保障措施 7 个方面对肿瘤登记报告进行规范。2011 年 10 月 18 日，全区实现慢性病监测网络直报，全面采集肿瘤发病信息，区疾控中心负责肿瘤监测，出台村级公共卫生监管员手册和村级公共卫生服务考核标准，定期进行督导检查工作。全区医疗机构开展肿瘤监测报告，覆盖率达到 100%。2012 年、2013 年，恶性肿瘤总体发病率分别为 239.45/10 万、217.82/10 万。

2012—2013 年潍城区肿瘤患者好发部位及发病率情况表

表 22-5　　单位：/10 万

部位＼年份	2012	2013
气管、支气管、肺	73.45	54.32
胃	23.48	24.14
乳房	13.65	21.95
肝脏	28.94	20.03
结直肠肛门	19.11	18.93
食管	19.93	15.91

心脑血管事件报告　2011 年 10 月，潍城区正式启动脑卒中（蛛网膜下腔出血、脑出血、脑梗死、未分类脑卒中）、冠心病（急性心肌梗死、冠心病猝死）登记报告工作。对潍城区常住户籍人口、居住 5 年以上的外来人口和在各级医疗机构门诊、急诊、病房等就诊发现的患者以及经临床或病理、心电图、X 线、CT 等医技检查并首次确诊的新发病例，均进行登记并通过“山东省慢性病监测网络化管理系统”进行网络直报，覆盖率达 100%。2012 年，报告脑卒中发病率 249.56/10 万、冠心病发病率 197.13/10 万。2013 年，报告脑卒中发病率 502.04/10 万、冠心病发病率 148.97/10 万。

精神病防治

潍城区精神疾病防治始于 1995 年，相关工作由区康复医院承担，医院精神神经病专科常年有专家坐诊，主要负责开展心理咨询、心理测试、生物反馈治疗、行为治疗等防治工作。2006 年，区康复医院改名为区人民医院（保留区康复医院牌子）。2011 年 10 月，在区人民医院精神科的基础上，成立区精神卫生中心，承担全区精神疾病的治疗、预防、康复和精神医学鉴定等工作。同年，开展重性精神疾病患者排查工作。2012 年，实施重性精神疾病管理治疗项目，为重性精神疾病患者提供免费门诊治疗、住院救助。同年，实施“阳光家园”项目，为精神疾病患者提供康复托养服务，免费提供康复训练和生活技能培训。2013 年，区精神卫生中心共收治精神病患者 3600 余人次。

第二节　妇幼保健

1995 年 6 月，根据《中华人民共和国母婴保健法》，全区建立健全妇幼保健三级网络，区妇保站成立指导小组，对各个乡镇实行包片指导。1996 年，各个乡镇设立妇幼专干，每个行政村配备妇幼保健员。1997 年，区卫生局对各医疗保健单位的《母婴保健技术服务执业许可证》进行校验，重新审核取得《母婴保健技术考核合格证书》持证人员的资质。2007 年，全区共有 13 家医疗机构开展母婴保健专项技术服务工作。2010 年，完成对 14 家医疗保健单位的《母婴保健技术服务执业许可证》校验。2011 年 3 月，14 家医疗机构共 191 人经过区级考核取得《母婴保健技术考核合格证书》。

孕产期保健

1995 年后，全区按照《中华人民共和国母婴保健法》的要求，开展“母婴安全”活动，抓好孕产妇和儿童两大系统管理工作。对全区孕产妇实行建档管理，系统管理率为 99%，无孕产妇死亡，新生儿访视率、高危妊娠管理率均为 100%。按照妇幼保健工作规范，对农村孕产妇保健进行系统化、规范化管理，为农村孕产妇建立《孕产妇保健手册》，并按手册内容要求开展系统保健和健康管理，保证孕产妇在孕期内不少于 5 次保健查体。2009 年始，为农村备孕妇女免费发放叶酸，为农村孕产妇发放住院分娩补助资金。2009—2013 年，为辖区内 7342 名农村备孕妇女发放叶酸，为 8656 名农村孕产妇发放住院分娩补助资金。

妇科病防治

潍城区积极开展妇女常见病、多发病的防治工作。1995—2013 年，平均每年为妇女查体约 37890 人次，妇科疾病发病率约为 15.9%。2011 年 6 月，区卫生局制定《潍城区预防艾滋病、梅毒、乙肝母婴传播工作实施方案》。2011—2013 年，全区接受艾滋病咨询孕妇 22365 人、产妇 17241 人，接受 HIV 抗体检测孕妇 22135 人、产妇 17217 人。

婚前保健与医学检查

1994 年 2 月,《婚姻登记管理条例》颁布实施，规定：申请结婚登记的当事人，必须到指定的医疗保健机构进行婚前健康检查。潍城区婚前健康检查职能由区妇幼保健站承担，检查项目包括询问病史、体格检查、常规辅助检查和其他特殊检查。1994—2003 年，全区婚前健康检查共完成 21942 对，有高血压、心脏病、性病、畸形等疾病的人员占受检人数的 15%，不宜结婚的人员占 0.5%。

2003 年 10 月 1 日，新《婚姻登记条例》颁布实施，取消强制性婚前健康检查。全区婚前医学检查和国家免费孕前检查职能由潍坊市妇幼保健院承担。

儿童保健

潍城区儿童保健主要针对 7 岁以下学龄前儿童展开，由区妇幼保健站统一办理“出生医学证明”。1996 年 9 月，潍坊市市立医院、符山中心卫生院、杏埠中心卫生院获得“爱婴医院”称号。1997 年 9 月，于河卫生院获得“爱婴医院”称号。2010 年 8 月，全区组织开展“世界母乳喂养周”宣传活动，广泛普及母乳喂养知识，加强“爱婴医院”的管理，巩固“爱婴医院”成果。2010—2013 年,全区儿童建卡率达 100%。2014 年 3 月始，对新生儿进行免费疾病筛查。

第四章　卫生监督

第一节　医疗机构监督

1991—2002 年，区卫生局业务科承担全区医疗卫生监督职能。2002 年 5 月，潍城区卫生局卫生监督执法大队成立，负责全区医疗卫生监督工作。2008 年，改名为潍城区卫生监督执法大队。

2005 年，潍城区将打击非法行医列入整顿和规范市场经济秩序的重要内容，针对群众反映强烈的问题，进行跟踪监测、监督处罚，加大整治力度。2006 年，全区开展非法医疗广告治理行动。2007 年，对诊所执业许可实行量化评分和专家评审制度。贯彻新《医疗广告管理办法》，加强对医疗广告的监管检查。成立打击非法行医专项行动领导小组，开展打击非法鉴定胎儿性别和选择性别终止妊娠手术专项行动。2008 年，开展“两好一满意”（服务好、质量好，病人满意）活动。2009 年，对全区诊所进行检查，开展打击无证行医和非法采供血专项行动。2010 年，开展打击非法行医和医疗美容专项整治工作。2011 年，实施医疗市场规范工程。2012 年，开展血液透析专项整治，开展打击“两非”（非医学需要的胎儿性别鉴定、非医学需要的选择性别的人工终止妊娠）专项行动，实行打击非法行医网格化监管，对医疗广告进行监测。

第二节　公共场所监督

1991—2013 年，全区环境卫生监督主要围绕公共场所卫生许可证办理、从业人员体检、生活饮用水检验、禁烟标示等内容开展。对理发、旅店、浴池、商场、大型酒店等重点行业进行消毒监测和管理。1992年、1998年均获得“创建卫生城市先进单位”称号。2007年，区卫生局获得“全省卫生监督执法工作先进集体”称号。2011年，对全区134个村居农村生活饮用水情况进行调查，检验达标率达70%。

第三节　学校卫生监督

1991—2009年，开展肠道寄生虫防治工作，组织全区初中以下在校生服药驱虫，监测学生常见病，对学校环境和饮食卫生及防治进行监督检查，掌握全区学生生长发育和健康状况及常见病、传染病、地方病的动态，有针对性地开展防治工作。1991年起，每年均对全区学校食堂进行监督检查，组织学校食堂从业人员进行体检，从业人员健康证持有率和健康知识培训率均达到100%，为学校食堂颁发卫生许可证16个，结果反馈率和建档率均达100%。2009—2013年，每年均对学校的教学及生活环境、传染病防控情况进行监督检查，对学校的生活饮用水抽检100次左右，监督覆盖率达100%。

第四节　劳动卫生监督

1991—2001年，按照《尘肺病防治条例》的相关要求，对全区存在职业病危害因素的企业进行全面摸底调查，查出存在有毒有害职业病危害因素的企业80家，其中区属企业20家，乡镇及私营企业60家。80家企业均为中小型企业，以机械生产加工企业为主，涉及的职业病危害因素主要为噪声、粉尘（以电焊烟尘和水泥尘为主）、毒物（以苯、甲苯、铅、二氧化锰为主），涉及有毒有害作业点500个，每年接触有毒有害作业人员1200余人。2002—2011年，全区存在职业病危害因素的企业共50余家，涉及有毒有害作业点350余个、作业人员1000余人。区卫生局每年对相关单位进行监测，组织相关作业人员进行体检。2012年，潍城区人民医院取得山东省卫生厅颁发的《职业健康体检资质》证书，每年对350名作业人员进行职业健康体检并进行网络直报。2013年3月，区卫生局职业卫生监督职责移交给区安监局。

第五章　爱国卫生运动与红十字事业

第一节　爱国卫生运动

1991—2013年，区爱卫会主要以抓好城乡环境卫生整治、农村饮用安全卫生水、卫生改厕、全民健康教育、除“四害”（苍蝇、蚊子、老鼠、蟑螂）为重点，组织城乡开展多种形式的爱国卫生运动。积极开展争创卫生先进单位、卫生乡镇、卫生村活动。1995年，贯彻国务院《关于加强爱国卫生工作的决定》和国务院〔1987〕51号文件，协调有关乡镇开展除氟改水工作，编制规划和方案，采用通自来水、整治水源的办法进行除氟改水。同时，城区结合创建卫生城市、农村结合新村规划和旧房改造推行卫生厕所。2005年，潍城区成立病媒生物防治工作领导小组，制定《潍城区爱国卫生管理暂行规定》《潍城区除“四害”工作制度》《关于加强城区垃圾管理的通告》《潍城区市容环境管理实施细则》等文件，多次邀请省市专家到潍城进行技术培训和现场指导。同时，通过召开会议、媒体宣传、开展大型广场宣传活动、出动宣传车、印发宣传单、张贴标语等形式，做到病媒生物防治工作家喻户晓、人人皆知。2012年，区爱卫会印发《潍城区农村改厕项目实施方案》。2013年，组织开展综合整治环境活动，清运垃圾、铲除杂草3万余立方米，清除小广告5000余处，粉刷墙壁2000平方米，规范广告牌匾200个。在全区开展灭鼠、灭蟑螂及蚊蝇消杀活动，安装毒饵站2500个，发放毒饵、消杀药物3000余公斤及灭蚊蝇药1600公斤，对公园、绿地、沟湾河流等室外环境进行消杀，全面清理“四害”滋生场所，完善病媒生物监测措施和防治设施，有效降低了病媒生物的密度。是年，全区农村卫生厕所普及率达到95%。

第二节　红十字事业

1991年6月，潍城区红十字会卫生事业服务中心成立。1992年6月，潍城区红十字会第五次代表大会召开，选举产生第五届区红十字理事会。同年，潍城区红十字会被中国红十字总会授予“全国先进集体”称号。1993年，4处街道及基层红十字会组织完成换届工作。1995年，组织青少年参加全国“红十字在我心中”绘画、作文比赛，向省市选送作品20幅，全区共有3所小学、4所中学800多人参加比赛。1996年，在12个居委会建立12处红医站，每个红医站配备医师、护士各1名。红医站每年为居委会辖区老党员、老干部、幼儿园小朋友进行1次免费查体，免收困难户、五保户注射费及药品费，并承担辖区健康教育任务。全年为群众义诊、咨询、测量血压3680人次，免费为老党员、老干部、幼儿园儿童查体1210人次，免费为困难户上门服务810人次，免收五保户、困难户药费600多元。增福堂居委会红十字会义务丧葬服务队有24名会员，常年为群众提供无偿服务。1997年，全区共有64人参加无偿献血活动。1999年、2001年，连续两年被市政府、市红十字会评为“无偿献血先进集体”。2002年，被省红十字会授予“红十字会工作先进集体”称号。2005年1月，组织全区群众为太平洋海啸捐款161174元，区卫生局被市红十字会评为“太平洋海啸募捐先进单位”。2007年，全区共有红十字会基层组织167个，会员11270人。2008年8月，潍城区红十字会撤销，相关职能由区卫生局社会卫生科承担。

第六章　食品药品监督管理

第一节　机　构

1991年，潍城区食品药品监督管理工作由区卫生局防疫站负责。区药品检验所隶属区卫生局，负责辖区内药品监管工作。2004年8月，区药品检验所划归潍坊市药品监督管理局。2007年9月，潍坊市食品药品监督管理局潍城区分局正式挂牌，承担全区药品生产、流通及医疗器械监管职能，为正科级行政机构，行政编制10人，事业编制6人，内设办公室、药品科、器械科、稽查队。同时，成立潍城区食品药品安全协调委员会，履行综合监督、组织协调、依法组织查处食品药品重大事故职能。2008年4月，区食品药品安全协调委员会更名为区食品药品安全委员会。2010年5月，将食品药品监督管理部门承担的食品安全综合协调、组织查处食品安全重大事故职能划入卫生部门，将卫生部门承担的餐饮服务许可、餐饮服务环节食品安全监督管理和保健食品、化妆品卫生监督管理的职责划入食品药品监督管理部门。2011年1月，组建潍城区食品药品稽查大队，为潍坊市食品药品监督管理局潍城区分局所属事业单位，副科级规格，编制15人。

第二节　食品综合监督

潍城区食品卫生监管对象主要为食品生产、经营企业和餐饮单位。食品卫生执法人员负责每年对全区食品经营单位进行卫生检查及复核，检查合格后发放卫生许可证或准予继续营业。卫生防疫部门负责对食品生产、经营人员进行岗前培训和年度查体，合格者发放食品知识培训证和健康证。

1991—1998年，按照《食品卫生法》的要求，对全区食品加工经营单位实行食品卫生监督量化分级管理，12家单位通过B级单位验收命名。1995年10月，区卫生局以贯彻《食品卫生法》为重点，开展食品卫生法规知识宣传教育。1999年，开展卫生知识培训，培训企业负责人40人，食品从业人员6700人，与企业签订食品卫生安全承诺书。同年，潍城区联合开展生猪定点屠宰检查，严厉打击私屠滥宰违法行为，抽检各类食品样品627份，其中合格553份，合格率达88.2%，严禁不合格的食品出厂销售，销毁变质食品1.5吨。检测餐具3354份，其中合格2449份，合格率达73%，对存在卫生不达标、无证经营等违法行为的企业（个体户）进行行政处罚。2004年，按照潍坊市创城办公室和相关部门的指示，潍城区制定“五小”（小餐馆、小商店、小歌舞厅、小旅馆、小网吧）单位治理整顿方案，实行网格化管理，开展拉网式检查。创建松园子街、西苑街、陈家油坊街3条达标示范街和帝豪大酒店、明宗大酒店、潍坊名吃店等30多家亮点餐饮单位，全市创城工作现场会在松园子街召开。在全区开展对劣质奶粉、劣质明胶和酱油、醋等调味品的专项整顿检查。对辖区内的食品生产经营单位进行食品卫生监督量化分级，其中1家食品生产单位通过省级审核被认定为A级单位，36家食品生产经营单位通过市级审核被认定为B级单位。2005年，开展食品卫生许可整顿，重点整顿对象为全区建筑工地食堂、集体食堂及医疗机构；开展对劣质奶粉、劣质辣椒酱等食品的专项执法检查。2006年，结合创建国家卫生城市，开展“五小”单位专项整治，出动检查人员3157人次，整治“五小”单位819家，取缔65家。实行食品卫生量化分级管理72家，挂牌认证A级单位1家，B级单位19家，C级单位8家，D级单位44家。在婴幼儿奶粉、粉丝及食用明胶专项检查中，出动监督检查人员140人次，检查业户169家，查获劣质婴幼儿奶粉27袋、过期食用明胶1桶。春节、高考、中秋节期间，加强对食品生产经营单位及学校食堂的监督检查，确保节日及高考期间食品卫生安全。2007年，开展餐饮消费环节食品安全整治行动，重点查处无证经营和经营有毒有害食品等违法行为，查处违法案件2起，在全区餐饮单位建立采购索证制度和采购验收记录制度。2008年，开展餐具消毒服务机构专项整治工作，12家单位基本达到规范要求，通过市级卫生行政部门验收。重点对学校食堂、城乡结合部小餐饮单位、建筑工地食堂、超市内部现场食品加工等五类单位进行集中整治。检查食品生产经营单位1029家，警告并限期整改86家，停业整顿25家，取缔无证经营户14家，没收及销毁假冒伪劣食品300余公斤，罚款2300元。三鹿奶粉事件发生后，潍城区积极开展婴幼儿乳制品专项检查，重点对20家托幼机构、14家学校食堂、60家餐饮单位进行检查。同年，卫生行政部门联合教育行政部门对全区的“小饭桌”开展综合整顿工作，为24家达标单位办理《卫生许可证》，依法取缔未达标经营业户。2009年，结合创建国家级卫生城市，重点抓好食品卫生监督量化分级管理、食品专项整顿和餐饮具消毒效果监测工作；开展“五小”单位整顿工作，督促各经营单位完善硬件设备，严格问题整改。开展食品卫生公示，对纯净水、牛奶、保健食品、熟肉制品、豆制品等检验合格后及时公告，正确引导群众消费。全年完成对300余份食品样品的监测工作。

2010年，区政府与各街道、各食品安全监管职能部门签订《2010年度食品药品安全工作目标责任书》，落实食品药品安全属地监管责任和行业主管责任。加强重要时间节点食品安全监督，有针对性地开展元旦、春节及世博会、风筝会、五一劳动节、中秋节、国庆节等重大节会食品安全专项整治。组织相关部门开展违法添加非食用物质和滥用食品添加剂专项整治，加强对食品生产环节、流通环节的监管力度。开展以乳制品为重点的食品安全专项整顿工作，共检查食品生产企业和经营业户1950家，出动执法人员2500余人次，问题奶粉得到有效遏制。开展学校（幼儿园）餐饮食品安全专项检查，重点检查饮用水卫生状况，对存在问题的单位下达限期整改通知。组织相关部门，开展打击“地沟油”违法违规行为专项行动，有效规范了餐饮行业的经营秩序。2011年，强化餐饮服务监管职能，确保全区餐饮服务行业安全。按照网格监管要求，帮助企业建立健全各类规章制度360余套，签订《餐饮服务食品安全责任书》1100余份，下达《监督意见书》1000余份。开展餐饮从业人员健康查体工作，严格落实“五病调离”“先培训、后上岗”等制度。全年举办餐饮服务单位人员培训4次，重点宣传普及《中华人民共和国食品安全法》《中华人民共和国食品安全法实施条例》等法律条例，进一步落实企业主体责任，推进餐饮环节监管关口前移。严格审批程序，做好《餐饮服务许可证》颁发工作，发放《餐饮服务许可证》283件，对20家条件不达标企业下达《整改意见书》，实现服务零距离、监管零收费、执法零投诉。2012年，通过调查摸底，全区持有有效《餐饮服务许可证》单位共710家，其中新核发《餐饮服务许可证》442件，换发《餐饮服务许可证》268件，餐饮服务单位持证率达95%以上。通过规范服务、广泛宣传、指导整改、签订责任书等措施，小餐饮单位的卫生条件明显改善。强化对学校、幼儿园食堂的监管，明确学校校长、幼儿园园长为餐饮安全第一责任人，规范制度，强化监管，确保学校食堂餐饮安全。开展农村餐饮服务食品安全、餐饮服务环节违法添加和滥用食品添加剂及调味品、地沟油、无证及小餐饮、鲜肉及瘦肉精、餐饮服务环节的餐具及食品包装材料等11个专项整治活动，进一步规范餐饮服务行为。开展餐饮服务食品安全示范创建活动，北关街道、城关街道、望留街道成功创建为全市餐饮服务食品安全示范街道；胜利西街（和平路至向阳路）、清平路（福寿西街至北宫西街）被表彰为全市餐饮服务食品安全示范街。中恒国际大酒店等45家餐饮单位被表彰为市级餐饮服务食品安全示范单位。2013年，对全区4000余名餐饮服务从业人员进行培训，对629家餐饮服务单位进行量化分级。全年出动执法人员2600余人次，检查餐饮单位1400余家次，为82家餐饮服务单位办理《餐饮服务许可证》，实现日常监督检查全覆盖。开展食安潍坊、地沟油、集体食堂、餐饮安全隐患排查和治理、餐饮环节果蔬类食品安全隐患排查、肉及肉制品、皮蛋产品、小餐饮整治、学校和特定就餐场所等14个专项整治行动，着力解决群众反映强烈的重点区域、重点企业的食品安全问题。重点加大对全区108余所中小学、幼儿园食堂的安全检查力度，与学校签订责任书108

份，提出整改意见 86 条，实现学校食堂监督检查全覆盖。对火车站、汽车站、商品城、旅游景点、医院周围、餐饮集中街巷及就餐群体相对固定的企事业单位食堂、城乡结合部及农村餐饮单位开展全面检查，实现监管全覆盖。实施厨房“亮化工程”，重点对切配间、烹饪间、凉菜间、餐具消毒间实施“亮化”，潍坊医学院食堂、潍坊七中食堂等 100 余家单位完成“厨房亮化”工作。抓好示范创建工作，通过召开培训会、现场观摩会、邀请有关先进单位进行经验介绍等方法，全区餐饮服务示范创建水平明显提升。全年创建市级示范街道 3 处、市级示范街 2 条、市级示范单位 45 家，潍坊中恒大酒店、潍坊医学院学生食堂等成功创建为市级餐饮服务食品安全示范单位，潍坊医学院学生食堂成功创建为省级学校食堂示范单位。

第三节　药品监督管理

1991 年始，区卫生局所属区药检所每年均配合市卫生局对潍坊市市立医院制剂室生产的葡萄糖注射液、氯化钠注射液、葡萄糖氯化钠注射液等大输液产品生产环境空气质量进行净化检测。2002 年 11 月，潍坊市市立医院制剂室撤销，全区无医疗机构自制药剂。2004 年，由区药检所组织，对潍坊市市立医院、康复医院、杏埠卫生院、于河卫生院、军埠口卫生院、符山卫生院、望留卫生院、大柳树医院药剂科、药库从业人员进行健康查体。按照《潍坊市关于加强农村药品监管和供应网络建设的意见》要求，在全区开展农村药品监管网络和供应网络建设，聘任协管员 16 名，信息员 203 名。年内出动执法人员 260 人次，检查涉药单位 229 家次，查处违法案件 6 起，涉案货值 1.1 万元，取缔非法经营业户 2 家，没收假劣药品货值 0.4 万元。2005 年，出动执法人员 650 余人次，检查涉药单位 246 家次，立案查处 13 起，没收假劣药品 130 余种，货值 1 万余元。2006 年，按照《药品管理办法》有关规定，对全区涉药单位药品从业人员进行健康体检并建立体检档案，年内出动执法人员 680 人次，检查涉药单位 240 家次，行政处罚 4 起，立案查处 4 起，没收假劣药品货值 1 万余元。2007 年，对全区一级以上医疗机构负责人、药剂科负责人、各镇药品监管站站长等 50 余人进行培训。同年，出动检查人员 1100 余人次，检查涉药单位 820 余家次，行政处罚 18 家，罚款 3 万余元。2008 年，为确保北京奥运会期间全区药品安全，对全区 107 家药品生产、销售单位开展拉网式检查，出动执法人员 951 人次，查处违法涉药案件 40 余起，罚款 16 万余元，没收假劣药品货值 0.7 万元。开展兴奋剂专项治理，制定全区兴奋剂药品专项治理工作方案，结合全区实际，实行划片包干制，将责任落实到人，签订《奥运药品安全保障和兴奋剂治理工作责任书》206 份，下达《整改通知书》98 份，举办兴奋剂治理工作专题知识培训班 2 期，培训药品从业人员 1200 余人次。出动检查人员 1125 人次，查处违法涉药案件 60 余起。开展药械从业人员健康查体，对 3 家药品生产企业、10 家药品批发企业、101 家药品零售单位、47 家医疗器械生产经营企业的从业人员共 1508 人进行健康查体，体检率达 98% 以上。2009 年，区政府制定《全运会药品安全保障和兴奋剂生产经营治理工作方案》，对全区 102 家药品经营企业进行拉网式检查，签订《兴奋剂治理责任书》204 份，下达《整改通知书》90 份。全运会期间，潍城区未发生药源性兴奋剂事件。针对医疗器械市场监管薄弱的特点，有针对性地开展体外诊断试剂、助听器、隐形眼镜、义齿等专项检查，查处医疗器械违法案件 30 余件，规范了器械市场。

2010 年，开展药械市场安全专项整治，加大对疫苗流通使用、一次性医疗器械的监管力度。开展打击非药品冒充药品、工业氧（或压缩气体）冒充医用氧、世博会期间制售假劣药、通过邮寄与互联网等渠道销售假药、挂靠经营与走空票等药品违法犯罪活动。对无证生产义齿、发布虚假违法广告、制售各类假药劣药等进行专项监督检查。对辖区内的药械经营企业和医疗机构实行“打包式”监管，有效规范了全区药械市场。扎实开展“一线监管月”活动，按照网格化监管要求，对全区一级以下医疗机构，尤其是个体诊所、村卫生室、厂矿企业卫生室等医疗机构存在的脏乱差问题、药品医疗器械使用不规范问题、购进渠道不正规问题等集中开展专项检查。共出动执法人员2200人次，检查单位692家次，收到并受理举报18起，行政处罚18起。没收药品货值2.32万元，罚款20.45万元，实际收缴20.45万元。2011年，开展制售假劣生物制品、非药品冒充药品、防治甲型H1N1流感药械、特殊药品、大型医疗设备、骨科植入器械、口腔义齿、虚假违法广告等10余项专项监督检查，对14家一级以上医疗机构、7家药品批发企业、34家药品零售企业、422家诊所、36家医疗器械单位等进行监督检查。通过专项检查，规范药械市场秩序，全年出动执法人员2800余人次，立案37起，其中药械案件19起，没收物品货值2.8万元，行政处罚28万元，规范全区“四品一械”（药品、餐饮服务食品、保健食品、化妆品和医疗器械）市场秩序，保障了人民群众的饮食用药安全。2012年，按照国家、省、市部署要求，在全区开展铬超标胶囊停售下架和药用辅料质量监督检查工作，对全区药品批发零售企业、医疗机构开展拉网式排查，暂停销售铬超标胶囊2800粒，召回130万粒。对全区8家药品批发企业、5家药品连锁企业、16家一级以上医疗机构和360余家卫生医疗诊所开展风险因素分级管理评价。建立药械监管长效机制，对村卫生室、个体诊所、厂矿企业等400余家单位开展安全检查，实现药械监管全覆盖。开展以疫苗和蛋白制剂为主的生物制品安全检查，严厉打击非法渠道进货销售，规范市场秩序。全年共上报药品不良反应620例，器械不良事件151起，超额完成省定任务指标。开展药品生产流通使用环节集中整治、含麻黄碱类复方制剂百日整治、抗菌药物、二类疫苗、二类精神药品、高风险医疗器械经营和使用等12个专项检查，为争创药品安全示范区奠定了良好基础。开展以螺旋藻和鱼油为原料的保健食品、化妆品标签标识和流通环节集中整治百日行动，规范保健食品、化妆品生产经营秩序。全年共出动执法人员3413人次，检查单位2615家次，立案查处94起，其中一般程序42起，简易程序52起，没收过期失效物品货值2.1万元，罚款32万余元，对违法违规行为产生了有力的震慑作用。

2012年10月，执法人员对药品经营单位进行专项检查

2013年，全区药械监督检查覆盖率、从业人员岗前培训率、查体率均达到100%。开展经营使用中药材、中药饮片、第二类疫苗及药品零售连锁企业经营情况等专项整治，对7家药品批发企业、7家药品连锁企业总部、140余家连锁门店、390余家药品使用单位进行全方位检查。推动药品安全信用体系建设，对7家药品批发企业、6家药品连锁企业以及400余家药品使用单位进行风险因素分级管理评价，签订企业承诺书，建立了药品监管长效机制。开展药品安全集中检查，对二类精神病药品及药用辅料生产使用环节、特定情况药品生产企业检验条件情况进行监督检查。对医疗机构制剂室、定制式义齿生产使用、医用卫生材料及辅料生产企业、第一类医疗器械生产企业、体外诊断试剂生产企业进行专项检查。开展保健食品打“四非”（非法生产、非法经营、非法添加、非法宣传）专项行动，出动执法人员300余人次，通过摸底排查、突击检查、公开曝光等方式，检

查保健食品经营企业140家，与市局联合办案2起，处罚1起，立案1起。与潍城公安分局经侦大队联合查处假劣保健食品案件2起，查处群众举报无证经营案件1起，协查2起，查处假冒文号保健食品品种4个，货值2万余元。发挥“12331”举报投诉平台、“12345”市长热线和“6106993”举报电话的监督作用，畅通举报渠道，收到并受理举报案件70起，查处率、回复率、群众满意率均达到100%。行政处罚一般程序31起，简易程序25起，罚款18.2万元，快检药品300批次，送检药品72批次，送检食品193批次。

第七章　体　育

第一节　社会体育

自1987年始，潍城区直机关党工委、区体委、区社会劳动保险处连续举办了10届区直机关水上运动会。1991年、1992年举办残疾人运动会和幼儿运动会。1991—1996年，区体委在春节期间组织迎新春乒乓球比赛。1995年8月，区体委组织第一届“金穗杯”乡镇机关篮球赛。以宣传《中华人民共和国体育法》和《全民健身计划纲要》为契机，举办大型全民健身活动。同年10月，山东省黄海协作区“长乐杯”老年人门球赛在潍城区举行，潍城区有两支代表队参赛，分别获得第一名、第三名，捧得“长乐杯”奖杯。1996年6月，全民健身宣传周期间，组织各街办、学校、老年体协等单位在潍州剧场门前举办大型全民健身晚会5场、全民健身表演赛1场，表演队员达1000余人，观众达3万余人次，获得全市全民健身宣传周评比第一名。10月，潍城区第五届全民运动会在潍坊六中举行，设有田径、篮球、乒乓球、老年项目。同年，在潍坊市“四棉杯”职工体育先进单位评比中，区教委、区建委、区地税局、潍城公安分局获评为先进单位。是年，潍城区体育局获得“潍坊市全民健身先进单位”称号。1999年，组织开展各类健身活动20多场次，教授健身项目10多种，辅导近千人次。同年，组织老年体协的人员参加全市举办的乒乓球等5项比赛，其中乒乓球、象棋、围棋获冠军。2000年，组织老年体协人员参加全市举办的比赛7次，夺得15枚金牌、12枚银牌、7枚铜牌。2001—2005年，组织老年体协人员参加潍坊市第一、二届老年人运动会太极拳、剑、健身球操、门球、趣味（田径）、象棋、乒乓球项目的比赛，获得“优秀组织奖”“体育道德风尚奖”。

2001年，组织全民健身表演。承办潍坊市首届太极拳比赛。举办4期太极拳、剑、大秧歌培训班，培训300多人次。2002年，组织老年门球、健身球、太极拳、剑、秧歌表演及首届万人长跑比赛等活动，参加人员达1.2万人次。2003年，举办潍城区第二届“劳动保险迎春杯”全民健身长跑活动，37支队伍、600余名运动员参加比赛。举办全区第十八届门球比赛，共有12支队伍、130多名运动员参赛。抽调专业教练，举办第八套广播体操和大秧歌、健身操培训班。在全区的各个全民健身活动点，参与晨练、晚练的人数达1000余人次。7月，组织开展为期一个月的“文明之夏”体育健身活动。

西关街道通过省级体育先进社区的验收。2004年，潍城区第三届“青岛双星迎春杯”全民健身长跑比赛在潍州剧场门前的广场举行，共有37支队伍、600余名运动员参赛。4月，全区第十七届门球比赛在十笏园和交警一中队同时开赛，共有12支队伍、130多名运动员参赛。全区共有大型体育活动站点11个、小型活动站点80个，经常参与体育健身的群众达4000多人。7月，继续组织开展“文明之夏”体育健身活动。2005年，潍城区第四届“避风塘杯”全民健身迎春长跑比赛在避风塘门前广场举行，共有40多支队伍、600余名运动员参赛。4月，举办全区第十八届门球比赛，共有12支队伍、130多名运动员参加，提高了老年人强身健体的热情。7月，组织开展“文明之夏”体育健身活动。北关街道通过省级体育先进社区的验收。2006年，潍城区第五届“帝豪杯”迎春全民健身长跑比赛在帝豪大酒店门前广场举行，共有42支队伍、700余名运动员参赛。4月，举办全区门球学习班，组织队伍参加风筝会全民健身表演。5月，举办“合气健身操”培训班，100余人参训。7月，组织开展“文明之夏”体育健身活动。修建2条生态文明村健身路径。2007年，组织200多人参加在市政府广场举办的全市全民健身队伍表演，受到市体育局的表扬和肯定。7月，组队参加在德州举办的全省武术馆校武术比赛，取得了较好成绩。组织参加潍坊市举办的老年体育活动培训班及老年太极拳、大秧歌等比赛。坚持开展“文明之夏”广场健身活动。

2008年，组织参加市“龙腾虎跃迎奥运”大型文体表演。与区直机关党工委联合举办迎奥运区直机关乒乓球赛、三人制篮球赛、中国象棋比赛，参赛队伍都达到18支以上。举办全区迎奥运春季老年人门球、太极拳、剑比赛，《潍坊日报》、潍坊有线电视台等相继进行报道。区门球代表队参加市体育局、老年体协举办的老年人门球赛，获得第三名。区全民健身队伍参加风筝会全民健身表演，受到好评。承办迎奥运市“佳美杯”老年人乒乓球比赛，潍城区2支代表队分别获得4个单打第一名、男女团体总分第一名的好成绩。举办2次少年围棋比赛，38名棋手获得业余一段、二段棋手称号。10月，参加市迎十一运会倒计时一周年揭幕仪式及区迎十一运会倒计时一周年揭牌仪式。在豪德广场设立了倒计时钟，这是全市三个倒计时钟之一。2009年，组织参加第三届潍坊市老年人运动会太极拳、象棋、围棋等5个项目的比赛，获得“优秀组织奖”和“体育道德风尚奖”。300多名健身表演者、6000多名观众参加了潍坊市奥体公园启用仪式。组织参加迎全运山东省百县篮球赛、千校乒乓球赛、万人象棋赛潍坊赛区的比赛，其中中国象棋获得团体第二名。与区直机关党工委联合举办潍城区区直机关三人制篮球赛、乒乓球比赛，协助区委统战部举办宗教团体乒乓球比赛。

2010年，参加潍坊国际风筝会全民健身表演。组织18支队伍参加“迎亚运，美城杯”男子篮球赛。与区工会联合举行全区乒乓球比赛。开展国民体质监测活动，在潘里、西关、城关、北关设立四个监测点，为55～59周岁的居民免费进行体质监测。对在潍城区注册的社会体育指导员进行摸底调查，开展网上注册和审批工作。3月，组织参加“庆三八”全市老年人门球赛、市腰鼓队比赛。10月，与区老年体协联合主办庆老人节“移动通信杯”老年人文体表演活动，有16支队伍、268人参加。在山东省“体彩杯”百县篮球赛、千校乒乓球赛、万人象棋赛潍坊赛区的比赛中，获得篮球第二名，乒乓球女子个人第一名、男子个人第八名，象棋团体第三名。2011年，在潍坊市第一届全民健身运动会中，潍城区取得1个一等奖、4个二等奖、3个三等奖，获得“体育道德风尚奖”。参加“风筝情”第七届全民狂欢大巡游活动。承办“庆五一，迎七一”全民健身志愿服务神州行潍坊分会场的活动。组织5000多人参加环奥体公园万人健步跑比赛。举办潍坊市老年人乒乓球比赛、“北关杯”潍城区首届中国象棋排位赛、潍城区第一届全民健身运动会启动仪式暨篮球比赛等活动。2012年，在潍坊市第二届全民健身运动会上，潍城区获得1个一等奖、3个二等奖、4个三等奖、2个“体育道德风尚奖”。万人象棋比赛总决赛闭幕式在潍城区圣基大酒店举行，潍城区1名运动员获得男子个人第一名。先后举办潍坊市老年人门球邀请赛、潍坊市四通捶武术锦标赛、“齐润杯”潍城区第二届中国象棋排位赛、潍城区2012“中华茶博城”杯乒乓球比赛等多项赛事。春节民间文艺会演期间，组织各活动站点参演健身节目。风筝会期间，参加“风筝情”狂欢大巡游活动和全民健身成果展演。在奥体公园举办为期5天的老年人太极拳、剑培训班和为期3天的第九套广播体操培训班。组织社会体育指导员、体育干部、健身活动骨干200余人参加全国科学健身指导科普大讲堂。“老人节”期间，组织健身气功、腰鼓、抖空竹等展演活动。2013年，组织参加潍坊市全民健身运动会和山东省百县篮球赛、千乡乒乓球赛、万人象棋比赛（潍坊赛区）选拔赛，获得1个一等奖、2个二等奖、4个三等奖、2个“体育道德风尚奖”。组织100余名运动员参加潍坊市第四届老年人运动会，承办乒乓球、象棋、围棋、门球、钓鱼、气功、太极拳、剑、气排球、广场舞等比赛，其中气排球、钓鱼获得第一名，乒乓球、象棋、围棋获得第二名，健身气功获得总分第三名。先后举办潍坊市四通捶武术锦标赛、潍坊市老年人门球邀请赛、围棋排位赛、第三届全民健身运动会暨“万锦国际杯”男子篮球联赛等多项赛事。利用各种节会，开展一系列群众体育健身活动，如春节民间文艺会演、风筝会期间健身队伍展演等。潍城区获得“山东省全民健身工作先进单位”称号。

第二节　学校体育

1991年后，潍城区按照《学校体育工作条例》，制订教学活动、竞赛计划，做好学校体育工作。各学校建设体育活动场地，配备体育器材设备，配齐体育教师，按照课程标准建立课堂常规，设置适合学生年龄、性别特点的体育课。根据学校实际情况，因地制宜开展课间操、阳光大课间、课外体育活动和快乐体育活动，保证学生每天至少一小时的活动时间。各学校还建立了各项体育活动队伍，每年至少举行一次以田径项目为主的校级运动会和多次单项体育运动比赛。区教育局每年举行中小学田径运动会、冬季越野比赛以及各种球类比赛。1997年，潍城区将每年10月定为“体育竞赛活动月”，广泛组织学生参加各项体育活动，并举办篮球、排球、广播体操等项目的比赛。2012年，对全体学生进行体质测试，迎接全国、省、市的抽测复核。全区学校测试数据上报率达到100%。

体育教学

课程与教材　1991年，中小学每周开设2节体育课，使用人民教育出版社九年义务教育全日制教材。2002年，中小学体育改用新课程标准，使用人民教育出版社教材。2007年，小学一、二年级每周开设3节体育课、1节课外体育活动，三至六年级每周开设2节体育课、1节课外体育活动，中学每周开设2节体育课、1节课外体育活动。学校每天组织大课间活动（30分钟），保证学生每天一小时的体育活动时间。部分学校还开设了校本课程教学，如武术、花样跳绳等，课程一般安排在下午第三节课。

广播体操　1991—2003年，采用全国中小学生第八套广播体操。2003—2013年，推行校园集体舞和学校自编操《雏鹰起飞》《初升的太阳》。

体育活动

1991年，潍城区举行中小学棋类比赛。1992年4月，潍城区少年风筝放飞队在第九届潍坊国际风筝会“蓝天杯”风筝自由赛中，获总分第一名。1993年，健康街小学的“龙头蜈蚣”风筝参加潍坊市风筝大赛，并取得团体总分第二名的成绩。1995年3月，潍城区柔道摔跤学校在潍城区胜利西学校成立。5月，潍城区人武部与潍城区教委联合下文，批准健康街小学成立少年军校。7月，区实验小学参加潍坊市少年象棋比赛，获得团体第一名。10月，区实验小学获得潍坊市“优苗杯”乒乓球大赛女子甲组、乙组团体总分第一名。1996 年 4 月，在潍坊市“天翔杯”风筝大赛中，潍城区教委代表队获得团体总分第三名。5 月，举行“96 全民健身”潍城区中小学广播操表演赛。健康街小学的少年军校被山东省国防教育委员会授予“山东省国防教育基地先进单位”称号。1997 年 7 月，区实验小学参加潍坊市小学生棋类比赛，获得中国象棋团体第一名。10 月，区教委组织开展首届“学校体育竞赛活动月”活动。1998 年 1 月，青年路小学在第六届全国“天龙棋童杯”国际象棋大赛中，获得女子丙组第二名。3 月，区实验小学通过山东省体育传统项目乒乓球验收组的验收。7 月，区实验小学参加山东省“希望杯”乒乓球赛，获得男子儿童组团体第三名，同时获得“体育道德风尚奖”。10 月，健康街小学获评为“山东省学校体育卫生国防教育工作先进集体”。1999 年，潍城区举办小学大课间和快乐体育活动，学生课外活动多样化。7 月，区实验小学参加潍坊市少年儿童棋类比赛，获得中国象棋团体第一名、围棋团体第三名。

2000 年 5 月，在潍坊市少儿足球比赛中，永安路小学派出两支代表队参加城区男子乙组和县（市、区）男子乙组的比赛，分别取得第一名和第二名的好成绩。2002 年,《中国学校体育》《山东教育报》及山东电视台等多家新闻媒体对潍坊外国语学校大课间自主创编操进行专题报道，形成阳光体育“自编大课间操”特色。潍坊七中手球队连续三年获得全国青少年锦标赛冠军，并代表国家队参加在意大利举行的国际青少年手球赛。永安路小学足球队取得全国“健力宝杯”中华少年小甲 A 足球赛潍坊赛区第一名、山东赛区第二名的好成绩。2003 年 7 月，潍城区教育工会代表队参加潍坊市第二届“联通杯”职工女子团体艺术健美操比赛，获得一等奖。8 月，区实验小学参加山东省儿童乒乓球锦标赛，获得女子团体第三名，男子团体第七名，男子单打第三名，女子单打第五、第六、第七名。10 月，区实验小学参加“绮丽杯”山东省青少年乒乓球锦标赛，获得俱乐部组男子团体第三名，男子单打第二名，女子团体亚军，女子单打第二名、第三名。2004 年第 3 期《中国学校体育》刊登潍坊外国语学校大课间活动开展情况。2004 年 4 月，区教委印发《关于加强中小学大课间活动推广快乐体育园地建设的意见》。潍坊外国语学校在区大课间自编操表演赛中获得一等奖。7 月，区实验小学参加第三届“鲁能乒校杯”全国乒乓球邀请赛,获得女子甲组团体第二名、女子单打第一名，男子甲组团体第四名、男子单打第四名。同月，区实验小学参加全国基层小学第十五届“幼苗杯”乒乓球比赛，获得女子甲组第四名、女子单打第八名。

2005 年 7 月，区实验小学参加全国基层小学第十六届“幼苗杯”乒乓球比赛，获得男子甲组第一名。2006 年 8 月，区实验小学参加“红双喜·长江杯”中国乒协少儿乒乓球赛，获得男子甲组团体第一名、丙组第四名、乙组第八名。区实验小学连续两年被山东省乒乓球运动管理中心授予“业余训练先进单位”称号。10 月，潍坊外国语学校举办潍坊市“快乐大课间”经验推广现场会，获得“区体育先进单位”。2007 年 2 月，仓南路学校被市教育局授予“实施《国家学生体质健康标准》先进单位”。同年，潍坊外国语学校的“快乐大课间”获潍坊市政府成果奖。2009 年，全区推广全国小学生第二套广播体操《初升的太阳》，并进行了一系列评比。2010 年，潍坊外国语学校“快乐大课间”活动的照片刊登在国家级刊物《运动》杂志封面和封三上。2011 年，潍坊外国语学校获评为“国家级智力体育俱乐部”。2012 年，潍坊外国语小学乒乓球女子组获得潍坊市乒乓球比赛团体冠军并获得“体育道德风尚奖”。2013 年，潍坊外国语学校乒乓球队获得潍坊市五大联赛乒乓球男团冠军。5 月，健康街小学获评为“潍坊市篮球传统项目学校”。10 月，豪德小学成为“潍坊市摔跤后备人才基地”。

学生体质

各中小学把健康教育纳入教学计划，对学生

进行卫生知识教育，培养良好的卫生习惯。各中学和规模较大的小学建立卫生室，配备校医。规模小的小学安排1名教师兼职学校卫生工作，配备卫生箱和急救药品等。各学校建立学生体质健康卡片，定期对学生进行体检，并纳入学生档案。贯彻预防为主的原则，做好近视眼、弱视、沙眼、龋齿、寄生虫、营养不良、贫血、脊柱弯曲、神经衰弱等学生常见病的群体预防和矫治工作。同时，加强对学生个人、教室、宿舍、饮食、食堂、环境等各方面的卫生教育和管理，向学生提供符合卫生标准的饮用水。此外，经常检查学生广播操、眼保健操、读写姿势、个人卫生等。2012年，对全体学生进行体质测试，测试数据上报“国家学生体质健康网”。2013年10月，对全区35所中小学的560名学生进行体质测试，并进行公示。

2013年潍城区中学生体质抽测比赛成绩表

表22-6　　单位：人

学校名称	优秀人数	优秀率（%）	良好人数	良好率（%）	及格人数	及格率（%）	不及格人数	不及格率（%）
潍坊三中	0	0	4	25	13	81.25	3	18.75
潍坊五中	1	6.25	2	12.5	9	56.25	7	43.75
潍城实验中学	0	0	2	12.5	3	18.75	13	81.25
潍坊八中	0	0	5	31.25	14	87.5	2	12.5
潍坊外国语学校	0	0	5	31.25	12	75	4	25
南关街办中心中学	0	0	6	37.5	14	87.5	2	12.5
军埠口中学	0	0	6	37.5	14	87.5	2	12.5
乐埠山中心中学	0	0	7	43.75	14	87.5	2	12.5
经济开发区中学	0	0	7	43.75	16	100	0	0
于河实验中学	1	6.25	5	31.25	12	75	4	25
望留中心中学	0	0	2	12.5	9	56.25	7	43.75
浮烟山中学	0	0	3	18.75	11	68.75	5	31.25

2013年潍城区小学生体质抽测比赛成绩

表22-7　　单位：人

学校名称	优秀人数	优秀率（%）	良好人数	良好率（%）	及格人数	及格率（%）	不及格人数	不及格率（%）
潍坊外国语学校	0	0	7	43.75	15	93.75	1	6.25
实验小学	0	0	3	18.75	12	75	4	25
仓南路学校	0	0	2	12.5	6	37.5	10	62.5
北门大街小学	0	0	2	12.5	8	50	8	50
芙蓉小学	0	0	4	25	11	68.75	5	31.25
永安路小学	0	0	8	50	14	87.5	2	12.5
西园小学	0	0	4	25	14	87.5	2	12.5

续表 22-7

学校名称	优秀人数	优秀率（%）	良好人数	良好率（%）	及格人数	及格率（%）	不及格人数	不及格率（%）
月河路小学	0	0	4	25	15	93.75	1	6.25
和平路小学	0	0	3	18.75	14	87.5	2	12.5
健康街小学	1	6.25	5	31.25	12	75	4	25
青年路小学	0	0	4	25	10	62.5	6	37.5
向阳路小学	0	0	7	43.75	12	75	4	25
潍州外国语学校	0	0	10	62.5	16	100	0	0
南关中心小学	0	0	7	43.75	14	87.5	2	12.5
北关中心小学	0	0	6	37.5	13	81.25	3	18.75
西关中心小学	0	0	8	50	15	93.75	1	6.25
军埠口小学	0	0	8	50	12	75	4	25
乐埠山中心小学	0	0	7	43.75	13	81.25	3	18.75
豪德小学	0	0	3	18.75	5	31.25	11	68.75
于河中心小学	1	6.25	5	31.25	16	100	0	0
于河实验小学	0	0	4	25	11	68.75	5	31.25
望留中心小学	0	0	6	37.5	14	87.5	2	12.5
浮烟山小学	0	0	9	56.25	15	93.75	1	6.25

潍城区竞技体育运动学校

1991 年 1 月—1994 年 6 月，潍城区体育运动学校与潍城区少年宫合用综合办公楼，位于胜利街 20 号。1995 年，在区体育运动学校的基础上成立潍城区竞技体育运动学校（以下简称“区体校”），设在东风电影院前楼，内设办公室、业务科、总务科，为副科级全额拨款事业单位。1996 年，潍坊六中与区体校合署办公，实施“一院两校”模式，该模式运行到 1998 年。主要开展了迎接和参加潍坊市第十五届运动会等工作，共获得 96 枚金牌，位列全市第三名。1998 年年底，区体校迁至仓南路学校南楼，各项目运动员的选材、输送机制进一步完善。2002 年，区体校跟潍坊二职专合作办学。2003 年，区体校在潍坊市第十六届运动会决赛中取得 100 枚金牌，位列 12 个县（市、区）第三名。2004 年，区体校迁回东风影院办学，投资改造影院后的招待所，开展自主选材、训练、输送、比赛等工作。区体校全力备战潍坊市第十七届运动会，2004 年、2005 年，预赛成绩连续两年获得全市第一名。此后，区体校走上自训、代训、帮训、委培等多训并举之路，形成多种方式并存的“潍城模式”。2007 年，区体校参加潍坊市第十七届运动会决赛，取得 90 枚金牌，位列全市金牌数第四、总分第三。同年，区体校与实验中学合署办公，解决了区体校教学、训练场所匮乏的问题。同时将区体校专业技术人员整合、分流到全区 11 所中小学。2008—2011 年是潍城区竞技体育的过渡期，由于区体校专业技术人员分流、教练员缺位断档，在 2011 年潍坊市第十八届运动会中，仅获得 28 枚金牌。2013 年，区体校参加潍坊市第十九届运动会预赛，获得可计算奖牌 121 枚。

第三节　竞技体育

潍城区是山东省体育先进区（享受国家体育先

进区待遇），竞技体育事业发展较快。1991—1996年，潍城区承办多项国家、省、市级比赛，如“大华杯”“优苗杯”全国篮球、排球邀请赛和“城市信用社杯”全国武术散手邀请赛等。在市举办的各类体育比赛中，有3人破2项市记录，获5项团体总分第一名。1993年，潍城区在潍坊市第十四届运会中，获得奖牌、总分、总成绩三个第一，同时获得“体育道德风尚奖”和“大会组织奖”。1995年，全区参加市以上比赛共获金牌22枚、银牌17枚、铜牌15枚。9月，承办潍坊市“优苗杯”乒乓球比赛，区代表队夺得6枚金牌，占金牌总数的一半；金牌数、团体总分均为第一名，并获得“体育道德风尚奖”。区散手队分别于1995年、1996年代表潍坊市参加山东省“希望杯”武术散手比赛，分获团体总分第五名和第六名。1997年，在潍坊市第十五届运动会上，潍城区代表队取得金牌总数第三名、总分第五名的好成绩；参加省“希望杯”武术散手、跆拳道比赛，夺得五枚金牌。1998年，第十九届山东省运动会在潍坊市举办，潍城区参赛武术散手和跆拳道两个项目，获得1枚银牌、7枚铜牌。其中武术散手获得团体总分第四名，进入全省四强。潍坊市委、市政府授予潍城区“振兴潍坊体育突出贡献奖”。1999年10月，组队参加全市少年乒乓球比赛，夺得2枚金牌、1枚银牌、1枚铜牌。2001年，组织参加全市长跑越野、田径、乒乓球、拳击、举重、武术、跆拳道等11项比赛，夺得21枚金牌、15枚银牌、12枚铜牌。举办山东省青少年武术散手锦标赛并获得“山东省体育道德风尚奖”。2002年，潍城区代表队在山东省运动会上获得14枚金牌，居全市第四名；在市锦标赛上获得57枚金牌、26枚银牌、26枚铜牌。2003年，潍城区派出524名运动员参加潍坊市第十六届运动会的田径、游泳、射击、篮球、排球、拳击、沙排、乒乓球、武术、散手、举重、柔道、自行车、足球、跆拳道、皮划艇、手球等17大项比赛，夺得金牌100枚，总分1696分，分列全市第四名和第六名。这次运动会有34人次破18项全市最高记录，16名运动员获得潍坊市第十六届运动会“体育道德风尚奖”，6支运动队获得潍坊市第十六届运动会“体育道德风尚代表队”称号。

2004年，提出“科学选材、科学训练、积极输送”的竞技体育工作思路，每名教练员每年至少输送3名运动员到市级以上单位训练，提高了全区的竞技体育运动水平。全区竞技体育的梯队建设从乒乓球、散手、拳击、游泳、田径等项目寻找到新的突破口，逐渐摆脱运动员断层的局面。全区共创建学校传统项目5个，分别是潍坊七中的手球项目、潍坊三中的篮球项目、潍城区永安路小学的足球项目、潍城区实验小学的乒乓球项目、潍坊外国语学校的乒乓球项目（省级），为全区竞技体育的发展打下了良好的基础。2005年，参加潍坊市少年儿童锦标赛暨潍坊市第十七届运动会预赛，潍城区代表团甲、乙组共注册运动员237名，派出190名运动员参加田径、游泳、拳击、排球、武术散打、武术套路、跆拳道、举重、手球、乒乓球、沙滩排球等12个项目的比赛，共取得金牌67枚、银牌62枚、铜牌31枚，金牌数和奖牌总数均列全市第一名，有4支代表队获得“精神文明代表队”称号。2006年，在潍坊市少年儿童锦标赛暨潍坊市第十七届运动会预赛中，潍城区代表团共注册运动员265名，派出235名运动员参加田径、游泳、拳击、排球、武术散打、武术套路、跆拳道、举重、手球、乒乓球、沙滩排球、少儿体操等13个项目的比赛，共取得金牌85枚、银牌61枚、铜牌31枚，金牌数和奖牌总数均列全市第一名，有4支代表队获得“精神文明代表队”称号。2007年，在潍坊市第十七届运动会上，潍城区代表团共注册运动员237名，派出211名运动员参加田径、游泳、拳击、散手、武术套路、乒乓球、篮球、排球、沙滩排球、跆拳道、幼儿体操、举重等12个项目的决赛。实得团体总分1783分，列全市第三名；实得金牌91.8枚，列全市第四名；综合金牌180.5枚，列全市第四名；综合团体总分2851分，列全市第五名。同年，向市级训练单位输送运动员30多名。2008年，在北京奥运会上，潍城区运动员谭宗亮获得50米手枪慢射银牌，实现手枪慢射奥运奖牌零的突破，区体育局荣立集体三等功。组队参加在滨州举办的山东省龙威跆拳道比赛，获得金牌7枚、团体总分第二名。参加市少儿锦标赛篮球、乒乓球、武术、游泳等项目比赛，获得15枚金牌、12枚银牌、16枚铜牌。举办全省跆拳道俱乐部邀请赛，共有12个俱乐部参加比赛。2009年，组队参加潍坊市第十八届运动会预赛和2009年潍坊市少年锦标赛乒乓球、篮球、射击、游泳、田径、击剑等项目的比赛，取得较好成绩。在市体育局注册游泳、乒乓球等项目运动员47名。协助市游泳中心完成在潍城区小学和幼儿园的选材工作。派队参加在滨州市举办的山东省龙威跆拳道比赛，获得金牌7枚、团体总分第二名的好成绩。2010年上半年，全区共注册运动员160名。在市运动会预赛上，潍城区共参加了跆拳道、射击、女子排球、网球、乒乓球、击剑、游泳和田径等8个项目，参赛运动员共76人，获得金牌23枚、银牌19枚、铜牌17枚，有85人次进入前八名，女子排球和游泳两个团队获得“体育道德风尚奖”。6月，协助市游泳中心、市体育局及体校等部门分别到潍城区有关小学进行游泳、排球、网球等后备人才选拔。9月，第二十二届山东省运动会在淄博举行，共有50名潍城区籍运动员参加比赛，获得6枚金牌、4枚银牌、8枚铜牌，其他32名运动员成绩均进入前八名。2011年，参加潍坊市第十八届运动会，全区共有161名运动员参加篮球、跆拳道、武术套路、乒乓球、游泳、排球、田径等7个项目的比赛，取得28金、26银、14铜、全市第6名的成绩。全年为市游泳中心、市体校输送优秀体育后备人才25人。2012年，潍城区组队参加市锦标赛跆拳道、乒乓球、武术、游泳、网球等项目的比赛，取得可计算奖牌118枚，在乒乓球比赛中获得“体育道德风尚奖”。组织全市中小学体育联赛区级选拔赛，经过多轮循环赛、淘汰赛，选出参加市级联赛的队伍。其中，实验中学男子篮球队代表潍坊市参加省级联赛，获得第五名。全年为市体育局及相关学校输送后备人才20人。2013年，潍城区组队参加市锦标赛跆拳道、乒乓球、武术、游泳、田径、网球等项目的比赛，取得可计算奖牌121枚，在乒乓球比赛中获得“体育道德风尚奖”。在全市中小学体育联赛中，实验小学乒乓球队获得女子团体第一名，外国语学校乒乓球队获得男子团体第一名，永安路小学获得男足第一名。在省级比赛中，潍坊三中女排获得第一名，实验中学女排获得第二名。为备战十九届市级运动会，注册甲级运动员140名，在全市考核中获得第四名。

第四节　体育设施

2004年，潍城区引进上海琪臣公司，为各社区安装了大批全民健身器材，全区的全民健身路径普及率达到创建文明城市的要求。2005年，新添全民健身路径2条，全区规模化健身路径超过20条，各居住区内都有健身场所。全区建立传统项目学校5处，全部通过本年度的复查和验收。2006年，全区有规模化健身路径30余条，健身场地在全区各个居民区均匀分布，为广大群众提供了良好的健身环境。2007年，14个农村、2个生态村建设农民健身工程。2008年，建设20个农民健身工程，安装20副英派斯篮球板、40个英派斯室外乒乓球台，均通过市体育局的检查验收。2009年，为全区37个村安装农民健身器材，14处区级农民健身工程建设完毕，并通过了市体育局的验收。由省、市体育部门投资20多万元在西关街道北三里社区建设一处高标准的社区全民健身广场；在城关街道芙蓉小区建设一处社区篮球健身园，配备高标准篮球架6副、健身器材12件。2010年，市体彩中心为潍城区10个村、社区和学校各配备1套体育设施和健身路径。2012年，建立区少年俱乐部1处，占地0.05公顷。为北关街道尧里王村、城关街道曹家巷社区等59个村、社区安装健身器材，社区规模以上体育健身设施覆盖率超过80%。2013年，为南关街道小崖头社区、望留街道东寺村等130余个村、社区安装健身器材，社区规模以上体育健身设施覆盖率超过85%。同时，高标准建设了经济开发区新城花园健身广场、乐埠山健身广场。

潍坊奥林匹克体育公园体育场

潍坊奥林匹克体育公园体育场位于北宫西街与安顺路交汇处东北方，于2008年4月开工建设，2009年5月底竣工验收，同年6月正式启用。潍坊市奥体公园体育场拥有现代化、国际化的大型综合场地，符合国际标准的足球草坪及场内灯光、音响、LED高清双面大屏等配套设施，可承办综合性体育赛事、大型文艺活动及各类展会活动。体育场占地28.7公顷，建筑面积7.9万平方米，可容纳4.5万名观众（含24个包厢），设有8个出入口、821个停车位（实际停车数可达3000辆）和全方位的智能监控系统。奥体公园体育场正式运营项目包括乒乓球广场、18片篮球场、户外训练基地（包括拓展训练基地、极限运动基地）、南健身广场、儿童充气城堡乐园、潍坊奥体公园青少年体育俱乐部、羽毛球俱乐部、英克莱健身俱乐部、消夏游泳广场、洁美汽车美容俱乐部、电子竞技俱乐部、潍坊市气排球俱乐部等。

足球场　潍坊市奥体公园青少年体育俱乐部拥有国际标准的足球比赛场地及足球训练场地（在潍坊奥林匹克体育公园体育场内）。草皮通过国家足协验收，达到足球比赛专业场地水平，配有专业灯光，训练场草坪达到国家一级水平，可以满足各种夜间练习和大型赛事的需要。

田径场　潍坊市奥体公园体育场田径场地配有专业的田径器材及国际标准的整体塑胶跑道，拥有几千件田径器材，如铅球、铁饼、标枪、跨栏等，场内铺有国际标准的九赛道整体塑胶跑道。

羽毛球俱乐部　潍坊奥体公园羽毛球俱乐部总投资700万元，位于体育场西北部功能房，拥有1万平方米的健身空间。现有羽毛球场地15片，配有双层专用塑胶木制地板及专业的比赛灯光。

气排球俱乐部　潍坊市是国家体育总局命名的“国家排球高水平后备人才基地”。1999年，潍坊气排球协会成立。2011年10月，潍坊市气排球俱乐部建成，占地0.15公顷，拥有4个标准气排球场地，配有专业比赛灯光设备。潍坊市气排球俱乐部成为潍坊市老年气排球队的驻训场地。2012年，全国气排球规则、裁判法学习班，全国老年人气排球交流活动潍坊分站赛先后在这里举办。

篮球场、乒乓球场　奥体公园东健身广场配有18片篮球场、20片乒乓球台、5片5人制足球场地。夜间配有专业灯光，设施先进。

拓展训练场地　拓展训练场地位于东健身广场五人制足球场地西侧，与足球训练场相连。项目包括大型轮滑广场、攀岩、极限U型槽、单杠、绳网、荡木桥、翘板桥、悬崖绝壁、软梯、速滑、速降、独木桥、天梯、断桥、四米墙、背摔、地面荡木桥、地面相互依存、梅花桩、军事训练（包含百米障碍、旋木、浪木、转轮）等，可满足青少年及广大市民田径项目与拓展训练的基本需要。

奥体公园健身广场　广场位于体育场西北部，占地0.4公顷。健身广场拥有美国原装宾士域六道保龄球，采用商用跑台。同时设有氧动力单车、跑步机、登山机、太空漫步机、高温瑜伽、乒乓球场、台球厅等数百件国内顶级设备健身器材等。

国民体质监测中心　2010年初建成，配置一台国民体质检测车，集国民体质健康咨询服务、室内健身、健康理疗、营养保健为一体。内容包括全方位体质检测、健康咨询和健康处方、营养配剂、运动健身、健康理疗、高压氧舱和氧吧等。

室内足球馆　2013年12月，3～5人的标准室内足球场馆对外开放。馆内设有专业的人造草坪和灯光设施，日夜均可使用。

潍坊大洋生态村

潍坊大洋生态村位于潍坊市浮烟山旅游度假区，园区整体占地20余公顷，生态村依山而建，将青山绿草、水光山色融为一体，旅游配套设施完善。主营马术运动、生态餐饮、蒙古风情烧烤、果树采摘、商务住宿、峡谷茶社品茗、会议接待、户外拓展、游泳、滑索、垂钓、儿童游乐等项目。

马术　马术俱乐部于2006年开始建设，至2009年建成营业，投资1800余万元，集马匹繁育、马匹交易、骑马健身、马术培训、马术运动推广及马术文化宣传于一体。俱乐部从英国、俄罗斯、北京等地引进多种名贵马匹，拥有阿哈尔捷金马（俗称“汗血马”或“汗血宝马”）、英纯血、奥尔洛夫、弗里斯兰等贵族血统马24匹，性格温顺，适宜骑乘，配有专业的马术教练5人，为广大爱马人士提供全面系统的马术指导及培训。俱乐部建有300米、800米、1200米三条马道以及平坦开阔的综合训练场地，环境优美。同时配有马具商店，所有马术用品均来自国内外知名的马具制造商，可提供专业的马术装备。

马术训练

游泳　游泳池于2008年开工建设，2010年开业，占地面积0.15公顷，总投资650万元。有标准的成人、儿童游泳池，以及游泳商店、淋浴室、更衣室等各项配套设施，可容纳200人同时游泳。

攀岩　攀岩墙于2011年开工建设，2012年开业，总投资110万元。利用浮烟山的地理优势，建设400米的高空滑索，并在自然崖壁上建成25米的攀岩和速降等高空拓展项目。

真人CS　2011年建设，2012年开业，总投资30万元。真人CS（“反恐精英”简称CS，是一种以团队合作为主的射击类网络游戏）专业场地占地0.3公顷，有激光枪支50套。

第二十三编

社会生活

第一章　人民生活

第一节　居民收入

1991—1995年，潍城区城乡居民收入大幅度增加，人民生活水平明显提高。1995年，城镇居民人均可支配收入4358元，比1990年增加2877元；农村居民人均纯收入2360元，比1990年增加1543元。1996—2000年，人民生活水平持续提升。2000年，城市居民人均可支配收入和农村居民人均纯收入分别达到6307元和3742元，分别比1995年增加1949元和1382元，年均增长率分别为7.7%和9.7%。2001—2005年，在经济增长较快的基础上，人民生活水平稳步提高。2005年，城镇居民人均可支配收入达到10200元，农村居民人均收入达到5485元，分别比2000年增加4255元和1743元，年均增长率分别为11.4%和7.9%。2006—2010年，低收入者收入明显增加，中等收入群体持续扩大。2010年，城镇居民人均可支配收入达到19792元，农村居民人均纯收入达到9299.7元，年均增长率分别为14.2%和11.1%。社会就业更加充分，覆盖城乡居民的社会保障体系日益完善，人民群众的幸福感普遍提升。2011—2013年，人民生活水平进一步提高。2013年，全区城镇居民人均可支配收入达到28386元，农村居民人均可支配收入达到13961元，城乡居民的生活质量显著提升。

1991—2013年潍城区居民收入表

表23-1　　　　单位：元

年份	城镇居民人均可支配收入	农村居民人均纯收入	年份	城镇居民人均可支配收入	农村居民人均纯收入
1991	1594.66	939	2003	8189	4285
1992	1881.63	1064	2004	9290	4847
1993	2548	1383	2005	10200	5485
1994	3853	1785	2006	11526	5929
1995	4358	2360	2007	13730	6712
1996	5110	2978	2008	15583	7540
1997	5900	3280	2009	17562	8143
1998	5950	3490	2010	19792	9299.7
1999	5950	3598	2011	22682	10979.49
2000	6307	3742	2012	25817	12445.3
2001	7303	3870	2013	28386	13961
2002	7538	4000			

第二节　居民消费

1991 年后，随着居民经济收入的逐年增加，居民消费支出逐渐增多，消费水平逐步提升。1994 年，潍城区城镇居民人均消费支出为 3033 元，农村居民人均消费支出为 1436 元。20 世纪 90 年代，城镇粮油市场放开后，城镇居民饮食支出比重增加。固定电话、手机、电脑进入城镇家庭，80% 的城镇居民住上单元楼，楼房结构两室一厅（两个卧室、一个客厅）者居多，大客厅、大卫生间成为城镇居民的新追求。农村居民食品消费结构升级较快，粮食、蔬菜类等一般食品的消费量下降，肉、禽蛋、水产品的消费量开始上升。进入 21 世纪，城镇居民在节假日外出旅游逐渐成为一种新时尚。居室结构多为三室两厅（三个卧室、一个客厅、一个餐厅），配有暖气、燃气（煤气逐步改为天然气）、网络宽带等，房间多在装修后入住。膳食结构倾向注重营养、科学搭配，食用绿色食品逐渐成为新理念。彩电、洗衣机等家庭耐用品更新换代速度快，电脑、手机得到普及，电动车成为近距离出行工具，轿车成为主要代步工具。衣着款式多样化，一季多衣。农村居民消费支出增多，住房、饮食、交通、通信、衣着消费等明显增加。手机、彩电、冰箱、电动车、太阳能热水器等在农村逐渐普及。覆盖城乡居民的社会保障体系日益完善，农村养老保险、医疗保险等保障性消费成为农村居民新的消费热点。部分农村居民开始住上单元楼房，轿车开始进入农家。2013 年，城镇居民人均消费支出为 17482 元，农村居民人均消费支出为 7575.1 元，分别是 1994 年的 5.8 倍和 5.3 倍。

2008 年建成的新城花园居民楼

1991—2013 年潍城区居民消费支出表

表 23-2　　　　单位：元

年份	城镇居民人均消费支出	农村居民人均消费支出	年份	城镇居民人均消费支出	农村居民人均消费支出
1991	1400	726	2003	6123	2489
1992	1577	836	2004	6820	3012
1993	2048	1028	2005	7660	3896
1994	3033	1436	2006	8516	3918
1995	3497	1639	2007	10812	4305
1996	4557	2028	2008	11320	4843
1997	4634	2079	2009	12230	5055
1998	4903	2105	2010	13588	5927.2
1999	4927	2135	2011	15055	6214.97
2000	5278	2195	2012	16100	6888
2001	5575	2285	2013	17482	7575.1
2002	5639	2356			

第二章　精神文明建设

第一节　文明创建活动

1989年，潍城区精神文明建设协调委员会成立。1991年，按照区委提出的“坚持标准，严格要求，控制数量，提高质量”的指导思想，全区采取工农共建、军民共建、警民共建、厂街共建等多种形式，开展文明单位创建及验收等工作。1992年，区文明办下发《关于加强和改进对区级文明单位管理的意见》《关于对区级文明单位重新登记的实施意见》。1993年年底，全区共有省级文明单位5个、市级文明单位41个、区级文明单位438个。1994年，全区开展以创建优美环境、优良秩序、优质服务为主要内容的文明小区创建活动。1995年，全区共有省、市、区级文明单位298个。先后制定《文明小区标准》《小区公约》和《潍城区创建文明小区实施办法》等规范性文件，作为基层文明创建活动的依据。同年6月，召开全区文明小区建设现场经验交流会，曹家巷、城隍庙、南园、西园、北宫商场5个小区获得“区级文明小区”称号。9月，组织4个街道的政工书记、宣传委员到三明市、福州市、厦门市等地学习文明小区创建经验。

1996年，制定《潍城区文明单位建设管理暂行办法》及有关区级文明单位的考核验收办法、实施细则，废除区级文明单位“终身制”，实行动态管理。年底，全区共有文明单位225个，其中省级2个、市级22个、区级201个。张辛庄等8个居民小区申报创建文明小区。配合创建文明小区活动，城区居委会实施建一条文明街巷、一座文明楼院、一个阅报栏、一所文明市民学校的“四个一”工程。1997年，在全区“讲文明、树新风”动员大会上，对增福堂、长胜、张辛庄、向阳路等7个文明小区进行了表彰。全区农村建成文明街38条、阅报栏235个、文明市民学校200所。新申报省级文明单位1个、市级文明单位26个、区级文明单位24个。1998年，组织开展“十星级文明村”“十星级文明户”创评活动，实施文明示范工程。1999年，继续在农村开展“十星级文明村”“十星级文明户”创评活动，全区共评出十星级文明户100户、星级文明户3万户。在城区开展以文明小区创建为重点的文明城市创建活动，集中治理脏、乱、差，纠查各种不文明行为，城区文明程度不断提高。

2000年，实施文明示范工程，评出各类文明示范单位30个、“十佳先进个人”60名，通报表彰1999年度市级文明单位。在农村开展“双十星”创评活动，评出区级“十星级文明村”30个、“十星级文明户”100个。2001年，评选表彰省级文明单位5个、市级文明单位30个、区级文明单位94个。实施“文明示范工程”，评选表彰文明示范单位27个、“十佳个人”60名，在全区形成了多层次、多形式的创建格局。2002年，结合区级文明单位换届，组织区文明委成员单位对基层申报的181个2001—2002年度区级文明单位进行检查验收。2003年，分别以“十星级文明村”“十星级文明户”争创活动、文明社区建设和为民服务联动为切入点，抓好农村、社区、行业的精神文明建设工作，评选表彰“十星级文明村”60个、“十星级文明户”100户。开展文明单位创评活动，命名表彰区级文明单位136个，有6个单位获评为省级文明单位，评选和推荐上报35个市级文明单位。

2004年，潍城公安分局、潍城地税分局、区国税局等7家单位获评为省级文明单位，区发展计划局获评为省级文明机关。新申报市级文明单位标兵5个、市级文明单位30个，有15人获得市级精神文明建设先进工作者。组织开展文明社区创建活动，对30个申报区级文明社区的单位进行检查验收。2005年，对1996年颁发的《潍城区文明单位建设管理暂行办法》和《文明社区验收标准》进行修订，调整、充实部分内容，使文明单位和文明社区的创评标准更加明确、评选程序更加规范、命名管理更加严格、奖惩办法更趋合理。对全区34个市级文明单位、28个区级文明示范单位、123个区级文明单位、27个区级文明社区以及“双十星”“六个十佳”和各级精神文明建设先进个人通报表彰。潍城电视台、电台开辟“文明单位风采”专栏。

2006年，印发《关于上报2006年度文明单位创建规划的通知》，加强对全区文明单位、文明社区创建工作的调度和管理，促使各基层单位明确工作目标，落实工作责任，改变了文明单位“重评轻创”的现象。2007年，贯彻落实市文明委对文明单位细分的工作要求，制定和完善文明村镇、文明和谐社区、文明机关等的创建标准和考核细则。2008年，开展文明单位考核验收，对2007—2008年度区级各类文明单位进行验收评选。重新修订了区级文明户的评选标准，增加金融机构评议机制。2009年，组织全区市级以上各类文明单位开展以倡树文明、扶贫济困、敬老助残、奉献爱心为主题的“倡导文明，奉献爱心”文明单位送温暖活动，全区54家市级以上各类文明单位积极参与，为聋儿语训学校的34名贫困聋儿捐款47650元，并捐赠部分学习用品。2010年，结合机关干部服务年活动，开展机关与社区“结对共创”活动，将全区76个机关单位的400余名志愿者全部分散到43个结对社区，积极配合社区开展文明劝导、文明交通知识宣传等志愿服务活动。组织开展“倡导文明，奉献爱心”文明单位送温暖活动，全区27家省级文明单位参与，为敬老院23名孤寡老人捐款2.7万余元。

2011年，依托西市场社区等市民文明养成示范社区，根据社区不同部位的功能特点，在楼道、花园、社区主干道及健身器材等部位均设计了关于居民生活的温馨提示，普及文明礼仪知识，促进市民文明习惯养成。以检查促创建，将群众性精神文明创建活动落实到城乡基层。是年，全区共有83个单位申报创建省、市级文明单位。2012年，全区市级以上文明单位组建“文明潍城”志愿服务组织，成立80余支“文明潍城”志愿服务大队，注册志愿者6000余人。修订完善《潍城区文明单位（村镇、社区）考核细则》，坚持评选与管理相结合，突出对坚守道德底线、履行社会责任、主动创先争优和发挥表率作用方面的考核要求，规范程序，细化标准，提升文明单位的创建水平。2013年，修订完善《潍城区文明单位、文明村、文明社区建设管理办法》，全区82个单位顺利通过2013年度省、市级文明单位检查验收，新增加省、市级文明单位12个。

第二节　思想道德建设

全区思想道德建设弘扬爱国主义、集体主义、社会主义“主旋律”。《爱国主义教育实施纲要》颁布后，在常年开展社会教育的基础上，1994年，开展以百部优秀影片、百本优秀图书、百首优秀歌曲为主要内容的“三百”爱国主义教育活动。1995年，以纪念抗日战争胜利50周年为契机，开展纪念抗日战争胜利和世界反法西斯战争胜利优秀影视片展映、展播活动；近1万名中小学生观看优秀影视片，参加优秀图书征文比赛。1万余人参加全市以“纪念抗日战争胜利50周年，大力弘扬爱国主义精神”为主题的大型爱国主义教育知识竞赛。潍城区在全市“纪念抗日战争和世界反法西斯战争胜利50周年”歌咏比赛中获特等奖和组织奖。同年9月，在潍州剧场开业之际，举办“爱祖国、爱潍城”庆祝建国46周年大型文艺晚会。11月，召开全区爱国主义教育现场经验交流会。1996年，开展“迎接香港回归祖国”全民读书和“知我潍坊、爱我潍坊”知识竞赛活动。

1997年，制定《关于迎接香港回归祖国举行庆祝宣传活动的意见》，举办香港回归形势报告会，组织万人庆回归大游行活动和“庆七一迎回归”大型文艺晚会。开展“学法律、讲道德”宣传教育活动，选编《潍城区一日文明行为规范》。1998年，举办“遵守十不行为规范，告别不文明行为”万人签名活动。1999年，围绕建国50周年、澳门回归等历史事件，在机关干部、企业职工、青少年学生以及广大村居群众中，举行座谈会、报告会，广泛开展爱国主义和形势任务教育，增强干部群众爱国、爱区的热情和加快改革与发展的信心。2000年，举办“国税杯”文明公民知识电视大赛，普及文明市民知识，开展“三爱”（爱学习、爱劳动、爱祖国）“三德”（社会公德、职业道德、家庭美德）“三观”（人生观、世界观、价值观）教育。举办“崇尚文明科学，破除迷信愚昧”大型图片展。2001年，成功组织纳米科技展、“提倡科学，反对邪教”等大型图片展。围绕建党80周年，牵头组织“颂歌献给伟大的党”文艺演出、潍城区首届大型美术展等7项大型庆典活动。

2002年，举办全区“‘工商杯’牢记党的宗旨，建设信用潍城”党建理论和公民道德知识大赛，在广大党员干部中掀起学习党建理论和公民道德知识的热潮。2003年，组织举办“‘农信杯’诚实信用在潍城、与时俱进奔小康”公民道德知识电视大赛，吸引了社会各界的广泛参与。2004年，以20字基本道德规范为重点，深入开展文化、科技、卫生“三下乡”活动、“文明诚信经营户”评选、“诚信伴我行”主题演讲比赛等一系列活动。2005年，印发以“市民文明公约”“十不行为规范”和“十无一洁”标准为主要内容的宣传卡片3万余份，并进行广泛宣传。2006年，为纪念建党85周年和红军长征胜利70周年，组织开展“庆祝建党85周年大型演唱会”。开展以“八荣八耻”荣辱观进机关、进学校、进基层为主要内容的“三进”活动。2007年，为迎接中共十七大胜利召开，组织全区所有部门共3600名党员参加《我的长征》《公仆》观影活动。

2008年，广泛开展道德模范评选和宣传活动，5人入选全市道德模范名单。区电视台开设“潍城道德模范风采”专栏，集中展播道德模范事迹。举办纪念改革开放30周年文艺演出及全区道德模范表彰大会。2009年，以庆祝建国60周年为契机，突出爱国主义教育主题，组织“唱响红歌，祝福祖国”“百首爱国歌曲大家唱”“百部优秀影视片展映展播”“迎国庆、迎全运、讲文明、树新风”知识竞赛等大型宣传教育活动。2010年，以“阅读促进文明”为主题，在全区机关中开展学习《行动学习法》、“朝阳读书计划”“我与父母同读一本书”等系列主题阅读活动。推出“淳朴哥”等典型人物10余个。

2009年9月26日，潍城区举办“唱响红歌，祝福祖国”庆祝建国60周年大型歌会

2011年，围绕中共十七届五中全会、纪念中国共产党成立90周年等重大主题活动，积极开展“四德”工程建设，大力推进社会主义荣辱观普及宣传活动。2012年，组织开展“诵读经典，爱我中华”等系列主题阅读活动10余次，引导人们通过读书“知荣辱、树新风、讲正气”，提高城市文明水平。组织开展“修身律己，做文明人”文明短信征集

和“向国旗敬礼，做有道德的人”网上签名寄语等活动，全区共征集文明短信144条、道德小故事16个。2013年，运用多种有效手段推动“讲文明、树新风”公益广告的制作与刊播，实现全区机关、事业单位、广场、商场、社区的宣传栏、LED电子屏100%全覆盖。制作50块“讲文明、树新风”公益广告展板和80余块坡道围栏展板，打造了火车站道德主题广场。

第三节 文明新风

潍城区坚持开展“学先进、讲奉献、树新风”活动，在全区营造了良好氛围。1991年后，号召全区各行各业干部群众先后向雷锋、王进喜、焦裕禄、徐洪刚、刘惠武、孔繁森、王廷江、韩素云、徐虎等英雄模范人物学习，对活动中涌现出的先进模范人物进行表彰宣传。1996年，组织先模报告团和先进人物事迹报告团在全区巡回报告21场，直接听众达6000余人。1997年，潍城区电台、电视台开设《讲文明、树新风》专题栏目，突出宣传报道了勇斗歹徒、热心助人的全国见义勇为先进分子刘振义等一批先进模范人物，并组织先模事迹报告团巡回报告11场，听众2.3万余人。1998年，利用编发《他用奉献写人生》小册子、拍摄《鞠躬尽瘁为人民》电视专题片、组织巡回报告会等多种形式，集中宣传一批先进典型。

1999年，潍城区培训文体骨干270多名，组建太极拳、扇子舞、健美操等文体队伍20余支。2000年，成立“弘扬文明，倡树新风”报告团，在全区巡回报告20余场。2001年，举办“文明之夏”大型广场文化活动，前后历时1个月，既有文艺演出，又有电影晚会、健身比赛，内容丰富多彩。2002年，开展“文明之夏——四进社区”活动，历时45天，共组织以广场文艺演出、体育健身表演、优秀影片展映为主要内容的系列文化活动21场次，协调有关职能部门组织文体、科技、卫生、法律等方面的宣传咨询服务活动280余场次。2003年，“文明之夏——‘三个代表’进社区”活动期间，全区共组织举办广场文艺演出22场，参加人员3000余人，受到群众的普遍欢迎。2004年，开展“礼貌行车，文明走路”系列活动，由机关、政法部门和出租车公司司机共100余人组成的宣传车队和由200余名中学生组成的文明劝阻队，在潍州剧场门前举行启动仪式，并组织城关街道等4个街道开展为期一周的“文明行车，礼貌走路”消夏晚会，观众达5万余人次，提高了广大市民的文明交通意识。2005年，全区共组织大型广场文艺演出26场次，各街道、社区居委会在社区内组织演出61场次，观众达10万人次。2006年，组织开展“永葆先进性，建设美好家园”活动，组织各街道、社区针对第二批先进性教育活动和创建文明城市活动中涌现出的模范人物和社会现象，通过自主创作的节目进行形象生动的宣传，受到群众的欢迎。

2007年，潍城区2人获得“全省道德模范提名奖”，被区委、区政府授予“潍城区道德模范”称号。出台《关于表彰全区道德模范的决定》，在全区掀起了向道德模范学习、倡树道德新风、弘扬传统美德的热潮。制定《关于在全区各社区设立道德点评台的实施方案》，为规范社区居民的文明行为、建设文明和谐社区提供了有力的保证。2008年，广泛开展道德模范评选和宣传活动，5人入选“全市道德模范候选人”名单；潍城电视台开设“潍城道德模范风采”专栏，对道德模范事迹进行集中展播。2009年，评选出“潍城区道德模范”10人，在“如歌岁月——潍城区纪念改革开放三十周年文艺演出”活动现场，对评出的10名道德模范进行表彰。2010年，为规范市民学校建设，制定《关于在全区建立完善社区市民学校的实施方案》，在全区各社区试点设立市民学校，共建设文明市民学校78所，组织开展丰富多彩的学习教育活动，为市民文明素质的提高提供了有效载体。

2011年，4名区级道德模范获评为“全市身边好人”，其中1人入选“中国好人榜”。强化各级学习型党组织建设,引导人们通过读书“知荣辱、树新风、讲正气”，提高城市文明水平。2012年，在全区市级以上文明单位组建“文明潍城”志愿服务组织,成立80余支“文明潍城”志愿服务大队，注册人数6000余人。在全区80多个市级以上文明单位率先建成一批版面统一、上课程序规范的道德讲堂。2013年，149个村、71个社区建立“善行义举四德榜”，覆盖率均为86%以上，上榜人数101462人,覆盖率达21.4%。对区第三届道德模范、“潍城好人”和“十佳美德家庭”各10名先进典型进行表彰。

第三章 老龄事业

第一节 机 构

1987年11月，潍城区老龄工作委员会成立，设办公室。1991年12月，潍城区老年活动中心成立，为事业单位。1993年，区老龄工作委员会办公室撤销,区老年活动中心并入区劳动局。1995年，区老龄工作委员会办公室恢复，为正科级行政机构。2008年2月，区老龄工作委员会办公室设在区民政局，与区民政局合署办公，为正科级行政机构。至2013年，机构无变化。

第二节 主要活动

1991—1995年，潍城区在每年农历九月九日“老人节”期间均开展形式多样的庆祝活动。1996年10月，潍城区召开庆祝“老人节”及老龄工作表彰会议，表彰老龄工作先进集体10个、老龄工作先进个人16人。1997年“老人节”期间，区老龄委办公室印发《致全区干部职工的一封信》，向全区干部职工发出庆祝“老人节”活动的倡议，组织辖区内为工业生产做出贡献的老龄伴侣举办金婚纪念活动。同年4月，举办“老人迎香港回归书画展”。1998年，区老龄办与区老干局联合举办“幸福老年伴侣”纪念活动，共评出70岁以上老年伴侣20对。2000年3月，区老龄办会同区司法局联合开展《山东省老年人权益保障条例》集中宣传活动。2001年，发挥媒体宣传引导的作用，在区电视台开设老龄专栏、专题和系列报道；广泛开展老龄宣传教育活动，设置尊老敬老标牌。2002年，建立健全老年党校等基层老年党群组织，加强对老年人的管理和教育，使老年人老有所教、老有所学，在思想上、政治上始终同党中央保持一致。2003年3月,按照《山东省优待老年人规定》，在全区换发新版老年人优待证。2004年，为推进社区老龄工作，成立潍城区社区服务中心，把“六个老有”（老有所养、老有所医、老有所教、老有所学、老有所乐、老有所为）落实到基层。同年，全区56个居委会均建立居民互助协会，服务组织总数达到301个。2005年，按照《农村签订家庭赡养协议书实施办法》的要求，全区开展农村签订赡养协议书工作。2006年，区民政局组织实施“社区老年福利服务星光计划”，建设了一批立足社区、面向全区的老年人服务设施和活动场所。区卫生局组成医疗队深入基层，免费为4000多位老年人进行查体。

2007年，区老龄办、区老年体协共同组织举办潍城区庆祝“老人节”门球比赛，8支球队参加比赛。“老人节”期间，区老龄办联合市立医院为全区90岁以上老年人免费查体。

2008年，区电视台摄制了反映潍城区老年人以及市级模范老人的系列专题片，在全区营造了敬老、养老、助老的良好氛围。2009年，启动潍城区“银龄安康工程”，全区老年人意外伤害保险参保10057人，参保资金达12.43万元，参保率为24.7%。2010年，走访慰问老年人2000余人，发放慰问品、慰问金合计总额100余万元。同年，全区“银龄安康工程”老年人意外伤害组合保险参保17638人，参保资金达19.56万元，参保率为45%。2011年，开展“银龄救助”活动，对771位“困难失能”老人进行重点救助。同年，潍城区老年市民巡防团成立，120多名公益心强、身体健康的老年人参加文明城市创建活动。实施“银龄安康工程”，全区老年人意外伤害组合保险参保12205人，参保资金达19.62万元，参保率为24.4%。2012年7月，将老年证办理窗口设在12343民生万事通服务中心大厅内。实施“银龄安康工程”，全区老年人意外伤害组合保险参保16432人，参保资金达28.34万元，参保率为42.6%。截至2013年，全区共建立基层老年文化活动场所181个、老年文化活动组织和队伍148个。是年，开展各类老年文化体育活动1270场次。实施“银龄安康工程”，全区老年人意外伤害组合保险参保1.2万余人，参保资金达30余万元。

第四章　残疾人事业

第一节　组织建设

1989年3月，潍城区残疾人联合会成立，副科级规格，经费计划单列，编制15名，由区民政局代管。1990年3月，潍城区聋儿语训学校创建，隶属区残联。6月，成立乡镇、街道残联，理事长由乡镇、街道分管负责人兼任。1995年5月，区残联升格为正科级。1997年12月，经费渠道由差额预算管理改为全额预算管理，编制由15名调整为5名。同月，潍城区聋儿语训中心成立，为区残联所属差额预算管理的股级事业单位。1998年11月，潍城区残疾人就业服务总社成立，隶属区残联。2000年，乡镇、街道残联理事长不再由分管负责人兼任，均通过换届任命。2001年6月，区残联与区民政局分离，隶属区委、区政府领导，以区委领导为主。2012年3月，区残联编制调整为7名。至2013年，机构无变化。

潍城区残疾人联合会成立后，共召开代表大会6次。1989年5月，第一次代表大会召开，与会代表150人。其中肢残代表42人，盲人代表8人，聋哑代表25人，残疾人亲友代表10人，健全人代表65人。会议听取并审议《团结奋斗，努力开创潍城区残疾人事业的新局面》工作报告，选举产生主席团委员37人。1993年3月，第二次代表大会召开，与会代表61人。其中肢残代表21人，盲人代表4人，聋哑代表4人，残疾人亲友代表2人，健全人代表30人。会议听取并审议潍城区残疾人联合会第一届主席团工作报告，选举产生主席团委员25人。1998年6月，第三次代表大会召开，与会代表59人。其中肢残代表20人，盲人代表5人，聋哑代表6人，残疾人亲友代表2人，健全人代表26人。会议听取并审议潍城区残疾人联合会第二届主席团工作报告，选举产生主席团委员25人。2003年4月，第四次代表大会召开，与会代表100人。其中肢残代表26人，盲人代表8人，聋哑代表16人，残疾人亲友代表13人，健全人代表37人。会议听取并审议潍城区残疾人联合会第三届主席团工作报告，选举产生主席团委员33人。2007年11月，第五次代表大会召开，与会代表110人。其中肢残代表29人，盲人代表8人，聋哑代表15人，残疾人亲友代表14人，健全人代表44人。会议听取并审议潍城区残疾人联合会第四届主席团工作报告，选举产生主席团委员33人。2012年12月，第六次代表大会召开，与会代表112人。其中肢残代表41人，盲人代表6人，听力言语残疾代表10人，残疾人亲友代表11人，健全人代表44人。会议听取并审议潍城区残疾人联合会第五届主席团工作报告，选举产生主席团委员35人。

第二节　残疾人基本情况

1991年12月—1992年1月，潍城区开展残疾人调查工作。据统计，全区残疾人共有12893人，占总人口的2.43%，其中视力残疾1812人、听力语言残疾3453人、肢体残疾3343人、智力残疾1916人、精神残疾1270人、多重残疾1099人。2013年，全区共有持证残疾人3196人，其中视力残疾242人、听力残疾134人、言语残疾195人、肢体残疾1825人、智力残疾374人、精神残疾341人、多重残疾85人。从持证残疾人在街道、开发区、管理区的分布状况看，以望留街道最多，有568人；潍城经济开发区最少，有231人。

2013年潍城区持证残疾人基本情况表

表23-3　　　　单位：人

单　位	残疾人数	各类别残疾人数						
		视力	听力	言语	肢体	智力	精神	多重
于河街道	237	16	10	13	143	23	27	5
望留街道	568	50	19	42	326	71	47	13
北关街道	467	32	26	34	236	62	65	12
西关街道	436	41	14	20	261	37	51	12
南关街道	384	30	11	29	222	48	41	3
城关街道	349	25	26	24	175	53	38	8
潍城经济开发区	231	14	14	9	146	23	19	6
乐埠山生态经济发展区	266	13	7	15	160	31	28	12
军埠口综合项目区	258	21	7	9	156	26	25	14
合　计	3196	242	134	195	1825	374	341	85

第三节　残疾人康复

1990年始，区残联主要开展白内障复明手术、肢体矫治、补服碘糖丸（脊髓灰质炎疫苗）三项康复工作。1991—2003年，实施白内障复明手术35例，为4人安装假肢，供应康复用品用具434件。

1990年3月，潍城区听力语言康复中心成立，从事聋儿训练康复工作。2001年，潍城区成立残疾人康复中心1处、康复指导站9处、社区康复站24处，康复工作逐步拓展为视力残疾康复、听力语言康复、智力残疾康复、精神病防治康复、残疾人辅助器具供应服务、医疗康复等。2004年5月，潍坊前展教育培训学校成立，从事孤独症儿童康复教育工作。2009年，潍城区获评为“全省康复工作示范区”。

聋儿康复

1990年3月，创建潍城区聋儿语训学校，隶属区残联。1991年后，区聋儿语训学校对聋儿进行康复训练，康复入学率达90%;开展验配助听器、调试助听器、制作耳模等工作。1997年12月，潍城区聋儿语训中心成立，隶属区残联。同月，中国聋儿康复中心在潍城区聋儿语训中心设立潍坊耳聋门诊部和潍坊教学基地。2002年8月，区聋儿语训中心获得“全国残疾人康复工作先进集体”称号。“十一五”“十二五”期间，该中心先后承担“国家残疾儿童七彩梦行动计划康复救助项目”“山东省0～6岁听障儿童人工耳蜗救助项目”“彩票公益金贫困聋儿救助项目”“彩票公益金贫困成年人（助听器）救助项目”“潍坊市贫困聋儿康复救助项目”。2007年3月，区聋儿语训中心迁至后姚社区盛泉大厦三楼，新语训中心建筑面积1100平方米，可满足100名聋儿训练康复的需要。有教职工19名,其中听力技术人员2名、康复教师17名,均通过全国听障儿童康复专业技术人员轮训班培训，1名教师取得全国听觉口语法结业证书。同年9月，该中心获得“山东省十五残疾人康复工作先进单位”称号。2008年，该中心成为山东省首批听障儿童人工耳蜗和助听器项目定点康复机构。2009年4月,该中心获得“山东省优秀残疾人之家”称号。2012年4月，该中心获得“山东省十一五残疾人康复工作先进单位”称号，成为潍坊市听障儿童康复的技术资源中心和0～9岁聋幼儿语言康复训练基地，是国家、省、市听障儿童听觉言语康复训练定点机构。

孤独症儿童康复

2004年5月，潍坊前展教育培训学校（原潍坊前展儿童教育中心）成立，这是潍坊市第一家、山东省第二家专门从事孤独症儿童康复教育工作的民办非盈利教育机构。学校位于潍城区福寿西街506号，建筑面积1300多平方米，有教职工30人。学校分学前部和小学部，学前部4个班，近40人；小学部4个班，有60人。2007年12月，经潍坊市残联批准，潍城区残联挂牌潍城区星辰孤独症儿童康复中心。2009年，潍城区承担国家、省及市残联孤独症儿童康复救助项目。2013年3月，学龄段孤独症儿童享受全免费义务教育。

潍坊前展教育培训学校先后获得山东省残联孤独症康复示范基地、中国残联全国孤独症行业自强自律“社会服务”百家机构、潍坊市民政局年检“优秀单位”、全国教育科学“十二五”教育部规划课题、教育部中国教师发展基金会重点资助项目“全国重点实验基地”、教育部中国教师发展基金会校本建设项目“全国重点实验学校”等称号。

潍坊前展教育培训学校的孤独症儿童课堂训练

2004—2013 年潍城区残疾人康复工作情况表

表 23-4

项目		2004	2005	2006	2007	2008	2009	2010	2011	2012	2013
视力康复	白内障复明（例）	9	9	11	16	22	60	73	50	80	100
	低视力配用助视器（副）	—	—	—	—	—	13	27	53	29	51
	视力培训（人）	—	—	—	—	—	—	53	—	13	—
康复用品用具供应	总计（件）	80	110	140	150	190	160	180	170	190	240
假肢（人）		4	4	5	5	6	7	6	7	7	—
孤独症	培训患者（人）	24	28	47	60	63	63	66	67	66	90
	培训家长（人）	120	140	235	300	315	316	330	335	330	270

1991—2013 年潍城区聋儿康复工作情况表

表 23-5

年份	聋儿语训（人）	家长培训（人次）	教师培训（人次）	验配助听器（台）	调试助听器（次）	制作耳模（只）
1991	7	22	4	14	16	14
1992	15	40	4	30	33	30
1993	7	20	8	14	15	14
1994	9	24	10	18	17	18
1995	13	40	10	26	30	26
1996	18	56	12	36	41	36
1997	25	76	12	50	53	50
1998	27	79	14	54	60	54
1999	28	79	14	56	60	56
2000	32	86	14	64	61	64
2001	35	91	12	70	68	70
2002	36	93	8	72	71	72
2003	35	93	12	70	74	70
2004	38	102	12	76	83	76
2005	38	105	14	76	89	76
2006	39	106	16	78	95	78
2007	39	108	20	86	108	86

续表 23-5

年份	聋儿语训（人）	家长培训（人次）	教师培训（人次）	验配助听器（台）	调试助听器（次）	制作耳模（只）
2008	41	114	36	98	115	98
2009	43	119	26	86	109	86
2010	42	120	26	84	109	84
2011	119	238	32	90	131	90
2012	97	194	42	149	189	149
2013	98	201	38	145	191	145

第四节　残疾人就业安置

1991—1998 年，残疾人就业以集中安置为主，全区有福利企业 3 家，先后安置残疾人 198 人。1999 年，开展“城镇百万残疾人就业工程”，加强残疾人就业保障金征管工作；组织实施“百千万残疾人就业创业扶贫工程”“共享阳光—情系鸢都·携手创业”残疾人自主创业项目，鼓励引导残疾人自主创业。2007 年，实施农村贫困残疾人“温馨安居入住工程”，修缮农村残疾人危房 75 处，其中新建 26 处，为 27 户农村贫困残疾人危房改造户配发基本生活用品。2010 年，为低保重度残疾人发放生活补贴。2012 年，为残疾学生和贫困残疾人子女发放助学补助金，累计发放 785 人次、80.115 万元，其中残疾人 284 人次，残疾人子女 501 人次。此外，先后建立山东帅信电器有限公司、潍坊北海彩印包装有限公司、馨泽园、潍坊市科华机电设备厂 4 处培训扶贫基地，累计组织各种技能培训 1482 人次。其中，潍坊市科华机电设备厂是潍城区一家年销售额 3000 余万元、利税 200 多万元的民营企业，自 2013 年 5 月开始承担潍坊市百名残疾人创业扶贫工程，举办残疾人技能培训班 26 期，培训残疾人学员 340 余人，安置就业 3 人，对 75 户残疾人家庭进行帮扶。截至 2013 年，全区累计发放残疾人低保重度生活补贴 1422 人次、85.324 万元。

第五节　残疾人文体活动

1991 年，在首届潍坊市残联艺术会演中，潍城区选送的《世上只有妈妈好》《花好月圆》两个节目分获声乐类一等奖和三等奖，《聪明的小山娃》《伟大的北京》分获舞蹈类二等奖和三等奖。2000 年，在第二届潍坊市残疾人书画作品评选中，潍城区 3 人分获书法类银奖、铜奖和优秀奖，3 人分获美术类银奖、铜奖和优秀奖。2001 年，在第五届潍坊市残疾人艺术会演中，潍城区代表队获优秀组织奖，潍城区选送的京剧选段《铡美案》获声乐类一等奖，诗朗诵《扬起生活的风帆》获戏剧小品类优秀奖，两个作品同时被市残联推荐参加全省第五届残疾人艺术会演。2005 年，在第六届潍坊市残疾人艺术会演中，潍城区选送的京剧联唱《建设和谐社会美好的明天》获声乐类二等奖；快板小品《祝寿》获戏剧小品类三等奖，作者获创作奖；诗伴舞《关爱无声世界》作者获创作奖，潍城区代表队获优秀组织奖。同年，在第六届山东省残疾人艺术会演中，潍城区选送的京剧清唱《智取威虎山选段——自己的队伍来到面前》获三等奖。2009 年，在第七届潍坊市残疾人艺术会演中，潍城区选送的快板剧《找闺女》、京剧清唱《自己的队伍来到面前》分获表演类二等奖和三等奖，潍城区代表队获优秀组织奖。

2010 年，在潍坊市第八届残运会上，潍城区代表队取得4个第二、2个第三的好成绩，2人被评为优秀运动员，潍城区代表队被市残联授予“体育道德风尚奖”。同年，在山东省第八届残疾人运动会上，潍城区运动员焦志凤获柔道比赛无差级别冠军。2012年，潍城区视力残疾人选手在潍坊市共享阳光“携手建功十二五、高歌喜迎十八大”残疾人歌手大赛中获得季军，在山东省共享阳光“携手建功十二五、高歌喜迎十八大”残疾人歌手大赛中获得“优秀歌手”称号。同年,在“科华杯”潍坊市第四届残疾人书画艺术作品展中，潍城区获得一等奖1名、二等奖1名、三等奖3名、优秀奖3名，区残联获优秀组织奖。2013年，在潍坊市第九届残运会上，潍城区残疾人代表队共获得6金、3银、5铜，并获得“体育道德风尚奖”。

第五章　宗　教

第一节　佛　教

2001年，潍坊城区部分信众邀请法师到浮烟山洪福寺主持佛教活动。2005年，洪福寺被山东省宗教局批准为佛教活动场所。2006年4月，洪福寺被批准为佛教固定处所。2007年7月31日，在洪福寺成立潍坊市佛教协会，洪福寺住持担任市佛教协会秘书长。2009年10月30日，潍坊市佛教协会第三次常务理事（扩大）会议在洪福寺举行，推选市佛教协会秘书长。2011年4月2日，观音圣像奠基仪式举行；2012年3月30日，完成观音圣像封顶。截至2013年12月，洪福寺有住寺比丘6人。

第二节　道　教

1995年10月，在浮烟山修贞观旧址重建的朝阳观竣工，占地约0.34公顷，同时作为旅游景点对外开放。观内有三清殿、救苦殿等建筑。1999年12月，潍坊市民宗局为朝阳观登记发证，朝阳观作为道教活动场所正式开放。此后，每年“三月三”山会，当地信众都会到朝阳观供奉香火。2013年，朝阳观有教职人员3人、信众约570人。

第三节　伊斯兰教

1985年，潍坊市清真寺从南关米市街五道庙旧址迁至北坝崖街。2000年，清真寺成为危房，多方筹资215万元，迁建至福寿街白浪河桥西首北侧，2003年11月竣工，2004年4月投入使用。同年5月，第一届潍坊市清真寺民主管委会成立，共由11人组成。2009年6月，潍坊市伊斯兰教协会召开换届会议，选举产生第二届寺管会，寺管会由7人组成。

第四节　天主教

1992年1月，潍坊市天主教爱国会和潍坊市天主教教务委员会成立。1996年1月，潍坊市天主教爱国会获得“山东省先进单位”称号。1998年12月，潍坊市天主教爱国会三届一次会议召开。1999年，潍坊市天主教教务委员会撤销。2001年8月，天主教堂列入征迁范围。2004年7月，天主教堂迁至福寿西街2499号新教堂。2005年8月，新教堂祝圣典礼举行，27位神父共祭，1000多位教友参加。2013年年底，教堂有教职人员3人、信众200多人。

第五节 基督教

1991年，基督教在潍城区有教堂2处（向阳路教堂、东关教堂）、受洗信徒1000余人。1994年，东关教堂划归奎文区。1997年8月，潍城区基督教三自爱国运动委员会（以下简称“区三自”）召开第七届代表大会。1998年，“区三自”向阳路基督教堂纳入征迁范围。2001年3月，新基督教堂在北宫西街2456号建成，建筑面积1500平方米，可容纳信徒1500人。11月23日，潍城区基督教第八届代表大会召开。是年，潍城区北宫基督教堂获得“全省文明宗教活动场所”称号；2007年，“区三自”获得“全市宗教界为构建社会主义和谐社会做贡献活动先进集体”称号；2009年、2010年，潍城区北宫基督教堂先后获得“省级和谐宗教活动场所”“首届全国创建和谐寺观教堂先进集体”称号。2013年，全区有基督教教堂1处，登记开放活动点13处，登记信徒2332人、慕道友300余人。“区三自”有“三自”茶庄、敬老院2个自养项目。

第六章 民 俗

第一节 传统节日习俗

春节

农历正月初一，是潍城最隆重的传统节日，民间俗称“过年”。进入腊月（农历十二月）即开始准备服饰，备办鸡鱼肉和各种蔬菜、糖果、春联、鞭炮、年画以及添置碗筷等。做豆腐、蒸年糕，寓意“都福年高”。腊月二十三开始卫生大扫除。民间称腊月二十三为“过小年”，传说是灶神（灶王爷）到天庭向玉皇大帝述职的日子。除夕，贴春联、挂年画、包水饺、上坟祭祖。子夜12点过后至清晨5点左右起床下水饺，祭拜天地、鸣放鞭炮，然后吃水饺。饭后更换新衣，给长辈拜年。邻里相见，亦相互拜年。亲朋好友互相串门，叙亲情话友谊。正月初二，丈夫陪媳妇回娘家拜年。初三开始，其他亲戚朋友间相互探望、走访。20世纪90年代始，逐渐流行寄贺年卡、打电话、发电子邮件或用手机发短信相互祝福。进入21世纪后，逐渐兴起用智能手机发微信恭贺新春。

五马日

农历正月初五，称“五马日”，俗有“一鸡、二狗、三蚕、四麦、五马”的说法。是日，煮水饺、放鞭炮“迎灶”。吃水饺习俗一直延续至今。

元宵节

农历正月十五，是中国传统的元宵佳节，相传起源于2000多年前的秦朝。汉武帝在位时，下令将正月十五定为元宵节。元宵燃灯的习俗起源于道教的“三元说”：正月十五为上元节，七月十五为中元节，十月十五为下元节，主管上、中、下三元的分别为天、地、人三官，天官喜乐，故上元节要燃灯。农历正月十四至十六晚上，城区沿街店铺门前挂起各式灯笼。元宵节早上吃元宵、放鞭炮；晚上放烟花，大街小巷张灯结彩，城区居民携亲伴友出门赏花灯、猜灯谜。街头杂耍欢闹，舞龙灯、耍狮子、跑旱船、扭秧歌等表演活动持续到深夜。

二月二

农历二月初二，俗称“龙抬头”，又称“青龙节”“春耕节”“农事节”，是汉族传统的节日，也是一个企盼学业有成的日子，还是媳妇回娘家的日子。传说伏羲时代，伏羲“重农桑、务耕田”，每年二月初二“皇娘送饭，御驾亲耕”。又传二月初二是轩辕帝出生的日子。农谚有“二月二龙抬头，大家小户鞭耕牛”“二月二龙抬头，大仓满小仓流”，人们祈求风调雨顺、五谷丰登。二月二，当地居民以菠菜或韭菜烙馅饼为过节主食，有的居民还炒糖豆。

清明节

4月初，冬至后第105天是清明节，清明节的前二日俗称“一百五”，前一日为“寒食”。家家户户都上坟祭祖，以示对祖先的尊敬和怀念。中华人民共和国成立后，机关、厂矿、事业单位和学校在清明节期间组织人员为革命烈士扫墓，以此缅怀先烈，进行革命传统教育。2008年起，清明节成为法定节假日。

端午节

农历五月初五是中国传统的端午节。端午节的由来与纪念战国时期殉国明志的爱国诗人屈原有关。潍城民间在端午节有门上插艾、包粽子、吃粽子的习俗。端午节吃粽子，一直延续至今。2008年起，端午节成为法定节假日。

夏至

6月21日或22日为夏至，是一年中白天最长的日子。“冬至饺子夏至面”，潍城境内在此日有吃凉面的习俗。

中秋节

农历八月十五是中国传统的中秋节，因时值秋季中期而得名，又称“仲秋节”“团圆节”等，是中国众多民族的传统节日。始于唐朝初年，盛行于宋朝，至明清时，已成为仅次于春节的第二大传统节日。2006年被国务院公布为第一批国家级非物质文化遗产名录，2008年成为法定节假日。中秋之夜，全家团聚，共品月饼、把酒赏月。在外地工作的人多回家团聚，而远在他乡未归的游子，在此节日也寄托对故乡和亲人的思念之情。

重阳节

农历九月初九为重阳节，起源于春秋战国时期，民间在该日有登高的习俗，又称“登高节”。《易经》中把九定为阳数，九九相重，故为重阳节，有长久长寿的含意。重阳节正值金秋时节，有出游赏景、登高远眺、赏菊、饮酒赋诗等习俗。1989年，国家将每年农历的九月初九定为“老人节”。2012年12月，新修改的《中华人民共和国老年人权益保障法》明确每年农历九月初九为“老年节”。

祭祖节

农历十月初一，称“祭祖节”，又称“鬼节”。此日，扫墓者携带香纸、供品，到墓地祭奠亡故先人，以示孝敬，不忘本。扫墓时，有的祭奠者用彩色纸粘叠为衣服样，在坟前焚化，谓之“送寒衣”。此习俗在潍城境内已淡化。

冬至

冬至是二十四节气之一，此日阳光直射南回归线，是一年中白天最短的日子。冬至后开始进入严寒期，是数九寒天的开始，以9天为“一九”，逐日计算，至“九九”共81天，由寒冷逐渐转入温暖。冬至日，潍城民间有吃水饺的习俗。

腊八日

农历十二月初八是腊八节，俗称“腊月初八”，简称“腊八”，该日家家户户有喝腊八粥的习俗。传统的腊八粥是以黍米或糯米加小枣煮成的较稠的稀饭，也称“抹糕”。旧时富户则用糯米、花生、核桃仁、莲子、白果、桂圆、荔枝、红枣煮成稠粥，近似“八宝粥”。此日，还有做“腊八蒜”的习俗。

辞灶

农历十二月二十三，是民间“辞灶”的日子，人们称之为“过小年”。“辞灶”也称“送灶王爷”。传说这一天灶王爷要升天向玉皇大帝汇报一家的功过，辞灶便是送灶王爷启程。傍晚，家家户户在堂屋内灶王神像前祭祀，供奉麦芽做的糖瓜、柿饼、软枣等，祈祷灶王爷享用美食后，“上天言好事，下界保平安”。因麦芽糖瓜较黏，意在黏住他的嘴，以防他“上天胡说”。祭毕，将纸糊的衣帽、黄表纸焚化。此习俗在潍城境内已淡化。

第二节　现代节日习俗

元旦

1月1日为元旦，俗称“阳历年”，又称“新年”，是法定节假日。很多单位门前张挂“欢度新年”“庆祝元旦”等横幅，举办各种文娱活动。20世纪90年代始，流行寄贺年卡、打电话、发电子邮件或用手机发短信祝福。

三八妇女节

3月8日为国际劳动妇女节。大多数机关、事业单位为妇女放假半天。有关单位组织开展健康有益的文化娱乐活动。

植树节

3月12日为植树节。很多单位在此日前后组织植树活动，绿化美化环境。

五一国际劳动节

5月1日为五一国际劳动节，是法定节假日。越来越多的人借此外出旅游，不少青年人选择在此日结婚。1999年，国务院规定“五一”节放假3天，连同周六、周日，可连休7天。自2008年始，改为放假1天，连同周六、周日，可连休3天。

五四青年节

五四青年节是为纪念1919年五四爱国运动而设立的中国青年节。青年节期间，各级团组织召开纪念会、报告会、演讲会，进行革命传统和爱国主义教育，许多青年自愿参加各种纪念活动。

国际儿童节

6月1日为国际儿童节。很多小学、幼儿园组织联欢会、放电影、文艺演出、书画展览等。多数小学在此日吸收学生加入少先队。有关党政部门、群众团体向学校、幼儿园赠送纪念品。部分家长也会给孩子赠送节日礼物。

建党节

7月1日为中国共产党诞生纪念日，称“党的生日”。各级中共党组织召开纪念会、党员会，或请老党员作报告，回顾党的历史，进行革命传统教育。

建军节

8月1日为中国人民解放军建军节。军营内举行庆祝活动，地方党政机关、群众团体开展拥军优属活动，部队开展拥政爱民活动。

教师节

9月10日为教师节。学校举行庆祝活动，表彰先进，师生联欢，慰问离退休教师。社会各界开展尊师重教活动，学生多寄送贺卡表达对老师的敬爱之心。

国庆节

10月1日为中华人民共和国建国日，是法定节假日。各单位举行升国旗仪式或组织文艺演出，表达对祖国的热爱之情。1999年，国务院规定国庆节放假3天，连同周六、周日，可连休7天。越来越多的人在此期间外出旅游，许多青年人选择在此日结婚。

第三节　礼仪习俗

婚嫁

20世纪90年代后，婚姻介绍所出现，传媒征婚相继问世。随着改革开放和经济社会的发展、信息传递及交通条件的改善，跨乡镇（街道）、跨县（市、区）结婚普遍，跨省结婚也出现，跨国结婚极少。旧的定亲仪式逐渐恢复，初只设订婚宴席，后出现男方赠送女方订婚礼品、礼金的现象。20世纪末，经济条件好的家庭所赠礼金逾万元；至2013年，少数经济状况优越的家庭赠送住房或轿车等。

对于择定婚期，城乡习俗有区别。20世纪

90年代，城区男女婚期多选择国家法定节日，以“五一”“十一”居多。农村男女婚期多请人择定，且保留“请庚”习俗，根据女方属相及生辰八字选择合适的伴娘、确定上下车方向、床铺安放位置及新娘过门的日期、时辰。进入21世纪，为避开法定节假日结婚高峰期，城乡男女均趋向于择期成婚。

迎娶条件随着社会发展而发生改变。20世纪80年代，用机动车辆（吉普车、面包车、轿车）迎亲开始出现，后车辆档次逐渐提高，数量逐渐增加。20世纪末，商业性婚庆公司出现，迎亲彩车多用高档轿车，4～8辆不等，多取双数。

喜宴为婚嫁过程中男方操办的重要事宜。被宴请者主要是亲戚、朋友、邻里三大类。传统婚宴以居家操办为主。20世纪90年代，婚宴开始在酒店举行。宴席安排于中午和晚上，午宴以亲戚为主，晚宴以朋友、邻里为主。

结婚录像于20世纪90年代在城区兴起，开始只录实况，后加入影视手法全程摄录迎娶及宴请过程，并迅速在乡村流行。录像刻录光盘，予以存留。婚礼前，新郎、新娘到专业门店化妆，新娘佩戴头饰、穿婚纱，新郎多为西装革履。新娘常穿象征纯洁爱情的白色婚纱，打破了仅用象征吉祥的红色基调的传统习惯。

婚娶之日，迎娶车队多选择主街干道，避开胡同小路。在迎娶车队启程前，沿途张贴小规格“囍”字，到女方家大门外张贴大红“禧”字，并给新娘带去扎头绳、腰带类物品，名曰“下头面”。迎娶队伍启程前，新郎和伴郎一起吃水饺。迎娶队伍到女方家后，女方以糖果茶点招待新郎及伴郎。待新娘梳妆完毕，新郎到新娘房中施礼邀新娘启程，尔后男女双方向女方父母及至亲长辈鞠躬请行。新娘由伴娘及亲人簇拥出门登车。迎亲途中，若遇河流桥梁，伴郎扔出红纸包裹的硬币，以求避邪气，此习俗沿袭至今。迎亲归来，鸣放鞭炮，迎新娘进门，俗称“过门”。自20世纪90年代末始，组合音响应用于结婚典礼中，聘请专业司仪主持以拜天地为主旨的结婚典礼，喜庆娱乐色彩渐浓，喷彩液、放礼炮等庆祝方式广泛应用。婚礼录像、司仪主持渐成为商业行为。进入21世纪，城区婚礼婚宴多在宾馆、酒店举行，男女双方合办婚宴兴起。新婚日，新婚夫妇晚上喝“合卺”酒，互换酒杯。新妇坐床，众人闹新房，直到深夜。新婚二日或三日，新婚夫妇到新娘家谒拜，俗称“回门”，在路程较短的情况下须当日返回，特殊情况例外。

旅游结婚也逐渐兴起。旅程结束后，新婚夫妇亦多在父母处或生活工作处举办婚宴。男子再婚，如女方为初婚，婚礼程式与初婚相同。如女方亦是再婚，婚礼程式相对简约。老年人再婚，一般不举行婚礼仪式。

女娶男古称“入赘”，俗称“招养老女婿”“倒插门”，指男女结婚后，男方到女方家落户。旧社会入赘的不多，中华人民共和国成立后，人们的观念逐渐改变，男方到女方家中生活已成为常见现象。

祝寿

居民素有过生日习俗。年轻人过生日则较为简单，多以吃面条、水饺的方式庆贺。人们一般从60岁开始做寿。老人生辰之日，儿女亲友带礼品为老人祝寿，家中置办丰盛酒宴，老人穿戴一新居于首座，接受儿女亲友祝贺。20世纪90年代始，许多家庭到酒店办寿宴，也有的在电视台、广播电台点歌或放电影为老人祝寿。同时，具有西方文化特色的祝寿形式进入祝寿礼仪，如吃生日蛋糕、点蜡烛许愿、唱《生日快乐歌》等。进入21世纪，家庭对儿童的生日日趋重视。

丧葬

20世纪90年代，死者遗体由土葬改为火化。农村逝者的骨灰以殡葬仪式放入公墓。城区居民及公职人员亡故火化后，有的迁葬原籍公墓，有的将骨灰存放殡仪馆，有的葬入灵山公墓。追悼会多是为生前在当地有一定影响的逝者举行，一般只进行遗体告别仪式。90年代后，商业性殡葬服务成为主流，哀乐在殡葬中亦有应用。

葬礼多由族中长辈和有声望的人主持。以零时界定人的去世日期，决定发丧日。除因亲人未归等特殊情况而延迟和提前发丧外，绝大多数在第三日发丧。进入21世纪，多在当日或二日发丧。

人去世后，亲属首先尽快给亡人换穿寿衣，并通知族人，启动丧葬事宜。如亡人为女性，其子女立即到其娘家“报丧”。在整个丧事过程中，儿女亲属要服孝陪灵，夜间则由男性亲属守灵。陪葬器物由原来用纸做的佣仆、箱柜、轿舆改为电器、轿车等，俗称“扎纸草”。发丧时，儿女要为亡人“指路”。安葬事毕，主家设宴答谢帮忙众人。父母亡后，子女上“三七坟”“五七坟”“百日坟”的习俗仍存。

祭祖

在清明、农历十月初一及亡者逝世之日（忌日）进行祭祀的习俗，沿袭至今。清明扫墓最为普遍，除祭祀外，还要为坟墓添土。在农村，春节祭墓最隆重，后辈一般在除夕下午带着鸡、鱼、水饺、酒水等祭品至墓前祭祀先人，焚香、烧纸、放鞭炮。

第四节　生活习俗

饮食

日常饮食　20世纪90年代，境内居民家庭以小麦面粉为主食，以玉米、小米、大米、高粱、地瓜等为辅食。进入21世纪，副食品消费比重上升，糕点、肉、蛋、鱼、奶等食用量显著增加。一日三餐开始讲究质量和营养搭配。早餐以面条、馒头、火烧、油条、豆浆、粥类等为主，多在自家做或到食摊购买。午餐、晚餐基本相同，以面条、馒头、包子、水饺、米饭、菜肴为主。

节日饮食　春节、中秋节等节日，居民家庭皆准备充足的肉、蛋、水产品、新鲜蔬菜及多种干鲜果品、酒等，家人相聚，尽情享用。2000年后，每逢节日家人相聚，一些家庭便到酒店包桌或从酒店订购酒菜带到家中。其酒类亦由低中档白酒向档次较高的白酒、啤酒、果酒过渡。妇女儿童大多饮用果汁等饮料。

待客饮食　逢客人到家中造访，主人以酒菜热情款待。菜肴讲究冷热荤素搭配，鸡鱼肉蛋俱全，或四菜一汤或六菜一汤等。2000年后，许多具有本地特色的菜肴如扒鸡、炸鸡、全鸡、全鱼、全羊等成为待客的家常菜肴。待客时，通常在家烹制或就近从酒店订购菜肴，或直接在酒店招待。

服饰

服装　1991年后，城乡居民的服装逐步多样化，西服、夹克、毛衣、裙装等成为穿着主流。夹克衫、运动装、风衣、面包服、牛仔裤、健美服、休闲服、T恤衫等开始流行。进入21世纪，个性化、高档服装备受青睐。春秋季节，中青年男子多穿西装、休闲装，老年男士多穿宽松舒适的休闲装、运动装，女装则为短裙、短上衣、短裤、紧身衣裤及套装、裙装等。冬季穿棉袄、棉裤者已是少数，穿羊绒衫、羊绒裤较普遍，外套多为羽绒服、羊绒大衣、裘皮衣等。

鞋帽　20世纪90年代起，皮鞋、凉鞋的颜色、样式变化较大。颜色除传统的黑、棕色外，还有红、黄、白、绿、蓝、紫等；材质有各种布质、皮质、线编、塑料水晶等；款式有高跟、半高跟，粗跟、细跟及坡跟等。中青年男子多数四季不戴帽，年长者春秋季戴鸭舌帽、遮阳帽，冬季戴呢子帽、皮帽，夏季戴草帽、凉帽。女子春秋戴帽者较少，冬季戴各种毛线帽、时装帽等，夏季戴遮阳帽。

佩饰　家庭富裕的中老年妇女有戴金银饰物的习俗。20世纪90年代起，女性佩饰有项链、戒指、手镯、胸花、手链、耳环等，品质有黄金、白金、铂金、白银、钻石、玉、珍珠、塑料、玻璃等。女青年多在结婚时购置饰物。男青年亦有戴扳指、玉佩、戒指、手串者。

居住

20世纪90年代，城区居民多住楼房。农村新建住房多由旧式改为出厦房。部分村庄统一规划为二层楼房，用钢筋混凝土浇筑圈梁，门窗采用铝合金，门楼及正房墙面贴瓷瓦，地面铺瓷砖。新建宅舍多建有影壁。新建正房坐北朝南，多为4间，设客厅、厨房、卧室等。二层楼房多每层2间，卧室、客厅在朝阳位置，长辈住下层，晚辈住上层。厨房、洗浴间、卫生间、储藏间、书房等多建在房内北侧。进入21世纪，大批居民搬进水、电、暖等设施配套、宽敞明亮的住宅楼，居住面积扩大，住房条件大为改善。城镇居民一户多宅者增加，多余房屋或出租、或备用、或变卖。随着城市化建设速度的加快，一批环境优美、功能齐全、管理规范的小区相继出现。

交通

20世纪90年代，摩托车成为仅次于自行车的代步工具，各类农用机动车成为农民外出的主要交通工具。公交车、出租车为城区居民出行提供了方便。2000年后，大批量、多品牌的电动三轮车、电动自行车涌入城乡居民家庭，私家轿车日益普及，居民出行更为便捷。

通信

20世纪90年代中期，公用电话、家庭电话、BP机、移动电话相继普及，居民互通信息大为便利，亲友间电话拜年、电话问候成为时尚。进入21世纪，网络通信快速发展，上网聊天、发电子邮件成为新的联络方式，智能手机使通信更加便捷。传统的书信、电报通信方式受到冷落。

炊具

20世纪90年代起，居民广泛使用液化气灶和电炊具。高压锅、电饭煲、不粘锅、电烤箱、抽油烟机、消毒柜、微波炉、电炒锅、电磁炉等开始进入居民家庭。进入21世纪，城区大多数居民做饭使用天然气，农村个别家庭仍保留传统灶台。

家具

20世纪90年代起，家庭普遍使用组合橱、组合沙发、电视柜、书橱等。农村睡土炕的习俗逐渐废弃，土炕被床取代。城区居民时兴席梦思床、棕垫床。床上用品日趋多样化，开始使用毛巾被、夏凉被、毛毯、太空被、羽绒被等。

家用电器

20世纪90年代始，居民所用电视机快速更新，由小屏到大屏，由黑白到彩色。进入21世纪，液晶电视进入家庭，呈快速发展趋势。录放机被影碟机取代，组合音响、冰柜、冰箱、空调、洗衣机、电热壶、电暖气、饮水机进入城乡居民家庭。家庭照明开始采用LED灯。

取暖

20世纪90年代，机关、企事业单位多用锅炉取暖。进入21世纪，城区逐渐由热力公司统一供暖，农村多用土暖气。

洗浴

20世纪90年代初，居民多到商业性浴池或机关、企事业单位设立的浴室洗澡，农户多无洗浴设施。随着经济社会的发展，太阳能热水器、燃气热水器、电热水器逐步进入居民家庭并日趋普及，城乡相继出现个体浴室、澡堂、桑拿浴房、洗头房、足浴店等，为居民洗浴提供服务。

人 物

人物收录按照“生不立传”原则，设人物传略和前志人物补遗两部分。人物传略记载本志断限内的去世人物。前志人物补遗记载1993年版《潍城区志》遗漏的有关人物，无确凿资料者不予补遗。

人物传略

裴昌会

裴昌会（1896—1992），字同野，潍县（今山东省潍坊市潍城区）城里人。民革党员，中共党员。爱国起义将领，曾任民革中央副主席、民革四川省委主任委员。出生于较富裕的工商业者家庭，先后在潍县继志小学、高密县胶莱中学、潍县县立中学读书。中学期间，受反帝爱国思潮影响，加入同盟会。1917年考入北平民国大学商预科，1918年入保定陆军军官学校就读，1922年毕业于保定陆军军官学校第八期陆军大学特六期。1927年后，历任国民党第四师参谋长及四十七师团长、旅长、副师长、师长。1937年起，历任国民党第九军副军长、军长，第四集团军副总司令，第一战区副长官，西安绥靖公署副主任兼第五、第七兵团中将司令官。1949年12月23日在四川德阳率部起义。中华人民共和国成立后，历任国防委员会委员、西南军政委员会委员、川北行署副主任兼工业厅厅长、西南纺织管理局局长、重庆市副市长，第五届、第六届四川省人大常委会副主任，重庆市政协副主席。先后担任民革中央委员、民革中央副主席，民革四川省委主任委员、名誉主任委员和重庆市委副主任委员等职。1955年，获一级解放勋章。是第一届至第七届全国人大代表，第五届、第六届全国人大常委会委员。1989年8月加入中国共产党。1992年3月23日在重庆逝世。

郭用馊

郭用馊（1914—1993），潍县（今山东省潍坊市潍城区）人。1936年毕业于山东大学数学系。他长期从事气象工作，历任空军工程学院气象系大气物理教研室主任、空军气象学院训练部研究员、教授，是中国人民解放军军事气象专家。1988年获中国人民解放军胜利功勋荣誉章。1993年9月病逝。

田翔千

田翔千（1920—1997），名裕翥，字翔千，以字行，潍县（今山东省潍坊市潍城区）城里人。1960年受聘于潍坊工艺美术学校，主讲刺绣设计。他诗、书、画、印兼具。著有《蜗庐诗稿》；擅长金文、篆书；国画作品多有诗词题跋，尤喜画梅；篆刻以秦汉为宗，古朴庄重。1987年，“田翔千郝桂君夫妇艺术作品展”在北京中国美术馆开展，展标由武中奇题写。他还是一位收藏家，所藏文物有古籍善本、名人字画、历代碑帖、名墨古砚、玉石印玺、红木嵌银等，尤以所收藏过的宋代“空谷流泉”古琴著称于世。他精通音律，嗜好古琴演奏，是中国古琴诸城派传承人王心葵的再传弟子。他搜集民间古琴曲谱200余种并编辑成册，全部捐献给中央音乐学院古典音乐系。他精通戏装设计，曾为京剧表演艺术家尚小云、毛世来等设计戏服。

田翔千为中国工艺美术学会会员，山东省美术家协会会员。1957年5月，他赴京出席全国工艺美术工作会议，并获得“全国民间老艺人”称号。主要著作有《古琴研究》《制琴要义》《花鸟写生集》《牡丹写生集》《工艺美术调查随笔》《蜗庐诗稿》等。1997 年 3 月病逝。

张洪泉

张洪泉（1946—1998），潍坊市潍城区辛庄村人。1972 年 7 月加入中国共产党，任村团支部书记、民兵连长、治保主任。1990 年 11 月始，担任村党支部书记。因积劳成疾，于 1998 年 7 月病逝。

他担任村党支部书记 8 年期间，兢兢业业，无私奉献，忘我工作，赢得全村群众的信任和拥护，实践了一个共产党员全心全意为人民服务的宗旨，密切了党群干群关系，为广大党员干部树立了榜样。1998 年 6 月 30 日，中共潍城区委发出《关于开展向张洪泉同志学习活动的决定》。7 月 27 日《大众日报》、7 月 28 日《潍坊日报》分别以《鞠躬尽瘁为群众》和《他用奉献写人生》为题，报道了张洪泉的先进事迹。10 月 15 日，中共潍坊市委、潍坊市人民政府又发出《关于在全市开展向张洪泉同志学习活动的决定》。

陈小波

陈小波（1919—1998），原名宏绪，笔名贾驰，潍县（今山东省潍坊市潍城区）城里人。在潍县县立中学学习期间，与同学组织“浮烟文艺社”，在潍县《鲁东日报》开辟《夷语》文艺周刊，负责编辑工作。1937 年初中毕业，他与三弟丕绪同赴西安投奔其伯父。1938 年到第二战区民族革命通讯社总社担任记者，采写了《祖国西北的大动脉》《李公朴在西线》《访梁漱溟》等影响较大的新闻通讯，出版《从战斗中壮大的晋冀鲁边区》单行本。1942 年担任西安力行新闻社采访部主任，后又担任《民言报》采访部主任、中央社西安分社记者、《大华晚报》副刊主编等。西安解放后，他应邀担任《经济日报》采访部主任，后任副总编。1953 年始，他先后任《西安日报》工交组、财贸组、基建组、文艺组组长。“文化大革命”期间，他被下放到山区插队劳动。之后，《西安日报》社为他平反，让他主持文艺部工作。1983 年担任《中国历史文化名城·西安卷》编委。1998 年 10 月去世。

考功卿

考功卿（1910—1999），名勤绪，字功卿，潍县（今山东省潍坊市潍城区）考家村人。中国著名核雕大师、中国工艺美术大师，曾就职于潍坊工艺美术研究所。

他自幼师从都兰桂学习核雕技艺。1955 年，周恩来出国访问，带去他和师傅都兰桂创作的“八骏图”等 7 件核雕工艺品，作为礼品赠送给外国友人。1956 年，他为毛泽东雕刻“马拉轿车”“寿星”“松鹤延年”“嫦娥奔月”4 件核雕工艺品。同年，他的 2 件核雕工艺品被赠送给访问潍坊的罗马尼亚文化代表团。1957 年，共青团潍坊市委送给毛泽东一支红木嵌银手杖，手杖的顶端有考功卿用桃核雕刻的九条龙。同年，苏联最高苏维埃主席团主席伏罗希洛夫访华时，他和师傅都兰桂将 5 件核雕工艺品赠送苏联朋友。为此，中央有关部门发信祝贺，指出“此种技艺，在我国很有保留价值”。

考功卿核雕技艺超群，同时注重培养核雕人才，对潍坊核雕技艺的传承和发展做出了贡献。1999 年 4 月去世。

高　潮

高潮（1926—2001），名传绥，字潮，以字行，潍县（今山东省潍坊市潍城区）西关人。中共党员。青年时期加入中国共产党的外围组织“抗日民主救国会”，1944 年进入解放区，从事革命活动。1947 年入华北音乐学校和中国艺专学习小提琴，后专攻作曲。1950 年入山东大学任教。1952 年起，先后在上海联合电影制片厂、上海电影制片厂、中国电影乐团、中央新闻纪录电影制片厂工作。他是中央新闻纪录电影制片厂国家一级作曲、中国音乐家协会会员、中国电影音乐协会常务理事。

他的音乐创作领域广泛，曾为大量纪录片、故事片、美术片、科教片、戏剧片、电视剧等创作音乐。他在纪录片音乐创作方面影响较大，先后为数十部不同题材的纪录片进行音乐创作，如为荷兰著名电影导演伊文思的纪录片《早春》作曲，为纪录片《红旗渠》《沙石峪》分别作主题曲《定叫山河换新装》《当代愚公换新天》，在全国广为传唱。他参加了大型文献纪录片《敬爱的周恩来总理永垂不朽》（1980年获第三届大众电影百花奖最佳纪录片奖）的音乐创作，为大型文献纪录片《先驱者之歌》（1981年获文化部优秀影片奖优秀纪录片奖，1982年获第二届中国电影金鸡奖最佳纪录片奖）作曲。他的纪录片音乐创作风格表现为民族色彩鲜明、质朴中饱含激情。

田仲济

田仲济（1907—2002），潍县（今山东省潍坊市潍城区）城里人。1922年在潍县文化中学学习，1926年毕业后升入济南商业专门学校，1927年入山东大学法学院学习。1928—1930年，在上海中国公学社会科学院学习。1931年在济南正谊中学任教，1932年至1937年11月，先后在牟平中学、山东省立第九中学任教，1938年在教育部中小学教师第五服务团编辑组工作，1939年在冯玉祥政治研究室任研究员，1941年任重庆中国乡村建设学院讲师，1942年任东方书社编辑室主任，1945年任教于上海音乐专科学校，1949年任上海国立音乐学院教授，1951年任齐鲁大学教授、文化系主任，1952年任山东师范学院教授、副院长，1981年任山东师范大学教授、副校长。2002年1月去世。

田仲济著有杂文集《微痕集》《情虚集》《发微集》《夜间相》《田仲济杂文集》等，专著有《文学评论集》《中国抗战文艺史》《杂文的艺术与修养》《五四新文学运动的精神》《田仲济序跋集》等，编纂《中国现代文学史》《中国现代小说史》《王统照文集》等。

陈寿荣

陈寿荣（1916—2003），字春甫，晚号春翁，潍县（今山东省潍坊市潍城区）城里人。幼读小学、私塾，1932年考入济南国画学社，假期回潍后加入潍县同志画社。1935年2月，他自济南国画学社毕业后，考入北平北华美专。1936年7月毕业前，在北平中山公园举办了个人画展。1937年春，考取故宫博物院古物陈列所古画研究室第一期研究员，因“七七”事变爆发而结业返回家乡。1938年1月，在潍县创办一所美术学校——虑远阁画庐，聘请画家徐培基、郭味蕖、郭兰村、于希宁、王乐轩等人任教，后因伪镇公所横征暴敛，虑远阁画庐被迫于1939年春停办，他被聘为潍县中学美术教员。1945年8月，他携创作的人物、花鸟等作品百余幅到济南举办个人画展。1946年返回故里，任省立潍县中学国画教员。1948年后，在青岛市辖联中、青岛二中任美术教师。1954年，他以青岛写生为题材的两幅代表作分别参加北京、上海两地举办的第二届全国国画展。1981年回潍，应聘于潍坊工艺美术研究所，指导风筝设计与绘制。1993年6月，由《世界现代美术家大辞典》编委会、世界艺术名人评审委员会和中、美、英、日等国及香港等地的有关部门共同颁发世界艺术名人证书，授予其“书画名人”称号。1994年3月5日，由山东省书法家协会、省美术家协会、省美术馆、省中山书画研究会等7个单位联合举办的“陈寿荣诗书画印展览”在省美术馆开展，展出其作品430余件。年逾八旬，他完成了《聊斋百美》等创作。

陈寿荣是中国书法家协会会员、中国美术家协会会员、西泠印社社员、山东中山书画研究会副会长、潍坊中山书画社社长、万印楼印社社长。是集诗、书、画、印于一身的艺术人才。他的诗作分古风、绝句、律诗；国画既有工笔，又有写意，包括人物、花鸟、山水等；擅写草、隶、篆等各体书法；篆刻分古玺、秦汉印、元朱文等。2003年6月22日，“陈寿荣诗书画印陈列馆”在潍坊高新技术开发区开馆，馆内陈列其作品及图片资料140余幅（件）。2003年8月去世。

郭龙春

郭龙春（1928—2003），又名汉丞，笔名向辛，潍县（今山东省潍坊市潍城区）西关人。1945年中学毕业后，自办手抄油印刊，同时在潍县《统一日报》副刊创办《拓荒》专栏。1948年考入北京大学理学院，其间阅读大量革命书籍，接受马列主义思想。1948年12月15日在北京大学加入中国共产党，参加党的地下工作。1949年北京和平解放后，在人民日报社担任编辑、记者、经济版主编，后任人民日报出版社副社长、编审。1988年离休后，他痴迷于灯谜事业，搜集国家图书馆和民间藏书存留的珍本、善本所记载的灯谜典籍资料，并进行整理、校勘。他还托请驻日本的记者朋友复印从中国流传至日本的《聊斋谜语集》，请北大图书馆的朋友查清明末清初著名谜家黄周星所著《廋词》一书的来龙去脉及出版时间。为使海内珍本《百二十家谜语》收入《中华谜语集成》，他亲赴上海向收藏者借用。他编纂了4卷本3000多万字的巨帙文献《中华谜语集成》，同时还参与编辑出版《猜谜必读》《中华灯谜鉴赏》《儿童谜语》《当代名家谜选》《中华当代灯谜艺术家大辞典》《中华灯谜艺术画册》等谜语图书。2003年8月病逝。

王正权

王正权（1969—2004），潍坊市潍城区于河街道后王村人。中共党员，革命烈士。1988年8月入伍，历任学员、飞行员、中队长、正营职副大队长，海军少校军衔。他是海军一级飞行员，荣立三等功2次，多次受嘉奖。生前系92138部队飞行一大队正营职副大队长。2004年5月6日，因飞机失事牺牲。同年5月28日，中国人民解放军海军东海舰队航空兵政治部批准他为革命烈士。

陈炳熙

陈炳熙（1934—2007），潍县（今山东省潍坊市潍城区）城里人。1958年毕业于华东师范大学中文系。大学毕业后至20世纪60年代中期，历任潍坊师范学校、潍坊一中、潍坊三中语文教师。“文化大革命”期间，在一家校办工厂工作。“文化大革命”结束后，调入昌潍师范专科学校（今潍坊学院）中文系任写作课教师，随后改教古典文学。他是潍坊学院中文系教授，并担任中文系主任。

他在《文学论坛》《文艺理论研究》《南开学报》等学术刊物上发表论文数十篇，著有学术专著《古典短篇小说艺术新探》《聊斋境界》等。在《当代》《十月》《收获》《小说界》等大型文学刊物上发表中短篇小说100余篇。他从中精选83篇编为三个结集，即1989年山东文艺出版社出版的《流动演员》、1996年上海文艺出版社出版的《雍和宫的雪》、1997年百花文艺出版社出版的《市场街的夜》。在《人民日报》《人民文学》《散文》等报刊发表散文200余篇，被选入多种散文集及《中国新文艺大系》，著有《陈寿荣传》《裴星川竹枝词话》等专著。在《人民日报》《解放军报》等报刊发表长、短诗数十首。其书法作品被收入国内外多种选集和典籍。陈炳熙多才多艺，精通文学、戏剧、美术、书法、舞蹈、雕塑等。2007年7月逝世。

于希宁

于希宁（1913—2007），潍县（今山东省潍坊市潍城区）城里人。山东艺术学院教授、名誉院长，山东省美协名誉主席，山东省文联名誉主席，山东画院院长，是中国当代著名的国画艺术大师和美术教育家。

于希宁是集诗、书、画、印和美术史论于一身的学者型艺术家，是山东省现代美术教育的开拓者和学科创建者。他在艺术教育领域辛勤耕耘七十载，为祖国的文化艺术事业作出了卓越贡献。他以“才德勤修养，三魂共一心”为座右铭，在绘画中强调国魂、画魂与人魂的统一，拓宽了传统花鸟画的人文境界，成为20世纪中国花鸟画半工半简语体推陈出新的杰出代表。尤其自20世纪80年代后，他以梅花为主要创作题材，在立足传统的基础上，创作了新的艺术语汇，形成壮美明丽的艺术风格，达到中国花鸟画艺术的新高峰。山东艺术学院于1998年设立“于希宁中青年教师艺术奖励基金”。他多次向国家和社会捐款或捐赠书画作品，以真诚而朴实的行动彰显了“德艺双馨”的深刻内涵。2005年，山东省人民政府在中国美术馆为其主办“于希宁捐赠作品展”。2007年，山东省委、省政府授予他“山东省文化艺术终生成就奖”。2007 年 12 月在济南逝世。

高小岩

高小岩（1919—2011），名熤，字小岩，号谦斋。潍县（今山东省潍坊市潍城区）城里人。民革党员。山东省文史馆馆员，山东大学客座教授，山东省及青岛市书协名誉主席，青岛市政协委员。

他幼承父教，9 岁习书，以魏、隶著称，兼擅甲骨、籀篆、小楷、行草诸体，功底深厚，用笔谨严。他力主继承传统，临摹法帖，学有师承，但师古不泥古，“道法自然”，水到渠成，自出新意。《中国现代书画篆刻家名鉴》以“严正朴茂，枯老古拙，潇洒流畅，翰逸神飞”评价其书法。其书法作品参加第一届至第六届全国书法展及其他国内外展览 100 余次，多被收刊专辑。1981 年随青岛市友好代表团访日，出席在下关举行的“中国展”。1989 年山东美术出版社出版了《高小岩书法集》。同年，应中国孔子基金会委托，为曲阜孔庙重修孔子事迹图所写的 3000 字“图解”雕刻立石，原稿辑印成集。1990 年 4 月，青岛市文化局和胶州市文化局联合辑印《高凤翰遗墨》，他应邀撰书序言。1992 年春节、2000 年、2004 年，先后 3 次应邀到台湾进行文化交流，举办个人书法展 4 次、联展 2 次，被誉为“国宝级大师”。自 1995 冬始，以 2 年多时间用 4 种汉隶碑意书写长达 56407 字的“四书”，其中《论语》全卷被曲阜孔子博物馆刻石并立于“论语碑苑”。1997 年夏，应滕县抗日保卫战纪念馆之邀，补书毛泽东挽联及蒋介石原题匾额“民族光荣”。1998 年 3 月在北京中国美术馆举办“书艺生涯七十年纪念展”。2002 年 9 月访韩进行文化交流。

他的书法影响广泛深远，全国 20 个省、市、自治区及日本、韩国、巴西等国家的 50 余种报刊和出版社刊登其书法作品，菲律宾《商报》《菲华时报》为其刊发整版专页 7 次及推介文章 11 篇，香港《中国经济》杂志称其为“岛城书画五耆宿”之一。其书法作品还被毛主席纪念堂、中南海、周恩来纪念馆、中央文史馆、中国美术馆、中国历史博物馆和有关省、市文史馆及博物馆等收藏。他应邀题字刻石的碑林摩崖在全国有 40 余处。

他积极传授书法艺术。在供职青岛市工人文化宫时，举办短期书法学习班 12 期，为基层培养书法骨干 1000 余人。他还被青岛市教育学院、老年大学、各区机关干校及中国书画函授大学青岛分校聘为书法教师、名誉教授，为普及祖国的传统书法艺术做出了贡献。2011 年 9 月病逝。

前志人物补遗

刘应节

刘应节（1517—1591），一说生于明嘉靖二年（1523 年），字子和，潍县（今山东省潍坊市潍城区）刘家庄子村人，明中期大臣。

嘉靖二十二年（1543 年）乡试中举，嘉靖二十六年（1547 年）考中进士，嘉靖二十八年（1549 年）任户部广东司主事。嘉靖二十九年（1550 年），俺答统领大军，直逼京城。大将仇鸾率军与俺答军混战，京城外战斗异常激烈，双方死伤惨重。嘉靖皇帝下令户部选一精干使者，到军中慰问。户部大小官员认为此次犒军必无生还，皆怕被选派，唯刘应节挺身而出。临行前他告诉亲友：“此去7天不回，请把老母和妻小送还家乡，并转告老母不要悲伤。”半夜，他披挂整齐，纵马护车出了京城，车马行走于乱尸之中。天明后，刘应节率军突破包围，见到仇鸾，完成了犒师任务，并以皇帝使者身份，协助仇鸾指挥部队作战。嘉靖四十一年（1562年），他出任山西按察司副使，兼辖三关。三关系京城咽喉重镇，但守军军纪散乱。他到任后，重惩了骄悍作乱的魁首，法办了扰民的游兵散勇，加强了三关、井陉道的军队纪律。

隆庆元年（1567年），刘应节调任河南巡抚。时中原政治腐败，官贪吏污，百姓怨声载道。他到达开封后，处治了贪官污吏，惩治了游勇散兵和地痞无赖。鉴于开封历来为中原战场，兼有黄河天堑，战略位置重要，刘应节从汝南、睢陈等地招募民军数万，以6000人为一队，轮番训练，以维持地方治安，并集中河南的官兵，选派有才干的将领指挥，进行操练，以备朝廷调遣。同年秋，俺答又犯边境，他率训练有素的军队北上，击退俺答军。战后，他升任顺天巡抚。隆庆二年（1568年），俺答率领80万大军，又一次大举犯境，京师连连告急。当时他正在西北边关，身边只有数千人马。在力量悬殊的情况下，他鼓励将士奋勇杀敌，亲率数千人马，冲向敌营，重创俺答大军。随后，镇守蓟门的戚继光，也向俺答军发起猛攻，迫使俺答军退去。他因功晋升兵部右侍郎兼右佥都御史。为保边境长期安宁，他在东起广宁、西至开原的丛山中，带领军民加固400公里长城。他取代谭纶总督蓟、辽、保定军务后，要求将士们熟读兵书，加强训练，并经常结合京师周围的山川地形，给将士们讲解兵法战策。因他在边关训军有方，防务加强，俺答不敢轻易犯境。隆庆五年（1571年），俺答归顺明朝，北部几十年的战乱得以平息。

他虽镇守边关，却十分关心国家的长远利益。为富国强民，他上疏要求疏漕密云，在奏章中恳切指出：要是疏通了潮、白二河，不但每年可节省三万五千两白银，而且会解决京师军粮无法外运而大量霉烂的问题，还能省却山路难行造成的运输困难，一举三善。在《蓟门奏议》中，他深刻地分析了明朝以来在军事方面存在的弊病，直言不讳地指出：“臣当前管辖的地方，西起镇边，东到山海，非30万兵员不能保障京师安全，而今只有13万。兵员不足，加上平时无战备，战时只能仓促上阵，将士必然疲于奔命，国家如何安宁，百姓何谈乐业？以臣见，补兵20万，收复大宁，控制边境，使宣、保、蓟、辽首尾相顾，做到庭无近寇，国有重关，此万年之大计；不然，把兵力集中于边境，分屯列戍，首尾相应，也是百年之计；再不然，选精兵17万，加强训练，以备应急之需，这仅是苟安之计。否则，必将产生征兵如弈棋、请饷如乞籴、操兵如抟沙、教战如谈虎、边长兵寡、掣襟见肘这样的危险局面。”刘应节的见解没有被采纳。万历二年（1574年），他晋升南京工部尚书。第二年，又改任刑部尚书。因受锦衣卫冯邦宁、首辅张居正等人排挤，遂上书求归。万历四年（1576年）回乡后，他出资修建麓台书院，并亲自讲学。

他不仅为官清正，善于作战，而且富有文才。他一生写了很多文章，其中《蓟门奏议》《沿边军筹》《白川文集》等颇有水平。万历十九年（1591年）去世，吊唁者络绎不绝，万历皇帝遣使凭吊，并追赠他为太子少保。

高　桂

高桂（1557—1629），字凤翥，潍县（今山东省潍坊市潍城区）麓台村人。明万历初中举，后中进士，选任泰兴县知县。在泰兴，他尽职尽责，廉洁敬业，以政绩卓异擢升礼部仪制司主事，随后升任祠祭司员外郎。

高桂为官的年代，恰逢奸相专权，朝纲大乱，科举考试舞弊现象屡屡发生，高桂上《科场大坏疏》，参科场事。在《科场大坏疏》中，他从“权相作俑”开始谈起，至张居正儿子私求功名，直到揭露万历十六年（1588年）顺天乡试舞弊。高桂要求朝廷下旨，调顺天府考试中者试卷复核。他的这些揭露和要求直接触犯了掌握科考的要员及力图掩盖事实真相的权臣。不久，高桂被谪为甘泉知县，后又迁为武选司郎中。其间，遇母丧，告丁忧，返回潍县。

三年丁忧期满，他赴京服缺候补。但权臣们对他的《科场大坏疏》仍耿耿于怀，高桂备受冷落和贬抑，他要求出缺的申请，连续三年被无理搁置，扣押不报。他递交了自愿放弃候缺的申请，满腹愤懑地返回潍县，在故乡长达20多年，并应邀到麓台书院教学。明万历三十九年（1611年），万历帝降旨起用高桂为贵州副使。明崇祯二年（1629年），高桂在潍县病卒，享年73岁。

高守训

高守训（生卒年不详），字觐甫，号拙斋，潍县（今山东省潍坊市潍城区）麓台村人，生于清康熙末。12岁应童子试，15岁进郡庠。凡爱读之书，辄废寝忘食，手不释卷，尤喜读“唐宋八大家”文章。清乾隆三十九年（1774年），参加乡试，考中副车（副榜贡生）。此后到麓台书院读书，做了理学名儒韩梦周的学生。7年后参加顺天乡试，中举。为避免往返之苦，便留在北京专伺会试，落榜不第。离京返回潍县后，到麓台书院讲学。乾隆五十八年（1793年），高守训再次赴京会试，中进士。7年后，任江苏宜兴县令。

宜兴官场多行贿受贿不正之风，高守训到任后便整顿吏治，倡导清正廉洁，杜绝请托贿赂。宜兴每征漕米，因官仓偷用假斛（斗），农民年年被坑，发生诸多哄斗事件，他遂命将铁斛置于仓亭，百姓再无假斛被坑之忧，哄斗事件遂止。宜兴多匪患，他明察暗访，依法严惩巨匪路祖、林万三等6人，散匪或从良或潜踪，社会遂安。他组织群众修建“东坡蜀山书院”，大办教育，振兴文事。高守训为官一方，深受百姓拥戴，百姓自发在宜兴果立庙内为其立生祠。

去官北归时，宜兴绅民置酒饯送者甚众。他回到家乡后，再度应邀到麓台书院讲学，后应潍县县令孙敦之邀掌教于潍阳书院。91岁卒。

孙葆田

孙葆田（1840—1911），字佩南，著名学者。山东省荣成县（今荣成市）不夜村人，清末官吏，著名学者。晚年寄居潍县城（今潍城）南宫后街。

孙葆田于清同治九年（1870年）中举人，同治十三年（1874年）中进士。光绪元年（1875年），授刑部主事。光绪八年（1882年），莅任安徽宿松县知县。光绪十一年（1885年），调任合肥县知县。在合肥任职期间，他不仅访贫问苦，兴利除弊，还敢于治“硬茬”，依法审判了李鸿章弟子的随从因逼债将人打死一案，声名远播，被誉为“包龙图复出”。孙葆田也因此案遭御史弹劾，光绪帝诏令安徽巡抚陈彝查处，但由于此案无懈可击而维持原判。孙葆田由此目睹官场黑暗，决心不再踏入仕途，遂弃官归乡。当孙葆田弃官回乡途经山东潍县时，潍县绅士名流仰慕其学识人品，执意挽留。于是，孙葆田携全家寓居潍县城南宫后街，并由潍人资助在南宫后街东首建“经韵楼”，藏书室名为“校经室”，书房名曰“不夜书房”。弃官后历任山东济南泺源书院、河南开封大梁书院及南阳宛南书院主讲，被学者奉为大师。

光绪十六年（1890年），山东巡抚张曜奏请开设通志局续修《山东通志》，聘孙葆田任总纂。张曜上疏陈其学行，赐五品卿衔。后因张曜去世，修志中辍。他又被聘参与修纂河南《南阳县志》。光绪三十三年（1907年），杨士骧继任山东巡抚，重整通志局修纂《山东通志》，仍聘孙葆田为总纂。宣统三年正月（1911年1月），孙葆田因修纂《山东通志》积劳成疾，不幸与世长辞。

他博通群经，经史著作颇多，惜多散佚，现存著述主要有《校经室文集》《孟志编略》等。

徐　坊

徐坊（1864—1916），原籍山东临清，字士言，又字梧生，号矩庵。年轻时随母亲寓居潍县。他聪颖博学，饱读经书，满腹学问，但不喜走科举之途，捐官成为户部主事。徐坊虽非科举出身，但他凭借深厚渊博的才学，颇受当时学者尊重。清光绪二十六年（1900年），八国联军入侵北京，徐坊跟随慈禧太后和光绪帝逃至西安。光绪二十七年（1901年），徐坊又随驾返回京城，经尚书荣庆推荐，擢升国子监祭酒。宣统元年（1909年），徐坊与翰林院编修缪荃孙受命组建京师图书馆（今国家图书馆前身），徐坊任图书馆副监督（相当于副馆长），成为中国近代图书馆的创始人之一。辛亥革命爆发后，宣统帝溥仪逊位，徐坊亦弃官。民国后，他应召行走毓庆宫，又接任陆润庠成为逊帝溥仪的汉文老师。1916年8月，徐坊因病去世。

徐坊喜藏书，是近代著名的藏书家。他有两个藏书处，一个在北京，一个在河北定兴县，共收藏500多种图书，多为宋元时期的善本及钞本，其中不少是极为罕见的珍品。徐坊在北京的一部分藏书，曾于光绪二十六年（1900年）八国联军进攻北京时散佚。另一部分珍本，出于种种原因，在他去世数十年后亦流散而出。

杨祖德

杨祖德（1880—1919），字子荫，潍县二区（今山东省潍坊市潍城区望留街道）庄头村人。祖父杨思敏在清代曾任守备，父亲杨文炳在清代曾任千总。杨祖德因父祖的功德，年轻时曾任小站武备右军，后考入国文馆，肄业于京师大学堂。此后，他东渡日本，就读于日本陆军士官学校第三期（一说第一期）辎重科。归国后，杨祖德先后任保定陆军部陆军速成学堂辎重科科长，保定陆军军官学校教育长、校长，升陆军少将，授五等嘉禾章、二等文虎章。

1916—1919年，杨祖德任保定陆军军官学校校长。他是该校有作为的校长之一，深受师生们的尊敬和爱戴。他善于管理，知人善任，严于治学，执教有方，有不少学员成为军事将领。1919年8月，杨祖德患病离校，返回故乡山东潍县休养，因病重救治无效而逝。

于普源

于普源（1868—1923），字佛航，潍县（今山东省潍坊市潍城区）城里新街子人。清光绪二十年（1894年）进士，入翰林院任庶吉士。光绪二十二年（1896年），任安徽来安县知县，勤于政务，处事严谨，民众“阖家仰戴之”。光绪二十五年（1899年），于普源调任太湖县知县；两年后又任补灵璧县知县，均有政声。光绪三十三年（1907年）后，杨士骧任山东巡抚时，以其政绩卓异而让他负责全省学务。宣统元年（1909年），山东省咨议局在济南成立，他被选举为副议长。1911年10月，辛亥革命爆发后，他拥护共和，支持同盟会。同年11月，革命党人联合各界人士宣布取消山东咨议局，并举行山东全省各界联合会成立大会，于普源被选举为副会长。1912年民国政府成立后，权署青州知府，推行新政。1913年冬，改任新城县知事（县长）。

1919年，“五四”爱国运动爆发，潍县革命党人领导学生开展救国运动，成立学生联合会，时在家乡的于普源被选为潍县国货维持会评议部部长，与潍县的青年学生、工商界人士一道积极抵制日货。晚年在潍县期间，热心地方公益事业，潜心书法艺术，既工隶书，亦擅行书。

梁文灿

梁文灿（1869—1928），字质生，号炙笙，潍县（今山东省潍坊市潍城区）城里梁家巷人。他天资聪慧，每试必捷，文章一气呵成，人称“梁一章”。清光绪二十年（1894年）中进士，次年授翰林院编修。31岁时出任浙江道监察御史，35岁时调任福建道监察御史。梁文灿任御史期间，恪尽职守，凡遇不利于百姓的事，即秉笔直书，为民上疏。光绪二十九年（1903年），山东福山县令李舒馨匿灾不报，仍行逼捐，致民不聊生，被梁文灿弹劾。现国家历史档案馆一馆存梁文灿当年的奏折8本，其中涉及山东的有弹劾福山县令李舒馨一本和奏请为山东屯卫田亩农民“恳恩免缴”租税等以体恤民情、安靖地方为宗旨的建言。1912 年，中华民国建立后，梁文灿受聘于南京政府任榷政官。1919 年 6 月，任淮扬道尹。

梁文灿著有《蒙拾堂诗稿》《蒙拾堂词稿》《宋金元怀古词辑》。其脍炙人口的《潍阳十二月鼓子词》自正月灯节写至腊月辞灶拜年，不仅描述了潍县 12 个月的季节变化，还展现了节日庆典、生活习俗、农事活动、人文风情等。

柯劭忞

柯劭忞（1850—1933），字凤孙、凤笙，号蓼园，山东胶州人。清咸丰十一年（1861 年），为避清兵与捻军战乱，柯劭忞随父母迁居潍县，择居程符山（浮烟山）下的孙家村。柯家为方便孩子们读书与进行学术交流，随后又在潍县城内北门大街路东购置一处房宅居住。

他是光绪十二年（1886 年）进士。光绪二十三年（1897 年）十一月，德国侵占山东胶州湾。时任翰林院编修的柯劭忞，立即组织联系山东籍在朝官员李经野、于宗潼、陈恒庆等 17 人，联名上奏折，反对割地议和，提出抗德主张，但却未被朝廷采纳。次年，中德双方开始勘界，胶澳租地划界再生纠葛，由原来的百里增至六七百里，从即墨、胶州扩展到平度、高密、诸城等州县。当柯劭忞得知此事后，遂联络胶州、平度、诸城籍等在朝官员以《翰林院编修柯劭忞等具呈请代奏文》再次上书劝阻，指出不能无端而拱手让人，朝廷仍未采纳。光绪二十六年（1900 年），八国联军入侵北京，柯劭忞随慈禧太后、光绪帝奔赴西安。光绪二十七年（1901 年），柯劭忞出任湖南学政。回京后，历任国子监司业、贵胄学堂总教习和翰林院日讲起居注官等职。光绪三十二年（1906 年），柯劭忞受命赴日本考察学务，回国后出任贵州提学使。两年后调回京城，任学部右参议、左丞；宣统二年（1910 年），出任资政院议员。同年，京师大学堂分科教学后，任职经科监督、署总监督。宣统三年（1911 年），任山东宣慰使兼督办山东团练大臣。不久被调回京城，任典礼院学士，赐紫禁城骑马。

民国初，柯劭忞为废帝溥仪侍讲，曾当选为民国参政院参政、约法会议议员，但他以前清遗老自居，隐居不仕，均未就职。20 世纪 20 年代，日本与北洋军阀政府在北平设立东方文化事业总委员会，柯劭忞因学识渊博、德高望重，被推选为委员长。柯劭忞一生治学严谨，独力编著《新元史》，参与编修并负责总纂《清史稿》，纂注《春秋穀梁传注》《尔雅注》《文献通考注》《文选补注》等。他尚有诗作 500 余首存世，收录于《蓼园诗钞》《蓼园诗续钞》两部诗集中。1933 年 8 月，他于北京太仆寺街柯宅逝世，葬于北京石景山福田公墓。

沉　樱

沉樱（1907—1988），女，原名陈锳，笔名沉樱，潍县（今山东省潍坊市潍城区）城里人。20 世纪 20 年代，毕业于山东省立第一女中，考入上海大学中文系，又转入复旦大学中文系，并开始文学创作。她于 1937 年到重庆工作，1945 年到上海工作。1947 年到台湾后，她翻译了大量外国文学作品。1972 年移居美国。

沉樱的处女作《回家》（短篇小说）在 1928 年的《大江》月刊发表，得到著名作家茅盾称赞。出版的短篇小说集有《喜筵之后》《夜阑》等，发表的散文作品有《春的声音》《我们的海》等，出版的散文集有《沉樱散文集》。她翻译的外国文学作品有《女性三部曲》《一位陌生女子的来信》《怕》《断梦》《毛姆小说集》《蓓蒂》等，并独自成立译文出版社，出版了《蒲公英译丛》和《蒲公英丛书》。1988 年，她在美国去世。

陈天才

陈天才（1910—1990），字秀之，潍县（今山东省潍坊市潍城区）城里人。11 岁始学中国象棋，后得到山东“棋圣”邵次明指教。1933 年，获潍县象棋比赛第一名。1942 年，获著名棋手徐词海组织的“象棋银杯赛”第一名。1953—1955 年，先后 5 次赴北京、天津以棋访友，结识张德魁、谢小然等著名棋手。1954 年，受天津力行棋社邀请，赴天津设擂表演，战胜天津著名棋手马国梁。

1959年，中国象棋成为第一届全国运动会比赛项目，他作为山东省唯一的中国象棋参赛人员参加。在这次全运会上，陈天才与其他运动员在人民大会堂受到毛泽东、贺龙的接见。1960年后，陈天才在潍坊市体委工作，为潍坊市乃至山东省培养了一批象棋人才。1985年，在山东省第一届长寿杯象棋大赛中，他作为最高年龄参赛者，夺得冠军。潍坊民间将陈天才与郭谷石、徐培基、谭资九誉为琴棋书画“四名家”。1990年11月病逝。

附　录

旧志及新志简介

旧　志

明朝至民国，境内有地方志书5部：明万历二年（1574年）、清康熙十一年（1672年）、清乾隆二十五年（1760年）分别纂成的3部《潍县志》，清光绪三十三年（1907年）纂成的《潍县乡土志》，民国三十年（1941年）刊印的《潍县志稿》。5部志书或私修或官修，或创修或续修，各具特点。其体例相继沿袭并顺时而创新发展，其记述内容依社会分工不断细化而有所增损。

《潍县志》（明万历二年）

该志由邑人刘廷锡（官至明户部郎中、两淮盐运使）编修。曾任明南京刑部侍郎的邑人胡邦佐和时任陕西按察副使的邑人王渐是该志校阅者，王渐为此志作序。这部私人修纂的志书成为现存最早的潍县地方志书。该志第一次记载了明万历二年之前的潍县历史，属创修之作。共10卷，约3万字。设星野、齐分玄枵图、建置沿革、疆域、城池、街衢坊市集场、乡社、九隅、铺、物产（谷、果、蔬、木、药、羽、毛、鳞、介、虫、货）、学校、神祀、宫室、桥梁、公署、额设官吏、教谕、训导、户口、田赋、土贡、徭役、兵制、兵备屯田、名宦、人物、人物外传、荐举、科目岁贡、烈女、祥异、寺观、冢墓。这些类目与明永乐十年（1412年）朝廷颁发的《修志凡例》以及永乐十六年（1418年）颁布的《纂修志书凡例》大致相符。这两则《凡例》是该志编修所遵循的基本原则，是其篇目、框架设计的重要依据。该志以志体为主，兼用述、传、图体裁。其中述体虽局限于无题述（无题序），却已相当成熟。该志在22个篇目下设置了篇幅短小（150字左右）、简括不繁的无题述，皆为论述性文字，或说其成因，或概其特点，或明其要义，引导阅读之功效非常明显。

《潍县志》（清康熙十一年）

清康熙《潍县志》是万历《潍县志》的续志，也是清朝潍县第一部志书。由时任潍县知县王珍为总裁主持编修，致仕归里的陈调元编纂。教谕刘秉和任校阅，县丞孙鼎鋐、典史王昌周任监修，宋国彦、于际隆等6人为考订人员。该志是官修志书，基本沿用了万历《潍县志》体例，共9卷，约9万字，记述了1574—1672年近百年间的潍县历史。

该志与明万历《潍县志》相比，其内容有所增设：一是增设手工绘制的地图、示意图、写意图。明万历《潍县志》设有齐分玄枵图，而康熙《潍县志》除设置齐分元（“元”应为“玄”，避康熙帝玄烨讳）枵图、北海入虚九度图外，还增设莱州府图、本县城图、境域图等实用性地图，这些地图直观、形象地展示了潍县所处的位置以及山川形势、城池布局等状况。二是增设《艺文志》。包括王言、疏表、诗、赋、书等近百篇，记录了潍邑学人的艺文著述，集中凸显了潍县的人文特色。

《潍县志》（清乾隆二十五年）

清乾隆《潍县志》是康熙《潍县志》的续志，属官修志书。时任潍县知县张耀璧任总裁，聘历城举人王诵芬任编纂，地方士绅郭伟勣、刘志仁、郭灿等9人为分纂，潍县教谕高廷枢任提调，县丞、训导、巡检、典史等4人任协理，还聘用了郭伟业、陈鸿受等42人作为采访人员。时任山东布政使崔应阶、山东按察使沈廷芳、莱州知府洪肇楙等人为该志作序，张耀璧亦作序。该志共6卷9志，约15万字。设舆地志（星野、沿革、疆域、山川、古迹、土产、风俗）、建置志（城池、坛庙、公廨、坊表、桥梁、社集）、典礼志（祀典、学校、封荫、乡饮）、田赋志（户口、赋税、仓储、恤养）、官师志（秩官、名宦）、选举志（征辟、科目）、人物志（宦绩、忠烈、孝义、文苑、武功、高士、善行、节烈）、艺文志（王言、表、疏、书、记、序、传、赞、铭、论、跋、议、考、赋、诗、辨）、杂稽志（祥异、方技、仙释、丛谈）。该志还设置了卷首和卷末内容，卷首有序、修志征言、旧序、原修姓氏、凡例、修志姓氏、图目（图）、目录，卷末为跋。该志主要对潍县在1672—1760年近90年间的发展变化进行了较翔实的记述。

乾隆《潍县志》有以下特点：一是《人物志》所记载人物显示出平民化倾向。该志记载周至清乾隆年间564人，其中平民人物有479人。二是将节妇烈女纳入《人物志》。该志将“节烈”作为《人物志》的一个目与宦绩、忠烈、孝义、文苑、武功、高士、善行等目并列，而明万历、清康熙《潍县志》均将节妇烈女设置于“人物”篇之外。三是采用“互见法”处理重复交叉内容。

《潍县乡土志》（清光绪三十三年）

清光绪《潍县乡土志》于光绪三十一年（1905年）开始编纂，光绪三十三年（1907年）纂成。时任潍县知县宋朝桢任《潍县乡土志》总纂，陈传弼、张兆棠、刘汝侨等8人为分纂，杜坛、丁良翰任校勘，徐乾滋、张洛书等4人为采访人员。该志为1卷本，约3.6万字。设历史、政绩、兵事、耆旧、人类、户口、氏族、宗教、实业、地理、山、水、道路、物产、商务等类目，志前有地图、潍县纬度位置、潍县日出入时刻及昼夜永短表、修志姓氏，志后有跋。

这部《潍县乡土志》是作为学童启蒙乡土教材使用的，其目的在于培育学童爱国爱家乡的情怀。宋朝桢为该志所写跋中表述得非常明确：“欲使初等小学于历史、舆地、格致三科，就乡土编课，以资讲授。”“俾童蒙皆知爱国为第一要义，而爱国之心，必以自爱其乡为始。”“生长之地尚不知，何论远方，又何论异国？”“则持此以备蒙学教科之用”。该志未设置穿凿附会的“星野”“玄枵图”等无实际用途的内容，也就是说抛弃了以天象定位境域之说，而代之以境域纬度位置、日出入时刻及昼夜表等科学的、实用性的内容，体现了时人崇尚科学的进步思想。

《潍县志稿》（民国三十年）

民国二十年（1931年），潍县县志局成立，开始编修《潍县志》。由时任潍县县长王华安主持，教育局局长高镜秋协助，聘请光绪进士陈蜚声任总纂，光绪举人、同盟会会员刘金第任副总纂，潍县文史学家丁锡田为采访部主任，陈达善、孙仙坡、杜佐宸、丁叔言等为编辑，郭鲁泉为缮写，丁次萱任总务。至1937年“七七事变”前已基本完稿，并开始陆续铅印样稿，后因抗日战争爆发而搁浅。1940年，时任日伪莱潍道尹公署道尹的常之英委派道尹公署督学刘逊聪寻找存稿并负责整理，以《潍县志稿》命名，常之英题签并作序，刘逊聪书跋，由潍县和记印刷局印刷，于1941年8月正式出版面世。

《潍县志稿》为42卷铅印本，100余万字。卷内有图照213幅。另单设地图1集（自“古代暨秦地图”至“明清潍县大势地图”共15幅）。该志稿设叙录（万历《潍县志》序、康熙《潍县志》序、乾隆《潍县志》序、修志姓氏）、通纪、疆域志（经纬、气候、地质、地势、面积、山海、河渠、泉源、沿革、境界、会集、遗迹）、营缮志（城坞、墩铺、坛庙寺观、桥梁、堤堰、坊表、园亭）、民社志（氏族、户口、自治、风俗、歌谣、宗教、度量衡、物价表、方言）、武备（军防、警务、团练）、秩官志（历代封建表、职官列传）、赋税志（储田赋、杂税、烟酒税、印花税、营业税、盐税、地方附捐税）、教育志（学宫、学堂、学校、学田、教育行政、教育经费、学校教育、征举科贡表）、实业志（商业、工业、农业、矿业、盐业、渔业、物产表）、交通志（铁路、汽车路、县道、镇道、航路、邮务、电务）、人物志（事功、儒林、高士、义行、耆寿、文学、武胄、孝友、忠烈、艺术、外徙、侨寓、烈女、释道）、艺文志、金石志（金类、陶类、石类）、杂稽。志首有序、凡例、目录，志末设跋。

在编修民国《潍县志》时，原设《党治》卷。《党治》卷为1册本，系民国《潍县志》首卷。在《潍县志稿》刊印出版前，第一卷《党治》卷（民国《潍县志》的《党治》卷仍完整地保留至今，现存于潍城区档案馆）被删除。《党治》卷记述了革命同盟会时期、国民党时期、中国国民党时期、潍县党务之整理时期、潍县党务之执行时期、潍县党务之再度整理时期、潍县党务之更度整理时期国民党潍县党组织的活动，并列国民党潍县全县代表大会出席代表、县党部执行委员、执监委员等一览表共15个。《党治》卷被剔除，概因时值日伪统治时期，而其有关内容涉及日本侵占胶济铁路后的诸多暴行。在《党治》卷被删除的同时，明万历《潍县志》、清康熙《潍县志》、清乾隆《潍县志》3部志书的序言和修志姓氏等内容组成《叙录》卷，作为首卷。

民国《潍县志稿》有以下特点：一是重视实业。在其《实业志》中，用3万余字比较全面、系统、翔实地记述清末至民国时期潍县在商业、工业、农业、矿业、盐业、渔业、物产等经济领域的发展变化，内容丰富充实。二是重视对旧志内容的上溯与补缺。该志稿属续修志书，但“几等于创修，于旧志之缺略者，竭力补辑。其可存者，尽行采入。盖对旧志既不敢轻侮，亦不敢盲从也”。为此，增设《通记》，采用编年体记载潍县自尧至清上下数千年发生的大事、要事，将大自然的变故和人类社会兴亡盛衰的历史变迁一一呈现。三是重视男女平等。该志稿不但把节妇、烈女、烈妇、寿母、贤妇、孝女、贞女、才女等内容置于《人物志》中，而且旗帜鲜明地提出“本志以列女为人物之一目，以符男女平等之义”，充分显示了民国时期的社会进步和思想解放。四是更加重视科学。该志稿继光绪《潍县乡土志》之后，同样未设置“星野”和“玄枵图”，而在《疆域志》中记载了经纬、气候、地质等与科技知识相关的内容，表明民国时期人民群众对科学的认知水平和重视程度进一步提高。五是重视记述新生事物。清末至民国时期，社会新生事物蓬勃兴起，该志稿对新式银行、新式学校以及电务、铁路等众多新生事物进行了翔实的记述。

民国《潍县志稿》除运用述、记、志、传、图、表、录外，还注重运用照片。该志稿有照片190余幅，涉及古迹名胜、名人字画、名人遗像（画像）、粮食作物、金石拓片等诸多内容，如：十笏园、汉公孙弘墓、禹王台、太公堂等古迹名胜照片，郑燮怀潍县诗二首、康有为题十笏园诗、招子庸画竹等名人字画照片，郑燮像、曹鸿勋像、郭恩敷像等遗像（画像）照片，高粱、黍、谷子等粮食作物照片，汉洗、瓦当、泥封等金石拓片照片。

新 志

中华人民共和国成立后至1993年，境内有地方志书2部，即1962年纂成初稿的《潍坊市志》、1993年正式出版的《潍城区志》。

《潍坊市志》初稿（1962年）

《潍坊市志》初稿于1960年6月开始编纂，1962年1月完成初稿。该志稿由潍坊市（县级）志编写委员会编，共50余万字。上限起于1949年，下限止于1959年，部分内容适当上溯。因时代局限性，该志稿在体例、内容、文风等方面均存在诸多问题，体例不够规范，内容不够丰富，文风不够朴实。油印面世，未正式出版。

《潍城区志》（1993年）

《潍城区志》始编于1982年9月，潍坊市潍城区史志编纂委员会编。1993年3月，由齐鲁书社正式出版，全志115万字。

该志以马列主义、毛泽东思想为指导，坚持实事求是原则，力求思想性、科学性、资料性相统一。时间断限上起1840年，下迄1990年，个别内容适当上溯。该志详今略古，主要详细记载了中华人民共和国成立以后的史实。运用述、记、志、传、图、表、录等体裁，以志为主。该志叙事语言采用规范的语体文、记述体。全志除序、概述、大事记、人物、附录外，共设26编：行政区域、地理环境、人口、城乡建设、农业、工业、工艺美术、交通运输、邮电、商业、科技、财政·税务、金融、经济管理、党派群团、政权·政协、军事、公安·司法、民政、劳动人事、教育、文化、卫生·医药、体育、社会、方言。

修志期间，广征博采，共搜集文字资料1200余万字、口碑资料300余万字、实物照片资料1000余件，整理旧志资料约30万字，编写资料长编300余万字。先后四修志稿，五易篇目，历时十载，终成定稿。《潍城区志》于1994年9月获得山东省新编地方志优秀成果一等奖。

潍州　潍县　潍城区

潍州的建立及历史沿革

潍州作为一个行政区划名称始于隋，历唐、宋、金、元，至明初，各朝代均曾采用过潍州之名，潍州治所都设在今潍城区境内。在历史的演变进程中，潍州作为政区或置或废，置废较频繁。

隋潍州

隋开皇十六年（596年），置潍州，潍州之名始于此。《隋书·地理志》载："开皇十六年，分北海郡，置潍州。"该政区名称冠以"潍"字，从地理角度来说，是因当时境内有潍水，且"潍"字一直沿用至今。《潍城区志》载："置潍州，因境内有潍水而得名。"《潍城区地名志》载："'潍'字源于城东六十里之潍河得名。"潍水，即今潍河。根据《潍坊市历史地图集》图示，隋时潍水下游处于潍地境内。在置潍州之前的隋开皇六年（586年），即取"潍水"这条河流名称作为政区名称，设潍水县。《隋书·地理志》载："后魏曰胶东，后齐废。开皇六年复，改为潍水。""州"乃当时行政区划制度的一个行政级，隋朝在开皇三年（583年）至大业三年（607年）间实行州、县两级地方行政制度。《潍坊市志》载："583年，裁汰冗官，罢郡存州，实行州县两级制。"又载："607年，复改州为郡。"

隋代，潍州治所在下密（今潍城西关一带）（见《潍坊市志》《潍城区志》）。隋大业三年（607年），改州为郡，以郡统县，潍州改为北海郡。《潍县乡土志》载："开皇十六年于下密置潍州，大业三年州废，复置北海郡。"郡治所移至益都。《续山东考古录》载："大业三年，州废。改下密为北海，又改潍水为下密。开皇十六年至大业三年，下密县故城在县（潍城）西二里，又曰西下密城。"因此，西下密城当在今潍城西关。又载："大业三年改(西)下密为北海，故改潍水为下密，俗曰东下密城，以别于西也。"隋潍州直属朝廷。

唐潍州

据《旧唐书·地理志》记载，唐武德二年（619

年），复置潍州，治所在北海（今潍城），辖17个县。《山东通志·建置志》载："武德二年，于北海县故地置潍州。"《潍县志稿》载："武德六年，惟留北海、营丘、下密三县，余县并废。"又载："武德八年，废潍州，仍省营丘、下密二县，以北海属河南道青州。"武德四年（621年）之前，潍州直属朝廷，此后至武德八年（625年），属青州总管府。

北宋潍州

《山东通志·建置志》载："建隆三年于县置北海军，乾德三年废军升县为州。"《潍县志稿》载："建隆三年建为北海军，乾德三年改为潍州。"潍州直属朝廷。据《潍坊市历史地图集》载："北宋，为改变'方镇太重，君弱臣强'的积弊，于宋太平兴国二年（977年）诏令所有的州归中央直接管辖。"宋至道三年（997年），在州之上设路，北宋实行路、州、县三级制，潍州属京东路。宋熙宁七年（1074年），京东路分为东、西两路，潍州属京东东路。据《潍县志稿》对宋政和元年（1111年）的记载："州领县三：曰北海、昌邑、昌乐，潍州仍治北海县。"

金潍州

金于宋靖康元年（1126年）灭北宋后，仿宋旧制，实行路、州（府）、县三级地方行政制，仍置潍州（金兵于1129年攻占潍州），治所在北海（今潍城）。《山东通志·建置志》载："金北海县为潍州治。"属京东东路。潍州辖北海、昌邑、昌乐3个县和固底镇，《金史·地理志》载："潍州，县三、镇一：北海、昌邑、昌乐；镇一固底。"金天会十五年（1137年），京东东路改称山东东路，潍州属山东东路。

元潍州

南宋端平元年（1234年）后，潍州为元领地，北海（今潍城）仍为潍州治所。潍州所辖，据《元史·地理志》载："元初领北海、昌邑、昌乐三县及司侯司。宪宗三年，省司侯司入北海。至元三年，省昌乐入北海。"至元三年（1266年），元潍州辖北海、昌邑2个县。至元十六年（1279年），元朝灭南宋统一全国后，开始了中国历史上的行省时期，行省之下设路、府、州、县，仍置潍州，辖北海、昌邑2个县，州治所不变，设在北海（今潍城）。潍州属中书省山东东西道宣慰司益都路（益都路设总管府，府治益都）。《山东通志·建置志》载："元（潍州）属益都路。"

明潍州

明初，仍置潍州。明洪武元年（1368年），撤北海县并入潍州，潍州隶属青州府。《山东通志·建置志》载："洪武初，省北海县入潍州，属青州府。"明洪武九年（1376年）改属莱州府。明洪武十年（1377年），降潍州为潍县。《明史·地理志》载："洪武元年，以州治，北海县省入，九年属莱州府，十年五月降为县。"潍州作为行政区名从此止用。

从隋置潍州，至明降州为县，各朝代以潍州作为政区名称的时间：隋12年（596—607年），唐7年（619—625年），北宋165年（965—1129年），金106年（1129—1234年），元135年（1234—1368年），明10年（1368—1377年），减除宋、金、元、明之间的叠加年份，潍州作为政区名称累计采用432年。潍州城（今潍城）成为当时潍州地域的政治、经济和文化中心。

潍县的建立及历史沿革

明清时期的潍县

明洪武十年（1377年），降潍州为潍县，县治所在今潍城，属莱州府平度州。清顺治元年（1644年），清军入关后，因明旧制。清雍正十二年（1734年）降平度为散州，潍县直属莱州府，直至辛亥革命后的1914年。

民国潍县

1914年裁府，山东改为四道，潍县属胶东道。1925年，山东改为十一道，潍县改属莱胶道。1927年裁道，潍县直属山东省。抗日战争时期，潍县隶属山东省第八行政督察区，至1948年潍县解放。

抗日战争和解放战争时期潍县民主政府的建立 1942年，中国共产党在潍县北部第五区建立第一个抗日民主政府（区公所），直属中共胶东西海专区。1942年12月，潍县的四、五两区与寿光县的九、十区合并建立寿潍县，其他地区成立潍南县，隶属清河行政区清东专署，后改属渤海行署第三专署。1944年5月，撤销寿潍县，由寿潍、昌邑两县合并建立昌潍县，隶属渤海行署第五专署。1945年6月，撤销昌潍县，恢复潍县建置。同年9月，潍南县并入潍县。10月，分潍县为潍北、潍南两县，皆属胶东行署西海专区。1948年4月，潍县解放，以潍城、坊子、望留等地组建潍坊特别市，隶属山东省，市政府驻潍城。同年8月，恢复潍县建置（即新潍县），隶属昌潍专区。1949年6月，潍坊特别市改称潍坊市，隶属不变。

中华人民共和国成立后潍县的存废 1950年，撤销潍坊市，原市政府工作由昌潍行署兼代。1951年1月，复置潍坊市（县级），属昌潍专区，市政府驻潍城。1958年11月，撤销潍县并入潍坊市。1962年1月，潍县析出，市、县分置，隶属不变。1967年3月，昌潍专区改为昌潍地区。1981年5月，昌潍地区改为潍坊地区，潍坊市、潍县均隶属潍坊地区。1983年8月，撤销潍坊地区和潍县。

潍城区的建立及历史沿革

1983年8月，国务院批示：撤销潍坊地区和潍县，将潍县的行政区域并入潍坊市。潍坊市组建为省辖市（地专级）。市区下辖潍城区、坊子区、寒亭区3个县级行政区。原潍坊地区行署机关组成新的潍坊市人民政府。原潍坊市人民政府机关组成潍城区人民政府。1984年1月，潍坊市潍城区人民政府正式成立并施政，潍城区（县级）隶属潍坊市。1994年区划调整，以白浪河为界，将原潍城区划分成两个县级行政区，白浪河以东划归新设奎文区，白浪河以西仍为潍城区，隶属潍坊市。

《潍城区志（1991—2013）》主要供稿人

（按姓氏笔画排序）

丁剑明　于　菲　于少君　于立新　于克峰　于金旭　于晓葵　于德全　马玉华　马正烨　马金科
马学智　马晓强　王　轩　王　娜　王　峰　王　辉　王　斌　王　磊（同姓名2人）　王　燕　王　鋻
王大琳　王小山　王广法　王丰邦　王元武　王长香　王方华　王玉升　王玉峰　王世学　王可竣
王立灿　王永书　王百一　王成光　王成莉　王伟利　王传美　王华纲　王会光　王连亭　王良俊
王国胜（同姓名2人）　王明武　王明霞　王佳山　王治国　王建华　王春生　王洪玮　王桂森　王致升
王晓立　王晓璐　王倩倩　王健刚　王爱明　王海明　王梅竹　王雪梅　王鸿飞　王淑玲　王琳琳
王尊民　王瑞强　王新民　王福源　王毓亮　王慧丽　王增科　亓连庆　牛艳芬　尹菲菲　尹素花
邓松山　甘东东　卢杨君　田丽平　田培聪　代长涛　丛海燕　冯卫兵　玄成龙　玄成哲　邢　鹏
巩庆华　曲　艺　曲秀葵　曲福刚　吕　璐　吕方妍　朱亦芳　任　亮　华国栋　向　勇　庄世超
庄晓菁　庄卿琳　庄斯亮　刘　刚　刘　伟　刘　兵　刘　明　刘　涛　刘　梅　刘　琪　刘　璀
刘子文　刘子海　刘文革　刘光银　刘全树　刘兆成　刘兆利　刘志华　刘丽霞　刘利群　刘希凤
刘彤森　刘忠杰　刘珊珊　刘晓菲　刘晓霞　刘峻彤　刘瑞云　刘瑞军　齐彩霞　闫　志　闫敬伟
许志鹏　许洪亮　孙　波　孙　亮　孙　峰（同姓名2人）　孙　超　孙少华　孙志远　孙志强　孙宏宇
孙宝明　孙金友　孙建国　孙晓东　孙海燕　孙铭刚　孙赫男　牟宏奇　杜洪海　杜凌冰　杜雅琳
李　兵　李　岩　李　诚　李　勇（同姓名2人）　李　艳　李　倩　李　涛　李　萌　李　堃　李乃杰
李文波　李志坚　李言杰　李虎强　李尚泽　李国栋　李学富　李宗诺　李建刚　李洪娜　李冠华
李振国　李晓迪　李峰芹　李福厚　李德刚　杨　峰　杨永芳　杨延昆　杨连山　杨金亭　杨晓梅
杨锡忠　吴　钢　吴红艳　吴福东　邱　静　邱业冬　邱爱玲　何益利　邹卫江　辛丽红　宋　伟
宋希望　宋金强　宋智强　张　立　张　伟　张　军　张　初　张　玮　张　凯　张　勇　张　倩
张　敏　张　琛　张　博　张　辉　张　鲁　张　斌　张风友　张玉红　张玉婷　张世周　张立军
张百峰　张传勇　张庆增　张志勇　张丽萍　张秀萍　张其海　张英慧　张国富　张明升　张春伟
张春花　张春蕾　张珊珊　张政权　张树伟　张振全　张桂欣　张根利　张菲菲　张淑平　张新闻
张新洋　张聪聪　张德民　张璐璐（同姓名2人）　陆晓倩　陈　宁　陈　进　陈　杨　陈　郑　陈　颖
陈　霄　陈义信　陈玉文　陈永华　陈志刚　陈何军　陈明明　陈建新　陈晓鹏　陈黎明　邵　蕾
范振志　国　锟　季来华　季雅亮　季福生　金　凯　武　波　周　静　周建平　周振和　周爱新
周骏昌　周雪梅　周绪文　庞甲峰　郑　丹　郑自强　单　伟　孟令娟　孟繁利　赵　云　赵　华
赵长林　赵玉卿　赵名军　赵志辉　赵宝吉　赵树高　赵雪永　赵蔚菁　郝　勇　郝承勇　胡思峰

胡德强　南玉香　钟云飞　钟秀梅　钮学芹　段小雨　侯文茂　姜　宁　姜　波　姜元增　姜明官
姜官友　祝洪华　姚振军　贺维波　秦亚军　秦延祥　秦海洲　贾　浩　夏伯卿　徐　峰　徐太安
徐以荣　徐立新　徐宏明　徐祎珂　高　文　高云禄　高志刚　高震江　曹文生　曹普金　曹德刚
盛效远　崔　倩　崔洪刚　崔雯雯　寇心怡　董　茁　董　斌　董凤芹　董金洪　韩元申　韩会玲
韩志亮　韩茂昌　韩泽宇　嵇宝先　傅　琳　温国庆　谢海滨　蓝　波　路瑞玲　解文佳　蔡秀坤
谭　斐　谭立光　谭宝胜　谭英丽　颜景东　潘文学　潘帅帅　潘晓晨　潘海林　薄文利　魏　国

编后记

《潍城区志（1991—2013）》是1993年版《潍城区志（1840—1990）》的续志。编修这部志书，坚持“党委领导、政府主持”的工作机制，成立了潍城区地方史志编纂委员会，由区地方史志编纂委员会办公室负责区志编纂日常工作和业务指导。编纂工作始于2015年7月，历时三年余，大致经历了四个阶段。

2015年7月为发动阶段。召开全区续修区志动员大会，安排部署修志各项工作任务，并对撰稿人进行业务培训。2015年8月—2016年4月为供稿阶段。各承编单位收集资料并整理归类，按承编任务编写初稿，由单位进行内部评审，主要负责人核定把关、签字并加盖单位公章后报送区地方史志编纂委员会办公室。2016年5月—2017年12月为修改初稿阶段。区地方史志编纂委员会办公室对各承编单位提报的初稿进行修改、编辑。2018年1—6月为总纂阶段。区地方史志编纂委员会办公室对志稿进行总纂，各承编单位根据修改建议对志稿进行补充、完善。总纂完成后，印发征求意见稿，征求各承编单位意见。2018年7—8月，为评审精修阶段。在征求意见稿的基础上进行修改并形成评审稿，于8月1日在潍坊富华大酒店召开《潍城区志（1991—2013）》志稿评审会议。山东省政府办公厅党组成员、省史志办主任刘爱军出席会议并讲话，省史志办副主任李刚出席会议。省史志办市县基层志编纂指导处二级调研员李天程，省史志办人事秘书处副处长王芬、科员袁金，省修志业务专家咨询组成员王笃银、李德辉、吕福堂、郭能勇，潍坊市史志办主任魏永阳、副主任吕俊峰、三级调研员李长山、四级调研员焦凌、秘书科科长程森枝以及潍坊市各县（市、区）史志办主任参加会议。与会领导和专家对《潍城区志（1991—2013）》的评审稿给予很高评价，也提出了宝贵的修改建议。会后，区志编纂人员根据专家建议，对志稿进行了修改、补充和完善。2018年9—10月为送审出版阶段。对评审稿修改完善后，形成送审稿，送出版社审核，经出版社审核后，按照规定程序印刷出版。

全区近100个单位、360余人参与了《潍城区志（1991—2013）》的资料整理和撰写工作，征集初稿350余万字，先后形成征求意见稿、评审稿和送审稿各100余万字。《潍城区志（1991—2013）》编纂成书，得益于省、市史志办的指导和专家的大力支持，得益于潍城区委、区政府的正确领导，得益于各承编单位的密切配合与社会各界的广泛参与。区志付梓之际，谨向所有关心、支持潍城区史志工作的专家、学者、社会各界朋友表示衷心的感谢！

《潍城区志（1991—2013）》结构宏阔，内容丰赡，卷帙浩繁。全体修志人员不畏艰辛，倾心倾力，精雕细琢，数易其稿，力求体例完备、记述翔实、史实准确、语言朴实、文字精练。由于时间短促、经验不足、水平有限，加之志书时限内全区机构多次撤并、人员频繁调整等诸多因素，对资料的收集、核查均造成一定程度的困难，志书舛误疏漏之处在所难免，恳请读者不吝赐教。

编　者

2018 年 9 月